# 北京朝阳年鉴

# 2012

北京市朝阳区地方志编纂委员会　编

中　华　书　局

**图书在版编目（CIP）数据**

北京朝阳年鉴.2012/北京市朝阳区地方志编纂委员会编.
－北京：中华书局，2013.1
ISBN 978－7－101－09127－4

Ⅰ.北…　Ⅱ.北…　Ⅲ.朝阳区－2012－年鉴
Ⅳ.Z521.3

中国版本图书馆 CIP 数据核字（2012）第 313512 号

责任编辑：朱　慧

**北京朝阳年鉴 2012**

北京市朝阳区地方志编纂委员会编

*

中　华　书　局　出　版

（北京市丰台区太平桥西里 38 号　100073）

http://www.zhbc.com.cn

E-mail:zhbc@zhbc.com.cn

廊坊市金虹宇印务有限公司印刷

*

787×1092　1/16　45 印张　42 插页　1 590 千字

2012 年 12 月第 1 版　　2012 年 12 月第 1 次印刷

印数：1－3200 册　　定价：200.00 元

ISBN 978－7－101－09127－4

# 编　辑　说　明

一、《北京朝阳年鉴》是一部综合性资料工具书。在中共北京市朝阳区委和朝阳区人民政府领导下，由朝阳区地方志编纂委员会《北京朝阳年鉴》编辑部组织编纂。版权属朝阳区地方志编纂委员会和《北京朝阳年鉴》编辑部。

二、本年鉴以马克思列宁主义、毛泽东思想、邓小平理论、“三个代表”重要思想、科学发展观为指导，遵循实事求是的原则，科学、客观地反映实际情况。

三、本年鉴从2005年开始逐年编纂。当年出版的年鉴，记述上一年度朝阳区政治、经济、文化、社会各领域发展变化的基本情况和重大事件，为领导决策提供可资参考的依据，为各行各业提供有价值的资料，为各方面人士了解朝阳、研究朝阳提供信息。

四、本年鉴以记述朝阳区属各系统、各单位情况为主，适当记述辖域内中央、市属单位情况，突出主体又兼顾全貌。

五、本年鉴文字内容设特载、专文、大事记、政党团体、政权政协、政法军事、产业商贸旅游、农业水务气象、功能区建设、综合经济管理、财政税务金融、城市建设、城市管理、科技教育、文化体育卫生、社会生活、地域、人物、统计资料、附录、勘误等21个一级栏目。除大事记、特载、专文、人物、统计资料、附录、勘误外，其余均为条目体，下设二级栏目，二级栏目下设分目，分目下设条目。

六、本年鉴所用文章和条目，均由区属各部门、各单位和驻区有关单位专人撰写或提供，并经主要负责人审核。统计数字由朝阳区统计局提供。图片由各有关单位提供。

七、本年鉴反映2011年1月1日至12月31日期间的情况，文内一般直书月、日、年内，不再书写年份。

八、为方便读者使用，本年鉴一级栏目“地域”内容，依据各街道、地区（乡）名称第一个字汉语拼音的英文字母顺序，分别排列先后顺序。第一个字相同的，按第二个字排列，以此类推。

九、本年鉴在编纂过程中，得到全区各单位的大力支持，在此一并表示感谢。年鉴中存在的不足和疏漏之处，恳请读者批评指正。另外，本年鉴还设立了“勘误”栏目，对《北京朝阳年鉴》（2011）相关错漏之处进行了修改，供读者参阅。

《北京朝阳年鉴》编辑部联系电话：010－65094347　65099572

地址：朝阳区日坛北街33号朝阳区档案馆5层

邮编：100020　　　电子邮箱：cydsjb@126.com

9月9日，中共中央总书记、国家主席胡锦涛来到北京市第八十中学看望师生员工

5月1日，中共中央政治局常委、国务院总理温家宝(前排中)视察王四营乡保障性住房项目建设工地

2月17日，中共中央政治局常委、全国政协主席贾庆林（前排右一）调研循环经济产业园管理中心

9月18日，中共中央政治局常委、中央书记处书记、国家副主席习近平到茉藜园社区，参加全国科普日活动

12月1日，中共中央政治局常委、中央政法委书记、中央社会管理综合治理委员会主任周永康（左四）考察高碑店乡社会管理工作

◀5月9日，中共中央政治局委员、中共北京市委书记刘淇(前排左三)，中共北京市委副书记、市长郭金龙（前排左二）调研崔各庄乡京旺家园农民安置房项目

▲10月29日，中共中央政治局委员、中央书记处书记、中宣部部长刘云山（左二）到朝阳区文化馆调研

▲9月15日，市人大常委会主任杜德印视察换届选举宣传日活动

▶11月7日，市委副书记、市政协主席、市委政法委书记王安顺（前排左二）调研东湖街道网格化社会面防控工作

最高人民法院院长王胜俊（正面左三）视察指导工作并慰问朝阳区法院干警

中国残联主席张海迪（左五）考察慰问崔各庄乡东方儿童福利院

中共北京市委常委、统战部部长牛有成视察朝阳规划艺术馆

市委常委、宣传部部长、副市长鲁炜调研朝阳规划艺术馆文化创意产业发展工作

市委常委梁伟参观区劳动人事争议仲裁院

副市长刘敬民（前排左三）视察呼家楼北社区垃圾分类工作

副市长苟仲文（左一）调研双井地区社区摆渡车

副市长洪锋（前排左二）视察望京机动车检测场

中组部副部长王尔乘调研朝阳规划艺术馆

中国侨联副主席、市侨联主席李昭玲慰问朝外街道侨联主席田景廉

中组部全国加强社会管理创新学习班参观朝阳区 农村地区

中国共产党北京市朝阳区第十一次代表大会

北京市朝阳区第十五届人民代表大会第一次会议

政协北京市朝阳区第十二届委员会第一次会议

新当选的中共北京市朝阳区委书记陈刚（右二），区委副书记、区长程连元（左二），区人大常委会主任佟克克（右一），区政协主席辛燕琴（左一）

新当选的中共北京市朝阳区第十一届委员会常委：陈刚（左六）、程连元（右五）、陈宏志（左五）、吴桂英（右四）、陈涛（左四）、谢莹（右三）、陶晶（左三）、张革（右二）、宋铁健（左二）、贾彦翎（右一）、刘军胜（左一）

新当选的北京市朝阳区第十五届人大常委会主任：佟克克（左三）；副主任：李国（左四）、王亚贵（左二）、张富生（右二）、朱春霞（左一）、曾原纪（右一）

新当选的北京市朝阳区人民政府区长：程连元（左四）；副区长：吴桂英（左五）、陈涛（左三）、阎军（右三）、王春（左二）、张立新（右二）、苑文新（左一）、汪洋（右一）

新当选的政协北京市朝阳区第十二届委员会主席：辛燕琴（左四）；副主席：郑煌（左五）、张树安（左三）、陈合庄（右三）、邢念增（左二）、高向宇（右二）、连玉明（左一）；秘书长：王玉华（右一）

区、乡人大换届选举工作动员部署暨培训会

区人大常委会召开议案办理督办协调会

乡党委换届选举工作培训会

人大代表询问活动

区政协为2011年度优秀提案颁奖

召开区政协、区委统战部“促进文化建设”专题议政会

▲区委书记陈刚（前排左一）参加亚运村街道“市社区民警驻区制试点工作”启动仪式

▲区人大常委会主任王力军（前排左二）走访调研基层换届选举工作

▲区长程连元（右一）慰问执勤民警

▶区政协主席辛燕琴（右二）视察香河园地区人大换届选举工作

8位代表为全国文明城区荣誉牌揭牌

街道系统创建文明城区工作会

农村系统创建文明城区环境建设大会

农民工志愿服务活动启动仪式

区青年志愿者服务队风采

劳模引领文明行动启动仪式

慰问来京务工人员专场文艺展演

全国道德模范与身边好人现场交流活动

社会志愿者公益储蓄中心成立一周年纪念活动

创建文明城区志愿服务

公交站台文明引导员

奥林匹克公园蓝立方“雷锋小站”

区直机关系统庆祝建党90周年红歌演唱会

建党90周年百姓宣讲团报告会

农村系统纪念建党90周年暨农村建设成就书画摄影展

党群共建示范培训班

56个民族庆祝建党90周年

社区中老年合唱比赛

为了人民的幸福——朝阳区纪念建党90周年主题展览

世贸天阶喜迎建党90周年 红色经典

党史知识竞赛

“千名干部下基层 周六创建行动日”活动启动

“坝河之夏” 红歌比赛

华纺易城金色阳光社区党校

第二届朝阳区孝亲敬老重阳主题活动

朝阳区工会会员日启动暨双井街道总工会核算中心揭牌仪式

农产品质量安全监管检测培训班

农产品安全社区行

“农社对接”菜点

左家庄街道成立区首家街道公益法律服务中心

和平街一刻钟社区服务圈“现场换物”

特色蔬菜直供居民家

王四营乡“春风行动大型招聘会”

小红门乡鸿博新村入住手续办理现场

“香河园街道养老服务管理中心”揭牌仪式

社会服务管理挂牌服务商监督小组工作会

◀常营乡保障房社区筹备“三方对接”工作会

▲朝外街道创建全国安全社区评定会

▲五矿大厦“俏玫瑰”之家成立仪式

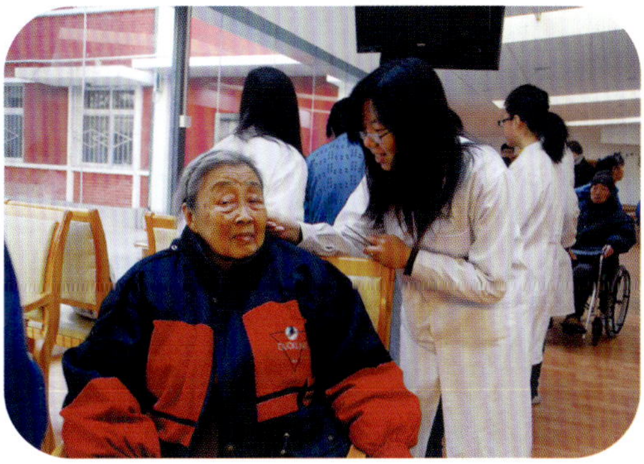

▶中医药大学志愿者为老人提供医疗服务

相声演员丁广泉与洋学生为社区群众表演相声

一级战斗英雄史光柱向社区残疾人签名送书

亚运村街道“家有党员”故事会

呼家楼街道中华道德墙

安贞西里社区公园文明创建宣传

东湖街道联合家盒子文化有限公司成立早教基地

平房乡“图书漂流”进企业启动仪式

小学生背诵弟子规

“第七届温暖行动在朝阳”启动仪式

区机关党员捐款献爱心

“大爱无国界”资助云南贫困山寨改造国际义卖活动

红十字日爱心企业捐款

玉树孤儿欢度“六一”儿童节——接受赠书

区政府向区属单位困难职工发放新春慰问金

首届中华宝宝慈善家爱心传递行动捐赠仪式

慈善家李春平向朝阳公安分局捐款

反家暴求助中心示范点揭牌

朝阳区女企业家协会揭牌仪式

2011•中国幸福家庭万里行出发仪式

2011年全国巾帼志愿服务倡导与实践主题活动启动仪式

2011北京朝阳国际旅游文化节

2011北京朝阳国际风情节

朝阳艺术团成立

北京卡通博物馆开馆

东岳书院国学讲座

“书香朝阳”全民阅读活动启动

区地方志编纂委员会工作会

潘家园第八届全国红色收藏展览交易会开幕式

国粹京剧唱响最美乡村

日坛公园祭日典仪

“书香朝阳”24小时自助图书馆启动仪式

非遗活动——金台夕照大碗茶故事会

北京朝阳国际体育文化节开幕式

首届朝阳中老年舞蹈大赛

红领巾公园第八届北京双胞胎文化节

朝阳统计文化艺术节

朝阳区首批电子读报器开机

社区24小时自助图书馆全天候办理读者卡

农村地区“和谐乡村 同庆新春”文化活动

惠河文化节

来广营乡“五月鲜花”夏日文化广场

第二届太阳休闲文化节

黑庄户乡“快板刘”文化大院

孙河乡德元文化大院参加文化演出

六里屯街道书法爱好者展示“北京精神”书法作品

第十届北京民俗文化节暨第十三届东岳庙春节文化庙会

第十届金刺猬大学生戏剧节颁奖仪式

市级文物永通桥启动抢险加固工程

第四届北京法国戏剧节

国际友人迎圣诞保龄球联谊赛

蟹岛北京国际啤酒节

望京街道第七届中外邻居节

东湖街道中韩文化节

纳米比亚妇女代表团访问亚运村街道

爱尔兰国家前总理约翰•布鲁顿参观潘家园旧货市场

毛里塔尼亚执政党代表团参观崔各庄乡民宅

十八里店乡第六届时尚家居“文化舟”

常营乡第三届家庭文化周

安贞街道“创文明城区科普之春”元宵灯会

酒仙桥街道在工地宣讲《劳动合同法》

区知识产权局成为首批北京市专利行政执法委托单位

红十字青少年在世界急救日演练现场包扎

节能减排科普宣传进社区

节水宣传周

阳台菜园进家庭

小学生认养绿地

检查家电超市企业加贴能效标识情况

检查蟹岛无公害农产品质量

全国中小学校长论坛

中国社区音乐教育高峰论坛之音乐晚会

北京东方妇女老年大学揭牌

清华附小落户朝阳

职业教育校企合作座谈会

街道系统落实素质教育目标责任督导考核工作会

家庭医生式服务宣传活动

六里屯街道纪念第24个世界艾滋病日

垂杨柳医院管庄院区开诊仪式

区第二医院建院75周年庆典

武功扇

奥林匹克森林公园全民健身示范基地揭牌

2011沙滩排球世界大满贯北京赛新闻发布会

朝阳区第七届老年运动会开幕式

地球熄灯一小时

朝阳区第七届老年交谊舞大赛

“2011国际森林年——朝阳人民在行动”宣传活动

中国人寿钻石承诺日——姚明担任中国人寿形象代言人

2011北京CBD商务节暨世界CBD联盟年会

CBD核心区效果图

电子城科技园博士后（青年英才）创新实践基地揭牌暨IT园社区通勤快车启动仪式

孙河组团（孙河商贸中心区）效果图

北京赛特奥特莱斯

八里庄莱锦创意园

麦子店社区摆渡车启动仪式

团结湖街道“交通公益岗”认领启动仪式

双井街道城管开放日

垡头街道垃圾减量分类常态化

翠城公园公厕建设居民听证会

环卫工人春节期间连夜奋战

朝阳区见义勇为表彰暨英模事迹报告会

朝阳公安分局巡逻勤务站启动仪式

▼社区民警驻区制试点工作启动仪式

朝阳公安分局摩托车巡逻启动仪式

消防支队“消防平安2号闪电行动”出征仪式

朝阳公安分局民警维持校园周边秩序

朝阳区公共安全馆开馆

防汛演习

民防应急疏散演练

处置和平街居民楼燃气泄漏爆炸事故

特种设备监察人员检查大悦城扶梯安全情况

政法系统重走长征路，传承长征精神

区领导慰问解放军总装备部机关

朝阳区2011年民政工作会

王四营乡送图书进警营

十八里店乡“八一”慰问子弟兵

“送法律、送文化、送知识”公益服务暨“女律师进社区”活动

井冈山市下七乡北京朝阳光彩小学落成剪彩

奥林匹克公共区远景

三里屯SOHO

北辰福第

华贸城

南磨房赛洛城社区

"走进56个民族家庭"10年回访启程仪式

叶青大厦侨联成立揭牌仪式

第四届朝阳人口与发展论坛

朝阳区第六次归侨侨眷代表大会

常营地区穆斯林欢度古尔邦节

朝阳区驻京外籍人士代表座谈会

区国税局、区地税局联合宣传税法

区国税局第二十个税收宣传月

区地税局税法宣传月主题活动

奥运村街道办事处于5月16日成立

劲松资讯启动仪式

大望京公园“2011年国际友人义务植树暨国际森林年中国行动启动仪式”

东郊农场保障房项目开工奠基典礼

京棉三厂危改回迁房

孙河乡康营家园回迁小区

康惠园限价定向房

小红门新村二期

崔各庄乡京旺家园小区拆迁村民入住

劲松职业高中校园

北京高碑店——文化新大街

南磨房“酷车小镇”外景

北京八里桥音乐主题公园

将府公园

萧太后河朝阳段

奥林匹克公园全景

日坛公园南门广场花坛

元大都公园花坛

光明桥桥区

通惠河北路

温榆河大道绿化景观

# 目　录

## 特　载



## 专　文



## 大事记



## 政党　团体

## 政权　政协

## 政法　军事

## 产业　商贸　旅游

## 农业　水务　气象

## 功能区建设

## 综合经济管理

## 城市建设

## 城市管理

## 科技　教育

## 文化　体育　卫生

# 社会生活

# 地　域

## 人　物



## 统计资料

## 附　录

# BEIJING CHAOYANG YEARBOOK

## CONTENTS

### SPECIAL ISSUE



### FEATURES



### CHRONICLE



### POLITICAL PARTIES ORGANIZATIONS

## AUTHORITIES POLITICAL CONSULTATION



## POLITICS AND LAW MILITARY AFFAIRS



## INDUSTRY TRADE TOURISM



## AGRICULTURE WATER METEOROLOGY

## CONSTRUCTION OF FUNCTIONAL DISTRICTS



## COMPREHENSIVE MANAGEMENT OF ECONOMIES



## FISCAL TAXATION FINANCE



## CITY CONSTRUCTION



## CITY MANAGEMENT

## SCIENCE AND TECHNOLOGY EDUCATION



## CULTURE SPORTS HEALTH CARE



## SOCIAL LIFE



## REGION

## PEOPLE



## STATISTICAL DATA



## APPENDIX

# 特　　载

## 再创新优势　建设“新四区”<br>为朝阳科学发展民生幸福努力奋斗

### ——在中国共产党北京市朝阳区第十一次代表大会上的报告

中共朝阳区委书记　陈　刚

（2011年12月6日）

同志们：

现在，我代表中共北京市朝阳区第十届委员会向大会作报告。

这次大会的主要任务是：认真总结区十次党代会以来的工作，研究确定今后五年的奋斗目标和主要任务，选举产生中共北京市朝阳区第十一届委员会和纪律检查委员会，团结带领全区广大党员干部群众继往开来、乘势而上，再创新优势，建设“新四区”，为朝阳科学发展、民生幸福努力奋斗。

## 十次党代会以来的工作回顾

区十次党代会以来，在市委的领导下，我们高举中国特色社会主义伟大旗帜，以邓小平理论和“三个代表”重要思想为指导，深入贯彻落实科学发展观，紧紧围绕“人文北京、科技北京、绿色北京”战略、城市功能定位和“新四区”目标，紧抓全局性大事，以功能区协同发展加快“三化”进程，以统筹改善民生为重点加强社会建设，以推动文化创新提升发展软实力，以提高党的建设科学化水平为发展提供有力保障，核心竞争力、承载环境和文化文明新优势逐步确立，十次党代会确定的发展思路和目标任务全面落实。

区十次党代会以来的五年，是经受重大考验、发展能力显著增强的五年。

五年来，我们坚持大事引领，带领广大党员干部群众顽强拼搏、攻坚克难，不负重托、不辱使命，经受住种种考验，向党和人民交上了满意的答卷，领导科学发展的能力显著提升。

圆满完成奥运和新中国成立60周年庆典服务保障任务。作为奥运主场馆所在区，我们始终把奥运筹办作为头等大事，大力弘扬“五种精神”，高质量、高标准完成了奥运工程、环境、安保、外围保障和人文奥运建设五大筹备任务及赛时服务保障工作，实现了奥运筹办与区域发展“双促进”，为举办一届有特色、高水平的奥运会、残奥会做出了历史性贡献。把完成国庆服务保障作为转化奥运成果的实践，以最好的精神状态、城市环境和服务保障高水平完成了各项任务，特别是女民兵方队展示了朝阳人的靓丽风采。通过奥运筹办和国庆服务保障，有效改善了城乡环境，全面提高了城市运行保障能力，丰富了城市人文内涵，提升了发展品质，农村城市化、城市现代化、区域国际化步伐全面加快。

成功应对国际金融危机。把应对危机作为转变发展方式的重要契机，积极应对，化危为机。全区上下按照“动起来、统起来、严起来”的要求,紧紧围绕“保增长、保民生、保稳定”,着力在调结构、促转型、打基础上下功夫,在抓增量、保存量、重质量上做文章,加强税源涵养,巩固优势产业,扶持新兴产业,强化基础建设,统筹改善民生,为可持续发展积蓄了后劲。通过打赢经济增长保卫战,夯实了经济发展基础,提高了风险抵御能力,各级领导干部做好经济工作的能力显著增强。

全力创建全国文明城区。坚持集中全部精力聚焦创建、统筹一切资源服务创建、动员全区力量参与创建,构建“六大”创建体系,实施“十大文明提升行动”,始终把为民利民惠民贯穿创建全过程,深入解决环境建设、道路交通、食品安全、绿化美化等群众关心关注的热点、难点问题,使创建过程成为群众共享发展成果的过程。通过创建,延伸了人文奥运成果,形成了具有朝阳特色的文明建设长效机制,提高了城市文明水平,增强了文化软实力。

区十次党代会以来的五年,是坚持统筹协调、发展水平全面提升的五年。

五年来,我们紧抓发展机遇、深化发展思路、创新发展举措,大力推进区域协同发展、城乡协调发展,综合实力显著提升,发展优势进一步巩固。

经济发展实现重大跨越。大力推进经济结构战略性调整,实施人口、产业、空间、土地利用“四规合一”,促进产业向高端、高效、高辐射方向发展,全面确立了现代服务业主导、高新技术产业支撑、文化创意产业集群发展的产业格局,三次产业比重由2006年的0.09:15.09:84.82调整为0.05:11.44:88.51,房地产业占地区生产总值比重有所下降,商务服务、金融等高端产业贡献率明显提升。区属国有经济发展效益明显提高,外向型经济和总部经济不断强化,全区跨国公司地区总部达70家,世界500强企业投资设立企业达273家,外资金融机构达262家,国际商务中心功能进一步提升。2011年,地区生产总值预计实现3100亿元,居全市首位,比2006年翻了一番,年均增长15%;区级财政收入预计超过300亿元,是2006年的3倍;城镇居民可支配收入预计达到33400元,农民人均纯收入预计达到19700元,年均增速均超过11%。全区经济实力显著增长,人民得到更多实惠。

功能区带动发展格局确立。深化功能区带动发展战略,建设“十大发展基地”,打造“五轴三带”产业通道,促进功能区联动发展。CBD核心区建设快速推进,区域品质持续优化,以国际金融为龙头、高端商务为主导、国际传媒聚集发展的产业格局进一步巩固,国际一流的现代化高端商务区加快形成。电子城功能区高新技术产业规模聚集特征凸显,北扩取得实质性进展,一体化发展成效显著,形成以国际研发和自主创新为特色的高科技产业基地。奥运功能区赛后顺利转型,聚集了一批国家级文化设施,已成为重要的体育、文化、休闲、会展中心和奥运标志旅游地。定福庄、垡头功能区规划布局、产业功能基本确定,温榆河功能区基础设施和重点项目建设稳步实施。

农村城市化稳步推进。按照“六位一体”思路,实施“三提高”工程,城乡一体化发展格局逐步形成。深入推进绿化隔离地区建设,农民新村累计竣工298万平方米,6.8万人搬迁上楼,建成25个郊野公园,农村地区基础设施建设和环境整治水平显著提高。推进8个乡41个村的土地储备工作,实施9个重点村城市化改造,为承接产业转移、重大项目、城市功能提供了战略空间。深化乡级产权制度改革和社会管理体制改革,启动乡(地区)机构改革,推行村庄社区化管理,加快村级管理向社区管理过渡,综合体制改革取得显著成效。2010年,农村城市化综合实现程度达96.7%,居全市首位。

区十次党代会以来的五年,是民生持续改善、发展成果广泛共享的五年。

五年来,我们始终坚持以人为本,不断实现好、维护好、发展好人民群众的根本利益,努力让全区人民共享发展成果。

统筹改善民生成效显著。始终把民生问题摆在突出位置,实施《关于统筹解决民生问题的意见》,构建大民生工作格局。完善城乡就业服务体系,社会保障基本实现应保人群全覆盖。坚持教育优先发展,实施“双名”工程和质量工程,加大优质资源引进力度,整体教育水平全面提升。健全公共文化服务网络,推动文化事业和文化产业加快发展,取得首批国家公共文化服务体系示范区创建资格,连续两次荣获全国科普示范城区称号,科技和文化在朝阳发展中的地位更加突出。加强公共卫生服务和重大疾病防控,各项医疗惠民工程全面落实。紧抓奥运契机发展群众体育事业,竞技体育总体水平保持全市领先。大力推进保障性住房建设和危旧房改造,加强绿化美化和环境保护,城市绿化覆盖率达到45%,垃圾分类收集率达到50%;实施交通畅通工程,在全市率先推出36条治堵措施,累计新改扩建主次干路589.6公里,路网密度达到3.8公里/平方公里,宜居环境建设成效明显。落实“五无”和“五个确保”的要求,加强为老助残助困服务,累计救助困难群众249.32万人次,支出救助资金10.37亿元,社会慈善和福利事业蓬勃发展。

社会管理创新全面推进。紧抓作为全国和北京市社会服务管理创新综合试点区的机遇,努力探索具有朝阳特色的社会管理模式。创新工作体系,在全市率先成立社会工作机构,形成了区、街乡、社区三级工作体系。创新工作载体,总结数字化城市管理经验,整合信息集成、公共服务、社会管理、决策支持和社会监督功能,构建了全模式社会服务管理系统。创新服务管理方式,加强社区规范化建设,探索"居站分开",建成12个国际安全社区,实现了城市垃圾分类、老旧小区准物业管理、"一刻钟社区服务圈"、"阳光中途之家"、商务楼宇党建等工作的新突破。创新社会动员机制,注重发挥枢纽型社会组织作用,培育社会组织和志愿者服务品牌,形成了全社会共同参与社会建设管理的浓厚氛围。

安全稳定局面持续巩固。坚持把安全稳定作为第一责任,认真总结平安奥运经验,夯实基层基础。建立"一网两库三关"科学维稳体系,形成工作长效机制。深化社会面立体化防控,强化科技创安,推行社区民警驻区制,抓好流动人口、外籍人员和特殊人群服务管理,深入开展反邪教工作,有效遏制可防性案件高发势头,圆满完成重大活动、重要节点、敏感时期的维稳任务,社会治安综合治理成效明显。坚持以群众工作统揽信访工作,推行重大决策信访维稳风险评估,落实领导干部大接访,健全"三横多纵"调处网络,社会矛盾纠纷有效化解。"五五"普法取得显著成效,法治建设进一步加强。加大安全监管力度,强化责任落实,有效保障了人民生命财产安全。

区十次党代会以来的五年,是党的建设不断加强、执政水平逐步提高的五年。

五年来,我们始终坚持以党建为引领,突出作风、能力,以改革创新精神全面加强和改进党的建设,为推动朝阳科学发展提供了坚强政治保障。

党的领导方式实现新优化。区委坚持总揽全局、协调各方,积极支持人大、政府和政协围绕中心工作依法履职,形成了决策、执行、监督、评价有机统一的新格局。区人大按照"六个新作为"的工作目标,立足"精、准、实",创新思路,工作卓有成效;区政府依法行政、真抓实干、开拓创新、勤政为民,各项工作有效推进;区政协按照"三个围绕、三个着力"的思路,充分发挥优势,认真履行职能,取得丰硕成果。区四套班子精诚团结、密切配合、共谋发展的良好局面不断巩固。统一战线日益壮大,多党合作不断发展,公正司法进一步加强,工会、共青团、妇联等工作成绩显著。

思想政治建设取得新进展。始终把思想政治建设摆在首要位置,强化理论武装,以全局性大事和年度中心工作凝聚思想共识,形成发展合力。深入开展学习实践科学发展观活动,实现了党员干部受教育、科学发展上水平、人民群众得实惠。深入开展创先争优活动,进一步激发了各级党组织和广大党员的活力和战斗力。广泛开展中国共产党成立90周年纪念活动,增强了广大党员爱国、爱党、爱人民的热情。深化学习型领导班子建设,注重把学习成果转化为研究问题、推动发展的思路,思想政治工作制度化水平不断提升。

班子和干部人才队伍建设达到新水平。适应区级领导班子配备改革的要求,探索适合朝阳特点的领导班子运行体制和工作机制,健全集体领导和个人分工负责相结合的制度,建立常委向常委会汇报工作、常委会向全委会报告工作和接受监督制度。引导全区各级班子和领导干部争当团结、为民、务实、创新、清廉的楷模,锻造了一支勤思善学、统筹有力、团结合作、善打硬仗的干部队伍,各级班子的凝聚力、创造力、执行力、服务力、公信力显著提升。统筹全区干部资源,加强交流、合理使用,实现了领导班子结构优化、搭配合理、功能提升。坚持正确用人导向,严格规范干部选任程序,创新提名推荐方式,加大竞争性选拔力度,注重从重大活动和基层一线选拔干部,扩大干部选任民主,干部人事制度改革全面深化。强化干部激励监督,大规模开展干部教育培训,加强日常培养和后备队伍建设,建立符合科学发展观的领导班子考核评价体系,干部队伍的生机活力不断增强。大力推进人才强区战略,加强政策、服务集成,实施海外高层次人才"凤凰计划",统筹各类人才队伍建设,为发展提供了人才保障和智力支撑。

基层党组织和党员队伍建设实现新提升。围绕"建组织、建阵地、建服务体系"目标,深化"聚合力工程",加强社会领域和"两新"组织党建工作创新,加大城乡基层党建工作统筹力度,探索出了商务楼宇"五站合一"、流动党员双向管理、城乡基层党组织结对帮扶等工作模式,区域化党建、楼宇党建、行业党建、社会领域党建等新型党组织全面覆盖,基层党组织的政治、组织、服务和整合功能不断增强。优化党员服务管理,建立集中教育长效机制,探索分类管理,深化党员承诺制、党员志愿者等活动,党员先锋模范作用充分发挥。全面推行党代表任期制,试行党代会常任制,健全基层党内生活制度,保障党员基本权利,营造了良好的党内民主环境。

反腐倡廉建设取得新成效。扎实推进惩治和预防腐败体系建设,加强反腐倡廉教育和廉政文化建设,认真落实党风廉政建设责任制,严格执行《廉政准则》,全面推进廉政风险防控管理,深化"向上"、"向下"延伸,积极推进党务公开,预防腐败的针对性和实效性进一步增强。加强反腐倡廉制度建设,总结提炼"廉洁奥运"成功经验,创新开展网上监察,规范行政权力运行,深化"目标管理、双百考核",优化发展环境,提升政府效能,加大专项治理力度,纠正行业不正之风,解决了一批损害群众利益的突出问题。始终保持惩治腐败的高压态势，查处了一批大案要案。针对个别干部涉嫌严重违纪违法的问题，坚决拥护和贯彻落实市委、市纪委的指示精神和相关要求，深刻反思和剖析问题根源，并以此为鉴，深入查找问题、堵塞漏洞、防控风险、健全体系，进一步提高反腐倡廉建设水平。

同志们，过去的五年，是不平凡的五年。五年来，干部群众共谋发展，各级班子精诚团结，各条战线勇于创新，连续四年在首都城市功能拓展区经济社会实绩考核中位居第一，并获得了全国和谐社区建设示范区、全国双拥模范城区四连冠、全国民政工作先进区、全国推进义务教育均衡发展工作先进地区、全国残疾人社区康复示范区、全国婚育新风示范区等称号。总结五年工作，我们深刻体会到，要实现科学发展，必须抢抓机遇、善用机遇，坚持大事引领、乘势而上，保持发展连续性和稳定性；必须以人为本、执政为民，坚持统筹协调、共建共享，确保发展成果惠及全区人民；必须把握规律、突出特色，坚持解放思想、先行先试，不断创造发展的新优势；必须始终坚持党建的统领地位，总揽全局、协调各方，超前谋划、引领发展，以改革创新精神不断提高党建科学化水平，为发展提供可靠的政治保障。

回顾这五年，我们群策群力、万众一心，在战胜困难中凝聚人心，在迎接挑战中完成使命，在创新发展中服务人民。我们将永远铭记在朝阳发展史上浓墨重彩的这些大事难事，永远铭记全区上下迎难而上、团结共进的每时每刻，永远铭记全区各级党组织和广大党员干部群众胸怀大局、无私奉献的感人事迹，永远铭记社会单位积极参与、倾力支持的突出贡献。这些难以忘怀的记忆和收获，必将成为我们的宝贵财富，永载朝阳史册！

成绩来之不易，经验弥足珍贵。成绩的取得，是市委正确领导、历届区委团结带领全区广大党员干部群众艰苦奋斗的结果，是各民主党派、工商联、人民团体和各界人士共同努力的结果，是驻区中央、市属单位、人民解放军和武警部队大力支持的结果。在这里，我代表中共北京市朝阳区第十届委员会，向关心支持朝阳和为朝阳发展做出贡献的同志们、朋友们表示衷心的感谢，并致以崇高的敬意！

## 未来五年的奋斗目标和主要任务

今后五年，是中国在国际事务中发挥更大作用、加快转变经济发展方式、实现科学发展的关键时期，是首都实施科技创新、文化创新“双轮驱动”战略，全力推动“人文北京、科技北京、绿色北京”和中国特色世界城市建设的关键时期，是朝阳大有作为又迎难攻坚的关键时期，面临转型发展、再创优势、民生幸福等重大课题。

经过50多年的发展积累，朝阳经济社会各项事业实现了跨越式发展，在布局功能化、区域国际化、产业高端化、管理精细化等方面形成了比较优势，经济发展品质、城市人文品质、生态环境品质和市民生活品质明显提升，为今后发展奠定了坚实基础。当前，朝阳已全面进入经济社会发展转型期，面临着诸多挑战和问题：面对全面协调可持续发展的要求，规划指导发展的作用还没有充分发挥，人口资源环境之间矛盾日益显现，破解农村发展瓶颈和深层次矛盾的办法还不够多，政策研究和统筹水平有待提高。面对人民群众过上幸福生活的期待，党政工作与群众需求之间的衔接还不够好，服务管理的人性化、精细化程度还不够高，协调社会利益、疏导社会情绪、化解社会矛盾的能力还不够强，群众的幸福感、满意度有待提高。面对党的建设中遇到的新情况、新问题，适应国际化进程的党建工作体系还没有完全建立，少数党员干部的大局意识、责任意识、进取意识、忧患意识、廉洁意识有待增强，各级党组织和领导干部在引领发展、发动群众、破解难题、应对新兴媒体等方面的能力有待提高。为此，我们必须推进党的执政能力建设和先进性建设，进一步解放思想、创新有为，牢牢掌握发展的主动权，加快破解发展难题，努力推进朝阳科学发展、民生幸福。

推进朝阳科学发展、民生幸福，就是要加快转变经济发展方式，再创核心竞争力、承载环境、文化文明新优势，实现转型发展、协调发展、创新发展、特色发展和惠民发展。“转型发展”就是要以优化经济结构、产业结构、要素结构为方向，提升文化、科技对经济社会发展的支撑作用，进一步加快社会转型，走增长优质、资源节约、生态和谐的绿色发展之路；“协调发展”就是要促进改革发展稳定相协调，发展速度与质量效益相协调，城市现代化与农村城市化相协调，功能区建设与街乡属地发展相协调，经济增长与民生需求相协调，增强发展的协调性；“创新发展”就是要始终把创新作为发展的根本动力，发扬敢于担当、敢于碰硬、敢于创新的精神，着力改变满足现状、不思转变的依赖意识，害怕风险、不敢转变的畏惧心理，滞后形势、不能转变的制度束缚，推进文化创新、科技创新、管理创新，实现发展新突破；“特色发展”就是要突出朝阳作为对外开放窗口、文化交流平台、奥运主场馆所在地和国际经济重要节点的特征，彰显国际化、高端化、时代化的资源特色，强化国际商务中心功能，提高国际资源配置能力，在首都世界城市建设和首都经济圈发展中发挥重要作用；“惠民发展”就是要顺应人民过上美好生活的期待，坚持为民发展、发展惠民，把保障和改善民生摆在更加突出的位置，发展民主法治，维护公平正义，倡导诚信友爱，激发社会活力，营造安定有序、和谐相处的社会局面，让全区人民从发展中获得更大实惠，整体提升民生幸福。

今后五年的指导思想是：高举中国特色社会主义伟大旗帜，以邓小平理论和“三个代表”重要思想为指导，以科学发展为主题，以加快转变经济发展方式为主线，围绕落实“人文北京、科技北京、绿色北京”发展战略和建设中国特色世界城市的目标，突出核心功能、突出文化驱动、突出发展惠民，再创核心竞争力、承载环境和文化文明新优势，加快建设“转变发展方式示范区、建设世界城市试验区、推进城乡一体化先行区、促进社会和谐模范区”，推动科学发展，实现民生幸福。

今后五年的主要奋斗目标是：

——经济保持平稳较快发展。经济发展方式实现根本转变，区域、城乡、经济社会协调发展迈上新台阶，综合发展实力始终保持全市前列，城乡居民收入与经济增长同步，人民生活更加富裕。

——城市国际化功能基本形成。国际资源配置、国际文化交流平台、国际交往窗口、国际机构集聚的功能在更大范围、更广领域和更高层次上得到强化，国际人才竞争比较优势基本确立，城市运行、政府服务与国际惯例、通行规则加快衔接，涉外服务环境持续优化，国际化特色充分彰显。

——社会更加稳定和谐。科技、教育、文化、卫生、体育等各项事业协调发展，公共服务体系健全完善，实现基本公共服务均等化，社会管理创新系统深入，民主法治建设步伐加快，城乡环境更加宜居，社会氛围更加开放、包容、健康、有序，人际关系更加和谐，人的发展更加全面，群众安全感和幸福感进一步增强。

——党的建设科学化水平进一步提高。党的思想建设、组织建设、作风建设、制度建设和反腐倡廉建设全面深化，党的执政基础不断夯实，党同人民群众的血肉联系更加紧密，党组织的战斗堡垒作用和党员的先锋模范作用充分发挥，党领导科学执政、民主执政、依法执政的水平不断提高。

今后五年的主要任务是：

**一、突出核心功能，抢占发展新高地**

围绕提升国际商务中心功能，调整经济结构，优化发展布局，提升承载能力，推进城乡统筹，加快转变经济发展方式，走国际化、高端化、内涵式发展之路。

提高经济发展质量。强化关键要素聚集，增强发展动力，提升经济实力。促进产业转型升级。加快发展总部经济，集聚和培养一批具有国际竞争力的高技术、高附加值产业集群，构建现代服务业主导、高新技术产业支撑、文化创意产业集聚、战略性新兴产业拉动、配套产业补充的现代产业体系。改进经济增长模式。积极引入重大功能性产业项目和国际新型要素市场，加快消费载体、结构、内容升级，支持新型消费业态发展，扩大区域消费市场，优化国际商务服务环境，完善企业“走出去”服务体系，有效拉动经济增长。深化经济体制改革。在税源建设、产业引导、财政支持等方面，探索保障和促进科学发展的体制机制。强化国资监管职能，加快国企改革，提高创新带动、市场竞争的能力；落实鼓励引导民间投资的政策措施，完善中小企业服务体系，支持非公有制经济健康发展。

推进功能区协同发展。深入实施功能区带动发展战略。CBD功能区要高效完成核心区建设，全面启动东扩，建设中国特色世界城市试验区、国际金融主聚集区、国际化高端商务区。电子城功能区要突出科技创新、高端产业、低碳生态特色，拓展空间、提升功能。奥运功能区要以国家文化体育创新示范区建设为抓手，建成品牌文化体育活动和高端会展活动聚集区。温榆河功能区要加快重大项目规划布局，打造生态绿色休闲区。定福庄功能区要推进CBD—定福庄国际传媒走廊建设，提升国际信息传媒中心和枢纽功能。垡头功能区要加强政策对接，完善功能布局，建设环渤海总部商务区。金盏金融服务园区、大望京科技商务创新区、东坝国际商贸中心要完善基础设施，提升产业核心功能。加快建设“十大发展基地”，实化“五轴三带”产业布局，促进功能区之间以及功能区所在街乡之间的规划衔接，形成多点支撑、产业联通、协同发展的格局。

提升城市承载能力。统筹城乡规划建设管理，提高综合承载能力。高水平规划城市。做好土地利用与人口、产业、空间等专项规划对接，完善规划体系，构建功能完备、均衡布局、高效连通、动静结合、生态宜居的城市格局。高品位建设城市。完善以干路为核心的路网布局，打通道路微循环，加大以东南部和农村地区为重点的基础设施建设，健全老旧、新建小区公共配套设施，提高绿化美化水平。高效能管理城市。坚持建管并重，逐步建立符合朝阳特点的城市公共治理模式。坚持绿色发展，推行绿色交通战略，全面推进垃圾分类管理，加强城市环境秩序、大气污染和水环境治理。坚持严格执法、文明执法，完善联勤联动机制，提升城市管理形象。推进人口资源环境协调发展。综合研究、合理调控区域人口发展，深化人口承载力预警机制建设；发展循环经济，推进节能减排和资源综合利用，建设人口均衡型、资源节约型、环境友好型社会。强化科技支撑。加快创业孵化、高技术产业、技术成果转化等体系建设，深化科技成果应用，以科技创新支撑城市高效运行。

加快城乡一体化步伐。农村地区是朝阳未来发展的空间和潜力所在。要以农村城市化为主要方向，坚持全域谋划、集约发展、深化改革、分类推进，加大对农村地区发展的政策支持和资金投入,统筹解决瓶颈制约问题,率先形成城乡一体化发展新格局。促进农村地区经济快速健康发展。壮大商务服务、文化创意、商贸服务、金融等现代服务业,提升新生物医药战略性新兴产业,优化都市型现代农业和绿色休闲特色产业,把农村地区建设成为高端商务拓展区、新兴产业承载区和绿色休闲引领区,在保持优势特色中转型升级。加快重点区域建设。巩固绿化隔离地区建设成果,加快郊野公园建设,做好土地储备区域业态研究、土地整理和控规编制,推进拆迁腾退、回迁安置房和配套服务、道路基础设施建设,完成城乡结合部重点村整治。深化农村产权制度改革。因地制宜、因乡而异,健全乡村集体资产管理机构,提升资金资产资源管理水平。积极稳妥推进乡级股份制改革和村级集体产权制度改革,逐步建立乡级统筹的集体经济管理体制。加强农村地区社会服务管理。深化社会管理体制改革,创新村级管理体制,推进城乡基本公共服务、社会保障一体化,提高农村社区规范化建设水平,有效解决农民转居转工、就业增收等问题,切实保障农民利益。

**二、突出文化驱动,激发城市新活力**

坚持文化自觉、文化自信、文化自强,发挥文化引领风尚、教育人民、服务社会、推动发展的作用,发挥人民群众的主体作用,以文化创新激发城市创造能力和社会创新活力,提升发展软实力,努力在首都全国文化中心建设中有所作为。

加快文化创新。转变文化发展方式,推进文化内容、形式和生态创新。研究文化创新政策。健全领导体制机制,把握文化发展规律,完善文化发展规划和布局,在文化产业、市场监管、金融服务等方面先行先试,形成完备的政策体系和服务机制。建设国家文化创新发展试验区。以CBD—定福庄国际传媒走廊为核心,以文化创意产业集聚区为支撑,推进通惠国际广告产业园等重大项目建设,加快文化创意产业集聚和高端化发展。搭建公共服务平台,构建文化金融服务体系,加强文化产品与品牌产权保护,打造中国国际信息传媒中心、文化展示交流中心、版权投资交易中心。创建国家公共文化服务体系示范区。坚持公共文化服务的公益性、均等性、基本性、便民性,完善四级服务网络,实施公共文化设施全覆盖工程,探索"以需定供"文化服务配送和评估机制,创新服务品牌,实现文化惠民。加快文化体制机制改革创新。提高国有文化资产活力,探索公益性文化事业单位创新途径,引导社会文化资源向公共文化服务领域合理流动。加强文化市场监督管理,完善文化产品评价激励机制。

提升城市文明。城市文明是城市文化品质的衡量标志,要以构建社会主义核心价值体系为根本任务,培育积极向上的文化要素,增强城市凝聚力、影响力。大力弘扬"北京精神"。扎实做好宣传和实践工作,将"爱国、创新、包容、厚德"内化为朝阳人民的精神追求。转化文明创建成果,健全长效机制,打造社会服务、公益服务、公共文明引导等特色品牌,进一步提高城市文明水平。增进文化交流。弘扬奥运文化遗产,繁荣现代时尚文化,传承优秀传统文化,吸引高端文化要素集聚,打造标志性的文化交流载体和平台,推动中外文化交流融合和文化多样性发展。提高市民素质。深入开展学习型城区建设,深化社会公德、职业道德、家庭美德和个人品德教育,强化未成年人思想道德教育,构建诚信体系,促进人际和谐。加强全民国防教育,创新双拥共建模式,巩固军政军民团结。

提高城市品质。文化是城市的灵魂和魅力所在,要将文化元素融入城乡建设管理服务之中,提升城市发展的文化品质。丰富城市开发、小区改造、公共设施建设、新农村建设的文化内涵,建设文化街区,打造风格协调的魅力建筑群和各具特色的街道及城市景观,展示与历史传统、地方文化和群众生活息息相通的优美城市风貌。深入挖掘区域历史文化价值,加强物质和非物质文化遗产保护利用,传承朝阳文脉,充分展示传统文化魅力。突出城市的国际化品味,把国际文化资源优势转化为城市发展功能,把先进的国际文化发展理念、成果和经验转化为城市发展特色,努力建设一流的国际化社区、涉外服务体系和国际语言环境,彰显城市的国际化特质。

**三、突出发展惠民,共谱和谐新篇章**

把造福人民作为发展的根本目的和价值取向,牢固树立以民生为导向的政绩观,以改善民生为重点,以管理创新为突破,以安全稳定为保障,共建和谐社会、共享发展成果。

加强社会服务管理创新。按照数字化、精细化、社会化、人性化的要求,深化社会服务管理创新综合试点,不断探索社会管理新方式、新途径。完善社会管理模式。健全全模式社会服务管理系统,优化社会管理综合治理组织,探索新型社区管理途径,加强居民自治,强化虚拟社会管理,构建以社会公平正义为核心,党委、政府与社会、公众良性互动的现代社会治理模式。完善社会动员体制。健全枢纽型社会组织工作网络,发挥社会组织、企业社会责任、社工队伍功能,以政府购买服务或委托项目管理方式,形成共建合力。大力发展社会志愿服务,加强志愿服务管理体系建设。完善社会服务体系。健全基本公共服务网络,深化老旧小区准物业管理试点、"一刻钟社区服务圈"、"阳光中途之家"建设,探索城市新居民、外籍人员服务管理模式。提高社会救助水平,发展慈善福利事业,打造具有影响力的社会公益服务项目品牌。

推进社会事业全面发展。对接群众需求，提高公共服务水平。完善大民生工作格局。构建大民生工作体系，编制区域幸福指数综合评价指标体系，通过第三方的民意调查，客观反映群众需求，以民生幸福衡量发展，以民生需求推动转型。提高公共服务质量。全面落实"十大民生工程"。实施更加积极的就业政策，构建和谐劳动关系；提高就业服务组织化、精细化水平，统筹城乡就业体系建设。加快健全社会保障制度体系，加大保障性住房建设。坚持教育优先发展，以成为国家级教育体制综合改革实验区为契机，加快教育改革创新，优化教育布局，科学合理配置教育资源，从教育大区向教育强区迈进。深化医药卫生体制改革，争创全国卫生应急示范区，推进重点工程建设，加快社区卫生服务站标准化建设，提升基层卫生服务质量，构建"五网归一"的公共卫生管理新格局。繁荣体育事业，完善全民健身服务体系，打造全民互动健身示范基地，普遍提高居民健康素质，建设"健康朝阳"。

维护安全稳定。把握社会稳定和对敌斗争的新形势，坚持稳定是第一责任，把安全稳定作为科学发展的大事抓紧抓好。创新体制机制。强化社会安全基础数据支撑，完善"一网两库三关"科学维稳体系，建立"平安朝阳"建设指标和考核体系，加强对重点人群的服务管理，形成高效的城市安全预警和应急管理机制。夯实基层基础。坚持专群结合、群防群治，加强社会治安综合治理，深化科技创安，加快基层综治维稳中心建设，推进实有人口服务管理全覆盖，构建全天候、无盲区、立体化的治安防控体系。加强社会矛盾化解。促进司法公正，维护社会公平，推进重大决策信访维稳风险评估，加大源头治理力度。探索以群众工作统揽信访工作有效机制，完善社会矛盾多元化解体系，实现社会调处联动。加强安全生产监督管理。强化安全生产设施和信息化建设，完善教育培训、应急救援长效机制，提升食品、药品安全监管水平，增强防范风险、抵御危机、防灾减灾的意识和能力，确保生产生活安全。

## 全面提升党的建设科学化水平

在新的发展阶段，必须始终坚持党要管党、从严治党方针，全面实施新时期党的建设伟大工程，进一步提升党建科学化水平，为朝阳科学发展、民生幸福提供有力保障。

**一、坚持总揽全局、协调各方，广泛凝聚发展合力**

充分发挥区委领导核心作用，把方向、抓大事、谋全局，提高决策水平，确保政令畅通。坚持人民代表大会制度，支持人大及其常委会依法履行职能，把区委的主张和全区人民的意愿统一起来，促进区域发展。推进政府职能转变，完善经济调节、市场监管、社会管理和公共服务职能，加强依法行政，建设法治政府和服务型政府。坚持中国共产党领导的多党合作和政治协商制度，支持区政协履行政治协商、民主监督和参政议政职能，充分发挥协调关系、汇聚力量、建言献策、服务大局的作用。加强同民主党派、工商联和无党派人士的团结合作，做好新形势下民族、宗教工作，巩固和壮大最广泛的爱国统一战线。注重发挥工会、共青团、妇联等人民团体的作用，广泛凝聚智慧，增强发展合力。

**二、加强领导班子和干部队伍建设，不断提高执政水平**

党的执政能力建设关系党的建设和朝阳发展全局，必须把提高领导水平和执政能力作为领导班子和干部队伍建设的核心切实抓好。

强化思想政治建设。建设科学理论武装、具有世界眼光、善于把握规律、富有创新精神的学习型党组织，加强党建理论研究，用党的基本理论、纲领、经验和最新成果武装党员干部，做到学以立德、学以增智、学以创业。完善理论中心组学习、专题调研和研讨等制度，推进党员干部学习教育常态化，继续强化大局意识、责任意识、进取意识、忧患意识和廉洁意识，提高科学谋划、引领发展、统筹协调、社会动员等方面能力。健全思想政治建设定期交流、领导干部党性定期分析等制度，提升思想政治工作制度化、科学化水平。加强宣传思想工作，强化舆论引导，弘扬主旋律，增进社会共识。

深化领导班子和干部队伍建设。发挥区级班子示范带动作用，坚持和完善民主集中制，健全领导班子工作运行机制、区委议事规则和决策程序，严格执行"三重一大"制度，提高决策水平。加强处级领导班子建设，强化民主规范意识，完善集体议事规则，实现班子的自我管理、自我提升。坚持科学发展论英雄、群众公认选干部，深入贯彻德才兼备、以德为先用人标准，大力选任综合素质高、工作能力强、作风过硬的复合型干部，加强对关键岗位干部的重点培养、选配和管理，重视年轻干部、妇女干部、少数民族干部和党外干部的选拔培养。继续深化干部人事制度改革，加大培养激励力度，创新教育培训方式，推进竞争择优、综合考评、交流轮岗、能上能下、关心激励常态化，强化干部日常监督管理，提高选人用人公信度，构建符合朝阳实际、更加民主开放的干部人事工作体系。重视做好老干部工作，政治上尊重，思想上关心，生活上照顾，充分发挥老干部的积极作用。

大力推进人才队伍建设。坚持党管人才，树立促进科学发展的人才观，落实《朝阳区中长期人才发展规划纲要》,全面确立人才优先发展战略布局,积极创新政策机制,打造人才聚集发展平台,扎实推进人才重大工程项目,提升人才发展地方品质。推动人才结构战略性调整,盘活存量人才,开发实用人才,造就拔尖人才,引进急需人才,建设数量充足、结构优化、素质一流、富于创新的人才队伍。深入推进“凤凰计划”,加快确立国际人才竞争比较优势,构建“国际人才宜聚区”。

着力做好群众工作。发扬密切联系群众的优良传统,深入研究和把握新时期群众工作的特点和规律,提高群众工作的针对性和实效性。坚持工作重心下移,强化调查研究、基层日和党员联系群众等制度,健全区委委员联系基层党组织、各级领导帮扶困难群众等制度,切实使群众工作制度化、经常化。充分发挥人大代表、政协委员和枢纽型社会组织的作用,延伸工作触角,深入了解民意,增强新时期群众工作合力。

**三、加强基层党组织建设,深化区域化党建工作格局**

加强基层党组织建设是巩固党的执政基础的坚强保障。要按照“领航工程、聚力工程、先锋工程”的要求,深化“聚合力工程”,不断完善区域化党建工作格局。

创新基层党建工作模式。围绕“建组织、建阵地、建服务体系”,构筑以区域性党组织为核心、其他基层党组织为结点的扁平化的党建组织网络。巩固传统领域党组织建设,加大对新兴领域党的组织和工作覆盖力度,建立健全村居并行、逐步过渡的农村党建工作模式。推动党建工作向社会延伸,加强社会领域党务工作者队伍建设,完善组织功能,健全长效机制,发挥经常性作用。搭建信息共享、协调议事、外围组织发展等工作平台,推动党组织横向联合和工作联动。加强党员发展、教育、管理、服务,加大关爱力度,发挥党员先锋模范作用。

提升基层党组织功能。提升执行功能,持续深化创先争优活动,在干部选任、人才培养、绩效考核等方面向执行力强的班子和干部倾斜,使党员干部更加自觉地把思想和行动统一到区委各项部署上来。提升为民服务功能,加强基层党组织负责人队伍建设,健全服务组织、打造服务品牌、扩大服务网络,增强党组织向心力。提升利益协调功能,发挥党建协调指导委员会、社会建设协调委员会、居民事务协调委员会等平台作用,处理好不同群体的利益关系。

发展党内基层民主。完善党的代表大会制度,全面推行党代表任期制,继续做好党代会常任制试点工作,积极探索党代表发挥作用的有效途径。尊重党员主体地位,增进党员对党内事务的参与,积极探索符合朝阳实际的党内民主实现形式,切实维护党员的知情权、参与权、选举权、监督权。

**四、加强反腐倡廉建设,切实提高拒腐防变能力**

把反腐倡廉建设摆在更加突出位置,强化教育、制度、监督三项基础性工作,深入推进惩治和预防腐败体系建设,大力加强廉政教育,培育廉政文化,营造风清气正的执政环境和社会环境。全面落实党风廉政建设责任制,强化党政领导干部“一岗双责”、处级班子专题研究党风廉政等制度,深入推进廉政风险防控管理,深化党务公开,加强对《廉政准则》、民主集中制贯彻执行情况的监督检查。深化巡视工作,有效运用经济责任审计成果,强化纪检部门在干部选拔任用过程中的作用,不断加大对各级领导班子尤其是“一把手”权力监督的力度。深入推广“廉洁奥运”经验,健全预警机制,从严把控工程招投标、政府采购、房地产开发、土地储备等腐败易发的重点环节。加大违纪违法案件查处力度,对腐败现象、腐败行为、腐败分子“零容忍”,以反腐倡廉实际成效取信于民。

同志们,未来五年是朝阳大有希望的五年,是具有战略意义的五年,也是充满艰辛和挑战的五年。让我们继续高举中国特色社会主义伟大旗帜,坚持邓小平理论和“三个代表”重要思想,团结带领全区人民,深入贯彻落实科学发展观,以时不我待的紧迫感、勇于担当的责任感、执政为民的使命感,为朝阳科学发展、民生幸福努力奋斗!

# 朝阳区人民政府工作报告

## ——2011年12月18日在朝阳区第十五届人民代表大会第一次会议上

朝阳区人民政府区长　程连元

各位代表：

现在，我代表朝阳区人民政府，向大会报告工作，请予审议，并请各位政协委员提出意见。

## 五年发展成绩

区十四届人大一次会议以来，在市委、市政府和区委领导下，在区人大、区政协的监督和支持下，我们坚决贯彻落实科学发展观，紧抓奥运机遇，转变发展方式，统筹改善民生，加快“新四区”建设，完成了“十一五”规划和十四届人大历次会议审议通过的各项任务，实现了“十二五”规划的良好开局。

五年来，我们解放思想、锐意创新，凝聚力量、顽强拼搏，经受住了重大历史考验，高标准完成奥运和国庆服务保障任务，成功应对国际金融危机挑战，全力争创全国文明城区，区域综合实力持续增强，社会事业成就显著，人民生活水平进一步提高。2011年，地区生产总值预计实现3100亿元，比2006年翻了一番，年均增长15%；城镇居民人均可支配收入预计达到33449元，年均增长11.5%；农民人均纯收入预计达到19726元，年均增长11.6%。过去的五年，成为朝阳区综合经济实力增长最快、城乡面貌变化最大、人民得到实惠最多的时期之一。

**一、深化结构调整，综合经济实力显著提升**

始终坚持以科学发展为主题，以加快转变经济发展方式为主线，认真落实中央宏观调控部署，创新发展理念，优化发展环境，提升发展质量。面对国际金融危机的严峻考验，强化工作统筹和政策引导，构建了多层次、多领域的保增长、促发展政策体系，形成了街乡部门、政企联动机制，保持了经济持续健康发展，有效发挥了对全市经济增长的支撑作用。经济总量跃居全市首位。投资、消费多年实现两位数增长，总量分别占全市的22.4%和27.9%。区级财政收入稳居全市首位，于2006年在全市率先突破100亿元的基础上，2010年突破200亿元，今年又突破300亿元，是2006年的近3倍。万元GDP能耗比2006年降低58.2%。

产业结构更加优化，经济发展协调性持续增强。坚持高端高效，完善产业促进机制，设立产业促进专项资金，强化资源整合、政策集成，基本形成现代服务业主导、高新技术产业支撑、文化创意产业集群发展的产业格局，第三产业比重达到89%，比2006年提高4个百分点。以国际金融、商务服务为代表的现代服务业快速发展，实现增加值占第三产业比重达到59%，预计实现区级财政收入139亿元，是2006年的2.6倍。加拿大蒙特利尔银行、中国国际期货总部等280多家金融机构相继入驻，总量达到1250余家，占全市的25%，2011年金融业形成区级财政收入超过25亿元，是2006年的4倍。文化创意产业加速聚集，市级产业集聚区达到8个，居各区县之首，CBD—定福庄国际传媒产业走廊集群发展态势明显，文化创意产业预计实现区级财政收入70亿元，是2006年的2.9倍，营业收入占全市四分之一。新移动通信、新生物医药、新能源等战略性新兴产业稳步发展，高技术产业预计实现区级财政收入4.7亿元，是2006年的2.1倍。

功能区建设取得新突破，聚集辐射效应持续增强。全面实施功能区带动战略，CBD、电子城、奥运三大功能区预计实现税收810亿元，是2006年的3倍，占全区的85%左右。CBD建设取得新突破，发展质量显著提升，聚集了全市70%的外资金融机构、世界500强企业和跨国公司地区总部，国际金融、文化传媒、现代商务等产业特征更加明显；核心区14个地块成功上市交易，已吸引41家总部型企业及国际金融机构入驻，标志性建筑和地下公共空间开工，预计可吸引投资超过1000亿元；东扩稳步实施，拓展了未来发展空间。金盏金融服务园区建设加快推进，吸引了德意志银行、中信集团等5个金融后台中心入驻，与CBD形成联动发展格局。电子城成为高新技术产业主聚集区，理顺了管理体制，吸引了ABB、施耐德等30多家国际高新技术企业总部及研发中心，东区IT产业园、国际电子总部初具雏形，西区基本形成移动通讯聚集发展的业态特征,北扩区开发建设加快推进。奥运场馆改造和赛后利用成效明显,奥林匹克公园成立管委会并由朝阳区管理,建成了具有国际水平的国家网球中心,聚集了国家科技馆等一批国家级文体设施,吸引了中网等一批国际性活动,已经成为首都重要的文化、体育、会展中心和旅游新地标。大望京科技商务创新区开工建设。垡头功能区被纳入中关村国家自主创新示范区。温榆河、定福庄、东坝等重点区域的发展定位基本明确,规划建设有序推进。

国际化、市场化进程加快,区域发展活力持续增强。总部经济加快发展,跨国公司地区总部70余家,比2006年翻了一番,约占全市70%;世界500强企业投资项目273个,占全市45%。实际利用外资、进出口总额均占全市40%以上,分别是2006年的1.7倍和2.8倍。出台促进和保护知识产权"1+8"政策措施,鼓励科技创新,促进成果转化,专利授权量、技术合同成交额分别是2006年的3.3倍和4.2倍。健全机制、强化监管,建立国有资产融资平台,成功发行企业债,国有资产规模和效益稳步提高,国有企业净资产是2006年的2.4倍。中小企业健康发展,新增各类市场主体6万户,总量达到26万户,占全市的近五分之一。

城乡一体化建设加快推进,农村地区发展品质不断提升。坚持人口、产业、空间、土地利用"四规合一",统筹城乡产业发展、建设管理、基本公共服务,城市化综合实现程度提前一年完成95%的预期目标,达到96.7%。加大投资倾斜力度,对农村地区基本建设资金的投入占全区50%左右。调整投资机制,将农村地区道路、环卫等基础设施的规划建设纳入全区统筹,温榆河大道等贯穿农村地区的45条主次干路和370多条农村道路建成通车,25个郊野公园建成并免费开放,驹子房等6个重点村综合整治成效明显,农村生产生活环境不断改善。统筹安排、分类逐步解决历史遗留问题,绿隔地区建设稳步推进。加快农村产业结构调整,初步形成了一批以文化创意、商贸服务、都市型现代农业为主题的产业集聚区。坚持农民安置、产业发展、就业和保障优先,强化资金监管,土地储备工作稳步推进,整合了土地资源,拓展了发展空间。完善城乡一体的社会保障体系,将教育、卫生、文化等公共服务资源向农村地区延伸,农民生活品质不断提升。

**二、坚持建管并重,城市综合承载能力显著提升**

五年来,以服务保障奥运为契机,高起点规划,高标准建设,高水平管理,积极破解城市发展难题,营造了整洁优美、时尚现代、和谐安全的城市环境,为经济社会发展提供了有力支撑。

全面推进城市建设,城乡面貌焕然一新。按照"五统一"要求,高标准完成了奥运会20%的训练场馆改造、42%的场馆新建、56%的道路和100%的市政桥梁建设任务,奥林匹克森林公园成为现代城市公园精品。完善区域骨干交通体系和道路微循环系统,新改扩建主次干路105条,大中修道路300余条,7条轨道交通开通运营,基本形成较为完善的城市路网格局,路网密度达到每平方公里3.8公里。五年来,区内大型城市公建、公共设施、保障性住房建设快速推进,鸟巢、水立方、中央电视台、国贸三期等标志性建筑相继落成,三里屯Village、世贸天阶、蓝色港湾等时尚街区汇聚朝阳,集中展示了首都国际化大都市建设成就。

加大综合整治力度,环境质量明显提升。围绕"治乱、建新、添彩"的奥运环境保障要求,高质量完成了奥运景观大道建设和市容美化工程。在全市率先建成大气环境质量在线监测和水环境自动监测系统,持续不断地加大绿化美化、水环境整治和环境综合治理,控制违法建设,努力营造整洁优美的区域环境。五年来,整治城中村、边角地50处,改造老旧小区337个,拆除大型违章户外广告6000余块,建成各类景观大街300余条、环卫设施864个。新增绿化1126公顷,城市绿化覆盖率达到46%,二级和好于二级天数比例较2006年同期提高12个百分点,五环路以内主要河道水体基本还清,城区污水处理率达到92%,垃圾分类收集和资源化、减量化、无害化处理水平位居全市前列。高安屯垃圾填埋场综合治理成效明显,在全市率先达到原生垃圾零填埋目标,实现园区周边基本无异味,成为循环经济示范园区。

创新管理模式,城市运行平稳有序。建立大统筹、大协调、大联合工作机制,高水平完成了奥运赛时服务保障工作,为北京奥运会、残奥会的成功举办做出了历史性贡献。总结奥运经验,完善社会发动、联合执法、资金保障等长效机制,形成全社会齐抓共管的城市管理格局。在全国率先构建起覆盖城乡的数字化城市管理系统,城市管理社会化、信息化、精细化水平不断提升。加强交通拥堵治理,倡导绿色出行,规范路侧停车,开通社区摆渡车,努力改善出行环境。充实基层安全监管力量,严格落实企业主体责任,强化食品药品、消防、安全生产监管,持续开展隐患排查和专项整治,安全形势总体平稳可控。健全应急管理体系,加强应急设施建设、物资储备、综合演练和培训,形成了有效的突发事件快速反应和善后处理机制,应急处置能力不断提升。

强化基层基础,社会服务管理创新全面推进。坚持多方参与、共同治理,着力构建政府与社会互联、互补、互动的社会管理网络,建立了社会各方协同、条块结合、功能集成的全模式社会服务管理系统。深化社区管理改革,建成314个规范化社区,在23个老旧小区开展准物业管理试点，探索出院落自治、服务外包等管理新途径。统筹解决人口问题，建立人口承载力预警和调控机制，加大对城中村、农村非法出租大院、地下空间的整治力度，对实有人口的动态监测和服务管理水平不断提高。构建大信访、大调解工作格局，完善区级领导包案等信访工作机制，在525个社区(村)建立群众服务室，推行信访代理，集中解决了一批历史遗留问题。健全专群结合、群防群治的社会治安综合防控网络，依法严厉打击各类违法犯罪活动，科技创安覆盖率达到87%，刑事案件发案率逐年下降，群众安全感不断上升。

**三、统筹改善民生，群众生活品质显著提升**

围绕群众最关心、最直接、最现实的利益问题，以创建全国文明城区为载体，构建"大民生"工作格局，加强政策支持和资金投入，大力发展社会事业，深入开展为民办实事工程，全面提升公共服务水平，努力使发展成果惠及全区人民。

教育事业加快发展。坚持规划优先、政策优先、投入优先，统筹区域内外资源，优化教育结构，深化教育改革，教育质量和水平不断提升。五年来，教育支出占全区财政总支出的比重达到25%，累计投入达到196亿元。教育基础设施建设快速推进，办学条件不断改善，中小学校舍、校园安全管理不断加强。学前教育快速发展，职业教育和国际教育在全市持续保持领先地位。素质教育全面实施，学生德智体美综合素质不断提升。优质教育资源加速聚集，培育区内优质学校119所，新引进名校18所，人大附中、清华附中、黄冈中学、北师大附中、东北师大附中、华中师大一附中等一批国内知名学校到朝阳办学，99位名校长、名教师来朝阳任教，区级以上骨干教师数量较2006年翻了两番，80%的高中生享受优质教育。通过五年不懈努力，中考综合及格率由89.9%上升到98.6%，高考本科上线率由47%跃升到81.2%，从全市排名第七跃升到前三名，从全市平均水平跃升到高出平均水平27个百分点。我区教育理念、教学方法不断创新，学科建设、人才培养全面推进，形成了全区重视教育、发展教育的浓厚氛围，被评为全国推进义务教育均衡发展工作先进区，朝阳教育整体水平迈上了新台阶，教育事业实现了新的历史性进步。

健康服务水平持续提高。人均预期寿命超过80岁，比2006年提高了2.1岁。强化公共卫生服务体系建设，建立条块联动的公共卫生保障机制，有效防控了甲型H1N1流感等重大传染病，紧急医疗救援网络不断健全。社区卫生服务功能更加完善，建成260个标准化社区卫生服务机构，实现药品零差率销售全覆盖，推行全天候和家庭医生服务模式，社区卫生服务正在由卫生防疫向健康维护延伸，我区被评为全国社区卫生服务示范区和中医药特色社区卫生服务示范区。建成全民健身居家工程880余套，80多所学校体育设施向社会开放，群众体育活动蓬勃开展，奥林匹克森林公园成为全国首家全民健身示范基地。

城乡就业和社会保障水平显著提升。实施更加积极的就业政策，将产业发展与扩大就业有效结合，出台就业促进措施50余项，开发就业岗位58万个，14万名城镇登记失业人员实现再就业，7.5万名农村劳动力实现转移就业，城镇登记失业率控制在2.1%以内，零就业家庭全部实现动态归零。推进城乡社会保障接轨，形成了社会保险、社会福利、社会救助、慈善事业相衔接的社会保障体系。养老保险、医疗保险、城乡最低社会保障制度实现全覆盖，生育、工伤保险覆盖面不断扩大。农民保障水平大幅提高，农村养老金人均待遇水平从110元提高到390元，养老保险覆盖率达到96%，比2006年提高56个百分点，新型农村合作医疗筹资标准由315元提高到720元，居全市首位，参合率达到99.2%。累计投入10.4亿元，加大对城乡低保家庭、因病因灾致贫家庭、残疾人家庭、重病和孤寡老人、农村五保户的救助力度，帮助困难群众解决基本生活、就医、就学、就业等实际问题。

文化文明建设更加深入。围绕构建社会主义核心价值体系，加强理想信念教育和社会诚信体系建设，打造了一批文明窗口单位和志愿服务品牌。率先开展文化体制改革试点，文化事业繁荣发展，文化市场长期保持健康、稳定。四级公共文化服务网络初步形成，街乡文化中心覆盖率达到88%，社区(村)文化活动室实现全覆盖，形成了北京朝阳国际旅游文化节、国际流行音乐周、社区一家亲等特色品牌，文化影响力、凝聚力持续提升。充分发扬奥运"五种精神"，举全区之力创建全国文明城区，深入开展"十大文明提升行动"，始终把为民利民惠民贯穿创建全过程，深入解决环境建设、道路交通、食品安全、绿化美化等群众关心关注的热点难点问题，使创建过程成为推动全区经济社会协调发展的过程，成为改善民生提升社会和谐的过程，成为朝阳再创发展新优势的过程。朝阳区城乡环境明显改善，生态文明加快推进，管理文明持续进步，公共文明全面提升。经过十年的不懈追求和辛勤努力，全区广大干部群众奋战拼搏，我区以直辖市参评区第一名的成绩，通过中央文明委测评，荣获"全国文明城区"称号。

为民服务实效显著增强。围绕群众关心的买菜、出行、看病、停车等热点、难点问题，坚持每年为群众办实事，使群众得到真正实惠。五年来，设立规范化社区便民菜点120个，新增社区停车位8000多个，修补社区道路160条，建成爱心家园25个，369家定点医疗机构实现就医实时结算,减轻个人垫付款负担12.7亿元,社区卫生服务机构与18家驻区医院实现双向转诊。新增养老床位近9200张,建设区残疾人职业康复中心和280多个残疾人康复站,初步构建了覆盖城乡的养老助残服务体系。建成121个“一刻钟社区服务圈”,涌现出左家庄“蔬菜直通车”、双井“为老服务一条街”、东湖“健康速递”等一批特色服务品牌。加大保障性住房建设力度,建成总量占全市的30%,1.3万户家庭实现配租配售,7.1万农民安置上楼。

与此同时,双拥共建、“五五”普法等工作深入开展,民族宗教、妇女儿童、侨务对台、国防教育、人民武装、人防地震、档案区志等各项社会事业取得全面进步。

各位代表,五年来,区政府全面加强自身建设,全力履行职责,确保工作实效。一是坚持依法行政,努力构建法治政府。严格按照法律权限和程序行使权力、履行职责,自觉接受人大和政协监督。建立定期沟通机制,每季度就全区发展的重点工作和重大问题与人大沟通,积极参加区政协议政会。五年来,向人大报告工作150余次。特别是人大代表、政协委员结合朝阳区经济、社会、文化建设和民生工作,深入开展调研,提出各种建议和提案2900多件。对此,区政府高度重视,努力提高办理工作水平,推动了政府各项工作的有效开展。与此同时,积极推进政府信息公开。进一步规范政府工作程序,对“三重一大”事项坚持按程序上会研究、集体决策,组建区政府决策咨询专家委员会和行政复议委员会,促进了科学民主决策。二是加强制度建设,努力提高行政效能。加强内部管理,出台30多项管理制度,规范和提升政府服务。强化目标管理双百考核,制定政府领导和组成部门年度重点工作任务书,聘请64位政府特约监督员,加强行政效能监察,行政执行力不断提高。推进行政审批制度改革,优化投资环境,我区被评为跨国公司最佳投资城区。三是加强作风建设,努力做到勤政廉政。牢固树立为民服务意识,强化务实作风,深入开展调查研究,建立政府领导联系基层、信访接待日等制度,开通96105区政府热线,了解群众需求,解决实际问题。严格执行党风廉政建设责任制,强化领导干部“一岗双责”,推进廉政风险防控管理,加大对重大工程建设、重大资金投入的监管力度,整治小金库,设立廉政账户,实行会计委派制,努力从源头上预防腐败。针对出现的个别违法违纪问题,深入剖析、查找问题、堵塞漏洞、防控风险、健全体系,不断提高廉政建设水平。

各位代表,五年奋斗,五年征程,朝阳区在科学发展的轨道上实现了历史性跨越,各项工作始终走在全市前列,连续四年在全市功能拓展区经济发展、社会发展、资源与环境、行政效果实绩综合考核评价中名列第一,相继荣获19项国家级、32项市级荣誉和称号,奥林匹克公共区等5个由朝阳区负责运行管理的奥运场馆团队和20名同志,受到党中央、国务院表彰。五年来,我们始终坚持发展为先,抢抓机遇,乘势而上。牢牢把握科学发展主题,紧紧围绕筹办奥运,全面加快城市建设,大幅提升发展品质。奥运之后,面对复杂的经济发展环境,我们坚定不移地优化产业结构,及时实施CBD东扩、电子城北扩和土地储备,拓展发展空间。在此基础上,以创建全国文明城区为统领,全面加快经济社会各项事业发展,再创区域发展新优势。始终坚持民生为本,惠民利民,共建共享。坚定不移地把保障和改善民生作为政府工作的出发点和落脚点,将推动工作与服务群众有机结合,贴近百姓需求谋发展,围绕群众呼声做工作,千方百计为民办实事、解难题,努力做到发展依靠人民、发展成果人民共享。始终坚持城乡统筹,规划先行,引领发展。延伸规划引导发展的思路,提出“四规合一”理念,科学编制“十二五”规划,配套编制了功能区、产业、环境,以及教育、卫生、文化等一系列专项规划,优化调整乡域规划,构建了较为完整的规划体系,为全域统筹、均衡发展提供了重要支撑。始终坚持把握规律,创新机制,凝聚合力。围绕服务保障奥运、应对国际金融危机的内在要求,借鉴国际经验,把握产业发展规律,组织建立了富有朝阳特色的工作体系,形成区域资源整合、统筹力量办大事的工作格局,总结经验、固化成果,建立长效机制,营造了群策群力、共谋发展的良好氛围,为区域发展注入了持续动力。

回顾五年工作,成绩的取得,是在市委、市政府和区委的坚强领导下,在区人大、区政协的监督支持下,广大干部团结奋进、扎实工作的结果,全区人民辛勤劳动、无私奉献的结果。在此,我代表区政府,向各位人大代表、政协委员、各民主党派与无党派人士、各人民团体、社会各界人士和全区人民,向驻区中央和市属单位、人民解放军和武警部队,表示衷心的感谢,并致以崇高的敬意!

## 今后五年的主要任务

今后五年,是朝阳区加快“新四区”建设,再创发展新优势的关键时期。我们面临新的发展机遇和一系列有利条件。全球经济发展重心东移,京津冀一体化战略加快推进,首都建设“三个北京”和中国特色世界城市,为我区充分发挥国际化优势,在国际、国内分工与协作中占据更加有利地位,增强区域核心功能,提供了历史机遇。转变经济发展方式、推进文化大发展大繁荣等国家战略的提出,为我区提升发展软实力和可持续发展能力，提供了有利条件。经过50多年改革发展，朝阳的区位优势、资源优势、产业优势、环境优势更加凸显，蕴藏着巨大的发展潜力和活力，为未来发展奠定了坚实基础。

我们也清醒地看到，未来五年，朝阳区经济社会发展仍然面临诸多挑战和压力，人口、资源、环境之间的矛盾日益突出，社会管理的难度持续加大，资源集约利用水平亟待提高，加快转变发展方式的紧迫性更加凸显；城乡之间、区域之间、经济和社会发展之间仍然不均衡，农村地区经济发展质量和水平、基础设施和环境建设还有很大提升空间，社会事业整体发展水平相对滞后，农村地区特别是东南部的卫生、教育、文化等优质公共资源相对薄弱的问题，还没有得到有效解决；面对更加复杂的发展形势和日益增长的多元化需求，政府统筹能力和公务员综合素质还存在差距，转变政府职能、创新管理方式、提高行政效能，需要我们投入更多精力、付出更大努力。

在科学分析和判断形势的基础上，区十一次党代会提出，今后五年，全区工作的指导思想是：高举中国特色社会主义伟大旗帜，以邓小平理论和"三个代表"重要思想为指导，以科学发展为主题，以加快转变经济发展方式为主线，围绕落实"人文北京、科技北京、绿色北京"发展战略和建设中国特色世界城市的目标，突出核心功能、突出文化驱动、突出发展惠民，再创核心竞争力、承载环境和文化文明新优势，加快建设"转变发展方式示范区、建设世界城市试验区、推进城乡一体化先行区、促进社会和谐模范区"，推动科学发展，实现民生幸福。

按照上述要求，新一届政府将在区委的坚强领导下，在区人大和区政协的监督支持下，进一步解放思想、开拓创新，更加突出国际化特征和国际商务中心功能，加强全域统筹协调，深化功能区带动战略，推进结构调整和布局优化，全面提升国际化、现代化、城市化水平，增强可持续发展能力；更加突出文化驱动，加强文化软实力建设，提高公共文化服务能力，提升城市文明水平，增强区域发展动力；更加突出发展惠民，健全公共服务体系，加强服务管理创新，提升政府社会管理能力和行政效能，构建和谐社会关系，推进朝阳科学发展、民生幸福。

今后五年的工作目标是：完成"十二五"规划任务，综合发展实力始终保持全市前列，地区生产总值年均增长8%，城乡居民收入年均增长8%以上，城镇登记失业率控制在3.5%以内，区级财政收入年均增长9%以上，经济社会协调发展，人民生活持续改善，努力在转变发展方式、促进文化繁荣、建设和谐社会方面实现新跨越，打造具有世界影响力的国际商务中心，建设开放包容、和谐宜居、平安健康、时尚魅力的新朝阳。

**一、强化国际商务中心功能，推动区域全面快速发展**

牢牢把握国际商务中心的核心功能定位，加快转变发展方式，增强区域核心竞争力。力争通过五年努力，朝阳区国际化特征更加凸显、现代化水平国内领先、城市化目标基本实现、可持续发展能力显著提升。

坚持国际视野，全面提升国际化水平。国际化是朝阳最突出的发展特征和最重要的比较优势。推进国际化建设是朝阳区应对新一轮城市间竞争、抢占发展制高点的必然选择。要统筹利用好"两种资源"、"两个市场"，努力将国际化特征和资源优势转化为城市功能，全面推进中国特色世界城市试验区建设。大力发展国际金融、国际传媒和现代商务等高端产业，加快聚集世界高端企业总部、国际组织和机构、国际活动和国际高端人才，努力构建国际要素聚集、国际化服务功能完善、全区联动多点支撑的国际化发展格局。与国际规则加快衔接，完善适合国际化建设的涉外管理体制和配套设施，优化国际语言环境，建设国际一流的商务服务和生活服务环境。运用世界先进理念和技术，推进具有国际水准的标志性建筑和城市景观建设，打造特征鲜明的国际城市形象。紧抓环渤海经济圈、京津冀一体化和首都经济圈建设的重大战略机遇，在更大范围扩大国际交流、参与区域协作。力争通过五年努力，实现国际资源聚集能力的显著提升，国际交往承载环境的显著提升，国际商务中心功能的显著提升，国际形象和城市吸引力的显著提升，为北京扩大在首都经济圈乃至全球城市体系中的影响力，发挥积极作用。

突出核心功能，全面提高可持续发展能力。国际商务中心是朝阳最重要的城市功能和战略定位，坚持内涵式发展是我们的必然选择。未来五年，要走高端高效、创新驱动、集约发展的道路，加快建设转变发展方式示范区。加大产业结构调整力度，发展壮大现代服务、金融、文化创意、高新技术产业，加快培育新移动通信、新能源、新生物医药等战略性新兴产业，巩固提升传统商贸、高端生活服务、都市型现代农业，优化产业内部结构，着力构建现代高端产业体系。深化功能区带动战略，抓好"十大发展基地"建设，构建定位清晰、特色鲜明、多点支撑、统筹联动的发展格局。力争用五年时间，基本完成CBD核心区建设，东扩区开发建设取得实质进展，强化CBD的国际金融主聚集区和国际化高端商务区功能，打造国际金融城，提升CBD的金融资本集合能力、大宗商品定价能力、国际贸易匹配能力、信息传播影响能力和科技创新推动能力，建设智慧CBD、绿色CBD、文化CBD，逐步把CBD发展成为具有全球资源配置能力的国际商务中心。配合中国国学中心等国家级重大文化项目建设，加快奥运功能区建设发展，打造国家文化体育创新示范区和国际旅游会展中心。完成电子城东区、西区和北扩区一期建设，打造首都战略性新兴产业发展新高地。基本完成大望京科技商务区、金盏金融服务园区建设任务，东坝国际商贸中心建设全面启动，定福庄国际信息传媒中心、温榆河生态绿色休闲区、垡头环渤海总部商务区加快建设。鼓励企业自主创新，促进科技成果转化。坚持"绿色、环保、低碳"理念，加强资源节约和管理，万元GDP能耗下降19%。强化国有资产监管，深化国企改革，培育国有龙头企业，发挥国有经济在区域发展中的战略作用。加强政策研究和资源整合，在资金、技术、人才、信息和知识产权保护等方面，加大对中小企业的支持力度，增强区域经济发展活力。

高标准建设管理，全面提升现代化水平。高水平规划、高品位建设、高效能管理，提高区域综合承载能力。统筹城市规划、建设、运行、管理，合理配置资源，构建功能完备、布局均衡、高效连通、生态宜居的城市发展格局。加快茶家东路、化工路等主要道路建设，改善重点功能区、大型居住区和东部地区南北向的交通条件，完善东南部地区的路网结构，打通道路微循环，有效提高通行能力。坚持建管并重，逐步建立符合朝阳特点的城市公共治理模式。深化人口承载力预警机制建设，合理调控区域人口规模。积极创建绿色工地，加强施工建设质量管理，实施工地远程监控，在大型居住区建设中争创鲁班奖。进一步健全城乡统筹的环境管理体制，完善联勤联动机制，加强大气污染和环境秩序综合整治，全面推进垃圾分类管理，严格控制违法建设，高水平实施绿化美化，实现城乡环境质量新提升。建成50条环境优美大街和100个环境优美小区。继续建设"清水朝阳"，实施最严格的水资源管理，加强河湖综合治理，坝河、亮马河、北小河水质明显改善。加强源头治理，加快老旧小区和农村安置房的污水处理设施建设，新建成40个小型污水处理设施、30个污水排放达标小区。以信息化促进城市管理现代化，完善数字化城市管理系统，促进信息化手段在城市交通、应急、医疗、节能等领域的应用，建设"智慧朝阳"。完善水、电、气、热管网以及消防站点布局，加强维护管理，提升城市安全运行能力。强化生产、食品、药品、供水等领域的安全监管，有效遏制重特大安全事故。加强突发事件的风险管理、监测预警、现场处置、善后保障，提高应对突发事件的综合能力。

强化全域统筹，全面提升城市化水平。农村地区是朝阳建设国际商务中心的拓展区、配套区和服务区，是朝阳可持续发展的保证。要以城市化为方向，坚持全域规划、资源统筹、功能带动、分类推进，将财政投入向农村地区倾斜、基础设施向农村地区延伸、公共服务向农村地区覆盖，全面加快城乡一体化先行区建设，努力在产业发展、就业安置、社会保障、转工转居、体制创新等方面实现新突破，通过五年努力，城市化综合实现程度达到98%以上，基本实现农村城市化。充分利用和整合农村地区发展资源，在更大范围、更大市场配置资源要素，加强农村地区与"十大发展基地"的产业衔接，提升农村地区产业层级，促进集体经济良性发展，提高农民就业组织化程度，完善促进农民增收政策，构建城乡一体的就业和社会保障体系，提高农村地区经济发展水平和农民生活品质。因地制宜，积极稳妥推进乡村集体产权制度改革，逐步建立乡级统筹的集体经济管理体制。全面实现村庄社区化管理，逐步提高农村地区社区规范化建设水平。巩固绿化隔离地区建设成果，妥善解决产业发展、农民就业、社会保障等问题，提高绿化隔离带、郊野公园建设管理水平，大力发展都市观光农业和绿色休闲产业，努力打造优美郊野景色和生态宜居空间。

**二、强化文化软实力建设，提升城市文明水平**

文化是城市的灵魂和魅力所在，是人民的精神家园。紧紧围绕首都全国文化中心建设，把提升文化软实力作为科学发展的硬任务，发挥人民群众的主体作用，以文化创新激发城市活力，以文化繁荣增强城市内涵，为区域发展注入强大动力。

贴近百姓文化需求，提高公共文化服务能力。创建国家公共文化服务体系示范区，在全市率先建成覆盖城乡的四级公共文化服务体系。加快文化馆、图书馆、博物馆、档案馆等大型文化设施和街乡文化中心(站)、社区(村)文化活动室建设。深化文化惠民工程，深入推进科普知识、文体活动进社区(村)，健全文化配送服务机制和公共服务评估体系，举办一批形式多样、内容丰富的群众文化活动，打造一批展示朝阳形象、具有国际水平的文化精品，不断满足群众日益增长的精神文化需求。

加强文明建设，彰显朝阳城市人文魅力。加强社会主义核心价值体系建设，引领社会风尚，凝聚社会力量。在城市建设发展的同时，更加关注人的心灵需求。大力弘扬"爱国、创新、包容、厚德"的北京精神，深化全国文明城区创建成果，提升管理文明、公共文明、文化文明和生态文明，提高市民文明素质和城市文明程度。深入开展文明行业、文明单位等多种形式的创建活动，打造精神文明品牌。加大未成年人权益保护力度，健全社会、学校、家庭"三结合"的教育网络，建设有利于青少年健康成长的社会文化环境。加强朝阳城市人文形象的塑造和宣传，展示阳光向上、开放包容的精神风貌。动员社会力量，加强文化遗产保护，抓好地方志的编撰和档案管理工作,传承朝阳人民创造的优秀历史和传统文化,不断增强群众对朝阳的认同感和归属感。

推动集群发展,全力推进文化创意产业发展。坚持社会效益和经济效益有机结合,立足国际化、高端化、集群化,推动文化创意产业快速发展,扩大产业规模,加快建设中国国际信息传媒中心、版权交易中心、文化展示交流中心。以CBD—定福庄国际传媒走廊为核心,加快通惠国际广告产业园等重大项目建设,推进以文化传媒、广告会展、设计创意、古玩及艺术品交易为主导的文化创意产业聚集发展,打造国家级文化产业创新发展基地。

创新体制机制,增强文化发展活力。建立完善文化发展投入机制和公共文化服务设施运行机制,积极引入社会力量参与文化建设。促进文化市场主体培育,充分利用区域内大学、科研院所等资源,拓宽公共文化产品创作生产渠道,推出更多满足群众精神文化需求的优秀作品。加大政策集成和支持力度,构建开放、快捷、专业的服务体系,优化文化创新环境,促进优秀文化人才聚集。健全文化市场监管体系,确保文化市场规范、健康、有序发展。推进文化交流载体和平台建设,繁荣现代时尚文化,传承优秀传统文化,增进文化交流与合作。

**三、强化服务管理创新,促进社会和谐稳定**

发展的根本目的是让人民过上幸福美好的生活。要始终坚持发展为了人民、发展依靠人民,牢固树立以民生为导向的政绩观,把提升公共服务、创新社会管理、提高政府效能摆在更加突出的位置,完善“大民生”工作格局,大力加强以保障和改善民生为重点的社会建设,努力构建和谐社会模范区。

完善基本公共服务,提升社会事业发展水平。坚持政府保障基本需求、社会提供多样选择,继续加大对民生领域的政策和财政资金倾斜力度,鼓励和引导社会资金进入民生领域,全面落实“十大民生工程”,推进基本公共服务均等化。坚持教育优先发展战略,大力发展优质均衡的基础教育,全面提高素质教育水平,学前教育基本满足入园需求,国际教育持续领先,职业教育特色发展,社区教育实现全覆盖,构建完备的终身教育体系。不负重托,建设好、发展好北京中学。85%以上的高中生享受优质教育,所有适龄儿童均能平等接受高质量的义务教育,优质教育资源总量进入全市前列,教育质量和水平实现新的突破,从教育大区迈入教育强区。全面提高卫生资源供给能力和服务水平,深化医疗卫生体制改革,扩大开放,完善医疗资源布局,引进优质医疗资源,鼓励和支持各大医院以及民办、国际等各类医疗机构发展,完善社区卫生服务功能,培养和引进优秀医务人员,构建稳固的公共卫生体系,基本形成社区医疗基础好、专科医疗有特色、国际医疗高水平、公办民办医疗机构互为补充的医疗事业协调发展格局,主要卫生指标位居全市前列。加强管理、完善政策,缓解群众在重特大疾病中的医疗负担。强化国民体质监测和慢病防治,增加和完善体育设施,广泛开展全民健身体育活动,网球、击剑等重点体育项目走在全市前列,增强群众健康素质,建设“健康朝阳”。实施更加积极的就业政策,统筹资源、加强培训,提高组织化、精细化水平,千方百计扩大就业。健全覆盖城乡的社会保障体系,扩大社会保障覆盖面,实现人人享有保障、待遇稳步提高。健全社会救助制度体系,发展养老、慈善等社会福利事业。加强统筹,优化布局,推进保障性住房建设,提高工程质量,完善分配机制,加强运营管理,把安居工程建成群众满意工程。

推进社会服务管理创新,构建和谐社会关系。探索社会服务管理新方式、新途径,努力使社会管理体系更健全、利益维护机制更完善、基层管理服务更有效、公共安全形势更稳定。完善全模式社会服务管理系统,拓展社会公众参与公共事务渠道,创新社区居民自治的方式方法,构建党委领导、政府负责、社会协同、公众参与的社会管理格局。健全社区服务体系,整合社会服务资源,培育更多的特色品牌,实现“一刻钟社区服务圈”全覆盖。推进以政务诚信、商务诚信和社会诚信为重点的社会信用体系建设,营造诚实守信的社会环境。完善人口服务管理,提高“新居民”和外籍人员服务管理水平。以群众工作统揽信访工作,加强信访及矛盾化解体系建设,维护好群众权益。深化“平安朝阳”建设,完善网络化社会治安防控体系,科技创安覆盖率达到90%。加强联合执法、群防群控、综合治理,严密防范和严厉打击各种违法犯罪活动,不断提升群众安全感。

强化政府服务管理,优化政务环境。良好的政务环境是促进区域科学发展的重要保证。必须始终坚持为民、务实、清廉,进一步转变政府职能,创新管理机制,提高行政效能,努力提供更加规范有序、高效便民、公开透明的政府服务。全面规范行政行为,努力建设法治政府。严格依照法定权限和程序行使权力、履行职责、接受监督。推进政务公开。对影响区域经济社会发展的重大战略问题,广泛征求专家、学者和社会各界意见,提高科学决策水平。加强行政执法队伍建设,提高行政执法能力。全面提升行政效能,努力建设服务政府。加快建立“阳光、高效、廉洁”的行政审批机制,完善投资服务大厅功能,优化审批流程,扩大网上审批范围,提高行政审批效率。全面推行绩效管理,提高政府工作实效。切实转变工作作风,努力建设廉洁政府。增强为基层、为群众办实事意识,强化发现问题在基层、解决问题在部门的工作机制,提高超前谋划统筹协调、调查研究推进发展、联系群众破解难题的能力,建设一支政治坚定、业务精通、清正廉洁、作风优良的高素质公务员队伍。始终把廉政建设摆在重要位置,坚决贯彻民主集中制,狠抓党风廉政建设责任制落实和廉政风险防控管理,加大对重大工程和重点领域的资金监管和审计力度,加强对各级政府领导班子尤其是"一把手"的权力监督。严肃财经纪律,强化节俭意识,加强财政资金监管和政府融资管理,提高资金使用效率。

## 2012年工作建议

2012年是新一届政府的届首之年,也是促进朝阳又好又快发展的关键一年。国内外经济环境依然复杂严峻,不稳定、不确定性因素增多,发展竞争更加激烈,特别是我区经济总量大、外向度高,对外部经济环境变化敏感,要实现高基数下的高增长,压力明显加大。我们必须全面正确判断形势,准确把握朝阳发展新阶段新特征,聚精会神搞建设,一心一意谋发展,更加奋发有为地推动朝阳区各项工作再上新台阶。围绕今后五年发展任务,2012年要重点抓好9个方面工作,确保开好头、起好步。

一是进一步提升经济发展水平。坚持速度与质量、结构与效益相统一,实施四大产业新的"三年行动计划",促进结构优化升级和消费、投资稳步增长,全力确保经济平稳运行,财政收入增长9%。加快服务贸易平台建设,巩固提升现代服务业,创建国家级商务示范区。加大重大项目引入力度,吸引8到10家世界500强企业和跨国公司地区总部入驻,力争中国农产品交易所等要素市场落户,新增40家以上金融机构,引进一批文化创意产业、战略性新兴产业重大项目。支持一批具有自主知识产权和带动作用的企业和项目,专利授权量和技术合同成交额分别增长10%和15%。强化资源利用管理,加强重点耗能企业监管,推进建筑节能改造,加快循环经济产业园建设,万元GDP能耗下降5%。搭建有针对性的金融服务平台,加大对中小企业的扶持力度。加强与驻区企业联系,掌握需求,提供有针对性服务。

二是加快"双十工程"建设。强化统筹联动、责任落实,完善"双十工程"工作保障机制,分类别、分阶段、有重点地开展工作,确保重点项目年内有进展、有突破、有实效。开工一批重大项目,力争CBD核心区项目全部开工,公共配套设施工程主体结构基本完工;加快电子城北扩区一期、金盏金融园区、温榆河等地区的基础设施建设,产业项目培育取得实质性进展;力争东坝北区控规获批,推进重点地块入市。竣工一批重点工程,凤凰国际传媒中心、国家广告产业园(一期)投入使用,图书馆新馆正式开馆,大望京地区20%项目封顶。推进一批重点设施,启动朝阳第二福利中心、工人文化宫建设;加速实施垂杨柳医院改扩建工程;抓紧推进文化馆新馆、档案馆新馆、博物馆、消防指挥中心的规划研究,尽快完成规划立项等前期工作。

三是加快城乡一体化建设。完善农村地区产业发展领导小组工作机制,统筹全区资源,分类促进农村地区产业优化升级,加大对重大项目支持力度,力争在产业空间规划上实现新突破。落实市政府关于"进一步完善政策推进绿化隔离地区建设议案"的办理意见,协调市相关部门,有序推进整建制转居等工作,巩固绿化隔离地区建设成果。完成41个村土地储备上市地块拆迁腾退和重点村整治,加快南皋、东坝、长店等定向安置房建设,同步完善周边道路、供水、环卫等基础设施。落实工作责任,严格控制违法建设。加强指导,分类推进农村产权制度改革。强化就业服务,开展有针对性的职业技能培训,加快农村劳动力就业安置。鼓励农村劳动力参加城镇社会保险。继续加大投入,新型农村合作医疗在全市率先实现区级统筹。加强农村地区社区建设,已建社区的规范化率达到100%,提高农村地区公共服务水平。

四是争创国家公共文化服务体系示范区。加强文化创新政策研究,健全体制机制,完善文化发展规划和布局。实施公共文化惠民工程,推进公共文化设施全覆盖,建设潘家园社区教育综合中心、5个地区级文化中心,推进街乡文化中心、24小时自助图书馆建设,完善基层文化辅导中心和图书配送服务中心功能。筹建人文奥运博物馆和国际金融博物馆,推进东岳书院建设。整合资源,构建体系,推进社区教育基地和数字化学习中心建设,提高社区教育发展水平。办好国际体育文化节、全民健身日等文体活动。深化全国文明城区创建成果,健全长效机制,加强志愿服务管理体系建设,打造社会服务、公益服务、公共文明引导等特色品牌,进一步提升区域文明程度。

五是创新社会服务管理。在全部街乡应用全模式社会服务管理系统。完善协商民主等自治管理制度,探索居民自治新途径、新方法。做好第八届社区居委会换届选举工作。围绕"六型"社区建设,完善社区服务功能,贴近百姓需求办实事,力争每个街道推出一项服务新品牌。健全枢纽型社会组织工作网络。加强实有人口库建设,把人口总量控制、结构调整与服务管理有机结合,引导人口有序流动。以麦子店和常营地区为试点,探索国际化社区服务和保障性住房地区的社会管理新模式。深化老旧小区准物业管理试点,加强对物业公司的监管。探索以群众工作统揽信访工作有效机制,推进重大决策信访维稳风险评估,支持基层创新方式方法,有效化解社会矛盾。完善治安防控体系,加强基层综治维稳中心、公安派出所和消防队站建设,开展治安专项整治,营造平安和谐的社会氛围。

六是提升城市管理水平。下大力气解决影响城市环境的痼疾顽症,提高街巷胡同、居民小区、学校、工地等地区的环境水平。推进重点地区城市景观建设,建成6个郊野公园,新增、改造绿化面积200公顷,建设环境优美大街10条、环境优美小区20个。分类推进危房和老旧小区改造。实施曹各庄排水沟等3项水环境治理工程,完成北小河污水处理厂升级改造,建成4个污水排放达标小区和3个节水型社区,提升水环境质量。落实清洁空气行动计划,完成市政府下达的空气质量任务指标。完善数字化城市管理体系,实施智能交通监控系统等信息化管理项目。着力缓解交通拥堵,推进主次干路建设,打通一批断堵头路,整顿交通秩序和停车秩序。在东三环及周边区域设置173处公共自行车服务站点,倡导绿色出行。持续加强食品药品、消防和安全生产监管,遏制非法经营,提高突发事件风险防范和应急处置能力。

七是加快教育卫生事业发展。深入推进素质教育。全面实施《朝阳区进一步加强教育系统名长名师工作意见》,从资金投入、住房保障、学习培训等方面,进一步完善人才发展和引进机制,优化人才成长环境,扩大名校长、名教师规模。启动北京中学规划建设,加快北京二中朝阳学校、汇文中学朝阳学校等引进名校的建设步伐,力争东北师大附中朝阳学校开学。同步完善居住组团的教育配套,新开办幼儿园5所,建成常营、金盏等3所规模校。切实加强校园、校舍、校车安全管理。以望京、常营、垡头等居住组团和南部地区为重点,引进国家、市级优质医疗资源,推进区域医疗中心建设。完善三级急救网络,创建全国卫生应急示范区。扩大家庭医生服务覆盖面,加强健康维护,打造中医特色品牌,推行重点疾病社区一体化防治,提高社区卫生服务水平。

八是完善就业和社会保障体系。扎实做好就业促进工作,多种渠道增加就业岗位10万个,实现城镇登记失业人员再就业2万名,城镇登记失业率控制在2%以内,有就业愿望的农民100%就业。提高人民生活水平,城乡居民人均收入分别增长8%。健全城乡社会保障体系,各项城镇职工社会保险参保人数增长2%以上,新转居的农村劳动力100%纳入城镇社会保障体系。加大困难群体帮扶力度,积极落实"九养"政策,完善养老服务体系,新增养老床位1000张。严把工程质量关,建成80万平方米保障性住房,完善周边市政、日常生活、文化服务配套设施,做好配租配售工作,强化后期管理服务,把保障房建成群众放心工程。

九是提高政府行政效能。围绕建设法治政府、服务政府、廉洁政府,突出效能建设,注重管理创新,着力提高政府工作实效。强化民主法治建设。全面落实依法行政规划,坚决贯彻执行区人大及其常委会决议,认真听取区政协、民主党派和人民团体的意见,高水平办理议案、建议。完善公众参与、专家论证、风险评估等重大决策程序,提高政府科学民主决策能力。强化政府管理创新。完善公共财政投入机制,加强对重点功能区建设、重大民生事业发展的政策保障和资金支持。实施会计委派制等措施,加强财政资金监管。提高行政审批效率,完善政府绩效考核体系,形成权责一致、分工合理、决策科学、执行顺畅、监督有力的行政管理体制,营造公平竞争的市场环境、稳定透明的政策环境、规范健全的法制环境、优质高效的服务环境。强化为民、务实、清廉,加大重点领域审计监督力度,健全监督制约机制,深化廉政风险防控管理。强化作风建设,发扬敢于担当、敢于碰硬、敢于创新的精神,以良好的行政效能确保各项工作任务全面完成。

各位代表,未来五年发展任重道远,伟大的时代召唤着我们,光荣的使命激励着我们。让我们在市委、市政府和区委的领导下,在区人大、区政协的监督支持下,以科学发展观统领全局,勇于面对挑战,积极改革创新,团结依靠全区人民,全面推进"新四区"建设,为首都建设中国特色世界城市做出应有的贡献!

# 朝阳区人民代表大会常务委员会工作报告

——2011年12月20日在朝阳区第十五届
人民代表大会第一次会议上

朝阳区人大常委会主任　王力军

各位代表：

我受朝阳区第十四届人民代表大会常务委员会的委托，向大会报告本届常委会五年来的主要工作，请予审议。

本届常委会任职的五年，是朝阳区经受重大考验、铸就发展辉煌的五年，也是常委会贯彻监督法、扎实推进“六个新作为”工作目标、人大工作取得显著成效的五年。五年来，在中共朝阳区委的领导下，常委会坚持以邓小平理论和“三个代表”重要思想为指导，深入贯彻落实科学发展观，围绕“新四区”建设，认真履行宪法和法律赋予的各项职责，务实创新，努力工作，为坚持和完善人民代表大会制度，推进我区经济社会又好又快发展做出了积极贡献。

**一、坚持对人民代表大会负责，依法履行职责**

我国宪法规定，地方人民代表大会是地方国家权力机关。常委会作为区人民代表大会的常设机关，始终坚持对人民代表大会负责，把服务保障人民代表大会充分行使职权，作为做好人大工作、实践“六个新作为”的首要任务，依法履行法定职责，保证人民代表大会发挥地方国家权力机关作用。

认真执行大会决议。常委会依法向区人民代表大会报告决议执行情况，并按照决议精神制定年度工作计划，开展各项工作，确保决议的落实。五年来，共召开常委会会议36次，完成议题168项，召开主任会议41次，完成议题73项。依法行使监督权、重大事项决定权、人事任免权，听取和审议“一府两院”专项工作报告31项，听取审议国民经济和社会发展计划执行情况报告、预算执行情况报告、财政收支审计工作报告21项，审查和批准财政决算、预计超收收入使用方案5项，开展法律法规实施情况的检查17项；任免国家机关工作人员418人次，其中区级领导人员14人次，区人大常委会工作机构负责人23人次，区政府组成部门负责人61人次，区法院、区检察院工作人员320人次。通过履行法定职责，推进了我区社会主义民主政治建设，保证、督促和支持“一府两院”依法行政、公正司法，促进了经济社会的科学发展，圆满完成了第十四届人民代表大会各次会议确定的任务。

加强大会议案督办。大会议案是人民代表大会经过法定程序确立的具有法律约束力的议事案。常委会抓住议案提出、督办和跟踪检查三个环节，创新思路，改进方式，努力提高议案督办实效。大会召开前，通过组织代表视察调研、听取汇报、走访选民，引导代表紧密结合全区经济社会发展的重点和人民群众普遍关注的热点准备建议案，为大会确立高质量的议案打好基础。议案办理中，常委会加强工作统筹，健全督办机制，明确督办重点，通过议案督办解决实际问题，推进整体工作。议案办结后，对“一府两院”落实常委会审议意见的情况进行跟踪监督，对未落实的内容，列入下一年度工作计划继续督办，并将议案办理情况向人民代表大会报告，接受代表监督。五年来，本届人大历次会议共确立6项议案，有力推进了经济社会发展和民生改善。通过奥运环境议案的办理，代表高度关注的“三路一桥”建设任务相继完成，城乡基础设施建设加速推进；通过和谐建设议案的办理，全区近百个老旧小区改造一新，基层卫生、公共教育和公共文化三大服务体系日趋完善；通过基础设施议案的办理，农村地区特别是东部地区的基础设施承载力进一步提高；通过经济发展议案的办理，进一步夯实了全区经济发展的基础，区政府有效应对金融危机，经济继续保持平稳较快增长；通过养老服务议案的办理，促进了“九养”政策的落实，首次制定了我区养老事业发展五年规划；通过学前教育议案的办理，推动政府制定了学前教育事业发展三年行动计划，积极扩大学前教育资源，2011年幼儿园(所)新增学位4000多个，“入园难”问题得到缓解。

抓好代表建议落实。代表建议是代表依法行使权利的重要内容。常委会坚持把机制建设放在首位，建立了主任、副主任重点督办，代表联络室统筹协调，各工作委员会分工协作的督办工作格局，不断完善督办方法，促进代表建议落实。在坚持会前征集代表建议的同时，深化分类督办，由各工作委员会结合监督职责和承担的常委会议题任务督办代表建议，形成督办合力。对代表关注度高、政策性强、办理难度大的建议，由主任、副主任重点督办，促进问题的解决。对代表反复提出、连续多年未落实的建议，实行届内跟踪督办，整体深入推进。对承办建议数量多、任务重的单位，加强重点督促和具体指导。“一府两院”狠抓建议落实，区政府把建议办理工作纳入依法行政考核内容，代表建议办理工作质量和实效不断提高，既解决了一批百姓关心、代表关注的实际问题，又有力推动了“一府两院”工作。五年来，常委会共督办代表建议1507件，落实率由2007年的24%提高到2011年的52%。针对超出我区职权表的作用，推动建议的落实。本届以来，市代表向市人大转交区代表建议355件，通过市代表的积极呼吁和努力，推进解决了污水治理、道路改造、垃圾消纳等一批涉及群众切身利益的问题。

圆满完成区、乡人大代表换届选举工作。选好人大代表是保障人民代表大会依法行使职权的基础。为了做好这项工作，常委会抓住我区作为全市换届选举推演试点的机遇，成立主任、副主任牵头的调研小组，深入各街乡开展调查研究，认真分析换届选举工作面临的新形势、新问题，并针对选民人户分离严重、流动人口数量剧增等情况制定应对方案，向市人大常委会和区委提出建议，为我区换届选举工作的顺利进行打好基础。换届选举工作启动后，常委会按照全市统一部署，坚持党的领导，充分发扬民主，严格依法办事，加强对区、乡两级人大代表选举工作的领导，认真细致地抓好宣传动员、选民登记、提名推荐、集中投票等各个环节，切实保障选民的民主权利。经过各选举分会、各乡和解放军选举委员会的共同努力，区、乡两级人大代表换届选举任务圆满完成。共选出区级人大代表445名，乡级人大代表898名。代表结构更加合理，整体素质进一步提高，为新一届人大开展工作奠定了良好的基础。此次换届选举充分保障了广大人民群众的民主权利，是全区人民广泛参与社会主义民主政治建设的一次生动实践。

本届以来，常委会共召集6次人民代表大会会议，始终坚持服务保障人民代表大会依法行使权力，保证人民当家作主，集中表达全区人民的共同意志和愿望，凝聚了推进发展的强大力量，充分发挥了人民代表大会制度的优势和作用。

**二、坚持围绕中心、服务大局，切实发挥作用**

围绕中心、服务大局，是做好人大工作、实践“六个新作为”的重要原则。本届常委会任职的五年，朝阳区先后经历了奥运和国庆服务保障、应对国际金融危机、创建全国文明城区等全局性大事，常委会紧紧围绕全区不同时期的中心任务，依法履行监督职责，推进经济社会又好又快发展。

着力推进科学发展。常委会紧扣科学发展主题，加强对事关发展大局的重点工作的监督。围绕推进功能区发展，多次组织代表到CBD、电子城、奥运等功能区和相关企业视察调研，专题听取CBD功能区东扩发展与规划情况、电子城功能区发展情况的报告，提出了加强规划、完善政策、健全机制和整合资源等建议，促进功能区转变发展方式，拓展发展空间，增强带动辐射功能。围绕推进农村城市化，先后听取审议了区政府关于农村基础设施、产业发展与农民就业、土地储备和土地储备安置房建设等专项工作报告，听取了产权制度改革、农村社区建设、郊野公园建设等工作情况汇报，提出了加强城乡统筹、维护农民利益、提升公共服务等建议。区政府采取有力措施落实常委会审议意见，农村经济实力进一步增强，农民就业服务体系更加完善，改革步伐明显加快，城乡面貌显著改善。围绕推进全面协调可持续发展，对节能减排、土地利用规划编制、奥运后经济发展、科技创新、文化发展、人口与计生、国有企业改革等工作进行专项监督，促进人口、资源、环境相协调，增强发展后劲。常委会还充分发挥对计划和预算监督的作用，全程监督“十一五”规划的实施，首次对规划纲要以及就业和社会保障等重点专项规划执行的中期评估工作开展监督，推动政府加强全区工作统筹，促进规划落实。组织委员和代表提前介入“十二五”规划研究，征集、整理13个方面415条建议反馈政府，促进规划的科学编制，推进“十二五”规划实现良好开局。以提高绩效为目标，开展财政预决算监督，完善预算监督办法，延伸预算监督范围，加强重大支出、专项支出和超收收入的监督，推进了审计结果公开和审计发现问题的整改，为我区优化经济结构、推进城乡统筹、保障改善民生提供有力的财政支持。

着力推进民生改善。常委会以就医、就学、住房等关系群众切身利益的热点问题为监督重点，督促政府加大资金投入，完善体制机制，让人民群众充分享受发展成果。为加快推进我区卫生事业发展，常委会连续四年就加强基层卫生服务、推进公共卫生体系和社区卫生服务体系建设、完善农村医疗卫生体系以及垂杨柳医院改扩建等工作进行监督。区政府加大资金投入力度，加快社区卫生服务中心(站)标准化建设，完善街乡公共事业机构设置，实现社区常用药品零差率销售全覆盖，努力解决群众看病难、看病贵问题。启动垂杨柳医院改扩建工程，积极改善东南部地区群众就医状况。针对群众反映强烈的教育问题，常委会自2007年以来连续对公共教育服务、初中校建设、城乡教育均衡发展等工作进行监督，督促区政府实施初中校建设和小学规范化建设工程，支持引进一批优质教育资源，全区教育质量稳步提升。围绕解决困难群众住房难问题,常委会在听取区政府危旧房改造与经济适用房、廉租房建设工作情况的基础上,重点听取审议了区政府关于保障性住房工作情况的报告,促进群众特别是低收入群体住房难问题的解决。食品安全关系人民群众身体健康和生命安全。常委会持续对食品卫生情况进行监督,特别是食品安全法颁布后,深入开展执法检查,对重点行业和重点环节进行集中视察和检查,督促有关部门加强食品安全监管,有力地促进了我区食品安全工作。常委会还对奥运后城市环境管理、社会建设、城管监察、物业管理及垃圾无害化处理等工作进行监督,巩固奥运成果,提高城市现代化管理水平;就农民饮水安全和冬季供暖、劳动合同法执行情况等问题开展专题调研,推动相关问题的解决。高度重视信访工作,充实力量,完善机制,加强信息分析,建立预警制度,积极化解矛盾。五年来,共办理群众来信来访3005件次,妥善处理和督促解决了拖欠工资、伤害赔偿、劳动保险、医疗赔偿等一批难题,维护了群众合法权益,促进了社会和谐稳定。

着力推进"法治朝阳"建设。常委会综合运用执法检查、听取审议专项工作报告、视察调研等各种方式,促进"一府两院"依法行政、公正司法,为区域发展提供良好的法治环境。五年来,先后对资源环境、水污染防治、大气污染防治、消防安全等方面法律法规的实施情况进行了检查,对贯彻义务教育法、物权法、安全生产法等工作加强监督,促进了有关法律法规的贯彻实施。在此基础上,常委会听取审议区政府关于全面推进依法行政规划(2005—2008)、加强法治政府建设的报告,督促区政府规范行政行为、提高行政效能。听取审议区政府推进"五五"普法、制定"六五"普法规划工作情况的报告,做出了进一步加强法制宣传教育的决议,积极推进依法治区。常委会从人民群众反映集中的问题入手,加强对"两院"工作的监督,先后听取审议了区法院关于庭外和解、执行工作、商事审判、刑事审判、立案审判等工作报告,区检察院关于民事行政检察、监所检察、公诉等工作报告。为多角度了解司法工作的实际情况,增强监督效果,常委会组织代表学习相关法律法规,旁听案件审理,开展视察、座谈活动,并在广泛征求相关人员意见的基础上,提出建议,督促"两院"加强管理,完善机制,改进作风,进一步提高办案质量和效率,积极拓宽司法为民新途径,为区域经济社会发展提供司法保障。

在依法履行监督职责的同时,常委会积极投入全区重点工作,切实发挥作用。在服务保障奥运中,针对安全保卫、矛盾排查、食品安全、传染病预防与控制、困难群体救助以及奥运工程建设资金使用等热点问题,组织代表深入调研视察,听取审议奥运服务保障专项工作报告,支持促进政府做好奥运筹备工作。常委会主任、副主任按照区委工作部署,参与各指挥部和国家体育馆管理工作,深入基层协调解决问题,并组织代表和机关干部投身奥运服务保障,为举办一届高水平、有特色的奥运会做出了应有贡献。

面对国际金融危机严峻挑战,常委会在认真督办经济发展议案的同时,把加强对经济工作监督、听取专项工作报告和执法检查有机结合,推进"保增长、保民生、保稳定"任务的落实。常委会主任、副主任带队,走访了38家重点企业的人大代表,针对调研中发现的问题,整理出优化发展环境、加强税源建设、加大企业扶持力度等十个方面的建议和对策,为我区有效应对金融危机、制定有针对性的政策措施提供了有力支持。

2010年以来,我区创建全国文明城区工作进入关键阶段。常委会结合议题安排,多次组织人大代表深入社区、工地、市场、街头开展视察调研,连续两年听取审议区政府创建全国文明城区工作报告,针对存在的困难和问题,提出把创建工作与统筹改善民生、城乡协调发展、优化发展环境紧密结合的建议,推动了创建工作的深入开展。

常委会还集中力量,对群众多年反映的绿化隔离地区和高安屯垃圾填埋场建设等事关群众切身利益和我区发展大局的难题开展调研,加强与市有关部门的沟通协调,借助市人大代表的优势,促使形成市人大议案或代表建议。困扰我区多年的绿化隔离地区历史遗留问题的解决取得实质性突破,高安屯垃圾填埋场异味扰民、十八里店白墙子村集体土地征而未拆等难题的解决取得积极进展。

常委会高度重视代表在服务发展大局中的作用,先后开展了"发挥代表作用、服务保障奥运"、"我与祖国共命运,我为'三保'做贡献"和"人大代表进选区,文明创建我参与"等主题活动,积极引导代表参与全区重点工作。本届以来,参加各类主题活动的代表达1800余人次。各位代表牢记使命,充分发挥专业特长和智力优势,了解民情、反映民意、凝聚智慧、建言献策,忠实履行了国家权力机关组成人员的神圣职责,发挥了不可替代的重要作用。

**三、坚持探索创新,不断提高工作质量和实效**

探索创新是做好人大工作、实践"六个新作为"的必然要求。常委会在依法履职的过程中,注意及时总结经验,探索工作的新方式、新举措,建立健全各项制度,努力提高人大工作水平。

改进监督工作。常委会认真贯彻监督法,创新监督方法,完善监督机制,不断提高监督水平。实施监督工作项目管理,制定了监督工作项目管理办法,严格议案督办、听取审议专项工作报告、执法检查等工作的程序和要求,明确了议题立项、制定方案、视察调研、形成意见、听取审议、跟踪检查等步骤和环节,使监督工作程序更加规范,实效性进一步增强。深化调查研究,力求做到把握上级的精神和工作要求、把握"一府两院"的工作重点和群众关注的热点、把握审议议题所涉及的法律法规、把握监督的重点任务和方式方法,确保调研意见有分析、有建议、有深度,监督工作的针对性进一步提高。综合运用多种监督形式,把听取审议专项工作报告、执法检查、督办议案建议等方式有机结合,整合力量,加强协同,加大了监督力度,提高了工作效率。针对一些需要长期努力才能解决的问题,常委会抓住不放,开展持续监督和跟踪监督,促进政府分阶段、有步骤地加以解决,不断取得阶段性成果。同时,注重加强与"一府两院"的沟通协调,形成了人大监督推动、"一府两院"乘势落实,沟通互动、合力推进的工作局面。

完善代表工作体系。代表工作是常委会工作的基础。常委会把促进代表履职、发挥代表作用,作为代表工作的主要目标,形成了常委会负责,代表联络室综合协调,机关各工作委室密切配合,人大街道工委、地区代表小组为工作基础的代表履职服务体系,代表工作水平不断提高。加强制度建设,制定了代表工作规则,修订完善了常委会组成人员联系代表、代表联系选民、常委会机关各委室组织代表活动登记备案等制度,畅通常委会与代表、代表与选民联系的渠道,代表工作更加规范。创新服务方式,将常委会会议、主任会议的召开时间及议题安排提前寄发代表,由代表选择参加,深化代表对常委会工作的参与;改进代表培训工作,针对代表需求确定培训内容,实行"订单式"服务,帮助代表提高履职能力,保障代表知情知政;探索实施市、区、乡三级代表联动,充分发挥代表服务我区发展的优势和作用。完善激励机制,开展了代表工作达标考核活动,对人大街道工委和地区代表小组的工作进行达标评定,各人大街道工委、地区代表小组以达标考核为契机,进一步提高服务代表水平,有效激发了代表履职的积极性和主动性。本届以来,共有170名联系选民好和发挥作用好的"双好"代表、47名优秀建议领衔代表受到区人大常委会表彰。认真做好市人大朝阳团代表的服务保障工作,积极开展闭会期间的活动,邀请市人大代表列席区人民代表大会会议、常委会会议及相关视察调研,使市人大代表了解区情、参与朝阳建设发展。

加强自身建设。面对新的形势和任务,常委会努力提高组成人员和机关工作人员的政治素质和能力水平。通过举办常委会读书班、专题讲座、会前学法等方式,加强政治理论、法律法规和人大业务知识的系统学习,提高组成人员综合素质和审议水平,不断强化政治意识、大局意识、群众意识和法制意识,使常委会成为团结、民主、和谐、进取的集体。特别是结合纪念区人大常委会设立30周年,系统总结人大工作的基本经验,深化对人民代表大会制度的认识,切实增强做好人大工作的自觉性、责任感。制定了常委会审议意见办理、公民旁听、议案督办和"一府两院"落实常委会审议意见结果向社会公开等工作制度,修订完善区人大常委会议事规则,完成了常委会及机关各项工作业务流程的汇编。本届常委会共出台、修订和完善制度近30项,促进了各项工作的规范化、制度化。适应我区经济社会发展和工作需要,组建了农村工作委员会,成立市人大代表联络处,单独设立研究室和信访办公室,常委会工作机构不断健全,职能进一步理顺。深入开展创建学习型、研究型、效率型机关和创先争优活动,坚持"讲大局、讲团结,比素质、比业绩",加强思想政治建设,加大学习培训力度,积极推进人大机关干部与党政干部的交流,机关干部的年龄结构、知识结构进一步优化,队伍活力显著增强,工作能力和水平不断提高。加强人大制度和人大工作的宣传,创办了朝阳报《代表直通车》栏目,坚持办好朝阳有线电视《和谐在线》,完成了机关网站的升级改造,充分发挥人大代表特约信息员的作用,信息工作始终保持全市人大系统前列,形成了"四位一体"的宣传信息工作格局。

此外,常委会还积极协助市人大开展了立法调研、执法检查和工作视察等活动。加强对乡人大工作的指导,制定了乡、民族乡人大工作规则,规范职责、程序和要求,每年召开乡人大工作会议,交流经验,改进工作。各乡人大都成立了办公室,乡人大工作步入规范发展新阶段,进一步巩固了基层政权建设。加强与兄弟市、区人大的学习交流,开展了与国外地方议会的友好交往,宣传人民代表大会制度,加深了解,增进友谊。

各位代表,回顾过去的五年,区十四届人民代表大会全体代表和35名常委会组成人员认真履职,不负重托,为坚持和完善人民代表大会制度尽心竭力,毫不懈怠。经历难忘,体会深刻。

五年来,我们对根本政治制度的认识更加深刻。人民代表大会制度是我国的根本政治制度。人民代表大会作为根本政治制度的重要组成部分,是人民群众表达意愿、实现有序政治参与的重要渠道。常委会坚持对人民代表大会负责,认真做好依法召集会议、组织代表活动等工作,保证代表依法行使管理国家和社会事务的权利,有效表达人民群众的意志和意愿。坚持民主集中制,无论是行使监督权、重大事项决定权还是人事任免权,都充分发扬民主,严格依法按程序办事,集体行使职权,集体决定问题,更好地体现人民的共同意志。我们必须不断增强坚持和完善根本政治制度的责任感和使命感,始终身怀敬畏之心,做好人大各项工作,努力把人民代表大会制度在推进我区现代化建设各项事业中的优势充分体现出来。

五年来,我们对坚持正确政治方向的认识更加深刻。坚持党的领导、人民当家作主和依法治国的有机统一,是坚持中国特色社会主义民主政治发展道路的关键,是人民代表大会制度的本质特征,也是做好人大工作必须坚持的政治方向。其中,党的领导是核心,是做好人大工作的根本保证。常委会始终围绕区委中心工作和人民群众关心的问题依法履行职责,确保区委决策和部署在人大工作中的落实,使党的主张通过法定程序转化为全区人民的共同意志,形成共建朝阳的合力。区委重视、支持人大工作,先后主持召开了人大工作会议、代表工作会议,研究解决实际问题,为人大及其常委会依法开展工作提供了强大的支持和坚强的政治保障。我们必须始终坚持党的领导,确保人大工作沿着正确的政治方向依法推进,使人民代表大会制度的优越性和生命力得到更加充分的展现。

五年来,我们对人大工作规律的认识更加深刻。坚持和完善人民代表大会制度,做好人大工作,必须把握我国社会主义民主政治发展进程,必须把握人大的职能定位,必须把握我区经济社会发展形势和特点,必须坚持监督与支持相结合,必须坚持充分发挥代表的主体作用。常委会在确定监督重点时,坚持围绕中心、服务大局,按照"准、精、实"的工作原则,突出重点,抓住关键,做该做、能做、有用、有效的事。在监督过程中,加强沟通,使常委会与"一府两院"的工作同心、同向、同力。在监督实效上,综合运用各种监督方式,注重发挥代表的优势,不断提高监督水平,解决问题,推进工作。我们必须顺应时代发展的潮流和人民群众的期待,自觉把握人大工作的规律,不断在人大工作实践中总结新经验,做出新探索,提高新水平。

五年来的实践证明,本届常委会提出的"六个新作为"工作目标既是我们努力的方向,也为我们做好人大工作提供了强大的动力。在这一目标的指引和激励下,常委会努力完成了既定的各项工作任务。成绩的取得,是中共朝阳区委正确领导,人大代表和常委会组成人员共同努力,"一府两院"有力支持,广大人民群众和社会各界帮助促进的结果。在此,我代表区第十四届人大常委会,向全体人大代表,向所有关心、支持、帮助人大工作的同志们、朋友们,表示崇高的敬意和衷心的感谢!

各位代表,刚刚闭幕的朝阳区第十一次党代会提出了今后五年的发展目标和工作任务。宏图已经绘就,未来任重道远。我们相信,在中共朝阳区委的领导下,在全体代表的共同努力下,即将选举产生的第十五届人大常委会一定会切实履行好宪法和法律赋予的各项职责,在继续坚持和完善人民代表大会制度、服务大局推进发展、服务代表发挥代表主体作用等方面取得新的成绩,为朝阳区推进社会主义民主政治建设,实现科学发展、民生幸福做出更大的贡献!

# 中国人民政治协商会议<br>北京市朝阳区第十一届委员会常务委员会工作报告

——2011 年 12 月 17 日在政协北京市朝阳区第十二届委员会第一次会议上

朝阳区政协主席　辛燕琴

各位委员:

我受政协北京市朝阳区第十一届委员会常务委员会的委托,向大会作工作报告,请予审议。

## 五年工作回顾

十一届区政协常委会任期的五年,是朝阳区抢抓机遇、锐意创新、攻坚克难、共铸辉煌的五年,也是常委会团结和依靠各界委员围绕中心、服务大局,汇聚力量、履职有为,持续推进人民政协事业创新发展的五年。五年来,在中共朝阳区委的领导下,常委会高举中国特色社会主义伟大旗帜,坚持以邓小平理论和"三个代表"重要思想为指导,深入贯彻落实科学发展观,围绕区第十次党代会确定的目标任务,提出"三个围绕三个着力”的总体要求，扎实履行政治协商、民主监督、参政议政三大职能，为我区经济社会又好又快发展做出了积极的贡献。

**一、全面加强思想理论建设，不断夯实共同政治基础**

人民政协作为中国共产党领导的多党合作和政治协商重要机构，必须坚定不移地坚持中国共产党的领导，不断增强走中国特色社会主义道路的自觉性和坚定性。常委会始终把夯实共同的政治基础放在突出位置，全面加强思想理论建设。

加强常委会思想政治建设。常委会认真贯彻落实《中共中央关于加强人民政协工作的意见》和胡锦涛总书记在庆祝人民政协成立60周年大会上的讲话精神，着力强化政治意识、大局意识和责任意识，积极营造团结和谐、奋发进取的良好氛围。坚持常委会学习制度，组织听取胡锦涛总书记“七·一”讲话精神解读、“十二五”规划编制、文化产业发展和相关区情通报38次，始终做到同区委中心工作方向一致、目标一致、工作一致。组织常委赴新疆、云南、青海、内蒙、延安等地学习考察，开展工作交流，了解西部地区发展变化，感受各民族交融发展的和谐氛围，进一步强化了常委一班人的政治意识、统战意识，增强了常委会的凝聚力和议政能力。同时，常委会充分利用政协全体会议、常委会议、主席会议、秘书长会议、党派联席会议等多种形式，积极引导参加区政协的各党派团体和全体委员，在完成奥运和60周年国庆服务保障、应对国际金融危机、创建全国文明城区等重大工作任务中达成共识，形成共谋发展的合力。

着力提升委员队伍整体素质。常委会制定委员学习与培训意见，举办2期新委员培训班和3期委员读书班，组织开展主题鲜明、内容丰富、形式多样的学习培训活动，基本实现了每位委员届内参加一次集中学习培训的目标。努力形成适合委员特点的学习品牌。先后邀请前外长李肇星、原国家宗教事务局局长叶小文、中国工程院院士杜祥琬等国家部委领导和著名专家学者作国际形势、金融危机下的中国经济、绿色低碳能源战略、反对民族分裂、台海形势、人民政协理论创新与发展等28场专题报告。这些报告层次高、见解独到，内涵丰富，符合委员履职需要，受到委员们的普遍欢迎。

积极推进政协理论与实践的研究。按照人民政协理论创新、制度创新、工作创新的要求，常委会更加重视以理论思考指导实践创新。成立区政协理论与实践研究会，组建了由委员和专家学者相结合的研究队伍，就协商民主、委员队伍建设、界别工作、换届工作等重要问题开展了系列研究。结合区委政协工作会议的筹备召开，就履行职能的科学化进行了专题研讨。注重理论研究成果的实践转化，协助区委制定了《关于加强人民政协政治协商制度建设的意见》，修订并完善了全体会议、常委会议等5项工作规则，制定了加强常委会自身建设的意见、委员队伍建设和管理办法等多个文件，推进了政协履行职能的制度化、规范化、程序化建设。按照要求，人民政协理论课程已经进入了区委党校和区社会主义学院的课堂，宣传了中国共产党领导的多党合作和政治协商制度，人民政协的性质、地位和作用，以及区政协履职情况，形成了有利于人民政协事业发展的良好社会氛围。

**二、紧紧围绕中心履行职责，全力推进经济社会发展**

政治协商、民主监督、参政议政是人民政协的主要职能。常委会注重增强履行三大职能的自觉性和主动性，充分发挥人民政协在发扬社会主义民主中的重要渠道和平台作用。

强化政治协商职能。政治协商是人民政协的首要职能。常委会认真学习贯彻北京市第三次政协工作会议和中共朝阳区委政协工作会议精神，积极推动政治协商制度落实，促进政治协商纳入决策程序。政协历次全会上，委员们认真讨论区政府工作报告，热情参与专题座谈会，与区委区政府领导和相关部门负责同志面对面沟通交流，积极出谋划策。常委会议每年约请区政府领导到会通报区情，听取常委会建议案落实情况，开展协商，提出建议。主席班子成员列席区委全委会、常委会和区政府常务办公会及有关重要会议，开展重点协商，达成思想共识。各专门委员会与区委区政府20多个职能部门加强联系交流，进行对口协商。五年间，共召开6次全体会议，38次常委会议，26次主席会议，100多次对口协商会议，先后围绕奥运筹办、城乡一体化推进、功能区建设、全国文明城区创建、社会服务管理创新、文化事业发展、“十二五”规划编制等全区重点工作，提出大量的意见和建议，促进了政府工作效能的提升。十一届区政协的全体会议集中协商、常委会议专题协商、主席会议重点协商、专委会会议对口协商的政治协商格局进一步巩固完善；大会发言、政情交流、专题座谈、党派联席会议已经形成制度。

推进民主监督工作。民主监督是人民政协履行职能的重要方面。常委会注重增强民主监督意识，着力增强监督实效。采取主席班子带队视察、专委会对口视察、委员集中视察等形式，分别围绕奥运环境、文化产业、城乡公共服务，以及群众关心的就业、教育、保障等社会事业建设情况开展视察监督286次，为相关部门提出了许多具有参考价值的意见和建议。采取党派提案重点督办、涉及问题复杂的提案联合商办等多种方式,开展提案监督86次,促进了相关工作的落实。常委会通过《全力参与全国文明城区创建工作的决定》,组织各界委员围绕市容市貌、公共秩序、文明礼仪、社会治安等多方面建言献策,合力推进文明城区创建工作。推荐70多位政协委员担任特约监督员,参与执法检查、行风评议、党风廉政责任制检查、文明窗口检查评比等工作的监督,为推进我区行政效能监察工作发挥出积极的作用。

增强参政议政实效。参政议政是人民政协履行职能的重要形式。常委会注重把握参政议政的切入点,着力提高参政议政水平和质量。五年召开5次集中议政会,分别围绕城市建设与管理、奥运筹办、"三保"工作、"新四区"建设、文化建设等议政主题,会同各民主党派、工商联,吸纳专家学者参与,深入开展调研,形成126份议政报告。如2007年提出的奥运风险评估与防范的诸多建议直接转化为奥运筹备的工作;2008年提出的加大重点区域和部位防控力度的意见,被纳入奥运风险防范预案之中;2009年提出的应对国际金融危机的策略,得到了区政府的逐一回应,并因此受到奖励;2010年提出的推进国际金融主聚集区建设的建议,被纳入到区"十二五"规划主要任务中;2011年提出的提升区域文化建设能力的相关建议,被吸纳到相关专项规划中。同时,常委会注重建立专门委员会重点调研的选题、组织和成果转化机制,组织委员围绕区域普遍关注的问题和前瞻性课题开展视察调研,提交了23份调研报告,形成了发展我区体育休闲产业、应对社会老龄化、统筹解决农民社会保障、促进我区博物馆事业发展等9份常委会建议案。其中,促进我区博物馆事业发展的建议,被纳入到区贯彻中共十七届六中全会精神所编制的区域文化事业发展规划中。相关专委会连续三年围绕奥运筹办、应对国际金融危机、全国文明城区创建等重点工作组织"主题月"活动,多角度、多层次、多渠道的建言出力,发挥出良好的社会效益。

**三、坚持与时俱进创新有为,活跃丰富政协特色工作**

常委会强化创新意识,不断推进提案、社情民意信息和文史资料征集等基础性、特色性工作的创新开展。

提升提案工作质量。提案工作是政协履行职能的重要形式。常委会十分重视抓好提案工作的落实,筹备召开了第三次提案工作会议,制定《关于加强和改进提案工作的意见》,加强了提案工作的指导和规范运作。注重与委员进社区工作结合,多形式组织提案线索征集,使集体提案和委员提案的质量显著提高。创办《提案摘报》直接送达区领导参阅,区委区政府领导对102件党派提案作出134条批示,部分提案被列入区重点研究题目。主席班子成员带队对18个方面的187件提案进行重点督办,促进了提案的快速有效办理。召开提案交办协商会,开展优秀提案点评,加强提案工作网络化管理,持续促进提案的办理和落实。五年来,审查立案1313件,办复率100%,满意率99.6%,166件优秀提案受到表彰。提案这一参政议政的重要方式,在推进我区民主政治建设、促进区域经济社会发展中发挥出重要作用。

提升社情民意信息水平。反映社情民意信息是各民主党派、各界委员履行民主监督、参政议政职能的重要形式。常委会通过制定《关于加强反映社情民意信息工作的意见》,召开信息员培训会,加大社情民意信息工作力度。重视筛选重要意见和建议报送全国政协、市政协和区信息部门,着力提升社情民意信息的质量和水平。五年间,共编报社情民意信息1000余条,被全国政协、市政协和区委信息部门采用482条。其中"关于奥运后加强我市交通管理的建议"、关于实施"绿色旅游饭店"的建议,都得到了市委市政府主要领导的批示,促进了相关工作的落实。社情民意信息在扩大公民有序政治参与,协助党政部门做好协调关系、化解矛盾、促进社会和谐稳定工作中发挥出积极作用。

提升文史工作层次。文史工作是人民政协的特色工作,也是区域文化建设的重要组成部分。常委会十分重视文史资料征集工作,首次召开文史工作会议,制定《关于加强文史资料征集工作的意见》,成立文史资料协调小组,聘请文史资料特约研究员,激发了政协委员和各界人士的参与热情。五年间,共收集整理"三亲"史料230余篇,150多万字,完成《朝阳文史》7至11辑的征集出版工作。同时,编辑出版《朝阳文史选编》、《坝河漕运》、《朝阳地名说故》等书籍,与《朝阳报》合办"朝阳风物"等栏目,切实发挥出文史资料存史、资政、团结、育人的独特作用。

**四、把握团结民主两大主题,积极促进社会和谐稳定**

常委会注重把握团结和民主两大主题,充分调动各方面积极性、主动性,广泛凝聚各方面智慧和力量,履行职能,发挥优势,在促进基层民主和社会和谐中发挥出重要作用。

切实做好大团结大联合工作。人民政协作为中国共产党领导的各党派、各团体、各民族、各阶层、各界人士大团结大联合的组织,是党和政府联系群众、团结各界的重要桥梁和纽带。常委会充分利用这五年大事多、喜事多的特点,举办改革开放30周年、新中国和人民政协成立60周年、中国共产党成立90周年和辛亥革命100周年系列庆祝活动;举行建区50周年和区政协成立50周年座谈会暨书画笔会,全面回顾各党派团体、各族各界人士为朝阳区改革、发展和稳定团结奋斗的光辉历程，增进了推进区域发展的共识，营造了团结奋斗的政治氛围。主席班子带队视察我区重点宗教场所，调研清真食品网点建设，积极促进民族团结、宗教和睦。组织港澳台侨界委员，吸纳台资企业家、台湾学生参加，通过元宵节、中秋节联谊座谈及参观考察活动，加强沟通，开展交流，为推进祖国和平统一贡献力量。挂牌成立区政协老委员联谊活动中心，每年举办新年茶话会、新春联谊会、女委员联谊活动、教师节座谈会、庆中秋迎国庆等系列活动，增进了社会各界热爱朝阳、共创文明、共谋发展的凝聚力。

着力推进委员进社区工作。常委会重视为政协委员履职搭建平台，进一步深化委员进社区工作。专门召开委员进社区工作会议，制定《关于进一步加强政协委员进社区工作的实施意见》，成立21个委员进社区工作组，与创建全国文明城区、关注民生民意、征集提案线索、开展特色活动紧密结合，全力推进政协委员在街乡“双覆盖”、委员主体作用发挥和社区建设“双推进”工作。委员们把自身优势与区域建设相结合，带着热情、带着资源进社区，进行人文奥运宣传，举行医疗会诊和社会捐助，开展多形式的“进社区、送文化”活动，受到了社区居民的热情欢迎。五年来，委员开展进社区活动600多次，参与委员3200多人次，为和谐社区建设和基层民主政治建设发挥出积极作用。

重视友好往来和关注社会公益事业。发起并组织全国部分省市（区）政协工作研讨会，组织常委会组成人员和各专委会委员外出学习考察，接待全国政协、外省市区政协来我区的参观视察128批次，开展多方位的工作研讨和交流，开拓了视野，扩大了区域的社会影响力。组织各界委员为四川汶川、青海玉树地震灾区捐款捐物达2200余万元；与市政协一起，与区十所学校联手赴四川什邡市，开展“情系灾区再援助，心手相连建校园”手拉手活动；组织常委在青海考察中，与海东地区对口交流，援助循化县少小民族－－撒拉族小学建设；与区政府联手，组织常委赴内蒙突泉考察，协同做好对口帮扶工作。委员们以实际行动支援了灾区重建工作和社会公益事业，展现出强烈的社会责任感。

**五、提升政协自身建设水平，推进各项工作有序开展**

常委会重视区政协自身建设，进一步促进党派合作、突出界别特色、发挥委员主体作用、做好专委会工作、加强政协机关建设，着力增强政协工作的生机和活力。

积极促进党派合作，突出界别特色。重视发挥人民政协作为中国共产党领导的多党合作和政治协商重要机构的作用，建立了与区各民主党派、工商联联席会议制度，定期研究政协工作中的重要事务和多党合作的共同问题，形成了携手抓好调研，联手召开议政会，牵手组织报告会，拉手开展各种活动的工作机制。五年来，区各民主党派、工商联充分发挥自身优势，在政协提出集体提案102件，形成调研报告132份，反映社情民意信息800多条，营造了区政协各参加单位、各界委员团结奋进的工作氛围；重视发挥政协界别在扩大社会各阶层有序政治参与中的重要作用，积极推进界别工作有序开展，先后组织界别座谈会、界别视察调研活动达120多次，体现出人民政协的团结面和包容性。

抓好专委会自身建设，发挥委员主体作用。组建7个专门委员会，将全体委员纳入其中。重视发挥各专门委员会在政协履职中的基础作用，积极开展与区各民主党派、工商联的联合调研，有计划的组织各界委员开展履职活动，增强了专门委员会的工作活力和履职成效。重视发挥委员主体作用，建立主席、常委联系委员制度，定期走访委员和所在单位，广泛征求意见，努力营造发挥委员主体作用的良好工作氛围；通过制定并落实委员队伍建设和管理的办法，建立委员履职档案，进一步增强了委员履职尽责的政治责任感。五年间，广大政协委员正确处理履行委员职责与做好本职工作的关系，开展各类履职活动1180余次，参与的政协委员达4600多人次，充分反映出各界委员强烈的履职意识。委员们深入实际、走向基层、施展才华、务实建言，切实发挥出在本职工作中的带头作用、政协工作中的主体作用、界别群众中的代表作用，展示了政协委员的活力与风采。

加强政协机关建设，注重宣传扩大影响。重视发挥区政协机关党组织的作用，制定了关于加强“四型”机关建设的意见，努力打造“学习型、服务型、创新型、和谐型”机关；加大干部的学习、培养和交流力度，进一步优化了政协机关干部队伍结构；建立机关网上办公、委员异地办公服务和提案动态管理系统，进一步提高了工作效率。重视开展多层面、多角度的宣传展示工作。通过创办《朝阳政协》期刊，编印《我与政协》，传播政协理论，展示委员风采；编辑出版朝阳政协50年史料－－《历程》和《朝阳政协年鉴》，发挥其存史资政作用；编发《学习文选》41期、《委员论坛》118期、《政协简报》150期，不断为政协委员提供信息支持和舆论阵地；与区广电中心合办《和谐在线》50多期，60多名政协委员与市民进行了真情互动交流，宣传和报道政协履职成果，进一步扩大了政协社会影响力。

过去五年，区政协全体委员和各参加单位以高度的政治责任感和使命感，感情上真诚投入，工作上履职尽责，在更高层面上形成了与党同心、同向、同行的思想政治基础，形成了凝聚力量、共谋发展的良好工作局面，形成了大团结、大联合的浓厚政治氛围，显示了人民政协在朝阳经济社会发展中不可替代的作用。这是市政协正确指导,区委坚强领导,区人大、区政府及相关部门倾力支持,各党派团体通力合作,广大委员和机关干部共同努力的结果。在此,我代表十一届区政协常委会向多年来给予我们大力支持的市政协领导,向全区各级党政领导,向全体政协委员、各民主党派、工商联和无党派人士,向所有支持和关心政协工作的各界朋友,致以崇高的敬意和衷心的感谢!

## 五年工作体会

各位委员,总结五年来政协工作的实践,我们主要有如下体会:

——必须坚持党的领导,坚定正确的政治方向。坚持和依靠中国共产党的领导是人民政协事业发展的根本保证。五年来,区政协重视发挥政协党组的领导核心作用,始终围绕区委重大决策研究谋划政协工作,保证了各项工作与区委的总体工作部署相协调,与中心工作相贯通。重视发挥中国共产党领导的多党合作和政治协商重要机构作用,努力使党的主张成为各民主党派、各人民团体和各族各界人士的广泛共识。重视抓好区委政协工作会议精神的落实,提升了政协履行职能的科学化水平。实践证明,只有坚持和维护中国共产党的领导,坚定正确的政治方向,才能推进人民政协事业创新发展。

——必须坚持围绕中心,服务科学发展大局。围绕中心、服务大局是政协工作的重要原则。五年来,区政协主动把政协工作融入全区大局中去思考和把握,采取区委区政府领导出题与委员关注的课题相结合,深入开展协商议政活动,共同为转变发展方式、破解发展难题献计出力;注重发挥人才荟萃、智力密集的优势,通过建议案、提案、反映社情民意和议政会等形式,共同为区域经济社会发展建睿智之言,献务实之策,使政治协商更加规范,民主监督更加深入,参政议政更加有为。实践证明,只有围绕中心、服务大局,立足发展、谋划发展、推动发展,政协的优势和作用才能得以充分体现。

——必须坚持团结民主,积极推进和谐社会建设。人民政协是中国共产党领导的各党派、各团体、各界人士大团结大联合的组织,是党和政府联系群众、团结各界的重要桥梁和纽带。五年来,区政协重视加强和规范同各党派团体、各界人士的联系,积极营造民主协商、平等议事的政治氛围;重视发挥民族和宗教界代表人士在人民政协中的作用,积极协助党和政府做好民族工作和宗教工作;重视发挥港澳台侨界委员的作用,积极拓展同台湾岛内有关党派团体、社会组织、各界人士的联系和交流;重视搭建联谊交流的平台,积极营造宽松和谐的工作环境,较好地增进了各方面的大团结大联合。实践证明,人民政协只有牢牢把握团结和民主两大主题,才能更好地促进政党关系、民族关系、宗教关系、阶层关系、海内外同胞关系的和谐。

——必须坚持与时俱进,推进政协事业创新发展。人民政协要有效发挥作用,就必须不断研究新情况,用创新精神开展工作。五年来,区政协面对新形势新任务新要求,力求在思想理论建设上有新突破,在团结和民主两大主题把握上有新内容,在和谐宽松的工作氛围营造上有新举措,在履行职能的实效上有新提高。特别是注重抓好政治协商制度建设,重视研究、探索和提升视察调研、提案、社情民意信息和文史资料等政协特色性工作水平,拓宽了政治协商、民主监督、参政议政的工作领域。实践证明,政协工作只有推动制度创新和工作创新,才能更加有为地履行好三大职能。

——必须坚持自身建设,努力提高履职水平。加强自身建设,是取得政协工作成效的重要保障。五年来,区政协注重发挥人民政协界别优势,积极探索开展界别活动新方法新途径,发挥了政协界别作为扩大社会各界有序政治参与的重要渠道作用;注重加强政协专门委员会建设,努力使专委会成为联系委员的桥梁、视察调研的主要承担者、收集反映社情民意的重要渠道和联谊交友的重要载体;注重加强政协委员队伍建设,完善委员管理服务制度,切实发挥了政协委员的主体作用;注重加强"四型"政协机关建设,着力增强政务性服务能力和统筹协调能力,为人民政协有效履行职能、顺利开展工作提供了有力保障。实践证明,只有形成以促进党派合作、突出界别特色、发挥委员主体作用和专委会基础作用、加强政协机关建设的"五位一体"格局,才能为更好地履行政协职能奠定基础,提供保障。

我们必须清醒地看到,朝阳区已全面进入经济社会发展转型期。面对全面协调可持续发展的新要求,面对人民群众过上幸福生活的新期待,面对人民政协理论与实践的新发展,政协的任务、委员的责任比以往任何时候都更为神圣、更为重要。转型发展、再创优势、民生幸福等重大课题需要我们更加广泛凝聚智慧、建言献策。政治协商、民主监督、参政议政等重要职能需要我们更加注重创新发展、履职有为。面对"三个突出"的任务要求,实现履行职能的"三大转变",加强政协自身建设,全面提升政协工作科学化水平,需要我们贡献更多才智,付出更大努力。

## 今后五年工作建议

今后五年,是朝阳区落实首都科技创新、文化创新

"双轮驱动"战略,全力推动"人文北京、科技北京、绿色北京"和中国特色世界城市建设的关键时期,是加快"新四区"建设,再创发展新优势的关键时期,也是人民政协事业创新发展、大有作为的关键时期。新一届区政协要紧紧围绕区十一次党代会提出的奋斗目标和工作任务,按照"三个围绕三个着力"的总体要求,立足新起点,再上新台阶,切实发挥好协调关系、汇聚力量、建言献策、服务大局的重要作用,为推动朝阳科学发展、民生幸福作出新贡献。

**一、坚持党的领导,推进思想理论建设再上新台阶**

充分发挥区政协党组领导核心作用和常委会的集体领导作用,坚定政治方向,强化大局意识,增进社会共识,凝聚发展合力。用科学理论和人民政协发展的最新成果武装委员,完善委员学习体系,创新委员培训机制,搭建委员交流平台,推进委员学习教育的常态化、个性化、网络化和制度化建设。团结、凝聚和培养一大批政治坚定并具有世界眼光、国际思维、富有创新、务实履职的委员,不断提升委员队伍的综合素质和协商议政能力。发挥区政协理论与实践研究会作用,深化人民政协理论与实践研究,积极拓展政治协商新领域、创新民主监督新机制、探索参政议政新途径,全面提高政协工作的科学化水平。

**二、坚持服务大局,推进履行职能水平再上新台阶**

坚持把促进科学发展做为履行职能的第一要务,认真贯彻区委政协工作会议精神,抓好政治协商制度的落实,围绕事关全局的重要决策、重要规划、重要项目、重要改革、重要人事安排,以及各党派参加人民政协工作的重要事务进行政治协商,促进科学民主决策。围绕"十二五"规划的全面实施,以突出核心功能、突出文化驱动、突出发展惠民为重点开展前瞻性、战略性、综合性和针对性的调查研究,在抢占发展新高地上出高招,在激发城市新活力上献良策,在共谱和谐新篇章上建诤言。把民生幸福做为履行职能的出发点和落脚点,围绕社会服务管理创新、社会事业全面发展、社会矛盾有效化解、社会体制深化改革等党和政府关注的重点问题和征地拆迁、企事业改制、物业管理、生产安全、社会治安等人民群众关心的热点问题坦诚建言、议政监督,促进社会和谐稳定。

**三、坚持团结民主,推进汇聚和谐力量再上新台阶**

重视发挥政协组织优势,努力为促进政党关系、民族关系、宗教关系、阶层关系、海内外同胞关系的和谐发挥积极作用。健全和完善党派联席会议制度,发挥民主党派、工商联、人民团体和无党派人士在政协中的作用,共同学习、共同调研、共同视察,努力增进在共同政治基础上的团结与合作。认真贯彻党的民族宗教政策,充分发挥民族宗教界代表人士在政协中的作用,积极维护民族团结、宗教和睦。发挥好港澳台侨界委员的作用,加强与港澳台侨界委员的联系,开展联谊交流和视察活动,积极推进两岸同胞的交流与沟通。深化委员进社区工作,探索履职形式向基层、商务楼宇和功能区拓展与延伸,建立健全深入了解民情、充分反映民声、广泛集中民智、畅通民意诉求的工作机制,协助党和政府妥善处理好各方面利益关系,着力营造推动发展、服务群众、凝聚人心、促进和谐的社会氛围。

**四、坚持创新发展,推进政协自身建设再上新台阶**

坚持解放思想,实事求是,开拓创新,努力在以科学理论指导、科学制度保障、科学方法推动政协各项工作上下功夫。紧扣时代脉搏,把握发展规律,发挥组织优势,突出界别特色,重视以党派、界别名义提出提案、反映社情民意,进一步发挥界别在推进公民有序政治参与的重要作用;促进政府信息公开,进一步保障委员履职的知情权、表达权、参与权和监督权;加强政协专委会建设,完善工作机制,提升工作水平,探索工作方法,进一步发挥专委会在政协工作中的基础作用;加强委员的联系交流和服务管理工作,充分利用政协委员的资源优势,进一步发挥委员在本职工作中的带头作用、政协工作中的主体作用、界别群众中的代表作用;抓好"学习型、服务型、创新型、和谐型"机关建设和信息化建设,进一步发挥政协机关的服务保障作用;密切与党政部门的工作互动,扩大与兄弟城市政协的联系交流,加大政协工作宣传力度,做好文史资料工作,进一步推进政协各项工作创新发展。

各位委员,政协是人民的政协,委员永远是政协的主体。政协是一个大家庭,这个家庭汇聚了社会各界的精英,也凝聚着团结民主的力量。政协是一个大学校,这个学校蕴涵了包容开放的品质,也焕发着创新奋进的光芒。政协是一个大舞台,这个舞台展现了委员的才智,也承载着委员的责任。只要我们依靠委员、服务委员,尊重委员的首创精神,切实发挥委员的主体作用,十二届区政协的工作一定能够再上新台阶,朝阳区人民政协事业一定能够再创新辉煌。让我们在中共朝阳区委的坚强领导下,高举中国特色社会主义伟大旗帜,团结一致,开拓进取,扎实工作,奋发有为,不断开创政协工作新局面,为朝阳科学发展、民生幸福谱写新的篇章!

# 朝阳区人民检察院工作报告

## ——2011年12月20日在朝阳区第十五届人民代表大会第一次会议上

朝阳区人民检察院检察长 王 立

各位代表:

我代表朝阳区人民检察院向大会报告2007年至2011年的工作和今后五年的工作设想,请予审议。

## 五年来的主要工作

2007年以来,我院在区委和市检察院的领导下,在区人大及其常委会的监督下,坚持以邓小平理论和"三个代表"重要思想为指导,深入学习实践科学发展观,认真贯彻落实党的十七大和十七届四中、五中、六中全会精神,紧紧围绕党和国家工作大局,以深入推进三项重点工作为载体,不断强化法律监督、强化自身监督、强化高素质检察队伍建设,统筹推进各项检察工作,为维护首都及朝阳区社会和谐稳定,促进经济又好又快发展提供有力司法保障。

**一、充分发挥检察职能作用,努力营造诚信有序的市场环境**

*(一)加强知识产权司法保护,为率先形成创新驱动的发展格局服务。*选派具有民法、知识产权法专业背景的主诉检察官组成知识产权专业化办案组,针对朝阳区经济大区和知名跨国公司云集的特点,重点打击侵犯公司企业商标权、专利权、著作权的犯罪行为。五年来(下同),共办理侵犯知识产权案件92件136人。依法严肃办理了焦某等29人制售假冒奔驰、宝马、尼桑等汽车配件1万余件的假冒注册商标案;办理了某视频网站擅自经营视频点播服务、利用网络侵犯影视作品著作权案件,维护了相关企业的合法权益。加强对知识产权类犯罪案件的调研,分析侵犯知识产权犯罪案件特点、成因并提出建议,为预防和打击知识产权犯罪提供对策。

*(二)加强涉农检察工作,为率先形成城乡经济社会发展一体化格局服务。*积极服务新农村建设,一是依法打击各种影响农村稳定、侵害农民权益、危害农业生产的犯罪活动,办理野蛮拆迁、暴力拆迁等犯罪28件59人,严肃查处贪污、挪用、违法批准发放拆迁补偿款等职务犯罪案件11件17人,保障拆迁整治和城乡结合部建设工作顺利进行。二是深入开展"听呼声、走百家、送服务"活动,借助检察机关与纪检监察、管理单位、农村专家"四位一体"的专项工作平台,深入开展服务农村改革专项工作,建立委托代理记账制、集中会计核算制,对全区农村集体资产进行全面清查核实,帮助农村基层组织健全财务管理机制。三是围绕土地储备工作开展专项预防,针对辖区内9个重点村人口、环境、主要业态等不同特点,分别确定嵌入式同步推进、分解式调整配合、复合式整体服务三种不同模式配合推进城乡一体化进程。

*(三)依法打击破坏市场经济秩序犯罪,维护良好市场经济秩序。*积极参与整顿和规范市场秩序专项活动,依法起诉涉众型经济犯罪案件520件637人。举办涉众型经济犯罪案件办理情况汇报会,向市、区两级人大代表、政协委员详细介绍涉众型经济犯罪案件办理情况。积极参与治理商业贿赂工作,严厉查办权钱交易和严重损害群众利益的商业贿赂犯罪36件41人。深入开展打击非法传销活动,成功办理以传销手段向不特定群众销售奶牛的非法吸收公众存款案,涉案金额达2.5亿元,为各类市场主体公平竞争提供良好法治环境。

**二、深化三项重点工作,努力营造和谐稳定的社会环境**

*(一)依法严厉打击刑事犯罪,全力维护社会稳定。*我院始终把维护稳定作为首要责任,五年来共批准逮捕13501件18024人,审查起诉16627件21650人。突出打击严重影响群众安全感的暴力犯罪和多发性侵财犯罪,依法及时批捕、起诉开办侦探公司从事非法讨债、婚姻调查业务的张某某等14名被告人;坚决打击破坏经济秩序和损害群众利益的犯罪,对在境外多国实施特大电信诈骗案的115名犯罪嫌疑人批准逮捕,全案涉及被骗人员上千人,涉案金额数亿元;对社会广泛关注的、酒后驾驶英菲尼迪轿车在长安街交通肇事致二人死亡的陈某,以以危险方法危害公共安全罪依

法提起公诉并全程电视转播庭审过程，有力地震慑了犯罪。

（二）创新和完善工作机制，深入推进社会矛盾化解。一是健全处理涉检信访工作机制，完善“四访合一”检务接待工作制度，要求接待来访群众必须做到“四声四心”；全面开展涉检信访矛盾排查化解工作，坚持落实检察长接待、领导包案制，五年来共受理各类举报、控告线索2385件，接待来访群众2647批4518人次。二是建立健全贯彻宽严相济刑事政策工作机制，推动在全区实行轻微刑事案件快速办理，科学合理缩短办案期限，共快速办理轻微刑事案件511件542人，平均诉讼周期缩短70%以上，有效实现了执法办案法律效果、社会效果和政治效果的有机统一；积极开展轻微刑事案件和解工作，出台刑事和解办案手册，自2007年11月成立刑事和解办公室以来共办理刑事和解案件46件50人，满意率达100%，有效化解社会矛盾。三是建立完善未成年刑事检察工作制度，2010年成立未成年人刑事检察处，整合侦查监督、公诉、监管监督和预防等职能，完善法定代理人到场、品行社会调查、羁押必要性评估等工作，努力集聚政府、社会多方力量，构筑挽救未成年人社会网络。

（三）积极参与社会治安综合治理，深入推进社会管理创新。一是创新检察建议工作模式，率先在全市开展检察建议约谈工作，获得了市药监局、市保安服务总公司等被约谈单位的一致好评。二是积极参与网络虚拟社会管理，依法打击利用网络贩卖违禁物品以及侵权复制品、网络赌博、网络传播淫秽物品等刑事犯罪69件100人，为净化网络环境作出积极贡献。加强与中国互联网协会联系合作，拓宽检调对接领域，共同签署《关于加强协作保护知识产权的框架协议》，开创了检察机关与具有专业知识的非官方行业协会合作的先河。三是探索建立联系基层人民群众工作机制，实行“6+2+N”特色检察联络室工作模式，深入基层群众开展法律监督和服务工作，获得区委领导的大力肯定和支持。四是结合执法办案及时提出社会治安综合治理建议，《雇佣讨债公司、侦探公司索要债务、调查公民个人信息引发多起犯罪案件应引起重视》、《北京市政公交一卡通芯片被破解存在严重安全漏洞应引起重视》等综合分析先后被中办、高检院转发，获得王岐山、刘淇等中央、市委领导批示，并推动相关行业工作改革，促进提升社会管理水平。

（四）完善内外部监督制约机制，确保检察权正确行使。一是全面加强执法规范化建设，集中对各部门制度规范进行梳理，对重点案件、法律文书进行核查，分析查找执法中存在的问题，进一步完善执法制度、规范执法行为。二是完善案件质量保障体系建设，专门成立案件督察室对案件质量进行事中和事后督察，充分发挥检务督察、执法档案、执法过错责任追究等监督机制作用，不断强化对干警的执法监督。三是自觉接受人大、政协以及社会各界人民群众的监督，先后向区人大汇报了反贪、公诉、民行检察、反渎职侵权检察工作，人大听取和审议检察机关专项工作报告已实现常态化；进一步加强与人大代表的联系，聘请人大代表担任我院特约监督员，邀请代表、监督员参加诉前听证会、案件公开审查、疑难复杂案件讨论以及参与群众来访接待等，虚心听取代表的意见和建议；率先在全市组织开展专项检察业务工作通报会，分专题向代表们介绍检察工作热点重点，方便代表深入了解和监督检察工作，获得了代表的一致好评，检察业务专题通报的工作形式也被市检察院推广应用，取得了较好反响。

**三、加大查办和预防职务犯罪力度，努力营造廉洁高效的政务环境**

（一）进一步加大查办职务犯罪案件力度。坚持“有力遏制犯罪、有效降低腐败机会”的价值目标，深入金融、教育、医疗卫生、工程建设、房屋拆迁、土地储备等重点行业和领域开展打击职务犯罪案件专项活动，深挖窝案串案，推动查办职务犯罪工作不断向广度和深度发展。共立案侦查贪污贿赂案件109件126人，渎职侵权案件11件13人，其中大案77件，局处级以上干部32人，为国家挽回经济损失2300余万元。依法查办了北京第二外国语学院国际教育学院院长赵某等四人利用职务之便，共同贪污学生住宿费用241万元案；立案侦查了北京公联公路联络线有限责任公司总经理贾某（正局级）受贿案件。加大查办国家机关工作人员渎职案件力度，对我区土储拆迁过程中发生的玩忽职守案等渎职案件依法严肃查办，切实保障了拆迁资金安全。

（二）进一步完善职务犯罪案件办理机制。一是主动拓宽案源，建立线索查询平台，提高自行发现线索的意识和能力；加强与行政执法部门联系，疏通案件线索的来源渠道，形成办案合力。二是积极探索完善重大责任事故提前介入工作机制，第一时间派员介入重大责任事故，深挖事故背后的渎职案件线索。三是改进侦查方式，树立信息引导职务犯罪侦查理念，不断提升侦查水平。四是注重侦查队伍的专业化建设和结构优化，成立“反贪青年突击队”，相关工作经验得到《检察日报》刊载。

（三）进一步深化职务犯罪预防工作。一是深入拓展职务犯罪预防途径，总结奥运工程预防成功经验，构建“检察机关—重点行业—专家”三位一体预防模式。二是加强辖区内预防职务犯罪网络平台建设，在国有企业、国家机关、高校领域以及医药卫生系统建立预防网络,以联席会议形式加强沟通交流,共同搭建廉政风险防控长效机制。三是深化职务犯罪预警预测研究,建立职务犯罪侦查和预防年度报告制度,为区委党委研究部署反腐倡廉建设提供参考依据。四是完善行贿犯罪档案查询制度建设和经验总结,推动在区属工程建设领域率先实行廉洁准入制度,党委统一领导、社会共同参与、检察机关充分发挥职能作用的预防职务犯罪工作格局初步形成。

**四、全面加强对诉讼活动的法律监督,努力营造公平正义的法治环境**

(一)加大诉讼监督办案力度。刑事诉讼监督方面,受理立案监督案件216件,监督立案28件,监督撤案6件,追捕漏犯103人;追诉漏罪732起,追诉漏犯144人,提出刑事抗诉27件;加大对侦查违法行为的纠正力度,书面以及口头提出纠正违法19件。民事行政检察监督方面,审结申诉案件592件,提请和建议提请民事抗诉29件。在刑罚执行和监管活动监督方面,对8万余人次进行交付执行检察和收押释放检察,开展各类安全防范检查230余次。

(二)完善诉讼监督工作机制。认真贯彻落实北京市人大常委会《关于加强人民检察院对诉讼活动的法律监督工作的决议》,紧密结合本院实际深入查找诉讼监督薄弱环节,整合内部监督资源,实现诉讼监督工作整体联动。认真开展行政执法与刑事司法衔接工作,先后与区烟草专卖局、药监局、税务局等单位建立工作联系,搭建联席会议平台、加大信息共享力度。在全市率先制定《关于进一步加强案件审限流程管理的规定(试行)》,促进法院及时向看守所送达相关延审手续,防止出现超期羁押。推动朝阳区公、检、法制定《北京市朝阳区公检法三机关扣押款物移送办法(试行)》,保证诉讼程序顺利进行。创新工作方法,对民事行政申诉案件进行公开审查,努力提升民事行政诉讼监督专业化水平。

(三)深化诉讼监督工作效果。坚持监督与支持并重,加强与其他执法司法机关的良性互动,把监督的成效体现在被监督机关内部纠错机制完善上。进一步完善落实与人民法院的沟通协调机制,与区法院建立再审检察建议联络机制,定期通报反馈受理申诉案件情况,进一步提高案件办理质量;全面推进量刑规范化建议工作,加强对犯罪形态、主从犯、自首或立功情节以及未成年人年龄认定等影响量刑的证据审查,促进审判监督工作顺利开展。探索民事督促起诉工作,制定《民事督促起诉工作实施办法》。改变以往一案一纠的监督方式,将个案监督与综合监督相结合,以季度为单位制作《检察情况通报》,将侦查机关实体和程序方面存在的问题予以汇总分析并及时通报,帮助被监督机关提高案件质量,积极维护司法公正。

**五、大力加强队伍建设,着力提高队伍整体素质和执法水平**

(一)以开展主题实践和专项教育活动为载体,大力推进队伍思想政治建设。深化社会主义法治理念教育,深入开展"大学习、大讨论"活动,不断提高检察队伍服务大局水平;把开展"恪守检察职业道德,促进公正廉洁执法"主题实践活动和"反特权思想、反霸道作风"专项教育相结合,通过召开民主生活会、举办专题讲座、检察长直通车等多种形式,着力培育检察人员的职业道德意识和素养;积极构建廉政风险防控机制,推行廉政联络员制度,促进队伍严格、公正、廉洁、文明执法。围绕以"全国政法系统优秀党员干警"、"北京市先进工作者"刘静同志为代表的先进典型,开展了"解放思想找差距,创新发展争一流"大讨论、优秀共产党员宣讲等一系列创先争优活动,切实发挥先进典型引领、示范和辐射作用,在全院营造学习先进、争做先进的浓厚氛围,带动了整体队伍精神面貌的提高。

(二)以教育培训活动为抓手,大力推进队伍专业化建设。以创建学习型检察院为目标,全面推进教育培训工作,为推动我院各项工作科学发展提供强大的智力支持和人才保障。一是筑团队,建立了以"CYPP发展团队"为核心的人才培养模式,紧密围绕基层检察工作规律和人才自身的成长规律,大胆创新人才队伍建设新举措,建立朝阳院"CYPP人才发展团队",形成了三种类型、七项人才的金字塔状专业化人才队伍模式。二是创特色,形成了以"朝阳夜校"、"检察百题"和"青年检察官训练班"为代表的培训品牌。建立"朝阳检察官夜校"学习制度,组织全院干警以部门为单位在业余时间开展内容丰富、形式多样的集中培训活动;推出"检察百题"考试制度,以综合知识与所在部门业务知识为内容对干警进行有针对性、专门性的考核;成立"青年检察官训练班",根据青年人思想、行为特点和人才成长规律,有针对性地确定长期发展规划和分段培养措施,缩短成长周期。三是拓载体,探索检察机关教育培训新形式。2010年与北京市管理科学院首度合作举办"中层干部培训班",通过集中授课、分组讨论、即时发言、团队游戏等,提升了中层干部管理能力;2011年联合北京华夏心理培训学校开办"国家心理咨询师培训班",不断提升中层干部做好群众工作和化解社会矛盾的能力。五年来,我院1人被评为首都十大青年法学家,1人被评为北京市检察业务专家,5人次被评为全市检察机关十佳公诉人、十佳侦查监督能手,向各级政府机关及上级检察院输送人才33人,人才建设取得了丰硕成果。

(三)以凝心聚力为目标,大力推进检察文化建设。

围绕“凝聚精神、提升素质、构建和谐”的主题，大力推进检察文化建设。一是理念先行，坚持“文化育检”理念，构建具有朝阳特色的检察文化建设模式，凝炼确立了“勤学敬业、务实求新、为民执法、团结奋进”的院训，在全院范围形成共同愿景和价值诉求。二是建立制度，制定出台《进一步加强检察文化建设的实施意见》，明确了检察文化建设的总体思路和主要目标，为我院各项工作创先争优提供强大的思想源泉和动力。三是丰富载体，打造社团文化品牌，成立合唱团、英语社、摄影社等九大社团，检察文化社团工作模式被评为市政法系统优秀基层党建工作创新项目；设计制作以“检察职业道德与检察文化”为主题的“检察文化长廊”，举办公诉论坛、反贪论坛，建立具有本院特色的检察职业道德宣传教育阵地。四是加强总结，注重加强对检察文化建设的思考、研讨，编撰出版《春雨润物望秋实》等检察文化建设丛书，发挥检察文化的引领、辐射作用，以文化建设不断增强检察人员职业荣誉感和队伍凝聚力，推动检察事业向前发展。

五年来，我院工作取得了一定成绩，被最高人民检察院评选为“全国十佳基层检察院”，荣立集体一等功；荣获首都先进检察院，北京市思想政治工作优秀单位，检察机关服务平安奥运先进集体，北京奥运会、残奥会集体贡献奖等市级荣誉；控告申诉处被最高检授予全国检察机关“文明接待示范窗口”。成绩的取得，既是全体干警团结一心、共同奋斗的结果，更是区委、市检院正确领导，区人大及其常委会有力监督，政府、政协和人民群众大力支持的结果。在此，我代表朝阳区人民检察院向各位人大代表，向所有关心支持检察工作的领导和同志们表示崇高敬意和衷心感谢！

回顾五年来的工作，我们也清醒认识到，面对新形势新任务，检察工作还存在一些问题和不足，突出表现在：一是服务大局的意识和能力有待进一步提升，一些同志对服务大局认识不清、把握不准，影响了检察职能的全面履行；二是履行法律监督职责的能力有待进一步加强，尤其是新形势下化解矛盾纠纷和做群众工作的能力有待提高；三是队伍的执法观念和执法作风与形势要求还有差距，部分检察人员欠缺良好的精神状态和脚踏实地的工作作风。对于以上问题，我们将高度重视，以求真务实的精神，切实采取有效措施加以解决。

## 今后五年工作思路

今后五年，我院检察工作的总体思路是：深入贯彻落实科学发展观，认真落实党的十七大和十七届五中、六中全会精神，紧紧围绕科学发展的主题和加快转变经济发展方式的主线，以执法办案为中心，以三项重点工作为着力点，以改革创新为动力，全面提升服务科学发展大局的能力、履行法律监督职能的能力、做群众工作的能力和拒腐防变的能力，为首都和朝阳区“十二五”规划顺利实施以及朝阳“新四区”建设提供坚强有力的司法保障。

**一、坚持围绕中心，服务大局，更加有力地促进经济社会发展**

牢固树立大局意识，深入研究首都和朝阳区发展需求，正确处理执法办案与改革发展稳定的关系，努力开拓检察机关服务大局的新途径、新方法。依法维护社会主义市场经济秩序，加强知识产权司法保护力度，保障促进经济发展方式转变。切实维护城乡结合部改造建设秩序，服务城乡一体化建设，为加快农村城市化进程、促进农村经济快速健康发展创造良好的法治环境。立足区域城市功能定位，突出核心功能，围绕六大功能区和十大发展基地建设，充分发挥检察职能，依法维护城市建设秩序，服务首都中国特色世界城市建设。

**二、坚持以人为本、执法为民，更加关注服务和保障民生**

坚持检察工作的人民性，不断提高和丰富做群众工作的能力和手段，着力解决群众最关心、最直接、最现实的利益问题。突出发展惠民，加强对民生诉求的司法保障与救济，紧紧抓住损害群众利益、群众反映强烈的突出问题，依法严厉打击危害侵害群众权益的刑事犯罪，切实保障人民群众的合法权益和生命财产安全。积极查办和预防民生领域职务犯罪，着力解决损害群众利益、影响社会和谐的突出问题，切实服务我区“十大民生工程建设”顺利推进。

**三、坚持深化三项重点工作，全面提升检察环节维护社会和谐稳定的能力**

以执法办案为中心，准确把握检察工作与深化三项重点工作的切入点、结合点。建立健全社会矛盾化解工作机制，积极参与“三横多纵”调处网络，切实维护社会和谐稳定；积极参与社会管理和创新，充分发挥职能作用，促进科学化社会管理体系建设；不断深化诉讼监督工作，切实增强诉讼监督工作力度，推进行政执法与刑事司法衔接工作，促进依法行政和公正执法；完善内外部执法监督机制，推进检务公开，自觉接受区人大及其常委会的监督，确保检察权公正廉洁行使。

**四、坚持抓好自身建设，努力保持检察队伍的先进性和纯洁性**

把高素质检察队伍建设作为战略任务，坚持不懈地强化教育、管理和监督。以建设学习型检察机关为导向，以提升法律监督能力、执法公信力和业务素能为重点，不断提高检察工作服务发展的能力和水平。继续深入推进主题教育实践活动，加大教育培训力度，建立长效学习机制。大力推进检察文化建设,坚持以建设中国特色社会主义核心价值体系和培育检察职业精神为根本,切实加强对检察文化建设的组织领导。注重强化自身监督,把做好自身执法活动的监督制约与强化法律监督放到同等重要的位置来抓,努力造就政治坚定、业务精通、作风过硬的检察队伍。

各位代表,在今后工作中,我院将在区委和市检察院坚强领导下,在区人大及其常委会监督支持下,高举中国特色社会主义伟大旗帜,坚定不移地强化法律监督、维护公平正义、推动科学发展、促进社会和谐,与时俱进、开拓创新、锐意进取、扎实工作,努力为服务和保障朝阳区"新四区"建设做出新的更大的贡献!

# 朝阳区人民法院工作报告

## ——2011年12月20日在朝阳区第十五届人民代表大会第一次会议上

朝阳区人民法院院长 李瑞翔

各位代表:

我代表朝阳区人民法院向大会报告工作,请予审议。

### 五年工作回顾

过去的五年,是朝阳区民主法制建设不断进步、各项事业取得辉煌成就的五年。我院在区委的坚强领导下,在区人大及其常委会的有力监督和上级法院的正确指导下,深入贯彻落实科学发展观,坚持"三个至上"指导思想,践行"为大局服务,为人民司法"工作主题,围绕"社会矛盾化解、社会管理创新、公正廉洁执法"三项重点工作,认真履行宪法和法律赋予的职责,全面加强审判执行工作和队伍建设,各项工作水平有了新提高。

**一、紧紧围绕审判职能发挥,始终坚持执法办案第一要务,服务大局水平稳步提升**

五年来,我院围绕"平安奥运"、国庆服务保障、争创全国文明城区的要求,围绕"保增长、保民生、保稳定"的任务,围绕"三化"进程和"新四区"目标,始终将执法办案作为法院工作的第一要务,充分发挥审判职能,为辖区社会稳定和经济发展提供了有力的司法保障。五年共受理各类案件269106件,结案260314件,收结案数均居全市基层法院之首。其中,审结刑事案件16484件、民商事案件180382件、行政案件1994件,执结案件61023件。

充分发挥司法的惩戒教育功能,努力维护社会稳定。五年来,我院以增强群众的安全感为己任,对严重危害社会治安的犯罪分子保持高压态势,依法严惩抢劫、故意伤害等暴力犯罪和盗窃、抢夺、诈骗等多发性侵财犯罪,共审结上述案件10675件14445人,促进了辖区社会治安状况的好转;以增强群众对反腐败的信心为目标,依法严惩贪污、贿赂、挪用公款、渎职等国家工作人员职务犯罪,共审结此类案件107件125人,体现了党和国家坚决惩治腐败的决心。在严厉打击犯罪的同时,从有利于预防犯罪、促进和谐出发,科学把握宽严相济的刑事政策。对主观恶性不深、社会危害较轻的犯罪,依法从宽处理,减少监禁刑,让罪犯在社区接受矫治,防止将他们推向社会的对立面,五年间,共对3511名被告人判处缓刑或免予刑事处罚;对于未成年人犯罪,坚持"教育、感化、挽救"方针,设立少年审判亲情室和未成年人候审室,在庭审前增加"社会调查"环节、宣判后精心制作"法官寄语",帮助未成年罪犯更好地改过自新、回归社会;对于民间纠纷引发的轻微刑事案件,加强刑事和解工作,对真诚悔罪并取得被害人或其近亲属谅解的被告人,依法从轻处罚,促使矛盾纠纷彻底化解。推进量刑规范化改革,通过明确量刑的情节和标准、完善量刑程序,增强了量刑的公开性和透明度,规范了裁量权的行使,刑事案件的一审服判息诉率为88.3%。

充分发挥司法的权利救济功能,努力服务和保障民生。围绕人民群众对民生问题的关切,牢固树立"民生案件无小案、民生问题无小事"的理念,设立涉民生案件专业审判庭和专业合议庭,提升审判质效;在案件审理中,有针对性地加强法律释明,合理运用自由裁量权,妥善平衡各方利益,确保审理公正。五年共审结婚姻家庭、房屋买卖、劳动争议、人身损害、医疗纠纷等各类民事案件65916件,有效保护了当事人的人身、财产权益。围绕服务农村城市化建设，合理调整人民法庭的布局，依法妥善审理了涉农案件724件，针对土地储备、绿化隔离地区建设等政策背景下引发的诉讼，积极开展调研，主动提出对策，既保障了城乡一体化建设，又维护了农民的合法利益。围绕及时实现胜诉当事人的合法权益，不断完善执行工作机制，通过分段集约执行、厘清机构职能，形成了执行裁决权与实施权相互分立、相互制约的新模式，促进了执行行为规范；大力开展清理执行积案工作，紧紧依靠区委领导，积极探索构建区域执行联动网络，在区政府拨付专项资金的有力支持下，将纳入集中清理范围的积案全部执结；加大执行威慑力度，针对当事人反映强烈的“老赖”问题，五年共采取强制执行措施23000余件次，对近300名被执行人予以公开曝光，司法拘留1553人，追究刑事责任3人，维护了法律的严肃性。

充分发挥司法的规范引导功能，努力服务经济社会发展。着眼于促进产业结构优化，设立公司案件专业审判庭，依法支持有利于加快经济发展方式转变的经济活动，五年共审结企业兼并改制、股份转让、破产清算等案件928件，破产案件的常规化审理模式，受到最高法院通报表扬；按照“调研先行、着重调解、审慎裁判”的思路，妥善处理了金融危机中房贷断供、外资企业退市等案件，促进了企业的健康发展。着眼于维护辖区金融安全，成立专业合议庭，妥善审理融资、证券、保险、票据等金融案件，并依法严惩集资诈骗、信用卡诈骗、非法吸收公众存款等金融犯罪，五年共审结上述案件2634件，促进了金融秩序规范；发布金融机构商事诉讼白皮书，主动为区有关部门、银行、融资企业提供法律服务，有效降低了金融风险。着眼于规范市场秩序、营造诚实守信的市场环境，在审理买卖、租赁、服务等合同案件中，注重加大对违约行为的制裁力度，加强典型案例的公开宣传，引导全社会树立诚信意识和规则意识。五年来，共审结上述案件107171件。着眼于我区创新发展战略，加大对区域品牌、著作权等知识产权的保护力度，五年共审结涉及知识产权的刑事、民事案件4502件，优化了有利于自主品牌建立和文化创意产业发展的法治环境，我院被最高法院确定为“中国知识产权司法保护基层示范法院”。着眼于推动社会管理创新，五年共发送司法建议410份，促进了行政管理部门和相关行业完善制度、规范管理。

充分发挥司法的监督制约功能，努力促进依法行政。在行政审判中，正确处理监督与支持的关系。对违法行政行为，依法判决撤销或部分撤销，保护行政相对人的合法权益，并建立健全预防机制，召开与行政机关的联席会议，发布《行政案件司法审判年度报告》，从源头上促进行政机关依法行政；对合法行政行为，坚决支持行政机关履行社会管理职能，维护行政管理秩序；同时，以促进社会和谐为目标，积极探索诉外协调机制，五年来，共协调解决行政纠纷399件，既保障了涉CBD核心区拆迁、涉奥运建设拆迁等重点工程的顺利进行，又维护了行政相对人的合法利益。

**二、紧紧围绕人民群众的新要求、新期待，始终坚持改革创新，司法为民水平稳步提升**

群众的需求就是我们工作的切入点。五年来，我院坚持以公正高效为目标，以案结事了为导向，以司法为民为宗旨，以机制创新为抓手，努力满足人民群众的司法需求。

创新审判管理机制，努力使司法裁判的过程和结果更加公正。我院始终将审判管理作为确保司法公正的重要手段常抓不懈，坚持科学管理、从严管理，逐步探索构建了“一体化审判管理体系”，促进了审判质效的全面提升。一是强化审判委员会的审判管理职能。成立专门负责审判管理的机构——审判委员会办公室，建立审判委员会评议审判、执行工作制度和审判工作动态分析机制，形成行政化管理与专业化管理相结合的新模式，带动了全院审判工作水平的提高。二是狠抓审判质量管理。突出“民主”、“服务”的管理理念，以法官案件质量自律委员会为核心构建三级案件评查体系，建立全程提示制度，从强化自律、服务审判等多个方面，引导法官自觉提升审判质量，上诉案件发回重审、改判率连续五年下降。我院被最高法院确定为案件质量监督管理工作试点法院。三是加强审判流程监控。按照“严格审批、公开透明”的思路，强化对案件审理过程的事中监督，对延长、扣除审限的程序严格控制，并向当事人作出说明，促进审判效率不断提高。五年来，适用简易程序结案率达82.8%，法定审限内结案率达98.8%。我院一体化审判管理工作经验受到最高法院高度关注，被收入《人民法院工作年度报告》白皮书。

创新调解工作机制，努力使矛盾化解的效果更加突出。围绕人民群众多元化的司法需求，逐步建立以“庭前和解三项制度”、“诉前和解三种机制”以及判后答疑为主要内容的全程调解工作体系。通过整合、调动社会资源参与矛盾化解工作，先后与10余家行政部门和行业组织搭建联动调解平台，成为加强司法调解、人民调解和行政调解有机衔接的“龙头”，有力地促进了区域“大调解”格局的形成。其中，与区总工会、区司法局、区人力资源和社会保障局建立的劳动争议联动调解机制，被北京市总工会在全市推广。在机制创新的同时，我院还建成全国法院系统首个和解大厅、设立调解工作专门机构，并通过减免诉讼费、设计调解工作标识、创作《和解之歌》，积极传播和解理念，引导和鼓励当事人选择调解方式化解纠纷。五年来,共调解纠纷137235件。我院调解工作多次得到周永康、刘淇等中央和北京市领导的批示肯定,并受到最高法院通报表扬,调解工作经验在全市政法系统推广。

创新便民诉讼机制,努力使服务群众的举措更加丰富。针对辖区面积较大的情况,在7个人民法庭增设立案点,使辖区群众可以就近立案,五年来接待群众782816人次;和有关部门协商,开通公告送达、房屋信息查询与冻结直接录入系统,尽量让群众"少受一些累、少跑一趟路、少误一次工"。针对部分群众诉讼经验缺乏的情况,成立诉讼服务中心,在立案大厅设立导诉台,使当事人参加诉讼有人引导、送交材料有人接收、反映问题有人受理、问询事务有人回答,共为当事人提供各类诉讼服务32万余人次。针对群众对司法服务的迫切需求,推出片区法官制度,并在部分街乡设立工作站,为群众提供家门口的司法服务。针对当事人存在经济困难的情况,加大司法救助力度,依法为2273件案件的当事人缓、减、免交诉讼费281万元,并在区有关部门的大力支持下,为生活困难的申请执行人发放救助款325.58万元,使他们感受到党的温暖和司法的人文关怀。

**三、紧紧围绕公正廉洁司法,始终坚持抓党建带队建促审判,法官队伍素质稳步提升**

五年来,我院始终将队伍建设作为法院工作的重中之重,以党建工作为统领,坚持在加强思想、能力和廉政建设上下功夫,努力培养一支"政治坚定、业务过硬、一心为民、公正廉洁"的法官队伍。经过多年实践,形成了具有朝阳特色的"三引领四融合"党建模式,得到李源潮等中央领导的批示肯定,并在全市法院推广。

牢牢抓住思想政治建设这个根本不动摇。五年来,我院队伍不断壮大,现有干警713人,平均年龄32岁,其中35岁以下的青年干警占72.2%。针对队伍年轻、工作压力大、思想状态不稳的现状,我院按照上级法院的要求,认真开展了深入学习科学发展观、"听呼声、走百家、送服务"、"人民法官为人民"、"发扬传统、坚定信念、执法为民"等主题实践活动,并通过开展"朝法魂"大讨论、红色之旅、院领导讲党课等教育活动,使干警牢固树立社会主义法治理念,切实增强了政治意识、大局意识和为民意识。五年来,培养了以"中国十佳人民法庭"双桥法庭、"全国法院民商审判工作先进集体"民二庭、"中国法官十杰"钟蔚莉为代表的一大批先进典型,在践行"公正、廉洁、为民"的司法核心价值观方面,发挥了示范作用。我院还高度重视法院文化建设,培育"崇德、尚法、敬业、爱民"的共同精神追求。五年间,干警自发创作了院歌——《我们是光荣的朝阳法官》,在审判和办公场所精心设计了"文化走廊"和"文化墙",组建了合唱团、管乐队等15个文体组织,在各种文体比赛中多次荣获第一。通过大力开展文化建设,不仅缓解了干警的心理压力,而且增强了队伍的归属感和凝聚力。我院先后被授予"北京市思想政治工作优秀单位"、"全国法院党建工作先进集体"等荣誉称号。

牢牢抓住司法能力提升这个重心不放松。针对青年干警身上普遍存在的审判经验、群众感情、群众工作能力不足的问题,我院按照"缺什么补什么"的原则,创设了"1+4"培养模式,着力于青年干警业务水平、群众感情和群众工作能力的全面提升。通过建立资深法官课堂、庭审课堂和"法官带教制",使青年干警的司法实务能力得到提高;通过建立专家课堂、组织法官讲坛、法官联席会议、学术研讨等活动,使青年干警的视野得到开阔,理论水平得到提高;通过建立窗口实践课堂,分期分批组织青年干警到立案、信访等窗口部门实践,利用业余时间开展"百名法官下基层"活动,把青年干警放到派出法庭锻炼,使青年干警增强了对社情民意的了解,增进了与人民群众的感情。五年来,我院有1名干警被最高法院评为"全国审判业务专家",38名干警被纳入市政法系统人才库,11名干警被北京市高院评为"业务标兵",6名干警被评为市区优秀人才,并在最高法院组织的学术论文评比中获得全国基层法院总分第一。我院被评为"朝阳区重视人才先进单位"。

牢牢抓住反腐倡廉建设这个关键不懈怠。针对廉政工作面临的复杂形势,始终高度重视廉政建设,强调"教育、制度、监督"并重,做到警钟长鸣。一是加强廉政教育。认真落实最高法院"五个严禁"、北京市高院"五条禁令"等廉政规定,坚持廉政教育日常化,抓住新录用人员入职培训、任前廉政谈话、民主生活会等环节,通过身边人、手边事使干警受教育、有触动;创新廉政文化建设载体,通过开展"警示教育月"活动、廉政文化建设展,强化干警的自我教育,营造风清气正的良好氛围。二是加强事前预防。坚持开展审判作风巡视,重视对关键岗位和人员的监督检查,共排查廉政风险点和渎职侵权风险点235个,建立监察提示制度等防范措施206项,从源头上预防、减少违法违纪行为的发生。三是加强内部监督。推行提示性谈话和诫勉性谈话制度,在各部门设立廉政监察员,对廉政问题及时提醒、实时监督。五年来,我院干警的廉洁自律意识和拒腐防变能力明显增强。

**四、紧紧围绕司法的人民性,始终坚持主动接受监督,司法公开水平稳步提升**

五年来,我院牢记"一切权力属于人民",主动将法院的各项工作置于监督之下,确保司法的人民性。

主动接受区人大及其常委会的监督。坚持向区人大及其常委会报告工作制度，先后就商事审判、执行、刑事审判、立案审判等工作进行专项报告，并根据审议意见切实进行整改。认真办理人大代表提出的建议12件，全部在期限内办复，满意率为100%。拓宽与人大代表联络的渠道，建立院领导定期走访代表制度，倾听意见和建议。五年来，共邀请797名市、区人大代表视察法院工作、旁听重大案件审理、跟随案件执行，积极为人大代表及时、全面、深入地了解法院工作创造条件。

自觉接受民主监督和法律监督。加强与政协委员的联系，通报法院工作情况，认真听取意见建议，共办理委员提案5件。建立并落实检察长列席审判委员会制度，共邀请检察长列席审判委员会18次；高度重视检察机关的抗诉意见，依法对5件案件提起再审，做到“有错必究”。

全面接受社会监督。充分发挥人民陪审员监督审判的作用，邀请人民陪审员参审案件12658件，尊重人民陪审员地位，做到“同权、同断”。建立常态新闻发布机制，召开新闻发布会22次，向媒体主动通报法院重大决策部署、重要工作进展和重大案件审判情况。定期组织“司法公开宣传日”、“法庭开放日”等活动，接待群众14000余人次。实现庭审网络直播常态化，共对100件社会关注度高、影响力大、新类型的典型案件进行直播，群众足不出户即可旁听案件。加强互联网站建设，在法院外部网站公开审判工作，建立民意沟通渠道。我院被最高法院确定为全国首批“司法公开示范法院”。

各位代表，过去的五年，是区法院夯实基础、强化管理、各项工作长足进步的五年，是理清思路、凝心聚力、司法理念深刻转变的五年，也是砥砺作风、锤炼意志、群众感情不断增强的五年。五年来，区法院相继被评为“北京市人民满意的政法单位”、“全国优秀法院”，并作为北京法院系统唯一推荐单位，参评“全国模范法院”。回顾五年来的发展，我们对于继续做好法院工作有了更加深刻的认识：人民法院必须始终坚持以科学发展观为指导，紧紧依靠党的领导，自觉接受人大及其常委会和社会各界的监督；必须始终坚持“为大局服务，为人民司法”的工作主题，能动服务发展大局，切实解决好人民群众最关心、最直接、最现实的利益问题；必须始终坚持“公正、廉洁、为民”的司法核心价值观，不断强化内部监督，增进群众感情，提升司法能力，更好地完成党和人民赋予的职责。这是我们的切身体会，也是今后工作的基本原则。

各位代表，五年来，区法院各项工作取得的进步，离不开区委、区人大、区政府、区政协以及社会各界的领导、监督和支持。在此，我代表区法院，向五年来给予我们关心、爱护的各位领导和各界人士，特别是为法院工作建言献策、积极呼吁、帮助我们解决诸多困难和问题的各位人大代表，致以最诚挚的感谢和最崇高的敬意！

在总结成绩的同时，我们也清醒地认识到，法院工作与党和人民的要求还有差距。主要表现在：队伍的知识化和年轻化程度虽然不断提高，但审判经验的积累不足，做群众工作的能力有待提升；干警司法为民的理念需要进一步强化，在案件压力逐年加大的情况下，个别干警面对群众时言行不够规范，有的办案效率不高，思想和作风有待进一步改进；面对严峻复杂的廉政工作形势，干警拒腐防变的能力有待进一步增强。对于这些问题，我们将采取更为有力的措施，努力加以解决。

## 今后五年的工作设想

今后的五年，是朝阳区“再创新优势、建设‘新四区’”的关键五年。我们将紧紧依靠区委领导，认真贯彻区十一次党代会精神，深入贯彻落实科学发展观，坚持“为大局服务，为人民司法”的工作主题，深入推进三项重点工作，以服务区域发展为首要责任，以保障民生权益为工作目标，以提升队伍素质为根本保证，更加注重抓好执法办案第一要务，更加注重研究解决司法实践中的新情况新问题，更加注重办案法律效果与社会效果的有机统一，为加快“新四区”建设提供有力的司法保障和服务。

**一、致力于服务辖区经济社会发展大局，充分发挥职能，推动科学发展**

深入推进量刑规范化建设，贯彻落实宽严相济刑事政策，做到该宽则宽，当严则严，宽严相济，罚当其罪，打击和孤立极少数，教育、感化和挽救大多数，最大限度地减少社会对抗，促进“平安朝阳”建设。妥善审理好劳动就业、社会保险、教育医疗等涉及人民群众切身利益的民生案件，保护人民群众合法权益。依法处理辖区重点工程建设中出现的各类行政、执行案件，保障“双十工程”建设。妥善审理金融、企业破产等案件，营造有序竞争的区域市场环境。认真审理各类合同案件，惩戒失信行为，保护诚实守信者合法权益，促进社会诚信文化建设。加大对科技创新和文化创意产业的司法保护力度，提升知识产权保护的区域法治形象。慎重审理涉及互联网站管理的案件，推动网络文明建设。高度重视矛盾化解工作，积极参与社会管理创新，完善诉讼与非诉讼相衔接的矛盾纠纷解决机制，创新涉诉信访工作机制，营造和谐安宁的社会环境。

**二、致力于提高审判工作水平，加强法院管理，树**

**立司法公信**

进一步深化"一体化审判管理体系",用现代化管理手段科学谋划工作,通过优化审判资源配置、深化繁简分流改革、加强均衡结案管理、拓展专业化审判平台,向管理要质量、要效率、要形象,以管理保公正,以公正促公信。进一步探索确保执行权合理配置的科学运行机制,完善执行工作联动机制,提高执行工作水平,维护司法权威。建设符合法院队伍现状的法官业绩评估和领导干部履职能力评估体系,实现管理的科学化、规范化、专业化。

**三、致力于满足人民群众的司法需求,强化服务意识,践行司法为民**

始终坚持人民法院的人民性,把人民群众的呼声作为第一信号,把人民群众的需要作为第一选择,把人民群众的满意作为第一标准,将司法为民的各项要求落到实处。围绕改善民生,在审判和执行工作中,注意发现涉及群众利益的普遍性问题,深入开展调查研究,通过案件审理和司法建议,充分发挥司法的规范和引导作用,使法院工作更加符合民情、体现民意、服务民生、赢得民心。进一步加强互联网站建设,拓展网站功能,逐步实现网上立案、案件信息查询,为群众提供高效便捷的司法服务。进一步拓展司法公开的广度和深度,丰富、完善司法公开和接受监督各项制度,保障公众的知情权、参与权、表达权和监督权,让司法更贴近群众,让群众更了解司法。积极争取党委、人大和政府的支持,加快推进审判大楼建设和人民法庭改扩建、新建工作,提升硬件设施水平,为人民群众创造舒适的诉讼环境。

**四、致力于夯实人民法院工作根基,狠抓队伍建设,提升司法能力**

以贯彻落实十七届六中全会决定为契机,大力推进法院文化建设,以文化建设带动思想政治建设、司法能力建设和党风廉政建设,实现队伍建设的新发展。继续开展"人民法官为人民"主题实践活动和"忠诚、为民、公正、廉洁"的政法干警核心价值观教育活动,加强法官职业道德修养,改进司法作风,树立亲民形象,让人民群众切实感受到法院是最公正、最文明、最讲理的地方。坚持抓党建带队建促审判,深化"三引领四融合"党建工作模式力和水平。注重先进典型的培养和带动作用,让先进人物不断涌现,成为法院发展水平和层次的重要标志。切实把反腐倡廉建设放在更加突出的位置,进一步加强廉政教育和制度落实,加大对领导干部、重点岗位和关键环节的监督力度,做到"教育有方、监督有效、惩治有力",确保广大干警清清白白做人、干干净净做事。

各位代表,面对新形势下的发展机遇和挑战,面对新时期人民群众的要求和期待,我院决心在区委的正确领导下,在区人大及其常委会的有力监督下,坚定信心、迎难而上,扎实做好各项工作,把人民法院建设成为联系群众的桥梁、服务社会的窗口、化解矛盾的前沿、维护正义的防线,为朝阳科学发展、民生幸福做出应有的贡献!

# 关于朝阳区2011年国民经济和社会发展计划执行情况与2012年国民经济和社会发展计划草案的报告

——2011年12月19日在朝阳区第十五届人民代表大会第一次会议上

朝阳区发展和改革委员会主任　王亚贵

各位代表:

受朝阳区人民政府委托,向大会提交我区2011年国民经济和社会发展计划执行情况与2012年国民经济和社会发展计划草案的报告,请予审议。

**一、2011年国民经济和社会发展计划执行情况**

2011年是"十二五"规划的启动之年,也是我区在更高层次上谋划又好又快发展的重要一年。在区委的领导下,在区人大的监督支持下,根据区委十届十二次全会部署和区十四届人大六次会议精神,全区紧紧围绕"新四区"发展总体要求,按照再创"三个新优势"的工作目标,通过完善"十二五"规划体系,推进"双十工程"实施,以规划引导发展;通过加强主动调控,完善产业政策体系,全面推动了结构调整与升级;通过加强城市管理,健全运行体系,提升了服务保障水平;通过扎实推进土储，优化空间布局，促进了城乡统筹发展；通过文明城区创建，统筹改善民生，促进了社会和谐发展。

区域经济实现了平稳较快增长，全年经济社会各项计划指标全面完成。预计实现地区生产总值3100亿元左右，增长12%；预计完成财政收入308亿元，增长31.5%。社会消费品零售额预计完成1600亿元，按可比口径增长20%以上；全社会固定资产投资预计完成1176亿元，按可比口径增长15%以上。完成进出口总额1087亿美元，增长32%。预计单位地区生产总值能耗指标可完成市级下达的下降4.13%的计划任务。经济社会协同发展，城镇登记失业率控制在1%以内，低于年初控制目标1个百分点；预计城镇居民人均可支配收入同比增长11%，达到33449元；农民人均纯收入同比增长13%，达到19726元。

2011年计划任务执行的主要特点是：

(一)加快转变发展方式，区域经济运行持续向好

内生性增长动力增强。积极落实中央和北京市宏观调控政策，促进经济结构优化调整，推动区域经济平稳较快增长。着力挖掘内需潜力，扩大了消费规模。优化商业设施的区域布局，吸引了更多商业机构入驻，国贸三期商城、世茂百货等大中型商业项目相继开业。消费拉动向多元化转变，在汽车及配件销售同比下降22%的情况下，高端消费品、黄金珠宝等综合商业零售消费额同比增长25%，教育文化、娱乐服务等领域支出同比增长20%，对消费规模形成了有效支撑。新兴消费发展迅猛，以亚马逊为代表的电子商务企业零售额同比增长50%以上。全区社会消费品零售额总量占全市的27.9%，朝阳作为北京市消费中心的地位显著增强，提高了区域应对宏观形势变化的能力。着力优化投资结构，保持了投资规模的平稳增长。主动引导投资向产业领域倾斜，69%以上的投资投向功能区建设及产业项目，较好地带动了经济发展和结构调整。合理控制房地产投资规模，房地产开发在全社会固定资产投资中的比重同比下降了5.8%。强化了投资协调服务力度，推进绿色审批通道工作常态化，新增72个项目进入市级绿色审批通道，启动了东南三乡重点村拆迁工作。着力提升外资利用水平，国际化特色进一步凸显。坚持国际化和高端化的发展战略，抓住生产型和消费型的跨国公司将主要增长目标集中到新兴市场国家的契机，加大投资促进工作力度，充分发挥《朝阳区招商引资支持资金管理办法》作用，促进了国际高端要素加快聚集。合同利用外资28.1亿美元，同比增长59.8%，新增1000万美元以上大项目83个，投资总额45.1亿美元。成功引进秘鲁中国商会等国际组织，入驻的各类国际、地区组织已近80个，国际商务氛围更加浓厚。

重点产业发展态势良好。着眼于经济持续发展能力的提升，继续完善产业促进体系，强化政府资金引导，加快了新增长点的培育，产业结构更加优化。现代服务业加速升级。围绕提升国际商务中心功能，继续推进保险业、会计业、咨询业等高端服务业的跨国领军企业集聚，新增丰田通商等10家跨国公司地区总部和中粮世通等5家投资性公司，现代服务业累计实现主营业务收入超过4000亿元，同比增长14%，进入快速发展阶段。金融业态呈现多元化发展。金融机构加速聚集，新增弘康人寿、澳西银行等50家金融企业，金融机构总量超过1250家；金融创新要素快速发展，北京市第一家中外合资基金——中粮农业产业基金落户我区，北京农投金阳小额贷款有限公司等4家小额贷款公司正式成立，44家企业获得融资性担保公司经营许可，多元金融业态同步发展格局初步形成。文化创意产业规模与功能同步提升。聚集区建设取得新进展，国家广告产业园、国家音乐文化产业基地落户我区，莱锦创意产业园等项目投入使用；新引进注册资本过亿元文创企业5家，中数集团、法国阳狮集团等相继入驻，文化创意产业的资源潜力正加快向产业优势转变。高新技术产业保持稳定增长势头。充分利用北京建设中关村国家自主创新示范区的机遇，发挥中关村“1+6”政策效应，加大了对“三新”产业的支持力度，高新技术产业实现财政收入同比增长24%。房地产行业发展平稳，投资加速向保障民生和有利于长远发展的领域转移，保障房开发投资规模提高57%，商务楼宇建设投资增长了41%。房地产业对GDP的增长贡献率下降了20个百分点，区域经济增长对房地产行业的依赖度不断降低，多种业态共同支撑经济增长的新模式正在加速形成。

资源利用水平更加高效。强化了政策引导，着力降低发展成本，努力在现有土地空间和能源供给规模的基础上承载更大的经济总量。在金盏金融园区等重点区域，研究建立了地均经济贡献能力等项目评价体系，强化对引进项目的筛选，提高土地资源的利用效率。深入推进节能减排。针对朝阳楼宇经济特色，完成了低碳朝阳、低碳CBD的发展研究，为推进商务楼宇节能降耗奠定了基础。加紧编制我区节能减排目标任务分解考核方案，探索了节能减排目标责任制的新模式。全面启动全区重点用能企业能耗在线监测平台建设，通过资金、政策支持引导企业主动进行节能改造。增强自主创新能力。搭建望京科技园生物医药企业孵化公共服务平台，优化了企业研发环境。积极引导企业开展自主创新产品申报和高新技术认定，361项产品列入市自主创新产品名录，562家企业通过国家高新技术企业标准认定。2011年全区预计专利申

请14500件,同比增长19.7%;专利授权预计达8000件,同比增长21%;技术交易额预计达330亿元,同比增长1.6倍。

(二)着力加强发展基地建设,区域发展趋向均衡

功能区辐射带动作用不断增强。CBD等重点区域的快速发展和功能实化,增强了产业聚集作用,特色功能加速形成。CBD功能区建设取得新突破,核心区14宗地块完成入市,吸引了中投公司、中国国际期货、中信集团等41家金融和总部企业入驻,对高端资源的吸引聚集能力继续提升;CBD中心区新注册企业3936家,其中注册资本过亿企业31家,对区域经济发展的贡献能力进一步增强。电子城功能区建设稳步推进,北扩区容积率调整方案初步完成;IT产业园B4、B5厂房已竣工,国际电子总部三号地等3个项目实现结构封顶,爱立信二期等7个项目全面开工;"三新"产业加速聚集,默沙东、湘电新能源等国内外知名企业的总部和研发中心签约入驻;大望京科技商务创新区所有地块完成土地出让,远洋、保利等重点项目全面开工,道路等市政基础设施启动建设。奥运功能区发展基础进一步夯实,编制了奥林匹克文化综合区总体区域城市规划研究,创建国家5A级景区工作进入国家旅游局验收阶段,完成了国家美术馆等3个国家级文化设施概念性设计方案的全球征集,启动了国家级文化体育创新示范区创建工作,开元国际广场等重点项目开工建设;年内已举办各类活动654场,会议会展752场,国家文化交流展示中心地位初步显现。

区域发展空间进一步拓展。积极完善新兴发展区域设施配套,优化发展环境,畅通了重点功能区经济资源扩散渠道。编制完成温榆河地区产业发展规划,温榆河大道主路已竣工通车,景观绿化和环境整治工作基本完成,强化了区域发展基础。金盏金融服务园区基础设施逐步完善,金盏纵十二路、东坝大街相继完工,标准化写字楼一期已建成,中信集团、安邦保险等产业项目加快办理前期手续,金融服务功能开始逐步形成。CBD—定福庄国际传媒走廊产业集群发展态势显著,朝阳传媒影视技术服务中心、CBD传媒孵化器二期等项目投入使用,首都原创影视剧本基地、北京影视动画协会等机构正式入驻,以设计创意和内容制作为主的产业特色日益明显。垡头核心区控制性详细规划已完成,初步确定了用地规模和布局,优化了用地结构,积极推进"中国百老汇"等项目落地。东坝国际商贸中心北区控制性详细规划基本编制完成,与英中贸易协会、西班牙外贸委员会等国际组织签署了《合作备忘录》,为引进国际高端品牌落户奠定基础。

农村城市化进程加快,区域发展基础更加扎实。稳妥推进土地储备工作。坚持产业、人口、土地和空间规划相结合的原则,探索了以土地储备推动农村城市化的新模式。坚持农民安置、就业、保障和产业发展优先,按照总量控制、把握节奏、量入为出原则,积极稳妥的推进土地储备工作,为未来发展提供了广阔的承载空间。截至11月底,土储地区累计腾退住宅680.3万平方米、非住宅846.9万平方米,分别完成总量的96%和78%,官庄、十八里店、龙爪树3个重点村腾退工作全面启动。加大安置房建设力度,东坝金泰丽富等8个安置房项目全部启动,开工面积465.3万平方米,已竣工面积63.6万平方米;不断完善安置房周边基础设施条件,将周边道路等市政纳入到全区基础设施建设计划中,努力保证入住需要。建立联席会议制度,完善三级监管、两级联动工作机制,加大拆违、控违力度,拆除了一批重点区域的违法建设。结合土地储备,做好农民就业引导,创新了"绿色就业"等促进农民就业的新模式,3100名农民实现了转移就业。农村地区产业升级步伐加快。颐堤港等37个重点产业项目建设进展顺利,北京国际中医药港等10个项目主体完工。农村地区改革有序推进。稳步推进乡村级产权制度改革,启动了东风乡历史遗留村队集体资产处置工作,完成金盏、孙河两个乡19个村产权制度改革,农村地区资产管理的规范化水平不断提高。

(三)加大基础设施和环境建设力度,城乡建管水平不断提升

加快实施交通出行优化工程。深入研究城市交通畅行工作机制,制定了缓解交通拥堵的具体方案。加快道路设施建设,完成了九龙花园路等15条断堵头路改造,推进百子湾路、定福庄西路、东高路等11条次支路建设,优化了路网布局;拓宽改造国贸桥、望京桥等16处拥堵严重区域的路口,提高路口通行能力。开展停车秩序整治,完成了58条(处)停车秩序混乱重点地区道路的治理清退工作,创建了CBD停车秩序示范区,积极在20个老旧小区开展错时停车,提供2067个停车位,缓解停车难问题,提高了道路通行能力。

积极开展宜居环境塑造工程。完成了37个老旧小区的综合改造;建立市区两级政府和市电力公司共同投资机制,继续推进老旧小区电力设施改造,有效改善了老旧小区的居住条件。整治119处环境脏乱点,新增、改造绿化面积268.8公顷,建成环境优美示范大街54条,有效改善了城乡环境面貌。全面开展垃圾分类管理,完成了800个小区的垃圾分类工作,垃圾分类收集率达到了50%。加强大气污染防治,农展馆、奥体中心子站二级和好于二级天数的比例分别达到76.1%、75.2%,城市综合环境进一步改善。

完善城乡运行管理机制。加快智能城市服务工程建设。不断推进全模式社会服务管理方式的创新,完

善了服务管理系统内容，并在全部街乡推行系统试点。深化平安朝阳建设工程。科技创安覆盖率已达到87%，“全国安全社区”达到18个，其中“国际安全社区”12个，占全市的70%；健全安全生产工作体系，共治理安全生产隐患5.1万处，安全生产各项事故均控制在北京市下达的指标范围内；完善食品安全监测体系，构建了日常市场监测与突发食品安全事件应急处置相结合的工作机制，提高了风险控制和监管的针对性。推进农村社会管理体制改革。加大新建小区管理力度，制定了村庄社区化工作方案，开展郎各庄、高碑店等6个村的试点工作，加强基层群众自治组织建设，批准成立社区21个，新增办公服务用房1.25万平方米，推进农民新村管理向社区管理转变，完成农民教育培训6500人。

（四）全面推进公共服务发展，民生状况持续改善

推动公共文化繁荣发展。全力争创全国文明城区，实施“十大文明行动”，开展了“千名干部下基层，周六创建行动日”活动，办理了道路疏堵、环境整治等400余项实事，促进群众共享创建成果；加强精神文明建设，弘扬“阳光向上、包容开放”的朝阳城市精神，大力提高市民文明素质和城市文明程度，获得了“全国文明城区”称号。推进了公共文化惠民工程建设，完善符合区域特征的四级公共文化服务网络，街乡文化中心覆盖率达到88%，社区（村）文化室覆盖率达到100%，农村电影数字影厅和益民书屋实现农村地区全覆盖。继续开展“社区一家亲”、“国学讲堂”等系列品牌活动，不断丰富公众文化生活，推动区域文化文明水平迈上新台阶。

全面提高公共服务能力。以优质均衡为核心，加快实施教育质量提升工程。完善教育设施条件，完成了中小学校舍安全工程，计划改造的256处校址全部达到抗震标准。加大教育资源整合，整合撤编了5所学校，促进了教育资源的均衡布局。加大了优质资源引入力度，二外附中、清华附小等名优校落户朝阳。认真办理区人大“加快解决幼儿入园难问题，大力加强学前教育”议案，关注学前教育，新增入园名额4000余名，努力缓解入园难问题，全区适龄儿童入园率达到93%。发展卫生体育事业，推进健康服务便捷工程。加大财政投入力度，不断完善公共卫生服务体系，社区卫生服务机构新增设老年病康复病床350张，方便了患者就诊；积极推行家庭医生式服务，100%的社区卫生服务中心实现了全天候服务。加快体育事业发展，完成奥林匹克森林公园国家全民健身示范基地一期建设，广泛开展了国民体质监测和基层体育活动，不断增强群众体质。深化就业服务创新工程，提高了就业服务能力。结合产业发展和重点区域开发建设，加强岗位开发，开发就业岗位127898个，城镇登记失业人员实现就业21750人。加大就业援助，帮助12643名“4050”等就业困难人员实现就业。

增强社会服务和民生保障。落实社会保障提升工程。加大财政投入力度，在社会保障领域投入资金41.9亿元，同比增长36.5%。拓展城镇社会保险覆盖面，各项基金收缴率达到97%以上，城乡居民养老保险累计参保人数达8.8万人，农村养老保险覆盖率达96%。城乡居民医疗保险制度全覆盖，实现了区属单位公费医疗制度与基本医疗保险制度并轨。加快保障性住房建设，竣工各类保障性住房11760套。推进社区服务拓展工程。整合服务资源，深化“一刻钟社区服务圈”建设，开展服务项目240项，成立孤老扶助、重残救助等10类2180支社区服务队伍，使社区服务功能更加完善。推进居家养老助残服务，为5.8万名80岁以上老人发放居家养老（助残）券6408万元；投入残保金644.6万元，为7320名残疾人提供了居家助残服务。继续加大价格监测力度，围绕群众反映突出的机动车停车收费、商品房销售明码标价、医药价格等涉及民生的热点、难点问题，开展专项检查，不断规范市场秩序和价格行为。

总体看，2011年国民经济和社会发展计划执行情况良好，同时，我们也清醒地认识到，当前发展中也存在一些问题，需要高度关注：一是经济增长的压力不容忽视，国内外环境仍然复杂，宏观调控对于房地产投资、汽车消费等领域的影响还将持续显现，外需不振与内需调整相互交织，急需进一步加快经济结构调整，培育新的经济增长点。二是资金平衡难度增大，目前我区城市化建设和重点区域开发正处于关键时期，建设任务、资金需求比较集中，而国家信贷的收紧使筹融资难度不断加大，还需要进一步拓宽融资渠道，加强资金统筹。三是促进人口资源环境协调发展的要求不断提高，住房、教育、医疗等关系群众切身利益的问题成为社会关注的焦点，还需要进一步提高城市建设和管理水平。

**二、2012年经济社会发展计划总体考虑和初步安排**

2012年是加快“新四区”建设、开创区域发展新局面的重要一年。我们将按照中央和北京市的各项部署，认真贯彻区十一次党代会精神，着力优化产业结构，形成多元产业协同发展的有效支撑；着力调整空间布局和薄弱地区发展，促进区域均衡发展；着力推进科技文化创新战略实施，提升区域发展软实力；着力优化基础设施建设和管理体系，加快提升城市运行效率；着力提升公共服务供给能力和民生保障，确保区域和谐稳定发展。

值得关注的是，2012年的外部宏观环境依然严峻

复杂,区域发展中面临的困难和挑战不容忽视。从国际环境看,发达经济体在动荡后普遍面临二次衰退的风险,外需短时难以恢复。国内经济在转方式、调结构、稳增长、控物价的多重宏观目标下,仍然处于经济的调整期。北京市主动调控房地产市场和汽车消费的政策影响仍将持续,投资意愿降低,消费新增长点不足,调结构过程中的稳增长压力不断提高。面对宏观环境的不确定性,我们需要切实将应对外部环境复杂变化与完善长效机制紧密结合起来,推动区域经济社会稳定发展。

通过近年来的加快建设,我区区域经济发展中蕴含的积极因素不断增加,为实现新发展创造了条件。一是我区重点培育发展的现代服务、金融、文化创意、高新技术等主导产业已具备规模优势,随着国家和北京市关于加快自主创新、发展战略性新兴产业、繁荣文化等一系列扶持政策的陆续出台,我区可以借助和利用的政策将逐渐增多,相关产业也将逐步成为新的增长亮点,对区域经济带动作用不断提高。二是随着地区承载能力的不断提高和重点区域关键项目的开工建设,十大发展基地协同有序发展的格局正逐步形成,为区域发展拓展了新的空间。三是近几年我区经济工作中积累了许多成功经验,也已经取得了明显效果,为今后区域经济工作的开展奠定了良好的基础。

2012年的主要预期发展目标是:地区生产总值增长8%,区级财政收入增长9%;全社会固定资产投资完成市下达任务,社会消费品零售额增长10%;单位地区生产总值能耗指标达到市级要求;城镇登记失业率控制在2%以内,城镇居民人均可支配收入和农村居民人均纯收入均增长8%。

(一)调整优化经济结构,继续保持发展优势

稳定投资规模,优化投资结构。有序推进政府主导投资项目的落实,稳步开展重点村等重点区域的拆迁工作,加快长店组团等安置房建设。强化政府投资的带动和引导作用,创新开发模式和项目运作模式,调动社会投资参与功能区开发、基础设施等领域建设的积极性。加强重点领域和后续大项目的谋划和储备,加快推进东坝、孙河、电子城北扩等储备地块上市,为投资增长提供项目支撑。加强投资服务,深化重点项目多部门协调联动的审批模式,推进规模大、带动效果强的社会投资项目加快发展。多渠道筹措平衡建设资金,强化资金运行管理,防范融资风险;有针对性的规范现有融资平台发展,加强与金融机构的沟通合作,扩大企业债券等直接融资规模。

提升消费贡献,巩固消费中心地位。深化商业品牌化战略,继续加快对国内外著名零售商、品牌商以及高端商贸服务龙头企业的引进,促进消费企业的结构调整。积极发展新兴消费,通过建立电子商务第三方平台,搭建全方位服务平台,推进传统商业企业拓展网上消费市场。适应和引导市民消费新需求,大力发展时尚文化休闲体验消费,鼓励网上商城等网络便捷消费。推进赛特奥特莱斯二期等商业设施的开发建设,着力提升现有商业设施功能;积极吸纳大型零售企业、物流企业入驻农村地区,扩大农村消费规模。

加快结构调整,促进产业升级。抓住中央出台一系列鼓励产业发展政策措施的契机,继续发挥重点产业扶持资金、中小企业发展资金等政策的引导作用,实施新的重点产业三年行动计划,鼓励支持社会资本设立产业投资引导基金,通过关键企业引进、重大项目建设,推进现代服务、金融、文化创意和高新技术等重点产业向价值链高端延伸升级。强化现代服务业的支柱地位,围绕国际商务中心建设,重点引入高端商务、商贸流通等行业领域的决策、投融资、结算、营销等功能性总部和国际联盟组织;充分利用“京交会”平台,聚集推进服务贸易的发展。优化金融产业链条,吸引国际知名证券交易所、期货交易所等要素市场的聚集,扩大要素市场规模;继续加大行业龙头、标志性金融机构等优质资源的引进力度,力争全年新增金融机构40家以上;着力吸引股权投资基金、融资租赁公司等相关企业,鼓励发展汽车金融服务、科技金融服务等新型金融业态,拓展各类金融业务。把握国家推动文化大发展大繁荣的机遇,抓住内容原创和投资交易环节,推进国家广告产业园、国家音乐文化产业基地等重点项目实施,加快798、751等园区升级发展,着力扩大文化创意产业规模。紧抓首都打造国家创新中心的机遇,促进高新技术产业发展,积极开展对跨国高新技术企业总部的定向招商;大力发展科技商务,促进创业孵化服务、知识产权等科技服务机构发展,完善科技服务体系;积极培育和引进物联网、云计算等企业入驻,支持电子商务服务业发展,推动电子商务创新应用示范区建设。

加强创新驱动引领,促进区域可持续发展。完善自主创新政策支持体系。整合区内科技资源,鼓励辖区内国家工程中心、国家重点实验室等与区内企业合作,形成面向企业的技术创新服务平台。完善技术交易服务,促进中介服务体系与人才、资金、技术等产业发展要素的集合,推动企业、高校和科研院所间的知识流动和技术转移。强化节能管理工作。稳步推进我区重点能耗企业在线监测平台建设,夯实节能信息化基础,提升预警管理能力。完善我区节能发展专项资金管理办法,加大耗能企业节能改造支持力度,支持推广节能技术示范工程,提升区域能源节约和资源循环利用水平。加强对大型公共建筑物的能耗监测,开展宾

馆、商场等公共建筑室内温度控制专项检查。

(二)有序推进“十大发展基地”建设,促进区域协调发展

抓好“十大发展基地”建设。继续实施功能区带动发展战略,构建特色鲜明、多点支撑、统筹联动的发展格局。强化CBD总部经济和楼宇经济特征,推动国家国际商务示范区建设;继续推进核心区开发建设,争取项目全部开工;加快核心区公共地下空间统一规划设计和实施,深化编制交通、市政、景观系统等专项设计。稳步推进CBD东扩战略工程,启动东扩区控制性详细规划编制工作,为项目建设做好准备。加快电子城功能区开发建设,推进北扩区一期道路及基础设施配套工程的实施,推动国际电子总部、普天三网融合产业基地等重点项目;进一步加速“三新”产业聚集,力争年内引进10—20家规模以上企业。着力打造奥运功能区国际高端会展品牌,充分利用场馆资源,重点引进国际大型展示展览、论坛会议、交易博览等知名度高、国际影响力大的专业会展在朝阳举办,促进产业的进一步聚集。研究温榆河生态绿色休闲区绿色空间保护与建设,启动生态系统规划;完成长店北路建设,推进机场南线辅路前期工作,优化基础设施条件;加快孙河商贸中心等功能性项目建设,带动温榆河生态绿色休闲区发展。加大金盏金融服务园区基础设施建设和招商力度,力争安邦保险一期启动实施、中信金融后台等重点项目实现落地。推进CBD—定福庄国际传媒走廊建设,加快中国高端工艺文化产业园等项目建设,开展产业政策体系研究,吸引传媒企业聚集。做好垡头核心区控制性详细规划报批工作,启动朝阳港等重点地块一级开发。力争取得东坝北区控规批复,推进重点地块实现入市交易。推进大望京科技商务创新区基础设施建设,加快绿地·浦项中心等项目施工进度,争取2号地商业楼宇项目尽快开工。

加快城乡统筹发展。结合土地储备工作,深入开展土地储备区域业态研究,加速条件成熟地块的入市,为后续项目落地创造条件。整合产业用地资源,拓展产业发展空间。提升大洋路商业街、高碑店古典家具街等商业街区的服务功能,增强品牌效应和辐射带动能力。深化产权制度改革试点,启动黑庄户等乡的村级产权制度改革,健全农村集体资金、资产、资源的管理体制;对乡村集体企业实施股份制改造,建立现代企业制度,增强集体企业的市场竞争力和经营效益。

(三)提升城乡建设管理水平,增强区域协同能力

加强基础设施建设。提升道路建设和交通管理水平。统筹区域内道路交通系统建设,推进CBD、奥运中心区人车分流,继续改造中心城区和城乡结合部主要拥堵节点。加快重点区域路网建设,推进茶家东路、化工路等道路建设,组织实施十里堡中路、双桥路等微循环系统改造工程,缓解交通拥堵。推动绿色出行,重点完善中心城区及功能区的行人步道和自行车道系统。加强城乡环境建设,提升城市面貌。推进环卫基础设施更新和垃圾分类达标小区建设。完成四环以内主要道路环境优美示范大街工程建设。实施清洁空气行动计划,完成市政府下达的空气质量任务指标,不断改善空气质量。

提升城市运行管理水平。加快全模式社会服务管理体系建设,推进城市管理向精细化、智能化方向发展。继续加快社区服务体系建设力度,完善区、街、居三级社区服务网络,加快地区社区中心及农村社区服务站标准化建设,健全服务设施,丰富社区服务内容和模式,满足居民多层次、多样化服务需求。规范社区服务行业管理,提高社区工作专业化、职业化水平。进一步完善公共安全体系,加大食品药品、交通安全的监管力度,提升应急防灾能力,全面开展地下管网、电梯等设施的安全隐患排查和改造,减少事故发生。全面推进社会和谐稳定建设,着力协调社会关系、化解和减少社会矛盾。

(四)推动文化繁荣发展,不断增强区域软实力

推进精神文明建设,提升朝阳人文精神。以社会主义核心价值体系建设为根本,深化公民思想道德教育,健全市民文明学校三级教育网络,深化“做文明有礼的北京人”、未成年人“六小”道德实践等系列活动,继续开展“感动朝阳”十大新闻人物、“道德模范”、“身边好人”等先进典型评选,形成社会文明新风尚。弘扬“爱国、创新、包容、厚德”的北京精神,有效巩固文明城区创建成果,继续深入落实文明城区和精神文明建设的长效机制,促进管理文明、公共文明、文化文明和生态文明建设。加快国际文化交往中心建设,弘扬优秀传统文化,促进多元文化交融,营造更加开放包容的人文氛围。

推进公共文化发展,增强服务供给能力。进一步完善四级公共文化服务网络,高质量完成区图书馆新馆建设,高水平规划新建区文化馆;设置一批24小时自助图书馆,实现街乡、社区电子阅览室全覆盖,为群众提供便捷、高效的公共图书馆服务。加强公共文化惠民力度,创新“社区一家亲”、“书香朝阳”、“广场文化节”等群众品牌活动内容,进一步满足群众文化娱乐需求。关注流动人口文化生活,通过女子读书社、青年汇等载体,保障流动人群最基本的文化权益。

加快体制机制创新,激发文化发展活力。优化文化创新环境,发挥政府在方向引导、资源统筹、公共服务等方面的主导作用,创建国家公共文化服务体系示范区。完善政策措施,引导社会文化资源向公共文化

服务领域合理流动,研究采取政府采购、服务外包等方式,向社会购买优秀文化产品,提升文化服务的供给水平。推动文化市场培育模式创新,逐步建立门类齐全的文化产品和文化要素市场,繁荣城乡文化市场,培育大众性文化消费市场。

(五)构建大民生格局,进一步保障民生需求

规范公共就业服务体系,推进就业服务精细化。大力实施高技能人才培养计划,促进就业总量增长和就业质量共同提高,实现经济社会发展与扩大就业的良性互动,使社会就业更加充分。力争城镇登记失业率控制在2%以内,新增就业岗位10万个,确保有就业愿望的农村劳动力实现转移就业。按照"精细化、长效化"的原则进一步完善就业援助工作机制,力争实现充分就业社区(村)达到全区的60%。加大公益性就业岗位统筹征集发布力度,为实现就业的特困人员提供就业帮扶。积极推进农转工和农转居人员参加社会保险,形成完善的多层次养老保险体系。继续推动用人单位特别是非公经济企业参加社会保险。

合理安排公共服务投入,提升服务水平。突出教育优质化建设,实现校际和城乡均衡发展。继续实施优质资源引进战略,做好引进学校的扶持和建设工作,扩大区域优质资源规模。继续优化办学条件,年内争取建设文化窗口校5—6所,涉外窗口校15—20所。加速教育信息化建设,利用远程优质资源共享平台,实现优质资源的高效共享。完善均衡发展体系,鼓励引进名校和新建规模校落户农村地区,促进校际教师的合理流动和教育教学交流,进一步缩小城乡差距和校际差距。完善公共卫生服务体系,提高群众健康水平。优化医疗资源配置,推进垂杨柳医院改扩建工程、区第二医院迁建以及防保中心、紧急医疗救援中心等重大项目的实施,加快建外、麦子店、和平街社区卫生服务中心建设,优化设施水平。提高社区卫生服务质量,继续推行家庭医生式服务。组织开展第二届朝阳区国际体育文化节活动,继续做好国民体质监测等工作,提高居民健康水平。

继续落实各项惠民工程,提升群众生活质量。大力开展保障性住房建设,建成80万平方米保障性住房,完善周边市政基础设施及群众日常生活和文化活动的配套设施,确保项目品质。打造社区服务品牌,完善和提升"一刻钟服务圈"。重点培育群众急需的便民利民服务项目,开展特色精品服务项目,形成社区为民服务品牌。加大养老服务机构和设施的建设力度,推进朝阳第二福利中心建设,继续完善居家养老服务,推进养老服务社会化改革,提高服务水平,促进社会老年人福利事业发展。

各位代表,明年的任务依旧艰巨,我们将在市委、市政府和区委的领导下,在区人大、区政协的监督支持下,用科学发展观统揽全局,巩固优势,开拓创新,扎实工作,加快"新四区"建设,为朝阳科学发展、民生幸福而努力奋斗!

# 关于朝阳区2011年财政预算执行情况和2012年财政预算草案的报告

——2011年12月19日在朝阳区第十五届人民代表大会第一次会议上

朝阳区财政局局长　邹立嵩

各位代表:

受朝阳区人民政府委托,向大会提交朝阳区2011年财政预算执行情况和2012年财政预算草案的报告,请予审议。

## 2011年财政预算执行情况

2011年,是实施"十二五"规划的开局之年,也是加快转变经济发展方式,落实"人文北京、科技北京、绿色北京"建设,推动"新四区"发展的重要一年。在市委、市政府和区委的领导下,在区人大、区政协的监督支持下,全区上下抓住"十二五"规划开局之年的发展机遇,以科学发展观为指导,认真落实区第十四届人民代表大会第六次会议通过的决议,坚持城乡统筹,努力增收节支,强化预算管理,稳步推进财政改革,全年财政预算执行情况良好。(以下情况为预计数字)

一、2011年财政收支总体情况

2011年我区区级财政收入预计完成3080000万元,比上年增加737373万元,增长31.5%。其中:固定收入619122万元,增长51.8%;共享收入2380921万元,增长27.5%;非税收入39957万元,增长5%;基金收入40000万元,增长36.8%。主要收入科目完成情况是:营业税1088873万元,完成预算的106.6%;企业所得税772906万元,完成预算的131%;增值税261024万元,完成预算的105.5%;房产税243667万元,完成预算的101.2%。

2011年我区当年财力完成2329662万元,比上年增加473188万元,增长25.5%,完成预算的128%。其中:区级财政收入3080000万元,扣除体制上解1049502万元,加上体制补助72957万元,体制财力为2103455万元;市追加专项142984万元,市财政定额及结算补助83223万元。动用上年结余19453万元,2011年实际可用财力为2349115万元,安排支出2199115万元,当年专项结余150000万元。

2011年我区财政支出完成2199115万元,比上年增加470133万元,增长27.2%,完成预算的120.8%。主要支出科目完成情况是:一般公共服务165155万元,完成预算的143.7%;国防2954万元,完成预算的213.3%;公共安全244634万元,完成预算的142.4%;教育484301万元,完成预算的117.9%;科学技术44052万元,完成预算的153%;文化体育与传媒51225万元,完成预算的155.1%;社会保障和就业419118万元,完成预算的142.7%;医疗卫生184670万元,完成预算的132.3%;节能环保41780万元,完成预算的235.7%;城乡社区事务272172万元,完成预算的106.9%;农林水事务164508万元,完成预算的147.3%;资源勘探电力信息等事务21935万元,完成预算的173.9%;商业服务业等事务11402万元,完成预算的125.2%;金融监管等事务支出15300万元,完成预算的105.5%;国土资源气象等事务164万元,完成预算的140.2%;住房保障支出30000万元,完成预算的100%;粮油物资储备管理等事务2668万元,完成预算的100%;其他支出43077万元,完成预算的27.8%。

超收财力420786万元,安排教育法定配比支出44900万元,安排市政府出台区配套项目资金17894万元,安排广渠路及其他主次干路拆迁建设资金81600万元,安排风险准备金255515万元;基金超收20000万元,专项收入超收877万元,按照财政管理体制的规定安排专款支出。

其他需要说明的有:预备费支出18000万元,完成预算的100%,主要用于文明城区创建、支持社区平安建设等工作。其他财政性资金收入72180万元,支出59575万元,主要用于社区卫生服务、教育和人防支出。国有土地使用权出让收入396340万元,支出472239万元,其中动用往年结余75899万元,主要用于支持北京市地铁建设、偿还政府工程债务、环境整治及基础设施建设。土地储备前期成本及收益收入1448658万元,支出1335195万元,主要是前期成本的返还。

以上数字是按照预算执行的情况初步汇总的,在决算编成后,还会有所变化。

2011年财政预算执行主要有以下特点:

一是财政收入实现高基数上的高增长。在中央及北京市房地产调控政策的影响下,我区房地产业税收呈现下滑态势,但财政收入仍保持较高增幅,主要得益于我区产业结构的不断调整优化,尤其是现代服务业实现较快发展,各类金融机构加速聚集,高新技术产业、文化创意产业均保持较好的发展趋势,带动财政收入实现高速增长。

二是财政支出结构进一步优化。坚持严格控制政府运行成本,财政资金重点向民生领域倾斜,完成教育总支出559210万元,社会保障和就业支出419118万元,医疗卫生支出184670万元,农林水事务支出164508万元,科学技术支出44052万元,文化支出34196万元,人口和计划生育事务支出6330万元,在满足各项法定要求的同时,财政资金全力保障文明城区创建,加快公共文化体系建设,促进各项社会事业稳步发展。

三是继续加强土地储备资金监管工作。积极协调北京市财政局争取土地出让成本和收益的返还,确保资金及时调度拨付,化解融资平台债务风险,以保障土地储备工作的有序推进;进一步完善制度,强化对重点地区土地储备相关经费的检查、梳理和监督,努力确保资金安全高效周转。

二、2011年财政管理工作

(一)坚持深化结构调整,促进财政收入持续增收

以加快转变经济发展方式为主线,着力提升区域发展品质,安排资金120319万元,同比增加23213万元,增长23.9%,促进经济可持续发展。一是大力支持“双十工程”,不断加大开发建设力度。加快商务中心区国际化、高端化发展进程,支持电子城总部聚集区建设,促进奥运功能区文体、会展、旅游等功能性产业发展,推进东坝、大望京、温榆河、定福庄、垡头等重点区域规划建设,形成功能区整体联动发展的格局。二是支持高端优势产业发展,统筹优化产业结构。巩固提高现代服务业主体地位,支持金融业蓬勃发展,加速文化创意产业聚集,重点扶持新移动通信、新生物医药、新能源等高新技术产业的稳步发展,倡导资源集约利用。三是积极发挥财政政策对产业布局的引导作用,大力支持招商引资工作,引导商业流通及中小企业发

展,坚持全区联动的税源涵养工作机制,推进帮扶企业工作,为企业创造良好的政策环境和经营环境。

(二)坚持统筹改善民生,深化公共财政体系建设

以构建“大民生”工作格局为重点,提升公共服务水平,安排资金1197194万元,同比增加288942万元,增长31.8%,使发展成果惠及百姓。一是全面实施教育优先发展战略,促进教育均衡发展,投入资金559210万元。深入推进“双名工程”,强化教师骨干队伍建设,促进学前、职业、国际等各级各类教育快速发展,努力解决入学难问题,不断提升人民群众对教育事业发展的满意度。二是加快推进文化事业发展,投入资金34196万元,大力支持公共文化服务网络的构建,推进精神文明建设。三是支持公共卫生服务体系建设,不断提升医疗服务质量,投入资金184670万元。积极整合医疗卫生资源,完善社区卫生服务功能和管理机制,高度重视疾病预防控制,提高公共卫生保障能力;支持开展家庭医生式服务,推进中医诊疗工作,继续推行药品零差率销售。四是落实积极的就业政策,提升社会保障水平,投入资金419118万元。大力支持青年就业创业基地建设,促进劳动力就业;构建城乡统筹的社会保障体系,医疗、养老、城乡最低生活保障制度实现全覆盖,继续扩大城镇社会保险覆盖面,积极落实“一老一小”、无业居民参加大病医疗保险;落实“九养”政策,养老服务工作全面推进;支持社会救助工作,帮扶救助困难群体;努力解决残疾人康复和就业等方面的困难;加大保障性住房建设力度,努力缓解居民住房难问题。

(三)坚持建设管理并重,推进城乡一体化发展

确保城市安全有序运行,构建和谐稳定的宜居环境,安排资金351557万元,同比增加38978万元,增长12.5%。一是支持统筹、协调、联动的执法工作体系建设,强化治安防范、安全生产、食品卫生等监管工作,加强流动人口服务管理;支持多方参与、共同治理的社会管理网络建设,努力创造和谐稳定的生活环境。二是支持交通基础设施建设,积极推进主、次干路建设及改造工作;支持道路秩序管理,引导规范路侧停车行为,努力提高道路通行效率。三是大力支持城中村、边角地整治工作,加大对绿化环境、水环境、大气环境的治理力度,全面推进垃圾分类工作,促进垃圾循环利用,着力营造整洁有序、亮丽温馨的城市环境。

积极推进农村城市化进程,提升公共服务水平,安排资金307737万元,同比增加46047万元,增长17.6%。一是进一步发挥财政政策对农村产业发展的引导作用,初步形成以现代服务业为支撑、高新技术产业为补充、绿色产业和都市型现代农业为特色的产业发展格局,努力促进农民增收;二是加强农村地区基础设施建设和环境整治力度,强化农村道路建设,加大拆除违章建筑的支持力度,继续推进重点村环境整治工作,推进郊野公园建设和管理,不断改善农村地区的生活、工作和发展环境。

(四)坚持科学化精细化管理,提升财政管理能力

以强化财政管理为重心,加大监督管理力度,确保财政资金安全高效使用。一是强化制度建设,严格按照法律法规行使财政职能。在梳理修订现行各项规章制度的基础上,研究制定《朝阳区土地储备资金管理办法(试行)》、《朝阳区行政事业单位国有资产管理暂行办法》等制度,不断巩固完善财政资金管理制度体系;积极落实会计委派试行办法,加强对重点部门、重点资金的监督管理,规范财务收支活动,维护国家财经法纪。二是强化预算管理,坚持节约型政府建设。严格控制出国(境)经费、车辆购置及运行费、公务接待费等支出,集中财力向民生领域倾斜。三是落实科学化精细化理念,统筹推进财政改革。深化部门预算改革,稳步推进国库集中支付改革,巩固完善政府采购专业化管理,探索推进绩效评估工作。四是夯实基础工作、加强基层建设。强化资产动态管理,坚持重大项目投资评审制度,继续推行会计委托代理记账;加强基层财政资金监管,强化各项惠民政策在基层的贯彻落实。

2011年,财政部门在严格按照《北京市朝阳区预算监督办法》的要求和程序上报决算报告、预算上半年执行情况、预计超收收入使用方案的基础上,积极落实人大决议,认真办理人大各项审议意见,完善税源建设体系,继续优化支出结构,不断提升财政管理水平。

2011年,是朝阳区落实“十二五”规划部署,在更高起点上谋求发展、深化改革的一年。我们清醒地认识到,财政预算执行在圆满完成年初确定任务的同时,未来财政工作将面临更加艰巨的任务和挑战。当前,宏观经济形势更加复杂多变,财政组收将面对更高基数上的持续增长问题,社会、民生等各方面发展工作带来的收支矛盾更加尖锐,在全区各部门的大力配合下,继续深化财政改革和管理仍需加强以下四方面工作:一是仍需高度重视经济结构、产业结构的调整优化,充分发挥财政政策的引导作用;二是仍需强化税源涵养体系建设,促进经济持续发展,带动财政收入稳步增长;三是仍需高度重视涉及民生维稳的社会事业,着力支持社会建设、基层建设和文化建设,统筹推进经济、社会协调发展;四是仍需高度重视财政资金的安全使用,强化监督管理,着力提高资金的使用效益。

## 2012年财政预算草案和主要工作

2012年,是加快“新四区”建设,再创发展新优势的重要一年。总体工作思路是:高举中国特色社会主义

伟大旗帜,以邓小平理论和“三个代表”重要思想为指导,深入贯彻落实科学发展观,紧紧围绕落实“人文北京、科技北京、绿色北京”发展战略和建设中国特色世界城市的目标,深入推进“转变发展方式示范区、建设世界城市试验区、推进城乡一体化先行区、促进社会和谐模范区”建设,着力保障和改善民生,全面提升文化文明新优势,完善公共财政体制,坚持节约型政府理念,强化财政资金监管,在更高层次上促进各项社会事业又好又快发展。

**一、2012 年预算草案情况**

2012 年预算编制的指导思想是:全面贯彻市委、区委全会精神,落实财政科学化精细化管理,以“调整优化支出结构”和“抓统筹、抓管理、抓效益”为着力点,紧紧围绕“新四区”发展战略,继续深化财政改革,依法理财、科学理财、为民理财,优化支出结构,推进综合预算编制,强化财政监督和绩效考评管理,促进经济社会可持续发展。

按照上述指导思想,依据相关法律法规的要求,在充分听取人大代表意见的基础上,按照朝阳区经济社会发展的需要,区政府编制了 2012 年财政收支预算草案,提请大会审议:

财政收入 3357000 万元,比上年增长 9%;

当年财力 2456000 万元,比上年增长 5.4%;

财政支出安排 2456000 万元,比上年增长 11.7%。

财力与支出相抵,当年预算收支平衡。

2012 年财政支出预算安排的总体情况是:基本支出 713093 万元,比上年增长 0.4%,其中人员支出 463315 万元,对个人和家庭补助支出 173284 万元,公用支出 76494 万元;项目支出 1718407 万元,比上年增长 16.8%;预备费 24500 万元,占财政支出的 1%。

一般公共服务 172943 万元;国防 2412 万元;公共安全 274290 万元;教育 543040 万元;科学技术 49400 万元;文化体育与传媒 57850 万元;社会保障和就业 473000 万元;医疗卫生 207376 万元;节能环保 46965 万元;城乡社区事务 305376 万元;农林水事务 184824 万元;资源勘探电力信息等事务 24710 万元;商业服务业等事务 12800 万元;金融监管等事务支出 17200 万元;国土资源气象等事务 146 万元;住房保障支出 10000 万元;粮油物资储备管理事务 2668 万元;预备费 24500 万元;其他支出 46500 万元。

当年财政收支平衡。2011 年财政收入实际完成数确定以后将对以上数字进行调整。

**二、2012 年财政管理工作**

(一)进一步“调结构、促发展”,确保财政收入稳步增收

继续促进经济结构优化升级,坚持速度、质量、效益相统一,安排资金 142210 万元,努力提高持续发展能力。一是大力支持“十大发展基地”规划建设。推进 CBD 核心区建设和东扩区拆迁工作;促进电子城战略性功能建设,推进电子城北扩区基础设施建设;努力提升奥运功能区文体产业影响力;统筹推进储备区建设工作,推动全区协同发展。二是支持构建高端产业体系,形成新的发展优势。巩固提升以商务服务、信息服务、科技服务为代表的现代服务业发展品质;努力提高金融业对经济发展、财政组收的贡献;促进文化创意产业扩大发展规模;扶持高新技术产业进一步聚集;着力发展总部经济,拓展国际商贸领域;鼓励倡导节能降耗。三是以服务促管理,坚持税源建设工作体系,大力支持招商引资工作,涵养税源并敦促企业规范纳税。

(二)进一步“惠民生、上水平”,推进公共财政体系建设

财政资金重点投向民生领域,着力支持“十大民生工程”建设,安排资金 1353376 万元,推进“大民生”工作的开展。一是优先发展教育,安排资金 633000 万元。大力支持“双名工程”,促使优质教育资源聚集;鼓励各级各类教育发展,突出国际化教育优势,大力支持学前教育;高度关注农村地区教育发展,支持规模校建设,努力促进教育均衡发展;继续推进学校配套设施工程建设。二是努力创建文化强区,安排资金 40000 万元。支持区域传统文化涵养,繁荣现代时尚文化,强化国际文化交流合作,完善四级公共文化服务网络,优化文化创新环境,争创国家文化创新发展试验区。三是推进公共卫生事业发展,安排资金 207376 万元。加快优质卫生资源的引进力度,推进国际化特色医院和专科医院建设,支持垂杨柳医院改扩建工程;加强社区卫生服务中心和服务站的建设管理,拓展社区卫生服务的功能和内容,继续推广中医特色诊疗和 24 小时全天候服务;高度重视疫情防控防治,整合辖区各类卫生应急资源。四是大力推进就业和社会保障工作,安排资金 473000 万元。继续落实各项就业政策,支持劳务派遣、转移就业、自主创业等多种渠道的就业促进工作;统筹推进城乡社会保障体系,支持各项社会保障政策的落实,加大对困难群体的帮扶力度;积极落实“九养”政策,推进养老服务体系建设;支持朝阳区第二福利中心、残疾人康复中心建设,提升对特殊群体的福利保障水平;推动保障性住房及公共配套设施建设,努力改善百姓住房难问题。

(三)进一步“保稳定,促和谐”,统筹推动城乡建设

提升城市建设管理水平,安排资金 352000 万元。一是进一步优化城市路网布局,着力缓解交通拥堵,推进校车、公共自行车租赁项目发展,规范路侧停车,提高百姓出行效率;二是支持改善城市生态环境,支持水

环境、大气污染等治理措施,推进绿化美化工作,支持垃圾循环利用,继续推进垃圾分类工作,强化城市环境薄弱点的整治;三是推进社会治安综合治理,依法严厉打击各类违法犯罪活动,开展食品药品、安全生产等专项检查。

加快农村城市化进程,安排资金310000万元。一是努力提高农村地区公共服务水平,改善居住环境,大力支持供水、排污、环卫等市政基础设施建设与土地储备、安置房建设的有效对接,推进郊野公园建设;二是促进农村产业升级,支持引入符合农村产业发展方向、适合农村劳动力就业的优势企业,着力解决农村劳动力就业问题。

(四)进一步"重管理、增效益",不断提高财政管理水平

一是统筹兼顾保障重点,强化预算执行和管理。坚持节约型政府建设,集中财力向民生领域倾斜,重点保障教育、卫生、社会保障等关乎民生的社会事业和公共服务领域的资金需求;建立科学可持续的政府融资偿债体系。二是落实科学化精细化理念,深入推进部门预算、国库集中支付、政府采购、绩效评估等财政改革工作。不断优化支出结构,在提高财政保障能力的同时,充分发挥财政资金的使用效益;按照北京市统一要求推进预算公开工作。三是加强财政监管,确保资金安全使用。巩固完善朝阳区会计委派工作,对重点地区、重点资金强化监督管理;高度关注土地储备工作的开展,确保资金安全及时周转。

各位代表,2012年的工作充满了挑战和机遇,在市委、市政府和区委的领导下,在区人大、政协的监督和支持下,我们将以科学发展观统领全局,进一步解放思想、锐意进取、改革创新,结合"新四区"发展战略,协同全区各部门,为我区科学发展、民生幸福做出应有的贡献!

# 专　文

## 在朝阳区纪念中国共产党成立90周年暨表彰大会上的讲话

2011年6月22日

中共朝阳区委书记　陈　刚

同志们：

今天，我们在这里隆重集会，庆祝中国共产党成立90周年。刚才，我们对朝阳区先进基层党组织、优秀共产党员、优秀党务工作者进行了表彰，4位获奖代表作了很好的发言。我听后很受感动，这些优秀的党组织和党员为我区经济社会发展做出了突出贡献，是我们学习的榜样。在此，我代表区委向受到表彰的先进集体和个人表示热烈的祝贺！向辛勤工作在全区各条战线、各个岗位的广大共产党员致以节日的问候！

下面，我讲三个方面的内容。

**一、感悟历程，凝聚共识，始终坚持党的领导**

中国共产党从诞生到现在，已经走过90年的光辉历程。90年来，我们党从嘉兴南湖上的一艘红船出发，把理想化作信念，用鲜血染红旗帜，一路勇往直前，仅用了短短28年的时间，彻底改变了1840年以来中华民族的悲惨命运；短短62年的时间，走过了其他国家用几百年才走过的现代化历程，带领人民实现了中华民族的伟大复兴。回顾我们党90年波澜壮阔的历史，我们感到无比骄傲和自豪。要深刻理解我们党之所以能够始终保持旺盛生命力，我们党领导的事业之所以能够不断取得新成就，最关键的是要正确认识我们的党。借此机会，我跟大家交流一下我的认识。

**第一，中国共产党是一个始终坚持马克思主义中国化，不断加强理论创新的党。**我们党从诞生之日起，就把马克思主义写在自己的旗帜上，作为自己的行动指南，并在实践的发展和时代的前进中不断发展。马克思主义本土化的探索，早在俄国十月革命之后随着列宁主义的诞生就开始了，我们党也先后实现了两次理论飞跃，产生了毛泽东思想和中国特色社会主义理论体系两大理论成果，科学回答了“中国革命向何处去”、“什么是社会主义、如何建设社会主义”等重大课题，特别是以胡锦涛同志为总书记的党中央，提出了科学发展观的重大战略思想，有效回答了“实现什么样的发展、怎样发展”。可以说，这些理论一脉相承又不断发展。90年来，正是这薪火相传、生生不息的思想力量，使得我们党历久弥坚、屡创奇迹、无往而不胜。

**第二，中国共产党是一个始终坚持把人民利益放在首位，不断密切党群关系的党。**作为一个基层党务工作者，在回顾党的发展历程时，最深刻的感触是我们党始终坚持“立党为公、执政为民”，全心全意为广大人民谋福祉。特别是党的十六大以来，党中央提出了科学发展观，强调“以人为本”，不断加大对民生问题的关注和投入力度。废除了延续了几千年的农业税、规定了教育经费的法定增长比例、探索建立覆盖全民的社会保障体系、逐步实现由少数人富裕向全民共同富裕转变等，使我们的党深深扎根在人民的沃土之中，保持了良好的党群关系，得到了人民的拥护和支持。

**第三，中国共产党是一个始终坚持党管干部，不断集聚优秀人才的党。**大家可以看到，我们党从成立之初的几十人到而今近8000万人，比建国之初增加了几十倍，比建党之时增加了数百万倍，这种星火燎原之势，充分显现了我们党与时俱进、广聚人才的优势。近年来，我们党先后颁布实施了《党政领导干部选拔任用工作条例》、《公开选拔党政领导干部工作暂行规定》、

《党政机关竞争上岗工作暂行规定》、《2010—2020年深化干部人事制度改革规划纲要》等一系列政策文件，实施了引进海外高层次人才的“千人计划”，将树立正确的选人用人导向与提高党的建设科学化水平相结合，最大范围团结、最大程度凝聚、最大限度用好国内外的优秀人才，使我们党永远保持旺盛的生机和活力，成为中国先进生产力的发展要求、中国先进文化的前进方向、中国最广大人民根本利益的代表。

第四，中国共产党是一个始终坚持党要管党，不断加强自身建设的党。早在革命战争年代，我们党就把党的建设确立为“三大法宝”之一。改革开放以来，面对国际国内形势，我们党明确提出要大力加强党的执政能力建设和先进性建设，进一步解决提高党的领导水平和执政水平、提高拒腐防变和抵御风险能力这两大历史课题，先后出台了《中国共产党党内监督条例》、《建立健全教育、制度、监督并重的惩治和预防腐败体系实施纲要》、《中国共产党巡视工作条例》等一系列文件。正是这种加强自身建设的决心和力度，有效增强了我们党拒腐防变和抵御风险的能力，有效提高了我们党的领导水平和执政水平。

**二、注重总结，探索规律，不断提升朝阳区党建科学化水平**

历届区委始终高度重视党的建设，坚持以党建统揽全局工作。特别是近年来，区委始终突出强调加强和改进党的建设，探索出“抓班子、带队伍、谋发展，想问题、抓落实、找规律，重基层、打基础、强基石”的27字工作方法，提出“建组织、建阵地、建服务体系”的工作要求，初步形成了以科学发展为目标、以领导班子建设为龙头、以干部人才建设为支撑、以基层党组织建设为基础、以作风能力建设为保障的党建工作格局，并以此统领全区各项工作有效开展，为推进朝阳又好又快发展提供了坚强保证。总结近年来的党建工作，概括起来有四个鲜明特点：

一是坚持解放思想，在谋划发展思路上实现新突破。2000年以来，我们以学习型城区创建为契机，通过解放思想大讨论、主题研讨、加强培训等形式，在奥运促发展上形成共识，提出了“组团式规划、板块式发展”思路，确立了功能区带动发展战略。奥运之后，我们站在新的发展起点，提出“解放思想、传承奥运、再创优势”的工作要求，结合深入开展学习实践科学发展观活动，认真总结奥运经验，准确研判奥运后发展面临的新形势、新任务，明确了再创核心竞争力、承载环境、文化文明新优势的工作目标。面向“十二五”，我们深入思考、把握朝阳发展定位，集思广益，明确了以实施“双十工程”为载体，全面建设转变发展方式示范区、建设世界城市试验区、推进城乡一体化先行区、促进社会和谐模范区，在更高层次上谋求又好又快发展的工作思路。

二是坚持大事历练，在选人用人上实现新探索。区委始终坚持大事历练，在实践中培养、选拔和使用干部，逐步形成了选人用人的良性工作机制。我们借奥运筹办、新中国成立60周年庆典服务保障、创建全国文明城区等机遇，抽调年轻处级后备干部、具有发展潜力的中青年处级干部和一些具有丰富经验的老同志参与工作。经过奥运、国庆筹办的历练，一批优秀干部走上了领导岗位，为新的一批干部在全国文明城区创建工作中完成历练、实现成长发挥了示范作用。我们通过实施干部“上挂下派”、“双百工程”、“凤凰计划”，通过聘请专家顾问、引进科技副职、推行“高校博士进朝阳”，通过遴选优秀大学毕业生到基层实践锻炼、选调优秀年轻干部到信访维稳等部门历练，实现了人才“不求所有、但求所用”，做到了在实践中考察干部、用工作实绩选用干部，形成了具有朝阳特色的选人用人机制。

三是坚持先行先试，在基层党建创新上取得新进展。我区实施聚合力工程以来，基层党组织建设不断深化，工作覆盖面不断扩大，组织功能不断完善，创造力、凝聚力、战斗力不断增强。目前，全区共有基层党组织5600余个，党员14.8万人。我们积极探索基层党组织自身转型和党建工作向社会延伸的有效途径，在优化传统领域党组织设置的基础上，在农村地区探索建立了“村社合一”的农村基层组织管理体系，在全市率先成立了首家商务楼宇党委、CBD功能区党工委，在34个街乡建立了社会工作党委，社会领域党建覆盖面不断扩大。我们坚持夯实基础，建立了1247个党员服务中心、党群工作站、“红色会所”等党员活动阵地。我们不断完善基层党组织的服务功能，发展了近3万人的和谐促进员队伍，涌现出了“小红帽”社区党员责任岗、“五扶工程”、“劲松公益日”等党建品牌，在奥运筹办、文明创建等活动中各级党组织的战斗堡垒作用和广大党员的先锋模范作用得到了充分体现。

四是坚持改进方式，在加强执政能力建设上实现新提升。我们积极适应领导班子配备体制改革后出现的新情况，积极探索扩大党内民主的有效方式，加强民主集中制建设，建立健全党内情况通报、情况反映、重大决策征求意见等党内民主各项制度，开展了党代表任期制试点工作，切实提高了领导科学发展的能力，形成了全区上下团结、和谐、默契的工作氛围。我们以开展“作风建设年”为抓手，全区各级领导干部践行“五个楷模”，增强荣誉、统筹、协作、靠前、效率“五个意识”，形成了求真务实、服务基层、密切联系群众的良好作风。我们始终将干部廉洁作为事关朝阳区域稳定发展的重大问题来抓，创新监督方式，探索建立巡视制度，实现了廉政风险防范管理向上和向下的“两个延伸”，加大了案件查处工作力度，教育、制度、监督并重的惩治和预防腐败体系整体格局和工作机制初步建立，预防腐败的力度进一步加大。

我们要以建党90周年为新起点，发扬成绩、总结经验，进一步把握党建工作规律，以党建总揽全区各项工作，以党建科学化水平的不断提高，为朝阳经济社会又好又快发展提供有力保障。

**三、再接再厉，创先争优，永葆党的先进性**

今年是建党90周年，是“十二五”开局之年，也是我区创建全国文明城区的关键之年。全区各级党组织和广大党员是推进朝阳各项事业发展的中坚力量，一定要坚定信念、率先垂范，在服务大局、服务发展、服务群众中创先争优，永葆先进性。

一要坚定信念，做党的先进性建设的执行者。各级党组织要深化对马克思主义中国化成果的理解和认识，坚持用马克思主义立场、观点、方法研究解决区域发展和改革中的实际问题，深入总结朝阳的独创性经验，不断为推动朝阳事业发展提供强有力的理论指导；要继续巩固和深化创先争优工作成果，总结推广典型经验，努力探索先进性建设的长效机制。各级党务工作者要率先垂范，自觉讲党性、守原则，积极推进党建工作创新，积极改进作风、提高能力，努力成为党员学习的标杆和典范。广大党员要保持奋发向上的精神，发挥积极性、主动性、创造性，创新工作思路、方法，在不同领域、不同岗位，为朝阳发展做出应有的贡献。

二要服务大局，做落实科学发展观的实践者。区委将继续做好科学发展观学习实践成果的转化工作，推动全区上下进一步解放思想、保持状态、创新机制、形成长效，形成发展的合力。各级党组织要紧密联系本单位实际，围绕实施“双十工程”、创建文明城区、社会服务管理创新、文化软实力提升等涉及区域发展的重点工作加大研究力度，努力为“十二五”献良计、出良策。广大党员干部要立足岗位、勤奋工作、开拓进取、敬业奉献，在践行科学发展观、促进朝阳更好更快发展中，充分发挥先锋模范作用。

三要践行宗旨，做为民服务的先行者。要结合社会服务管理创新，增强各级党组织服务社会、服务群众的功能，拓宽为民服务领域，激发社会力量在构建公共服务体系上的协同作用，组织引导群众在依法理性有序参与社会管理中提高自我服务水平。要结合做好新形势下群众工作，着力拓宽为民服务的渠道，突出保障和改善民生，切实改进工作作风，畅通和拓宽群众利益、诉求表达渠道，努力做好联系群众、宣传群众、组织群众、服务群众、团结群众的各项工作。要结合加强基层党组织建设，着力激发为民服务的新动力，抓好社会领域党建，全面深化商务楼宇党建，加快实现社会组织中党组织和党的工作全覆盖，建设高素质“两新”党建队伍，充分发挥“两新”党组织服务群众的重要作用。

四要加强修养，做勤政廉政的示范者。广大党员干部要加强党性修养，树立正确的权力观，自觉践行社会主义荣辱观，提高防腐拒变、抵御风险的能力，自觉接受监督，做到秉公用权、廉洁从政。要坚持“一岗双责”，自觉将党风廉政建设和业务工作同部署、同落实，切实担负起反腐倡廉的领导责任，严格要求，敢抓敢管，以自己的实际行动带好队伍、促进工作。要全面落实党风廉政建设责任制，切实抓好惩防体系建设工作的落实，有效加强权力运行的重点领域和关键环节的反腐倡廉制度建设，营造风清气正的良好环境。

同志们，我们要以建党90周年为新的起点，进一步研究深化朝阳区的党建工作，提高工作水平，为实现朝阳区“十二五”的良好开局、推进“新四区”建设做出应有的贡献。

# 朝阳区2011年国民经济和社会发展统计公报

北京市朝阳区统计局
国家统计局朝阳调查队
北京市朝阳区经济社会调查队
（2012年5月28日）

2011年，面对复杂多变的国际国内形势和密集出台的宏观调控政策，在区委、区政府的领导下，朝阳区继续深入贯彻落实科学发展观，加快转变经济发展方式，积极推进“新四区”建设，着力优化产业结构，统筹改善民生，全区经济社会实现平稳较快发展，各项社会事业取得新的成就。

## 一、综合经济

◇ 经济增长

据初步核算数据显示:朝阳区全年实现地区生产总值(GDP)3193.3亿元,按现行价格计算,比上年增长13.9%。其中,第一产业增加值1.2亿元,比上年下降14.7%;第二产业增加值353.5亿元,比上年增长10.2%;第三产业增加值2838.6亿元,比上年增长14.4%。三次产业结构为0.04:11.07:88.89。

按常住人口计算,全区人均GDP达到88666元(按年平均汇率折合13723美元),比上年增长6.3%。

2001年-2011年地区生产总值

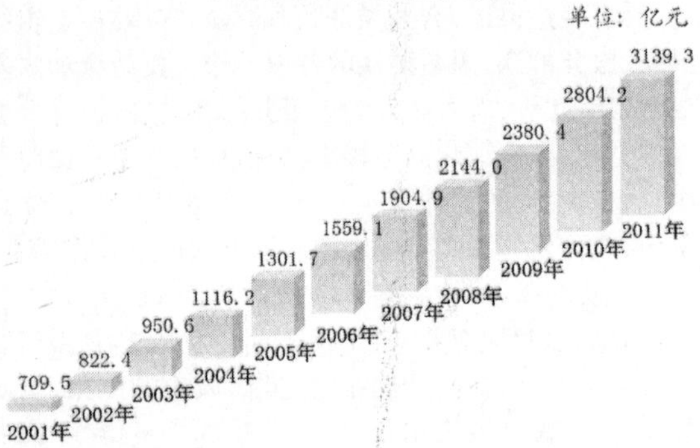


◇ 财政、金融

全年完成区级财政收入316.8亿元,比上年增长35.2%,其中一般预算收入312.8亿元,比上年增长35.2%,其中区级税收301.6亿元,比上年增长34.2%。分税种看:营业税实现112.6亿元,比上年增长21.2%;企业所得税实现79.8亿元,比上年增长47.6%;增值税实现26.4亿元,比上年增长16.7%;房产税实现25.0亿元,比上年增长20.6%,四大税种共完成243.8亿元,占区级财政收入比重的77.0%。

2005年-2011年区级财政收入

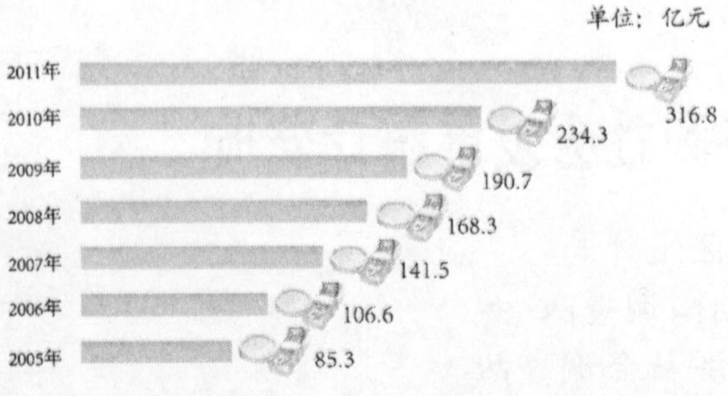


全年实现财政支出219.9亿元,比上年增长27.2%。其中,一般预算支出215.1亿元,比上年增长28.0%。一般预算支出中:教育、社会保障和就业、城乡社区事务、一般公共服务、医疗卫生支出分别为47.1亿元、39.4亿元、26.4亿元、15.7亿元和18.8亿元,增速依次为24.2%、38.5%、29.4%、11.9%和35.2%,上述五项支出合计占财政支出的67.0%。

截至年末,朝阳区中资银行人民币存款余额11287.3亿元,比上年增长13.8%。其中,企业存款余额6928.2亿元,比上年增长33.2%;储蓄存款余额3823.9亿元,比上年增长11.7%。全区中资银行人民币贷款余额5327.8亿元,比上年增长10.3%。其中,中长期贷款3925.7亿元,比上年增长5.3%;短期贷款1349.5亿元,比上年增长29.8%。

◇ 消费

全年实现社会消费品零售额1651.9亿元,比上年增长8.0%。其中限额以上单位实现零售额1527.0亿元,比上年增长6.3%。

2005年-2011年社会消费品零售总额

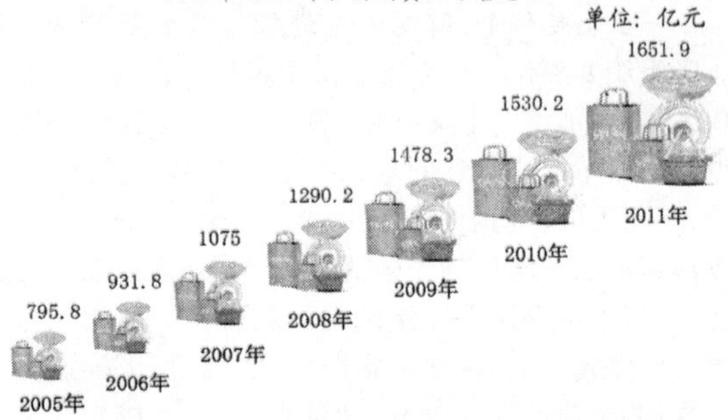


限额以上汽车及配件销售企业实现零售额500.8亿元,比上年下降22.8%;石油及制品销售企业实现零售额150.0亿元,比上年增长73.8%;百货、超市、便利店等综合零售企业实现零售额382.4亿元,比上年增长23.9%;家用电器、计算机及电子产品销售企业实现零售额96.0亿元,比上年增长31.1%。

◇ 固定资产投资

按项目建设地口径统计,全年完成全社会固定资产投资1177.0亿元,比上年增长0.6%。按投资领域划分,城镇固定资产投资453.3亿元,比上年增长17.3%;房地产开发投资695.8亿元,比上年下降8.4%;农村固定资产投资27.9亿元,比上年增长18.7%。

2005年-2011年实际利用外资

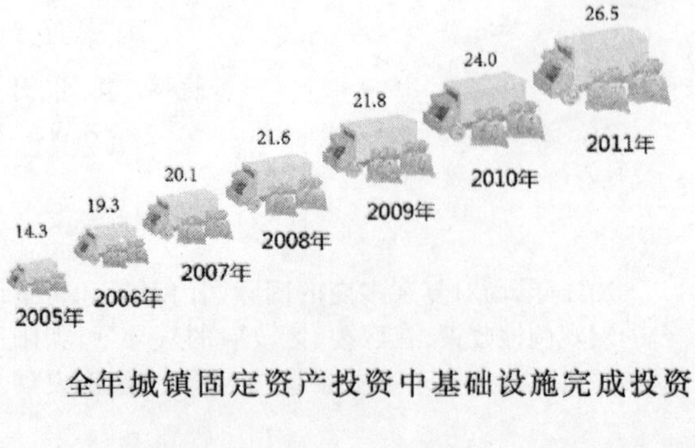


全年城镇固定资产投资中基础设施完成投资

327.4亿元，比上年增长36.6%，占全社会固定资产投资的27.8%。按投资行业划分，交通运输业完成投资263.9亿元，比上年增长41.0%；电力、燃气及水的生产和供应业投资34.4亿元，比上年增长76.4%；公共设施管理业投资23.4亿元，比上年下降11.4%。

◇ 对外经济

全年新批三资企业836家，其中世界500强企业有15家。全年实际利用外资额26.5亿美元，比上年增长10.4%。全年朝阳区进出口总额1637.8亿美元，比上年增长31.2%。其中出口122.5亿美元，增长1.2%；进口1515.3亿美元，增长34.4%。

**二、行业发展**

◇ 农业

农业全年实现增加值1.2亿元，比上年下降14.7%。

全年完成农林牧渔业总产值35532.2万元，比上年下降13.0%。其中，种植业产值11032.6万元，比上年下降31.3%；林业产值9336.7万元，比上年增长2.9%；畜牧业产值5865.8万元，比上年下降2.6%；渔业产值6399.3万元，比上年下降4.1%。

观光休闲农业发展良好。全区共有农业观光园14个；接待旅游人数122.4万人次，比上年增长9.6%；观光园总收入4.1亿元，比上年增长20.4%。民俗旅游接待户30户，接待旅游人数3784人次，比上年增长181.5%；民俗旅游总收入27.9万元，比上年增长181.8%。

◇ 工业

工业全年实现增加值266.2亿元，比上年增长11.6%，占第二产业增加值的75.3%，拉动第二产业增加值增长8.6个百分点。

全年规模以上工业企业实现现价工业总产值1161.0亿元，比上年增长18.3%。按行业类型划分，产值排名前三位的分别为煤炭开采和洗选业，石油和天然气开采业，通信设备、计算机及其它电子设备制造业，实现现价工业总产值336.0亿元、138.1亿元和121.5亿元，比上年增长38.6%、13.7%和5.8%，上述三大行业共完成现价工业总产值595.6亿元，占全区规模以上工业企业总产值的51.3%。

工业企业效益继续提升。1-11月，规模以上工业企业实现主营业务收入1056.0亿元，同比增长18.0%；实现利润69.2亿元，同比增长39.8%；企业亏损面为21.9%，与上年持平。

◇ 建筑业

建筑业全年实现增加值87.3亿元，比上年增长6.2%。

具有资质等级的总承包和专业承包建筑业企业完成总产值816.9亿元，比上年增长16.1%；全年累计签订合同额1622.2亿元，比上年增长11.2%；房屋建筑施工面积4596.6万平方米，比上年增长24.4%。

◇ 批发和零售业

批发和零售业全年实现增加值802.8亿元，比上年增长16.0%，占第三产业增加值的28.3%，拉动第三产业增加值增长4.5个百分点。

1-11月限额以上批发零售业实现主营业务收入9832.6亿元，同比增长25.3%；实现利润540.6亿元，同比增长40.0%。

◇ 房地产业

房地产业全年实现增加值336.6亿元，比上年增长5.8%，占第三产业增加值的11.9%。

全年房地产开发完成投资695.8亿元，比上年下降8.4%。按商品房建设用途分，住宅投资317.8亿元，比上年增长7.2%；政策性住房投资98.6亿元，比上年增长8.7%，其中经济适用房投资25.5亿元。

全年商品房施工面积2829.8万平方米，比上年下降0.5%，其中政策性住房818.1万平方米；商品房竣工面积821.8万平方米，比上年增长2.1%，其中政策性住房206.5万平方米。

全年商品房销售面积389.3万平方米，比上年下降19.5%，其中住宅销售面积252.3万平方米，比上年下降19.2%；商品房销售额813.7亿元，比上年下降20.4%，其中住宅销售额504.9亿元，比上年下降28.0%。

◇ 金融业

金融业全年实现增加值315.3亿元，比上年增长12.8%，占第三产业增加值的11.1%，拉动第三产业增长1.4个百分点。

1-11月全区金融业单位实现收入合计1211.4亿元，同比下降0.4%，其中保险业、证券业和银行业收入合计分别为954.3亿元、34.5亿元和109.2亿元，增速分别为-6.2%、-27.0%和49.7%。1-11月全区金融业单位实现利润749.5亿元，同比下降2.3%，其中保险业、证券业和银行业利润总额分别为626.0亿元、6.3亿元和52.8亿元，增速分别为-7.6%、-56.3%和61.3%。

◇ 旅游业

全年实现旅游综合总收入643.6亿元，比上年增长16.2%。其中，旅游商业实现收入206.9亿元，比上年增长8.0%；旅行社实现收入214.8亿元，比上年增长26.6%；住宿业实现收入133.8亿元，比上年增长17.7%。全年接待国内外游客3921.8万人次，比上年增长6.0%，其中旅游区点接待游客2421.2万人次，比上年增长5.7%；旅行社接待游客236.5万人次，比上年增长20.5%。

◇重点产业

高技术产业

1－11月全区规模以上高技术产业实现营业收入264.5亿元,同比增长4.6%。其中高技术制造业实现营业收入191.5亿元,同比增长4.8%;公共软件服务业实现营业收入73.0亿元,同比增长4.0%。1－11月全区高技术产业实现利润30.5亿元,同比增长20.1%,其中高技术制造业实现利润24.3亿元,同比增长16.8%;公共软件服务业实现利润6.2亿元,同比增长34.9%。

全区规模以上高技术制造业实现现价工业总产值210.2亿元,比上年增长7.7%,占全区工业总产值的18.1%。按行业划分,总产值排名前三位的分别是电子及通信设备制造业、医药制造业和电子计算机及办公设备制造业,实现现价工业总产值67.3亿元、57.3亿元和57.1亿元,增速分别为22.6%、17.9%和－11.2%。

现代服务业

1－11月全区规模以上现代服务业单位资产总计52327.7亿元,同比增长20.6%;实现收入合计5605.1亿元,同比增长8.5%。其中:商务服务业收入合计2388.3亿元,同比增长21.0%;科学研究、技术服务和地质勘查业收入合计498.7亿元,同比下降4.7%;信息传输、计算机服务和软件业收入合计352.7亿元,同比增长14.1%。

1－11月全区规模以上现代服务业单位实现利润1389.7亿元,同比增长8.4%。其中:商务服务业实现利润452.8亿元,同比增长27.2%;科学研究、技术服务和地质勘查业实现利润40.3亿元,同比增长13.3%;信息传输、计算机服务和软件业实现利润12.6亿元,同比增长0.2%。

文化创意产业

1－11月全区规模以上文化创意产业资产总计1717.2亿元,同比增长4.7%;实现收入合计1538.3亿元,同比增长16.0%。其中:软件、网络及计算机服务,广告会展服务,旅游、休闲娱乐业收入合计分别为319.4亿元、332.0亿元和253.9亿元,增速分别为15.0%、15.0%和28.1%。1－11月全区规模以上文化创意产业单位实现利润71.1亿元,同比增长74.6%。

生产性服务业

1－11月全区规模以上生产性服务业单位资产总计49442.9亿元,同比增长23.5%;实现收入合计13233.8亿元,同比增长21.6%;实现利润1778.9亿元,同比增长12.9%。分领域看,流通服务收入合计8764.9亿元,同比增长28.0%;商务服务收入合计2406.2亿元,同比增长21.4%;金融服务收入合计1211.4亿元,同比下降0.4%;信息服务收入合计352.7亿元,同比增长14.1%;科技服务收入合计498.7亿元,同比下降4.7%,五大领域收入占总体的比重分别为66.2%、18.2%、9.1%、2.7%和3.8%。

**三、功能区发展**

◇CBD功能区

CBD功能区全年完成投资297.1亿元,比上年下降10.6%,占全区投资总量的25.2%。1－11月CBD功能区规模以上现代服务业实现收入合计4158.4亿元,同比增长9.8%,占全区现代服务业收入的74.2%,其中商务服务业收入合计2027.9亿元,同比增长22.4%,占全区商务服务业收入的84.9%;金融业收入合计1137.0亿元,同比下降1.7%,占全区金融业收入的93.9%。1－11月CBD功能区限额以上批发零售业实现主营业务收入5165.2亿元,同比增长23.4%,占全区批发零售业主营业务收入的52.5%;实现利润369.1亿元,同比增长45.1%,占全区批发零售业利润的68.3%。

按北京商务中心区东扩后6.99平方公里的范围统计,全年完成投资130.6亿元,比上年增长80.6%;实现社会消费品零售额402.7亿元,比上年增长16.8%。1－11月CBD规模以上现代服务业实现收入合计1869.7亿元,同比增长10.3%,占全区现代服务业收入的33.4%。1－11月CBD规模以上文化创意产业实现收入合计646.9亿元,同比增长15.9%,占全区文化创意产业收入的42.1%。1－11月CBD限额以上批发零售业企业实现主营业务收入1691.2亿元,同比增长13.5%。

◇电子城功能区

电子城功能区全年完成投资222.3亿元,比上年下降23.5%,占全区投资总量的18.9%;功能区内114家规模以上工业企业实现工业总产值277.9亿元,比上年增长11.1%,占全区工业总产值的23.9%。

1－11月电子城功能区规模以上高技术产业实现营业收入175.0亿元,同比增长3.9%,占全区高技术产业营业收入的66.2%。其中:高技术制造业实现营业收入149.7亿元,同比增长4.7%;公共软件服务业营业收入25.3亿元,同比下降0.8%。1－11月电子城功能区规模以上高技术产业实现利润21.1亿元,同比增长15.3%,占全区高技术产业利润的69.2%。其中:高技术制造业实现利润16.3亿元,同比增长11.6%;公共软件服务业实现利润4.8亿元,同比增长30.4%。1－11月电子城功能区限额以上批发零售业实现主营业务收入1405.7亿元,同比增长15.5%,占全区批发零售业主营业务收入的14.3%;实现利润121.2亿元,同比增长25.7%,占全区批发零售业利润的22.4%。

◇ 奥运功能区

奥运功能区全年完成投资241.0亿元,比上年增长26.8%,占全区投资总量的20.5%。

1-11月奥运功能区规模以上现代服务业单位收入合计838.9亿元,同比下降1.5%,占全区现代服务业收入的15.0%;实现利润335.0亿元,同比增长47.6%,占全区现代服务业利润的24.1%。1-11月奥运功能区限额以上批发零售业实现主营业务收入2592.0亿元,同比增长40.9%,占全区批发零售业主营业务收入的26.4%;实现利润46.7亿元,同比增长47.3%,占全区批发零售业利润的8.6%。

**四、人口、就业和人民生活**

◇ 人口

年末全区常住人口365.8万人,其中常住外来人口160.9万人,占常住人口的44.0%。从性别构成看,男性人口188.3万人,占常住人口的51.5%;女性人口177.5万人,占常住人口的48.5%。从年龄构成看,0-14岁人口为30.0万人,占常住人口的8.2%;15-64岁人口304.2万人,占常住人口的83.2%;65岁以上人口为31.6万人,占常住人口的8.6%。常住人口中:全年出生人数26722人,出生率为7.42‰;死亡人数13259人,死亡率3.68‰;自然增长率为3.74‰。

2005年-2011年常住人口和外来人口对比

单位:万人

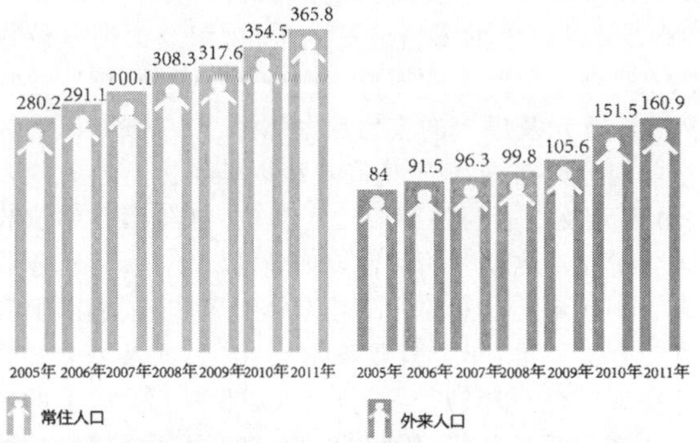


年末全区户籍人口193.8万人,比上年末增加4.1万人,增长2.2%。全区计划生育率为98.6%。

◇ 就业和社会保障

年末全区城镇登记失业率为0.88%,比上年末下降0.11个百分点,低于2.0%的调控目标。全年开发就业岗位11.1万个,比上年下降5.8%。城镇登记失业人员就业人数2.6万人,比上年下降9.4%。

年末全区参加基本养老、基本医疗、失业、工伤和生育保险人数分别为218.9万人、241.6万人、183.2万人、175.8万人和82.6万人,比上年分别增长15.2%、14.8%、16.5%、6.4%和7.0%。城镇社会保险各项基金征缴额达287.0亿元,比上年增长24.0%,各项基金收缴率均达到98.0%以上。全区农民参加城乡居民养老保险人数7.9万人,比上年增长3.9%,覆盖率达96%,高于上年1.0个百分点。参加农村新型合作医疗的人数达到12.1万人,新型农村合作医疗参合率达99.2%。全区最低生活保障救济人数16290人,最低生活保障金发放总金额9065.9万元,比上年增加826.7万元,增长10.0%。

◇ 居民生活

据抽样调查结果显示:全年城市居民人均可支配收入达到34044元,比上年增长13.0%;农村居民人均纯收入19839元,比上年增长13.6%。

全年城市居民人均消费性支出24799元,比上年增长10.7%,其中居住、其他商品和服务支出增长最快,增速分别为27.6%和19.4%;农村居民人均生活消费现金支出16888元,比上年增长10.9%,其中家庭设备用品、食品支出增长最快,增速分别为83.0%和22.4%。城乡居民恩格尔系数均为31.0%。截至年末,城市居民每百户家庭拥有家用汽车40辆,家用电脑119台,空调189台,手机226部。农村居民每百户家庭拥有家用汽车24辆,家用电脑97台,空调178台,手机229部。

2005年-2011年城乡居民人均收入

单位:元

**五、社会事业**

◇ 科技

全年专利申请量和授权量分别为16420件和7886件,分别比上年增长35.5%和19.4%,其中发明专利申请量和发明专利授权量分别为9881件和2781件,分别比上年增长34.6%和37.7%。全年技术市场成交量4091项,比上年下降20.8%;技术市场成交额330.0亿元,比上年增长165.7%。全年科普投入1073.5万元,人均科普经费5.5元。

◇ 教育

年末全区共有幼儿园177所,在园幼儿37250人,示范幼儿园比例为18.6%;普通小学128所,当年招生8520人,在校生41235人,毕业生6450人;普通中学77所,当年招生10585人,在校生33244人,毕业生11604人。

社区教育中心(学校)、职业高中和国际学校分别有43所、6所和17所,朝阳区多种培养模式蓬勃发展。

◇ 文化

年末全区共有公共图书馆2个,社区图书馆43个,图书馆馆藏图书达202.4万册。全区共有博物馆54个,剧场、影剧院37个,街乡级文化服务中心41个,社区(村)文化活动室覆盖率91.0%。广泛开展基层文化演出,公益性演出1500场次;基层数字电影放映9032场次;文化广场达到181个。

◇ 卫生

年末全区共有卫生机构1207个:其中医院139个,社区卫生服务中心41个,社区卫生服务站217个。卫生机构共有床位16107张,卫生技术人员34983人,其中执业(助理)医师13625人,注册护士14612人。居民健康水平进一步提高,婴儿死亡率3.0‰;每十万人甲乙类传染病发病率218.1,比上年下降70.7;人均预期寿命83.42岁,比上年提高0.02岁。

◇ 体育

年末全区共有体育场地2197个;组织各项体育活动参与人数23万人;全民健身工程885个,比上年增加20个;全民健身工程面积122.3万平方米,比上年增加1万平方米。全区共有专业体育运动员2046人,获得市级以上奖牌270枚,其中金牌126枚,银牌75枚,铜牌69枚。

**六、城市建设与管理**

◇ 道路

年末全区城市道路总长度1912.4公里,比上年增加5.4公里,其中高速公路181公里。新改扩道路长度55.0公里,其中新建、改建和大中修道路分别为5.4公里、3.0公里和46.6公里;路网密度达到每平方公里3.8公里。

◇ 环境保护

全区奥体子站和农展馆子站二级和好于二级的天数分别为277天和280天,占全年总天数的75.9%和76.7%。平均每月降尘量7.1吨/平方公里。

◇ 绿化

全年新增绿化面积152公顷;改造绿化面积117公顷;城市绿化覆盖率达到46.4%;人均公共绿地面积26.0平方米。

◇ 环卫

年末全区共有密闭压缩式垃圾转运站234个;生活垃圾无害化处理率100%。截至年末,全区共有公共卫生间998个;公共卫生间达标率100%。

◇ 安全生产

全年共发生非正常死亡事故159起,非正常事故死亡人数174人。其中:生产安全事故14起,死亡15人;公共安全事故145起,死亡159人。亿元GDP安全生产事故死亡率为0.0545。

**公报注释:**

1、2011年地区生产总值及各产业增加值数据为北京市统计局反馈的初步核算数据,正式数据以《2012年朝阳区统计年鉴》为准;

2、本公报中的地区生产总值及各产业增加值均按现价计算;

3、本公报中所有增长速度指标均未扣除物价上涨因素;

4、本公报中如无特殊注明均为区域口径;

5、自2011年起,社会消费品零售额由"法人经营地"统计原则变更为"产业经营地"原则;2010年数据按"产业经营地"口径进行了调整,以前年份仍为"法人经营地"口径数据;

6、本公报中现价工业总产值指标为快报数据,正式数据以《2012年朝阳区统计年鉴》为准;

7、本公报中农村固定资产投资包括农村非农户固定资产投资和农村农户固定资产投资;

8、规模以上工业划分标准:年主营业务收入2000万元及以上的工业法人单位;限额以上批发业划分标准:年主营业务收入2000万元及以上的批发业法人单位,年经营性单位收入2000万元及以上的批发业产业活动单位,年营业收入2000万元及以上的批发业个体经营户;限额以上零售业划分标准:年主营业务收入500万元及以上的零售业法人单位,年经营性单位收入500万元及以上的零售业产业活动单位,年营业收入500万元及以上的零售业个体经营户;限额以上住宿业划分标准:星级饭店和星级以外年主营业务收入200万元及以上的住宿业法人单位,年经营性单位收入200万元及以上的住宿业产业活动单位,年营业收入200万元及以上的住宿业个体经营户;限额以上餐饮业划分标准:年主营业务收入200万元及以上餐饮业法人单位,年经营性单位收入200万元及以上的餐饮业产业活动单位,年营业收入200万元及以上的餐饮业个体经营户;规模以上服务业划分标准:(1)执行企业会计制度的年营业收入500万元及以上的服务业法人单位,跨国公司地区总部,投资收益500万元及以上的企业管理机构、投资与资产管理法人单位;(2)执行行政事业会计制度或民间非营利组织会计制度的年收入合计500万元及以上的服务业法人单位;(3)全部旅行社;(4)A级及以上旅游区(点)和主要旅游区(点);

9、CBD功能区、电子城功能区和奥运功能区数据按照朝阳区"十一五"规划确定的统计口径计算,CBD是指北京商务中心区东扩后6.99平方公里的范围;

10、人口数据中，常住人口、常住外来人口、常住人口性别构成和年龄构成、常住人口出生人数、出生率、死亡人数、死亡率、自然增长率为北京市统计局反馈数据；2010 年人口数据为第六次全国人口普查数据，之前年度未做历史调整；户籍人口，计划生育率取自朝阳区人口和计划生育委员会；

11、本公报部分指标数据取自朝阳区财政局、商务委员会、北京市公安局朝阳分局、人口和计划生育委员会、人力资源和社会保障局、民政局、科学技术委员会、教育委员会、文化委员会、卫生局、体育局、市政市容管理委员会、环境保护局、园林绿化局、水务局和安全生产监督管理局提供的相关数据；

12、北京市统计局尚未反馈能源数据，因此本公报未公布 2011 年三次产业和人民生活能源消费数据，正式数据请参照《2012 年朝阳区统计年鉴》；

13、根据国家统计制度，财务指标在 2、5、8、11 月进行统计，目前北京市统计局尚未反馈全年数据，因此公报中涉及收入、利润等相关指标为 1 - 11 月数据，全年数据请参照《2012 年朝阳区统计年鉴》。

# 大 事 记

## 2011年朝阳区大事记

### 1月

**4日至6日** 中国人民政治协商会议北京市朝阳区第十一届委员会第六次会议召开。

**5日至8日** 朝阳区第十四届人民代表大会第六次会议召开。

**6日** 市委书记刘淇,市委副书记、市长郭金龙出席北京商务中心区核心区基础设施工程开工奠基仪式。

**11日** 文化工作会议召开。

**12日** 农村城市化工作会议召开。

* 在全市5个试点区县中率先启动基础教育综合改革实验。

**13日** 区政协召开党派联席会议。

**17日** 组织工作会议召开。

**20日** 第二十四次老干部座谈会召开。

**26日** 交通工作大会召开。

**28日** 市委副书记、市长郭金龙到本区,看望全国劳模、垂杨柳中心小学教师郑丹娜和85岁的老党员范伯诚。

* 新春团拜会举行。

**30日** 市委书记刘淇,市委副书记、市长郭金龙到本区烟花爆竹销售网点和社区菜市场,检查节日安全生产和市场供应工作。

### 2月

**12日** 市委书记刘淇,市委副书记、市长郭金龙到本区就"创新社会管理服务,推进首都社会建设"主题调研。

* 全国文明城区创建工作专题会召开。

**15日** 区纪委十届八次全会暨全区党风廉政建设工作会召开。

**17日** 中共中央政治局常委、全国政协主席贾庆林就加快高端产业功能区建设、发展绿色循环经济等工作到本区调研。

**25日** 文明交通行动暨全国"两会"交通安全动员部署会召开。

### 3月

**1日** 朝阳区人民代表大会设立常务委员会30周年纪念大会举行。

**5日** 全市首个女子巡逻警务站在本区设立。

**10日** 区党建工作专题会召开。

**14日** 副市长苟仲文来本区调研交通工作。

**15日** 区政府分别在新浪、搜狐两家网站开通政府微博朝阳区政府热线。

**17日** 区党建研究会召开一届一次理事大会。

**18日** 区委书记陈刚带队赴顺义区考察学习流动人口管理和环境综合整治工作。

**28日** 区地方志编纂委员会会议召开。

**29日** 2011年度北京市"三八"妇女维权周活动在朝阳启动。

**30日** 第二届中国特色世界城市论坛在朝阳举行。全国政协副主席郑万通,市领导郭金龙、吉林、刘晓晨、程红、赵文芝,区领导陈刚、程连元、王力军等出席开幕式。

**31日** 双桥革命烈士纪念碑迁至北京长青园骨灰林基地。

### 4月

**1日** 区绿化美化总结动员大会召开。

**2日** 区审计工作会召开。

**6日** 区领导陈刚、程连元、陈宏志、谢莹、赵全保到东城区,考察学习社会服务管理创新工作经验。

7日 区卫生事业发展大会召开。

9日 区综合经济工作会议召开。

＊ 乡换届和街道任期调整工作动员会召开。

11日 区领导陈刚、吴桂英、谢莹与北京电视台台长王晓东、总编辑赵多佳一行进行座谈。

＊ 区城乡建设委员会全体(扩大)会议召开。

13日 全国政协副主席、中央统战部部长杜青林率领调研组到位于望京街道的叶青大厦,就社会领域统战工作进行调研。

18日 北京市庆祝建党90周年"党在百姓心中"宣讲活动在本区启动。

22日 区创建全国文明城区动员部署大会召开。

26日 共青团北京市朝阳区第十一次代表大会在北京会议中心开幕。

＊ 2010年度感动朝阳十大新闻事件、十大新闻人物揭晓。

## 5月

1日 中共中央政治局常委、国务院总理温家宝到北京地区在建规模最大的保障性住房项目——朝阳区王四营保障性住房项目建设工地视察,并慰问节日里坚守岗位的建筑工人。

9日 市委书记刘淇,市委副书记、市长郭金龙到崔各庄乡京旺家园农民安置房项目现场和大望京公园调研。

13日 区直机关系统举行"千名干部下基层,周六创建行动日"活动启动仪式。

16日 奥运村街道办事处挂牌成立。

20日 全国基层党组织书记加强社会管理集中轮训乡镇、村示范培训班学员到本区学习交流社会管理创新经验。

24日 朝阳区社区便民摆渡车正式开通。

31日 中共中央政治局常委、国务院总理温家宝和中共中央政治局委员、市委书记刘淇,中共中央政治局委员、国务委员刘延东来到十八里店小学,看望师生,并和孩子们一起上体育课。

## 6月

1日 区政协、区委统战部围绕"促进文化建设"议题召开议政会。

4日 市委副书记、市政协主席、市委政法委书记王安顺到本区检查安全稳定工作。

7日 召开主题为"深化聚合力工程,构建区域化党建工作新格局"的纪念建党90周年暨创先争优理论研讨会。

8日 中国民主同盟北京市朝阳区第四次代表大会召开。

9日 司法部部长吴爱英到本区调研阳光中途之家建设工作。司法部副部长郝赤勇、副市长刘敬民一同调研。

＊ 市人大常委会主任杜德印就"推进全国文化中心建设"到本区调研。

10日 区社会建设工作会召开。

＊ 中国民主促进会北京市朝阳区第四次代表大会召开。

11日 中国农工民主党北京市朝阳区第三次代表大会召开。

12日 台湾民主自治同盟北京市朝阳区第四届盟员大会举行。

18日 中国致公党北京市朝阳区第四次代表大会召开。

19日 中国民主建国会北京市朝阳区第四次代表大会召开。

22日 区纪念中国共产党成立90周年暨表彰大会召开。

23日 区纪念中国共产党成立90周年主题展览启动仪式在朝阳规划艺术馆举行。

25日 九三学社北京市朝阳区第四次代表大会召开。

20日 中国国民党革命委员会北京市朝阳区第三次代表大会召开。

＊ 市委常委、宣传部长、副市长鲁炜出席798艺术区纪念建党90周年艺术展开幕式。

＊ 区公共安全馆正式开馆。

30日 副市长苟仲文来本区调研智能交通和物联网应用工作。

## 7月

2日 市委书记刘淇到区文化场馆和文化企业,就"深化文化体制改革,加快推动文化建设"主题调研。

5日 区第六次归侨侨眷代表大会召开。

12日 以原欧盟理事会主席、爱尔兰共和国原总理、爱尔兰中国合作理事会终生名誉主席伯蒂·埃亨为领队的爱尔兰中国合作理事会代表团访问本区。

14日 区党风廉政建设工作会议召开。

18日 区教育工作会召开。

28日 区政协区委统战部党派联席会议举行。

29日 区委十届十四次全体(扩大)会议举行。

全会审议通过《中共北京市朝阳区委十届十四次全体(扩大)会议决议》。

## 8月

**8日** 中国共产党北京市公安局朝阳分局委员会第二次代表大会举行。

**9日** 第二届北京奥林匹克公园文化发展论坛在国家会议中心举行。

**22日** 区、乡人大换届选举工作动员部署暨培训会召开。

**23日** 全国双拥办副主任、总政治部群工办主任汤奋带领全国双拥办检查组来到本区,就双拥模范城创建工作进行检查考核。

**24日** 副市长洪峰带队到本区,就中小学、幼儿园开学准备工作进行专项检查。

**26日** 区迎接全国文明城区测评动员誓师大会召开。

**30日** 市委常委、市城乡结合部建设领导小组组长牛有成到区调研重点村建设工作。

## 9月

**1日** 市委常委、市纪委书记叶青纯到奥林匹克森林公园调研。

**2日** 国家工商总局副局长王东峰带领检查组到本区,对工商行政管理部门开展中秋节、国庆节食品市场监管工作情况进行督导检查。

**6日** 中共中央政治局常委李长春就深化文化体制改革、推动文化大发展大繁荣到本区调研。

**9日** 中共中央总书记、国家主席、中央军委主席胡锦涛到北京市第八十中学,参观学校校史展,观看学生科技社团活动,看望来自雪域高原的西藏学生,观摩学校国际部语言一班外籍学生的课程,亲切接见教师代表。

**13日** 市委副书记、市政协主席、市委政法委书记王安顺到本区调研全模式社会服务管理系统等情况。

**15日** 2011北京CBD商务节暨世界CBD联盟年会在国贸三期开幕。全国政协副主席郑万通,市领导程红、赵文芝,区四套班子领导出席开幕式。

* 中央纪委副书记李玉赋到本区,就"北京奥运文化园"建设工作进行调研。

* 市人大常委会主任杜德印到本区视察换届选举集中宣传日活动。

**16日** 本区获"中国电子商务国际化创新发展示范区"称号。

**17日** 朝阳国际体育文化节在鸟巢庆典广场开幕。

**18日** 中共中央政治局常委、中央书记处书记、国家副主席习近平,中央领导王兆国、刘淇、刘云山、刘延东、何勇、令计划、韩启德,到北京奥林匹克公园和朝阳区茉藜园社区,参加全国科普日活动。

**19日** 市委书记刘淇,市委副书记、市长郭金龙到CBD核心区建设施工现场,就"加快重点功能区建设,打造世界高端企业总部聚集之都"主题进行调研。

## 10月

**11日** 朝阳区女企业家协会成立。

**12日** 朝阳区人才研究中心、国际人才研究中心成立。

**13日** 市委常委梁伟到本区考察和谐劳动关系建设工作。

* 区劳动人事争议仲裁院面向社会启用。

* 由法国参议院副议长、展望与革新基金会主席、法国前总理让·皮埃尔·拉法兰率领的法国中小企业家代表团到CBD地区参观。

* 陈经纶中学举办建校90周年庆祝活动。

**15日** 区乡人大换届选民榜公布。

**18日** 国务院法制办复议工作检查组到本区检查行政复议工作。

19日 区政协举办纪念辛亥革命100周年参观座谈活动。

**26日** 区工商联第十次代表大会暨区商会成立大会召开。

**28日** 区"五五"普法总结表彰暨"六五"普法启动大会召开。

**29日** 中共中央政治局委员、中央书记处书记、中宣部部长刘云山到本区群众文化场馆和文化创意产业园区,就深入贯彻落实党的十七届六中全会精神,进一步发挥首都全国文化中心示范作用进行调研。中共中央政治局委员、北京市委书记刘淇一同调研。

## 11月

**3日** 区第十一次党代会代表选举工作完成。差额选举产生出席区第十一次党代会代表389名。

**4日** 中央巡视组领导徐光春、李明波围绕"加快保障性安居工程建设,着力保障和改善民生"主题到本区调研。

**7日** 市委副书记、市政协主席、市委政法委书记王安顺到本区,就社会服务管理创新工作进行调研。

**8日** 全区134万已登记选民分别来到227个选区的1289个投票站参加区人大代表投票选举。

**10日** 市长郭金龙到本区就冬季供暖准备情况进行检查。

* 中纪委副书记黄树贤到北京奥林匹克公园，就北京奥运文化园规划建设情况进行调研。

* 政协北京市朝阳区第十一届委员会总结大会召开。

**21日** 区第十二次妇女代表大会召开。

* 国家级广告产业示范区落户本区。

**22日至23日** 中共北京市朝阳区委十届十五次全体(扩大)会议召开。全会审议通过区第十一次党代会有关事项，讨论区第十一次党代会报告和区纪委工作报告，审议并通过《中共北京市朝阳区委十届十五次全体(扩大)会议决议》。

**28日** 市委常委、市纪委书记叶青纯代表市委出席本区2011年度区级党政领导班子民主生活会。

**29日** 朝阳艺术团成立。

## 12月

**1日** 中共中央政治局常委、中央政法委书记、中央社会管理综合治理委员会主任周永康、国务委员马凯到高碑店地区高碑店村考察社会管理工作。

**6日至9日** 中国共产党北京市朝阳区第十一次代表大会召开。十一届一次会议选举陈刚为区委书记，程连元、陈宏志为副书记。

**13日** 全国政协副主席罗富和到莱锦创意产业园调研文化创意产业。

**17日至19日** 中国人民政治协商会议北京市朝阳区第十二届委员会第一次会议召开。会议选举辛燕琴为区政协主席，郑煌、张树安、陈合庄、邢念增、高向宇、连玉明为副主席。

**18日至22日** 朝阳区第十五届人民代表大会第一次会议召开。会议选举佟克克为区人大常委会主任，李国、王亚贵、张富生、朱春霞、曾原纪为区人大常委会副主任。选举程连元为区长，吴桂英、陈涛、阎军、王春、张立新、苑文新、汪洋为副区长。选举李瑞翔为区人民法院院长；王立为区人民检察院检察长。

**20日** 本区荣获“全国文明城区”称号。

**26日** 区创建全国文明城区总结表彰大会召开。

* 中国数字文化集团有限公司落户本区。

# 政党 团体

## 中国共产党北京市朝阳区委员会

### 概　　况

年内,中共朝阳区委坚持以科学发展观为指导,按照建设“新四区”要求,以建设“十大发展基地”、“十大民生工程”为重点,继续推进功能区协同发展、文明城区创建、社会管理创新和城乡一体化。深化功能区带动发展战略,不断提升发展水平。深化“五轴三带”产业布局,沿轴、沿带打通功能区内部和功能区之间的产业联系,实现重点突破、点线结合、联动发展、全面提升,基本形成现代服务业主导、高新技术产业支撑、文化创意产业集群发展的产业格局,第三产业比重达到89%。CBD建设取得新突破,聚集全市70%的外资金融机构、世界500强企业和跨国公司地区总部,国际金融、文化传媒、现代商务等产业特征更加明显;核心区14个地块成功上市交易,吸引41家总部型企业及国际金融机构入驻,标志性建筑和地下公共空间开工;东扩稳步实施,拓展了未来发展空间。电子城功能区高新技术产业规模聚集特征凸显,北扩取得实质性进展,一体化发展成效显著,形成以国际研发和自主创新为特色的高科技产业基地。奥运功能区已成为重要的体育、文化、休闲、会展中心和奥运标志旅游地。CBD—定福庄、垡头、温榆河功能区建设稳步实施。2011年,实现地区生产总值3272.2亿元,同比增长16.7%;区级财政收入316.8亿元,同比增长35.2%;城市居民人均可支配收入34044元,同比增长13%;农民人均纯收入19839元,同比增长13.6%。

全力创建全国文明城区,不断增强发展软实力。坚持集中全部精力聚焦创建、统筹一切资源服务创建、动员全区力量参与创建,构建“六大”创建体系,实施“十大文明提升行动”,始终把为民利民惠民贯穿创建全过程,深入解决环境建设、道路交通、食品安全、绿化美化等群众关心关注的热点、难点问题,使创建过程成为群众共享发展成果的过程。12月20日,中央文明委授予朝阳区“全国文明城区”荣誉称号。通过创建,形成了具有朝阳特色的文明建设长效机制,提高了城市文明水平。区委将文化工作会作为第一个全区性大会,进一步凸显文化建设重要性。深入开展弘扬践行北京精神主题实践活动,不断完善公共文化服务体系,优化文化设施布局和配置,引导社会资源发展文化事业,增强文化特色,繁荣基层文化,形成公共文化服务运行新机制。推进文化创意产业高端发展,整合创意要素,加快文化创意投资、交易、传播、消费平台建设,进一步提高了文化创意的贡献度。

加快推进城乡一体化建设,农村地区发展品质不断提升。坚持人口、产业、空间、土地利用“四规合一”,统筹城乡产业发展、建设管理、基本公共服务,城市化综合实现程度完成预期目标。促进产业转型升级,注重把握产业发展路径,坚持走依靠科技、绿色支撑的高端、高效发展之路。重点村综合整治成效明显,农村生产生活环境不断改善。加快农村产业结构调整,初步形成一批以文化创意、商贸服务、都市型现代农业为主题的产业集聚区。坚持农民安置、产业发展、就业和保障优先,强化资金监管,土地储备工作稳步推进,整合了土地资源,拓展了发展空间。完善城乡一体的社会保障体系,将教育、卫生、文化等公共服务资源向农村地区延伸,农民生活品质不断提升。2011年,农村地区实现生产总值442.7亿元,形成区级财政收入43.2亿元。

坚持建管并重,社会管理创新能力显著提升。以完善全模式社会服务管理系统为突破口,推进社会服务管理业务、资源整合，进一步梳理各业务模块的内容和流程，不断健全和完善工作标准体系、信息管理体系和互动循环体系，努力形成具有朝阳特色的社会服务管理新模式。进一步加强社区规范化建设，全面推进垃圾分类、老旧小区准物业管理试点、“一刻钟社区服务圈”建设，深化国际化社区、“阳光中途之家”、商务楼宇党建等工作，努力打造具有影响力的公益服务项目品牌。社区环境管理实现精细化，“六小门店”管理实现日常化，社区便民服务设施管理实现规范化，重点交通路口管理实现常态化，机动车、非机动车管理实现有序化，为民办实事实现制度化，志愿者服务管理实现常态化，街道与执法部门联合执法实现经常化。进一步完善“一网两库三关”维稳体系，巩固矛盾纠纷集中化解专项行动成果，探索信访维稳长效工作机制，有效维护了社会和谐稳定。

构建“大民生”工作格局，统筹改善民生。以创建全国文明城区为载体，加强政策支持和资金投入，大力发展社会事业，深入开展为民办实事工程，全面提升公共服务水平，努力使发展成果惠及全区人民。坚持规划优先、政策优先、投入优先，统筹区域内外资源，优化教育结构，深化教育改革，教育质量和水平不断提升。养老保险、医疗保险、城乡最低社会保障制度实现全覆盖，生育、工伤保险覆盖面不断扩大。农民保障水平大幅提高，养老保险覆盖率达到96%。四级公共文化服务网络初步形成，街乡文化中心覆盖率达到88%。

强化执政能力，党建科学化水平实现新提升。深入开展创先争优活动，进一步激发了各级党组织和广大党员的活力和战斗力。广泛开展中国共产党成立90周年纪念活动，增强了广大党员爱国、爱党、爱人民的热情。圆满完成区乡换届和街道任期调整，广泛聚集各方智慧和力量，规划未来五年发展，形成推动科学发展的强大合力。加强领导班子和干部队伍建设，坚持以“五个楷模”为导向，进一步加大竞争性选拔干部力度，深入开展人才发展战略研究，完善人才公共服务体系，营造出干事创业的良好氛围。围绕“建组织、建阵地、建服务体系”目标，深化“聚合力工程”，加强社会领域和“两新”组织党建工作创新，加大城乡基层党建工作统筹力度。扎实推进惩治和预防腐败体系建设，加强反腐倡廉教育和廉政文化建设，认真落实党风廉政建设责任制，严格执行《廉政准则》，全面推进廉政风险防控管理。针对个别干部涉嫌严重违纪违法的问题，坚决拥护和贯彻落实市委、市纪委的指示精神和相关要求，深刻反思和剖析问题根源，并以此为鉴，深入查找问题、堵塞漏洞、防控风险、健全体系，进一步提高反腐倡廉建设水平。

地址：日坛北街33号
电话：65094217
邮编：100020

（曾　林　韩　旭）

## 主要工作和重大活动

**【文化工作会】** 1月11日，召开文化工作会。陈刚、程连元、王力军、辛燕琴等区四套班子领导出席，区委副书记、区长程连元主持会议。区委常委、宣传部长谢莹对区委、区政府《关于进一步加强文化工作的意见》作说明；副区长张春秀作《增强文化软实力，加快推进朝阳区在更高层次上又好又快发展》的工作报告。区委书记陈刚在讲话中强调，区委、区政府将文化工作会作为“十二五”开局之年第一个全区性大会，就是要进一步凸显文化建设在“十二五”发展中的重要性。全区上下要切实把文化建设放在突出位置，全面提升文化软实力，形成软硬实力双轮驱动、同步提升的发展格局。

（韩　旭）

**【农村城市化工作会议】** 1月12日，召开农村城市化工作会。区四套班子领导出席，程连元主持会议。区委常委、副区长刘希泉作《坚持城乡统筹，转变发展方式，全力推进城乡一体化先行区建设》的工作报告。陈刚在讲话中强调，要充分认识当前农村工作的历史定位，准确把握农村城市化进程中的关键问题，抓好班子，带好队伍，发扬良好作风，迎难而上，扎实工作，创造农村城市化的美好未来。

（韩　旭）

**【第二十四次老干部座谈会】** 1月20日，召开第二十四次老干部座谈会。市委组织部副部长、市老干部局局长薛蕙，区领导陈刚、程连元、辛燕琴、宋连娣、吴桂英、陈宏志出席，程连元主持会议。薛蕙就做好本区老干部工作提出指导意见；区委副书记宋连娣传达市第二十四次老干部座谈会精神；区委常委、组织部长陈宏志作《深入学习贯彻党的十七届五中全会精神，全面做好新形势下离退休干部工作》的报告。陈刚在讲话中充分肯定老干部工作取得的成绩和广大老干部为区域发展做出的贡献，向与会老干部通报“十一五”时期整体工作和“十二五”规划总体情况，并就做好2011年老干部工作强调两点意见：一是正确把握老干部工作面临的形势，进一步增强工作的责任感和紧迫感。二是不断提升老干部工作整体水平，为推动朝阳科学发展提供有力保障。

（韩　旭）

**【交通工作大会】** 1月26日，召开交通工作大会，市政府副秘书长周正宇，市有关部门领导刘小明、隋亚刚，北京武警总队副总队长耿建国，区四套班子领导出席，程连元主持会议。周正宇就做好本区交通工作提出指导意见;市交通委主任刘小明向区交通委授牌;程连元与有关责任单位代表签订责任书;宋连娣宣读《关于成立朝阳区交通委员会的通知》;副区长赵全保作《广泛参与,多措并举,标本兼治,全力推进缓解区域交通拥堵工作》的报告。陈刚在讲话中强调,做好交通工作,事关全市大局。全区各单位要积极响应市委、市政府的号召,坚决落实《关于进一步推进首都交通科学发展加大力度缓解交通拥堵工作的意见》,全力做好本区交通工作。

(韩 旭)

**【领导干部大会】** 1月31日,召开领导干部大会。区领导陈刚、程连元、佟克克、刘希泉、谢莹、陶晶、赵全保、阎军出席,程连元主持会议。程连元传达全市区县委书记会精神;区委常委、政法委书记佟克克通报全区近期安全稳定整体情况,部署春节、全国"两会"期间维稳工作。陈刚在讲话中强调,全区各级领导干部要认真贯彻落实全市区县委书记会精神,按照市委、市政府提出的确保不出现重大暴力恐怖事件、不出现危害国家安全和社会稳定的重大政治事件、不出现大规模群体性事件、不出现重特大安全生产事故的总体要求,全力做好春节和全国"两会"期间维护稳定和服务保障各项工作。

(韩 旭)

**【文明城区创建工作专题会】** 2月12日,召开文明城区创建工作专题会。程连元主持会议。宋连娣分析第二次测评反映出的问题,提出整改措施,并部署2011年四个阶段的创建工作重点。程连元在讲话中强调,创建工作有进无退,只能成功,不能失败,要全面加大工作力度;针对第二次测评反映出的6个突出问题,主管区领导要牵头组织相关部门研究制定整改方案,集中开展整治工作。陈刚在讲话中强调,创建工作将在第三季度全面迎检,时间紧、任务重、压力大,形势依然严峻。全区上下要进一步统一思想,扎扎实实做好工作,全力以赴解决问题,努力打赢创建工作攻坚战。

(韩 旭)

**【党风廉政建设大会】** 2月15日,召开党风廉政建设大会。市纪委副书记王海平,区四套班子领导出席,程连元主持会议。王海平就进一步加强本区党风廉政建设提出指导意见;宋连娣传达胡锦涛总书记在中纪委十七届六次全会上的重要讲话精神和市纪委十届七次全会暨全市党风廉政建设工作会议精神;区委常委、区纪委书记尚延华作《大力推进反腐倡廉建设,为在新起点上推进朝阳又好又快发展提供有力保障》的工作报告。陈刚在讲话中强调,党风廉政建设在全区工作中具有基础性和保障性作用,越是在发展的关键阶段,越要突出党风廉政建设;越是在形势顺利的时候,越要加强党风廉政建设。要转变作风、弘扬正气,以人为本、执政为民,完善制度、加大创新,坚持不懈地抓好全区党风廉政建设和反腐败工作。

(韩 旭)

**【人大设立常委会三十周年纪念大会】** 3月1日,召开人大设立常委会三十周年纪念大会。区领导陈刚、程连元、王力军、辛燕琴、宋连娣、吴桂英、闫学锋、李国、于五一、王亚贵、杨文良出席。区人大常委会主任王力军致辞。区委书记陈刚在讲话中强调,要继续加强和改进党对人大工作的领导;人大常委会要创造性地开展工作,充分发挥好人大代表的角色作用,充分发挥人大代表根植于群众的政治优势。

(韩 旭)

**【综合经济工作会】** 4月9日,召开综合经济工作会议。区四套班子领导出席,程连元主持会议。区委常委、常务副区长吴桂英作《认清形势,坚定信心,促进朝阳经济在更高层次上实现新发展》的工作报告。陈刚在讲话中强调,要处理好今年任务与长远发展的关系、分工负责与协作联动的关系、发展与民生的关系,每一位领导干部都要提高对做好今年经济工作复杂性、重要性的认识,思想上不松懈、不麻痹,坚定信心,排除干扰,统筹工作,确保"十二五"良好开局。

(韩 旭)

**【乡换届和街道任期调整工作动员会】** 4月9日,召开乡换届和街道任期调整工作动员会。区四套班子领导出席,程连元主持会议。陈宏志部署乡换届和街道任期调整有关工作。陈刚在讲话中强调,换届和任期调整是事关全局的大事,是对班子、干部科学评价的过程,是优化配备、提升效能,核心在于全域统筹。要准确把握乡换届和街道任期调整工作的重点任务,切实加强组织领导,统筹处理好换届调整与日常工作的关系,履行好考察督查职责。

(韩 旭)

**【创建全国文明城区动员部署大会】** 4月22日,召开创建全国文明城区动员部署大会。区四套班子领导出席,程连元主持会议。陈刚在讲话中强调,要坚持奥运标准,举全区之力,全区动员、全力以赴,誓夺创建工作的最后胜利。要统一思想、提高认识,坚定必胜的信心和决心。要找准差距、深入整改,全面进入迎检状态,打赢创建全国文明城区的攻坚战。

(韩 旭)

**【共青团朝阳区第十一次代表大会】** 4月26日,召开共青团朝阳区第十一次代表大会。团市委书记王少峰,区领导陈刚、程连元、宋连娣、尚延华、佟克克、闫学锋、张立新、郑煌出席。王少峰对本区共青团工作提出指导意见。陈刚在讲话中强调,共青团工作要找准定位,充分履行职责;深化服务,开创工作新格局;掌握方法,大力提升自身工作水平。

全区各级党组织要加强和改进对共青团工作的领导，积极支持共青团依照法律和章程独立自主、创造性地开展工作，及时研究、解决共青团工作中的重点问题和实际困难。全区上下要努力为团干部的学习培训、锻炼培养、成长进步创造条件，促进共青团工作和青少年事业健康发展。

（韩 旭）

**【纪念建党90周年暨创先争优理论研讨会】** 6月7日，召开纪念建党90周年暨创先争优理论研讨会。中央党校党建部主任王长江，市委组织部部务委员韩昱，区领导陈刚、王力军、宋连娣、尚延华、陈宏志、谢莹，区委副巡视员刘英男出席，宋连娣主持会议。王长江对本区加强党建工作提出指导意见；陈宏志作《深化聚合力工程，率先构建新型区域化党建工作格局》的主题发言；谢莹宣读表彰决定。陈刚在讲话中强调，要依靠党组织建设覆盖，强化党的基层执政基础。要依靠服务体系的建立，增强党组织的凝聚力。要依靠思想文化建设，提升党组织的向心力。要通过开展形式多样的文体、公益活动，加强现实环境中的交流，以真实的情感产生共鸣、凝聚人心。

（韩 旭）

**【社会建设工作会】** 6月10日，召开社会建设工作会。市委常委梁伟，市有关部门领导王翔、周开让、王智玲，区四套班子领导出席，吴桂英主持会议。谢莹对本区《关于加强和创新社会管理全面提升社会建设水平的实施意见》作说明。陈刚在讲话中强调，要把思想统一到中央和市委关于加强和创新社会管理的精神上来，明确方向、突出重点，着力提升社会管理科学化水平；立足当前、着眼长远，不断加强和创新社会管理。要把推进文明城区创建与社会服务管理创新相结合，突出群众在社会建设中的主体地位，始终把共建共享作为社会建设的出发点和落脚点。梁伟强调，朝阳区要以此次大会为契机，扎扎实实落实各项任务，在形成社会建设总体格局、加快创新驱动、落实服务为先、加强整体推进、实现全面覆盖上取得新进展，在全面提升社会建设水平上取得新的更大的成绩。

（韩 旭）

**【纪念中国共产党成立90周年暨表彰大会】** 6月22日，召开纪念中国共产党成立90周年暨表彰大会。区四套班子领导出席，程连元主持会议。宋连娣宣读《中共北京市朝阳区委关于命名表彰朝阳区先进基层党组织优秀共产党员和优秀党务工作者的决定》。陈刚在讲话中强调，要以建党90周年为新起点，发扬成绩、总结经验，进一步把握党建工作规律，以党建总揽全区各项工作，以党建科学化水平的不断提高，为经济社会又好又快发展提供有力保障。

（韩 旭）

**【党风廉政建设工作会】** 7月14日，召开党风廉政建设工作会。市纪委常委张同生，区四套班子领导出席，程连元主持会议。张同生就加强本区党风廉政建设提出指导意见，尚延华通报上半年全区党风廉政建设工作情况和下半年工作重点。陈刚在讲话中强调，只有坚持推进党风廉政建设，从群众最不满、最关切、最期盼的地方入手，深入治理群众反映强烈的突出问题，才能真正做到扶民之困、急民之需、解民之忧，切实巩固党执政的群众基础。

（韩 旭）

**【区委十届十四次全体（扩大）会议】** 7月29日，召开十届十四次全体（扩大）会议。学习贯彻胡锦涛总书记"七一"重要讲话和全市上半年经济形势分析会精神，总结上半年工作，分析当前面临的形势，研究部署下半年任务和召开区十一次党代会相关事项。陈刚代表区委常委会作工作报告；程连元通报上半年经济社会总体运行情况和下半年重点工作；陈宏志作关于召开中国共产党北京市朝阳区第十一次代表大会有关情况的说明。全会审议通过《中共北京市朝阳区委十届十四次全体（扩大）会议决议》。陈刚在全会闭幕式讲话上强调，全区各级党组织、各级领导班子和领导干部要进一步强化大局意识、忧患意识和进取意识，增强加快发展的责任感、紧迫感和使命感，把思想统一到全会要求上来，把目光聚焦到中心工作上来，把精神调整到最佳状态，鼓足干劲、振奋精神、团结协作，抓紧抓好各项工作，向全区人民交上一份完满的执政答卷。

（韩 旭）

**【全国文明城区创建工作调度会】** 8月10日，召开全国文明城区创建工作调度会。区领导陈刚、程连元、王力军、辛燕琴、宋连娣、佟克克、谢莹、陶晶、赵全保、张春秀、张立新，区委副巡视员刘英男出席。会议听取区创建办等部门关于创建迎检筹备工作的汇报。陈刚在讲话中强调，要认真思考迎检和检查测评期间的阶段性目标、任务安排、工作组织、点位协调等内容，细化核心方案，落实责任到人，完善应急机制，充分发挥各级干部队伍和志愿者队伍的主观能动性，确保各项工作有序推进。

（韩 旭）

**【纪委系统领导干部会】** 8月16日，召开纪委系统领导干部会，区委书记陈刚，区委常委、区纪委书记宋铁健出席。陈刚在讲话中强调，要统一思想、深化认识，强化组织、周密部署、高水平完成纪委换届任务，切实做到"两不误、两促进"，确保换届期间思想不散、秩序不乱、工作不断，圆满完成全年各项任务目标。

（韩 旭）

**【区、乡人大换届选举工作动员部署暨培训会】** 8月22日，召开区、乡人大换届选举工作动员部署暨培训会。区领导陈刚、王力军、陈宏志、闫学锋、李国、于五一、王亚贵出席。王力军部署区、乡人大换届选举工作。陈刚在讲话中强调,要充分认识换届选举工作的重大意义,准确把握换届选举工作面临的新形势,切实做好换届选举工作。各街乡党(工)委要把这项工作列入重要议事日程,切实把党管干部原则贯彻落实到换届选举工作中,各街乡党(工)委要在区委统一部署下,认真配合组织部门做好人大代表考察、提名、推荐、选举等工作。

(韩　旭)

**【全国文明城区测评动员大会】** 8月26日,召开迎接全国文明城区测评动员誓师大会。市委宣传部副部长、首都文明办主任陈冬,区四套班子领导,驻区中央及市属单位有关领导出席会议,程连元主持会议。区文明委成员单位代表、区人大代表、政协委员、区二级班子领导、基层干部、志愿者代表共计1500人参加会议。与会人员观看区创建全国文明城区专题片,回顾区文明城区创建历程。市委宣传部副部长、首都文明办主任陈冬和区委书记陈刚共同敲响誓师鼓,服务行业、环卫部门、青年志愿者、老年志愿者、小小志愿者、驻区部队、公安干警、工商执法、城管大队、医疗卫生等十支文明创建服务队代表逐一宣誓。陈冬对本区迎接全国文明城区测评工作提出指导意见;宋连娣部署迎接全国文明城区测评工作。陈刚在讲话中强调,本区创建工作经历了十年的历程,十年磨一剑,决战在今朝。在创建决战决胜的最后关头召开动员誓师大会,就是要在全区范围内再一次统一思想,再一次鼓舞士气,再一次形成合力,誓夺创建工作的最后胜利。

(韩　旭)

**【党务公开工作推进会】** 9月20日,召开党的基层组织实行党务公开工作推进会。区领导陈刚、陈宏志、宋铁健出席。区委常委、区纪委书记宋铁健部署全区党的基层组织实行党务公开工作。陈刚在讲话中强调,要进一步增强党务公开工作的责任感、紧迫感和自觉性。进一步促进党务公开工作的规范化、制度化、科学化,切实加强对党务公开工作的领导。各单位要进一步规范决策流程,加强重点部门、重点岗位的廉政风险动态管理,及时按照新的任务修正风险点,完善防控措施,加大监管力度,严格责任追究。抓好"小金库"和公务用车等专项治理等各项工作,切实转变工作作风,密切党群干群关系。

(韩　旭)

**【朝阳区第十二次妇女代表大会】** 11月21日,召开朝阳区第十二次妇女代表大会。市妇联主席赵津芳,区领导陈刚、程连元、王力军、辛燕琴、宋连娣、吴桂英、张立新出席。赵津芳对朝阳区妇女工作提出指导意见。陈刚在讲话中强调,未来五年是朝阳发展大有作为又迎难攻坚的关键时期,新使命、新任务为妇联组织和广大妇女更好发挥作用提供了新的机遇和更加广阔的舞台。各级妇联组织和广大妇女要勇于承担使命,充分发挥作用,大胆创新有为,在推进"十二五"规划实施、投身"新四区"建设的实践中发挥作用、创造新业绩。

(韩　旭)

**【区委十届十五次全体(扩大)会议】** 11月22日~23日,召开十届十五次全体(扩大)会议。会议审议通过区第十一次党代会有关事项,讨论区第十一次党代会报告和区纪委工作报告。陈刚在全会闭幕式上强调,要做好今年各项任务的收尾工作,确保完成年初确定的各项目标和指标要求。提前谋划明年的工作思路,积极稳妥推动各项事业发展,为新一届区级班子工作开展奠定基础。

(韩　旭)

**【中共朝阳区十一次党代会】** 12月5日~9日,召开中共朝阳区第十一次党代会,程连元主持会议。会议听取和审查陈刚代表十届区委所作的工作报告;书面审查宋铁健代表纪委所作的工作报告;12月9日,选举产生十一届区委委员41名,候补委员9名,纪委委员29名。全会审议通过《中国共产党北京市朝阳区第十一次代表大会关于中共北京市朝阳区第十届委员会工作报告的决议》;批准宋铁健代表十届纪委所作的书面工作报告。大会号召全区各级党组织和全体共产党员要高举中国特色社会主义伟大旗帜,坚持邓小平理论和"三个代表"重要思想,团结带领全区人民,深入贯彻落实科学发展观,以时不我待的紧迫感、勇于担当的责任感、执政为民的使命感,为朝阳科学发展、民生幸福努力奋斗。

(韩　旭)

**【区委十一届一次全体会议】** 12月9日,召开区委十一届一次全体会议,会议选举陈刚、程连元、陈宏志、吴桂英、陈涛、谢莹、陶晶、张革、宋铁健、贾彦翎、刘军胜为新一届区委常委;选举陈刚为区委书记,程连元、陈宏志为区委副书记;通过中国共产党北京市朝阳区第十一届纪律检查委员会第一次全体会议选举结果的报告。陈刚在讲话中强调,今后五年是推进朝阳科学发展、民生幸福的关键阶段,是大有作为的战略机遇期。目标宏伟,任务艰巨。新一届区委班子必须切实加强自身建设,继承和发扬"五个楷模"的优良传统,开拓创新、奋发有为,充分发挥好领导核心作用。要立足新起点,提高团结进取的能力;引领新征程,提高务实创新的能力;顺应新期待,提高为民服务的能力;展示新面貌,提高廉洁奉公的能力。

(韩　旭)

**【创建全国文明城区总结表彰大会】** 12月26日,召开创建全国文明城区总结表彰大会。市委宣传部副部长、首都文明办主任陈冬,区四套班子领导出席。陈冬在讲话中向朝阳区表示祝贺,并向全区人民和广大干部在创建工作中的辛劳表示慰问;程连元致辞,并主持“全国文明城区”奖牌揭牌仪式;谢莹宣读区委、区政府《关于表彰朝阳区创建全国文明城区工作先进单位和先进个人的决定》。陈刚在讲话中强调,文明创建只有起点没有终点,荣获这一称号,标志着朝阳区由推动创建转入深化建设的新阶段,标志着城市发展品质和文化文明水平进入持续提升的新阶段,要认真总结创建经验,深入巩固创建成果,拓展延伸创建内涵,努力推动文明城区建设向更高层次迈进。

(韩 旭)

**【区委常委会】** 年内,召开区委常委会31次,研究议题130个。议题涉及创建全国文明城区、推进“双十工程”、加强和创新社会管理、区第十一次党代会筹备工作、农村集体产权制度改革等内容。

(韩 旭)

## 组织工作

**【概况】** 中共朝阳区委组织部是区委主管组织建设、干部队伍建设和人才队伍建设的职能部门。设干部科、干部监督科、人才科、组织科、党员教育管理科、干部教育培训科、调研室、党代表联络室、办公室等9个科室。年内,突出乡换届和街道任期调整工作重点,以创先争优和庆祝建党90周年活动为载体,加强统筹谋划,扎实推进领导班子、干部人才队伍和基层党建工作,努力提高组织工作科学化水平,为“十二五”开好局提供坚强的组织保证。全力做好乡换届和街道任期调整工作,统筹推进领导班子和干部队伍建设。抓住建党90周年契机,深化创先争优活动,不断巩固和发展基层党建工作成果。以制定实施人才发展规划纲要为统领,推进人才优先发展战略。不断深化“讲党性、重品行、作表率”带头创先争优活动,进一步强化自身建设,增强组织工作的推动力。

地址:日坛北街33号

电话:65094313

邮编:100020

(李微微)

**【干部监督工作】** 年初,组成督查组围绕各乡换届工作组织情况、学习教育情况、严肃纪律知晓情况等内容,对19个乡进行换届考察阶段的巡回督促检查。制定换届工作流程图和严肃换届纪律工作流程图,发放专门记录本,使每一环节、每项具体工作都形成文字材料和相应档案资料,并由相关负责人签字确定。对群众举报的违反换届纪律的相关情况,实行严肃换届纪律查核专办制度,实行专项登记、逐件梳理、及时查核。坚持重大事项报告、个人收入申报、年度述职述廉等制度,实现个人有关事项报告率100%。全年,加大经济责任审计力度,进行任中审计1人、离任审计26人。凡离必审,对2011年离任的33名处级班子主要领导进行履行干部选拔任用工作职责离任检查。加强“12380”举报电话受理工作,发挥群众监督作用,增强监督合力。加大公开力度,考察过程中公开推荐职位和选拔标准,拟提拔人选还在政府内网、组工专网、《朝阳报》上进行全区公示,通过公开透明向干部群众展示公正。

(任 磊)

**【各界人才新春团拜会】** 1月12日,区各界人才新春团拜会在朝阳规划艺术馆举行。市区领导出席团拜会,区人才工作领导小组成员、2010年全区人才大会表彰的先进个人和集体、首批引进海外高层次人才获资助单位,以及服务于本区经济社会发展的各界人才代表等300余名优秀人才欢聚一堂,喜迎新春。

(黄英杰)

**【党统工作】** 1月13日,召开座谈会。组织委办局进行2010年党内统计工作检查。1月20日,参加市委组织部组织的全市党统会审会,在会上自审朝阳区2010年党内统计报表,互审其他区县党内统计报表。12月20日,开展本区2011年党内统计报表会审工作。组织各工委召开报表会审会,对各工委2011年党内统计报表进行互审,研讨党内统计业务工作。

(张子琎)

**【开展创先争优活动】** 1月,全区深入开展创先争优活动进入第二时段——“以迎接建党90周年为专题,开展创先争优活动”。2月25日,印发《中共北京市朝阳区委深入开展创先争优活动领导小组2011年工作要点》,要求全区各级党组织和广大党员紧密结合中心任务,在“十二五”规划实施和“新四区”建设中推进创先争优活动深入开展。7月,全区深入开展创先争优活动进入第三时段——“以迎接党的十八大召开为专题,开展创先争优活动”。

(韩珊珊)

**【慰问党组织和党员】** 1月,对部分建国前入党的老党员、困难党员、优秀党员和流动党员进行“两节”慰问。“七一”前夕,普遍开展走访慰问老党员、老干部、优秀共产党员、优秀党务工作者、先进基层党组织负责人和困难党员活动,通过座谈、走访看望等形式,了解党员的所思、所想,掌握生活状况,解决实际困难。年内,区级层面慰问党员1500余人,发放慰问金200余万元。

(韩珊珊)

**【三级联创工作】** 1月,“三级联创”考评检查组到区进行“三级联创”检查验收工作。实地检查两乡四村(五好乡:高碑店乡;非五好乡:管庄乡;2个五好村:高碑店乡高井村、管庄乡郭家场村;2个非五好村:小红门乡肖村村、王四营乡官庄村)的“三级联创”工作。

(张子琎)

【视察调研工作】 2月24日,中组部组织二局巡视员、副局长曾贤钦到朝阳区调研村级干部队伍建设情况和非党村委会主任选任和发挥作用情况。5月25日,市委组织部部务委员、组织处处长、市党建研究所所长韩昱到本区视察指导,先后走访CBD功能区、三间房乡定福庄西村和崔各庄乡京旺家园,调研区基层党组织在经济发展和土地储备拆迁腾退过程中发挥作用情况。7月20日,市党建研究所领导一行9人到区调研领导班子依托“全模式”社会服务管理创新,积极推动经济发展方式转变的路径、举措及启示。8月19日,市委副秘书长张建明、市委研究室副主任江涛率市党建工作领导小组办公室一行5人采访陈刚书记,重点从加强党对经济工作和社会建设的领导、完善科学发展体制机制等六个方面调研本区党建工作推动科学发展情况。9月28日,中组部党建研究所到朝阳调研党建信息化课题。11月2日~8日,中组部组织二局领导到朝阳调研律师行业和中小学党建工作,到北京市80中学、金杜律师事务所等单位现场观摩,并召开座谈会。

(张子琎)

【19个乡推行党代表任期制】 3月1日,下发《北京市朝阳区乡党员代表大会代表任期制实施办法(试行)》。《实施办法》明确乡党员代表权利和职责,拟定乡党员代表开展工作的各项配套制度,全区2千多名乡党员代表在乡党员代表大会闭会期间,依照《实施办法(实行)》有关规定,行使权利,履行职责,发挥作用。自此,农村系统19个乡开始全面推行党代表任期制。

(徐 辉)

【协会成立】 3月17日,北京奥林匹克公园党建共建协调委员会正式成立。3月29日,区党建研究会朝外地区分会成立。

(张子琎)

【纪念建党90周年系列活动】 3月30日,下发《关于做好纪念中国共产党成立90周年有关工作的通知》。4月~7月,集中开展区纪念建党90周年系列活动,包含评选表彰、党史学习、理论研讨、文艺作品征集、群众性纪念活动等8个大项、22个小项活动。

(韩珊珊)

【在线学习】 3月~5月,按照市委组织部《关于北京市干部在线学习三期试点工作方案》的总体部署,朝阳区作为在线学习三期试点单位,全区119家单位的6485名公务员、参照公务员法管理的工作人员参加在线试点学习。其中:纳入考核范围的5296名参学人员人均学习达到12.58学时,全部达到市委组织部规定考核目标。全年1064名局处级干部参加在线学习,其中局级干部38人、处级干部1026人,人均62学时,参加考核干部全部达到市委组织部规定的考核目标。

(曾 智)

【创先争优理论征文活动】 3月~6月,开展创先争优理论征文活动。全区上报征文246篇。经过评审,《创先争优与教育系统党建工作创新研究》等20篇征文获“朝阳区创先争优理论征文优秀奖”,区总工会等10家单位获“朝阳区创先争优理论征文组织奖”。6月7日,召开区纪念建党90周年暨创先争优理论研讨会,对获奖征文及组织单位进行表彰。

(韩珊珊)

【“七一”评选表彰】 3月~7月,开展先进基层党组织、优秀共产党员和优秀党务工作者评选表彰工作。经推荐、审核、公示等环节,评选产生先进基层党组织103个,优秀共产党员108名,优秀党务工作者108名。其中,叶如陵获全国优秀共产党员称号;建外街道永安里东社区党委等3个基层党组织获北京市先进基层党组织称号,王书英等8人获北京市优秀共产党员称号,武清林等8人获北京市优秀党务工作者称号。6月22日,召开纪念中国共产党成立90周年暨表彰大会。区四套班子领导出席会议,千余名党员群众参加会议。会议由区委副书记、区长程连元主持。会议命名表彰先进基层党组织、优秀共产党员和优秀党务工作者,获奖代表进行典型发言。区委书记陈刚讲话。

(韩珊珊)

【基层党代表座谈会】 4月7日,邀请10位机关、社区、农村、医院、学校、非公企业等领域的优秀基层党代表,与区委常委、组织部部长陈宏志进行座谈,区委组织部常务副部长王小毛,区委各主管工委副书记参加座谈。参加座谈的基层党代表围绕如何更好发挥代表作用,推进基层党内民主依次发言。陈宏志在座谈会上讲话,从“强化角色意识,在履行代表权责中发挥能动作用;明确政治职责,在参与党内事务上发挥参谋助手作用;树立服务理念,在联系党员群众中发挥桥梁作用;增强大局观念,在推进区委中心工作上发挥表率作用”四个方面提出具体要求。

(徐 辉)

【基层党代表工作培训】 4月7日~8日,召开年度基层党代表培训会。中组部组织一局一处副处长沈远新、市委组织部组织指导处副处长苏昊、区委组织部常务副部长王小毛、区委各主管工委副书记参加会议。全区140多名基层一线区党代表和各工委党代表工作联络人员、各街乡组织科长参加培训。王小毛做开班动员,对代表履职工作提出具体要求。殷金凤、李艳玉、沈金福3名基层党代表依次就如何在本职工作中履行职责进行发言。沈远新对全体代表讲话。中央党校党建研究部蔡霞教授为代表们作“发挥基层代表作用，推进党内民主建设”专题辅导。中央党校党建部教授张荣臣为全体代表作“重温党的历程，增强责任意识”专题辅导。

（徐　辉）

**【调整街乡班子】**　4月上旬，召开乡换届和街道任期调整工作动员会，正式启动乡换届和街道任期调整工作。4月中旬至5月下旬，对全区43个街乡领导班子进行考察。考察过程中，坚持把换届考察与干部日常考核、年度考核、综合考核结果相结合，对各地区经济、政治、文化、社会和党的建设五大方面工作做深入客观的考察评价，为作出合理人事安排提供可靠依据。扩大干部群众参与范围，首次将范围延伸到部分基层群众代表，3538人参加民主测评和民主推荐，2095人参加个别谈话，广泛听取干部群众意见。6月～7月初，根据考察情况，统筹考虑制定街乡班子调整方案，提交区委常委会研究通过。街乡调整干部277人，其中退二线49人，新提拔76人，交流轮岗152人，基本实现45岁、40岁和35岁左右干部的梯次配备，街乡班子结构得到优化。

（任　磊）

**【实施“领航工程、聚力工程、先锋工程”】**　4月11日，转发《关于进一步深入开展创先争优活动组织动员全市各级党组织和广大党员干部为推动“十二五”时期首都科学发展作贡献的意见》，在全区实施“三个工程”。组织动员全区各级党组织和广大党员干部围绕区委中心工作，凝心聚力作贡献。5月，结合全国文明城区创建工作，印发《关于在创建全国文明城区工作中进一步发挥全区各级领导干部引领带动作用、各级党组织战斗堡垒作用和广大党员先锋模范作用的意见》，召开创先争优活动暨创建全国文明城区工作推进会，以创先争优活动推进创建工作，以创建工作体现创先争优成效。7月18日，召开推进“三个工程”暨优秀党员和党务工作者代表座谈会，深化基层党组织和党员干部对全区发展形势的把握，强化责任意识和忧患意识，振奋精神，改进作风，提高能力。

（韩珊珊）

**【基层党代表调研视察】**　4月27日～28日，分两批组织区第十次党代会100余名基层党代表赴位于崔各庄地区的中国电影博物馆、何各庄村及赛特奥特莱斯三地开展调研视察活动。代表们在调研视察中了解区农村城市化工作进展情况和文化产业建设情况。9月28日，组织区第十次党代会140余名基层党代表赴顺义区焦庄户地道战遗址纪念馆、北京现代汽车有限公司参观，在代表中开展爱国主义教育，了解市汽车工业发展现状。11月29日，组织区第十一次党代会150余名基层党代表赴崔各庄乡农民上楼安置项目——京旺家园、朝阳规划艺术馆进行参观调研，使基层党代表了解农村城市化工作进程和经济、社会、文化建设情况，落实党代表的知情权、参与权和监督权，调动党代表开展工作的积极性和主动性。

（徐　辉）

**【基层党代表参与干部工作】**　4月及6月，各推荐1名基层党代表参加处级干部公选。4月、5月、7月，先后三次推荐基层党代表参与处级干部推荐工作，合计14人次。5月25日，邀请4名基层党代表参与市委督察组谈话。10月17日，5名基层党代表参与共青团朝阳区委书记推荐工作。

（徐　辉）

**【“双学双比双提高”集中活动周】**　5月13日，召开“关于深入开展‘双学双比双提高’集中活动周专题部署会”，以开展全国优秀共产党员网络投票推荐工作为契机，组织全区广大党员群众深入学习全国优秀共产党员的先进事迹，谈体会、比奉献。5月15日0时至5月21日24时，全区4890个基层党组织参加全国优秀共产党员网络投票推荐活动，提交选票565241张。

（韩珊珊）

**【配备“80后”街乡副职】**　5月，通过摸底调研、多渠道推荐，为全区43个街乡分别配备1名“80后”副处实职干部。其中，区外引进25人，区内遴选16人。经过配备，街乡班子年龄、知识、专业结构得到优化。

（任　磊）

**【基层党代表读书活动】**　5月，在基层党代表中开展以“阅读·进步·履责”为主题的“五月读书月”活动。活动分代表自学、分组交流研讨、撰写读书心得三个阶段。在自学阶段，除部分指定书籍外，党代表可结合工作和自身实际，有针对性地选读有关书目。在交流研讨阶段，由区委各主管工委按照基层党代表的分组情况，结合区委中心工作和本系统实际，适时组织交流研讨，强化学习效果，深化学习认识，并在交流研讨阶段结束后，组织基层党代表撰写读书心得。同时，还为全体基层党代表推荐涵盖政治、历史、经济、社会人文4大类合计32本书籍的选读书目，并为全体代表发放读书卡。

（徐　辉）

**【乡党代会常任制试点】**　5月，选择崔各庄乡、太阳宫乡，开始试点党代会常任制工作。两乡分别制定《乡党员代表大会常任制实施办法（试行）》，在乡党代会上提交全体党员代表审议通过。10月20日，麦子店街道枣南社区召开党员代表大会，正式启动社区党员代表任期制试点工作。

（徐　辉）

**【党代表任期制工作研讨会召开】**　6月3日，召开推进党代表任期制工作研讨会。区委常委、组织部部长陈宏志，区委组织部常务副部长王小毛，区委办副主任孙玉辉，区委各主管工委副书记，中组部《党建研究》杂志社总编张守华，北京市管理科学院院长马仲良，北京大学政府管理学院党委书记、教授李成言，北京市委党校党史党建部主任姚桓，中央党校党建部教授蔡霞等专家学者，与本区各任期制试点单位党组织负责人、部分优秀基层党代表一起，就如何推进本区党代表任期制工作进行专题研讨。王小毛作朝阳区党代表任期制工作情况介绍。崔各庄乡党委副书记孙连玉介绍乡党代会常任制试点工作开展情况。市、区党代表、呼家楼街道呼北社区党委书记殷金凤就个人履职情况进行发言。与会专家结合各自的研究方向，对朝阳区党代表任期制开展情况进行专题研讨。陈宏志在会上讲话。

(徐　辉)

**【召开理论研讨会】**　6月7日，由中央党校党建部、市党建研究所和区委共同主办的"深化聚合力工程，构建区域化党建工作新格局——朝阳区纪念建党90周年暨创先争优理论研讨会"召开。中央党校党建部主任王长江，市委组织部部务委员、组织处处长、市党建研究所所长韩昱，朝阳区领导陈刚、王力军、宋连娣、尚延华、佟克克、陈宏志、谢莹、刘英男，区委书记助理聂清凯，以及朝阳区党建专家顾问组部分专家出席会议。

(张子琎)

**【基层党代表参加纪念建党90周年系列活动】**　6月28日，组织140余名基层党代表观看建党90周年献礼影片《建党伟业》。7月2日，组织全体基层党代表参观北京市纪念建党90周年"一切为了人民"主题展览和朝阳区纪念建党90周年"为了人民的幸福"主题展览。

(徐　辉)

**【颁布实施《北京市朝阳区"十二五"人才发展规划》】**　6月，发布《北京市朝阳区"十二五"人才发展规划》。"十二五"时期人才发展规划确立人才优先发展战略，是朝阳区国民经济和社会发展"十二五"规划的重要组成部分。

(黄英杰)

**【纪念建党90周年党建成果宣传活动】**　6月，在《朝阳报》刊发10期党建工作专版，并集结成画册，联合区委宣传部、区广电新闻中心摄制完成《凝聚党旗下》、《凝聚》两部党建宣传片，集中反映全区近年党建工作成就。在朝阳有线电视台"朝阳新闻"节目开设专题报道，制作三期《和谐在线》节目，集中展示朝阳区先进基层党组织、优秀共产党员和优秀党务工作者风采，宣传树立80余个全区新典型。6月~7月，组织100余场次、42850人次党员群众参观"一切为了人民"北京市纪念建党90周年主题展览和"为了人民的幸福"朝阳区纪念建党90周年主题展览，接受党史教育。

(韩珊珊)

**【党委批复成立工作】**　6月，批复成立中共北京市小额贷款业协会委员会。10月，批复成立崔各庄乡京旺家园第一社区党委。

(张子琎)

**【乡党员代表进村入户听民声】**　6月~8月，与区委农工委组织全区各乡当届党员代表开展"乡党员代表进村入户听民声"活动。全区19个乡2000多名党员代表通过入户走访，宣讲换届政策，增强党员群众对换届工作的正确理解和全面认识；广泛收集党员群众的意见、建议，注意帮助党员群众解决实际问题，及时化解矛盾，增强党员群众配合开展换届工作的自觉性。

(徐　辉)

**【纪念建党90周年主题党日活动】**　7月4日，由区委组织部、区委宣传部、区文化委、区信息办、区广电新闻中心联合主办的"朝阳儿女情——北京市纪念建党90周年朝阳区主题党日活动"在中华世纪坛小剧场举行。活动分为"我们奔向你太阳"、"头顶朝阳一片天"、"朝阳花"和"鲜红的党旗"四个篇章，广泛运用诗歌、演唱、舞蹈等艺术手法，参演人员均来自基层一线。活动采取网络直播方式，为全区党员群众上了一堂生动党课。年内，分两批组织全区各系统、各行业优秀党员代表50余人，赴江西、甘肃等革命老区开展"凝聚党旗下——百名共产党员重走长征路"主题党日活动，通过徒步行走、参观革命遗址、重温入党誓词、慰问老红军、捐助贫困小学、观看红色影片等15项活动。

(韩珊珊)

**【乡党委换届工作】**　7月13日~14日，召开2011年乡党委、纪委换届培训班。组织19个乡党委书记、副书记和组宣科长，以及换届督查组成员召开换届培训班。8月15日，全部完成乡党代会代表选举阶段的各项工作，选举出乡党员代表大会代表2079名。9月21日，19个乡党员代表大会闭幕，换届选举产生新一届党委委员、纪委委员、党委书记、副书记和纪委书记，以及出席区第十一次党代表大会代表。

(张子琎)

**【接转党组织关系】**　7月20日，将爱慕内衣公司党组织隶属关系由区国资委党委转至区委非公工委。

(张子琎)

**【区委换届工作】**　7月22日，区委召开常委会，听取区委组织部《关于区第十一次党代表大会选举工作的汇报》。7月29日，区委召开十届十四次全体会议。全会经过审议表决，通过《关于召开中国共产党北京市朝阳区第十一次代表大会的决议》。9月22日，召开区委常委会，研究区第十一次党代会划分选举单位和代表名额分配等工作。划分62个选举单位。各选举单位将通过召开全体党员大会、党员代表大会或党代表会议选举产生区党代表。11月3日，区党代会代表选举工作全部完成。选举出出席区第十一次党代会代表389名。其中，区委推荐的27名代表高票当选。11月11日，区委召开第26次常委会，听取并同意区委组织部《关于区第十一次党代会有关会议材料的情况汇报》，通过需提交区十届十五次全会审议通过的相关材料。11月17日，区委召开十届十五次全会，审议通过朝阳区第十一次党代会筹备工作相关材料。12月5日～9日，召开朝阳区第十一次党员代表大会，选举产生新一届区委。

（张子琎）

**【基层党代表列席区委全会】**　7月29日，区委召开十届十四次全体（扩大）会议。根据《中国共产党北京市朝阳区代表大会代表任期制实施细则（试行）》的规定，18名区第十次党代表大会基层代表应邀列席会议。代表们在会上认真听取区委书记陈刚代表区委常委会作的工作报告，并参加分组讨论。11月22日～23日，区委召开十届十五次全体（扩大）会议，18名区第十次党代表大会基层代表参加23日的会议，代表们认真听取区委常委、区纪委书记宋铁健作的关于区纪委工作报告（草案）的说明和区委副书记宋连娣作的关于区第十一次党代会工作报告（草案）的说明，并参与对区十一次党代会工作报告（草案）、区纪委工作报告（草案）的分组讨论。基层党代表参加区委全会，已经成为基层党代表参与区委议事决策活动的常态化工作。

（徐　辉）

**【推进党员干部远程教育进社区】**　7月，印发《关于全面推进党员干部现代远程教育进社区工作的通知》，对全区社区党员干部现代远程教育基础设施情况进行全面摸底，分四个阶段推进社区党员干部现代远程教育体系建设。截至年底，完成全区371个社区基础设施建设，建成覆盖全区城市社区的党员干部现代远程教育网络体系。

（韩珊珊）

**【市委考察组考察区领导班子】**　7月～9月，市委考察组对本区领导班子进行换届考察。配合市委考察组，组织召开全区领导干部大会，进行局级班子述职述廉、民主推荐和民主测评等工作，全区正处级以上领导干部、民主党派、工商联主要领导成员和无党派人士中的代表人物以及部分区党代表、人大代表、政协委员、党风廉政监督员等299人参加大会。按照考察组要求，组织个别谈话246人，包括局级干部42人，处级干部204人。同时，对于拟提拔进入区领导班子的人选，配合考察组进行公示和延伸考察。

（任　磊）

**【非公企业党建指导员工作】**　7月底开始，与区委非公工委共同调研向非公企业派出党务人才的工作。围绕非公企业党务人才需求，在规模以上非公企业展开调研。对非公企业党务人才的需求程度、党务人才培养方式、招聘方式以及党务人才应该发挥的作用进行深入研究。与区委非公工委、区工商联到规模以上非公有制企业调研向非公企业派驻党务工作者的有关情况。10月10日，开始撰写向非公企业派驻党务工作者的调研报告。通过实地走访、座谈、发放调查问卷等方式，对向非公企业派驻党务工作者进行专题调研，对非公企业党务工作者队伍现状、非公企业党务人才需求、存在的问题以及对向非公企业派驻党务工作者提出初步建议。

（张子琎）

**【区人才工作领导小组会议】**　8月12日，召开2011年人才工作领导小组会议，全区人才工作领导小组成员单位、区人才工作领导小组办公室有关人员参加会议。会议总结上年全区人才工作，安排部署2011年人才工作，并通报上年人才工作项目进展情况及2011年人才工作项目立项情况。会议审议通过《〈北京市朝阳区中长期人才发展规划纲要（2010—2020年）〉任务分解方案》和区第二批海外高层次人才认定人员建议名单。

（黄英杰）

**【基层党代表参与换届民意调查】**　8月15日，市委考察组进驻本区进行换届考察。根据考察总体要求，区委组织部分两次组织90名基层党代表，先后参与8月16日召开的民意调查大会和9月8日召开的换届考察民意调查会。

（徐　辉）

**【窗口单位和服务行业创先争优】**　8月18日，“全国窗口单位和服务行业为民服务创先争优视频会议”设立朝阳分会场，全区窗口单位和服务行业分管创先争优活动领导参加会议。10月，深入开展创先争优活动领导小组印发《关于在全区窗口单位和服务行业深入开展“创服务品牌、树党员形象”活动的指导意见》。年内，区委各主管工委先后召开窗口单位和服务行业创先争优经验交流部署会。引导本系统窗口单位和服务行业党组织和广大党员从行业特色和职能特点出发，开展“四找（找差距、找不足、找问题、找方向）四亮（亮标准、亮身份、亮承诺、亮评议）四比（比技能、比作风、比业绩、比创新）四评（党员自评、党员互评、领导点评、群众评议）四创（创服务意识最牢窗口、创服务作风最正窗口、创服务能力最优窗口、创服务效能最好窗口）”活动。以创先争优为主题，设计制作2.5万个宣传手提袋、3万张贺岁明信片，通过窗口单位和服务行业面向全区发放，营造创先争优活动氛围。

（韩珊珊）

**【首次评选优秀基层党代表】**　8月～9月，首次开展评选优秀基层党代表活动。最终评选出任龙喜、支芬等20人为全区优秀基层党代表。9月27日，在党代表任期制工作会上，对评选出的优秀基层党代表进行集体表彰。

(徐　辉)

**【“当好党代表、开好党代会、审议好报告、选出好班子”主题活动】** 8月～10月,在新一届乡党员代表中组织开展“当好党代表、开好党代会、审议好报告、选出好班子”主题活动。活动分为“培训、会议、研讨、总结”四个阶段。乡党员代表大会召开期间,重点组织代表从坚决维护换届工作的严肃性,组织代表审议好乡党委、纪委报告,做好选举新一届乡党委、纪委领导班子工作三个方面开展工作,确保各乡换届工作顺利完成。9月底各乡党员代表大会结束后,各乡组织新一届党员代表进行集中研讨交流。

(徐　辉)

**【党代表任期制工作会】** 9月27日,召开2011年区党代表任期制工作会。市委组织部组织指导处副处长夏成斌、区委组织部常务副部长王小毛、区委组织部副部长高敬茹、区委办副主任吉旭初出席会议。会议首先作朝阳区党代表任期制工作报告。从工作体系、党代表队伍建设和发展党内基层民主三个方面,对2009年以来本区党代表任期制工作开展情况进行系统总结,并详细介绍今后几年的总体工作思路。高敬茹宣读区委组织部对前期评选出的20名各系统优秀基层党代表的表彰决定,并向获奖代表颁发荣誉证书和奖牌。崔各庄乡党委作朝阳区党代会常任制试点经验汇报,优秀基层党代表任龙喜作履职经验介绍。夏成斌介绍全市党代表任期制工作开展情况和下一步工作规划,并就朝阳区下一阶段工作提出要求。王小毛分析区开展党代表任期制工作背景,总结推行任期制工作经验和启示,从推进党内基层民主建设、多方面积极发挥代表作用的角度,向各级党组织和全体基层党代表提出明确要求。

(徐　辉)

**【第二批海外高层次人才认定仪式】** 10月12日,举行第二批海外高层次人才认定仪式,同时为朝阳区人才研究中心、国际人才研究中心成立揭牌,并向朝阳区人才工作特聘专家颁发聘书。市委组织部副部长闫成,区领导陈刚、程连元,人才研究领域专家、学者,以及朝阳区相关委办局主要负责人和两批认定的海外高层次人才参加会议。会上,市区领导为第二批认定的海外高层次人才颁发荣誉证书及奖牌,并为两个人才研究中心成立揭牌,区委书记陈刚为人才工作特聘专家颁发聘书。

(黄英杰)

**【听取基层党代表对党代会报告的意见建议】** 11月17日,邀请10位来自机关、街道、农村、国资、教育、政法、非公、CBD各系统的优秀基层党代表,与区委常委、组织部部长陈宏志,区委常委张革,区委组织部常务副部长王小毛等进行座谈。听取基层党代表对区第十一次党代会工作报告(征求意见稿)的意见建议。王小毛做关于区第十一次党代会工作报告(征求意见稿)的说明。各位代表结合自身工作实际,围绕报告(征求意见稿)的整体框架、思考站位、形势分析、区第十次党代会以来工作总结和未来五年发展规划等,充分发表意见。陈宏志、张革对代表们在讨论中提出的部分问题做解答,就党代会报告下一步修改工作提出建议。

(徐　辉)

**【区第十一次党代会会前培训会】** 11月29日,区委办、区委组织部组织召开区第十一次党代会会前培训会。区委常委张革、区委组织部常务副部长王小毛、区委办公室副主任王海涛、区委各主管工委副书记参加会议。区第十一次党代会全体基层党代表参加培训。会上,党代表们共同学习区委换届工作相关业务知识,中央、市委关于严肃换届纪律的有关要求,党代表任期制相关知识,了解本区党代表任期制工作开展情况。张革对全体参会代表讲话,分析做好区委换届对于本区的重要意义,并从开好党代会、当好党代表两个方面,向参加会议的全体基层党代表提出明确要求。

(徐　辉)

**【十八大代表推荐提名工作】** 12月30日,向区委常委会汇报本区党的十八大代表候选人推荐提名工作方案。制定《朝阳区关于部署党的十八大代表候选人推荐提名工作方案(草案)》,与市委组织部沟通后,向区委常委会汇报工作方案,并着手筹备本区关于党的十八大代表人选推荐提名工作动员部署会的相关工作。

(张子琎)

**【创先争优群众评议工作】** 12月,启动对基层党组织和党员开展创先争优活动情况群众评议工作。评议结果作为2011年年度考核、评先评优重要依据。

(韩珊珊)

**【党政机关和干部深入基层为民服务】** 12月,转发市委深入开展创先争优活动领导小组《关于进一步推动党政机关和干部深入基层为民服务的指导意见》。对本区“千名干部下基层”活动情况进行系统总结,启动党政机关和干部深入基层为民服务工作。

(韩珊珊)

**【区委领导班子换届选举】** 12月,区委领导班子进行换届。12月5日～9日,区委第十一次代表大会召开。12月9日,选举产生十一届区委委员41名,候补委员9名,纪委委员29名;同日下午,分别召开中共朝阳区委十一届一次全会和中共朝阳区纪委一次全会,中共朝阳区委十一届一次全会选举陈刚、程连元、陈宏志、吴桂英、陈涛、谢莹、陶晶、张革、宋铁健、贾彦翎、刘军胜为十一届区委常委,陈刚为区委书记,程连元、陈宏志为区委副书记，中共朝阳区纪委一次全会选举宋铁健等9名同志为区纪委常委，宋铁健为区纪委书记，曲君、高大中、刘丽平为区纪委副书记。

（任 磊）

【党的组织建设】 年末，全区有基层党委431个、党总支320个、党支部4458个。党员总数153943名，其中：女党员69866名，占45.4%；大专以上学历的占45.7%；中专、高中学历的占24.6%；初中及以下学历的占29.7%。年内，发展党员1767名，其中35岁以下党员1031名，占58.3%。入党积极分子总数8600名，其中35岁以下的入党积极分子4493名，占52.2%。

（张子琎）

【挂职干部和团职军转工作】 年内，外派2名干部援藏，接收中央两部一委挂职干部2名和上海、重庆、内蒙古等省市区挂职干部22名。11月中旬，完成50名团职军转干部安置工作。

（任 磊）

【公开推荐、公开选拔和竞争上岗】 年内，先后分3批在区委全委会、全区正处级以上干部、区纪委委员和部分“两代表一委员”范围内进行公开推荐，在广泛听取意见的基础上，区委研究任命14名委办局正职、7名街道工委书记、5名乡党委书记。3月～5月，开展街乡班子副职和部分委办局副职公开选拔，57名干部被提名为街乡和委办局副职人选。3月～5月，对法院副院长、检察院副院长、监察局副局长和奥管委部分处长等5个岗位进行全市范围公开选拔，确定4名任职人选，其中3位为非中共干部。11月，对发改委、商务委、市政市容委、人保局、电子城管委会、司法局、文化委、城管监督中心共8家单位的8个副职岗位开展单位内部竞争上岗。

（任 磊）

【干部关爱工作】 年内，推进干部“五关爱”工程，采取多种措施关心爱护干部。3月～4月，分批组织处级党政正职集中学习，引导干部以更好的思想状态和工作状态投入到区各项建设中来。3月，组织处级退休干部召开“四个一”会议，引导退休干部调整心态，帮助退休干部顺利进入稳定的退休生活状态。4月，组织局级和正处级领导干部进行健康检查，全面了解掌握本区局、处级领导干部的身体健康状况。在政治上关怀干部，9月，为一批在基层工作多年临近退休、任正科实职时间长、发挥作用好的基层干部解决副处待遇，激发了广大基层干部的工作热情，在干部群众中引起较好反响。落实区委关爱干部要求，结合综合考核，加强与干部的思想沟通，与全区1100余名处级干部进行谈话谈心，了解干部的想法、困难和需求，使干部感受到区委的关心爱护。

（任 磊）

【处级领导班子综合考核】 年内，在全区推行综合考核，涉及142个处级班子。年初，对考评指标进行动态调整，将全国文明城区创建任务完成情况作为各单位考核重点，同时加强在反腐倡廉建设、财政资金管理、基层文化建设等方面的考核。5月，召开考核成员单位工作部署会，向全区下发开展处级班子综合考核的通知，部署全年综合考核任务。5月～12月，由综合考核各成员单位实施过程考核。12月，区委派出20个考核组，采取述职述廉、民主测评、民主评议、实地检查等方式对全区各处级单位进行考核。综合考核采用实绩分析、民主测评、民意调查、上级评价等多种方式进行评价，同时委办局和街乡进行互评，实现全方位评价。

（任 磊）

【处级班子干部调整情况】 年内，调整干部557人次，涉及班子128个，其中：提拔210人次（正职47人次），平职改任228人次，兼职任免38人次，免职退二线（退休）81人次。

（任 磊）

【处级班子思想政治建设】 年内，组织处级领导班子深入学习党的十七届五中、六中全会，市委十届八次全会，区委十届十三次全会和全区组织工作会议精神，教育和引导班子干部聚焦“十二五”，把思想统一到文明城区创建和“新四区”发展目标上来。以乡换届和街道任期调整为契机，落实中央、市委严明换届纪律的有关要求，着重抓好教育警示，实行全过程监督，营造风清气正的换届环境，同时，发挥党组织的凝聚、服务、管理、保障作用，加强正面宣传引导，确保换届、任期调整期间的政治稳定、思想稳定和工作稳定。12月，组织全区处级领导班子召开以“贯彻落实《党员领导干部廉洁从政若干准则》，切实加强领导干部作风建设”为主题的党员领导干部专题民主生活会，强化领导干部廉洁从政意识。加强与主管工委沟通，利用换届考察、日常走访、重点工作督察等时机，了解处级班子运行情况和干部履职状况，查找班子干部在思想、作风等方面存在的突出问题。

（任 磊）

【政工职称评定工作】 年内，完成常年政工职称评审工作，4人获高级政工师资格，53人获政工师资格，28人获助理政工师资格。

（曾 智）

【干部培训】 年内，举办培训班26期，培训2116人次，其中处级干部1390人次。举办北京大学公共管理高级研修班、处级干部进修班、中青年干部培训班等主体班9期，培训386人次；举办经济管理培训班、社会管理培训班、领导与管理培训班、国际化素质培训班、新闻发言人初任培训班、文化创意产业培训班、公共文化服务体系建设培训班等专题班17期，培训1730人次。

（曾 智）

【处级干部读书活动】 年内,全区处级干部结合工作实际和自身需要,选择图书进行阅读,并踊跃撰写心得体会,共上交读书体会1174篇。通过组织专家评比,评选出个人奖90名。

(曾 智)

【朝阳区海外高层次人才第二批认定工作】 年内,启动区海外高层次人才第二批认定工作。有252人进行网上自主申报,经过申报审核、专家评审,最终评出海外高层次人才27名。其中,工作类人才19人,创业类人才8人。

(黄英杰)

【人才项目管理工作】 年内,实施人才项目35个,投入项目资金近200万元。对13个重大、重点项目进行实地验收检查;对22个一般项目进行集中互评和专家打分,评选出一等奖3个、二等奖4个、三等奖5个。

(黄英杰)

【优秀基层党建工作创新项目评比】 年内,区基层党组织参与市优秀基层党建工作创新项目评比活动,全区报送创新项目39项。建外街道工委"三位一体"商务楼宇服务站等5个项目获北京市优秀基层党建工作创新项目。

(韩珊珊)

【加强发展党员工作指导】 年内,制定《朝阳区2011-2015年发展党员工作规划》,编制《发展党员工作示范读本》,指导各系统、各基层单位科学制定发展党员计划,严格保证党员发展质量。

(韩珊珊)

【发展党员情况】 年内,发展党员1767名,完成年初计划1800名的98.2%。发展总数比上年增加258名,提高17个百分点。其中,发展女党员974名,占发展总数的55.1%;发展少数民族党员84名,占发展总数的4.8%;发展35岁以下党员1031名,占发展总数的58.3%;发展大专以上文化程度的党员1492名,占发展总数的84.4%;发展生产、工作第一线党员1379名,占发展总数的78%;发展非公有制经济组织和社会组织的党员300名,占发展总数的17%。与上年相比,发展女党员增加162名,占发展总数比例提高1.3个百分点;发展少数民族党员增加25名,占发展总数比例提高0.9个百分点;发展35岁以下党员增加160名,占发展总数比例提高0.6个百分点;发展大专以上文化程度党员增加215名,占发展总数比例降低0.2个百分点;发展生产、工作第一线党员增加271名,占发展总数比例提高4.6个百分点;发展非公经济组织和社会组织党员增加148名,占发展总数比例提高6.9个百分点。

(韩珊珊)

【党员教育培训】 年内,先后举办社区党委书记示范培训班、区属国有企业基层党支部书记示范培训班、机关党组织负责人示范培训班、党群共建示范培训班、大学生村官和社区工作者党员培训班、"两新"组织党组织负责人培训班、全区基层党组织书记学习"七一"讲话集中培训班等区级示范培训12期。培训2224人次,其中,35人参与境外培训。5月,接待全国基层党组织书记加强社会管理集中轮训乡镇、村示范培训班,在高碑店乡高碑店村、崔各庄乡何各庄村、东风乡将台洼村进行现场教学。11月3日,举办首次党员师资培训班,由各街乡推荐的40名乡土培训师接受讲课的语言艺术和公众表达魅力训练。

(韩珊珊)

【党员电化教育】 年内,成立党员电化教育科,增加2名工作人员编制,与党员教育管理科合署办公。3月2日,召开党员教育培训示范基地暨党员电教示范播放点授牌表彰大会,对16家区级党员教育培训示范基地和40家党员电教示范播放点进行表彰。年内,开展北京市党员电教和党员干部现代远程教育"三个一百"先进典型争创活动,申报区委党校大屯分校等5个站点参评市党员电教(党员干部现代远程教育)示范站点,金莹等5人参评市党员电教(党员干部现代远程教育)优秀站点管理员,刘强等5人参评市党员电教(党员干部现代远程教育)优秀学用个人。结合市区级党员教育电视片观摩交流活动和"我眼中的共产党员"DV作品大赛,完成制作《做一辈子志愿者——叶如陵》等数十部反映优秀共产党员事迹和基层党组织典型做法的电教片。

(韩珊珊)

【关爱老党员】 年内,对建国前入党的农村户口老党员和不享受离退休金的城镇居民户口的老党员发放生活补助每人每月500元。上半年全区有96人符合补助条件,下半年全区有91人符合补助条件,全年总计发放补助金56.1万元。7月,对建国前入党的农村户口老党员和不享受离退休金的城镇居民户口的老党员一次性发放生活补助每人2000元,全区有91人符合补助条件,发放补助金18.2万元。

(韩珊珊)

【关爱生活困难党员】 年内,有2120名生活困难党员受到"朝阳区生活困难党员专项资金"帮扶,帮扶资金219.2万元。

(韩珊珊)

【共产党员献爱心】 年内,开展"共产党员献爱心"捐献活动,收到10.7万人次捐款480.3万余元。捐款总额较上年增加近90万元。

(韩珊珊)

【党员信息服务平台】 年内,利用全区党员信息服务平台开展教育活动。以手机短信和语音呼叫方式,向全区党员发送教育、管理类短信23条,发送生日祝福短信近3.8万条,接收信息的受众面约73万人次。

（韩珊珊）

**【党刊集中征订工作】** 年内，全区订阅《北京支部生活》、《党建》、《党建研究》、《党课一小时》等10类党刊、党员电教光盘14479套，订阅经费约160万元。

（韩珊珊）

**【党费使用管理工作】** 年内，完成《中国共产党北京市朝阳区第十次代表大会以来区管党费的收缴、使用和管理情况报告》。加强区管党费的日常管理和使用。对2010年度全区有党费留成各单位党组织的党费收缴、管理、使用和上缴情况进行检查，对2010年度"两新"党组织上缴的党费进行集中返还，返还金额近61万元。按照中央、市区委有关要求，通过朝阳政务内网、组工专网及各单位、各地区局域网等内部网络平台，向全区基层党组织和党员公示中管、市管、区管党费使用情况。

（韩珊珊）

## 宣传工作

**【概况】** 中共朝阳区委宣传部是主管本区意识形态、对外宣传的区委工作部门。朝阳区精神文明建设委员会办公室是区委、区政府精神文明建设工作的综合协调部门，也是区精神文明建设委员会的办事机构，设在区委宣传部。区委宣传部代行宣传系统工委职能，并负责区文化创意产业领导小组办公室日常工作。内设办公室、基层工作科、宣传科、理论科、综合科、创建科（志愿者工作科）、未成年人工作科、研究室、区委对外宣传领导小组办公室（区人民政府新闻办公室）、文化创意产业发展科、文化创意发展中心、区公共文明协调委员会办公室（协调办）。

地址：日坛北街33号

电话：65099322

邮编：100020

（孙　翀）

**【未成年人思想道德建设】** 寒假期间，开展"快乐假期——争当社区文明小使者"主题教育实践活动，累计组织开展社区活动276项，推荐"社区文明小使者"1140名；3月25日～4月25日，组织未成年人上网祭奠英烈，网上献花，寄语留言，表达心声；5月13日，召开未成年人思想道德建设工作专题会，34家单位参会，教委、文化委、团区委、妇联进行重点发言；5月25日，召开《全国未成年人思想道德建设测评体系》培训会，邀请中央文明办领导对测评体系及操作手册进行系统讲解，区委宣传部、社工委、农工委、教工委、文化委、团区委、妇联、民政局、公安分局主管领导和具体工作人员参加培训；5月～6月，由区委宣传部、区文明办、区委教育工委、区教委主办，朝阳区青少年活动中心承办"阳光下成长"朝阳区第八届青少年学生诗书画摄影大赛活动；暑假期间，联合区委教工委、区教委、区委社工委、区委农工委、团区委、区妇联，在青少年中开展"创建全国文明城区——做一个有道德的人"主题实践活动，以"六小"活动为载体，开展"小志愿者"、"小楼门长"、"环保小卫士"、"家庭小孝星"、"文明小宣传员"实践活动，引导广大青少年积极参加创建全国文明城区工作。

（徐祯卿）

**【文化工作会】** 1月11日，召开文化工作会，出台《中共北京市朝阳区委北京市朝阳区人民政府关于进一步加强文化工作的意见》。

（李　强）

**【全国和首都精神文明创建单位复查】** 1月12日，首都文明办对朝阳区全国和首都精神文明创建工作先进单位进行复查，到麦子店街道枣营北里社区和朝阳区文化馆进行检查，并在朝阳宾馆召开座谈会。副区长张春秀主持会议，首都文明办副主任马润海，区委常委、宣传部长谢莹，区委副巡视员刘英男等领导出席会议。

（左向军）

**【"十一五"成就和"十二五"规划宣传】** 本区"两会"期间，组织区发改委、区文委、区市政市容委、区卫生局、区教委等举行7场主题发布会，围绕"十二五"规划各部门工作的重点内容进行专题发布。3月，全国"两会"期间，在《新华每日电讯》、《经济参考报》、《中国政协报》等媒体上，策划朝阳系列宣传活动，包括CBD——定福庄国际传媒产业走廊、CBD的发展成就、国际金融的发展等内容。5月，北京电视台"北京新闻"的"开局之年走一线"栏目，对本区重点、亮点工作进行系列报道。9月，借助CBD商务节契机，邀请50余家媒体，重点对北京CBD发展成就、核心区建设、未来规划等内容进行宣传报道。11月，以北京文化创意产业博览会为平台，围绕"十二五"期间文化创意产业规划、重点项目、规模效应等展开宣传，吸引中央电视台、新华社、《人民日报》、北京电视台、《北京日报》等30余家媒体关注。

（陈　婧）

**【做文明有礼的北京人】** 春节前夕，开展"携手同创·文明朝阳"主题宣传活动，"情满新春·温暖朝阳"——"两节"送温暖行动，拜年走访道德模范、身边好人，"民政为民，寒冬送暖"、"寸草报晖——母亲关爱行动"、"真情暖职工"等系列帮扶慰问活动；1月25日举办"文明之歌唱响朝阳"大型文艺展演，展示全区文明城区创建和基层文化建设成果；3月5日举办"学雷锋 做文明有礼北京人"主题实践活动；联合区政协举办"创全国文明城区 倡绿色出行 女委员在行动"主题活动；3月24日，承办北京市2011年"周四垃圾减量日暨绿色社区月"活动，首都文明办、市市政市容委、市社会办、市商务委相关领导及区领导出席；全年围绕“绿色社区活动月”、“绿色餐饮活动月”、“绿色地区活动月”，开展“做文明有礼的北京人，垃圾减量垃圾分类从我做起”主题宣传实践活动。3月～6月，以纪念建党90周年为契机，围绕创建全国文明城区工作，开展“爱党爱国爱首都爱朝阳——做文明有礼的北京人”新童谣征集推广活动。

（徐祯卿）

**【公共文明引导】**　春运、清明节、“五一”假日、全国“两会”、中超联赛期间，组织优秀公共文明引导员组成志愿服务小分队，开展春运、“做文明有礼的北京人 创建全国文明城区——我们的节日·清明”文明祭扫、文明游园、保障两会安全、文明观赛等主题公共文明引导志愿服务，期间制发“朝阳区公共文明引导指南——我们的节日·清明”宣传折页、“朝阳区公共文明引导指南——球迷的盛典·中超联赛”宣传折页等，北京电视台、朝阳有线、朝阳报等多家媒体对活动进行报道。2月28日，交通支队、区文明办联合开展“文明交通启动日”主题宣传实践活动。区长程连元、区委副巡视员刘英男、区交通支队支队长雷军、区文明办主任吕岚等出席主会场宣传活动并慰问公共文明引导员。4月19日～30日，开通“朝阳区公共文明引导员新浪官方微博”，草拟“朝阳区公共文明引导员新浪官方微博实施方案”。8月11日，在全市率先启动“创建公共文明引导示范街区”活动。以公共文明引导服务规范、服务技能、服务态度等为主要内容，围绕“文明引导、站台秩序、路口通行、环境卫生、宣传氛围、社会共建、服务创新”7个方面，组织街乡开展创建“自觉排队文明示范站台”、“党员示范岗”、“社会单位共建站台”等活动。根据各街道工作特色，首推打造“社会单位共建、CBD核心区、军警民共建、国际时尚、朝外商圈、朝阳公园游览、亚奥体育文化、文明‘井’色”8条公共文明引导示范街。每月11日，由“排队推动日”拓展延伸为公共文明引导日，重点推广“2011排队年，自觉排队每一天”理念，先后开展自觉排队站台达标竞赛和命名自觉排队示范站台、自觉排队志愿者活动和公共文明引导员岗位服务技能竞赛活动。每月22日为“文明出行推动日”，重点开展“绿色出行 文明交通 从我做起”主题宣传实践活动，结合“公交出行月、健康步行月，绿色骑行月、路口畅行月、文明行车月”五大专题活动，向市民倡导“3510——三公里步行、五公里骑车、十公里公交、远距离绿色驾驶”的绿色出行方式。8月23日～9月30日，在日坛路路口和国贸桥下，抽调建外、八里庄、双井、潘家园、三里屯街道40名公共文明引导员，组成“交通路口志愿服务小分队”，开展交通路口文明引导志愿服务活动。2011年是北京市公共文明引导行动开展10周年，配合市公共文明协调办开展“公共文明引导员书画作品征集”、“做文明有礼的北京人公共文明引导服务心语征集”、“我最喜欢的至理名言征集”、“我这十年征文”、“公共文明引导员笑脸拍摄”等活动，累计征集引导员服务心语66条、征文25篇、团队精神8条、至理名言37条、“老物件”百余件、“老照片”近千张。组织1107名公共文明引导员参加“感动——纪念北京市公共文明引导行动10周年”主题晚会，并参与《北京市公共文明引导员之歌》等4首歌曲的合唱表演。年内，朝阳医院北行站、地铁10号线国贸站获“北京市十大品牌站台”称号，公共文明引导员张来勤、李家麒获“北京市十大金牌公共文明引导员”称号。编发公共文明引导行动工作简报32期，北京电视台、北京广播电台等多家媒体报道区级主题宣传实践活动和公共文明引导员先进典型百余次。乘车办在原有948名公共文明引导员基础上，新招募轨道交通新线和公交接驳站公共文明引导员159名。公共文明引导活动覆盖32个街乡，公共文明引导员人数共计1107名，文明乘车公交站台360个，地铁站台41个。

（王　峰）

**【缓解区域交通系列宣传】**　1月26日，区交通委挂牌成立，邀请十余家市属主流媒体，报道朝阳采取积极措施，缓解区域交通的情况。同时，根据《朝阳区缓解交通拥堵工作实施方案》的出台，在《北京日报》头版、北京青年报、北京晨报、千龙网等市属主流媒体进行重点宣传报道。3月21日，区2011年停车秩序整顿专项行动启动。4月1日，针对社会普遍关注的北京CBD地区停车秩序整顿召开媒体通气会，向记者介绍北京CBD地区停车秩序整顿的相关措施，并请记者现场采访违法停车执法、违法停车拍照系统情况。4月20日，区长程连元做客“城市管理服务广播”《市民对话一把手》栏目，朝阳区在“十二五”期间优化交通网络，方便市民绿色出行等方面的规划备受关注。4月28日，开展取缔违法停车场专项行动。活动期间，邀请近10家市属主流媒体进行现场采访。5月10日，邀请十余家市属主流媒体，就朝阳缓解区域交通的措施、错峰停车尝试、小区单向行驶等内容进行采访。6月29日，北京商务中心区(CBD)被授予“整治停车秩序示范区”，这是北京首个示范区，吸引二十余家媒体采访。10月26日，在北京市率先启动公租自行车试点，北京电视台、北京日报等二十余家媒体进行报道。

（陈　婧）

**【“三下乡”活动】**　1月28日、29日和30日，分别在东坝乡、黑庄户乡和高碑店乡举行2011年春节文化、科技、卫生“三下乡”活动暨朝阳区第21届农民艺术节开幕式。活动内容包括：组织3台文艺演出、现场写春联送春联、剪窗花送窗花、法律宣传、现场赠送图书、科普宣传、医疗义诊等。

（袁裕中）

【公民思想道德建设】 2月，发动群众学习全市100名“文明北京新市民”先进事迹，开展6名入选者参评2006～2010年度“首都精神文明建设奖”的群众投票工作，1名获评；10月21日，首都文明办联合国家大剧院在区社区学院举办“市民高雅艺术殿堂文明行”系列活动之“文明大家谈”；11月12日，首都文明办在国家大剧院音乐厅举行“做文明有礼的北京人——市民高雅艺术殿堂文明行”系列活动闭幕式，组织道德模范杨立英、张帆、宋金萍及150名社区居民代表参加。

（徐祯卿）

【培训班】 3月9日，全区宣传思想和精神文明建设工作培训班在蟹岛举办。会议传达中央和市宣传部长会议精神；总结上年区宣传思想和精神文明建设工作、部署2011年重点工作，并就理论武装、新闻宣传、创建全国文明城区等工作分别进行专题讲座和部署。会议下发《创建全国文明城区“百日战役”宣传工作方案》。5月9日～13日，与区委组织部共同举办2011年文化创意产业高级经营管理人才培训班，相关委、办、局、街乡主管领导，文化创意企业高管近50人参加。年内，开展基层党组织负责人培训班，130名基层党组织书记、党务工作者参加培训。举办宣传系统2011年入党积极分子培训班，300余名入党积极分子进行集中培训，为培训合格人员颁发合格证。联合区委组织部、清华大学举办“朝阳区2011年党委新闻发言人培训班”，首次将新闻联络员纳入培训范围，67家单位120余人参加脱产培训。

（吴丁佳宝 冯伟林 蓝万荣 祁春娜）

【精神文明建设】 3月17日，首都文明办创建处处长刘耀霞、市委农工委宣传处处长陈立玺以及中国农业大学教授一行7人调研农村精神文明建设工作。区农委、文化委、综治办、市政市容委有关领导就本单位农村地区工作介绍情况，南磨房乡、来广营乡、平房乡石各庄村、高碑店乡高碑店村介绍基层农村精神文明建设工作。4月12日，面向全区农村地区开展农村精神文明建设工作典型案例征集工作，最终8篇优秀案例入选《原野新风——首都农村精神文明建设工作典型案例选编》。5月5日，在2011年首都精神文明建设工作大会上，本区推荐的叶青等17人获2006～2010年度“首都精神文明建设奖”。

（左向军）

【“结对子”活动】 3月18日，文明办、区公共文明协调办以及公共文明引导员代表参加通州区公共文明引导员队伍成立暨培训工作会。优秀公共文明引导员代表介绍公共文明引导服务经验体会，并抽调公共文明引导员骨干为通州区新招募的40名文明引导员进行业务旗语及文明用语岗前培训，帮助通州区公共文明引导员尽快适应服务岗位。

（王 峰）

【活动宣传】 3月30日，第二届中国特色世界城市论坛举行。活动前邀请市、区有关领导对论坛筹备情况和亮点内容向媒体进行通报。活动期间，来自《人民日报》、中央电视台、《经济日报》、北京电视台等近五十家媒体到场采访。据不完全统计，论坛举行前后，相关媒体报道近百篇。9月15日～18日，2011年北京CBD国际商务节举行。活动前组织媒体通气会和领导专访，对2011北京CBD商务节组织情况、北京CBD担任世界CBD联盟轮值主席单位相关情况及2011北京CBD商务节暨世界CBD联盟年会——金融专题研讨会、文化产业峰会、2011北京CBD商务节暨世界CBD联盟年会——电子商务专题研讨会等进行相关情况发布。活动期间，分别安排低碳商务区、国际金融等内容的主题发布，并邀请媒体对CBD核心区“中国尊”的开工、莱锦产业园开园等重点活动进行深度报道。来自中央电视台、新华社、人民日报等60余家媒体到场采访，有关2011年北京CBD国际商务节的报道百余篇。

（陈 婧）

【学习型城区建设】 4月，按照北京市建设学习型城市工作领导小组办公室安排，组织开展第二批“首都市民学习之星”和第三批“首都市民学习品牌”推荐工作，经专家评审，周维祥等6人荣获第二批“首都市民学习之星”，“再就业技能实训学习”项目被认定为第三批“首都市民学习品牌”。

（徐祯卿）

【视察与调研】 4月10日、26日，中央文明办秘书组带领参加全国文明办主任培训班的各省市文明办主任400余人，分两次到奥林匹克公园视察全国文明城区及文明旅游景区创建工作。7月2日，市委书记刘淇就“深化文化体制改革，加快推动文化建设”到区文化馆、东方梅地亚中心调研，并视察CBD——定福庄国际传媒产业走廊上的凤凰国际传媒中心、乐视网、时尚传媒集团等重点项目和知名传媒企业。7月20日，首都军（警）民共建工作指导小组调研，在奥运村街道办事处召开朝阳区军（警）民共建活动座谈会。首都军（警）民共建工作指导小组副组长曹卫平、戚玉桥出席会议。区委副巡视员刘英男主持座谈会。会上，区文明办和区双拥办分别就开展军（警）民共建活动和双拥工作的整体情况进行汇报。区武装部围绕全区国防教育和少年军校工作开展情况作汇报。奥运村街道和区图书馆作为首都军（警）民共建标兵单位分别介绍共建活动做法和体会,武警北京总队一师和武警北京总队医院作为共建结对部队代表,介绍地方结对共建、互帮互助情况。9月6日,中共中央政治局常委李长春就深化文化体制改革、推动文化大发展大繁荣到本区调研。在中国木偶艺术剧院观看木偶剧演出,了解该剧院探索现代文化院团所有制形式,拓展经营思路,打造儿童文化创意产业集群等情况。10月29日,中宣部部长刘云山就贯彻党的十七届六中全会精神,发挥首都全国文化中心示范作用到区文化馆、莱锦创意产业园调研,市委书记刘淇,市委副书记、市长郭金龙一同调研,中央有关部门领导雒树刚、蔡赴朝、赵少华、阎晓宏,市领导李士祥、鲁炜陪同。12月13日,全国政协副主席罗富和一行到莱锦创意产业园调研文化创意产业。

(左向军　丛军刚)

**【朝阳区百姓宣讲团】** 4月14日,组建由12位宣讲员组成的百姓宣讲团,并开展为期12天的集中封闭培训。全年累计举办宣讲报告会11场。

(姜　磊)

**【创建全国文明城区】** 4月22日,在八十中学礼堂召开朝阳区创建全国文明城区动员部署大会,区四套班子领导出席,近1000人参加会议。5月20日,向首都文明办提请《北京市朝阳区精神文明建设委员会关于申请参加全国文明城区评选的报告》,正式申请参加第三批全国文明城区评选。6月13日,推荐高碑店乡高碑店村参评全国文明村镇,推荐北京蓝岛大厦、北京市陈经纶中学和亚运村街道参评全国文明单位。7月6日,在昆泰嘉华酒店举行迎接北京市全国文明城区测评工作汇报会。首都文明办巡视员尹学龙主持会议,首都测评组全体成员及区领导出席会议。7月26日~8月2日,首都文明委向全市公示推荐朝阳区参与全国文明城区评选。8月26日,迎接全国文明城区测评动员誓师大会在北京会议中心主报告厅召开。市委宣传部副部长、首都文明办主任陈冬,区四套班子领导、各部委办局、各街乡主要领导参加会议。9月8日,在昆泰嘉华酒店召开中央全国文明城区测评汇报会,区委书记陈刚致欢迎词,区长程连元代表朝阳区作创建工作全面报告。中央测评组组长、副组长及成员代表出席汇报会。11月28日~12月2日,中央文明委在中国文明网对第三批全国文明城市(区)、文明村镇、文明单位候选名单进行公示。朝阳区作为第三批全国文明城区候选单位,高碑店乡高碑店村作为第三批全国文明村镇候选单位,北京蓝岛大厦有限责任公司、北京市陈经纶中学、朝阳区亚运村街道办事处作为第三批全国文明单位候选单位进入公示环节。12月20日,在全国精神文明建设工作表彰大会上,朝阳区被中央文明委授予"全国文明城区"称号,高碑店乡高碑店村获"全国文明村镇"称号,北京蓝岛大厦有限责任公司、北京市陈经纶中学和亚运村街道办事处分别获"全国文明单位"称号。12月26日,创建全国文明城区总结表彰大会在望京昆泰酒店举行。首都文明办主任陈冬,区领导陈刚、程连元、佟克克、辛燕琴,区文明委副主任、总装备部政治部副秘书长程万钧、武警北京总队政治部副主任周国平以及区委、区政府、区人大和区政协四套班子领导出席会议。区文明委社会委员单位代表,各部委办局、各街乡、企业主要领导、创建办主任以及社区(村)书记和居民代表等约1000人参加会议。程连元主持揭牌仪式并致辞。区市政市容委机关干部马海敏、东湖街道望京西园社区居委会主任朱荟洁和朝阳交通支队亚运村大队交警黄昆讲述他们的创建故事。市委宣传部副部长、首都文明办主任陈冬和区委书记陈刚发表讲话。

(左向军)

**【修缮马骏烈士墓和展览室】** 4月开始,对市级爱国主义教育基地——马骏烈士墓进行修缮,并对马骏墓馆及铜像周边环境进行绿化美化,增加草坪及灌木种植,改变道路及出入口走向,形成相对独立的特色爱国主义教育景区。

(袁裕中)

**【城乡一体化工作宣传】** 5月,城乡一体化试点大望京村民的新家——京旺家园一期建成。邀请北京电视台、北京日报、北京晚报、新京报、北京广播电台等10余家市属主流媒体进行现场采访报道。与此同时,崔各庄乡何各庄村作为"北京最美的乡村",其发展模式也是城乡一体化建设中值得借鉴的尝试,在北京电视台、《北京日报》等媒体上进行重点宣传。6月28日,作为全市50个重点挂账整治村之一的高碑店乡西店村启动旧村改造工程,458个院落的1012户村民将在原有宅基地上进行安置。《北京日报》、《京华时报》、北京电视台等10余家媒体对此进行报道。

(陈　婧)

**【北京国家音乐产业基地落户朝阳】** 5月9日,国家新闻出版总署正式批复北京国家音乐文化产业基地核心区落户北京CBD——定福庄国际传媒产业走廊。12月26日,北京国家音乐产业基地授牌暨签约仪式举行,国家新闻出版总署累计向全市7个产业园授牌,其中3个位于朝阳区,分别是1919音乐文化产业基地、北京音乐创意产业园和数字音乐示范园区。

(李穆明)

**【千名干部下基层　周六创建行动日】** 5月13日,区委、区政府决定开展"千名干部下基层,周六创建行动日"活动,将每周六作为"创建行动日",并于当天举行启动仪式。

(左向军)

【周末社区大讲堂】 5月15日，启动首场社区大讲堂。全年在各街乡累计举办讲座15场，千余人次参与，内容涉及纪念建党90周年、人文北京、急救知识等方面．

（吴丁佳宝）

【关爱农民工志愿服务活动】 5月28日，在区奥林匹克志愿者广场举行由中央文明办、人力资源和社会保障部等8部委主办、中国志愿服务基金会承办的“和谐北京·文明朝阳——关爱农民工志愿服务活动”启动仪式。43家社会单位为志愿服务活动爱心捐款345.385万元，区志愿服务队向农民工捐赠图书千余册。

（左向军）

【纪念建党90周年主题展览】 6月23日～7月10日，区委组织部、区委宣传部、区委党史办和区档案局联合举办以“为了人民的幸福”为主题的纪念建党90周年主题展览。展览形式为文字解说、照片、书画并配合运用声光电等高科技手段。展览内容分为渴望幸福、追求幸福、创造幸福、收获幸福和共享幸福5大部分。累计有5万观众参观展览。

（袁裕中）

【发布“十二五”时期文化创意产业发展规划】 7月18日，《朝阳区“十二五”时期文化创意产业发展规划》正式发布，提出到“十二五”末，文化创意企业超过40000家，规模以上企业年收入超过2000亿元，占全市比重超过25%，吸引从业人员超过20万，形成区级财政收入占全区的比重超过25%。努力把本区建设为中国文化产业创新发展示范区和具有世界影响力的中国国际信息传媒中心、中国国际版权投资交易中心、中国国际文化展示交流中心。

（郭　琪）

【推进市级重大典型】 7月27日，以区委名义向市委宣传部上报太阳宫乡芍药居二社区党员服务中心“红芍社”作为重大典型的报告得到市委书记刘淇、市委宣传部部长鲁炜、市委常委梁伟等领导的批示和肯定，确定为全市重大典型。做好太阳宫乡红芍社先进典型经验的总结和文字材料整理工作，报告团成员培训、太阳宫红芍社故事集编辑、新闻发布会素材筹备等工作。

（吴丁佳宝）

【创建全国文明城区迎检环境布置】 8月12日，召开全区创建环境布置工作会，对全区环境布置尤其是未成年人思想道德建设环境进行统一安排部署。重点做好机场地区、长安街延长线、国贸地区、十条申报点位的城市主干道等地区的创建环境布置工作并对全区环境布置情况进行检查督促。做好迎检指挥部值班工作，及时处理迎检期间环境布置问题并做好迎检宣传工作总结等相关工作。

（吴丁佳宝）

【中国文化产业30人高端峰会】 9月17日，与中国传媒大学等5所国内高校和科研院所共同举办“中国文化产业30人高端峰会”，国内文化创意产业领域专家学者以及国家文化部、国务院政策研究室、国家行政学院和北京市相关领导到会发言，共同把脉北京市和本区文化创意产业发展。

（武艺琳）

【莱锦创意产业园开园】 9月18日，莱锦创意产业园举办开园仪式。园区吸引昌荣传播、安世亚太等170余家企业入住，年产值100亿元，其中有2家上市公司，4家大型产业投资机构，5～7家企业具备两年内上市潜力。

（李　强）

【北京时尚设计周】 9月25日～10月3日，组织751时尚设计广场、酒厂艺术园区等52家创意园区（街区）、设计公司、设计院所、特色消费场所，参加2011北京国际设计周暨首届北京国际设计三年展活动。

（李穆明）

【群众性精神文明创建工作先进推荐评选】 10月18日，召开2011年群众性精神文明创建工作先进单位推荐评选工作部署会，下发《朝阳区2011年首都级和区级精神文明创建先进单位推荐评选工作方案》（朝文明办〔2011〕16号），指导区直机关工委、区委社工委、农工委、政法委、教工委、非公工委、宣传部，区国资委、私个协、双拥办、旅游局、绿化局和妇联做好推荐上报工作。11月4日，召开2011年群众性精神文明创建先进候选单位资格综合评审工作会，区人口计生委、公安分局、消防支队、交通支队等13个区评审领导小组成员单位对上报的先进推荐名单逐一审查，对审查出的问题单位取消参评资格，开展二次推荐并通过资格审查。11月10日～14日在朝阳文明网公示，未接到对公示单位的有效投诉。创建先进推荐名单经11月22日第34次区长办公会审议通过后，25日经区委常委会审议通过。12月7日，向首都文明委提交《朝阳区关于2011年度首都群众性精神文明创建先进推荐工作情况的报告》（朝文明委〔2011〕11号），推荐225个首都级先进候选单位。

（左向军）

【机构变动】 10月24日，结合创建全国文明城区工作要求，根据区机构编制委员会《关于区文明办独立设置未成年人工作科和增设志愿者工作科的批复》，增设志愿者工作科，在创建科加挂牌子，不独立设置机构。文明办独立设置未成年人工作科，核定行政编制3名，其主要职责仍按朝编〔2009〕15号文件规定执行。

（王　峰　左向军）

【中国北京国际文化创意产业博览会】 11月10日～13日，组织近百家单位参加第六届中国北京国际文化创意产业博览会，召开20场新闻发布会，媒体宣传报道1500条次，组织北京国家广告产业园等4个重点项目参加北京市签约推介活动，签约额达180.5亿元。

(冯伟林)

【"北京精神"宣讲报告】 11月16日,在朝阳宾馆举办"北京精神"宣讲团首场报告会,"北京精神"宣讲工作领导小组常务副组长傅华作关于"北京精神"主题辅导报告。市委讲师团团长崔耀中,区委常委、宣传部长谢莹,市委宣传部理论处处长贺亚兰、宣传处副处长胡钢出席报告会。全区二级班子书记、副书记,分管宣传、文化、精神文明建设的行政副职领导及部分基层宣传干部近400人参加报告会。12月27日,举办"朝阳区公共文明引导员践行'北京精神'论坛"活动,部分街乡优秀文明专干和公共文明引导员代表参与活动。北京电视台、北京日报、法制晚报、朝阳报、朝阳有线等媒体对活动进行采访报道。年内,在全区下发通知,发动干部群众参与"北京精神"表述语征集和评选工作。活动累计收到选票267166张。制定践行北京精神社区论坛方案和线索,分别在太阳宫乡、高碑店乡和朝外街道等街乡开展7场北京精神社区论坛。

(姜 磊 王 峰 吴丁佳宝)

【北京国家广告产业园落户朝阳】 11月21日,国家工商行政管理总局和北京市人民政府共同签署推进首都广告业发展战略合作协议。协议决定在本区建设国家广告产业发展示范区,在位于南磨房乡的通惠国际传媒广场建设北京国家广告产业园。

(丛军刚)

【城乡统筹 文明先行】 11月,统计本年"城乡统筹,文明先行"主题社会实践活动数据。全区有18家首都文明单位标兵、55家首都文明单位和23家区文明单位与农村结对,开展扶贫济困、联合开发、文体联谊等共建活动1250次,累计参与216173人次。

(左向军)

【获区级专项资金支持】 12月5日,"莱锦创意产业园"等57个项目获得2011年度区级文化创意产业专项资金支持,支持资金共计3320.38万元。

(郭 琪)

【"北京朝阳"政务微博】 12月22日,"北京朝阳"政务微博正式上线,依托社会网络深化电子政务应用,以解决网民实际问题为出发点,借助区城市管理监督指挥中心朝阳区全模式社会服务管理系统,完善受理市民举报投诉、办事咨询和服务申请等功能,24小时为市民提供服务,利用新媒体平台宣传推介、引导舆论。

(祁春娜)

【中国数字文化集团落户朝阳】 12月26日,首个国家级数字文化企业总部中国数字文化集团有限公司举行揭牌仪式。该集团落户北辰世纪中心,是文化部文化体制改革新组建的5个国家级大型文化产业集团之一,注册资金1.02亿元,涉及音像制品、数字内容、数字出版、游戏准入等产业领域。

(梁璐璐)

【宣传十七届六中全会精神】 年内,围绕学习贯彻十七届六中全会精神,对区文化工作会议进行宣传。会前就文化体制改革和文化创意产业发展情况等主题,邀请央视媒体进行专题采访。10月5日《新闻联播》头条的"文化新气象"栏目、新闻频道的整点新闻中,分别对本区文化创意产业发展现状、特色和亮点等内容进行详细报道。会议期间,在《北京日报》、《北京晚报》、《新京报》、《京华时报》等多家平面媒体上,连续推出主题为朝阳公共文化体系建设、798文化产业园发展、图书ATM机年内覆盖朝阳全区等内容进行多篇报道;在北京电视台《北京新闻》等栏目中,对自助图书馆建设、文化创意产业发展等内容进行重点报道。在北京广播电台"城市零距离"栏目,推出朝阳区文化体制改革、公共文化体系建设等报道。

(陈 婧)

【创建全国文明城区工作宣传】 年内,围绕创建全国文明城区工作运用新闻发布、媒体专访、集中采访、专版专刊等不同宣传方式,对"全模式"社会管理体系、城市环境精细化管理、一刻钟社区服务圈、商务楼宇党建创新、千名干部下基层等内容展开全面宣传,重点媒体报道超过二百篇/次。其中,《人民日报》头版头条刊发题为《擦亮新北京文明之窗——北京市朝阳区创建全国文明城区纪实》的报道,在此基础上,又分别以志愿者服务、垃圾分类指导员、公益储蓄基金等为内容,连续刊发报道;8月底,中央电视台《新闻联播》对朝阳区首批"24小时自助图书馆"亮相进行详细报道;6月27日,《光明日报》头版以"北京告诉你,楼宇党建怎么做"为题,报道了朝阳区党建创新方面取得的成绩;7月至8月中旬,在《北京日报》上以公共文明、管理文明、志愿者服务、创建惠民等不同内容为主题,连续刊发六个专版,对通过创建全国文明城区带动全区各项工作开展的情况进行报道。

(陈 婧)

【身边好人和道德模范】 年内,继续在全区开展"我推荐、我评议身边好人"活动,全年推荐26人;6月,与区文化委、区委社会工委、农工委、教委、机关工委、政法委、区国资委、区非公委联合组织"首都道德模范故事汇"基层巡演活动4场;7月15日,在常营地区办事处召开学习"首都十大道德模范"杨立英先进事迹座谈会。

(徐祯卿)

【区委中心组学习】 年内,制定实施《2011年朝阳区委中心组学习计划》、《2011年朝阳区干部理论学习意见》,围绕区委区政府工作重点设定区委中心组学习内容;围绕影响发展的瓶颈问题和关系群众切身利益的民生问题，特别是围绕“双十工程”，确定一系列调研课题，引导区委中心组成员深入基层开展调查研究，解决实际问题。就“十二五”规划、庆祝建党90周年、十七届六中全会精神、“社会矛盾与社会管理”等主题，集中（扩大）学习12次。定期做好区委中心组成员学习书籍配送，并依托“朝阳区党员教育平台”，以手机短信形式做好学习提示。

（权英淑）

**【学习型党组织】** 年内，总结全区各类建设学习型党组织工作经验，推进学习型党组织示范点和品牌活动建设。经区委宣传部推荐，朝阳法院、建外街道被评为市级示范点，太阳宫乡芍药居第二社区“天天课堂”被确定为市级品牌活动，受到北京市建设学习型党组织工作协调小组表彰。建外街道被评为北京市理论宣讲先进集体，芍药居二社区党委书记刘爱英被评为北京市理论宣讲先进个人，受北京市委宣传部表彰。会同各工委，做好基层学习型党组织典型的培育工作，涌现出亚运村街道、南磨房乡、平房乡、卫生局、朝阳公园等一批学习型基层党组织典型，其中叶青大厦、蓝色集团、北京国际城市发展研究院等学习型非公经济党组织，在“人民网”《学习型党组织建设案例展播》专栏、《朝阳报》“学习型党组织建设”专栏上宣传推广，在全区形成从点到面、层层辐射的建设学习型党组织工作局面。

（张秋佳）

**【学习服务】** 年内，累计编发《学习参阅》12期，为局处级领导干部理论学习提供参考；围绕《胡锦涛同志在庆祝中国共产党成立90周年大会上的讲话》和《中共中央关于深化文化体制改革推动社会主义文化大发展大繁荣若干重大问题的决定》，分别编写《学习导读》，向全区党员干部印发；巩固《中心组学习园地》主阵地，及时更新网上信息，推进广大党员干部对最新理论成果的系统学习和普及。根据全区各系统特点和学习需求，分类开展“好书推荐”和自学材料推荐工作，为二级班子配发《罗斯福：炉边谈话》、《辛亥：摇晃的中国》、《天大的小事》等书籍20套，共计6万余册。为全区基层党组织配发《论党的群众工作——重要论述摘编》、《胡锦涛“七一”讲话学习导读》、《理论热点面对面》等书籍累计3万余册。

（权英淑）

**【庆祝建党90周年系列活动】** 年内，开展庆祝建党90周年系列活动，主要形式包括：开展形势政策教育和宣讲活动、召开理论研讨会、主题展览、党建专题宣传、文艺作品创作、典型宣传和区内媒体宣传。其中，由区委宣传部牵头举办的有：5月6日，在朝阳公园南门举行庆祝建党90周年“我心向党”党员抒情语活动启动仪式。以90万共产党员、各界爱党人士“歌颂建党90周年 向党说句心里话”为主题，以明信片为载体，开展专项活动。全区8万余党员干部参与，活动持续近1个月。6月26日，组织33个单位601人参加由市委宣传部在国家体育馆主办的“我爱·我唱”——庆祝建党90周年大型群众歌咏活动。年内，按照市委宣传部要求，成立庆祝建党90周年百姓宣讲活动领导小组，面向全区征集宣讲选题近200篇；通过朝阳区百姓宣讲团，在全区组织开展“庆祝建党90周年 党在百姓心中”主题巡回宣讲活动，累计举办宣讲报告会11场。活动期间，朝阳报和朝阳有线均开设专栏跟踪报道、刊登宣讲稿件，并利用“朝阳区党员教育平台”发送手机短信，发动全区14万党员参与“优秀宣讲员”网络评选活动。通过网络、电视等媒体播放宣讲报告，受众200万人次。在市百姓宣讲活动总结交流会上，区委宣传部获纪念建党90周年百姓宣讲活动“优秀组织单位”奖，本区获“优秀宣讲员”2名、“优秀组织员”奖1名。

（袁裕中　姜　磊）

**【征文活动】** 年内，参加市思想政治工作研究会举办的《魅力政工——思想政治工作创新实践大家谈》征文活动，推荐上报征文100篇，获一等奖2个、二等奖5个、三等奖4个，区委宣传部获组织奖。其中，太阳宫乡沈金福的征文《社区实施双向平衡型思想政治工作模式探索》获中国思想政治工作研究会举办的“庆祝建党90周年思想政治工作创新征文”一等奖。

（张秋佳）

**【党建知识竞赛】** 年内，组织全区党员干部参与由中宣部《党建》杂志社、《时事报告》杂志社、《思想政治工作研究》杂志社共同举办的“全国党建知识竞赛”答题活动，累计收集上报答题卡1793份，区委宣传部获市委宣传部颁发的“优秀组织奖”。

（权英淑）

**【文化创意产业整体发展】** 年内，规模以上企业1791家，占全市总量的四分之一，实现增加值410亿元，占全区GDP的13.2%，占全市文化创意产业增加值的20.8%。形成区级可支配财力71.3亿元，同比增长43.3%，占全区的28%。实现利润71.1亿元，同比增长74.6%，高出全市平均水平53.3个百分点，占全市的15.6%，对全市文化创意产业总利润增长的贡献率37.9%。吸引就业人员17.5万人。

（武艺琳）

**【CBD——定福庄国际传媒产业走廊】** 年内，“传媒走廊”集聚了北京国家广告产业园、国家音乐文化产业基地、国家版权贸易基地、国家动漫产业基地、国家级瀚海孵化基地5个国家级文化产业园区，莱锦创意产业园等30个重点产业基地。2011年1月～11月，北京CBD——定福庄国际传媒产业走廊规模以上文化创意企业实现收入1036.5亿元，约占全区文化创意产业收入的三分之二,率先成为全国年收入超千亿元的传媒产业功能区;年利润额和资产总额分别为37.9亿元和972.0亿元,聚集973家规模以上文化创意企业,吸纳就业9.6万人,以上4大重要经济指标占区文化创意产业指标比重超过50%。

(李　强)

**【"两报两刊"征订工作】** 年内,完成2012年党报党刊征订任务,全区累计订阅《人民日报》4270份,《求是》杂志2634份,《北京日报》20684份、《前线》杂志4782份。

(邹　明)

**【宣传系统人才建设基金】** 年内,投入资金100万元作为宣传系统人才建设基金,其中区委宣传部投入50万元,系统各单位相应投入50万元。

(蓝万荣)

**【优秀人才项目资助工作】** 年内,申报17个市级优秀青年人才项目,有4名人才获市区资助。

(蓝万荣)

**【宣传系统获市、区级先进】** 年内,王永光获全国五一劳动奖章,李虹、张育荣、张礼等3人获首都五一劳动奖章,北京民俗博物馆人事保卫部被评为北京市工人先锋号。刘勇被评为北京市优秀共产党员,张幸生被评为北京市优秀党务工作者。朝阳区卫生局党委、朝阳区文化委员会党委、朝阳区文化馆党支部、北京市垂杨柳医院党委、朝阳区劲松社区卫生服务中心党支部、朝阳区十八里店社区卫生服务中心党支部、朝阳区广播电视新闻中心第二党支部、朝阳体育馆党支部等8个党组织被评为朝阳区基层党组织,刘勇、李利、佟贵玺、姜树林、马良、宋文越、陈桂平、景新、梁雪琴等9人被评为朝阳区优秀共产党员,张幸生、王超存、符正秋、石茂才、林其楼、王荣英、杨联安、王楠、洪建基等9人被评为朝阳区优秀党务工作者。

(蓝万荣)

**【中外记者看朝阳】** 年内,继续开展"中外记者看朝阳"活动,围绕改善民生、新农村建设、纪念建党90周年、奥运后场馆运营等内容,累计邀请接待来自美联社、英国广播公司、美联环球电视新闻公司、欧洲新闻图片社、俄罗斯全国广播电视公司、马来西亚《星报》等40余家境外媒体130余名境外记者到本区专题采访、采风。

(王金凤)

**【社区工作者上网工程】** 年内,在麦子店街道、望京街道等社区,围绕创建全国文明城区、促进城乡一体化等区域中心工作,开展特色主题社区论坛活动,促进和谐发展,扩大区域外宣工作影响力。目前已有3批次17个街道22个社区71名社区工作者较好地承担起社区论坛版主的工作职责,累计发帖7000余篇,举办"文明创建 你我同行"、"文明养宠物,宠物大赛"、"乐享低碳新生活、共创文明新社区"等社区论坛活动上百项,举办线上线下主题活动"春节年货大集采"、"社区元宵节"、"社区女人月"等20余场,近20万人次通过搜房网社区平台浏览活动信息。

(王金凤)

**【基层思想政治课题调研】** 年内,提出3个调研方向24个选题供参考,设立专项经费支持,指导调研报告撰写。各工委、各单位上报参评调研报告33篇,其中重点关注课题28篇,立项研究课题5篇。设立一等奖4名、二等奖8名、三等奖14名、优秀奖7名。邀请中国思想政治工作研究会、市委宣传部、《前线》杂志社、北京国际城市发展研究院等单位专家领导进行评审,并在《朝阳报》开设《思想政治调研集萃专栏》,全年累计刊发15期。

(李文轩)

**【舆情信息工作】** 年内,以"反映真实情况、提炼工作经验、进行舆论监督、提出决策参考"作为舆情工作定位,全年累计完成舆情信息115篇,制发《朝阳舆情》专刊5期、上报舆情108篇,其中被中宣部舆情内参采用5篇,北京市舆情信息采用42篇。获2010~2011年度北京市宣传系统舆情信息先进单位,并形成《民声为镜——2011朝阳区舆情研究报告摘编》。

(李文轩)

## 统战工作

**【概况】** 中共朝阳区委统战部、中共朝阳区委台湾工作办公室、朝阳区人民政府台湾事务办公室、朝阳区人民政府侨务办公室合署办公。
地址:团结湖北5条5号
电话:65099438
邮编:100026

(姚德文)

**【联谊活动】** 1月17日,召开台商新春茶话会。市台办副主任王兰栋,区委常委、统战部部长佟克克,副区长张立新,市台办秘书处处长彭文柱、副处长郭尉营等领导与驻区台商共庆佳节。茶话会由区委统战部副部长、台办主任黄亮主持。北京台资企业协会会长林清发、副会长李元发、吴昌鑫、张世海、王振兴等20余位驻区台商参加茶话会。9月2日,在蓝调庄园举办驻区台胞台属"中秋游园会"。副区长张立新,统战部副部长、台办主任黄亮及50余名台胞台属代表参加活动。9月7日,与区侨联在蓝调庄园共同举办本区归侨侨眷及部分驻区侨资企业代表近100人的迎中秋联谊会。副区长张立新出席活动,并代表区政府讲话。11月20日,组织北京中医药大学中医专家和台籍学生,开展面向基层、服务百姓的"医心、益行、同胞情"义诊公益活动。台盟北京市委副主委蔡勉、区政协副主席赵增华、区委统战部副部长石延刚、团结湖街道工委书记张志国、台盟朝阳区工委主任高峰、副主任李秋玲等出席义诊启动仪式。12月20日，举行驻区台商新年联谊会。市台办副主任王兰栋，区委常委、统战部长谢莹，副区长张立新，区委统战部常务副部长胡杰华，区委统战部副部长、区台办主任黄亮出席联谊会，与驻区20余位台商同庆佳节、共叙友情。12月23日，召开驻区台生迎新年座谈会，副区长张立新等领导与20余名来自北京中医药大学、中国政法大学的台籍本科生、硕士生、博士生畅谈朝阳经济社会发展变化，探讨台湾青年创业发展未来。

（姚德文）

**【走访慰问】** 元旦、春节期间，区委统战部、台办、侨办分别对党外代表人士、无党派退下来的老同志及黄埔同学会部分困难人士、部内离退休老同志、长期帮扶对象、民族宗教界困难人士和部分宗教活动场所教职人员、归侨侨眷、台胞台属和重点侨资、台资企业走访慰问。区领导走访慰问62位党外朋友，送去慰问金和慰问品，累计近4万元。9月3日～10月10日，陪同市黄埔同学会王兰萍秘书长走访黄埔老先生15人，街、乡及社区负责人陪同走访慰问。

（姚德文）

**【党外干部工作】** 1月24日，与区委组织部在蟹岛生态园召开区党外处级干部座谈会。与会党外干部就一年来的工作学习情况、对做好党外干部工作的建议以及如何围绕“新四区”建设和“十二五”规划发挥作用等进行座谈交流。12月8日～9日，与组织部在区委党校联合举办为期两天的党外处级干部培训班，33名党外处级干部参加培训。培训班结合党外处级干部特点和实际需求，设置培训课程，系统安排统战理论基础知识、党外干部合作共事能力的科学艺术以及如何做一名合格的党外干部等内容，进行有针对性培训。

（姚德文）

**【民主党派换届工作】** 2月9日，组织召开民主党派工作会，部署党派换届工作。2月15日～5月20日，就区民主党派换届工作人选情况与八个民主党派市委进行多次沟通。3月28日，组织召开民主党派换届工作会，传达市委统战部换届工作文件，各党派驻会副主委参加会议。4月18日，区委书记陈刚听取民主党派换届工作情况汇报。5月16日，区委常委会听取民主党派换届工作专题汇报。6月8日，中国民主同盟北京市朝阳区第四次代表大会召开。6月10日，中国民主促进会北京市朝阳区第四次代表大会召开。6月11日，中国农工民主党北京市朝阳区第三次代表大会召开。6月12日，台湾民主自治同盟北京市朝阳区第四届盟员大会举行。6月18日，中国致公党北京市朝阳区第四次代表大会召开。6月19日，中国民主建国会北京市朝阳区第四次代表大会召开。6月25日，九三学社北京市朝阳区第四次代表大会召开。6月29日，中国国民党革命委员会北京市朝阳区第三次代表大会召开。换届后，八个民主党派选出领导班子成员52人，领导机构成员136人。9月23日，召开民主党派换届工作总结会，对八个民主党派换届工作进行全面总结，总结换届工作中的经验和不足，对未来5年工作，特别是党派自身建设、组织发展以及后备干部队伍建设等进行深入研讨。

（姚德文）

**【调研】** 2月16日，中央统战部二局宗教处处长带队一行4人，到望京街道就民族宗教工作开展情况进行调研；2月23日，市委统战部副部长张洋一行5人，调研基层统战工作和民族宗教工作；2月28日，市委统战部常务副部长闵克一行4人，调研社会领域统战工作开展情况；4月13日，全国政协副主席、中央统战部部长杜青林，市委统战部部长牛有成等领导，调研商务楼宇统战工作，本区有367个商务楼宇中建立143个楼宇党组织。4月26日，市委统战部研究室一行6人调研社会领域统战工作，听取望京、麦子店、呼家楼、八里庄、建外、东湖街道和叶青大厦情况介绍。7月25日，市侨办领导一行3人到本区调研侨务工作。9月1日，市台办副巡视员杜德平、中国台湾网专栏节目负责人等一行到望京科技创业园“台湾青年创业基地”调研。10月14日，召开2011年民主党派专项调研工作会。就2011年民主党派调研评选结果进行通报和表彰。2011年，八个民主党派获奖调研报告22篇，其中，一等奖3篇，二等奖8篇，三等奖11篇。年内，《以社会领域统战为依托做好群众工作——以朝阳区社会领域统战为例》调研报告，获市统一战线理论研究和调研优秀成果三等奖。

（姚德文）

**【新社会阶层工作】** 3月10日～11日，为新社会阶层人士联谊会常务理事及工商联常委以上成员进行体检。3月17日，市第三届优秀中国特色社会主义事业建设者表彰会在北京会议中心召开，区统战部推荐的郎武淳、李玉立、赵益民、杨学义、肖文玖5人受表彰。

（姚德文）

**【侨资企业招聘会】** 3月16日，组织驻区10余家侨资企业参加由市侨务办公室、市人力资源和社会保障局联合主办，市毕业生就业服务中心，北京侨商会和香港（地区）商会共同承办的“2011年侨资企业专场人才招聘会”，500多名应届毕业生前来应聘，收到简历950份，当场与用人单位初步达成意向115人。

（姚德文）

**【区委对台工作领导小组会议】** 4月29日，区对台工作领导小组（扩大）会议召开。会议传达2011年市委对台工作会议精神，通报本区

2010年对台工作情况。区委常委、统战部部长佟克克部署下一步工作。区委对台工作领导小组成员、区台胞权益保障协调小组成员、有关民主党派区委负责人、各街道、地区工委书记参加会议。

(姚德文)

**【对台经济工作】** 5月23日,联发科技入驻中关村电子城国际电子总部项目签约仪式在望京电子城科技园举行。市台办主任马玉萍、副主任王兰栋、区长程连元、副区长阎军等领导出席签约仪式。5月30日,区长程连元会见台湾诚品公司董事长吴清友一行,市台办副主任王兰栋等领导一同参加会见。区政府办、区台办、文化委、发改委、宣传部、投促局、CBD管委会等相关单位负责人陪同会见。

(姚德文)

**【叶青大厦成立归国华侨联合会】** 5月26日,叶青大厦归国华侨联合会成立大会在叶青大厦D座18层会议室隆重召开。来自叶青大厦驻厦企业的22名归侨侨眷代表出席成立大会。大会选举产生叶青大厦第一届侨联委员会、主席、副主席和秘书长。

(姚德文)

**【涉台宣传教育活动】** 5月至6月,开展纪录片《海峡春潮》观影活动。组织八里庄、麦子店等街道办事处社区两委班子成员、党员、和谐促进员及居民代表共27场次1436人观看影片。11月24日,举办"台海形势专题讲座"。邀请国台办政党局局长贺之军主讲当前台湾岛内政治、经济形势及两岸关系发展趋势。区委对台工作领导小组部分成员、区台胞权益保障协调小组成员单位对台工作负责人、有关民主党派区委、全区43个街道(地区)办事处对台工作负责人等80余人参加。

(姚德文)

**【专题议政会】** 6月1日,与区政协联合举办"促进文化建设"议政会,为区文化建设建言献策。期间,协调组织区政协各专委会、区各民主党派、工商联进行广泛深入调研,形成15篇议政报告,39人次提出多条实质性建议。会上14位代表作重点发言,针对各委员和民主党派代表发言进行面对面交流研讨。区多家部门领导和负责人到会听取意见。

(姚德文)

**【海峡两岸美食文化论坛】** 6月8日,由区商业联合会等单位主办的第六届北京朝阳国际美食文化节暨首届海峡两岸美食论坛在本区举行。市政协副主席熊大新、国台办经济局副局长张世宏、市台办副主任王兰栋、常务副区长吴桂英、区政协副主席郑煌等领导出席相关活动。本次美食节及论坛以"中华美食,世界共享"为主题,通过两岸人士互访和厨艺展示等形式,促进两岸餐饮界人士探讨技术和管理经验,推动两岸餐饮业界的交流与沟通,提升两岸餐饮企业知名度。北京知名餐饮企业顺峰、大董、眉州东坡,台湾知名餐饮企业欣叶小厨、鼎泰丰、点水楼等60余家单位参加美食节及论坛。

(姚德文)

**【侨商考察"世界华商中心区"】** 6月18日,与CBD管委会共同接待市侨办组织的"中国侨商"第二届委员代表参观考察CBD"世界华商中心区",听取管委会领导介绍CBD建设和发展。参观规划沙盘及宣传片,到CBD区参观建设发展情况。

(姚德文)

**【纪念建党90周年座谈会】** 6月23日,区党外人士纪念建党90周年座谈会在日坛国际酒店举行。区各民主党派、工商联主要负责人和无党派人士代表在座谈会上发言。区政协主席辛燕琴,区委常委、统战部部长佟克克出席会议并讲话。

(姚德文)

**【召开服务社会管理交流研讨会】** 6月28日,中央统战部统一战线服务社会管理交流研讨会分会场在叶青大厦召开。区委书记陈刚介绍区域经济社会发展情况和社会领域统战工作开展情况。在全区43个街乡建立社会党工委,367个商务楼宇建立党建服务站,共建立1000多家党员服务中心,明确统战工作职能,并设有统战委员专门做统战工作;建立区、街乡、社区(商务楼宇)统战工作三级网络,在全部街道建立社会建设协调委员会,吸收知名统战人士加入,将引导统战人士为社会建设服务和政府为统战人士服务相结合,充分体现"共建共享、双向服务"的新时期统战工作理念;以商务楼宇统战工作为突破,将工商、税务、劳动、计生等公共服务移至商务楼宇,白领不出楼宇就能办妥20类60项服务。

(姚德文)

**【搭建平台服务台胞】** 7月7日,首批企业入驻区"台湾青年创业基地"签约仪式在望京科技创业园举行,聘请北京台资企业协会会长林清发、副会长刘谟荣为创业导师,杰出青年大陆参访团和区部分台资企业负责人,在京台籍硕士、博士研究生130余人参加活动。11月6日,邀请台湾TVBS电视台大陆专题新闻组采访部分首批入驻区"台湾青年创业基地"的企业负责人,并制作成专题节目在岛内播出。2011年,区领导和区台办实地走访驻区台资企业10余家,发挥台胞权益保障协调机制,妥善处理40件台胞投诉案件和8起涉台突发事件,依法维护台胞台企的合法权益。

(姚德文)

**【第十二届京台青少年交流周】** 7月11日,第十二届京台青少年交流周暨"行者无疆,绿色骑行"启动仪式在奥林匹克森林公园举行。市台办副主任黄塞溪、副区长张立新、区台办主任黄亮等领导出席仪式,与台湾青年代表一同为"京台青年友谊林”培土浇水,并与台湾青少年现场交流,体验绿色骑行乐趣。800多名来自台湾大中院校的学生和青少年参与活动。

(姚德文)

**【华裔青少年夏令营活动】** 7月21日~8月10日,区侨办接待美国底特律华裔青少年夏令营一行14人,其年龄在11~18岁之间。在21天里,既保证营员们学习汉语、书法、绘画、手工、烹饪等,还安排营员们参观名胜古迹,品尝全聚德烤鸭、欣赏武术表演,探寻中华第一玉龙发源地等活动,使华裔青少年尽可能多地了解祖(籍)国的文化、历史和感受祖(籍)国和谐团结的民族风情。闭营仪式上,向美国底特律夏令营营员及老师赠送纪念品——中国结。

(姚德文)

**【民主党派联席会】** 7月28日,与区政协联合组织召开党派联席会。会上,区长程连元就上半年经济社会发展情况进行通报,各党派就换届后人选情况进行沟通,区委书记陈刚作重要讲话。

(姚德文)

**【友好往来】** 9月23日,南京市江宁统战部考察团一行6人到本区考察基层统战工作。首先听取区基层统战工作开展情况汇报,随后与麦子店街道、朝外街道三丰里社区、北京叶氏集团负责人进行交流座谈。10月13日,天津市委统战部考察团一行60人到798创意产业园、叶青大厦参观考察。

(姚德文)

**【侨资企业代表参加CBD商务节】** 9月15日,按照商务节组委会的要求和历届商务节惯例,邀请驻区15名有代表性的知名侨资企业家出席第十一届CBD国际商务节开幕式活动。

(姚德文)

**【第六届台商杯球类比赛】** 10月22日,由市台办与北京台资企业协会共同主办的第六届北京“台商杯”球类比赛在首都体育学院北京大学生体育馆举行。本区组织羽毛球队、乒乓球队参加比赛,取得第四名、第五名的成绩,连续6年取得优秀组织奖。

(姚德文)

**【第十四届京台科技论坛】** 11月6日,第十四届京台科技论坛暨2011年北京台湾名品博览会开幕式在北京国贸大酒店举行。市长郭金龙、国台办副主任叶克冬、台北世贸中心董事长王志刚等领导与京台两地600余位业界人士共同出席。副区长张立新、区台办主任黄亮出席开幕式。

(姚德文)

**【党外人士座谈会】** 11月16日,区委召开党外人士座谈会,听取各民主党派、工商联负责人和无党派人士对区第十一次党代会工作报告的意见建议,区委书记陈刚,区委常委、统战部部长佟克克出席。座谈会上,佟克克作关于区第十一次党代会工作报告(征求意见稿)的说明。区各民主党派、工商联负责人和无党派人士代表先后发言,并就全面提升区综合软实力、保障和改善民生、科技创新、转变政府职能、加强安全生产等方面,对报告提出修改意见和建议。在听取大家发言后,陈刚代表区委对各民主党派、工商联负责人和无党派人士表示感谢。他说,长期以来,区各民主党派、工商联和无党派人士与中共朝阳区委肝胆相照,荣辱与共,区经济社会发展取得的各项成绩是大家共同努力的结果。大家为今天的座谈会做了精心准备,提出许多非常好的建设性意见,区委将认真研究、积极采纳,完善区十一次党代会工作报告。

(姚德文)

**【五侨联席会】** 11月29日,召开由区侨办、区侨联、区人大内司委、区政协港澳台侨委员会、致公党朝阳区委5部门组成的“五侨”联席会。会议围绕区委十届十五次全体(扩大)会议要求,就如何发挥侨务资源优势深入研究并做好新时期侨务工作,为“三个如何转化”服务进行座谈并达成初步共识:“五侨”联席会要定期研究、通报本区侨务工作状况,搞好各涉侨部门的协调配合,形成“大侨务”工作格局。要根据新时期侨务工作特点,加强与海外侨胞和归侨侨眷的联络联谊,倾心尽力为他们排忧解难。传承中华优秀文化,加强华文教育,突出做好新华侨华人、华裔新生代工作,挖掘涵养侨务资源。要充分发挥“五侨”部门优势,利用人大内司委、侨联法律咨询专委会、归国留学人才专委会等平台,各司其职、各负其责,加强沟通,为侨资企业提供贴心服务、解决涉侨纠纷和问题。

(姚德文)

**【特约员工作】** 12月30日,与区政府办公室共同召开特约监督工作年度工作会议,8个特约员单位主管领导、责任科室负责人、各特约员工作小组负责人参加会议。会上,各特约员聘请单位的领导及各特约工作小组负责人就本届特约监督工作进行总结,就加强区政府特约工作进行座谈。

(姚德文)

**【统战宣传工作】** 年内,编辑刊发《统战之声》普刊26期,党派换届专刊8期,及时反映统战系统的动态发展;将网站作为网上统战工作平台;区属媒体《朝阳报》刊登统战相关新闻21条,朝阳有线播出统战相关新闻报道19条。《北京市朝阳区以商务楼宇为平台探索社会领域统战工作新模式》、《围绕中心,服务大局,朝阳统战工作创新发展》两篇文章发表于《中国统一战线》杂志。

(姚德文)

**【信息工作】** 年内,向市委统战部报送信息127条,采用55条,在各区县中排名第三,获市统战系统2011

年度信息工作优秀单位二等奖,分管副部长获优秀信息工作领导,“叶青大厦归国华侨联合会成立”被评为2011年度市统战系统优秀信息;“朝阳区以二十四字方针为指导力促社会领域统战工作深入开展”信息,获市委常委、统战部长牛有成批示;向区委办报送信息84条,采用36条,在全区147个报送单位中排名第28位。

(姚德文)

## 老干部工作

**【概况】** 中共北京市朝阳区委老干部局隶属区委组织部领导。负责落实党的老干部政策,为本区离休和副处级以上退休干部开展服务工作。截至12月31日,全区有离休干部621人,易地安置离休干部87人,副处级以上退休干部1013人。

地址:团结湖南里甲1号
邮编:100026
电话:85975641

(吴晓东)

**【召开第二十四次老干部座谈会】** 1月20日,召开第二十四次老干部座谈会。传达贯彻北京市第二十四次老干部座谈会精神,总结2010年老干部工作经验,部署2011年老干部工作任务。会议由区委副书记、区长程连元主持。市委组织部副部长、老干部局局长薛菡,区委书记陈刚,区政协主席辛燕琴,区委副书记宋连娣,区委常委、常务副区长吴桂英;区委常委、组织部部长陈宏志出席会议,全区离退休干部党支部书记或支部委员,区委老干部工作领导小组成员,老干部工作相关单位领导280余人参加大会。宋连娣传达市第二十四次老干部座谈会精神。陈宏志作《关于深入学习贯彻党的十七届五中全会精神,全面做好新形势下离退休干部工作》报告,对上年老干部工作进行全面总结,对本年老干部工作进行部署。薛菡对本区上年老干部工作取得的成绩给予充分肯定,对贯彻好市委十届八次全会、全国老干部局长会议和本市第二十四次老干部座谈会议精神,提出希望和要求。陈刚向老干部通报本区2010年各项工作进展情况,同时对2011年老干部工作提出要求。

(吴晓东)

**【走访慰问活动】** 元旦、春节、建党90周年、国庆期间,区四套班子领导和各单位党政领导亲自带队走访看望老干部、老同志。慰问离退休干部4829人,送去慰问金和慰问品合计284万元。

(吴晓东)

**【做好离退休干部服务工作】** 3月,成立课题调研组,与专业机构合作,对区离休及副处以上退休干部生活现状开展调研,完成《北京市朝阳区离退休干部思想生活状况调查研究》,调研报告获区委组织部一等奖。制发《朝阳区利用社区资源做好离退休干部服务工作的实施意见》、《朝阳区利用社区资源做好离退休干部服务工作街道、地区考核标准》、《朝阳区利用社区资源做好离退休干部服务工作社区考核标准》、《朝阳区副处级以上退休干部联系居住社区的通知》和《朝阳区离退休干部联系居住社区发挥作用手册》。采取区委老干部局与6个联合工作站、街乡和社区联动的形式,形成“1+6+43”工作模式,发挥6个联合工作站“一站、一院、两分校”的功能,开展利用社区资源做好服务离退休干部服务工作。全区聘请15名党性强、觉悟高的离退休干部担任街道、地区(乡)社区“四就近”工作监督员,挑选4名身体好、素质高、乐于奉献的退休干部担任社区“四就近”工作联络员,协助工作落实和监督检查。

(吴晓东)

**【加强党支部建设和思想政治建设】** 年内,落实离退休干部阅读文件、听报告、参加重要会议和重大活动、向离退休干部通报情况、组织离退休干部就近就地参观学习等制度,围绕首都经济社会发展等热点问题,区领导陈刚、程连元、陈宏志、吴桂英等向老同志通报区经济社会发展、文明城区创建以及朝阳区“十二五”规划、街乡换届调整等工作。坚持把离退休干部思想政治建设放在首位,为83个离退休干部党支部配发《中国共产党历史》第二卷;举办离退休干部学习“七一”讲话辅导报告会,开展座谈讨论,撰写体会,7月4日《人民日报》头版对讨论情况进行报道;组织老同志观看电影《杨善洲》;请原市老干部局副局长马为平为全区老干部党支部书记作革命传统报告;组织老同志参观本区“为了人民的幸福”主题展;请中央财经大学教授魏鹏举作十七届六中全会精神辅导报告;组织老同志学习陈刚在区委第十一次党代会上的报告。以创建“五好离退休老干部支部”和争做“四好”老干部为载体,在离退休干部党组织和党员中深入开展创先争优、向杨善洲同志学习活动。区人大机关老干部党支部“追寻红色记忆,重温入党誓言”主题党日获市最佳离退休干部党支部“主题党日”活动三等奖。区委教工委等3个离退休干部党支部获市离退休干部党支部建设工作创新项目奖。在区创先争优暨文明城区创建工作推进会上,本局作为5家发言单位之一,代表全区离退休干部以“十有十坚持,创建乐晚年”为题,介绍离退休干部党支部和党员创先争优活动经验做法。《北京老干部》杂志以“学党史、忆党恩、跟党走”为题,报道本区提高离退休干部工作水平新举措。《中国老年报》以“党建活起来,老党员形象亮起来”为题,报道本区组织离退休干部党支部和党员开展创先争优活动经验做法。

(吴晓东)

**【庆祝中国共产党成立90周年】** 6

月9日,全区离退休干部庆祝中国共产党成立90周年暨创先争优表彰大会召开。区属离休干部、易地代管离休干部、副处级以上退休干部、社区离退休干部代表和全区老干部工作人员800余人参会,会议表彰在创先争优活动中涌现出来的离退休"五好"党支部和"四好"老干部。市老干部局副巡视员、政治待遇处处长刘冰、区委组织部副部长许嘉宁出席大会并讲话。区委组织部、区委老干部局对区教工委离休干部党总支第三党支部等8个"五好示范支部"、区教工委离休干部党总支第一党支部等13个"五好支部"和148名"四好"老干部进行通报表彰,大会现场为8个"五好示范支部"、8个"五好支部"代表授牌,为10名"四好"老干部代表颁发荣誉证书。为贯彻全国离退休干部党组织和党员创先争优活动推进会精神,落实朝阳区创先争优暨创建全国文明城区推进会要求,进一步深化离退休干部党支部和党员创先争优活动,人大离退休干部党支部书记李福奎代表10个离退休干部党支部在大会上向全区离退休干部党组织和党员发出倡议,区委组织部、区委老干部局对深化创先争优活动进行再动员、再部署,下发《关于进一步深化离退休干部党支部和党员创先争优活动的实施意见》。大会结束后,区老干部艺术团、八十中学教师合唱团、安贞街道艺术团等离退休干部艺术团体为参会离退休干部表演舞蹈、红歌联唱等文艺节目。

(吴晓东)

【建立教育培训基地】　6月28日,区离退休干部教育培训基地正式启动。市老干部局副巡视员、政治待遇处处长刘冰,区委组织部副部长、区委党校常务副校长、区委老干部党校副校长蒋自伟到会并讲话,离退休干部代表40余人参加活动。启动仪式上,聘请6名离退休干部担任义务讲解员,区委宣传部常务副部长、区委老干部党校副校长苏民、区党史办副主任魏自强为培训基地赠书和教育光盘,举办老干部党校第二期学习班。

(吴晓东)

【组织系列纪念活动】　年内,组织离退休干部开展庆祝中国共产党成立90周年系列纪念活动:组织老干部参加"颂歌献给党"——首都老干部纪念中国共产党成立90周年歌咏大会演和区第七届老年运动会;观看重庆市"唱读讲传"慰问演出;组织老同志代表参加中央庆祝建党90周年大会;举办离退休干部书画摄影和手工制作作品展、第五届"松鹤杯"象棋巡回赛、与党同呼吸共命运心连心征文等活动。组织区离退休干部诗书画协会与韩国首尔松坡区书画协会代表团举行中韩书画交流展活动,展示老同志老有所学、老有所为、老有所乐的精神风貌。

(吴晓东)

【提高离退休干部生活待遇】　年内,为所有符合条件去世离休干部无工作配偶办理城镇居民基本医疗保险或新型农村合作医疗、调整生活困难补助标准,减轻这些遗属的经济负担;为离休干部优先配备"小帮手"电子服务器,为所有离退休干部发放急救网络呼叫器满足离休干部居家养老的紧急救助、医疗服务等需求;为2名第二次国内革命战争时期参加革命工作的离休干部和73名抗日战争时期参加革命工作的离休干部提供社区家庭医生式服务。"七一"前,为所有离休干部增发生活补贴;为符合要求的离休干部办理提高单项医疗待遇手续。在区中医医院为区属正处级退休干部开通就医绿色通道;为全区离退休干部1736人次进行健康检查,完善个人健康档案;组织部分离退休干部赴上海、杭州、九寨沟、青岛和海南健康休养、参观考察;为80岁以上离退休干部提供享受政府购买的居家养老(助残)服务,为90岁以上老干部发放高龄津贴;为2名住房困难的离休干部解决住房。

(吴晓东)

## 保密工作

【概况】　中共朝阳区委保密委员会办公室和区国家保密局是一个机构,两块牌子,既是区委保密委员会的办事机构,又是区政府管理保密工作的职能部门,由区委办公室管理。设综合科和保密检查技术科。

地址:朝阳区日坛北街33号

邮编:100020

电话:65094302

(郎春颖)

【区委保密委员会会议】　2月23日,召开区委保密委员会工作会议。区委副书记、区委保密委员会主任宋连娣,副区长张立新及29个保密委成员单位的领导参加会议。会议传达市委领导对保密工作的指示精神和李士祥讲话;总结2010年工作,审议通过2011年保密工作要点。

(郎春颖)

【开展"三送"服务】　4月~7月,为落实"1+3+3"分类服务管理模式,组成3个服务小组,在全区范围内开展"三送"服务(送保密知识、送保密技术、送《保密工作管理手册》)。总计送保密知识讲座156场,5872人接受保密教育,其中有236名局、处级领导参加;对涉密计算机、涉密移动存储介质、非涉密计算机进行技术指导和检测;送《保密工作管理手册》148本,下发整改通知书2份。

(郎春颖)

【国家秘密载体定点复制单位年审】　6月,完成域内4家国家秘密定点印刷复制企业年审工作。7月,北京京华虎彩印刷有限公司由西城区迁入本辖区内,本局按照《北京市印刷、复印等行业复制国家秘密载体实施细则》对其进行审查。

(郎春颖)

**【开通区保密局网站】** 7月15日,区保密局网站正式开通。利用网站信息化平台,加强保密知识和保密技能宣传教育工作,营造"时时有保密提醒,处处有保密要求"的良好氛围,提升各单位保密工作管理水平,加快本区保密工作长效机制建设。

(郎春颖)

**【参观窃密泄密案例警示教育展】** 9月13日、16日,组织区领导和区属单位涉密人员300人参观全国窃密泄密案例警示教育展。展览通过文字图片、音像资料、多媒体播放以及技术演示等手段,集中展示近年来全国典型的窃密泄密案例,以案说法、发人深省;介绍信息化条件下反窃密防泄密的知识技能,令大家深受教育。

(郎春颖)

**【规范国家秘密载体销毁工作】** 11月起,按照"六个统一"(统一销毁范围、收集时间、收集地点、销毁地点、销毁专用袋和登记备案)的原则,规范国家秘密载体销毁工作。确定每月28、29日为销毁日。11月和12月收集涉密文件资料3240份,其中机密级1180份、秘密级2060份,涉密磁介质152个。

(郎春颖)

**【创新实践"1+3+3"分类服务管理模式】** 年内,按照区委保密委员会要求,保密工作实践"1+3+3"分类服务管理模式。"1"是区委保密委员会;"3"是区保密局3个服务小组;"3"是将区属和区域内单位分成3类进行管理。其中一类是重点保密单位94个、二类是区域内44个保密企业、三类是一般涉密单位54个。同时制定了各类单位的工作标准和管理措施。

(郎春颖)

**【建成防泄密监控报警中心】** 年内,完成本区防泄密监控报警中心建设。中心功能布局分为保密窃密设备展示区、视频演示区、监控报警区、手机危害和计算机攻击演示区4个部分。经北京市国家保密局认定,防护技术处于全国领先水平。

(郎春颖)

## 区直机关工委

**【概况】** 中共北京市朝阳区委区直属机关工作委员会,是主管区直属机关系统党的建设和思想政治工作的区委工作部门,领导区直属机关纪律检查委员会工作。

地址:日坛北街33号

邮编:100020

电话:65099306

(王　静)

**【纪检监察工作部署会】** 2月中旬,召开纪检监察工作部署会,下发《区直机关系统纪检监察工作材料汇编》,推进廉政风险防范管理工作规范化和科学化。

(王　静)

**【主题党日】** 3月初,开展"忆党史、谈感受、强作风、当表率"主题党日活动。以成就宣讲为主线,通过组织党员干部讲述身边的人和事,反映本单位发展变化和党员干部精神风貌。

(王　静)

**【入党积极分子培训班】** 6月初,组织136名入党积极分子举办为期40学时的培训班。学习《中国共产党章程》、《党史》、《中国共产党发展党员工作细则》、《中国共产党党和国家机关基层组织工作条例》,并进行分组交流讨论和党的基本知识考试。

(王　静)

**【区直机关系统红歌会】** 6月中旬,举办区直属机关系统庆祝建党90周年暨"创先争优做表率,转变作风我先行"红歌演唱会。区四套班子领导与1500余名机关干部共同参加并演唱歌曲,充分展示区直机关干部职工开拓创新、勇于争先、求真务实的良好精神面貌。

(王　静)

**【建党90周年座谈会】** 6月底,召开区直机关纪念中国共产党建党90周年座谈会。邀请部分机关负责人、专职副书记,就"千名干部下基层、周六创建行动日"活动中的突出做法、活动成效、基层反映和对活动的意见建议,以及各单位开展创先争优活动的工作亮点进行座谈。

(王　静)

**【慈善捐款活动】** 七一前夕,组织广大党员开展共产党员献爱心活动,累计捐款737145元。为驻地天福园社区捐款1万元,用于地区慈善事业。为困难劳模发放医疗补助1.28万元。

(王　静)

**【机关系统《廉政准则》贯彻执行情况专项督查会】** 7月、11月中旬,分两次召开专项督查会,对各单位贯彻执行《廉政准则》情况进行专项检查。

(王　静)

**【创建行动日】** 8月中旬,召开"千名干部下基层,周六创建行动日"活动交流推进会。年内,区直机关工委把"周六创建行动日"活动作为加强机关作风建设的重要举措,组织79家单位的3000余名机关干部,深入355个社区进行创建宣传、入户走访、倾听民意、解决问题,切实为基层和群众办实事、解难事,提供各种便民服务累计2500余次,解决道路、环境等实际问题800余件。同时,通过走访、座谈、问卷等方式,征求街乡、企业、贫困家庭的意见、建议,完善了机关党组织、党员联系基层、服务群众的工作机制,不断提高机关干部业务素质和做好群众工作的能力。

(王　静)

**【培训】** 8月底,举办为期两天的机关党组织负责人示范培训班,解读《中国共产党党和国家机关基层组织工作条例》,邀请中央党史研究室、社科院、首都师范大学的教授、老师,为机关党组织负责人讲授党史知识、社会管理、党务干部的激励艺术等内容。

（王　静）

**【机关干部体能测试】** 10月底，与体育局共同开展机关干部体能测试活动，为区委大院内1200余名机关干部进行免费测试。

（王　静）

**【选举党代会代表】** 11月初，召开党代表会议，选举产生76名作为机关系统代表，出席区十一次党代会。

（王　静）

**【经验交流会】** 11月中旬，召开“创服务品牌、树党员形象”活动经验交流会，推进机关系统窗口行业创先争优活动。朝阳工商分局、区职业介绍服务中心、区旅游咨询中心、区住房保障服务中心、区商务委等6家单位及个人作典型发言。

（王　静）

**【机关系统“学习大讲堂”】** 年内，继续开设机关“学习大讲堂”系列活动，举办政治理论、党史知识、文明素质等方面的学习讲座5期，不断提高机关党员干部思想政治素质。

（王　静）

**【党组织、党员基本情况】** 年内，区直机关工委所辖69个处级单位，设7个直属党委、3个直属机关党委、26个直属党总支、31个直属党支部（东坝航空管委会还未成立党组织，重点办党的关系并入政府办党总支），有在岗党员4953(其中党政机关党员3055名，事业单位管理人员、专技人员党员1564名，企业管理人员党员20名，企业专技人员党员4名，工人党员310名)、朝阳人才和朝阳职介存档党员4073名、离退休党员1036名。年内，机关工委新批发展党员63人，转正68人，26个直属党总支、支部完成换届改选工作。

（王　静）

## 党校工作

**【概况】** 中共北京市朝阳区委党校是区委直接领导，培养领导干部、理论宣传干部和国家公务员的学校，兼有区行政干部学校、区社会主义学院、市委党校成人教育学院朝阳党校分院职能，是四块牌子一支队伍。内设校办公室、党群办公室、财务科、行政科、培训科、成教科、教学保障科、学员工作科、综合教研室、党建教研室10个科室。在职教职员工53人，其中教师7人。主要任务是轮训培训处级领导干部、中青年后备干部、国家公务员、基层党员和积极分子，开展成人学历教育等工作。

地址：朝阳区静安庄一区四号

邮编：100028

电话：64651199

（刘新欣）

**【主体培训】** 年内，举办主体班、专题班18期，培训学员1047人。其中主体班10期，包括处级干部进修一班两期、处级干部进修二班两期、中青班两期、新任青年处级干部培训班一期，军转干部培训班两期、公务员正科级任职培训班一期；专题班8期，包括处级女领导干部培训班、中青年干部政治理论读书班、领导与管理专题培训班、经济管理专题培训班、社会管理专题培训班、文化创意产业高级经营管理培训班、人事干部培训班、处级干部文化建设专题班。

（刘新欣）

**【基层培训】** 年内，为基层开发12个新专题，完成624课时的基层授课任务。全年有教师35人次到30个单位，讲授科学发展观、新党章、党史、党的基本理论等累计21个专题，听课人数2600多人。

（刘新欣）

**【党校分校】** 年内，提出“试点先行、规范提升、全面铺开”的党校分校工作思路，党校分校试点工作扎实稳步推进。承担长春市公共服务体系建设培训班、区卫生系统入党积极分子培训班、区卫生系统党员学习大课堂、区直机关工委入党积极分子培训班的培训任务，培训学员1300余人。协助区审计局、区民政局、太阳宫地区办事处、将台地区办事处、管庄地区办事处、八里庄地区办事处、十八里店地区办事处举办积极分子培训班。全年安排教师上百人次到10多个基层单位授课，听众3000余人。

（刘新欣）

**【学历教育】** 年内，录取在职研究生48人。

（刘新欣）

**【社会力量办学】** 年内，组织完成5期公务员信息化与电子政务 培训班，培训学员215人。首都职工素质教育培训招收205人。

（刘新欣）

## 区委党史工作

**【概况】** 中共朝阳区委党史资料征集办公室是中共朝阳区委主管党史工作的职能部门。

地址：朝外日坛北街33号

电话：65099228

邮编：100020

（钱素君）

**【组织征订《中国共产党历史》第二卷】** 2月，与区委组织部、区委宣传部联合向全区各单位发出关于征订《中国共产党历史》第二卷的通知，下发《关于在全区广大党员、干部中开展“学党史、强党性”主题读书活动的通知》。全区集体订购《中国共产党历史》第二卷889套，《中国共产党历史》学习读本5797册，《中国共产党历史》第一卷405册。

（钱素君）

**【开展征文活动】** 3月～5月，在全区举办“难忘的岁月——纪念中国共产党成立90周年征文”活动。收到征文360篇，其中17篇优秀作品刊登在《朝阳党史》纪念建党90周年专刊上。

（钱素君）

**【开展中共党史学习教育活动】** 4月,与区委组织部、区委宣传部、区老干部局、区委教工委、团区委6部门联合印发《关于在全区党员干部群众和青少年中开展中共党史学习教育的通知》,利用多种形式在全区开展党史学习教育活动。

(钱素君)

**【举办主题展览】** 上半年,与区委组织部、区委宣传部、区档案局和朝阳规划艺术馆共同筹办《为了人民的幸福——朝阳区纪念中国共产党成立90周年主题展览》。区党史办负责展览脚本和解说词的写作及有关资料搜集等工作,经过收集整理资料、撰写脚本、制作布展等阶段,于6月23日完成布展并对外开放。

(钱素君)

**【开展宣传教育活动】** 6月23日,与区委组织部、区委宣传部联合举办《朝阳区组织史资料丛书》首发式。与《朝阳有线》合作拍摄专题片——《辉煌的记忆》,在《朝阳报》刊登专版宣传组织史编纂工作情况,与区委组织部联合下发学习《朝阳区组织史资料丛书》的通知,激发全区广大党员干部群众"知朝阳、爱朝阳、建朝阳"的热情,发挥党史"以史鉴今、资政育人"的作用。

(钱素君)

**【建立党史教育基地】** 6月,在总结上年第一个党史教育基地——红芍社经验基础上,按照"有阵地、有载体、有管理、有机制"的"四有"标准,依托党员教育服务中心等区域党建资源,与区委组织部联合在CBD、北京市第八十中学等12个单位建立第一批党史教育基地,制订党史教育基地管理办法。

(钱素君)

**【编纂出版组织史资料丛书】** 6月,7卷389万字的《朝阳区组织史资料丛书》出版发行。全区1381个单位、9780人参与编纂工作,查阅档案3.5万卷,征集资料7428份200万字。通过登门走访、信函征集、知情人座谈等形式,先后访问老同志3922人次,召开老同志座谈会852次,收录的组织机构总数5474个,涉及领导人21180人。《朝阳区组织史资料丛书》是本区第一部较完整的党的地方组织史资料丛书,理清新中国61年来本区各级党组织发展、变化的"家谱",填补了基层组织史的历史空白。

(钱素君)

**【编辑出版专刊】** 7月,编辑出版《朝阳党史——纪念中国共产党成立90周年专刊》。《专刊》分为重要文件、凝聚党旗下、时代先锋、党旗飘飘映朝阳、记忆辉煌、为了人民的幸福、难忘的岁月、党史教育基地建设、党史学习等栏目,全面介绍迎接建党90周年开展的系列活动。

(钱素君)

**【党史"四进"工程】** 9月,申请专项资金20万元,与区图书馆合作,借助区图书馆图书配送网络,将《中国共产党历史(第一卷、第二卷)》、《中国共产党北京历史(第一卷、第二卷)》、《中国共产党北京朝阳区历史大事记》等一批重要党史书籍,送到全区43个街乡图书馆,并设立党史书籍专柜。同时,还进入首批10个24小时自助图书馆,使党史书籍走进公共图书借阅系统。

(钱素君)

**【制发《实施意见》】** 年内,制发《中共北京市朝阳区委关于进一步加强和改进新时期党史工作的实施意见》。《实施意见》明确做好新形势下党史工作的意义、党史工作基本原则和目标任务。

(钱素君)

**【党史宣传教育工作】** 年内,为《朝阳报》、朝阳有线提供素材、资料和线索,《朝阳报》以《光辉岁月》为题出版纪念中国共产党成立90周年专版;朝阳有线以《朝阳岁月》为题制作纪念建党90周年专题片。出版《朝阳党史——纪念中国共产党成立90周年专刊》,及时更新、充实网站内容,在朝阳党史网站增设"纪念建党90周年"专栏。全年在区外刊物发表论文4篇,《北京党史工作》采用党史办信息10篇,《朝阳报》采用15篇。

(钱素君)

# 纪 检 监 察

**【概况】** 中共北京市朝阳区纪律检查委员会(以下简称"区纪委")是主管全区党的纪律检查工作的区委工作机构;朝阳区监察局(以下简称"区监察局")是主管全区行政监察工作的区政府职能部门。区纪委与区监察局于1993年合署办公。区纪委、区监察局在区委、区政府和市纪委、市监察局双重领导下开展工作。内设办公室、干部室、研究室、宣教室(电教中心)、自律室、信访室、案件检查室、案件审理室、执法监察室、纠风室、行政投诉中心。区纪委、区监察局行政编制49名。

地址:日坛北街33号

电话:65099369

邮编:100020

(董 洁)

**【烟花爆竹安全管理督查检查】** 上年12月至本年2月,会同督察检查组其他成员单位,抽查部分街乡烟花爆竹安全管理工作情况2次,督促有关单位严格落实组织部署、宣传发动、安全监管、查缴非法、隐患排查、秩序维护、禁放看护、应急处置等“八个规范动作”；除夕、正月初五、正月十五等重点时段，在区委、区政府领导带领下，对辖区烟花爆竹管控工作进行抽查、检查。

（陈 征）

**【领导干部廉洁自律】** 1月1日，制发《关于2011年元旦、春节期间加强廉洁自律做好厉行节约工作的通知》。2月15日，编辑制作警示教育片《朝阳区2011年廉政风险预警提示》、《人生七笔账》，在全区党风廉政建设大会上播放。3月15日，制发《2011年领导干部廉洁自律工作要点》。7月13日，制发《关于进一步贯彻落实党风廉政建设责任制强化领导干部廉洁自律工作的意见》。7月14日，编辑制作警示教育片《廉洁自律，过好“四关”》，在全区党风廉政建设大会上播放。8月12日，制发《关于开展〈中国共产党党员领导干部廉洁从政若干准则〉贯彻执行情况专项检查工作的通知》，组织全区各单位进行自查。11月，分3个小组就全区开展《廉政准则》贯彻执行情况，分系统进行重点督查。年底，组织2037名处级以上领导干部签订《北京市党员领导干部遵守〈廉政准则〉承诺书》。

（罗唐旋）

**【廉政风险防控管理】** 年初，召开区委办公室、区人大办公室、区政府办公室和区政协办公室参与的四办主任会，确定本年向上延伸工作主要任务。区级领导班子及成员开展廉政风险防控“回头看”，完善《防控识别台账》。区四套班子均完成“三重一大”决策实施细则，规范决策程序。5月11日，制发《朝阳区农村集体资产清产核资廉政风险预警防控规程》。6月，会同区委农工委、区反贪局就农村集体资产清产核资廉政风险预警防控规程的贯彻执行情况进行督导检查。9月16日，制发《朝阳区建立廉政风险预警机制的实施办法》。市预防腐败局副局长张岚于9月21日和12月28日两次到区调研廉政风险防控管理工作。

（罗唐旋）

**【区纪委十届八次全会】** 2月15日，召开中共北京市朝阳区第十届纪律检查委员会第八次全体会议暨全区党风廉政建设工作会，全体纪委委员参加会议，市纪委副书记王海平、区四套班子领导、区委、区政府各部委办局党政正职领导、纪（工）委书记、纪检组长和各人民团体负责人等出席大会。全会审议通过区委常委、区纪委书记尚延华代表纪委常委会所作的《大力推进反腐倡廉建设，为在新起点上推进朝阳又好又快发展提供有力保障》工作报告。全会要求，全区各级党委、政府和纪检监察组织要坚持标本兼治、综合治理、惩防并举、注重预防的方针，认真执行党风廉政建设责任制，以完善惩治和预防腐败体系为主线，以推进作风建设为核心，以解决反腐倡廉建设中群众反映强烈的突出问题为着力点，围绕区委、区政府中心工作和重点工作，改革创新、狠抓落实，以反腐倡廉宣传教育为基础，切实加强作风建设；以反腐倡廉制度建设为根本，完善惩治和预防腐败制度体系；以监督检查为抓手，确保各项政策措施落到实处；以专项治理为重点，着力解决损害群众利益的突出问题；以查办案件为手段，保持对腐败分子的高压态势，为顺利实施“十二五”规划，再创“三个新优势”和建设“新四区”提供有力保证，以反腐倡廉新成效迎接中国共产党建党90周年。

（许恒富）

**【全国文明城区创建专项督查】** 2月16日，会同创建办进行专题研究，制定《全国文明城区创建专项督查工作方案》，成立由区纪委监察局、区委组织部16人组成的4个专项督查组，会同创建办各督查指导组、区委督查室、区政府督查室，对全区创建工作开展专项督查。年内，各专项督查组组织重点检查70余次，召开座谈十余次，对全区直接承担创建指标任务的71个部门和43个街乡基本上实现全覆盖；编发创建专项督查简报34期，针对各单位存在的问题和不足提出意见建议170余条（次）。

（李 兵）

**【党风廉政建设责任制】** 3月9日，利用《朝阳报》刊发贯彻落实党风廉政建设责任制专版。3月17日，对上年度重点检查的17个单位落实党风廉政建设责任制、推进惩防体系建设进行重点检查，下发《反馈意见书》。4月15日，向全区下发上年《党风廉政责任制检查情况通报》，向存在问题和漏洞较多的单位下发《廉政建议书》，限期整改问题。4月18日，将本年全区反腐败任务分解为5个方面50项具体指标，由14名区领导分管和27个职能部门牵头，以区委办文件下发全区。6月，分系统召开专项督查会，对各单位党风廉政建设任务完成情况和政府部门牵头任务进展情况进行督查。8月15日，制发《朝阳区落实党风廉政建设责任制工作动态》5期。11月11日，制发《关于2011年对全区各单位落实党风廉政建设责任制、推进惩防体系建设任务完成情况进行专项检查的通知》。12月22日，组织11名同志参加全区领导班子和领导干部年度综合考核工作组，重点检查党风廉政建设责任制落实情况。

（罗唐旋）

**【廉洁准入管理】** 3月9日，会同区检察院、区发改委、区住建委、区财政局下发《朝阳区建设工程及政府采购领域廉洁准入管理实施办法（试行）》，要求各区属单位对其政府投（融）资建设工程项目及政府采购项目开展廉洁准入管理，对拟参与项目的企业及法定代表人、项目负责人在规定时间内有无行贿犯罪记录情况进行审查。4月～12月,围绕廉洁准入制度落实工作,区监察局会同区检察院、区财政局等部门召开座谈会、培训会6次,抽查制度执行情况15项次,针对检查中发现的5个项目落实廉洁准入制度过程中存在的问题,督促项目单位及时完成整改。

(陈　征)

【两会维稳专项督查】　3月,结合文明城区创建专项督查,各专项督查组围绕领导责任落实情况、矛盾化解责任落实情况等8个方面内容,对全国"两会"期间维稳工作落实情况进行专项督查,保障相关任务顺利落实。其间,开展检查8次,提出意见建议20余条(次),编发专项督查简报4期。

(李　兵)

【食品安全控制立项效能监察】　3月,与区食品办、区卫生局、区质监局、区药监局等单位共同成立食品安全工作组,负责监管本区食品安全控制和督查工作。3月～9月,工作组针对"五小"问题即小作坊、小商店、小食杂店、小摊点、小餐点的治理进行重点排查摸底,会同区争创办先后组织6次联合检查;"两会"期间,工作组对代表驻地周边酒店、超市、水产品养殖、食品加工企业等70余个重点单位进行集中检查;对40余家食品质量存在问题、审批手续不全及无相关资质企业和商铺进行行政处理。4月,根据区食品安全工作在"争创"测评指数中较低的情况,协调区争创办、食品办召开食品安全协调会,从提高行政效能角度提出10条工作意见。

(赵　伟)

【廉政文化建设】　3月,为加强廉政文化建设,成立奥运文化园建设工作领导小组,由市纪委副书记王海平和区委书记陈刚担任组长,区属13个单位参加。年内,组织召开近30次专题研讨会及工作推进会,研究相关规划、景观设计、房屋改造等工作。

(高　华)

【行政效能监察】　3月底,制发《关于2011年度效能监察立项工作的通知》,54个职能部门和4个区属事业单位立项258项,街道系统立项206项,农村系统立项102项。随后,分别组织各牵头单位,对各单位立项工作任务完成情况进行分组监督,对进展缓慢或质量不高的项目提出整改意见和建议。此外,对住房保障、重点村整治、缓解交通拥堵开展立项效能监察,促进相关工作扎实推进。

(李　兵)

【特约监察员工作】　4月1日,召开特约监察员工作会,明确特约监察员的职能定位,部署全年特约员工作,讲解双百考核指标体系。组织特约监察员参加全区党风廉政建设大会,全面了解和把握全区反腐倡廉建设工作情况和整体安排。坚持"上下联动"机制,加强政府特约监察员与各基层单位监督员交流,多次沟通情况,做到评议资源和信息共享。全年组织特约监察员参与对全区54个职能部门、4个区属事业单位和24个街道办事处、19个地区办事处(乡政府)进行考核评议,发放调查问卷5500余份,明察暗访649人次。组织召开评议座谈会104次,参与座谈的服务对象1200多人,收集各类意见建议百余条,经梳理后向被评单位反馈百余条,受到被评单位重视和认可。

(张卫红)

【保障性住房管理立项效能监察】　4月初,区监察局行政投诉中心向区住建委、房管局等5家单位下发《监察通知书》,明确效能监察的主要内容、方式和具体工作安排等。确定信息沟通、工作座谈、实地检查、网上监察、责任追究等工作机制。1月～9月,组织廉租房、限价房公开摇号各一次,277户廉租轮候家庭、139户限价轮候家庭参加摇号和选房;同区房管局围绕保障房公开摇号、选房签约、实地看房等环节,进行现场监督,确保保障房管理工作程序严谨,分配公开、公平、公正。在实施效能监察过程中,接待受理有关保障性住房资格审核和工作人员办事效率、服务态度等方面投诉6件。

(刘一凡)

【考察街乡纪委书记履职情况】　4月中旬至5月底,在区委街道任期调整、乡换届考察期间,委派巡视组成员进入考察组,对街乡纪委书记进行专项考察。同时,重点走访21个街乡,与主要领导、纪委书记、监察科长进行考察谈话,初步摸清街乡纪委书记履职情况。年内干部调整中,涉及33家单位51人。

(王东胜　凌　辰)

【专项治理工程建设领域突出问题】　4月,以区治理办名义下发《2011年朝阳区工程建设领域突出问题专项治理工作意见》,明确全年重点任务、工作要求及计划、目标,指导职能部门有针对性地开展工作。上半年,组织各专项工作组对本区上年7月至上年12月的53个建设项目开展第三阶段自查、排查,同时针对上年尚未完成整改的9个项目,与第三阶段项目同步推进整改。区治理办全年组织召开工作协调会8次,上报工作报告3份,开展重点检查5项次,对2个项目给予通报批评,年内本区专项治理一至三阶段梳理出的141个问题项目全部完成整改。在总结治理经验基础上,协调相关部门加紧建立健全长效机制,完善廉洁准入管理实施办法、政府投资项目招标投标管理办法等一批规范性文件。7月起,根据《北京市工程建设领域项目信息公开和诚信体系建设工作实施方案》精神,着手开展项目信息编目、确定信息属性等工作,推动项目信息公开和诚信体系建设,推进项目管理向常态化转变。

(陈　征)

【保障性住房建设监督检查】　4月,

组织工作组办公室、区住建委制定下发《关于农民定向安置房项目建设工程材料使用有关规定的通知》和《关于在农民定向安置房工程中实施建设工程材料采购备案试点工作的通知》,就农民定向安置房项目建设工程材料的使用管理做出详细规定,实现建设工程材料可追溯性管理,保障农民定向安置房工程建设质量。全年组织保障性住房建设监督检查工作组办公室开展专项检查近200次,安排对项目现场主要建筑原材料进行1134批次抽样检测,发现建设手续不完备、工程质量隐患、施工安全隐患等4类10余项具体问题,重点对20起建筑原材料不合格问题,督促有关职能部门予以处理。

(李　兵)

【党内监督】 4月,分级组织275名局、处级领导干部进行严肃换届纪律的集体谈话,提出严格要求。7月,与67名新调整的正处职领导干部进行集体谈话,对落实党风廉政建设责任制和廉洁自律提出要求。会同区审计局组织对领导干部进行经济责任审计,参与入户会、结户会20余次,延伸监督触角。按照北京市的要求,确定以"坚持以人为本、执政为民的理念,发扬密切联系群众的优良作风"为主题,以"落实领导干部廉洁自律有关规定"为重点的民主生活会,全区各处级班子按照要求组织实施。

(罗唐旋)

【公务用车专项治理】 5月6日,区委常委会专题研究公务用车专项治理工作,批准成立领导小组。按照《朝阳区开展党政机关公务用车问题专项治理工作实施办法》要求,组织各级领导小组办公室认真对本级党政机关及所属单位公务用车逐车逐项进行登记。全区740家单位5000多辆车的自查登记、逐车甄别工作结束,按相关要求上报市纪委。

(罗唐旋)

【"小金库"专项治理】 5月12日,制发《北京市朝阳区2011年"小金库"专项治理工作实施方案》。对全区党政机关、事业单位、社会团体和国有及国有控股企业1028家单位进行全面复查,对72家单位进行督导抽查。

(罗唐旋)

【目标管理双百考核】 5月下旬,下发《朝阳区2011年目标管理双百考核工作实施意见》,修订《朝阳区效能监察考核指标体系》和《朝阳区优化发展环境考核指标体系》。年内,依据"朝阳区效能监察考核指标体系、朝阳区优化发展环境考核指标体系",在加强日常监督检查基础上,年终综合运用职能部门评议、网上评议、民意测评、民主评议、主管领导评议、互查互评等6种考评方式,对全区54个职能部门、4个区属事业单位和24个街道办事处、19个地区办事处(乡政府)进行考核评议。通过综合各种考核结果,确定46个单位目标管理双百考核综合先进单位和28个单项先进单位。

(张卫红)

【行政审批制度改革】 5月,按照市行政审批制度改革工作部门联席会办公室要求,在本区原有行政审批制度改革领导小组架构基础上,牵头建立朝阳区行政审批制度改革工作联席会议制度,制发《关于建立朝阳区行政审批制度改革工作部门联席会议制度的通知》,明确联席会议成员单位及其主要职责、工作规则等。5月~11月,配合区政府办、区法制办开展网上审批推进工作调研、行政审批事项清理及审批权限下放调研等工作,并梳理2001年以来本区行政审批制度改革工作,撰写《朝阳区行政审批制度改革工作总结》上报市监察局及区政府。

(陈　征)

【创建"三型"机关活动】 5月,召开全区纪检监察干部200多人参加的创建"三型"机关动员部署会,制定下发创建"三型"机关实施意见。开展到法庭参加旁听、到市纪委参观专题展览以及市警示教育基地参观等活动;组织基层干部参加"以人为本、执政为民"主题征文活动,5篇征文获好成绩,受到市纪委表彰。

(陈爱华)

【民主评议基层站所】 6月底,制发《朝阳区2011年深化民主评议基层站所(服务窗口)工作实施方案》。年内根据"全面覆盖、全程督办、逐年深化、务求实效"的工作思路,强化"四个结合"评议方法,严格把握"动员部署、督导评议、综合评议和结果运用"四个环节,确保民主评议工作扎实推进。工作中,将"廉政建设、依法办事、服务环境、履职效率、管理效能和服务效果"6个方面作为重点评议内容,促进全区482个基层站所(服务窗口)和10个公共服务行业基层站点工作标准化、规范化、流程化建设,完善在服务态度、服务效率和服务质量方面存在问题的整改机制。各职能部门及街乡自查自纠各类问题300多个,并制定整改措施。11月24日,在市纠风办召开的市纠风工作座谈会上,区委常委、区纪委书记宋铁健作《健全制度,创新机制,扎实推进纠风工作深入开展》经验介绍。

(李福硕)

【党风廉政建设工作会议】 7月14日,召开党风廉政建设工作会议,总结上半年党风廉政建设工作,下发《关于进一步贯彻落实党风廉政建设责任制强化领导干部廉洁自律工作的意见》,部署下半年工作重点。区委书记陈刚强调,能不能以强有力的党风廉政建设来保障发展、促进和谐,是对全区各级党组织和每一个领导班子、每一名领导干部的重大考验。全区上下要振奋精神、团结一心,以良好的作风、扎实的举措,全面提高党风廉政建设工作水平,为推进朝阳在更高层次上又好又快发展提供坚强政治保障,为首都发展做出应有贡献。全体纪委委员参加会议,市纪委常委张同生、区四套班子领导、区委、区政府各部委办局党政正职领导、纪(工)委书记、纪检组长和各人民团体负责人等出席大会。

(许恒富)

**【专项监督检查】** 7月,会同区水务局制发《关于加强对<中共北京市委、北京市政府关于进一步加强水务改革发展的意见>贯彻落实情况进行监督检查的工作方案》,明确本区开展落实《中共北京市委、北京市人民政府关于进一步加强水务改革发展的意见》(简称《意见》)专项监督检查的组织领导、检查内容、工作方式等。7月~11月,会同区水务局、区政府督查室,围绕《意见》要求,对本区水务工程项目、防汛工作情况开展检查6次,发现各类问题十余个,并督促相关单位限时完成整改。

(陈　征)

**【科级纪检监察干部管理】** 8月15日,为规范基层监察科长任免等事项,加强科级纪检监察干部管理,与区人力社保局联合下发《关于进一步规范纪检监察科长任免等事项的通知》,明确规定各单位监察科长的提名、任免、调动,须由党委(党组)报送书面请示,由区纪委常委会研究批复后,各单位才能到人力社保局备案。

(王东胜　姜肖华)

**【纪委换届工作】** 8月中旬至12月底,配合市委考察组和区委组织部做好换届考察工作。组织召开纪委领导干部大会,协助开展纪委副书记、常委的推荐、谈话、考察以及纪委委员的酝酿、推荐、提名等工作。协助区委组织部做好新一届区纪委一次全会的程序安排、选举等工作。

(王东胜　凌　辰)

**【转变经济发展方式监督检查】** 8月,制发《朝阳区加快转变经济发展方式监督检查实施方案》,明确本区加快转变经济发展方式监督检查主要任务、工作步骤、保障措施等。8月~9月,组织加快转变经济发展方式各项任务牵头单位,对照工作要求开展自查自纠。

(陈　征)

**【党务公开】** 9月5日,制发《朝阳区关于党的基层组织实行党务公开的意见》实施细则、《朝阳区党务公开工作联席会议制度(试行)》,在全区党的基层组织实行党务公开,达到"公开形式标准化、公开内容规范化和公开工作制度化"的基本目标。9月20日,召开基层组织实行党务公开工作推进会及工作培训会。

(罗唐旋)

**【区纪委常委会实行投票表决方式任免干部】** 9月19日,区纪委常委会研究通过《关于中共北京市朝阳区纪委常委会讨论任免科级干部实行投票表决的办法(试行)》。试行办法规定,对提交区纪委常委会讨论任免的科级干部拟任免人选,以无记名投票方式作出任免决定。区纪委常委会票决干部由区纪委书记主持,必须有三分之二以上的常委会成员到会,以应到常委会成员超过半数同意形成决定。

(王东胜　凌　辰)

**【区纪委十届九次全会】** 11月21日,召开中共北京市朝阳区第十届纪律检查委员会第九次全体会议,全体纪委委员参加会议。会议审议通过《中共北京市朝阳区纪律检查委员会在区第十一次党的代表大会的工作报告》(征求意见稿),回顾总结前五年全区党风廉政建设和反腐败工作,明确今后五年工作任务。会议要求,全区各级纪检监察组织要以邓小平理论和"三个代表"重要思想为指导,全面贯彻落实科学发展观,坚持标本兼治、综合治理、惩防并举、注重预防的方针,认真执行党风廉政建设责任制,建立健全惩治和预防腐败体系,加强党员领导干部作风建设,切实纠正损害群众利益的不正之风,积极维护良好的经济社会发展环境,为顺利实施朝阳"十二五"规划,推进"新四区"建设提供有力保证。

(许恒富)

**【区纪委十一届一次全会】** 12月9日,召开中共北京市朝阳区纪律检查委员会十一届一次全会。大会首先讨论通过《选举办法》,选举采用无记名投票方式,常务委员会委员采用差额选举办法产生,书记、副书记采用等额选举办法产生,并酝酿讨论区纪委常委候选人预备人选名单及区纪委书记、副书记候选人预备人选名单。随后进行投票选举,产生区纪委常务委员会委员9名,区纪委书记1名,副书记3名。宋铁健当选为区纪委书记,曲君、高大中、刘丽平为区纪委副书记。选举结果报经区委十一届一次全会通过后,区委常委、区纪委书记宋铁健代表新一届区纪委常委班子作讲话,他表示区第十一次党代会确定了今后五年本区经济社会发展的奋斗目标,对全区党风廉政建设和反腐败工作提出新的更高要求,新一届区纪委常委会将做忠诚于党的表率、执纪为民的表率、勇于创新的表率、清正廉洁的表率,不负重托,不辱使命,在区委和市纪委的坚强领导下,以实际行动向全区人民交上一份合格的答卷。

(许恒富)

**【行政投诉】** 年内,接待投诉221件,其中来信、来访、来电181件,上级交办25件,领导批办6件;属于受理范围内的123件,占接待投诉总量的55.6%。其中直查67件,督查转办30件,协调解决22件,记录留存4件次。在已受理的投诉件中,"不履行职责"50件,"态度恶劣"13件,"推诿扯皮"8件,"效率低下"7件,"滥用职权"3件,"违法拆迁"2件,"违规收费"1件,其他39件。

(张春玲)

**【反腐倡廉宣传】** 年内,刊登新闻稿件111篇,其中中央级刊物12篇,市级刊物23篇,区级刊物78篇,在朝阳报做有关信访、投诉、执法监察、自律、宣教等宣传专版5期,廉政北京专题报道15次。主要对区委、区纪委监察局重点工作进行广泛宣传和深度报道,对各基层单位亮点、重点工作给予重视和宣传,并注重内部各种业务工作的总结和提炼。通过努力,全区营造“树正气、学典型、讲廉洁、严自律”的社会风气。自2004年以来,第7次获《中国纪检监察报》报社“优秀通联站”称号和市纪委“学报用报一等奖”。

(高 华)

**【廉政教育】** 年内,党风廉政教育方面重点开展专题教育、岗位教育、警示教育。开展专题教育方面。庆祝建党90周年开展反腐倡廉知识问答活动。在各系统党员干部中组织开展知识竞赛,组织800多名党员干部参与答题活动。组织全区党员干部开展学习实践《中国共产党党员领导干部廉洁从政若干准则》教育活动,制作拷贝500份廉政准则动漫宣传片下发到各单位,要求各级党委利用理论中心组学习和以开展民主生活会的形式组织专题学习和研究,组织广大党员领导干部撰写观后感,有70个单位200多名党员干部撰写观后感。对优秀观后感通过专报形式进行宣传。开展岗位教育方面,全区开展各类廉政教育培训班9个,受教育人数720余人次,组织31名基层纪委书记参加中纪委、市纪委组织的纪检理论业务培训。开展警示教育方面,组织潘家园街道、安贞街道、郡王府等单位300名党员干部到市监狱局参观,进行警示教育。通过参加法庭庭审,加强党纪国法教育。组织体育局系统、民防局、农村系统、国资系统等机关、基层党员干部近200人参加本系统内部发生的典型案件庭审,加强党员干部党纪国法意识,受到深刻直观教育。

(高 华)

**【反腐倡廉满意度工作】** 年内,制定提高满意度工作计划,细化工作指标,分解任务内容到各个部门。同时针对几次测评结果,到满意度排名前几名的南磨房乡、高碑店乡等单位进行调研;分别组织街、乡纪检监察干部开展研讨会,对如何提高群众对反腐倡廉满意度进行交流;整合7大工委力量,为创建文明城区工作建言献策。

(高 华)

**【政民互动】** 年内,在政民互动工作中完善受理、转办、督办工作机制和上下联动的办信机制基础上,针对政风行风类和涉及群众利益的重点信件,完善《受理群众信访举报件登记簿》和《受理群众信访举报件批办单》制度,严格信件登记和审批审结。对重点问题通过直查快办、联查联办等形式,督促解决问题。为提高办信质量,对信件受理量较大和办理质量较差的单位进行培训,对办理较好的单位和办理较差的单位以季度通报方式分别进行表扬和批评。平台全年受理信件32595件,办结30591件,办结率为93.85%。

(李福硕)

**【政务公开】** 年内,将区政务公开工作联席会议领导小组调整为区政务公开领导小组,对小组成员进行调整。会同区政府信息公开办等单位制定《朝阳区深化政务公开工作实施方案》,对任务进行分解,明确16个牵头单位,经区政府同意后下发全区。围绕深化行政审批制度改革工作,以区投资服务大厅为主体,积极推进并联审批工作机制和集中审批服务;围绕本区社会、经济发展规划进展情况和为民办实事项目等重大事项,把公开透明原则贯穿于项目实施、资金管理使用全过程,推进重大项目、重点产业以及教育、医疗卫生、就业、社保等民生领域政策落实情况,主动接受社会监督,保证重大事项执行落到实处。加强监督检查和考核评议,组织区人大代表、政协委员和区政府特约监察员对各单位的政务公开、办事公开进行监督检查,促进政务公开工作责任落实。

(李福硕)

**【专项治理】** 年内,制定《朝阳区2011年纠风专项治理工作实施方案》,对涉及清理和规范庆典、研讨会、论坛活动工作及教育、卫生、社保等10项专项治理工作进行全面部署,明确牵头单位、协办单位以及工作职责、主要任务和工作要求。对教育乱收费、违章建筑、工作人员吃拿卡要、公车私用等21件群众举报进行直查,对情况属实的分别做出处理。

(张卫红)

**【清理和规范庆典、研讨会、论坛活动】** 年内,对本年全区已举办和拟举办的17项活动项目进行认真梳理和分析研究,并经区委、区政府审批通过,取消5项庆典类活动、2项研讨会、论坛活动。

(张卫红)

**【信访举报受理情况】** 年内,区纪委信访室受理信访举报527件次,初信初访378件次。按信访类别分,纪检监察范围内信访件518件次,纪检监察范围外信访件7件次,批评建议类1件,纪检监察范围内信访比上年上升16.9%。按信访形式分,来信394件次,来访19件次,电话举报16件次,网络举报98件次。信访谈话6人次,发信访通知书21件。另外为区组织部门选拔任用干部、区党代会代表人选及各部门评优提供干部廉洁自律情况1200余人次,并对3人提出不予评优或不作为党代表人选的建议,使信访监督转化为组织监督。

(王若宁)

**【网上监察系统建设】** 年内,网上监察全程代办为民服务监督管理子系统在全区范围推广运行,政府投资重大工程监督管理子系统实现升级改版。年内,通过网上监察系统累计跟踪监督政府投资重大工程建设项目 19 项,涉及金额 9.47 亿元;政府采购事项 653 项(次),涉及金额 27.17 亿元;跟踪效能监察立项 598 项;全程代办为民服务事项 86210 项;信访事项办理 11126 件(次);公开政务信息 11006 条。通过该系统,网上监察中心工作人员共梳理并网上督办报警事项 46 项,实施电话督办 156 项(次),通过制发简报对 13 个单位进行点名批评。全国及北京市先后有 7 个市区县到本区学习交流网上监察系统建设经验。

(郝立军　王　玮)

**【政府投资重大项目监督检查】** 年内,会同区发改委、财政局、审计局等单位,实行部门联动,对循环经济产业园建设、奥林匹克森林公园建设、轨道交通、水务工程等政府投资重点项目开展过程监督,全年累计参加重点环节日常监督检查 34 次,提出意见建议 60 余条,绝大部分建议被项目单位所接受。以专项治理为契机,加大对本区政府投资项目招投标程序的监督、管理,全年对重点项目招投标程序进行抽查检查近 20 次,针对检查中发现的问题,建议废标 1 起,对 1 起招标组织实施过程不严谨、部分程序不合法项目,责成招标人重新组织招标处理;另对工程建设领域 3 起涉嫌招标投标违规的举报进行调查。

(郝立军　陈　征)

**【土地储备资金监管】** 年内,结合本区 9 个重点村城市化建设推进工作,会同市国土局朝阳分局、区发改委、区农委、区财政局、区审计局等区土地储备资金监管小组成员,加强土地储备资金监管,召开土地储备资金监管小组联席会议 9 次,参加各种会议和检查 30 余次。5 月,制定《关于对城乡结合部重点村城市化工程任务落实情况开展立项效能监察(督查)的实施方案》,对 9 个重点村的城市化建设工作开展立项效能监察,督促相关部门和相关乡建立健全各项规章制度、切实履行职责、协调解决存在问题,对资金管理使用、建设质量安全等进行监督检查,确保重点村城市化建设任务顺利完成。8 月,完成迎接市联合检查组检查工作。12 月,督促区农委等相关部门对重点村建设工作中存在的拆迁进展缓慢等 3 个问题进行整改,并向市纪委监察局提出继续完善工作意见建议 2 条。

(郝克敏)

**【政府信息公开工作】** 年内,主动公开政府信息 39 条。其中,机构职能类 1 条,法规文件类信息 1 条,行政职责类信息 12 条,业务动态类信息 25 条。主动公开政府信息的形式包括在区监察局网站、区档案局政府信息公开查阅场所公开等。

(董　洁)

**【查办案件】** 年内,初核线索 24 件,转立案 14 件。其中,区纪委直查案件 5 件,指导基层查办案件 9 件,移送司法机关 2 件 2 人。结案 12 件,处分 13 人,涉及处级干部 1 人,科级干部 2 人,一般党员 10 人。

(马程浩)

**【案件审理工作】** 年内,审结案件 12 件,涉及人员 13 人,其中给予开除党籍、开除公职双重处分 1 人,单纯给予开除党籍处分 5 人,给予留党察看一年处分 3 人、给予党内严重警告处分 3 人、给予党内警告处分 1 人。13 人中,处级党员领导干部 1 人,科级党员干部 2 人、一般党员、公务员 10 人。按违纪行为性质分类,妨害社会管理秩序行为 4 件、贪污贿赂行为 3 件、破坏社会主义经济秩序行为 3 件、违反财经纪律行为 1 件、失职渎职行为 1 件。另外,对 2 名受到留党察看处分的党员恢复党员权利、解除 3 名受到行政记大过处分公务员的行政处分。

(胡　镔)

# 民　主　党　派

## 民革朝阳区委

**【概况】** 中国国民党革命委员会北京市朝阳区委员会(简称民革朝阳区委)下设参政议政、祖国统一、社会服务、信息、宣传、老龄、妇女、教科文卫体、《潮流》编辑部九个专委会。有党员 724 人,基层支部 19 个。

地址:团结湖北五条 8 号楼(党派楼)204 室

电话:65094936

邮编:100026

(金晓萍)

**【主要活动】** 1 月 26 日,民革朝阳区委举办迎新春联谊会,民革市委主委傅惠民、副主委李霭君,原区政协副主席关三多,中共朝阳区委统战部副部长黄亮,民革朝阳区委主委绛云、区委委员以及部分原区委、区工委老领导出席会议。到会党员近 300 人。春节前夕,进行两节慰问活动。区委主委绛云以及部分区委委员、支部主委走访慰问原区委、区工委老领导,老黄埔党员,以及部分党内知名人士。2 月 28 日 ,为关爱广大女党员健康,举办庆“三八”口腔保健讲座。邀请民革中日友好医院支部党员,口腔科副主任医师路东升为大家讲解口腔保健常识。4 月 15 日,为纪念辛亥革命 100 周年，民革党员刘洋律师用自己的业余爱好——版画雕刻，刻制孙中山先生头像，并印制多份赠送给支部党员以纪念这一重要历史事件。7月7日，民革区委受民革北京市委委托，接待第十届台湾高校杰出青年赴大陆参访团。参访团一行90余人参观鸟巢、水立方、望京科技园，出席在望京科技园举行的台资企业入驻科技园签约仪式。10月11日，来自全区19个支部的90多名党员参加区委组织的“重阳节”国家博物馆参观活动。老党员们参观《古代中国》、《辛亥革命百年书法展》、《庆祝中国共产党建党90周年》等系列展览。12月13日，召开庆祝民革朝阳区委成立十周年暨新春联谊会，民革市委主委傅惠民、区政协主席辛燕琴、中共朝阳区委统战部部长谢莹、区委主委张兴凯出席会议并讲话。傅惠民代表民革中央和北京市委会向朝阳区的党员们致问候词，对民革朝阳区委十年来所取得的成就予以肯定，并对党员们提出三点希望：一、进一步加强自身建设，努力构建高素质的参政党；二、突出党派优势，搞好参政议政和建言献策，为服务朝阳发展再立新功；三、努力打造“同心同行”品牌，为推进多党合作事业开拓进取。

（金晓萍）

**【思想组织建设】** 2月，区委被民革中央授予“学习践行社会主义核心价值体系先进组织”和“民革地市级组织思想宣传工作先进集体”称号。3月16日，分别召开二届二十九次主委会议和二届二十三次全委会议，通报区委近期工作和区政协议政会安排，研究区委年内参政议政工作、区委换届前的各项准备工作、市委安排的各项工作和区委下一步主要工作安排。3月24日，召开二届十三次全委扩大会议暨支部主委座谈会议，区委主委绛云通报区委近期工作。4月6日，召开二届三十次主委会议和二届二十四次全委会议，传达民革市委和区委统战部有关区级组织换届文件；审议通过民革朝阳区委换届工作系列文件，通过区委换届流程。要求区委委员提交本届工作总结，并布置换届述职工作。4月8日，根据《中国国民党革命委员会区级组织换届工作的意见》要求，召开第二届委员会委员民主评议大会，区统战部副部长李金虎，民革市委副主委于雪鹰，民革朝阳区委各支部主委、副主委和部分支部委员出席会议。会上，区委主委绛云代表第二届委员会班子述职，班子成员结合各自分管的工作进行述职。各支部委员进行民主评议。4月19日，召开二届三十一次主委会议，通报近期区委工作和区政协议政会安排。审议通过区委换届有关文件，研究与麦子店街道联合开展社会服务活动以及区委统战部召开中共建党九十周年座谈会和文艺演出等工作。8月1日，召开三届一次主委会议，研究民革区委第三届委员会领导班子及委员分工问题，决定新成立教科文卫体专委会，将原有的文体专委会并入教科文卫体专委会。8月22日下午，召开三届二次全委会议，增补绛云为三届区委驻会常务副主任委员，讨论确定三届区委委员分工，研究区委成立十周年纪念活动。9月26日下午，民革区委第六支部和中国水电顾问集团北京勘测设计研究院党委在设计院会议室联合召开座谈会，纪念辛亥革命100周年。9月28日，区委教科文卫体专委会邀请部分区委委员、支部主委和党员，在望京科技园举行座谈会，纪念辛亥革命100周年，缅怀革命先驱孙中山先生。11月9日上午，召开庆祝区委成立十周年座谈会。民革市委主委傅惠民、区委统战部副部长石延刚、民革区委主委张兴凯出席会议并讲话。会议邀请区委区工委、主委杨泗霖、关三多、绛云和历届老委员、现任区委委员出席会议。傅惠民对区委成立十周年表示祝贺，对区委十年来所取得的成绩给予高度评价，并给党员们提出要求：必须自觉接受中国共产党领导，坚持走多党合作道路；必须坚持以邓小平理论、“三个代表”和科学发展观为指导思想，结合工作实际，贯彻到党派工作的方方面面；必须充分发挥民革党员与海外联系的优势，促进祖国和平统一。石延刚代表统战部对民革朝阳区委成立十周年表示祝贺。11月9日下午，召开区委成立十周年评选先进支部竞争演讲活动，各支部用丰富多彩的形式，展示近十年来的工作成果。11月30日，中共中央统战部、人力资源和社会保障部、各党派中央、全国工商联联合召开“各民主党派、工商联和无党派人士为全面建设小康社会作贡献”表彰大会，民革朝阳区委被评选为先进集体。区委常务副主委绛云代表区委出席表彰大会。民革区委是唯一获得此项荣誉的党派基层组织。12月8日，召开三届三次主委会议，通报近期区委工作，研究区委成立十周年大会筹备以及年终总结等项工作。

（金晓萍）

**【社会服务】** 3月15日，区委与结对子街道——麦子店街道联合举办《低碳环保，我行我素》环保健康知识讲座。邀请民革大兴区工委副主委郭耕主讲。郭耕从环保和健康的角度，以说唱、图文并茂的形式为街道居民上了生动的一课，受到居民欢迎。4月24日，在麦子店街道枣营北里社区联合举办“麦子店街道、民革朝阳区委共创文明城区，法律、医疗咨询服务活动”。麦子店街道工委书记刘勇、区委统战部副部长李金虎、区委主委绛云到会并讲话。民革朝阳区委组织20名专家（医生10名、律师10名）在麦子店街道为居民提供医疗和法律义务服务。11月22日，区委社会服务专委会组织党员参观望京科技创业园。各支部党员50余人参加活动,区委副主委王健、王向波等参加活动。望京科技园副总经理李涛向大家介绍科技园最新政策及发展前景。

(金晓萍)

**【理论学习】** 4月9日,举办传达两会精神专题报告会。区委主委绛云出席报告会。全国政协委员、国家环保部监测中心专家温香彩向民革党员传达全国政协第十一届四次会议精神。全国人大常委会委员、中国安全生产科学研究院总工程师张兴凯为民革党员介绍参加全国人大十一届四次会议的体会。6月26日,区委第二支部举办座谈会庆祝中国共产党成立90周年。老党员们通过对比诉说祖国今夕,向年轻党员讲述中国共产党领导下中国发生的翻天覆地变化。支部主委马念慈介绍民革的发展历史,总结民主党派和中国共产党"肝胆相照、荣辱与共"合作方针的历史必然性,并希望年轻党员继承和发扬民革优良传统,为祖国繁荣昌盛献计出力。7月9日~10日,为纪念中国共产党成立90周年和辛亥革命100周年,配合民革中央在全国开展的"观故居,走多党合作之路"主题活动,组织党员开展"观李大钊故居,走多党合作之路"活动,30名党员参加活动。

(金晓萍)

**【参政议政】** 6月1日,区委副主委姚国峰、刘子华,区委委员王健、参政议政专委会常务副主任李继泉等6人参加区政协、区统战部在二十一世纪饭店联合举办的议政会。王健代表民革区委作《发挥朝阳优势 推进博物馆体系建设》的发言。7月27日下午,区委参政议政专委会召开调研工作会议。会议围绕本年度调研工作任务,就人口服务管理问题;农村城市化中产业发展问题;产业结构优化提升问题;创新驱动问题;保障性住房和公共租赁房建设;以信息化促进城市管理现代化;"十大民生工程"的具体实施问题;社会服务管理创新问题;老旧小区物业化管理问题;政府采购效率工作;缓解交通状况等多项议题展开热烈讨论。通过研究讨论,确定本年度调研方向、题目以及调研课题执笔人和课题组成员。8月18日上午,区委参政议政专委会赴区农委进行调研。课题组就《农村城市化中产业发展问题》、《农村集体产权制度改革问题》与区农委进行深入交流。12月8日,在区委统战部举办的专项调研报告评选中,民革朝阳区委报送的《完善、创新朝阳区保障性住房退出机制确保朝阳区保障性住房建设可持续、健康发展的调研报告》获一等奖;《朝阳区农村地区产业发展问题及对策》和《关于进一步提高政府采购效率的调研报告》获三等奖。全年报送信息56篇。

(金晓萍)

**【区委换届】** 6月29日,中国国民党革命委员会北京市朝阳区第三次代表大会在顺义阳光丽城温泉度假酒店开幕。会议由副主委刘子华主持。全国政协常委、民革中央副主席、市政协副主席、民革市委主委傅惠民;全国政协常委、民革中央副主席何丕洁;民革中央委员、市政协副秘书长、民革市委专职副主委于雪鹰;民革中央委员、市政协常委、民革市委专职副主委兼秘书长李霭君;区领导辛燕琴、宋连娣、佟克克、闫学锋、刘乃晨出席开幕式。区各民主党派、工商联、无党派人士,区侨联以及民革市委各处室、民革北京市各区委、区工委、直属工作委员会等单位领导与100多名民革代表参加会议。大会听取和审议了民革朝阳区第二届委员会工作报告,选举产生民革北京市朝阳区第三届委员会,张兴凯当选主任委员,刘子华、姚国峰、王健、王向波当选副主任委员,任命金晓萍为秘书长。中共朝阳区委副书记宋连娣代表区委提出三点希望:一是打造"同心"品牌,为推进多党合作事业开拓进取。二是突出党派优势,为服务朝阳发展再立新功。三是加强自身建设,为构建高素质参政党夯实基础。

(金晓萍)

**【宣传工作】** 年内,区委潮流编辑部出版《潮流》杂志4期,登载各级文件、理论学习文章和党员投稿,并在党员中广泛发放,收到良好宣传效果。出版发行《血鉴》、《何宗智回忆录》等作品。配合民革中央、市委宣传部出版发行纪念辛亥革命100周年"观故居,走多党合作之路"活动主题歌《感恩前辈》,该主题歌音乐电视于6月28日在中央电视台"庆祝中国共产党成立90周年纪念专辑"中播出。

(金晓萍)

## 民盟朝阳区委

**【概况】** 截至年底,中国民主同盟北京市朝阳区委员会下设基层委员会3个(各辖3个支部),基层支部36个,共有支部45个,盟员1270人。其中高教界401人,普教界147人,科技界176人,文化界172人,经济界250人,医务界72人,政府机关52人;博士91人,硕士191人;具有高级技术职称的674人。民盟区委下设参政议政、文化教育、经济、科技、社会法制、社会服务、青年、妇女、老龄9个专门工作委员会。有全国人大代表1名,市人大代表2名,区人大代表9名(其中副主任1名,常委1名),全国政协委员5名(其中常委1名),市政协委员6名(其中常委3名),区政协委员19名(其中常委3名)。部级特邀监察员2名。区级特约工作人员9名。

地址:团结湖北五条8号楼203室
电话:65094938,65094058
电子邮箱:cymm@bjchy.gov.cn
网站:http://www.chymm.org.cn

(衣　雪)

**【主要活动】** 春节前夕,按照惯例慰问老领导、老盟员。1月25日,举办迎新春联谊会，民盟北京市委专职副主委刘玉芳、中共朝阳区委统战部副部长李金虎出席并讲话。3月8日，举办以《关爱女性，美好未来》为主题的庆“三八”养生保健讲座，30余名女盟员参加。6月23日，中信集团支部召开成立20周年座谈会，民盟中央副主席李重庵、民盟北京市委专职副主委刘玉芳、区政协常委、民盟朝阳区委主委曾原纪，民盟朝阳区委常务副主委兼秘书长周道珍出席会议并讲话。7月15日，组织第三届、四届区委委员到民盟中央机关参观盟史展，受到民盟中央主席蒋树声、常务副主席张宝文的接见，并与主席、副主席合影。民盟中央副秘书长、组织部部长陈幼平，组织部副部长刘硕带领区委委员参观图片展，并观看盟史教育片。10月20日，组织30余名老盟员在北京画院参观齐白石画展。11月24日，农业部委员会、北京电子科技职业学院支部和朝阳医务支部组织部分盟员在民盟中央机关参观学习，受到民盟中央副主席陈晓光的接见。12月14日，朝阳三支部、七支部、社会法制专委会、经济专委会的盟员在民盟中央机关参观并座谈。民盟中央副主席李重庵，民盟中央宣传部部长吴志实、副部长何云华，民盟朝阳区委常务副主委周道珍出席座谈会并讲话。

（衣　雪）

【自身建设】　5月15日，在民盟中央召开的纪念中国民主同盟成立70周年大会上，民盟朝阳区委和民盟北京工业大学委员会被民盟中央评为“先进集体”，卞留念、李刚、付爱珍、范子奇四位盟员被评为“先进个人”。6月8日，民盟朝阳区委在全市民主党派59家区级组织中，率先召开换届大会，19人当选为区委委员，曾原纪当选为主任委员，周道珍当选为常务副主任委员，王姮隽、阚存一、李刚、刘有军、闫永红当选为副主任委员。换届后，成立9个专门工作委员会，安排41名主任、副主任，163名专委会委员，最大范围调动广大盟员的积极性和参与热情。同时，将拥有240多位盟员的3个综合支部，调整为7个支部。组织完成北京中医药大学成立委员会、北京工业大学委员会换届会等工作。全年召开主委会8次，全委会6次，以及民盟朝阳区委第四次换届大会、青委会座谈会、基层组织负责人座谈会、暑期学习班会议、专委会成立会、支部成立会等27次会议。发展盟员58名，其中博士5名，硕士18名。

（衣　雪）

【社会服务】　11月18日，民盟朝阳区委与民盟中央合作，由民盟中央副主席李重庵带队，民盟区委常务副主委周道珍以及盟内的医生、画家一行赴延庆监狱慰问干警，为劳教所干警义诊、作画，开展帮教活动。11月21日，社会服务专委会前往祥和老年公寓（朝阳区教委敬老院）参观考察，就如何支持敬老院的工作进行调研。12月5日，常务副主委兼秘书长周道珍、社会服务专委会主任谢宝顺等到朝阳区新源西里小学看望慰问残障学生，捐赠由盟员吴晓鸣赞助的御寒衣物和适合残障学生应用的学习用品。12月9日，民盟医疗专家组赴祥和老年公寓为老人进行义诊。盟员王召军还向老人们捐赠一车白菜。12月27日，为东方博爱儿童福利院的残障儿童捐赠90件羽绒服。向西藏偏远地区的小学生捐献价值3万多元的衣服和物品。

（衣　雪）

【参政议政】　年内，完成3篇调研报告，分别是阚存一主笔的《关于实施就业优先战略，进一步推进我区劳动就业工作的对策研究》、张学军主笔的《关于朝阳区人口规模调控的建议》、范子奇主笔的《关于全面提升我区物业管理水平，构建“和谐朝阳”的建议》，三篇调研报告分别获得区委统战系统优秀调研成果评比一、二、三等奖，在全区民主党派调研工作中名列前茅。周道珍常务副主委参与民盟北京市委的《民主党派思想建设长效机制研究》课题；刘有军副主委参与盟市委课题《民主党派基层组织建设中存在的问题及其对策思考》。殷培红撰写的《借鉴国际减排策略和经验，在推动节能减排的同时保持经济稳定快速发展》、钱克明撰写的《我国“菜篮子”产品的生产和供应还存在一系列薄弱环节》和《加快完善现代农产品市场体系对于促进经济社会稳定发展意义重大》被民盟中央《参政议政文集》选编。4月28日，在民盟北京市委召开的参政议政工作总结表彰会上，周道珍、孙轶、杨帆、陈颖军、武文5名盟员获得优秀信息员奖，其中孙轶因信息被市委领导批示，获得优秀信息奖。5月9日，市政协召开第七次议政会，就“推进我市建筑节能和绿色建筑情况”进行座谈，盟员佟立志发言。6月1日，在区政协、区委统战部联合举办的“促进文化建设”议政会上，主委曾原纪代表民盟区委作题为《积极加强与驻区中央及市属文化单位的联系与合作，促进朝阳文化建设》的发言。11月7日，在市政协召开的主题为“认真落实食品安全行动纲要，构建食品安全长效机制工作”的第八次议政会上，盟员李金霞代表民盟市委发言。全年向市政协、盟市委、区政协、区委统战部报送各类信息150余条。原全国政协委员方廷钰撰写的《关于火车票退票费的反应》在《人民政协报》上刊登，杨帆撰写的《关于制定有关耕地质量建设与保护法律法规的建议》被国务院领导批示，曹幸穗撰写的《“十二五”规划应重点考虑分配方式和体制创新》被民盟中央采编，陈伦坤撰写的《关于治理姚家园路交通混乱的几点建议》被区政协选为信息范文。在区政协十二届一次会议上，提交3件党派提案和29件委员提案。党派提案《关于推进朝阳区产业结构调整的建议》被中共朝阳区委书记陈刚和常务副区长吴桂英批示,并被作为区政协重点督办的提案由主席辛燕琴带队督办。

(衣　雪)

【思想建设】　年内,组织区委委员学习胡锦涛总书记"七一"讲话精神、民盟中央蒋树声主席和张宝文常务副主席在民盟组织工作座谈会上的讲话精神,及时传达中共朝阳区委(扩大)会的精神和区委书记陈刚的讲话精神。组织青年盟员学习胡锦涛总书记在庆祝中国共产党成立90周年大会上的讲话精神,在全国"两会"召开后,及时召开青年工作委员会座谈会,学习全国"两会"精神和温家宝总理所作的《政府工作报告》。北京工业大学委员会、农业部委员会、北京中医药大学委员会、朝阳中学支部等基层组织结合全国"两会"精神、胡锦涛总书记在庆祝中国共产党成立90周年大会上的讲话精神等热点问题,展开学习讨论。先后三次组织区委委员、专委会、基层支部前往民盟中央参观盟史展,接受盟史教育,并在民盟中央学习座谈。组织盟员参加民盟市委成立65周年座谈会。

(衣　雪)

## 民建朝阳区委

【概况】　截至年底,中国民主建国会北京市朝阳区委员会有会员1311人,31个支部,按功能设立9个专业委员会,分别为:参政议政专委会、组织专委会、法制专委会、经济专委会、社会服务专委会、妇女老龄专委会、科技教育专委会、文化宣传专委会、信息专委会。会员中大本以上学历占63.46%,具有中高级职称者占63%;平均年龄47岁。共有全国政协委员2名、市政协委员5名(其中常委1名)、区政协委员28名(其中常委4名)、市人大代表3名、区人大代表11名(其中常委2名)、省部级特邀监察员1名、市特约监察员3名、区政府特约工作人员11名。

地址:团结湖北五条8号楼208室、209室

电话:65094054　65094934

邮编:100026

(李佳君)

【信息工作】　年初,三届二十八次主委会通过并下发《民建朝阳区委信息工作专业委员会工作规划》,确定全区信息工作的总体目标、制度体系、组织保障与实施措施,提出提高信息质量与采用率、信息报送数量与参与人员数量等具体指标,以及发现、培养人才和统计、考评、反馈、总结、表彰等具体工作流程与措施。全年召开2次信息工作交流会和信息员培训班。全年收到来自各支部会员报送的各类信息478条,有43名会员的84条反映社情民意、重大事件类的信息被民建市委办公室采编,部分得到上级领导批示和有关部门重视:《建筑节能、建筑保温材料与建筑安全的发展和反思》得到王安顺的批复;《关于多渠道筹资壮大全国社会保障基金的建议》被全国政协采编;《当前经济形势研判及政策建议》被民建中央采编;《国际板推出不宜操之过急》被报送到国务院,王岐山做出重要批示;《利用低碳技术开发北京市商务旅游资源》被评为"2010—2011年度北京市政协系统优秀信息"。全年有65条动态类信息被民建市委网站采编。在民建市委网站信息评比活动和社情民意信息评比活动中,均获得集体第一名。

(李佳君)

【基层组织活动】　年初,提出"基层组织生活观摩活动"方案,全年举办多项观摩活动,包括信息专委会主办的信息工作会议、中纺支部和市属支部联合举办的"色彩与美"讲座活动、科四支部主办的"践行北京精神、弘扬民族文化"报告会、联合一支部与叶青大厦支部围绕食品安全问题及民营企业的发展空间现状举办的研讨会。

(李佳君)

【思想建设】　年初,确定本年主题为"理论学习年",全年以支部、专委会为单位开展学习活动,以诗歌征文、专题辅导讲座、座谈会、参观革命教育基地、新农村实地考察等多种形式开展学习教育,主题包括中共统一战线理论、会章会史、"两会"精神、建党90周年、胡锦涛总书记"七一"讲话精神、中共十七届六中全会精神等内容。

(李佳君)

【组织建设】　3月,将各支部上报的长期失去联系和不参加组织活动的会员从原支部调出,分别组建成立直属三、直属四支部,由民建区委统一管理。6月19日,中国民主建国会北京市朝阳区第四次代表大会在阳光丽城温泉度假酒店举行,83位会员代表出席会议。大会听取和审议中国民主建国会北京市朝阳区第三届委员会工作报告并作出决议,选举产生由19位委员组成的民建北京市朝阳区第四届委员会。徐艳梅当选为主任委员,李瑶、李吉安、黄关葆、黄鹰、黄铁当选为副主任委员,马凌云被任命为秘书长。8月成立联合二支部,成员为2010年~2011年入会或转入民建朝阳区委的部分会员。全年发展会员11人,其中,硕士以上文化程度5人,占45%;具有中、高级职称的5人,占45%;企业高级管理人员及在单位任中高层以上职务的9人,占82%;平均年龄38岁。全年向民建市委推荐"首都助人为乐模范"、"首都敬业奉献模范"、"民建全国社会服务工作先进个人"、"民主党派优秀专家"、"民主党派年度人物"等18人次,推荐"民主党派工作创新成果"、"民主党派基层典型经验"4个。

(李佳君)

【社会服务】　“六一”儿童节，社会服务专委会向朝阳区新时代打工子弟学校捐赠350份学习用具，价值3000元。年底，社会服务专委会再一次向该学校捐赠价值5000元的体育用品，并开展“低碳环保，你我有责”主题演讲。全年4次深入民建中央对口扶贫点河北省承德市丰宁县开展社会服务实践活动，带领企业家们考察丰宁的投资环境和社会经济发展状况，与天津南开区的专家会员来到丰宁县天桥镇前沟门村为食用菌种植户进行病害诊治，并向当地政府部门提交《丰宁地区发展林下食用菌产业可行性分析》报告。社会服务专委会向会员企业“承德丰大农业发展有限公司”提供技术、市场销路等方面的支持，并在11月民建华北五省基层组织交流会上与该公司签署定向服务协议书，该专委会和科一支部向丰大农业发展有限公司捐赠10万元项目启动资金。科七支部开展向甘肃省古浪县横梁乡横梁村(县级贫困乡村)捐赠衣物活动。科五支部会员企业北京雅明创新科技发展有限公司与中国旅游学院附属中学签订长期教育资助合作项目，资助款项主要用于扶持学校进行创新人才培训模式研究，资助师资队伍建设及奖励为打工子女教育做出贡献的老师。年底科五支部向顺义区南法信镇南卷村350户村民捐赠新年礼品。科九支部会员企业精灵时创职业技术学校在崔各庄乡政府社保所配合下，开展拆迁农民就业培训工作。科八支部和区三里屯街道办事处社区服务中心联合举办社区大讲堂，由首都医科大学安贞医院心内专家做“冠心病的防治”讲课，来自7个社区的百余名老人参加。科二支部在教师节组织安华学校特教教师开展“览规划、迎国庆”活动，近50名特教教师参加活动。12月科二支部及科四支部会员到安贞街道，为安华社区70名居民举办牙齿健康讲座。民建朝阳区委全年在安贞街道辖区的社区、学校、住户开展慰问、咨询、讲座等活动6次，为千余人次提供服务。

(李佳君)

【专题调研】　年内，推行“参政议政联席会”制度，形成以参政议政专委会为主体，以经济、法律、科教、信息、社会服务专委会为支撑，以各界高端人才为骨干，基层支部会员广泛参与的人才梯队，在人才调动、课题筛选、专业组合等方面，进行统一协调与策划，使参政议政工作形成合力。1月，在区政协十一届六次会议上，提交《关于促进区中小型外商投资企业投融资服务体系建设的建议》和《关于在朝阳区成立“区域性设计创新服务公共平台”的建议》两篇党派提案，前者被评为“2011年度优秀党派提案”。上半年，在区政协议政会上作的大会发言《将东岳论坛打造成“国学博鳌”》受到大会好评。调研报告《加强上市公司资源聚集推动朝阳区区域经济又好又快发展》获得年度区委统战系统优秀调研成果评比二等奖，《探索社会管理长效机制　建立统一战线品牌——叶氏集团创出楼宇统战新模式》和《将东岳论坛打造成“国学博鳌”》获得年度区委统战系统优秀调研成果评比三等奖。在12月17日召开的区政协十二届一次会议上提交三篇党派提案，分别是《关于推广商务楼宇统战新模式“叶氏模式”的建议》、《关于朝阳区吸引国际组织的思考和建议》和《加强上市公司资源聚集推动朝阳区区域经济又好又快发展》。调研报告《中国地方政府投融资平台的风险分析与对策建议》被民建市委采编；《推动京津冀晋蒙区域人口资源环境的协调发展》被第四届京津冀晋蒙政协区域经济发展论坛文集收录，参加民建第二届京津冀晋蒙区域经济发展研讨会；《关于将天津滨海旅游区打造成为北京休闲旅游合作区域的调研》、《天津港与经济腹地交通一体化发展对策》作为建议提交民建第二届京津冀晋蒙区域经济发展研讨会；《发挥区位资源优势，共建合作产业园区推进首都经济圈发展的建议》得到中共北京市委副秘书长秦刚的批示；《北京市文化创意产业的可持续发展与经验借鉴》刊登在《建言专报》第7期，得到刘淇的批示，并作为第三届首都文化创意产业发展论坛重点发言；《北京建筑节能步伐宜实施“三步走”的发展战略》作为市第七次议政会重点发言；《建筑安全与建筑节能的统筹发展战略》作为市第七次议政会委员发言，并被《北京观察》采纳。

(李佳君)

## 民进朝阳区委

【概况】　截至年底，中国民主促进会北京市朝阳区委员会有会员572人，支部25个，年内新增会员28人，其中区委发展会员19人，教育界别12人。研究生及以上学历会员占总数的13.1%，拥有中、高级职称会员占总数的80%。有第十五届区人大代表4人，人大常委1人、第十二届区政协委员23人，其中常委4人。

地址：团结湖北五条8号党派楼211室

邮编：100026

电话：65094935

(张　纯)

【会员活动】　1月23日，民进区委迎新春联欢会在三里屯德云社举行，民进中央、民进市委领导、中共朝阳区委统战部领导和区民进会员欢聚一堂，共迎新春。联欢会上民进区委表彰在2010年做出突出贡献的先进支部和优秀会员。民进中央副主席王佐书为民进区委第四个西部教师培训基地——垂杨柳中心小学授牌。9月6日，组织民进教师会员参观中国紫檀博物馆。10月11日，组织50余名年过花甲的会员，游览朝阳区蓝调庄园。10月24日，举办“学习十七届六中全会精神,民进朝阳区委高端文化艺术讲座”。特邀北京人民艺术剧院著名演员杨立新主讲,区80余名民进会员参加活动。

(张　纯)

**【参政议政】**　3月3日,在党派楼召开参政议政专题会议。区委结合与百姓切身利益息息相关的社会热点,紧紧围绕朝阳文明城区建设和产业结构调整,确定本年调研题目:《规范保障性住房建设标准促进我区保障性住房建设健康发展》、《完善防灾减灾体系,进一步加强应急避难所建立和管理》、《城乡一体化进程中的农村社区建设问题及其对策》,课题组多次走访相关单位开展调研,确保提出的调研建议具有可行性,三篇调研报告在区委统战部的评比中获得三等奖。4月23日,社会服务工作专委会与信息工作专委会在房山召开专委会会议,部署下一阶段“凝心聚力”活动方案并通报近期信息报送要点。年内,民进区委向区政协提交《进一步加强我区应急避难场所的建设和管理,完善区域防灾减灾体系》和《开展“装修减排活动”的建议》提案,区委被民进市委评为“民进北京市参政议政工作先进单位”和“民进北京市信息工作先进单位”。

(张　纯)

**【思想与组织建设】**　3月18日,区10余名会员参加由民进中央办公厅和民进市委联合举办的“民进学习贯彻‘两会’精神报告会”。民进中央副主席罗富和就民进“两会”期间的工作,民进组在政协会议期间履行职能的情况作说明。朝阳民进会员响应民进中央和民进市委的号召,认真学习贯彻“两会”精神,力求在工作中自觉承担起参政党肩负的使命和责任。6月10日,区民进第四次代表大会在顺义阳光丽城温泉度假酒店国际会议中心召开。会议听取并审议民进区委第三届委员会工作报告,总结五年来的工作经验,并通过相应决议。大会选举产生民进朝阳区第四届委员会,张耘、杨爱军、姜继为、战春燕、陈琦、于欣、赵建萍、尹雪丽、王一珉、王利如、刘敬疆、张彬、李小蒙、闵登峰、武智涛、郑彦群、郑 燕、符亚明当选区委委员。在第四届委员会第一次全体会议上,选举张耘为区委主委;杨爱军、姜继为、战春燕、陈琦、于欣为副主委;任命赵建萍为秘书长。新一届民进区委成立6个专委会:参政议政工作专委会、信息工作专委会、宣传工作专委会、社会服务工作专委会、青年工作专委会、老龄工作专委会。年内,第四届民进朝阳区委召开5次主委会、4次全委会,认真学习中共中央总书记胡锦涛“在庆祝中国共产党成立90周年大会上的讲话”精神,分别研究并确定第四届区委委员分工安排和各专委会职责;讨论并确定第十二届政协民进推荐委员人选和第十五届朝阳区人大代表人选。北片联合支部被民进市委评为“2011年度组织建设先进单位”;区民进会员安阿玥、卫杰被民进市委评为“2011年度人物”。

(张　纯)

**【社会服务】**　7月31日,民进朝阳区社会服务专委会组织部分会员到山西省运城市进行爱心捐赠活动,区委副主委杨爱军、于欣、秘书长赵建萍及会员27人参加捐赠活动,向山西省运城市北景中学捐赠10台电脑,向山西省运城市爱诺特殊教育学校捐赠2台电脑及糖果、饼干等食品,此外,还委托民进运城市委向其定点帮扶的学校捐赠2台电脑。此次捐赠活动的电脑由北京化工大学支部提供。9月3日,组织部分会员到大兴区礼贤镇儿童福利院进行爱心捐赠活动,民进市委副主委吴文彦、区委主委张耘、副主委杨爱军、于欣,秘书长赵建萍及会员42人参加捐赠活动。向大兴区礼贤镇儿童福利院捐赠20台电脑,并现场向福利院的小朋友赠送学习用品,以及糖果、饼干等食品。此次捐赠活动的电脑由北京化工大学支部提供。年内,民进朝阳区委被民进市委评为“民进北京市社会服务工作先进单位”。

(张　纯)

## 农工党朝阳区委

**【概况】**　截至年底,中国农工民主党北京市朝阳区委员会(简称农工党朝阳区委)有22个支部,党员665名,主要由医药卫生界中高级知识分子组成。农工党朝阳区第三届委员会有委员17名,主任委员邢念增,副主任委员吕立秋(女)、秦小平、鲁建玲(女)、张其成、罗凤基、张斌,鲁建玲为专职副主委、区委机关秘书长,其他委员均为兼职。区委机关有办公室、组织部、宣传部三个内设机构,专门工作委员会5个,分别为参政议政工作委员会、社会服务工作委员会、宣传(反映社情民意信息)工作委员会、青年工作委员会和老龄工作委员会。党员中,高级职称377人,占党员总数的56.7%;中级职称194人,占党员总数的29.2%;初级职称18人,占党员总数的2.7%。有2人享受政府特殊津贴。党员中,担任全国政协委员2人,市政协委员4人(常委1人),区人大代表5人(常委1人),区政协委员22人(副主席1人,常委3人),担任市级特邀监督员3人,区级特邀监督员7人。年内,紧紧围绕朝阳区“新四区”发展战略,紧密联系朝阳区情,立足医疗卫生事业改革发展,关注民生,参政议政,履行职责;以区委成立10周年纪念活动和换届工作为契机,开展“组织建设推进年”活动,求真务实、健康发展;团结带领全区农工党员,以民主党派新的精神风貌,为朝阳区在更高层次上又好又快发展作出应有贡献。

地址:团结湖北五条8号楼206室
电话:65094937

邮编:100026

(管文东)

【参政议政】　年内,向农工党北京市委、区委统战部、区政协上报信息123条。其中社情民意类信息76条,占上报信息总量的61.8%,在各级相关信息接收单位中占有较高的采用率,在农工党北京市委采用率名列第一。撰写《关于加大我区文化惠农力度的建议》、《关于建立朝阳区政府信息公开中商业秘密判断机制的建议》、《关于在朝阳区建立专业技术人才职称聘用内部制度的建议》3件党派提案,经由主委会讨论确定,全部提交给区政协十二届一次会议。提案《关于进一步促进北京CBD建设发展的建议》获区政协十二届一次会议优秀党派提案奖。完成调研报告3篇,《关于加大我区文化惠农力度的调研报告》获二等奖,《关于建立朝阳区政府信息公开中商业秘密判断机制的调研报告》和《关于在朝阳区试点废旧轮胎循环利用的调研报告》获三等奖。在区政协、统战部联合举办的"促进文化建设"议政会上,区政协常委、农工党区委委员张其成代表区委就"东岳论坛"打造成为加强国学研究、传播人文精神的重要载体提出建议。

(管文东)

【思想建设】　年内,区委继续深入学习科学发展观,树立和践行社会主义核心价值体系,将学习活动与创新党派工作思路、履行党派职能有机结合,与参政党建设、参政议政实践有机结合。区委先后被农工党中央、农工党市委评为"树立和践行社会主义核心价值体系活动先进市级组织"。9月2日,区委在北京市民主党派人民团体办公大楼举办第八期统战理论培训班。中共北京市委统战部副部长李卫东,农工党市委专职副主委赵荣国、秘书长刘迎参加开班仪式。邀请李卫东讲解民主党派如何加强自身建设,农工党中央办公厅主任游宏炳讲解国家发展新阶段与民主党派的历史责任,市委党校党史党建教研部主任姚桓解读胡锦涛"七一"讲话精神。80多名农工党员参加培训。

(管文东)

【组织建设】　年内,区委进一步规范组织发展程序,严格把握组织发展原则,进一步加强对申请入党积极分子的政审工作,切实保障有代表性、高层次的、各方面表现优秀的人士进入农工党组织。坚持以医药卫生界高中级知识分子为主,保持农工党特色。年内发展新党员15名,农工党市委划拨5名。6月11日,农工党朝阳区第三次代表大会召开。选举产生第三届委员会,邢念增当选为主任委员,吕立秋、秦小平、鲁建玲、张其成、罗凤基、张斌当选为副主任委员,任命鲁建玲为秘书长。

(管文东)

【社会服务】　年内,继续围绕一个增强、两个对接、三个结合(一个增强,即以点带面整合资源,增强组织活力;两个对接,一是社会服务和参政议政职能方面,与党派调研工作、反映社情民意信息工作对接,二是与政协委员人大代表的深入社区、选区活动对接;三个结合,一是流动服务与定点服务相结合、二是分散服务与集中服务相结合,三是临时服务与长期服务相结合)的工作思路,将社会服务工作逐步深入,不断发展创新,从形式到内容上逐渐与党派活动特点相适应,与政府工作规律相适应;努力服务社会,将义诊、咨询、讲座、科技扶贫等工作,当做党派服务社会的重要形式和了解社情民意的渠道。在各专委会、各支部的密切配合下,区委以社区、乡村为开展活动的基础平台,深入社会,了解民情;发挥特长,关注民生;心系群众,反映民意,不断探索和创新服务形式,开辟和拓展服务领域,在不同地区以不同形式相继开展多项较有影响的社会服务活动。全国爱牙周期间,在朝阳医院为区广大农工党员进行免费口腔咨询检查和口腔健康知识讲座;国际科学与和平周期间,在京郊密云渔阳口腔医院组织医疗专家举办专场义诊咨询;世界艾滋病日,在对外经贸大学举办防艾知识科普宣传活动;区委老龄委、青工委充分发挥专委会作用,组织专家在左家庄、八里庄等地区举办健康及科普知识讲座。区委的社会服务活动增进了与政府部门和街乡地区的沟通了解。全年受益人群1200余人次。3月29日,区委一行10余人来到位于顺义区的北京市太阳村儿童教育咨询中心,将党员们捐赠的四台饮水机,一台电饼铛以及一批衣物、文具、书籍等交到中心主任张淑琴手中,表达对太阳村救助的六十名服刑人员未成年子女的一片爱心。这是区委继上年开展为太阳村献爱心活动以来的第二次大型活动。党员孙滨、陈进林、洪宇辉联合出资5000余元支持此次活动。

(管文东)

【组织生活】　年内,老龄委组织老年党员游览北海公园、植物园,青工委来到八里庄地区,为辖区内延静里、红北、红庙、华贸四个社区的近百名居民进行科普及健康知识讲座。8月22日晚,区委艺术团在高碑店漕运码头文化广场,参加由政协委员策划、编导并参与演出的以创建全国文明城区为主题的政协委员进社区送文化演出活动。艺术团带来歌伴舞《国家》、独唱《爱拼才会赢》和《中国字画》三个节目。8月26日上午,在农工党市委成立60周年大会上,农工党区委,区委所属医卫一支部、中医药大学支部、八里庄支部被评为先进集体,区委所属60名党员被评为优秀党员,5名党员被评为参政议政工作先进个人,5名党员被评为社会服务工作先进个人,2名党员被评为宣传工作先进个人,2

名党员被评为理论工作先进个人,1名党员被评为社情民意信息工作先进个人。12月23日下午,区委在农工党中央召开“庆祝农工党朝阳区委成立10周年暨迎新春联谊会”。农工党中央、北京市委,中央统战部、市统战部、区统战部,农工党内蒙古包头市委领导应邀出席大会,200多名农工党员参加大会。会上,邢念增主委总结区委十年来的工作成绩,对2010—2011年度先进支部和优秀党员、优秀信息员予以表彰。区委艺术团和东方歌舞团的艺术家们为参会党员带来歌舞、配乐诗朗诵等文艺节目。

(管文东)

## 致公党朝阳区委

**【概况】** 致公党朝阳区委本年有党员448人,分为15个支部。其中男党员217人,女党员231人;归侨、侨眷、港澳台属、留学归国人员321人,占党员总数的72%;大学以上学历351人,占党员总数的78.3%;高级职称209人,占党员总数的46.7%,中级职称225人,占党员总数的50.2%。党员中有全国政协委员2人、市人大代表1人、市政协委员1人、区人大常委1人、区政协委员16人(其中副主席1人、常委3人、副秘书长1人、专委会副主任2人)。致公党中央委员3人(其中常委1人)、致公党北京市委委员6人(其中常委3人)。担任国土资源部特约监察专员1人、市级特约工作人员6人、区级特约工作人员7人。

地址:团结湖北五条8号楼207室

电话:65094933

邮编:100026

(田丽华)

**【思想建设】** 年初,区委召开基层支部负责人会议,下发《民主党派成员树立和践行社会主义核心价值学习读本》、《致公党员读本》以及《致公党简史》等学习资料,要求各支部组织广大党员深入学习并推荐身边的榜样——学习和践行社会主义核心价值先进典型。致公党市委12月出版《身边的致公党员》一书,区委6名党员的事迹入选。为庆祝中国共产党建党90周年,于6月19日组织20余名党员参加市侨办、市侨联、市人大民宗侨办、市政协港澳台侨委员会、政公党市委联合举办的“侨心向党心千人大合唱”活动。7月2日,参加致公党市委主办的“红歌会”,展示区委团结向上、和谐进取的精神风貌。8月1日下发《学习胡锦涛总书记纪念中国共产党建党90周年重要讲话的通知》,要求各支部继续开展树立和践行社会主义核心价值体系活动,将学习胡锦涛同志重要讲话作为加强党员思想教育工作的主要内容,并抓好讲话精神的贯彻落实,进一步夯实多党合作的思想政治基础,提高自身建设水平和履职能力。区委部分党员参加致公党市委、区统战部和区政协纪念中国共产党建党90周年座谈会,并在大会上发言,有2篇征文刊登于《北京致公》。为纪念辛亥革命100周年,区委于10月13日组织100多名党员观看电影《辛亥革命》;10月15日区委理论研究小组召开纪念辛亥革命100周年座谈会。年内,周用和被评为致公党中央思想政治工作先进个人。

(田丽华)

**【参政议政】** 1月21日,区委接待致公党广州市委领导到北京商务中心区(CBD)进行调研,听取CBD管委会的情况介绍。2月27日,区委召开参政议政工作会,研究调研选题并就开展调研工作进行部署。年内提交中共朝阳区委统战部3篇调研报告《积极发展国际金融和新兴金融尽快建设国际金融主聚集区的调研》、《奥林匹克中心区体育文化的产业调研与建议》和《公园绿地再生水资源调研》,均获区统战系统优秀调研成果二等奖。《北京市生态涵养区生态补偿机制的构建与实施途径研究》获市统战系统优秀调研成果二等奖;《关于加快北京国际金融中心城市建设的研究》获致公党市委调研成果优秀奖。2月27日和8月20日召开两次信息工作会,对信息工作进行总结,邀请市委宣联处干部为信息员就做好反映社情民意工作进行培训。年内,多篇信息被全国政协、中共北京市委、市政府、市政协采编并获得领导批示,5篇信息被区政协评为优秀社情民意信息。在区政协十一届五次会议上提交党派提案2件,委员提案30件,其中《积极扩大消费,增强朝阳经济可持续增长能力的建议》获区政协优秀党派提案;《关于确保老年饭桌长期运营的建议》、《关于加强城市科学管理进一步缓解朝阳区交通拥堵的建议》以及《关于建立朝阳区创新评价与监管体系的建议》被评为区政协优秀提案。6月1日参加区政协、区委统战部联合举办的“促进文化建设”议政会,区委副主委陈建波代表致公党区委做《奥林匹克中心区体育文化的产业调研与建议》发言。

(田丽华)

**【社会服务】** 5月13日,区委组织所帮扶的西藏中学部分贫困生赴中国传媒大学动画与数字艺术学院和新媒体示范基地参观学习,通过这些活动增强他们的文化艺术修养,开阔学生的眼界;11月12日,区委与北京西藏中学正式签署帮扶协议,为更多的西藏贫困生提供帮扶;区委党员参与致公党中央与贵州毕节地区开展“一对一帮扶”工作,9名党员捐助10名贵州毕节贫困生,为他们提供三年 学费。

(田丽华)

**【组织建设】** 年内,新发展和转入党员32人,转出党员8人,病故党员5人。新发展的党员平均年龄40.6岁,大学本科12人,硕士14人,博士4人,具有“侨”“海”身份16

人。年内召开主委会8次,全委会4次。1月9日和4月6日召开区委委员述职评议会,委员就上年和区第三届委员会履职情况进行述职,各支部代表对他们的工作进行民主评议。2月21日,召开区委三届三十五次主委会,研究讨论工作计划。3月28日,召开区委三届三十六次主委会,学习传达统战部关于区委换届有关文件精神。4月9日召开三届十四次全委(扩大)会,通过委员产生办法布置各支部推荐委员候选人事宜。4月24日召开基层支部负责人会议,审议委员候选人名单布置各支部推荐代表。6月18日召开第四次代表大会,选举产生区委委员18人,其中领导班子成员6人(主委高向宇、副主委高吉喜、田新民、曹信红、李海峰、刘伟)。在区人大、政协换届工作中,区委推荐出一批政治素质好、参政议政能力强、具有较高社会影响和代表性的党员担任区人大代表和政协委员。7月16日召开四届一次主委会,研究区委班子分工及个专委会调整事宜。12月3日召开委员培训会,邀请致公党市委副主委孙津就如何履职进行专题讲座。

(田丽华)

**【主要活动】** 1月16日,举办迎新春联欢会,160余名党员参加。同日,区委领导慰问老党员。区委下设8个专委会,年内分别开展形式多样的活动:4月29日,区委老龄组组织部分老党员参观区规划艺术馆;8月4日召开社会服务工作委员会四届一次会议,明确工作原则,讨论下一步工作重点;8月12日法律工作委员会召开成立会,讨论并制定法律工作委员会工作制度,研究制定下半年工作计划;8月18日老龄组召开工作会,讨论并制定老龄组工作制度和下半年工作计划;8月20日政治宣传部召开工作会议,讨论下一阶段主要工作,对委员分工做安排,明确以《朝阳致公》为阵地,面向全区党员做好政治思想宣传工作,9月出版本年第一期《朝阳致公》;9月29日老龄组举办重阳节祝寿活动,为65岁以上逢五逢十的老党员集体祝寿;10月28日法律工作委员会举办"食品安全管理有关法律问题"专题讲座;11月15日侨海联谊会召开四届一次会议,研究如何更好地开展联谊活动以及具体的活动方式。

(田丽华)

## 九三学社朝阳区委

**【概况】** 九三学社北京市朝阳区委员会下设组织部、宣传部、参政议政第一委员会、参政议政第二委员会、社会工作委员会、老龄工作委员会、青年工作委员会、办公室。截至年底,共有支社22个,社员912人,其中女社员436人,占47.8%。平均年龄58.6岁。社员中,具有高级职称的686人,具有硕士以上学历的296人,其中博士105人。社员中,科技界380人,高教界272人;医药卫生界160人。全国人大常委1人,全国政协委员3人,北京市政协委员3人,区人大代表5人(常委1人),区政协委员19人(常委4人),区青联委员6人,各级政府特约员18人,九三学社中央委员7人,九三学社北京市委委员11人(副主任委员1人)。全年发展社员36人。

地址:团结湖北五条8号205室、229室
电话:65094932
邮编:100026
电子信箱:jiusanchaoyang@sina.com

(刘 军)

**【主要活动】** 1月16日下午,召开迎新春联欢会,200余名社员参加。4月8日上午,九三学社北京市委员会成立60周年纪念大会举行,九三学社区委60余名社员参加大会。会上,九三学社区委及其所辖朝阳综合支社、首都经贸大学(东区)支社、北京化工研究院支社、北京工业大学支社、朝阳经济支社、对外经贸大学支社6个支社被评为先进集体,王平等34人被评为优秀社务干部,于世瀛等59人被评为优秀社员,王静等16人被授予突出贡献奖,秦含章等11人获荣誉社员称号。12月24日,九三学社朝阳综合支社在区党派楼一层会议室召开成立20周年大会,九三学社区委专职副主委兼秘书长茅为中代表区委出席并致辞。

(刘 军)

**【社会服务】** 3月,社区委的女社员们参加社市委在中国妇女儿童博物馆举办的纪念"三八"国际劳动妇女节庆祝活动。3月14日是生研所支社老社员卢锦汉教授90岁生日,社区委领导和生研所支社干部前往祝寿。7月,社会服务委员会、轻工支社、化工信息中心支社联合举办向四川甘孜藏族自治州6所小学捐赠儿童读物活动。10月,举行"重阳节"活动,组织退休老社员参观北京中医药大学中医药博物馆。

(刘 军)

**【区委换届工作】** 3月30日,九三学社北京市委下发《九三学社北京市委关于做好2011年区级组织换届工作的意见》,并于同日召开区级组织换届工作动员会。区委第三届主委会根据九三学社市委《九三学社北京市委关于做好2011年区级组织换届工作的意见》精神,成立换届工作小组,制订《九三学社北京市朝阳区第四届委员会委员产生办法》、《九三学社北京市朝阳区第四次社员代表大会代表产生办法》以及《代表名额分配方案》。4月10日上午,召开民主评议会暨换届工作动员会。九三学社市委主委马大龙,常务副主委王琳出席,第三届朝阳区委全体委员、各部委及各支社负责人与会。第三届主委会全体成员向社员报告了主委会及个人履职情况。区委所属22个基层支社推荐选举产生89名代表、40名委员候

选人。经过九三学社市委换届领导小组与中共朝阳区委统战部协商，最终产生19名委员候选人。6月18日，召开第四次代表大会预备会，通过代表大会筹备工作报告和代表资格审查报告。6月25日，召开九三学社北京市朝阳区第四次代表大会，代表们听取并审议通过第三届委员会工作报告，选举产生由19名委员组成的第四届委员会。在九三学社朝阳区四届一次全体会议上，选举产生第四届主委会。张明森当选为主任委员，卢清国、王全辉、王强、郭淑丽、何深思、茅为中当选为副主任委员，茅为中被任命为秘书长(兼任)。

（刘　军）

**【参政议政】**　年内，在中共朝阳区委第十一次代表大会召开前，九三学社朝阳区委参加中共朝阳区委召开的党外人士座谈会，参与高层政治协商活动，对区第十一次党代会工作报告提出意见建议。区委选定失业人员再就业培训、动漫及文化创意产业发展、垃圾分类三个主题，组织社内相关领域专家开展调研，撰写调研报告。在区统战系统优秀调研评比中，《朝阳区失业人员职业技能培训状况调研报告》获一等奖，《以保护和引导为手段，推动朝阳区动漫网游产业发展》获二等奖，《关于朝阳区扩大生活垃圾分类试点的调研和建议》获三等奖。在区政协第十一届六次会议上，社区委提交2篇党派提案。其中，《朝阳区社会化居家养老亟待解决的问题与对策》被评为优秀党派提案。区政协委员提交个人提案28篇，茅玉麟撰写的《关于在北京中轴线建立北纬40度标志线的建议》和张萍撰写的《关于加强文明城区软环境建设的建议》被评为优秀委员提案。《关于加强文明城区软环境建设的建议》提案被区政协列为本年重点督办提案。6月1日，区政协、中共朝阳区委统战部举行主题为“围绕促进文化建设建言献策”议政会，社区委宣传部长朱良代表九三学社朝阳区委作“推进文化与科技融合加快朝阳区动漫网游产业健康发展”的大会发言。在12月召开的区政协十二届一次全会上，社区委提交3件党派提案。

（刘　军）

**【思想建设】**　本年，是中国共产党成立90周年和辛亥革命100周年，社区委在全区社员中开展学习胡锦涛同志《在庆祝中国共产党成立90周年大会上的讲话》活动，组织社员参加“首都统战系统纪念中国共产党成立90周年征文活动”、“光辉的历程——纪念中国共产党成立90周年读书征文活动”以及纪念中国共产党成立90周年和辛亥革命100周年暨社章社史知识竞赛活动。本年也是九三学社北京市委成立60周年，区委以此为契机，在全区社员中开展社史教育，并结合区委换届工作，开展政治交接教育活动。社区委根据《九三学社中央树立和践行社会主义核心价值体系实施方案》和社市委本年工作要点，在全区社员中开展向杨佳学习活动。各基层支社也开展向本支社基层优秀社员学习活动。全年，社区委向各上级组织报送宣传稿件一百余篇。8月，新一届区委委员及部分支社干部参加九三学社北京市委举办的新一届区级组织干部学习班。9月，社区委主委会成员参加市委统战部、北京市社会主义学院举办的民主党派区级组织负责人培训班。

（刘　军）

**【组织建设】**　年内，发展社员36人。其中具有高级技术职称的19名，占63.3%，具有硕士以上学历的30名，占83.3%，其中博士15名，平均年龄39岁。第四届区委会成立后，调整区委机构，新设立参政议政第一、第二委员会、老龄工作委员会。为准备在2012年召开的九三学社北京市委将举行第十二次代表大会，经各支社和区委主委会提名，九三学社区委在四届五次全委扩大会议上选举产生34名出席九三学社北京市第十二次代表大会的代表。下半年，区人大和区政协进行换届。社区委根据各方面代表性的综合考虑，向区委统战部提出新一届区人大代表和区政协委员推荐人选。

（刘　军）

## 台盟朝阳区工委

**【概况】**　台湾民主自治同盟北京市委员会朝阳区工作委员会是台盟北京市委员会派出机构。台盟朝阳区工作委员会委员7人，盟员61人，支部3个。

地址：团结湖北五条8号楼
电话：65094943
邮编 100026

（李　力）

**【自身建设】**　年初，举办年度总结表彰大会，通报区政府本年工作重点，对积极报送信息和参与调研的盟员进行表彰，40余位盟员参加。2月，按照《台盟北京市委关于做好区级组织成立及换届工作的意见》，召开区盟员大会进行学习动员。2月28日，区工委组织盟员参加台盟中央“纪念台湾人民‘二·二八 起义’64周年座谈会”。3月，召开全体盟员组织生活会，内容主要包括换届工作部署、第三届区工委及班子成员工作述职以及与会盟员进行民主评议等。8月，举办区工委新老班子成员座谈联谊活动。区工委三届和四届班子成员相互交流，畅谈经验。台盟市委常务副主委出席。9月，区工委班子成员参加市委统战部和北京市社院联合举办的“民主党派区级组织负责人”培训班。10月，区工委举办中青年盟员学习班，19位盟员参加。重阳节前夕，组织离退休支部老盟员到蓝调庄园参观联谊，23名老盟员参加。10月29日，参加台盟市委第三届“同心杯”金秋登山赛，获优秀团体奖。11月，区工委班子成员及部分盟员参加北京市社院举办的十七届六中全会精神学习班；参加区台办组织的“台海形势专题讲座”。11月26日，召开民主推荐会，推荐出席“台盟北京市委第十次代表大会代表”和“台盟北京市委委员人选”，40位盟员参加会议。

（李　力）

【对台工作】 2月17日，正月十五元宵佳节，组织中医药大学台湾学生“迎佳节 话团圆”联谊活动。政协港澳台侨专委会的委员、民革、致公、台盟成员50余人出席。7月，组织在北大、清华、人大和中医药大学等高校就读的台湾学生20余人到望京“台湾青年创业基地”参观考察。台生们对朝阳区政府为鼓励和吸引台湾青年来京创业提供基地和政策支持，表示出极大的热情。8月，召开对台工作小组第一次工作会，讨论下半年活动计划。8月25日，区工委班子成员及部分盟员，参加台盟市委主办的“交流与共享”研讨会。9月，组织并邀请台商、台生14人出席区政协、区台办举办的中秋联谊会。通过系列活动，深化朝阳区台商、台生与台盟组织、区政协、区台办的联系和交流。10月，区工委班子成员及部分盟员骨干参加台盟中央、全国台联在台盟中央礼堂召开的“纪念台湾光复66周年”座谈会。

（李　力）

【社会服务】 4月，组织盟员到房山大石窝镇开展义务植树公益活动。11月，举办“医心益行同胞情”走进社区——台湾学生公益义诊活动。在团结湖北三四条社区活动中心，冯世纶等四位中医专家以及12位台湾学生进行义诊活动。12月，在团结湖一二条社区活动中心举办“医行益行同胞情”台湾学生义诊活动。

（李　力）

【组织建设】 6月，召开第四届盟员大会，产生第四届朝阳区工委领导成员。会后召开四届一次工委会，班子成员进行工作分工。8月，新一届参政议政工作小组、对台工作小组、信息工作小组成立。

（李　力）

【参政议政】 年内，朝阳区工委主要领导多次出席区委、区政府召开的围绕朝阳区“新四区”建设、“双十工程”等朝阳区经济建设等重点工作的议政会、座谈会、情况通报会以及区政协、区委统战部就新一届人大代表、政协委员的推荐工作部署会、协商会。在朝阳区政协第十一届委员会第六次全会上，区工委提交的《关于促进朝阳区科技成果转化的建议》，获得上年度党派优秀提案奖。在区“两会”上，区工委提交党派提案3件，委员个人提案12件，人大代表建议3件。其中《关于推进朝阳区绿化隔离地区建设的建议》被评为党派优秀提案，潘迎委员被区政协评为提案先进个人。5月，在区政协、区委统战部联合举办的议政会上，台盟区工委两位盟员就《新媒体与文化创意产业发展的创新模式》、《打造园区统一品牌，提升文创产业竞争力》进行发言。6月，区工委新班子注重抓好换届后信息工作交接，对信息小组成员进行调整，保证信息采集和报送工作。全年上报信息45条，被中央、市、区有关部门采纳14条。8月，召开参政议政小组第一次工作会，研究讨论调研课题。围绕市、区社会热点、难点问题建言献策，完成《关于加强与台湾文创产业交流合作，促进朝阳区文创产业发展》调研报告，获得区委统战部调研二等奖，并作为党派提案提交区政协十二届一次全会。

（李　力）

# 团　　体

## 朝阳区总工会

【概况】 朝阳区总工会是朝阳区工会组织的领导机关。内设办公室、基层工作部、组织宣教部、劳动保障部（职工帮扶服务中心），编制22人，工勤人员3人。全区有会员35.4万人；街、乡、局、区属企业和中央、市属、三资企业直属基层工会117个，专兼职工会干部450人，基层工会4140个，涵盖单位15825个。

地址：日坛北街33号

电话：65099158

邮编：100020

（朱　博）

【工作会议】 1月12日，区总工会召开本年度工作大会暨送温暖工作启动大会。全区直属基层工会主席及工会干部300余人参加大会。市总工会副主席王玉英到会并讲话。大会对上年工作进行总结，对本年工会工作进行部署，并举行本年送温暖工作启动仪式。

（朱　博）

【市长郭金龙慰问全国劳模】 春节前夕，市委副书记、市长郭金龙等市领导一行看望全国劳模、垂杨柳中心小学教师郑丹娜。郑丹娜17年如一日，用370万字、相当于十部长篇小说的“悄悄话”走进学生的心灵世界，是2010年北京市重点宣传人物之一。郭金龙说，北京集中了许多优质教育资源，要善于运用新技术、新手段,使优秀教师的教学经验得以推广,带动所有学校教学质量提升。他还为郑丹娜正在读中学的儿子孟响写下16个字:“努力学习,强健体魄,立志成才,报效祖国”,勉励小孟响不断进取,将来成为祖国栋梁。市领导吉林、梁伟,市政府秘书长孙康林等陪同慰问。

(朱 博)

**【召开表彰大会】** 4月28日,举办庆祝五一国际劳动节暨颁奖大会。市总工会副主席余俊生、区委书记陈刚、区长程连元,原区人大常委会主任、区总工会艺术团名誉团长安训生,区领导宋连娣、闫学锋、张立新、刘乃晨等参加表彰大会并同本年获奖的先进集体和个人合影留念。会议由区总工会主席尹秀峰主持。各委办局、社会团体、街道、地区党政一把手和主管工会工作的领导、区总工会直属局工会主席出席会议。会上,对1个全国五一劳动奖状集体、3名全国五一劳动奖章个人、3个全国工人先锋号集体、4个首都劳动奖状单位、21名首都劳动奖章个人和9个北京市个人先锋号集体进行表彰。

(朱 博)

**【为劳模免费放电影】** 4月29日上午,组织近200名劳动模范观看以张海迪为原型的自传体励志电影《我的少女时代》。此次活动是区总工会联手北京万达电影城共同举办的“五一劳模专场”,旨在劳动节到来之前向全区各行各业劳动模范表示崇高敬意和诚挚慰问。活动现场,区总工会为劳模们献上代表全区广大职工祝福的鲜花、慰问信和慰问品,并且组织电影的主演和主创人员与劳模见面。

(朱 博)

**【启动“劳模文明引领行动”】** 5月26日,为推进区创建全国文明城区工作,区总工会与区文明办、区市政市容委、北京世奥森林公园经营开发有限公司共同举办的“劳模文明引领行动”启动仪式在北京世奥森林公园举行。各基层工会主席、工会干部、劳动模范及职工代表450余人参加活动。启动仪式上,区总工会主席尹秀峰作动员讲话,全国劳模、全国青联常委李高峰代表全区劳动模范宣读倡议书。区委副巡视员刘英男、区总工会主席尹秀峰及世奥公园的领导为“劳模文明引领岗”颁发站牌、绶带及宣传品。启动仪式后,参加活动人员参与“绿色出行、快乐健身”健步走活动。

(朱 博)

**【举办工会服务站站长资格考试】** 6月15日,为进一步推进朝阳区工会组织体系建设,提高专职工会社会工作者整体素质,逐步建立一支“职业化、专业化”的专职工会社会工作者队伍,进行本年度工会服务站站长资格考试。全区53名专职工会社会工作者参加考试,21人获得站长资格。有7人通过公开选拔成为工会服务站副站长。

(朱 博)

**【“吃出来的美丽与健康”培训讲座】** 6月29日,在蓝调庄园,北京大学医学部公共卫生营养系教授张玉梅以《吃出来的美丽与健康》为题,为到会全区女工干部上了一堂养生课。此次讲座是由市总工会女职工委员会主办,朝阳区女职工委员会承办的首都女职工流动讲堂“职业女性话题十讲”之一,也是首都职工素质建设工程公益大讲堂。全区工会机关干部,各基层工会主席、工会干部200余人参加培训,区总工会石燕秋副主席主持讲座。

(朱 博)

**【纪念建党90周年劳模座谈会】** 6月30日,为庆祝中国共产党成立90周年,展现职工群众与党同心同德、永远跟党走的坚定信念与决心,区总工会召开“纪念建党90周年劳模座谈会”。市总工会副主席余俊生,副区长张立新,区总工会主席尹秀峰,常务副主席李琪,副主席石燕秋参加会议。朝阳区历届劳模代表、各级工会干部100余人参加座谈会。全国劳动模范李高峰、市劳动模范崔毅等区劳模代表就自己在党的培养和教育下如何成长起来的心路历程作报告。

(朱 博)

**【基层工会培训班】** 7月18日,区总工会举办为期5天的工资集体协商指导员专题培训班。各街乡基层工会干部及劳动科干部160余名学员参加培训。在开班仪式上,区总工会副主席石燕秋作动员讲话,要求大家深刻认识工资集体协商工作面临的形势,以落实全总“两个普遍”为抓手,以实现“三年行动计划”中85%建会企业普遍开展工资集体协商为目标,大力推动全区工资集体协商工作。

(朱 博)

**【职工职业技能大赛】** 8月4日,由区总工会主办,区环境服务中心承办的朝阳区汽车驾驶、汽车修理技能大赛在环卫二场举行。经过区总工会预赛选拔,最终百余名优秀选手入围决赛。24名选手分别获得一、二、三等奖,区总工会为获奖选手颁发荣誉证书和奖品,推荐获奖选手参加相关市级技能比赛。市总工会职工技协副秘书长李刚、区总工会副主席石燕秋出席竞赛活动并为获奖选手颁奖。

(朱 博)

**【劳动争议调解联动机制工作会议】** 8月19日,区劳动争议调解联动机制工作会在朝阳宾馆召开。联动机制成员单位领导出席会议,区总工会副主席石燕秋主持会议并讲话。会上,各方就联动机制运转情况进行广泛沟通与交流,就劳动争议调解过程中遇到的相关问题进行探讨。同时,就下一步重点工作达成一致意见。截至8月,受理劳动争议案件1696件,结案1347件,调解成功750件。律师志愿者进工会服务站提供法律服务249人次(工作日)。

(朱 博)

【朝阳职工专享会员日服务】 11月10日,区工会会员日启动暨双井街道总工会会计核算服务中心揭牌仪式举行。中华全国总工会财务部副部长张西昶,市总工会党组书记、副主席曾繁新,市总工会副主席王玉英、党组成员贾炯协,副区长张立新出席启动仪式。此次活动打破传统工会活动方式,通过现代化的网络手段,与团购网站实现服务对接,在免费主题活动中,区总工会通过广泛宣传、实名统计,实现全员参与、机会均等的普惠制原则和初衷,让更多职工享受免费服务。

(朱 博)

【家政服务员培训班】 11月21日,为更好地提供就业服务,提升职工就业率,逐步实现帮扶工作由“输血式”向“造血式”转变。区总工会主办、北京御秀营养配餐研究院承办的常营地区家政服务员培训班开班,40多名职工报名参加,多位全国资深专家、教师为服务员进行职业操守、家庭烹饪、家庭植物养护、婴幼儿护理、安全与卫生、交际礼仪、家庭护理、家庭清洁卫生、家用电器使用常识等9门课程培训,采取集中授课与实践培训相结合的方式进行。经过15天培训,学员参加统一考试,成绩合格者获得相关证书,区总工会为成绩合格人员推荐工作。

(朱 博)

【送温暖招聘会】 12月2日,市总工会职业介绍服务中心、区总工会、劲松街道社保所联合举办“两节送温暖——劲松街道失业人员专场招聘会”,21家用人单位到会,提供15个种类865个岗位,吸引求职者500余人,有87人与用人单位达成初步意向。

(朱 博)

【发放职工互助保障赔付款】 12月2日,区总工会来到京客隆公司,为患病女工李雪灵发放女工特疾理赔款和住院医疗理赔款26111.47元。区总工会主席尹秀峰、副主席石燕秋、京客隆集团董事长、党委书记卫停战等领导出席理赔仪式。区总工会从多层次、多渠道全面推进职工互助保障参保工作。截至11月,本区各项互助保障计划中,46140人次参加投保,投保金额267795元。理赔795人,赔付金额1460885.83元。基层工作形成体系通畅、管理规范、运作良好、服务周到、职工满意的工作格局。

(朱 博)

## 共青团北京市朝阳区委员会

【概况】 共青团北京市朝阳区委员会是中共北京市朝阳区委领导下、共青团北京市委指导下的一级团委,是朝阳区先进青年的群众组织,负责全区共青团工作,领导少先队朝阳区工作委员会,指导朝阳区青年联合会,并承担朝阳区未成年保护委员会办公室的工作。机关下设办公室、组宣工作部、基层工作部、社会工作部,下辖青少年指导服务中心、青年志愿者协会两个事业单位,分别行使各自职责,共同开展朝阳区青少年工作。截至年底,全区共有区属团员4.16万人,二级团组织124个,其中街道系统24个,农村系统19个,青工系统51个,非公经济及民办高校团组织30个。

地址:日坛北街33号

电话:65094384

邮编:100020

(秦安安)

【关爱农民工子女】 1月12日,为北京市第九十七中学和朝阳区安民学校两所农民工子弟学校送去“心手相牵家在朝阳区”新春慰问演出。3月10日,召开主题为“朝阳少年蓝天行动”的农民工子女支教项目研讨会,推出以“爱系列”为主题的支教活动,将驻区13家支教团体与20所农民工子女学校结对,并共同签署《北京共青团“关爱农民工子女”志愿服务行动项目协议书》。5月10日,开展“北京共青团100365首善行动——北京国资公司关爱在京打工子弟行动”宣传日活动。16日,团市委机关党委书记、市志愿服务指导中心主任郭新保一行到朝阳区星河双语学校视察关爱农民工子女志愿服务站建设情况,并参加“关爱农民工子女”志愿服务项目启动仪式。7月14日,“筑梦星河——第二届星河双语打工子弟学校夏令营”开营。10月31日,市新闻出版局与朝阳区明园打工子弟学校对接,开展“一缕书香·点亮人生”图书捐赠活动。12月6日,“衣+衣=爱”西部温暖计划——朝阳区机关党员为甘肃、青海贫困山区小学献爱心活动结束,共捐献爱心衣物4200余件,书籍510余册,文具及笔记本3300余件。所有捐赠物资分别送抵青海循化县牙都小学、白草毛小学、文都修藏小学以及四川省康定县瓦泽乡贡巴小学,送到数千名小学生手中。

(秦安安)

【志愿服务工作】 1月14日,召开“暖冬关爱行动——阳光伙伴”第四季度联席会议暨2010年工作总结会。2月20日,举办“一副春联一份温情”暨本年春运志愿服务启动仪式。3月4日,组织星河双语学校、将台洼小学共85名学生参观中国科技馆。3月5日,举行奥林匹克公园蓝立方“雷锋小站”揭幕仪式。5月12日,组织城市志愿者参加“北京应急网开通暨北京市应急志愿者队伍授旗”活动。6月13日,召开志愿服务长效化工作研讨会。6月14日,召开“朝阳少年蓝天行动”——关爱农民工子女志愿服务行动半年工作总结会。7月1日,召开第三季度阳光伙伴座谈会,就如何发挥志愿者协会的枢纽型组织作用,为阳光伙伴搭建交流与资源共享平台进行交流。9月2日,召开以"文明无处不在·志愿就在身边"为主题的文明城区创建"蓝立方"志愿服务行动协调会。10月6日,北京科技大学42名志愿者参与"为主席站岗"毛主席纪念堂志愿服务项目并在纪念堂举行交接上岗仪式。12月9日,组织召开本年度"阳光伙伴"工作会,34家社会公益组织就2012年如何更好地推进公益项目,更深入地开展志愿服务工作进行交流。

(秦安安)

**【服务青年就业创业】**　1月16日,举行"创先争优 青年先锋"青春点将台活动暨第五届北京市"创业青年首都贡献奖"颁奖仪式。年内,召开由10所高校、40家企业参加的见习基地工作例会;联合区劳动与社会保障局和各驻区高校团委,在区人力资源市场和对外经贸大学举办两场朝阳区青年就业创业见习基地招聘会,引进优秀企事业单位参与建立见习基地60家,提供1426个见习岗位,2459名青年参与见习。与见习基地签订就业合同的有757人,达到参与见习总数的31%,高于全市平均水平。完善青年就业创业促进中心建设,开展青年农民工订单式培训。为1100名农民青年提供技能培训,实现就业606人。扶植青年创业项目,累计推进3名青年申报贷动青春。制订《关于加强新毕业大学生和聚集区青年就业创业服务工作方案》。

(秦安安)

**【组织建设】**　2月22日~23日,召开朝阳共青团十届九次全委(扩大)会。团市委副书记姜泽廷、区委副书记宋连娣等领导出席开幕式并讲话。大会同时启动青春朝阳互动平台及本年国学普及推广行动。4月26日~28日,召开共青团北京市朝阳区第十一次代表大会,全面回顾总结过去6年工作,并对未来5年工作做出部署。选举产生由41名委员和18名候补委员组成的共青团北京市朝阳区第十一届委员会。开幕式上启动"新四区"青年行动计划和"创建全国文明城区青年百日行动"。4月27日,第十一届委员会召开第一次全体会议,选举产生11名十一届朝阳团区委常委,选举刘凯为共青团北京市朝阳区第十一届委员会书记,金华民、张继明为副书记。区委副书记宋连娣出席会议并讲话。

(秦安安)

**【青少年权益工作】**　5月24日,召开"2011年朝阳区预防青少年违法犯罪和未成年人保护工作会"。6月27日,召开朝阳区本年暑期青少年星光自护培训部署会。暑假期间,组织全区43个街乡开展"青少年星光自护培训活动",亚运村街道、左家庄街道和平房地区作为试点,长期开办星光自护学校。9月24日,在红领巾公园开展"优秀'青少年维权岗'服务日"活动。12月23日,开展"社区服刑人员子女、未成年社区服刑人员关爱活动",为30余名社区矫正人员及未成年社区矫正对象发放慰问品。年内,开展第五届朝阳区"引领健康成长,携手共创和谐"青少年事务发展专业研讨论文征集活动。帮扶各类困难青少年群体770余人,发放物资折合人民币10.1万元,覆盖全区43个街乡。

(秦安安)

**【青年国际化交流】**　8月17日~21日,组织区青少年友好访问团一行14人,赴韩国首尔江南区进行友好交流访问。8月17日~23日,接待日本东京都大田区青少年友好访问团一行12人。年内,承接团中央和团市委外事任务,先后接待德国、法国、韩国、土耳其、朝鲜访问团体到朝阳区进行交流考察,完成各项外事任务。

(秦安安)

**【基层基础工作】**　年内,扎实推进"两新"组织建团,新建非公有制经济组织团组织600家,新社会组织团组织35家。落实"团建百强街乡"创建工程。增强团干部队伍建设,在30个街乡设立57个街乡团(工)委书记助理岗位;举办党群共建示范培训班、新任职团干部培训班、国学讲堂等系列培训,加强对团干部的教育培训和工作指导,实现对社区、村级团干部的全员培训。截至12月,朝阳区43个街乡全面推进社区"青年汇"创建工作,建设市区级"青年汇"87家,其中健身休闲类20家、公益服务类41家、文化交流类26家。以老君堂社区青年汇为代表的6家市级流动青年汇试点,依托社区文化活动中心,为青年提供就业讲堂、创业夜校、国学宣讲、心情疏解、生活信息和电影放映6个服务项目。4月28日,中共中央政治局委员、市委书记刘淇,市长郭金龙等领导到老君堂社区青年汇进行专题调研,对该青年汇工作给予高度评价。

(秦安安)

**【编制书籍画册】**　年内,出版团史书籍《共青团在朝阳(1949—2010)》,编辑中英文双语画册《昂首青春,拓步未来——朝阳共青团2005—2011》,制作纪录片《共青团在朝阳》,展示多年来朝阳共青团在中央、市、区各级领导的关怀下,带领朝阳青年参与政治、经济、文化、社会建设的风采,激励广大团员青年为深入贯彻落实首都建设中国特色世界城市要求、深入推进朝阳"新四区"建设贡献力量。

(秦安安)

**【少先队工作】**　年内,以建党90周年为契机,开展"红领巾心向党"系列活动,在活动形式与内容创新方面取得新成果;坚持以特色"红领巾学校"建设为重点,以"爱心教育"、"五个培养"为主要内容,落实"千优带队"创建工程;发挥少先队组织优势,开展"做文明有礼的小公民"、"排队日"、"志愿者日"、"植树节"、"无烟日"、"世界环境日"等宣传教育活动，举办“做文明朝阳人——我的成长故事会”，开展“我的感动瞬间”征文活动，组织“家庭劳动”、“校内服务岗”、“社区文明岗”等社会实践，参与到全国文明城区创建工作中。

（秦安安）

**【红色主题教育活动】** 年内，深入推进创先争优工作，通过优秀干部挂职锻炼等服务品牌项目，深化引导服务，为“新四区”建设凝聚青年、培养人才。开展学习“红色经典”时尚月活动，在团员青年中掀起学习党史的时尚风潮，提升团员青年的政治思想素质。开办青春朝阳官方微博，庆祝中国共产党成立90周年期间，开设“感悟光辉历史，贡献青春朝阳”微博专题。

（秦安安）

**【博士进朝阳】** 年内，完成第六届首都高校博士进朝阳挂职锻炼工作。7月至12月，来自首都17所高校的31名博士生和1名博士后进入26家单位挂职锻炼。期间，组织挂职人员参与“金色朝阳一日行”、走进“和谐在线”访谈室等活动，编制《2011年首都高校博士生、博士后到朝阳区挂职锻炼论文集》，从农村建设、文化发展、区域党建等方面分享挂职锻炼成果，为区域发展建言献策。

（秦安安）

## 朝阳区妇女联合会

**【概况】** 朝阳区妇女联合会（以下简称“区妇联”）是中共朝阳区委领导下、北京市妇联指导下的群众组织，是党和政府联系妇女群众的桥梁和纽带。年内，区妇联以“双学双比”、“巾帼建功”、“五好文明家庭”、“大众读书会”等活动为载体，围绕党政所急、妇女所需、妇联所能，团结带领全区广大妇女积极投身朝阳各项事业。区妇联机关设5个部室1个中心，即：办公室、组联部、事业发展部、维权部、妇女儿童工作委员会办公室、朝阳区妇女发展服务中心。

地址：日坛北街33号

电话：65099410

邮编：100020

（付剑梅）

**【捐资助学】** 1月11日，区妇联与区地税局联合开展创先争优牵手延庆捐资助学活动，区妇联主席黄敏、区地税局局长陈合庄、延庆县妇联副主席韩冬雪等出席启动仪式。会上，区地税局向延庆县贫困中小学生捐赠助学款5万元，区妇联捐赠百余册书籍，延庆县沈家营小学的老师和受助学生发言，并向区地税局领导赠送锦旗和硬笔书法作品。

（付剑梅）

**【全国巾帼志愿服务活动启动】** 1月17日，全国妇联在亚运村街道举办“巾帼志愿服务标志发布暨2011年全国巾帼志愿服务倡导与实践主题活动”启动仪式。全国妇联副主席、书记处书记洪天慧、全国妇联宣传部部长王卫国、市妇联副主席沈洁、区妇联主席黄敏、亚运村街道工委书记田峡等出席启动式，区各街乡巾帼志愿者代表和亚运村12支巾帼志愿者服务队参加活动。会上，洪天慧揭幕发布巾帼志愿服务标志；王卫国宣布启动全国妇联巾帼志愿者倡导与实践主题活动；亚运村巾帼志愿者代表发言。领导们还走访安慧里社区“金玫瑰爱心互助组”常年帮助的一户居民和退休后义务为居民提供咨询服务的靳仿淑工作室。

（付剑梅）

**【“两节”送温暖】** “两节”期间，区妇联以“营造温暖之家 共享美好生活”为主题，开展扶贫慰问送温暖工作，为1073户单亲特困母亲送去慰问金214600元。开展“寸草报晖”城市老年无业贫困妇女医疗救助项目，为1991名老年妇女发放医疗救助金796400元。由北京妇女儿童发展基金会捐赠，为15名老妇救会主任和166名农村单亲特困母亲发放救助金111600元。

（付剑梅）

**【处级女领导干部讲座】** 3月3日，在蓝调庄园举办庆“三八”——“秀外慧中”处级女领导干部讲座，北京服装学院教授王小灿讲解“女性领导干部形象塑造”，全区近300名处级女领导干部参加。

（付剑梅）

**【纪念“三八”妇女节文艺演出】** 3月5日，在朝阳文化馆举行纪念“三八”国际劳动妇女节101周年文艺演出。市妇联副巡视员周静、副区长张立新出席活动。区各部委办局（处）主管妇女工作领导，各街道和地区工委主管妇女工作领导、妇联主席，社区、村妇联干部，各行业妇女先进代表等400余人参加活动。张立新代表区四套班子讲话。本次文艺演出推出家庭情景剧，由中国家长教育研究所所长、区家教研究会副会长齐大辉教授做点评，受到在场观众好评。

（付剑梅）

**【庆“三八”巾帼书画展】** 3月7日，区妇联与区诗书画研究会共同举办庆“三八”巾帼书画展，展出由女会员创作的绘画作品54幅。副区长张立新、区妇联主席黄敏、区诗书画研究会副会长沈莉出席开幕式。

（付剑梅）

**【外国妇女代表团访问朝阳】** 3月24日，以阿尔巴尼亚“奈尔明·发罗拉”国际文化基金会主席泽耐普·卢卡女士为团长的阿尔巴尼亚妇女代表团到朝阳区参观访问，全国妇联国际部欧洲处副调研员蔡琳、市妇联联络部部长於丽萍、区妇联副主席贾冬云、798文化公司党委书记刘刚在798艺术区接待代表团一行。4月27日，伊朗总统顾问、妇女与家庭事务中心主席穆吉塔赫德扎德率伊朗妇女代表团一行6人参观位于金盏乡的蓝调庄园。全国妇联国际部副部长牟虹、市妇联副主席刘颖、区妇联主席黄敏等接待代表团。6月16日,纳米比亚全国委员会副主席玛格丽特·蒙萨女士一行7人组成的妇女代表团到亚运村街道参观访问,交流社区妇女工作。全国妇联国际部部长邹晓巧、市妇联副主席刘颖、区妇联主席黄敏等陪同。纳米比亚妇女代表团对朝阳区妇女工作给予高度肯定,并表示希望进一步加强两国之间的交流合作。7月5日,厄瓜多尔妇女代表团一行9人参观蓝调庄园。区妇联黄敏接待代表团。11月15日,联合国消除妇女歧视委员会代表团、联合国志愿者协会日本分会代表团来朝阳访问,交流妇女儿童工作。市妇联联络部部长於丽萍,区妇联主席李洁、副主席贾冬云,亚运村街道纪工委书记王贤乐会见来宾。代表团参观亚运村街道文体活动中心,双方就妇女权益保护、儿童教育、创业就业、参政议政、家庭教育等工作领域进行座谈交流。亚运村街道妇联主席邓澄介绍本地区开展儿童教育、居家养老等工作情况,代表团团长佐佐木女士介绍了在日本开展青少年教育的经验做法。

(付剑梅)

**【市妇女维权周活动在朝阳启动】** 3月29日,本年度北京市"温暖你我她,维权服务进万家""三八"妇女维权周活动在区人民法院举行,全国妇联党组书记、副主席、书记处第一书记宋秀岩,全国妇联副主席、书记处书记甄砚,司法部政治部主任、党组成员张彦珍,全国妇联书记处书记、办公厅主任张静;市委常委梁伟、市委副秘书长王翔、市妇联党组书记、主席赵津芳、首都综治办副主任许继慧、市民政局副局长陈百灵;区委书记陈刚、副书记宋连娣、副区长张立新等出席活动。启动仪式上,区法院副院长张雯、市女律师联谊会会长张巍分别发言,介绍保障、参与维护妇女权益工作情况。区妇联主席黄敏介绍源头预防教育、事中干预服务系统性化解社会矛盾、维护妇女权益的五级维权工作体系和四层调解模式。领导们为郝惠珍等14名区巾帼维权志愿者代表颁发聘书,张彦珍和王翔为阳光中途之家妇女教育基地揭牌;甄砚和梁伟为"北京市反家暴救助中心示范点"揭牌。宋秀岩对朝阳区用情景剧宣传男女平等基本国策和调解家庭婚姻矛盾、促进社会和谐的做法表示肯定,对区妇联探索构建"五级"维权工作体系,调解社会矛盾、参与社会管理创新表示肯定。"三八"妇女维权周期间,全区出黑板报50余块,宣传栏30余处,举办各类讲座20余场,设立公共咨询台10余处,发放宣传材料10万余份,受益妇女群众10万余人。

(付剑梅)

**【宣传家庭美德】** 4月,区妇联印制10万张家庭美德宣传海报,发至43个街乡妇联,张贴在各社区、村;召开工作推进会,督促各街乡制定宣传方案;召开座谈会,各街乡妇联之间交流工作经验,推广典型做法;区妇联领导和干部分片下基层,实地调研、督导家庭美德宣传工作。

(付剑梅)

**【组织巧娘参加联谊活动】** 5月15日,市妇联在朝阳区举办以"学民俗手艺 品中国文化"为主题的国际家庭日中外联谊活动,驻京外国专家、学者等20余个国际家庭和朝阳区20名巧娘、书画爱好者共庆"国际家庭日"。活动中,巧娘们向外国宾朋展示编、织、布贴画、丝网花、十字绣等手工艺品的制作过程,并现场教外国嘉宾制作小型手工艺品。市妇联副主席刘颖、区妇联主席黄敏等参加活动。

(付剑梅)

**【中老年合唱比赛】** 6月,北京东方妇女老年大学、区文明委、区老龄委、区妇联、区教委、朝阳社区学院联合举办"老友喜相逢 红歌献给党"朝阳区社区中老年合唱比赛,全区43支合唱队参赛,10支合唱队进入决赛。6月14日,第十届全国人大常务委员会副委员长、中国关心下一代工作委员会主任、北京东方妇女老年大学校长顾秀莲,中国老龄事业发展基金会理事长李宝库,全国老龄委办公室副主任阎青春,市老龄委办公室主任陈谊,市妇联副主席沈洁,区委副巡视员、创建办执行主任刘英男等40多位领导和嘉宾出席庆祝建党90周年东方老年文化节开幕暨"老友喜相逢 红歌献给党"朝阳区社区中老年合唱比赛决赛现场。决赛中,来自潘家园街道的春光美合唱团获得一等奖,亚运村等5支合唱队分别获得二等奖和三等奖,顾秀莲等领导为获奖代表队颁发奖牌。

(付剑梅)

**【处级女领导干部培训班】** 7月25日至29日,区妇联与区委组织部、区委党校联合举办全区委办局处级女领导干部培训班,安排管理艺术、女性形象、区情讲座等课程,36名处级女领导参加培训。原全国妇联主席顾秀莲讲授"和谐社会与妇女发展"课程,区委常委、组织部部长陈宏志作开班动员。

(付剑梅)

**【东研康基女性就业岗位推介会】** 7月下旬,区妇联与全国妇联直属机构华瑛女性创业发展中心在安贞街道和小关街道分别举办两场东研康基女性就业岗位推介会,150余名下岗女工、单亲母亲、待业女青年等参加,36人当场达成应聘意向。全国妇联华瑛女性发展中心主任齐和平、区妇联副主席贾冬云,安贞街道和小关街道的领导及东研公司有关负责人出席推介会。

(付剑梅)

**【十一届九次执委会】** 8月10日,召开区妇联十一届九次执委会,会议由区妇联副主席贾冬云主持,到会执委41人。会上,讨论通过替补、增补十一届执委委员、常委委员，选举李洁为十一届妇联主席，杨丽为副主席。会上，总结区妇联上半年工作并通报下半年工作计划。

（付剑梅）

**【导读活动进社区】** 8月27日，在双井广泉社区举办“读书丰富知识 知识引领文明 文明构建和谐 和谐创造幸福”暨北京图书大厦读书导读活动进社区活动。区文明办副主任吴志伟、市新华书店连锁有限责任公司总经理助理秦辉、区妇联副主席杨丽、双井街道工委副书记杨小朋及社区群众200人参加活动。活动中，向社区居民发出“多读书，读好书”的倡议，区妇联同北京图书大厦签订合作协议，向广泉社区和驻区武警战士赠送书籍、书卡。

（付剑梅）

**【全国妇联领导调研】** 9月8日，全国妇联副主席甄砚率领中央综治委流浪儿童监护问题调研组视察朝阳区反家暴救助中心。市妇联党组书记、主席赵津芳，市妇联副主席李彦梅、周志军，首都综治办副主任许继慧，团市委副书记杨海滨，市民政局副局长陈卫东，副区长张立新等陪同视察。

（付剑梅）

**【公益讲师团座谈会】** 9月8日，举办公益讲师团座谈会，20多名公益讲师代表参加。区妇联系统公益讲师团于上年10月成立，先后吸纳51名公益讲师，授课内容涉及妇幼保健、心理健康、法律知识、妇女创业、文化艺术、家庭理财、家庭环保等多个领域。年内，公益讲师团授课258次，授课内容以健康养生、青少年教育、文化礼仪、法律知识为主，受益群众累计达7772人次。

（付剑梅）

**【十一届十次执委会】** 9月14日，召开十一届十次执委会，到会执委36人，区妇联主席李洁主持会议。会议讨论通过《朝阳区妇联换届选举工作实施方案（草案）》、《第十二次妇女代表大会代表推选工作意见（草案）》、《区妇联十二届执委候选人推选方案（草案）》及《十二次妇女代表大会代表资格审查委员会委员建议人选（草案）》。

（付剑梅）

**【朝阳区女企业家协会成立】** 10月11日，朝阳区女企业家协会在政协礼堂正式揭牌成立。中国女企业家协会会长朱蕤、副市长程红、市妇联副主席周志军、北京市女企业家协会会长吴秀萍，区人大常委会主任王力军，区委常委、区委政法委书记、统战部部长佟克克，区委常委、宣传部部长谢莹，副区长刘军胜，区妇联、工商联等单位领导出席活动。

（付剑梅）

**【颁布“十二五”时期妇女儿童发展规划】** 11月5日，区政府颁布《朝阳区“十二五”时期妇女发展规划》和《朝阳区“十二五”时期儿童发展规划》（以下简称“《妇女发展规划》”和“《儿童发展规划》”）。与“十一五”时期相比，“十二五”时期的《妇女发展规划》和《儿童发展规划》增加了“妇女与社会保障”和“儿童与社会保障”两个领域，增设控制儿童意外伤害、关注妇女儿童心理健康、鼓励妇女参与社会公共服务等指标。《妇女发展规划》设7个领域、22项主要目标、51项支持性指标和47条策略措施；《儿童发展规划》设5个领域、18项主要目标、53项支持性指标和41条策略措施。

（付剑梅）

**【区第十二次妇女代表大会召开】** 11月21日，朝阳区第十二次妇女代表大会在北京会议中心召开。市妇联主席赵津芳，区委书记陈刚，区委副书记、区长程连元，区人大常委会主任王力军，区政协主席辛燕琴等市区领导，15个兄弟区县妇联主席，全区各街道、地区办事处领导，妇女工作者代表、女性社会组织代表和各界妇女群众1000余人参加开幕式。大会审议通过区妇联第十一届执行委员会《以人为本 建坚强阵地 筑温暖之家 为实现朝阳又好又快发展而努力奋斗》的工作报告，选举产生区妇联第十二届执行委员会委员45名。赵津芳和陈刚分别在开幕式上讲话，充分肯定五年来朝阳各级妇联组织和广大妇女在全区经济建设和社会发展中做出的贡献，对今后5年工作提出希望和要求。陈刚对妇女工作提出三点希望：一是努力促进妇女工作与“十二五”发展紧密结合。自觉融入全区发展大局，从服务全局中找准定位。促进妇女工作与“双十工程”紧密结合，促进妇女工作与文化工作紧密结合。二是努力促进妇女工作与妇女儿童需求紧密结合。朝阳区的社会结构、人口结构发生了很大变化，妇女儿童的需求也呈现多元化特征，妇联工作要随着工作对象的变化而及时调整。着眼于促进妇联工作的精细化，将“权益保障”工程具体化，保持工作的超前性。三是努力促进妇女工作与全社会关心支持紧密结合。要进一步强化党建带妇建，不断完善“党委领导、政府支持、妇联牵头、各方参与”的妇女工作新格局。要健全工作机制，探索建立社会工作者、妇女干部、志愿者三方参与的工作模式，实现服务的社会化、专业化、综合化。要深入实施“管理创新”工程，深化“枢纽型”组织建设，汇聚起关心支持妇女儿童工作的强大合力。

（付剑梅）

**【第十二届执行委员会第一次全体会议召开】** 11月22日，召开区妇联第十二届执行委员会第一次全体会议。副区长张立新、区委组织部副调研员张中华参加会议。会议选举产生9名妇联执委常委；李洁当选为区妇联主席；杨丽、贾冬云当选为区妇联副主席。

（付剑梅）

**【“12.4”婚姻法知识讲座】** 12月5日，区妇联与区司法局联合在劲松街道办事处举办“12.4”婚姻法知识讲座。区妇联副主席杨丽、区司法局副局长宋雨声、劲松街道工委副书记任燕斌出席活动。劲松街道100名基层妇女干部群众聆听讲座。本次讲座由北京市易行律师事务所主任刘凝主讲。

(付剑梅)

**【专题报告会】** 12月8日,区妇联和民盟北京市委联合在亚运村街道办事处举办“展示北京文化 弘扬北京精神”专题报告会,以文化视角解读北京精神。市政协委员、民盟市委秘书长赵雅君,民盟市委妇女委员会常务副主任、北京联合大学工程师何小莉,区妇联副主席贾冬云出席报告会;亚运村街道100名居民参加活动。报告会邀请北京联合大学北京学研究所副教授张勃授课,她以北京节庆与北京精神为题,讲解北京民俗文化,剖析北京精神的丰富内涵。

(付剑梅)

**【迎新春文艺演唱会】** 12月12日,区妇联与中国民族器乐学会在劲松电影院共同举办“唱响北京精神·创建和谐家庭”迎新春文艺演唱会,“爱心歌手”韩琳带领全场观众高唱公益歌曲“北京精神”。

(付剑梅)

**【“女律师进社区”活动启动】** 12月27日,区妇联在劲松街道富顿广场举办“送法律、送文化、送知识”公益服务暨“女律师进社区”活动启动仪式。市妇联宣传部部长王健,区妇联主席李洁,劲松街道工委书记郑霞,南磨房地区党委书记郑勇以及区司法局、区律协、劲松、双井、潘家园、南磨房、三间房、崔各庄等街乡领导出席活动,区律协女律师、劲松文体协会和社区居民共200多人参加活动。李洁为“朝阳区女律师公益服务队”授旗。来自劲松、双井、潘家园、南磨房、三间房、崔各庄的12个社区与12家律所结成对子,在社区建立“女律师爱心工作站”,为社区居民提供法律咨询服务。

(付剑梅)

**【评选朝阳区“五好”文明家庭】** 年内,全区评选出18万户朝阳区“五好”文明家庭,占全区家庭总户数的25%。

(付剑梅)

**【推广“向日葵”家庭教育项目】** 年内,“向日葵”家庭教育项目共开展专家培训、座谈、亲子互动活动30场,孵化10个“和谐家庭指导站”,认证125个“和谐家庭志愿者”,辅导《家庭公约》案例家庭280户。

(付剑梅)

## 朝阳区青年联合会

**【概况】** 朝阳区青年联合会是朝阳区各族优秀青年的爱国统一战线组织。按委员代表性及职业,划分为社团劳模组、科教卫组、文体组、公有制经济组、非公有制经济组、新社会阶层组、公共管理组、政法组、新闻传媒组、港澳台侨民族宗教组,有委员389名,其中主席团成员14人,常委40人。“青年之友”联谊会(区青联的外围组织,区青联的一部分,会员主要包括因为超龄、卸职的青联委员和拟发展为青联委员的后备人员)现有会员105名。

地址:日坛北街33号

电话:65099178 65094260

邮编:100020

(杨　柳)

**【常委会、全委会】** 4月14日,四届八次常委(扩大)会议在中国技术交易所大厦A座1015会议室召开,会议通报区青联前期工作情况,审议并通过全年工作要点及2010年工作总结,增补区青联委员、区青联“青年之友”联谊会会员、区青联常委,调整区青联秘书长。7月21日,四届九次常委(扩大)会议在蟹岛度假村“三点钟农业园”305会议室召开,会议增补区青联委员、区青联“青年之友”联谊会会员、区青联常委,调整区青联主席团。同日,四届五次全委(扩大)会议在蟹岛度假村“三点钟农业园”306会议室召开,区青联主席刘凯代表四届青联常委会向大会作报告,会议全面总结区青联上年工作,分析研究新形势、新任务,安排部署下一阶段青联各项工作。12月15日,四届十次常委(扩大)会议在朝阳宾馆召开,会议增补区青联委员、区青联“青年之友”联谊会会员、区青联常委、区青联副主席,调整区青联秘书长,选举王洪涛为区青联主席。年内,区青联增补委员57名,区青联“青年之友”联谊会会员8名。

(杨　柳)

**【外事交流】** 4月7日~10日,区青联协助共青团中央国际联络部和中国国际青年交流中心,与德法办公室合作开展“第二轮中德法三边青年交流活动”,并在北京接待德法青年代表团,双方就“青年工作中的志愿服务与志愿参与”等问题进行交流座谈。8月17日~21日,朝阳区青少年访问交流团一行14人访问韩国首尔江南区。8月18日~23日,区青联接待日本东京大田区青少年访问交流团,副区长张立新接见访问团全体成员,双方围绕友城发展、青少年教育等共同关心的问题进行交流。12月26日~29日,韩国首尔市江南区青少年交流访问团到朝阳区进行友好交流活动,区青联常务副主席金华民接见访问团全体成员,双方围绕友城发展、教育事业等问题进行交流。

(王新宝)

**【健身温暖工程】** 年内,“青春朝阳”羽毛球队、足球队坚持每周开展训练、比赛活动。7月,“青春朝阳”足球队与北京中医药大学女子足球队进行足球友谊赛。8月,“青春朝阳”足球队参加2011北京CBD足球联谊赛,并以小组第一出线;12月,在北京加拿大国际学校举办“历程·荣誉·温情——十年我们一起走过”

纪念“青春朝阳足球队”成立十周年活动，纪念赛后，青春朝阳足球队举行联谊活动；区青联温暖工程继续深入开展，每月定期通过各种活动为广大委员举办集体生日会。

（王新宝）

【界别组活动】 年内，为切实加强区青联工作，进一步体现青联组织在服务大局、服务青年中实现委员自身成长的宗旨，区青联以“服务基层、服务青年、服务发展”为主题，在各街乡组织开展“委员服务基层活动”。8月，在来广营地区召开区青联“委员服务基层活动”启动仪式，区青联主席刘凯、常务副主席金华民、来广营地区主要领导和区青联各界别组代表参与活动。11月，区青联继续开展“委员服务基层活动”，区青联代主席王洪涛，常务副主席金华民，副主席张继明及区青联主席团、“青年之友”联谊会会长、副会长和部分委员代表20余人，先后来到劲松城管分队和劲松街道文化活动中心调研交流，了解基层情况，交流服务基层的意见和建议。

（王新宝）

【服务青年就业创业】 年内，区青联积极配合团区委青年就业创业工作，引导委员所在企业设立青年就业创业见习基地。建立各类见习基地60家，提供1426个见习岗位，2459名青年参与见习。757人与见习基地签订就业合同，达到参与见习总数的31%，高于全市平均水平。积极配合团区委，联合区劳动与社会保障局和各驻区高校团委，在区人力资源市场和对外经贸大学举办两场朝阳区青年就业创业见习基地招聘会，引进优秀企事业单位参与建立见习基地。

（王新宝）

## 朝阳区工商业联合会

【概况】 北京市朝阳区工商业联合会(以下简称“区工商联”)是中共朝阳区委领导的以统战性为主，兼有经济性、民间性的人民团体和民间商会，是朝阳区人民政府管理非公有制经济的助手，是区委、区政府联系非公有制经济人士的桥梁和纽带。中共朝阳区委非公经济工作委员会(以下简称“区委非公经济工委”)与朝阳区工商联合署办公，工委书记由区工商联党组书记担任。

地址：团结湖北五条8号楼

电话：65094397

邮编：100026

（李　璞）

【会员服务】 1月25日，区工商联、区新社会阶层人士联谊会迎新春团拜会在北京亚奥国际酒店七层会议室举行。市工商联副主席张卫江、市委统战部工商经济处处长贺淑晶、市工商联秘书长王爱民、会员处处长朱强；区委常委、区委统战部部长、区委政法委书记佟克克，区委组织部常务副部长、区工商联党组书记王小毛莅临现场，200余名区工商联、区新社会阶层人士出席活动。6月8日～10日，区工商联在市工商联副主席张卫江，市工商联调研室主任朱效荣，副主任李慧及市科委相关负责人的带领下，采取现场调研、召开座谈会、问卷调查的方式，对北京握奇数据系统有限公司、北京国遥新天地信息技术有限公司等6家公司进行科技型中小企业创新环境调研。6月26日，纪念市工商业联合会成立60周年大会在北京会议中心举行，区工商联组织会员企业代表151人参加大会。年内，区工商联新吸纳会员企业42家，其中2家团体会员，40家企业会员。新入会企业包含现代服务业、制造业、金融业、采矿业等多个行业。

（李　璞）

【工会建设】 1月27日，区工商联工会召开“2011年迎新春茶话会”。基层工会代表20余人参加会议，区工商联工会主席姬文革代表工商联工会、区委非公经济工委向基层工会主席表示节日慰问，并对年内工会工作提出要求。6月15日，北京博鼎诚工程设计有限公司工会成立大会在公司总部会议室举行。区工商联工会负责人，公司董事长、总经理陈良琨出席大会。大会以无记名投票的方式选举产生北京博鼎诚工程设计有限公司第一届工会委员会和工会主席。8月4日上午，北京易事达投资有限公司工会成立大会暨第一届第一次会员(代表)大会在易事达公司多功能厅召开。区总工会李清福，区委非公经济工委副书记、区工商联副主席赵宁江，易事达公司董事长张京湘出席大会。会议选举产生工会委员会、经费审查委员会、女工委员会委员，并推选出工会主席。11月7日、24日，区总工会副主席石燕秋、区工商联副主席杜玉莲等分别到叶青大厦、万惠商场进行调研，检查指导厂务公开、民主管理工作落实情况，并召开座谈会。碧海舟(北京)石油化工设备有限公司工会成立大会暨第一届第一次会员大会于11月11日举行，赵宁江和公司董事长邸建军出席大会。大会选举产生工会主席和第一届工会委员会委员、经费审查委员会委员及女工委员会委员。11月28日，北京昊天昊城市环境管理有限公司工会成立大会暨第一届第一次会员大会召开。赵宁江、公司总经理刘文出席大会。公司51名员工参加会议，会议选举产生公司工会委员会、经费审查委员会，推选出工会主席。

（李　璞）

【非公党建】 春节期间，由工委主要领导、原工商业者工作分管领导、非公企业党组织负责人分别带队，对基层单位的困难党员、优秀党员代表和先进民营企业经营者进行慰问，先后走访慰问困难党员13人，原工商业者及原工商业者配偶、遗孀52人，发放慰问金109300元。3月3日上午，区委非公经济工委在朝阳宾馆召开党建工作部署会，区创建全国文明城区督查指导组组长古鹏启、区委统战部副部长李金虎等出席会议。会议就区委非公经济工委《关于进一步加强非公经济党建工作的意见》和《区委非公经济工委2011年度工作计划》做详细解读,确立以庆祝建党90周年活动为契机,立足实际,搭建“四个平台”、开展“五个一活动”、突出“六个抓手”,打造“七好工程”的工作思路。4月21日,区委非公经济工委在朝阳宾馆多功能厅举办入党积极分子培训班,邀请区委党校史文瑞老师为学员们做党课专题辅导,来自非公系统38家企业的210余名入党积极分子参加培训。4月27日,区委非公经济工委副书记姬文革到北京福建企业总商会调研党建工作,并与商会轮值会长郑国辉,党总支组织委员、执行副秘书长陈文育以及党总支所属7个基层支部负责人进行座谈。6月9日,召开“深化聚合力工程,构建区域化党建工作新格局”纪念建党90周年暨创先争优理论研讨会,区委非公经济工委所属叶青大厦党委的创先争优“324”工程、北京国际城市发展研究院党总支的社会组织党建“115”服务模式,慈铭集团党委“一诺、二查、三评、四公示”非公企业创先争优推进工程荣获区基层党建创新项目奖;区委非公经济工委《关于在创先争优活动中加强非公经济组织党务工作者队伍建设的思考》,叶青大厦党委《创新党建工作方法,夯实党在非公企业的组织基础》等论文荣获区创先争优理论征文优秀奖;北京国际城市发展研究院荣获区创先争优理论征文组织奖。6月9日上午,北京昊天昊城市环境管理有限公司党支部成立大会召开,市工商联会员处处长朱强,区委非公经济工委副书记姬文革、工委委员胡凤海出席成立大会。6月20日,区委非公经济工委在北京亚奥国际酒店七层多功能厅举行纪念建党90周年创先争优总结表彰大会暨文艺汇演。市工商联副主席张卫江,区委常委、区委统战部部长、区委政法委书记佟克克,区政协副主席刘乃晨,区委统战部副部长黄亮,区委组织部常务副部长、区委非公经济工委书记、区工商联党组书记、区工商联常务副主席王小毛,区委宣传部副部长陈霞,区工商联主席聂启明等出席大会。与会人员观看《春风暖枝百花妍,党建引领千业繁》专题片,共同回顾区非公党建工作5年来的光辉历程。区委非公经济工委还对在党建工作中涌现出的30个先进基层党组织,10个基层党建工作创新项目,40名党建之友,50名优秀党务工作者,90名优秀共产党员,45名模范劳动者予以表彰。6月29日,区委非公工委在朝阳宾馆举办创先争优党建理论研讨会,来自非公系统30余名基层企业负责人参加研讨会,会议由姬文革主持。会议围绕加强和改进新形势下非公党建工作进行研讨。6月30日,北京黑龙江企业商会党总支成立大会在京举行。北京黑龙江企业商会会长田在玮,黑龙江省驻京办副主任左欣,区委非公经济工委副书记姬文革等出席大会。7月23日下午,区委非公经济工委组织慈铭集团党委、东都工贸有限公司党委、北京福建企业总商会党总支、百键开发建设有限公司党委等基层党组织的500余名党员群众,到中华世纪坛参观“一切为了人民”北京市纪念中国共产党成立90周年主题展览。“七一”前夕,区委非公经济工委组织基层党组织开展党员献爱心活动,49家非公企业的4748人参与活动,捐款403543.5元。8月9日,高能控股有限公司召开党支部成立大会,区委非公工委副书记赵宁江出席成立大会并为党支部颁牌、赠送党建工作书籍。8月16日,赵宁江,区工商联副主席杜玉莲和区委组织部等单位领导到洛娃集团进行专题调研,并与集团董事长胡克勤、党委书记郝春玉等就党政机关部门向非公企业派驻党务工作者的议题进行座谈。8月17日上午,赵宁江、杜玉莲、区工商联调研员宋元福等,到慈铭集团党委就“非公有制企业派驻党务工作者”问题进行调研。9月8日下午,科瑞集团有限公司党支部成立大会举行。市工商联党组副书记、常务副主席郑默杰,市工商联副秘书长、副巡视员周立明,区委非公经济工委副书记赵宁江,区工商联调研员宋元福出席成立大会。11月1日,区委非公工委召开党员代表大会,系统内116名党员代表参加会议,会议选举产生区十一次党员代表大会代表8名。11月15日,区委非公工委在系统内召开以“选树典型、交流经验、营造氛围”,推动“创服务品牌、树党员形象”为主题的窗口单位和服务行业经验交流部署会。会议传达区委关于召开全区各系统窗口单位和服务行业经验交流部署会的通知,部署在系统内窗口单位和服务行业中深入开展“创服务品牌、树党员形象”活动的有关工作。慈铭体检集团、商业大楼有限公司、京朝出租汽车有限公司、眉州酒店管理有限公司、中复电讯设备有限公司等单位负责同志作表态发言和经验介绍。系统内10余家非公企业党组织负责人参加会议。

(李　璞)

**【工商联、商会自身建设】** 2月22日,区委统战部、区工商联在亚奥国际酒店组织召开加强和改进新形势下工商联工作座谈会。区工商联党组书记、常务副主席、区委非公经济工委书记王小毛主持会议。市工商联张卫江副主席传达中共中央、国务院《关于加强和改进新形势下工商联工作的意见》和中共中央政治局常委、全国政协主席贾庆林在全国加强和改进工商联工作电视电话会上的讲话精神以及市委、市政府关于贯彻落实中央文件精神的实施意见，并就文件出台的背景、意义，新文件的基本精神、在实际工作中的贯彻落实做主题解读。北京天利深冷设备股份有限公司董事长聂启明、叶氏企业集团董事长叶青等5位企业家代表分别结合相关文件精神和朝阳区非公经济发展实际提出贯彻意见和建议。8月5日下午，区工商联第九届执行委员会第五次会议在西藏大厦十层会议室召开。市工商联副主席张卫江、市工商联会员处处长朱强、区委统战部副部长李金虎出席会议。区工商联第九届执委会的90名委员参加大会，会议由区工商联主席聂启明主持。会上，王小毛传达市委统战部关于做好区县工商联(民间商会)换届工作精神和区工商联换届工作精神，并介绍工商联驻会领导的调整事项。执委以举手表决的方式，同意免去宋元福副主席一职、免去姬文革秘书长一职，增补赵宁江、杜玉莲为副主席。会议还审议并通过区工商联关于召开第十届会员代表大会的决议、区工商联关于第十届会员代表大会代表名额及产生办法的决议、关于调整区工商联特邀顾问的决议。10月26日，区工商联第十次会员代表大会暨朝阳区商会成立大会在蟹岛度假村召开。市委统战部副部长、市工商联党组书记、第一副主席吴杰，市工商联党组副书记、常务副主席郑默杰、市工商联副主席张卫江，区领导陈刚、辛燕琴、佟克克、闫学锋、阎军、刘乃晨，区委书记助理聂清凯，市委统战部工商经济处处长贺淑晶，市工商联会员处处长朱强，区委统战部副部长黄亮、石延刚出席会议。市委统战部、市工商联相关处室负责人、兄弟区县工商联负责人、区工商联特邀顾问，朝阳区各民主党派、各人民团体负责人以及209名会员代表参加大会。大会审议并通过区工商联第九届执委会主席聂启明作的题为《肩负使命，积极履职，创新服务，不断开拓朝阳区工商联工作新局面》的工作报告。依照工商联章程和大会通过的选举办法，以无记名投票选举方式选举产生第十届执行委员会委员95名。在区工商联第十届执委会第一次会议上，选举产生由49名常委组成的区工商联第十届常务委员会，选举产生第十届区工商联和区商会领导班子。叶氏集团董事长叶青当选为区工商联第十届执行委员会主席和区商会会长，王小毛当选为区工商联常务副主席和区商会常务副会长，赵宁江、杜玉莲、郤武淳等17名同志当选为区工商联副主席；宋叔意、石向阳、王建国等22名同志当选为区商会副会长。区工商联和区商会秘书长由杜玉莲兼任。市工商联党组副书记、常务副主席郑默杰，区委常委、区委统战部部长佟克克共同为朝阳区商会揭牌。佟克克受区委委托并代表区委统战部，对区工商联领导班子和领导机构今后的工作提出要求。大会还通过《北京市朝阳区商会章程》、《朝阳区商会理事会选举办法》、《朝阳区商会会员缴纳会费的办法》等，明确商会职能，确定了服务方向和服务内容。11月1日上午，市委统战部副部长、市工商联党组书记、第一副主席吴杰，在王小毛的陪同下，专程登门看望原工商业者代表人士、原区工商联副主任张伯勋，向他致以90岁生日祝福，市工商联会员处处长朱强和区工商联机关工作人员一同前往。12月23日，区工商联第十届执委会第一次主席会暨朝阳区商会第一次会长会议在北京蓝调庄园会议室举行，市工商联会员处处长朱强，区委常委、区委宣传部部长、区委统战部部长谢莹，区委组织部常务副部长、区工商联常务副主席、区商会常务副会长王小毛，区委统战部常务副部长胡杰华，区委统战部副部长石延刚，区工商联主席、区商会会长叶青，区工商联副主席赵宁江、杜玉莲出席大会。大会由区工商联主席、区商会会长叶青主持。会议学习并传达中央经济工作会议精神和区党代会、人代会、政协会议精神。王小毛宣读《朝阳区工商联及商会设立工作委员会的决定》，明确区工商联及商会工作委员会人员分工和主要职责。工商联领导班子还就加强执委会建设提出《朝阳区工商联关于加强执委会建设的意见》。区工商联党组副书记、副主席赵宁江宣布《朝阳区工商联关于任命副秘书长人选的决定》。区工商联副主席杜玉莲宣读《朝阳区工商联(商会)2012年工作要点》。

(李　璞)

**【精神文明建设】** 3月3日上午，区委非公经济工委在朝阳宾馆召开精神文明建设工作部署会。区创建全国文明城区督查指导组组长古鹏启、区委统战部副部长李金虎出席会议。会议就区委非公工委《关于进一步加强非公经济党建工作的意见》和《区委非公经济工委2011年度工作计划》做解读，并对本年精神文明建设工作提出要求。3月15日，区委非公经济工委、区工商联组织会员窗口企业联合开展以“3.15消费与民生”为主题的宣传活动。组织专家进行现场咨询，向消费者发放消费维权、食品安全知识手册等宣传材料。3月24日，在市工商联召开的2010年度优秀内报内刊表彰会上，区工商联获得优秀组织奖，福润达报、洛娃之歌、叶氏纵横等22种刊物获得优秀奖。4月22日，区工商联在闽龙乒乓球俱乐部举办第五届闽龙“和谐企业杯”乒乓球友谊比赛。市工商联副主席王克林，区委组织部常务副部长、区委非公工委书记、区工商联党组书记王小毛，区委统战部副部长李金虎，闽龙世纪建材市场有限公司董事长陈进林出席活动。32家非公企业的195名运动员参加比赛。5月28日上午，由中央文明办、人力资源和社会保障部、全国工商联等八部委主办,朝阳区委承办的“和谐北京·文明朝阳——关爱农民工志愿服务活动启动仪式”在朝阳区奥林匹克志愿者广场举行,区工商联组织12家会员企业现场向农民工开展就业信息咨询、发放企业简介和企业招聘相关信息等志愿服务工作。9月23日,市工商联、市文明办等单位在北京会议中心联合举办首都非公有制经济“文明企业、共铸诚信”主题教育活动启动仪式,区非公企业叶氏集团、中复公司、京奥港集团、洛娃集团等企业负责人代表北京市非公企业签署诚信承诺书。年内,区工商联在朝阳区群众性精神文明创建活动中,推荐非公企业各类文明单位22家,其中首都文明单位标兵1家、首都文明单位7家、朝阳区文明单位14家。

(李　璞)

**【教育培训、人才建设】** 3月17日,市加强和改进工商联会议在北京会议中心举行,北京中复电讯设备有限责任公司董事长郃武淳,北京慧远电线电缆有限公司董事长李玉立,北京劳动大厦有限责任公司董事长杨学义,北京市闽龙世纪建材市场有限公司董事长陈进林,北京曲美家具有限公司董事长赵瑞海,北京蓝地一族服饰有限责任公司董事长肖文玖,北京京朝出租汽车有限公司董事长赵益民等7位企业家获得“北京市第三届优秀中国特色社会主义事业建设者”荣誉称号。3月18日,区委常委、区委统战部部长、区委政法委书记佟克克在昆泰大厦会见7位获奖企业家,区委组织部常务副部长、区工商联党组书记、区工商联常务副主席王小毛,区委统战部常务副部长、区政协副主席刘乃晨,区委统战部副部长黄亮,区工商联主席聂启明,区新社会阶层联谊会会长叶青参加会见。区工商联于6月8日组织系统内50余名非公企业档案管理人员,参加由区档案局举办的非公企业档案人员培训班。年内,经区工商联推荐,7名非公企业家荣获“北京市第三届优秀中国特色社会主义事业建设者”称号;9人荣获获“全国工人先锋号”、“北京市工人先锋号”、“首都劳动奖状”等称号;1人获得北京市优秀人才培养资助款。

(李　璞)

**【光彩事业】** 7月7日下午,由区工商联22位非公企业家援建的井冈山市下七乡北京朝阳光彩小学新校舍落成剪彩仪式在井冈山市下七乡举行,北京市副市长、市工商联主席程红,江西省委统战部副部长、省工商联党组书记舒国华,北京市工商联副主席张卫江,朝阳区区长程连元,区委常委、区委统战部部长、区委政法委书记佟克克,市工商联光彩办主任顿继光,区委组织部常务副部长、工商联党组书记王小毛,区慈善协会会长李靓以及区工商联的5位企业家副主席出席落成剪彩仪式,仪式由井冈山市教育局副局长曾宪明主持。程红代表首都非公经济人士表达对革命老区的慰问。程红、舒国华、张卫江、程连元、佟克克等一同为井冈山市下七乡北京朝阳光彩小学剪彩。程连元代表朝阳区慈善协会向学校捐赠后期建设资金20万元。8月11日,井冈山市下七乡北京朝阳光彩小学的26名师生代表抵达北京,参加为期一周的参观学习活动。副市长、市工商联主席程红会见参加学习活动的师生代表。中共北京市委统战部副部长、市工商联党组书记、第一副主席吴杰,区领导程连元、佟克克,以及区教委、区慈善协会、区工商联领导,企业家代表一同出席欢迎仪式和座谈交流。程红亲自为井冈山市下七乡北京朝阳光彩小学授校旗,并向同学们赠送学习用品。8月14日,“情系井冈山,携手育英才”座谈会在北京蓝调庄园举行。市工商联副主席张卫江,区委常委、统战部部长佟克克,市工商联光彩办主任顿继光,区委统战部副部长黄亮,区教委副主任张朝晖,白家庄小学校长祖雪瑗及区工商联领导出席座谈会。北京慧远电线电缆公司董事长李玉立,北京东湖电器公司董事长董继贵应邀出席。井冈山市参观学习团团长、井冈山市教育局副局长曾宪明,井冈山市下七乡中心校校长邹玉生,井冈山市下七乡北京朝阳光彩小学校长罗根全以及部分学生代表参加会议。据统计,年内系统内文明单位开展活动52次,参与活动5469人次,结对村镇受益人数9000余人,提供捐赠、投资、合作项目等资金支持700余万元。

(李　璞)

**【参政议政】** 年内,区工商联及非公经济人士中的市、区人大代表、政协委员,围绕市委建设“三个北京”和“中国特色世界城市”的总体目标,按照区委“新四区”发展战略要求,结合区域经济发展走势和发展中存在的问题,提出团体提案《关于加强和完善我区民营企业人才队伍体系建设的建议》及《关于南磨房百子湾东社区周边道路无人管理问题的提案 》、《建立东大桥蓝岛地区作为朝阳区第二商业区的建议》、《关于“创建节约型社会从更换节水型器具开始”》、《新生代农民工的就业与社会保障》等13个委员个人提案,为区委、区政府决策提供参考。年内,区工商联通过摸底调研、全面评估,推荐区政协第十二届委员15名。

(李　璞)

## 朝阳区<br>归国华侨联合会

**【概况】** 朝阳区归国华侨联合会是在中共朝阳区委领导下,由朝阳区归国华侨、侨眷组成的人民团体,是党和政府联系广大归侨侨眷和海外侨胞的桥梁和纽带。年内,认真履行群众工作、参政议政、海外联谊、维护侨益职能，广泛开展各种活动。在市政协十一届五次全委会、区政协十一届六次全委会和区人大十四届六次会议期间，共提交个人议案、提案21件。

地 址：团结湖北五条8号楼
联系电话：65094372
邮政编码：100026
电子信箱：chyqlyx@163.com

（刘玉安）

**【为归侨侨眷送温暖】** 1月13日，在朝阳宾馆召开基层侨联主席、侨务干部工作会，布置开展朝阳区第六届“温暖行动在朝阳”暨“两节”送温暖工作。“两节”期间慰问走访困难归侨侨眷30余户，慰问金额达1.5万余元。全区各基层侨联慰问侨界困难群体金额达到十几万元，为归侨侨眷送去党的温暖。1月31日，中国侨联副主席、市人大常委会副主任、市侨联主席李昭玲到朝阳慰问侨界重点人士，先后看望慰问朝外街道侨联主席田景廉、呼家楼街道海外著名科学家樊文飞及其患病的父亲樊清昆。

（刘玉安）

**【开展活动】** 1月17日，举办春节电影招待会，来自全区各行各业的归侨侨眷近千人参加招待会。3月31日～4月1日，召开朝阳区基层侨联工作会，侨务干部40余人参加会议。4月26日，组织基层侨联主席、侨务干部到北宫国家森林公园，开展郊游联谊活动。5月6日，组织区属老归侨40余人到八大处公园春游。6月19日，在月坛体育馆，组织200人参加市侨联第五届“首都新侨乡文化节暨纪念建党90周年”之“侨心向党心”大型演唱活动。组织参加市侨联“侨心向党心”征文活动，征集来自全区各基层侨联53篇征文，7人获奖。区侨联荣获市第五届“首都新侨乡文化节”最佳组织奖。6月24日，举办纪念中国共产党成立90周年座谈会，各基层侨联主席、干部以及新社会阶层人士代表等30余人参加。8月初，组织新老侨联委员赴黑龙江伊春学习考察。8月10日，接待来自“泰中经济协会”的泰国商务访华代表团参观798艺术园区。9月5日～6日，在蟹岛度假村召开六届二次委员（扩大）工作会，区侨联委员、基层侨联主席、侨务干部60余人参加会议。9月7日下午，在蓝调庄园举办区归侨侨眷中秋游园会，区属老归侨、侨界新社会阶层人士80余人参加。副区长张立新参加活动。10月14日，组织基层侨联主席、侨务干部到京东平谷老泉山野公园游览采风。11月3日上午，在朝阳宾馆举办为区属老归侨过生日活动。12月1日～2日召开区侨联委员会（扩大）工作会暨基层侨联工作总结会。

（刘玉安）

**【组织建设】** 5月26日，在区侨联帮助指导下，叶青大厦成立北京市第一家非公有制企业和商务楼宇基层侨联组织——叶青大厦归国华侨联合会，市委统战部常务副部长闵克，市侨联副主席马坚，区委常委、统战部部长、区委政法委书记佟克克等出席成立大会并为叶青大厦侨联揭牌。7月5日，召开“朝阳区第六次归侨侨眷代表大会”，中国侨联副主席、市人大常委会副主任、市侨联主席李昭玲，区委书记陈刚、区人大常委会主任王力军等出席大会。大会选举产生21名区侨联委员，组成新一届侨联委员会领导班子。主席，黄亮。副主席，刘峰、刘军、吴杰、赵九生、白涛。秘书长，刘玉安。会后，区侨联加强组织建设，完善各项规章制度，制定考勤、学习、联系三项制度，成立维护侨益、文化交流、人才与归国留学人员、老侨工作4个侨联工作专委会。10月～11月，在全区基层组织中开展侨情调查工作，促使各街道（乡）建立基层组织侨情档案并将资料录入计算机，为今后各基层侨联开展工作奠定了基础。12月15日，在区侨联指导下，成立大屯街道归国华侨联合会。

（刘玉安）

**【宣传落实归侨侨眷权益保护法】** 12月1日，举办学习贯彻《中华人民共和国归侨侨眷权益保护法》培训班。区侨联委员和全区各基层街道侨联主席、侨务干部共50余人参加培训。举行仪式，聘请北京君合、万思恒律师事务所为区侨联法律顾问并颁发聘书。完成宣传刊物《朝阳侨讯》改版为《朝阳侨之声》的彩色改版工作。年内，为归侨、侨眷提供法律咨询、为归侨侨眷排忧解难、帮助其子女解决入学、解决房产纠纷等问题，办理实事几十件。积极宣传党的各项侨务方针政策，下发各种宣传资料4000余份，全年定期出版印发《朝阳侨之声》3000余册。

（刘玉安）

## 朝阳区科学技术协会

**【概况】** 朝阳区科学技术协会由区级学会、协会、研究会和街道、乡科协组成，同时对驻区中央市属、企事业单位科协进行联系和业务指导。朝阳区科协机关隶属于朝阳区委。

地址：日坛北街33号
电话：65099771
邮政编码：100020

（刘　伟）

**【竞技比赛】** 3月19日，在芳草地远洋小学与教委共同举办朝阳区第七届青少年机器人大联赛，来自数十所中小学校的85支代表队，241名中小学生在挑战赛和基本技能项目竞赛中展开激烈竞争，参赛人数和技能水平与上年相比又有新提高。在第31届安捷伦北京青少年科技创新大赛活动中，朝阳区青少年获得金牌5枚、银牌24枚、铜牌21枚；在北京市举办的第11届全市青少年机器人大赛活动中，朝阳区中小学生获得7个奖项的奖牌，其中垂杨柳教辅中心以金牌的成绩获得小学组 VEX 代表市参加全国比赛的资格。7月底,区科协组织部分青少年师生深入山西洋县野生朱鹮保护区,对当地生态环境进行考察。八十中学、陈经纶中学分校的部分学生参加此项活动,活动中走访朱鹮保护站、洋县农业局、洋县野生动物保护站、洋县林业局、洋县环保局等部门,并在洋县采访普通民众,做调查问卷1000份。在8月结束的第26届全国青少年科技创新大赛上,朝阳区参赛师生获一等奖3个,三等奖3个,铜质奖牌2枚。高碑店中心小学的《探索科技电影的奥秘》获得优秀科技实践活动一等奖;首都师范大学附属实验学校郑羽扬同学的《旧时代机械》获得少年儿童科学幻想画一等奖;朝阳区青少年活动中心苗秀杰老师的"'低碳,我们在行动'——第十届北京市中小学生金鹏科技论坛展示活动"获得优秀科技辅导员科技创新项目科技教育方案类一等奖;兴隆小学《种子一生的研究》获得优秀科技实践活动三等奖;北京师范大学奥林匹克花园实验小学徐欢的《一种气球尾部打结器》获得优秀青少年科技创新项目三等奖和大赛铜质奖牌;朝阳区青少年活动中心殷国程老师的《捆支架》获得优秀科技辅导员科技创新项目科技教育方案类三等奖和大赛铜质奖牌。年内,区科协主席张金科和副主席姚树强分别被市科协任命为北京市科协第八次代表大会代表和委员,区科协还推荐来广营副乡长韩潮、朝外街道办事处副主任洪忠庆、三里屯街道办事处副主任刘知津、区种植业养殖业服务中心副主任马继红、望京街道办事处主任助理兼文教科科长王澂为市科协第八届代表大会代表及委员。

(刘　伟)

**【科普活动】** 3月31日和4月11日,朝阳区分别迎来全国科普示范城区北京市专家检查团和中国科协全国联合检查组,专家检查组听取副区长阎军关于朝阳区创建全国科普示范区的情况汇报,察看区创建工作档案材料,实地考察小关街道安全教育馆和来广营乡绣菊园社区、茉莉园社区的综合科普活动场所,朝阳区以118.4分(满分120分)的成绩通过专家检查组验收。在中国科协第八次代表大会上,朝阳区获得全国科普示范区称号,来广营地区办事处获得全市16个区县街乡中唯一的全国科普先进单位称号。5月8日,在全国第三个"防灾减灾日"到来之际,由中国科协主办,市科协和区科协承办的"防灾减灾从我做起——2011年防灾减灾日主题科普活动启动仪式"在元大都遗址公园召开。启动仪式由市科协副主席周立军主持,副区长阎军和中国科协科普部部长杨文志致辞,中国科协和部分全国学会向安贞街道8个社区赠送防灾减灾书籍和影视作品,中国科协党组成员、中国科技馆馆长徐延豪宣布"2011年防灾减灾主题科普活动"启动,来自安贞街道的200余名群众和中学生参加启动仪式。中国林学会、地理学会、地震学会等10余家单位将近年来在防灾减灾工作中取得的成绩和成果展示给群众,邀请资深专家就群众关心的热点问题进行现场解答,同时通过科普展板、播放专题片、发放科普书籍、宣传手册等向群众宣传防灾减灾科普知识。在模拟互动和视频宣传区,有8个以地震、火灾为主要防灾减灾宣传对象的模拟体验、互动环节,让居民在实践中掌握防灾减灾和自救互救基本方法与技能,提高防灾减灾应变能力。在各市区属学协会和科普教育基地的配合下,于5月～12月开展以"科学发展、共建文明、节能减排、低碳生活"为主题的科教进社区活动,30余家单位申报活动,结成需求对子40余家。中国科学院植物研究所教授陈佐忠为居民上了一堂"低碳生活课"。邀请区属科普教育基地走进社区,开展丰富多彩的活动。佐特陶瓷艺术馆作为科普教育基地,多次开展主题为"陶瓷舞动生活,泥火铸就科技"的科技互动活动,让孩子们自己动手,跟彩绘师学习制作陶艺的过程。区科协机关从5月中旬开始,结合对接单位的实际需求,开展察民情、解民困、暖民心等系列活动,在"周六创建行动日"活动中,发挥科协人才智力资源优势,结合对接单位——呼家楼街道核桃园社区实际需求,开展宣传、走访和志愿服务等活动。通过展板宣传、专家咨询和发放宣传资料等形式,向社区百姓宣传文明区创建及低碳环保、环境保护、健康生活、居家装饰和家庭美化等科普知识。活动累计接待居民200余人,发放宣传资料200余份。5月14日～21日,在全区范围内举办以"倡导低碳生活,共创文明城区"为主题的科技周活动。30个街乡、10余家学协会及科普教育基地组织开展宣传咨询、科普讲座、科普剧表演、展馆参观和科技体验等活动200多场次,受益人数16万余人。7月2日,由区科协、区相关委办局及北京卡酷动画卫视合办的"太阳宫卡酷科技水乐园"暨"朝阳科普之夏"主题科技探索活动在太阳宫公园拉开帷幕。活动通过游艺、展览、互动、宣传等方式,将科普宣传、科技教育植入娱乐活动,使公众在参与中感受科技的时尚魅力。活动吸引了近15万名群众参与。

## 朝阳区残疾人联合会

**【概况】** 朝阳区残疾人联合会(以下简称"区残联")是中国残联的地方组织,是区人民政府残疾人工作委员会的办事机构,是代表、服务、管理区残疾人的事业团体。区残联归口区委政法委员会管理,业务上接受市残联指导。设有办公室、组联部、教就部、康复部、财务部、活动中心、审核中心7个科室。辖区43

个街道办事处、地区办事处(乡政府)均设立残联,390个社区(村)成立残疾人协会,形成三级组织工作网络。年内,区残联被评为2007~2010年全国残疾人体育先进单位、“十一五”全国残联专门协会工作优秀单位,区残联康复部被评为全国残疾人康复工作先进集体。

地址:建国路29号高碑店兴隆家园5号楼102号
电话:84552317
邮政编码:100123
网址:http://www.cycl.org.cn

(沈　立)

**【张海迪慰问残疾人】** 1月12日,中国残联主席张海迪在副市长丁向阳、市残联理事长齐静的陪同下,到东方爱心康复托管中心看望正在进行康复的残疾人及中心工作人员,送去新春的祝福。期间,张海迪一行参观培训室、训练室并了解残疾人的住宿条件,询问残疾人的日常生活起居和康复治疗进展情况。

(沈　立)

**【主要会议】** 3月17日,召开区政府残疾人工作委员会会议,听取并审议通过上年区残疾人工作总结及本年工作计划的报告,听取卫生局、人力社保局汇报上年本单位责任制落实情况,审议通过调整后的区政府残工委成员名单和本年残工委成员单位责任制。4月1日,召开区残联第五届主席团第四次会议,听取并审议通过区残联理事长王毅代表执行理事会作的题为《全面推进残疾人社会保障和服务体系建设,为朝阳区“新四区”建设做贡献》的工作报告,审议通过调整后的第五届主席团委员名单。4月12日,召开残疾人工作会议,通过观看《同在蓝天下》专题片,回顾上年全区残疾人工作,就“两个体系”建设、政府为民办实事项目、“九养”政策落实、“人人享有康复服务”审评验收等工作进行部署。大屯街道办事处副主任袁自斌、豆各庄地区办事处副主任付鸿迈分别以《积极推进残疾人居家助残服务,推进残疾人事业大发展》和《在推进农村城市化进程中,努力为残疾人创造良好的劳动康复环境》为题作典型发言。

(沈　立)

**【残疾人“人人享有康复服务”】** 3月25日,通过由中国残疾人康复协会、市残疾人康复协会、市公安局、市民政局等单位的专家和评审人员26人组成的审评工作组对本区残疾人“人人享有康复服务”工作的审评验收,残疾人“人人享有康复服务”目标在本区基本实现。

(沈　立)

**【“全国助残日”活动】** 5月15日,在红领巾公园少先队之歌广场举行以“改善残疾人民生,保障残疾人权益”为主题,以手语表演展示、政策宣传、爱心捐赠、就业招聘为内容的“全国助残日”宣传活动,现场为残疾人代表赠送区红十字会捐赠的1000部颈部牵引器。中国传媒大学、北京中医药大学、北京城市学院大学院校手语协会的志愿者们进行手语表演。北京可口可乐饮料有限公司、天虹商场股份有限公司、北京耀中国际学校等9家社会单位现场招聘,44人次残疾人进行求职登记,28人次通过一次面试。区残联及八里庄、六里屯、平房、东风地区残联进行就业、康复、无障碍、法律咨询等残疾人政策业务宣传和残疾人手工艺品展卖。

(沈　立)

**【“十二五”残疾人事业发展规划】** 8月,区“十二五”时期残疾人事业发展规划完成编制并正式实施,残疾人事业融入经济社会发展大局,纳入全区综合规划及社会保障、民政、卫生、教育、文化、体育、妇女、儿童等专项规划。区“双十工程”要求“推进残疾人社会保障和服务体系建设,建成区残疾人职业康复中心”。规划围绕社会保障、公共服务、社会环境3个方面,提出15个具体指标,明确残疾人事业未来5年要建设和夯实“五大平台”、实施“十大工程”。

(沈　立)

**【残疾人人大代表】** 在12月18日~22日召开的区第十五届人大一次会议上,3名残疾人当选区第十五届人民代表大会代表,分别为:区残联副理事长杨泰峰,区盲人协会主席张骥良,区肢残人协会副主席李玉生。张骥良是本区第一位盲人人大代表。

(沈　立)

**【残疾人“两个体系”建设】** 年内,加快推进残疾人社会保障和服务体系建设。残疾人保障覆盖率为99.42%,残疾儿童义务教育入学率为92.46%。政府主导、市场引导、社会参与的残疾人公共服务格局基本确立,残疾人温馨家园、职业康复劳动基地、社区康复站、残疾人家庭无障碍改造服务、居家养老助残服务和无障碍车服务基本实现区域全覆盖。

(沈　立)

**【残疾人职业康复中心建设】** 年内,残疾人职业康复中心建设稳步推进,建设和运营方案经区政府批准,功能设置和项目布局进一步论证完善 。

(沈　立)

**【基层残疾人服务设施建设】** 年内,新建2家残疾人温馨家园和3个市级职业康复劳动项目。全区56家残疾人温馨家园建设总面积15200平方米,9家面积达到500平方米以上,服务指导老师230余人,长期服务志愿者1150余人,服务能力和效果显著提升。52家职业康复劳动基地安置1016名残疾人从事调查问卷录入等职康项目,并通过绩效考核评估等方式提升规范化管理水平。社区康复站建设持续加强,补充辅助器具478件。

(沈　立)

**【社区(村)残疾人协会换届选举工

**作】** 年内,下发《关于认真做好社区(村)残疾人协会换届工作的通知》,组织社区(村)残协开展换届选举工作。完成256个社区、109个村残疾人协会换届工作,选举出残协委员2249名。

(沈 立)

**【新一轮残疾人状况监测工作】** 年内,完成新一轮残疾人状况监测工作,及时了解残疾人及其家庭的现状与变化情况,为市、区政府制定有关残疾人政策,进一步做好残疾人工作提供可靠依据。对3681户9639人进行摸底筛查;对117名0~6岁儿童、440名7岁以上疑似残疾人进行残疾定性检查,定性残疾人195名;对671名新监测对象进行入户监测问卷调查,入户监测率达100%。

(沈 立)

**【自强与助残评选表彰】** 年内,在第四次市自强与助残评选表彰活动中,李楠、舒广琪、张骥良3人被评为残疾人自强模范;杨根连、杨立英、张元硕3人被评为扶残助残先进个人;李超、荣秋明、徐宝星、赵建民、冀其来5人被评为优秀残疾人工作者;区地税局、京客隆商业集团股份有限公司、双井街道办事处、首都空港贵宾服务管理公司4家单位被评为扶残助残先进集体;大柳树精神病康复中心、安贞街道安华里社区示范残疾人温馨家园、高碑店地区高碑店社区示范残疾人温馨家园3家单位被评为残疾人之家。平房地区办事处残联理事长张淑俊被评选为全国优秀残疾人工作者。

(沈 立)

**【残疾人康复工作】** 年内,完成白内障复明手术2171例,免费植入人工晶体109例;给予精神病人入住康复基地训练补贴367人次,1763人享受免费服药,170人享受住院补贴;给予45名成年智力残疾人入住康复基地训练补贴;为9名听力残疾儿童给予免费植入人工耳蜗及耳蜗升级补贴;给予158名残疾儿童少年社区康复训练和康复机构训练补贴;为928名肢体残疾人提供社区康复训练服务;为46名肢体残疾人免费装配假肢;为残疾人提供辅助用品用具706件。制定出台《朝阳区贫困残疾人实施股骨头置换手术救助办法》,向贫困残疾人实施股骨头置换手术提供单侧最高限额2万元、双侧最高限额4万元的一次性救助。建立残疾儿童康复评估机制,对199名残疾儿童进行专业技术评估并建立跟踪服务记录。开展聋人"致聋基因筛查"工作,组织1958名聋人及老年听力障碍者进行致聋基因检测,借助康复技术指导中心对阳性患者跟踪指导,避免聋人的发病与出生缺陷发生。举办"预防残疾、共享和谐——残疾预防走进社区"系列宣传活动,残疾儿童早期干预和各种慢性疾病预防得到重视。举办第一届残障儿童艺术康复研讨会和"关注自闭症儿童"公益摄影展。

(沈 立)

**【残疾人教育培训】** 年内,向222名残疾人学生和生活困难残疾人子女学生提供助学补助68.459万元,向36名考入高中和大学的残疾学生提供中高招奖励3.05万元。5名残疾儿童享受"送教上门"服务,其中1人完成初中课程。"六一"儿童节期间为1207名残疾学生送去价值10万元的学习用品。试行定岗、定单、定向培训,组织510名残疾人参加动漫、电子商务、手工编织、软陶工艺制作、按摩等职业技能培训。

(沈 立)

**【残疾人就业】** 年内,开展以"送政策、送岗位、送服务、送温暖"为主题的就业援助月活动。新安置残疾人就业251人。举办3期残疾人专场招聘会,43家单位提供180余个工作岗位,210余名残疾人应聘。职介推荐就业34人。对残疾人应届大学生实施一对一就业服务,13名应届残疾人大学毕业生全部就业。为2名在北京按摩医院实习的残疾人大学生办理生活补贴,给予用人单位实习岗位补贴。新成立4家盲人保健按摩机构,安置盲人按摩师就业9人。完成肢体残疾人和聋人职业能力测评60人。对596家用人单位给予安排残疾人就业岗位补贴和超比例安排残疾人就业奖励1447.8万元,3182名残疾人职工受益。

(沈 立)

**【按比例安置残疾人就业】** 年内,审核社会单位10.266万家(其中网上审核22927家),按比例安置残疾人就业6459人,核收残保金4.255亿元。对25700家未进行上年残保金审核的社会单位进行催审。召开2010年度按比例安置残疾人就业工作表彰会暨2011年度残保金审核代征工作启动仪式,195家按比例安置残疾人就业工作先进单位的人事主管及工作人员300余人参加。区残联理事长王毅作按比例安置残疾人就业工作报告,区地税局副局长王京秋总结上年残保金审核代征工作并对当年残保金审核工作进行部署。会议宣读《关于表彰2010年度朝阳区按比例安置残疾人就业工作先进单位的决定》,向按比例安置残疾人就业先进单位代表颁发奖牌。先进单位代表北京京客隆商业集团股份有限公司人力资源部副主任李春意,就业残疾人代表范芳作典型发言。北京七星华电科技集团有限责任公司等195家用人单位被授予"2010年度朝阳区按比例安置残疾人就业工作先进单位"称号。

(沈 立)

**【残疾人社会保障】** 截至年底,6949名残疾人享受生活补助1611.73万元,4940人享受城乡居民养老保险参保补贴593万元,1600名个体就业残疾人享受社会保险补贴691万元,无保障残疾老年人按月领取福利养老金。为8243人次残疾人机动轮椅车车主发放燃油补贴165万元。

（沈　立）

【走访慰问工作】　年内，继续开展八大工委及武装部与贫困残疾人家庭结对子活动。全年走访慰问和临时救助残疾人19122人次、基层单位123家，送慰问款（物）796.81万元。

（沈　立）

【居家养老助残服务】　年内，7399名残疾人享受居家养老助残服务，806名残疾人享受“阳光家园”居家托养服务，1165名残疾人配备“小帮手”电子服务器。为1958户聋人家庭安装可视闪光门铃，为781名盲人配发电脑读屏软件。推广居家助残工作，推动大屯街道“一帮一”结对帮扶、双井街道“援障健康”疏导队、朝外街道“残帮残”志愿者服务队等居家助残服务项目探索与创新。

（沈　立）

【残疾人文化体育活动】　年内，推动残疾人群众性文化体育工作走向社会、走进社区和残疾人家庭。举办“党在我心中”征文比赛、“为祖国而歌”残疾人工作者卡拉OK比赛、“身边的感动”摄影比赛、残疾人书法笔会、合唱指挥小教员和手语表演小教员培训班、“唱支山歌给党听”残疾人庆祝中国共产党建党90周年合唱比赛和专场音乐会，残疾人艺术团全年参与演出35场次。残疾人艺术团、体育队在“唱响中国——我心中的歌”2011北京市合唱节、“社区一家亲”合唱节比赛、残疾人文化周系列活动、第25届棋牌比赛、“和谐杯”乒乓球比赛、残疾人群众体育项目展示活动等市区文化艺术体育赛事活动中取得优异成绩。23名残疾人运动员在第八届全国残疾人运动会上夺得个人单项22枚金牌、4枚银牌和4枚铜牌，集体项目1枚金牌和1枚银牌，破射箭站姿组70米双轮、S11级100米蝶泳两项世界纪录和S11级二百米混合泳1项全国纪录，为首都争得了荣誉。残疾人文学沙龙与清华校友艺剧社联合举办“赞美生命，共享阳光”文化交流诗会活动，残疾人书画家联谊会到北京画院参观崔子范“大朴不雕”作品展，残疾人摄影沙龙开展4次摄影讲座、点评及外景实拍活动。区残疾人综合活动中心全年接待活动人员1.25万人次。

（沈　立）

【无障碍监督工作】　年内，依法履行无障碍监督职责，召开无障碍监督办公室联席会议，开展4次无障碍推动日宣传活动和4次无障碍监督检查，街乡开展“每月一查”无障碍监督工作300余次。推进残疾人“出行无障碍”，联合首汽车队开展“爱心助行”活动。残疾人专用车辆在非居住区停车场所实现免费停车，残疾人出行和生活更加方便。

（沈　立）

【宣传工作】　年内，举办“爱耳日”、“爱眼日”、“全国助残日”、世界精神卫生日等主题宣传教育活动。编发《朝阳区残联工作信息》45期，《朝阳区残联工作简报》52期。印制《发展中的朝阳区无障碍环境》画册，182幅图片从公共交通、城市道路、家庭无障碍等17个方面展示区“十一五”期间无障碍建设成果。朝阳有线台制作播出《同在蓝天下》栏目24期。《春雨》报复刊出版5期。各类媒体报道残疾人事业新闻200余条。

（沈　立）

【维权信访工作】　年内，为3091名残疾人办理残疾人证。制定《朝阳区残疾人联合会法律援助工作站残疾人法律援助试行办法》。法律援助工作站为残疾人提供包括交通事故、社会保障、最低生活保障等方面的指导性咨询服务与帮助，接待来访100余人次，接听电话咨询1000余人次。逐步开展法律（诉讼）援助工作，代转受理3起涉及残疾人房屋拆迁和房屋权属诉讼案件，维护残疾人合法权益。妥善回复和调处残疾人来信、来访、来电、网上咨询2098人次，残疾人合法诉求得到及时有效处理。配合开展“321”打防管控一体化治理黑车专项行动，对残疾人机动轮椅车车主进行情况调查，将《致残摩车主的一封信》发放到每位残疾人车主手中，宣传文明驾驶，统一加贴残摩车防伪标识4800个。

（沈　立）

【枢纽型社会组织建设】　年内，残疾人康复协会发挥“枢纽型”社会组织作用，逐步提升17家康复机构管理和服务水平，组织民办康复机构与德国等国家康复机构和组织进行学习交流，在1家康复机构开展残疾人托养服务试点。举办表彰优秀民办康复机构工作者大会，对16位特教工作者进行表彰。新成立4家盲人保健按摩机构，为76家办理年检手续，为3家办理地址迁移手续，44家机构享受扶持补贴65万元。对无照经营的盲人保健按摩机构进行清查，对23家没有办理执业资格证或未取得营业执照的机构，联合工商局对符合营业资格的机构帮助其办理相关资格审批手续，对不符合条件的进行整治。

（沈　立）

【交流与合作】　年内，接待澳大利亚、南非和印度非政府组织联合考察团和博茨瓦纳等非洲五国政党的来访和考察，广泛与挪威、台湾、甘肃、黑龙江、安徽、福建、山东、江西、广州、重庆等国内外残疾人组织加强交流与合作，学习借鉴先进理念和做法。

（沈　立）

【调查研究】　年内，开展《残疾人职业康复站的运营管理与探索》、《关于我区残疾人辅助器具服务工作的几点思考》、《论法律援助在残疾人信访工作中的重要作用》、《关于朝阳区残联党员队伍建设情况的报告》等4项重点调研，形成调研报告。完成全区40005名残疾人的康复需求调查工作,经统计有医疗康复需求的12628名,有功能训练需求的19214名,有辅助器具需求的33731名。开展残疾人就业和职业培训需求调查,走访失业残疾人家庭2531户,对劳动年龄段内非重残人员的就业状态和培训需求进行了解。

(沈　立)

**【基层残疾人组织建设】**　年内,56家示范残疾人温馨家园招募26名综合服务志愿者,负责温馨家园日常管理运行工作。加强对残疾人工作者综合素质和业务知识培训,联合区职工大学组织113名残疾人工作者开展为期2.5年的继续教育培训,安排258名基层残疾人工作者参加清华大学职业指导员函授班学习,对837名基层残联理事长、康复专干、社区(村)福利主任、康复协调员进行30学时的业务培训。举办残疾人辅助器具业务工作培训暨北京市辅助器具康复工程师岗位培训项目第七期培训班,83名基层残疾人工作者获得岗位证书。联合区社会体育管理中心举办残疾人社会体育指导员班,残疾人工作者参加回春医疗保健操和残疾人体育组织管理培训。举办第三届残疾人工作者运动会,45支代表队近700名残疾人工作者参加。

(沈　立)

**【残疾人专门协会工作】**　年内,区肢残人协会副主席李楠致信国务院总理温家宝,畅谈一年来国家社保体系不断完善给残疾人生活带来的可喜变化,建议得到总理批复和国务院有关部门、北京市的积极回应。残疾人专门协会密切联系残疾人及其亲友,组织开展丰富多彩、形式多样的活动110余次,参与残疾人4000余人。肢残人协会开展"唱红歌、赞祖国、激自强"肢体残疾人唱红歌卡拉OK大赛;聋人协会开展京津两地聋人柔力球友谊赛活动;盲人协会开展"阳光照亮盲人的心灵"征文活动;精神残疾人亲友会举办"关注特殊群体为精神残疾人送康复"知识讲座;智力残疾人亲友会带领残疾人及其亲友到颐和园开展"记录身边美景、拍摄身边感动"摄影采风活动。

(沈　立)

**【残疾人党建工作】**　年内,召开基层残疾人党组织建设工作研讨会,区残联副理事长孙一平就基层残疾人党建工作情况作汇报,六里屯街道残联党总支书记郭艳作工作经验报告,望京街道残联党总支副书记李楠和残疾人新党员孙凤霞作典型发言。稳步开展基层残疾人党组织建设,6个街道残联党总支、33个社区残协党支部以温馨家园为平台,开展内容丰富的党员活动,服务覆盖残疾人党员645人。为庆祝建党90周年,对每个街道残联党总支、社区残协党支部发放活动经费补贴14万余元,推动基层残疾人党组织工作开展。"七一"前夕组织基层残疾人党组织负责人和党员赴延安进行主题实践教育活动。与首汽五分公司三队共同举办"爱心助行,红色之旅"活动,15名爱心助残出租车司机载着50名残疾人党员、入党积极分子赴国家博物馆参观"复兴之路"大型展览。

(沈　立)

**【全国文明城区创建工作】**　年内,全面掌握38653名残疾人享受社会保障情况和残疾儿童教育入学情况,"残疾人保障覆盖率"为99.42%,"残疾儿童义务教育入学率为92.46%",两项全国文明城区测评指标全部达标。深入王四营地区白鹿社区开展"周六创建行动日"等活动10余次,设立宣传站点1个,发放宣传材料2000余份,入户走访9户贫困残疾人,开展残疾人政策宣传和社区交通安全秩序维护两项便民服务,征集汇总残疾人反映的意见建议9条,解决残疾人实际困难1个。9月2日~11日,每日组织10名机关干部深入望京街道,加强重点点位秩序维护、环境清洁、文明引导、劝阻不文明行为等工作。配合做好对北京市朝阳区东方博爱儿童福利院的实地考察工作和无障碍环境建设工作。

(沈　立)

## 朝阳区红十字会

**【概况】**　朝阳区红十字会是区政府直接联系的社会救助团体。年内,朝阳区红十字会被区政府授予"文明城区创建特别贡献奖"称号,荣获北京市"红十字与世界城市知识竞赛"组织奖。

地址:日坛北街33号
电话:65094673
邮编:100020

(周晓彦)

**【博爱募捐】**　年内,在全区范围深入开展"博爱在京城、博爱在朝阳"募捐活动。依托街道、地区红十字会、红十字工作委员会,通过会议、主题活动、张贴劝募书等形式,动员全社会力量募集善款。在纪念"5.8"第64个世界红十字日和"5.12"全国防灾减灾日之际,举办"关注生命,彰显人道——朝阳红十字博爱月暨红十字志愿万人行"活动,21家爱心企业代表、爱心人士现场向区红十字会捐款200多万元。区红会还拓宽筹资渠道,与北京影响力企业管理有限公司联合开展慈善义讲义卖活动,现场筹集善款4.5万元。尽管"郭美美事件"给红十字会善款募集造成不利影响,但"博爱在京城、博爱在朝阳"募捐善款总额比上年略有增长,全年接收社会各界捐款649.35万元。其中,博爱捐款640.23万元,超额完成市会指标的540%;接收社会各类捐助物资折合人民币38万余元。

(周晓彦)

**【博爱救助】**　年内,区红会推进赈济与救助同步，精心打造“人道点亮希望——少儿大病救助项目、博爱成就未来——博爱助学项目、奉献抚慰心灵——博爱助困项目、志愿传递爱心——突发事件救助项目”四大救助品牌。“两节”期间，全面启动红十字系统“两节送温暖”行动，对困难家庭、家庭生活困难的司法矫正对象、艾滋病患者、精神疾患、老年福利院、老年病医院和社会弃婴等不同阶层弱势群体给予救助。全区各级红十字会发放博爱救助金 231.1 万元，比上年增长 10.57%，其中，基层救助 138.95 万元，占 59.87%，博爱助困 76.75 万元，占 33.07%，博爱助学、博爱助老、博爱助医 84000 元，占 3.62%，定向对口支援 80000 元，占 3.45%。少儿大病救助 180723.9 元，非典后遗症患者救助 180000 元。

（周晓彦）

【应急救护培训】 年内，将“在全区市民、中小学师生及公务员和重点行业中广泛开展应急救护知识与技能培训”列入区政府办实事工程中，全年完成初级急救员取证培训指标 3.5 万人、救护知识普及培训 15 万人的任务。依托区红十字会应急救护培训体系，对内统筹、对外协调，在区教委、区卫生局、区人力社保局、公安朝阳分局、消防支队等单位的协助下，在社区、学校广泛开展应急救护知识普及培训和避险逃生演练活动。在市红会指导下，“999”校园安全行动全面启动，分别在沙板庄小学、北京拔萃双语学校举办中小学生应急疏散与避险逃生演练。成立红十字蓝天救援队朝阳分队，首次参与朝阳区“5.12”防灾减灾综合应急演练活动，得到区领导赞誉和好评。超额完成区政府办实事工程，全年应急救护知识普及培训 18 万人次；初级急救员取证培训开班 269 个，取证 35414 人，完成全年培训任务指标的 101.18%。

（周晓彦）

【志愿服务】 年内，区红会为做好创建全国文明城区的各项工作，成立朝阳区红十字志愿服务工作部，编印《朝阳区红十字志愿服务工作指南》；建立 5 支专业红十字志愿服务团队；培育确定红十字志愿服务基地 6 个。对朝阳区红十字专业志愿服务队的志愿者进行登记造册，建立志愿服务数据库；建立并逐步完善红十字志愿者登记、注册、培训、管理服务制度，并在网站上公布；开展“红十字与文明朝阳同行”系列主题活动，推出多年如一日坚持服务社区居民的红十字志愿者叶如陵；聘请践行“爱与使命”的捐献造血干细胞志愿者姜涛为“朝阳红十字志愿服务形象大使”。红十字志愿者在区文明城区创建活动中发挥了积极作用。

（周晓彦）

【红十字青少年】 年内，以红十字“人道、博爱、奉献”精神进入德育课堂、安全应急救护知识和技能进校园为重点，通过开展“博爱在朝阳——博爱一元捐献爱心活动”、“红十字伴我成长”征文、应急救护知识培训等系列活动，深化红十字青少年工作。74 所学区（学校）的 20218 名师生参加初级急救员取证培训；“博爱在京城——一元钱，献爱心”募捐款 133456.1 元；博爱书屋捐款 45997.7 元；“红十字伴我成长”征文 297 篇，上报市会 39 篇；上报市会“红十字青少年十佳活动”3 项，17 名学生获得“百优红十字青少年”称号；创建市级健康促进校 27 所，区级健康促进校 38 所。

（周晓彦）

【宣传传播】 年内，成立首家红十字新闻媒体志愿服务队，借助主流媒体宣传人道博爱奉献的红十字精神；以重大节日为契机，发放宣传海报近 3 万张、“5.8”专刊报纸 5 万份、应急救护光盘 10 万套、应急救护宣传小折页 3 万份。全年编发《朝阳红十字简报》24 期，组织大型主题宣传活动 6 次、电视媒体宣传 15 次，报纸、网上刊登红十字新闻信息 80 余条、北京红会网站和区政务内网刊载信息 50 余条、朝阳红十字会网站刊发信息 140 余条，开通网上微博、网站在线交流功能，接待网络访问数百次。

（周晓彦）

【组织建设】 年内，依据《中华人民共和国红十字会法》及北京市红十字会《关于规范红十字组织建设》的规定，在推进政府购买公共服务的同时，建立横向社会组织 3 个，分别在北京春风智慧投资咨询有限公司、安贞街道律师协会、高碑店地区古家具街建立红十字工作委员会，并对新成立基层组织机构进行指导，对团体会员单位入会进行审核登记、建立档案，规范管理。

（周晓彦）

【交流与合作】 年内，先后接待朝鲜红十字代表团和天津市和平区红十字会一行到区红会进行工作交流；赴平谷区红十字会开展交流学习、送温暖活动，向其捐赠价值 4 万元的善款及物资；组团赴台湾、湖南等地学习，借鉴红十字组织的先进理念和宝贵经验，建立长期合作交流联系。

（周晓彦）

## 朝阳区慈善协会

【概况】 朝阳区慈善协会是非营利性社会团体法人。内设办公室、宣传部、募捐部，共有工作人员 16 名。
地址：朝阳公园南路 19 号
电话：65920669
邮编：100125

（王利华）

【主要会议】 1 月 12 日，区慈善协会在朝阳宾馆召开街道和地区慈善分会“‘两节’送温暖工作会议”，部署边缘困难家庭、重大疾病致困家庭慰问工作。1 月 27 日，区慈善协会在温都水城召开会议，总结协会上年工作,部署协会本年工作。4月20日,区慈善协会在蟹岛度假村召开慈善分会工作会议,副区长张春秀出席会议。8月23日,区慈善协会在蓝调庄园召开本年上半年工作总结会。11月4日,区慈善协会在朝阳宾馆召开"朝阳区慈善协会救助项目评估会",中华慈善总会副秘书长张心国、筹募部主任苏辉、项目部副主任邵家炎等中华慈善总会领导出席会议。会上,各位领导对协会重点项目进行评估,并对慈善协会救助工作提出建议。

(王利华)

**【主要活动】**　1月30日,举办第五届"朝阳慈善情——新春大联欢"活动,设1个主会场、38个分会场,邀请各界群众5643人参加,其中受助群众4713人。活动以"过大年吃饺子"的形式为困难群众送去社会的关爱。2月5日~7日"春节"期间,以"朝阳国际风情节"为契机,在朝阳公园开展为期3天的以"携手慈善 情暖朝阳"为主题的'捐一元钱,献一份爱'募捐活动,募集善款6970元。3月30日,举行"阳光温暖回家路"助学项目款发放仪式,由北京苏宁电器有限公司捐赠10万元,用于为朝阳区12所大学500名非京籍贫困大学生回家过年提供免费车票。5月6日,携手北京华夏赛科技术发展有限公司共同发起的"'5.12'心灵守望计划——什邡市中小学心理健康援助项目"在四川省什邡市朝阳小学举行揭牌仪式,区慈善协会会长李靓前往什邡出席活动。5月26日,区慈善协会与区委组织部联合开展的"困难党员帮扶"项目举行救助金发放仪式,活动共发放资金131.8万元,用于帮助1034名党员解决生活困难。12月23日,区慈善协会联合区委组织部举行第八次"困难党员帮扶"仪式,按照困难程度,为全区1086名困难党员每人发放1000元~3000元不等的专项帮扶资金,共计发放帮扶资金142.1万元。5月27日,联合金羽翼艺术学校开展"庆'六一'关爱自闭症儿童"活动,区慈善协会捐赠10万元制作流动美术屋,为自闭症儿童送去社会的关爱。6月20日~7月8日,与区委组织部共同开展"共产党员献爱心"活动,成立领导小组,抽调9名同志分别负责与区委九大工委进行对接,开展一站式服务。朝阳区近11万名党员群众参与活动,募集善款约482万元。8月26日,举行"衣恋圣秀慈善基金"助学款发放仪式。该项目是对户籍在朝阳区的100名贫困家庭中品学兼优的本年应届初中毕业生,给予高中3年学业资助,每人每年3000元,3年共计9000元。首批助学款15万元发放到位。11月15日,北京苏宁电器有限公司捐赠200台电暖器,用于"12.3首都慈善公益日"慰问东坝地区、高碑店地区、三里屯街道、潘家园街道等地200名困难群众。12月2日~9日,为普及慈善理念,提升公民参与度,区慈善协会在北京市第四个"首都慈善公益日"之际,动员全区各街道和地区慈善分会因地制宜开展有特色、有创新的宣传和募捐活动,收到良好社会效果。

(王利华)

**【学习考察】**　9月17日,李靓会长带队赴西藏堆龙德庆县对当地贫困情况进行实地考察,与堆龙德庆县委、县政府领导座谈,并举行捐赠仪式。10月18日~24日,组织部分人员赴青海考察玉树灾后重建项目,与青海省慈善总会进行交流。

(王利华)

# 政权　政协

## 北京市朝阳区人民代表大会常务委员会

【概况】　北京市朝阳区人民代表大会常务委员会是朝阳区人民代表大会常设机构。年内先后召开常委会会议8次，主任会议9次，共审议议题44项；听取审议"一府两院"专项工作报告13个、议案办理情况报告1个；围绕区委重要工作部署和事关人民群众切身利益的重大事项，作出决议、决定35项；依法任免国家机关工作人员87人次。组织召开朝阳区第十四届人民代表大会第六次会议和朝阳区第十五届人民代表大会第一次会议。进行了区、乡人大代表换届选举工作。

地址：安立路0号

电话：65094479

邮编：100107

（邢浩铭）

【十四届人大六次会议】　1月5日，朝阳区第十四届人民代表大会第六次会议在北京国际会议中心开幕，1月8日闭幕。大会举行四次全体会议，并进行分团审议。听取、审议了《政府工作报告》、《关于朝阳区国民经济和社会发展第十二个五年规划纲要草案》、《关于朝阳区2010年国民经济和社会发展计划执行情况与2011年国民经济和社会发展计划草案的报告》、《关于朝阳区2010年财政预算执行情况和2011年财政预算草案的报告》、《朝阳区人民代表大会常务委员会工作报告》、《朝阳区人民法院工作报告》、《朝阳区人民检察院工作报告》，并通过6个报告的决议和《朝阳区第十四届人民代表大会第六次会议关于朝阳区国民经济和社会发展第十二个五年规划纲要的决议》。依法进行选举。与会全体区人大代表表决通过《北京市朝阳区第十五届人民代表大会第一次会议选举办法》。王亚贵当选为区第十四届人大常委会副主任，董万立当选为区第十四届人大常委会委员。会议确立"加快解决幼儿入园难问题，大力加强学前教育"议案，交区人民政府办理，由区人大常委会审议。组织人大代表询问活动。区人大常委会、区政府、区法院、区检察院领导，部分市人大代表及区政府有关职能部门共计54个单位在活动现场接受区人大代表询问，解答代表提出的问题。组织召开经济、城市建设管理、民生和法治工作4个专题座谈会。主席团常务主席闫学锋、李国、于五一、杨文良分别主持会议。区委、区人大领导及60名代表参加座谈，区政府、区法院、区检察院领导以及政府有关部门负责人到会听取代表意见。

（邢浩铭）

【常委会会议】　1月5日，区十四届人大常委会召开第二十九次会议。听取代表资格审查委员会主任委员于五一所作的关于代表资格的审查报告。区第十四届人民代表大会代表崇淑英因病去世，郭雪松调离本行政区，依据代表法的规定，崇淑英、郭雪松代表资格自行终止，常委会予以公告。代表联络室主任孙立就补选区第十四届人民代表大会代表的情况进行报告。经区人大常委会会议确认，补选尚延华、王亚贵为朝阳区第十四届人民代表大会代表的代表资格有效；决定接受孔德琴辞去区第十四届人民代表大会常务委员会副主任职务、连玉明辞去区第十四届人民代表大会常务委员会委员职务的请求，并报区第十四届人民代表大会备案。同日，区十四届人大常委会召开第三十次会议。审议通过《朝阳区人大常委会2011年工作要点（草案）》，区人大常委会办公室主任朱春霞对该草案作说明。委员们原则通过区人大常委会本年工作要点。会议责成区人大常委会办公室按照委员们提出的意见和建议，将工作要点修改完善后以常委会文件形式印发。表决通过区人民代表大会常务委员会关于表彰2009～2010年度"双好"人大代表、优秀建议领衔代表的决定；孙立作关于对该项决定的说明。决定区人大常委会任命事项。任命杨立亭为区人大常委会研究室主任,刘长利为区人大常委会信访办公室主任。决定区人民政府免职事项。免去王亚贵区发展和改革委员会主任职务。决定区人民检察院任命事项。任命王芳、王备战、王菲、孙敏、刘炜、闫彦、辛晓冬、张楠、金英梅、林裕、徐曙昶、盛夏为区人民检察院检察员。4月20日,区十四届人大常委会召开第三十一次会议。听取并审议区政府《关于创建全国文明城区工作情况的报告》,区人大教科文卫工作委员会主任张克成汇报对该项报告的调研意见。审议通过《朝阳区乡、民族乡人民代表大会工作规则(草案)》,区人大内务司法工作委员会主任侯湘君对该《规则(草案)》作说明。会议决定,将《朝阳区乡、民族乡人民代表大会工作规则》以常委会文件形式印发。书面审议区政府关于落实区人大常委会第二十四次会议对《关于加强公共卫生体系和基层卫生服务体系建设情况的报告》审议意见的报告。6月24日,区十四届人大常委会召开第三十二次会议。听取并审议副区长赵全保受区政府委托所作的《关于朝阳区开展法制宣传教育工作第六个五年规划制定情况的报告》,区人大内务司法工作委员会主任侯湘君作《关于进一步加强法制宣传教育的决议》。听取并审议区审计局局长刘野受区政府委托所作的《关于2010年朝阳区预算执行和其他财政收支的审计工作报告》,区人大财政经济工作委员会主任董万立汇报对该项报告的初审意见。听取并审议区财政局局长邹立嵩受区政府委托所作的《关于朝阳区2010年财政决算的报告》,董万立汇报对该项报告的初审意见。会议表决通过《朝阳区第十四届人民代表大会常务委员会关于批准朝阳区2010年财政决算的决议》。听取并审议常务副区长吴桂英受区政府委托所作的《关于朝阳区土地储备定向安置房建设有关情况的报告》,区人大农村工作委员会主任张建顺汇报对该项报告的调研意见。决定区政府人事任免事项。免去张勇区商务委员会主任职务,张凤祥区民政局局长职务,陈晓东区农委主任职务,关伟区安监局局长职务;任命张勇为区发改委主任,朱晟为区商务委员会主任,张岩为区民政局局长,张树安为区农村工作委员会主任,张仲凯为区安全生产监督管理局局长。决定区法院人事任免事项。免去白彦区人民法院副院长、审判委员会委员、审判员职务,全军王四营人民法庭副庭长职务,徐娟亚运村人民法庭副庭长职务,陈闯区法院民事审判第一庭副庭长职务,刘德恒区法院民事审判第一庭副庭长职务,殷兵温榆河人民法庭副庭长职务,张云松区法院执行第一庭副庭长、审判员职务。任命胡克莉为区法院执行第三庭庭长,李有光为区法院民事审判第二庭庭长,全军为区法院民事审判第五庭庭长,徐娟为区法院民事审判第一庭副庭长,陈闯为区法院民事审判第五庭副庭长,刘德恒为区法院民事审判第五庭副庭长,胡显发为区法院执行第三庭副庭长,张军、孙蕾、田丽丽、夏莉、雷恩强、史震、黄岚、邓益洲、赵一平、何蕾、宋培海、陈宇、沈静、陈光、马笑然、武楠、董立强、潘超、原静为区人民法院审判员。决定区检察院免职事项。免去刘志奇区人民检察院检察员职务。书面审议常委会第二十四次、二十五次会议审议意见办理报告:1、朝阳区人民检察院关于落实区人大常委会对《关于公诉工作情况的报告》审议意见的报告;2、朝阳区人民政府落实对区人大常委会执法检查组关于《中华人民共和国食品安全法》执法检查情况的报告审议意见的报告;3、朝阳区人民政府关于落实区人大常委会对《关于朝阳区2009年财政决算的报告》审议意见的报告;4、朝阳区人民政府关于落实区人大常委会对土地储备工作审议意见办理情况的报告;5、朝阳区人民法院关于落实区人大常委会对《关于立案审判工作情况的报告》审议意见的报告。7月8日,区十四届人大常委会召开第三十三次会议。决定区政府免职事项:免去刘希泉区人民政府副区长职务。8月12日,区十四届人大常委会召开第三十四次会议。听取并审议区政府《关于贯彻实施〈中华人民共和国消防法〉工作情况的报告》;区人大常委会执法检查组副组长侯湘君作检查《中华人民共和国消防法》实施情况的报告。听取并审议区政府《关于办理"加快解决幼儿入园难问题,大力加强学前教育"议案情况的报告》;区人大教科文卫工作委员会主任张克成汇报对该项报告的调研意见。听取并审议区政府《关于朝阳区2011年财政预算上半年执行情况的报告》;区人大财政经济工作委员会主任董万立汇报对该项报告的初审意见。听取并审议区政府《关于朝阳区2011年国民经济和社会发展计划上半年执行情况的报告》;董万立汇报对该项报告的初审意见。决定区政府人事任免事项。任命刘军胜为区人民政府副区长;免去李树东区水务局局长职务,任命宗永军为区水务局局长。决定区人大常委会人事任免事项:免去杨立亭区人大常委会办公室副主任职务,任命龚巨明为区人大常委会办公室副主任。决定换届选举事项。听取并审议区人大常委会办公室主任朱春霞作的《关于开展区、乡人民代表大会换届选举工作的报告》;表决通过《朝阳区第十四届人民代表大会常务委员会关于区、乡人民代表大会换届选举有关事项的决定》、《朝阳区第十四届人民代表大会常务委员会关于任命朝阳区选举委员会组成人员的决定》、《朝阳区第十四届人民代表大会常务委员会关于第十六届乡人民代表大会代表名额的决定》、《朝阳区第十四届人民代表大会常务委员会关于任命各乡选举委员会组成人员的决定》。书面审议区十四届人大常委会第二十六次会议审议意见办理报告:1、北京市朝阳区人民政府关于落实区人大常委会对《全面推进依法行政,加强法治政府建设情况的报告》审议意见的报告;2、北京市朝阳区人民政府关于落实区人大常委会对CBD东扩发展与规划工作审议意见办理情况的报告,书面审议区十四届人大常委会第三十二次会议被任命人员张勇、朱晟、张岩、张树安、张仲凯的就职报告。10月21日,区十四届人大常委会召开第三十五次会议。听取并审议《区政府关于保障性住房建设工作情况的报告》,区人大常委会城建环保工作委员会主任李金山汇报对该项报告的调研意见。审查批准《朝阳区2011年预计超收收入使用方案》。审议通过《北京市朝阳区人民代表大会议案督办办法(草案)》,区人大常委会办公室主任朱春霞作《关于〈北京市朝阳区人民代表大会议案督办办法(草案)〉的说明》。审议通过《北京市朝阳区人民代表大会代表建议、批评和意见办理工作办法(修订草案)》,区人大常委会代表联络室主任孙立作《关于〈北京市朝阳区人民代表大会代表建议、批评和意见办理工作办法(修订草案)〉的说明》。决定接受区人民政府领导人员辞职事项:决定接受赵全保、张春秀辞去区人民政府副区长职务的请求。决定区政府人事任免事项。任命陈涛为区人民政府副区长;免去张树安区监察局局长职务,任命曲君为区监察局局长。决定区人大常委会人事任免事项。免去董万立区人大常委会财政经济工作委员会主任职务、李金山区人大常委会城建环保工作委员会主任职务、张建顺区人大常委会农村工作委员会主任职务;任命李振玲为区人大常委会办公室常务副主任、纪海义为区人大常委会农村工作委员会主任、张永贵为区人大常委会城建环保工作委员会主任、任敬东为区人大常委会财政经济工作委员会主任。决定区法院人事任免事项。免去陈京华朝阳区人民法院审判员职务;任命龙云斌为朝阳区人民法院副院长、审判委员会委员、审判员。决定区检察院人事任免事项。免去武伶朝阳区人民检察院检察员职务;任命杨征军为朝阳区人民检察院副检察长、检察委员会委员、检察员。书面审议区十四届人大常委会第二十七次会议审议意见办理报告。书面审议区十四届人大常委会第三十四次会议被任命人员宗永军的就职报告。11月25日,区十四届人大常委会召开第三十六次会议。听取并初步审查区财政局局长邹立嵩受区政府委托所作的《关于朝阳区2012年财政预算草案主要内容的报告》。听取并审议常务副区长吴桂英代表区政府所作的《关于办理朝阳区十四届人大六次会议代表建议、批评和意见的报告》,书面审议区法院、区检察院的办理报告;区人大常委会代表联络室主任孙立作《关于朝阳区十四届人大六次会议代表建议、批评和意见督办情况的报告》。听取区人大常委会代表资格审查委员会副主任委员孙立作的《关于朝阳区第十五届人民代表大会代表资格的审查报告》。听取朝阳区选举委员会办公室常务副主任朱春霞作的《朝阳区选举委员会关于区、乡人大代表换届选举工作情况的报告》;决定区十五届人大一次会议有关事项。会议表决通过关于召开朝阳区第十五届人民代表大会第一次会议的决定,决定区十五届人大一次会议于12月18日~22日召开。表决通过会议建议议程(草案),各代表团召集人名单(草案),主席团、秘书长、副秘书长建议名单(草案),国民经济、社会发展计划和财政预算审查委员会主任委员、副主任委员、委员建议名单(草案),议案审查委员会主任委员、副主任委员、委员建议名单(草案)。表决通过会议列席人员的决定。区人大常委会办公室主任朱春霞作相关说明。讨论区人大常委会工作报告。区人大常委会办公室主任朱春霞作说明。决定补选市人大代表事项。决定补选佟克克为北京市第十三届人民代表大会代表,报北京市人民代表大会常务委员会确认其代表资格。书面审议区政府关于落实区人大常委会对《区政府关于2010年预算执行和其他财政收支审计工作报告》审议意见的报告。书面审议区十四届人大常委会第三十五次会议被任命人员曲君、龙云斌和杨征军的就职报告。

(邢浩铭)

**【主任会议】** 2月11日,区十四届人大常委会召开第三十四次主任会议,决定区人大常委会第三十次会议有关事项。4月7日,召开第三十五次主任会议。决定区人大常委会第三十一次会议有关事项。6月7日,召开第三十六次主任会议,决定区人大常委会第三十二次会议有关事项。7月5日,召开第三十七次主任会议,决定区人大常委会第三十三次会议有关事项。8月6日,召开第三十八次主任会议,听取区政府继续办理养老议案工作情况的报告。决定区人大常委会第三十四次会议有关事项。8月16日,召开第三十九次主任会议,决定关于换届选举有关事项:1、同时设有乡和地区办事处建制的区域,其区域内的区属机关、企业事业单位职工不参加乡的选举;2、经批准设在乡行政区域内的市级及市级以上工业区、开发区等园区,其管辖区域内的人员,不参加所在乡的选举。10月12日,召开第四十次主任会议,决定区人大常委会第三十五次会议有关事项。11月1日,召开第四十一次主任会议,会议决定被确定为正式代表候选人的选委会成员辞去选举委员会职务事项:1、通过接受王力军、陈宏志、朱春霞三人辞去朝阳区选举委员会职务的请求。2、通过接受张宏明等106名乡选举委员会成员辞去乡选举委员会职务的请求。11月17日,召开第四十二次主任会议,听取区政府关于垂杨柳医院改扩建情况的汇报。决定区人大常委会第三十六次会议有关事项。

(邢浩铭)

【工作会议】 3月31日,区人大常委会召开区人大系统信息工作会。会议总结2010年度区人大系统信息工作,部署本年区人大系统信息工作任务。区人大常委会副主任闫学锋,市人大常委会信息处处长苏伶俐出席会议。8月3日,区人大常委会召开上半年政府工作情况通报会。285名区人大代表听取2011年上半年政府主要工作情况汇报。区委副书记、区长程连元,区人大常委会主任王力军,区人大常委会副主任闫学锋、李国、于五一、王亚贵出席会议。

(邢浩铭)

【领导调研】 6月9日,市人大常委会主任杜德印到朝阳调研推进全国文化中心建设情况。区人大常委会副主任于五一陪同调研,并汇报区人大常委会推进国家文化中心建设的调研情况。9月15日换届选举集中宣传日,市人大常委会领导杜德印、赵凤山、唐龙等到区宣传中心站蓝色港湾西广场和京旺家园广场,对选举工作进行视察。

(邢浩铭)

【代表活动】 8月5日,市人大朝阳团开展年中集中活动。市人大常委会副主任刘晓晨,区人大常委会主任王力军、副主任闫学锋等47名市人大代表参加活动。12月2日,区人大常委会依法组织新当选的朝阳区第十五届人民代表大会代表进行会前培训和参观活动。区领导王力军、陈涛、陶晶、宋铁健、贾彦翎、闫学锋、李国、于五一、王亚贵、刘军胜以区人大代表的身份参加活动。代表们分别参观八里庄莱锦创意园、崔各庄京旺家园、区规划艺术馆和望京叶青大厦。

(邢浩铭)

【换届选举】 8月11日,换届选举工作领导小组第一次会议在区机关906会议室召开。会议通过选举工作领导小组名单、选举委员会名单、分会名单及换届选举工作意见。8月17日,区选举委员会召开第一次会议。区人大常委会主任王力军,区委常委、区委组织部部长陈宏志、区选举委员会组成人员出席会议。会议宣读十四届区人大常委会关于区、乡两级人大换届选举有关事项的决定;通过关于设立选举委员会办公室、任命选举委员会分会组成人员、选举委员会分会职责等草案的决定;讨论通过区、乡人大换届选举工作实施方案。会议决定选举区第十五届人民代表大会代表的投票日期为11月8日。8月22日,区人大常委会召开区、乡人大换届选举工作动员部署暨培训会。区领导陈刚、王力军、陈宏志、闫学锋、李国、于五一、王亚贵出席会议。9月7日,举行换届选举工作领导小组第二次会议暨选举委员会第二次会议。会议听取前一阶段换届选举工作情况汇报,通过《北京市朝阳区选举委员会关于批准区人大代表名额分配方案的决定(草案)》、《北京市朝阳区选举委员会关于选区划分和各选区应选代表名额分配的决定(草案)》,听取区选办关于发布选举投票日期和选民登记时间公告的情况说明。会议决定,本区共划分选举区人大代表的选区227个、选举乡人大代表的选区392个。区选民集中登记时间为9月10日~10月12日。10月19日,区选举委员会召开第三次会议。会议听取区选办选举工作情况的汇报,讨论通过各政党、人民团体联合推荐的代表候选人。区领导王力军、陈宏志、张革、闫学锋、李国、于五一、王亚贵和区选举委员会全体成员出席会议。会议听取区选办常务副主任、区人大常委会办公室主任朱春霞关于区、乡人大换届选举工作进展情况的汇报。10月21日,区选举委员会举行第四次会议。区领导王力军、陈宏志、张革、闫学锋、李国、于五一、王亚贵和区选举委员会成员出席会议。会议讨论通过代表初步候选人名单。10月31日,区选举委员召开第五次会议,听取正式代表候选人酝酿、协商情况汇报,依法确定正式代表候选人。区领导陈刚、程连元、王力军、佟克克、陈宏志、谢莹、贾彦翎、李国、于五一、王亚贵和区选举委员会全体成员出席会议。区选办常务副主任、区人大常委会办公室主任朱春霞就正式代表候选人酝酿、协商情况作说明。11月8日,换届选举区、乡人大代表投票日。11月11日,区选举委员召开第六次会议,听取并确认选举结果,依法选出445名区人大代表,其中解放军代表5名。

(邢浩铭)

【十五届人大一次会议】 12月18日,区第十五届人民代表大会第一次会议在北京国际会议中心开幕,于12月22日闭幕。大会举行四次全体会议,并进行分团审议。听取、审议《政府工作报告》、《关于朝阳区2011年国民经济和社会发展计划执行情况与2012年国民经济和社会发展计划草案的报告》、《关于朝阳区2011年财政预算执行情况和2012年财政预算草案的报告》、《朝阳区人民代表大会常务委员会工作报告》、《朝阳区人民法院工作报告》、《朝阳区人民检察院工作报告》,并通过上述6个报告的决议。会议依法进行选举。与会全体区人大代表表决通过《北京市朝阳区第十五届人民代表大会第一次会议选举办法》,佟克克当选为区第十五届人民代表大会常务委员会主任；李国、王亚贵、张富生、朱春霞、曾原纪当选为区第十五届人民代表大会常务委员会副主任；程连元当选为区长；吴桂英、陈涛、阎军、王春、张立新、苑文新、汪洋当选为副区长；李瑞翔当选为区人民法院院长；王立当选为区人民检察院检察长。区委书记陈刚、区长程连元、区人大常委会主任佟克克向区十四届人大常委会主任王力军，副主任闫学锋、于五一3位老领导献花。新当选的区人大常委会主任佟克克、新当选的区长程连元发言。区委书记陈刚致大会闭幕词。会议确立大会“推进我区医疗卫生事业发展，提高人民健康生活水平”议案。交区人民政府办理，由区人大常委会审议。组织人大代表询问活动。区人大常委会、区政府、区法院、区检察院领导，部分市人大代表及区政府49个职能部门在活动现场接受区人大代表询问，解答代表提出的问题。

（邢浩铭）

# 北京市朝阳区人民政府

## 概　况

2011年，区域经济实现平稳较快增长。地区生产总值实现3193.3亿元，比2006年翻一番，同比增长13.9%，占全市20%。区级财政收入在全市率先突破300亿元，达到316.8亿元，是2006年的近3倍。全社会固定资产投资额1177亿元，占全市的19.9%。社会消费品零售额达到1651.9亿元，占全市的23.9%。经济社会协同发展，城镇登记失业率控制在1%以内，低于年初控制目标1个百分点；城镇居民人均可支配收入同比增长13%，达到34044元；农民人均纯收入同比增长13.6%，达到19839元。深化结构调整，着力提升综合经济实力。坚持以科学发展为主题，以加快转变经济发展方式为主线，认真落实中央宏观调控部署，创新发展理念，优化发展环境，提升发展质量。产业结构更加优化，经济发展协调性持续增强。第三产业比重达到89%，比2006年提高4个百分点。以国际金融、商务服务为代表的现代服务业快速发展，实现增加值占第三产业比重达到59%，实现区级财政收入140.2亿元，是2006年的2.6倍。新增弘康人寿、澳西银行等50家金融机构，总量达到1250余家，占全市的25%，2011年金融业形成区级财政收入29.1亿元，是2006年的4.1倍。文化创意产业加速聚集，国家广告产业园、国家音乐文化产业基地落户，莱锦创意产业园等项目投入使用，中数集团、法国阳狮集团等相继入驻，文化创意产业实现区级财政收入70.8亿元，是2006年的近3倍，营业收入占全市四分之一。发挥中关村“1+6”政策效应，加大了对“三新”产业的支持力度，高新技术产业实现财政收入同比增长22.8%。功能区建设取得新突破，辐射带动作用不断增强。CBD建设取得新突破，核心区14个地块成功上市交易，已吸引41家总部型企业及国际金融机构入驻，标志性建筑和地下公共空间开工，预计可吸引投资超过1000亿元；CBD中心区新注册企业3936家，其中注册资本过亿企业31家，对区域经济发展的贡献能力进一步增强。CBD东扩稳步实施。电子城功能区建设稳步推进，IT产业、国际电子总部园加快建设，默沙东、湘电新能源等国内外知名企业的总部和研发中心签约入驻。奥运功能区编制了奥林匹克文化综合区总体区域城市规划研究，创建国家5A级景区工作进入国家旅游局验收阶段，完成了国家美术馆等3个国家级文化设施概念性设计方案的全球征集，开元国际广场等重点项目开工建设，国家文化交流展示中心地位初步显现。金盏金融服务园区基础设施逐步完善，金盏纵十二路、东坝大街相继完工，标准化写字楼一期已建成，中信集团、安邦保险等产业项目加快办理前期手续，金融服务功能开始逐步形成。大望京科技商务创新区所有地块完成土地出让，远洋、保利等重点项目全面开工，道路等市政基础设施启动建设。垡头核心区控制性详细规划编制完成。温榆河、定福庄、东坝等重点区域的规划建设有序推进。国际化、市场化进程加快，区域发展活力持续增强。总部经济加快发展，跨国公司地区总部70余家，比2006年翻了一番，约占全市70%；世界500强企业投资项目达到273个，占全市45%。实际利用外资26.5亿美元，约占全市的40%。进出口总额达到1637.8亿美元，占全市的42%。出台促进和保护知识产权“1+8”政策措施，鼓励科技创新，促进成果转化，专利授权量、技术合同成交额分别是2006年的3.3倍和4.2倍。中小企业健康发展，新增各类市场主体6万户，总量达到26万户，占全市的近五分之一。城乡一体化建设加快推进，农村地区发展基础更加扎实。坚持人口、产业、空间、土地利用“四规合一”，统筹城乡产业发展、建设管理、基本公共服务，城市化综合实现程度提前一年完成95%的预期目标,达到96.7%。积极稳妥推进土地储备工作,截至11月底,土储地区累计腾退住宅680.3万平方米、非住宅846.9万平方米,分别完成总量的96%和78%,官庄、十八里店、龙爪树3个重点村腾退工作全面启动。加大安置房建设力度,东坝金泰丽富等8个安置房项目全部启动,开工面积465.3万平方米,已竣工面积63.6万平方米;不断完善安置房周边基础设施条件,将周边道路等市政纳入到全区基础设施建设计划中,努力保证入住需要。结合土地储备,做好农民就业引导,创新了"绿色就业"等促进农民就业的新模式,3100名农民实现了转移就业。农村地区产业升级步伐加快,颐堤港等37个重点产业项目建设进展顺利,北京国际中医药港等10个项目主体完工。稳步推进乡村级产权制度改革,启动东风乡历史遗留村队集体资产处置工作,完成金盏、孙河两个乡19个村产权制度改革,农村地区资产管理的规范化水平不断提高。坚持建管并重,着力提升城市综合承载能力。坚持高起点规划,高标准建设,高水平管理,积极破解城市发展难题,营造了整洁优美、时尚现代、和谐安全的城市环境。加快实施交通出行优化工程。加快道路设施建设,完成九龙花园路等15条断堵头路改造,推进百子湾路、定福庄西路、东高路等11条次支路建设,优化路网布局。拓宽改造国贸桥、望京桥等16处拥堵严重区域的路口,提高路口通行能力。开展停车秩序整治,完成了58条(处)停车秩序混乱重点地区道路的治理清退工作,创建CBD停车秩序示范区,积极在20个老旧小区开展错时停车,提供2067个停车位,缓解停车难问题。加大综合整治力度。完成37个老旧小区的综合改造。建立市区两级政府和市电力公司共同投资机制,继续推进老旧小区电力设施改造,有效改善了老旧小区居住条件。整治119处环境脏乱点,新增、改造绿化面积268.8公顷,建成环境优美示范大街54条,有效改善了城乡环境面貌。全面开展垃圾分类管理,完成800个小区的垃圾分类工作,垃圾分类收集率达到了50%。加强大气污染防治,农展馆、奥体中心子站二级和好于二级天数的比例分别达到76.1%、75.2%,城市综合环境进一步改善。完善城乡运行管理机制。推进全模式社会服务管理方式创新,完善服务管理系统内容,在全部街乡推行系统试点。深化平安建设,科技创安覆盖率达到87%,累计建成国际安全社区12个,占全市70%。健全安全生产工作体系,治理安全生产隐患5.1万处,安全生产各项事故均控制在北京市下达的指标范围内。完善食品安全监测体系,构建日常市场监测与突发食品安全事件应急处置相结合的工作机制,提高了风险控制和监管针对性。推进农村社会管理体制改革,加大新建小区管理力度,在郎各庄、高碑店等6个村开展村庄社区化试点,批准成立21个社区,推进农民新村管理向社区管理转变。

统筹改善民生,着力提升群众生活品质。围绕群众最关心、最直接、最现实的利益问题,以创建全国文明城区为载体,大力发展社会事业,深入开展为民办实事工程,全面提升公共服务水平。教育事业加快发展。坚持规划优先、政策优先、投入优先,统筹区域内外资源,优化教育结构,教育质量和水平不断提升。教育基础设施建设快速推进,完成了中小学校舍安全工程,计划改造的256处校址全部达到抗震标准。认真办理区人大"加快解决幼儿入园难问题,大力加强学前教育"议案,新增入园名额4000余名,全区适龄儿童入园率达到93%。加大了优质资源引入力度,二外附中、清华附小等名优校落户朝阳,新引进名校累计达到18所,99位名校长、名教师来朝阳任教,区级以上骨干教师数量较2006年翻了两番。中考综合及格率由2007年的89.9%上升到2011年的98.6%,高考本科上线率由47%跃升到81.2%,从全市平均水平跃升到高出平均水平27个百分点。健康服务水平持续提高。人均预期寿命超过80岁,比2006年提高了2.1岁。加大财政投入力度,完善公共卫生服务体系,社区卫生服务功能更加完善,社区卫生服务机构新增设老年病康复病床350张,积极推行家庭医生式服务,100%的社区卫生服务中心实现了全天候服务。完成奥林匹克森林公园国家全民健身示范基地一期建设,广泛开展国民体质监测和体育活动,不断增强群众体质。城乡就业和社会保障水平显著提升。实施更加积极的就业政策,将产业发展与扩大就业有效结合,加强岗位开发,全年开发就业岗位12.8万个,城镇登记失业人员实现就业2.2万人,3100名农村劳动力实现转移就业,帮助1.26万名"4050"等就业困难人员实现就业。拓展城镇社会保险覆盖面,各项基金收缴率达到97%以上,城乡居民养老保险累计参保人数达8.8万人,农村养老保险覆盖率达96%。城乡居民医疗保险制度全覆盖,实现了区属单位公费医疗制度与基本医疗保险制度并轨。文化文明建设更加深入。率先开展文化体制改革试点,文化事业繁荣发展,文化市场保持健康、稳定。四级公共文化服务网络初步形成,街乡文化中心覆盖率达到88%,社区(村)文化活动室实现全覆盖。充分发扬奥运"五种精神",举全区之力创建全国文明城区,深入开展"十大文明提升行动",始终把为民利民惠民贯穿创建全过程,深入解决环境建设、道路交通、食品安全、绿化美化等群众关心关注的热点难点问题,使创建过程成为推动全区经济社会协调发展的过程，成为改善民生提升社会和谐的过程，成为朝阳再创发展新优势的过程。朝阳区城乡环境明显改善，生态文明加快推进，管理文明持续进步，公共文明全面提升。经过全区广大干部群众奋战拼搏，我区以直辖市参评区第一名的成绩，通过中央文明委测评，荣获“全国文明城区”称号。为民服务实效显著增强。坚持为群众办实事，使群众得到真正实惠。整合服务资源，深化“一刻钟社区服务圈”建设，开展服务项目240项，成立孤老扶助、重残救助等10类2180支社区服务队伍，使社区服务功能更加完善。推进居家养老助残服务，为5.8万名80岁以上老人发放居家养老（助残）券6408万元。投入残保金644.6万元，为7320名残疾人提供了居家助残服务。加快保障性住房建设，竣工各类保障性住房11760套。继续加大价格监测力度，围绕群众反映突出的机动车停车收费、商品房销售明码标价、医药价格等涉及民生的热点、难点问题，开展专项检查，不断规范市场秩序和价格行为。加强自身建设，着力提升政府工作效能。坚持依法行政，努力构建法治政府。严格按照法律权限和程序行使权力、履行职责，自觉接受人大和政协监督。建立定期沟通机制，每季度就全区发展的重点工作和重大问题与人大沟通，积极参加区政协议政会。特别是人大代表、政协委员深入开展调研，提出了朝阳区经济、社会、文化建设和民生等领域的各类建议和提案。对此，区政府高度重视，努力提高办理工作水平，推动了政府各项工作的有效开展。与此同时，积极推进政府信息公开。进一步规范政府工作程序，对“三重一大”事项坚持按程序上会研究、集体决策，组建区政府决策咨询专家委员会和行政复议委员会，促进了科学民主决策。加强制度建设，努力提高行政效能。加强内部管理，规范和提升政府服务。强化目标管理双百考核，制定政府领导和组成部门年度重点工作任务书，加强行政效能监察，行政执行力不断提高。推进行政审批制度改革，优化投资环境。加强作风建设，努力做到勤政廉政。牢固树立为民服务意识，强化务实作风，深入开展调查研究，完善政府领导联系基层、信访接待日等制度，严格执行党风廉政建设责任制，强化领导干部“一岗双责”，推进廉政风险防控管理，加大对重大工程建设、重大资金投入的监管力度，整治小金库，设立廉政账户，实行会计委派制，努力从源头上预防腐败。针对出现的个别违法违纪问题，深入剖析、查找问题、堵塞漏洞、防控风险、健全体系，不断提高廉政建设水平。与此同时，全区双拥共建、“五五”普法等工作深入开展，民族宗教、妇女儿童、侨务对台、国防教育、人民武装、人防地震、档案区志等各项社会事业取得全面进步。

（常凤娟）

## 主要工作和重大活动

**【CBD核心区基础设施工程正式开工】** 1月6日，举行CBD核心区基础设施工程开工仪式。市委书记刘淇，市委副书记、市长郭金龙出席开工仪式并为项目奠基。区领导陈刚、程连元、吴桂英、佟克克、李建海出席活动。工程预计在“十二五”期间完工并投入使用。

（常凤娟）

**【制定出台推进“双十工程”实施工作方案】** 3月15日，区委、区政府制定出台《朝阳区推进“双十工程”实施工作方案》，强化组织领导，构建长效机制，狠抓工作实效，全力推进“双十工程”落实，使“双十工程”成为落实“十二五”规划的重要抓手，成为推动区域经济社会发展的重要载体。

（常凤娟）

**【长城友谊奖颁奖仪式】** 3月30日，“第二届中国特色世界城市论坛暨外国专家长城友谊奖颁奖仪式”在国贸三期楼内举行。全国政协副主席郑万通出席论坛并致辞。市委副书记、市长郭金龙为获“长城友谊奖”的外国专家颁奖，市委常委、常务副市长吉林致辞，区委书记陈刚主持论坛。世界银行中国局局长罗兰德（Klaus Rohland）与郑万通、郭金龙共同为论坛启动仪式揭幕。本次论坛以“聚焦中国特色，建设世界城市”为主题，以努力把北京打造成为国际活动聚集之都、世界高端企业总部聚集之都、世界高端人才聚集之都、先进文化之都、和谐宜居之都，全力推动“人文北京、科技北京、绿色北京”战略实施为目标，就探索北京建设中国特色世界城市的模式与路径进行高层次、国际角度的深入探讨。

（常凤娟）

**【绿化美化总结动员大会】** 4月1日，召开全区绿化美化总结动员大会，总结“十一五”时期绿化美化工作，明确“十二五”时期工作思路，部署2011年工作任务。会议总结区“十一五”时期特别是2010年的绿化美化工作，明确“十二五”时期工作思路，部署2011年工作任务。区长程连元作重要讲话。

（常凤娟）

**【卫生事业发展大会】** 4月7日，召开卫生事业发展大会，市卫生局局长方来英，区领导程连元、谢莹、张春秀、郑煌出席。会议总结回顾“十一五”时期卫生事业发展情况，分析当前卫生改革与发展面临的形势，明确“十二五”卫生事业发展总体思路，部署2011年卫生重点工作。方来英、程连元分别讲话。

（常凤娟）

**【城乡环境建设委员会全体（扩大）会】** 4月11日，召开全区城乡环境建设委员会全体（扩大）会，研究部署2011年重点任务。区长程连元出席会议并讲话。

(常凤娟)

**【开展“五一”节前安全检查】** 4月29日,区领导陈刚、程连元、佟克克、刘希泉、谢莹、李建海、阎军,区委书记助理聂清凯,带队到东风、平房地区以及朝阳流行音乐周举办场地检查“五一”节前安全工作。

(常凤娟)

**【开展“创建全国文明城区”工作检查】** 5月4日,区领导程连元、宋连娣、张春秀、刘英男带队赴广渠门外大街、双井路口、垂杨柳医院、劲松农光东里社区以及15#地1~9号住宅楼工地,检查交通秩序整治、窗口行业服务、社区为民办实事、外来务工人员集中生活区等情况,并与区文明办、区市政市容委、朝阳交通支队等相关部门及街道进行座谈。

(常凤娟)

**【市领导调研农村城市化工作】** 5月9日,市委书记刘淇,市委副书记、市长郭金龙围绕“加大统筹城乡发展力度,率先形成城乡一体化发展新格局”主题到朝阳区调研,市领导李士祥、牛有成、陈刚,市政府秘书长孙康林一同调研,区领导陈刚、程连元、刘希泉、李建海陪同。

(常凤娟)

**【“5·12”地震应急综合演练】** 5月12日,开展“5·12”地震应急综合演练,全区20余家单位、200余人参与演练。演练模拟6.5级地震发生后抢险救援、医疗救治、灾民救助等实际场景,着重检验地震后全区各应急力量间的协同作战能力,普及地震应急逃生技能。

(常凤娟)

**【引进名校校长座谈会】** 5月20日,区长程连元与引进优质学校负责人及引进优秀校长座谈,区委组织部、区委宣传部、区人力社保局、区住房城乡建设委、区教委等相关部门领导陪同。会上,程连元强调,引进、整合全国最优质的教育资源,有利于朝阳优质教育的均衡发展,有利于实现和其他省市的双赢,有利于促进全国优质教育文化的交融、交流,这项工作将坚定不移地开展下去;欢迎和鼓励优秀的校长和老师们到本区工作,同时也将创造条件全力支持校长、老师的工作。

(常凤娟)

**【公共安全馆开馆】** 6月29日,举行“朝阳区公共安全馆开馆仪式”,市政府副秘书长周正宇,市委政法委副书记、首都综治办主任、市流管办主任滕盛萍,市消防总队总队长张高潮,区领导程连元、陶晶、李国、赵全保、阎军出席。

(常凤娟)

**【教育工作会议】** 7月18日,召开全区教育工作会议。会上,副区长张春秀作《朝阳区“十二五”时期教育事业发展规划说明》。区长程连元讲话,分析朝阳教育事业发展面临的新形势、新任务,对下一步工作提出明确要求。

(常凤娟)

**【区领导调研】** 8月4日,区长程连元、常务副区长吴桂英等领导到朝阳区相关幼儿园进行调研,区政府办公室主任刘军胜等部门负责人陪同调研。10月26日,区长程连元、区委宣传部部长谢莹到区卫生系统调研,相关部门负责人陪同调研。11月30日,区领导程连元、谢莹、刘军胜调研CBD——定福庄国际传媒产业走廊重点项目。

(常凤娟)

**【研究人口发展综合评价指标体系】** 8月18日,召开专题调度会,研究完善朝阳区人口发展综合评价指标体系,副区长张春秀,区政协副主席、北京国际城市发展研究院院长连玉明参加会议。会上,连玉明就人口发展综合评价指标体系研究阶段性成果做汇报。北京国际城市发展研究院副院长朱颖慧按“以业控人、以房管人、以证管人、以财管人”的“四管”人口服务管理模式将研究体系进行指标分解,并作详细解释说明。张春秀强调,朝阳区立足区域发展全局,一直致力于探索统筹解决人口问题,人口发展综合评价研究工作走在全市前列;建立人口发展综合评价指标体系,旨在寻找一套相对科学、符合实际、有利于人口有序管理的考核评价体系,使人口发展更加符合区域功能定位,促进人口与经济社会均衡发展。

(常凤娟)

**【2011年北京CBD商务节暨世界CBD联盟年会开幕】** 9月15日,以“科学发展,要素聚集,低碳示范,引领创新”为主题的2011年北京CBD商务节暨世界CBD联盟年会在北京最高的标志性建筑——国贸三期开幕。全国政协副主席郑万通、国家商务部副部长姜增伟、国务院侨办副主任任启亮、中国商务区联盟主席龙永图、副市长程红、市政协副主席赵文芝、世界商务区联盟秘书长安德烈布兰、区委书记陈刚等领导共同启动开幕式特效。开幕式上,企业代表共同签订CBD低碳建设承诺书;中国国际期货有限公司、阳光保险集团股份有限公司、三星生命保险株式会社、中国国际金融有限公司等15家企业代表共同签署“绿色建筑先行,创建低碳商务区”承诺书,承诺将CBD核心区建设成为北京乃至全国领先的低碳、绿色、环保示范区。开幕式结束后,来自国内外知名专家学者围绕“城市商务区未来”专题进行精彩演讲。商务节活动历时5天,通过“世界商务区联盟年会”、“中国城市论坛北京峰会”、“首届北京国际定制文化暨设计博览会”等系列活动,塑造北京商务中心区在城市发展中的高端形象,提升城市国际化水平,加速首都世界城市建设步伐。

(常凤娟)

**【区领导检查冬季征兵体检工作】** 11月4日,区领导程连元、佟克克、贾彦翎、王春、刘军胜到朝阳区第二医院,检查冬季征兵体检工作。

(常凤娟)

【行政强制法专题讲座】 11月25日,区政府组织行政强制法专题讲座,程连元等区政府领导及相关委办局主要领导参加培训。

(常凤娟)

【朝阳艺术团成立】 11月29日,朝阳艺术团成立,区领导程连元、谢莹、于五一、刘军胜出席成立仪式。"朝阳艺术团"是由朝阳区热心公益性文化事业的文化名人、专业文化团队及群众文化队伍组成的艺术联盟,有各类文艺团队81支,专家45人,专业演员491人,文化能人75人,普通群众演员3639人,约5000人。艺术团聘请著名歌唱家、朝阳区文联主席李光羲为团长,艺术团下设声乐、舞蹈、曲艺、戏曲、杂技魔术、管乐、民乐等7个分团,13名全国知名艺术家任分团团长和副团长。

(常凤娟)

【区政府常务会 区长办公会】 年内,召开10次区政府常务会、39次区长办公会。研究综合经济、城乡建设、城市管理、民生发展、"十二五"专项规划、"双十工程"建设、文明城区创建、安全生产、社会治安、食品安全、防汛抗旱、劳动人事等方面的工作。

(常凤娟)

## 政府信息公开工作

【概况】 朝阳区政府信息公开办公室是朝阳区政府办公室内设机构,负责推进、指导、协调、监督全区政府信息公开工作和区政府、区政府办的政府信息公开具体工作。

地址:日坛北街33号

电话:65099831

邮编:100020

(叶易棠)

【年度报告】 3月31日,按照《中华人民共和国政府信息公开条例》规定,全区各政府信息公开工作机构统一向社会公布本单位2010年政府信息公开工作年度报告。报告包含概述,主动公开政府信息情况,依申请公开政府信息情况,因政府信息公开申请导致行政复议、提起行政诉讼的情况,政府信息公开工作存在的不足及改进措施等内容。

(叶易棠)

【工作研讨会】 5月5日,召开政府信息公开工作研讨会,北京市二中院、朝阳法院、区法制办和区政府信息公开法律顾问参加研讨会。会上,各单位就政府信息依申请公开的范围、不予公开理由的判定、"三安全一稳定"的适用等问题,进行广泛深入探讨。

(叶易棠)

【交流学习】 8月29日,邀请苏格兰政府信息公开专员、清华大学法学院老师举行座谈会,就朝阳区与苏格兰政府信息公开现状,以及信息公开主体、申请流程、救济途径、收费、不予公开的情形等具体问题进行交流和研讨。

(叶易棠)

【场所建设】 9月中旬,为全区19个地区办事处政府信息公开宣传查阅场所分别配备一台信息公开触摸式查询设备。为确保设备正常使用,各地区办事处指定专人负责设备日常管理和维护。

(叶易棠)

【副处级干部培训】 年内,在副处级干部培训班继续开展政府信息公开培训。授课老师由清华大学法学院副教授程洁担任,内容包括《中华人民共和国政府信息公开条例》出台的背景及重要意义,《条例》的主要内容和制度;市、区政府信息公开制度推进情况;基层政府信息公开主要内容及发展方向等。

(叶易棠)

【主动公开政府信息】 年内,全区各政府信息公开工作机构主动公开政府信息10719条,其中,机构职能类信息232条,占总数的2.16%;法规文件类信息361条,占总数的3.37%;规划计划类信息61条,占总数的0.57%;行政职责类信息51条,占总数的0.48%;业务动态类信息10014条,占总数的93.42%。

(叶易棠)

【依申请公开政府信息】 年内,全区各政府信息公开工作机构受理申请967件,其中区政府和区政府办125件,区级机关和区属机构469件,街道办事处和地区办事处373件。按期答复963件,其中同意公开204件,同意部分公开6件,不予公开49件,信息不存在的438件,非本机关掌握的128件,申请内容不明确的65件,非政府信息的23件,已移送档案馆的21件,其他29件。申请内容主要房屋拆迁、房屋权属、绿隔政策补偿、建设施工许可、竣工验收备案等。

(叶易棠)

【行政复议】 年内,涉及政府信息公开的行政复议申请27件,主要事由是不服本区政府信息公开工作机构具体行政行为,要求撤销已出具的答复告知书。27件行政复议全部办结,办结率100%,其中,维持行政机关具体行政行为23件,驳回申请3件,申请人自愿撤回1件。

(叶易棠)

【行政诉讼】 年内,涉及政府信息公开的行政诉讼140件,全部结案,办结率100%。其中,北京市二中院的1件,判决驳回原告诉讼请求,后上诉至高院,高院维持;朝阳法院139件,裁定驳回原告起诉123件,判决驳回原告诉讼请求9件,原告撤诉7件。

(叶易棠)

【年度考核】 年内,对2011年度全区各政府信息公开工作机构进行综合考评,评出政府信息公开工作优秀单位40个,其中政府部门20个,街道系统10个,农村系统10个,通报全区。

(叶易棠)

## 人事管理

**【概况】** 区人力社保局是负责本区人力资源和社会保障工作的区政府工作部门。区编办是北京市朝阳区机构编制委员会的常设办事机构,负责本区行政管理体制和机构改革以及机构编制日常管理工作,既是区委的工作机构,也是区政府的工作机构,与区人力社保局合署办公。

地址:日坛北街33号

电话:65099577

邮编:100020

(李智敏)

**【事业单位岗位聘任】** 1月,制定《朝阳区事业单位管理岗位聘任管理办法》(试行),提出在事业单位中设置八级以上非领导岗位(即非领导职务),规范事业单位管理人员聘任。

(李智敏)

**【考核奖励】** 1月~3月,完成2010年度公务员考核奖励工作。全区各单位参加考核7192人(处级1061人),其中1413人优秀(处级213人),基本称职1人,未定等次298人。全区受奖励人员共1897人(处级180人),其中嘉奖1430人(处级94人),记三等功467人(处级86人)。

(李智敏)

**【规范管理编制外用工】** 2月,举办区编制外用工规范管理试点工作布置会,对机关事业单位编制外用工规范管理工作进行布置,对8家试点单位的编制外用工规范管理工作提出要求。

(李智敏)

**【人事统计】** 3月,完成《朝阳区二〇一〇年度事业单位专业技术人才和管理人员人才资源统计表》、《朝阳区二〇一〇年度企业单位专业技术人才和经营管理人才资源统计表》各一套。

(李智敏)

**【专家库调整和评委换届】** 3月,完成中小学(含幼教)教师系列中级评审专家库调整和初评委换届工作,保障中小学教师职称评审工作高质量完成。

(李智敏)

**【博士后实践基地管理】** 5月,制定《朝阳区博士后(青年英才)创新实践基地暂行管理办法》,推进博士后(青年英才)创新实践基地发展。

(李智敏)

**【大学生村官】** 5月,组织大学生"村官"续聘、专项事业编及事业编岗位面试。有69名合同期满大学生"村官"报名参加面试,最终9人进入专项事业编制,2人考入事业编,续聘4人。通过笔试、面试等环节确定新一届大学生"村官"拟招聘人员110人。

(李智敏)

**【在线学习】** 5月~6月,开展科级及以下公务员在线学习试点工作,试点期间全区119家单位6485名公务员及参照公务员法管理机关(单位)工作人员参加在线学习,其中参加考核人员5296人,累计完成66622学时。

(李智敏)

**【毕业生接收】** 5月~11月,接收高校毕业生3875人,其中北京生源3252人,非北京生源623人;博士18人,硕士1292人,本科1800人,大专765人;机关事业单位1506人,非公企业2369人。

(李智敏)

**【事业单位公开招聘】** 6月~11月,组织两次事业单位面向社会公开招聘。参加招聘的单位为区委党校、区房屋征收事务中心等46家事业单位,提供工作岗位311个,招聘人员244人。

(李智敏)

**【创新实践基地挂牌】** 8月,中关村科技园区电子城科技园"北京市博士后(青年英才)创新实践基地"揭牌仪式在电子城IT产业园举行。

(李智敏)

**【继续教育论文征文】** 8月,组织全区机关事业单位参加"2011年继续教育论文征集活动",10余家单位27人报送28篇论文,人力社保局获优秀组织奖。

(李智敏)

**【公务员遴选】** 8月~9月,全区10家单位拿出科员职位计划遴选17名公务员(含参公人员)。有62人报名,合格并参加考试53人,经过各单位考核,最终有8个单位录用12名基层干部。年内,完成上年度下半年公务员招考和2011年公务员考录工作,招录公务员(含参公人员)372人。

(李智敏)

**【军转安置】** 10月,召开全区军转安置工作部署会,全面启动2011年度军转安置工作。全年接收计划安置军转干部330人,实际报到113人,其中团职20人,营连职93人;安置在公务员(参照公务员)岗位65人,事业单位28人。接收安置随军家属74人,其中自谋职业68人,政府安置6人。为43名上年接收的随军家属发放一次性补助累计122万元。

(李智敏)

**【事业单位网上登记管理】** 12月,举办为期3天的事业单位网上登记管理培训班。全区900余家事业单位参加培训,为今后事业单位网上登记工作顺利实施奠定了基础。

(李智敏)

**【人才引进】** 年内,办理高层次人才引进85人,其中硕士研究生及以上学历62人,具有高级职称17人,经综合测评办理引进5人,文体人才1人。

(李智敏)

**【高校毕业生就业】** 年内,举办招聘会179场,其中行业专场招聘会112场,综合招聘会67场,参会单位7662家,求职者115000人次,提供职位51488个。为98位低保家庭困难高校毕业生提供至少两次就业岗位信息,提供各种招聘会信息20余次，实现有就业意向的低保家庭高校毕业生100%就业。

（李智敏）

**【工作居住证】** 年内，接受申报企业注册783家，新办理居住证2904个，办理续签802个、受理基本资料257个、随往人员185个、居住地址71个、聘用单位622个、补办67个。

（李智敏）

**【教育培训】** 年内，举办军转干部、参照公务员法管理单位初任培训、继续教育培训者培训、正科、副科任职培训等各类培训15班次8769人。

（李智敏）

**【乡机构改革】** 年内，以转变职责为重点，基本完成乡机构改革工作。

（李智敏）

## 民族宗教工作

**【概况】** 朝阳区民族宗教办公室是主管全区民族宗教事务的政府职能部门。本区有汉、回、满、蒙、朝、藏等56个民族，少数民族人口约20.5万人（包括流动人口）。区内有民族工作重点街道、民族乡各1个，民族村11个；民族中、小学校7所；经批准的清真饮副食餐馆、专柜达180余家。区内有伊斯兰教、基督教、天主教、道教等4个传统宗教，爱国宗教团体3个、庙管会1个；有伊斯兰教清真寺9座，基督教、天主教教堂各1座，道教东岳庙1座；依法批准的基督教聚会点6个、涉外宗教临时活动场所2处；宗教教职人员47人，宗教信徒约6万余人；外国信徒近1万余人。

地址：团结湖北五条8号

电话：65094755

邮编：100026

（张婉月）

**【贯彻文明城区创建会议精神】** 年初，贯彻区文明城区创建专题会、部署动员会等会议精神，分析形势，查找问题，研究整改措施。将文明城区创建活动与部门日常工作紧密结合，将民族团结进步创建活动、巩固"和谐寺观教堂"创建成果、规范清真食品市场、组织参加全国民族传统体育运动会、"温暖行动在朝阳关爱民族宗教界"慰问活动等工作与创建全国文明城区相对接，丰富创建载体。重视加强与街乡和有关部门的沟通，指导建立完善民族事务服务体系，做好实地考察迎检准备。在区文明城区指数第二次测评中，区民宗办承担的3个测评指标测评结果符合率100%。

（张婉月）

**【东岳庙举行岱岳殿楹联揭幕仪式】**

1月24日，北京东岳庙楹联揭幕仪式在岱岳殿举行。全国政协常委、中国道教协会会长任法融，副区长张立新，区委统战部副部长黄亮，区民宗办主任王爱录到场为楹联揭幕。仪式结束后，领导和嘉宾们与东岳庙主持袁志鸿座谈，任法融对东岳庙道教活动健康发展给予肯定并提出建议。张立新希望东岳庙庙管会继承和发扬道教爱国爱教的优良传统，将道教传统文化不断发扬光大。

（张婉月）

**【明确2011年民族宗教工作要点】**

3月9日，区民族宗教工作领导小组下发《2011年朝阳区民族宗教工作要点》。加强宣传教育，扩大民族宗教工作社会影响力。将民族团结进步创建活动和全国文明城区创建活动结合起来，继续推进民族团结进步"五进"创建活动。努力改善民生，促进少数民族经济文化社会全面发展。强化依法行政，确保民族宗教领域安全稳定。落实《宗教事务条例》，依法管理国内和涉外宗教事务，加强基督教聚会点管理工作，做好区域内穆斯林群众朝觐报名、审查、上报等工作。全面加强宗教团体自身建设，不断提高各宗教团体和宗教活动场所管理水平。巩固"和谐寺庙教堂"创建成果，适时组织召开创建活动经验交流会，通过典型引路实现创建成果全覆盖。构建长效机制，推进民族宗教工作制度化、规范化。采取以会代训方式，在全区各街乡推广三级管理网络，分级分层做好各类人员培训。加强干部队伍建设，使职能部门成为学习型、服务型、和谐型机关。

（张婉月）

**【召开民族宗教工作会议】** 3月31日，召开2011年民族宗教工作部署会。区基督教、天主教、伊斯兰教、道教4个宗教团体负责人，全区各宗教场所所在街乡主管领导和具体负责民族宗教工作干部，区公安分局、安全局主管领导参加会议。会议就全年民族宗教工作要点、当前民族宗教形势，以及本年工作要求作部署进行对接；会上，将朝外街道加强民族社区建设的经验在全区各街乡进行交流推广。

（张婉月）

**【参加"干部下基层"活动】** 5月～9月，组成民宗办下基层行动小组，实名挂牌上岗，开展"干部下基层，周六创建行动日"活动。在活动中，与结对单位八里庄街道城市华庭社区的街道分片负责人、社区领导、业主代表、物业等各方进行对接与沟通，先后进入社区组织"建和谐社区，做文明养犬人"、"没有共产党就没有新中国·城市华庭社区书法笔会"，"清理垃圾小广告"等宣传实践活动。在对社区基本情况进行了解基础上，深入社区进行实地走访，广泛听取社区居民意见和建议。在宣传中，大部分群众对文明城区创建工作给予肯定和支持，并且积极建言献策。

（张婉月）

**【天主教召开换届大会】** 12月2日，区天主教爱国会第二次代表大会在朝阳区华膳园饭店举行。市宗教局副局长赵宏生和副区长张立新出席会议并讲话，北京市天主教爱国会、教务委员会主席、主教李山，北京市天主教爱国会秘书长石洪喜，区委统战部副部长石延刚，区民宗办主任王爱录,市、区有关部门领导和宗教团体负责人及代表90余人出席会议。会上,赵宏生对本区天主教爱国会过去5年的工作给予充分肯定,对大会表示祝贺,同时希望新一届领导班子继续高举爱国爱教旗帜,团结广大信众走与社会主义社会相适应的道路。张立新在讲话中强调要认真落实宗教事务条例,不断提高宗教事务管理能力;不断加强自身建设,增强爱国会在天主教信众中的凝聚力和号召力;继续弘扬天主教优良传统,维护民族团结和社会稳定,充分发挥爱国会特点和优势,为促进朝阳经济社会发展发挥更大作用。会议回顾总结区天主教爱国会第一次代表大会召开以来取得的成就和经验,审议通过《第一届委员会工作报告》和《区天主教爱国会章程》修正案草案,选举产生朝阳区天主教爱国会第二届领导班子,明确区天主教爱国会今后5年的工作任务,为区天主教事业发展奠定良好基础。

(张婉月)

**【天主教、基督教欢度圣诞节】** 12月25日,是天主教、基督教的传统节日——圣诞节。24日平安夜来临之际,全区4000余名信徒分别在基督教朝阳教堂、平房天主教堂欢度圣诞节。市委常委、市委统战部部长牛有成,市人大常委会副主任马振川,副市长程红,市政协副主席赵文芝等相关市区领导到教堂看望慰问宗教界代表人士,向信教群众表示节日祝贺,宗教界代表人士和信教群众对党和政府的关心表示感谢。区委统战部、区民宗办、区公安分局、东风乡和平房乡等有关单位领导一同到各宗教活动场所检查指导圣诞节工作。

(张婉月)

## 外事工作

**【概况】** 朝阳区人民政府外事办公室(简称区外办)是负责朝阳区对外国际交往和处理涉外及港澳事务的区政府工作部门,又是区委外事工作领导小组的办事机构。内设综合科、因公出入境管理科、国际交流科,行政编制10人。

地址:日坛北街33号

电话:65099237

邮编:100020

(李　采)

**【完成因公出国(境)压缩任务】** 年初,制定《2011年朝阳区因公出国(境)计划》。4月,市外办正式批复本区2011年党政干部(公务员及参照公务员管理人员)因公出国赴港澳额度,与前两年出访数相比大幅减少。根据团组实质性、必要性,制定调整原则:保障招商引资、采购设备、参加国际会议、人才培养等重点团组;在确保完成预定任务的前提下,精减团组中党政干部人数;双跨团组除执行紧急必要公务外,原则上一律取消或暂停出访。包括区委书记、区人大常委会主任在内的许多区领导主动压缩团组中党政干部人数;对线路相邻和业务相近的部分团组进行合并,赋予其多个考察学习任务;对部分缺乏实质性和必要性的团组,取消或推迟出访时间。

(李　采)

**【APEC卡申办工作】** 年初,出台《朝阳区APEC商务旅行卡申办实施细则》,4月正式对外发布并启动申办受理工作,对于本区企业拓展海外业务、促进经济交流合作具有积极作用。在《朝阳报》、朝阳有线、区政府网站等区级媒体及本区6家重点涉外经济部门刊物上发布APEC商务旅行卡相关法规、政策解释等,并向区私个协500余家会员单位发放宣传材料,大力开展宣传活动。7月,根据市外办《北京市企业人员申办APEC商务旅行卡管理办法》,修订本区实施细则,方便民企人员的持用和保管。本办及时联系朝阳有线电视台,录制访谈节目《APEC商务旅行卡助朝阳区企业"走"出去》,对此卡申办事项等进行全面宣传介绍。10月,按照市外办最新精神,再次简化区内对民企申办APEC的审批流程,并将外商独资、中外合资企业中方人员和台、港、澳资企业中的大陆人员纳入服务范畴。年内受理6家区内民营企业12人的办理申请。

(李　采)

**【境外领事保护】** "3·11"日本地震后,第一时间启动海外领事保护机制。利用朝阳有线、朝阳报和朝阳政务网等区内媒体,公布本区24小时海外领事保护呼叫热线,协调区社会办、农委、教委、商务委、旅游局等,在全区范围内摸排本区在日人员情况并实行零报告制度;及时联系本区计划赴日团组,促其调整行程,保障人员安全。

(李　采)

**【国际论坛】** 3月30日,联合区发改委等部门,举办2011中国特色世界城市建设国际论坛。在市外办支持下,首次将论坛与市外国专家长城友谊奖颁奖仪式有机结合,确保市长郭金龙出席论坛。本办邀请到外交学院院长、韩国首尔国际中心主任等高规格中外专家担任演讲嘉宾建言本区世界城市试验区建设,聘请到外交部翻译室国家领导人首席翻译张璐为论坛提供同声传音。

(李　采)

**【英语培训】** 5月,对160余家机关、企事业单位、窗口行业公务员外语人才情况进行摸底。大学英语六级以上或小语种专业公务员外语人才691人。6月～10月,面向全区20余家重点涉外部门和窗口行业单位公务员外语人才开办英语口语精英班及提高班,课时50小时,培训学员60余人。

(李　采)

**【2011百城论坛】** 6月9日,全国友协举办"2011百城论坛"。本区因在国际友城工作方面成绩突出,获友

城战略发展奖。区领导在国际化与国际友城主题论坛上进行专题演讲。

（李 采）

【国际啤酒节涉外应急处置】 7月16日～8月15日，在蟹岛度假村举办北京国际啤酒节。协助解决200余名外籍服务人员的签证等手续问题。对现场多处英文引导、指示标志进行核对，检查外语标志5万余字，确保公共设施双语标志的规范性。督促蟹岛集团制定涉外应急保障预案、加强外籍服务人员管理、对接有资质的涉外医疗机构等，做好涉外突发事件防范应急工作。

（李 采）

【国际民间友好论坛】 9月6日，配合市友协举办市首次大型国际民间组织活动。牵头区相关部门，完成属地保障服务各项任务，通过在会场摆放区宣传展板，播放朝阳宣传片和组织外宾开展朝阳专线参观等形式，扩大区域对外宣传和国际影响。区领导就民间交往经验在主论坛作专题演讲，并主持专题分论坛，有效借助市友协资源，提升区域国际影响力和国际化氛围。

（李 采）

【国际义卖活动】 9月17日，协助外交部在朝阳公园举办“大爱无国界——资助云南贫困山寨改造”国际义卖活动。参与协调会、现场会近20次，全面做好场地协调、后勤保障、节目助演等各项工作，并协调驻区企业为活动募集善款60万元。外交部已确定将此项活动永久落户朝阳公园。

（李 采）

【商务节服务保障】 9月，商务节开幕式上，市委书记刘淇会见出席商务节外籍嘉宾，提升活动整体规格，本办完成商务节国际活动报批、市领导邀请以及友城代表团接待等相关涉外工作。

（李 采）

【外语游园会】 10月15日～16日，在劳动人民文化宫举办北京外语游园会。本区作为分舞台，以“朝阳外语嘉年华”为主题，安排团结湖外语协会、麦子店街道、朝阳区公务员外语培训班等多家在“市民讲外语”工作中表现突出的单位以及白家庄小学、欧美同学会、加拿大国际学校、北京中加学校、泰国大使馆及商会、印度大使馆、马来西亚商会、小牛津幼儿园等近20家驻区单位演出节目近80场次，选送优秀节目10余场次参加游园会主舞台活动，其中4个优秀节目被组委会推荐为北京电视台“环球春晚”助演节目。

（李 采）

【信息工作】 年内，完成《朝阳外事通讯》37期的编辑和刊发，向市外办《外事和港澳通讯》刊物投稿50余篇，刊登近20篇。

（李 采）

【基层调研】 年内，对社区双语标志规范、居民外语学习等进行指导。到文化、教育、卫生、投资促进等重点涉外部门、街道、地区办事处、望京综合开发公司等企事业单位走访调研30余次，摸清区域对外交流情况，了解各单位“走出去”和“请进来”需求，有针对性地提供服务。

（李 采）

【培训成果】 年内，在CBD国际商务节等大型国际性活动中，本区公务员担任外翻译、笔译等工作。在公务员外语人才库中选拔5名外语人才参加外交部外派干部考试。其中1名干部进入外交部外派干部信息库并参加专业培训。

（李 采）

【接待党宾国宾参观团】 年内，完成外交部、中联部、市外办等交给的接待任务。接待党宾、国宾22个参观团组500余人次。包括爱尔兰前总理访问团、美国加州参议院代表团、香港传媒界高层访京团、泰国曼谷市议会代表团、立陶宛文化官员代表团、阿塞拜疆政府代表团、突尼斯高级官员代表团等。参观内容涉及经济发展、文化创意、医疗服务、传统民俗等领域。

（李 采）

【接待外国媒体】 年内，配合接待20余家外国媒体进行采访报道。配合外交部新闻司，协调相关部门及属地单位，组织“两会前瞻”城乡社区服务采访活动。组织美联社、欧洲新闻图片社等8家媒体境外电视台赴麦子店、高碑店采访。配合市外办，协调落实外国媒体采访日坛祭日典礼，日本媒体在三里屯、国贸采访录制中国经济专题节目等活动。

（李 采）

【领导出访】 年内，区四套班子领导率队，开辟爱尔兰、俄罗斯、匈牙利、立陶宛、摩尔多瓦等国家或地区建立友好联系渠道，为本区在上述国家发展友城奠定基础，与墨西哥墨西哥城库尔特墨区、爱尔兰共和国爱尔兰中国合作理事会正式签署合作协议，在经济、文化等领域达成合作意向，使本区签约数量达到18个国家24个城市(区)，友好联系城市(区)达到35个，友城布局更趋合理，形成CBD、奥运和世界城市建设等3方面国际友好城市交往格局。年内，区文明委主任随首都文明办团组赴德培训；组织区创建文明城区领导小组副组长刘英南率团赴美国、加拿大开展民防公共紧急事件处置、减灾救灾和灾难救援考察；区委常委、公安局长陶晶率区应急委组团赴美加考察超高层商业楼宇安全、城市综合防灾及应急管理工作；区城市管理监督指挥中心主任皮定均率团赴英国、希腊考察国外城市公共治理经验。

（李 采）

【签署合作备忘录】 年内，通过与商务部沟通，安排副区长李建海、张立新，配合胡锦涛主席和李克强副总理高访团成功出访签约。李建海代表区政府在美国与京沪(北京)国际品牌管理中心、伊利诺伊州政府商务厅、上海市长宁区政府共同签署合作备忘录,将为美国商品分销中心在北京的设立提供土地政策等方面支持。在韩国与浦项制铁株式会社签署战略合作协议,就该集团设立中国总部,投资建立世界级商务中心的有关事宜达成一致。张立新出访欧洲进行海外推广活动,就建立西班牙、英国商品中心分别与英中贸易协会和西班牙对外贸易协会签署合作备忘录,借机扩大东坝国际商贸中心的国际影响力、整合国际高端资源。张立新率区政府代表团访问韩国期间,与江南区政府签订《宣传合作谅解备忘录》,约定将通过互联网、室外广告屏、电视媒体等渠道,进行旅游、商务、文化等领域的相互推介。

(李　采)

**【境外培训】** 年内,配合区委组织部、区人力社保局、区教委,派出外专局立项的境外培训团组5个,涉及党政机关及事业单位人员94名。区统计局一名干部经过区、市选拔,获赴美国罗斯福大学参加为期1年培训资格,协调为其争取出访指标;协助区市政市容委城市景观规划发展中心、区城管大队等单位办理随中央或市相关单位组织境外培训团组;有4批校长和英语教师团组78人分别赴美国和澳大利亚参加培训,比上年培训人数增加一倍;为卫生局牵线搭桥,促成区疾控中心专业人员赴美交流培训。全年境外培训团组累计35个,130人次,内容涉及教育、政法、文化、卫生、农业、城市管理等。

(李　采)

**【非党政干部出访】** 年内,北京望京高科技产业园区3次组团,带领相关企业人员分别赴德国、法国、澳大利亚、美国开展交流。京客隆集团自2006年9月在香港联交所创业板上市后,需要每年多次前往香港,向联交所、中介及股东进行推介和作企业经营情况汇报。协调市港澳办为该企业主要领导办理1年多次往返签证,方便其在京港两地间往来。

(李　采)

**【与来访团组务实交往】** 年内,接待爱尔兰前总理、瑞士卢加诺市、匈牙利蒂萨铁堡市、秘鲁利马市米拉弗洛雷斯区以及法国企业家代表团等非友城代表团来访,对本区重点项目进行实地参观座谈,挖掘合作潜力。年内,接待来自美国、法国、爱尔兰、瑞士、日本、秘鲁等国城市代表团20批300余人。

(李　采)

**【对外经贸合作】** 年内,利用北京CBD国际商务节有利时机,邀请加拿大蒙特利尔CBD等国外知名CBD、澳大利亚塔姆沃斯市市长及知名专家,共同为北京CBD发展出谋划策。安排美国阿拉巴马大学伯明翰分校商学院代表团与驻区企业及高校开展交流与座谈。10月,组织本区原创时装设计师赴时尚业先锋地区韩国首尔江南区参与2011江南时装节的服装秀表演,展出传统旗袍等中式服装50余套,扩大区属品牌海外效应。

(李　采)

**【文化交流】** 年内,安排爱尔兰前总理等高访团观看国声京剧团演出。邀请韩国首尔松坡区书画协会与本区诗书画协会开展交流。联合区文委、小关街道办事处,邀请来自美国、日本、俄罗斯、澳大利亚、朝鲜等国顶级青少年艺术团体100余名青少年,在小关街道文体广场举办"社区一家亲,世界一家人"交流联欢活动,促进中外文化交流与融合,提升区域文化国际化、多元化氛围。

(李　采)

**【涉外环境建设】** 年内,与爱尔兰中国合作理事会签署友好交流与合作意向书,开启在文化、教育、卫生、投资等领域各种合作。3月,在世界城市论坛上,邀请担任韩国首尔国际中心主任的英国籍人士担任演讲嘉宾,参与讨论,会后安排专访,就韩国首尔在推进城市国际化进程中外籍人士的服务与管理经验进行探讨和交流,为本区建设外籍人士综合服务中心积累经验。利用美国友城阿拉巴马州伯明翰市的渠道,首次组织卫生系统专业人员赴境外开展专业医疗培训。

(李　采)

**【规范双语标志】** 年内,为全区15家单位进行各类双语标志规范、翻译、初审90余处,合计3万字左右,同比增长50%。在初审环节中,聘请北京外国语大学专家担任顾问,确保审核准确度。

(李　采)

**【涉外参观单位】** 年内,在全区范围内开展涉外参观点调查。对区内观光、餐饮、购物场所进行广泛摸底,着手建立全区涉外参观点数据库。完善对798艺术区、CBD管委会、奥运场馆、秀水市场、朝阳区规划艺术馆、高碑店村等外事品牌接待单位的指导。接待外交部机关干部团、市友协领导考察团等多个国家级、市级外事系统代表团赴朝阳调研。

(李　采)

**【驻区外籍人士服务管理】** 年内,配合区委社工委,以麦子店街道等外国人聚集区为试点开展国际化社区建设。提供双语标志规范标准及技术支持,指导协助其探索建立国际化社区建设相关标准。通过发放调查问卷、开展实地调研、召开座谈会等形式,了解外国人士需求,指导望京街道做好外国人服务中心的试点建设工作,提高外国人聚集区的国际化服务管理水平。

(李　采)

**【驻华使领馆属地服务】** 年内,协助解决秘鲁使馆雕塑安放问题、瑞士使馆车辆停放问题等。与菲律宾使馆、韩国使馆建立联系,就开展中菲友好交流年交流活动及建立外籍人士服务管理合作机制等进行初步探讨。

（李 采）

【初审接收资质】 年内，走访、检查申报聘请外国专家资格学校26所，年检抽查6所。走访、检查申报接收外国留学生资格学校3所，年检抽查7所。

（李 采）

## 法制工作

【概况】 朝阳区人民政府法制办公室是区政府主管法制工作的办事机构和职能部门，对区政府法制工作负有指导、协调、组织和监督责任。内设综合调研科、行政复议应诉科、行政执法监督指导科、信访复查科、规范性文件审查科，编制20人。

地址：日坛北街33号

电话：65094421

邮编：100020

（王喜庆）

【推进依法行政工作】 5月，召开2011年度依法行政工作会。会议总结上年区政府推进依法行政工作情况，下发《2011年政府法制工作要点》。8月，举办全区依法行政工作培训会。对各行政执法部门法制工作主管领导和法制干部进行"加强和创新社会管理，建设服务型政府"专题培训。11月，区依法行政领导小组召开依法行政机制创新工作会，正式启动行政调解联席会、行政执法部门联席会、行政执法刑事司法衔接工作联席会3项工作制度。

（王喜庆）

【规范性文件备案审查】 6月，成立规范性文件审查科。10月，下发《关于进一步加强规范性文件备案审查工作的通知》，强化规范性文件备案审查制度基础；全年审查区低保家庭劳动力就业补贴办法、区招标投标办法、中关村科技园区电子城西区地块土地合作开发协议等区政府签发的规范性文件、重大协议34件。其中协议、合同等重大决策事项23件，规范性文件11件。

（王喜庆）

【依法行政规划】 8月，起草《北京市朝阳区"十二五"时期依法行政规划》，并经2011年第7次区政府常务会议审议通过。规划从指导思想、基本目标、基本原则、主要任务、保障措施等方面，对新时期全区依法行政工作做出全面部署。

（王喜庆）

【行政执法人员培训考试】 10月，对新从事行政处罚工作的人员进行行政执法人员资格考试。13个部门96人参加考试，合格率100%。12月，对全区2300余名行政执法人员进行《行政强制法》考试。

（王喜庆）

【行政复议】 10月，国务院法制办行政复议工作组到区检查行政复议工作。检查组认为区复议工作领导重视、注重宣传、办案效果好、工作有创新，成绩显著。12月，区法制办被国务院法制办授予"全国行政复议工作先进单位"荣誉称号。区法制办全年审理行政复议案137件（含上年结转11件），审结117件。在审结的案件中，维持45件，不予受理28件，撤回终止17件，驳回行政复议申请16件，撤销3件，案前和解7件，确认违法1件，纠错率为3.42%，同比降低1.23%。案件类型包括：不服房屋拆迁33件，不服行政不作为24件，不服行政处罚20件，不服信息公开18件，其他类型30件。

（王喜庆）

【依法行政教育培训】 10月～11月，针对全区各街乡、各部门分两次组织落实《行政强制法》学习培训；邀请市法制办主任周继东，在11月24日第十次区政府常务会上就行政强制法做专题讲座；全年148名科级干部接受依法行政专题培训。依法行政列入区委党校处级干部进修班和中青年干部进修班常规课程。

（王喜庆）

【为区政府提供法律服务】 11月，在处理"中海项目"被强拆户善后处理问题、国贸三期被拆迁户聚集闹访问题等事项中，为区政府及有关部门提供决策法律意见。配合地下空间治理，起草《朝阳区人民防空工程和普通地下室安全使用管理实施意见》等规范性文件，负责做好相关政策调整后执行司法强拆的各项准备工作，为区政府各部门依法决策、合法行政提供相应制度和法律保障。

（王喜庆）

【行政执法案卷评查】 11月，对抽取的55本行政处罚案卷和54本行政许可案卷进行集中评查。区法制办按照《朝阳区行政执法案卷评查办法》，坚持每年对行政执法案卷进行抽查和集中评查，并将评查结果进行通报。从评查的初步情况看，行政执法的整体质量与上年相比有所提高。

（王喜庆）

【被复议和应诉案件代理】 年内，代理区政府被复议案件14件，行政应诉案件15件，民事应诉案件1件，累计30件。其中，不服集体土地和宅基地发证12件，不服国有土地发证1件，不服强制拆迁腾退2件，不服复议决定3件，不服信息公开决定7件，提起上诉6件。

（王喜庆）

【行政复审】 年内，做好拆除违法建设案件复审工作，全年办理拆违复审案件15件，均为查处违法建设案件。

（王喜庆）

【行政强制清理】 年内，开展行政强制文件清理工作。未清理出涉及行政强制的规范性文件，说明近年全区规范性文件没有违法设立行政强制的情况。清理出区政府及各部门作为行政强制主体33个部门，共85项行政强制事项。

（王喜庆）

【信访复查】 年内，接待信访复查

来访群众198批675人,审查信访复查案件106件,同比下降33.3%。办结复查案件101件,其中维持原办理机关答复意见49件,责令原办理机关重新答复39件,撤销原办理机关答复意见7件,纠错率45.5%。不予复查4件,因信访人撤回复查申请而终止审理2件。收到市政府信访复核意见书36件,全部维持区政府复查意见。其中,拆迁类案件量居高不下,反映农村类案件问题多,反映物业管理问题案件明显增加。

(王喜庆)

## 信息化工作

**【概况】** 朝阳区信息化工作办公室(简称区信息办)是全区信息化主管部门,负责指导、组织和实施辖区内信息化建设。下设电子政务与社会信息化科、软件与信息服务业科、综合管理科和信息网络中心。

地址:朝阳区日坛北街33号

电话:65094288

邮编 :100020

(刘润军)

**【编制专项规划】** 年初,总结“十一五”时期信息化成果,编制“十二五”时期信息化发展规划,征求专家、政府部门、企业等各方意见,按照“新四区”建设要求超前谋划,明确未来5年全区信息化建设和信息服务业发展战略目标和重点方向。

(刘润军)

**【开展架空线入地统计】** 3月起,安排专人统计分析汇总全区信息化相关的架空线情况,组织30多个街乡及相关单位汇总数据、绘图、现场核实、整理等,为防止因架空线整治导致政务资源损失、业务瘫痪提供辅助支持。

(刘润军)

**【开展东湖街道物联网基础设施试点】** 6月,完成东湖街道办事处和电子城西区大约8平方公里范围内进行物联网基础网络建设和应用试点工作,打造以“一套基础网络、三个试点区域和三大领域应用”为核心的“1+3+3”试点工作模式。“一套基础网络”是指包括基站、政府专网、无线城域网络在内的政务物联网专网,4个无线宽带基站、数十个无线中继以及上百个微型传感器所形成的网络覆盖8平方公里区域。“三大试点区域”包括北小河公园的图像监控与人流计数分析、内湖四水联调和太阳能楼顶节能的休闲区域物联网应用;东湖街道办及周边的相关应用,包括办事处红外电子边界、办公楼节电宝节能减排、白家庄小学智能报警柱等社区物联网应用;在电子城西区望京科技园区实现无线上网、室内温、湿度、光照监测等园区物联网应用。“三大领域应用”指在服务民生、城市管理和应对突发事件等3个领域的应用。在望京区属道路开展智能交通物联网推广建设,安装6个点12个路感器,实时采集道路车辆数据信息。副市长苟仲文、市经信委副主任白新考察物联网望京示范网,对物联网道路感知系统给予肯定。

(刘润军)

**【无线电管理】** 6月,解决高考期间通信干扰问题,保障高考的正常秩序,净化全区无线电磁环境。8月,加强无线电管理宣传,完成无线电管理宣传月活动。通过开展现场宣传、社区宣传、媒体宣传、网络宣传等宣传活动,普及无线电科普知识和法规知识,提高社会公众依法设置无线电台站和使用无线电频率的意识。

(刘润军)

**【完成文明城区创建任务】** 截至9月底,完成文明城区创建工作的3项主责任务和8项配合任务。利用政府网站开展公共服务,实现政务信息资源共享,为企业和社会公众提供“一站式”服务;协调网络运营商,超额完成互联网用户数,全区互联网用户近30户/百人;在短期内迅速组织对区级统建摄像头安装标志标牌1700多块。同时,组织街乡对重点区域自建摄像头按要求安装图像标志。协调区创建办、公安分局、教委、卫生局等单位对相关重点公共区域的社会单位摄像头进行整顿。配合区政府办、监察局、文创办等主责单位,接受社会监督、加快政府诚信体系建设;开展文明城区创建工作网络宣传、文明办网和文明上网活动、落实互联网安全管理责任、推广绿色上网软件、普及文明礼仪知识等。

(刘润军)

**【制定智能交通系统技术方案】** 10月,配合区交通委试点采用物联网技术缓解交通拥堵。完成东三环交通拥堵问题量化测试、科学分析,编制双井桥——劲松桥、十里河桥交通流线优化方案,规划包含高清监控、传感探测、全景拼接、智能分析、联动控制、公共广播等信息化手段的东三环交通智能信息化管理系统方案,为本区交通缓堵、交通智能管理方面的研究进行探索。

(刘润军)

**【规范信息化项目和资金管理】** 年内,加强与区财政局、审计局、监察局沟通协调,规范项目管理程序,完善信息化项目管理平台,加强对项目过程和资金使用情况的监督检查,共同探索更加科学的预算编制方法,修订信息化专项资金管理办法和资金使用流程,提高资金使用效率。

(刘润军)

**【落实信息化基础设施“双进入”工作】** 年内,落实《北京市信息化基础设施提升计划》,落实政府、企业“双进入”工作机制,完成市协调办下发的难点任务。协调推进小区、企业光纤入户试点工作,协调各大电信运营商制定本区43个街乡20兆入户、100兆到企业、六大功能区10千兆到高端企业的实施方案。完成20兆宽带小区510个,100兆互联网接入企业1150余家,1000兆互联网接入高端企业101家。申报市2011年信息化基础设施提升计划支持项目,获市支持资金。推进联通无线网络在30个宽带试点小区、1个信息化试点村的应用。加强“双进入”工作宣传力度,定期到社区开展现场办公、沟通宣传,同时利用网站、有线电视、报纸等媒体宣传“双进入”深入推广工作,消除社区居民的问题、疑虑和误解。

(刘润军)

**【提升基础设施建设】** 年内,WLAN建设以CBD商圈、高校等数据热点区域为突破口,西起东大桥路、东至西大望路,南起通惠河、北至朝阳路之间3.99平方公里的区域,进行WLAN网络建设规划,实施WLAN规模化建设,为CBD提供一个优质的电子商务网络环境和通信环境。

(刘润军)

**【保障信息网络安全稳定】** 年内,建立政府网站网络安全管理防护策略。从物理、网络、应用多个层面做好安全管理,加强核心数据安全管理,对核心网络和服务器部署多套安全管理措施。对重要数据进行定期备份,制定信息安全管理应急预案,开展全区信息安全检查和应急演练,切实保障全区网站群和信息系统正常运行。

(刘润军)

**【健全软件正版化工作机制】** 年内,会同财政局、商务委、知识产权局完成全区软件正版化检查和整改工作。建全软件正版化检查工作长效机制,获北京市政府机关软件正版化工作先进单位称号。

(刘润军)

**【升级完善全程代办系统】** 年内,与区监察局共同对全程代办系统进行升级,规范业务流程,完成全部街乡培训和读卡器安装工作,纳入区监察局考核。年底实现全程代办系统114项办理事项及办事指南的外网展现,方便公众办事查询。

(刘润军)

**【政务信息资源共享】** 年内,基本完成全区政务信息资源共享交换平台建设,完成电子政务信息资源共享交换平台数据的平稳迁移,包括实有人口、GIS、政民互动等17类数据源。编制全区基础政务资源数据标准与规范,统一全区各信息管理系统中涉及人口、单位法人、房屋、空间、经济等方面数据信息格式与编码规则。加大对全区人口、监察等重点政务信息资源进行业务梳理和目录编制工作,实现民政局、监察局、流管办、发改委和财政局等区属部门应用系统中数据的整合,为区计生委、区监察局、区委政法委、区文化委、区绿指办等单位和第六次人口普查提供专题应用服务。

(刘润军)

**【公共服务】** 年内,在已经梳理区内40个部门1400余项行政办事和公共服务项目基础上,建立区政府网站资源服务目录体系,方便公众了解办理流程、实现网上申报,提高政府政务服务效率。完善区政府门户网站,设立朝阳生活服务专栏,按照百姓关注的民生重点领域划分栏目结构,结合街乡办事服务,让群众在教育、社保、就业、医疗、住房、交通等领域快速便利地查看信息,并能找到街乡周边的服务单位,使之成为百姓日常生活的重要信息门户。增加政民互动系统“短信平台”功能,拓展政民互动系统空间的范围限制,使信息反馈更有针对性和可追溯性。

(刘润军)

**【全模式社会服务管理平台应用】** 年内,提升数字化、精细化、高效化和系统化的社会服务管理体系应用效果,整合全区各业务部门资源,深化平台在应急管理、城市管理、综治维稳、安全生产、社会事业、社会保障、社会服务、经济动态、法律司法、党建工作等10个社会服务管理领域的应用,使基础数据信息、业务办理平台、统计分析系统、考核评价及信用监测体系等有机融合,为各部门、各系统开展社会服务管理工作提供服务与支持。朝阳区全模式社会服务管理平台获2011中国城市信息化管理创新奖。

(刘润军)

**【数字电视政务平台】** 年内,督促和配合歌华有限公司推进高清交互部署工作。年底,全区已累计发放高清机顶盒60余万户,完成市政府折子工程60万户要求。

(刘润军)

**【建设有毒有害气体防控系统】** 年内,推进政府为民办实事项目,上年10月至本年3月采暖季期间,在流动人口较密集的9个乡3.8万间出租房屋安装部署一氧化碳等有毒有害气体预警防控系统,利用物联网技术提升城市安全运行管理水平,确保整个采暖期内安装此系统的出租房屋无中毒死亡事件发生。在一氧化碳中毒防控系统项目试点的基础上,总结好的经验与方法,在东湖、潘家园和团结湖街道选取2000户城市居民楼房作为试点进行有毒有害预警防控,利用我国自主知识产权的无线传感网技术,提供技术支撑,提高工作效率。8月20日起,在望京西苑二区开展“安全家居”预警防控系统宣传及推广活动。截至年底完成2000户预警防控系统安装任务。

(刘润军)

**【图像信息管理系统】** 年内,推进区级图像信息管理系统平台图像资源整合工作,街乡整合36个,配合完成区维稳办、区环卫等指挥中心图像调用功能,保障区应急指挥中心、各专项指挥中心、街乡城市综合管理指挥中心和派出所等指挥部门的日常图像应用。探索图像信息管理系统的新应用模式,将已整合图像传输到手机上,为区领导远程监控现场情况、决策指挥提供服务,还可通过查看交通道路信号直观了解道路拥堵情况,为智能交通疏堵提供服务。将人流密度分析与摄像头相结合,为奥林匹克公园、朝阳公园、长安街沿线等重点活动和人流密集场所提供量化数据,分析实时人流情况和趋势。

(刘润军)

**【加强应急指挥管理】** 年内,完善应对各类突发公共事件和各种重大活动的应急通信保障机制,编制应急指挥预案并开展演练,完成区级应急移动视频系统的升级和整合工作,实现区应急办、区信息办、区民防局、区公安分局等单位车载、单兵移动视频的共享应用。在4.11和平街燃气管道爆炸事件中,区信息办迅速响应,妥善处置,出动应急车辆,派专人24小时现场值守,将现场图像信号实时接入领导手机和区级指挥中心,为领导远程指挥决策提供技术支持。完成5.12全区应急演练任务,及时准确把现场图像信号传送到指挥中心。完成蟹岛国际啤酒节历时1个月的应急值守保障任务,将蟹岛园区内图像传输到区总值班室和领导移动终端,并采用3G单兵设备作为室内或近距离图像传输的应急备份,应急指挥车作为外围保障,各项值守保障工作到位。

(刘润军)

**【推进信息服务业发展】** 年内,制订《朝阳区"十二五"时期电子商务发展专项规划》,协调区有关部门落实支持电子商务发展的专项资金。组织系列电子商务产业活动,包括2011北京CBD商务节电子商务专题研讨会、首届中国315电子商务诚信研讨会、第14届北京科博会智慧北京馆电子商务主题展等。被中国电子商务协会授予"中国电子商务国际化创新发展示范区"称号,区内15家国内外电子商务企业代表发起签署《全球电子商务与CBD发展北京倡议书》。年初,以区政府名义印发《促进朝阳区信息服务业发展的指导意见》,对今后5年全区信息服务业发展起到指导性作用。

(刘润军)

**【办理代表委员提案】** 年内,办理政协委员提案3件。

(刘润军)

**【加强对外交流合作】** 年内,组织区内重要部门信息化主管领导赴上海、苏州等地学习考察信息化先进技术和管理理念。接待江西省赣州市、IBM公司负责人来访,加强与社会各界的交流合作。

(刘润军)

## 信访工作

**【概况】** 中共北京市朝阳区委、朝阳区人民政府信访办公室挂北京市朝阳区社会矛盾调处中心牌子。内设综合办公室、来信受理科(北京市朝阳区人民政府人民建议征集办公室)、来访接待科、排查科、矛盾调处室(重大矛盾研究室)、联席会议办公室和督查督办科,现有行政编制24人。

地址:日坛北街33号

电话:65099121

邮编:100020

(刘福森)

**【党政干部接访月活动】** 2月23日,区委、区政府部署2011年全国"两会"期间党政干部接访月活动。2月23日~3月18日,区委、区政府领导班子正职、副职在区信访办每日轮流接待群众来访,相关部门工作人员陪同接待。各街乡、各部门领导班子正职、副职在本单位固定接待场所排班轮流接待,时间不少于半天。接访月首日,区委常委、区纪委书记宋铁健接待群众来访7批、11人。

(刘福森)

**【部署信访工作】** 2月24日,召开政法信访维稳工作会。区委常委、区委政法委书记佟克克,区委常委、副区长刘希泉,区委常委、武装部部长李彦田,区人大常委会副主任王亚贵,副区长赵全保,区政协副主席刘乃晨等区领导出席会议。区委、区政府各部委办局正职领导,各街道、地区工委(乡党委)书记,主管信访、综治工作的副职领导以及信访办主任参加会议。区委、区政府对2011年信访工作提出全面落实信访工作领导责任制、构筑用群众工作统揽信访工作网络、着力规范信访业务和基础性工作、深入开展信访风险评估和分析调研工作、加快推动"事要解决"、深入开展信访系统创先争优活动6项要求。

(刘福森)

**【开展人民建议征集行动】** 3月,围绕《2011年在直接关系群众生活方面拟办的重要实事》,全区开展第一次人民建议征集专项行动,自18日~25日为期一周,人民建议征集专项行动累计征集人民群众意见和建议43条,涉及幼儿入托、小区管理、医疗用药、交通管理、黑车治理、危房改造、农村社区化建设等7方面内容。

(刘福森)

**【陈刚到区信访办接访调研】** 3月3日,区委书记陈刚到区信访办参加党政领导干部接访月活动,并调研信访工作。常务副区长吴桂英,副区长李建海陪同。区信访办就近期接访和重点矛盾排查化解工作有关情况进行汇报。陈刚强调,全区各单位要按照对群众负责的态度,各司其职,做好"两会"期间的信访工作。既要保持信息畅通,对不稳定的矛盾隐患及时摸排、及时上报、及时处置,又要加强协调督办,对全区排查出的29件重点矛盾纠纷,组织协助相关职能部门落实措施,解决问题。结合群众来访反映的突出问题,陈刚对金盏金融园区建设被拆迁人回迁和转工转居问题、麦子店正旭晶典花园开发商违法建设致使业主无法办理产权证问题进行现场调度。

(刘福森)

【程连元调度重点矛盾纠纷】 3月9日,区长程连元主持召开重点矛盾纠纷专题调度会,研究解决奥运村大羊坊社区天然气问题等4件重点矛盾纠纷。程连元要求,各单位要秉承对群众负责的原则,把民生工作当成重中之重,关注百姓生活中最迫切的实际困难和问题,积极协调,妥善解决,真正做到为群众做好事、办实事,解难事。调度会后,程连元到区信访办慰问参加领导干部接访月活动的信访干部。

(刘福森)

【召开信访系统创建文明城区工作推进会】 3月15日,召开全区信访系统创建文明城区工作推进会。各街乡及相关委办局信访办主任参加会议。会议通报第二次全国文明城区测评涉及信访工作相关情况,对信访系统创建全国文明城区测评任务和档案提交范围进行讲解,劲松街道办事处和呼家楼街道办事处做经验交流发言。

(刘福森)

【接访月活动总结暨接访工作座谈会】 3月29日,召开2011年党政领导干部接访月活动总结暨接访工作座谈会。区委社会工委、区委农工委、区委政法委等单位的主管领导参加会议。会议总结出全区党政领导干部接访月活动的"四结合"经验,即接访与调度相结合,下访与约访相结合,独立接访与联合接访相结合,上下联动疏堵结合。会议对下阶段接访工作进行部署。

(刘福森)

【获市信访排查调处工作先进集体称号】 4月13日,在北京市第十二次信访排查调处工作会议上,市委、市政府授予朝阳区2006~2010年北京市信访排查调处工作先进集体荣誉称号。双井街道办事处、崔各庄地区办事处也获得先进集体荣誉称号。

(刘福森)

【信访条例宣传周活动】 4月18日~22日,开展"依法信访,畅通有序"宣传周活动。设立主要宣传站205个,悬挂横幅356条,张贴宣传画355套,宣传板报564块,发放"依法信访、共筑和谐"宣传折页2.05万套、宣传环保手提袋1.6万个,向群众提供《信访条例》23454册,布置公开承诺栏136个,便民措施201件。各宣传站以现场受理信访、进行矛盾纠纷调处等形式进行信访条例宣传。473名街乡、社区(村)干部、4065名党员干部及27900名群众参与宣传活动。

(刘福森)

【召开工作部署暨培训会】 5月13~14日,召开全区用群众工作统揽信访工作部署暨培训会。市政府副秘书长、市信访办主任薄钢,区委常委、区委政法委书记佟克克出席会议并讲话。区群众工作领导小组成员单位主管领导、各街乡信访工作主管领导及信访办主任,部分委办局信访工作主管领导和东城、西城、昌平、大兴、延庆区县信访办领导等参加会议。薄钢肯定全区开展用群众工作统揽信访工作所取得的成绩,对狠抓工作落实和积极进取的工作作风表示赞赏,并针对用群众工作统揽信访工作的新实践提出要求。佟克克对全区用群众工作统揽信访工作提出意见。

(刘福森)

【领导调研】 6月14日,副区长赵全保到区信访办调研工作,提出要全面提升信访干部队伍工作素质;集中力量,通过下基层指导和服务,帮助基层解决信访问题,将矛盾纠纷化解在萌芽状态;不断创新,研究解决信访问题新机制,牢记"发展是第一要务,稳定是第一责任",党政一把手亲自抓、负总责,全面落实信访工作领导责任制;切实发挥信访部门的参谋助手作用,为区委、区政府献计献策。9月21日,副区长刘军胜到区信访办参加周三区领导接待日并调研信访工作。在听取区信访办的汇报后,刘军胜指出,区政府持续高度重视和关注信访工作,各级信访部门已经成为党和政府联系人民群众的桥梁纽带,在倾听民声、了解民情、关注民需、促进民生方面做了大量工作。10月14日,市政府副秘书长、市信访办主任薄钢带队,到区内调研信访重点矛盾化解。区委书记陈刚、副区长刘军胜陪同调研并座谈。薄钢对全区重点矛盾化解工作取得的成绩给予肯定,并指出,朝阳区委、区政府高度重视信访重点矛盾化解工作,从讲政治的高度,以社会服务管理创新为切入点做好信访重点矛盾化解工作,强化初信初访问题的解决,全力做好信访重点问题的解决工作,确保重信重访化解率达到90.7%,重点矛盾纠纷和信访积案化解率达到91%,成绩喜人。在坚持政策原则性基础上,灵活运用策略,创造性地化解矛盾纠纷。

(刘福森)

【陈刚慰问信访干部】 7月8日,区委书记陈刚到区信访办看望慰问全体工作人员。区委副书记宋连娣、副区长赵全保陪同慰问。陈刚首先对上半年全区信访工作给予肯定,并向区信访办及全区基层信访干部表达谢意和慰问。陈刚指出,2011年上半年,全区信访维稳大环境复杂,前期发展过快积累的矛盾频发,维稳难度大,重大敏感事多。在艰巨的困难面前,区信访办及全区基层信访干部顶着巨大压力,艰苦细致地开展工作,为区委区政府分忧,为群众百姓解难,为朝阳区发展做出不可或缺的贡献。陈刚强调,虽然本年全区工作千头万绪,难度大,任务重,但有市委、市政府对朝阳的认可,有各级领导对朝阳的关注,有保持着昂扬斗志、优良作风和朝气蓬勃精神面貌的各级干部,区委、区政府对做好下半年工作充满信心。陈刚要求区信访办继续做好信访接待工作,有效发挥搭建平台、化解矛盾的积极作用,把矛盾吸附在区内,全力以赴完成下半年工作任务。各单位要重视安全稳定工作,始终把维护安全稳定作为各项工作的重中之重,多途径、多渠道开展矛盾化解工作,尤其要切实解决好农村问题、促进全区和谐稳定发展。

(刘福森)

**【国家信访局到本区指导矛盾纠纷化解工作】** 7月27日,国家信访局接访司副司长张艳明带队到本区指导矛盾纠纷化解工作。市信访办信访督查专员孙贵芳、接访处处长盛京兰,区长助理杨中元陪同。张艳明首先对全区信访工作给予充分肯定,针对近期农村地区突出的信访问题,要求全区继续保持与国家信访局、市信访办的联系沟通,统一接待答复口径,共同做上访群众思想疏导、政策解释和矛盾化解工作。必要时,可以三级机构联合接待上访群众,合力确保朝阳和首都和谐稳定。

(刘福森)

**【召开信访工作基层培训会】** 8月4日~5日,本区召开用群众工作统揽信访工作基层培训会。各街乡信访办主任及520个社区(村)书记、主任参加培训会。会议详细解读《朝阳区关于用群众工作统揽信访工作的实施意见》和《关于用群众工作统揽信访工作的实施方案》,对全区信访及矛盾化解体系建设运行情况、当前全区的信访形势等进行系统分析,在用群众工作统揽信访工作的理念和具体环节上出建议和思路。

(刘福森)

**【举办网络化建设培训班】** 8月29日~31日,信访系统举办2011年办理群众来信工作网络化建设培训班。全区各街乡、部分委办局、国资委系统、社会团体等134家单位主管领导和信访干部参加培训。培训会对全国信访工作系统、北京市信访综合信息系统、市长信箱和朝阳区信访工作系统四套网络化办信工作系统的使用方法和操作流程进行详细讲解,并通过现场指导与上机操作强化培训效果。

(刘福森)

**【召开用群众工作统揽信访工作推进会】** 10月25日,全区组织召开用群众工作统揽信访工作推进会。副区长刘军胜出席会议并讲话。刘军胜对全区开展用群众工作统揽信访工作以来狠抓工作落实和积极进取的作风表示赞赏,要求全区要以群众理念为宗旨,充分发挥信访工作的重要作用;要以群众工作方法为指导,扎实锤炼信访工作本领;要以群众工作为统揽,持续激发信访工作的无限活力。

(刘福森)

**【信访情况】** 年内,区信访办受理群众来信来访10534件(批)次,与上年同比上升9.0%。受理来信6970件,与上年同比上升17.0%。其中,联名信216件15887人次,与上年同比件次上升13.7%,人次下降21.5%;接待来访3564批13218人,与上年同比批次下降3.9%、人次下降8.9%。到市集体访24批,与上年同比上升4.3%。群众反映的问题主要集中在拆迁安置、住房问题和社会保障3类问题,分别占信访总量的16.4%、8.6 %和8.4%。

(刘福森)

**【人民内部矛盾排查情况】** 年内,区排查办开展3次排查工作,立案45件,全部实行区领导包案。年内结案45件,化解率100%。

(刘福森)

**【督查督办工作情况】** 年内,对复杂疑难信访问题深入分析研判,建立督查督办工作台账。分别召开协调会,商定责任单位和工作期限,从速化解。挂账上级机关交办的督办事项和区内重点矛盾纠纷140件全部结案,结案率100%。

(刘福森)

## 档案工作

**【概况】** 朝阳区档案局与朝阳区档案馆合署办公,为区政府直属事业单位,经费全额拨款。区档案局为区政府负责本区档案事业行政管理的主管部门,履行本区档案事业的行政管理职能;档案馆负责本区档案和有关资料的收集、保管和开发利用等工作。内设办公室、业务科、法规科、收集科、保管科、利用科、整理科、信息化科8个科室,编制46名。

地址:日坛北街33号
电话:65094976
邮编:100020

(杨馨珠)

**【爱国主义教育基地】** 1月初至3月22日,"感动朝阳 文明有我——'感动朝阳十大新闻人物'先进事迹图片展"继续在劲松电影院、区国税局、豆各庄乡等单位进行巡回展出,累计4万余人次参观。6月23日~7月10日,纪念建党90周年主题展览"为了人民的幸福"启动仪式暨组织史料丛书首发式在朝阳规划艺术馆举行,以"时代车轮"寓意贯穿展览全部,通过大量图片、文字、实物及声、光、电等高科技手段,回顾建区以来党的建设发展历程,累计1万余人次参观。10月16日,举办以"档案为您服务"为主题的第三届"档案馆日"活动,开展馆舍开放、查阅体验、现场宣传、展览参观、"分享教育人生"特色活动等5项活动,接待以太阳宫、天福园等社区居民为主的观众220余人。

(杨馨珠)

**【档案培训】** 3月21日~25日,举办档案人员专业知识培训,主要内容有档案工作综述、档案法制工作、档案开发利用工作、档案保护技术、公文处理、文书、会计、基建、设备、照片、电子等门类档案的管理,并组织开展市档案工作者教育培训网的岗位培训学习。全区59名新上岗专兼职档案人员取得专业知识培训证书。5月31日，对常营回民自治乡新成立11个社区的主管领导和档案员进行档案知识培训，内容包括社区档案分类、整理及目录填写。6月8日，与区工商联共同组织非公企业档案网上培训。近40家企业的47名档案人员参加培训。10月27日~28日，举办档案人员继续教育培训，培训内容包括档案法制工作、区"十二五"规划介绍、儒家文化——《论语》对人们的启示、参观国家博物馆等，面授培训16学时。全区110名档案人员参加培训。同时，组织全区档案人员参加市档案工作者教育培训网的继续教育培训，网上继续教育20学时。

（杨馨珠）

**【执法检查】** 7月下旬至10月初，对全区68家单位进行执法检查。同时，对其中27家机关档案工作目标管理一级单位进行一级复查，对部分文明城区创建试点单位创建档案进行重点检查。

（杨馨珠）

**【档案目标管理】** 年内，北京市垂杨柳中学、北京市清华大学附属中学朝阳中学、北京市八十中学、北京市朝阳区白家庄小学晋升为科技事业单位档案管理北京市先进单位。

（杨馨珠）

**【档案管理】** 年内，扫描案卷79734卷，扫描档案47618565页，完成馆藏67个全宗扫描工作。截至12月31日，接收数字化光盘1356张，完成照片档案357张照片的著录、扫描、挂接、备份工作。

（杨馨珠）

**【档案收集】** 年内，接收案卷4018卷、6551件，录音磁带录像磁带和影片档案12盘，主动拍摄并征集照片1525张，光盘12盘，征集档案和图书资料等60卷107件。

（杨馨珠）

**【档案鉴定开放】** 年内，对馆藏91个全宗满30年78287件档案实施开放审查。经审查，向社会开放使用18790件，控制使用59497件。对馆藏1961年42个全宗645卷原长期文书档案进行鉴定，自鉴定之日起保管期限变更为永久的有638卷；自鉴定之日起满保管期限应销毁设置10年搁置期的有7卷。对馆藏1996年（包括少部分1991年）17个全宗303卷2776件原短期文书档案进行鉴定，自鉴定之日起保管期限变更为永久的有1034件；自鉴定之日起延长保存至2026年（30年）保管期限的有405件；自鉴定之日起满保管期限应销毁设置10年搁置期的有1337件；对馆藏1996年12个全宗708卷原保管期限15年会计档案进行鉴定，自鉴定之日起延长保存至2021年（即保管期限应为25年）的档案12卷；自鉴定之日起满保管期限设置10年搁置期的有696卷。

（杨馨珠）

**【政府信息公开服务工作】** 年内，接收100家单位移送的主动公开政府信息目录773套，电子目录8632条，接收正式文本262份。发放政府公报943份，政府信息公开指南343本。

（杨馨珠）

**【档案利用】** 年内，利用档案11958人次，日均接待49人次，其中公民个人利用档案占总人次的90.05%；调阅档案6189卷和649件；出具证明7690份；复制档案33709页；处理电话咨询、代查7044人次。

（杨馨珠）

**【档案编研】** 年内，完成《朝阳档案史料》（第二期）编写印刷及发放工作，内容包括解放初期有关建立健全全区各级党组织、巩固和加强政权建设以及发展农业生产、推进文化教育事业等方面的重要历史资料。完成《朝阳区档案馆指南（2003-2009）》（续二）的编写、核对、印刷工作，对档案馆概况、馆藏资料及馆藏档案等内容进行全面、系统介绍。完成《朝阳档案史料》（第三期）编写、印刷工作，内容包括解放初期党的建设和政权建设重要史料、全区文物古迹普查登记专题史料。

（杨馨珠）

## 地方志工作

**【概况】** 朝阳区地方志办公室（简称区志办），是区政府主管本行政区域地方志工作的机构。主要职责是：组织、指导、督促和检查全区地方志工作；拟订本区地方志工作规划和编纂方案；组织编纂地方志书和地方综合年鉴；收集、整理、保存地方志文献和资料，组织整理旧志；组织开发利用地方志资源；推动方志理论研究和学术交流，组织开展业务培训。

地址：日坛北街33号

电话：65094147

邮编：100020

（党京华）

**【年鉴出版与发行】** 年初，2011年卷《北京朝阳年鉴》出版。《朝阳年鉴》全面记述2010年本区自然、政治、经济、文化和社会的发展变化情况。系统反映2010年全区各单位在政治、经济、文化、社会各个领域，各项事业发展变化基本情况和发生的大事、要事、新事及新建设、新成就、新进展。全书有正文564面，彩页44面、232张照片，版面字数140万字，除各栏目概况外，共2908个条目。编辑中坚持三校制度和严格把关的审稿制度，保证资料准确、真实，使年鉴有较强的综合性、系统性、权威性、和实用性。年鉴发行至区属各单位、部分市属单位，累计2700余册。

（党京华）

**【区地方志编纂委员会会议召开】** 3月28日，召开朝阳区地方志编纂委员会工作会议，区地方志编委会主任、区长程连元，区委常委、组织部长陈宏志，区人大常委会副主任闫学锋，区政协副主席郑煌，原区政协副主席关三多出席会议。编委会各成员单位领导参加会议。副区长张立新主持会议。会议听取区志办关于全区二轮修志工作情况汇报，审议通过《朝阳区地方志工作发展规划(2011—2020年)》、区地方志编委会组成人员调整方案、成立志书编辑部及召开“2011年朝阳区地方志工作会议”等事项。程连元讲话，要求全区各单位:一要提高认识、加强领导。朝阳区在发展历程中积累的经验和教训，特别是发展中的教训，要通过编修志书提炼出来，警示我们的后人，去选择更好的发展路径。二要以落实规划促进地方志工作。三要强化修志工作队伍。四要认真完成好本年的修志任务。五要强化责任落实和工作考核。

(邓献云)

**【发布朝阳区地方志工作10年规划】** 4月1日，区委办、区政府办联合发布《朝阳区地方志工作发展规划(2011—2020年)》。规划提出在逐年编纂出版《北京朝阳年鉴》、到2015年完成二轮修志任务外，还要逐步建立健全本区地方志工作机制，达到所有街、乡和有条件的部门(行业)有志书的目标，形成志类较为齐全、规格统一、特色鲜明的朝阳志鉴体系。

(邓献云)

**【完成《北京年鉴》供稿任务】** 4月，按照市地方志办公室、北京年鉴社要求，区志办按时保质保量将《朝阳概况》相关资料进行收集整理后报送市年鉴社，刊于当年发行的《北京年鉴》。《朝阳概况》全文8000字，客观反映上年本区政治、经济、文化和社会各方面发展变化。

(党京华)

**【召开区地方志工作会】** 4月27日，召开全区地方志工作会议。市志办副主任张恒彬、区县处处长高文瑞，区地方志编委会常务副主任、副区长张立新，区地方志编委会副主任、志书执行主编关三多出席会议。全区各修志承编单位主管领导、修志及年鉴主笔人近500人参加会议。会议总结上年朝阳地方志工作情况，部署2011年全区地方志工作;区教委、园林绿化局、崔各庄乡、京客隆集团公司分别介绍本单位(系统)开展二轮修志经验;张立新代表区地方志编委会与修志承编单位代表签订《朝阳区第二轮地方志书编修工作责任书》;会议还邀请市志办副主任谭烈飞就二轮修志收集、整理资料、撰写资料长编及初稿等内容，对与会人员进行业务培训。

(王维成)

**【召开修志推进会】** 5月31日、6月20日，分别召开农村系统、街道系统修志工作推进会。区地方志编委会副主任、志书执行主编关三多，区志办主任邓献云、副主任王维成，区志编辑部相关编辑人员及农村系统、街道系统修志编辑部的全体人员，两个系统修志承编单位的主管领导、主笔人员等参加会议。在农村系统召开的修志工作推进会上，区农委宣读《农村系统区志初稿编写阶段工作意见》，听取平房乡、常营乡两个承编单位主笔人修志经验介绍。在街道系统修志工作推进会上，街道系统志书编辑部主任白启新总结街道系统开展二轮修志工作情况，部署2011年度街道系统修志工作任务。关三多分别讲话。

(王维成)

**【《朝阳方志》报创刊】** 6月20日，为配合朝阳区第二轮地方志书编修工作，区志办与《中华方志》报合作，创办《朝阳方志》报。该报由北京泗仟村文化有限公司承办，办报宗旨是:传承朝阳地方文化，繁荣朝阳地方志事业，服务区域经济社会发展，及时反映全区二轮修志工作动态，给各承编单位搭建沟通信息、交流业务、展示风采的有效平台。

(邓献云)

**【初稿撰写动员暨业务培训会】** 10月26日~27日，全区二轮修志初稿撰写动员暨业务培训会在平谷教工休养院举办。全区各修志承编单位主管领导、主笔人员及区志编辑部全体编辑等近400人参加会议。会议总结二轮修志资料长编编写阶段工作情况，部署初稿撰写阶段工作任务。市地方志编委会办公室副主任侯宏兴，区地方志编委会常务副主任、副区长张立新，区地方志编委会副主任、志书执行主编关三多等出席会议并讲话。动员会后，举办初稿撰写专题讲座，邀请市志办区县处处长尹树国、市志指导处处长运子微、区志办副主任王维成，对主笔人员进行业务培训。

(王维成)

## 机关后勤管理服务

**【概况】** 朝阳区机关后勤服务中心是区政府所属正处级全额拨款事业单位。内设党办、行政办、财务科、生活科、管理科、接待科、经营科、车管科、安全保卫科和交换站。下属单位有:朝阳住房中心、朝阳区机关餐饮中心、朝政物业管理中心、区政府幼儿园、朝政汽车检测场、朝政汽车修理厂、欧陆风韵会议中心、京朝苑饭庄、京朝花园农业发展中心，其中幼儿园为差额拨款事业单位。规定编制104名，实有在岗人员73名，内退人员10名。

地址:日坛北街33号

电话:65094185

邮编:100020

(申巍然)

**【开展创先争优活动】** 年内，推进创先争优活动继续深化，评选出3个先进基层党支部、10名优秀共产党员和3名优秀党务工作者。开展纪念建党九十周年活动，通过开展主题教育活动、观看主旋律题材电影、开展读书活动、“共产党员献爱心”活动等。

(申巍然)

**【开展创建全国文明城区活动】** 年

内,开展创建全国文明城区活动,成立领导小组,通过发放《学习手册》、观看文明宣传片、开展文体活动等形式,引导党员干部职工立足本职岗位、踏实工作、文明从业,树立良好的敬业意识、服务意识、责任意识。开展"创建行动日"活动,在东风乡石佛营西里社区开展以"共建文明社区环境,共享和谐美好生活"为主题的文明社区环境创建活动,在中心下属企业朝政汽车检测场修理厂开展以"文明交通安全出行,携手共建文明城区"为主题的交通文明宣传日活动和以"提高消防安全意识,共创安全文明环境"为主题的消防安全日活动。

(申巍然)

**【后勤保障】** 年内,接待中央、市级、兄弟区县及外省市代表团、学习考察团20批次;完成国际商务节等接待服务工作。完成全区编号文件1.6万件,无编号文件34万余件;转发国家、市机要文件3.6万件;转发市机要局档案673份,机要件17498件、市委内刊7.5万册;发放报刊杂志1000余种200余万件;收发挂号信、快递等各种信件16万余件。疏导群体及个别上访事件276起、7543人次。承担各类临时勤务服务92次,负责大型会议、车辆疏导49次。完成会务服务任务5484次,会议服务127000人次,其中市级以上领导会议接待任务78次,外宾接待14次,区级重大会议服务254次,大型礼仪活动31次。完成电视会议保障服务22场次、会议录音50次,音响保障服务1300余次,处理电话线路故障220次,安装和拆移电话850余部次,入户维修110余次,公共区域维修1200余次。完成机关44个部门的固定资产核对工作,共核查资产17255件(含房屋14处),固定资产总值达3.56亿元。完成车辆安全检查和维修保养1800台次,全年安全行驶里程400万公里,无甲方重大责任事故。完成全区690家公共机构能源资源消耗统计工作,完成区机关空调系统节能升级改造,机关主楼、北院水房水泵及机房冷却塔系统变频改造,机关主楼管道水系统、新风机组节能更换改造,机关主楼机房冷却水、冷冻水、热水循环泵系统更换节能泵。完成垃圾分类工作,发放各类垃圾回收器具3443件,张贴宣海报75幅,开展专项培训2批,培训78人次。

(申巍然)

# 中国人民政治协商会议北京市朝阳区委员会

**【概况】** 中国人民政治协商会议北京市朝阳区委员会(以下简称"区政协")是朝阳区地方政协组织。区政协第十一届委员会设提案委员会、学习与文史委员会、经济科技委员会、教文卫体委员会、城建环保委员会、社会法制与民族宗教委员会、港澳台侨委员会等7个专门委员会。机关设办公室、研究室、专委会工作一室、专委会工作二室、专委会工作三室、专委会工作四室专委会工作五室等7个处室。

地址:安立路0号

电话:65094484

邮编:100107

(许 治)

**【全委会议】** 政协北京市朝阳区第十一届委员会第六次会议1月4日~6日在北京会议中心举行,360多名委员出席会议。会议听取并审议区政协主席辛燕琴代表十一届政协常委会所做的常委会工作报告;听取并审议区政协副主席关三多代表十一届常委会所作的十一届五次会议以来关于提案工作情况的报告;列席了区人大十三届六次会议开幕式,听取并讨论区政府工作报告。会议对2010年提案工作先进集体和个人进行表彰。会议以无记名投票的方式选举郑煌、连玉明为十一届区政协副主席;通过大会决议。会议期间,围绕转变发展方式、关注改善民生,推进城乡统筹、促进社会建设进行专题座谈。区委、区政府领导以及各委办局负责人参加分组讨论及专题座谈,听取委员们的意见和建议。市政协副主席王永庆,区委、区人大、区政府领导应邀到会向大会的召开表示祝贺。区委书记陈刚在闭幕式上作讲话,对区政协工作提出三点希望。区属各委办局、各街乡领导、各民主党派、工商联负责人,部分社区干部列席大会开闭幕式。政协北京市朝阳区第十二届委员会第一次会议12月16日~19日在二十一世纪饭店举行。近400名委员出席会议,会议听取并审议辛燕琴代表十一届常委会所做的工作报告和区政协副主席高向宇代表十一届常委会所做的关于提案工作情况的报告;列席区人大十四届一次会议开幕式,听取并讨论区长程连元所作的区政府工作报告;会议以无记名投票方式选举十二届政协领导班子:辛燕琴为主席,郑煌、张树安、陈合庄、邢念增、高向宇、连玉明为副主席,王玉华为秘书长,于欣等72人为常务委员;通过大会决议。市政协副主席葛剑平应邀出席大会开幕式,区委书记陈刚在闭幕式上作讲话,对十二届政协工作提出殷切希望。区委、区人大、区政府领导应邀出席大会开闭幕式。会议期间,委员们围绕区委、区政府重要工作坦诚建言，提出意见和建议百余条。各委办局、各街乡、地区办事处和部分社区领导以及各民主党派、工商联区级组织和基层负责人列席会议开闭幕式。

（许　治）

**【常委会议】** 1月5日 区政协十一届六次会议期间召开十一届第31次会议。会议听取各小组讨论区政协两个工作报告情况汇报，安排有关事宜。1月5日区政协十一届六次会议期间召开十一届第32次会议。会议听取各小组讨论区政府工作报告情况汇报；讨论选举办法、候选人名单以及决议（草案）。1月6日区政协十一届六次会议期间召开十一届第33次会议。会议通过选举办法及副主席候选人名单，同意提交全体委员会议选举，通过大会决议。2月28日召开十一届第34次会议。会议听取区文化建设情况通报，审议通过《区政协常委会2011年工作要点》，听取各专门委员会2011年工作要点的汇报。4月26日召开十一届第35次会议。副区长赵全保、张春秀到会作相关工作情况通报。7月5日召开十一届第36次会议。会议听取有关延安精神专题报告，就纪念中国共产党成立90周年，弘扬延安精神进行座谈。9月29日召开十一届第37次会议。会议介绍新任职的区纪委书记宋铁健、副区长刘军胜。副区长刘军胜到会通报上年区政协建议案办理情况，并就区政府落实区政协《大力发展我区博物馆事业建议案》、《关于调整和完善我区劳动争议处理机制建议案》两份建议案情况作通报，会议审议《关于统筹研究解决我区保障性住房区域公共服务设施和体制机制支撑问题的建议案》及相关调研报告（草案）。同意作进一步修改后提交区委、区政府决策参考。会议审议《十一届区政协五年工作总结》（征求意见稿）。11月29日召开十一届第38次会议。会议审议通过《关于召开政协北京市朝阳区第十二届委员会第一次会议的决定（草案）》。会议确定，政协北京市朝阳区第十二届委员会第一次会议于12月16日召开。会议审议通过《中国人民政协协商会议北京市朝阳区第十一届委员会常委会关于政协北京市朝阳区第十二届委员会委员人选的决定（草案）》。会议审议通过《中国人民政协协商会议北京市朝阳区第十一届委员会常委会关于政协北京市朝阳区第十二届委员会第一次会议主席团成员和秘书长人选的建议（草案）》，审议通过政协北京市朝阳区第十二届委员会第一次会议主席团成员建议名单（草案）、秘书长建议名单（草案），同意提交政协北京市朝阳区第十二届委员会第一次大会预备会审议。会议审议并通过政协北京市朝阳区第十一届委员会常务委员会工作报告（草案）、提案工作报告（草案），同意两个报告修改后提交政协北京市朝阳区第十二届委员会第一次全体会议审议讨论。会议审议并通过政协北京市朝阳区第十二届委员会第一次会议建议议程（草案）、建议日程（草案），同意提交政协北京市朝阳区第十二届委员会第一次大会预备会审议。

（许　治）

**【区委书记陈刚到区政协调研】** 2月25日，区委书记陈刚来区政协调研工作，听取区政协工作情况汇报并就政协工作作出指示。区政协主席辛燕琴主持座谈会。区委副书记宋连娣，区委常委、区委政法委书记、统战部长佟克克及区政协领导出席。

（许　治）

**【召开党派联席会议】** 3月15日，召开党派联席会议，就区政协、区委统战部本年“促进文化建设”专题议政会相关筹备工作进行部署。

（许　治）

**【召开“促进文化建设”议政会】** 6月1日，区政协、区委统战部联合举办“促进文化建设”议政会，14位代表围绕区文化建设作重点发言。会议由辛燕琴主持。程连元出席会议并讲话。区委常委、常务副区长吴桂英，区委常委、区委政法委书记、统战部长佟克克，区委常委、组织部长陈宏志，区委常委、宣传部长谢莹，副区长王春及区政协领导出席会议。

（许　治）

**【举办台海形势专题报告会】** 6月21日，举办台海形势专题报告会，邀请海峡两岸关系协会副会长王在希做专题报告。

（许　治）

**【组织常委赴延安学习考察】** 7月3日～8日，组织区政协常委一行48人赴革命圣地延安进行学习考察，接受革命传统教育。这次延安红色之旅，是区政协开展的庆祝中国共产党成立90周年暨纪念辛亥革命100周年系列活动之一。

（许　治）

**【召开党派联席会议】** 7月28日，区政协、区委统战部召开党派联席会议。会议听取程连元通报全区上半年经济社会发展情况。

（许　治）

**【举办第三期委员读书班】** 7月30日～31日，举办第三期委员读书班。读书班围绕纪念建党90周年，以深入学习胡锦涛总书记“七一”讲话为主题，组织委员听取专题辅导报告，进行参观考察，开展联谊活动，探讨交流学习体会。

（许　治）

**【举办纪念辛亥革命100周年参观座谈活动】** 10月19日，举办纪念辛亥革命100周年参观座谈活动，参观位于香山公园的孙中山纪念堂和双清别墅，举行祭拜活动，并就学习胡锦涛总书记在纪念辛亥革命100周年大会上的讲话进行座谈。区政协有关领导及各民主党派、工商联负责人，部分常委、界别组长、委员参加活动。

（许　治）

【召开十一届政协工作总结大会】 11月10日,第十一届委员会总结大会在二十一世纪饭店召开,会议对十一届区政协的主要工作进行总结,对本年度优秀提案和5年优秀社情民意信息进行表彰,向连任3届以上的老委员颁发荣誉证书,党派和委员代表分别作大会发言,市政协副主席沈宝昌,区领导陈刚、程连元、辛燕琴出席会议并讲话。

(许 治)

【提案委员会工作】 在区政协十一届六次会议上至届满,委员共提交提案303件,立案288件,转信15件。其中民主党派、工商联提案16件,界别提案4件,委员提案268件。经济科技类26件,占立案总数的8.8%;城市建设与管理类146件,占立案总数的51.1%;教文卫体类70件,占立案总数的24.3%;统战政法、社会保障及其他类46件,占立案总数的15.8%。首次对交通类提案采取集中办理答复的方式。对经济、文化、城市管理3个方面的36件提案进行领导重点督办。编辑《提案摘报》8期,参与制作并播出提案类专题栏目《和谐在线》2期。完善更新提案系统,加强沟通协商,促进提案办理,全面提升提案工作水平。提案办复率100%,满意率96.8%。共评选出优秀提案31件。

(许 治)

【学习与文史委员会工作】 年内,召开学习与文史委员会会议,听取对口部门的重点工作通报,使委员们对区情有了更进一步了解。继续出版《学习文选》,适时增加区领导重要讲话精神,使委员能够在第一时间了解区情,力求为委员参政议政、履行职责提供帮助。继续办好《委员论坛》,为委员参政议政搭建平台。继续做好与〈朝阳报〉联合出版的"朝阳风物"专栏工作。对《提升朝阳文化促进博物馆事业发展》建议案进行跟踪视察。参观北京人民广播电台,听取区2010年档案工作情况通报与崔各庄乡土储档案工作情况通报并视察。完成《朝阳文史》第11辑和《地名说故》的编辑出版工作。协助完成全国政协、北京市政协文史委的有关工作。

(许 治)

【经济科技委员会工作】 年内,紧紧围绕区委、区政府中心工作,就"新四区"和"双十工程"建设,组织委员进行学习、座谈,并开展一系列工作。组织调研组,就城乡公共服务均等化问题进行专题调研,并形成常委会建议案,为推进区域城乡一体化进程建言献策。组织委员就国际商务区建设、现代服务业发展、沿海经济建设与外省市政协进行学习交流。为促进区域经济社会发展做出积极贡献。

(许 治)

【教文卫体委员会工作】 年内,召开教文卫体委员会会议,听取对口部门的情况通报。为全面推进区全民健身工作开展,深入落实《朝阳区关于贯彻落实全民健身条例加强新时期全民健身工作的实施意见》,成立《全民健身》课题调研组,开展一系列调研、视察、研讨、和论证活动,最终形成调研报告。组织委员视察朝阳民营体育产业发展情况,视察区职业教育实习基地建设,对社区卫生服务工作、医院管理情况进行视察。组织委员参观北京人民广播电台。举办庆祝教师节活动、新年茶话会、区政协新春联谊会。走访市区对口部门。

(许 治)

【城建环保委员会工作】 年内,结合政协工作实际,在社会建设、城市管理、社区服务、扶危济困、环境保护、绿色出行等方面开展形式多样、内容丰富的活动,用实际行动推进朝阳区创建全国文明城区工作深入开展。工作中大力倡导委员"奉献热情、积极参与,奉献智慧、建言献策,奉献力量、有所作为",重点开展好"五个一"活动:1、向全体政协委员发一封倡议书。2、举办一次专题报告会。3、开展一次我为"文明城区创建"建言献策活动。4、组织一次文明城区创建外出考察学习活动。5、开展一次文明城区创建工作专题视察活动。

(许 治)

【社会法制与民族宗教委员会工作】 年内,组织委员学习正确认识和把握民族宗教工作在推进朝阳区经济和社会事业发展中的地位和作用,不断开创民族团结进步的新局面。紧紧围绕促进朝阳区民族团结进步事业发展与宗教和睦,积极配合主席会议成员的民族宗教工作调研活动,力求准确把握朝阳区民族宗教现状、特点,通过召开情况通报会、座谈研讨会、实地考察、到外省市调研等多种调研活动,形成专委会《关于朝阳区民族宗教工作的调研报告》,调研报告经主席会议审议通过,成为本年主席会议建议案。

(许 治)

【港澳台侨委员会工作】 年内,紧紧围绕区委、区政府中心工作,加强对台、侨政策和工作的学习、宣传,加强与港澳台侨同胞的联谊交流,营造团结民主的政治氛围,促进社会和谐稳定。及时组织举办台海形势专题报告会,邀请海峡两岸关系协会副会长王在希做专题报告,为委员了解台海形势,做好对台工作,促进两岸和平发展创造条件。开展元宵节、中秋节联谊座谈活动;组织外出学习考察,就如何加强侨务工作进行学习交流;组织调研组就改善朝阳区投资服务大厅的服务质量和环境问题进行专题调研,提出意见和建议。

(许 治)

# 政法　军事

## 政　　法

### 政法委员会

**【概况】** 中共北京市朝阳区委政法委员会(简称区委政法委)是区委领导和管理政法工作的职能部门,在区委领导下开展工作。年内,以"全面贯彻落实全国、北京市政法工作会议和区委十届十三次全体(扩大)会议精神,牢牢把握维护全区稳定这一首要政治任务,紧紧围绕科学发展主题和加快转变经济发展方式"为主线,以深入推进三项重点工作为载体,创新体制机制,夯实基层基础,提高队伍素质,为促进朝阳经济社会又好又快发展、为"新四区"建设提供强有力的司法保障和安定和谐的社会环境。

地址:日坛北街33号

电话:65099200

邮编:100020

(邱　静)

**【召开政法、维稳、信访工作会议】** 2月24日,在北京国际会议中心召开政法、维稳、信访工作会,区领导佟克克、刘希泉出席,副区长赵全保主持会议。区委、区政府各部委办局、区属企业党政正职领导、各人民团体主要负责人、区人大内司委主任、区政协城建处处长、政法各单位中层以上领导干部、各街道、地区工委(乡党委)书记及主管领导,各社区、居(村)委会书记和治保积极分子代表、专职保安代表800余人参加会议。会议总结上年政法、维稳、信访工作,对本年各项工作进行部署。

(邱　静)

**【举办重走长征路活动】** 3月~6月,为深入贯彻落实中央政法委开展的"发扬传统、坚定信念、执法为民"主题教育实践活动,区委政法委组织政法系统近200余名优秀青年干警,沿红一方面军长征路线,分四批分别奔赴江西瑞金、贵州赤水、四川夹金山、甘肃会宁等地,近距离感受长征的艰辛,提高思想境界,促进公正廉洁执法。区委常委、政法委书记佟克克,政法委领导,区政法系统各单位主要领导以及区民主党派主委参加活动。6月24日,区委政法委在北京焦庄国际酒店举办建党90周年纪念大会暨重走长征路成果汇报展演。

(王　洋)

**【举办干部教育培训班】** 11月2日~3日,区委政法委在平谷教工疗养院举办全委干部培训班。培训期间,中国人民大学教授刘少杰就社会管理创新等方面内容进行授课。

(王　洋)

**【召开经验交流会】** 11月18日下午,在区政府南楼906会议室召开政法系统窗口单位和服务行业"创服务品牌、树党员形象"活动经验交流会。区委政法委常务副书记、维稳办主任杨树旗和区创先争优领导小组成员参加会议。区委政法委政治部主任邢伟就政法系统窗口单位和服务行业"创服务品牌、树党员形象"活动进行专题安排,宣读实施方案。公安朝阳分局潘家园派出所、朝阳检察院控申处、朝阳法院立案庭、区司法局法援中心、区民政局救助站进行交流发言。

(王　洋)

### 社会治安综合治理

**【概况】** 朝阳区社会治安综合治理委员会是协助区委、区政府领导协调全区行政区域内社会治安综合治理工作的常设工作机构,设有办公室(简称区综治办),与区委政法委合署办公。年内,综治工作坚持以科学发展观为统领,以全国和北京市社会管理创新综合试点为契机,深入推进社会矛盾化解、社会管理创新和公正廉洁执法"三项重点工作",突出工作重点,努力破解难题,构建具有时代特征、首都特色、朝阳特点的综治工作新格局。
地址:日坛北街33号
电话:65099395
邮编:100020

(宛 煜)

**【"两会"安保及社会面控制】** 1月23日~30日,市"两会"在北京会议中心、五洲大酒店举行。为做好市"两会"期间社会面控制工作,全区各地区、各部门成立由地区党政主要领导为组长的工作领导小组,制定安全稳定工作方案。区委常委、政法委书记佟克克,区委政法委常务副书记、区维稳办主任杨树旗,区委政法委副书记、区综治办主任战玉贵等政法委班子成员到潘家园街道和十八里店地区检查"两会"安保工作。3月1日~15日全国"两会"期间,朝阳区全面启动社会面防控三级督查工作机制,由区综治办牵头,朝阳公安分局、区社会办、区农委等部门组成4个联合督查组,对全区重点部位、重点场所、重点人员实施督查检查;43个委办局督查单位对街、乡"两会"安保工作实行"一对一"督查检查;各街、乡纪委书记牵头组织对本地区"两会"安保工作督查检查,确保工作落到实处。

(宛 煜)

**【工作会议】** 3月1日,召开最高人民法院接待室周边安全稳定工作会。区委常委、政法委书记佟克克,最高法院接待室副厅长姜启波,市高法接待站站长李长生,区委政法委、区综治办、区维稳办、朝阳公安分局、区城管大队、区卫生局、朝阳交通支队、朝阳工商分局、区农委、小红门乡、小红门派出所等单位领导参加会议。3月22日,区综治委召开本年第一次全体(扩大)会议,深入贯彻全国、全市政法工作会议以及首都综治委全会精神,总结上年社会治安综合治理工作,对本年工作进行部署。会议由区综治委副主任、副区长赵全保主持。区委常委、政法委书记、区综治委主任佟克克,区委常委、区综治委副主任、朝阳公安分局局长陶晶,区综治委副主任、朝阳检察院检察长王立,区综治委副主任、朝阳法院院长李瑞翔,区综治委成员和各街乡主要领导(综治委主任)参加会议。4月2日,召开本年社会治安重点地区排查整治工作领导小组第一次(扩大)会议,全面部署全区社会治安重点地区排查整治工作,陶晶、王立、李瑞翔及区排查整治领导小组成员,各街乡主要领导,朝阳公安分局治安支队、人口管理大队主要领导,各派出所所长,城管大队各分队队长,朝阳工商分局各工商所所长,朝阳交通支队各大队队长参加会议。区委政法委副书记、综治办主任战玉贵对全区治安重点地区排查整治工作进行部署。4月27日、28日,区委组织部、区综治办组织开展综治系统推进社会服务管理创新工作培训班。中央综治办协调室副主任田大忠就加强和创新社会服务管理工作进行专题辅导。战玉贵就全区综治系统加强和创新社会管理工作进行全面部署。朝阳公安分局副局长马曦初就八类案件和压发案、重点地区排查整治、高空易攀爬部位防范以及加强群防群治队伍建设等工作进行集中授课。6月22日,区综治委召开争创全国文明城区城市秩序百日整治暨社会治安重点地区排查整治动员部署大会。区委常委、政法委书记、综治委主任佟克克就创建全国文明城区、开展社会治安重点地区排查整治提出意见。陶晶对开展城市秩序百日整治打防管控一体化专项行动进行部署。王立、李瑞翔及区排查整治工作领导小组成员,各街乡行政一把手、综治办主任,各城管分队分队长、工商所所长、派出所所长等300余人参加会议。8月9日,成立朝阳区综治委社会矛盾多元调解工作协调委员会并召开第一次全体(扩大)会议。会议由区综治委副主任、朝阳法院院长李瑞翔主持。区委常委、政法委书记、综治委主任佟克克讲话。区委政法委、朝阳公安分局、朝阳检察院、朝阳法院、区司法局、区信访办、区法制办等领导参加会议。会议对社会矛盾多元调解、人民调解、司法调解、矛盾纠纷调处化解等工作进行部署。9月27日,组织召开朝阳区纪念综治工作两个《决定》颁布20周年座谈会,区委常委、区综治委副主任、朝阳公安分局局长陶晶主持。区委常委、统战部部长、政法委书记、综治委主任佟克克,朝阳检察院、朝阳法院、区维稳办、区综治办等区综治委各成员单位主要领导,各街乡党政主要领导(综治委主任)、综治主管领导或综治办主任,部分综治老领导、老同志,相关街乡社区(村)书记或主任等基层代表和治安志愿者代表共计180余人参加会议。

(宛 煜)

**【中央及市领导检查调研】** 3月9日,市委副书记、市政协主席王安顺到最高人民法院信访接待室检查"两会"安保工作。市委副秘书长、市委政法委常务副书记李伟,市信访办主任薄钢,市委政法委副书记、市维稳办主任闫满成,市公安局副局长李润华,最高人民法院审判委员会专职委员刘学文,市高法副院长翟晶敏,区委常委、政法委书记佟克克,朝阳公安分局政委王益春等领导参加检查。王安顺现场查看最高人民法院信访接待室接访大厅,听取最高法接待室"两会"期间安全稳定和上访人员分流工作介绍;佟克克就朝阳区"两会"安保工作进行汇报。3月10日,市委政法委副书记、首都综治办主任、市流管办主任滕盛萍、首都综治办副主任许继慧到朝阳区"两会"代表驻地歌华开元大酒店执勤点对群防群治力量进行检查,慰问安保工作人员。区委政法委副书记、区综治办主任战玉贵,朝阳公安分局副局长马曦初和安贞街道办事处主要领导陪同。滕盛萍对“两会”期间群防群治力量做出的贡献表示感谢，对朝阳区“两会”安保各项工作给予充分肯定。3月30日，市委政法委副书记、首都综治办主任滕盛萍，首都综治办副主任许继慧等市领导到区调研网格化管理工作。区委常委、宣传部长谢莹，区委社工委书记汪洋，区委政法委副书记、区综治办主任战玉贵，区城管监督中心主任皮定均等领导陪同。5月19日上午，市委政法委副书记、首都综治办主任、市流管办主任滕盛萍，首都综治办基层基础建设处处长陈冲，调研处处长曾铁军，区县指导处副处长范军，市公安局人口管理总队副总队长刘涛等领导到潘家园街道调研社区民警驻区制工作。区委政法委副书记、区综治办主任战玉贵陪同。6月9日，司法部部长、党组书记吴爱英，司法部副部长、党组成员郝赤勇等领导在副市长刘敬民、区委常委、政法委书记佟克克等领导的陪同下，到区阳光中途之家调研，详细了解阳光中途之家的各项工作制度和措施，听取阳光中途之家建设情况汇报，对取得的成绩给予充分肯定。吴爱英要求，要深入贯彻落实中央关于加强社会管理创新的决策部署，积极推进刑释解教人员过渡性安置基地建设，认真做好刑释解教人员安置帮教工作，推进社会管理创新，促进经济社会又好又快发展，以优异成绩迎接建党90周年。6月14日，市委办公厅副秘书长、市委政法委常务副书记李伟带队调研朝阳区社区民警驻区制工作。区委常委、政法委书记佟克克，区委政法委常务副书记、区维稳办主任杨树旗，区委政法委专职副书记倪东新，区委政法委副书记、区综治办主任战玉贵，区流管办主任王春增陪同。8月31日，辽宁省委政法委副书记、综治办主任韩德洋带领辽宁省综治系统考察团160余人到建外街道和区维稳指挥中心考察学习社会管理创新工作。市委政法委副书记、首都综治办主任、市流管办主任滕盛萍，首都综治办副主任、市流管办常务副主任苗林，首都综治办副主任许继慧及相关处室领导，区委政法委常务副书记、区维稳办主任杨树旗，区委政法委副书记、区综治办主任战玉贵等领导陪同考察。9月13日，市委副书记、市政协主席、市委政法委书记、市教工委书记王安顺等领导先后到朝阳区法律援助中心、香河园街道柳芳北里社区综治维稳工作站调研。区领导陈刚、佟克克陪同调研。11月7日，市委副书记、市政协主席、市委政法委书记王安顺来到望京街道望京园社区、东湖街道筹备处望京西园社区、高碑店乡高碑店村西区、潘家园街道磨房南里就社会服务管理创新工作进行调研，市委政法委副书记、首都综治办主任、市流管办主任滕盛萍、市委社工委书记宋贵伦、市委政法委秘书长彭波，区领导陈刚、佟克克、王春陪同调研。11月28日，市委副书记、市政协主席、市委政法委书记王安顺带队到高碑店乡高碑店村对全国加强和创新社会管理工作考察组调研活动筹备情况进行检查，区委常委、统战部部长、政法委书记佟克克，区委常委、朝阳公安分局局长陶晶，区委政法委常务副书记、区维稳办主任杨树旗，区委政法委副书记、区综治办主任战玉贵，区流管办主任王春增等陪同检查。12月1日下午，中共中央政治局常委，中央政法委书记，中央社会管理综合治理委员会主任周永康等领导带领全国加强和创新社会管理工作座谈会人员到高碑店乡高碑店村参观创新社会管理情况，听取区委书记陈刚、高碑店村党总支书记支芬的随行汇报，了解北京市针对城乡结合部地区特点，加强旧村改造、创新群防群治工作模式、提升村庄综治维稳工作水平、改善群众生产生活条件等工作情况。区委副书记、区长程连元，区委常委、政法委书记、综治委主任佟克克等陪同调研。

(宛　煜)

**【区公共安全馆建成】** 6月29日，区公共安全馆举行开馆仪式，市政府副秘书长周正宇，市委政法委副书记、首都综治办主任滕盛萍，市消防总队总队长张高潮，区领导程连元、陶晶、李国、赵全保、阎军出席开幕仪式。开馆当天，2000余名群众参观区公共安全馆。9月，区公共安全馆面向全区中小学生开放，并举行“消防安全进校园”主题宣传活动。11月，举行第二十一届119消防宣传周活动，充分利用公共安全馆这个教育平台，普及广大市民及中小学生的消防常识，增强安全意识。截至12月底，区公共安全馆接待参观游客50000余人。北京电视台、北京城市广播电台、新京报、京华时报、朝阳有线等20余家媒体先后进行报道。

(宛　煜)

**【社会管理创新】** 年内，紧抓全国和北京市社会管理创新综合试点区的机遇，把握构建朝阳区全模式社会服务管理系统这条主线，推进理念思路、体制机制和方法手段创新，着力破解在思想认识、管理格局、信息支撑、管理方式、利民惠民等方面的难题，取得一系列突破，主要探索形成五大工作模式。即：深入推进村庄社区化管理，探索形成城乡结合部地区综合整治新模式；深入推进国际化社区建设，探索形成外籍人员服务管理新模式；深入推进新居民互助服务站建设，探索形成流动人口服务管理新模式；深入推进“阳光中途之家”建设，探索形成社区服刑和刑释解教人员服务管理新模式；深入推进商务楼宇党建工作，探索形成“两新”组织服务管理新模式。12月1日和2日，在全国加强和创新社会管理工作座谈会上推广朝阳区的经验。参加会议的中共中央政治局常委、中央政法委书记、中央综治委主任周永康等中央和有关省市领导，到高碑店乡高碑店村进行实地考察，对该村综治工作中心和"以维护村民利益为核心，建设和谐幸福新家园的做法"给予充分肯定。

（宛　煜）

**【创建全国文明城区】**　年内，全区综治系统充分发挥体制机制优势，扎实做好群防群治、重点整治、应急处置和科技创安、六小门店、治安防范以及社区警务、平安创建、基层基础、综治责任等10大基础性、保障性工作，为创建全国文明城区创造良好的社会环境。组织社区居民、社区保安、社会单位人员、巡防队员等各类志愿者11万余人次，对5条商业大街、10条主干道路、10条非主干道路和23个交通路口进行文明交通引导工作，为实现全国文明城区目标做出应有贡献。8月22日~26日，会同区社会办、区农委、朝阳交通支队等部门成立联合督查组，分上午7:00—9:00，晚16:30—18:30两个时段，对文明城区创建交通路口文明交通引导员工作情况进行督查。

（宛　煜）

**【综治维稳中心及工作站建设】**　年内，在全区所有街乡全部建成综治维稳工作中心的基础上，重点推进社区、村综治维稳工作站建设。制定《朝阳区关于延伸街乡综治维稳中心网络在全区社区、村组建综治维稳工作站的意见》和《朝阳区社区、村综治维稳工作站检查验收标准》，通过在香河园街道、大屯街道和将台乡、东风乡开展试点工作，探索出社区服务站、村庄社区化和其他综治维稳工作站3种建站模式，并做到"五统一"。即：统一综治维稳工作站的组织架构、职责任务、工作流程、制度规定及门牌标志。截至年底，全区所有469个社区、村基本建成综治维稳工作站和相关工作网络，初步形成街乡综治维稳工作中心、社区（村）综治维稳工作站、综治维稳工作小组及楼（户）门长"四级管理"格局，得到市委政法委副书记、首都综治办主任、市流管办主任滕盛萍的充分肯定，首都综治办还发文在全市进行推广。

（宛　煜）

**【城市综合管理指挥中心建设】**　年内，将加强城市综合管理指挥中心建设列入区政府折子工程，要求"发挥街乡综合管理指挥中心作用，科技创安覆盖率达到90%。"区政府按照每个街、乡（地区）每年60万元的标准，从街乡财政预算体制中下拨各街乡城市综合管理指挥中心运行保障经费2580万元。

（宛　煜）

**【平安示范小区维稳工作站建设】**　年内，区和街（乡）两级先后投入3.5亿元，用于推动村庄社区化管理、平安示范小区创建、综治维稳工作站建设等区政府办实事和折子工程的落实。截至年底，全区完成平安示范居民小区27个、维护保养老旧楼房门禁系统26700个、更换安装燃气热水器51000余台。深入推进科技创安工程，全区科技创安整体覆盖率达到87%。

（宛　煜）

**【村庄社区化建设】**　年内，区政府对第一批16个行政村和5个农民新村进行村庄社区化管理工作，建成"三站两室"，（警务站、流管站、巡防站和民调室、监控室）和村庄大门、围墙、治安岗亭等外围封闭设施，在出入口安装车辆、人员出入智能化管理系统。部分村庄建立消防应急通道、停车场以及主食厨房、小型超市、菜市场等服务设施，最大限度地为村民提供便利。通过实施村庄社区化管理，普遍收到"双控双降"的良好效果，"双控"就是流动人口规模和违章建设得到有效控制，"双降"就是可防性案件和安全生产案件明显下降。

（宛　煜）

**【调整充实综治专项委员会】**　年内，调整和充实21个综治专项工作协调委员会，打造出"阳光中途之家"、"向日葵"工程、"星光自护"行动等一大批工作亮点，在首都综治委年终考核中取得优异成绩。科技创安、烟花爆竹管理、精神病人管控、禁赌、打击"两抢一盗"、破案情况、治理"黑车"、打击制售假发票、打击拐卖妇女儿童、解决法院执行难、预防青少年犯罪、交通系统安全稳定、综治组织队伍建设、综治信息报送、综治经费保障、网格化社会面防控体系建设、群防群治、信访及人民内部矛盾排查调处、维护稳定、反邪教、社区矫正与刑释解教安置帮教、国家安全人民防线、安全生产、药品安全、旅游秩序整治等25项工作，在市考核中均获得满分。打击盗窃破坏"三电"专项斗争、多元调解、流浪乞讨救助、铁路护路联防工作在全市各区县中排名第一。

（宛　煜）

**【网格化社会面防控】**　年内，把网格化防控作为平安建设的重要载体和立体化防控的重要延伸，制定《关于构建网格化社会面防控体系深入推进"平安朝阳"建设的工作意见》和《朝阳区网格化社会面防控体系标准化建设规范》，对接城市管理监督网格，以社区、村为基础单元，科学确定469个社会面防控工作网格。通过在东湖街道、团结湖街道、南磨房乡、平房乡进行工作试点，探索出依托一个平台、构建两个体系、明确三项职责、实施五项监督、落实六项任务、完善八类台账的"123568"网格化社会面防控工作模式，并在全市推广。全区基本形成"网格化布控、精细化防控、信息化支撑、社会化参与"的社会面防控新机制，为党的"十八大"安保工作奠定了坚实基础。11月7日，市委副书记、市政协主席、市委政法委书记王安顺等市领导到朝阳区调研工作时，对东湖街道等单位的网格化防控工作给予高度评价。

(宛 煜)

**【重点地区排查整治】** 年内,围绕"治安重点地区治安秩序明显好转、高发案地区可防性案件显著下降、长效管理机制发挥作用"3个刚性目标,着力加强全区28个市级挂账治安重点地区的排查整治工作。先后4次组织召开全区大会,反复动员部署。在全区范围内广泛开展"春风行动"、"夏季攻势"、"秋风行动"以及城市秩序百日整治打防管控一体化等专项整治行动,使治安重点地区社会治安面貌根本好转。落实269名驻区民警驻区制,在30个繁华复杂场所推行站巡制,在所有治安重点地区所在的街乡全部建立领导包片、定期会商、联合执法、科技创安、群防群治、阵地控制、督查检查等长效工作机制,潘家园、三里屯、小关等街道还建立治安综合管理平台,使治安重点地区排查整治工作进一步走上常态化、制度化轨道。

(宛 煜)

**【铁路护路联防】** 年内,按照市里的统一要求,将铁路护路领导小组调整为区综治委铁路护路协调委员会。为保障协调委员会发挥作用,在原有基础上,对组成人员进行调整充实,由副区长赵全保担任主任,区综治办、区政府办、朝阳公安分局相关领导任副主任,区15个职能部门和16个涉路街乡为成员,在区综治办设立办公室,统筹推进全区铁路护路工作,取得首都综治委铁路护路协调委员会考核评比第一名的好成绩。

(宛 煜)

**【最高法接待室周边安全稳定】** 年内,召开联席会议12次,乡会商会48次;开展集中整治行动68次,日常清理整治215次;出动警力1500余人次,专职巡防队2500余人次;取缔无照经营96家;处置群体性事件13次,个人极端行为38次,救助35人次;检查出租房屋280间,未出现有重大影响的案事件,确保了最高法接待室周边的安全稳定。

(宛 煜)

**【防火安全委员会】** 年内,为全面加强和完善三级防火委员会组织体系建设,夯实农村和社区消防基础工作,区财政划拨1347万元为各街乡防火委安全委员会招聘609名消防专职人员,建立起全区三级防火安全委员会组织体系。11月3日,区第二十一届119消防宣传周启动仪式在区公共安全馆举行。市消防局副局长武志强,副区长王春,区委政法委副书记、综治办主任战玉贵等出席活动。各街乡防火安全委员会主任及社区居民、消防协管员代表等1200余人参加活动。

(宛 煜)

**【禁毒专项工作】** 年内,全区有社区戒毒、社区康复人员170人,涉及41个街乡。对于这些人员,实行街乡政府主责,具体负责组织督导社区、派出所和吸毒人员家属,对吸毒人员进行帮教,并积极争取民政、人力资源、卫生等部门,对其进行康复指导、就业培训、介绍工作、办理最低生活保障等各项帮扶工作。区公安禁毒队和市局禁毒总队密切配合,先后在辽宁和北京顺义破获两起制毒案件。

(宛 煜)

**【易攀爬高空危险部位安全整治】** 年内,落实区委书记陈刚、区长程连元、政法委书记佟克克对此项工作的重要批示,做好全区3074处高空易攀爬危险部位控制和管理。2月22日,区委政法委副书记、区综治办主任战玉贵组织区社会办、区农委、区维稳办、公安朝阳分局治安支队等17个部门主管领导,召开易攀爬高空危险部位安全整治和管理工作部署会,把此项工作列为两会保卫重要内容,要求建立台账,做到易攀爬高空危险部位底数清,台账明;严格落实人防物防技防措施,提前制定工作预案,确保一旦发生问题能够及时妥善处置。2月23日,区委政法委副书记、区综治办主任战玉贵督查易攀爬高空危险部位及重点地区社会面防控工作。

(宛 煜)

**【校园周边环境秩序专项整治】** 年内,加强校园及其周边200米范围内的综合整治和安全防范工作,推进法制副校长工作,加强重点时段值守,确保全区校园及其周边的绝对安全。在公安等部门的通力协作下,区教委在新学期开学之际,投资为学校配备1000名专业保安力量,并完善学校技防设备设施,为每所学校安装紧急报警联网装置,统一配发警用催泪喷射器等防护器材。相关部门和街乡不断加大工作力度,落实"四项"重点工作。全区467所民办和自办(未审批)学校、幼儿园"一校两保安"、"紧急报警铃"、"监控探头联入指挥中心"和"消防安全"四项重点工作全部落实。

(宛 煜)

**【预防青少年违法犯罪活动】** 年内,区综治委预防青少年违法犯罪工作协调委员会贯彻《中共中央国务院关于进一步加强和改进未成年人思想道德建设的若干意见》和《关于进一步净化社会文化环境促进未成年人健康成长的若干意见》精神,强化组织建设,加大工作力度,坚持统筹协调、突出重点,围绕社会主义和谐社会建设,注重在预防青少年违法犯罪、未成年人思想道德教育、法制教育、权益维护、自护教育、禁毒防艾教育等方面开展工作,为广大青少年健康成长营造良好环境。

(宛 煜)

## 维护稳定

**【概况】** 区维护稳定工作领导小组办公室(简称区维稳办)为区维护稳定工作领导小组的常设办事机构。其主要职能是掌握全区社会稳定的全面情况，对影响稳定的信息进行核查研判、综合分析；协同有关部门组织开展对不稳定问题和隐患的排查，及时化解矛盾，控制事态；对全区社会稳定开展调查研究，协调督办、落实有关维护稳定工作措施。

地址：日坛北街33号

电话：65094766

邮编：100020

（李渊峰）

**【建立重大事项社会稳定风险评估机制】** 1月，区维稳办根据《中共北京市委办公厅、北京市人民政府办公厅关于印发〈北京市建立重大事项社会稳定风险评估机制的实施办法（试行）〉的通知》中关于开展社会稳定风险评估工作的有关要求，着力解决影响全区社会和谐稳定的源头性、根本性、基础性问题，研究制定《朝阳区建立重大事项社会稳定风险评估机制的实施办法》（试行），并下发各单位执行。

（李渊峰）

**【科技维稳体系通过市科委项目验收】** 3月31日，"朝阳科技维稳体系"暨"一网两库三关"科研项目正式通过市科委组织的专家验收。市维稳办副主任李宁，市科委副主任伍建民，区委常委、政法委书记佟克克及区维稳办、区科委等相关部门主要领导出席验收会。此科研项目是区委政法委（维稳办）与中国人民大学危机管理研究中心、北控三兴信息技术有限公司合作，探索和实践创新社会管理时建设的科技维稳体系，是市科委2009年度绿色通道项目，项目得到市委政法委、市维稳办、市科委、区科委、区信息办、区财政局、区保密局等部门的大力支持。中国政法大学、北京交通大学、北京航空航天大学、中国行政管理学会、中科院地理所等单位的6名专家认为"本课题对全市乃至全国的社会维稳风险治理与科学管理体系的建立具有示范作用和推广价值。"

（李渊峰）

**【王安顺到区维稳指挥中心调研】** 6月4日，市委副书记、市政协主席、市委政法委书记王安顺，市委副秘书长、市委政法委常务副书记李伟，市委政法委副书记、市维稳办主任闫满成，市公安局副局长高煜等领导到区维稳指挥中心调研，检查指导"六·四"维稳工作。区委常委、统战部部长、政法委书记佟克克，区委常委、朝阳公安分局局长陶晶，区委政法委常务副书记、维稳办主任杨树旗等领导陪同。王安顺对朝阳区发挥维稳体系优势，结合朝阳风险地图，加强情报信息和网络舆情监测工作，打好主动仗、下好先手棋；采取专群结合、落实重点人的教育稳控工作；加大排查化解力度、防止各类社会矛盾叠加激化等工作措施和做法给予高度评价和肯定，对下一步工作作出指示，要求进一步深化完善体系建设，为政府的社会管理和各种民生问题的解决提供重要决策依据。

（李渊峰）

## 流动人口管理

**【概况】** 朝阳区流动人口和出租房屋管理委员会办公室（简称区流管办），与区综治办合署办公。其主要职责：负责贯彻落实上级关于流动人口和出租房屋管理的方针、政策，研究制定朝阳区流动人口和出租房屋管理与服务工作的规划和措施，并组织实施；负责统一指导并综合协调各街、乡、部门有关流动人口和出租房屋管理与服务，并对工作落实情况进行督促检查；负责区流动人口和出租房屋管理队伍的建设管理工作。

地址：日坛北街33号

电话：65094766

邮编：100020

（倪　辉）

**【冬季预防煤气中毒工作】** 本年取暖季期间，区流管办在区预防煤气中毒工作协调小组的领导下，指导、协调街乡对流动人口和出租房屋加强安全管理，开展调查摸底、宣传教育和安全检查工作。各街乡按照区流管办部署，明确重点，落实责任，发现隐患立即整改。工作中出动管理员2.84万人次，检查出租房屋12.8万户、企事业单位1.27万家、工地503处、集贸市场278家，发放宣传品16万余份，发现安全隐患9.65万余处，逐一进行整改消除。区流管办充分利用科技手段，加强防范预警，配合区信息办、区农委，完成6.8万支一氧化碳远程报警器的安装。通过全区上下共同努力，有效控制事故数及死亡人数增加的趋势，事故数及死亡人数与上一取暖季持平（共发生煤气中毒事故5起，死亡8人）。

（倪　辉）

**【举办百场"流动人口示范讲座"】** 年内，区流管办依托社区学院的义务讲师团，搞好"流动人口示范讲座"，在43个街乡免费为流动人口举办100场讲座，对流动人口开展实用技能、文明礼仪、法律法规、心理健康、交通安全、防火安全、卫生防疫等方面知识的教育培训，全年接受培训流动人口2.1万人，为朝阳区创建全国文明城区打下良好基础。

（倪　辉）

**【开展流动人口女子读书社活动】** 年内，区流管办指导街乡建成9家流动人口女子读书社，其中高碑店兴隆家园、麦子店、太阳宫、和平街14区、社区学院等女子读书社围绕读书主题，以讲座、会谈、参观等形式开展丰富多彩的活动。通过读书社这一载体，培养女性流动人口的读书习惯，激发她们的学习乐趣，丰富她们的业余生活，为她们提供一个学习、交流和自我提升的平台。

（倪　辉）

**【调控流动人口规模】** 年内，经区流管办、人口计生委、社会办、农委与各街乡共同努力，通过采取控制各类违法建设，整治地下空间、群租房和出租大院，控制低端产业，取缔无证市场，整治“五小七黑”、“六小门店”，压缩低次级产业次生经济圈，优化流动人口结构等措施，将流动人口数量从上年末的194.2万人减少到本年末的176.7万人，超额完成流动人口规模调控任务。

（倪　辉）

## 公　安

【概况】 北京市公安局朝阳分局担负辖区刑侦、治安、预审、治安巡逻、户籍、消防、外事警卫等项工作。年内，紧紧围绕建设“新四区”的发展定位，牢固树立“民意主导警务，警意主导政工”和“四减四责”的工作理念，坚持下先手棋、打主动仗，完成全国“两会”、建党90周年、十七届六中全会和各类敏感期等重大安保任务，维护辖区政治稳定和社会安定。全年接报“110”警情50万余件，同比上升8.03%。其中刑事类警情1万余件，同比下降58.7%；破获各类刑事案件16890起，破获经济案件1047起，挽回经济损失4300.8万元，铲除犯罪团伙888个，抓获团伙成员3245人。命案侦破率达到100%。组织安保力量23万余人次，完成527项1805场次大型活动安保任务；办理犬类登记、年检手续10万余只；查处各类治安案件8.4万余起。完成两委换届选举，选举产生新一届党委委员、纪委委员，成立朝阳分局第一党支部。在市局党委组织的两次领导职务竞争选拔中，提供60个职位，分两批组织918名民警参加竞争选拔，其中86名同志脱颖而出走上领导岗位；按照“农村城区轮岗、机关基层交流”的原则，年内调整干部209名。组织84名新任职领导干部和后备干部到分局信访部门轮岗学习；安排20名年轻干部到治安状况相对复杂的中心警务站锻炼；聘任6名离任的正副处级领导成立分局督导组，检查督导各单位贯彻落实市局和分局党委决策部署情况，实现离任干部“退而不闲、退有所为”。采取制作网上宣传专栏、发布采访札记、召开媒体推介会、发布单曲MV和开通微博、手机彩信、张贴海报、发放投票宣传卡片等形式，大力宣传朝阳分局参加市局第一届“我最喜爱的首都人民警察”评选活动候选人——呼家楼派出所副所长匡岩的先进事迹；将战时表彰机制延伸到一线，编发即时表彰通报27期，表扬33个集体、68位个人。制作《基层民警应知应会》“口袋书”，创建《案例评析》网上电子杂志，举办涉外处置、媒体应对、安检防暴等专业培训班，培训领导干部200余人次、民警1050余人次；依法处理民警权益受侵害案件124起，慰问受侵害民警146人，处理嫌疑人15218人。落实全警体检、功模疗养、开辟999绿色通道等爱警工作。向区财政局申请爱警专款298万元；发放“四卡一报”（即：为每个民警家庭发放一张爱警体检卡、饮片卡、图书卡、洗衣卡并赠阅一份报纸）；完成分局民警、职工4000余人体检工作；为一线单位购置警务用车158辆；组织已办理持枪证的民警1562人进行九二式手枪25米实弹射击训练，共计消耗子弹3万余发；为45个配枪单位安装智能化枪柜，实现枪支弹药出入库全程网上批复、自动记录、图像24小时监控；为一线执法民警配发现场执法记录设备3667台，配发率达100%；为一线342辆巡逻车更换灭火器、灭火毯、停车示意牌、搜索灯等巡逻装备。

地址：道家园1号
电话：85953429
邮编：100025

（王　晖）

【案件侦破】 1月5日，侦破团伙系列盗窃帕萨特轿车案件。公安分局刑侦支队机动车队通过全方位侦查，运用科技手段，在大兴、丰台等地抓获王某（男，1983年3月出生，本市大兴区人）等涉嫌盗、销机动车人员6名，又于19日在河北、山东等地抓获武某某（男，1989年7月出生，河北省石家庄市人）等销赃人员6名。经审查，该团伙对从2010年11月初开始结伙使用解码器盗窃帕萨特轿车的犯罪事实供认不讳。1月6日，在十八里店乡弘燕市场生活区女厕所粪池内发现有人体组织。朝阳分局会同相关单位成立联合专案组，开展侦破。专案组发现原租住在生活区44号的郭某某（女，1973年8月出生，山西省平遥县人）、霍某某（女，1973年4月出生，山西省平遥县人）有重大嫌疑，且郭某某的前夫田某某（男，1968年10月出生，山西省平遥县人）下落不明。经工作，认定死者就是田某某。专案组于1月13日，在内蒙古宁城县抓获郭某某，在山西省柳林县抓获霍某某。经讯问，两人对因感情纠葛于2010年12月15日合谋杀害田某某并碎尸、抛尸的犯罪事实供认不讳。2月4日（正月初二）12时许，乔某某报案称：其在朝阳区黄港乡雷桥村一拆迁废弃民房内发现一具烧焦的尸体，怀疑是之前走失的弟弟乔小红。朝阳分局会同市局成立联合专案组共同开展工作。经DNA比对，死者就是走失人口乔小红（男，36岁，甘肃省合水县人）。专案组通过走访排查，迅速确定犯罪嫌疑人徐某某（男，1973年8月出生，甘肃省合水县人）。专案组立即组织精干警力赶赴嫌疑人原籍开展抓捕。在当地警方大力配合下，于2月6日（正月初四）13时许在甘肃省合水县段集乡化沟村抓获徐某某。经突审，徐某某供述与其一起作案的还有表弟赵某某（男，1989年11月出生，甘肃省宁县人），且作案后曾将杀人焚尸的事实告诉过其三舅赵某某（男，1961年4月出生，甘肃省宁县人)。侦查员连续作战,于2月6日17时许和2月8日21时许在甘肃省宁县盘克镇武洛村,先后将赵某某和赵某某抓获归案。侦破一起针对底商门店系列入室盗窃案。本年春季,在朝阳区东部地区连续发生多起针对底商门店的入室盗窃案件,特别是在全国"两会"召开前夕,此类案件仍呈上升趋势。朝阳分局开展专案攻坚。经工作,于3月12日在东风乡高庙村将犯罪嫌疑人王某某(男,1979年6月出生,河北省丰宁满族自治县人)抓获,起获被盗人民币2800元,又顺藤摸瓜抓获藏匿于石各庄村的收赃人员李某某(男,1971年2月出生,河南省上蔡县人)、张某某(女,1972年5月出生,河南省上蔡县人)。审查核破系列盗窃底商门店案件31起。4月中下旬,朝阳区高层楼房技术手段入室盗窃案件频发。公安分局开展工作,依据足迹串并认定系列案件8起,在市局有关部门大力协助下,展开异地追逃,于5月6日、7日先后在湖南省耒阳市华盛商务酒店、新市镇源山村,将陈某某(男,1983年10月出生,湖南省耒阳市新市镇人),曹某某(男,1986年5月出生,湖南省耒阳市新市镇人),贺某某(男,1985年3月出生,湖南省耒阳市新市镇人),贺某某(男,1986年9月出生,湖南省耒阳市新市镇人)等盗窃团伙成员4人全部抓获归案,初步核破朝阳、海淀案件10起。6月15日,公安分局在抓捕淫秽网站"激情世纪网"犯罪嫌疑人时,通过对犯罪嫌疑人陈某某(男,1986年6月出生,北京市平谷区人)的电脑进行勘查,提取到大量上网日志、会员账号信息,通过细致工作,在其MSN软件目录下发现其与网站站长的聊天记录,从中反映出,陈某某已被提升为网站管理员,拥有维护网站后台数据、管理所有版主会员的权限。在网安总队的协助下,办案民警梳理出1万多个具有发帖行为的账号。经二次查证,筛查出在境内活动的可做拘留以上处理的账号800余个。经工作,于7月,在广西南宁市将"激情世纪网"境内站长闭某某(男,1983年9月出生,广西南宁市人)抓获。后陆续抓获该网站会员15名,刑拘10人,治拘3人。该案的破获,受到公安部、市局通报表彰。8月19日,公安分局接报有人被骗2万元。经询问事主唐女士得知,8月18日事主接到号码为13106787772打来的电话,让事主猜对方是谁,事主误认为是其朋友丁某,对方称要来京看望事主。8月19日9时许,又接到此电话,对方称已在火车上,其表妹生孩子急需用钱,向事主借2万元,并留下账号。事主通过网银给对方汇去2万元。对方又给事主打电话称其表妹难产大出血,还需再借6万元,事主给其朋友丁某打电话,发现被骗即报警。在市局和广东省公安厅大力配合下,朝阳分局侦破广东籍犯罪团伙以"猜猜我是谁"为手段实施的远程诈骗案,抓获犯罪嫌疑人邓某某(男,1984年7月出生,广东省电白县麻岗镇人)、邓某某(男,1994年6月出生,广东省电白县麻岗镇人)、邓某某(男,1976年9月出生,广东省电白县麻岗镇人)、邓某某(男,1987年9月出生,广东省电白县麻岗镇人)、梁某某(男,1987年5月出生,广东省电白县麻岗镇人),5人对犯罪事实供认不讳。11月30日,公安分局经过大量工作,掌握3个制售假酒的犯罪团伙情况,一举抓获张某某(女,1964年12月出生,湖北省随州市曾都区人),后某某(男,1978年12月出生,湖北省随州市曾都区人),后某某(男,1985年8月出生,河南省信阳市平桥区人)等3名团伙首犯,捣毁窝点6个,缴获假冒五粮液、茅台、国窖1573、剑南春等名酒1200余瓶,价值200余万元,起获打号机、压盖机、防伪卡、说明书、包装袋、标签、瓶盖等相关物品3万余件。

(孙　君　杨　涛)

**【举办"情系民生'110'与您同行"宣传活动】** 1月10日上午,公安分局在六里屯图书批发市场门前设立主宣传站,举办"情系民生,110与您同行"主题宣传活动,局属各派出所也分别在辖区繁华场所周边或社区设立宣传点。活动当天,主宣传站有200余名群众参与宣传咨询活动,发放宣传材料700余份。局属各单位派出警力615人,发动治保力量2000余人,设立分站107个;入户宣传800余户;悬挂横幅106条,展板145块;发放《110报警知识介绍》等各类安全防范宣传单2.8万余份;现场接受解答群众咨询2万余人次。

(安　静)

**【迎接凯旋的"1·21"专案组】** 1月21日晚,三间房地区发生一起四川籍来京务工人员杨某母子二人被杀的恶性案件,其中一名被害人年仅4岁。此案性质极为恶劣,引起各级领导高度关注。公安分局刑侦专案组辗转四川省华蓥市、广东省广州市等地开展工作,历经10天,于除夕夜将犯罪嫌疑人抓获。2月5日(正月初三)13时18分,"1·21"专案组民警押解犯罪嫌疑人顺利抵京。分局领导到火车站迎接。

(王　晖)

**【经侦大队被列为独立内设机构】** 2月18日,公安分局经济侦查大队正式从刑侦支队分离出来,被命名为北京市公安局朝阳分局经济犯罪侦查大队,为分局独立内设机构,副处级建制。主要负责朝阳区职务侵占、合同诈骗、挪用资金、非法经营、集资诈骗等各类经侦犯罪案件的打击侦破工作。

(赵伟文　杨　涛)

**【抽查重点派出所视频图像监控】** 2月26日,市公安局图像视频警务工作联合检查组抽查公安分局麦子店、三里屯、建外、朝外、奥林匹克公园等重点地区派出所，分别对各单位制定视频巡控工作方案，梳理、清洁维护重点区域摄像头，巡控专职民警到岗到位情况，24小时全天候巡控机制落实等情况进行检查。随机调取几个重点地区的监控摄像头，考核巡控人员对摄像头所在位置和监控范围的熟知情况。检查视频巡控与街面巡逻警力的联动和通信保障情况。演练上传“3G”视频图像、重点区域固定摄像头对朝阳区长安街沿线目标车辆进行搜寻等科目。被抽检单位民警均及时快速、高质量完成各项检查科目。

(王　晖)

【巡逻警务站正式启动】　3月5日晚，公安分局在建外秀水市场南门广场隆重举行巡逻警务站启动仪式。市委常委、市局党委书记、局长傅政华出席活动，朝阳区委、区政府、区城管大队、交通支队、驻区武警部队、驻区特警大队及公安分局有关领导500余人参加启动仪式。

(张伟民)

【完成国际友人义务植树暨国际森林年中国行动启动仪式安保任务】

4月9日，由全国绿化委员会、国家林业局和首都绿化委员会共同主办的“2011国际友人义务植树暨国际森林年中国行动启动仪式”在朝阳区北小河城市休闲公园(大望京公园西北侧)举办。46个驻华使领馆和国际机构、外交部、国家林业局在内的首都各界人员约500人参加活动。公安分局出动警力62人次，确保活动绝对安全。

(陈　明)

【拘留所开展“警营开放日”活动】

4月15上午，公安分局在朝阳区拘留所接待大厅，与治安拘留所、法制处联合举办“大走访”开门评警“警营开放日”活动。参加接待的相关部门领导和民警与来自中国政法大学的20名学生代表进行座谈。并在接待大厅向来访的律师及群众30余人发放开门评警活动评议表。警营开放日活动让群众在与公安机关零距离接触中进一步了解案件审理工作流程。

(董志军)

【打掉一制售假酒团伙】　5月12日，公安分局按照市局打击侵犯知识产权和制售伪劣商品“亮剑”行动总体部署，根据举报线索，一举打掉一制售假冒知名洋酒团伙，捣毁窝点6个，抓获犯罪嫌疑人16人，刑拘11人。行动共查抄存放假酒库房12间，起获芝华士系列、人头马系列、黑方系列、红方系列、伏特加系列、皇家礼炮等假冒注册商标的洋酒1000余箱，用于制造假酒的原浆酒8000余斤，知名洋酒商标上万张，以及大量灌装机、压盖机等制假设备。案件的成功侦破有力震慑侵犯知识产权类犯罪，多家新闻媒体进行跟踪报道，引起强烈社会反响。

(杨　涛)

【举行李春平先生捐款仪式】　5月26日上午，公安分局举行著名慈善家李春平向因公受伤和困难民警捐款仪式。仪式上，李春平先生捐赠50万元，作为朝阳分局民警抚助基金，用于对因公负伤、致残民警的奖励金和困难民警家庭的慰问金，区委常委、分局长陶晶代表分局党委和全体公安民警向李春平先生的善举表示衷心感谢，并向李春平先生颁发“大爱无疆、警界挚友”纪念牌匾。当天，来自派出所、刑侦支队和巡警支队等单位因公负伤和家庭困难的10名民警代表，每人领到5000元捐款。北京电视台、北京广播电台、北京晚报、法制晚报、北京青年报、晨报、京华时报、新京报、劳动午报、朝阳报、朝阳法制新闻、朝阳有线等10余家媒体进行现场采访报道。

(王　晖)

【妥善处置一起攀爬塔吊讨薪滋事事件】　5月31日10时40分，公安分局接到报警：在双井家乐福超市对面首城国际工地内，承包该项目钢筋工程的鲁某(男，1977年12月出生，河南省范县人)，因工资结算问题多次与转包方协商未果，爬上工地吊塔讨薪。接警后，分局立即启动突发情况应急预案，值班副分局长和属地劲松派出所所长迅速赶赴现场，通过电话与其沟通，稳定其情绪，经耐心反复劝说，鲁某于12时40分许，自行安全返回地面。分局在积极协助其讨要工程款的同时，依据《治安管理处罚法》第二十三条第一款第一项的规定，对其予以行政拘留处罚。

(王　晖)

【慰问“3·10”专案组】　6月9日，市局在公安部统一协调指挥下，跨境在印度尼西亚雅加达查获涉案人员达170余人的特大电信诈骗团伙。6月11日，76名大陆籍涉案人员被押解回京。当日23时30分，历时两小时，朝阳分局完成对37名特大跨境电信诈骗案嫌疑人的应急收押工作。并连夜开展全面突审。经过连续四天奋战，审讯工作取得初步进展。6月15日，公安分局陶晶分局长来到预审大队，慰问“3·10”专案组全体民警，并送来慰问品。

(王　晖)

【处置一起球迷聚集事件】　6月18日19时30分，北京国安队与山东鲁能队的足球比赛在工人体育场进行。当日15时许，400余名在京山东籍球迷聚集在工体西门外。由于部分球迷没有买到门票，情绪激动，言语过激。公安分局局长陶晶等领导迅速赶赴现场，有效利用隔离护栏、警戒线设置控制区域，将球迷阻挡在外围。同时，及时清理路边机动车辆，预留充足的处置空间。经工作，采取紧急措施，将山东籍球迷引领至12号看台，并现场售票，最终成功处置一起球迷聚集事件，避免事态进一步恶化。

(王　晖)

【慰问烈士王文广家属】　8月15日，公安分局分局长陶晶在分局党委成员、工会和派出所相关领导陪同下，慰问王文广烈士的家属，并送去慰问金和慰问品。王文广于1985年在执行传唤犯罪嫌疑人任务时不幸牺牲，同年被北京市人民政府批准为革命烈士，追记一等功。

（王　晖）

【完成美国副总统访华警卫任务】8月17日～20日，美国副总统拜登对我国进行正式访问。公安分局主要担负北京瑞吉酒店住地、奥体中心篮球馆现场、美国大使馆新馆和机场专机楼外围以及抵、离京和往返住地路线的警卫任务。各执勤单位均由一把手带队，认真落实"一岗双责"；全体执勤人员团结协作，恪尽职守，连续作战，出色完成各项安保任务。

（王　晖）

【举行"黑摩的"销毁仪式】　8月25日上午9时，在呼家楼停车场举行"黑摩的"销毁仪式，区相关单位和公安分局相关部门60余人参加仪式。仪式上，公安分局介绍4月29日开展专项整治行动取得的工作成果：查扣各类"黑车"1773辆，（其中"摩的"769辆，人力三轮827辆，其他车辆177辆）。治安拘留"黑车"扰序人员273人。仪式现场共销毁"黑车"705辆，（其中"摩的"320辆，人力三轮235辆，电动三轮150辆）。

（王　晖）

【化解十八里店村民聚集上访事件】　9月26日及其后几天内，十八里店村部分村民因对拆迁政策、补偿等不满连续到乡政府聚集上访，人员最多时达400余人，期间曾有部分村民在乡政府西侧大洋坊路阻塞交通，被属地派出所民警及时劝回。针对上述情况，朝阳分局领导高度重视，制定专门的处置工作方案，调集100余名警力到现场配合政府部门做工作，坚持"党委政府组织领导"、"公安维护现场秩序，配合化解矛盾，制止过激行为，防止局势失控"的原则，在区、乡、村委会等部门的多方工作下，上访村民情绪逐渐稳定，表示同意采取合法形式表达合理诉求。不再采取过激行为。

（王　晖）

【处置外地访民到联合国开发署聚集事件】　10月12日，三里屯派出所巡逻观察哨民警在使馆区发现有70多人徒步向使馆区联合国开发署方向行进，并陆续换上事先准备好写有"反腐败、无门举报、还我房屋"等内容的T恤，呼喊"我要生存"等口号。分局立即成立现场指挥部，组织治安支队、出入境管理大队、法制处等部门共同开展处置工作。共拘留42人、劝返34人。

（王　辉）

【公安部领导调研警务创新工作】10月27日，公安部副部长黄明在公安部、市局、分局有关职能部门领导的陪同下，来到公安分局南磨房派出所就警务创新工作进行调研。黄明一行实地查看南磨房派出所人民纠纷调节室、信访室、消防监督办公室、勤务指挥室、信息采集室、候问室、讯问室、询问室、办公大厅和民警宿舍，参观设立在会议室的"创新社会管理、创新群众工作、强化基层基础工作成果汇报展"，期间详细询问派出所执法办案规范化建设、民调进所、立案公开等工作情况。南磨房派出所所长高建民逐一进行汇报，并现场演示立案公开查询系统的操作流程。

（王　晖）

【组织预防煤气中毒集中宣传日活动】　11月10日上午，公安分局组织区相关职能部门及各街乡、派出所，以"珍惜关爱生命，预防煤气中毒"为主题，在姚家园路家乐福门前广场设立主会场，各派出所在本辖区内设立分会场，举行预防煤气中毒集中宣传日活动。活动现场向群众发放宣传材料，讲解预防煤气中毒小常识。聘请一氧化碳报警器厂家对安装使用报警器常识进行宣传，并深入居民家中，免费为群众安装一氧化碳报警器。全区设立主会场1个，分会场48个，悬挂横幅153条，展板131块，标语623条，利用有线电视宣传1次，利用广播宣传63次，发放宣传材料16万余份，受教育群众达14万余人。

（王　晖）

【完成中央领导到朝鲜使馆吊唁活动警卫任务】　12月20日上午，胡锦涛、吴邦国、习近平、李克强等中央领导到朝鲜驻华使馆吊唁金正日同志。公安分局具体承担使馆外围的封闭控制、周边社会面秩序维护和行车路线安全等警卫任务。在市、区和上级警卫部门的指导下，分局启动一级加强防控方案，主要领导靠前指挥，完成各项安保任务。

（陈　明）

【视频连线全国公安厅局长会议现场】　12月22日16时40分，香河园派出所民警作为首都站巡制巡逻民警代表在国展巡逻警务站成功通过视频连线，向孟建柱部长及与会厅局长实时汇报巡逻工作情况，在全国公安同行面前展示出首都一线巡逻民警的良好风貌。

（张伟民）

【专职摩托车队上街巡逻】　12月27日，公安分局成立专职摩托车巡逻队，有摩托车30辆，摩托车驾驶员28人。12月31日17时，12名着装整齐的民警驾驶着崭新的摩托车，出现在世贸天街、蓝色港湾、三里屯酒吧街等主要大街，担负起重点地区社会面巡控工作。

（张伟民）

【参加元旦禁限放集中宣传咨询日活动】　12月30日上午，朝阳区全面开展"元旦禁放集中宣传咨询日"活动，通过现场咨询、发放宣传品、摆设展板、播放宣传片等形式，向广大群众宣传元旦期间五环路内禁止燃放烟花爆竹，以提高群众的安全意识和守法意识。发放各类宣传材料72万余份，张贴标语37464张，悬挂横幅2225条，出动宣传车657辆，受教育群众达64.5万人。

(姜海红)

【接待外国友好使团参观访问】 年内,公安分局先后接待巴基斯坦旁遮普省司法部代表团、新加坡警察部队群英学院代表团、吉尔吉斯共和国国家安全委员会代表团、土库曼斯坦国家安全部门代表团等4个国家45人次外国友好使团参观访问,分别就"110接处警"、视频图像监控系统等方面的工作进行警务交流和研讨。

(王 晖)

【实现治安专项警情持续递减】 年内,公安分局按照市局"321"打防控一体化、"打四黑除四害"、"亮剑"及"4·11"专项行动部署,紧密结合实际,以专项行动为牵动,本着"打早打小"、"露头就打"的原则,紧盯涉黄涉赌等突出治安问题,采取多警联动、协同作战等方式,取得突出战果。共打掉娼赌黄、非法经营和侵权案件等违法犯罪团伙、窝点537个,查处拘留以上违法犯罪嫌疑员3775人,收缴赌资人民币171.7万余元、淫秽物品4.3万余张(册)、盗版书刊11万余册、盗版光盘8万余张。通过打击,全区娼赌黄警情呈现持续递减势头,警情良好率达100%。

(杨春华)

【成功打掉有组织犯罪团伙】 年内,朝阳分局按照市局、分局领导"重点打击有组织犯罪"的指示,通过多警联动、协同作战等方式,成功侦办"7.12"、"11.9"等专案,端掉以王某某(男,1970年6月出生,吉林省榆树市人)、杨某某(女,1982年6月出生,河南省民权县人)为首的数个有组织卖淫团伙,抓获各类招嫖卖淫团伙的幕后组织者、策划者150人,有力震慑了深层面涉黄违法犯罪。根据市局"打四黑除四害"、"亮剑"行动部署,加强与市局相关单位及新闻出版、文化、工商、城管等部门协作,先后侦破王某某(男,1980年3月出生,山西省临汾市人)等涉嫌制作贩卖淫秽物品牟利和非法经营案、王某某(男,1971年2月出生,安徽省凤台县人)为首的涉嫌生产销售有毒有害食品案、田某某(男,1963年5月出生,北京市朝阳区人)非法经营案,刑事拘留各类违法犯罪嫌疑人64名,收缴淫秽、盗版及非法出版物13万册。

(杨春华)

【开展治安重点地区清理整治专项行动】 年内,公安分局针对辖区4处市级挂账治安重点地区、10处市级挂账环境秩序重点地区和2处区级治安重点地区存在的突出治安问题,认真分析研究,找准症结,重拳出击,持续不断开展专项和区域整治,有效解决突出治安问题。出动警力1.2万余人次,其他力量3.5万余人次,开展专项行动215次,抓获处理各类扰序人员418人,其中非法散发小广告177人,黑车扰序146人,无照游商36人,贩卖光盘34人,倒卖票证14人,代办验照9人,强乞强讨2人。

(陈 静)

【确保大型群众性活动秩序良好】 年内,朝阳区共举办展览展销、文艺演出、体育比赛等各类大型活动527项1805场次。公安分局充分运用风险评估机制,严把审批关,以反恐防爆为中心,组织勤务工作,制定安保方案527份、工作预案563份,组织安保力量23万人次,确保中超及足协杯赛、意大利超级杯赛、朝阳国际风情节、首届环北京职业公路自行车赛、中国网球公开赛等各项活动治安秩序良好。

(王海波)

【完成中超联赛北京国安队主场赛事安保工作】 年内,公安分局负责北京国安队在工人体育场进行的17场中超、足协杯比赛的安保工作。中超联赛、足协杯比赛是中国足球的重点赛事,活动影响大,参与人员多,人员结构复杂,安保标准高。朝阳分局认真贯彻落实市局工作部署,按照分区负责原则,制定总体安保方案、工作预案各1份,并依据每场赛事实际,制定分方案、分预案各17份,每次由一名副分局长坐镇指挥,出动警力1万余人次。特别是8月1日北京国安队与广州恒大队比赛前,有网民煽动球迷在赛场为"7.23"甬温线动车追尾事故遇难者默哀,对赛场正常秩序和首都稳定构成潜在威胁。对此,公安分局专门召开警务工作部署会,细化各单位勤务职责任务,赛事中,全体局领导分工负责,组织警力726人强化场地区、场院区及外围秩序维护工作,确保赛事期间治安秩序良好。

(王海波)

【打防管控一体化危险物品专项整治工作】 年内,公安分局按照市局"321"打防管控一体化危险物品专项整治行动工作要求,各警种积极配合,加大对重点地区、重点部位检查控制及巡逻盘查力度,组织辖区内单位开展自查自纠,集中收缴流散在社会上的枪支弹药及爆炸物品,加强对携带、贩卖管制刀具的打击力度,专项整治工作战果突出,在全市排名第一。收缴各类枪支78支,弩4支,仿真枪32支,各类子弹450发,烟火药1019克、信号弹10枚、黑火药3公斤、钢镖16支、管制刀具447把,查获处理涉案违法嫌疑人99名。

(姜海红)

【完善使馆区防控等级工作预案】 年内,朝阳分局针对"中越南海争端"、"保钓"、部分阿拉伯国家发生社会动荡或政权更迭等敏感事件,本着"防止因群众游行示威造成大规模群体性聚集事件"和"让群众既能理性表达爱国情绪,又能保持现场秩序良好"的原则,在市局工作预案的基础上,按照"一图、一表、一方案"的要求,第一时间制定完善越南、日本、菲律宾等重点使馆一、二、三级防控等级工作预案,优化部署定点备勤和现场执勤警力，重新绘制大型和便携式使馆区安保工作示意图，使安保警力部署情况一目了然，随时调整警力投向，确保重大突发敏感问题工作预案随时启动，为各级领导决策提供有力保障。

（王　辉）

**【外事民警“驻所制”工作模式】**　年内，公安分局在全市率先推出“外事民警驻所制”。通过选取涉外案件多发、外国人密集的三里屯、呼家楼派出所为试点，每日选派一名外事民警轮流进驻派出所，全程跟踪指导派出所开展涉外案事件处置和外国人管理工作，改变以往出入境民警“坐、等”的滞后工作模式，彻底扭转派出所民警对涉外案事件管控经验不足和“不敢管、不愿管、不会管”的被动局面，实现“零出警时间、零距离指导、零环节上报、零障碍交流”的效果。期间，出入境管理大队先后派驻民警74人次，指导妥善处置各类涉外案事件159起，处理违法犯罪外籍嫌疑人33人，实现高效、稳妥处置的目标，未引发任何负面影响和媒体炒作。市局、分局先后对外事民警驻所制工作情况予以重点报道，《首都公安报》等多家媒体对此创新举措进行刊发。

（王　辉）

**【推行社区民警驻区制】**　年内，公安分局采取“依托派出所、智能化小区、标准化警组、流动驻区及单警驻区”5类模式推广驻区制工作，有驻区民警269名，占社区民警总数的63.6%。驻区民警全面开展群众工作，入户走访14万余户、召开群众工作会4654个，解决纠纷1.5万件，“110”出警2.8万次，张贴警情通报6727次、提供线索2910条、核录情况11万余人、安装物技防设施5822个、带辅警巡逻3.3万余次，检查出租房屋14万余户、流动人口办证25万余人、责任书签订3.5万余份、采集出租房屋平面图1万余份、处罚房东卷2395卷、检查内部单位1.5万余个、检查市场门店2.9万余个、发现整改隐患5197个。

（周耀程）

**【市民劝导队建设】**　年内，公安分局制定《朝阳区推行市民劝导队工作实施方案》，延伸劝导工作内涵，增加劝导队员工作角色，明确劝导队“八员”职责，即义务民调员、义务宣传员、社会信息员、义务巡防员、义务协管员、义务重点人教育员、义务环境卫生监督员、和谐促进员。劝导队员针对不同事件，变换不同角色，配合相关职能部门开展工作。全年建立劝导队701支，1万余人，劝导不文明行为1794件，维护社区秩序1187次。调解邻里纠纷694件，化解社会矛盾170件，发现并督促整改安全隐患125处。

（周耀程）

**【推进社区网上警务】**　年内，按照《北京市公安局强力推进社区网上警务工作实施方案》要求，开展社区网上警务工作，搭建和谐警民关系新平台，依托社区业主论坛、政府网站和区域网络等，建立网上警务室92个，开辟“预警信息、在线咨询、预约服务、法律宣传、警务动态”等内容。累计发布安全防范宣传、警情通报等预警信息8500余条，接受群众网上咨询6500余次，收到与公安工作相关的意见及建议1200余件，为社区群众提供便民服务1000余次，解决各类求助、纠纷等520余件。

（邢　峥）

**【完成社会面监控摄像头一头一标签工作】**　年内，按照市局要求，完成辖区内社会面监控摄像头一头一标签的制作、安装和悬挂工作。涉及49个派出所辖区内的3900个监控摄像头标牌的粘贴和悬挂。全部点位信息已上报市局，并完成在“北京市公安局警用地理信息PGIS平台”的标注工作，为公安警务视频巡控工作提供了有效的技术支持。

（王　晓）

**【推出防范堵截电信诈骗措施】**　年内，在开展打击防范电信诈骗专项行动中，公安分局内保大队会同辖区金融营业网点，构建电信诈骗堵截防范体系，推出“每日警情监测、每月通报例会、强化防范提示、加装自动语音提示装置、安装手机信号屏蔽器、建立成功堵截奖励机制、建立联合倒查机制、建立支行、网点两级防控考核机制”等金融营业网点防范堵截电信诈骗措施；总结实施营业柜台拦截电信诈骗的“四步工作法”（即：一宣传、二观察、三劝说、四登记），全年成功堵截99起电信诈骗案件，及时挽回群众损失达1561万元，有效保护群众资金安全。

（聂建平）

**【建立校园防范机制】**　年内，协调建立健全综治、教育、公安三部门之间维护校园安全会商研商、联勤联动长效机制，建立“巡防、技防、自防、群防”四位一体的校园安全防范工作机制，全区348所公办中小学校幼儿园全部实现监控图像上传和24小时实时监管功能、全部安装开通校园“固定点联网报警系统”（紧急报警按钮），全部实现每校每园配备2名专业保安力量的守护标准；467所民办非注册类校园中，77.3%的校园配备“一校两保安”；86.1%的校园安装“紧急报警按钮”；89.0%的校园监控探头联入街乡综治指挥中心，实现对全区千余所中小学幼儿园的严密防护，保障全区40万学生儿童的人身安全。

（聂建平）

**【推出大中型商市场防范措施】**　年内，公安分局盯准家乐福、京客隆、沃尔玛等关系人民群众基本生活的商场、超市，应对商业场所人员往来复杂，人、财、物聚集，流动性大，极易发生各类治安问题的特点，总结推广大中型商、市场防范拥挤踩踏“六步工作法”（即启用“双语广播”、加装“人脸识别系统”、加装“人员计数器”、推行“购物车高峰时段限用措施”、落实“网格化”管控模式、两员责任制),全年实现人员密集场所安全监管零事故,安全接待中外顾客1500万人次。

(聂建平)

**【实现中行北京分行“网上银行”远程电信诈骗“零”发案】** 年内,公安分局在打击防范远程电信诈骗专项行动中,瞄准网上银行阻截防范的薄弱环节,会同中国银行北京市分行成功推出“网上银行”堵截电信诈骗安全系统,该系统增设全新安全提示程序,即:客户进入网上银行系统,在操作确认转账的关键时刻,按“回车键”,操作界面及时弹出一项提示密码,客户输入后,这名客户随身携带的手机立即收到一条“安全提示短信”,内容是:“您是否确认此次转账是转给了亲属、朋友或认识的客户;如不认识,请立即停止转账。这个密码千万不要告诉他人!”同时发来一组新的确认密码,只有在输入新的确认密码后,客户才能完成转账操作。有效防范和堵截了网上银行电信诈骗,实现中行系统“网上银行”远程电信诈骗“零发案”,达到群众“减损”和金融企业“增效”的双赢效果。

(聂建平)

**【完成“清网行动”】** 年内,公安分局按照市局“清网行动”统一部署,围绕“一降、二升、三提高”的总体要求,明确职责,迅速行动,周密部署,牢固树立“有逃必追”和“全国一盘棋”的思想,抽调精干警力远赴全国各地抓逃。截至12月15日,分局在“清网行动”中抓获各类网上逃犯494名,有效清网率达65.5%,清网绝对数排名全市第一。

(李延军)

**【采用“战训一体化”培训模式】** 年内,公安分局网安大队采取“干中学、学中练、练中提高”的方式,结合春季攻势、全国文明城区迎检等专项工作,加强业务培训,实现人人都能熟练掌握和运用法律法规和工作规范,依法开展各项网安业务工作。收到通报表扬23件,名列各分县局之首。取得本年度网安系统执法质量考核全市第一、网安系统“实战技能大比武”团体第一和2项个人单项第一的好成绩。

(徐　鹏)

## 检　　察

**【概况】** 朝阳区检察院是国家法律监督机关。年内,审查逮捕各类刑事犯罪2284件3105人,审查起诉2946件3574人。打击严重危害社会管理秩序、破坏社会和谐稳定的刑事犯罪,全年共办理扰乱公共秩序类犯罪、毒品类犯罪、淫媒类犯罪等妨害社会管理秩序犯罪600件734人,依法打击利用网络贩卖违禁物品以及侵权复制品、网络赌博、网络传播淫秽物品等刑事犯罪21件31人,发出检察建议132份。立案侦查贪污贿赂犯罪18件20人,其中立案侦查贪污贿赂百万元以上大案1件,局处级以上要案5人,集中查处中国新闻出版社、中国交通报社等新闻媒体领域受贿犯罪7件7人,侦查终结案件2件3人,获得有罪判决1件2人,1件1人正在法院审理中。深入开展个案预防、行业预防和专项预防。截至10月底,先后开展查询915次,共为辖区内242个项目125家单位进行行贿犯罪档案查询。加强对诉讼活动的法律监督,受理立案监督案件32件,监督立案8件,监督撤案1件;追诉漏罪678起,追诉漏犯68人;提出刑事抗诉3件,书面以及口头提出纠正违法13件,制定《民事督促起诉工作实施办法》,受理申诉案件107件,提请和建议提请民事抗诉9件,对1850余人次进行交付执行检察,对10220余人次进行收押释放检察,开展安全防范检查38次,办理烟草、药监、工商方面移送的非法经营、销售假药、销售假冒注册商标商品案等行刑衔接案件17件。组织开展“解放思想找差距,创新发展争一流”大讨论等系列活动,探索具有朝阳特色、以“六观”为灵魂的检察人员核心价值体系建设,整合九大文化社团,继续推出检察文化长廊,创立“检察官夜校”学习模式,组织心理咨询课程班,现场模拟训练,顺利完成青训班与CYPP发展团队的改选工作。获“全国检察宣传先进单位”、“北京市检察机关先进基层检察院”称号,1人被中央政法委评为“全国政法系统优秀党员干警”。

地址:道家园17号
电话:65843208
邮编:100025

(白富强)

**【获“五好党支部”称号】** 1月,按照中央和市委关于在基层党组织和党员中深入开展创先争优活动的总体安排,市委政法委在全市政法系统部署开展“五好党支部”达标创建活动,经过严格审核,在优中选优的基础上,朝阳检察院公诉三处被授予北京市政法系统“五好党支部”荣誉称号。

(孙利国)

**【民行申诉案件公开审查办法】** 2月7日,制定《民事行政申诉案件公开审查办法(试行)》,对特定民事行政申诉案件进行公开审查。明确适用公开审查程序办理的申诉案件范围,包括原审裁判认定事实不清的,出现新证据的和其他检察机关认为有必要进行公开审查的案件;规定参与人员,除当事人外,与案件无利害关系的专家、学者、律师、人大代表、政协委员等人员可以参加公开审查。规定申诉案件公开审查的启动程序。承办人在对案件进行初步审查后,认为应当进行公开审查的,报民行检察部门负责人决定。确定对案件进行公开审查,应通知当事人并向其寄送相关材料。明确公开审查的程序。在案件承办人的主持下,双方当事人按照一定的顺序发表意见，提出证据，进行辩论。参加公开审查的专家学者、律师、人大代表和政协委员等人可对案件发表意见，作为参考。

（孙利国）

**【实施廉洁准入制度】** 2月16日，提出《关于在我区工程建设及政府采购领域开展行贿犯罪档案查询进行廉洁准入管理的建议》，将检察机关行贿档案查询系统与对市场主体的廉洁管理相衔接，进一步规范朝阳区建设工程及政府采购领域交易活动，促进形成公平的市场环境，保证国家公职人员廉洁从政。

（孙利国）

**【检察信箱进监室】** 2月28日，在朝阳区看守所的146个监室内全部安装检察信箱，专人负责，定期开启，对收到的在押人员来信进行登记、分类、及时处理在押人员反映的问题并及时把处理结果及时反馈给在押人员。“检察信箱”使在押人员能够将申诉、控告等材料直接转到驻所检察官手中，实现了在押人员与驻所检察官的零距离接触，畅通诉求渠道，维护在押人员的合法权益，取得良好的社会效果和法律效果。

（孙利国）

**【办结一例刑事赔偿】** 3月1日，成功办结新国家赔偿法施行后第一例刑事赔偿案件。赔偿请求人谢利颖因不服区检察院逮捕决定，提出人身羁押、精神损害等三项赔偿申请。区检察院受理案件后认真迅速办理，决定对错误羁押予以国家赔偿。赔偿请求人对区检察院在办理案件过程中表现出来的严谨细致作风予以高度赞赏并赠送锦旗表示感谢。

（孙利国）

**【出台检务接待工作制度】** 3月16日，出台检务接待工作制度，实现检务接待工作的进一步制度化、规范化。确立“统一受理、归口办理”的检务接待模式，明确相关部门接访职责，明确特殊访的接待方式，明确检察长接待的范围，明确律师接待首问责任制，明确突发事件的应急处置工作。

（高哲远）

**【获“首都劳动奖章”】** 4月10日，朝阳检察院控告申诉检察处专职信访接待员张黎，被北京市总工会授予首都劳动奖章。

（高哲远）

**【赴小学开展普法公益讲座】** 5月31日，由检察日报社正义网主办，朝阳检察院及北京皮皮鲁文化总动员文化科技有限公司协办的“青少年普法公益讲座”在劲松第三小学举行。现场近300名劲松三小的学生观看模拟法庭视频录像，检察人员采用互动问答的形式提出多道法律常识以及自救常识问题，得到学生的积极回应，并向在场学生提出要慎重交友、从小养成良好的行为习惯、学会保护自己等安全建议。

（高哲远）

**【与中国互联网协会共同签署协议】** 5月10日，朝阳检察院与中国互联网协会签署《关于加强协作保护知识产权的框架协议》，建立四项合作制度：一是确立知识产权类申诉案件委托调解机制；二是确立知识产权类案件申诉引导机制；三是确立知识产权信息共享和互通机制；四是确立知识产权矛盾化解互助机制。合作协议是朝阳检察院针对涉网类知识产权案件办理模式的大胆创新，开创检察机关与具有专业知识的非官方行业协会合作的先河，对进一步开展检调对接工作，拓宽检调对接领域，更好地化解社会矛盾具有重要意义。

（高哲远）

**【制定“十二五”实施意见】** 6月7日，制定出台《朝阳区检察院关于服务和保障朝阳区“十二五”规划实施的意见》。主要包括六方面内容：一是依法维护市场经济秩序，保障促进经济发展方式转变。二是依法维护城市建设秩序，服务首都中国特色世界城市建设。三是不断提高和丰富做群众工作的能力和手段，加强对民生诉求的司法保障与救济。四是不断深化法律监督工作，努力实现执法办案法律效果与社会效果统一。五是继续深化执法办案工作机制改革。六是切实加强检察队伍专业化建设，不断提高检察工作服务发展的能力和水平。

（高哲远）

**【获“五五”法制宣传教育先进集体】** 6月，在市法制宣传教育领导小组、市人力资源和社会保障局组织开展的“五五”法制宣传教育先进集体评选工作中，朝阳检察院组织宣传处被评为北京市“五五”法制宣传教育先进集体。

（白富强）

**【助理检察员选任工作】** 7月4日，朝阳检察院出台《北京市朝阳区人民检察院助理检察员选任工作暂行办法》，引入竞争机制，首次尝试以考评方式，差额选任助理检察员。此次助理检察员选任工作是朝阳检察院强化人才工作的有益尝试，为有针对性地确定人才培养规划打牢基础。

（白富强）

**【当选“学习型检察院”示范单位】** 7月4日，在市检察机关“学习型检察院”示范单位评选工作中，朝阳检察院作为重视学习、热爱学习、积极投身学习型组织建设工作的先进典型，被评为北京市检察机关“学习型检察院”示范单位。

（白富强）

**【“6+2+N”检察联络室工作模式】** 9月1日，朝阳检察院出台《建立联系基层人民群众工作机制实施方案》，确定“6+2+N”检察联络室工作模式，即“6个基础联络室辐射周边，2个定点联络室突出特色、43个街乡联络员全区覆盖”模式，并对全院各处室负责的区域进行了明确分工。

（白富强）

【召开检校联席座谈会】 9月14日,朝阳检察院以“预防物资采购领域职务犯罪”为主题召开检校联席座谈会,市委教工委领导、检院预防处和朝阳区域内12所高校参加座谈。朝阳检察院以此前10年中查处的高等教育领域职务犯罪分析为背景,介绍目前高校职务犯罪的情况和主要特点,并对高校开展职务犯罪预防工作提出意见建议。

(林晶晶)

【召开检察建议约谈工作会】 11月23日,召开检察建议约谈专项工作汇报会,向市区两级人大代表、特约监督员介绍检察建议约谈工作开展情况。

(林晶晶)

【举办检察开放日活动】 12月6日,举办“人民利益高于一切”检察开放日活动,邀请平房检察联络室辖区联络员及平房地区居民代表来院参观,发放检察联络室调查问卷,征求意见和建议。参观群众表示,通过检察开放日活动,熟悉了检察职能,提高了法律意识,对检察联络室工作职能也有了进一步认识。

(林晶晶)

【获“优秀青少年维权岗”称号】 12月12日,朝阳检察院未成年人刑事案件检察处获共青团北京市委员会、首都社会治安综合治理委员会办公室、北京市人民检察院授予的“优秀青少年维权岗”称号。

(林晶晶)

## 审　判

【概况】 朝阳区人民法院是国家审判机关。年内,以科学发展观为指导,深入推进三项重点工作,紧紧围绕“保障当事人在首都法院打一个公正、明白、便捷、受尊重的官司”的工作目标,以服判息诉、案结事了为导向,以科学管理、从严管理为抓手,以教育引领和尊重关心干警为支撑,着力践行能动司法,着力提高审判工作的质量、效率和效果,着力提高党建工作水平,着力提高队伍的司法实务能力,各项工作有了新提高。全年共受理各类案件56696件,结案56675件,其中审结刑事案件3351件;审结民商事案件38515件;审结行政诉讼和行政非诉案件541件;执结案件14188件。年内,获“全国法院党建工作先进集体”、“全国法院第二十三届学术讨论会组织工作先进奖”等称号。全年共获得110项区级以上荣誉,其中,奥运村法庭被评为“全国五一巾帼标兵岗”,林子英被评为“全国审判业务专家”,臧德胜被授予“全国政法系统优秀党员干警”称号。

地址:朝阳公园南路甲2号

电话:65021021

邮编:100026

(范米多)

【改版内外部网站】 1月,全新改版的内外部网站正式启动运行。改版后,内部网站定位为“内部交流的媒介、便捷办公的平台和展示形象的窗口”,增设“干警生活”等特色栏目,文章最高点击量达3109次;外部网站定位为“司法公开的平台、司法便民的载体和法院宣传的阵地”,专设“经典案例”、“专题报道”、“执行局长信箱”、“法院工作报告”等版块。一年来,内外网站访问点击量分别达660万余次和776万余次。

(范米多)

【启动新审判大楼建设项目】 3月11日,区政府相关会议正式确定区法院新审判大楼用地方案。新审判大楼选址平房乡姚家园村地块,占地面积1.72公顷,建成后将满足若干年内审判工作的实际需要。6月27日,成立审判大楼建设领导小组,新审判大楼建设项目正式启动。

(范米多)

【腾讯诉360不正当竞争诉讼案】 4月26日,依法判决被告奇虎科技公司、奇智软件公司、三际无限网络公司停止发行使用涉案“360隐私保护器”V1.0Beta版软件,在“360网”上删除本案查明的涉案侵权内容,在“360网”首页以及《法制日报》上公开发表声明,消除不良影响,共同赔偿两原告经济损失40万元,驳回两原告的其他诉讼请求。2010年9月27日,原告腾讯科技(深圳)有限公司(系QQ软件著作权人)和腾讯计算机系统有限公司(系QQ软件的专有使用权人)发现,网址为www.360.cn的网站(简称“360网”)向网络用户提供“360隐私保护器”V1.0Beta软件(简称“360隐私保护器”)下载。“360隐私保护器”只针对QQ软件进行监测。运行“360隐私保护器”监测QQ软件时会提示:“共有××个文件或目录被QQ查看过,其中××项可能涉及您的隐私”,该提示以醒目的红色标志显示,且提示中“可能涉及您的隐私”的项目文件为可执行程序。另外,“360隐私保护器”页面设置有如下表述:“某些软件除了运行自身必需的文件外,还为了谋取利益‘窥视’您的隐私文件,可能导致您的隐私泄露”。“360网”上公布有《360用户隐私保护白皮书》一文。该文指出软件在扫描可执行程序时,不会扫描用户的隐私数据文件。可执行程序只是为产品提供功能支持,本身不包含用户的个人信息,即使是一个银行软件的可执行文件也不会包含用户的银行账号和密码。“360网”上还发表数篇文章并有如下表述:“如果你电脑里的一款聊天软件,总在后台悄悄扫描你的硬盘,窥视你的私人文件,你是否会产生一种如芒在背的寒意?如果这个软件你还不得不用呢?”、“‘360隐私保护器’监测到QQ扫描了大量与自身聊天功能不相关的电脑文件。我们认为:这种不正常的软件行为极有可能导致隐私信息泄漏”等等文章和言论。“360网”的域名注册人、“360隐私保护器”的开发者和著作权人均系北京奇虎科技有限公司,“360

隐私保护器”的发行人系北京奇智软件公司，“360网”的实际经营者系北京三际无限网络科技有限公司。上述三公司为关联公司。两原告认为被告奇虎科技公司、奇智软件公司、三际无限网络公司的上述行为构成商业诋毁，请求判令三被告立即停止不正当竞争行为，连续3个月在“360网”、新浪网、搜狐网、网易网站首页显著位置，以及《法制日报》和《中国知识产权报》第一版显著位置向原告公开赔礼道歉、消除影响，连带赔偿经济损失400万元。区法院经审理认为，我国反不正当竞争法调整市场经营主体之间的竞争行为和竞争关系。“360网”由奇虎科技公司提供服务，主办单位系三际无限网络公司，故两公司应当和“360隐私保护器”开发人奇智软件公司一起承担责任。从主体的经营范围看，两原告与三被告之间存在业务重合，拥有相同的市场利益，具有竞争关系。从涉案产品的用户群看，“360隐私保护器”依附于QQ软件运行，从而“360隐私保护器”的用户群也是QQ软件的用户群，两产品的经营者之间形成竞争关系。由于三被告与两原告之间存在竞争关系，故当“360隐私保护器”对QQ软件监测以及对监测结果进行表述和评价时，应当遵循诚实信用的准则，公正且客观地表述和评价。通过查实，“360隐私保护器”在对QQ软件监测时，对QQ2010软件扫描计算机中可执行文件的行为，使用了“可能涉及您的隐私”的表述。可执行文件本身不会涉及用户隐私，360隐私白皮书也确认这点。故“360隐私保护器”使用“可能涉及您的隐私”的表述，与客观事实不符。在这里尽管使用了“可能”的表述，但仍然会使用户产生一种不安全感，会导致用户放弃使用QQ软件，也会造成软件用户在看到“360隐私保护器”监测结果后对QQ软件及两原告的商业信誉造成负面影响，构成商业诋毁。“360网”上对QQ软件进行了一定数量的评价和表述。这些评价和表述，使用了“窥视”、“为谋取利益窥视”、“流氓行为”、“逆天行道”等词语和表述来评价QQ软件。由于“360隐私保护器”监测评价的内容没有事实基础，故上述评价和表述也构成商业诋毁。对上述行为，三被告应当共同承担停止侵权、公开消除影响和赔偿经济损失的责任。赔礼道歉的责任通常不适用于商业诋毁的行为，不予支持。一审宣判后，被告北京三际无线网络科技有限公司和北京奇虎科技有限公司提出上诉。9月14日，市第二中级法院判决驳回上诉，维持原判。此案入选“2011年度人民法院十大典型案件”、最高法院《中国审判》2011年“20大案”。

（范米多）

**【全国首例入户行窃即定罪案】** 6月3日，以盗窃罪判处被告人丰加红拘役2个月，罚金1000元。被告人丰加红（男，41岁，高中文化，无业，河南省台前县人）于5月2日13时许，在芍药居北里315楼地下室，见被害人张丽（女，21岁，河北省人）的B7号房门虚掩，便进入该房间实施盗窃，被当场抓获。市公安局朝阳分局处以其行政拘留十日，后因本案涉嫌犯盗窃罪，被告人丰加红于5月6日被刑事拘留，并于5月25日被提起公诉。区法院经审理认为，被告人丰加红法制观念淡薄，入户盗窃，其行为已构成盗窃罪，依法应予惩处。被告人丰加红因被他人及时发现而未得逞，系犯罪未遂，且如实供述所犯罪行，故对其依法从轻处罚。一审宣判后，被告人未提出上诉。该案系全国首例依《刑法修正案（八）》第39条关于入户行窃即定罪规定判决的案件。

（范米多）

**【出租车司机抛弃醉酒客致死案】** 11月20日，依法判决被告北京通顺出租汽车有限公司向原告顾小民、潘桂香支付赔偿款共计165892元，驳回原告的其他诉讼请求。2010年11月10日晚19时许，顾世义所在单位北京伟业联合房地产顾问有限公司的销售主管周萍带领全组人下班后到位于朝阳区大望路的萨克赛斯KTV唱歌庆祝小组取得销售冠军。唱歌期间，顾世义因饮酒过量，站立不稳，要求回家，销售主管周萍安排公司员工邢霁野、齐云飞两人送顾世义下楼。在朝阳区西大望路珠江帝景小区南侧，3人拦下赵雪川所开的车牌号为京BH6248的出租车（该车所属公司为北京通顺出租汽车有限公司，赵雪川系该公司司机）。邢霁野和齐云飞要求赵雪川将顾世义送到通州梨园附近，并向顾世义要了其姐姐顾艳娇的电话，告诉赵雪川可以电话联系。出租车走后，齐云飞拨通顾世义所留顾艳娇的电话，但对方表示不认识顾世义，邢霁野和齐云飞便打车回到KTV。赵雪川驾驶出租车行驶至京通快速路高碑店出口附近时，顾世义下车呕吐，赵雪川拨打齐云飞所留顾艳娇的电话，对方称打错了。顾世义再次上车后，赵雪川询问顾世义要去的地方，并告知其姐姐的电话不对。顾世义说去世纪城并再次下车呕吐，同时拿出手机拨打一个名为“娇娇”的电话，但该电话无人接听。顾世义一再说：“走吧”，还从口袋里拿出一张十元看了一眼，又掏出一张五元的人民币交给赵雪川说：“没事，走吧。”赵雪川将钱还给顾世义，顾世义上车后立刻又下车呕吐。赵雪川见此状况就扶着顾世义坐下，然后说上车拿根烟，便开车离开。2010年11月14日，顾世义的尸体在通惠河中被发现，经公安机关鉴定死亡原因为：不排除溺水死亡，并出具“死亡不属于刑事案件”的结论。顾世义的父母作为原告诉至朝阳区法院，要求出租车司机、出租车公司、顾世义原工作单位连带赔偿各项损失共计68万余元。

区法院经审理认为，二人以上分别实施侵权行为造成同一损害，能够确认责任大小的，各自承担相应的责任。根据公安机关关于顾世义死亡的调查结论，顾世义不排除溺水死亡，且不属于刑事案件，根据顾世义下车地点与通惠河的距离及顾世义体内酒精含量可推定其系饮酒过量后不慎落水死亡，由此可见导致顾世义死亡的直接原因系其饮酒过量所致。顾世义作为完全具备民事行为能力的成年人应当对自己的身体状况及过度饮酒的危害性具有清楚的意识，但其仍然对自己过度饮酒的行为未加以控制，导致自己落水死亡，其应对自己的死亡结果承担相应的责任。伟业公司在组织职工聚餐过程中对顾世义过量饮酒行为未予劝阻，在顾世义酒醉的情况下，未妥善护送其回家，且在知道顾世义向出租司机提供的电话有误的情况下，未及时采取相应的补救措施，因而伟业公司对顾世义的死亡亦具有一定的过错，故应对顾世义的死亡承担相应的赔偿责任。诉讼过程中，原告与伟业公司达成补偿协议，伟业公司向原告支付补偿款人民币13万元，原告当庭表示不再要求伟业公司承担超过其赔偿数额的部分。出租司机赵雪川在运送顾世义的过程中积极帮助其联系家属，尽到一定的义务，但其在明知顾世义酒醉无法说明住址且无法联系家人的情况下，依然在冬日的凌晨时分将顾世义放在路边，其行为确有过错，故亦应对顾世义的死亡承担相应的赔偿责任。因赵雪川系通顺出租公司司机，运送顾世义系其履行职务行为过程中发生，故通顺出租公司应在赵雪川承担的责任范围内对顾世义的死亡承担责任。一审宣判后，原、被告均未提出上诉，判决已生效。

(范米多)

**【完善一体化审判管理体系】** 年内，在一体化审判管理体系初步建立的基础上，以强化审判委员会办公室职能作用为抓手，在实践中进一步完善该体系建设。丰富完善提示告知工作内容和形式，定期发布《审判运行态势分析》，制定修改《长期未结诉讼案件管理规定》、《关于庭审质量管理的规定(试行)》等10项制度规范；针对审判管理运行中发现的问题，建立审判委员会评议审判执行工作专项机制。8月，召开首次审判委员会评议工作会，听取两个部门工作的专题汇报。评议工作会实现了“评议一次、带动一片”的效果。“一体化审判管理体系”因良好的制度设计与实践效果，被最高法院收录入《人民法院工作年度报告》白皮书，被定位为“以管理措施创新为突破口，逐步推动形成审判管理新格局”的典型。

(范米多)

**【推进专业化审判】** 年内，为贯彻全市法院院长会议提出的“提高审判专业化水平”的工作要求，按照“科学布局、整合资源、突出特色、提升质效”的工作思路，于年初成立劳动争议专业审判庭，在民事各审判庭内部新设环境污染纠纷、农村土地腾退安置纠纷、邻里关系纠纷等16个专业合议庭，并建立配套的审判调研和分级培训工作机制，不断提升审判工作专业化水平；在商事审判部门进一步完善破产案件常规化审理机制，举办商事专业审判系列活动，同步推进知识产权专业审判。年内，朝阳法院被最高法院确定为“中国知识产权司法保护基层示范法院”，破产案件常规化审理工作受到最高法院通报表彰，并被授予“全国企业破产案件审理先进集体”。与两年前相比，破产案件收案数上升33.33%，结案数上升4倍，结案率提高91.67%，审理周期下降66.9%，呈现“三升一降”的良好态势。

(范米多)

**【创建“三引领四融合”党建工作模式】** 年内，区法院以中央开展创先争优活动为契机，坚持“抓党建带队建促审判”的工作思路，在总结多年实践经验的基础上，形成具有朝阳特色的“三引领四融合”党建模式，即充分发挥院党组、机关党委、党支部三个主体的引领作用，建立起情感、事业、文化、生活“四个融合”的工作机制。“三引领四融合”党建工作模式有效实现党建、队建和业务建设相互促进、共同提高的目标，先后受到包括中共中央政治局委员、中央书记处书记、中组部部长李源潮在内的中央、最高法院、北京市各级领导的肯定，北京市法院系统专门召开现场会予以推广。

(范米多)

**【深化“1+4”青年法官培养模式】** 年内，在总结以往经验的基础上，出台《关于加强青年法官培养的工作意见》，推出专家课堂、资深法官课堂、庭审课堂、窗口实践课堂等“四个课堂”，形成以“一个意见、四个课堂”为主体的“1+4”青年法官培养模式。为将这一模式推向深入，年内，启动新一轮青年法官“四个课堂”培养活动，并开展“百名法官下基层”活动。青年法官全年参与窗口实践课堂，共接待当事人近13000人次，参与息诉173起，化解信访案件51件，参与外出执行26人次，开展庭审课堂十余次、资深法官课堂1次，青年法官获得区级以上荣誉27人次。因成效明显，法院“1+4”青年法官培养模式被市委政法委评为北京市政法系统“优秀基层党建工作重大创新项目”，获得“朝阳区基层党建创新奖”，并作为重要经验在全市法院系统推广。

(范米多)

**【创设片区法官工作站】** 年内，在现行“片区法官”制度下，推出“片区法官工作站”这一社会管理服务新模式。法官片区工作站的定位是设置在群众家门口的化解矛盾的前沿阵地，是青年法官加强与群众联系、增进群众感情的实践平台，具体承担宣传普法、调解纠纷、巡回审判、指导民调、确认人民调解协议效力、结对帮扶以及辅助基层行政机关决策等7项职能。成立管庄站和常营站两个法官片区工作站，深入群众开展大型普法宣传活动5次，培训人民调解员126人次，开展结对帮扶1次，接待法律咨询200余人次，巡回审判4次，参与街乡行政决策1次，成为法院参与社会管理创新的新平台。

（范米多）

**【调研宣传工作】** 年内，调研、信息、案例、司法统计、刊物、年鉴、司法建议等工作获得各类奖项18项，并囊括案例、信息、司法统计、刊物、年鉴工作等全部5类集体最高奖项，实现获奖数量和获奖层级双丰收。组织参加全国及市法院学术讨论会，其中一篇论文获得全国法院系统第二十三届学术讨论会一等奖与北京市法院第二十三届学术讨论会一等奖，以市法院系统总分第一名的成绩蝉联"全国法院系统学术讨论会组织工作先进奖"，连续第七次获得"北京市法院学术讨论会组织工作先进奖"，共计10篇论文分获市法院第二十三届学术讨论会一、二、三等奖。全年在各类媒体发表宣传稿件5895篇，以总分领先4700分的优势，再次荣膺全市榜首，并获得"北京市法院新闻宣传工作先进单位"、"市五五普法先进集体"、"市纪念建党90周年宣传工作先进集体"、"人民政协报《法官视点》栏目最佳组织奖"、"北京日报《法官讲法》栏目优秀组织奖"、"北京电视台《经济法眼》栏目最佳贡献奖"、"朝阳区五五普法先进集体"共7个集体奖项和北京市法院新闻宣传工作先进个人等8个个人奖项，22篇新闻稿件荣获"全国法制好新闻"等国家级和市级新闻奖项。

（范米多）

## 司法行政

**【概况】** 朝阳区司法局机关有内设科室9个，即办公室、政工科、基层工作科、法制宣传教育科、矫正帮教科、公证工作管理科、律师工作管理科、法律援助工作指导科和法制科。由区纪委派驻纪检组、监察科各1个，设纪检组长、监察科长各1人。司法局下设科级事业单位3个，即法律援助中心、阳光矫正管理培训中心和正阳公证处。年内，紧紧围绕朝阳区加快推进"新四区"建设和争创全国文明城区的中心工作，坚持"围绕中心、服务大局，发挥职能、满足需求"的定位，充分发挥各项职能作用，锐意进取、开拓创新，连续4年荣获首都"人民满意的政法单位"称号，连续7年被区政府授予"目标管理双百考核综合先进单位"。各项工作得到司法部、市、区领导的高度评价和人民群众的广泛好评。

地址：六里屯西里5号

电话：65025495

邮编：100026

（陈　昕）

**【人民调解工作】** 年内，制定《人民调解委员会规范化建设的实施意见》，明确规范化人民调解委员会的组织建设、硬件标准等内容，实现人民调解"六统一"，进一步完善了全区四级调解组织网络。4月20日，朝阳区首例人民调解协议书获得人民法院确认。8月，根据市委办公厅、市政府办公厅关于推进社会矛盾多元调解体系的意见精神，成立"综治委社会矛盾多元调解工作协调委员会"，多调委办公室设在区司法局。区司法局作为多元调解工作的牵头单位，坚持找准定位、发挥职能。截至12月底，全区各级人民调解组织调解各类纠纷61423件，调解成功59161件，成功率为96.3%。纠纷调解数达到法院同期民商事案件受理数的1.6倍，已连续6年超过法院民商事案件受理数。

（陈　昕）

**【社区矫正和安置帮教工作】** 年内，继续开展缓刑宣判前社会调查，对区法院拟判处缓刑，并将在朝阳区执行社区矫正的人员，进行是否适用缓刑的社会调查。妥善安置好三无人员、无缝衔接重点人和特殊老病伤残人员，是矫正帮教工作重点。全区共有17人得到妥善安置，实现无缝衔接。按照市局要求，加大新接收社区服刑人员在中途之家进行集中法制教育的力度，实现全区所管社区服刑人员和刑释解教人员在建党90周年等重大敏感时期安保工作的"四无"佳绩。6月，司法部召开全国现场会，组织全国司法厅局长到中途之家参观学习。9月在新加坡召开的国际矫正与监狱协会第13届年会上，朝阳区阳光中途之家获"2011年度社区矫正奖"，这是亚洲获得的唯一奖项。

（陈　昕）

**【律师法律服务工作】** 年内，推进区政府法律顾问团各项工作，无偿为区政府及有关部门就2项重大涉法事件，提供10余次法律论证和建议，律师们的法律意见受到区政府有关领导的重视和采纳。顾问律师还每周参加区领导信访接待工作，全年参加区领导信访接待42次，参与接待来访群众566批4990人，其中集体访265批次3850人。在法律服务"三进"活动中，有50多家律师事务所与CBD地区企业签订服务协议，105家律师事务所与各街乡签订"进企业、进社区、进乡村"服务协议。在朝阳区新一届人大、政协换届选举中，有6名律师当选为朝阳区人大代表，14名律师当选为朝阳区政协委员。1月18日，朝阳区律师协会正式揭牌成立。协会成立后，发挥律师党委和律师协会合力，为研究推进律师工作搭建平台，党在律师队伍中的凝聚力和号召力不断增强，体现了党对律师工作的领导力。

（陈　昕）

【法律援助工作】　年内，完善区法援中心、街乡（社团）法援工作站和社区（村）法援窗口三级网络，针对农民工、下岗失业人员、老年人、残疾人等重点群体开展多种形式的法律援助服务，本区在历次重大活动期间未发生一例农民工因讨薪问题到市里上访事件。年内，中组部干部三局、司法部副部长赵大程和市委副书记王安顺等领导相继到朝阳区法援中心视察，对中心各项工作给予高度评价。区法援中心荣获第四届全国法律援助工作先进集体称号，被市委政法委评为执法为民创先争优示范窗口。

（陈　昕）

【深化六五普法工作】　年内，组织召开街乡系统、教育系统、司法机关和行政执法部门等不同类型的座谈会，广泛征求意见，完成朝阳区“六五”普法启动工作。完善北京市乃至全国的普法阵地品牌——“朝阳区法律图书馆”和“朝阳普法广场”，形成以法律图书馆和普法广场为中心，以街乡（地区）为基点的法律文化阵地网络。形成以区法律培训中心、区领导干部法律培训中心、区基层干部法律培训基地和区青少年法制教育中心等教育基地为中心，辐射街乡（地区）、社区（村）的三级法制教育培训网络。落实“六个一”建设，开辟互联网普法阵地，强化朝阳有线台《与法同行》电视栏目和《朝阳报》“五五”普法专栏等，深入开展法律“六进”活动，做到“九有”（桌上有书、报上有字、电视有影、广播有声、橱窗有画、网上有页，手机有短信，培训有学校、活动有场所）。8月2日，《法制日报》头版头条以“北京朝阳社区内搭台志愿者参演法律唱主角，宣传服务共进带来法治新生活”为题，从普法志愿队伍社区内遍地开花、“走出去、请进来”公开审判变课堂、法律服务室为平台“找法”不出社区三个方面，全面报道朝阳区“法律进社区”工作的做法。

（陈　昕）

## 交通管理

【概况】　北京市公安局公安交通管理局朝阳交通支队对朝阳区道路交通依法实施管理。年内，接警697515起，回访270214起，群众满意率98.2%；利用电视监控系统直接发现问题14524起，其中交通事故7124起，车辆故障2245起，交通拥堵2110起，其他3063起；各级指挥领导上路5564人次，发布指挥调度令21102次，上报路况信息8440条。开展夜查“酒后”专项行动300余次，全年共处罚酒后驾车违法行为6588起，较上年减少30%；行政拘留醉酒驾车司机240人，拘留非司机驾车1157人；现场处罚闯红灯违法行为83325起，较上年增加29.3%；处罚“涉牌”违法30649起，较上年增加71.1%；扣留非法“摩的”、正三轮摩托车、人力三轮车共计9269辆，较上年减少26.6%；处罚货车违法行为378458起，较上年减少0.4%。全年执法总量为226.25万起，罚款总额3.3亿元。其中非现场执法处罚总量为157.83万起，占全年执法总量的69.76%，非现场执法罚款2.51亿元，占全年罚款总额的76.06%。本年现场执法处罚总量较上年的171.58万起增加了31.86%。管界共发生交通事故70342次，伤19689人，亡156人，与上年相比，次数下降4.67%，伤人数上升35.83%，亡人数下降8.24%，死亡人数比控制指标减少9人，在事故总数中，快速处理69936起，占99.42%；一般程序处理406起，占0.58%。加强交通安全宣传教育，驻区交通参与者交通安全防范意识明显提提升。组织开展各类交通安全主题宣传活动963场次，发放各类宣传材料51万余份，宣传品8.9万余份，受教育人数达69.9万余人次；在广播、电视、报刊等媒体刊播稿件906篇。强化交通疏堵，完善交通设施。制定设施改造和道路优化方案329个，共安装路口信号灯5处；做路口工程改造3处；安装各类护栏19351米；安装各类交通标志123套，其中禁令标志36套，警告标志2套，指路标志10套，指示标志15套；施划、复划道路标线26830米；打桩346根；安装黄闪灯2处；增设反光消能桶7620个；调整信号配时13次，检查保修交通设施61次。审批占路施工项目381处，审批道路施工量在全局排名第一，较上年增加1%。办理货运通行证4603张；办理剧毒证125张，较上年增加64.48%，办证车辆未发生重大交通事故和严重交通违法行为。办理长期外埠通行证7389张；办理驾驶证审验手续31850件，换证57528件。

地址：百子湾西里303号
电话：68399501
邮编：100124

（吴晓萌）

【特勤警卫】　年内，完成交通警卫任务3463次，其中一级勤务426次，二级勤务944次，三级勤务2273次，共出动警力90045余人次，警车45100辆。完成全国和市“两会”、十七届六中全会，俄罗斯总理普京、美国副总统拜登、越共总书记等外宾访华的交通警卫任务。完成春节、元宵节、端午节、啤酒节、“五一”、“十一”节日保卫，以及“中国网球公开赛”，“首届环北京职业公路自行车赛”、北京马拉松比赛等重大交通安保任务，确保警卫路线万无一失。

（吴晓萌）

【排查交通安全隐患】　年内，发挥事故分析指导作用。建立每周事故分析例会制度，对管界内发生的140起重大事故从“交通事故事实、报警的受理与处理、现场处置、事故调查、事故原因分析、改进措施”6个方面，逐一开展事故隐患论证分析。

依据分析结果，制定《朝阳支队预防重特大道路交通事故"夏季攻势"工作方案》等一系列预防事故工作方案，制定133条整改措施，逐一狠抓落实；对酒后驾车、摩托车、专业运输单位适时开展专项整顿，酒后驾车、摩托车事故得到明显遏制，全年未发生专业运输单位车辆的重大事故。同时，将事故隐患论证分析结果与日常道路隐患排查有机结合，全面排查次干路以及易发生亡人事故的偏远地区的交通安全隐患问题，协调有关部门尽快落实治理措施。全年排查交通安全隐患地点87处，其中通过事故隐患论证分析排查出的安全隐患占12处，治理完成56处。共在46处路口路段增设隔离护栏6200余米，设置各类隔离墩378套，增设闪烁警示灯、黄闪灯37套，施划交通标线1.2万余米。

（吴晓萌）

【培训工作】　年内，举办4期规范执法网上测试专项培训；针对停车秩序整治工作，专项开展违法停车查处、取证培训；配合《中华人民共和国刑法修正案（八）》醉酒驾车、飙车有关条款的贯彻实施，开展危险驾驶罪办理专项培训；举办3期基本级执法资格考试培训考前培训和2场模拟测试；在全支队开展清障车清拖技能大比武。同时，突破培训形式限制，组织各大队事故组组长、执法站站长、小分队警长参加"祝斌不服朝阳支队奥运村大队行政处罚案"和区人民法院首次开庭审理醉酒驾车刑事案件的庭审现场，有效增强民警执法程序意识、证据意识、法制意识和诉讼意识。编写印发《办理醉酒驾驶机动车案件指导意见与示范案卷》和《涉案财物管理问题专项治理工作学习资料》两本工作指南书，提高民警办案效率和工作规范。全年累计开展各类培训180次，培训干警8200余人次。

（吴晓萌）

【强化交通秩序管理】　年内，针对4类重点违法行为和"四种车"，设置10处环路、主干路货车专项整顿岗，分别制定专项整治方案，采取日常整顿和集中整治相结合的方式，积极开展"主题式"执法整顿，重拳出击打击"酒后"、大货车违法交通行为，持续加强"涉牌"、"拘留"、12类重点违法行为打击力度。以"四区一环"（CBD地区、奥运中心区、望京地区、酒仙桥地区、三环路）为突破口，专项整顿静态交通秩序。联系区劳保职介等有关部门，新招录协管员70人。建立206人组成的停车秩序整治专职协管员队伍，组成各街乡停车管理专业执法队伍。全年录入违法停车494229起，占全市总量的26%，全区静态停车秩序明显改善。结合"321"打防控一体化，针对群众反映强烈的重点地区和主要大街的秩序乱点地区，组织相关大队联合城管、治安、工商、交通执法等部门开展"点、线、面"三个层面的集中攻坚和精确打击。在交通优化方面，对全区各级道路分期分批进行踏勘调研，重点完善学校、幼儿园周边道路设施建设，完成京通快速公交专用车道施化和启用工作。全年向市局秩序处、设施处上报完善设施、交通组织优化方案270份。拟写各类请示报告35份，拟写交通组织优化类简报18篇，市局转发6篇。全年新增信号灯4处，安装护栏18967米，安装各类标志580套，施划道路标线35400米，调整信号灯配时85次，检查报修各类交通设施105次。

（吴晓萌）

【交通安全宣传】　年内，以"迈好来京第一步、上好安全第一课"为主题，对外埠来京人员讲授专题安全教育课，努力探索解决外埠人员安全监管难题。开展各种规模的外埠人员交通安全教育培训活动74场次，培训在京外埠人员1.9万人次。不断丰富日常教育手段，在全区发动5110名"文明交通志愿者"上岗维护交通秩序。配齐安监宣传警力，实现43个街乡"一街一警"的管理模式。将交通安全培训内容纳入社区学院常态化教学培训内容。并先后建成"朝阳区交通安全体验馆"等10处交通安全教育基地，开展宣传教育活动112场次，教育群众7万余人。不断拓展日常教育形式，面对学校师生、出租行业、专业运输单位等不同人群，开展"小小文明交通志愿者"、"系好安全带，路上防意外"等特色宣传活动；向市民群众印发《致全区广大市民的一封信》87万余份；协调朝阳有线台《和谐在线》栏目播出文明交通专题节目14场；组织启动"'文明交通杯'交通安全竞赛活动"；组织开展专业运输驾驶人技能比武活动。全年组织开展各类培训教育活动665场次、交通安全宣传活动298场次，印发交通宣传材料50万份，发放宣传品8.9万份，摆放宣传展板6500余块，发放交通安全宣传光盘5万余张，累计教育群众69.9万余人次。

（吴晓萌）

【队伍建设】　年内，紧紧围绕"平安北京交通，微笑北京交警"总体目标，进一步强化队伍管理、强化民警培训、强化和谐警营建设，不断提高队伍整体素质，努力开创队伍建设新局面。共有1个集体荣立二等功、3个集体荣立三等功；1名民警荣立个人二等功、37名民警荣立个人三等功、160名民警荣获局嘉奖，160名民警被评为优秀公务员。为群众做好事2446件，收到感谢信168封、锦旗70面。

（吴晓萌）

# 军　　事

## 人民武装

【概况】 中国人民解放军北京市朝阳区人民武装部(简称区武装部),负责朝阳区的军事工作,受北京卫戍区和中共朝阳区委、朝阳区人民政府的双重领导,既是区委的军事部门,又是区政府的兵役机关,部内设军事、政工、后勤3个科。年内,区武装部坚持以“三个代表”重要思想和科学发展观为指导,深入学习贯彻党的十七届六中全会精神,全面落实军委首长重要指示和军区、卫戍区党委的部署要求,在区委、区政府的领导下,贯彻军委首长“五个进一步”指示要求,大力加强党委班子和队伍建设,全面落实军区“八个方面安全工作规范”和卫戍区后备力量规范化建设现场会会议精神,扎实开展“五用一履行”专项清理整治活动。完善战备工作的各种方案,完成民兵整组、民兵军事训练和民兵应急分队建设任务,完成国防动员工作、年度征兵任务,高标准完成市民兵预备役部队正规化建设试点任务和全国“两会”期间民兵参与看桥护路任务。深入开展全民国防教育,开展大规模国防宣传教育活动两次,组织形势报告会32场,协调驻区部队参加地方各项建设和防汛抢险及绿化美化环境整治工作。女子民兵高炮营被评为全国民兵工作先进单位,区武装部被北京军区评为国防动员工作先进单位、信息化建设先进单位、军事志工作先进单位,被北京市评为精神文明建设先进单位,连续5年被北京市评为征兵工作先进单位,民兵高炮分队被北京卫戍区评为基础训练比武竞赛优胜班组。

地址:麦子店正街80号

邮编:100125

电话:65021043

(黄丙起　李玉国)

【民兵军事训练】 2月23日,针对全国“两会”安保要求,会同区公安分局对执勤民兵进行看桥护路骨干培训,培训内容为看桥护路的职责任务、对可疑人员的盘查时机和地点的选择、盘查的方法和策略、现场情况的处置方法、疏导交通、对发生无理取闹情况的处理、对醉酒人员或精神病人的处置、发现易燃易爆危险品的处理、防寒中暑急救、遇有情况的请示报告等。5月17日~20日,采取集中授课、专家辅导、专题研讨、参观学习等方法,组织全区43个街乡、25个企业、17所高校的武装部长,在区国防后备力量基地进行业务培训,集训采取授课辅导与讨论发言相结合、室内科目与室外科目相结合的方法,进行征兵工作、射击教学、实弹射击、国家安全形势、国家反恐形势、经验交流等内容的学习研讨。6月4日,民兵高炮分队参加北京市组织的专业比武竞赛,取得优异成绩,被北京卫戍区评为基础训练比武竞赛优胜班组。6月20日~7月27日,组织小红门、南磨房、金盏、将台、东风、高碑店6个乡的部分民兵,在区民兵训练基地和怀柔某部靶场进行民兵光电伪装干扰分队训练。7月27日,市委书记刘淇率市委、市政府领导和北京军区、卫戍区领导现场观摩区民兵光电伪装干扰分队训练成果汇报表演。

(黄丙起　李玉国)

【“两会”期间民兵看桥护路】 2月26日,为确保全国“两会”安全,区武装部组织召开民兵执勤工作会,区武装部部长李彦田、政委王海洋、副部长邵洪刚、区公安分局巡警支队副支队长牛明谦和各任务街、乡武装部长参加。会议传达北京市、北京卫戍区关于民兵看路护桥的指示精神,明确各任务街、乡的看护任务、上岗执勤时间和具体责任。3月1日7时全部按时上岗执勤,至3月16日结束,保证守护目标的绝对安全。

(黄丙起　李玉国)

【民兵整组】 3月至5月,区武装部在采取“属地编、单独编、行业(系统)编”三种编组方式的基础上,对全区民兵组织的编制、结构和布局进行整组,由于部分国有大中型企业搬迁、改制、合并以及人员分流等原因,按照哪里有“兵”就在哪里编组的原则,调整民兵布局,在有党的组织,经营比较稳定、适龄人数比较多的新型企业和驻区大专院校建立民兵组织。4月下旬,北京卫戍区司令部、区武装部对民兵应急营组织检查验收。

(黄丙起　李玉国)

【征兵工作】 9月,围绕征兵工作,先后召开兵役登记、街乡摸底会,征兵集中宣传、征兵领导小组会,征兵动员大会和欢送新兵入伍大会等。10月23日,在朝阳公园南门,区征兵高潮日暨征兵宣传周正式启动,发放近万份宣传材料。在各街乡、高校、繁华路口、广场、校园内,各级主要领导和征兵工作人员深入一线,与适龄青年零距离接触,通过发宣传单、现场讲解等方式,向应征青年介绍国家征兵工作有关政策、法规和优抚安置的具体措施,并回答适龄青年提出的有关问题。11月2日,开始在朝阳区第二医院进行为期6天的体检。11月10日开始对身体合格的应征青年进行政审,12月10日召开欢送新兵大会,同日开始起运新兵，至20日，完成年度新兵征集任务。

（黄丙起 李玉国）

【战备工作】 年内，加强信息侦察，发挥民兵辐射面广的优势，加强信息采集，在“六四”、全国“两会”、企业军转干部上访的敏感期间，全区各信息点均加强对敏感部位、热点地区的情报侦察，每天上报，完成卫戍区赋予的情报侦察任务。修改完善作战、动员、维稳、抢险救灾等15种战备方案，加强战备值班和民兵应急分队的战备演练。在元旦、春节、“两会”、“国庆”等节日和重要敏感期，组织进行战备教育和战备值班，随时应对突发事件，完成战备值班任务。

（黄丙起 李玉国）

【民兵应急分队建设】 年内，在加强高碑店、八里庄、奥运村、亚运村、大屯民兵应急分队的基础上，抓民兵应急分队正规化建设。落实北京市民兵预备役正规化建设现场会精神，着重调研民兵应急分队的兵力编成、指挥机构、任务区分、应急装备、使用权限等问题，为北京市和区委、区政府决策提供依据。

（黄丙起 李玉国）

【防汛工作】 年内，调整民兵和驻区部队防汛指挥部领导成员，进一步完善防汛方案，召开驻区部队和民兵防汛工作任务部署会，组织进行防汛演练。6月中旬，组织召开各任务单位领导参加的任务部署会，明确任务和担负抢险的地域，组织驻区部队、武警北京总队九支队和民兵在高碑店大闸进行防汛实地演练，提高驻区部队和民兵应对洪灾的能力。

（黄丙起 李玉国）

【武器装备管理】 年内，加强基础设施建设，对训练基地的仓库电网、监控系统和铁丝网进行检修加固，对炮库存放的高炮、高机进行全面擦拭保养，更新仓库部分消防器材。加强对库管人员的教育管理，坚持每周政治学习和业务学习制度，提高库管人员的政治素质和业务素质，武器装备管理连续45年无事故。

（黄丙起 李玉国）

【国防动员】 年内，完成预备役登记工作，按时上报各种数据。4月会同区教委对全区高级中学学生军训情况进行普查。

（黄丙起 李玉国）

【国防教育】 年内，加强对各级领导和民兵骨干的国防教育，协调军事专家、教授开展形势讲座，组织形势报告会32场，各级领导到部队过军事日21次，组织文艺演出27场，有效增强了他们的国防观念。为纪念《国防教育法》颁布实施十一周年，根据市国防教育委员会关于开展第十一个全民国防教育日活动的通知精神，9月17日，全区各街、乡和驻区大专院校开展系列宣传活动，发放宣传材料7万余份、环保袋4000余个，悬挂标语、横幅200余条，展板、宣传画400余块，受教育群众7万余人。《中国国防报》、《战友报》、北京电视台报道开展活动情况，在社会上引起较好反响。更新全区9000余块“国防教育神州行”公益广告牌上的爱国主义和国防教育内容的宣传画，进一步在全区营造浓厚的爱国拥军氛围。继续推广八里庄、望京、建外街道和豆各庄乡利用人防工事开展国防教育的经验。至年底，全区利用地下人防工事改建的国防教育基地达9处。

（黄丙起 李玉国）

【民兵政治教育】 年内，下发民兵政治教育教材和民兵之歌，结合民兵组织调整和集中训练，安排落实政治教育内容。广泛开展学刊、用刊活动，进行职能任务、形势政策、爱国主义、遵纪守法以及相信科学、破除迷信等教育。全区订阅《中国民兵》、《华北民兵》、《国防》、《环球军事》、《中国国防报》等报刊1200份，订阅到所有民兵连，进一步提高民兵的政治素质。继续加大宣传报道力度，全年在各种报刊、杂志、电台、电视台刊稿51篇。

（黄丙起 李玉国）

【发挥桥梁纽带作用】 年内，组织各基层武装部积极与驻地部队协调，支援各街乡绿化植树和环境整治工作，驻区部队共出动官兵1200余人次，车辆310台次，整治道路及社区环境22万平方米，为朝阳区的道路改造、城区综合整治以及重点地区绿化隔离带建设做出积极贡献。协调驻区部队领导与50多名特困残疾人家庭结成“一助一”帮扶对子，为残疾人解难题、办实事，为创建全国文明城区做出贡献。认真落实北京卫戍区《关于由人武部协调北京市各区县做好协调安置工作的意见》，加大与组织、人事部门的协调力度，完成分配到朝阳区的卫戍区转业干部的工作安置任务。

（黄丙起 李玉国）

【参加全国文明城区创建活动】 年内，区武装部响应区委、区政府的号召，投入到创建全国文明城区工作中，为创建办提供档案资料30份。9月5日—15日，发动干部职工到主要大街、交通路口捡拾垃圾、维护交通秩序，为创建工作做出应有贡献。

（黄丙起 李玉国）

## 人民防空

【概况】 朝阳区民防局是区国防动员委员会常设机构，也是区政府主管人民防空工作的职能部门。年内，区民防局贯彻市、区相关要求，深入开展文明城区创建和“创先争优”活动，全面推进以人防工程清理整治为重点的各项工作。

地址：甜水园东街7号院

电话：65851275

邮编：100026

（邱云波）

【领导检查调研】 1月26日，市民

防局副局长黄杨一行4人,到区民防局检查指导人防工程安全管理工作。3月10日,市民防局副巡视员许金宝一行7人,到区民防局听取落实市局专项资金管理、全面推进公用人防工程维护维修、履行政府监督职能推动单位人防工程维修为重点的工作汇报,要求区民防局对维修队伍及专项资金进行有效管理,保障人防工程战时功能始终处于良好状态。3月18日,中央国家机关人防办巡视员周晋亮一行15人,实地调研区防空防灾通信指挥中心,对朝阳区防空防灾通信指挥中心的建设水平和超前理念给予肯定。4月14日,北京军区副司令员张宝书和卫戍区司令员郑传福一行30余人,在区武装部部长李彦田陪同下,到望京街道指挥中心考察,肯定应急指挥宣教中心在强化居民公共安全意识、提高城市管理服务水平、实现人防工程"平战结合"目标等方面的突出作用。5月4日,市民防局局长王永新、副巡视员许金宝到朝阳区检查指导工作,要求区民防局围绕"清、管、用"抓好人防工程清理整治工作试点,探索具有"朝阳特色"的长效管理方法和公益性转变方式。5月17日,市民防局副局长程栓牢陪同山西省人民防空办公室主任韩裕峰一行9人,参观朝阳区防空防灾通信指挥中心及应急物资储备库。7月29日,国家人防工程设计审查中心主任黄玉澄一行,在区民防局和望京街道武装部有关人员陪同下,参观望京街道指挥宣教中心。10月20日,在市民防局总工程师张金林带领下,江苏省民防局副局长刘友超一行5人到区民防局学习考察,双方就人防工程建设、开发利用和指挥通信建设进行深入交流。

(邱云波)

【应急抢险救援】 4月11日,参与和平街12区3号楼5单元火灾事故救援,对现场进行视频监控和录像,完成区应急办下达的现场视频保障任务。

(邱云波)

【防灾减灾演练】 4月23日,民防局防空防灾通信指挥中心与北京市中安救援队开展"积极应对各种突发事件,提高应急救援能力"为主题的业务训练。5月,开展实际使用灭火器扑灭明火的消防演习;联合区教委、红庙消防支队在团结湖小学开展安全疏散演练,组织学生学习灭火器材的使用及外伤包扎、侧胸包扎等紧急包扎方法。6月16日,组织指挥中心全体人员进行防汛演练,进一步掌握和熟悉防汛预案。7月12日~11月18日,指挥中心组织全体人员,对短波数字化电台和背负式电台进行系统学习和训练。10月,会同双井街道九龙社区开展应急疏散演练;指导常营地区中德学校、劲松街道沙板庄小学等学校组织防灾应急疏散演练,提升学生防灾意识和应急能力。

(邱云波)

【宣传培训工作】 年内,坚持以"五进"活动为平台,深入开展民防宣传和培训。2月,分批组织望京花家地西里三区、西园三区、望京园和夏都盈座社区的中小学生及家长,到望京街道应急指挥宣教中心接受防震减灾安全教育。3月,与望京街道办事处联合开展主题为"防空防灾、普及知识"的国际民防日宣传活动,组织白家庄小学望京一分校200名学生和家长一同参观望京宣教指挥中心;邀请防化学院核理论权威专家张力军教授,为各街道(地区)办事处武装部长、区民防局、地震局全体干部职工举办核辐射突发事件防范与响应专题讲座;联合六里屯街道办事处,在晨光三期建筑工地向工人们进行安全事故宣传教育,提高工人面对各种事故灾害的应急能力。4月14日,以元大都城垣遗址公园海棠花节为载体,深入开展防震减灾知识宣传。5月12日,利用全国第三个"防灾减灾日",开展为期一周的"防灾减灾,从我做起"主题宣传活动;按照区"安全生产月"活动安排,在朝阳公园南门向广大群众宣传防灾避险知识。7月28日,利用"唐山地震纪念日"开展防震减灾宣传。把握"3.15"、"企业安全生产工作宣传日"等重要时机,参与大型社会公共安全知识普及宣传活动。10月27日,举办人防工程管理人员及机关干部初级急救技能培训班,合格率达100%。年内,与区委组织部、区委党校协商,在处级领导培训班中开设防空防灾知识培训课程,有120名处级干部接受培训。全年开展各类宣传培训活动26次,向群众发放宣传资料1.45万份,民防指挥宣教中心接待参观学习96批次、6896人。

(邱云波)

【早期人防工程回填】 年内,完成团结湖街道办事处1397米连接通道工程报废回填工作。完成八里庄街道办事处朝八干线北印厂段400米早期工程报废回填前期调查准备工作。协调区土地储备中心完成双井街道办事处和平村地区突发早期地洞抢险处理。督促北京特种工艺品厂办理自管南沙滩38、39号楼之间人防工程报废回填手续。

(邱云波)

【民防体系建设】 年内,参加市民防局规划审查会议16次,为区规划新建人防工程建筑面积60万平方米。协助CBD管委会制定CBD核心区地下空间总体规划方案。帮助奥林匹克公园瞭望塔、来广营农工商自建厂房等6个项目办理市人防工程规划前期手续。完成太阳宫、平房、东风分指挥所建设前期准备及选址工作。完成常营地区1台警报器安装、三间房地区1台警报器改造以及62台警报器电池的更新任务。完成"128"指挥中心对呼家楼、高碑店、管庄、常营4个街乡民防应急指挥中心的视频电话、VOIP电话网联通和800兆电台(指挥车)

的安装调试工作。完成高碑店地区物资库建设。

（邱云波）

**【行政执法】** 年内，下发责令限期改正通知书701份，行政处罚决定书148份。立案604起，处罚148起。收缴罚金人民币54.1万元。

（邱云波）

**【人防工程整治】** 年内，坚持“清、管、用”相结合，对人防工程进行专项整治和规范管理。制定《朝阳区人防工程专项清理整治工作方案》，建立联席会议和信息发布两项制度，完善督导、联合执法和矛盾调处三项机制，统筹开展清理整治工作。3月初，对“两会”代表驻地周边、行车沿线两侧500米范围内的136处人防工程进行重点检查，确保“两会”期间安全稳定。4月、7月召开两次数据统计工作会，详细部署人防工程相关信息摸底调查工作。按照先易后难、先简后繁、先少后多的原则，对擅自使用、合同到期、存在重大安全隐患和严重扰民的四类在用工程，进行坚决清理；对武圣西里28号院、甘露园一区23号楼等人防工程开展联合执法，依法进行查封。全年出动检查执法人员2万余人（次），检查在用住人人防工程4000余处（次），开展区级联合执法10余次，清退人防工程163处，清空房间5145间，动员搬出租住人员5733人。创新管理手段，在人防工程内部统一安装流量为3安培的空气开关，杜绝违法使用大功率电器等火源性器具的行为；在区属684处人防工程张贴禁烟标志1368个，其他警示标志3000余个，降低因吸烟引发火灾事故的几率；完成区属684处人防工程管理使用告知书喷涂工作，并标明监督举报电话，防止擅自使用和转租转包现象发生。积极探索人防工程公益性使用的新途径，与区文委、区红十字会、区环卫中心、八里庄街道、太阳宫地区等单位协商，解决环卫工人办公、医疗卫生培训、文化娱乐场所不足等问题。由区市政市容委牵头，成立人防工程调整利用停车场工作领导小组，解决停车位1580个。

（邱云波）

# 产业 商贸 旅游

## 工 业

【概况】 年内,全区实现地区生产总值3272.2亿元,占北京市GDP总量的20.1%。其中,第一产业实现增加值1.16亿元,同比下降0.15%;第二产业实现增加值362.6亿元,同比增长13%;第三产业实现增加值2908.3亿元,同比增长17.18%。三次产业结构为0.04:11.08:88.88。工业经济保持快速增长。全区335家规模以上工业企业全年累计完成现价工业总产值1185.36亿元,同比增长13.9%。实现增加值275.31亿元,同比增长15.4%,占第二产业增加值75.91%。实现主营业务收入1255.99亿元,同比增长13.6%;实现利润总额94.95亿元,同比增长46.4%。高技术制造业产值下降。100家高技术制造业企业,全年实现工业总产值213.69亿元,同比下降0.4%,占全区工业总产值的18.03%。实现主营业务收入214.26亿元,利润总额32.0亿元。

(陈 珊)

【产业发展】 年内,工业涉及30个行业。6大支柱行业煤炭开采业、石油和天然气开采业、通信设备、计算机及其他电子设备制造业、电力热力的生产和供应业、电气机械及器材制造业、非金属矿物制品业,分别实现工业总产值336.2亿元、147.1亿元、125.6亿元、98.98亿元、85.2亿元和80.2亿元,其中增幅前3的行业依次为非金属矿物制品业、煤炭开采业和石油和天然气开采业,同比分别增长51.4%、38.7%和17.9%。

(陈 珊)

【产业结构调整】 年内,产业结构更加优化,经济发展协调性持续增强。坚持高端高效,完善产业促进机制,设立产业促进专项资金,强化资源整合、政策集成,基本形成现代服务业主导、高新技术产业支撑、文化创意产业集群发展的产业格局,第三产业比重达89%。以国际金融、商务服务为代表的现代服务业快速发展,加拿大蒙特利尔银行、中国国际期货总部等280多家金融机构相继入驻,总量1250余家,占全市25%。文化创意产业加速聚集,市级产业集聚区8个,居各区县之首。CBD——定福庄国际传媒产业走廊集群发展态势明显,营业收入占全市四分之一。新移动通信、新生物医药、新能源等战略性新兴产业稳步发展。

(陈 珊)

【工业企业技术改造】 年内,核准、备案工业企业投资、技改项目39个,以电子信息、生物医药、通信设备等高技术产业投资、技术改造为主,总投资额18.24亿元。

(陈 珊)

## 高新技术产业

【认定高新技术企业131家】 年内,认定并进行公示的高新技术企业131家,其中电子城科技园区外高新技术企业102家,园区内29家。北京市认定并进行公示的本区高新技术企业129家,占全市10.2%。截至年底,全区累计高新技术企业637家。

(陈 珊)

【5家企业获"国家重点新产品"证书】 年内,经科技部认定公布,本

区有5家企业项目产品被评为2011年度国家重点新产品,获"国家重点新产品"证书,分别是:新华都特种电器股份有限公司的"变频调速用干式整流变压器ZTSFG(H)"、北京时代凌宇科技有限公司的"自组织无线传感网监测控制系统"、北京世纪国瑞环境工程技术有限公司的"城市粪便无害化处理设备CGEET-FBCL"、北京第七九七音响股份有限公司的"D0702/D0702B型高音压缩驱动器"以及北京承天倍达过滤技术有限责任公司的"自动反冲洗过滤器41FV3113"项目产品。

（陈 珊）

**【5个项目列入市第十二批自主创新产品目录】** 年内,有4家企业5个项目被列入市第十二批自主创新产品目录。分别是:北京双鹤药业股份有限公司注射用哌拉西林钠舒巴坦钠4:1(商品名:一君),北京魁方时业新型建筑材料技术有限公司KF幕墙式轻质防火保温装饰干挂板系统,新华都特种电气股份有限公司的海洋平台三相干式整流变压器,新时空(北京)节能科技有限公司的路灯监控终端单灯和控制器。截至2011年底,本区累计有市自主创新产品项目311个。

（陈 珊）

**【高新技术产业发展】** 年内,37家高新技术企业的37个项目获2800万元高新技术产业专项资金支持,主要涉及新一代移动通讯、新医药和新能源产业等领域。征集26家企业207项发明专利及7家企业38项技术标准参加中关村专利及标准资助评审,其中25家企业202项发明专利获101万元资金资助,7家企业28项技术标准获360万元资金资助。全年新认定国家级高新技术企业28家,新认定中关村高新技术企业173家。147家企业申报各类科技项目332项。

（黄 旭）

# 商　务　现代服务业

**【概况】** 朝阳区商务委是负责本区内外贸易、对外经济合作和现代服务业发展的区政府工作部门,挂北京市朝阳区人民政府口岸办公室(简称区口岸办)牌子。年内,实现社会消费品零售额1651.9亿元,同比增长8%,占全市的23.9%;新批外资企业836个,同比增长6.09%;合同利用外资47.66亿美元,同比增长118.7%,实际利用外资26.47亿美元,同比增长10.2%;新设特雷克斯融资租赁(中国)有限公司等1000万美元以上大项目50个,投资总额62.36亿美元;美铝(中国)投资有限公司等增资1000万美元以上大项目68个,增资总额达到42.58亿美元。进出口总额1637.8亿美元,同比增长31.16%,占全市的42.07%;境外投资项目54个,直接投资5.14亿美元,同比增长51%。新增丰田通商等跨国公司地区总部19家;新增中粮世通等投资性公司10家;宝马(中国)服务有限公司等15个世界500强企业投资大项目15个,投资总额49.2亿美元。累计跨国公司地区总部79家,占全市的70%;实现区级收入近24亿元,占全区的7.6%;130家世界500强企业投资项目227个,占全市的37.4%。

地址:日坛北街33号

邮编:100020

电话:65099185

（范永军）

**【调研大宗商品交易所】** 3月11日,市商务委副主任许康到北京大宗商品交易所调研,区长助理卢巍陪同。

（范永军）

**【稳定碘盐市场供应】** 3月,受日本地震影响,出现抢购碘盐风潮。对接市盐业公司,增大供应数量。派出4个检查组对京客隆、家乐福、易初莲花、华堂等近20家门店进行巡查。家乐福于3月17日晚向各门店调配的2吨碘盐上架销售;易初莲花将库存的1.9万袋碘盐分配到各门店销售;京客隆3月17日晚从市盐业公司总库提出140吨碘盐,配送至各门店销售;华堂3月17日晚提到500箱碘盐配往各店销售。大部分超市采取限量不限次应对措施。3月19日,食盐市场供应趋向正常。

（范永军）

**【"菜篮子"工程建设】** 5月25日,与区住建委召集域内23家房地产开发企业,召开主要房地产企业"菜篮子"工程建设工作会。向与会企业通报落实"菜篮子"工程建设思路、目标和措施,要求与会企业从承担社会责任角度,按照住宅商业设施配套相关规定,确保新建小区蔬菜供应零售终端等公共服务配套设施按标准与住宅同步建设、同步交付使用。年内,编制《北京市朝阳区人民政府关于统筹推进新一轮"菜篮子"工程建设的实施意见》、《朝阳区"菜篮子"工程建设资金暂行管理办法》、《朝阳区蔬菜零售终端验收标准(暂行)》等系列文件。年内,在望京街道国风上观社区开办周末蔬菜早市,引导延庆农产品生产基地直接进入社区销售,解决当地居民周末买菜难问题;推进产销对接,与河北廊坊、内蒙古丰镇等蔬菜生产地区建立战略合作关系,引导其向蔬菜零售终端直供蔬菜;引导新发地、朝来万通、弘朝伟业等企业推广公司化、连锁化经营,发展社区菜市场和社区菜店品牌。改革产权制度,通过收购新建社区菜市场配套设施,回购菜市场产权,回租菜市场,委托主体企业经营和投资入股菜市场等,发展社区菜市场。

(范永军)

**【民企投资境外项目】** 5月,精工振能石油投资有限公司向其BVI子公司精工石油有限公司增资1亿美元,用于开发蒙古国XI石油区块,预计产能规模将达每年3万吨至6万吨原油。该项目累计投资1.26亿美元。

(范永军)

**【举办第三届中国服务贸易大会】** 6月1日~3日,在国贸中心举办第三届中国服务贸易大会。

(范永军)

**【世界500强企业】** 7月7日,2011年度《财富》世界500强排行榜正式发布,本区64家跨国公司地区总部中500强企业占36家,其中日韩企业比重最大,占17家。

(范永军)

**【升级示范基地】** 8月16日,召开区内服装行业龙头企业、科研院所、检验机构、行业协会及雅宝路、751管委会等单位参加的示范基地推进工作会。会议通报示范基地总体情况,部署近期工作安排及2011年外贸公共服务平台申报工作。

(范永军)

**【商务部领导调研国际商务中心建设】** 8月,商务部党组副书记、副部长姜增伟率条法司、流通司、外资司、产业司等7个相关部门领导到本区调研国际商务中心建设工作。常务副区长吴桂英及相关委办局领导陪同调研。姜增伟对本区"十二五"期间建设具有资源配置功能的国际商务中心发展目标给予肯定。

(范永军)

**【举办"时尚香港@北京大集"】** 10月3日~7日,与香港贸发局、市商委在三里屯VILLAGE共同主办"时尚香港@北京大集"活动。本次活动是"第十五届京港洽谈会"活动的组成部分,汇聚42家香港企业、超过60个品牌的产品系列。5天展售活动现场累计客流量26万人次,销售总额达820万元,商贸配对178家次。

(范永军)

**【商务部为示范基地授牌】** 12月13日,商务部为本区外贸转型升级服装产业示范基地(以下简称"示范基地")授牌。示范基地将整合雅宝路服装服饰国际商业街区、751时尚服装设计园区等资源,挖掘铜牛、雪莲、爱慕、光华等纺织服装龙头企业集聚形成的产业优势,努力建设以时尚品牌为引领,时尚发布、创意设计为核心,市场营销、面料推广、技术创新为重点的服装外贸转型升级示范基地。

(范永军)

**【推动服务外包产业发展】** 年内,协助30家服务外包企业和1家培训机构申请国家及市优惠政策,申请专项扶持资金1781.2万元。

(范永军)

**【搭建外经贸促进平台】** 年内,组织企业参加各项国际贸易交流洽谈会、商务论坛、政策咨询会,如中国——伊朗合作洽谈会、中欧经贸合作论坛、2011年春季进出口政策服务咨询会、东欧经贸考察团组等。

(范永军)

**【时尚品牌推动社会消费增长】** 年内,举办"朝阳时尚消费节","GO朝阳·购时尚"消费口碑逐步确立;持续培育新光天地、华贸中心、三里屯VILLAGE、燕莎奥莱等时尚消费聚集区,新光天地全年销售突破60亿元;全球第二大奢侈品集团历峰新设卡地亚国贸中心店和卡地亚银泰旗舰店;12月,LVMH集团旗下的世界顶级时装品牌迪奥全球旗舰店落户新光天地。前三季度,新入驻外资零售店铺155个,占全市42%;斯普瑞斯奥特莱斯嘉年华在金盏乡落地,世茂工三购物中心在三里屯区域开业。域内拥有秀水街市场、潘家园旧货市场、蓝色港湾、世贸天阶、北京古玩城等10条市级特色商业街,占全市三成。全年实现社会消费品零售额1651.9亿元,同比增长8%,占全市的23.9%。

(范永军)

**【会展业发展】** 年内,各类商务服务企业总数稳定在19000家以上,年均增长27%。会展业国际化发展迅速,引进2011中国国际智能电网建设及分布式能源展览会暨高峰会议、2011北京国际物联网技术设备与应用展览会等6个知名会展。

(范永军)

## 朝阳副食品总公司

**【概况】** 北京市朝阳副食品总公司是区国资委直接监管的国有企业。主要承担国有资产保值增值、商业网点管理及离退休人员、企业内部退休人员、内部待岗人员的管理和北京市中良实业总公司(区粮食局)委托管理工作。持有北京京客隆商业集团股份有限公司股份1.67亿股,占其总股本的40.61%。对下属北京市腾远兴业汽车服务有限公司投资3280万元,占其总资本的82%。对北京富安小额贷款有限公司投资2980万元,占其总资本的29.8%。截至年底,管理职工6304人,其中离退休职工5409人,在岗职工487人,内部退休职工279人,内部待岗职工129人。管理托管单位北京市中良实业总公司(原粮食局)离退休职工1010人。全年实现收入29474.78万元。企业资产总额104646万元。净资产总额81230万元。上缴国有资产收益400万元。

地址:姚家园路石佛营101号
电话:65867726

邮编:100025

（王海峰）

【迁址办公】 9月26日，启用位于姚家园路石佛营101号办公新址办公。

（王海峰）

【岗位竞聘】 12月27日，公司开展新一轮竞聘工作，新聘副主任3名、提升主管4名，中层管理人员年龄、学历结构更趋合理。

（王海峰）

【支持京客隆发展】 年内，履行出资人职责，支持京客隆国内A股上市，协助办理各项回归A股的手续。解决因京客隆租用本公司房产相关联的交易问题，将46处优质房产划转给北京弘朝伟业国有资产运营有限责任公司，并分别就资产划拨等事项与相关各方洽谈，签订房屋租赁变更、国有资产无偿划转等相关协议；协助京客隆和弘朝伟业办理房产过户等手续；变更马道口、管庄等8处房产租赁主体，解决酒仙桥房屋土地使用问题。年内收回京客隆上年股利分红3348.20万元。

（王海峰）

【支持富安小额贷款公司扩大规模】 年内，加强对富安小额贷款公司经营情况的分析、监管，支持其扩大经营规模，为小贷公司申请流动资金贷款提供连带责任担保，使其增加可使用贷款资金5000万元，贷款规模15000万元。小贷公司实现利息收入2468万元，利润1437万元。

（王海峰）

【粮食局托管工作】 年内，根据区国资委《关于由北京市朝阳副食品总公司对北京市中良实业总公司(区粮食局)托管的通知》(朝国资文18号)，3月正式启动托管工作，采用过渡期方式进行交接，过渡时间为1年，过渡期内各项工作仍由原托管单位负责，公司选派人员进入，9月底前完成房地产和所管离退休人员的实质交接。

（王海峰）

【审核通过“十二五”发展规划】 年内，做好公司“十二五”发展规划与区国资委“十二五”发展规划的对接，顺利通过区国资委审核，正式下发。

（王海峰）

【网点租赁】 年内，房屋租赁收益持续提高，全年实现租金收入3547万元。投资55.95万元，对漏水房屋进行维修及水电气暖改造累计14处；帮助承租单位协调解决供水供电供气各种问题13件；为承租单位提供各种证明材料累计259份。

（王海峰）

【网点开发】 年内，办理完成三丰南巷27号土地出让手续，取得土地证及规划意见书；取得平房西口甲130号翻建项目规划意见书及规划许可证；取得房管局对公司坐落在姚家园西口石佛营101号办公楼的房屋权属证明。

（王海峰）

【网点拆迁】 年内，配合地铁十号线拆迁工作，做好腾退房屋的准备；解决甜水园、劲松一区、驼房营拆迁中房屋腾退事项；为市审计局调查九龙山拆迁事宜提供情况说明。

（王海峰）

【困难职工帮扶】 年内，为400余名不在岗职工每人每月上调工资100元，提高住房公积金150元。通过助医、助学、助岗等方式帮助职工缓解困难。花费30.62万元，以入户慰问、团拜会等形式对900名困难职工进行帮扶。为54名不在岗职工推荐就业岗位，1名职工实现上岗。

（王海峰）

【服务职工】 年内，为职工办理社保、医保手续914项，提供各类证明298项，接收和上报医保单据9390余笔，总额2513万元。完成5366名退休职工养老金调整和1600余名尚未进行养老资格认证的退休职工做养老资格认证的通知工作。2次组织困难单亲女职工参加工会的免费体检活动。走访14个派出所和5个社保所，为50名退休职工查找档案，累计找到16份。

（王海峰）

【法律工作】 年内，开展法律法规宣传教育活动，增强干部职工法制观念。在企业经营活动中发挥法律工作风险防范作用，审查房屋租赁合同等43份，为企业股权转让等重大工作事项提供法律意见；公司主动起诉维权案件占比提升，办理拆迁纠纷、供暖纠纷、供水纠纷等诉讼案件16件，为公司减少损失10余万元。

（王海峰）

【安全工作】 年内，落实安全生产责任制，逐级签订《安全生产责任书》。通过讲座、培训、网络、展板等多种形式宣传安全生产知识。进行安全检查4次，巡店677家次，发放安全生产通知1344份。

（王海峰）

【编史修志】 年内，参与区组织史编纂工作和区二轮修志工作，系统梳理企业组织机构沿革，完成公司组织史编纂工作；按时完成区二轮修志工作中企业承编的资料长篇撰写和资料卡片收集任务，按时上交初稿。

（王海峰）

【职工宿舍管理】 年内，投入25.5万元，重做5处宿舍防水、清理8处宿舍污水管线、改造6处宿舍下水管道。为职工宿舍抢修维护各类设施136件次。根据供暖费收付方式变化，及时与各相关单位协调，确定集体户支付方式。

（王海峰）

【绩效考核获良好评价】 年内，在区国资委对企业2007～2010年绩效考核评价工作中，经过区国资委委托的会计师事务所审计评估后，副食公司获良好评价。

（王海峰）

【企业宣传】 年内，编发朝副信息82期，企业内部电子刊物《食力》6

期，被上级单位采编20余篇。

(王海峰)

【爱心捐助】　年内，号召党员职工积极参加“献慈善情、暖职工心”募捐活动，509名职工捐款6293元。

(王海峰)

【党务工作】　年内，开展创先争优活动，被授予区先进基层党组织荣誉称号，3人分获区和区国资委系统优秀党务工作者和优秀党员称号。发展6名新党员，16名青年职工向党组织提交入党申请书。

(王海峰)

【老干部工作】　年内，公司党委被区委老干部局授予“2010～2011年度朝阳区老干部工作先进集体”和“服务老干部示范集体”荣誉称号。

(王海峰)

## 蓝岛大厦

【概况】　北京蓝岛大厦地处朝阳区朝外大街东大桥路口，毗邻CBD，分东、西区，总建筑面积4.5万平方米，营业面积2.5万平方米。大厦东、西两个经营区域由2、3、4层的连廊贯通，东区负1层至6层经营食品、滋补品、药品、日用品、化妆品、珠宝首饰、钟表、男女服装、运动服装、运动器材、家居用品、家用电器、儿童用品、办公用品和美食街；西区1层至4层经营鞋帽、箱包、休闲服装、内衣、针织服饰类商品。突出国内外“名品、新品、精品”的销售定位，突出现代都市百货的经营风格，突出可挑选性强的穿戴类商品的经营规模，企业市场号召力和吸引力不断增强。1月22日，蓝岛大厦通州店开业。

地址：朝外大街8号

电话：85634422

邮编：100020

(龚立卓)

【开展主题便民服务活动】　1月6日，组织品牌服务明星、业务骨干、厂家技术人员共20余人组成的蓝岛便民服务队进入芳草地社区，为近百名社区居民提供量血压、眼镜清洗、珠宝鉴定、写春联、毛衣去球等十余项便民服务，受到社区居民欢迎。

(龚立卓)

【成立新店】　1月17日，在蓝岛大厦通州店四楼会议室举行北京通州蓝岛大厦有限公司成立大会。1月22日，蓝岛大厦通州店在门前广场举行开业庆典。通州区副区长崔志成、政协副主席李淑华、朝阳区人大常委会副主任兼区发改委主任王亚贵、区政协副主席刘乃晨、区委副巡视员刘英男及两区各委办局领导和公司党政领导班子、中层管理人员、合作方主要领导、供货商代表及通州店员工300余人出席仪式。

(龚立卓)

【领导慰问】　1月21日，区政协主席辛燕琴、秘书长宿静美、区委组织部常务副部长王小毛到公司慰问首都劳动奖章获得者——女士服装卖场营业员张桂红。

(龚立卓)

【举办迎新春消费者联谊会】　2月16日，举办迎新春消费者联谊会。区国资委、团结湖工商所、芳草地社区相关领导及消费者代表40余人参加联谊会。

(龚立卓)

【慰问病困职工】　2月，“两节”期间工会组织走访慰问病困职工83人，发放慰问金53790元。9月28日，工会组织慰问病困职工21人，发放慰问金16500元。

(龚立卓)

【完成收款系统升级改造】　2月至3月，完成收款系统软、硬件升级改造工程，将69台柜组版收款机全部更新为IBM SuperPOS743，并对升级后的程序进行修订完善，新增功能23项。

(龚立卓)

【举办商品知识培训】　3月14日，邀请北京市纺织纤维检验所老师对纺织类商品知识现场答疑，相关人员参加活动，并就工作中常见问题与授课老师进行交流互动。

(龚立卓)

【通州店员工开展英语资格等级复试】　3月31日，通州店组织12名员工进行英语资格等级复试，9名员工通过考核。

(龚立卓)

【通过ISO9001质量管理体系年度监审】　4月13日、14日，通过北京联合智业认证有限公司审核小组对公司ISO9001质量管理体系运行情况进行的年度监审，获推荐保持认证注册资格。

(龚立卓)

【召开劳动模范座谈会】　4月28日，工会组织劳动模范和高技能人才召开座谈会。董事长黄豪、党委书记王东海、工会主席刘彦娟及在岗劳动模范和高技能人才代表30余人参加会议。

(龚立卓)

【庆祝建党90周年系列活动】　4月至5月，党委分3批组织全体党员赴革命圣地西柏坡参观学习。6月22日，在朝阳剧场举行庆祝建党90周年表彰大会暨文艺汇演，全体党员、员工代表、演职人员600余人参加活动，区委副巡视员、区创建办执行主任刘英男、区文明办主任吕岚、区国资委书记刘福、区国资委副书记王忠出席活动。

(龚立卓)

【举办安全稳定培训班】　5月18日、19日，举办安全稳定培训班。副总经理刘克明部署安全生产月工作安排。区国家安监局副局长李九庆、区国资委副主任高孟龙到会指导工作。

(龚立卓)

【创建全国文明城区活动】　5月26日，由区文明办副主任吴志伟、区国资委副书记王忠等组成的领导小组对公司申报全国文明单位工作进行检查指导。8月16日，区国资委党委吴金龙书记带队，来公司检查文明城区创建迎检工作进展情况。公司董事长黄豪、党委书记王东海、总经理李伟、党委副书记刘彦娟及有关部门负责人陪同检查。

（龚立卓）

**【第十五届职工运动会】** 6月11日，在八十中学举行第十五届职工运动会。化妆首饰分会、家居儿童分会、女士服装分会分获团体总分前3名，男士服装分会获精神文明先进单位。

（龚立卓）

**【举办专题讲座】** 7月21日，工会邀请市工会干部学院工会理论研究所所长刘桂萍作题为《发挥职工代表作用，促进企业和谐发展》专题讲座，职工代表及各分会业务骨干人员听取讲座。

（龚立卓）

**【市著名商标】** 8月，“蓝岛”商标被市工商行政管理局评为“北京市著名商标”。

（龚立卓）

**【反邪教主题党日教育活动】** 9月26日、29日和30日，党委组织中层以上管理人员和全体党员观看专题片《毒瘤——邪教透视》，集中开展反邪教主题党日活动。

（龚立卓）

**【“2011通州国庆消费节”启动仪式】** 9月30日，在通州店门前广场举办“2011通州国庆消费节”启动仪式。通州区副区长崔志成、区商联会会长韩丽、公司总经理李伟到场并致辞，通州区商务委主任王士杰等领导出席活动。

（龚立卓）

**【选举区党代表】** 10月25日，召开党员代表大会，选举出席区第十一次代表大会代表。经过差额选举、无记名投票的方式，选举王东海、金志军两位同志代表公司出席中国共产党北京市朝阳区第十一次代表大会。

（龚立卓）

**【举行消防疏散演习】** 11月9日，公司与朝阳门消防中队联合举行消防疏散演习。朝外大街派出所、朝外街道办事处等有关部门领导观摩演习活动并出席总结会。

（龚立卓）

**【企业精神弘扬日】** 12月27日，在第十九个“12·27”企业精神弘扬日，党委书记王东海代表党政领导班子对全体员工发表题为《携手斩荆棘 同心扬风帆》的广播讲话。

（龚立卓）

**【营销活动】** 年内，开展“新春杯”开门红和第九届“舞动金秋”购物节促销竞赛，举办“喜迎元宵佳节有奖猜谜”活动，“18周年庆 真情百分百”店庆促销活动，“我知女人心”三八节营销活动，以“乐翻六一 吉祥端午”为主题的两节促销活动，“感恩父亲节”主题促销活动，“窝在蓝岛——线上线下大型团购活动”，“举国共欢腾”营销活动，“圣诞狂欢”等系列主题营销活动。

（龚立卓）

**【荣誉】** 1月，党委书记王东海被中国共产党北京市委员会授予“北京市第十届优秀思想政治工作者”荣誉称号。3月28日，公司被中国商业联合会、中华全国商业信息中心联合授予“2010年度百货店百强企业”荣誉称号。4月28日，化妆首饰卖场黄金片组被北京市总工会授予“北京市工人先锋号”荣誉称号，成为全市获此荣誉的9家单位之一。5月，被北京市总工会、北京市安全生产监督管理局授予“2010年度北京市‘安康杯’竞赛活动优胜单位”称号。6月，党委书记王东海被中国共产党北京市委员会授予“北京市优秀党务工作者”荣誉称号。7月8日，女士服装卖场营业员技师张桂红获得“北京市政府特殊津贴”，成为唯一获此荣誉的商业营业员。9月，公司被中华全国商业信息中心评为“2011年度全国大型零售企业统计信息工作一等奖”。12月20日，公司被中央精神文明建设指导委员会授予“全国文明单位”荣誉称号。

（龚立卓）

## 京客隆商业集团股份有限公司

**【概况】** 北京京客隆商业集团股份有限公司是以经营日用消费品零售及批发业务为主的商业企业。京客隆集社区购物中心、大卖场、综合超市、便利店四种零售经营业态为一体，遍及北京市16个区县及河北廊坊地区。京客隆下辖朝批商贸有限公司、欣阳通力商业设备有限公司、京客隆（廊坊）有限公司及京客隆超市连锁有限公司4个子公司。以经营日用消费品批发业务为主的朝批商贸有限公司已形成以北京市场为核心，以饮料、油脂、调味品、酒业、日化、餐饮6个子公司为基础，以天津、青岛、石家庄、太原、唐山5个外埠子公司为辐射基地，与零售业务互为依托、协同发展的格局。京客隆拥有先进的物流和信息管理系统，自建有常温和生鲜两个现代化配送中心，有效支撑零售业务拓展。拥有会员200万个。全年销售总额122.12亿元。年内，京客隆名列中国连锁经营百强第43位，中国快速消费品连锁零售百强第20位，中国服务业500强第163位。

地址：新源街45号楼

电话：64688233

邮编：100027

（邢茹玉）

**【规模拓展】** 年内，新开店铺24家，包括综合超市6家，便利店18家；对团结湖店、劲松店进行装修改造；截至年底，京客隆店铺总数达到251家，其中百货店2家，大卖场8家，综合超市80家，便利店161家。年内，新增济南朝批林达公司和北京朝批方盛公司。

（邢茹玉）

【市场营销】　年内，首次创立月度"会员日"活动。将每月的第二个星期二确定为会员日，开展会员日双倍积分、会员日半价、会员品类打折等促销以及会员服务、会员讲座等主题活动。

（邢茹玉）

【物流配送】　年内，完成常温配送中心改造升级项目工程，配送全程实现RF手持终端操作，全面启动电子标签拣货，全部启用商品输送线，实现商品快速验收、入库、上架三位一体作业模式。完成小店配送系统切换工作，将除生鲜日配品以外的1569种商品全部纳入直配，提高配送效率。

（邢茹玉）

【人力资源管理】　年内，坚持竞聘上岗机制和干部轮岗规定，完成48家店铺店长竞聘工作；加强干部培养和储备，完成第二期店长助理资格培训和竞聘工作，选拔30名店长助理；在总部专业部室增设主任助理岗位，稳定专业人才队伍；加强管理人员培训，举办采购员和总部员工培训班。

（邢茹玉）

【财务管理】　年内，制定《全面预算管理暂行办法》、《新增、追加预算管理办法》，加强预算管理。

（邢茹玉）

【百货经营】　年内，对久隆百货旗舰店进行布局调整，引进哥伦比亚、周大福、美宝莲等强势品牌，提升店铺形象；重点进行青塔店市场培育，抽调骨干人员组成驻店小组，加强与周边社区互动，增强营销推广，组织专业培训和劳动竞赛提高服务水平，扩大店铺影响力。

（邢茹玉）

【党的建设】　年内，完成基层党支部改选工作；围绕庆祝和纪念建党90周年开展"十个一"系列教育活动；评选表彰一批先进党支部和优秀共产党员；以党员带头参与"爱心服务卡"活动推进党建创新；结合企业经营工作实际开展"三亮、三比和三评，党员奉献在金秋"主题活动；落实区委关于基层党组织党务公开及全体党员佩戴党徽工作；年内新任命党支部书记67人次，发展党员33名。

（邢茹玉）

【和谐企业建设】　年内，创立《京客隆之歌》。建立企业宣传阵地，搭建企业与员工沟通平台，月均发行量4200份；弘扬劳模精神。5月14日，召开"劳动模范表彰大会"，回顾历届劳模岗位风采，宣传新评选劳模和模范集体事迹；关注员工健康。6月～7月，出资110万元首次为全体在岗、内待、内退的6770名员工进行健康体检；"两节"期间，拨款53.68万元慰问一线员工、劳动模范和优秀员工代表；日常送帮扶。慰问困难员工45人，发放慰问款及慰问品6.1万元。启动"特困基金"10.9万元资助20人。

（邢茹玉）

## 弘朝伟业公司

【概况】　弘朝伟业国有资产经营有限责任公司作为朝阳区政府授权的资产运营机构，对原社区办、工业局和物资局3家单位及所属企业的国有资产行使监督、运营和管理职责，并管理授权范围内的城镇集体资产。公司注册资本1000万元人民币。年末，公司在职职工1272人，离退休人员10214人。资产总额12.8亿元，净资产5.61亿元。

地址：芍药居北里208、209楼底商

电话：84645512

邮编：100029

（崔庆菊）

【调研】　5月3日，区委书记陈刚等区领导带领区委社工委、农工委、文明办、工商等部门到左家庄街道调研。当了解到在这个市场买到的蔬菜、水果，还能享受到免费安全检测时，陈刚给予肯定和赞扬，同时强调食品安全是2011年工作的重点。5月19日，常务副区长吴桂英到朝阳酒厂调研。在区国资委、弘朝伟业公司领导陪同下，视察酒厂生产线及艺术园区。吴桂英对弘朝伟业公司的工作给予肯定，对酒厂及艺术园寄予厚望。

（崔庆菊）

【酒厂国际设计周举行】　9月27日，由教育部、文化部、中国文联和北京市政府共同主办的"2011年北京国际设计周暨首届北京国际设计三年展"活动中，酒厂·ART国际艺术园首次宣布推出公众开放周。"创意酒厂、酒厂艺术园国际设计周暨新媒体开幕展"拉开帷幕，在光影与音乐的辉映中阐释设计对于人类生存和生活的重要意义。这也是"2011年北京国际设计周暨首届北京国际设计三年展"设计之旅板块的一大亮点。

（崔庆菊）

【设立"保本菜"摊位　稳定市场菜价】　11月18日，公司所属菜市场实行"场店对接"经营。在市场内设立"保本菜"摊位，发挥其对稳定菜价的引导作用。

（崔庆菊）

【编好区志　续写历史】　12月16日，弘朝伟业公司区志编写工作全部完成。内容涉及街道经济编、物资编、工业篇和二建公司四个部分，时间跨度为15年。

（崔庆菊）

【获创建文明城区先进单位】　12月20日，公司被区委、区政府评为创建文明城区先进单位。

（崔庆菊）

## 招商引资

【概况】　朝阳区投资促进局是区政府直属事业单位，负责推介区域投资环境和重点发展产业，开展有针对性的招商引资活动，搭建多种形式投资促进服务平台；负责企业投资前的咨询、投资中的注册登记及投资后的跟踪服务；负责管理朝阳区"一站式"投资服务大厅，协调开展网上审批工作等。内设办公室、调研科、大厅管理办公室、资讯中心、投资服务科、投资推广科、投诉中心等7个科室。人员编制30人。

地址：霄云路霄云里1号三层

电话：86－10－84681251\58\59

邮编：100125

（赵　攀）

**【投资促进活动】** 1月，举办"2011新春商务招待会"；4月，参与管庄地区经济合作项目推介招商会；5月，参与第十四届中国国际科技产业博览会；6月，参与定福庄文化产业区项目招商推介会暨签约仪式筹办工作；8月，参与"818投资北京洽谈会"；9月，参加第十五届中国国际贸易投资洽谈会；9月，举行2011年北京CBD商务节"驻华参赞圆桌会议"；10月，参与策划、筹备"皇家礼炮王者杯2011中国马球公开赛"工作；10月，组织、参加第十五届北京香港经济合作研讨洽谈会。

（赵　攀）

**【媒体宣传】** 年内，利用《商务朝阳》和"投资朝阳"网站宣传朝阳区经济和投资环境，与新浪、搜狐、百度、央视、北视、凤凰卫视、阳光卫视、香港文汇报、第一财经日报、BOMA等国内外重要传媒机构合作，展示本区国际化环境、外向型区域特征和浓厚商务氛围。

（赵　攀）

**【中介招商】** 年内，与43家中介组织签订委托招商协议，授权中介参与招商推介、项目引进等相关工作。加强与银行金融机构的联络与合作，分别与中国农业银行朝阳支行、中信银行酒仙桥支行、交通银行亚运村支行、工商银行和平里支行、中国银行CBD支行、厦门国际银行等，就招商引资、企业服务、联合举办活动等方面进行合作，达成合作协议。

（赵　攀）

**【企业入驻】** 年内，促成中国数字文化集团、中海油（北京）贸易有限公司、大新华运通控股有限公司、北京首都航空控股有限公司、夏普中国投资有限公司、日本泰尔茂中国投资公司、日立解决方案有限公司、国家音乐产业基地、通用电气石油天然气设备（北京）有限公司等多家规模企业落户朝阳。

（赵　攀）

**【服务企业】** 年内，协调区相关部门帮助企业解决遇到的具体问题。为中国船舶燃料有限责任公司解决子女入学问题。为山东重工集团有限公司解决应届研究生进京户口问题。为中国食品发酵工业研究院建设研发总部基地进行选址服务。与克莱斯勒公司保持沟通，了解企业最新困难与需求。帮助共青团中央网络影视中心注册一家新公司，注册地址为汉威大厦。

（赵　攀）

**【优化投资服务大厅环境】** 年内，投资服务大厅接待咨询125万人次，与上年持平；受理各类申请755173件，审批753007件，同比增长41%。大厅工商分局窗口新批内资主体27800家，比上年的24097家增长15%；新批500万元～5000万元规模的企业1530家，比上年的1426家增长7%。大厅商务委窗口新批外资企业716家，与上年持平。大厅内3家银行入资261亿元，同比增长45%。

（赵　攀）

# 文化创意产业

## 798艺术区

**【概况】** 2010年7月，朝阳区委、区政府成立北京798艺术区管理委员会。下设综合协调办公室、警务工作站、文化执法分队、安全生产和城市管理办公室、服务保障办公室。负责798艺术区综合协调、监督管理、产业促进和接待服务等工作；对艺术区实行统一规划、统一管理、统一服务和统一推介，优化周边交通环境和园区内公共服务设施，建立长效统一管理和联动机制。

地址：酒仙桥路4号院D03楼3层

电话：59789869

邮编：100015

（王　令）

**【参观考察798艺术区】** 3月9日，广东省委常委、广州市委书记张广宁一行25人参观考察798艺术区，北京市副市长程红、市政府副秘书长侯玉兰、朝阳区副区长阎军及市、区相关部门领导陪同；3月14日，全国人大代表、武钢集团总经理邓崎琳一行12人参观考察798艺术区。区委常委、宣传部长谢莹，宣传部副部长李守民陪同；3月24日，阿尔巴尼亚妇女代表团一行5人在全国妇联、北京市妇联、朝阳区妇联相关领导陪同下参观考察798艺术区；4月9日，市委常委、宣传部长、副市长鲁炜，市委副秘书长肖培，市委宣传部常务副部长陈启刚、副部长张淼，人民日报社北京分社社长朱竞若等领导到798艺术区参观考察，区委书记陈刚，区委副书记、区长程连元，区委常委、宣传部长谢莹，副区长张春秀等陪同；5月9日，立陶宛文化部长阿鲁纳斯·盖鲁纳斯一行参观

798艺术区;5月17日,欧盟理事会主席范龙佩夫人一行参观798艺术区;6月10日,原全国人大常委会副委员长、民革中央主席何鲁丽到798艺术区参观考察;7月5日,韩国民主党党首、国会议员孙鹤圭率韩国国会议员代表团一行15人参观798艺术区;7月8日,中共浙江省委常委、组织部长蔡奇一行参观798艺术区;8月21日,澳大利亚新任驻华大使孙芳安参观798艺术区,出席由澳大利亚使馆文化处主办的《"突变"艺术展》并致辞,这是孙芳安就任驻华大使后首次在公共场合亮相;9月10日,世界经济论坛(即达沃斯论坛)创始人兼执行主席克劳斯·施瓦布先生偕夫人参观798艺术区;11月18日,山西省委书记、省人大常委会主任袁纯清,省委副书记、省长王君率山西党政代表团一行80余人到798艺术区参观考察,北京市委副书记、市政协主席王安顺,市委常委、常务副市长吉林,市委常委、宣传部长、副市长鲁炜等市领导以及朝阳区委书记陈刚,区长程连元,区委常委、宣传部长谢莹、北京电控集团董事长、党委书记王岩、副总裁缪国平及市、区相关部门、企业领导陪同;12月13日,国家工商总局副局长甘霖一行到798艺术区参观考察。市政府副秘书长侯玉兰、市工商局局长杨艺文、市委宣传部副部长张淼以及朝阳区委常委、副区长刘军胜,副区长张立新等市区相关部门领导陪同;12月21日,波兰总统夫人安娜·科莫罗夫斯卡在波兰驻华大使夫人苏珊·霍米茨卡和中国驻波兰大使夫人马骅陪同下到798艺术区参观访问。

(王　令)

**【"森林计划"——798国际儿童艺术周开幕】** 6月1日,由北京798艺术区管理委员会、TCAT思莱德国际少儿艺术中心共同举办的2011"森林计划"——798国际儿童艺术周在798艺术区时态空间开幕,为期1周。

(王　令)

**【举办纪念建党90周年艺术展】** 6月29日,由市文化局、市文学艺术界联合会、区委、区政府联合主办的"纪念中国共产党建党90周年艺术展",在798艺术区玫瑰之名艺术中心开幕。市委常委、宣传部长、副市长鲁炜出席并宣布展览开幕;市文联党组书记、常务副主席朱明德和区委书记陈刚分别致辞,市委宣传部常务副部长陈启刚、市文化局局长降巩民、中国艺术研究院中国雕塑院院长吴为山,七星集团总裁、党委书记王彦伶等领导出席。仪式由区委常委、宣传部长谢莹主持。市、区相关单位负责人,市文联、区文联会员代表,798艺术区艺术机构和艺术家代表130余人参加开幕仪式。

(王　令)

**【调查研究】** 7月27日,市人大常委会副主任柳纪刚一行调研艺术区文化发展和法制环境建设情况。区人大常委会主任王力军等相关领导陪同;10月16日,市委常委、宣传部长、副市长鲁炜在798艺术区调研并主持召开专题座谈会。听取有关部门关于798、751艺术区未来发展的思路和建议。他强调,要一手抓繁荣发展,一手抓规范管理,把798、751艺术区打造成国际知名品牌,建设成为弘扬与传播社会主义先进文化的窗口和阵地。市委宣传部常务副部长王海平,市委宣传部副部长张淼,市文化局局长、党组副书记肖培、市文化局副局长关宇,市国资委副巡视员周荫良,区委常委、宣传部长谢莹,北京电控集团董事长、党委书记王岩等市、区相关部门领导及七星集团、正东集团等企业负责人参加座谈会。

(王　令)

**【艺术节开幕】** 9月24日,"2011北京798艺术节"在798艺术区创意广场开幕,10月16日闭幕。市文化局副局长关宇,中关村管委会副主任廖国华,市文联党组副书记张占琴,区委书记陈刚,区委常委、宣传部长谢莹,副区长刘军胜,区政协副主席郑煌,市电控集团总裁赵炳弟,七星集团总裁、党委书记王彦伶等相关单位及部门负责人,798艺术区艺术委员会、艺术机构和艺术家代表、798艺术区专家顾问等国内外特邀嘉宾200余人出席开幕式。艺术节以"多元、实验"为主题,集艺术展览和文化活动为亮点,是社会公众与各界广泛参与的综合国际交流性质的艺术节。近1个月的艺术嘉年华向公众呈现主题系列展、同盟展、摄影展、雕塑展、文化交流、学术研讨、音乐、戏剧、电影、夜场活动等10大项近百小项艺术活动。

(王　令)

**【召开建设发展专题会】** 10月25日,区委、区政府与北京电子控股有限责任公司在798管委会三层会议室,就落实10月16日市委常委、宣传部长、副市长鲁炜关于798艺术区环境整治和产业发展专题会指示精神、促进798艺术区健康和谐有序发展,召开专题研讨会。北京市文化局副局长关宇,朝阳区委书记陈刚,区长程连元,区委常委、宣传部长谢莹,副区长刘军胜,电控集团董事长、党委书记王岩,党委副书记、总裁赵炳弟,副总裁袁汉元,副总裁缪国平等区相关部门负责人及企业有关领导出席会议。会上,政企双方就电控集团提出的798艺术区环境整治及推动园区产业发展的工作方案进行充分讨论,广泛征求相关部门意见,就如何推动艺术区未来发展达成系列共识。

(王　令)

**【首届北京798国际版画博览交易会开幕】** 11月6日,为期一周的首届北京798国际版画博览交易会在798艺术区百雅轩艺术中心拉开帷幕。中国文联书记处书记、中国文联副主席冯远,文化部艺术司副司长诸迪,市文化局副局长关宇,市贸促会副会长、市文博会组委会副主任储祥银，区委宣传部常务副部长高春利，北京文化发展基金会秘书长孟海东，百雅轩文化艺术机构总裁李大钧等嘉宾出席开幕式。

（王 令）

## 国有资产监督管理

【概况】 朝阳区国有资产监督管理委员会代表国家履行国有资产出资人职责。年内，监管企业资产总额667.3亿元，同比增长11.2%；净资产200.4亿元，同比增长21.6%；监管企业累计实现主营业务收入148.2亿元，同比增长16.4%；利润5.7亿元，同比增长34.4%。

地址：日坛北街33号

电话：65099193

邮编：100020

（薛皎薇）

【完成财务决算工作】 年初，针对国有企业决算审计工作建立会计师事务所统一委托机制。对企业上报上年度财务决算资料数据进行审核，审核企业187户，资产量624亿元。3月21日通过市国资委审核。

（薛皎薇）

【年度考核】 1月10日，完成对系统22家企业领导班子建设、选拔任用干部"一报告两评议"开展情况及106名领导人员履职情况的综合考核工作。对机关后勤领导班子首次采取千分制综合考核。对考核结果评定为优秀的27名（正职11名、副职16名）领导人员实施奖励。

（薛皎薇）

【创建全国文明城区工作】 1月10日～9月30日，推进创建全国文明城区工作。7家单位被评为创建全国文明城区工作突出贡献单位，36家单位被评为先进单位，30位个人被评为突出贡献个人，378位个人被评为先进个人。

（薛皎薇）

【安全稳定工作会议】 1月11日，召开系统2011年安全稳定工作会议。23家被监管单位主要领导和安全稳定主管领导参加会议。区安全监管局常务副局长于洪涛、区信访办副主任张振海、国资委副主任高孟龙出席会议并讲话。

（薛皎薇）

【完成2010年度国有资本收益收缴工作】 1月18日，完成监管企业2010年度国有资本收益收缴工作。

（薛皎薇）

【转让国安宾馆权益】 1月21日，批复同意下属企业北京金朝阳商贸国有资本运营公司按照相关约定转让其在国安宾馆联营中的权益。

（薛皎薇）

【召开系统工作会议】 1月25日～26日，召开系统2011年工作会议。国资委领导班子成员，系统各单位正、副职领导、三总师等100余人参加会议。常务副区长吴桂英出席会议并讲话。会议总结上年及"十一五"时期工作，明确2011年工作及"十二五"总体思路、目标和任务。京客隆集团、弘朝伟业、CBD公司、望京综开分别就科学制定十二五规划、做好安全稳定工作、在功能区建设中做大做强企业、发挥党组织政治核心作用进行专题发言。区国资委与系统各单位签订2011年度经营业绩责任书、安全生产责任书和党风廉政责任书。

（薛皎薇）

【完成薪酬兑现】 1月25日，根据各监管企业上年经营业绩和各项工作完成情况，核定监管企业负责人上年绩效年薪，经区政府批准，完成监管企业负责人薪酬兑现工作。

（薛皎薇）

【完成产权登记年检】 2月23日，召开上年度企业国有资产产权登记年检工作会议。对产权登记年检工作进行动员和部署。3月31日，区产权登记年检工作完成。

（薛皎薇）

【举办示范培训班】 3月16日～18日，与区委组织部联合举办区属国有企业基层党支部书记示范培训班。62名系统基层党支部书记代表参加培训。培训围绕理论学习、组织建设和个人提升三方面，涵盖"十二五"规划、创先争优、企业管理、党务工作实务等内容，并安排学员到市属党建工作优秀企业实地考察。

（薛皎薇）

【副食公司托管区粮食局】 3月23日，经区政府批准，区副食品总公司正式对市中良实业总公司（朝阳区粮食局）实施托管。托管后，市中良实业总公司仍保留法人资格，顾汉林为法定代表人，离退休职工交由副食品总公司代为管理，原政策、待遇不变。

（薛皎薇）

【转让股权】 3月29日，批复同意下属企业副食品总公司转让所持有的北京天利人股份有限公司1.33%的国有股权。

（薛皎薇）

【举办业务培训会】 3月29日，举办监管企业人力资源工作座谈暨业务培训会。21家企业人力资源部门负责人及工作人员参加培训会。部分企业代表就本企业职工工资发放、薪酬福利制度建设情况等做经验介绍，国资委总结近年来监管企业收入分配管理工作情况，通报近3年国有监管企业职工工资水平及增长情况,并就相关专题进行培训。

(薛皎薇)

【召开监事会工作会议】 3月31日,召开2011年度监事会工作会议。5家改制企业监事会主席、外派监事、职工监事等20余人参加会议。会议审议通过上年度监事会监督检查报告,并就监事会职责范围、监管内容和工作方法等进行专题授课。

(薛皎薇)

【综合绩效评价】 4月,从盈利能力、资产质量、债务风险、经营增长4方面对京客隆、蓝岛等8家企业开展综合绩效评价工作。定位企业在行业中所处的位置;查找企业发展和财务管理薄弱环节;分析指标落后主要原因,同时结合行业特点和形势对企业提出合理化建议。

(薛皎薇)

【举办入党积极分子培训班】 4月18日~20日,举办系统第六期入党积极分子培训班。22家单位118名入党积极分子参加培训。

(薛皎薇)

【召开经济运行分析会】 4月25日,召开企业一季度经济运行分析会。各企业汇报一季度指标完成情况,对照"十二五规划"和年初制定的业绩考核指标,对新业绩增长点、经营中的问题和困难进行分析。

(薛皎薇)

【推行会计准则试点工作】 4月25日,对监管企业进行新《企业会计准则》基础培训,为企业推行新会计准则奠定基础。会上通报新会计准则试点和推广计划。选取CBD公司、金盏融信为试行新会计准则单位。新准则的实施有利于规范企业会计核算、提升会计信息质量,能更为客观地评价企业经营成果。

(薛皎薇)

【举办首届职工羽毛球赛】 4月25日,在奥林匹克森林公园体育园举办"朝阳区国资委系统首届职工羽毛球赛"。21家单位 的120余名职工参加比赛,弘朝伟业、副食公司、世奥公司获团体总分前三名。

(薛皎薇)

【召开安全稳定工作会议】 5月10日,召开安全稳定工作会议。22家被监管单位负责安全稳定的主管领导和科室负责人参加会议。会议总结1月~4月安全稳定工作情况,分析安全事故和信访案件,部署下一阶段重点工作。世奥公司、朝开公司、朝阳公园、京广中心、弘朝伟业5家单位分别介绍安全稳定工作经验。区国资委副主任高孟龙分析本年安全稳定工作的形势和任务,并提出工作要求。

(薛皎薇)

【专题调研】 5月10日~18日,对宝嘉恒、弘朝伟业、望京综开等6家基层企业就内审制度建设和经济责任审计工作开展情况进行调研指导,撰写《强化国有企业经济责任审计,全面提升国有企业监督管理水平》的调研论文,获市内审协会优秀论文奖。

(薛皎薇)

【开展"小金库"专项治理工作】 5月12日~10月31日,开展"小金库"专项治理工作。成立专项治理工作领导小组,并会同区纪委、监察局等单位联合下发《关于印发〈北京市朝阳区国资委2011年"小金库"专项治理工作实施方案〉的通知》。5月17日~25日,对116户企业进行复查,复查面100%;6月1日~7月24日,组织专门力量进行督导抽查,规范企业经营管理行为。

(薛皎薇)

【企业发票管理工作】 5月18日,制定下发《关于加强朝阳区国有及国有控股企业发票管理工作的通知》。规范监管企业发票管理和使用,夯实监管企业财务基础工作,健全监管企业内部控制制度。

(薛皎薇)

【举办管理人员培训班】 5月25日~6月3日,举办系统第二期中层管理人员培训班,100余名中层干部参加培训。培训以"提升中层管理人员的执行力"为主题,内容包括当前热点经济问题解读、管理能力提升、个人修养等,并在集中授课基础上对40余名中层管理人员进行为期6天的全封闭式沙盘模拟和军训。

(薛皎薇)

【纪念建党90周年表彰暨文艺汇演】 6月10日,在世纪剧院召开系统纪念建党90周年表彰暨文艺汇演大会。区委常委、常务副区长吴桂英,区委副巡视员、创建办执行主任刘英男,区委组织部副部长许嘉宁,区委宣传部副部长陈霞,区国资委领导刘福、王文远、邵建云、王忠、高孟龙出席,系统各单位领导班子成员、受表彰人员、党员代表1200余人参加。

(薛皎薇)

【接收奥林匹克公园馆群资产】 6月27日,经区政府批准,由朝阳区国资委下属单位北京世奥森林公园开发经营有限公司代表区政府接收奥林匹克公园北区场馆群资产。

(薛皎薇)

【安全生产培训暨制度展评活动】 6月28日,召开系统安全生产培训暨制度展评活动。区安监局副局长刘洪、区国资委领导刘福、王文远、王忠、高孟龙出席,系统各单位主要领导及相关负责人70余人参加。

(薛皎薇)

【召开座谈会】 6月30日,召开创先争优暨争创"四强四优"活动座谈会。国资委领导班子成员刘福、王文远、王忠、高孟龙及系统各单位党组织书记、专职副书记40人参会,京客隆集团、朝阳公园、望京综开、蓝岛大厦4个单位做专题发言。

(薛皎薇)

【部分物业无偿划转】 6月30日,区国资委下属企业副食公司(含子公司)的46处建筑面积93858平方米的房屋及其国有土地使用权无偿划转给弘朝伟业公司,促进京客隆

A股上市、清理关联交易工作。

（薛皎薇）

**【文明城区迎检工作】** 7月7日，成立由副书记王忠、副主任高孟龙为组长的文明城区迎检检查组，邀请创建办督察组古鹏启、杨翠参加。对弘朝公司下属的下三条早市、农光里市场、松榆里市场、农展北路市场、三源里市场进行实地检查，督促各市场落实文明城区检查标准。

（薛皎薇）

**【召开半年工作会议】** 8月3日，召开2011年半年工作会议。会议由区国资委书记吴金龙主持。国资委系统各单位班子成员及三总师参加会议，区委常委、常务副区长吴桂英出席会议并讲话。会上，区国资委主任王文远总结系统上半年经济运行、发展建设、改革调整、安全稳定、国企党建等方面的工作情况，分析工作中存在的问题，从完成经济任务推动可持续发展、推进改革重组加强国资监管、建文明城区确保万无一失、创新国企党建提升科学化水平等方面部署下半年工作任务。

（薛皎薇）

**【建立财务预算报告制度】** 10月8日，印发《关于加强2012年度企业财务预算工作的通知》，标志着初步建立区国有企业财务预算报告制度。

（薛皎薇）

**【金朝阳公司划入宝嘉恒公司】** 10月10日，金朝阳公司整体划入宝嘉恒公司。

（薛皎薇）

**【举办领导人员培训班】** 10月13日，举办2011年度企业领导人员培训班。系统21家单位的120余名领导及后备人员参加培训。培训内容涉及七一讲话精神学习、企业财务预算。

（薛皎薇）

**【启动信息试填报工作】** 10月20日，召开金朝阳公司、弘朝公司、朝阳副食品总公司等部分监管单位参加不动产信息软件征询意见工作会，并启动试填报工作。

（薛皎薇）

**【审议通过发展规划】** 10月24日，《朝阳区国资委国有经济"十二五"发展规划》经第30次区长办公会审议通过。

（薛皎薇）

**【正式出台发展规划】** 10月25日～12月14日，分3批对系统内13家企业规划进行审定，并经12月28日第27次主任办公会审议通过。其余7家企业规划报国资委备案。12月5日，《朝阳区国资委国有经济"十二五"发展规划》正式出台。

（薛皎薇）

**【政府性债务统计工作】** 11月10日，对21家监管单位下发《关于转发<北京市人民政府关于加强政府性债务管理的意见>的通知》和区国资委系统政府性债务统计表，掌握区国资委系统涉及政府性债务企业情况、债务规模、债务用途和还款来源等重要信息，规范区国资委系统政府性债务管理工作，防范融资风险。

（薛皎薇）

**【区属企业清理整顿违规建筑行为调查】** 11月～12月，在监管企业中开展清理整顿违规生产经营建设行为专项调查工作。据统计，有9家监管企业的267处28.82万平方米房产属违建行为。

（薛皎薇）

**【召开经济运行分析会】** 11月15日，召开监管企业1月～10月经济运行分析会。各监管企业汇报主要指标增减变动情况，预测全年经济指标完成情况。区国资委领导班子提出工作要求。

（薛皎薇）

**【召开审计工作培训会】** 11月24日，召开2011年度内部审计工作培训会。21家所属单位主管内部审计工作的领导和审计（财务）部门经理40余人参加会议。会上，有关专家讲解企业风险管理理论与操作和企业内控及内审理论。京客隆集团、宝嘉恒公司、弘朝伟业和昆泰集团4家企业就内审内控工作经验作专题发言。国资委常务副主任邵建云结合企业特点，指出企业内审内控工作存在的问题，并就推动下一步工作提出要求。

（薛皎薇）

**【召开业绩考核工作会】** 11月29日，召开业绩考核工作会。会上就《监管企业负责人经营业绩考核暂行办法（试行）》、《监管企业负责人综合评价奖励暂行办法（试行）》两个新办法的意义和重要性、考核计分方法运用、企业负责人薪酬测算做讲解。

（薛皎薇）

**【出台《实施细则》】** 12月1日，出台《朝阳区国资委对区属国有企业领导人员经济责任审计的实施细则》，并下发各监管企业。

（薛皎薇）

**【开展理论中心组（扩大）学习】** 12月2日，区国资委党委开展理论中心组（扩大）学习。国资委领导班子及系统13家企业正职领导参加学习。区委宣传部副部长丰春秋应邀就朝阳区文化创意产业发展态势、发展战略、工作思路等做详细讲解。

（薛皎薇）

**【召开企业财务决算工作会】** 12月13日～14日，召开2011年度区国有企业财务决算工作会。176户区属国有企业170余名财务人员参会。会议通报上年度财务决算工作情况和全区国有资产统计工作成果，部署2011年度企业财务决算和财务快报工作。

（薛皎薇）

**【划转交接会】** 12月21日，召开北京金盏融信投资中心划转交接会。完成北京金盏融信投资中心由朝阳区国资委所属北京市朝阳区国有资本经营管理中心划入金盏金融服务园区服务中心工作。

（薛皎薇）

【领导人员及董监事调整】 年内，区国资委系统调整充实12个领导班子。涉及企业领导人员28人次。委派外部董监事11名，对新提任的3名企业领导人员实行任前公示，与新提任、续聘的15名经营管理人员签订聘任协议书。

(薛皎薇)

【人才队伍建设】 年内，制定《朝阳区国资委贯彻落实<北京市朝阳区人才工作领导小组实施〈北京市朝阳区中长期人才发展规划纲要(2010—2020年)〉任务分解方案>实施意见》。明确未来十年人才工作总体目标和基本任务，确立健全完善人才管理体制、选拔交流机制、教育培养机制、人才引进机制、考核评价机制及关心关爱机制等6项具体保障措施，为推进人才工作、实现“人才强企”目标奠定基础。

(薛皎薇)

【审计监督工作】 年内，对9家一级监管企业、20家子企业开展审计工作。涉及领导人员经济责任审计、企业托管审计、经营收支及财务状况审计和“小金库”专项审计等内容。

(薛皎薇)

【保障区重点项目建设资金】 年内，完成昆泰集团、望京综开、中关村电子城、朝建公司、朝阳宾馆等企业的12笔借款、担保批复工作。涉及资金17.72亿元，保障本区重点项目建设资金供应。

(薛皎薇)

## 安全生产

【概况】 朝阳区安全生产监督管理局是负责本区安全生产综合监督管理工作的职能部门。区安全生产委员会办公室设在本局。年内，发生生产安全、火灾等非正常死亡事故163起，死亡178人。本区获2011年度北京市安全生产工作先进区县称号；区安监局获2011年度北京市安全生产工作基础管理创新奖。

地址：百子湾西里303号楼

电话：87312475

邮编：100124

(冯春友)

【执法培训】 1月17日，召集43个街乡安监科法制员就执法文书书写、案卷制作、档案管理进行培训。3月7日、18日，分别在酒仙桥街道和金盏乡举办两期街乡执法人员业务培训班。重点就人员密集场所、建筑工地、危险化学品生产经营单位和职业危害场所的检查内容、标准、方法和处罚依据进行培训，133人参与。6月，采取“一对一”模式，对43个街乡安监队员的执法文书写作、案卷制作、档案管理、执法技能等进行传、帮、带，培训街乡安监队员、安全协管人员和村(居委会)安全负责人600余人次。12月15日，对安监局及街乡执法人员65人进行新修订的《北京市安全生产条例》、《行政强制法》等安全生产法律法规培训。

(余慧云)

【区领导带队开展安全检查】 1月30日～31日，区领导程连元、谢莹、阎军分别带队来到朝阳公园、欢乐谷和大悦城检查游乐设施等特种设备安全。1月31日，区领导程连元、吴桂英、佟克克、赵全保分两队到建外街道北郎社区检查CBD核心区域烟花爆竹安全管理准备工作。9月29日～30日，陈刚、程连元等区领导带队，组成8个安全生产检查组，分别对奥林匹克中心区美食嘉年华、星星国际影城、欢乐谷、朝阳公园、广渠路36地块施工工地等22家人员密集场所、建筑工地、公园、学校、铁路监护道口进行安全检查。

(余慧云)

【市安监局检查“两会”保障】 3月3日，市安监局局长张家明带队对区全国“两会”驻地周边单位进行重点抽查。张家明要求被查单位高度重视全国“两会”期间的安全管理工作，认真做好自查，全面检查，彻底整改；值守人员要提高警惕，加强巡视，确保在第一时间发现问题，及时排除突发事件；区安监局对存在问题的单位要进行复查，确保全国“两会”期间驻地周边生产经营单位的生产安全。

(余慧云)

【“两会”安全生产保障】 3月3日～14日全国“两会”期间，召开安委会(扩大)会议，对安全生产保障工作进行部署；对“两会”驻地周边200米范围内51家生产经营单位进行摸底并建立台账；成立6个专项执法检查组，与驻地所在3个街乡以及工商、卫生、消防、质监、商务等单位成立联合检查组，对驻地周围重大危险源和重点企业、重点部位进行拉网式检查。“两会”期间，出动3853人次，车辆766台次，对辖区2779家生产经营单位开展安全检查，下达整改指令书273份，强制措施决定书19份，整改安全生产隐患1079处。

(余慧云)

【安监系统依法行政工作会】 3月11日，召开全区安监系统依法行政工作会。会议总结2010年度全系统依法行政工作，提出2011年工作设想，并对上年度在安全生产执法工作中取得突出成绩的4个执法科室(队)、16个街乡安全生产监察队及17名先进个人予以表彰。

(姚遥)

【有限空间作业实行分类监管】 3月，对街乡和各行业管理部门台账进行汇总分析，将涉及有限空间的单位分为3大类，即91家承包单位、1214家发包单位和156家自己作业单位，确定承包单位和自己作业单位作为日常监管重点。一是加强对重点单位的日常检查、巡查、夜查、联合检查等执法检查力度；二是向所有涉及有限空间作业承发包单位下达通知，要求发包单位严格审查承包单位的安全生产条件，并在签订承发包合同时签订安全生产协议;三是对辖区内主要发包单位和承包单位的安全负责人进行约谈,要求严格落实承发包管理,逐步推动有限空间作业专业化、规模化发展。

(蒋昌启)

**【《职业病防治法》宣传】** 4月27日,联合卫生部门在朝阳公园南门举办"防治职业病危害,保护劳动者健康"为主题的《职业病防治法》贯彻实施9周年宣传咨询活动。活动展出15块宣传展板,发放200张职业危害告知卡和警示标志,以及300副职业危害宣传扑克,现场收回有奖答卷近百份,受众500多人。

(蒋昌启)

**【"打非治违"专项行动】** 4月28日,开展"打非"专项行动。截至12月31日,出动"打非"专项行动执法检查人员2.25万人次,拆除违法建设63.72万平方米,其中违法生产经营建设54136平方米,下达执法文书5570个,查处取缔非法违法生产经营单位4992家,处理人员137人。

(余慧云)

**【有限空间安全宣传】** 4月,印制1000套有限空间安全作业光盘和3000份有限空间安全作业宣传画,通过相关行业管理部门和各街乡发放到辖区相关单位、社区和村委会。同时于4月份在朝阳有线进行为期1个月的警示宣传。

(蒋昌启)

**【检查如家快捷连锁酒店】** 5月11日,组织21个街乡安监队(科)对辖区30家如家快捷酒店进行安全隐患大排查,出动安监执法队员55人,下达现场检查记录30份,责令改正指令书25份,发现安全隐患60条,消除安全隐患20条。

(余慧云)

**【"防灾减灾日"应急演练】** 5月12日,组织北京陆军预备役防化团一营二连在朝阳公园南门开展移动指挥所集结与测试演练。演练项目主要包括:应急指挥所的搭建,计算机、投影仪等设备、应急指挥所单兵、无人站、信号天线的安装与操作方法,照明设备及破拆设备的运用等。演练突出强化处置危险化学品突发事件的应急能力,同时举办安全生产与应急救援专题展览和咨询,对安全生产、应急救援开展宣传,发放法律法规、应急常识等宣传品,解答市民有关问题。

(袁 莹)

**【安全生产科技项目展示】** 5月18日~22日,第十四届中国北京国际科技产业博览会在国际展览中心举行。区安监局"基于多媒体的安全生产宣传、培训、竞赛一体机"和"安全生产智能与隐患上报、移送系统"两项安全生产科技项目第一次亮相科博会,受到与会领导及参观者关注。

(陈宣英)

**【国家安全生产应急救援指挥中心调研】** 6月10日,国家安全生产应急救援指挥中心信息管理部主任吕海燕带领调研组一行3人,在市安监局应急处处长薛国强及有关人员的陪同下,到朝阳区就如何引导和支持社会力量参与安全生产应急救援、社会力量如何服务安全生产应急救援、在政策及舆论引导方面应采取哪些举措等进行调研。

(余慧云)

**【安全生产月"宣传咨询日"活动】** 6月12日,举办以"落实企业主体责任,创建全国文明城区"为主题的安全生产月大型宣传咨询日活动。区安监局等15个安委会成员单位和麦子店街道参加。各职能部门工作人员向过往群众分发各类宣传品,同时向群众进行安全意识宣传教育,就群众在安全生产中遇到的问题提供现场咨询。活动接待咨询群众5000余人。

(余慧云)

**【"安全生产月"应急救援演练周活动】** 6月20日~26日"安全生产月"应急救援演练周期间,组织北京陆军预备役防化团一营二连开展针对危险化学品事故的应急指挥所搭建与破拆工具使用为主的专项演练。同时完成对十八里店、常营等多个街乡和生产经营单位的安全生产应急演练点评与培训10余场,培训人员500多人次。

(袁 莹)

**【危险化学品安全生产应急救援演练】** 6月30日,中石油中博旗舰加油站举行成品油零售单位大型综合演练,包括防盗抢演练、小型火灾自救应急演练、大型火灾应急演练、逃生及医疗救护应急演练等4个模块。演练模拟朝阳区某成品油零售单位发生盗抢和火灾为背景,开展包括防盗抢、灭火、环境监测、医疗救护、人员疏散应急演练等科目的综合演练,重点演练企业第一时间的现场处置能力和各部门协同作战能力,达到检验预案、锻炼队伍、磨合机制和宣传教育的目的。

(夏旭昀)

**【"安全生产月"活动】** 6月,组织开展"安全生产月"宣传咨询日、"安康杯"安全生产知识竞赛、安全生产服务队下基层、打击非法违法生产经营建设行为、安全宣传"五进"、应急救援演练等20项活动。全区投入经费72万元;制定工作方案951份;召开工作部署会、协调会、调度会1902次;区局领导、街乡领导动员讲话167次;参加活动总人数达86万人,参加活动的生产经营单位8600家,受教育人数128万人。全区悬挂横幅标语672条,张贴海报宣传画43000幅,设立专栏、板报等宣传园地1720个;发放宣传材料60余种约50万份,发放购物袋、折扇、弹簧秤等宣传实物20余种近3万件;各类电子显示屏播放安全生产宣传内容1800次,时长167小时;市区两级媒体播放安全宣传片80次,刊发新闻报道245次;编辑专题(栏)内部刊物124期。开展各类安全培训498次35416人;开展各类应急救援演练372次,参加演练人数17856人;开展专项整治及联合检查45次,出动执法检查人员7128人次,检查生产经营单位3564家,发现隐患6282处,其中5545处整改完毕,整改率达88.27%,经济处罚165.2万元。

(余慧云)

**【安全生产标准化工作调研】** 8月18日上午,副区长阎军到北京天海工业有限公司调研安全生产标准化工作。阎军指出,要汇集政府管理部门、中介机构和达标企业等各方的经验,有重点地推动高危行业标准化,以此推进安全生产工作,有效防范各类事故。

(余慧云)

**【处级领导包片指导街乡安全工作】** 8月,出台处级领导包片负责指导街乡安全生产实施意见。意见要求成立局领导包片领导小组,全局设6个工作组,组长由局副职领导担任,每组9名工作人员,负责指导7~8个街乡。通过领导包片,与街乡加强沟通交流,带动街乡安监科现场执法,指导街乡开展基础工作、标准化、"打非"等各项工作,筑牢安全生产监管第一道防线。

(余慧云)

**【安全生产"十二五"规划发布】** 8月,《朝阳区"十二五"时期安全生产规划》发布。《规划》主要内容包括:"十一五"发展回顾与总结、"十二五"趋势判断与预测、指导思想与工作目标、主要任务、保障措施等5个部分。

(余慧云)

**【交叉执法检查】** 9月20日,甘肃省安监局在市安监局陪同下,在本区交叉检查涉及职业危害的用人单位4家。10月24日和25日,东城区安监局到本区交叉检查涉及职业危害的用人单位10家。交叉检查采取听取汇报、查阅资料、现场检查相结合的方式进行。

(蒋昌启)

**【区属单位清理整顿行动】** 11月4日,在全区所属单位开展清理整顿违规生产经营建设行为工作。清理整顿的主要内容有:是否存在各类出租行为,是否存在违规出租、转租行为;是否存在违规建设情况;是否存在自身或出租权属土地、房屋从事违规生产经营情况以及其他违规生产经营建设情况。截至年底,调查摸底所属单位1138家,其中涉及安全隐患的138家。

(余慧云)

**【危险化学品实战演练】** 11月4日,采取"模拟实战、指定地点、现场通知"的方式,对危险化学品专业救援队伍——北京陆军预备役防化团一营二连50名官兵在北京普莱克斯气体有限公司进行快速集结,并与企业救援队联合开展演练。演练中集结人员均在1小时内到达指定地点,并顺利完成灭火、危险化学品处置等演练科目。

(袁　莹)

**【铁路沿线安全隐患整改】** 11月10日,京津城际铁路朝阳段沿线安全隐患专项整治全面铺开。整治工作从朝阳段最东端的西直河石材厂开始,自东向西依次进行。

(余慧云)

**【整改潘家园市级挂账隐患】** 11月14日正式开始沼气池安全隐患拆除工程。第一个拆除松榆东里10号沼气池包,标志着市级挂账近2年的潘家园沼气池隐患进入工程拆除阶段,并列入2011年区政府折子工程项目。市区财政分别投入资金717.8万和680万,用于隐患整改工作。截至年底,沼气池改造工程开工4个。

(余慧云)

**【烟花爆竹安全监管】** 11月24日,召开2012年烟花爆竹销售网点安全监管工作部署会,就烟花爆竹销售网点布建及安全条件审查、销售期间安全检查、从业人员教育管理和销售网点的安全防火等工作进行部署。

(夏旭昀)

**【危险化学品事故桌面演练】** 12月14日,联合区应急办组织区危险化学品事故应急指挥部10个成员单位,及应急救援专家组17位成员,开展以液氯泄漏事故为处置对象的桌面应急演练,对应急程序、应急措施进行实战模拟,取得良好效果。

(袁　莹)

**【安全生产考核】** 12月28日,由市安全监管局副局长汪卫国带队,市安委会综合考核组对区2011年度安全生产工作进行综合考核。副区长汪洋向综合考核组汇报全区安全生产工作的综合监管、责任落实、健全机构、夯实基础、隐患治理、应急处置、事故处理等工作情况,以及安全生产年"三项行动"和各专项治理、全年控制指标完成情况。区安监局、区住建委、朝阳消防支队、区文化委等15个部门主管领导参加汇报及现场检查。在听取汇报后,市综合考核组分成三个小组,全面查阅区各职能部门安全生产工作档案资料;在区安办和街道主要、主管领导陪同下,分别对劲松街道和南磨房地区安全生产工作进行实地考察。综合考核组对区安全生产工作所取得的成绩表示肯定,并要求在梳理2011年工作基础上,总结成功经验,固化好的做法和思路,建立长效机制。

(余慧云)

**【安全生产控制考核指标】** 年内,全区发生生产安全、火灾等非正常死亡事故163起死亡178人,与上年同期182起死亡203人相比分别下降10.4%和12.3%。生产安全事故14起死亡15人;交通事故142起死亡156人,与上年同期153起死亡171人相比分别下降7.2%和8.8%;火灾事故3起死亡3人,与上年同期2起死亡4人相比起数上升

50%;煤气中毒事故4起死亡4人,与上年同期2起死亡2人相比分别上升100%;未发淹溺事故、公共卫生安全和食品安全死亡事故。

(冯春友)

**【安全生产执法监察】** 年内,全区安监系统检查生产经营单位31233家,查出事故隐患41375项,下达整改指令书11093份,立案1175起,收缴罚没款1091.69万元。其中,43个街乡独立办理案件692起,经济处罚294.15万元。同比分别增长416.42%和533.94%。行政办案数量前5名的街乡是:十八里店乡、八里庄、呼家楼、劲松、望京街道;行政处罚数额前5名的街乡是:望京、呼家楼、八里庄、麦子店街道、金盏乡。

(姚　遥　冯春友)

**【危险化学品行政许可】** 年内,累计完成危险化学品行政许可案件95件,第二、三类非药品类易制毒化学品经营备案9家,全部许可工作严格按照法定标准、法定程序、法定时限完成,未发生一起复议、申诉。截至年底,区许可发证的危险化学品从业单位454家。

(夏旭昀)

**【危险化学品安全监管】** 年内,累计对危险化学品从业单位(含烟花爆竹)完成安全检查1464家次,发现并处理危险化学品违法案件10起,行政处罚违法单位10家、个人1人,罚没款金额总计30.2万元。

(夏旭昀)

**【职业危害执法检查】** 年内,对545家存在职业危害的生产经营单位进行执法检查,下达各类执法文书713份,排查事故隐患1555项,立案19起,处罚金额25.7万元。

(蒋昌启)

**【职业病危害项目申报】** 年内,79家用人单位进行职业病危害项目申报并取得《职业病危害项目申报证书》,主要分布在汽车修理和石材加工行业。全区累计进行职业病危害项目申报810家。

(蒋昌启)

**【特种作业培训考核】** 年内,培训考核电工作业、焊工作业、高处作业、企业厂(场)内机动车辆驾驶、制冷与空调作业、地下有限空间监护等特种作业人员27818人,合格发证17954人。

(陈宣英)

**【安全生产标准化】** 年内,工业企业安全生产标准化工作继续遵循"提倡达标、力争合格,辅助提高、消除一般"的工作思路,稳步推进复评工作。复评企业294家,其中区级达标企业18家,区级合格企业40家。另有国家一级企业1家,市级企业2家,达到行业标准企业2家。

(陈　京)

**【烟花爆竹行政许可】** 年内,累计许可烟花爆竹零售网点194家,具体分布为:二环至三环网点29家,三至四环网点45家,四至五环网点74家,五环以外网点46家。其中,固定网点4家,临建网点190家。组织烟花爆竹零售网点主要负责人130人参加培训考核,组织烟花爆竹零售网点从业人员1235人参加培训考核。

(夏旭昀)

**【安全生产举报】** 年内,受理安全生产举报投诉事项232件,其中12350受理118件;区县举报电话受理87件;网络举报受理18件;政民互动举报受理9件。

(余慧云)

## 旅　　游

**【概况】** 朝阳区旅游局是负责本区旅游业管理的区政府工作部门。下设办公室、产业促进科、行业管理科、安全生产管理科和北京旅游咨询服务中心朝阳服务站。年内,累计实现旅游综合收入643.6亿元,比上年增长89.6亿元,同比增长16.2%,占全市十六区县总量的23.3%,继续稳居十六区县之首。旅游接待总人数稳步增长,总量达到3922万人次,比上年增加222万人次,同比增长6.0%,占全市总接待量的11.6%。在旅游综合收入构成中,旅行社、旅游商业和住宿业作为朝阳区旅游业的3大支柱,分别实现收入214.8亿元(2010年为169.7亿元)、增长26.6%,206.9亿元(2010年为191.6亿元)、增长8.0%;133.8亿元(2010年为113.8亿元)、增长17.6%,对全区旅游综合收入增长的贡献率分别为33.4%、32.1%和17.6%,总计83.1%,是拉动朝阳区旅游业快速发展的主要力量。年末,区内纳入统计的住宿业单位共1034家,其中星级饭店113家,社会旅馆921家,旅行社340家,旅游景点27家,其中A级景区12家。

地址:团结湖北五条5号

电话:65099077

邮编:100026

(牛宇阂)

**【区红色旅游部门联席会议协调小组】** 4月18日,区政府下发《关于成立朝阳区红色旅游联席会议协调小组的通知》,成立区红色旅游联席会议协调小组。副区长阎军任组长,区委宣传部、区发改委、区财政局、区旅游局、奥林匹克公园管委会主管领导为副组长,全区各委办局、各街乡为成员单位。同时建立区红色旅游部门联席会议制度,设立区红色旅游部门联席会议工作协调小组办公室,日常办事机构设在旅游局。重点负责加强区域内红色旅游景区管理;宣传号召全区各委办局、各街乡和各企事业单位积极参与红色旅游活动,接受革命传统教育,培育社会主义核心价值体系两方面工作。

(牛宇闳)

【旅游发展大会】 4月22日,召开区旅游发展大会。局长兰学军作题为"站在新起点谱写新篇章,全面推进首都北京中国特色世界城市旅游核心区建设"工作报告。报告回顾"十一五"时期本区旅游业取得的成绩,明确"十二五"时期区旅游业发展思路、发展目标和重点任务,部署本年度主要工作。提出区旅游业发展在今后一个时期应准确把握的"十大关系",即与首都北京建设中国特色世界城市的关系、与建设"三个北京"的关系、与朝阳区建设"新四区"战略目标的关系、与创建"全国文明城区"的关系、与朝阳区文化大发展的关系、与朝阳城市形象营销的关系、与推进"双十工程"的关系、与建设"六大功能区"的关系、与"五轴三带"发展格局的关系、与其他区县的竞合关系等,成为指导区旅游业发展的新纲领。会上还发出区旅游行业"文明创建,旅游给力"的倡议书,得到驻区旅游企业广泛响应。

(牛宇闳)

【旅游咨询站建设】 4月,奥林匹克公园3个咨询站经重新装修后投入使用。5月17日,在奥林匹克公园4号游客服务中心南广场举行北京奥林匹克公园游客服务中心及旅游咨询中心启用仪式。新咨询站增加了触摸屏、多媒体沙盘展示、园区语音导览等,为中外游客提供免费咨询及全方位配套服务。

(牛宇闳)

【旅游企业燃气检查】 4月~6月,开展旅游企业燃气安全百日大检查,检查住宿业1065家次(其中市级安全隐患挂账单位42家),出动检查人员1360人次,车辆320台次,检查发现安全隐患和需要整改的问题2325处,当场予以整改2319处,现场下达整改文书1065份,其余6处在规定时限内按要求全部整改到位,修正企业信息资料123家。

(牛宇闳)

【旅游规划编制】 年内,与北京第二外国语学院旅游发展研究院共同完成《朝阳区"十二五"时期旅游发展规划》编制工作。

(牛宇闳)

【办实事】 年内,按照市旅游发展委员会"2011年市政府办实事第29项"工作部署,组织进行办实事项目的申请立项和招投标,把提升景区环境工程工作落到实处。率先完成全区12家A级旅游景区配备轮椅85台、无线讲解器95套,安装安全标志牌1990块的任务,获市级资金支持191万元。北京欢乐谷、元大都城垣遗址公园、高碑店民俗文化旅游村等3处旅游景区进行厕所改建。改建后的厕所面积达到60~80平方米,改建费用80万元,获市级资金支持43万元。

(牛宇闳)

【星级饭店评定】 年内,为落实国家旅游局颁布实施新的旅游饭店星级标准,组织区内旅游星级饭店参加3期"北京市贯彻落实新版星级饭店标准培训会",开展以"以评促建、以评促改、以评促优"为原则的2011年旅游星级饭店重新评定工作,评定工作分4个阶段进行,评定检查重点是饭店管理、服务、卫生、质量、安全、设施等。采取全覆盖检查、整改复查与暗访相结合的方式,对区内137家旅游星级饭店开展重新评定工作,其中,113家旅游星级饭店通过评定,24家被取消星级。

(牛宇闳)

【A级景区质量等级复核】 年内,按照市旅游发展委员会《关于开展2011年度A级旅游景区质量等级复核工作通知》要求,结合《A级旅游景区环境整治提升工作方案》,按照《旅游景区质量等级的划分及评定》和《旅游景区质量等级评定管理办法》,以公共服务设施、服务质量、游客投诉、安全隐患等为重点,对区内12家A级旅游景区开展等级质量复核。12家景区全部通过复核。

(牛宇闳)

【旅行社管理】 年内,加强对旅行社设立分社、服务网点备案登记工作,经检查验收,登记备案旅行社分社27家,服务网点165家。

(牛宇闳)

【旅游安全生产管理】 年内,完成各项日常安全检查任务及重大节庆活动安全生产保障任务,确保全区旅游环境安全稳定和有序运行。在安全生产月期间,抽查旅游企业304家次,检查市级挂账单位32家,联合检查22家,出动人员898人次,出动车辆364台次,排查一般隐患210处,当场责令整改208处。全年检查辖区旅游企业2286家次,出动检查人员7904人次,出动车辆2368台次,排查隐患882处,当场责令整改879处,行政处罚3家,立案挂账8家,其中行政处罚星级宾馆2家、社会旅馆1家,按照分级管理办法,通过点对点反复督促整改,172家警示级企业中有33家降为普通级。

(牛宇闳)

【旅游市场规范与综合治理】 年内,继续将旅游环境秩序整治列为全年重点工作,确保全区旅游市场秩序和谐有序。在全国"两会"、"PATA大会"等重点会议期间加强督查,对奥林匹克公园、北京欢乐谷、三里屯雅秀市场等重点地区开展联合整治行动。尤其是在旅游旺季对本区非法"一日游"形成联打严治的高压态势,开展联合执法8次,全年出动检查人员675人次,重点地区整治成效明显,实现区域旅游市场管控全覆盖、无缝隙。全年未发生重大旅游投诉事件。

(牛宇闵)

【北京国际啤酒节】 7月16日~8月15日,在北京蟹岛绿色生态度假村举行"北京国际啤酒节"。活动由中国对外友好协会主办,北京蟹岛集团承办,主题为"欢聚北京,干杯蟹岛"。活动设有开幕式、啤酒嘉年华、游乐嘉年华、摄影大赛、闭幕式等项目。在活动现场设有旅游咨询服务站,为参加啤酒节的中外游客提供免费咨询服务。期间,实现综合收入1687.5万元,提供工作岗位3750个。

(牛宇闵)

【北京朝阳国际旅游文化节】 10月1日~7日,举办"2011北京朝阳国际旅游文化节"。活动紧扣"文明起航,欢乐朝阳"主题,展示区域旅游资源和形象,塑造"国际、时尚、现代"文明城区形象。活动会场分别设在朝阳公园、北京欢乐谷、二十二院街艺术区。朝阳公园作为主会场,组织英国、法国、俄罗斯、爱尔兰等多个国家的主题文化艺术交流活动和国际旅游图片展、国内外友好城市工艺品展、地方名优特产展卖、地方旅游资源展示、东南亚风格美食街、国际环保署展览、金鱼锦鲤鱼大赛、非物质文化遗产展等十余项特色活动,营造国庆假日欢乐祥和氛围。活动期间,朝阳公园累计接待游客41.83万人次,实现营业收入656万元,其中门票收入202万元。

(牛宇闵)

【旅游黄金周】 年内,春节、"十一"两个旅游黄金周和元旦、清明、"五一"、端午、中秋5个小假期平稳度过,期间均无安全事故和投诉现象发生,实现"安全、秩序、质量、效益"四统一目标。春节期间,全区纳入旅游统计监测的17家主要旅游景区接待中外游客86.73万人次,同比增长16.71%;实现旅游综合收入2720.43万元,同比增长3.54%,其中,门票收入1685.25万元,同比增长1.97%;期间,朝阳公园接待41.65万人次,同比增长58.4%,实现营业收入650万元,同比增长16.1%。"五一"期间,全区纳入旅游统计监测的16家主要旅游景区接待中外游客42.56万人次,实现旅游综合收入2545.15万元,其中,门票收入1568.31万元。端午节期间,全区纳入旅游统计监测的17家主要旅游景区接待中外游客39.48万人次,实现旅游综合收入1380万元,其中,门票收入908.87万元。"十一"期间,全区纳入旅游统计监测的16家主要旅游景区接待中外游客144.97万人次,同比增长3.3%;实现旅游综合收入4693.45万元,同比下降6.6%;其中,门票收入2998.57万元,同比下降9.5%。

(牛宇闵)

【旅游促销】 年内,采取多种方式进行旅游促销活动,开拓旅游市场。加强区域旅游资源整合与传播。策划并组织编制2011版《京郊旅游手册》(朝阳篇)、《京华红色游》(朝阳篇)、《朝阳区政府工作交流手册》(旅游篇)、《朝阳旅游手册》、《吃在北京 玩在朝阳》等旅游宣传品,全方位宣传朝阳形象和旅游资源,并利用"创建行动日"活动向社区发放。对外建立合作关系,共同开展旅游促销。分别与延庆县、内蒙古呼伦贝尔市、丰镇市等进行旅游区域合作,互借优势,开发旅游路线。在2011北京朝阳国际旅游文化节上设立展位,展示宣传丰镇旅游资源;协助青海省海东地区举办"大美青海风情海东"北京旅游推介会,宣传海东旅游资源,促进两地旅游合作。参与北京市旅游委组织的各项大型活动。主要有:4月29日在前门大街举行的北京市旅游志愿者招募启动仪式暨北京旅游咨询日活动;5月18日~22日在中国国际展览中心举办的北京科博会;5月19日在天坛公园举办的中国旅游咨询日等大型活动,发放宣传品2万余册。

(牛宇闵)

【旅游咨询服务】 年内,全区6个咨询站接待来人来电咨询253029人次。其中三里屯咨询站接待68435人次,高碑店两个咨询站接待22942人次,奥林匹克3个咨询站接待161652人次。

(牛宇闵)

# 农业 水务 气象

## 农 村 经 济

**【概况】** 朝阳区农村工作委员会是负责指导本区农村经济发展、统筹协调农村工作的区政府综合职能部门。年内,农村地区实现经济总收入970.1亿元,同比增长9%;利润总额45.4亿元,同比增长10.5%;税金总额30.5亿元,同比增长6.4%;形成区级财政收入43.2亿元,同比增长27.5%;农民人均纯收入19839元,同比增长13.6%。产业结构进一步优化,三次产业比重为0.4:24.2:75.4。

地址:日坛北街33号

电话:65094257

邮编:100020

(李荣祥 向会娟)

**【环境整治百日行动】** 4月24日,召开农村地区环境整治百日行动动员大会,动员部署农村地区环境建设工作。期间,出动人员8.4万人次,车辆1万台次,发放各类宣传材料7.8万份,清理暴露垃圾4195处、1万吨,处理卫生死角809处、垃圾728吨,清理白色污染物5755千克,非法小广告7万处(张),乱堆乱放3109处,取缔无照经营、散摊游商2138处,规范门前三包5870家,查获非法运营黑摩的425辆,教育处罚人员2153人,处罚409起、罚款16.2万元。通过整治,60处市级挂账卫生全面完成,11处区级挂账秩序乱点案件明显下降,15个市级挂账村整洁优美。

(李荣祥)

**【观光农业】** 年内,坚持一体化、差异化、优质化、品牌化、产业化发展战略,打造绿色生态引领区。初步形成农游合一、特色水果种植、特种养殖、休闲农业等四种观光农业发展模式。年内,观光农业收入40830.9万元。观光园接待游客124万人次,收入40803万元,其中非农收入35258.9万元,占观光园总收入的86.4%,同比提高4.8%。

(李荣祥)

**【文化创意产业】** 年内,高碑店、南磨房、三间房、崔各庄、王四营等地区的文化创意产业显示出强劲发展动力。运河新时尚等传媒文化产业项目收入4.5亿元、利润3963万元,同比分别增长12.1%和73.9%。

(李荣祥)

**【现代服务业】** 年内,现代服务业收入194.3亿元,利润8.5亿元,同比增长27.5%和12.7%,初步形成以特色商业街、大型综合商场、家具建材市场、企业总部和设计中心等总部机构为主的现代商贸服务板块。其中家居建材市场和大型综合商场收入137.5亿元、利润5.2亿元,同比分别增长22.3%和21.2%。

(李荣祥)

**【农村企业发展】** 年内,农村地区规模以上企业613家,其中收入超亿元企业173家。规模以上企业收入864.2亿元、利润44.9亿元,分别占农村地区经济总收入、利润总额的89.1%和98.9%。

(李荣祥)

**【产业项目建设】** 年内,全区重点项目完成投资24.2亿元,其中乡村集体投资项目12个,完成投资5.9亿元。颐堤港等10个项目建成开业,北京国际中医药港等5个项目主体完工,北京朝来汽车培训服务中心等14个项目正在建设,孙河商业中心等8个项目进行前期筹备。

(李荣祥)

**【高新技术产业】** 年内,以ABB电气传动系统有限公司、实宝来游乐设备公司、燕京医药公司等电子信息、生物医药为代表的高新技术和高科技制造企业收入53.8亿元、利润6.3亿元,同比分别增长12.1%和12.0%。

(李荣祥)

**【现代物流产业】** 年内,通过整合豆各庄、黑庄户、十八里店等东南部地区仓储设施,吸纳现代高端物流企业入驻,扩大十八里店现代商业物流园区规模,推进黑庄户北京农产品国际物流港建设等，初步形成电子商务物流、制造业物流、零售业物流和冷链物流等多种产业集群发展的现代物流板块。年内，农村地区仓储物流业收入21.8亿元、利润1.3亿元，同比分别增长33.6%和132%。

（李荣祥）

**【民俗旅游】** 年内，民俗旅游接待游客3784人次，同比增长1.8倍，其中接待外国游客1904人次、港澳台游客1880人次；收入27.9万元，同比增长1.8倍，增速在全市城市功能拓展区中位居第一。

（李荣祥）

# 农村城市化

**【概况】** 朝阳农村城市化进程稳步推进，重点村整治、土地储备拆迁腾退、绿化隔离地区建设按计划实施，政策性因素在城乡一体化进程中继续发挥决定性作用。新建社区步伐不断加快、城市管理服务水平不断提升。

（李荣祥）

**【农村城市化工作会议】** 1月12日，召开朝阳区2011年农村城市化工作会。陈刚、程连元、王力军、辛燕琴等区四套班子领导出席。区委书记陈刚发表讲话。区委副书记、区长程连元主持会议。会上作题为《坚持城乡统筹，转变发展方式，全力推进城乡一体化先行区建设》的报告。报告回顾2010年工作，明确"十二五"时期发展思路，提出2011年工作要求与目标。区委、区政府相关部委办局党政正职，各地区机关科级以上干部，村、社区书记、主任等共1200人出席大会。

（李荣祥）

**【重点村整治】** 3月，在2011年北京市城乡结合部建设工作大会上，朝阳区被授予"北京市2010年度城乡结合部重点村建设先进区"荣誉称号，来广营乡党委被授予"北京市2010年度城乡结合部重点村建设先进基层党组织"荣誉称号，来广营、崔各庄、金盏、东坝、平房等5个乡被评为"北京市2010年度城乡结合部重点村建设先进乡镇"。年内，完成高碑店乡西店村、平房乡姚家园村拆迁腾退工作。官庄、十八里店、龙爪树3个重点村拆迁腾退工作稳步推进，累计完成重点村住宅、非住宅腾退任务的87%和89%，十八里店村、龙爪树两个村基本完成拆迁任务，同时启动安置房建设。

（李荣祥）

**【撤乡建街】** 5月，奥运村街道办事处成立，挂街道办事处牌子，从农村系统划入社会工作系统。奥运村农民转居和乡、村两级集体资产处置工作全部完成。

（李荣祥）

**【城市化建设水平】** 年内，朝阳区农村城市化综合实现程度为96.7%，同比提高2.2%，比全市84%的综合实现程度高12.7个%，在13个郊区县中排名第一。

（李荣祥）

**【土地储备】** 年内，8个乡41个村土地储备拆迁腾退工作进入收尾阶段，东坝、豆各庄、孙河组团等土储地块达到上市条件。农民回迁安置房累计开工526万平方米，竣工120万平方米，崔各庄等4个乡1.4万人回迁新居。加大违法建设控制力度，累计拆除侵街占道、侵占农田、使用不合格建材等违法建设674处、22.9万平方米。

（李荣祥）

**【农村社区建设】** 年内，农村社区建设步伐加快，按照全模式管理要求，在常营保障房等小区设立社区21个，社区服务站37个，招录社区工作者302人，农村社区累计149个。推进社区便民服务建设，规范服务商2920个，新建"一刻钟社区服务圈"42个，覆盖社区89个。

（李荣祥）

**【村庄社区化管理】** 年内，在10个乡的16个行政村、5个新农村小区实施村庄社区化管理，统一建设三站两室、大门和围墙，安装电子监控探头，按比例增配巡防队、保洁队和流动人口协管员队伍等。

（李荣祥）

**【新农村建设】** 年内，开展高碑店乡西店村新型农村社区试点村建设，推进高碑店村西区农民新村建设与何各庄村民居改造工程。完成西店新型农村社区建设试点村整体规划设计，启动村内企业和民居拆迁工作。年底，涉及的29家企业，458个民宅院落全部拆迁完成。同时，启动新村建设，翻建民宅131个，开工面积5.06万平方米。开工建设1栋安置楼，面积3.1万平方米。按照计划，民宅主体工程和市政工程同步启动。加大高碑店乡高碑店村西区农民新村建设，投入240万元建成文体活动中心；投入1000万元用于完善便民服务设施。推进崔各庄乡何各庄村新农村建设，投入2240万元完成道路工程3767米，投入60万元进行绿化美化，同时加大雨排水、污水处理、饮用水改造、便民设施等改造工程力度。

（李荣祥）

**【"三起来"工程】** 年内，完成太阳能光伏电站建设工程，包括三间房乡艺水芳园社区天泰北双苑小区90.63千瓦电站、平房乡姚家园社区59.85

千瓦电站、东坝家园社区100.8千瓦电站及崔各庄乡何各庄村130千瓦电站等4处工程建设。完成新建太阳能公共浴室维修、改造工程。完成太阳能路灯维修工程,对3126盏太阳能路灯进行维修和更换。

(李荣祥)

**【农民住宅抗震节能】** 年内,在高碑店、崔各庄2个乡7个村完成农民住宅抗震节能新建翻建改造2065户,截至年底,农民住宅抗震节能新建翻建改造完成6219户。

(李荣祥)

**【基础设施建设】** 年内,农村地区基础设施规划建设纳入全区统筹。广渠路二期等4条主次干路开工建设,孙河等安置房周边13条支路建成通车,幺家店路、定福庄西路启动规划设计。东坝、垡头污水处理厂开工建设。

(李荣祥)

**【环境整治】** 年内,落实环境常态管理机制。按照每平方公里配2人的标准组建748人白色污染专业清理队伍。配置小广告清洁车,对农村地区白色污染、小广告进行全面治理。开展停车秩序整顿。按照全区停车秩序整顿工作的统一部署,四环路沿线的太阳宫、来广营、东风、将台、南磨房、高碑店、十八里店等7个乡配备42名交通协管员,对乱停车辆进行执法。推进景观工程建设,在新建道路两侧和重点地区实施以绿化美化、铺装硬化为主的景观建设,温榆河大道基本完成,管庄靓丽东大门、驼房营路、将台东路、定福西街、红芍社区等景观工程进展顺利。

(李荣祥)

**【郊野公园建设】** 年内,推进来广营森林公园等6个郊野公园建设,新增绿化面积33.33公顷,公园管理和绿地养护长效机制初步建立。将府公园通过市精品公园评定,成为全市精品公园中仅有的2家郊野公园。

(李荣祥)

**【文化体育和教育】** 年内,平房乡幼儿园投入使用,将台等5个乡中心幼儿园建设加快实施,北京二中等6所名校落户农村地区。加强农村地区文体设施建设,建成居家健身工程100余套。文化文明建设更加深入,组织群众参与文体活动70万人次。

(李荣祥)

**【劳动就业】** 年内,以土地储备区域为重点,把发展产业和扩大就业有效结合,深化劳动力培训与转移就业工程,全年培训劳动力9028人次,提出就业承诺制,确保有就业愿望的人员及时就业,劳动力就业形势保持稳定。

(李荣祥)

**【社会保障】** 年内,扩大城乡保障覆盖面,落实农民就业奖励办法,累计3.5万名劳动力通过就业参加城镇职工保险,5.1万名农民纳入城乡居民养老保险体系,农村地区社会保障覆盖率96%,新型合作医疗参合率99.2%。

(李荣祥)

**【安全稳定】** 年内,坚持重点信访问题重点突破,高碑店小郊亭村搬迁前期准备、十八里店白墙子村规划调整取得突破性进展。加强治安防控体系建设,完善警务进社区工作机制,整体治安环境显著改善。加强突发事件风险管理、现场处置、善后保障等能力建设,全年未发生重大安全事故。

(李荣祥)

# 农村经济管理

**【概况】** 朝阳区农村集体经济办公室是区政府农村集体经济管理部门,正处级参照公务员管理事业单位。内设办公室、统计科、集体资产管理科、调研科、合同管理科、财务审计科、产业发展科、信息培训科,编制37名。年内,农村地区按照加快推进"新四区"发展战略要求,围绕全面加快农村城市化进程的中心任务,扎实推进农村产权改革、农村集体三资管理、农经统计、政策调研等工作,农经管理工作取得积极进展,农村经济健康发展。

地址:团结湖北里9号楼

电话:85983940

邮编:100026

(方学清)

**【产权制度改革】** 年内,完成金盏乡、孙河乡2个乡的产权制度改革任务,形成村级产权制度改革、乡级土地股份合作的新模式。截至年底,全区累计完成改革单位48个,其中村级单位43个,占全区村级改革总数的30%。东风乡完成原东直门大队的资产处置工作,分配兑现健在社员509人、已故人员继承354人,集体资产处置全部兑现完毕。

(方学清)

**【清产核资】** 年内,以"摸清底数、查找问题,研究政策、规范管理,整合资源、促进发展"为目标,在农村地区全面开展清产核资工作,进一步摸清农村集体资产存量、结构和分布情况。截至3月31日(清查基准日),全区农村集体资产总额743.7亿元,负债总额569.8亿元,净资产总额173.9亿元。农村集体土地2.28公顷,林地0.63公顷,各种林木1444.9万株。

(方学清)

【集体资产管理】　年内，对19个乡级集体经济组织、154个村集体经济组织进行集体资产产权登记年检工作。通过年检，加强对集体资产的管理，促进集体资产合理利用和有效保护，为逐步建立产权明晰、权责明确、管理科学、监督有力的集体资产管理体制和运行机制奠定基础。

（方学清）

【集体资金管理】　年内，全区15个乡134个村实行村账托管，占总村数的87%，形成"三资五监管"、乡级统筹监管和委托代理记账等三种村账托管模式。累计开展审计项目487个，审计资金249.5亿元，提出审计建议172条，被采纳审计建议146条，促进增收节支97.2万元。

（方学清）

【土地确权与流转】　年内，开展土地确权续签工作，重新印制《土地确权确利证书》3.5万册。截至年底，全区13个乡121个村土地确权续签工作完成，有52983户续签土地确权确利协议书，涉及116840人，面积8745.07公顷，确权确利收益5928.7万元。

（方学清）

【集体经济合同管理】　年内，组织开展农村集体经济合同检查，合同台账更新工作。截至2011年底，各类农村经济合同6998份、涉及面积1226.67公顷、承包租赁金额118738万元。其中，土地承包合同897份，涉及土地面积600.27公顷；场地资产租赁合同6076份，涉及土地面积11631.67公顷；合作联营合同25份，涉及土地面积34.73公顷。

（方学清）

【合同纠纷调解】　年内，发挥与法院合同纠纷调解联动机制的作用，调解合同纠纷，解答农民群众土地承包及土地确权问题，依法调解黑庄户、小红门等乡因土地承包合同纠纷和土地确权上访10起40人。

（方学清）

【农民专业合作组织】　年内，在工商、民政登记注册农民专业合作协会1个、农民专业合作组织2个（正在进行结构调整）。注册的农民专业合作协会是"北京市朝阳区金鱼协会"，该协会主要为观赏鱼养殖户提供信息技术服务，协会理事会成员7人，成员总数88人，带动非成员农户数628户。

（方学清）

【农村政策调研】　年内，围绕本区农村城市化进程中经济发展、体制改革、三资管理、农民增收等内容开展政策性研究，为领导决策提供服务。开展农村集体资金资产资源经营管理专项调研，围绕完善体系、创新机制、健全制度、规范管理等内容，探索加强集体三资管理的模式和途径，促进调研成果转化运用，为本区制定出台农村集体三资管理意见及配套政策提供参考。完成区科委软科学立项课题研究工作，形成《朝阳区城乡结合部改革发展模式的实证研究》《关于推进体制机制创新促进朝阳区城乡一体化进程的对策研究》两篇调研成果，经区科委及专家组评议，通过课题验收，完成立项课题研究任务，为探索本区推进城乡一体化建设进程中体制机制创新提出有益建议。

（方学清）

【信息化建设】　年内，完成乡村两级210名农村信息化管理人员培训工作。农村第六批村务公开试点村电脑触摸屏设备在十八里店乡吕家营、十里河、周家庄、小武基、老君堂、十八里店村、王四营乡官庄、王四营村、高碑店乡高井、八里庄、北花园村、金盏乡东村共12个村安装调试完成，正式启用。村务公开内容包括村级工农业概况、基础设施、精神文明、招商引资、管理架构、办事指南、政策法规、信息服务、财务公开等。截至2011年底，本区村务公开触摸屏试点村已达到52个，占全区行政村的30%以上。

（方学清）

# 种植养殖服务

【概况】　朝阳区种植业养殖业服务中心是负责本区畜牧兽医、农业、农机、水产管理服务工作的区政府直属部门，归口区农委管理，全额拨款正处级事业单位，事业编制47名。内设行政办公室、党委办公室、财务科、动物卫生安全管理科、特种养殖发展管理科、农业机械化服务科、都市农业规划建设科、科教信息科、农产品质量安全科、生态能源开发科。下设朝阳区动物疫病预防控制中心、植物保护检疫站、鱼种场、农机驾校4个事业单位。年内，全区存栏牛3248头、羊1728只、特禽4183只、马属动物468匹、其他偶蹄动物55只、注册犬60751只、特禽4034只、鸽子169342只、观赏鸟12217只。相关被管理单位：动物诊疗机构53家、兽药生产经营单位8家、商场超市152家、农贸市场100家、冷库半成品加工单位13家。全区池塘养殖面积310.73公顷，其中观赏鱼养殖面积195.8公顷，食用鱼养殖面积45.27公顷，垂钓面积38.2公顷，闲置水面31.47公顷；设施渔业面积18.27公顷，其中观赏鱼11.8公顷，食用鱼5.53公顷，垂钓0.93公顷户69户，食用鱼养殖户

(含垂钓)57户。
地址:东坝红松园14号
电话:65495193
邮编:100018

(曹惠鑫)

【宣传培训】 年内,对本区检疫人员、商场超市和涉及出市销售动物产品的单位进行培训宣传,培训检疫证明及检疫标志使用单位63家,各级防疫员1万余人次,发放各类宣传材料70万余份。开展动物防疫法制宣传培训月活动,在麦子店、左家庄、香河园、白家庄小学分校等地区进行人畜共患病的宣传,对全区472名村级(社区)防疫员开展防疫知识培训。

(张柳青 罗建华)

【摸底普查】 年内,对全区动物防疫基本情况进行摸底普查,检查对象涉及辖区所有养殖场(户),动物产品的屠宰、加工、运输、仓储、购销和利用的单位及个人,农贸市场,兽药及饲料生产经营单位,动物医院及诊所和兽医职业人员。检查43个街乡、3个成员单位,1家屠宰场、95家集贸市场、145家商场超市、13家冷库半成品加工配送企业、81家饲养场(户)、48家诊疗及饲料兽药。检查发放各类宣传材料3500余份,对管理相对人现场培训16次,填写现场监督意见书74份。

(罗建华)

【春防秋防】 年内,在全区开展春、秋防工作。对全区奶牛进行牛结核、布病检疫净化,对马属动物进行马传贫、马鼻疽的检疫净化,无阳性;加强抗体监测,经检测抗体水平均在有效保护范围;集中发放消毒药品20吨,同时对各街乡防疫人员和472名村级(社区)防疫员发放毛巾、手套、消毒液等防护用品1500余套。

(张柳青、罗建华)

【动物产品监测检疫】 年内,对屠宰场、肉类批发市场和京客隆生鲜配送中心实行24小时全程监管。全年检测样品7680份,畜禽产品6566份、水产品992份、鸡蛋46份、奶制品76份。对外埠进京动物和动物产品的检验检疫,实行24小时昼夜值守,把好门户关,认真查证、验物和消毒。检疫外埠进京猪肉37.08万千克,禽肉57.3万千克、牛肉1554.2万千克、羊肉355.6万千克、下货48.9万千克,其他肉类135.8万千克;屠宰检疫生猪12958万头、猪胴体53.16万头、白条鸡67.92万只;检疫出县境动物71658余头(只),无害化处理动物及产品383.4千克。

(张柳青 罗建华)

【督导检查】 年内,对全区所有农贸市场、商场超市、冷库及半成品加工单位、各类食堂、屠宰场、种养殖基地及养殖户等单位进行监督检查,检查400余户,发放督导意见230份。

(罗建华)

【联席交流】 年内,组织开展"朝阳区第三届动物产品安全论坛",河北廊坊、唐山、香河、三河、大厂、天津蓟县、宝坻、北京通州、平谷、顺义、大兴等三地相关区县参加论坛。

(罗建华)

【疫病防控】 年内,设立22个流动免疫点、46个固定免疫点。全年结合免疫,全区养犬注册数量为六万余条,狂犬病免疫58294条,应免率100%。全区口蹄疫、禽流感等疫病免疫率100%。完成全区马传贫自查,本区6年没有马传贫病临床例发生,停止注射疫苗3年,连续3年血清学按存栏的2%抽样检查,每年不少于100匹份马属动物血清,全部阴性,向市农业局提出消灭马传贫的申请并通过验收。

(张柳青 罗建华)

【化验监测】 年内,朝阳区动物疫病预防控制中心兽医实验室通过区资质认定评审组的监督检查。实验室开展高致病性禽流感、口蹄疫、新城疫和布病人畜共患病的PCR检测;开展犬瘟热病毒、犬细小病毒、犬冠状病毒、猫传染性鼻气管炎病毒和猫传染性腹膜炎病毒5个检测项目;开展观赏鱼病毒类、细菌类及寄生虫类疾病检测。

(张柳青)

【动物源性食品安全检测】 年内,提高孔雀石绿、己烯雌酚检测结果的准确性;学习开展牛奶中链霉素、庆大霉素、黄曲霉毒素药物残留ELISA检测;水产品中喹乙醇代谢物残留、五氯酚钠及其钠盐残留量测定;水产品中重金属镉含量检测;水质中六六六、滴滴涕残留量气相色谱法测定;水质中重金属砷、汞、铅含量检测。

(张柳青)

【疫病净化及监测】 年内,对全区存栏马属动物进行两次马鼻疽、马传染性贫血两种国家二类动物疫病的检疫净化,检疫马属动物874匹,未发现阳性动物。对全区存栏奶牛进行两次牛布鲁氏杆菌病、结核病两种国家二类动物疫病的检疫净化,检疫牛6394头,未发现阳性动物。

(张柳青)

【医政药政】 年内,办理《动物诊疗许可证》8件,《兽药经营许可证》6件,《动物防疫合格证》3件,审批检疫标志使用单位13家,审批狂犬病定点防疫单位9家。

(张柳青)

【防疫体系建设】 年内,完成村级(社区)防疫员的培训、考核、聘任工作,在全区设立472名村级(社区)防疫员,巩固区三级动物防疫网络建设。

(张柳青)

【落实责任制】 年内,组织全区开展一二三级防疫责任书签订工作,签订责任书3000余份,进一步明确2011年防控目标和重点工作,完成覆盖区、乡(街道)、村(社区)的三级防控责任体系。

(张柳青)

【瘦肉精检测】 年内,对大洋路、东郊、咸宁侯等13个市场的来自天津、山东、河北、北京等省市肉产品进行"瘦肉精"专项抽样检测,抽取动物产品样品510个,经检测,抽检的样品"瘦肉精"均为阴性。

(张柳青)

【检疫标志】 年内,全区启用新版检疫证明和检疫标志。

(张柳青)

【专业比赛】 年内,朝阳区动物疫病预防控制中心实验室两名技术人员,代表北京市参加首届全国农产品质量安全基层检测技术人员大比武活动,取得团体第二名。

(张柳青)

【增殖放流】 年内,在红领巾公园、鸿博公园、金田公园、蟹岛度假村外湖等9个景观水域开展春季增殖放流活动,放流面积42.7公顷,放流0.99万千克鱼种,其中白鲢0.35万千克,花鲢0.11万千克,红鲫鱼0.53万千克,约折合10万尾。

(简 洁)

【观赏鱼宣传活动】 年内,组织进校园活动1次,专题讲座1次,进社区活动2次,发放科普图书和漫画图书800份,宣传纪念品200份。与六里屯街道和太阳宫地区办事处合作,在夏家园社区水星园、金星园小区和晨光家园小区组织主题为"社区唱和谐,金鱼谱新篇"的观赏鱼进社区活动。

(简 洁)

【观赏鱼创新团队建设项目】 年内,推广金鱼小池精养技术、优质金鱼人工挑选技术操作规程、优质锦鲤人工初选技术操作规程、锦鲤扬色饲料等新技术和产品。为养殖示范户配备实验用品,包括扬色饲料、中草药、替代孔雀石绿的高效消毒药及水质分析盒等。到江苏南京、如皋、扬州等地选购20多个品种,近1000尾优质金鱼作为下年的储备亲鱼。

(简 洁)

【特种养殖园区】 年内,小鲁店高产高效基地建设项目全部竣工,该项目占地4.33公顷,养殖面积2.53公顷,养殖大棚88栋。10月底基本建设通过监理验收,补贴资金91.2万元和追加资金50万元补贴到位。鳄鱼生态村建成1700平方米日光温室,3月初近1000尾3~9龄的鳄鱼开始养殖,产卵43枚,孵化成功1枚。

(简 洁)

【亲鱼储备和孵化】 年内,适龄鲤鱼亲鱼3000组,德国框式镜鲤亲鱼300组。催产各类亲鱼600多组,孵化鲤鱼水花鱼苗2000万尾,利用2公顷水面培育四大家鱼和鲤、鲫、罗非鱼种3万千克。后备亲鱼2000尾,对后备亲鱼进行保种和提纯。

(杨静蕾)

【淡水鱼供应】 年内,为北京"两会",全国"两会"供应草鱼、鲤鱼、花鲢、鲫鱼、罗非鱼计6416.89千克。

(杨静蕾)

【农机购置补贴】 年内,落实市级补贴资金58.1万元,购置大中型拖拉机3台,割灌机31台,温室卷帘机39台,保温被3万平方米。

(王 东)

【三夏三秋及秸秆禁烧】 年内,三夏、三秋农机作业投入机具82台次,培训农机操作人员92人次。机播玉米144公顷,机播小麦50公顷,机收玉米135公顷,机收小麦48公顷。三夏三秋作业期间,技术人员深入田间作业现场督导、检查秸秆禁烧执行情况。

(王 东)

【农机安全生产检查】 年内,协同区安监局、区农业执法大队,先后两次对区从事农机生产作业的企业和农业园区进行全面安全生产检查。检查企业30余家。

(王 东)

【货车通行证办理】 年内,为11个农业企业44辆货运车辆办理140余张货运车辆通行证。

(王 东)

【设施农业建设】 年内,为设施农业39栋温室大棚安装电动卷苫机,争取市级财政补贴资金45万元。

(王 东)

【蔬菜生产提质增效】 年内,确定蟹岛、朝来、永顺华3家企业冬春茬和秋冬茬优质高效示范点。

(于洪伟)

【引进良种】 年内,引进抗TY番茄、水果型甘蓝、营养价值高的药用蔬菜穿心莲等品种20余个。在蟹岛、永顺华、森禾园等8个农业园区开展有机肥培肥地力工程,推广使用优质有机肥1000吨。引进配方肥3吨,二氧化碳吊袋肥1500袋。

(于洪伟)

【阳台菜园示范项目】 年内,联合区科委和崔各庄乡,在京旺家园社区开展阳台菜园进家庭工作。

(于洪伟)

【农业用地调研】 年内,完成农业用地调研工作。全区农业用地面积1760.23公顷,其中蔬菜233.57公顷,粮食148.6公顷,果树451.96公顷,苗木772.51公顷,花卉80.34公顷,商业草坪73.25公顷。

(于洪伟)

【粮食直补】 年内,落实国家惠农政策,粮食直补工作实现全过程公开、透明,确保粮食直补资金足额发放到农户手中。全区小麦直补发放补贴资金10.7万元;玉米直补发放补贴资金16.3万元。

(于洪伟)

【蔬菜普查】 年内,对涉及蔬菜生产的8个乡开展蔬菜普查工作,全区菜田总面积233.57公顷,其中设施蔬菜面积84.1公顷,露地蔬菜面积149.47公顷。全区蔬菜播种面积322.39公顷,其中春播面积113.14公顷,夏播面积105.78公顷,秋播面积73.47公顷,冬播面积30公顷。

(于洪伟)

【农情上报】 年内,通过市农业局农情信息调度系统报送农情信息13条,农情报表172套;农业局蔬菜处平台报表22套;粮食种植档案5套;其他报表42套;报表共计241套。数据上报3万余个。小麦收获面积48.4公顷,秋季小麦播种面积50公顷,集中在金盏乡、黑庄户乡。玉米播种、收获面积143.27公顷。

(于洪伟)

**【菜田现状划定与采集】** 年内,协助区农委完成菜田现状划定与采集工作,涉及4个乡,定位采集7个地块基本信息,划定面积105.25公顷。

(于洪伟)

**【蔬菜质量安全追溯体系建设】** 年内,加强对9家追溯企业的监督、检查与指导工作,确保蔬菜质量安全追溯系统正常运用。全区追溯贴标产品数量90个,标签使用量168万枚。

(于洪伟)

**【221信息平台】** 年内,221信息平台汇集"朝阳农村数字科普馆"、12396北京新农村科技服务热线和远程双向视频诊断系统等多种信息服务资源。为蟹岛、永顺华等6个特色都市农业示范园区建立网页即时生成系统,开设特色产品、供求信息、预约订购、农耕体验等栏目,实现网上订购、招聘、推介等功能。以京旺家园、朝丰家园、康营家园3个农村社区为试点,搭建农村社区信息服务平台,为居民提供公共服务、公益服务和便民服务信息。平台获市"221信息平台"推广应用先进单位荣誉称号。

(黄业中)

**【果类蔬菜产业创新团队建设】** 年内,开展果类蔬菜高产高效技术示范和推广应用培训等工作。建立4个高产高效示范点,示范推广新品种5个、新技术5项,开展技术培训12次,观摩学习活动3次。

(黄业中)

**【农业科普进社区进校园】** 年内,与区科协、六里屯街道、南磨房地区办事处、白家庄小学,并联合区内涉农学(协)会、农业科普示范基地、农业园区及农业科技公司等社会力量,开展"农业走进家庭,享受绿色生活"科普进社区、进校园系列活动。

(黄业中)

**【植物检疫】** 年内,在相关作物上进行黄瓜绿斑驳病毒病、瓜类果斑病、红火蚁、扶桑绵粉蚧、美国白蛾、黄顶菊、刺萼龙葵、假高粱、豚草、小麦腥黑穗等10种危险性有害生物普查,除美国白蛾外,未发现其他疫情。诱虫灯监测到少量美国白蛾成虫。

(新 为)

**【调运检疫】** 年内,调运检疫65批次(包括种子56批4.96万千克,种苗9批37.0万株),未发现危险性有害生物。

(新 为)

**【执法宣传检查】** 年内,加强农业植物检疫执法检查,重点检查调运植物产品有无植物检疫证书,督促建立植物检疫证书登记档案。执法人员对莱太、东风国际、北东、朝来春等花卉市场内无植物检疫证书的经营单位给予警告,发放植物检疫法律法规资料300余份。

(新 为)

**【毒饵站灭鼠】** 年内,完成6666.7公顷春季农区灭鼠工作,毒饵站示范面积666.7公顷。

(新 为)

**【农残检测】** 年内,检测站通过区技监局监督检查,检测农贸市场、基地及配送企业、超市的13716个蔬菜水果样品,合格率99.8%(农贸市场合格率99.8%,农产品生产基地及配送企业合格率99.9%,超市合格率100%),定量检测150个蔬菜水果样品,合格率100%。

(新 为)

**【食用农产品监控网】** 年内,为各监控点统一配备检测用品,设立专人管理网络上传及数据审核,保证食用农产品监控网正常运行。

(新 为)

**【植保站项目】** 年内,承担区科委上年项目《朝阳区重大外来有害生物阻截带建设》通过验收;承担区科委项目《食用农产品安全集成技术研究》完成;承担市植保站上年子项目《北运河流域减少农药用量控制面源污染》在黑庄户都市农汇园区完成。

(新 为)

**【农产品质量安全监管追溯体系】** 年内,会同北京电信通公司,对蟹岛等14个监控点逐一进行优化前端监控点网络环境、提升视频传输能力、增强网络安全性等工作。在11个监控单位统一接入2M专线宽带、在监控指挥中心接入20兆图像专网和开发单兵图像监控系统。

(李雅娟)

**【检测规范培训】** 年内,对17个生产基地、加工配送企业、大型农贸市场负责人及农产品检测员进行农产品质量安全监管检测培训。

(李雅娟)

**【农产品质量安全监管】** 年内,在2011年全市农产品质量安全监管示范创建活动总结考评中,金盏乡获得"2011年度农产品质量安全监管示范乡镇"称号;蟹岛、水产科技园被评为"2011年北京市菜篮子工程优秀级标准化生产基地";格林万德等6家被评为"2011年北京市菜篮子工程良好级标准化生产基地"、"2011年北京市菜篮子工程达标级标准化生产基地";永顺华、荷美尔、格林万德获得北京市"菜篮子"工程优秀三品认证基地称号。

(李雅娟)

**【打击非法添加和滥用禁用药物】** 年内,制定整治方案、召开启动会议、签订责任书、发放整治公告、加大专项抽检、开展联合检查,开展"渔业养殖中严厉打击非法添加和滥用禁用药物行为"专项行动。与农业综合执法大队联合召开渔业管理者及养殖户参加的"打击非法添加和滥用禁用药物行为"动员会,组织专题培训。全区蔬菜、畜禽产品、水产品及“三品”管理的源头生产、加工配送、市场流通等环节监管得到强化，非法添加和滥用食品添加剂行为得到有效遏制。

（简 洁 李雅娟）

**【标准化基地建设】** 年内，对全区各乡符合条件的9家“菜篮子”工程标准化生产基地进行普查确认、系统打分、划分评级、动态管理；积极实施推优工程，为朝阳水科园和蟹岛等基地争取标准化基地资金补贴。

（李雅娟）

**【3·15普法宣传】** 年内，会同区农委、区卫生局、区农业执法大队、南磨房乡、太阳宫乡、将台乡等单位联合召开以“创建全国文明城区、诚信·安全·健康·幸福”为主题的3·15农产品安全宣传活动和“农产品安全社区行，保安全消费贴民心”、“关注农产品质量安全、关爱消费者身体健康”为主题的宣传活动。向社区居民讲解《农产品质量法》相关规定以及无公害、绿色、有机农产品的基本概念等知识，发放《农产品质量安全法》、《食品安全法》等涉农法律法规、农药管理条例等农产品质量安全知识资料19000余份。

（李雅娟）

**【三品认证】** 年内，对水产科技园复查换证的4个品种，永顺华、森禾源、绿风碧野、京朝花园首次申报的31个品种进行网上申报、文书申报以及现场认定检查。8人参加种植业、渔业培训获得检查员和内检员资格。对永顺华、方圆平安、蟹岛等进行全方位检查；对京客隆、家乐福、华堂商场、美廉美商场、永辉超市、大悦城等大型商场超市、批发市场的无公害农产品标志、地理标志使用情况进行专项调查。推行“三品”备案规范管理制度，对11个园区基地29个无公害、114个有机食品认证品种进行备案；对全区从事三品管理与认证的10名检查员、14名内检员进行备案。

（李雅娟）

**【农产品质量安全自检】** 年内，全区11家生产、加工配送、销售单位全年自检农产品样品165851个，合格率98.8%；其中蔬菜样品106813个，合格率98.3%；水果样品7221个，合格率99.9%；畜禽样品29072个，合格率99.7%；水产样品22745个，合格率99.9%。较上年自检样品合格率增加0.4%，杜绝不合格农产品上市，实现全年无一例重大农产品质量安全事故发生。

（李雅娟）

**【农产品安全简报】** 年内，制发《朝阳区农产品质量安全工作简报》12期，报道动态信息60余篇，科普知识25个，解读政策16个，汇总发布质量监测数据8.2万个。

（李雅娟）

## 农业综合执法

**【概况】** 朝阳区农业综合执法大队是区农委直属行政执法机构，加挂区动物卫生监督所的牌子，机构规格副处级。负责辖区内动物卫生、兽药、饲料及饲料添加剂、农药、肥料、种子、转基因生物安全、农机、渔政等9项行政执法监督职能。年内，出动执法人员9428人次，执法车辆2848车次，检查各类管理相对人7427家次，签订责任书、承诺书、告知书850份，制作监督笔录及意见书2201份；查处种子、农药、渔政、兽药、动物卫生等各类涉农违法案件679件，罚没款总金额64.5万元；白鹿公路动物防疫监督检查站检查外埠进京动物及动物产品运输车辆27063车次，检查活体动物224万头（只）、动物产品21.3万吨，劝返不符合规定运输车辆73车次；收容无主动物28只；全年开展抽样检查活动9次，对30家单位85类产品抽取样本163个。

地址：团结湖北三条甲8号
电话：85979219
传真：85979220
邮编：100026
网址：http://nyzf.bjchy.gov.cn
邮箱：cynyzfdd@ bjchy.gov.cn

（白国辉）

**【领导调研】** 1月28日，农业部副部长陈晓华一行，在副市长夏占义、市农业局局长赵根武和区委常委、副区长刘希泉等领导陪同下，到大队调研农业综合执法工作。在听取区农业综合执法工作汇报后，陈晓华充分肯定朝阳区在农业综合执法工作上的有益探索和成功的运行机制。强调指出，朝阳区作为北京重点地区、敏感地区，活动多、影响大，要注重加强农业执法监督工作，特别要加强在“两节”、“两会”、“五一”、“十一”等敏感时期的执法监督，全力做好服务保障工作，确保首都农产品质量安全及流通消费安全。11月26日，区委常委、副区长陈涛到大队调研农业综合执法工作。

（白国辉）

**【农业装备安全生产联合检查】** 1月25日至27日，大队、区安监局执法四队、区种养中心农机科及金盏、崔各庄等5个乡农服中心，在全区开展为期3天的设施农业装备安全生产专项治理工作。对蟹岛、蓝调庄园等8家农产品生产基地和1家水产养殖场进行检查。检查大棚

354个、电动卷帘机572台、微耕机9台、增氧机10台、割灌机5台,饲料粉碎机1台,现场发放微耕机、卷帘机安全操作规程宣传材料255页,卷帘机安全操作要点便利贴270余张,制作监督笔录9份。针对检查中发现的问题,要求相关单位立即认真整改落实。

(白国辉)

**【巡查管理无主动物】** 2月11日,区重大动物疫病防控指挥部办公室就加强预防拆迁地区无主动物扰民、伤人和强化动物免疫工作召开紧急会议。大队动物收容站加强对拆迁地区、人口密集地区的巡查力度,做好流浪猫收容工作。2月12日,配合区养犬管理办公室、黑庄户派出所,对黑庄户乡的重点自然村、社区进行无主动物联合巡查,宣传警示随意弃养动物带来的危害,及时消除安全隐患,妥善处置突发事件,减少不和谐因素,为土储工作顺利进行服务。

(白国辉)

**【拖拉机操作培训】** 2月24日,开展拖拉机移动式检测线操作培训。通过对检测设备的安装调试、检测软件的操作、检验流程等内容的学习和对车辆的演练,执法人员全面掌握检测线的操作程序和使用方法,有效防止本区农业机械"带病"作业,消除农机安全隐患。

(白国辉)

**【农机驾驶操作人员培训】** 3月10日,对16个乡50名农机驾驶操作人员进行培训。邀请市农机监理总站和区安监局领导进行授课,现场发放平安农机知识手册、农机手宣教专刊、农机安全生产知识读本180余本,农机安全生产宣传光盘17张。

(白国辉)

**【饲料兽药动物产品抽样检测】** 3月11日,配合市兽药饲料监察所对本区饲料、兽药、动物产品进行春季监督抽查。

(白国辉)

**【义务监督员参观互动】** 3月15日,大队与区动物疫病预防控制中心联合在京客隆商业集团有限公司生鲜食品配送中心举办互动参观日活动,13名大队聘任的义务监督员应邀参加活动。

(白国辉)

**【严防"健美猪"进京】** 3月15日,央视《每周质量报告》曝出江苏、河南等地出现用添加瘦肉精的猪饲料喂养"健美猪"问题,央视新闻频道报道了3.15特别行动:双汇集团使用瘦肉精猪肉。鉴于此情况,大队紧急部署白鹿检查站加强进京生猪和猪产品的检疫监督,要求执法人员加强对肉类批发市场生猪产品的检查监督。公路站要求值班人员了解相关报道,重点检查承运上述地区双汇猪肉制品的车辆,严防"健美猪"进京,确保首都市民食用动物产品安全。

(白国辉)

**【检查卷帘机安全使用】** 3月22日,农业部规划设计研究院丁小明与市农机监理总站郭志武等一行5人来到本区蓝调庄园农产品生产基地,就日光温室大棚使用卷帘机安全生产工作进行检查指导。执法人员针对存在的卷帘机配电箱外罩脱落、作业现场未张贴"卷帘机安全操作要点"便利贴等问题当场进行督促整改。

(白国辉)

**【屠宰企业监管】** 3月25日,大队、区动物疫病预防控制中心联合对辖区内北京荷美尔食品有限公司进行执法检查。

(白国辉)

**【宣传培训月】** 4月,大队开展"推进诚信兴农 打击违法经营"宣传培训月活动。活动期间,在全区规模较大的集贸市场、商场超市开展集中宣传9次,发放农业法律法规等各类宣传材料2.6万余份,现场接受群众咨询1500余人;组织开展培训14次,培训管理相对人460家1097人次。对350余家重点和主要管理相对人进行宣传和培训,宣传覆盖率100%。

(白国辉)

**【春季增殖放流】** 4月14日、18日两天,对清河营郊野公园、奥林匹克森林公园、朝阳公园等10家单位,投放兴国红鲤6.04万尾。执法人员在了解各公园水面面积和持鱼量情况的基础上,调整增殖放流具体单位,制定增殖放流工作方案,确保取得长期增殖放流效果。

(白国辉)

**【水产品质量安全检测设备配备】** 5月9日,大队将全市统一配发的多功能食品安全分析仪、固相萃取仪、电子天平等专业设备及水产品孔雀石绿快速检测试剂配发到大洋路农副产品批发市场。通过对孔雀石绿、氯霉素、硝基呋喃类药残的检测,使市场经营方及时了解在售水产品质量安全情况,通过定期与随时抽检及检测结果报送制度,强化市场管理人员及经营者的责任意识,确保水产品经营规范安全。

(白国辉)

**【农药专项检查】** 5月18日至6月30日,对农药生产、经营和使用单位开展专项执法检查,检查农药生产企业、经营门店、农产品生产基地和市场超市等33家次,抽检农药标签131个。通过检查,区内未发现生产、经营伪劣农药、禁限用高毒农药等违法行为。

(白国辉)

**【督导检查】** 5月30日,市农业局粮经处、市植保站、市农药检定所相关领导组成农药管理督导检查工作组,对本区农药监管工作进行检查。

(白国辉)

**【天津渔业考察团考察交流】** 7月7日,天津市渔业考察团一行11人,到本区交流渔业、渔政工作。大队渔政监督管理站做《净化野保市场环境 确保水产品质量安全》专题汇报。

(白国辉)

**【农机违法行为专项整治】** 7月12日，大队会同区安监局、朝阳交通支队、区种养中心和十八里店乡农服中心在老君堂村路口开展专项整治行动。重点查处农机未经检验或检验不合格上路、违法载人、超载超速、酒后驾驶等严重违法行为；重点整治农机无牌无证、机手无证驾驶的"黑车非驾"现象。此次联合执法检查农用运输车辆13台，发现未检车辆3台，执法人员当场制发责令改正通知书，并对机手进行交通安全教育。

（白国辉）

**【义务监督员座谈会】** 7月22日，召开义务监督员座谈会。会上，大队领导向义务监督员通报上半年执法工作情况和下半年主要任务，并就上年义务监督员提出的较为集中的"加强宣传培训"和"加强沟通联系"两大问题落实情况作说明，对农业部启用新版检疫证明及新旧版检疫证明使用过渡期作说明。

（白国辉）

**【跨区水产养殖户互查抽样】** 8月18日，朝阳、丰台两区渔政执法人员抽样互查。在本区水科园水产养殖技术有限公司抽取罗非、草鱼两个样本12千克，在丰台区抽取养殖鲟鱼6千克，采样后由两区渔政执法人员现场监督封存，在样品单上签字确认。检测样品统一送到市水产技术推广站进行孔雀石绿、氯霉素等药物残留检测。

（白国辉）

**【"绿剑护农"肥料检查】** 9月19日至21日，根据市土肥站要求，由顺义区农科所牵头，朝阳、平谷、密云、怀柔肥料监管部门负责人组成三秋"绿剑护农"检查组，分别对5个区县15家肥料生产、经营单位进行肥料集中执法检查。9月19日，检查组对本区乐农种子店、北京锦丰绿农业技术服务部、北京农友丰种苗经营部等3三个农资经营门店、8个肥料品种，75袋肥料进行检查，未发现不符合规定的肥料。

（白国辉）

**【知识竞赛】** 9月20日，完成"全国农机安全监管知识竞赛"活动组织工作，区、乡两级有75名农机监管人员参加。大队在参加市农机站组织的农机安全监管知识竞赛中获得市级集体组织奖，陈莉娟等9名同志获得优秀个人奖。

（白国辉）

**【绿剑护农保安全】** 9月22日，联合区工商分局酒仙桥工商所、东坝乡综治办等相关部门对东五环综合市场、京客隆超市东坝店等较大的动物产品集散中心进行联合检查。针对市场上存在的造假羊肉串、经营火碱水浸泡猪蹄、猪肚、猪头等动物产品的现象，执法人员要求市场管理部门加强对经营户的监督巡查，发现问题及时上报，防止出现上述现象发生，确保销售动物产品安全放心。

（白国辉）

**【农机联合检查】** 10月13日，会同区质监局、市工商朝阳分局、区种养中心及王四营乡、金盏乡农机主管部门开展农机生产、销售、维修企业联合检查行动。出动执法人员29人次，车辆10台次，检查2家农机生产企业、1家农机配件经营部和1家农机维修门店。

（白国辉）

**【动物产品检查】** 10月19日至25日，开展"打击市场经营无证动物产品"专项行动。对区内所有经营动物产品的市场和摊位进行拉网式检查，重点检查专营动物副产品的市场摊位。大队白鹿公路动物防疫监督检查站同时开展进京动物产品（副产品）专项检查行动，确保进京动物产品安全。检查全区93家市场、1418个摊位，其中经营或兼营动物副产品的摊位79个，制发监督笔录和意见书93份，查处经营未附有检疫证明动物产品的行为18起，罚款1340元；公路站检查运输动物及动物产品车辆586辆，其中15辆车载有动物副产品10.2吨，均附有检疫证明。经现场感官检查，未发现媒体曝光的用化学药品浸泡过的动物副产品。

（白国辉）

**【联检保障冬季设施】** 11月22日至25日，联合区安监局、区种养中心和8个相关乡的农服中心，到涉及使用设施农业装备的14家单位作业现场，开展为期4天的冬季安全生产联检行动。出动执法人员70人次，执法车辆31台次，检查温室大棚311个，卷帘机285台，微耕机6台，饲料粉碎机1台，割灌机42台，增氧机12台，打药机142台，发放《北京市农业机械化促进条例》读本26本，《卷帘机安全操作要点》便利贴等宣传材料400余张。

（白国辉）

**【市场活禽交易专项检查】** 12月1日至14日，针对11月29日媒体以"农贸市场又现活禽宰杀"为题进行的相关报道，开展为期两周的清理整顿市场活禽交易专项检查行动。出动执法人员367人次，执法车辆82台次，与各乡及有关部门开展联合执法11次，检查市场及早市、村（社区）96家（处），检查动物产品经营摊位1384个，其中禽产品经营摊位283个，未发现活禽交易及现场宰杀行为，发现其他违法行为5次，并进行教育和当场处罚。在市场外联合执法行动中，发现并取缔活禽交易及现场宰杀摊点3个，处理活禽73只。12月29日，大队与酒仙桥工商所，东坝乡综治办、城管分队、派出所联合对东坝地区现场非法加工动物产品、非法销售活禽及现场宰杀的违法行为进行严厉打击。

（白国辉）

**【内部食堂监管】** 年内，对30家医院和32家院校内部食堂进行执法检查。在检查过程中，执法人员针对食堂管理人员对相关法律法规不了解、不熟悉、库管人员在进货时核对检疫证明不仔细、留存的检疫证明与冷库内存放的动物产品不一致等问题,下达监督笔录,提出整改意见。对检查中发现的购进动物产品未留存检疫证明的6所院校、4家医院的违法行为进行行政处罚。

(白国辉)

**【三秋巡检】** 年内,青饲收获面积35.33公顷,玉米机收面积121.73公顷,冬播小麦50公顷,投入青饲收获机4台,玉米收获机2台,大中型拖拉机18台,小型拖拉机5台,其他配套农机具11台件。9月13日,区农业综合执法大队联合区种养中心深入沙窝村青贮玉米收获现场进行巡查,发现1台青饲收获机械存在安全隐患,执法人员要求机主立即改正。

(白国辉)

**【农药情况调查】** 年内,对农药生产、经营和使用单位进行详细摸底调查,将本区近5年的农药违法案件、药害事故处理情况进行统计汇总,上报市农业局主管部门。

(白国辉)

**【农机年度检验】** 年内,按照市农机监理总站2011年度农机检验工作部署,大队开展为期4天的农机集中检验工作,完成本区7个乡、1个市属单位32台农业机械的检验任务。采取核实待检农机数量、强化培训、严格检验程序3项措施,保证集中检验工作完成。

(白国辉)

**【文明创建百日行动】** 年内,开展食品安全百日专项执法行动,全力确保本区农资及农产品质量安全、重大动物疫病防控安全和农村地区食品安全;开展文明执法百日大提升行动;以研法交流月活动为契机,开展学法、研法、普法活动,提升队员业务素质;开展反腐倡廉建设,提高队员拒腐防变能力;开展做文明有礼的北京人行动;倡导执法人员认真履行公民职责,提高自身文明素质,用实际行动践行公共文明。配合所在街道、社区做好入户宣传及调查工作,教育身边家属参与文明创建,提高自身文明行为。

(白国辉)

**【老旧农机报废试点】** 年内,挂账在册农机500余台,根据上年调查摸底,实际使用在册农机不足百台,每年参加年检农机不足50台。为加强农机生产作业安全监管,市农机监理总站部署本区完成40台老旧农机报废试点任务。大队结合各乡具体实际,确定机报废重点,向17个乡发文进行指标分解,明确各乡上报数量、办理时限。5月30日,10年以上非正常使用在册老旧农机报废试点工作顺利完成。

(白国辉)

# 农村人才培训

**【概况】** 北京市朝阳区农村人才培训中心(北京中华会计函授学校朝阳区分校,北京市朝阳区农村劳动力教育培训服务中心)隶属于区农委,正科级全额拨款事业单位。配合区农委及各乡政府负责朝阳区农村地区人员教育培训工作,为朝阳区农村地区发展提供智力支持和保障。拥有专、兼职教师23人,培训工种15个。年内完成培训人数2869人次。

地址:东坝红松园13号

电话:65493070

邮编:100018

网址:http://ncpx.bjchy.gov.cn/sub/windex.jsp

(李　勇)

**【培训调研】** 年内,按照区农委关于培训工作的整体部署及培训中心主要职能,培训中心走访15各乡,根据培训需求完善相关培训资质,开展调研工作,更新多个工种的教学设备。

(李　勇)

**【引导性培训】** 年内,结合职业技能培训,开展以区情、乡情、就业观念、就业形势分析及指导、职业资格制度为主要内容的引导性培训。全年累计培训736人次。

(李　勇)

**【职业技能培训】** 年内,根据土储乡实际情况,参与相关乡长期培训方案的制定工作,为豆各庄、东坝等乡开展966人次职业技能培训。

(李　勇)

**【农民素质培训】** 年内,结合各乡实际需求,在豆各庄、东坝等乡开设家庭理财、健康心态与快乐人生、家庭保健与护理、如何安全使用家庭轿车、情绪疏导及心理健康、低碳生活等课程。全年进行农民素质教育培训355人次。

(李　勇)

**【农村地区社会工作协会】** 年内,农村地区社会工作协会工作走访调研9个乡14个社区,了解社区需求和日常工作困难;全年累计培训640人次,其中140人次为会员职称考试考前免费辅导,500人次为《农村社区居民绿色生活方式引导培训》;完成22名大学生进社区实习工作;完成会员发展与管理工作,年内发展新会员180人;完成案例征集和初审工作,对上交的114篇案例稿件进行初审、筛查;完成《社会工作建设项目报告》。

(李　勇)

# 水　　务

【概况】 朝阳区水务局是负责本区水行政管理工作的区政府组成部门。为深入贯彻落实《中共中央、国务院关于加快水利改革发展的决定》(中发【2011】1号)、《中共北京市委、北京市人民政府关于进一步加强水务改革发展的意见》(京发【2011】9号)精神,于9月8日下发《中共北京市朝阳区委、北京市朝阳区人民政府关于进一步加强水务改革发展的意见》(以下简称《意见》),《意见》共三十四条,涵盖目标任务、基础设施建设、体制机制建设、组织领导等八个方面,明确提出"十二五"期间水务工作任务。

地址:团结湖北路1号
电话:85970772
邮编:100026

(刘　洋)

【涉水环境专项行动】 3月,开展"创建全国文明城区、着力提升涉水环境"专项行动。专项行动由朝阳区水环境保护联合执法领导小组牵头,朝阳区水环境保护联合执法办公室负责实施,区相关部门及43个街乡(地区办事处)共同参与,分4个阶段进行。重点加强对排水户排水管理,保障公共排水管网安全正常运行,规范污水源头排放,消除污水错接、误接和雨污合流现象,规范餐饮业设置、使用符合标准的隔油设施。

(刘　洋)

【地表水环境和污水处理调研】 5月18日,启动地表水环境和污水处理调研工作。调研范围包括坝河、北小河、萧太后河等13条区管河道入河排污口调查和区内自建小型污水处理设施调查工作。6月7日完成第一阶段调查任务,对区管13条主要河道114处河道排污口和断面进行现场核对和测量,对其中86处进行取样送检。

(刘　洋)

【区领导调研】 6月16日,区委常委、区纪委书记尚延华等领导就党风廉政建设、水务建设及水务工程招投标落实情况进行调研。7月28日,区委副书记宋连娣及区创建办执行主任刘英男、区文明办主任吕岚、区委农工委书记张树安到区水务局,听取有关争创文明城区工作情况汇报。

(刘　洋)

【百日整治行动】 7月至9月,制定《朝阳区"盗采砂石、非指定区域游泳和钓鱼、非法洗车百日整治行动"和水资源管理专项执法工作方案》,成立主管区长任组长的组织机构,同时成立盗采砂石等四个专项治理工作领导小组,负责工作落实。下发《关于做好我区"非法洗车百日整治行动"和水资源管理专项执法的通知》,对盗采砂石重点河道温榆河朝阳段加大巡河密度。整治活动出动人员4240人,参与执法队伍8支,联合执法10余次,出动车辆369辆,巡逻快艇56次,设立宣传警示标牌700余块,悬挂横幅30条,发放宣传材料2000余份,劝退游泳钓鱼人员2036人次,查收渔网鱼竿10余条,制止烧烤行为75人次,检查洗车企业75家,清退流动洗车74人。

(刘　洋)

【三里屯管线改造】 7月,区水务局完成三里屯北三里社区排水工程实施方案,经区政府同意,由区财政投资,区水务局组织实施。主要工程包括新铺设DN400污水管道151.8米,设污水检查井10座,破路及恢复面积450平方米,工程总投资45.15万元。8月15日进场施工,10月20日主体完工,11月14日通过竣工验收。

(刘　洋)

【水环境检查】 8月20日,对区重点水环境保障河道进行全面检查。针对发现的问题,及时反馈管理单位,确保不发生因管理单位工作疏漏而引发的各类问题。

(刘　洋)

【解决豆各庄水厂遗留问题】 9月,北京国研昭阳水务投资有限公司与北京恒言投资有限公司签署《股权转让协议》,北京恒言投资有限公司将其持有的通润水务公司80%的股权全部转让给国研昭阳公司,同时成立通润水务公司交接领导小组,正式接手豆各庄水厂的日常管理。

(刘　洋)

【水务普查对象普查启动工作会】 9月,召开朝阳区第一次水务普查对象普查启动工作会,市普查办技术负责人丁跃元、区水普办成员及各街乡普查指导员、普查员代表150人参加会议。会议总结区水务普查对象清查成果,动员并布置普查工作,同时进行对象定位与图像采集培训。

(刘　洋)

【四区县水务普查工作交流】 10月26日,昌平、房山、海淀及顺义区水普办负责人来朝阳区进行水务普查经验交流。

(刘　洋)

【区水务局团委与区团教工委开展联谊活动】 10月27日,区教工委团委书记张雷带领全区50余名中学团委书记到区水务局参观并联谊。全体人员首先参观奥运主要排水河道清洋河,然后来到亮马河三环路上游开展公益活动,沿河道两岸捡拾垃圾,体验一线工人日常工作。此项活动搭建起区各中学与区水务部门共同开展社会公益活动的平台,为本区青少年公益教育开展另辟蹊径。

(刘 洋)

**【小关东街管道改造】** 10月~12月,实施小关地区小关东街3号楼污水管道改造应急工程。小关街道小关北里小区内3号楼东侧道路污水管线老化严重并出现局部坍塌现象,排水堵塞问题时有发生,为改善排水,实施该工程。工程主要内容为拆除原有老旧管线,新建污水管线132米,污水井5座,破路及恢复696平方米等。

(刘 洋)

**【萧太后河综合治理】** 年内,实施萧太后河(通惠排干——通马路)综合治理工程。萧太后河原为辽代开凿的运河,形成至今已有1000余年,全长21千米,其中朝阳段长约12.4千米。经历史变迁,由通惠灌渠、通惠排干隔断成两个排水系统,其中通惠排干以上8.9千米及通马路以下通州区段8.6千米已经过治理。为解决萧太后河整体防洪排水问题,提升区域水环境质量,萧太后河(通惠排干——通马路)段综合治理工程于2010年立项,被列为2011年朝阳区政府折子工程。主要建设内容包括:治理河道3.5千米,新建分洪倒虹吸、进水闸、橡胶坝各1座,新改建桥梁6座,铺设污水管线3.24千米;改建沿岸雨水口18座;新改建巡河路及河道沿岸景观绿化等。主要工程量有:挖填土方19.8万立方米,砼浇筑4341.8立方米,钢筋596吨,砌石1.4万立方米。工程于3月取得区发改委对初步设计及概算的批复,4月中旬完成施工、监理招投标工作并签署相关合同,5月初正式开工建设,年底完工。

(刘 洋)

**【组建城区管水员队伍】** 年内,区水务局在街道、地区办事处及部分单位新组建管水员队伍,要职责是负责辖区内节水、防汛、排水、供水和机井管理等各项水务工作。

(刘 洋)

**【水务普查】** 年内,根据《国务院关于开展第一次全国水利普查的通知》(国发〔2010〕4号)和北京市水务普查具体要求,本区组织开展水务普查工作。3月前完成515名普查员和157名指导员选聘工作,普查办人员参加市清查、普查等各阶段培训计20余次,在全区内组织培训普查指导员303人次。5月前完成经济社会用水名录的核实与表格发放工作及第一专项“河湖基本情况”清查工作,制出全区1米精度影像水系(河流、湖泊及水面)图,为其他各项清查和普查奠定基础。截至年底,水普工作在清查登记、台账建设、数据质量控制和审核、普查宣传和经费监督管理、普查数据采集以及预处理、空间数据采集及标绘上图等方面,取得阶段性成果。

(刘 洋)

**【自备井远程监控】** 年内,新增远程监控机井257眼,升级改造远程监控平台,有548眼机井安装在线用水监控系统,全区在用生活机井全部实现在线远传监测。同时,为加强重点用水户和单位的自备井管理,选定30个单位作为试点,开展用水远程监控建设工作。

(刘 洋)

**【市重点工程拆迁工作】** 截至年底,垡头污水处理厂配套污水管线工程拆迁工作全部完成,定福庄污水收集管线工程拆迁定向安置房工作有序进行,调水管线工程居民及企事业单位拆迁、树木伐移及地上物改移工作完成,东坝污水处理厂配套污水管线工程拆迁完成前期工作,水源十厂项目、南水北调工程及北小河污水处理厂应急调水工程相关工作逐步开展。

(刘 洋)

# 气象与服务

**【概况】** 朝阳区气象局实行朝阳区政府和北京市气象局双重领导、以上级气象主管机构领导为主的管理体制。下设业务科和办公室,承担本区原始气象数据收集、整编和气象工作行政管理职能。年内,本区平均气温为13.2℃,比历年平均值(12.0℃)偏高1.2℃,冬、春、夏、秋季平均气温分别为-1.8℃、14.7℃、26.6℃、13.4℃,分别偏高0.4℃(常年-2.2℃)、1.5℃(常年13.2℃)、1.7℃(常年24.9℃)和1.1℃(常年12.3℃)。极端最高气温为36.1℃(7月31日),极端最低气温为-11.9℃(1月26日),四月份平均气温2.9℃,为近30年同期最低值。总降水量为709.2毫米,比历年同期平均值581.6毫米偏多21.9%。冬、春、夏、秋季降水量分别为9.6毫米、31.0毫米、618.3毫米、46.7毫米,与历年平均值9.6毫米、61.3毫米、432.5毫米、78.2毫米相比,夏季偏多43.0%,春、秋两季分别偏少49.4%和40.3%,冬季与往年持平。一日最大降水量为105.1毫米(8月26日);最长连续降水日数为5天(8月14日~18日),降水量为120.8毫米;最长连续无降水日数为108天,出现在2010年10月25日~2011年2月9日,仅次于1971年(114天)和2009(111天)。全年蒸发量为

1305.1毫米,日照时数为2226.5小时,有82天有降雨天气,14天有降雪,最大冻土深度为35厘米,霜日为164天(2010年10月27日~2011年4月8日)。

(张子曰)

**【气象灾害】** 年内,有2日扬沙,2日浮尘,5日大雾,35日雷暴,5日大风天气,1次飑,1次冰雹;出现6次暴雨过程,1次短时暴雨过程,其中2次暴雨过程达到大暴雨量级。收到群众上报各类气象灾害事件86件。

(张子曰)

**【气象服务】** 年内,提供常规气象服务2100余次,发布各类气象信息预警86件,提供重大天气过程及重大节日气象服务66件。对"日本福岛核辐射污染扩散"、"朝阳商务中心区东扩奠基仪式"、"和平街道燃气突发爆炸事故"、"文博会"、"国际沙滩排球世界大满贯"和"环北京职业公路自行车朝阳赛段"等重大活动和重大事件提供专题气象服务9次。成立朝阳区气象信息员队伍,主要负责气象预警信息传播和灾害信息收集。依托朝阳区移动办公平台向气象信息员发送预警和重大天气过程短信息5000余人次。开展信息员培训工作2次。

(张子曰)

**【防雷减灾管理】** 年内,避雷装置安全检测东区分中心对辖区内994余家单位进行防雷检测,提出重大整改意见320件。

(张子曰)

**【依法行政】** 年内,审批施放气球作业535件,审批施放升空气球3858个;受理防雷行政许可报批85件,其中设计审核74件,竣工验收11件,进行执法检查20余次。

(张子曰)

# 功能区建设

## 北京商务中心区

【概况】　北京商务中心区(CBD)管委会为市政府在商务中心区设立的行政机构,代表市政府统一行使北京商务中心区开发建设和管理职能,由朝阳区政府代管。年内,中心区新注册企业4622家,合计注册资本247亿元,其中注册资本过亿元企业48家;税收收入239.4亿元,占全区的18.16%;税收过亿楼宇28座,合计纳税153.69亿元。实现区级财政收入159.2亿元,占全区的60%,同比增长38%;税收总额803亿元,占全区的61%,同比增长62%;实际利用外资总额22.47亿美元,占全区的85%。

地址:东大桥路8号SOHO尚都北塔A座7层

电话:58780000

邮编:100020

(龚双红)

【CBD核心区建设】　1月6日,CBD核心区基础设施建设工程正式开工。7月8日,核心区8宗土地完成入市交易。核心区已出让14宗土地,中标单位涉及各类企业42家,包括中国投资有限责任公司、中国中信集团公司等2家大型央企,中国民生银行股份有限公司、香港上海汇丰银行有限公司、中国国际金融有限公司等16家金融机构,三星生命保险株式会社、正大集团有限公司等4家世界500强企业和知名跨国公司。其中,27家承诺入驻。9月19日,核心区项目建设全面启动。市委书记刘淇、市长郭金龙查看核心区Z15地块施工工地地下空间基础设施建设进展情况。要求按照人文北京、科技北京、绿色北京发展战略要求,把CBD建设成低碳、环保、节能、节地,符合科学发展观要求、人与自然和谐相处的全新中央商务区和世界高端企业总部聚集之地。11月23日,北京市成立以市委常委、市委秘书长李士祥,副市长陈刚为总召集人,市发展改革委等18个相关部门为成员单位的北京CBD核心区规划建设联席会议。12月25日,在联席会议制度框架内,成立办公室,下设绿色审批通道和资金保障、建设保障、规划管理、执行土地出让合同、安全与工程质量监管、区域交通规划建设等6个工作组,每组设组长和执行副组长,由市发展改革委、市规划委、市住房城乡建设委、市重大办等相关领导担任。年内,核心区完成拆除25万平方米,占总量的92.4%。基础设施工程土方开挖97.6万立方米,占总量的32.5%;护坡桩完成总量的65%;降水井完成总量的51%。

(龚双红)

【入驻机构】　1月11日,宝盟投资有限公司入驻万达广场,注册资本3.3亿元;4月13日,雅达国际控股有限公司入驻远洋光华中心,注册资本3亿元;7月12日,中粮(北京)农业产业股权投资基金(有限合伙)入驻环球金融中心,注册资本2亿元。7月22日,北京中矿联合信用担保有限公司入驻中海大厦,注册资本1.6亿元。

(龚双红)

【领导视察及国内外交流合作】　2月17日,中央政治局常委、全国政协主席贾庆林到北京CBD调研,强调要加快转变经济发展方式,促进经济平稳较快发展。年内,接待领导视察、省级交流、国内外考察团112批次2100余人次。

(龚双红)

【北京CBD标志正式注册为商标】
3月,北京CBD标志获国家工商行政管理总局批准,正式注册为商标,可在44类商品中使用。

(龚双红)

【商务活动及平台建设】　3月,参与筹办第二届中国特色世界城市论坛;年内,组织参加文博会、京港洽谈会、北京国际友好商会大会、中欧经贸合作交流会等一系列商务活动。设计制作专业沙盘展台,在文博会上推介北京CBD传媒产业发展状况和未来；组织区域重点港资项目参加京港洽谈会签约活动；在北京国际友好商会大会、中欧经贸合作交流会上安排北京CBD专场推介；参与“2011中国金融高峰论坛‘金牛榜’评选活动”，被评为“2011中国最具影响力中央商务区”。年底，联合北京海外学人中心CBD分中心举办2012北京CBD新春联谊会。

（龚双红）

**【环境优化】** 3月，免费商务班车由10辆增至15辆，此为班车开通以来的第三次增车，覆盖楼宇由10座增至12座。当月，无线宽带网络项目通过最终验收，成为北京首个24小时免费向公众提供无线网络服务的公共区域；年底，与新浪微博合作，新浪微博账号可免费直接登陆北京CBD无线网络。4月，开展交通秩序专项整治活动，组建专职交通协管员队伍，建立楼宇电子档案，楼宇实行门前“三包”，引导社会车辆进入地下停车场，施划非机动车路侧停车区域，清理取缔非法停车场，确定停车诱导指引牌，新增违法停车自动抓拍系统设置点。基本完成国贸桥区交通组织导改工程。6月，被评为“朝阳区停车秩序示范区”，区域内光华路及东大桥路被授予“朝阳区整治停车秩序示范街”称号。12月，开通CBD至天通苑、回龙观等地区通勤快车。

（龚双红）

**【中国商务区联盟2011年年会】** 5月10日，作为中国商务区联盟首届轮值主席，在天津市河西区组织召开中国商务区联盟2011年会。与会代表讨论联盟会议机制、联盟发展报告、联盟LOGO等问题。吸纳广州天河中央商务区、银川阅海湾中央商务区、珠海十字门中央商务区等3家单位加入联盟，成员单位增至17家。

（龚双红）

**【党工团组织建设】** 6月8日，成立CBD管委会党总支，下设4个党支部。年内，新建北京丹顿会计师事务所、中投发展等3个党支部，新发展党员16名；成立234家工会，其中104家企业独立建会，发展会员3万余人。

（龚双红）

**【CBD商务节暨世界CBD联盟年会】** 9月15日至19日，举办2011北京CBD商务节暨世界CBD联盟年会，年会主题为“科学发展、要素聚集、低碳示范、引领创新”。中央政治局委员、北京市委书记刘淇，全国政协副主席郑万通，中国商务部副部长姜增伟，中国国务院侨办副主任任启亮，中国商务区联盟主席龙永图，市委常委、市委秘书长李士祥，副市长程红，市政协副主席赵文芝，世界CBD联盟及国际友城、中国CBD联盟和其他贵宾等500余人出席开幕式等活动。举行“迈入‘十二五’、朝阳再起航”规划主题展、北京CBD核心区建设启动调研活动；举办“城市商务区的未来”、“‘十二五’期间金融改革和创新”、“电子商务改变CBD未来”3个世界CBD联盟年会专题会，中国国际期货峰会、国际城市论坛2011年年会、驻华商务参赞圆桌会议、中国文化产业30人高端峰会4场论坛会议；举办商务节迎宾酒会、2011中国商务区圆桌会、首届北京国际定制文化暨设计博览会、世界CBD联盟2011工作会、莱锦创意产业园开园仪式、CBD商务节暨世界CBD联盟年会总结活动以及CBD白领周系列活动（包括“低碳都市、绿色出行”新能源汽车展、“心乐相容”交响音乐会、京剧演出、CBD商务风采秀、2011北京CBD外企摄影展、北京CBD足球联谊赛决赛）。期间，核心区建设15个项目联合体的代表单位共同签署《绿色建筑先行，创建低碳商务区》承诺书，结合朝阳区“十二五”规划内容，重点展示未来5年朝阳整体发展思路，CBD核心区、东扩区等“十大发展基地”建设工程及“十大民生工程”等内容。举办世界CBD联盟年会，发布《2011世界CBD发展报告》。

（龚双红）

**【北京商务中心区“十一五”发展白皮书】** 11月，编制完成《北京商务中心区“十一五”发展白皮书》，包括综合、规划建设、经济发展、管理服务、社会工作、品牌提升等6篇。

（龚双红）

**【东扩区进展】** 年内，完善东扩区低碳报告，初步形成东扩区能源中心选址方案；结合核心区建设以及北京市关于轨道交通建设指示精神，完善东扩区轨道交通规划；东扩规划征集方案荣获2011年美国建筑师协会颁发的城市设计AIA荣誉大奖。

（龚双红）

**【CBD地籍调查】** 年内，完成CBD地籍调查。对CBD区域居民、企业、土地、建筑、市政5大类经济社会信息，进行搜集、核查、整理和分析，形成地籍调查报告、地籍现状图片库、地籍调查信息系统等成果。

（龚双红）

# 北京奥林匹克公园

【概况】 北京奥林匹克公园管理委员会为市政府派出机构,委托朝阳区政府代管。主要职责是:贯彻执行国家及本市有关法律、法规和政策;研究提出奥林匹克公园发展规划和相关政策;参与拟订奥林匹克公园建设规划;负责区域内大型活动组织管理和服务保障。组织协调区域内社会秩序、市容和环境卫生、市政基础设施及城市绿化;组织协调区域内食品卫生、防火安全、生产安全、交通管理、社会治安、旅游市场管理;组织协调、统筹促进区域内产业发展;统筹区域应急管理等工作。年内,完成固定资产投资约69.2亿元,是全年任务的226.25%。接待中外游客约5500万人次,比上年上升22%。完成区级财政收入约45.6亿元,同比增长17.7%。

地址:北辰东路15号
电话:84972647
邮编:100101
网址:www.bogac@sina.com

(赵振霞)

【全民健身示范基地】 6月,奥林匹克森林公园被国家体育局正式授牌,成为国家全民健身示范基地。

(金 虎)

【启动党建大课堂】 9月21日,启动北京奥林匹克公园党建大课堂,同时开通党建博客。党建大课堂依托区委党校师资力量,统筹区域业主单位,联合建立党员实践基地,为园区自管、在职及流动党员提供学习、交流和实践基地,扩大基层党员干部特别是青年党员接受教育覆盖面,实现园区党建向基层延伸、向区域拓展的工作目标。

(张志丹)

【工程建设】 9月29日,建成国家网球馆(钻石球场)并投入使用。馆舍建筑面积51199平方米,拥有坐席13520个。

(金 虎)

【中网赛事】 10月,2011年中国网球公开赛在国家网球馆(钻石球场)举行。来自48个国家的484名球员参赛。其中12名大满贯球员参加单打比赛。包括李娜、德约科维奇、莎拉波娃、威廉姆斯姐妹、罗迪克、费雷罗、科维托娃、阿扎伦卡、休伊特、孟菲尔斯等选手。主办方分别组织"中网明星日"、慈善公益专题日以及"2011时尚粉红大典"配合赛事宣传。赛事标志性活动"中网嘉年华"继续保留少儿主题日、集体婚礼情侣日、志愿者日等主题。

(李 博)

【5A级旅游景区创建】 12月14日,通过5A级旅游景区资源景观价值评审。评审由全国旅游景区质量等级评定委员会组织。

(丁 军)

【大型活动和会议展览】 年内,举办各类文体活动和会展项目约1500余场次,比上年增加2倍。举办中网公开赛、首届环北京职业公路自行车赛、波切利演唱会等国际性活动48个次。举办世界群体大会、IPC残奥委全会会展项目,参加人数89万人。

(丁 军)

【场馆经营】 年内,国家体育场营业收入近2亿元,基本实现现金流平衡。第三届鸟巢冰雪季活动得到法国标致公司冠名和中国工商银行赞助。国家游泳中心营业收入1.18亿元,基本实现自负盈亏,现金流平衡。水立方旅游纪念品被评为"北京市十大旅游必买商品"。国家会议中心与中国国际航空公司合作开发"大型会议超值奖励计划"及"会议超值奖励计划"会展项目,会议中心地面展厅出租率60%以上,世奥公司全年接待游客600万人次,实现收入4000万元。

(李 博)

【执法检查】 年内,取缔无照经营2.54万起,罚款14.89万元,打击园区恶势力团伙1个,刑事拘留寻衅滋事团伙人员8人。

(张金彪)

【安全检查】 年内,安检物品504.89万件,查获禁、限带物品2.84万件。

(彭 伟)

【创建国家文化体育产业示范区】 年内,启动"国家级文化产业示范园区"和"国家体育产业基地"创建工作,形成较为完善的国家文化体育创新示范区创建思路。

(金 虎)

【奥运功能区"十二五"规划】 年内,编制完成奥运功能区"十二五"规划,明确功能区发展战略、功能定位和主要任务。研究奥林匹克公园管理体制和机制,提出建立与"政治敏感区、产业功能区、旅游景区、休闲城市广场"相适宜的管理体制。

(金 虎)

【产业扶植】 年内,申报市区文创产业、现代服务业、重点旅游、科普等重点项目;推动鸟巢、水立方获得区文创奖励资金90万元;北辰时代、北辰世纪项目获区级楼宇奖励资金35万元;科技旅游智能互动导览系统获市科委奖励资金80万元;新奥购物中心"吃在北京"项目获市旅游委奖励资金465万元。

(金 虎)

【宣传推介活动】 年内,宣传推介奥林匹克公园品牌优势。举办功能区发展联盟运动会、高尔夫球邀请赛;举办第二届北京奥林匹克公园文化发展论坛,正式推出国家文化体育创新示范区概念。创办《北京奥林匹克公园》期刊,出版《感动奥运》、《奥运模式》系列丛书,拍摄完成"时尚的历史"奥林匹克公园宣传片。组织奥运城市考察,参与2011北京CBD商务节、第六届北京文博会、中国国际演出交易会及科博会等推介会和展会。

(金 虎)

【媒体接待】 年内,接待媒体40余批、300余人。邀请包括中央电视台、人民日报在内的百余家媒体参与新闻发布及宣传报道。

(丁 军)

# 电子城科技园

【概况】 中关村科技园区电子城科技园管理委员会是负责电子城科技园规划、建设和管理等行政职能的区政府派出机构。年内,电子城科技园有中关村高新技术企业1087家,从业人员11.7万人,电子信息、新能源、装备制造是电子城3大支柱产业。年收入1860.1亿元,同比增长49.4%,有过亿元企业132家,其中4家企业超百亿元,25家过10亿元企业;实缴税费89.9亿元,同比增长54.1%;实现利润总额177.7亿元,同比增长14.4%;完成工业总产值683.7亿元,同比增长29.8%。

地址:酒仙桥路甲12号电子城科技大厦15层

电话:64311811 64317300(传真)

邮编:100015

(段 梅)

【摩托罗拉移动技术独立上市】 1月4日,摩托罗拉移动技术控股有限公司(摩托罗拉移动技术)完成从摩托罗拉公司分拆计划,在纽约证券交易所挂牌上市。

(赵 培 苏 姗)

【京东方入选品牌10强】 1月7日,第五届"Top Brands from China"中国消费电子领先品牌10强评选结果在美国拉斯维加斯揭晓。京东方继2008年、2009年和2010年后,再次入选"中国消费电子领先品牌10强",并同时荣获"绿色创新科技企业奖"。

(赵 培 苏 姗)

【世纪互联获IDC年度奖】 1月13日,第五届中国IDC产业年度大典在京落幕。电子城高新技术企业北京世纪互联宽带数据中心有限公司荣获2010年度最具影响力企业奖、2010年度中国IDC产业优质服务奖,并被授予2010中国IDC产业年度大典指定最佳创新产品云立方提供商。

(赵 培 苏 姗)

【电子城通过ISO14001认证审核】 1月14日,电子城科技园通过ISO14001环境管理体系认证审核。中国质量认证中心专家组认为,电子城环境管理体系的目标指标、部门职责权限、体系建立情况、体系运行情况等方面符合ISO14001环境管理体系标准,运行有效。经检查审核后,予以通过。

(王 谦 赵 培)

【施耐德电气荣膺六项大奖】 1月18日,"第七届中国自动化市场研讨会和第二届中国自动化经营管理论坛暨gongkong2010自动化年度评选颁奖典礼"在北京圆满结束,施耐德电气一举囊括2010年度经营管理奖、2010年度最佳雇主奖、2010年度服务创新奖、2010年度创新产品奖、2010年度样板工程奖和2010年度热点新闻奖6项大奖。

(赵 培 苏 姗)

【技术合同年度总结暨表彰会】 1月19日,召开2010年技术合同年度总结暨表彰会,电子城技术合同登记处获选"技术合同登记先进机构"。3月23日,电子城举办2010年度技术合同登记总结表彰暨培训会,西门子中国、京东方光电等30家企业获得表彰。登记处全年认证登记技术合同615份,合同成交总额38.09亿元,技术交易额37.97亿元。

(赵 培)

【劳动法系列培训】 1月19日,高企协会劳动法系列培训第一期开班。年内,高企协会针对企业需求,以政策宣讲、研讨学习等形式为会员企业进行常态化培训。1月至10月组织18场系列培训,参会人数900余人次。

(张冬梅)

【安捷伦系列示波器荣膺创新奖】 1月20日,安捷伦旗下Infiniium 90000 X系列示波器荣膺EDN China 2010年度最佳测试与测量类产品创新奖。此为安捷伦示波器产品第二次赢得此奖项,共有81家公司的154件产品参与评奖。EDN China创新奖在中国微电子领域中具有地标意义。

(赵 培 苏 姗)

【双鹤降压0号获G20大奖】 1月23日,召开北京生物医药产业跨越发展工程(G20工程)2010年度总结会,双鹤药业重点产品降压药0号获得"2010年度最具贡献度大品种"奖。2010年双鹤药业公司业绩增长迅速,产品结构持续优化,"0号"全年实现销售9.2亿片,为实现"百亿工业"战略目标奠定基础。

(赵 培 苏 姗)

【首信股份爱心捐助"太阳村"】 1月30日,北京首信股份有限公司代表来到“北京太阳村”,捐赠图书、文具、玩具、服装等物品。“太阳村”作为爱心教育基地,自2007年开始,首信股份每年向“太阳村”捐款、捐物。

(赵 培 苏 姗)

【电子城科技园加入调查站点】 1月,中国科协会同市科协向电子城科技园等19家单位授予“全国科技工作者状况调查站点”牌匾。

(赵 培 苏 姗)

【施耐德进军医疗能源服务】 1月,施耐德电气与中国医科大学附属第一医院签署《能源管理项目合作框架协议》,拉开施耐德电气在中国医疗卫生机构开展能源管理服务序幕。施耐德将通过提供能效监测报告、优化管理服务以及设立能效管理专员提供现场服务等措施,实现节省30%能源消耗的楼宇管理目标。

(赵 培 苏 姗)

【建研科技研究项目通过验收】 1月,由建研科技股份有限公司负责完成的“建筑材料绿色度集成评价体系研究”通过专家验收。该项目研究成果对于建筑材料绿色度定量评价、绿色范畴判定具有重要作用和实用价值,有助于促进绿色建材业健康发展,推动绿色建材产业快速升级。

(赵 培 苏 姗)

【握奇获医协创新服务优秀奖】 1月,首都医科大学天坛医院首次实现电子令牌管理。此次电子令牌管理技术独家采用握奇数据多卡合一产品URpass。URpass融合电子令牌功能,将医护人员的电子令牌、门禁卡、员工卡多卡合一。此举荣获中国医协2010年度创新服务优秀案例奖。

(赵 培 苏 姗)

【西门子(中国)荣登排名榜首】 1月,西门子(中国)有限公司连续两年获中央电视台财经频道“最佳在华外资企业榜”提名,并荣登“最具绿色竞争力企业”年度商业排名榜首。

(赵 培)

【施耐德启动“绿色城市”竞赛】 1月,施耐德电气启动“绿色城市”竞赛,鼓励学生在家居、学校、零售业、供水和医院5个城市关键行业提出可行的能源管理解决方案。“绿色城市”挑战赛在巴西、中国、美国等8个国家进行,涉及80余所大学约24万名学生。

(赵 培)

【国际太阳能光伏展览会】 2月22日至24日,施耐德电气在SNEC 2011国际太阳能光伏大会暨(上海)展览会上,展示公司先进产品与解决方案,并推出GT500高海拔专用逆变器。同时展出全系列光伏发电解决方案和本地化定制服务。

(赵 培 苏 姗)

【超图软件入选重点企业名单】 2月,超图软件入选“2010年度国家规划布局内重点软件企业”名单。这是超图软件继2009年之后第二次入选“国家规划布局内重点软件企业”名单。

(赵 培 苏 姗)

【ABB荣获工控网四项大奖】 2月,在中国工控网组织的自动化年度大奖评选中,ABB荣获2010年度热点新闻奖、样板工程奖、服务创新奖、最佳雇主奖。此为ABB连续第三年获奖。

(赵 培 苏 姗)

【“中关村新政介绍”专题】 2月,电子城科技园网站推出“中关村新政介绍”专题,介绍中关村“1+6”政策、中关村国家自主创新示范区条例、中关村国家自主创新示范区发展规划纲要(2011—2020年)等内容。

(赵 培)

【电子城综合服务体系建设】 3月1日,电子城举行“中关村1+6政策宣讲暨2010年度企业所得税汇算清缴宣讲辅导会”,200余家企业近300人参加培训。

(赵 培 苏 姗)

【高企协召开联络员联谊会】 3月3日,区高新技术企业协会召开联络员工作联谊会。联谊会旨在促进政企交流、企业沟通,增强政企互信、企业合作,实现和谐、共赢与发展。协会理事单位、会员单位70余家企业领导及联络员近百人参加活动。

(赵 培 苏 姗)

【苏州非遗奇葩爱慕亮异彩】 3月5日,“国家级非物质文化遗产——苏州缂丝、核雕作品晋京展”在爱慕美术馆开展。缂丝大师马慧娟、高级工艺美术师曹美姐等缂丝大师携其40幅缂丝作品,核雕工艺美术大师宋水官领衔12位核雕大师携其53件橄榄核雕作品,应邀参展并进行现场表演。

(赵 培)

【15家企业获专利试点单位证书】 3月9日,市知识产权局正式公布2010年度北京市专利试点验收合格单位名单。全市287家企事业单位通过考核验收,获得北京市专利试点单位证书,其中电子城园区有15家。分别为精进电动科技(北京)有限公司、鼎桥通信技术有限公司、北京中冶设备研究设计总院有限公司、北京中联科伟达技术股份有限公司、海博瑞德(北京)汽车技术有限公司、北京华夏宜生科技发展有限公司、北京华大信安科技有限公司、北京洛娃日化有限公司、北京均友欣业科技有限公司、北京市射线应用研究中心、北京中材人工晶体研究院有限公司、北京拓普分析仪器有限责任公司、北京兴大豪科技开发有限公司、北京毕捷电机股份有限公司、北京捷讯华泰科技有限公司。

(赵 剑)

【签署电子城东区景观规划合同】 3月10日,电子城管委会与北京金地嘉美景观园林设计有限公司签署电子城东区景观规划合同。正式委托北京金地嘉美公司设计电子城东区酒仙桥路、酒仙桥路东路、驼房营路、坝河景观改善规划。此举标志电子城东区景观改善工作全面启动。

（王 谦）

**【电子城专场招聘会】** 3月11日，电子城服务中心在北京高校毕业生就业指导中心举办电子城专场招聘会。北京捷通机房设备工程有限公司、北京国遥新天地信息技术有限公司等67家园区企业共提供芯片设计工程师、研发工程师等岗位近400个，上千名应届毕业大学生应聘。

（司 维）

**【兴大豪新生产线投入使用】** 3月14日，北京兴大豪科技开发有限公司一条15米长新生产线正式投入使用。该生产线主要用于工业缝纫机电控整机和部件装配、线缆加工，同时承担部分产品老化检验工作。

（赵 培 苏 姗）

**【超高层地标建筑奠基】** 3月17日，由绿地集团与韩国浦项集团共同投资开发的“超高层地标建筑”——北京绿地中心·浦项中心正式奠基。中心地处望京至机场交通核心地段，总投资额近80亿元，建筑面积约33.7万平方米。该项目的建成，有利于电子城科技园现代服务业集聚和产业升级。

（赵 培）

**【专题会议】** 3月24日，电子城管委会组织垡头管委会、北京电子城有限责任公司、北京中关村电子城建设有限公司召开专题会，通报示范区空间调整工作进展，指导参会单位填报相关材料。

（王 谦）

**【商标注册讲座】** 3月28日，电子城管委会与北京工商局联合举办商标注册讲座，电子城科技园30余家企业代表参加。

（苏 姗）

**【普天三网融合创新园奠基】** 3月29日上午，普天三网融合创新园一期工程举行奠基仪式。普天在“三网融合”产业中将围绕台网建设及传输产品系列、运营支撑网络产品系列、增值业务及终端产品系列，通过投资进行网络建设和运营服务，逐步搭建和完善具有自主知识产权的核心产品及可持续发展的广电产业平台，带动并促进“三网融合”全面发展，成为国内领先的可为用户提供持续应用服务的融合网络解决方案供应商。

（苏 姗）

**【海域海岛信息管理系统】** 3月29日，国遥新天地基于大型三维空间信息平台EV-Globe搭建的“全国海域海岛地名信息数据库管理系统”和“海岛信息演示多点触控系统”项目通过中国科学院遥感应用研究所、国家海洋信息中心验收。

（赵 培 苏 姗）

**【电子城高新企业工商年检】** 3月30日，电子城高新技术企业现场集中工商年检工作完成。近200家企业参加，其中90%通过年检。

（赵 培）

**【电子城七项目获创新资金支持】** 3月，市科委公布2011年度北京市科技型中小企业技术创新资金立项项目，电子城7家企业的7个项目获得460万元无偿资助。其中，北京普来福环境技术有限公司项目获60万元；北京捷信安通科技有限公司项目获50万元；北京奥科中意环境技术有限公司项目获50万元；北京豪沃尔科技发展股份有限公司项目获40万元；北京东方国信科技股份有限公司项目获200万元；北京奇志浩天科技有限公司项目获40万元；北京鲲鹏众成科技股份有限公司项目获20万元。

（赵 剑）

**【青联先锋论坛】** 4月13日，举办北京青联先锋论坛第一期：“物联世界智慧北京”——物联网与智慧城市高端论坛。论坛就物联网现状及未来发展趋势、建设“智慧城市”及物联网发展思路、物联网如何改变生活进行深入探讨。

（赵 培 苏 姗）

**【领导调研】** 4月14日，市知识产权局局长汪洪一行到京东方调研知识产权工作。参观京东方实验线、第5代TFT-LCD生产线以及在建中的第8.5代TFT-LCD生产线并提出希望。4月27日，副市长洪峰率市知识产权局相关人员到北京握奇数据系统有限公司，围绕“知识产权助推经济转型”主题进行调研。洪峰一行参观“专利墙”（由600项专利申请书布置）和移动支付卡等高新技术产品，肯定握奇公司在知识产权领域的贡献和创新。5月9日，市委书记刘淇，市委副书记、市长郭金龙到大望京调研。市领导了解大望京公园、大望京科技商务创新区有关情况，肯定大望京村城乡一体化改革试点成绩，强调要扎实推进城乡结合部建设，率先形成城乡经济社会发展一体化新格局。5月29日，中关村管委会主任郭洪一行到电子城留学人员企业——精进电动公司调研。郭洪一行参观混合动力电机测试研发实验室，了解公司空间发展需求和国际化人才需求，并与参会者交流。6月10日，中关村管委会副主任廖国华率领规划建设组一行11人到电子城管委会调研规划建设及重大项目建设情况，听取电子城园区建设工作汇报，实地调研IT产业园及国际电子总部。8月2日，市环保局污管处一行到电子城科技园，调研园区环境建设及耗能、排污情况。听取汇报后，调研组到园区重点企业正东电子动力集团有限公司、兆维电子（集团）有限公司，实地考察恒动热电技术改造工程及兆维工业废水过滤设备使用情况。9月1日，市“工业再生水利用潜力调研”课题组一行4人，到电子城管委会实地调查园区企业用水情况。课题组先后走访北京兆维电子（集团）有限责任公司、北京燕东微电子有限公司、七星华电科技集团、京东方科技集团,直观了解、调研企业用水情况及工业再生水利用潜力。11月28日,区长程连元到电子城科技园,视察恒通国际创新园(简称UCP)及筹建中的涉外医院 Oasis Healthcare。Oasis Healthcare涉外医院前期投入1.5亿人民币,建筑面积1.5万平方米,建成后引入JCI国际医疗服务标准为患者服务。

(赵　培　苏　姗)

**【握奇节能OBU获准商用】** 4月15日,握奇数据首款具备太阳能供电、支持接触/非接触卡片功能的明星产品Quipass013型OBU通过国家智能交通系统工程技术研究中心检测,获准正式商用。

(赵　培　苏　姗)

**【第二届运动会羽毛球比赛】** 4月16日,由中关村示范区管委会主办,电子城管委会承办的中关村第二届运动会羽毛球比赛开赛,来自一区十园的22支参赛队伍、240余名运动员参赛。最终海淀园腾讯科技队、海淀园管委会队、亦庄管委会二队分获冠、亚、季军。电子城科技园双鹤队、七星联队、京东方队分别获得第六名和第八名。

(赵　培)

**【知识产权贷款贴息】** 4月21日,望京科技园举行"朝阳区'知识产权宣传月'启动暨知识产权质押贷款贴息兑现仪式"。活动以"保护知识产权,促进创新发展"为主题。电子城洛娃日化、德士风、奥科瑞丰3家企业获得知识产权质押贷款贴息支持。3家企业共有9个专利及31个商标质押贷款5400万元,获得贷款贴息85.2万元,占全部支持资金的79.8%。

(赵　剑)

**【西门子获奖】** 4月22日,西门子与其他25家中外企业共同获得由中国领先财经媒体《经济观察报》颁发的"中国最受尊敬企业十年成就奖"。此为西门子第五次荣膺"中国最受尊敬企业奖"。

(赵　培)

**【政企交流座谈会】** 4月26日,电子城管委会组织召开政企交流座谈会,市国税局、区国税局总经济师和各科室领导,电子城管委会领导及兴大豪科技、鼎桥通信、首信科技等园区10家高新技术企业财务负责人参加会议。国税部门负责人讲解税收新政策,并针对企业税务问题进行答疑。

(赵　培　司　维)

**【召开"1+6"新政宣讲会】** 4月28日,高企协联合高新办举办"1+6"新政宣讲会。中关村管委会、市科委、区国税、地税部门相关领导,宣讲建设国家自主创新示范区新政,详细解读首都资源创新平台、高新技术企业认定、税收优惠等先行先试政策。

(张冬梅)

**【安世亚太荣获信息化工程大奖】** 4月28日,2011MIE趋势论坛结束,电子城高新技术企业安世亚太科技(北京)有限公司荣获"2010中国制造业信息化工程创新之星"奖。

(赵　培　苏　姗)

**【七项目获市级火炬计划立项】** 4月,市科委公布2010年度市级火炬计划立项清单,电子城科技园区6家企业的7个项目名列其中。分别是:佰利天控制设备(北京)有限公司的消音型调压阀组项目、北京超图软件股份有限公司的超图服务式地理信息开发平台系统和超图真空间地理信息系统平台软件项目、北京洛娃日化有限公司的节水型多功能低泡洗衣液项目、北京新华都特种变压器有限公司的变频调速用干式整流变压器ZTSFG(H)项目、瑞泰科技股份有限公司的水泥工业用镁铝镁铁尖晶石耐火材料项目、北京握奇数据系统有限公司的双界面SIM卡——SIMpass项目。

(赵　剑)

**【ABB荣获"2010生态中国合作奖"】** 5月4日,举行"2010生态中国年度颁奖盛典",ABB(中国)有限公司荣获"2010生态中国合作奖"。

(赵　培)

**【电子城参加中关村运动会】** 5月7日,举行中关村国家自主创新示范区第二届运动会。主题为"运动激发活力、创新引领未来"。电子城科技园7个代表方队、近百名运动员参加,10人在比赛中获得名次。

(赵　培)

**【电子城联手浦项开展植树活动】** 5月10日,电子城管委会联手浦项集团,在大望京公园开展"POSCO FAMILY北京地区植树活动",并现场举行浦项集团认建揭牌仪式。

(赵　培)

**【联发科技进驻电子城科技园】** 5月23日,举行联发科技进驻电子城科技园签约仪式。联发科技是全球专业IC设计领导厂商,其主要业务是向市场推广销售DVD、光存储和数字电视等电子产品。

(赵　培)

**【大望京城市设计成果研讨会】** 5月24日,电子城管委会、区规划分局、土储朝阳分中心组织大望京6个地块业主单位及设计单位,召开大望京城市设计导则初步成果研讨会,内容涉及整体设计理念、设计愿景及实施策略3个方面,并提出详细建设导向标准。

(王　谦)

**【企业信用服务高层沙龙】** 5月24日,电子城信用工作平台在望京科技创业园举办企业信用服务高层沙龙。高企协会作为中关村企业信用促进会电子城信用工作平台参与组织工作。活动旨在加强中关村企业与金融机构,担保、保险机构,投资、创投机构,法律、财务、券商等中介机构信息交流与沟通,帮助企业获取信息和人脉渠道,为企业融资发展服务。来自电子城园区的9家企业以及中国建设银行北京安华支行、中关村PE大厦联盟、北京中弘百业投资管理有限公司、中信建投证券所、中贸远大信用管理有限公司、赛弥斯信用信息咨询有限公司等机构30名代表参加活动。

(张冬梅)

【双鹤药品入选市自主创新产品】 5月,市科委、发改委、住建委、经信委及中关村科技园管委会联合发布"第十二批北京市自主创新产品"目录。双鹤药业生产的注射用哌拉西林钠舒巴坦钠4:1(商品名:一君)入选。

(赵培苏姗)

【电子城管委会考察和运集团】 6月9日至21日,电子城管委会考察组到辽宁盘锦,参观考察和运集团在建的合成橡胶产业园项目和化工产业园企业总部,洽谈和运集团总部及国际技术中心项目落户电子城事宜。

(赵培)

【电子城东区景观规划座谈会】 6月24日,电子城管委会组织召开企业需求座谈会,邀请京东方、电子城有限责任公司、正东集团、798管委会、牡丹集团、普天科创实业有限公司、北广集团等9家园区单位沟通协商电子城东区景观环境问题。参会人员听取东区景观规划初步构思,围绕东区环境现状、存在问题、园区单位需求等问题开展讨论交流。

(赵培)

【高新技术企业复审培训会】 6月24日,举办2011年高新技术企业复审工作培训会。园区114家高新技术企业200余人参加培训。

(赵培)

【朝鲜国家科学院考察】 6月30日,朝鲜国家科学院科技考察团一行5人,参观考察北京国遥新天地信息技术有限公司,并对其自主研发的三维空间信息平台软件EV-GLOBE及其在电力、林业、海洋、国土、石油石化等行业的应用情况进行深入了解。

(赵培苏姗)

【合作框架协议】 6月,京东方与中国科学技术大学签署产、学、研合作框架协议。协议规定,双方在高端人才培养、自主专利技术研究与合作开发等方面开展全面合作。

(赵培苏姗)

【西门子赢得首个海上风电订单】 6月,西门子能源业务领域可再生能源项目赢得中国海上风电市场首个订单。该项目装机容量5万千瓦(50MW),年底投入商业运营,其供货范围涵盖5年维护服务协议。

(赵培苏姗)

【维拓捐资助建希望小学】 7月1日,北京维拓时代建筑设计有限公司捐资的"四子王旗维拓希望小学"捐助仪式在内蒙古四子王旗红格尔蒙校举行,这是继"木营村维拓小学"后维拓公司捐资新建的第二所希望小学。此次,维拓出资20万元用于学校迁址新建,同时承担建筑方案和施工图纸设计。

(赵培苏姗)

【索爱北京研发运营中心启用】 7月5日,正式启用索尼爱立信北京全球研发中心与全球运营中心。索爱北京运营中心负责整个亚太地区的人力资源、供应链管理、财务管理等日常运营业务。

(赵培)

【电子城IT产业园A8厂房封顶】 7月6日,电子城IT产业园A8厂房举行结构封顶仪式。A8厂房位于IT产业园A区,建筑面积约1.6万平方米,项目于2010年底启动,建成后用于引进优质IT企业进行科研生产。IT产业园项目是电子城科技园"十二五"期间重点产业项目之一,占地面积37.4万平方米,总建筑面积约56.5万平方米。

(王谦)

【葛洲坝大厦项目奠基典礼】 7月19日,葛洲坝集团新总部大楼——葛洲坝大厦项目在电子城举行奠基典礼。该项目由中国建筑科学研究院建筑设计院承接,为建筑设计院自主原创中标项目。

(赵培苏姗)

【京东方显示终端亮相京沪高铁】 7月,京沪高铁全线贯通,其专用车载显示终端由京东方提供,主要包括VIP座椅内置触控式10.1寸显示终端和车厢悬挂式15寸显示终端等,产品国产化程度100%。

(赵培苏姗)

【电子城"十二五"发展规划】 7月,区政府发布《电子城功能区"十二五"时期发展规划》。规划提出,"十二五"期间,电子城以自主创新、人才兴园、高端聚集为发展战略,加快推进5大工程建设,率先实现经济发展的创新驱动,把电子城打造成为具有较高产业竞争力、产业辐射力和经济活力的科技之城、商务之城、文化之城。

(赵培苏姗)

【"十二五"高新产业发展规划】 7月,出台《朝阳区"十二五"时期高新技术产业发展规划》。规划由电子城管委会编制,其主旨为充分发挥高新技术产业先导支柱作用,促进其可持续发展,率先形成创新驱动发展格局,提升朝阳区综合竞争力。

(赵培苏姗)

【园区再生水利用潜力调查】 8月3日,电子城管委会启动园区工业再生水利用潜力调查工作。向园区1076家高新技术企业发送电子版调查问卷,重点调查40余家用水重点企业2010年度用水量、取水量、重复用水量、污水排放量、污水处理设施、自备井使用及节水工作开展情况,有效掌握企业用水构成、重点用水企业分布、再生水利用潜力、节水措施开展等情况。

(王谦)

【中关村空间信息技术产业联盟】 8月16日,召开"中关村空间信息技术产业联盟"成立大会。联盟由北京市空间信息产业8家核心企业和3所高校发起组成,目标是合力打造位置服务网,以解决空间信息产业发展面临的“室内外无缝覆盖、高精度位置服务和位置服务内容整合”3大难题。

(赵培 苏珊)

【基地揭牌暨IT园通勤快车启动】 8月23日,在电子城IT产业园举行中关村科技园区电子城科技园博士后(青年英才)创新实践基地揭牌暨IT园社区通勤快车启动仪式。8月24日,试运行电子城科技园IT园社区通勤快车。计3部车辆,分别连接IT园与地铁10号线三元桥站、地铁13号线望京站、地铁1号线(八通线)四惠东站。采取“高峰运行、乘车刷卡、统一标识”形式,可在公交专用道上行驶,每天早晚高峰往返运营一次。

(张冬梅)

【电子城西区四期完成征地结案】 8月,电子城西区四期完成征地结案,并取得建设用地批准书,四期位于D3地块以南,北五环与京包铁路之间,占地61.74公顷,建筑面积25.57万平方米。电子城西区四期已签约大唐电信等3个重点项目。

(王谦)

【地理信息技术“云”变革】 9月15日,在北京国际会议中心举行“2011'SuperMap GIS技术大会”,会议由北京超图软件股份有限公司主办。大会以“图启云涌,创新未来”为主题,从技术、应用、服务3个方面,正式发布新平台软件产品SuperMap GIS 6R(2012),以及超图地理信息云服务平台,全面展示“云计算”时代国内地理信息最新创新成果。

(赵剑)

【第五届锐动金秋政企联谊会召开】 9月22日,举行电子城科技园第五届“锐动金秋”政企联谊会。区长程连元致辞。本届联谊会突出3大亮点,一是签约仪式,万国数据、品傲光电分别与电子城建设有限公司和电子城有限公司签约。二是百名突出贡献企业家颁奖典礼。来自握奇数据、超图软件、ABB电气传动公司的100位企业家获得表彰。三是IT产业园通勤快车开通仪式。区委书记陈刚按下遥控器,正式启动通勤快车运行。

(赵培)

【电子城高校人才双选会】 10月21日,电子城科技园在北京高校毕业生就业指导中心举办年内第二场中关村电子城专场人才招聘双选会。园区56家高新技术企业提供253个工作岗位、近900个用工名额供高校毕业生选择。年内,电子城累计举办10场人才招聘会,提供484个免费展位、2000余个工作岗位。

(司维)

【中央领导视察安世亚太】 10月29日,中共中央政治局委员、中央书记处书记、中宣部部长刘云山视察安世亚太公司。中共中央政治局委员、北京市委书记刘淇,中宣部常务副部长雒树刚,中宣部副部长、国家广电总局局长蔡赴朝,市委副书记、市长郭金龙等陪同视察。视察组一行了解公司基本情况及发展规模,参观考察公司研发中心,肯定安世亚太行业影响力及发展成绩。

(赵培 苏珊)

【14家企业入选“十百千工程”】 11月3日,召开中关村“十百千工程”第二批重点培育企业工作大会,宣布第二批企业名单,世纪互联、超图软件等14家电子城科技园区企业位列其中。市相关委办局、中关村创新平台、中关村各园(基地)负责人,“十百千工程”企业、大学科技园、产业联盟、行业协会、投资机构等单位代表300余人参会。

(赵剑)

【高新技术企业专场招聘会】 11月24日,电子城科技园联合区人才服务中心举办高新技术企业专场招聘会。北京瑞利分析仪器有限公司、北京七星华创电子股份有限公司等56家高新技术企业提供261个工作岗位,招聘800人。

(司维)

【京东方荣膺中国证券金紫荆奖】 11月24日,“2011年中国证券金紫荆奖评选”活动颁奖大会在香港举行,会上揭晓2011中国证券金紫荆所有奖项。京东方科技集团股份有限公司入选中国证券“金紫荆”奖最具成长性上市公司。

(赵剑)

【SuperMap杯高校GIS大赛】 11月26日,由中国地理学会与超图软件联合主办的“SuperMap杯第九届全国高校GIS大赛系统开发类现场答辩暨总颁奖典礼”在北京林业大学举行。该活动自3月16日启动,至11月26日结束。大赛设有制图组、应用分析组、移动GIS创意开发组、组件开发组及web应用开发组5个组别开展赛事角逐,28省市近200所高校的数千名学生参赛。浙江农林大学的《智能路沟渠材料选配综合管理信息系统》与哈尔滨工程大学的《基于Web电子地图的航海服务系统》分别获得组件开发组和Web应用开发组冠军。参赛答辩选手作为超图软件荣誉员工通过“绿色通道”优先进入公司实习,并有机会正式加入超图软件。

(赵剑)

【高企协会第二届代表大会】 11月29日,召开高企协会第二届会员代表大会,选举产生第二届理事会执行机构。协会理事会成员、会员代表参加会议。电子城管委会工委书记、常务副主任王文军,副主任黄文伟,区民政局局长张岩,区社团办主任张栩、裴兴晔应邀参加。会议审议通过区高新技术企业协会第一届理事会工作报告、财务报告;审议通过协会章程修订稿;表决第二届理事会人选,选举新一届理事会。

(赵培 苏珊)

【默沙东亚洲研发总部落户】 12月6日,默沙东亚洲研发总部成立,并于当日在人民大会堂与电子城科技园举行落户签约仪式。默沙东公司是全球第二大制药公司,亚洲研发总部是默沙东公司在美国本土以外设立的第一个研发中心。研发中心落户电子城西区望京研发创新基地,总建筑规模约4.7万平方米。

（王 谦）

**【四企业获2010年市科学技术奖励】** 12月,市科委公布2010年"北京市科学技术奖获奖项目"名单,电子城园区4家企业参与完成的4个项目获奖。其中,北京第七九七音响股份有限公司参与完成的"天安门城楼及周边地区扩声系统",中铁十六局集团有限公司参与完成的"高压富水充填岩溶区隧道施工技术研究",建研科技股份有限公司参与完成的"抗震与节能关键技术在当代MOMA工程中的研究与应用",分别获得2010年北京市科学技术二等奖;北京万东医疗装备股份有限公司参与完成的"医用磁共振成像技术研究与开发"获得2010年北京市科学技术三等奖。

（赵 剑）

**【爱立信研发中心二期开工建设】** 12月,爱立信研发中心二期正式开工建设,项目位于电子城西区爱立信大厦一期北部,占地面积1.97公顷,建筑规模约7.8万平方米。该项目由北京中关村电子城建设有限公司开发建设,爱立信租赁使用。

（王 谦）

**【望京国际研发园三期开工建设】** 12月,望京国际研发园三期项目开工建设,项目位于电子城西区E8－1地块,占地面积1.92公顷,建筑规模约39606平方米。该项目由北京中关村电子城建设有限公司开发建设,用于引进跨国公司总部及研发中心。

（王 谦）

**【昆泰酒店正式开业】** 12月,昆泰酒店正式开业投入使用。该项目位于电子城西区F1地块,占地面积2.45公顷,建筑规模约158723平方米,是电子城科技园西区内第一家五星级酒店。

（王 谦）

## 温榆河生态走廊

**【概况】** 温榆河管委会是负责温榆河地区开发建设管理和协调服务工作的区政府派出机构。内设3个机构,分别为办公室、规划建设科、资源利用科。温榆河生态走廊服务中心为所属事业单位,机构规格相当正科级,有差额拨款事业编制10名,核定科级领导职数1正2副。

地址:金盏乡金盏街9号

电话:84334239

邮编:100018

（孙 北）

**【召开专题会议】** 1月13日,区长程连元主持召开会议,研究温榆河大道上水管线建设资金情况。3月16日,区委书记陈刚主持召开会议,专题研究推进北京东部华侨城规划建设相关工作。8月18日,区委常委、常务副区长吴桂英主持召开会议,研究温榆河功能区规划建设工作。

（孙 北）

**【市政基础设施建设】** 1月18日,完成长店北路立项批复。年内办理完成规划意见书等前期手续。机场南线辅路:5月,区政府正式向市政府申请加快项目建设,市政府批复市交通委办理,由市交通委研究提供意见。温榆河大道:6月,基本完成道路沿线绿化工程,管委会会同区市政市容委、区绿化局等部门整治沿线环境、进行景观绿化;10月,温榆河大道自来水管线工程全线完工。皮村路:前期规划研究阶段。配套市政场站:金盏小店110KV变电站、北皋变电站、康营变电站、金盏燃气高压调压站在实施过程中。孙河再生水厂、苇沟再生水厂、高安屯再生水厂前期手续在办理中。

（孙 北）

**【重点项目建设】** 1月30日,区政府行文市规划委申请加快奥特莱斯二期项目建设。2月,区政府再次行文市政府申请加快确定孙河乡及崔各庄乡产业用地规划。年内,市规划院初步确定项目规划选址方案。华侨城项目:列为北京市2011年前期工作重点项目。管委会与朝阳土储分中心沟通协调,将项目涉及用地纳储。孙河商贸中心项目:12月28日,孙河组团整体控规方案获得市政府批复。其中孙河商贸中心项目占地面积约5公顷,建筑规模10万平方米。北京·世界城(一期)项目:与项目投资方签订合作协议,完成前期总体策划、项目策划、规划设计。项目位于金盏金融园区北侧金盏乡集体产业用地范围内,一期占地约500亩,建设面积约30万平方米。颐高圣鸿创意园项目:推进项目规划落地和相邻大环创意文化集聚区发展研究。项目位于崔各庄乡东南部,规划用地约8公顷。美国麻省总医院北京医院项目:温榆河管委会与项目投资方洽谈,并向波恩项目筹备组提出两个预选址方案。计划引进全球医疗界顶级品牌医院美国麻省总医院品牌、管理、培训、技术、运营模式、专家队伍等,在北京创建一家面向高端及外籍人群的大型综合性医院。

（孙 北）

**【研究编制温榆河产业规划】** 9月,与市规划院签订委托合同,开展温榆河绿色生态休闲区产业规划研究,完成基础资料收集并形成初步方案。

(孙 北)

【重要活动】 9月15日至19日,参加2011北京CBD商务节,展示温榆河绿色生态休闲区总体功能定位和发展方向。

(孙 北)

# 金盏金融服务园

【概况】 金盏金融服务园区管委会是负责金盏金融服务园区规划、发展、建设、管理和综合协调工作的区政府派出机构。园区东至温榆河大道,南至坝河北滨河路,西临机场第二高速路,北至规划东坝路,占地面积约595公顷。管委会行政编制12名,下设办公室、综合科两个科室。负责研究制定园区中长期发展规划、年度计划和相关政策,参与编制园区市政基础设施、配套服务设施等各类专项规划,负责园区社会化服务管理、信息化建设和统计分析等工作。年内,园区被评为"朝阳区创建全国文明城区工作先进单位"。

地址:东苇路51号

电话:84317533

邮编:100018

(马思敏)

【领导调研】 2月25日,区投资促进局局长马英晖到园区调研招商工作。4月22日,市金融局金融工作领导小组部分成员单位考察园区,双方就金融产业发展和金融服务园区后台建设进行沟通交流。12月9日,市金融局副巡视员沈鸿等一行到园区调研中信集团金融后台综合基础等重点项目情况,为中信金融后台性质认定做前期准备。

(马思敏)

【相关会议】 3月15日,市发改委、市节能环保促进会召开"金盏园区能源建设建言献策"会,区委常委、常务副区长吴桂英出席。3月31日,区长程连元主持召开园区开发建设工作会议,研究园区转非劳动力资源安置及管理体制、绿地建设与管理、道路建设、招商项目落地、配合市国土局开展土地上市等工作。9月29日,区委常委、常务副区长吴桂英主持召开园区开发建设工作协调会,研究园区道路拆迁、融信投资中心划归、转非劳动力资源安置、市政基础设施建设、重点招商项目推进等工作。

(马思敏)

【规划导则】 3月18日,园区《中央公园总体设计方案》获得市园林绿化局批复。批复指出:该公园为区域性综合公园,设计方案符合《公园设计规范》,同意公园总体布局和功能分区。6月29日,园区《绿地规划与设计导则》获得市园林绿化局批复。批复指出:《导则》内容全面,定位明确,符合上位规划和园区实际情况,对园区形成相对完善独立的绿地系统具有促进作用,对园区落实园林绿化指标,提高绿化规划设计水平具有重要的基础性作用。

(马思敏)

【基础设施建设】 11月,东坝大街提前一个月竣工通车。东坝大街为城市主干路,西起机场第二高速路,东至金榆路,全长2.7公里,是横贯园区东西交通的主动脉。至此,园区内金盏纵十二路、东坝大街两条道路建设完工。东坝东220kv变电站投入使用。

(马思敏)

【项目建设】 年内,中国民用航空局清算中心项目通过市金融局联席会议审批。该项目拟建设数据处理中心、资金管理监控中心等。区政府同意中信集团金融后台综合基地项目入驻园区。完成园区标准化写字楼建设项目验收。中组部组干院正式开学运行。

(马思敏)

# 垡头环渤海总部商务基地

【概况】 垡头文化休闲产业区管委会是负责垡头产业区规划、发展、建设、管理和综合协调工作的区政府派出机构,机构级别为正处级,行政编制10名。职责为负责垡头产业区整体规划的统筹协调和组织推进工作;负责组织协调产业区市政基础设施、配套服务设施建设以及环境治理、景观提升等工作。结合区位优势,垡头功能区定位为环渤海总部商务区,为朝阳区"十二五"时期重点建设的十大发展基地之一。

地址:南磨房金蝉西路欢乐谷社区西侧楼

电话:65094860

邮编:100023

(黄 珊)

【有关会议】 2月16日,区政协副主席、垡头管委会主任赵增华主持召开垡头功能区总体规划情况和重点工作会，研讨功能区发展方向和重点问题。2月22日，管委会召开垡头功能区项目建设管理工作会，区发改委、市政市容委、规划分局、国土分局、水务局主管领导参加会议。3月2日，赵增华主持召开垡头功能区各乡规划方案调整会，市规划院、区规划分局、国土分局、土地储备中心及6个乡参会。4月13日，召开高碑店乡西店村拆迁整治工作会，研究重点挂账村整治及北京建工集团下属木材厂44户农租房搬迁事宜，市国资委、高碑店乡、北京建工集团及垡头管委会参会。4月25日，召开垡头功能区"十二五"专项规划意见征求会，区发改委、文化委、绿指办、卫生局及小红门乡、垡头街道等22个单位共同研究编制垡头功能区"十二五"发展规划。5月4日，区委书记陈刚主持召开会议，集中研究解决规划审批、公司组建、核心区土地开发模式问题。10月14日，陈刚主持召开专题会，研究与北京人民广播电台合作，拟在焦化厂遗址公园建设"中国百老汇"项目有关问题。北京人民广播电台台长汪良，区委常委、宣传部长谢莹，副区长李建海出席会议。

（黄　珊）

【领导调研】　4月18日，中关村管委会委员李翔一行4人到垡头管委会调研，肯定垡头功能区产业定位及未来发展。10月19日，区委宣传部副部长丰春秋到管委会调研，了解焦化厂遗址公园内引进"中国百老汇"项目及欢乐谷三期项目情况。10月25日，区委常委、副区长陈涛到管委会调研，提出垡头建设要有创新点。

（黄　珊）

【宣传推介】　9月7日，参加第十五届中国国际投资贸易洽谈会（夏洽会），宣传推介功能区规划定位、资源特点、优势条件和发展潜力。9月15日至17日，参加2011北京CBD国际商务节，展示垡头功能区在世界与国家经济复苏与转型中的影响力和作用，以及未来城市集约发展与商务区价值提升。管委会副主任刘大庆介绍功能区基本概况、发展优势、未来规划和产业定位。11月10日至13日，参加第六届中国北京国际文化创意产业博览会，宣传功能区规划定位、资源特点、优势条件和发展潜力。

（黄　珊）

## 定福庄国际传媒走廊

【概况】　定福庄国际传媒走廊管委会是区政府临时派出机构，行政编制5名，负责定福庄产业区规划建设、产业发展、统筹协调等工作。作为CBD—定福庄国际传媒走廊东端，着力培育影视制作、动漫网游、内容创意、传媒商务等重点产业。年内，加快产业区内产业转型，有规模以上文化创意产业24个，营业收入4.7亿元，利润总额4000万元，平均从业人员1313人。规模以上工业企业19个，营业收入33.9亿元，利润总额5.2亿元，平均从业人员6132人。

地址：建国路15号院甲1号（华文传媒大厦12层）

电话：65420550　65020802

邮编：100024

（王建军）

【专家研讨】　3月24日，在定福庄产业区1919音乐文化产业基地小剧场举行专家研讨会，国家新闻出版总署、市发改委、区文创办、定福庄管委会、中国音乐文学学会、中央音乐学院、中国音乐文化促进会、中国流行音乐协会有关专家以及音乐人乔羽、小柯、黄小茂等出席活动，与会专家就北京国家音乐文化产业基地规划、建设等有关事项进行研究、探讨和交流。

（王建军）

【工作会议】　5月6日，副区长张春秀主持召开2011年定福庄产业区工作会。听取管委会关于《统筹协作、坚定信心、共同促进区域经济又好又快发展》报告，总结2010年工作，部署2011年任务。张春秀要求管委会做好重点园区实施方案，加强可利用产业空间规划研究，培养和引进功能性项目。

（王建军）

【重点项目】　6月22日，举行定福庄产业区重点项目——北京三间房文化旅游创意园招商引资推介会，正式启动园区建设。园区位于定福庄产业区核心地块，占地面积12万平方米，预计未来吸引品牌企业超过1000家，园区产值过500亿元。规划建设中国传统工艺品展示区、时尚工艺品研发设计创意园区和特色品牌商品消费集聚区3个特色功能区。

（王建军）

【宣传推介】　7月8日，定福庄管委会在朝阳1919小剧场举办定福庄产业区项目招商推介会，推出10个项目，建设规模约240万平方米。其中，地块项目2个，建设面积约60万平方米；在建项目4个，建设面积约20万平方米；规划项目4个，建设面积约160万平方米。上述项目重点吸引文化传媒类、影视制作类、动漫网游类及新媒体等知名企业入驻。专题推介动漫产业园、三间房文化旅游创意园、东亿影视制作基地、华文传媒大厦等4个较成熟项目。北京影视动画协会、北京卡通艺术博物馆、中视丰德影视版权有限公司和北京神州华舆文化发展有限公司4家企业在推介会上签订协议,正式入驻定福庄产业区。

(王建军)

**【产业发展规划】** 8月,编制完成《定福庄传媒文化产业区“十二五”发展规划》。“规划”包括产业区产业发展基础、机遇与挑战、发展思路及任务、保障措施等4部分内容。

(王建军)

**【核心地块规划设计】** 10月,启动产业区核心地块概念性城市设计,通过招标确定上海规划设计院进行课题设计。规划用地面积90公顷,建筑面积约230万平方米。

(王建军)

**【动漫“三间房”】** 11月11日,在三间房乡北花园街6号院“动漫一条街”举办第六届中国北京国际文化创意产业博览会“动漫三间房”分会场开幕式。分会场由定福庄管委会、三间房乡政府、北京影视动画协会主办,围绕“文化融合科技、创新驱动发展、共享改革成果、打造国家基地”主题,用展览展示、论坛、表演、互动、交易等形式,宣传和展示三间房动漫产业园,包括动漫产业精品论坛、2011北京动漫产业发展年度汇报展、动漫模仿秀(Cosplay)表演、动画影视片观摩及动漫大市集——动漫衍生品展销等活动。

(王建军)

**【企业入驻】** 年内,引入雷禾传媒、贵州电视台家有购物频道、华强影视制作公司、橡果贸易公司、浩沙实业等重点企业;中国文化传媒集团、北京中视影视传媒总部基地、文化部文化艺术人才培训实践基地、正大置业等项目在洽谈中。

(王建军)

# 东坝国际商贸中心区

**【概况】** 东坝航空商务区管理委员会为区政府临时性派出机构,代表区政府承担东坝航空商务区开发建设管理和协调服务工作。管委会下设办公室,承担管委会日常工作,核定行政编制6名,其中主任1名,副主任1名。东坝航空商务区即东坝国际商贸中心区,地处东坝边缘集团东坝北区,规划范围约6.21平方公里,总建筑规模(地上)约810万平方米,建筑高度控制在200米。涉及东坝乡、金盏乡用地。规划四至范围:西至东五环,东邻机场二通道(距首都机场约8公里),南侧以坝河为界与南区相邻,北至东坝路。

地址:东三环北路辛2号迪阳大厦18层

电话:84537821

邮编:100027

(赵　晔)

**【签署战略合作协议】** 1月,管委会随同区政府出访美国、西班牙、英国等国家,就建设东坝北区国际商品中心,分别与美国伊利诺伊州政府商务厅、西班牙外贸委员会、英中贸易协会签署《合作备忘录》。2月16日,就规划东坝北区文化剧场区域,与倪德伦环球娱乐有限公司签署《战略合作协议》。9月,与云南文化产业投资控股集团有限责任公司签订《战略合作备忘录》,共同探讨在园区内规划集民族文化、旅游演艺、餐饮美食等特色商品交易为一体的民族产业园区项目可行性。

(赵　晔)

**【编制控规方案】** 6月7日,管委会与区土地储备分中心共同委托北京市城市规划设计研究院、伍兹贝格设计公司启动控规方案编制工作。方案包括地区功能定位、产业发展业态、整体空间结构、用地布局、建筑规模、人口容量以及交通、市政、绿地及河湖水系规划等内容,截至年底基本编制完成控规方案。

(赵　晔)

**【方案推介与宣传】** 8月18日、9月8日,参加投资北京洽谈会和中国国际投资贸易洽谈会,宣传推广东坝国际商贸中心最新规划成果。9月15日,参加2011北京CBD国际商务节,展示东坝国际商贸中心最新规划成果沙盘。

(赵　晔)

# 综合经济管理

## 发展和改革

**【概况】** 朝阳区发展和改革委员会(简称"区发改委")是负责本区国民经济和社会发展统筹协调、经济体制改革综合协调的区政府工作部门。年内,区域经济实现平稳较快增长,全面完成经济社会各项计划指标。实现地区生产总值3272.2亿元(市政府最终反馈数据),同比增长16.7%;完成财政收入316.8亿元,同比增长35.2%。社会消费品零售额完成1651.9亿元,同比增长8%;城镇居民人均可支配收入同比增长13%,达到34044元;农民人均纯收入同比增长13.6%,达到19839元。

地址:百子湾西里303号

电话:65012644

邮编:100124

(魏　乐)

**【"十二五"规划纲要通过审议】** 1月5日至8日,区人大审议通过《北京市朝阳区国民经济和社会发展第十二个五年规划纲要》;2月18日,《规划纲要》以区政府名义正式印发。

(魏　乐)

**【第三阶段专项治理建设项目】** 1月7日,根据北京市治理工程建设领域突出问题工作领导小组办公室《关于梳理上报本市第三阶段专项治理排查项目并建立项目申报常态化机制的通知》精神,梳理朝阳区2010年7月1日至2010年12月31日规模以上新批立项(包括审批、核准、备案)建设项目,共梳理出54个建设项目。

(苏　虹)

**【62个项目列入北京市重点项目】** 年初,区国际电子总部等32个项目被列为2011年市重点建设工程,CBD地下空间建设等30个项目被列为市重点前期项目。项目总投资约2255亿元,年度计划投资81.5亿元。

(于　洋)

**【重点能耗企业监测平台建设】** 3月10日,区发改委提出建设"朝阳区重点能耗企业在线动态监测平台"需求。9月16日,完成专家评审工作。11月11日,获得立项批复,并着手组织项目设计投标工作。能耗企业在线动态监测平台建成后,将对全区范围内2000吨至5000吨级标煤的207家各类能耗企业进行全面动态监测,从宏观层面控制和管理全区用能总量,准确落实"十二五"期间节能减排目标。

(冯　辉)

**【"3.15"法制宣传咨询活动】** 3月15日,参加"3.15消费者权益日"主题宣传活动。活动现场发放"12358"宣传册、价格维权知识手册,宣传价格法律知识,解答群众咨询并受理举报。

(冯　辉)

**【第二届中国特色世界城市论坛】** 3月30日,举行第二届中国特色世界城市论坛暨外国专家"长城友谊奖"颁奖仪式。活动由市、区政府共同主办,区发改委承办。论坛围绕"聚焦中国特色,建设世界城市"主题,探讨北京建设中国特色世界城市的模式与路径。

(黄　旭)

**【工程建设专项治理自查排查】** 3月,完成工程建设领域专项治理3个阶段自查排查。全区自查、排查434个项目,梳理出审批手续不完备、土地应开工而未开工、规划手续不完备即开工建设、违反《基本建设财务管理规定》、未办理竣工验收手续即投入使用、日常安全教育管理不到位等10类问题,涉及建设项目131个。

(苏　虹)

**【工程建设领域项目排查】** 4月6日至8日,市发改委项目决策和招投标两个专家组到本区开展工程建设领域专项治理项目排查工作。排查53个项目,大部分项目管理较好。针对排查出的个别问题,区发改委督促项目单位整改。

(苏　虹)

**【检查指导】** 4月29日,市工程建设领域突出问题专项治理办公室专项工作组检查指导朝阳区专项治理工作。工作组结合汇报和检查情况,肯定朝阳区工程建设领域突出问题专项治理工作。

(苏　虹)

**【印发“十二五”任务分工意见】** 6月,制定并印发《朝阳区国民经济和社会发展第十二个五年规划纲要》任务分工意见。

(魏　乐)

**【工程建设领域项目整改】** 8月,完成工程建设领域专项治理问题项目整改工作。对有问题项目采取行政措施7件,其中通报6件,处理相关责任人1件;行政处罚40件,整改率100%。

(苏　虹)

**【高安屯餐厨垃圾项目绩效稽查】** 8月16日至24日,市重大项目稽查办公室对高安屯垃圾无害化处理中心餐厨垃圾项目进行绩效稽查。结果表明,该项目执行政府投资项目建设程序和招投标制度,主要建设内容与初步设计概算批复基本一致,质量合格。采用微生物技术,实现餐厨垃圾资源化利用,为餐厨垃圾无害化处理以及完善北京市环卫基础设施建设奠定一定基础。区发改委针对存在问题制定4项整改措施并上报市稽查办。

(苏　虹)

**【“十二五”规划主题展】** 9月15日,朝阳区“十二五”规划主题展在朝阳规划艺术馆开展,展览由区发改委承办。主题展作为2011北京CBD商务节组成部分,通过展板、物理沙盘、数字沙盘、多媒体查询、3D等多种科技手段,解读“十二五”时期发展战略、重点区域布局和主要工作任务。

(魏　乐)

**【基本建设项目征集】** 9月20日至10月20日,完成2012年区政府投资基本建设项目征集工作。征集项目246个,总投资290亿元,其中申请区政府投资基本建设专项资金268.8亿元。

(王之静)

**【专项稽查】** 10月26日至11月8日,市重大项目稽查办公室专项稽查本区22个市政府投资项目。结果表明,2011年度本区使用市政府投资最终批复资金101254.56亿元,截至年底完成投资金额79714.20亿元,达到78.7%。除个别项目建设进度滞后外,总体执行情况较好,建设进度基本正常,招投标工作符合程序,监理工作基本到位,财务账目、票据基本合法合规,无超合同支付。

(苏　虹)

**【税源建设】** 年内,按照全年财政收入实现9%的增长目标,发挥税源建设领导小组办公室统筹协调职能,继续完善税源建设工作机制,定期形成朝阳区税源建设周刊和财税收入形势分析。

(张晓楠)

**【融资服务】** 年内,收集各部门重点项目建设资金需求计划,会同财政等部门研究形成全区2011年融资方案建议。完成金朝阳公司注资宝嘉恒公司产权登记。与农行北京分行签署战略合作协议,启动第二期企业债券发行前期准备工作。

(张晓楠)

**【医药卫生体制改革】** 年内,按照市医药卫生体制改革方案要求,继续深化医药卫生体制改革,统筹、协调医药卫生体制改革重大问题,完成2010年医改评估。

(张晓楠)

**【分解落实固定资产投资任务】** 年初,按照北京市2011年继续推行投资任务分解督查机制要求,将2011年全区全社会固定资产投资促进任务分配至全区16个职能部门。累计完成全社会固定资产投资1177亿元,同比增长0.6%,完成年初确定的任务目标。

(于　洋)

**【“双十工程”实施方案】** 年内,编制《朝阳区推进“双十工程”实施工作方案》,主要内容为:明确“十二五”期间“双十工程”重点任务、责任单位和责任人,成立由区委、区政府主要领导任双组长,相关区领导任副组长,相关职能部门主要领导为成员的组织领导体系。建立分年度滚动实施工作制度及分工负责、监督考核和评估、政策资金保障和社会动员等一套实施保障机制。3月15日,区委、区政府向全区印发《朝阳区推进“双十工程”实施工作方案》。

(魏　乐)

**【基本建设专项计划编制】** 12月,完成2012年区政府投资基本建设专项计划编制工作。“计划”以保续建项目、保区政府重点项目、保折子工程及重要实事项目、保市补资金配套项目为原则,实现年度专项投资计划与区“十二五”规划分解任务衔接。

(王之静)

**【“十二五”规划审议及发布】** 年内,启动“十二五”专项规划审议及发布工作,制定《区发展改革委关于做好朝阳区“十二五”专项规划有关工作的通知》,并以区委、区政府名义向全区发布。

(魏　乐)

**【“十二五”分阶段实施方案】** 年内,分解“十二五”规划纲要18个主要指标和7大领域任务到相关职能部门,细化772项具体任务,并按照2011年、2012-2013年、2014-2015年3个阶段,提出阶段性任务安排。

(魏　乐)

**【重大项目绿色审批通道】** 年内,CBD核心区14个地块及地下空间项目、爱立信研发中心二期、双桥公租房等69个项目纳入市级绿色审批通道。截至年底,区域内有338

个项目进入市级绿色审批通道，项目投资约9152亿元。

（于 洋）

**【投资项目委托评审】** 年内，执行政府投资项目决策评估制度。在立项审批前，委托咨询公司评估论证项目建设规模、标准及投资估算，合理控制项目规模和建设标准，并报区长办公会审查。全年完成39个政府投资项目立项审批工作，投资65.82亿元。

（于 洋）

**【高尔夫球场清查】** 年内，按照国家11部委、市政府高尔夫球场清理整治工作部署和要求，区发改委会同区有关部门清查区域内14个高尔夫球场，对存在占用耕地、涉及地下水源保护区和灌渠等问题的球场，提出整改措施，并督促相关单位落实。

（于 洋）

**【深化审批制度改革】** 年内，梳理行政审批及许可事项，完善办理流程，在确保项目程序规范的前提下，加快项目前期手续办理。全年累计批复各类项目立项184个，总投资约1764亿元，其中审批39个，核准78个，备案67个。

（于 洋）

**【"十二五"公共服务设施规划】** 年内，编制完成《北京市朝阳区"十二五"时期公共服务设施建设规划》，其中涉及教育、卫生、文化、体育、社会福利和社区公共服务6个方面，涵盖统筹安排公共服务设施空间布局、优化公共服务设施资源配置、及早谋划储备公共服务设施重大项目等内容。

（于 洋）

**【推进民生工程建设】** 年内，批复"2011年朝阳区老旧小区配网改造工程（东环18小区）"、"2011年朝阳区校舍安全工程改造"、"朝阳区图书馆（新馆）改造"、"朝阳区老旧小区供热管网改造"等13个民生工程立项，批复总资金20.8亿元；加快道路微循环系统建设，批复投资10146.66万元，实施断头路、堵头路、瓶颈路道路建设工程。推进垂杨柳医院、七十一中学改扩建工程及第二福利中心项目前期手续办理，并取得市发改委项目建议书的批复。

（于 洋）

**【基本建设专项资金使用计划】** 年内，下达2批专项资金使用计划，涉及计划项目89个，下达计划金额11.29亿元。召开6次项目例会，了解计划内项目施工进展情况，结合施工进度下达资金使用计划，并与区财政、审计、监察等职能部门加强资金使用等相关信息的沟通对接。

（王之静）

**【争取市补资金支持】** 年内，获得3批市政府资金下达计划，涉及31个项目，补助金额3.56亿元。

（王之静）

**【招投标监督管理】** 年内，加强对招投标活动的监督管理。依法核准招标方案；结合工程建设领域专项治理，会同区财政、审计、监察等职能部门加强监督指导，促进项目单位招投标活动合法有序。

（王之静）

**【"代建制"项目实施】** 年内，召开5次"代建制"项目专题会，推进在施项目工程进度及已完工项目结算审计。全区采取"代建制"组织实施的政府投资基本建设项目4个，分别是：垡头文化中心工程、区防病保健中心二期工程、和平医院扩建工程及朝阳公安分局看守所装修改造项目。

（王之静）

**【开展低碳发展模式课题研究】** 年内，与西门子公司、市节能中心共同调研城区低碳实施路径及低碳发展模式课题，完成课题初稿、终期稿件撰写及征求意见、专家评审，该课题经市发改委、市科委终期评估，形成本区《低碳研究实施方案》。

（薛 蕾）

**【"东北热电中心"建设工作】** 年内，协调市发改委、规划委、热力集团和区循环经济园区等部门，落实东北热电中心选址、热电平衡分析、占地补偿协调等事项。为落实市政府1+4+N供热体系建设奠定基础。

（薛 蕾）

**【编制节能管理三大规划】** 年内，启动朝阳区"十二五"节能规划、公共机构节能规划、能源规划编制工作，理清全区节能潜力、能源结构、能源发展布局等能源重大问题，提出"十二五"节能减排、能源发展目标、发展格局和措施，年内完成中期评估。

（薛 蕾）

**【电力应急保障】** 年内，完成电力应急保障工作。"两会"期间，检查110kv输电线路，涉及8个街乡，消除电力安全隐患12处，下达线路保护区内停止施工通知书12份。"七一"期间，消除重点线路安全隐患24项。检查电力有限空间，协调电力企业制定"电力有限空间作业应急救援预案和安全规定细则"。

（余合喜）

**【电力设施改造】** 年内，推进9家老旧小区电力改造可研编制和立项。协调北京电力公司签署电力改造协议，解决老旧小区用电安全及电力容量不足等问题。计划用3年时间改造50个老旧小区电网设施。

（余合喜）

# 统　　计

**【概况】** 朝阳区统计局是区政府负责综合统计工作的职能部门,国家统计局朝阳调查队、北京市朝阳区经济社会调查队为国家统计局北京调查总队和北京市经社会调查总队的派出机构,与区统计局合署办公,局长对本地区统计工作负总责(简称局队)。年内,局队围绕区政府主要经济社会指标目标和区政府折子工程,履行信息、咨询、监测职能,以地区生产总值核算为主线,强化统计监测,全力服务"保增长"工作,服务文明城区创建,提高统计服务水平,提高数据质量,提高统计公信力,组织抓好2%人口抽样调查,完成各项工作任务。

地址:日坛北街33号区政府北院南楼四层

电话:65094641

邮编:100020

(李海林)

**【服务"保增长"】** 年内,配合区政府办制定《2011年朝阳区各委办局经济社会发展任务书》和《2011年朝阳区促GDP增长工作方案》;测算分解43个街乡任务目标;对部分单位开展GDP核算知识培训;按季度组织召开GDP核算小组会议,分析GDP核算相关指标变动情况,预测GDP走势;按季度测算反馈各部门和各街乡GDP完成情况。

(李海林)

**【服务文明城区创建】** 年内,配合制定文明城区创建工作民意调查方案;做好入户调查业务指导工作;增加2011年统计年鉴历史数据,满足创建工作数据需求;组织91名领导干部周六到社区参与"创建行动日"活动。

(李海林)

**【深化统计服务】** 年内,进行GDP、全社会固定资产投资、社会消费品零售额等指标的动态监测;在监控物价水平服务方面,增加4名调查员,建立33种主要商品和服务项目价格5日报制度,开展29种鲜菜直销和7种保本猪肉价格每5天一次的监测调查,与区发改委建立日常沟通机制;完成"从首都经济圈看朝阳区优势、地位及未来发展趋势"等4个课题项目研究;以分析指标下分三级的标准,向区委、区政府提供有数据深度的分析报告;发挥统计咨询服务职能,向区委办公室、政府办公室、发改委、CBD管委会、商务局等部门提供各类统计数据11万余笔,提供信息259条、分析201篇、报告42篇;完成《统计经纬》编辑与发行。

(李海林)

**【提高统计数据质量】** 年内,采取4项措施抓数据质量。一是抓入口,做到应统尽统。完善与税务、工商等部门联动机制,建立信息共享制度,联合督促在朝阳经营但未办理统计登记的单位依法纳统。二是落实准规模查找工作。发动统计所在地查找,共找到6282家单位。三是开展数据质量评估。执行科室专业评估会、月度调度会、季度经济形势分析会三位一体数据质量评估制度,重点关注与GDP核算相关指标。四是核查、更新"三上"(规模以上、限额以上、资质以内)企业最新基本信息。

(李海林)

**【统计专项调查】** 年内,先后完成国家和市局布置的组织工作满意度调查、党风廉政建设民意调查、国有企业反腐倡廉民意调查等调查任务。立足为区工作服务,面向全区643户居民,开展创建文明城区民意调查;面向全区143个二级领导班子,开展区组织工作满意度调查;面向全区街乡4715名调查对象,开展街乡处级领导班子考核测评;完成劳动用工、金融业、国际组织、外企代表处等一系列专项调查。

(李海林)

**【2%人口抽样调查】** 年内,完成2%人口抽样调查工作。此次调查,朝阳区共抽中37个街乡、76个调查区的154个调查小区,调查时点为11月1日零时。先后成立区、街道和地区办事处人口抽样调查办公室,依次完成调查员选调、动员培训、普查小区划分、清查摸底、登记复查、数据处理和资料开发等工作。抽样调查数据显示,调查户数为18923户,登记人口为49697人,常住人口为43490人,常住外来人口为17587人,出生人口为297人,死亡人口为136人。依据调查资料推算朝阳区2011年末,常住人口为365.8万人;其中男性188.3万人,女性177.5万人;0-14岁人口30万人,15-64岁人口304.2万人,65岁以上人口31.6万人;常住外来人口160.9万人;2011年出生人数26722人,出生率7.42‰,死亡人数13259人,死亡率3.68‰。

(李海林)

**【统计信息化建设】** 年内,完成办公自动化OA系统升级改造工作,各项功能达到设计要求,在全系统开始试运行;进行统计系统培训平台研发工作;利用现有网络资源,使统计专网与街乡办事处网络分离,初步实现平台间互通、互联;将互联网与局队内网分开,科室设置公用机访问互联网。

(李海林)

**【统计执法检查】** 年内,查处不办理统计登记、迟报、拒报等统计违法行为。全年检查757家单位,行政处罚266家,其中行政警告211家,行政罚款55家,罚款金额22.06万元。

（李海林）

【统计"六五"普法】 年内,制定局队统计"六五"普法规划;为基层统计所提供普法宣传素材、更新普法宣传专栏信息;建立"立案案卷审核台账"和"执法监督审核表",采取"二审制"监督管理模式,审理立案处罚案卷55卷;建立执法检查回访制度,回访上年被给予统计行政处罚的部分单位,检查其整改情况;进行统计从业资格认定,2418人报考资格考试,实考1808人,合格1151人;为1160人办理统计从业资格证书。

（李海林）

【统计队伍建设】 年内,提拔科级干部36名,其中以竞争上岗方式选任11名,以民主推荐方式选任25名;领导职务的20名,非领导职务的16名;调查队3名,局机关16名,统计所17名。利用"加强机关管理机制建设,确保统计工作高效运转"课题研究成果,梳理完善规章制度,优化工作流程,规范机关管理。按照新的工作标准和要求,整理装订113份干部人事档案。

（李海林）

# 劳动和社会保障

【概况】 朝阳区人力资源和社会保障局,是综合管理全区劳动和社会保障工作的职能部门。负责研究制定全区劳动保障工作规划、年度计划、行政措施;负责辖区内社会保险,管理区社会保险经办机构;负责开发利用本区城乡劳动力,管理社会劳动力资源,监控城乡失业率,管理区职业介绍机构;负责指导辖区内企业与劳动者依法建立劳动关系;负责北京市工资政策实施工作;负责处理辖区劳动人事争议案件;负责劳动监察综合管理;负责管理辖区职业技能开发;负责监督、检查、指导街乡劳动和社会保障工作。

地址:大柳树甲100号

电话:84512071

邮编:100023

（房　磊）

【劳动保障监察网格化管理】 4月,升级劳动监察"两网化"信息系统,增加"指定巡查"和"指定采集"两个功能模块。劳动监察"两网化"建设与"劳动用工规范一条街工程"日常巡查和书面审查相结合,43个街乡纳入劳动监察"两网化"管理。截至12月底,该系统完成用人单位信息采集58129家;区监察大队对街乡一级监察小组下达指定巡查任务1931条,完成巡查1504条,完成率77.9%,发现违法行为337起,立案322件;下达指定用人单位信息采集任务617条,反馈完成采集373条。

（房　磊）

【就业失业登记证】 5月1日,《北京市就业失业登记管理暂行办法》实施。截至年底,《求职证》换发《就业失业登记证》8064人,占全部证件换发的92.85%;《再就业优惠证》换发《就业失业登记证》33062人,占全部证件换发的89.53%。

（房　磊）

【区劳动人事争议仲裁委员会】 5月27日,区政府下发《北京市朝阳区人民政府办公室关于成立朝阳区劳动人事争议仲裁委员会的通知》,"朝阳区劳动人事争议仲裁委员会"正式成立。

（房　磊）

【劳动科社保所星级评估】 9月22日至28日,评估2011年劳动科、社保所。评定五星级社保所13家,四星级24家,三星级5家,二星级1家;评定五星级劳动科7家、四星级24家、三星级8家、二星级4家。

（房　磊）

【区劳动人事争议仲裁院】 10月13日,启用"朝阳区劳动人事争议仲裁院",市委常委、市总工会主席梁伟,人力资源和社会保障部调解仲裁司司长宋娟、市人力社保局局长张欣庆、区委书记陈刚参观仲裁院。

（房　磊）

【城镇登记失业】 年内,城镇登记失业率0.88%,登记失业人员就业率70.95%,城镇登记失业人员实现就业2.63万人,其中就业困难人员实现就业1.5万人。全年开发就业岗位13万个。

（房　磊）

【青年就业创业】 年内,区人力社保局、团区委联合协作,举办4场高校毕业生专场招聘会,提供就业岗位4740个,参会1368人,811人达成就业意向;与团区委共同组织"朝阳区就业创业见习招聘会",提供见习岗位1000余个,201人达成见习实习意向。1027名青年实习。发布售后工程师、行政经理、销售代表、会计、电工及话务员等2200余个岗位信息,200余名青年接受就业指导和创业培训,为60名毕业生测评职业素质。

（房　磊）

【农村劳动力就业】 年内,开发适合农村劳动力就业岗位9.13万个,向土储乡输送岗位9004个,举办3场就业专场招聘会,1070人现场达成初步就业意向。出台《朝阳区鼓励农村劳动力转移就业奖励办法》,为企业和个人拨付资金1.03亿元,补贴18029人次。

（房　磊）

【困难群体就业服务】 年内,为就

业困难人员提供日常援助46800人次,重点援助30759人次,托底援助285人次,共援助14757名就业困难人员实现就业,就业困难人员就业率66.52%。组织"再就业援助月"和"春风行动"等公共就业系列活动。全区公共就业服务机构组织341场专场招聘会,提供免费服务17372人,推荐本市农村劳动力和2000余名外来务工人员就业。1月,以低收入家庭中失业人员为主要慰问对象,开展"两节"送温暖工作。走访慰问就业困难人员970人。全区发放慰问金及慰问品折合人民币40.15万元。

(房　磊)

**【高技能人才队伍建设】** 年内,召开2010年度高技能人才队伍建设总结表彰大会,表彰8家高技能人才队伍建设先进单位和150名优秀中青年高技能人才。组织开展第二届享受区政府首席技师、首席员工特殊津贴评审工作,29名高技能领军人才获得政府特殊津贴。实施高技能人才培养带动工程,14家企业重点培养184名高技能人才并实现职业资格晋级,从中选拔120名优秀中青年高技能人才予以表彰奖励。重新修订《高技能人才培训补贴管理办法》,为220名高技能人才申请培训经费补贴21.62万元。

(房　磊)

**【城乡劳动力职业培训】** 年内,出台《朝阳区定点培训机构认定方案》、《朝阳区定点培训机构职业技能培训工作流程(试行)》和《朝阳区职业培训补贴审批拨付流程(试行)》等3个区级配套政策。认定公布12家定点培训机构。全年培训城镇失业人员4741人、农村劳动力3225人、外来农民工1949人。审批职业培训补贴81.782万元。

(房　磊)

**【社会保险】** 年内,养老保险、失业保险、医疗保险、工伤保险、生育保险缴费人数分别达到137.16万人、141.35万人、188.25万人、137.54万人、67.83万人,同比分别增长14.82%、15.04%、14.56%、14.57%、7.02%;全区5项社会保险基金累计征缴额达到287.03亿元,同比增长24%;累计支出190.5亿元,同比增长21.77%;各项社会保险基金累计收缴率98%以上。城镇居民参加大病医疗保险21.7万人。

(房　磊)

**【基本医疗】** 年内,审核结算门诊实时费用2635.1万笔,同比增加190%,支付金额27.8亿元,同比增加117%;审核结算医院上传住院费用28.6万人次,同比增加41%,支付金额22.6亿元,同比增加37%;手工审核结算城镇职工基本医疗、城镇居民基本医疗、离休统筹、生育、工伤、公务员生育、公务员工伤、失业保险、超转、退养、新型农村合作医疗、社会医疗救助等各类费用23.9万人次,同比减少76%,支付金额2.4亿元,同比减少79%。103家医疗机构下达总量控制指标,占全区医疗机构的34.45%,全区总量控制指标37.66亿元。357家定点医疗机构建立医生工作站,323家定点医疗机构参加医保服务医师管理,占定点医疗机构总数的91.5%,医保服务医师3808人。

(房　磊)

**【城乡居民养老保险】** 年内,城乡居民养老保险累计参保人数8.86万人,累计收缴保费4.98亿元。城乡居民养老保险缴费人数5.8万人。其中,农村居民5.05万人,农村社会保障覆盖率超过96%;城镇居民0.75万人。收缴保费8017.61万元,其中个人缴费2771.2万元,集体补助2147.9万元,财政补贴3098.5万元。享受养老金人数1.3万人,支出养老金5355.1万元;其中个人账户养老金1016.2万元,基础养老金4338.9万元。支付继承金26.4万元,支付清算金546.1万元,保费转出19.3万元。历年累计支出养老金1.8亿元。

(房　磊)

**【劳动监察执法】** 年内,劳动监察立案6178件,结案5874件(其中投诉举报立案3169件,结案2988件;巡查立案3009件,结案2886件);检查用人单位1.59万家,为6472名劳动者追讨工资3930万元,为873名劳动者追缴各项保险费277万元,责令用人单位为668名劳动者补签劳动合同。与区建委联合下发《朝阳区施工项目劳务管理及劳动用工规范工作方案(2011年修订版)》,编印《朝阳区施工管理指导手册》和《朝阳区施工项目劳务及用工规范管理指导手册》;"春节"、"五一"、"十一"期间,重点对餐饮、建筑施工和加工制造等劳动密集型企业开展工资支付和用人单位遵守社会保险法情况专项检查。检查用人单位7390家,涉及劳动者22.6万人,为4671名农民工追讨工资3225.96万元;结合"春风行动"和打击非法经营行为专项行动,分别于2月15日至4月29日、8月16日至9月30日开展两次清理整顿人力资源市场秩序专项检查,检查职业介绍机构1211家,责令7家用人单位退还财物共计1.2万元。4月至9月,各街乡劳动监察小组组织实施"劳动用工规范一条街工程"工作,从街乡向劳动保障监察基础网格延伸。责令10家企业为129名劳动者补缴社会保险16.45万元,为84家企业464名劳动者解决工资待遇128.5万元,为103家企业228名劳动者补办职业资格证书,规范用人单位6088家,比上年同期增加将近两倍(2010年通过开展一条街工作规范用人单位2090家),劳动者劳动合同签订率100%,社会保险参保率100%,持证上岗率100%。

(房　磊)

**【劳动合同管理】** 年内,建立劳动关系信息传递工作机制,将发生劳动争议案件的企业信息,定期在劳动关系相关部门传递，一方面对其进行执法检查，另一方面进行针对性宣传培训，最终形成“案件处理—执法检查—宣传培训”无缝连接工作模式。截至年底，区组织开展及通过劳动关系信息传递机制反馈的培训企业累计4000余户，区规模以上企业劳动合同签订率98.75%，续订率98.06%。

（房 磊）

**【劳动争议仲裁】** 年内，接受劳动争议案件12029件，其中，立案受理10464件，比上年同期降低0.38%，不予受理1565件，比上年同期降低11.48%；集体争议案件531件，涉及劳动者3007人，分别比上年同期增长3.51%和4.37%，结案率94.41%，调解率41%。

（房 磊）

**【北京外企劳动争议调解中心】** 年内，指导北京外企服务集团率先成立区第一家企业劳动争议调解中心——北京外企劳动争议调解中心。

（房 磊）

**【职业技能鉴定】** 年内，职业技能鉴定全国统考报名考生资格审核1.3万人，同比增长34.21%；审核通过10312人，同比增长96.49%；组织9935名考生参加考试，同比增长21.1%。两次全国统考共设11个考点、335个考场，71名考务人员，670名监考人员，派出62名巡考人员。督导辖区内职业技能竞赛41场，涉赛人数2550人，新增裁判员36人，新增赛务人员25人。

（房 磊）

# 工商行政管理

**【概况】** 北京市工商行政管理局朝阳分局（简称“工商朝阳分局”），负责辖区内市场经济主体登记注册、商标广告监管、经济合同监管、市场竞争监管、打假维权以及规范市场经济秩序等工作。下设39个部门，其中18个职能科室、15个工商所、1个执法检查队、5个事业单位，共有干部职工615人。年内，获“全国工商系统打击侵犯知识产权和制售假冒伪劣商品专项行动先进集体”称号。12月，被中央精神文明指导委员会授予“全国文明单位”称号。12月20日，被评为“朝阳区创建全国文明城区突出贡献单位”。

地址：霄云路霄云里1号

电话：51069009

邮编：100125

网址：http://www.hd315.gov.cn

（曹发来）

**【食品安全监督管理】** 5月，在全市率先建立一支覆盖街乡、社区（自然村）的食品安全监督员、义务监督员队伍。各街乡成立食品安全委员会，各社区、村委会设立食品安全办公室，办公室设置1－2名食品安全监督员，5－10名食品安全义务监督员。全区共有食品安全监督员1150名、食品安全义务监督员2620名。全年区财政食品安全专项拨款累计1275万元，其中，直接向街乡拨款645万元，占总投入的50%以上；投入100余万元为全区92家农副产品市场、社区菜站配发快速检测箱，形成从农田到市场再到餐桌“多品种、高水平、全覆盖”的食品安全监测监控体系。全区107家农副产品市场中有103家具备检测能力，其中一级自检实验室1个，二级自检实验室4个，三级自检实验室98个，检测种类主要包括鲜肉类、蔬菜水果类、食用油、调料、水产品（水发）、干货等日常消费食品，日均检测食品样本2400余个，检测合格率98%以上。工商朝阳分局制订《食品流通许可工作规范》，受理食品流通许可申请9271件，发放食品流通许可证8897件。全年抽样检测食品样本4551件，发现不合格食品样本224件，合格率95.08%，完成食品卫生监督2.39万户次。在7357户餐饮企业量化分级中，A级484户，B级2817户，C级4056户，量化分级完成率96.88%。

（曹发来）

**【查处传销案件】** 5月，查办“谌光以个人名义介绍传销”案。谌光为天福天美仕（厦门）生物科技有限公司北京第一分公司法定代表人。执法人员经调查取证，确定谌光以个人名义介绍传销。按照法律规定没收当事人违法所得840美元，处以50万元人民币罚款。

（曹发来）

**【北京国家广告产业园】** 11月21日，国家工商行政管理总局与市政府正式签署《关于推进首都广告业发展的战略合作协议》文件，以此为标志，北京国家广告产业园从前期研究、酝酿、论证阶段，正式转入建设和执行阶段。国家工商行政管理总局支持北京市在朝阳区建立国家级广告产业示范区，支持广告业发展改革创新政策措施在示范区先行先试。工商朝阳分局支持引导通惠国际传媒广场申报国家级广告产业园区。

（曹发来）

**【广告监督管理】** 年内，辖区有专业广告公司5500余户，占全市三分之一；媒介单位283户，包含各类媒介413种，媒体数量占全市近五分之一。年内共监测、录入媒体广告148.57万条次，发现并制止涉嫌违法广告5329条次。查处各类违法广告案件163件，罚没款总额

344.39万元。

(曹发来)

**【合同监督管理】** 年内，检查使用合同企业1200余户，对消费合同格式条款相关问题责令改正326户，行政指导462次。查办违法合同87件，罚没款72万元。协助企业办理动产抵押登记72份，帮助企业吸纳银行贷款62.52万元，盘活企业资产72.25万元。举办400场拍卖会，工商朝阳分局现场监拍109场，检查确认书等2.27万份，监拍成交额49.47万元。

(曹发来)

**【信息化建设】** 年内，信息档案中心向区有关部门累计提供数据32次，共计9.77万户数据。梳理登记注册、年检验照、执法办案、市场监管、申诉举报、食(商)品监测3400余条数据信息，编制《工商行政管理部门登记和管理信息索引目录》和《分析指南》，向有关领导、部门、街乡提供84份市场主体、市场秩序分析报告和10.57万条次经济户口等信息数据。提供档案查询6.68万人次。

(曹发来)

**【工商登记注册】** 年内，累计登记注册市场主体26.87万户。其中：内资企业15.52万户，注册资本7195亿元；外资企业2.06万户，外方注资215亿美元；个体工商户共9.28万户。年内新设立市场主体约4.6万。其中：新设立内资企业2.81万户；外资企业1586户；个体工商户1.62万户。通过网登系统数据审批9.66万次，网登高峰期预约每日超过150户。

(汤翠燕)

**【商标监督管理】** 年内，全区有注册商标8.65万件，占全市20.3%，其中中国驰名商标12件，北京市著名商标60件。新注册商标2.34万件。办理动产抵押登记77件，帮助企业吸纳贷款69亿元；帮助8户企业完成商标专用权质押，贷款总额1.73亿元。查处商标侵权案件267件，罚没293.74万元。

(汤翠燕)

**【企业监督管理】** 年内，全区应参加年检内资、个人独资及合伙企业13.3万户，年检率89.39%，同比提高4.9个百分点；其中内资企业年检率92.19%，同比提高2.71%，个人独资及合伙企业年检率64.03%，同比提高16.6%；应参加验照个体工商户81587户，验照率83.61%，同比提高14.34%。清理经济户口虚数，吊销9927户个体工商户、7670户内资企业、3559户个人独资企业。外资应检企业9445户，实检8940户，未检505户，年检率94.65%。将大型导向性电子商务网站和企业经营的团购网站纳入年检，标注、处理异地经营和有多次投诉举报的团购网站。

(汤翠燕)

**【有形市场监督管理】** 年内，制定《市场食品流通许可现场核查制度》，对市场内加工制售食品经营商户进行现场核查与审批。全区所有农副产品市场自检样本数量3.26万个，检出不合格样本47个，合格率99.86%。处理抢购碘盐事件，惩处囤积食盐、哄抬价格违法行为。查处“双汇”品牌肉制品(含“瘦肉精”)经营户。现场检查所有农副产品市场和猪肉批发交易市场，落实场厂挂钩、索证索票、检验检疫要求。

(汤翠燕)

**【消费者权益保护】** 年内，按照《流通领域商品质量监测办法》、《北京市工商局关于进一步规范流通领域商品质量监测工作的意见》要求，完成市工商局委托的208个样品抽检任务。自行抽检监测对象包括：成人服装、床上用品、成人鞋、通讯器材、电器、电子产品、电线电缆、家具板材、电动自行车、儿童玩具、童车、童鞋。专项整治商品质量，重点检查无照经营、制假售假及产品包装、标识、合格证等信息。全年受理群众举报3875件，立案查处333件；受理消费者申诉6567件，为消费者挽回经济损失471.1万元。

(汤翠燕)

**【查处注册商标案件】** 年内，经查北京安恒利通科技发展有限公司“ROCK”(注册号：6891863)商标和“安恒”(注册号：1490923)商标核定使用商品中没有锁类商品，即该两件商标没有注册在锁类商品上。自2010年1月1日至2011年6月30日，当事人在所销售的锁体、锁芯的外包装、产品宣传图册及产品展示上使用“ROCK”(注册号：6891863)和“安恒”(注册号：1490923)商标，并加注“圈R”注册商标标记，在钥匙上标示“ROCK”(注册号：6891863)商标并加注“圈R”注册商标标记，在公司网站www.acerock.com上的门锁产品图片展示上使用“ROCK”(注册号：6891863)商标，并加注“圈R”注册商标标记。其间非法经营额总计1331.23万元。依据《中华人民共和国商标法》规定，责其立即停止使用冒充注册商标，并处以100万元罚款。

(曹发来)

**【百日整治】** 年内，制定《朝阳区开展打击非法经营行为专项行动方案》，建立打击无(证)照、非法经营“六项机制”，即政府牵头属地负责统筹机制；各司其职联合执法联动机制；问题发现转告相关移转机制；务求实效重在长远长效机制；打防并举执法适度稳定机制；履职不力玩忽职守追责机制。5月至9月，协调全区40个职能部门、43个街乡开展专项百日整治活动，组织联合执法5480次，向8269户无(证)照和非法经营户张贴“取缔通告”，查处取缔2249起，罚款200余万元，暂扣非法经营工具5万余件，拆除违章建筑92处6169平方米。查获豆各庄乡非法加工、制造、灌装洋酒窝点，涉嫌侵犯芝华士、马爹利、轩尼诗、皇家礼炮等十余个知名商品。当场查扣洋酒空瓶1万余个，假冒商标

9000余套,红酒原液800余斤,洋酒成品347瓶,封盖机、灌装机、吹风压膜机等加工设备各1套。

(曹发来)

**【专项清理】** 年内,清查含塑化剂产品,排查劣质烤鸭和染色花椒。专项检查河南沙琪玛、问题鱼松、家乐牌"浓汤宝"、台湾xo酱、燕窝、含罗丹明B食品、地沟油、"老北京冰棍"等60种食品。查获黑庄户乡郎辛庄村制售劣质食用油窝点,查扣分装设备一套,假冒生态坊压榨菜籽油、香莱牌压榨纯香菜籽油等商标标识8000余套,劣质食用油12桶约2吨,添加剂5桶,包装箱1000余个,塑料油壶12编织袋;查获孙河乡沙子营两家炼制地沟油窝点,查扣灌装桶50个和相关工具,拆除2个地沟油提炼池。

(曹发来)

**【北京商务中心区工商所】** 年内,北京商务中心工商所辖区有各类市场主体2.78万户。按主体类型统计,内资企业(含个人独资及合伙企业)1.86万户;外商投资企业2646户;外国企业在华常驻代表机构2987户;个体工商户3071户;有形市场2个。全年查处违法行为案件164件,罚没款总数163.8万元。向违规企业发出行政提示1026份;责令改正984份。

(曹发来)

**【工商工作站建设】** 年内,全区有固定工商工作站94个,网上工商工作站40个,流动工商工作站2个。工商分局参与工商工作站活动15次、9750人次,发放宣传材料8180份,发放纪念品7790份,现场受理投诉176起,为群众挽回损失15.8万元。

(宋润明)

**【区消费者协会】** 年内,举办"3.15"消费者权益日系列宣传。"3.15"期间,开展46次宣传活动,现场接待咨询5300余人次,发放《消费警示手册》、《消费维权指南》、《食品安全知识手册》及法律法规等宣传材料8万余份,现场解决投诉23件。北京电视台、北京青年报、中国新闻社、中国消费者报、朝阳有线、朝阳报等多家媒体宣传报道50余次。蓝色港湾、秀水街等绿色通道成员单位自行解决消费投诉2231件。

(宋润明)

**【区私营个体协会活动】** 年内,召开区私营个体协会(简称区私个协会)第二届会员代表大会。203名私企会员代表和121名个体会员代表参会。会议确定今后5年工作重点。年内,区私个协会登记私营个体经济流动党员151名,帮助会员解决贷款融资1000余万元,法律咨询服务平台接待咨询和来信来访3000余人次,指导解决三间房乡100余名个体会员拆迁纠纷等。

(宋润明)

# 物 价 管 理

**【概况】** 朝阳区发展和改革委员会价格管理科负责全区物价管理工作,物价检查所依法进行物价监督检查、接待并处理群众来信来访等。
地址:百子湾西里303号
电话:65012644
邮编:100124

(李永宇)

**【调整机动车停车收费】** 2月22日至4月1日,调整机动车停车收费标准,引导车辆合理使用、流动,缓解区域交通拥堵,改善交通运行环境。

(罗凤鸣)

**【平抑加碘食盐价格】** 3月17日至21日,受日本地震影响,市场出现抢购加碘食盐现象。区发改委启动应急机制,监测价格,多方协调,加强市场供应,平抑区域加碘食盐价格。

(罗凤鸣)

**【价格专项检查】** 3月17日,专项检查食盐价格,落实"三个及时":及时发现抢购现象,及时向区政府报告市场供应情况,及时处理价格违法行为。对5个严重超过国家定价销售单位给予行政处罚。3月1日至5月底,专项检查涉农价格和收费、村级组织收费。联合区监察局、财政局、审计局,重点检查区种养服务中心、动物疫病预防控制中心、区植物检疫站、小红门乡等单位涉农价格和收费执行情况,检查小红门、十八里店乡部分村级组织收费情况。1月至5月,专项检查质量监督检验检疫系统。9月至12月,专项检查教育收费,检查中央音乐学院及劳动保障出版社、高教电子音响出版社、南磨房幼儿园等价格情况。5月至12月底,专项检查医药卫生服务价格,分别组织区卫生局及部分三级以上医院、二级医院17个单位和66个二级以下医疗机构完成自查自纠,重点检查望京医院、安贞医院、朝阳医院、306医院。

(李永宇)

**【事业单位收费和许可证年审】** 3月21日至5月17日,完成168家行政性事业性收费单位年审工作,审查范围包括收费项目、范围、标准等内容,完成2010年度行政性事业性收费许可证年审,审验收费许可证361个,年审率97%。审核行政事业性收费总计52459.35万元。

(李永宇 罗凤鸣)

**【商品房明码标价检查】** 5月1日,

检查辖区内6家商品房销售企业明码标价情况。

(李永宇)

【"12358"十周年纪念活动】 5月30日,在建外新世界商场门前举行"12358"价格举报电话全国开通十周年主题宣传活动,发放宣传材料3000份,接受群众咨询,现场受理投诉举报。活动邀请建外一条街"价格诚信单位"和建外街道参加。

(李永宇)

【专项检查】 7月14日至8月13日,专项检查"三伏贴"价格。8月31日至9月2日,专项检查降低住宅买卖经纪服务收费标准执行情况,7月25日至8月20日,专项检查商业企业"限塑"价格执行情况。

(李永宇)

【大型社会活动停车计次收费】 9月15日,印发《朝阳区大型社会活动期间机动车停车场实行计次收费管理办法》,规范辖区大型社会活动期间停车收费管理。9月22日,区发改委批复9月25日至10月9日"2011年中国网球公开赛"期间,奥林匹克森林公园临时停车场实行计次收费,该比赛成为朝阳区首个实行停车场计次收费的大型社会活动。

(罗凤鸣)

【经济适用住房价格管理办法】 10月10日,制定《朝阳区经济适用住房价格管理办法》,11月8日第32次区长办公会审议通过,确立区域经济适用住房价格形成机制。

(罗凤鸣)

【调控生活必需品价格】 10月17日,制定《朝阳区市场价格调控工作实施方案》、《朝阳区增收入、降价格工作实施方案》,开展区域"增收入、降价格"工作。

(罗凤鸣)

【发布生活必需品管理通告】 10月17日,区发改委、商务局和工商朝阳分局联合发布"加强重要生活必需品市场管理"通告,倡导居民生活必需品市场及经营单位落实政府惠民政策,减少企业经营费用,保持市场价格稳定。

(罗凤鸣)

【查处价格违法案件】 年内,检查1415个单位价格执行情况。经济制裁金额11.256万元,其中:罚款9.481万元,没收违法所得1.088万元,退款0.687万元。

(李永宇)

【受理价格举报案件】 年内,受理价格咨询和举报案件3396件,其中价格咨询2857件,价格举报539件。价格举报案件中,机动车停车收费问题253件,占47%;明码标价140件,占26%;其他收费问题36件,占6.7%;商品价格问题80件,占14.8%;物业收费11件,占2%;非机动车存车收费问题19件,占3.5%。

(李永宇)

【节日价格监测检查】 年内,完成"元旦"、"春节"、"两会"、"清明"、"五一"、"端午"、"中秋"、"十一"期间市场价格监督检查和价格秩序保障工作。重点检查商业企业、停车场、公园、烟花爆竹销售点。跟踪监测价格异常波动农产品,根据粮油肉蛋菜、食盐等农产品市场价格波动情况,适时开展价格检查与监测,重点检查各大超市和大洋路等农产品批发市场。

(李永宇)

【开展机动车停车场收费检查】 年内,与区市政管委、交通等部门联合,专项检查主要街道机动车占道停车收费。

(李永宇)

【价格鉴定】 年内,区价格认证中心完成各类价格鉴定工作。截至11月24日,完成涉案财产价格鉴定业务7777件,标的金额为6558.77万元。其中鉴定案件数量同比上升7.3%,鉴定金额同比下降25.77%。

(李永宇)

【深化价格诚信创建文明城区】 年内,根据创建全国文明城区工作安排,召开43个街乡示范街价格规范部署工作会,讲解培训有关价格政策,在部分示范街开展价格宣传活动,重点检查沿街商业企业及停车场价格,累计发放宣传材料8600余份,基本规范各街、乡重点商业街明码标价工作。

(李永宇)

# 质量技术监督

【概况】 朝阳区质量技术监督局是北京市质量技术监督局设在朝阳区负责本行政区域内质量技术监督管理工作的派出机构。局机关设7个职能科室,1个稽查队,直属事业单位4个,职工169人,其中行政编制41人,行政执法编制12人,工勤编制5人,事业编制111人。全年受理投诉举报551件,开展执法活动2213起,查处案件115起,罚没款合计109.53万元。监管工业企业1513家,其中获工业生产许可证企业218家,获"3C"认证企业93家。办理企业标准备案792个、企业执行标准登记100个。检验特种设备35432台,管道11951.9米,安全阀6117个;检验计量器具103046(台/件);检验产品质量样品8577个;办理组织机构代码70604份,其中制作证书63441套,制作IC卡50639张,受理行政许可和服务类申请3445件。

地址:平房乡姚家园村8号

电话:85576988
邮编:100123

(李　娟)

【创建全国文明城区】 5月至9月,每周六组织40余名机关公务员参加“千名干部下基层,周六创建行动日”活动,公务员到社区走访入户、倾听民意,宣传创建。

(李　娟)

【“5·20”世界计量日】 5月20日,走进社区宣传“5·20”世界计量日。在农光里中社区布置展台,张贴宣传海报,发放宣传材料,现场免费检测血压计、体重秤等计量器具。检查磨房南里菜市场统配电子秤使用情况。

(李　娟)

【建党90周年纪念活动】 7月1日,组织机关干部观看胡锦涛总书记在庆祝中国共产党成立90周年大会上的讲话。参加市、区质监局联合组织的红歌会;组织党员、积极分子参观“一切为了人民”——北京市纪念中国共产党成立90周年展览。组织党员群众开展红色之旅、走访伟人故居、瞻仰烈士陵园、参观“二七”罢工纪念塔”等活动。“七一”期间,发展2名党员。

(李　娟)

【“打四黑 除四害”专项行动】 9月21日,市质监局发布紧急通知,要求全市质监系统于9月22日至24日配合市公安局“打四黑,除四害”行动,开展专项执法检查。区质监局出动执法人员85人次,对涉及食品、建材、农资类等产品共36家单位进行执法检查,主要检查取证情况、食品原材料使用情况、在用计量器具、标准文本等,其中与公安、工商等部门联合取缔无照非法生产加工地沟油、熟食及豆浆加工点3家。

(李　娟)

【质量月活动】 9月,根据市质量技术监督局、市经济和信息化委员会等下发的《关于开展2011年北京市“质量月”活动的通知》精神,采取3项措施落实文件要求。一是组织各类宣传培训,提升全社会质量意识。二是结合日常工作监督检查企业,增强企业质量安全主体责任意识。三是重视投诉举报,打击制售假冒伪劣行为,共处理62起投诉举报。

(李　娟)

【交流培训】 10月,接待8名新疆和田地区质监局工作人员交流学习。为期4周。

(李　娟)

【起重机械专项整治】 年内,专项整治十八里店乡起重机、气瓶充装站及游乐设备使用单位。取缔金盏乡非法使用承压蒸汽锅炉、王四营乡非承压锅炉承压使用企业各一个。

(李　娟)

【食品检查】 年内,巡回检查143家食品生产加工企业、20家食品相关产品生产企业、4家化妆品生产企业、3家可能生产食品添加剂企业,产品抽样合格率96.85%,涉及肉制品、糕点制品、调味料等22大类;抽取原料奶157批次、成品奶157批次,原料乳粉38批次,含乳食品7批次,进行三聚氰胺专项检验,合格率100%。接受区政协委员督导检查。全年食品执法362起。

(李　娟)

【打击食品非法添加】 年内,根据《国务院办公厅关于严厉打击食品非法添加行为切实加强食品添加剂监管的通知》要求,制定《关于食品生产环节严厉打击食品非法添加行为严格规范食品添加剂使用专项工作方案》,召开辖区内企业落实《食品安全法》、打击非法添加工作会议。自5月开始,开展严厉打击食品非法添加和滥用食品添加剂专项检查,立案处理2家产品添加剂超标企业。

(李　娟)

【整治地沟油】 年内,检查使用油脂原料企业,要求生产企业使用植物油原料,落实食用油原料采购查验制度。现场检查中未发现植物油生产及使用企业采购地沟油用于生产加工。与公安、工商等部门联合取缔2家地沟油加工点。

(李　娟)

【工业产品许可证年审】 年内,完成工业产品生产许可证获证企业年度自查报告年审,受理工业产品生产许可证获证企业年审192家。

(李　娟)

【标准化工作】 年内,受理17个单位申报的34个标准,申请市级技术标准制修订资金补助;12个单位申报的25个标准,申请区级技术标准制修订资金资助。其中12个单位的19个技术标准获得149万元市级财政资金补助,10个单位23个技术标准获得201万元区级财政资金补助。

(李　娟)

【计量监督检查】 年内,对超市、集贸市场、餐饮店等单位进行计量监督,其中超市42家、集贸市场39家、加油站66家、餐饮企业19家、医疗卫生机构12家、眼镜制配27家。

(李　娟)

【统配统管计价秤】 年内,完成2家社区菜市场电子计价秤统配统管工作,统配电子计价秤88台。

(李　娟)

【特种设备安全保障】 年内,组织大悦城、欢乐谷等特种设备使用单位进行6次应急演练,应急处置16起案件。出动人员1094人次,检查特种设备使用单位502家,检查特种设备6509台(套);受理特种设备投诉举报460余起,办理行政许可809件,开工告知1340件,注册登记新增设备3956台套,注销711台套。召开全区汽瓶、电梯维保及锅炉安全大会,印发特种设备文件38件。

(李　娟)

【查处黑窝点】 年内,查处、取缔假冒伪劣及无证生产等违法加工点51个,其中食品类50个,涉及桶装水、肉制品、豆制品及糕点等,另有1个为无证无照生产一次性纸杯加工点。

(李　娟)

# 审　　计

【概况】 朝阳区审计局是负责朝阳区审计监督工作的政府职能部门，实行双重领导，对区政府和市审计局负责并报告工作，审计业务受市审计局指导。年内，编制65人(含工勤3人)，在编60人。内设办公室(监察科)、综合科(法制科)、信息化办公室、财政金融审计科、行政事业审计科、经济责任审计科、固定资产投资审计一科、固定资产投资审计二科、经贸审计科。下设审计指导中心，全额拨款事业单位，人员编制16人，在编14人。

地址:北三环东路甲26号

电话:84272266

传真:84272233

邮编:100013

(孙　颖　尹建华)

【区审计工作会】 4月2日，召开区审计工作会，总结2010年工作，明确“十二五”期间工作思路，研究和部署2011年重点工作。

(孙　颖　尹建华)

【固定资产投资审计】 5月底，区政府办、监察局、审计局等单位组成土地储备复核工作组，区长和区纪委书记分别担任正、副组长，复核土储朝阳分中心、农委及8个乡项目。完成校舍安全和城市轨道交通阶段性审计及国家网球中心装修改造等20余项工程审计。

(孙　颖　尹建华)

【预算执行审计】 年内，按照“财政审计大格局”要求，创新“四个首次、四个结合”工作方式。首次对7个部门开展决算审计，将部门决算审计与预算执行审计相结合；首次组织72个一级预算单位开展自查工作，将重点审计与部门自查相结合；首次将企业审计情况纳入预算执行审计结果，将企业审计与促进国有资本管理相结合；首次将整改落实情况纳入绩效考核，将审计监督与政府考核相结合。编制《关于朝阳区2010年预算执行和其他财政收支的审计工作报告》并于6月24日获区人大审议通过。

(孙　颖　尹建华)

【专项资金审计】 年内，对就业再就业、社会救助、现代服务业等专项资金，从投入、支出，管理制度、有效性以及效益性开展专项审计，对审计发现的“政策不衔接、管理不到位、使用效益不明显”等现象，提出意见和建议。

(孙　颖　尹建华)

【经济责任审计】 年内，贯彻中央两办《党政主要领导干部和国有企业领导人员经济责任审计规定》，完成19个单位27位领导干部的经济责任审计。

(孙　颖　尹建华)

【企业审计】 年内，审计5家区属一、二级国有企业国有资产质量及保值增值情况。针对资本运营中存在的共性问题及体制层面问题，与被审计单位及区国资委研究整改措施。

(孙　颖　尹建华)

【内部审计】 年内，全区11个单位建立内审专职机构，有内审专、兼职人员845人。面向街道内审负责人、学校主管领导和财务人员举办专题培训，指导内审业务。

(孙　颖　尹建华)

【党建工作】 年内，开展创先争优活动，召开科长以上人员党建工作会，开展支部对抗赛，公开推选党员典型；参加区直机关“创先争优做表率，转变作风我先行”红歌演唱会；参与创建全国文明城区，开展“千名干部下基层”活动；聘请区纪委领导现场授课、局纪检组长专题辅导、观看廉政专题片；成立党务公开工作小组、制定党务公开实施意见；吸收1名积极分子为中共党员。

(孙　颖　尹建华)

【基础管理】 年内，出台项目时长补充规定、审计项目汇报及审理规定。完善审计统计制度，下发投资审计项目资料接收管理办法，编制部门预算执行审计、国有企业审计、政府投资项目跟踪审计3个操作规范。修订目标管理责任考核办法，制定、完善局长办公会管理办法，并将2009年至2011年规章制度汇编成册。分两批组织干部赴南京审计学院学习审计技术方法、绩效审计等课程；实施年轻干部“一对一”培养计划并获区委组织部优秀奖；6人取得审计组长资格，审计组长资格人员增至28人，占业务科室总人数的62%。

(孙　颖　尹建华)

【审计成果】 年内，完成审计(调查)62项，查处各类问题金额76211万元。促进增收节支3533万元，核减工程款5830万元，追回拆迁补偿资金5791万元。移送纪检机关立案查处2件，涉案金额444万元。提交审计报告、信息280篇，被批示和采用162篇次。完成调研报告9篇，报送征文6篇，“朝阳区政府债务存在的问题及对策”调研报告获区政府系统优秀调查研究成果三等奖。区审计局被评为北京市第十届思想政治工作优秀单位。在地方政府债务审计工作中，被国家审计署授予“公务员集体三等功”。

(孙　颖　尹建华)

# 烟 草 专 卖

**【概况】** 朝阳区烟草专卖局(朝阳烟草公司)设五科一室,包括办公室(安保科)、法制科、专卖监督管理科(内部专卖管理监督科)、营销网建科、财务科、人事劳资科(政工科)。专卖监督管理科下设4个市场检查大队、3个稽查大队和1个货运场站监管队,其中市场检查大队又细分为10个市场检查中队,年末职工人数177人。全年办理各类违法案件2819起;查获各类违法卷烟2018万支,总案值1244万元;查办5万元以上大要案169起,同比增加19起。破获制售假冒卷烟网络案件5起,其中以本局为主2起,配合其他区局2起,联合办案1起。市场净化率达到98.8%。全年实现卷烟销量13.8万箱,同比增长5.2%;实现利税合计7.3亿元,同比增长17.6%;毛利6.08亿元,同比增长10.13%;综合费用率为0.92%;其中,市配公司销量21700箱,实现利税合计1.42亿元,利润6700万元。荣获2011年度卷烟打假先进集体;被北京市交通委评为2011年市级交通安全先进单位;荣获北京烟草首届烟草专卖管理岗位技能竞赛团体优秀组织奖;2011年度培育知名品牌建功立业活动先进单位;荣获"京烟杯"游泳比赛团体第一名;北京烟草系统第四届职工运动会团体第三名。

地址:和平街十三区甲17号
电话:64206977
邮编:100013

(丁 鑫)

**【破获假烟销售网络】** 5月26日,联合市局打网办和朝阳公安分局破获以黑龙江人宋会勇为首的售假网络。查获各类假烟209.3万支,案值109.6万元,捣毁囤假窝点5个,查扣车辆3台,抓获涉案嫌疑人7人。8月10日,联合相关执法部门破获以浙江人黄阳、付海燕为首的互联网购、销卷烟案件。查获违法经营卷烟15.76万支、雪茄烟3256支,案值9.5万元。9月8日,联合相关执法部门破获以福建人方阿晓为首的售假网络。现场查获违法卷烟332.5万支,案值389.356万元,捣毁囤假窝点6个,查扣车辆8台,抓获涉案嫌疑人12人,刑拘8人。

(丁 鑫)

**【"12313"举报电话】** 年内,接到"12313"举报电话2626起,其中举报假冒卷烟1226起,咨询其他事宜1368起,有价值深度经营线索32条;通过线索查办5万元以上大要案件29起。

(丁 鑫)

**【网上订货基本实现100%】** 年内,本区网上订货客户4830户(除去十档以上客户和残疾户),实现网上订货全覆盖。

(丁 鑫)

**【探索零售终端建设】** 年内,制订《客户经理考核管理办法》。开展以"示范街、示范店、放心店"为载体的"百街千店"诚信经营终端建设工程。

(丁 鑫)

**【治理取缔无证户】** 年内,面向无证经营户发放《致朝阳区无证照经营卷烟零售户的公开信》,执法人员在五环内清理取缔无证经营户343户,其中自行关闭287户,与区工商分局联合清理取缔13户,查办案件13起,查获违法卷烟26.2万支,案值7.32万元。

(丁 鑫)

**【加强联合执法机制建设】** 年内,分别同公、检、法等执法部门签订联合执法备忘录,落实公安机关、检察院提前介入机制。烟草局货运场站监管队联合区运管处重点监管货运场站。检查、抽查6家货运场站、32个重点运营户、172家货运企业。向市场商户发放举报奖励宣传单172份。办理运输环节大要案22起,同比增长10%,查获涉案卷烟161.04万支,同比增长34.42%,案值183.99万元,同比增长37.04%。

(丁 鑫)

**【涉烟犯罪移送追刑】** 年内,根据《涉烟犯罪司法认定与法律适用指南》相关规定,向公安机关移送涉烟犯罪案件95起,刑事拘留7人。

(丁 鑫)

**【加强法制建设】** 年内,制订"六五"普法规划。组织"两高司法解释"、"行政强制法"专题培训。累计组织零售户培训40次,共计5868户,培训率100%,其中新办证卷烟零售户664户、违规户2612户次。开展法制宣传日、宣传月活动。在市局和区政府法制办组织的执法案卷评查中,案卷评查合格率和优秀率均为100%。

(丁 鑫)

**【规范内部生产经营】** 年内,采取核查销售数据、质询客户经理及经营人员、提取监听电话录音、核实相关票据、实地核查等措施,检查掌握销售异常情况。处理完成内管系统异常预警1212个、电话访销异常预警80个、零售户信息监管预警685个。

(丁 鑫)

**【规范卷烟批发企业经营行为】** 年内,与中食(集团)公司合作,划出5个片区890个卷烟零售户,正式运行新市配公司。实行"统一供应策略、统一客户档位管理、统一订货、统一结算、统一配送、统一客户服务标准"6项制度。

(丁 鑫)

**【企业文化建设】** 年内,开展职工论坛、爱国主义教育、“共产党员献爱心”捐款和文体活动。在北京烟草系统第四届职工运动会上取得团体第三名,在京烟杯游泳比赛中卫冕第一名。评选2个先进科室、5个先进班组、19名先进个人。

(丁　鑫)

**【编制《朝阳烟草信息》报】** 年内,编制《朝阳烟草信息》报,全年发行12期5万余份,刊载为零售户和工业企业服务的相关文章100余篇。

(丁　鑫)

# 财政 税务 金融

## 财 政 管 理

【概况】 朝阳区财政局(简称区财政局)是区政府领导下的主管本区财政收支和财政监督工作的职能部门。下设办公室、综合科、预算科、资产管理科、国库科、街乡科、行政政法科、教科文科、政府采购办公室、经济建设科、社会保障科、农业科、产业资金科、会计科、财政监督科、法制监察科、人事科。下属监督检查所、国库集中收付中心、预算编审中心、绩效考评中心4个事业单位,全局行政编制99人,事业单位人员编制71人。截至年底,完成区级财政收入3168330万元,比上年增加825703万元,增长35.2%。完成财力2679066万元,比上年增加473188万元,增长25.5%,完成预算的128%。

地址:日坛北路3号
电话:65090308
邮编:100020

(霍宗达)

【深化结构调整】 年内,大力支持“双十工程”,不断加大开发建设力度;支持高端优势产业发展,统筹优化产业结构;发挥财政政策对产业布局的引导作用,大力支持招商引资工作,为企业创造良好的政策环境和经营环境。安排资金120319万元,同比增加23213万元,增长23.9%。

(霍宗达)

【统筹改善民生】 年内,实施教育优先发展战略,推进文化事业发展,支持公共文化服务网络构建;支持公共卫生服务体系建设,提升医疗服务质量;实施积极的就业政策。安排资金1201508万元,同比增加294090万元,增长32.4%。

(霍宗达)

【坚持建设与管理并重】 年内,强化治安防范、安全生产、食品卫生等监管工作,加强流动人口服务管理;支持交通基础设施建设,强化道路秩序管理,努力提高道路通行效率;支持城中村、边角地整治工作,加大对绿化环境、水环境、大气环境的治理力度,全面推进垃圾分类工作。安排资金351557万元,同比增加38978万元,增长12.5%。

(霍宗达)

【推进城乡一体化发展】 年内,发挥财政政策对农村产业发展的引导作用,初步形成以现代服务业为支撑、高新技术产业为补充、绿色产业和都市型现代农业为特色的产业发展格局,促进农民增收;加强农村地区基础设施建设和环境整治,不断改善农村地区生活、工作和发展环境。安排资金307737万元,同比增加46047万元,增长17.6%。

(霍宗达)

【财政管理】 年内,强化制度建设,巩固完善财政资金管理制度体系,落实会计委派试行办法,进一步规范财务收支活动;强化预算管理,集中财力向民生领域倾斜;落实科学化精细化理念,统筹推进财政改革;加强基层基础建设,强化各项惠民政策在基层的贯彻落实。

(霍宗达)

【加强廉政建设】 年内,加大公务用车和“小金库”等问题专项治理力度;加强对政府专项资金监管;继续深化国库集中收付制度改革。制定《党风廉政建设和反腐败主要任务分工工作方案》,将各项任务细化,任务落实到科,责任落实到人。

(霍宗达)

# 国　家　税　务

【概况】　朝阳区国家税务局隶属于市国家税务局。内设机构13个、直属机构2个(其中稽查局内设机构7个)、事业单位3个、派出机构11个(其中5个征收所、5个管理所、1个CBD综合税务所),干部职工645人。截至年底,有税务登记开业纳税户131832户,其中内资企业96807户,外商投资企业5862户,港澳台商投资企业2978户,个体工商户25813户,其他372户。年内,组织税收收入7184003万元,完成年度计划的141.7%,同比增收2531263万元,增长54.4%。其中:共享税收收入累计增收1846852万元,增长40.6%;地方级税收收入累计增收568081万元,增长40.1%(含区级税收收入累计增收283761万元,增长40%)。个人所得税受储蓄利息停征影响同比减收1695万元。完成企业所得税4866201万元,同比增长82.2%,增收2195535万元;完成增值税2117098万元,同比增长16.4%,增收298668万元;完成消费税25512万元,同比增长26.2%,增收5302万元;车辆购置税在限购政策影响下仍呈上涨趋势,完成173600万元,同比增长23.9%,增收33453万元。(注:以上数据按照市国税局下达计划统计口径计算。税收收入均为全口径收入。同比指与上年同期同口径相比。)

地址:左家庄东里甲3号

电话:64653418

邮编:100028

(赵　婕)

【纳税服务】　1月4日,正式开通12366远程坐席。年内,中心坐席累计呼入电话254次,接通率100%,向纳税人回拨电话47次。召开中介机构座谈会,搭建税务机关、中介机构和纳税人交流平台。随机选取6000户企业,建立新型纳税人满意度指标体系,采用主成分分析法确定各指标重要程度。选取日产、燕莎等30家重点企业,建立定点联系企业制度,局领导带队走访,宣传税收政策,收集整理企业涉税诉求,支持企业发展。完成纳税信用A级企业审核评定工作,并举行授牌仪式,为A级信用企业制作绿色畅通卡,开辟绿色办税通道。制定《朝阳区国家税务局纳税服务标兵评选办法》,评选13名窗口干部为纳税服务标兵。

(赵　婕)

【统一征管流程】　3月,出台《朝阳区国税局办税操作规程(试行)》,包括主要税收征管业务12类77项,每项业务规范描述了业务项目、政策依据、岗位设置、纳税人应报送的资料、办理程序、办理时限、工作要求等7个方面。

(赵　婕)

【单笔非居民税收收入】　3月,所辖中国石油化工股份有限公司分配给非居民股东2009年和上年中期股利63.65亿元,按照10%的税率扣缴非居民企业所得税6.36亿元,创全局非居民单笔税收收入历史新高。

(赵　婕)

【税收宣传月】　4月,围绕“税收·发展·民生”主题,开展第20个税收宣传月活动。4月7日,局领导带队走访高安屯垃圾焚烧有限公司,开展税收政策宣传。4月8日,走访区级定点联系企业日产(中国)投资有限公司,通过税企座谈会了解企业经营情况,开展政策宣传。4月11日,召开重点税源企业所得税政策辅导会,280余户重点税源企业参加会议。4月14日,召开汽车行业发展与税收研讨会,了解汽车销售企业经营发展情况,研讨北京治堵新政后汽车行业发展方向。4月13日,联合十八里店乡、十里河商会在高仕力国际灯具城开展“税收·发展·民生”主题宣传活动,800多名纳税人参加活动。4月15日,走访区级定点联系企业京华文化传播有限责任公司,宣传税收政策,解决企业需求。4月18日,举办大型房地产开发企业政策研讨会,座谈宏观调控政策下企业的发展走势和策略以及对所得税收入的影响等问题。4月28日,召开中关村国家自主创新示范区电子城科技园区相关企业政策落实座谈会,确保各项优惠政策落实到位,扶持企业创新与发展。

(赵　婕)

【出口退税管户迁移】　5月,将外贸型出口企业和使领馆出口退税整体移交至第三直属分局管理。

(赵　婕)

【发票宣传月】　7月15日,在芍药居社区与居民面对面开展发票知识宣传,推进第5个发票宣传月活动。7月19日,围绕“依法使用发票,维护合法权益”主题,走进东郊市场,设置发票宣传台,向消费者发放发票知识材料,并详细讲解消费者关心的识别虚假发票、普通发票简并票种统一票样等热点问题。

(赵　婕)

【试点实施税源专业化管理】　9月13日,按照“规范一线,发展两翼”的管理理念,确定3个税务所为试点单位,正式实施税源专业化管理模式。试点按照规模和属地加行业划分税源管理对象,对重点税源实行集中管理、个性化服务和风险防范,确保税收收入可持续增长;针对中小税源户数多、税收规模相对小的特点，对其实施行业性风险监控，力争将税收风险降到最低限度。对试点税务所承担征管业务职能进行调整，将部分依纳税人申请的涉税审批事项由管理所转移到征收所，在办税服务厅设置申报管理岗、税务登记管理岗、文书综合经办岗、发票管理岗四大类窗口，统一受理、反馈依纳税人申请的各项业务及办理结果，实现一窗受理、内部流转、限时办结的工作目标。

（赵　婕）

**【成立法律服务小组】**　11月，成立法律服务小组，共有成员8名，均具有律师资格或法律职业资格，主要工作是提供法律咨询和工作建议、进行法律风险评估、开展涉税法律问题研究、承担全局法律培训等。

（赵　婕）

**【成立检查四科】**　11月，成立稽查局检查四科并调整相关检查科职能，推进稽查信息化、专业化、人才化发展。检查四科为电子查账检查科，全部由稽查业务骨干组成，主要负责税务稽查重大案件和以电子账务为主的大、中型企业案件查处工作。

（赵　婕）

**【货物和劳务税管理】**　年内，加强增值税一般纳税人资格认定管理。加大增值税异常申报和抵扣情况审核力度，开展小规模纳税人超标认定和零申报清理工作，做好增值税留抵税额分析，完善零低税负预警管理。严格执行减免税政策，年内，为纳税人减免增值税4.78亿元。年内，累计征收63649辆新车的车辆购置税17.35亿元，同比增长23.5%。

（赵　婕）

**【企业所得税管理】**　年内，汇算净入库税款121亿元，同比增加100亿元。落实总分机构政策和资产损失政策，审批资产损失119户，金额23亿元。办理所得税退税1039户次，退税金额3.13亿元。中关村自主创新示范区宣传和落实税收优惠政策，召开多次政策宣传辅导会，并通过走访、电话回访等方式送政策上门，共计170户高新技术企业享受企业所得税优惠政策，减免税额9345万元。

（赵　婕）

**【确立一级稽查模式】**　年内，完成“稽查任务管理系统”开发、测试、上线运行工作，实现基本日志、查询、预警、催办、跟踪监控等预期功能。规范案源管理、案源集体审议制度，调整受托协查业务流程，加强审理受托协查案卷。在检查环节实施检查预案制度、案件阶段管理制度，在审理环节实行提前介入的方法。全年累计下发案源425件，日常执行完毕343户，有问题率94.75%，累计入库税额5236万元。

（赵　婕）

**【信息化建设】**　年内，开发完成日常辅助提示系统，弥补CTAIS系统查询功能较弱的缺点，实现横向覆盖征管工作各个方面、纵向覆盖不同管理层级的要求。研发完成单点登录系统，实现“一次登录、随处访问”。完善所得税管理系统、货物与劳务税超标认定辅助提示系统和稽查任务管理系统。

（赵　婕）

# 地　方　税　务

**【概况】**　朝阳区地方税务局受北京市地方税务局和区政府双重领导，在朝阳区行政区域内行使地方税收管辖权。设15个科室（含后勤服务中心），15个税务所，1个稽查局（下设检查科4个、立案科1个、审理科1个），1个税务学会。合计人数601人，其中干部571人，工人24人，事业编6人。年内，组织各项税费收入5998000万元，同比增收1321000万元，增长28.23%。其中地方一般预算收入4659000万元，同比增收1007000万元，增长27.57%。组织区级收入2096000万元，同比增收524000万元，增长33.31%。税务登记户数185871户，其中内资企业144938户（包括国有企业1885户、集体企业2282户、股份制企业3117户、联营企业81户、有限责任公司52470户、股份有限公司872户、私营企业81599户、其他企业2632户），港澳台商投资企业3574户，外商投资企业7026户，个体工商户30333户。

地址：安苑东里3区1号
电话：64919340
邮编：100029

（徐　铳）

**【组收机制】**　年内，编制完成收入规划，建立收入规划动态调整机制，制定完善《朝阳地税组收机制运行办法》，指导全年组收工作稳步推进。落实税收分析制度，通过每月分析、每月通报、每月预测，准确掌握收入进度、税源变动、政策影响等情况，坚持每月规范非征期税款入库行为，确保税款按期及时入库。

（徐　铳）

**【重点税源】**　年内，与1260户（占全局收入60%）重点税源企业建立收入预测沟通机制。关注房地产业发展态势，与15家房地产企业座谈，对1023户房地产企业销售预期情况问卷普查，了解调控政策对房地产企业影响。做好减免税调查工作，辅导重点行业、重点企业、重点环节,建立周通报制度,发布《减免税统计调查工作简报》,回收调查表13.35万份。

(徐 铳)

【征管工作】 年内,实行申报率双考核制,在当月申报率考核基础上增加征期内申报率考核,促进申报率提高,本期认定非正常户转正常户数占本期认定非正常户数比例由上年同期37.48%下降到27.42%。规范委托代征管理,与191个单位签订委托代征协议,其中个人出租房屋签订协议43份,代征税款43300万元,同比增长58.02%。提高欠税管理质量,加大清欠力度,清理欠税及滞纳金3442万元,同比提高32.74%。继续落实税收管理员定期汇报制度,解决日常管理中问题56项。严格发票管理,加大对违法开具和使用发票行为打击力度。组织成立第六税务所,加强对个人销售房地产和契税征收管理。加强与区建委、国土、房管、国税、工商等部门联系,实现信息数据共享,传递数据25万条。

(徐 铳)

【纳税评估】 年内,规范纳税评估基础工作,提高纳税评估案卷质量,对汽车保险中介业、家装行业、企业跨年度弥补亏损事项开展专项评估、日常评估及评估辅导,评估户1.25万户,发现问题3119户,评估补缴税款、滞纳金及罚款14900万元。

(徐 铳)

【信息化建设】 年内,编写《系统业务查询手册》130页。实施后台数据修改申请逐级审批制度,做到逐级把关。建立模块名称与后台角色对应关系,增加授权操作规范性。

(徐 铳)

【税政工作】 年内,开展企业所得税新增税源户征管权限划分清理工作,明确1031户从2011年开始在地税进行申报纳税。执行修改后的个人所得税法,制定实施方案和应急预案,明确工作职责,通过网站、邮箱、手机短信、纳税辅导会、深入走访等形式,有针对性开展宣传辅导。完成个人所得税自行纳税申报13.49万份,完成市局规定任务的117.29%。建立《土地增值税差别化预征率项目台账》,审核报告38个,审核应补缴税款合计61600万元。运用财产行为税税源监控平台,对4148户企业开展排查比对,发现问题及时补征税款。做好存量房评估试点工作,制定实施方案及应急措施,采取提前受理咨询、增加受理窗口、增派人员、延长工作时间等6项措施确保存量房工作平稳过渡。加强货运收入及抵扣情况审核,通过年审274户。制定《关于发布个人所得税完税凭证索取指引》,确保小客车数量调控正常开展和政策有效落实。根据《关于农村金融有关税收政策的通知》要求,对涉及的20家农村商业银行及其所属分支机构,补缴营业税及教育费附加2455万元。

(徐 铳)

【代征工作】 年内,推进工会经费税务代收试点工作,制定工作方案和应急预案,与区工会建立联系制度,在各办税服务大厅增设2台代收申报专用电脑,增加1条语音电话通知专线和1条工会经费工作专用咨询电话。缴费户数1.81万户,比上年工会自行征收增加4.3倍。代收金额10200万元,比上年增加3.1倍。完成残保金代征工作,审核9.37万户,组织残保金收入38400万元,比上年增加4900万元。

(徐 铳)

【纳税服务】 年内,完善"五大纳税服务体系"(信息服务体系、咨询服务体系、办税服务体系、环境服务体系、援助服务体系),巩固和拓展全区通办制"一窗式"服务管理模式。加强办税服务场所规范化管理,制定本局办税服务场所建设实施方案,完成双井税务所办税服务厅标准化建设验收考核。更新办税服务场所服务设施,编写印制《纳税人常用文书填写范本》、《税收指南》系列宣传手册,为纳税人提供业务流程及办税事项等宣传资料12万份,制作资料架450个。制定《网站更新维护管理办法》,更新外网信息300余条,及时回复网上辅导留言35条,对外发布上年企业所得税汇算清缴视频资料,在全市各区县局中率先采取视频形式开展外网纳税辅导,外网点击浏览量达334万次,位居全市前列。充分发挥咨询受理中心作用,受理咨询12.6万个。组织召开"区域通办"、纳税人满意度调查结果分析、媒体行业政策宣讲等不同层次和内容的座谈会,开展"走访央企,送政策上门"活动,现场解答涉税问题30余个。联合区国税局开展2011－2012年度企业纳税信用A级评定工作,评定A级企业361户。组织"'航天信息杯'我在办税服务厅"有奖征文活动,与市局12366热线保持经常性三方通话。举办"快乐工作 健康生活"主题培训,缓解窗口服务干部工作压力。分类建设办税场所,适应纳税人实际需求。

(徐 铳)

【税法宣传】 年内,分别联合北京交通广播电台和北京新闻台制作推出"税收伴您同行——办税我帮您"、"税法方方面,沟通无极限"税法宣传特别节目。与首都经济贸易大学联合举办第三届"朝阳地税杯"税收专业知识展示大赛。联合区国税、公安分局开展"依法使用发票维护合法权益"打击发票违法犯罪宣传活动,发放宣传资料1500余份。组织召开中关村示范区创新创业税收政策宣传大会,对电子城园区内高新技术企业进行两次业务培训,与10家中关村示范区内高新技术企业座谈。

(徐 铳)

【依法治税】 年内,落实税收执法责任制,完善税收行政处罚管理,加强评议考核。做好税收规范性文件清理工作，清理税收规范性文件207份，其中现行有效文件142份、全文废止或失效的文件48份、部分废止或失效的文件17份。加大法律支持与服务力度，解决基层上报各类疑难问题8件次；加大对破产清算企业税款追偿工作力度，追偿税款643万元；加大政府信息公开力度，依法妥善解决涉税争议，公开文件、信息50件。开展国际税收管理工作，开具对外支付证明1724份。

（徐 毓）

【税务稽查】 年内，制定《朝阳区地方税务局税务稽查案件集体审理办法》，修改《朝阳区地方税务局重大案件审理委员会工作办法（暂行）》，召开税务稽查案件集体审理会12次，审议通过案件239件。召开重大案件审理会，审理通过案件14件。重点抓好积案清理工作，处理积压案件358件。对高收入行业个人所得税、广告代理业、房地产企业、资本性交易、反避税等进行专项检查。检查286户，查补税款21700万元、滞纳金及罚款8190.79万元。建立征管评查联动机制，实现信息共享，交换数据392份。落实新税务稽查工作流程，规范税务稽查文书填制、使用。

（徐 毓）

【党建工作】 年内，完善四级网络学习制度，开展党支部书记、委员培训50余人次，党员培训300余人次。设立"党建电子专刊"，搭建基层党组织交流平台，发刊7期。开展建党90周年主题系列活动，组织全体党员参加"重温入党誓词 佩戴党徽"、"建党90周年——红色税收回顾展"、为期百天的"千名干部下基层 周六创建行动日"等活动。举行纪念"五四"团员大会暨青年党员"一帮一"启动仪式，组织24名入党积极分子参加培训班。参加市区足球、羽毛球、乒乓球比赛和红歌会文艺汇演。举办第二届"亲子亲情夏令营"活动。组织共产党员献爱心和全局干部爱心捐款活动，捐款5万余元。

（徐 毓）

【行政管理】 年内，对固定资产进行全面账务清查和财产清查，与区财政局、会计师事务所配合，对盘亏资产确认、汇总和报批，按照无害化原则处置电子废弃物。处置资产6328件，金额1322.1万元。开展"平安北京地税"建设工作，制定实施《"平安北京地税"建设暨社会治安综合治理工作评价标准及评分细则（试行）》，调整治保会成员，落实内、外部安全工作责任，明确安全工作督查程序和考核标准。组织开展"小金库"专项治理全面复查工作，签订《"小金库"专项治理承诺书》。推进民主评议基层科所工作，通过座谈会、问卷调查等形式，收集纳税人意见建议。组织7个检查组3次重点检查自查自纠情况，通报问题建议14项。

（徐 毓）

【教育培训】 年内，开展更新知识培训、全员集中脱产培训、全体党员干部廉政培训等，参训人员3000余人次。邀请会计师事务所专家培训税收管理岗位人员财会基础知识，培训3期，参训人员660人次。

（徐 毓）

【廉政建设】 年内，落实党风廉政建设责任制，以"三个一"活动为切入点（即每季度开展一次廉政集中学习、一次专项检查、一次专题汇报），逐级签订党风廉政建设责任书。开展专项检查，各单位汇报廉政工作情况。

（徐 毓）

# 金　　融

【概况】 朝阳区金融服务办公室（简称区金融办）是负责促进本区金融发展、金融服务工作的区政府工作部门。内设综合科、金融发展科、金融服务科、金融市场科。行政编制18名。年内，新增金融机构50家，其中法人金融机构16家，外资金融机构10家。全区金融机构数量增至1263家，占全市四分之一，其中法人金融机构246家，占全市三分之一；外资金融机构262家，占全市65%以上。新设金融机构：弘康人寿保险、中粮农业产业基金、方正和生投资有限公司、澳大利亚西太平洋银行北京分行、包商银行北京分行、中国人寿养老保险北京分公司等；迁入本区金融机构：中晟期货、大唐投资管理有限公司、大连银行北京分行、中意人寿保险北京分公司、海康人寿保险北京分公司、安华农业保险北京分公司、亚洲开发银行驻中国代表处、伦敦金融城北京代表处等。截至8月，金融业营业收入897.8亿元，资产总规模17375.5亿元，实现利润576.9亿元，从业人员超过3.6万名。截至9月，实现增加值195.5亿元，同比增长12.2%。截至年底，不计涉外划归企业，全区金融企业实现税收140.0亿元，同比增收51.7亿元，增长58.5%；实现区级收入27.8亿元，同比增收9.0亿元，增长48.0%，超额完成全年区级收入任务6亿元。涉外划归金融企业税收9.1亿元，区级收入1.7亿元。全区金融企业实现税收149.1亿元，区级收入29.5亿元。

（潘朝峰）

【重要会议】 1月28日,联合北京期货商会在北京CBD金融商会金融街办公室召开"金融政策解读会",北京期货商会、银建期货、国园海勤期货、金鹏期货、格林期货、宏源期货、国都期货等期货公司负责人参加。区金融办介绍本区金融生态环境,并与企业代表深入探讨高管户口、子女入学及城市基础设施建设等问题。4月11日,在郡王府北京CBD国际论坛会议中心召开北京CBD金融商会第七次理事和会员代表大会暨中国入世与中国金融业对外开放高层研讨会。中国入世谈判首席代表、二十国集团(G20)研究中心秘书长、北京CBD金融商会名誉会长龙永图,区委常委、常务副区长、北京CBD金融商会会长吴桂英出席会议,商会副会长单位美国友邦保险有限公司北京分公司、美国大都会人寿保险有限公司、中国人民人寿保险股份有限公司、中国国际期货有限公司,监事单位澳新银行北京分行、中航工业集团财务公司、现代财产保险有限公司、中国投资有限公司及京能集团财务有限公司、花旗银行(中国)有限公司北京分行等70余家商会会员高层代表出席大会。6月2日,在郡王府北京CBD国际论坛会议中心举办北京CBD金融商会第二期外汇管理政策培训会,特邀国家外汇管理局北京管理部资本项目处授课卢旺,专题讲解对外担保、贸易信贷等业务领域相关问题,首都30多家金融机构70余名代表参加培训。6月13日,在郡王府北京CBD国际论坛会议中心举办"与布朗对话——开放的中国精神"高层研讨会。英国前首相戈登·布朗出席会议并发表主题演讲,他表示未来20年中国将成为世界经济中心,中国的发展必将获得众多跨国公司青睐,CBD作为金融聚集区也将是英国金融机构高度关注的重点区域,希望伦敦金融城与CBD加强交流,密切合作,达到共赢。G20研究中心秘书长、北京CBD国际论坛理事长龙永图,区委常委、常务副区长吴桂英出席研讨会并致辞。9月15日,在规划艺术馆举行金融专题研讨会,作为北京CBD商务节暨世界CBD联盟年会活动之一,以"十二五"金融改革和创新为主题,汇聚国家金融监管机构、市区领导,以及联合国开发计划署、国际货币基金组织、亚洲开发银行等国际组织驻华机构,芝加哥商业交易所集团(CME)、中国投资有限公司等知名国际金融机构全球负责人和200余位首都金融企业代表,共议经济发展方式转变、金融改革与创新等前沿话题,为建设具有全球影响力国际金融主聚集区建言献策。12月13日,北京CBD金融商会举办经济形势分析会。区委常委、常务副区长吴桂英及30余家CBD金融商会会员单位代表出席。中国证监会研究中心主任、对外经济贸易大学金融学院院长分别从国际国内经济形势、金融业发展趋势及人民币汇率走势分析方面进行主题演讲。

(潘朝峰)

【金融法律服务日】 2月16日,北京CBD金融商会联合区法院举办首个"金融法律服务日"活动。区法院民二庭庭长通报上年对金融企业涉及商事诉讼的调研情况,民二厅副厅长及审判长分别就银行业和保险业经营中的风险点进行诉讼层面讲解。

(潘朝峰)

【俱乐部揭牌仪式】 2月26日,在柏莱沃古典音乐俱乐部举行由市金融工作局、区政府联合举办的北京国际金融家俱乐部揭牌仪式。区委常委、常务副区长吴桂英主持揭牌仪式,常务副市长吉林、中国银监会副主席蔡鄂生、中国证监会副主席刘新华、市政协副主席黎晓宏、中国人民银行行长助理李东荣等领导共同为俱乐部揭牌。市金融工作局局长王红致辞。区委副书记、区长程连元,市金融工作局党组书记霍学文,市国资委主任周毓秋,市文化局局长降巩民等有关部门负责人,以及中国国际金融有限公司董事长李剑阁,中国民生银行行长洪崎等首都金融机构近80名高层代表出席仪式。8月13日,在朝阳公园羽毛球馆举办由北京CBD金融商会与朝阳海外学人俱乐部联合主办的"新华资产——2011北京CBD金融杯"羽毛球赛暨北京CBD金融商会运动俱乐部揭牌仪式。区长程连元,北京CBD金融商会副会长、汇丰银行(中国)有限公司北京分行行长丁国良,北京CBD金融商会副会长、中国国际金融有限公司董事总经理韩巍强共同为北京CBD金融商会运动俱乐部揭牌。

(潘朝峰)

【庆祝国际妇女节活动】 3月4日,在健一公馆举办"巾帼风采聚朝阳共庆国际妇女节"活动。国家金融监管部门、市区相关领导出席活动,德意志银行(中国)有限公司、农业银行北京分行、交通银行北京分行、花旗银行北京分行、瑞士银行北京分行、渣打银行北京分行、北京国际信托有限责任公司、阳光保险集团、京都期货有限公司、慕尼黑再保险北京分公司等首都金融机构40余位女士精英欢聚一堂,共话友情和发展。

(潘朝峰)

【首次澳大利亚文化拓展课程】 3月,北京CBD金融商会会员单位澳大利亚和新西兰银行(中国)有限公司北京分行6名志愿者带着三角尺、水彩笔等学生常用文具,在北京同心实验学校开展首次澳大利亚文化拓展课程教授和拓展活动。介绍澳洲基本地理概况和风土人情,带领学生学习一首负有盛名的英语歌曲。

(潘朝峰)

【捐款活动】 3月18日,北京CBD金融商会向会员单位发出为日本受灾民众捐款倡议书。中国国际期货有限公司、中期集团有限公司、北京国际信托有限公司等单位2天内筹集善款70万元。

（潘朝峰）

【联谊会】 5月6日，举办由加拿大蒙特利尔银行（中国）有限公司主办的北京CBD金融企业家联谊会。市金融工作局党组书记霍学文，区长程连元，区委常委、常务副区长吴桂英出席活动，加拿大蒙特利尔银行（中国）有限公司副行长幸公杰、花旗银行北京分行行长王力、德意志银行北京分行行长章平、中粮信托有限公司总经理辛伟、北京国际信托有限公司副总经理时宝东、中意人寿有限公司副总经理黄楠等首都知名金融企业家欢聚一堂，围绕国际交流与经济发展进行座谈和联欢。7月16日，联合市银行业协会外资银行协调委员会、朝阳海外学人俱乐部在朝阳公园举办"唱红歌，颂辉煌，朝阳公园海洋沙滩狂欢节——首都青年金融精英专场联谊会"，首都金融机构近800名青年金融精英参加活动。8月29日，北京CBD金融商会举办新老朋友联谊活动。蒙特利尔银行（中国）有限公司副行长幸公杰、中国国际金融有限公司董事总经理韩巍强、澳新银行北京分行行长刘雪斌、美国北美信托银行北京分行行长吴初默、包头商业银行北京分行行长刘建军、大连银行北京分行行长张雪丽、丰田汽车金融（中国）有限公司副总经理王欣、马来西亚马来亚银行有限公司北京代表处高丽芬、荷兰合作银行北京代表处北京分行筹备组负责人赵丽、韩国外换银行北京分行副行长金光星等金融机构代表参加。12月10日，在郡王府网球中心举办由区体育局、北京CBD金融商会联合主办的"2011朝阳区网球联谊赛及联谊酒会"。区相关领导出席，美国大都会保险公司中国区首席代表马思中、北京国际信托有限公司副总经理幸宇晖、第一创业摩根大通证券公司首席风险官齐力等金融机构高层代表参加比赛。

（潘朝峰）

【捐赠活动】 5月18日，北京CBD金融商会会员单位民生人寿北京分公司向王四营乡官庄村向阳希望小学捐赠教学用电脑10台，各类文体、生活用品400余件，送到880余名学生手中。

（潘朝峰）

【高尔夫邀请赛】 5月20日，在翡翠湖乡村高尔夫俱乐部举办"中国国际期货——北京CBD金融杯高尔夫邀请赛暨颁奖晚会"。10月9日，在翡翠湖乡村高尔夫俱乐部举办由北京CBD金融商会主办的"环球金融——北京CBD金融杯高尔夫精英赛"。

（潘朝峰）

【商会新会员授牌仪式】 5月20日，北京CBD金融商会为新成员举行授牌仪式。中国银监会监管三部主任杨丽平和区委常委、常务副区长吴桂英为新入会会员单位代表授牌。新增会员单位有：中国投资有限责任公司、中信信托有限责任公司、梅赛德斯－奔驰汽车金融有限公司、宝马汽车金融（中国）有限公司、包商银行北京分行、新加坡大华银行（中国）有限公司北京分行、韩国交易所北京代表处、三井住友海上火灾保险北京分公司、安华农业保险股份有限公司北京分公司、百年人寿保险股份有限公司北京分公司、大唐投资管理有限公司11家知名金融机构。

（潘朝峰）

【组建先锋队】 5月20日，北京CBD金融商会正式组建"创建全国文明城区北京CBD金融先锋队"，商会副会长单位、美国大都会人寿保险公司中国区首席代表宣读《积极参与朝阳区创建全国文明城区的倡议书》，号召会员单位携起手来，以积极行动助推全国文明城区创建工作。区长程连元为先锋队授旗。

（潘朝峰）

【义工活动】 10月29日，北京CBD金融商会会员单位北美信托银行北京分行行长吴初默及部分员工前往区社会福利中心开展义工活动。福利院主任为员工们介绍福利院整体环境和在院孤寡老人基本情况，随后员工们帮助老人打扫卫生、擦玻璃、按摩并亲切交流，为孤寡老人带去温暖和关爱。

（潘朝峰）

【京台金融合作论坛】 11月6日，在国贸大酒店举行主题为"京台金融合作：新阶段、新进展、新成就"的京台金融合作论坛，属第十四届京台科技论坛专场活动之一。论坛由北京CBD金融商会和台湾金融服务业联合总会主办。论坛期间，京台两地金融家各自介绍本地金融市场发展现状，展望后ECFA（海峡两岸经济合作框架协议）时代两岸金融交流合作新局面，探讨合作契机，还就两岸加强资本市场交流与合作，台资银行业、保险业在大陆的发展机会，中小企业融资经验，推动两岸金融产品创新等展开讨论。

（潘朝峰）

【圣诞专场演出】 12月13日，北京CBD金融商会在世贸天阶大隐剧场举办"环球金融之夜——北京CBD金融商会圣诞专场演出"。中央监管机构、市区政府领导，以及蒙特利尔银行（中国）有限公司、中粮信托有限公司等商会会员单位高层代表共同观看白俄罗斯国家模范歌舞团演出。

（潘朝峰）

【金融布局基本形成】 年内，CBD核心区完成14宗土地入市交易，中国投资有限公司、中国中信集团、中国民生银行、中国国际金融有限公司、中国国际期货有限公司、汇丰银行（中国）有限公司北京分行等国内外重量级、标志性金融总部纷纷中标。国贸中心、华贸中心、环球金融中心入住率超过96%，成为国际金融机构进入中国、选址首都地标性建筑集群。德意志银行、安邦财险、民航总局清算中心等项目入驻金盏后台园区。

(潘朝峰)

## 中国银行朝阳支行

【概况】 中国银行北京朝阳支行下设9个部室,1个营业部和23家经营性网点支行。年内,实现考核利润8.68亿元;资产汇总折人民币总额为427.70亿元,同比增加7.40亿元。

地址:东三环北路霞光里18号

电话:59207155

邮编:100027

(赵凌波 李春艳)

【存贷款】 年内,人民币存款日均余额437亿元,较年初增长92.9亿元,增幅29.2%;外币存款日均余额4.93亿美元,较年初下降0.76亿美元;人民币贷款日均余额99.30亿元,较年初增长12.83亿元,增幅为14.8%。

(赵凌波 李春艳)

【中间业务】 年内,实现中间业务收入3.31亿元,比上年增长0.98亿元。

(赵凌波 李春艳)

【网点建设】 年内,新开业网点一家利星广场支行(望京街8号院2号楼201室);迁址网点一家望京西路支行(朝阳区望京西路甲50号1号楼一层)。

(赵凌波 李春艳)

【内控安保】 年内,成功在柜台堵截9起电信诈骗案件,为群众挽回经济损失310万余元。荣获市公安局颁发的集体二等功。

(赵凌波 李春艳)

## 中国银行北京商务区支行

【概况】 中国银行北京商务区支行位于CBD中心商圈,下设20个经营性网点和8个部室。截至年底,实现汇总人民币利润5.48亿元,中间业务收入2.14亿元。

地址:东三环北路乙19号

电话:85731825

邮编:100020

(沙海萍)

【获奖情况】 年内,业务一部自主研发的"跨境人民币产品组合"获得"2011年度北京分行中银产品创新"一等奖,业务二部自主研发的"企商结算通"获得"2011年度北京分行中银产品创新"三等奖。

(沙海萍)

【存贷款】 截至年底,支行本外币存款总额折合人民币为467.84亿元,较年初增加149.50亿元。其中,人民币公司存款时点余额144.07亿元;人民币储蓄存款时点余额104.16亿元。本外币各项贷款余额为62.16亿元,其中,人民币公司贷款余额26.06亿元,较年初增加4.09亿元;人民币零售贷款余额29.02亿元,较年初增加3.63亿元。

(沙海萍)

【网点建设】 年内,新开业网点三家:姚家园路支行(姚家园路105号)、西大望路支行(西大望路15号)、白家庄支行;升级改造网点一家:建国路支行。

(沙海萍)

【服务提升】 年内,逐步建立和完善VIP客户档案,了解客户资产状况、风险偏好、投资需求等特点,举办养生知识讲堂、育儿知识讲座。举办黄金、珠宝鉴赏活动、贵金属推介会、基金投资讲座等多种形式理财沙龙活动,挖潜客户投资需求。

(沙海萍)

## 中国工商银行朝阳支行

【概况】 中国工商银行股份有限公司北京朝阳支行内设13个部室、1个小企业金融业务中心、1个现金营运中心,下辖29家物理网点、3家独立自助银行。拥有财富中心1家,贵宾理财中心16家,财富中心和贵宾理财中心网点占比58.62%。拥有5家理财网点和7家金融便利店。辖域内29家网点均可开办包括对私结售汇、外汇汇款业务在内的全部个人金融业务,其中有23家网点可开办人民币对公业务、外汇对公存款及对公结售汇业务。年内,实现拨备前利润14.39亿元,比上年增长2.3亿元。

地址:朝外大街1号金麒大厦

电话:65991155

邮编:100020

(杨 健)

【资产负债】 年内,本外币各项负债余额874.95亿元,比上年增加37.09亿元,其中人民币对公存款余额429.11亿元,比上年增加17.48亿元;人民币储蓄存款余额429.81亿元,比上年增加58.85亿元。本外币各项贷款余额171.17亿元,比上年增加13.86亿元,其中人民币公司贷款余额114.99亿元,个人贷款余额34.44亿元。

(杨 健)

【中间业务】 年内,累计实现本外币中间业务收入4.49亿元,比上年增加1.26亿元,收入总量分行排名第一。

(杨 健)

【网点建设】 年内,迁址升格为网点支行,同时改造白家庄网点支行为贵宾理财中心。

(杨 健)

## 中国工商银行九龙山支行

【概况】 中国工商银行股份有限公司北京九龙山支行内设7个部室、1个营业室。下设11个网点支行、2个分理处、1个储蓄所、1家独立自助银行。年内,实现拨备前利润

3.98亿元。
地址:广渠路甲40号
电话:87783294
邮编:100021

(常 乐)

【存贷款】 年内,本外币各项存款余额238.98亿元,较年初增长33.45亿元。其中对公存款(含保证金)余额56.21亿元,增长1.59亿元;储蓄存款余额172.76亿元,增长21.85亿元。本外币各项贷款余额61.49亿元,较年初增长61.49亿元,其中法人贷款余额45.01亿元,较年初增长9.74亿元;个人贷款余额16.18亿元,较年初增长2.97亿元。

(常 乐)

【中间业务】 年内,实现中间业务收入1.18亿元,比上年增长807万元。其中人民币对公结算收入1268万元,比上年增长476万元;代理及个人理财类收入3285万元,比上年增长740万元;银行卡类收入2903万元,比上年增长813万元。

(常 乐)

【营业网点】 年内,世纪东方城支行迁址升格,新址为紫南家园小区西侧。

(常 乐)

## 中国工商银行亚运村支行

【概况】 中国工商银行股份有限公司北京亚运村支行内设10个部室。下辖15家物理网点,包括2家财富中心、7家贵宾理财中心、6家理财网点。附行式自助银行15家,覆盖支行全部营业网点。离行式单台自助机具21台,离行式自助银行2家。共有自助设备131台,其中存取款一体机38台,取款机51台,自助终端42台。实现拨备前利润5.0347亿元,同比增长8654万元,增幅20.8%,首次突破5亿元大关。
地址:慧忠北里407号
电话:64863545
邮编:100010

(王玉丹)

【存贷款】 支行本外币存款余额301.15亿元,较年初增加44.55亿元,年末余额首次突破300亿元关口。人民币存款(不含保本理财)余额295.47亿元,较年初增加43.92亿元。其中人民币储蓄存款(不含保本理财)余额214.67亿元,较年初增加25.3亿元;人民币对公存款(含同业)时点余额80.8亿元,较年初增加18.62亿元。外币存款余额9011.4万美元,较年初增加1385.14万美元。支行本外币贷款余额47.23亿元,较年初增加10.86亿元。人民币贷款余额44.47亿元,较年初增加8.19亿元。其中法人贷款余额19.71亿元(不含1.9亿元法人理财委托贷款、包含小企业贷款余额2.43亿元),较年初增加4.19亿元,完成全年任务的77.12%;个人贷款余额24.76亿元,较年初增加3.99亿元,完成全年任务的199.79%。

(王玉丹)

【中间业务】 年内,中间业务收入2.0049亿元,完成全年任务的95.02%,突破2亿元大关,比上年增长4054万元,增幅25%,人均中间业务收入48.9万元。

(王玉丹)

【网点建设】 年内,惠新里储蓄所迁址升格为青年城网点支行,完成选址、验收和审批等各项工作。

(王玉丹)

## 中国工商银行望京支行

【概况】 中国工商银行股份有限公司北京望京支行内设11个部室、1个营业部,下设24个网点支行、1个分理处、2个储蓄所及1个附属机构。年内,实现拨备前利润7.69亿元,同比增加0.9亿元。
地址:酒仙桥路甲10号星城国际大厦C座
电话:64368822
邮编:100015

(陈全中)

【存贷款】 年内,本外币各项存款余额428.49亿元,较年初增加49.82亿元。其中人民币对公存款余额123.99亿元,较年初增加18.97亿元;人民币储蓄存款余额295.00亿元,较年初增加37.32亿元。本外币各项贷款余额131.93亿元,其中人民币公司贷款余额102.57亿元,人民币个人贷款余额10.19亿元。

(陈全中)

【中间业务】 年内,实现中间业务收入2.67亿元,较上年增加2474万元。其中私人银行收入976万元,同比增加556万元;代理个人基金收入实现1839万元,同比增加29万元;信用卡收入5558万元,同比增加1759万元,存量新增信用卡52022张。

(陈全中)

【营业网点】 年内,将台路储蓄所升格为网点支行。

(陈全中)

## 中国工商银行北京商务中心区支行

【概况】 中国工商银行股份有限公司北京商务中心区支行内设8个部室、1个营业部,下设8个网点支行。年内,实现分行口径本外币拨备前利润7.3亿元。
地址:建国路108号
电话:65669958
邮编:100022

(王 东)

【存贷款】 年内,本外币各项存款时点余额290亿元,同比增加17亿元。人民币对公存款日均增量60.3亿元;人民币储蓄存款时点增量21.2亿元。本外币贷款余额81亿元,再创新高;人民币公司贷款余额53亿元,同比增加4亿元;小企业贷款余额2.08亿元,同比翻三番;人民币个人贷款余额净增4.57亿元,任务完成率229%,分行排名第一,个人贷款累放7.5亿元,任务完成率170%。

(王　东)

【中间业务】　年内,实现中间业务收入19201万元,同比增幅26%。

(王　东)

【营业网点】　年内,建成24小时自助银行,地址在建国门外大街甲24号东海中心西北角附楼首层。

(王　东)

## 中国建设银行北京朝阳支行

【概况】　中国建设银行股份有限公司北京朝阳支行下设3个部室。年内,有中长期劳动合同人员85人,平均年龄35.39岁,其中本科及以上学历人员45人,党员23人。实现本外币账面利润5.07亿元,利润增长率22.15%。

地址:朝阳门外大街乙10号

电话:65994549

邮编:100020

(贾　放)

【存贷款】　年末,本外币全口径存款时点余额357.96亿元;本外币各项贷款时点余额111.56亿元;五级分类不良贷款余额0.18亿元,不良率0.16%。实现中间业务收入1.12亿元,其中公司类中间业务收入0.87亿元,个人类中间业务0.25亿元。

(贾　放)

## 中国农业银行北京光华路支行

【概况】　中国农业银行股份有限公司北京光华路支行同时挂中小企业金融服务中心(朝阳)、文化创意产业专营金融服务中心牌子,是中国农业银行北京分行在CBD商务区设立的中小企业融资专营机构,为包括文化创意产业在内的各行业中小企业提供专业化、集约化金融服务。其产品为:各类贷款、贸易融资、票据承兑、贴现、保理、贷款承诺、信用证等信贷业务,以及结算业务、投行业务、理财业务等其他金融服务。

地址:光华路4号

电话:85597689　65822151

邮编:100026

(周　蔚)

【业务发展】　年内,通过构建符合中小企业和文创产业特点的融资管理体系、信贷业务经营体制,建立和完善信用评级、授信机制,为优质中小企业提供便捷融资服务,支持文化创意企业做大做强。采用"信贷广场"模式,为客户提供一站式"组合金融"服务。通过与多家中介机构开展合作,引进担保公司、保险公司等多家机构驻点办公,有效组合多种金融服务方式,最大限度降低客户融资成本,有针对性地为客户提供一体化、差异化便捷服务。享有一定额度的信贷审批权,中心可在额度内自行审批各类信贷业务,有效缩短审批链条,提高审批效率。

(周　蔚)

【主要业务品种】　小企业简式快速贷款、信用保险项下贸易融资、应收账款质押贷款、个人助业贷款、卡捷贷。

(周　蔚)

## 中国农业银行朝阳东区支行

【概况】　中国农业银行股份有限公司北京朝阳东区支行成立于本年6月1日,内设4个部室,下设5个支行网点,员工105名,其中机关25名,网点80名;硕士研究生16名,大学本科51人。年内,实现拨备后利润5348万元。

地址:光华路4号

电话:85718517

邮编:100026

(陈　馨)

【存贷款】　年内,本外币各项存款余额63.6亿元,其中本外币储蓄存款余额24.6亿元,各项贷款余额26.7亿元。

(陈　馨)

【中间业务】　年内,实现中间业务收入1471.59万元,其中收入排名前五位的分别是银行卡商户收单业务收入284.34万元;个人人民币结算业务收入209.91万元;自助银行业务收入94.21万元;电子银行收入(不含自助)179.04万元;代理保险业务收入131.98万元。

(陈　馨)

【参与签订合作协议】　年内,参与中国农业银行股份有限公司北京市分行与区政府签订的关于授信500亿元的战略合作协议。

(陈　馨)

## 北京国际信托有限公司

【概况】　北京国际信托有限公司(简称北京信托)是北京市国资控股、外资参股的大型金融企业,公司注册资本金14亿元。截至年底,净资产为27.68亿元,实现收入总额9.7亿元,实现净利润5.39亿元,固有资产总额31.27亿元,负债总额3.59亿元,不良资产率为零,税收贡献2.93亿元。

地址:安立路30号院

电话:59680888

邮编:100012

(王连顺)

【营业场所变更】　3月28日,经中国银行业监督管理委员会北京监管局批准(京银监复〔205〕号),完成营业场所变更,正式迁址至安立路30号院。

(王连顺)

【业务发展】　年内,新增信托财产

规模758.06亿元,受托管理的信托财产余额首次突破千亿元,达到1030.6亿元,累计分配信托收益46.97亿元。

(王连顺)

【支持中小企业发展】 年内,新增87家中小企业贷款规模10.58亿元,年末余额12.24亿元。截至年底,为150余家中小企业提供融资,信托贷款资金总规模累计达17.98亿元。

(王连顺)

【荣誉称号】 6月,为扶持中小企业发展而设立的系列化信托产品荣获中国证券报第五届"诚信托价值信托产品奖",北京信托获得"诚信托卓越公司奖"。年内,荣获区委、区政府授予的"2011年度朝阳区经济贡献突出企业"荣誉称号。

(王连顺)

# 保 险

## 中国人寿保险股份有限公司北京市分公司

【概况】 年内,中国人寿保险股份有限公司北京市分公司(简称中国人寿北京市分公司)总保费实现73.4亿元,其中,个险渠道保费23.74亿元,团险渠道保费6.34亿元,银保渠道41.31亿元,电销渠道2.01亿元。已为151万市民提供个人寿险保障,为11000家大中型企业提供员工人身意外、企业养老、医疗保障等团体寿险服务。全年处理各种赔付、给付近54万件次,金额超过17亿元。

地址:朝外大街16号

电话:85615795

邮编:100020

(徐福军)

【内部管控】 年内,开展针对代签字风险和客户资料真实性风险的专项治理;对实力弱、资信差、业务少的中介机构进行清理;实现手续费由分公司财务中心集中支付;统一业务单证的印刷、发放、作废清理工作,提高单证使用情况通报的警示力度;排查印章风险,彻底清除历史遗留问题和安全隐患;加强权限管理,实现系统控制对制度的有效固化;及时清理外挂系统;开展保单借款现场检查及专项清理,有效防范借款风险。

(徐福军)

【主要业务】 年内,个险渠道十年期及以上保费实现2.1亿元,完成总公司下达任务的108.8%,短期险实现6916万元,完成总公司下达任务的99.2%。团险渠道短期险实现4.3亿元,完成总公司下达任务的98.8%,赔付率从81.8%下降到67.3%,意外险提高到37%,同比提高4个百分点。银保渠道首年期交累计实现5.4亿元,完成总公司下达任务的100.1%,5年期以上保费实现6369万元,占首年期交的比重达到11.8%,同比提高7个百分点。电销首年期交实现1.1亿元,完成总公司下达预算指标的110%,首年期交同比增长50.63%,保费贡献度占全系统电销渠道的58%。

(徐福军)

【队伍建设】 年内,组织各类培训班345期,同比增长29.2%;实际参训人数17860人,同比增长18.6%;通过举办43期新兵训练营和7期初级主管训练营,重点提高新人留存、培养常态增员。全年累计新增人力2294人,月均增员率达到5.5%,同比提高3.2%;举办23次培训讲座、10次考试、1次拓展训练和3次论坛活动,提高干部员工基础技能和综合素质;月人均期交产能达到7963元,同比增长29.5%;月人均首年佣金达到1825元,同比增长51.3%;重点加强中层干部选拔、培养力度,通过公开竞聘等方式,共有22名员工走上领导岗位,按照职数要求所有领导配备到位,全辖共有助理以上干部92名,其中本科以上学历72人。

(徐福军)

【基础管理】 年内,银保、团险渠道制定并出台更加体现价值导向的新版基本法;调整团险承保方案、报价等审批流程,强化健康险两核风险管控,实现团险展管分离;集中保单打印、核保、理赔、城区查勘、生调以及保全处理,减少37人,撤销内柜面6个;逐步上收柜面付费业务,撤销基层支出账户13个,推广非现金收付方式,开通15家批量划账银行,新单银行转账收费率达到99.96%,位居系统前列。

(徐福军)

【品牌建设】 年内,连续第3年荣获首都精神文明办颁发的"首都文明单位标兵"称号;在《新京报》、《21世纪经济报道》、新浪网等多家知名媒体组织的"金保单"2011北京保险行业年度评选活动中,荣获"北京保险行业最受喜爱保险企业"和"北京保险行业综合实力十强"两项大奖;在《信报》与搜狐理财联合主办的"第三届金融业服务创新论坛"颁奖典礼上,荣获"年度最具影响力金融机构"。

(徐福军)

【企业文化建设】 年内,组织开展多场员工座谈会。成立合唱团、舞蹈队、足球队，丰富员工业余生活。其中，合唱团先后荣获北京保险行业协会举办的“颂歌献给党”歌咏比赛一等奖，保监会主办的“庆祝建党九十周年”歌咏比赛二等奖和首都金融系统职工歌咏比赛二等奖。组织老干部参加党建征文、书法绘画摄影比赛，参观首都博物馆等活动。

（徐福军）

## 中国太平洋财产保险股份有限公司北京市朝阳支公司

【概况】　中国太平洋财产保险股份有限公司北京市朝阳支公司内设经理室、办公室、车险业务一至四科、非车险业务一至三科、客户服务科、业务管理科、财务科。业务范围是承保人民币和外币各种财产保险，包括机动车辆保险、财产损失保险、工程保险、责任保险、信用保险、短期人身意外伤害保险等保险业务；办理各种法定财产保险业务；与国内外保险机构建立代理关系和业务往来关系，代理国外保险机构办理对损失的鉴定和理赔业务及其委托的有关事宜；《保险法》所规定的资金运用业务；经批准参加国际保险活动；经中国保险监督管理委员会批准的其他业务。在北京市拥有百余家合作伙伴，包括专业保险代理公司、保险经纪公司、保险公估公司和兼业保险代理机构等。有员工近百人。

地址：霄云路霄云里6号楼城宝饭店配楼

电话：84482495

邮编：100125

（杨　静）

【业务】　年内，北京车险市场同比增长4%，完成车险保费2.96亿元，同比下降300余万元；非车险保费收入9957万元，完成任务指标的113%，同比增长41%，占总保费规模的25.57%，简单赔付率为29%。

（杨　静）

【管理】　年内，车商合作渠道数量是30家，比上年增加10家4S店，车商渠道业务签单保费同比增长30%，保费规模占比45.83%，提高近11%。特别是三、四季度，单月业务占比均达到50%，增长率60%。平均合作深度由6月份累计28%，提高到10月份累计35%，提高7%。

（杨　静）

【创新】　年内，推行新型业务奖励机制，在思路创新、产品创新、销售创新等方面，取得责任险和货运险业务规模大幅增生的明显突破。采取新型展业方式，主动引进外资经纪公司，签署首张公路项目工程一切险保险单，成为赞比亚某段公路工程险项目首席承保商。

（杨　静）

【内控】　年内，开展各项自查自纠等内控建设工作，明确业务经营中相关制度、流程以及日常分析、监控、检查及考核等管理措施，为公司规范经营打下良好基础。

（杨　静）

【培训】　年内，组织数周业务技能培训，由全体职能科室负责人和部分业务骨干担任讲师，为全体内外勤员工提供专业培训。

（杨　静）

## 美国友邦保险有限公司北京分公司

【概况】　美国友邦保险有限公司北京分公司（简称友邦北分）设朝阳亚运村营销服务部、朝阳建国路营销服务部、东城长安营销服务部、海淀营销服务部、朝阳三元桥营销服务部、通州营销服务部及昌平营销服务部。

地址：建国门外大街8号IFC国际财源中心五层

电话：57835556/8008203588/4008823588

邮编：100022

（王昌夏）

【业务】　1月13日，为有效配合新产品《友邦环球精英团体医疗保险》销售，公司举办“团险大视野”之《友邦环球精英团体医疗保险》发布活动。2月，为进一步巩固营销员留存率，帮助业务同仁提升销售产能，启动“G－Star项目”并举办启动仪式。3月，为促进MDRT发展壮大，举办“友邦北京MDRT精英俱乐部”启动大会，表彰达成上年MDRT标准的优秀同仁。4月，分别在部分营销服务部标准班启用“友邦在线学习系统”（E－Learning）。准增员可利用该学习系统，以自主学习为主，讲师面授为辅，通过计算机网络完成ALE课程。5月，为打造一支高水准世界级营销队伍，引荐更多优秀人才加入保险行业，决定实施“人才引荐资格认证”计划。6月1日，在营销员渠道推出《友邦金喜年年Ⅱ年金保险计划》。6月15日，第八届“诚信之旅”竞赛正式拉开帷幕。7月1日起，为进一步提升产品的保障功能，在营销员渠道开始销售《友邦全佑一生“六合一”保险计划》。10月8日，以保障功能定位的全新产品《友邦双盈人生投资联结保险》在营销员渠道上市。该产品将周全保障与长远获益两大优势完美融合，具有“小保额，高保障”特点，是公司产品策略三大支柱之一。12月1日，在营销员渠道推出《友邦保无忧A款/B款/C款分期给付重大疾病保险》及《友邦附加保无忧A款/B款/C款分期给付重大疾病保险》，帮助客户从容面对未知风险。12月，调整签约满一个季度的保险营销员季度考核标准及销售系列营销员晋级业务经理年资限制办法。

（王昌夏）

【服务】　1月，为方便客户办理保险合同恢复效力手续，推出“保险合同快速恢复效力”计划，延续客户保险合同效力，提升保单续保率和业务同仁续佣收入。

（王昌夏）

【公益】 3月26日，参与全球性环保活动“地球一小时”，除在员工中宣传参与，并有27支外勤团队走进社区宣传节能理念，收集客户信息3400余个。5月7日，在怀柔响水湖举办“绿色好心情——友邦北京公益植树日”活动，公司员工志愿者及部分员工子女一起种植象征生命和希望的绿色环保林。6月至8月为“友邦北分低碳环保宣传季”，组织参观垃圾运转站、低碳环保讲座和首届低碳环保DIY大赛等系列活动。8月4日，20余位爱心志愿者陪同区东方博爱儿童福利院30余位孤残儿童，参观北京富国海底世界。10月13日，小红门小学“友邦保险杯——好书伴我成长”读书节成果展示暨颁奖典礼结束，该校全体师生400余人参加活动，部分同学通过演讲展示图书节成果，共评选一、二、三等奖学生25名。10月26日，在培训中心举办第七届助学金颁发仪式，来自北京大学、中国人民大学、中央财经大学共30位品学兼优且家庭贫困保险系学子获得每人3000元助学金。10月27日，正式启动“友邦北京健康月”活动，全体员工通过集体做操的方式推广健康生活、快乐生活理念，为小红门小学捐赠一批体育用具。

（王昌夏）

【活动】 6月30日，公司正式乔迁新址。7月5日举办友邦北京乔迁仪式，友邦中国区首席执行官蔡强、友邦亚洲区域业务发展资深副总裁陈嘉虎莅临祝贺并讲话。8月14日，在朝阳体育馆举办友邦北京九周年庆典暨第三届运动会。营销人员及员工参加运动会。晚上举行“周年庆典啤酒狂欢节”。10月17日，第一届友邦保险青年领袖项目暨消除婴幼儿贫血创意推广大赛正式启动，共有包括北京大学等在内的六所大学参与，截至年底，北京工商大学参赛队伍入围决赛。11月13日，第三届友邦保险高端财富论坛北京站活动落幕，公司VIP客户、合作伙伴、营销员、潜在客户、媒体读者等700余人参加活动。友邦北京总经理阐述保险保障在家庭理财中的重要作用。演讲嘉宾作“中国未来宏观政策走向预期及中产家庭财富保值”专题演讲。11月28日，“十年相伴 共赢未来”暨“2012年友邦北京业务启动大会”召开。

（王昌夏）

【表彰】 12月22日，为表彰在友邦北京第八届“诚信之旅”竞赛中表现突出的业务同仁，举办友邦北京第八届“诚信之旅”竞赛颁奖盛典。

（王昌夏）

# 城市建设

## 城　市　规　划

【概况】 北京市规划委员会朝阳分局隶属于市规划委(原首都规划建设委员会办公室),设有纪检监察科、法制科、综合业务科、规划用地科、建设工程管理科、市政交通工程管理科、办公室、规划监察执法队和区规划设计服务中心。主要职责为,在市规划委的领导下,按照规定权限,负责组织实施本行政区域内规划编制、规划审批和规划监督工作。

地址:农业展览馆南路5号

电话:58670333

邮编:100125

(孙文伟)

【建设项目规划受理情况】 年内,受理建设项目2100件,同比下降5.5%。其中建设工程317件,同比下降25.9%;市政工程957件,同比增长61.9%;规划监督472件,同比下降17.9%;公共服务341件,同比下降44.3%;乡村工程13件,同比下降18%。

(孙文伟)

【建设项目规划许可情况】 年内,办结建设项目2104件,同比下降4%。其中,核发选址及条件类项目用地规模2203.7公顷,同比下降64%;许可建设用地规模368.4公顷,同比下降36%;许可建筑工程面积667.8万平方米,同比下降20.6%;许可市政工程建筑规模44.1万平方米,同比增长45.9%;许可各类管线总长度55.12万延米,同比增长25.8%。许可住宅面积282.76万平方米,同比下降46.6%。其中,含农民回迁安置房16.25万平方米,商品房148.6万平方米,政策性住房109.5万平方米等。许可商业、科研及办公面积273.95万平方米,同比增长37.6%;许可配套公建面积30.52万平方米,同比下降44.5%;许可其他工程80.61万平方米,同比增长41.5%。

(孙文伟)

【规划研究】 年内,组织和编制多项专项规划,其中《文化设施空间布局专项规划》、《学前教育专项规划》、《市政基础设施专项规划》、《综合交通规划》、《社会公共停车专项规划》、《地面公交场站专项规划》为全市首创。组织开展"四规合一"、绿隔产业用地、绿色产业用地、2020年市轨道线网调整、轨道站点一体化,以及高碑店、何各庄模式探索等规划研究,邀请市规划委、市规划院等部门领导、行业专家深入街乡调研产业业态,不断争取感性理解、技术支持和政策倾斜。完成《城乡规划实施总体评估》、《保障性住房实施评估》、《农民安置房实施评估》、《土地储备用地实施评估》等研究成果,在区域可利用建设用地、保障房安置房等空间资源配置方面率先实现底数清、情况明,推动近期建设需求与远景预留储备的动态平衡,为地区实现可持续发展提供有力支持。

(孙文伟)

【推进民生工程】 年内,全面完成全区9个市级挂账村规划批复,推动金盏、孙河等10个乡640万平方米农民安置房规划设计方案通过审查,可安置回迁居民13万人,占需求总量75%,累计实现土储地区腾退住宅680万平方米。完成29处、5.2万套保障性住房选址,占全市16%。系统推进教育、医疗等公共服务设施建设,推动人大附中、黄冈中学、垂杨柳医院等项目方案审查。开展东坝、望京、垡头等地区大型医疗中心项目选址。完成清华附中、首师大附中等12所重点实施的教育设施控规调整,实现优质教育资源引入、医疗条件改善,地区公共服务设施不断完善。

(孙文伟)

【市政设施实施】 年内,推进京沈客专定线、星火站选址等国家级项目实施。完成全区轨道线路优化和站点梳理。组织开展轨道交通站点一体化研究。完成康营、长店等保障房组团周边80余条管线及道路审批手续，实现安置房、保障房配套市政基础设施同步实施。重点完成CBD、温榆河等区域40余条道路手续，完成105条道路新改扩建任务。实现全区道路密度每平方公里3.8公里，7条轨道交通陆续开通，2处客运枢纽开工，全区较完善的城市路网格局基本形成。完成文明城区重点大街无障碍改造、校园周边环境整治、代征地腾退等专项工作。

（孙文伟）

**【规划监督执法】** 年内，创新过程监督举措，主动选取高安屯垃圾厂、豆各庄两限房、翠成经适房、广渠路15号办公楼等60余个典型项目，通过定期电话联络、现场勘察指导、提前审核图纸等形式，全程跟踪服务，详细记录过程，努力将问题解决在项目竣工前。在为市区重点工程及保障性住房项目服务中，通过“走出去、请进来”的方式与建设单位建立业务沟通平台，提前告知监督内容、验收标准，组织项目单位自查自检，及早发现解决问题，保障项目顺利推进。办理规划验线71件，建筑规模328万平方米；办理规划验收272件，建筑规模557万平方米。验线验收总量和规模均比上年有所下降。主动服务中央单位、驻京部队，办理13件中央及军队项目，建筑规模19.1万平方米。推进66件、145万平方米保障房项目通过规划验收。督促建设单位拆除施工暂设11处，建筑规模2.8万平方米。通过卫星遥感发现、审批系统核对、GPS踏勘定位等先进手段，实现对区域违法建设定期监测，及时界定和按职查处。完成卫星遥感核查工作8次，核实图斑471处。在卫星核查中，下发责令停工通知49次，按规定移送相关执法部门207次，对每一处违法建设均提出处理意见上报区政府。

（孙文伟）

# 建 设 工 程

**【概况】** 朝阳区住房和城乡建设委员会（简称区住房城乡建设委）是负责本区住房和城乡建设行政管理的区政府工作部门。年内，完成全社会固定资产投资1177.0亿元，比上年增长0.6%。房地产业增加值336.6亿元，比上年增长5.8%，占第三产业增加值的11.9%。完成房地产开发投资695.8亿元，比上年下降8.4%，其中住宅投资317.8亿元，比上年增长7.2%；政策性住房投资98.6亿元，比上年增长8.7%，其中经济适用房投资25.5亿元。商品房施工面积2829.8万平方米，比上年下降0.5%，其中政策性住房818.1万平方米；商品房竣工面积821.8万平方米，比上年增长2.1%，其中政策性住房206.5万平方米。商品房销售面积389.3万平方米，比上年下降19.5%，其中住宅销售面积252.3万平方米，比上年下降19.2%；商品房销售额813.7亿元，比上年下降20.4%，其中住宅销售额504.9亿元，比上年下降28.0%。完成基础设施投资327.4亿元，比上年增长36.6%，占全社会固定资产投资的27.8%。建筑业实现增加值87.3亿元，比上年增长6.2%。具有资质等级的总承包和专业承包建筑业企业完成总产值816.9亿元，比上年增长16.1%；累计签订合同额1622.2亿元，比上年增长11.2%；房屋建筑施工面积4596.6万平方米，比上年增长24.4%。

地址：呼家楼向军北里23号
电话：65001728
邮编：100020

（李津华）

**【保障性住房建设】** 年初，召开年度工作会，就项目手续办理、施工质量、后期管理等工作进行经验交流。年内，以加快落实保障性住房项目手续办理和建设进度为重点，组织建设单位到重庆学习保障性住房建设管理先进经验，到建工双合家园限价房项目交流设计和施工管理经验，到东坝福园经适房项目参观施工围挡。全区保障性住房开复工面积921.4万平方米，其中新开工361.6万平方米，涉及建设项目17个，可提供房源37480套（其中经仕房1580套、限价房5083套、公租房和廉租房8738套、定向安置房22079套）；竣工项目19项，竣工各类保障性住房13389套，完成投资114亿元。

（刘 杨 李津华）

**【质量安全工作大会】** 4月25日，在北京会议中心召开朝阳区建设工程质量安全工作大会，总结上年建筑质量安全生产工作，部署年内城市建设工作任务。表彰获上年度“朝阳杯”工程和“市文明安全工地”、“市文明安全样板工地”称号单位。印发《朝阳区2011年建设工程施工安全和绿色施工管理工作要点》、《朝阳区2011年建设工程施工管理工作要点》和《朝阳区2011年建设工程质量管理工作要点》。市住房城乡建设委副主任王钢、副区长李建海、区创建办执行主任刘英男出席会议并讲话，区相关部门、各街道（地区）办事处有关领导，各省驻京建管处、各建筑集团、房地产开发企业和行业协会会员单位、区属建筑企业主管领导，及区域内各在施工程建设、监理、施工单位负责人参加会议。

(黄 岩 李津华)

**【行业教育培训】** 4月,与区建筑业联合会举办3期施工项目劳务及用工规范管理从业人员再教育培训班,全区参建企业1192名劳务管理人员参加培训并取得《朝阳区施工项目劳务及劳动用工规范管理培训登记证》。5月,举办3期建设工程施工安全暨绿色施工培训班,在建工程建设单位、监理单位、施工单位主要负责人和各大专业及劳务分包项目负责人、专职安全员1681人参加培训,取得《朝阳区建设工程安全生产继续教育结业证书》,并被聘为教员,负责组织各施工项目部全体管理人员和施工人员安全教育培训,1.06万人参加培训并取得上岗证书。7月25日至8月23日,与区总工会在13个施工工地开展"安全生产教育培训大讲堂"活动,进行安全生产和文明礼仪知识培训。9月,举办2期建设工程监理人员专业培训班,全区在建工程监理单位631人参加培训;举办1期监理公司总监、总代专业培训班,265人参加培训。

(张 婷 黄 岩)

**【施工现场监管】** 4月,举办"2011年文明朝阳杯知识竞赛活动",43个街道(地区)办事处662个在施工程项目近8万施工人员参与,增强建筑从业者绿色、文明、安全施工和质量意识。北京城建集团有限责任公司施工的北京轨道交通指挥中心等73项工程获"北京市文明安全工地"称号,其中"北京建工集团有限责任公司施工的奥林匹克公园瞭望塔工程"等11项工程获"北京市文明安全样板工地"称号。

(苏志成 黄 岩)

**【危旧房改造工作会】** 10月13日,在蟹岛农五会议室召开朝阳区危旧房改造工作会,学习研讨国务院新颁布的《国有土地上房屋征收与补偿条例》(国务院令第590号)和《北京市国有土地房屋征收与补偿实施意见》(京政发(2011)27号)。市住保办领导对新条例实施后危旧房改造工作情况予以通报。17个危改项目属地街道(地区)办事处主管领导及项目实施单位负责人等50余人参会。

(温慧琴 李津华)

**【危旧房改造】** 年内,对已取得拆迁手续的5个危改项目进行重点推进。截至年底,京棉危改二期三步工程共开工建设55.9万平方米,21栋住宅楼竣工,共回迁居民5161户,剩余176户拆迁滞留户,2栋回迁楼正在建设中;八里庄西里中路市政道路建设基本完成;北内农光里1~4号楼解危排险项目,169户居民搬家,占总户数的94.4%;甜水园二期危改项目,成立以属地办事处及区危改办为主责的拆迁现场领导小组,入户进行政策宣传,225户居民签订《安置补偿协议》,占总户数的34%;方诚苑危改项目完成企业拆迁,已落实对接房源,居民拆迁正在筹备中;垂杨柳危改项目对已搬迁在外周转的301户居民补发继续周转费;尚未取得拆迁手续的酒仙桥、定福西街、中纺里、茶家坟、豆各庄危改项目正在办理相关手续。

(温慧琴 李津华)

**【周转房建设】** 年内,用于解危排险及重点工程拆迁的周转房建设工程开工。位于王四营桥北侧,总用地面积2.54万平方米,规划建筑面积1.97万平方米,可安置414户周转居民。截至年底,11栋3层板楼已进行内部装修。

(温慧琴 李津华)

**【轨道交通建设拆迁】** 年内,本区承担6号线、7号线、10号线二期、14号线、15号线西段5条轨道交通建设拆迁工作,涉及车站42座、车辆段4个,朝阳区段长度为56.86公里。截至年底,地铁6号线拆迁居民106户、拆除5009.23平方米,拆迁非住宅4家、拆除3229.82平方米;地铁7号线拆迁居民5户、拆除264.11平方米,拆迁企业10家、拆除25927.91平方米;地铁10号线二期所有车站、区间全部完成拆迁工作,车辆段实现进场施工;地铁14号线拆迁企业8家、拆除12905平方米;地铁15号线西段拆迁企业6家、拆除4967.54平方米。年内拆迁居民111户、拆除5273.34平方米,拆迁企业28家、拆除47030.27平方米。

(林 湖 李津华)

**【房地产开发管理】** 年内,召开专题会、现场会共19场,加强对房地产开发项目的协调及跟踪服务力度,实行存在问题开发项目和正在办理手续开发项目的专项协调跟踪制度,促进项目尽早开工建设。加强住宅小区配套设施建设管理,实行教育配套设施预警机制,与各有关部门协调,做好配套设施审核、整合和收缴工作。

(李 伟 郝一方)

**【房地产开发项目审核】** 年内,审核居住小区25个,总建筑面积787.96万平方米(含住宅建筑面积542.44万平方米,配套面积40.85万平方米),其中新建小区18个,总建筑面积495.01万平方米(含住宅建筑面积326.12万平方米,配套面积21.94万平方米),全部在市住房城乡建设主管部门网上公示。审核房地产开发项目手册64项,现场实地检查项目64个。办理开发项目产权初始登记前配套落实工作63项。

(李 伟 李津华)

**【房地产配套设施收缴和公示】** 年内,收缴各类配套设施104项、总面积约17.82万平方米,其中教育配套设施19项(幼儿园11所、小学5所、中学1所、九年一贯制学校2所)、11.7万平方米,公共服务配套设施40项(社区办事处21处,社区服务中心12处,其他行政社区办公用房7处)、2.72万平方米,文化配套设施16项(文化活动中心5个、文化活动站11个)、1.82万平方米,卫生配套设施14项(卫生服务中心6所,卫生服务站所8所)、0.51万平方米,养(敬)老院9所、0.93万平方米,其他市政公用设施6项、0.14万平方米。完成新建小区配套设施公示12个,涉及住宅总面积317.46万平方米,配套设施总面积63.72万平方米,配套项目190个,居民3.16万户、9.14万人。公示率95%以上。

(郝一方　李津华)

**【房地产开发企业资质管理】** 年内,办理各项资质审批236件,其中新设立46件,暂定延期39件,变更65件,四级核定57件,初审三级15件、二级10件、一级4件;办理网上激活71家。截至年底,本区共有开发企业415家,其中一级20家、二级38家、三级50家、四级184家、暂定123家,位列全市第一(含内资企业343家、外资企业72家)。在全市房地产开发企业资质审批工作考核中得分第一,获评"北京市房地产开发企业资质审批工作优秀单位"。

(荀丽娜　李津华)

**【建立区域劳务联动监管体系】** 年内,推行《朝阳区施工项目劳务管理及劳动用工规范工作方案》,与区人力社保局、43个街道(地区)办事处、各省(直辖市)驻京建管处、各建筑集团总公司建立区域劳务用工联动监管体系;召开联动监管单位、各层级参建企业管理人员参加的培训部署会5次,参加培训企业700余家。截至年底,全区1117个施工项目中,绿色规范管理达标工程927项,占工程总量的83%,比上年提高12%;黄色轻微隐患工程167项,占工程总量的15%,比上年下降9%;红色重大隐患工程23项,占工程总量的2%,比上年下降3%。行业管理实现从联动应急向联动监管的转变。

(苏志成　李津华)

**【劳务用工监管】** 年内,与区人力社保局共同在内部办公平台"劳动保障监察系统"的基础上,开发"朝阳区建设项目施工劳务管理系统",并网运行,在全市率先实行建筑业劳务用工网络化联动监管。通过该网络系统,区住房城乡建设委和区人力社保局、劳务检查组、各街道(地区)办事处城建和劳动部门可实现三层级、两系统管理资源实时共享、管理信息全程对接,进而实现对全区施工项目劳务及劳动用工规范管理情况动态联动监控。劳务执法检查工地1251次,对违法用工进行行政处罚13起,罚款9.75万元;组织各大集团总公司开展联合检查,涉及21家大型建筑集团的224个工地。协调解决工程合同纠纷37起,涉及金额1.99亿元;配合区劳动监察大队协调解决农民工工资纠纷26起,涉及金额1330万元;纠纷发案率为全区建设工程的5.6%,比上年下降8.4%。协调解决16起施工扰民纠纷。重大节日和特殊时期,未发生因工程款、劳务费、农民工工资引发的群体性事件。

(苏志成　李津华)

**【工程质量监管】** 年内,实行参建各方主体责任"一书两公示"(即办理监督注册时工程参建各方签订《项目法人责任书》,工程开工时建设单位要在施工现场主要出入口的明显位置设置"参建各方质量责任公示栏",住宅工程竣工验收前建设单位要在工程楼体明显位置安装"责任主体公示牌")。重点加大对保障性住房及参建方质量主体行为的监管,开展以政策性住房工程为主的结构工程大检查,加大对实体质量材料的抽测,严禁使用不合格建筑材料。深化落实分户验收,加强企业工程质量过程控制,加大监督抽查频率,确保结构工程质量。在监工程未发现重大质量安全隐患。监督房建工程2312项、2582万平方米,市政工程450项、312.8千米。截至年底,在监房建工程2061项、1899万平方米,在监市政工程439项、301.8千米。房建工程竣工251项、683万平方米;市政工程竣工11项、1.1万米(详见《2011年朝阳区建设工程竣工一览表》)。办理质量监督注册房建工程1035项、706万平方米,市政工程16项、10620.45万元。对质量违法行为进行行政处罚57起,占全市50.4%,罚款204万元;对安全违法行为实施简易行政处罚319起,罚款31.9万元。执行动态管理记分77起,140分。

(刘　祎　戴晓宽)

## 2011年朝阳区建设工程竣工一览表

(一)廉租房

单位:万平方米、万元

| 序号 | 工程名称 | 工程地址 | 建筑面积 | 工程总投资 | 开工日期 | 竣工日期 | 建设单位 | 设计单位 | 施工单位 | 监理单位 |
|---|---|---|---|---|---|---|---|---|---|---|
| 1 | 常营廉租房3项工程 | 常营乡 | 3.31 | 11933.28 | 2008.4.10 | 2011.9.29 | 北京北辰实业股份有限公司 | 中国电子工程设计院 | 北京六建集团公司 | 北京国建工程监理公司 |
| 2 | 南沙滩东路3号地块廉租房 | 南沙滩东路3号 | 1.08 | 1322 | 2009.9.10 | 2011.10.19 | 北京亚奥绿城房地产开发有限公司 | 浙江绿城建筑设计有限公司 | 中国建筑一局(集团)有限公司 | 北京中外建工程管理有限公司 |
| 3 | 广渠门外10号地C1号楼 | 广渠门外10号 | 0.5 | 1871 | 2010.2.9 | 2011.11.30 | 北京富力城房地产开发有限公司 | 广州市住宅建筑设计院有限公司 | 广州天力建筑工程有限公司 | 广州广骏工程监理有限公司 |

(二)经济适用房

单位:万平方米、万元

| 序号 | 工程名称 | 工程地址 | 建筑面积 | 工程总投资 | 开工日期 | 竣工日期 | 建设单位 | 设计单位 | 施工单位 | 监理单位 |
|---|---|---|---|---|---|---|---|---|---|---|
| 1 | 常营二期A标段3项配套工程 | 常营乡 | 3.28 | 6023.06 | 2009.1.28 | 2011.1.27 | 北京城市开发集团有限责任公司 | 联安国际建筑设计有限公司、圣帝国际建筑工程设计有限公司 | 北京怀建集团有限公司 | 北京金海城工程建设监理公司 |
| 2 | 定福家园4项配套工程 | 平房乡黄渠村 | 0.48 | 605 | 2007.9.20 | 2011.1.31 | 北京城建房地产开发有限公司 | 华通设计顾问工程有限公司 | 北京城建建设工程有限公司 | 北京方程建设监理有限公司 |
| 3 | 福临家园配套3项工程 | 平房乡 | 2.07 | 2892.96 | 2008.2.12 | 2011.3.29 | 北京城建房地产开发有限公司 | 华通设计顾问工程有限公司 | 北京城建五建设工程有限公司 | 北京鸿祥工程建设监理有限责任公司 |
| 4 | 定福庄北街3项工程 | 定福庄北街 | 4.59 | 6652 | 2006.1.23 | 2011.3.31 | 北京市科教住宅合作社 | 北京市京旅建筑设计有限责任公司 | 北京六建集团公司 | 建研凯勃建设工程咨询有限公司 |
| 5 | 管庄乡小寺村15项工程 | 管庄乡小寺村 | 10.31 | 14280.47 | 2009.11.13 | 2011.5.12 | 北京中联置地房地产开发有限公司 | 中国建筑设计研究院 | 北京市朝阳田华建筑集团公司、远洋国际建设有限公司 | 北京银建建设工程管理有限公司 |

| 序号 | 工程名称 | 工程地址 | 建筑面积 | 工程总投资 | 开工日期 | 竣工日期 | 建设单位 | 设计单位 | 施工单位 | 监理单位 |
|---|---|---|---|---|---|---|---|---|---|---|
| 6 | 翠成馨园13项工程 | 垡头 | 25.07 | 30018.49 | 2005.9.22 | 2011.11.17 | 北京住总房地产开发有限责任公司 | 华通设计顾问工程有限公司、北京市住宅建筑设计研究院有限公司 | 北京正荣建设工程有限责任公司、北京住总第三开发建设有限公司、北京住总集团有限公司 | 北京方正建设工程管理有限公司、北京光华建设监理有限公司、北京旭日明建设工程监理有限公司 |
| 7 | 朝阳新城25项工程 | 东坝 | 26.73 | 41183.51 | 2009.3.15 | 2011.12.12 | 北京金隅嘉业房地产开发有限公司 | 北京建都设计研究院有限责任公司、凯里森建筑设计(北京)有限公司 | 河北玉川建筑工程有限责任公司、北京韩建集团有限公司、北京住总第二开发建设有限公司、河北天宏建筑工程有限责任公司、北京市顺兴达建筑工程有限责任公司、北京建总建筑安装工程有限公司 | 北京新森智业工程咨询有限公司、北京建拓工程管理有限公司、北京帕克国际工程咨询有限公司 |

(三)定向安置房

单位:万平方米、万元

| 序号 | 工程名称 | 工程地址 | 建筑面积 | 工程总投资 | 开工日期 | 竣工日期 | 建设单位 | 设计单位 | 施工单位 | 监理单位 |
|---|---|---|---|---|---|---|---|---|---|---|
| 1 | 京旺家园26项工程 | 崔各庄乡南皋 | 27.78 | 65794.64 | 2009.6.15 | 2011.4.19 | 北京六合天地置业有限责任公司 | 北京中天元工程设计有限责任公司 | 北京朝阳田华建筑集团公司 | 北京光华建设监理有限公司、北京康迪建筑监理咨询有限公司 |

| 序号 | 工程名称 | 工程地址 | 建筑面积 | 工程总投资 | 开工日期 | 竣工日期 | 建设单位 | 设计单位 | 施工单位 | 监理单位 |
|---|---|---|---|---|---|---|---|---|---|---|
| 2 | 慈云寺危改小区配套公建 | 慈云寺 | 0.23 | 559.88 | 2009.3.1 | 2011.5.6 | 三能达置业有限公司 | 北京联合筑源建筑设计事务所,中外建工程设计与顾问有限公司 | 中国新兴建设开发总公司 | 北京方正建设工程管理有限公司 |
| 3 | 豆各庄小区18项工程 | 豆各庄 | 11.48 | 21917.85 | 2009.11.1 | 2011.10.26 | 北京市朝阳城市建设综合开发公司 | 北京中京惠建筑设计有限责任公司 | 北京鼎华建筑工程有限公司、北京日盛达建筑企业集团 | 北京百事百达工程建设监理有限责任公司 |
| 4 | 京棉危改二期14项工程 | 十里堡 | 23.02 | 39749.99 | 2008.4.1 | 2011.10.26 | 北京方晟房地产开发有限责任公司、北京恒世同方房地产开发有限公司 | 中国建筑设计研究院、北京维拓时代建筑设计有限公司、北京市住宅建筑设计研究院有限公司 | 北京建工四建工程建设有限公司、中国新兴保信建设总公司、中建一局华中建设有限公司 | 北京方正建设工程管理有限公司、北京光华建设监理有限公司、北京赛瑞斯国际工程咨询有限公司 |
| 5 | 甜水园危改小区二期4项工程 | 六里屯 | 3.38 | 5140.2 | 2008.3.28 | 2011.11.2 | 北京市朝阳万科房地产开发有限公司 | 北京市建筑设计研究院 | 北京市朝阳田华建筑集团公司 | 中国建筑设计咨询公司 |
| 6 | 康惠园12项工程 | 三间房乡 | 9.96 | 13517.78 | 2009.5.28 | 2011.11.22 | 北京金隅嘉业房地产开发有限公司 | 华优建筑设计院、北京中天建中工程设计有限责任公司、联安国际建筑设计有限公司 | 北京住总第六开发建设有限公司、新兴福田建筑工程有限公司、北京市建筑装饰设计工程有限公司、北京陶然建筑有限公司、北京韩建集团有限公司、北京龙建集团有限公司、北京百键开发建设有限公司 | 北京日日豪工程建设监理有限责任公司、北京建拓工程管理有限公司 |

| 序号 | 工程名称 | 工程地址 | 建筑面积 | 工程总投资 | 开工日期 | 竣工日期 | 建设单位 | 设计单位 | 施工单位 | 监理单位 |
|---|---|---|---|---|---|---|---|---|---|---|
| 7 | 北花园村定向安置房2项工程 | 高碑店乡北花园村 | 5.37 | 15525.03 | 2011.5.28 | 2011.11.30 | 北京国隆置业有限公司 | 北京奥兰斯特建筑工程设计有限责任公司 | 北京建工路桥工程建设有限责任公司 | 北京国建工程监理公司 |

(四)限价商品房

单位:万平方米、万元

| 序号 | 工程名称 | 工程地址 | 建筑面积 | 工程总投资 | 开工日期 | 竣工日期 | 建设单位 | 设计单位 | 施工单位 | 监理单位 |
|---|---|---|---|---|---|---|---|---|---|---|
| 1 | 保利嘉园小区2项工程 | 常营乡 | 0.53 | 727.11 | 2008.3.1 | 2011.1.27 | 保利(北京)房地产开发有限公司 | 北京龙安华诚建筑设计有限公司 | 保利建设开发总公司、江苏南通二建集团有限公司 | 北京地厚工程管理有限公司、北京东方华太建设监理有限公司 |
| 2 | 常营两限房B2组团3项工程 | 常营乡 | 0.88 | 972.4 | 2008.4.1 | 2011.6.24 | 北京极富房地产开发有限公司 | 广州市住宅建筑设计院有限公司 | 江苏中兴建设有限公司 | 广州广骏工程监理有限公司 |
| 3 | 常营两限房A组团3项工程 | 常营乡 | 3.49 | 11899.8 | 2008.4.10 | 2011.9.19 | 北京北辰实业股份有限公司 | 中国电子工程设计院 | 中国建筑第二工程局有限公司 | 北京帕克国际工程咨询有限公司 |

(五)商品房

单位:万平方米、万元

| 序号 | 工程名称 | 工程地址 | 建筑面积 | 工程总投资 | 开工日期 | 竣工日期 | 建设单位 | 设计单位 | 施工单位 | 监理单位 |
|---|---|---|---|---|---|---|---|---|---|---|
| 1 | 新燕都家园住宅楼2项工程 | 将台乡霄云路 | 10.63 | 58816 | 2008.5.10 | 2011.1.7 | 北京新京润房地产有限公司 | 天津美新建筑设计有限公司 | 广东韩江建筑安装工程有限公司 | 广东珠江建设工程监理有限公司 |
| 2 | 青年路居住小区28号住宅楼 | 平房乡黄杉木店 | 1.3 | 2815.12 | 2008.2.1 | 2011.1.19 | 北京博成房地产有限公司 | 广东新豪斯建筑设计有限公司 | 广东省富银建筑工程有限公司 | 北京方圆工程监理有限公司 |
| 3 | 世纪东方嘉园住宅1号楼B座 | 南磨房楼梓庄 | 2.92 | 4907 | 2007.1.15 | 2011.1.24 | 华瀚投资集团有限公司 | 北京市建筑设计研究院 | 北京市朝阳田华建筑集团公司 | 北京旭日明建设工程监理有限公司 |

| 序号 | 工程名称 | 工程地址 | 建筑面积 | 工程总投资 | 开工日期 | 竣工日期 | 建设单位 | 设计单位 | 施工单位 | 监理单位 |
|---|---|---|---|---|---|---|---|---|---|---|
| 4 | 鑫兆佳园4项工程 | 常营乡 | 0.46 | 778 | 2010.10.20 | 2011.3.7 | 北京城乡房屋建设开发有限责任公司 | 北京新型材料建筑设计研究院有限公司 | 北京德茂建筑工程有限公司 | 北京中外建工程管理有限公司 |
| 5 | 北京新天地东区2项工程 | 杨闸环岛东北侧 | 2.88 | 5831.02 | 2007.2.9 | 2011.3.17 | 北京硕和房地产开发有限公司 | 北京世纪安泰建筑工程设计有限公司 | 中国航空港建设总公司 | 北京中协成建设监理有限责任公司 |
| 6 | 润泽庄苑4项工程 | 来广营乡清河营村 | 1.82 | 4739.21 | 2009.9.10 | 2011.3.25 | 北京润泽庄苑房地产开发有限公司 | 华通设计顾问工程有限公司、中元国际工程设计研究院 | 北京市朝阳三建第五建筑工程公司、北京市城建亚泰建设工程有限公司 | 北京中联环建设工程管理有限公司，北京帕克国际工程咨询有限公司 |
| 7 | 幸福三村北区及南区工程 | 幸福三村 | 14.64 | 40430 | 2007.4.15 | 2011.4.28 | 北京城市开发集团有限责任公司 | 联安国际建筑设计有限公司 | 北京城建五建设工程有限公司、北京市第二建筑工程有限责任公司 | 北京中环工程建设监理有限责任公司 |
| 8 | 美景东方家园2项工程 | 松榆南路38号 | 2.10 | 3845.49 | 2008.1.15 | 2011.4.29 | 北京达义兴业房地产开发有限公司 | 汉嘉设计集团股份有限公司 | 浙江横店建设工程有限公司 | 北京东方华太建设监理有限公司 |
| 9 | 京德顺生态家园东一区14号楼 | 茶家东路东侧 | 0.23 | 375 | 2005.12.13 | 2011.5.6 | 北京京德顺房地产开发有限公司 | 中国建筑技术集团有限公司 | 北京城建五建设工程有限公司 | 北京建工京精大房工程建设监理公司 |
| 10 | 柏阳景园东区10项工程 | 王四营乡 | 4.61 | 15443.43 | 2008.3.1 | 2011.5.24 | 北京柏基置业有限公司 | 北京凯帝克建筑设计有限公司 | 中国航空港建设总公司 | 北京建工京精大房工程建设监理公司 |
| 11 | 万象新天家园5项工程 | 常营乡 | 3.26 | 7611.94 | 2008.4.7 | 2011.6.3 | 北京天鸿置业有限公司 | 北京天鸿圆方建筑设计有限责任公司 | 北京住总第四开发建设有限公司 | 北京赛瑞斯国限工程咨询有限公司 |

| 序号 | 工程名称 | 工程地址 | 建筑面积 | 工程总投资 | 开工日期 | 竣工日期 | 建设单位 | 设计单位 | 施工单位 | 监理单位 |
|---|---|---|---|---|---|---|---|---|---|---|
| 12 | 欧陆经典南区 E4 座工程 | 亚运村北小营 | 2.86 | 3446 | 2007.2.1 | 2011.7.1 | 北京大合龙脉房地产开发有限责任公司 | 北京蓝图工程设计有限公司 | 北京建工集团有限责任公司 | 北京馨石建设监理有限责任公司 |
| 13 | 赛洛家园 4 项工程 | 广渠东路 33 号 | 4.93 | 15355.65 | 2008.3.4 | 2011.7.25 | 北京高盛房地产开发有限公司 | 中国建筑设计研究院 | 经典建设有限公司 | 深圳市中海建设监理有限公司 |
| 14 | 晨谷苑 6 项工程 | 将台乡驼房营村 | 0.29 | 456.54 | 2009.10.4 | 2011.8.31 | 北京晨谷苑房地产开发有限公司 | 山西省第二建筑设计院 | 永同昌建设集团 | 北京旭日明建设工程监理有限公司 |
| 15 | 康城花园二期 2 项工程 | 双桥东路 | 0.08 | 148 | 2005.8.1 | 2011.10.26 | 北京银信兴业房地产开发有限公司 | 北京维拓时代建筑设计有限公司 | 保定兴华建筑有限公司 | 北京方恒基业工程咨询有限公司 |
| 16 | 西溪东岸家园 18 项工程 | 黑庄户 | 1.7 | 2205.32 | 2009.3.10 | 2011.10.26 | 北京怡景城房地产开发有限公司 | 天津喜邦建筑工程设计有限公司 | 北京元鑫建筑工程有限公司 | 北京思创建设监理有限责任公司 |
| 17 | 世纪华侨城 2 项工程 | 南磨房 | 19.84 | 49948.32 | 2005.3.11 | 2011.11.7 | 北京华贸奥苑房地产开发有限公司 | 北京市建筑设计研究院 | 中建三局建设工程股份有限公司 | 北京赛瑞斯国际工程咨询有限公司 |
| 18 | 华贸城 11 项工程 | 来广营清河营 | 19.84 | 49948.32 | 2009.11.1 | 2011.11.7 | 北京华贸奥苑房地产开发有限公司 | 北京市建筑设计研究院 | 中建三局建设工程股份有限公司 | 北京赛瑞斯国际工程咨询有限公司 |
| 19 | 金泰丽富嘉园 4 项工程 | 东坝单店 | 9.38 | 17494.78 | 2009.9.10 | 2011.11.9 | 北京丽富房地产开发有限公司 | 华优建筑设计院 | 中国新兴保信建设总公司 | 北京京龙工程项目管理公司 |
| 20 | 招商上苑 4 项工程 | 东八里庄 | 7.14 | 10514.32 | 2008.4.8 | 2011.11.9 | 招商局地产(北京)有限公司 | 北京市建筑设计研究院 | 中铁建工集团有限公司、中建三局建设工程股份有限公司 | 北京帕克国际工程咨询有限公司 |

| 序号 | 工程名称 | 工程地址 | 建筑面积 | 工程总投资 | 开工日期 | 竣工日期 | 建设单位 | 设计单位 | 施工单位 | 监理单位 |
|---|---|---|---|---|---|---|---|---|---|---|
| 21 | 清河营住宅商业一号地13项工程 | 来广营乡清河营村 | 12.44 | 20217.72 | 2009.12.20 | 2011.11.10 | 北京第六大洲房地产开发有限公司 | 华通设计顾问工程有限公司 | 中铁十二局集团建筑安装工程有限公司、中铁建设集团有限公司、北京城建亚泰建设工程有限公司 | 北京华城建设监理有限责任公司、北京菲尔建设监理有限公司 |
| 22 | 芍药居东区1组团7项工程 | 太阳宫乡 | 11.95 | 25563.87 | 2008.12.20 | 2011.11.17 | 北京东方信远房地产开发有限公司 | 北京中天元工程设计有限责任公司 | 北京天润建设工程有限公司、江苏南通三建集团有限公司 | 北京建院金厦工程管理有限公司、北京双圆工程咨询监理有限公司 |
| 23 | 芍药居东区2组团13项工程 | 太阳宫乡 | 20.66 | 37251.9 | 2009.5.22 | 2011.11.22 | 北京懋源置业有限公司 | 北京维拓时代建筑设计有限公司 | 保利建设开发总公司 | 北京方恒基业工程咨询有限公司 |
| 24 | 太阳宫新区14项工程 | 太阳宫乡 | 23.59 | 36173.79 | 2008.6.1 | 2011.11.29 | 北京冠城正业房地产开发有限公司 | 北京中建建筑设计院有限公司 | 北京城建二建设工程有限公司、中国对外建设总公司、中建一局集团建设发展有限公司、北京市朝阳田华建筑集团公司 | 北京华建项目管理有限公司 |
| 25 | 单店小区二期E地块21项工程 | 东坝乡 | 9.22 | 21210.56 | 2010.2.7 | 2011.11.30 | 北京首开天成房地产开发有限公司 | 凯里森建筑设计(北京)有限公司、北京市建筑设计研究院 | 北京城建集团有限责任公司、中国航空港建设总公司 | 北京艾佩克工程管理有限公司 |
| 26 | 富豪国际大厦项目工程 | 慧忠里小区东南角 | 2.88 | 4418.6 | 2002.7.15 | 2011.12.1 | 北京中佰龙置业有限公司 | 北京市建筑工程设计公司 | 中建一局集团建设发展有限公司 | 北京国金管理咨询有限公司 |

| 序号 | 工程名称 | 工程地址 | 建筑面积 | 工程总投资 | 开工日期 | 竣工日期 | 建设单位 | 设计单位 | 施工单位 | 监理单位 |
|---|---|---|---|---|---|---|---|---|---|---|
| 27 | 呼家楼商务居住综合区3项工程 | 呼家楼朝阳路北侧 | 3.03 | 3869.45 | 2008.3.20 | 2011.12.1 | 首创朝阳房地产发展有限公司 | 北京市建筑设计研究院 | 中天建设集团有限公司 | 北京建工京精大房工程建设监理公司 |
| 28 | 万科蓝山7项工程 | 西大望路27号 | 6.28 | 9799.84 | 2009.11.15 | 2011.12.8 | 北京万科企业有限公司 | 中国建筑设计研究院 | 江苏省华建建设股份有限公司 | 北京赛瑞斯国际工程咨询有限公司 |
| 29 | 中海城小区10项工程 | 小红门 | 9.8 | 12966.28 | 2010.3.1 | 2011.12.12 | 北京嘉益德房地产开发有限公司 | 北京市住宅建筑设计研究院有限公司 | 中国建筑第五工程局有限公司、中建一局集团第五建筑有限公司 | 北京思创建设监理有限责任公司 |
| 30 | 远洋一方二期38项工程 | 小寺村 | 23.86 | 34458.61 | 2009.8.10 | 2011.12.12 | 北京中联置地房地产开发有限公司 | 中国建筑设计研究院 | 北京建工博海建设有限公司、远洋国际建设有限公司 | 北京银建建设工程管理有限公司 |
| 31 | 太阳御园3项工程 | 太阳宫 | 5.89 | 14473 | 2010.1.9 | 2011.12.16 | 北京信远筑诚房地产开发有限公司 | 北京中天元工程设计有限责任公司 | 江苏省苏中建设集团股份有限公司 | 北京建院金厦工程管理有限公司 |
| 32 | 豆各庄住宅小区11项工程 | 大鲁店北路 | 18.69 | 33065.44 | 2007.9.25 | 2011.12.19 | 北京华恩房地产开发有限公司 | 广州市住宅建筑设计院有限公司 | 广州天力建筑工程有限公司 | 广州广骏工程监理有限公司 |
| 33 | 润景茗苑8项工程 | 来广营清河营 | 11.04 | 13804.32 | 2009.6.1 | 2011.12.19 | 北京春光置地房地产开发有限公司 | 北京墨臣建筑设计事务所 | 中铁建设集团有限公司 | 建通工程建设监理有限公司 |
| 34 | 财富公馆F2户型工程 | 孙河 | 0.15 | 471.91 | 2009.4.30 | 2011.12.20 | 北京财富花园房地产开发有限公司 | 北京市建筑设计研究院 | 北京建工集团有限责任公司 | 北京方圆工程监理有限公司 |
| 35 | 东泽园小区8项工程 | 东坝乡驹子房 | 11.29 | 14870.25 | 2010.3.5 | 2011.12.22 | 北京东泽房地产开发有限公司 | 北京华茂中天建筑设计有限公司 | 北京市第五建筑工程有限公司、北京房地集团有限公司 | 北京英诺威建设工程管理有限公司 |

| 序号 | 工程名称 | 工程地址 | 建筑面积 | 工程总投资 | 开工日期 | 竣工日期 | 建设单位 | 设计单位 | 施工单位 | 监理单位 |
|---|---|---|---|---|---|---|---|---|---|---|
| 36 | 银河湾嘉园(二期)5项工程 | 东直门外西八间房1号 | 10.51 | 50995.57 | 2007.9.11 | 2011.12.22 | 北京世纪鸿房地产开发有限责任公司 | 北京五豪世纪建筑设计有限公司 | 中国新兴保信建设总公司 | 北京英诺威建设工程管理有限公司 |
| 37 | 首城国际中心18项工程 | 广渠路36号 | 20.58 | 33668.88 | 2008.9.21 | 2011.12.23 | 北京首城置业有限公司 | 凯里森建筑设计(北京)有限公司、中房集团建筑设计有限公司 | 龙信建设集团有限公司、北京住总第六开发建设有限公司、北京城建六建设工程有限公司、北京城建九建设工程有限公司、北京建工集团有限责任公司、北京市朝阳田华建筑集团公司 | 北京精正兴工程建设监理有限公司、北京金海城工程建设监理公司、中咨工程建设监理公司、北京华城建设监理有限责任公司 |
| 38 | 绿城北京城4项工程 | 南沙滩东路3号 | 5.54 | 7428.01 | 2009.3.10 | 2011.12.26 | 北京亚奥绿城房地产开发有限公司 | 浙江绿城建筑设计有限公司 | 浙江省建工集团有限责任公司 | 北京中外建工程管理公司 |

(六)办公房屋　　单位:万平方米、万元

| 序号 | 工程名称 | 工程地址 | 建筑面积 | 工程总投资 | 开工日期 | 竣工日期 | 建设单位 | 设计单位 | 施工单位 | 监理单位 |
|---|---|---|---|---|---|---|---|---|---|---|
| 1 | 中日青年交流中心2项工程 | 亮马桥路40号 | 0.07 | 217.93 | 2010.8.4 | 2011.3.25 | 中日青年交流中心 | 北京市建筑设计研究院 | 北京华夏建设发展有限公司 | 北京双诚建设监理公司 |
| 2 | 民俗馆2项工程 | 洼里 | 2.02 | 3619 | 2009.5.7 | 2011.4.8 | 北京市朝阳区园林绿化局 | 北京中天正通工程设计有限公司 | 中建一局华中建设有限公司 | 北京华建恒工程建设监理有限公司 |
| 3 | 美立方5项工程 | 大羊坊6号院梓庄 | 9.09 | 16936.3 | 2009.7.30 | 2011.4.29 | 中国水电建设集团房地产有限公司 | 北京中联环建文建筑设计有限公司 | 中国水利水电第二工程局有限公司 | 北京中城建建设监理有限公司 |

| 序号 | 工程名称 | 工程地址 | 建筑面积 | 工程总投资 | 开工日期 | 竣工日期 | 建设单位 | 设计单位 | 施工单位 | 监理单位 |
|---|---|---|---|---|---|---|---|---|---|---|
| 4 | 京泰同成置业 11 项工程 | 东四环南路甲 1 号 | 13.33 | 46148.9 | 2009.12.5 | 2011.6.30 | 北京京泰同成置业有限公司 | 北京奥思得建筑设计有限公司 | 中国新兴保信建设总公司 | 北京纵横工程监理公司 |
| 5 | 国际竹藤网络中心综合楼 | 望京新兴产业区 2 号地 | 0.77 | 7652 | 2008.4.17 | 2011.9.5 | 国际竹藤网络中心 | 中国联合工程公司 | 北京市第二建筑工程有限责任公司 | 北京帕克国际工程咨询有限公司 |
| 6 | 来广营社区服务用房 4 项工程 | 来广营乡红军营南路 | 2.24 | 2910 | 2006.6.1 | 2011.11.23 | 北京市朝阳来广营之农工商实业总公司 | 北京凯帝克建筑设计有限公司 | 北京百键开发建设有限公司 | 北京燕波工程管理有限公司 |
| 7 | 东直门外交通队办公楼 | 曙光南环路 | 0.41 | 510.24 | 2011.2.15 | 2011.11.30 | 北京华润曙光房地产开发有限公司 | 中国航空规划建设发展有限公司 | 中国建筑第八工程局有限公司 | 北京帕克国际工程咨询有限公司 |
| 8 | 凤凰苑 7 项工程 | 三元桥 | 10.52 | 13205.97 | 2007.12.11 | 2011.12.14 | 北京华润曙光房地产开发有限公司 | 中国航空规划建设发展有限公司 | 中国建筑第八工程局有限公司 | 北京帕克国际工程咨询有限公司 |
| 9 | 将台商务中心 2 项工程 | 将台乡驼房营村 | 17.46 | 49523.14 | 2008.12.1 | 2011.12.27 | 北京麟联置业有限公司 | 中国建筑科学研究院 | 中建国际建设有限公司 | 北京银建建设工程管理有限公司 |
| 10 | 中国特色经济之窗二期 23 项工程 | 常营乡 | 66.12 | 84990.48 | 2009.11.13 | 2011.12.29 | 北京中弘投资有限公司 | 北京中联环建文建筑设计有限公司 | 中国新兴保信建设总公司、北京怀建集团有限公司、浙江众和建设有限公司、北京市朝阳田华建筑集团公司 | 北京国建工程监理公司 |

(七)商用房屋

单位:万平方米、万元

| 序号 | 工程名称 | 工程地址 | 建筑面积 | 工程总投资 | 开工日期 | 竣工日期 | 建设单位 | 设计单位 | 施工单位 | 监理单位 |
|---|---|---|---|---|---|---|---|---|---|---|
| 1 | 亚宝综合楼 4 项工程 | 定福庄 | 4.17 | 8056 | 2009.4.23 | 2011.1.4 | 北京亚宝世纪置业有限公司 | 北京维拓时代建筑设计有限公司 | 中国新兴保信建设总公司 | 欧华建业国际工程咨询(北京)有限公司 |

| 序号 | 工程名称 | 工程地址 | 建筑面积 | 工程总投资 | 开工日期 | 竣工日期 | 建设单位 | 设计单位 | 施工单位 | 监理单位 |
|---|---|---|---|---|---|---|---|---|---|---|
| 2 | 国际财源中心西塔楼工程 | 建国路建国门外大街4号 | 16.24 | 52759.85 | 2006.6.23 | 2011.1.30 | 北京建机天润房地产开发有限公司 | 北京时空筑诚建筑设计有限公司 | 中建一局集团建设发展有限公司 | 北京双圆工程咨询监理有限公司 |
| 3 | 中航集团139号装配厂房 | 管庄东军庄1号 | 0.75 | 1926.81 | 2010.4.15 | 2011.4.15 | 中国航空工业集团公司北京航空制造工程研究所 | 中国航空规划建设发展有限公司 | 中国新兴建设开发总公司 | 北京艾佩克工程管理有限公司 |
| 4 | 福建产品市场2项工程 | 十八里店乡小武基村 | 5.30 | 9349.46 | 2008.6.30 | 2011.4.28 | 北京市福建产品市场有限公司 | 汉嘉设计集团股份有限公司 | 北京城乡建设集团有限责任公司 | 北京中外建工程管理有限公司 |
| 5 | 奥林匹克花园2项工程 | 东坝乡 | 0.3 | 438.03 | 2007.10.1 | 2011.8.24 | 北京奥林匹克置业投资有限公司 | 凯里森建筑设计(北京)有限公司 | 江苏省苏中建设集团股份有限公司 | 北京金海城工程建设监理公司 |
| 6 | 北京电子城3项工程 | 酒仙桥北路 | 4.08 | 8247.61 | 2009.9.20 | 2011.11.25 | 北京电子城有限责任公司 | 北京工业设计研究院 | 北京城建建设工程有限公司、北京城乡建设集团有限责任公司 | 北京京龙工程项目管理公司、北京大正建设监理有限公司 |
| 7 | 世茂国际中心5项工程 | 幸福一村 | 21.2 | 127280.07 | 2009.1.15 | 2011.9.23 | 北京财富时代置业有限公司 | 华通设计顾问工程有限公司 | 北京建工集团有限责任公司 | 北京五环建设监理公司 |
| 8 | 呼家楼商务居住综合一期1号楼 | 呼家楼朝阳路北侧 | 2.53 | 3222.9 | 2008.3.13 | 2011.9.26 | 首创朝阳房地产发展有限公司 | 北京市建筑设计研究院 | 中天建设集团有限公司 | 北京建工京精大房工程建设监理公司 |
| 9 | 政泉花园商业楼 | 大屯路 | 3.06 | 6502 | 2006.8.23 | 2011.9.28 | 北京政泉置业有限公司 | 北京九合正中建筑设计事务所、北京九合正中结构设计事务所、北京九合正中建机电设计事务所 | 山东天鸿建筑安装工程有限公司 | 北京东方华太建设监理有限公司 |

| 序号 | 工程名称 | 工程地址 | 建筑面积 | 工程总投资 | 开工日期 | 竣工日期 | 建设单位 | 设计单位 | 施工单位 | 监理单位 |
|---|---|---|---|---|---|---|---|---|---|---|
| 10 | 莱太大厦9项工程 | 麦子店西路9号 | 10.04 | 22802.32 | 2009.4.20 | 2011.9.29 | 北京金秋莱太房地产开发有限公司 | 北京市建筑设计研究院 | 北京住总第二开发建设有限公司 | 北京建工京精大房工程建设监理公司 |
| 11 | 国际金融中心一期商务办公楼 | 金盏 | 1.02 | 9133.01 | 2009.5.15 | 2011.11.21 | 北京金盏融信投资中心 | 中国建筑设计研究院 | 北京中宏基建筑工程有限责任公司 | 北京方圆工程监理有限公司 |
| 12 | 昆泰望京酒店4项工程 | 望京 | 15.87 | 35978.45 | 2009.11.25 | 2011.11.25 | 北京昆泰嘉豪房地产开发有限公司 | 北京市建筑设计研究院 | 中建一局集团第三建筑有限公司 | 北京帕克国际工程咨询有限公司 |
| 13 | 日坛国际贸易中心2项加建工程 | 南营房 | 0.9 | 2120 | 2007.6.28 | 2011.11.30 | 北京兆通置地房地产股份有限公司 | 北京东方筑中建设规划设计有限公司 | 广厦建设集团有限责任公司、南通新华建筑集团有限公司 | 北京开普中盛工程管理有限责任公司 |
| 14 | 永利广场项目 | 工体北路 | 15.02 | 24800 | 2007.9.6 | 2011.11.30 | 北京京茂房地产开发有限公司 | 北京中和建城建筑工程设计有限公司 | 南通新华建筑集团公司 | 北京银建建设工程管理有限公司 |
| 15 | 太阳宫新区2项工程 | 太阳宫乡 | 22.06 | 37510.6 | 2009.3.10 | 2011.12.14 | 北京冠城新泰房地产开发有限公司、北京冠城新纪房地产开发有限公司 | 中国建筑科学研究院、北京中京惠建筑设计有限责任公司 | 北京天润建设工程有限公司、北京市朝阳田华建筑集团公司 | 北京华清技科工程管理有限公司、北京海建工程建设监理公司 |
| 16 | 朝阳新城二期3项工程 | 东坝 | 2.59 | 4862.69 | 2009.9.1 | 2011.12.15 | 北京金隅嘉业房地产开发有限公司 | 凯里森建筑设计(北京)有限公司、北京建都设计研究院有限责任公司 | 北京住总第二开发建设有限公司、保定建业集团有限公司 | 北京帕克国际工程咨询有限公司、北京新森智业工程咨询有限公司 |
| 17 | 常营居住区2项公建工程 | 常营乡 | 11.50 | 34577.77 | 2010.10.30 | 2011.12.16 | 北京天鸿置业有限公司 | 北京天鸿圆方建筑设计有限责任公司 | 北京市朝阳田华建筑集团公司 | 中咨工程建设监理公司 |

(八)其他房屋

单位:万平方米、万元

| 序号 | 工程名称 | 工程地址 | 建筑面积 | 工程总投资 | 开工日期 | 竣工日期 | 建设单位 | 设计单位 | 施工单位 | 监理单位 |
|---|---|---|---|---|---|---|---|---|---|---|
| 1 | 绿化管理用房 | 大屯北四环东路89号富成花园内 | 0.12 | 197.94 | 2009.3.12 | 2011.1.7 | 北京鸿达房地产有限公司 | 北京九合正中建筑设计事务所、北京九合正中结构设计事务所、北京九合正中机电设计事务所 | 北京建工集团有限责任公司 | 无 |
| 2 | 北沙滩小区地下锅炉房 | 大屯路36号 | 0.04 | 180.46 | 2005.10.21 | 2011.1.14 | 北京博宏房地产开发有限公司 | 北京世纪安泰建筑工程设计有限公司 | 北京城建九建设工程有限公司 | 北京银建建设工程管理有限公司 |
| 3 | 国家奥体中心环卫管理楼 | 安定路1号 | 0.06 | 128.6 | 2009.8.15 | 2011.1.27 | 国家奥林匹克体育中心 | 北京市建筑设计研究院 | 北京市第三建筑工程有限公司 | 北京建宇建设监理有限责任公司 |
| 4 | 南磨房地区社区服务中心 | 广渠路21号 | 0.53 | 1395 | 2010.4.1 | 2011.1.31 | 北京市朝阳区人民政府南磨房地区办事处 | 北京本土建筑设计有限公司 | 北京市朝阳田华建筑集团公司 | 北京旭日明建设工程监理有限公司 |
| 5 | 润泽公园2项工程 | 来广营乡清河营村 | 0.63 | 3421.19 | 2009.8.28 | 2011.1.31 | 北京市朝阳区园林绿化局 | 北京国科天创建筑设计院 | 北京市朝阳三建第六建筑工程公司 | 北京中联环建设工程管理有限公司 |
| 6 | 千鹤家园小学教学楼工程 | 小营 | 0.44 | 578.26 | 2006.12.15 | 2011.2.22 | 北京住总房地产开发有限责任公司 | 北京市住宅建筑设计院有限公司 | 北京正荣建设工程有限责任公司 | 北京光华建设监理有限公司 |
| 7 | 新源里中学2项工程 | 新源里街31号 | 0.59 | 2076.03 | 2009.4.5 | 2011.3.17 | 北京市朝阳区教育国有资产管理中心 | 圣帝国际建筑工程设计有限公司 | 中建一局集团第二建筑有限公司 | 北京中景恒基工程管理有限公司 |
| 8 | 泰华滨河佳园幼儿园工程 | 南十里居5号 | 0.23 | 436.3 | 2003.9.1 | 2011.4.28 | 北京市泰华房地产开发集团有限公司 | 中广电广播电影电视设计研究院 | 北京市城镇建筑工程公司 | 北京市博宁工程建设监理有限公司 |

| 序号 | 工程名称 | 工程地址 | 建筑面积 | 工程总投资 | 开工日期 | 竣工日期 | 建设单位 | 设计单位 | 施工单位 | 监理单位 |
|---|---|---|---|---|---|---|---|---|---|---|
| 9 | 东湖名苑2项工程 | 望京北小河以北 | 0.73 | 1803.91 | 2009.8.4 | 2011.4.29 | 北京市东湖房地产有限公司 | 北京维拓时代建筑设计有限公司、马建国际建筑设计顾问有限公司 | 北京城建亚泰建设工程有限公司、北京城建二建设工程有限公司 | 北京五环建设监理公司、北京太平洋建筑工程监理有限公司 |
| 10 | 青少年活动中心一期工程 | 红领巾公园南门 | 1.10 | 2800 | 2002.12.12 | 2011.4.29 | 北京市朝阳区园林绿化局 | 北京中联环建文建筑设计有限公司 | 北京城建建设工程有限公司 | 北京奥成工程建设监理有限公司 |
| 11 | 招商局地产幼儿园工程 | 东八里庄 | 0.21 | 440.32 | 2008.4.8 | 2011.5.6 | 招商局地产(北京)有限公司 | 北京市建筑设计研究院 | 中建三局建设工程股份有限公司 | 北京帕克国际工程咨询有限公司 |
| 12 | 北京市对外贸易学校2项工程 | 来广营乡清河营村甲3号 | 0.71 | 1788.32 | 2006.8.30 | 2011.5.31 | 北京市对外贸易学校 | 中国建筑技术集团有限公司 | 南通永峰建筑安装工程有限公司、北京武交建筑工程总队 | 北京帕克国际工程咨询有限公司 |
| 13 | 远洋一方嘉园17号托幼工程 | 管庄乡 | 0.34 | 386 | 2008.4.17 | 2011.6.3 | 北京中联置地房地产开发有限公司 | 中国建筑设计研究院 | 北京建工集团有限责任公司 | 北京银建建设工程管理有限公司 |
| 14 | 合生望景文化娱乐项目3项工程 | 望京 | 8.16 | 19126 | 2009.1.12 | 2011.6.3 | 北京合生望景房地产开发有限公司 | 天津美新建筑设计有限公司 | 北京市朝阳田华建筑集团公司 | 广东珠江建设工程监理有限公司 |
| 15 | 芍药居小区垃圾楼工程 | 芍药居北里 | 0.013 | 36.5 | 2007.10.26 | 2011.6.10 | 北京市东城区住宅发展中心 | 北京阳光建筑设计事务所 | 北京东兴建设有限责任公司 | 无 |
| 16 | 方舟苑小区4项工程 | 北四环东路甲9号 | 0.72 | 1145 | 2010.4.26 | 2011.7.15 | 北京首创方舟置业有限公司 | 北京维拓时代建筑设计有限公司 | 河北建设集团有限公司 | 北京大正建设监理有限公司 |
| 17 | 社区配套楼工程 | 来广营乡清河营村 | 0.14 | 140.4 | 2010.5.1 | 2011.7.29 | 北京世纪鸿城置业有限公司 | 华通设计顾问工程有限公司 | 北京城建八建设发展有限责任公司 | 北京华城建设监理有限责任公司 |

| 序号 | 工程名称 | 工程地址 | 建筑面积 | 工程总投资 | 开工日期 | 竣工日期 | 建设单位 | 设计单位 | 施工单位 | 监理单位 |
|---|---|---|---|---|---|---|---|---|---|---|
| 18 | 望湖植物公园3项工程 | 东湖 | 1.5 | 1495.7 | 2007.9.10 | 2011.8.10 | 北京市朝阳区园林绿化局 | 北京都林国际工程设计咨询有限公司、北京怀建集团怀阳建筑设计有限公司 | 北京市朝阳三建第六建筑工程公司 | 北京仁泽建设监理有限公司 |
| 19 | 常营二期经济适用房2项工程 | 常营乡 | 0.67 | 1319.93 | 2010.3.18 | 2011.9.14 | 北京金隅嘉业房地产开发有限公司 | 北京建都设计研究院有限责任公司 | 保定建业集团有限公司 | 北京建拓工程管理有限公司 |
| 20 | 望京新兴产业区36号地幼儿园 | 望京新兴产业区36号地 | 0.27 | 522 | 2006.11.20 | 2011.9.26 | 北京望京新兴产业区综合开发公司 | 北京国科天创建筑设计院 | 中国新兴保信建设总公司 | 北京东方华太建设监理有限公司 |
| 21 | 欣和仓储配送中心 | 小营北路13号 | 2.26 | 10469.07 | 2010.5.30 | 2011.10.12 | 北京润丰房地产开发有限公司 | 凯里森建设设计(北京)有限公司 | 福建十建建设有限公司 | 北京京朋工程监理有限责任公司 |
| 22 | 青年路小区C区5项工程 | 姚家园路 | 1.72 | 10469.07 | 2010.9.30 | 2011.10.19 | 北京润丰房地产开发有限公司 | 凯里森建设设计(北京)有限公司 | 福建十建建设有限公司 | 北京京朋工程监理有限责任公司 |
| 23 | 时代庄园会所工程 | 来广营北苑新村南区 | 0.67 | 1134.48 | 2002.3.1 | 2011.10.20 | 北京太合日盛房地产开发有限责任公司 | 中外建工程设计与顾问有限公司 | 北京住总第三开发建设有限公司 | 北京旭日明建设工程监理有限公司 |
| 24 | 北四环东路项目2项工程 | 北四环东路73号 | 0.4 | 1701.29 | 2008.12.15 | 2011.10.26 | 远洋地产有限公司 | 北京市建筑设计研究院 | 中建国际建设有限公司 | 北京银建建设工程管理有限公司 |
| 25 | 豆各庄住宅小区3项工程 | 大鲁店北路北侧 | 2.19 | 3926.5 | 2009.3.6 | 2011.12.5 | 北京华恩房地产开发有限公司 | 广州市住宅建筑设计院有限公司 | 广州天力建筑工程有限公司 | 广州广骏工程监理有限公司 |
| 26 | 酒仙桥路12号5项公建工程 | 酒仙桥路12号 | 5.82 | 16245.36 | 2010.4.30 | 2011.12.9 | 北京东光微电子有限责任公司、北京东光兴业科技发展有限公司 | 北京三磊建筑设计有限公司 | 北京市朝阳田华建筑集团公司 | 北京银建建设工程管理有限公司 |

| 序号 | 工程名称 | 工程地址 | 建筑面积 | 工程总投资 | 开工日期 | 竣工日期 | 建设单位 | 设计单位 | 施工单位 | 监理单位 |
|---|---|---|---|---|---|---|---|---|---|---|
| 27 | 安华一小2项工程 | 安华西里3区3号楼 | 0.17 | 664.88 | 2009.1.26 | 2011.12.14 | 北京市朝阳区教育国有资产管理中心 | 圣帝国际建筑工程设计有限公司 | 河北建设集团有限公司 | 北京双城建设监理公司 |
| 28 | 中国电影资料馆2项工程 | 百子湾 | 0.29 | 1249.58 | 2010.7.22 | 2011.12.19 | 中国电影资料馆 | 北京市建筑设计研究院 | 中国土木工程集团有限公司 | 北京政泰隆工程监理咨询有限公司 |
| 29 | 晨光家园B22号地下车库工程 | 十里堡 | 0.39 | 3022.5 | 2005.3.20 | 2011.12.26 | 北京住总房地产开发有限责任公司 | 北京市住宅建筑设计研究院有限公司 | 中国新兴保信建设总公司 | 北京双圆工程咨询监理有限公司 |
| 30 | 保利嘉园小区3项工程 | 常营乡 | 0.72 | 990.53 | 2008.3.1 | 2011.12.30 | 保利（北京）房地产开发有限公司 | 北京龙安华诚建筑设计有限公司 | 保利建设开发总公司、江苏南通二建集团有限公司 | 北京地厚工程管理有限公司、北京东方华太建设监理有限公司 |

(九)装饰装修工程　　单位:万平方米、万元

| 序号 | 工程名称 | 工程地址 | 建筑面积 | 工程总投资 | 开工日期 | 竣工日期 | 建设单位 | 设计单位 | 施工单位 | 监理单位 |
|---|---|---|---|---|---|---|---|---|---|---|
| 1 | 科研附属楼装修改造工程 | 惠新西街17号 | 0.30 | 1070.51 | 2009.12.2 | 2011.3.17 | 中国劳动保障科学研究院 | 建设综合勘察研究设计院有限公司 | 北京弘高建筑装饰设计工程有限公司 | 北京中建工程顾问有限公司 |
| 2 | 紫竹药业车间装修工程 | 朝阳北路27号 | 0.2 | 120.44 | 2010.9.14 | 2011.3.29 | 北京紫竹药业有限公司 | 北京腾远建筑设计有限公司 | 北京建工一建工程建设有限公司 | 无 |
| 3 | 北京亚太大厦装修改造工程 | 雅宝路8号 | 2.96 | 10656.71 | 2010.2.25 | 2011.4.8 | 北京亚太大厦有限公司 | 北京市建筑设计研究院 | 中建一局集团建设发展有限公司 | 北京帕克国际工程咨询有限公司 |
| 4 | 华大办公楼装修工程 | 高家园1号 | 0.72 | 999.19 | 2010.2.27 | 2011.4.22 | 北京华大智宝电子系统有限公司 | 深圳市深装总装饰工程工业有限公司 | 深圳市特艺达装饰设计工程有限公司 | 建通工程建设监理有限公司 |

| 序号 | 工程名称 | 工程地址 | 建筑面积 | 工程总投资 | 开工日期 | 竣工日期 | 建设单位 | 设计单位 | 施工单位 | 监理单位 |
|---|---|---|---|---|---|---|---|---|---|---|
| 5 | 北京环球金融中心6项装修工程 | 东三环中路1号 | 1.05 | 1094.96 | 2010.9.30 | 2011.6.29 | 路易达孚(北京)贸易有限责任公司、世界经济论坛北京代表处、北京智讯天成技术有限公司、北京亚邦伟业技术有限公司、澳大利亚西太平洋银行有限公司北京分行筹备组、施维雅(天津)制药有限公司 | 上海康新装饰设计工程有限公司、中信室内装修工程公司、北京市建筑装饰设计院有限公司、穆氏建筑设计(上海)有限公司 | 上海康新装饰设计工程有限公司、中信室内装修工程公司、上海意可迅建筑装饰设计工程有限公司、穆氏建筑设计(上海)有限公司 | 北京北辰工程建设监理有限公司、北京市工程咨询公司 |
| 6 | 北京鹏丽公寓2项工程 | 东三环北路55号 | 4.49 | 32937.92 | 2010.7.25 | 2011.6.29 | 北京鹏丽花园房地产发展有限公司 | 北京中奥建工程设计有限公司 | 中建三局建设工程股份有限公司 | 北京中外建工程管理有限公司 |
| 7 | 家乐福健翔桥店装修二期工程 | 祁家豁子8号健翔大厦 | 0.34 | 180 | 2011.4.22 | 2011.7.4 | 北京家乐福商业有限公司 | 城市建设研究院 | 深圳市中建南方装饰工程有限公司 | 无 |
| 8 | 长青大厦内装修工程 | 小亮马桥路48号 | 5.05 | 5398 | 2010.8.21 | 2011.8.19 | 中信证券股份有限公司 | 北京市建筑设计研究院 | 北京弘高建筑装饰设计工程有限公司 | 北京北辰工程建设监理公司 |
| 9 | 完美国际大厦装修工程 | 北苑路86号 | 3.62 | 5566.7 | 2009.8.10 | 2011.11.11 | 完美世界(北京)软件有限公司 | 无 | 北京港源建筑装饰工程有限公司、北京中建华腾装饰工程有限公司、中信室内装修工程公司 | 北京双圆工程咨询监理有限公司 |

| 序号 | 工程名称 | 工程地址 | 建筑面积 | 工程总投资 | 开工日期 | 竣工日期 | 建设单位 | 设计单位 | 施工单位 | 监理单位 |
|---|---|---|---|---|---|---|---|---|---|---|
| 10 | 汽修一厂2项装修工程 | 德外双泉堡花虎沟2号 | 1.39 | 2689 | 2010.12.18 | 2011.11.29 | 北京市汽车修理公司一厂 | 中外建工程设计与顾问有限公司、北京东方华脉工程设计有限公司 | 中国航空港建设总公司、华北建设集团有限公司 | 北京建扶工程建设监理有限责任公司 |
| 11 | 芍药居东区10号楼内装修工程 | 太阳宫 | 2.62 | 4241.62 | 2011.10.8 | 2011.12.20 | 北京懋源置业有限公司 | 北京中建装饰工程有限公司 | 北京东方达美建筑装饰工程有限公司 | 北京方恒基业工程咨询有限公司 |

（十）道路桥梁工程　　单位：千米、万平方米、万元

| 序号 | 工程名称 | 工程地址 | 建筑面积 | 工程总投资 | 开工日期 | 竣工日期 | 建设单位 | 设计单位 | 施工单位 | 监理单位 |
|---|---|---|---|---|---|---|---|---|---|---|
| 1 | 亮马河西北出入口连接通道工程 | 新源南路1～3号 | 全长30米，宽9米，建筑面积0.03万平方米 | 762.78 | 2008.2.19 | 2011.1.4 | 北京美邦亚联房地产有限公司 | 北京城建设计研究总院有限责任公司 | 北京政华建业建设工程有限公司 | 北京建工京精大房工程建设监理公司 |
| 2 | 南三里屯路再生水市政管线工程 | 南三里屯路及白家庄路 | 管线直径200～300毫米，长0.67千米 | 48.27 | 2010.4.1 | 2011.1.27 | 北京恒世华融房地产开发有限公司 | 北京京江国际工程咨询有限公司 | 北京市通盛达市政公用工程有限公司 | 北京市工程咨询公司 |
| 3 | 大郊亭三街2项市政工程 | 大郊亭三街 | 上水管线直径300毫米、长0.50千米，中水管线直径200毫米、长0.61千米 | 101.3 | 2009.5.25 | 2011.3.8 | 北京惠明置业有限公司 | 北京市自来水设计公司、北京市市政工程科学技术研究所 | 北京住总市政工程有限责任公司 | 北京方正建设工程管理有限公司 |
| 4 | 九龙花园东路2项市政工程 | 广渠路36号九龙花园东路 | 上水管线直径400毫米、长0.44千米，中水管线直径200毫米、长1.28千米 | 159.9 | 2009.6.18 | 2011.3.8 | 北京惠明置业有限公司 | 北京市自来水设计公司、北京市市政工程科学技术研究所 | 北京中基市政工程有限公司 | 北京方正建设工程管理有限公司 |

| 序号 | 工程名称 | 工程地址 | 建筑面积 | 工程总投资 | 开工日期 | 竣工日期 | 建设单位 | 设计单位 | 施工单位 | 监理单位 |
|---|---|---|---|---|---|---|---|---|---|---|
| 5 | 中关村电子城科技园道路工程 | 驼房营路(亮马桥北路以南98米—酒仙桥厂南路)、酒仙桥南街(驼房营路以西350米现状路—驼房营路) | 长 1.51千米 | 6849.59 | 2009.8.15 | 2011.4.8 | 北京电子城有限责任公司 | 北京市龙泰工程设计咨询有限公司 | 北京市市政一建设工程有限责任公司 | 北京华城建设监理有限责任公司 |
| 6 | 太阳宫新区三号路热力管线工程 | 太阳宫新区三号路 | 长 0.82千米 | 1504 | 2010.3.21 | 2011.4.22 | 北京冠城新泰房地产开发有限公司 | 北京市煤气热力工程设计院有限公司 | 北京城建五维市政工程有限公司 | 北京致远工程建设监理有限责任公司 |

(十一)村镇工程　　　　单位:万平方米、万元

| 序号 | 工程名称 | 工程地址 | 建筑面积 | 工程总投资 | 开工日期 | 竣工日期 | 建设单位 | 设计单位 | 施工单位 | 监理单位 |
|---|---|---|---|---|---|---|---|---|---|---|
| 1 | 朝来绿色家园二期E区5号楼 | 来广营乡 | 0.99 | 1118 | 2001.4.16 | 2011.3.31 | 北京朝来绿色家园房地产开发有限公司 | 中外建工程设计与顾问有限公司 | 北京市朝阳三建第五建筑工程公司 | 北京金海城工程建设监理公司 |
| 2 | 三间房新村5项工程 | 三间房乡 | 7.45 | 12282.69 | 2008.6.13 | 2011.9.26 | 北京京通天泰房地产开发有限公司、北京东方人居房地产开发有限公司、北京瑞成达房地产开发有限公司 | 北京中外建建筑设计有限公司、北京中天建中工程设计有限责任公司、中房集团建筑设计有限公司 | 北京市日盛达建筑企业集团、中建二局第四建筑工程有限公司、北京市朝阳田华建筑集团公司、北京万兴建筑集团有限公司 | 北京旭日明建设工程监理有限公司、北京云湖工程监理站 |
| 3 | 小红门乡新村一期G区9项工程 | 小红门乡 | 15.81 | 29799.80 | 2007.12.16 | 2011.11.29 | 北京小红门房地产开发有限责任公司 | 北京市住宅建筑设计研究院有限公司 | 北京市朝阳田华建筑集团公司 | 北京精正兴工程建设监理有限公司 |

(李津华)

**【优质工程评选】** 年内，申报创“朝阳杯”工程项目115项、592万平方米，比上年增加26项、80万平方米；检查工程91项、460万平方米，比上年增加22项、75万平方米，其中结构工程89项、竣工工程2项。获2011年度建筑结构“朝阳杯”工程81项（金奖21项、银奖60项），建筑竣工“朝阳杯”工程2项（金奖2项）。（详见《2011年度“朝阳杯”工程获奖名录表》）质量监督站监督工程获2010年度北京市建筑结构“长城杯”工程53项（金奖16项、银奖37项），建筑竣工“长城杯”工程9项（金奖3项、银奖6项）。

（刘志伟　刘　禕）

**2011年度“朝阳杯”工程获奖名录表**

建筑结构“朝阳杯”金奖工程（21项）

| 序号 | 工程名称 | 建筑面积（平方米） | 建设单位 | 施工单位 | 监理单位 |
|---|---|---|---|---|---|
| 1 | 孙河康营H1＃—10＃楼 | 124076 | 北京市孙河农工商联合公司 | 北京市朝阳田华建筑集团公司第十五分公司 | 北京银建建设工程管理公司 |
| 2 | 3＃地块1＃办公楼 | 135300 | 北京电子城有限责任公司 | 北京城建建设工程有限公司 | 北京京龙工程项目管理公司 |
| 3 | 北苑南区9＃楼 | 17204 | 北京城建兴华地产有限公司 | 北京城建远东建设投资集团有限公司 | 北京中建工程顾问有限公司 |
| 4 | 管庄乡D区5＃6＃楼2＃车库 | 31806 | 北京顺长房地产开发有限公司 | 北京市朝阳田华建筑集团公司第十五分公司 | 北京艾佩克工程管理有限公司 |
| 5 | 北苑南区7＃楼 | 21173 | 北京城建兴华地产有限公司 | 北京城建六建设工程有限公司 | 北京方程建设监理有限公司 |
| 6 | 北苑南区1＃楼 | 32848 | 北京城建兴华地产有限公司 | 北京城建北方建设有限责任公司 | 北京中建工程顾问有限公司 |
| 7 | 清河营（4＃地）1＃ 12＃ 13＃楼及1＃地下车库 | 60014 | 北京世纪鸿城置业有限公司 | 北京城建七建设工程有限公司 | 北京方程建设监理有限公司 |
| 8 | 北京市四惠枢纽工程 | 36632 | 北京市工联公路联络线有限责任公司 | 北京市市政四建设工程有限责任公司 | 北京正远监理咨询有限公司 |
| 9 | 北京市第八十中学国际部教学楼 | 13116 | 北京市朝阳区教育国有资产管理中心 | 恒万实业有限公司 | 北京中外建工程管理有限公司 |
| 10 | 北京广渠路15＃地项目A4－1地块工程 | 163494 | 中化方兴置业北京有限公司 | 中国建筑第八工程局有限公司 | 中咨工程建设监理公司 |
| 11 | 新燕都家园C区工程1＃ 2＃住宅楼 | 117206 | 北京新京润房地产有限公司 | 四川星星建设集团有限公司（京） | 广东珠江建设工程监理有限公司 |
| 12 | 单店住宅小区二期工程D01＃住宅楼 | 7510 | 北京首开天成房地产开发有限公司 | 北京金港机场建设有限责任公司 | 北京北辰工程建设监理有限公司 |
| 13 | 远洋万和城C1＃住宅楼等5项工程 | 42401 | 远洋地产有限公司 | 远洋国际建设有限公司 | 北京银建建设工程管理公司 |
| 14 | 单店小区初中部教学楼 | 6560 | 北京首开天成房地产开发有限公司 | 北京市朝阳田华建筑集团公司第七分公司 | 北京康实工程建设监理有限公司 |
| 15 | 门窗公司住宅小区17＃ 18＃楼 | 22226 | 北京富利房地产开发有限责任公司 | 北京市第二建筑工程有限责任公司 | 福州市建设工程监理有限责任公司 |
| 16 | 金盏乡长店组团3002－004地块1＃ 2＃ 4＃ 5＃ 7＃ 10＃住宅楼及地下车库 | 88047 | 北京金色朝阳房地产开发有限公司 | 北京市朝阳田华建筑集团公司第二分公司 | 北京筑都方圆建筑设计有限公司 |

| 序号 | 工程名称 | 建筑面积(平方米) | 建设单位 | 施工单位 | 监理单位 |
|---|---|---|---|---|---|
| 17 | 崔各庄南皋组团定向安置房C1地块C1#－12#楼 | 145585 | 北京六合天地置业有限责任公司 | 北京建工集团有限责任公司 | 北京光华建设监理有限公司 |
| 18 | 天青商业综合楼 | 63691 | 北京元邑房地产开发有限公司 | 中铁十六局集团北京工程有限公司 | 北京中联环建设工程管理有限公司 |
| 19 | 北京世纪华侨城旅游主题社区A1－5#楼 | 27668 | 北京世纪华侨城实业有限公司 | 江苏中兴建设有限公司 | 京兴国际工程管理公司 |
| 20 | A厂房等2项 | 56776 | 普天科创实业有限公司 | 中建一局集团有限公司 | 北京五环建设监理公司 |
| 21 | 三间房乡D区回迁安置房项目2#楼 | 32481 | 北京京通天泰房地产开发有限公司 | 北京京通天泰建筑工程有限责任公司(三项) | 北京旭日明建设工程监理有限公司 |

建筑结构"朝阳杯"银奖工程(60项)

| 序号 | 工程名称 | 建筑面积(平方米) | 建设单位 | 施工单位 | 监理单位 |
|---|---|---|---|---|---|
| 1 | 建院附中教学楼 | 30782 | 北京市朝阳区教育国有资产管理中心 | 北京英达利城建有限公司 | 北京中景恒基工程管理有限公司 |
| 2 | 孙河乡康营组团定向安置房三期项目K4#楼 | 12746 | 北京市孙河农工商联合公司 | 北京泉润建设工程有限公司 | 北京银建建设工程管理公司 |
| 3 | 孙河乡康营组团定向安置房三期项目N1－N7楼 | 84026 | 北京市孙河农工商联合公司 | 北京诚通新新建设有限公司 | 北京银建建设工程管理公司 |
| 4 | 朝阳新城E组团8#住宅楼等2项 | 28979 | 北京金隅嘉业房地产开发有限公司 | 保定建业集团有限公司 | 北京新森置业工程咨询有限公司 |
| 5 | 管庄乡小寺村19－2# 4# 7# 9# 10#楼 | 74360 | 北京中联置地房地产开发有限公司 | 北京市朝阳田华建筑集团公司第十五分公司 | 北京银建建设工程管理公司 |
| 6 | 管庄乡D区1# 2# 3# 4#楼 | 51720 | 北京顺长房地产开发有限公司 | 北京市朝阳田华建筑集团公司第十五分公司 | 北京艾佩克工程管理有限公司 |
| 7 | 润泽庄苑1009#非配套公建 | 14190 | 润泽庄苑房地产开发有限公司 | 北京市朝阳三建第五建筑工程公司 | 北京中联环建设工程管理有限公司 |
| 8 | 朝阳区王四营乡两限房工程A1# 2# 3# 5#住宅楼 | 87033 | 北京建工集团有限责任公司 | 北京建工一建工程建设有限公司 | 北京双圆工程咨询监理有限公司 |
| 9 | 朝阳区王四营乡两限房工程C1# 2# 4# 5# 7#住宅楼 | 156007 | 北京建工集团有限责任公司 | 北京建工一建工程建设有限公司 | 北京双圆工程咨询监理有限公司 |
| 10 | 朝阳区王四营乡两限房工程C3# 6# 8# 9#住宅楼 | 69173 | 北京建工集团有限责任公司 | 北京建工一建工程建设有限公司 | 北京双圆工程咨询监理有限公司 |
| 11 | 北花园居住小区一期工程A－1 A－4 D－5楼 | 103303 | 北京国隆置业有限公司 | 北京建工路桥工程建设有限责任公司 | 北京国建工程监理公司 |

| 序号 | 工程名称 | 建筑面积（平方米） | 建设单位 | 施工单位 | 监理单位 |
|---|---|---|---|---|---|
| 12 | 清河营4#地15# 16#住宅楼 | 5859 | 北京世纪鸿城置业有限公司 | 北京城建道桥建设集团有限公司 | 北京华城建设监理有限公司 |
| 13 | 清河营4#地2#、3#住宅楼 | 42622 | 北京世纪鸿城置业有限公司 | 北京城建北方建设有限责任公司 | 北京东方华太建设监理有限公司 |
| 14 | 清河营4#地6# 7#住宅楼工程 | 35545 | 北京世纪鸿城置业有限公司 | 北京城建九建设工程有限公司 | 北京华城建设监理有限责任公司 |
| 15 | 311#住宅楼 | 85625 | 北京北顺房地产开发有限公司 | 江苏省建工集团有限公司 | 建研凯勃建设工程咨询有限公司 |
| 16 | 北苑南区2#楼 | 38569 | 北京城建兴华地产有限公司 | 北京城建一建设发展有限公司 | 北京中建工程顾问有限公司 |
| 17 | 清河营4#地10#住宅楼 | 18265 | 北京世纪鸿城置业有限公司 | 北京城建道桥建设集团有限公司 | 北京新森置业工程咨询有限公司 |
| 18 | 清河营4#地11#住宅楼 | 24300 | 北京世纪鸿城置业有限公司 | 北京城建道桥建设集团有限公司 | 北京新森置业工程咨询有限公司 |
| 19 | 太阳宫A区7#商业综合楼 | 20328 | 北京冠城新纪房地产开发有限公司 | 中建一局集团第五建筑有限公司 | 北京华建项目管理有限公司 |
| 20 | 单店住宅小区二期工程D02#住宅楼 | 4754 | 北京首开天成房地产开发有限公司 | 北京金港机场建设有限责任公司 | 北京北辰工程建设监理有限公司 |
| 21 | 清河营4#地8# 9#住宅楼 | 36296 | 北京世纪鸿城置业有限公司 | 北京城建一建设工程有限公司 | 北京华城建设监理有限责任公司 |
| 22 | 中国科学院实验楼 | 18200 | 中国科学院北京基因组研究所 | 中国新兴建设开发总公司 | 北京鸿厦基建工程监理有限公司 |
| 23 | 清河营4#地4# 5#住宅楼 | 48504 | 北京世纪鸿城置业有限公司 | 北京城建十建设工程有限公司 | 万宇国际工程咨询(北京)有限公司 |
| 24 | 三间房D2区1# 2# 3#楼及地下车库 | 85695 | 北京京通天泰房地产开发有限公司 | 北京京通天泰建筑工程有限责任公司(七项) | 北京中建协工程咨询公司 |
| 25 | 孙河乡康营组团2901－007地块S3#楼工程 | 6234 | 北京市孙河农工商联合公司 | 北京盈果建筑工程有限公司 | 北京银建建设工程管理公司 |
| 26 | 北京小红门居住区R4地块C－1楼 | 11320 | 北京嘉益德房地产开发有限公司 | 中建一局集团第五建筑有限公司 | 北京思创建设监理有限责任公司 |
| 27 | 北京小红门居住区R4地块A－2楼 | 14516 | 北京嘉益德房地产开发有限公司 | 中建一局集团第五建筑有限公司 | 北京思创建设监理有限责任公司 |
| 28 | 北京小红门居住区R4地块D楼 | 11402 | 北京嘉益德房地产开发有限公司 | 中建一局集团第五建筑有限公司 | 北京思创建设监理有限责任公司 |
| 29 | 来广营乡北苑村回迁安置房2# 4#住宅楼 | 44123 | 北京朝来置业有限责任公司 | 北京市朝阳田华建筑集团公司第八分公司(二项) | 北京光华建设监理有限公司 |
| 30 | 来广营乡北苑村回迁安置房3# 5#住宅楼 | 52457 | 北京朝来置业有限责任公司 | 北京市朝阳田华建筑集团公司第八分公司(三项) | 北京旭日明建设工程监理有限公司 |
| 31 | 来广营乡北苑村回迁安置房6#住宅楼 | 36230 | 北京朝来置业有限责任公司 | 北京市朝阳田华建筑集团公司第八分公司(四项) | 北京光华建设监理有限公司 |

| 序号 | 工程名称 | 建筑面积(平方米) | 建设单位 | 施工单位 | 监理单位 |
|---|---|---|---|---|---|
| 32 | 来广营乡北苑村回迁安置房1# 7#住宅楼 | 38662 | 北京朝来置业有限责任公司 | 北京市朝阳田华建筑集团公司第八分公司(一项) | 北京旭日明建设工程监理有限公司 |
| 33 | 来广营乡北苑村回迁安置房8#住宅楼 | 22499 | 北京朝来置业有限责任公司 | 北京市朝阳田华建筑集团公司第八分公司(五项) | 北京光华建设监理有限公司 |
| 34 | 赛洛家园A2#住宅楼及A2R#配套公建 | 12445 | 北京高盛房地产开发有限公司 | 经典建设有限公司 | 深圳市中海建设监理有限公司 |
| 35 | 东镇欣园1# 2# 3# 4#住宅楼 | 93526 | 北京将台房地产开发有限公司 | 永同昌建设集团有限公司 | 北京旭日明建设工程监理有限公司 |
| 36 | 金盏乡长店组团3002-004地块3# 6# 8# 9# 11# -13#楼 | 98796 | 北京金色朝阳房地产开发有限公司 | 北京市朝阳田华建筑集团公司第九分公司 | 北京筑都方圆建筑设计有限公司 |
| 37 | 逸翠园19号住宅等9项工程 | 114554 | 和记黄埔地产(北京朝阳)有限公司 | 中国建筑第八工程局有限公司 | 北京方圆冠城监理有限公司 |
| 38 | 崔各庄定向安置房项目B1地块 | 123984 | 北京六合天地置业有限责任公司 | 北京城建亚泰建设工程有限公司 | 北京中联环建设工程管理有限公司 |
| 39 | 金盏乡长店组团二期3002-002地块东区工程 | 113722 | 北京金色朝阳房地产开发有限公司 | 北京城建六建设工程有限公司 | 中国建筑设计咨询公司 |
| 40 | 三间房D区6#楼 | 28586 | 北京京通天泰房地产开发有限公司 | 北京京通天泰建筑工程有限责任公司(八项) | 北京中建协工程咨询有限公司 |
| 41 | 清河营4#地18# 19#楼 | 15786 | 北京第六大洲房地产开发有限公司 | 北京城建亚泰建设工程有限公司 | 北京华城建设监理有限责任公司 |
| 42 | 清河营4#地17#楼 | 3033 | 北京世纪鸿城置业有限公司 | 北京城建八建设发展有限公司 | 北京华城建设监理有限责任公司 |
| 43 | 常营居住区东区3#住宅楼 | 32900 | 北京通瑞万华置业腾讯公司 | 北京城建北方建设有限责任公司 | 北京帕克国际工程咨询有限公司 |
| 44 | 金盏乡长店组团二期3002-005地块工程 | 94371 | 北京金色朝阳房地产开发有限公司 | 北京城建亚泰建设工程有限公司 | 北京光华建设监理有限公司 |
| 45 | 金盏乡长店组团二期3002-001地块工程 | 110797 | 北京金色朝阳房地产开发有限公司 | 北京城建亚泰建设工程有限公司 | 北京方正建设工程管理有限公司 |
| 46 | 北京世纪华侨城A1-1#楼 | 27669 | 北京世纪华侨城实业有限公司 | 北京市朝阳田华建筑集团公司第四分公司 | 北京五环建设监理公司 |
| 47 | 北京世纪华侨城A1-2#楼 | 27409 | 北京世纪华侨城实业有限公司 | 北京市朝阳田华建筑集团公司第四分公司 | 北京五环建设监理公司 |
| 48 | 金盏乡长店组团二期3002-002地块西区工程 | 133038 | 北京金色朝阳房地产开发有限公司 | 中国凯瑞国际经济技术合作有限公司、六建公司 | 北京方正建设工程管理有限公司 |
| 49 | 崔各庄定向安置房C7# 8# 9#楼 | 41490 | 北京六合天地置业有限责任公司 | 北京市朝阳田华建筑集团公司第十六分公司(一项) | 北京百事百达工程管理有限公司 |
| 50 | 崔各庄定向安置房C5# 6# 10#楼 | 32156 | 北京六合天地置业有限责任公司 | 北京市朝阳田华建筑集团公司第十六分公司(二项) | 北京百事百达工程管理有限公司 |

| 序号 | 工程名称 | 建筑面积(平方米) | 建设单位 | 施工单位 | 监理单位 |
|---|---|---|---|---|---|
| 51 | 崔各庄定向安置房C2楼 | 13417 | 北京六合天地置业有限责任公司 | 北京市朝阳田华建筑集团公司第十六分公司(三项) | 北京百事百达工程管理有限公司 |
| 52 | 三间房D区1#2#楼及车库 | 60186 | 北京京通天泰房地产开发有限公司 | 北京京通天泰建筑工程有限责任公司(六项) | 北京旭日明建设工程监理有限公司 |
| 53 | 三间房D2区3#楼 | 32481 | 北京京通天泰房地产开发有限公司 | 北京京通天泰建筑工程有限责任公司(三项) | 北京旭日明建设工程监理有限公司 |
| 54 | 崔各庄定向安置房B2-2#8#12#楼 | 33636 | 北京六合天地置业有限责任公司 | 北京建工路桥工程建设有限责任公司 | 北京光华建设监理有限公司 |
| 55 | 北京市对外经济贸易学校实验培训楼 | 13172 | 北京市对外贸易学校 | 北京鼎华建筑工程有限公司 | 北京方程建设监理有限公司 |
| 56 | 朝阳区豆各庄经济适用房二期1#2#楼及D1车库 | 54794 | 北京市朝阳城市综合开发公司 | 北京市日盛达建筑企业集团 | 北京百事百达工程建设监理有限责任公司 |
| 57 | 6#住宅楼等六项 | 87932 | 招商局地产(北京)有限公司 | 中建三局建设股份有限公司(北京) | 北京帕克国际咨询有限公司 |
| 58 | 水岸庄园B06区50#57#70#75#楼 | 8227 | 润泽庄苑房地产开发有限公司 | 北京京华嘉典建筑工程有限公司 | 北京中联环建设工程管理有限公司 |
| 59 | 水岸庄园A03区553#557#537#581#楼 | 2330 | 润泽庄苑房地产开发有限公司 | 北京京华嘉典建筑工程有限公司 | 广州广保建设监理有限公司 |
| 60 | 1#住宅楼等14项 | 133685 | 北京金力达房地产开发有限公司 | 中国建筑第八工程局有限公司 | 北京中协成建设监理有限公司 |

建筑竣工“朝阳杯”金奖工程(2项)

| 序号 | 工程名称 | 建筑面积(平方米) | 建设单位 | 施工单位 | 监理单位 |
|---|---|---|---|---|---|
| 1 | 太阳宫B区13#14#楼 | 38234 | 北京冠城正业房地产开发有限公司 | 北京市朝阳田华建筑集团公司第五分公司 | 北京华建项目管理有限公司 |
| 2 | 甜水园危改小区二期工程 | 132100 | 北京朝阳万科房地产开发有限公司 | 北京市朝阳田华建筑集团公司第五分公司 | 中国建筑设计咨询公司 |

(刘志伟　李津华)

**【施工安全监管】** 年初,修订《朝阳区建设工程施工安全监督管理工作规定》,明确监督管理工作职责,规范安全监管工作行为;制定《朝阳区住房城乡建设委关于全面推行建设工程施工现场安全生产标准化和绿色施工管理工作方案》,明确区住房城乡建设委、街道(地区)办事处、建设工程各层级工作职责和要求。3月起,全区建设工程实行安全生产、绿色施工、生活区管理达标挂牌公示制度,分别悬挂“绿色施工管理达标工地”和“生活区管理达标工地”公示牌,对春节后申请复工的工地,经检查达标挂牌方可复工,促使各施工项目提高绿色施工管理水平。实行各大建筑集团及二级分公司施工安全形势季度分析会制度,及时通报施工安全工作情况,分析安全生产形势,明确工作重点,推动安全管理工作水平提高。各项目有针对性地开展防汛、防火等各类应急演练,消除安全隐患,制定施工方案1712件,应急预案1446件;组织各种演练622次、15270人参加。配合市、区相关部门开展违法建设、预防煤气中毒、食品安全、防火、防汛、校舍加固、大型机械设备、有限空间作业安全生产等专项检查,加强“两会”、“春节”等重点时期和重大节日安全保障工作。开展全区施工项目全员安全教育培训、安全生产月活动和安全知识竞赛，加大安全生产检查执法和抽查力度，处置违法行为。办理建筑起重机械设备登记编号备案 270 台、使用登记备案 569 台；检查施工工地 10180 项次，对存在违法行为和安全隐患的责令限期整改 3502 项次、停工整改 336 项次，行政处罚 954 起、罚款 360.22 万元，其中简易处罚 752 起、罚款 75.2 万元，立案处罚 202 起、罚款 285.02 万元；发生建筑施工安全生产亡人事故 2 起、死亡 2 人，未发生影响较大的突发事件和较大以上建筑施工安全生产事故；下发工地各类文件 37 件、35500 份；编制《文明安全绿色施工系列图集》(三册)，印制 1500 套，发至各工地；"安全生产月"期间悬挂宣传横幅 2666 条，张贴各种宣传画 7118 张，发放宣传材料 30937 份，设置宣传专栏板报 1006 个，70171 人次参加"农民工夜校"安全生产知识培训。

(黄　岩　李津华)

**【工程建设概况】** 年内，开复工施工工程 1117 项，比上年减少 0.62%，建筑面积 3869.34 万平方米，比上年增加 0.91%，道路管线长度 3493.9 千米。其中：房建工程 910 项，3667.31 万平方米；拆除工程 33 项，66.82 万平方米；市政工程 131 项，44.2 万平方米，道路管线 2811.1 千米；地铁工程 43 项，91.01 万平方米，施工线路 682.8 千米。截至年底，竣工工程 474 项，1097.36 万平方米，道路管线 1560.1 千米。其中：房建工程 396 项，1040.7 万平方米；拆除工程 23 项，34.62 万平方米；市政工程 44 项，2.7 万平方米，道路管线 1360.1 千米；地铁工程 11 项，9.34 万平方米，施工线路 200 千米。

(黄　岩　李津华)

**【创建全国文明城区测评工作】** 8 月 30 日，召开"朝阳区住建委迎接创建全国文明城区测评工作部署大会"。将全区施工工地以街道(地区)办事处属地和工程类别划分为 3 大管理片区，11 个管理片组，77 个重点测评点位，覆盖全区 43 个街道(地区)办事处、879 个施工工地、77 项重点备查项目、10 条主干道和 10 条非主干道。制定《朝阳区住建委关于朝阳区创建全国文明城区实地考察施工工地测评阶段工作方案》，对测评阶段的工作目标、工作标准、工作流程、重点时间节点的工作内容进行明确规定。组织开展实地考察测评综合演练，完善指挥体系运行流程和工作程序，促使各施工工地进入迎检状态。9 月 5 日～11 日迎接中央文明委测评期间，委领导班子成员率领 12 个督导组深入工地督导检查，共出动 925 人次、312 车次，值守监督工程 77 项，巡视检查工程 658 项次，发布工作信息 28 条次，上报区《创建工作简报》信息 7 条次。受查工地一次通过中央文明委测评，完成迎接创建全国文明城区测评工作任务。

(黄　岩　李津华)

**【有形建设市场】** 年内，按照《北京市住房和城乡建设系统深化行政审批制度改革实施方案》要求及 2010 年度全市建设系统政风行风测评中企业反馈的意见，将施工安全监督备案、工程质量监督注册办理要件，统一按照市住房城乡建设委业务办理流程及标准进行受理。企业需要提交的其他材料，纳入日常施工现场监督管理中，实现本市住房城乡建设系统在审批窗口管理模式、业务分类、审批标准、办理流程、档案管理和信息系统的统一。

(王　静　李津华)

**【远程监察系统平台建设】** 年内，为加强建设工程监管力度，创新管理模式，提高监管效能，实现对建设工地全天候、全过程动态监管，建设工程发包承包交易中心委托北京紫光软件系统有限公司研发建设工程远程监察系统信息平台，下发《朝阳区建设工程信息平台前端设备管理办法》等文件。截至年底，完成华侨城、常营 A001－A005、丽富家园、东坝保障性住房等 16 个施工现场 80 个前端数据测试采集设备安装工作，设备运行良好。

(王　静　李津华)

**【施工许可与合同履约监管】** 年内，实施施工合同管理信息系统监管、现场施工合同监督检查、施工合同动态监管、施工合同行政管理 4 项措施，开展在施项目综合执法检查。合同履约受检项目 820 个，排查施工合同履约风险 638 项次，未出现大的施工合同纠纷问题。核发建设项目施工许可证 359 项，建筑面积 762.93 万平方米，比上年减少 11.49%，市政道路管线 66.4 千米，比上年减少 31.12%，投资 181.25 亿元，比上年增加 4.77%。其中：新建 164 项，建筑面积 530.91 万平方米，合同金额 140.52 亿元；农民回迁房 8 项，建筑面积 77.48 万平方米，合同金额 20.35 亿元；装饰装修 169 项，建筑面积 154.54 万平方米，合同金额 16.69 亿元；市政工程 18 项，道路管线 66.4 千米，合同金额 3.7 亿元。查处违法建设、违章施工工程 35 项，罚款 122.5 万元。

(王　静　苏志成　李津华)

**【招标投标】** 年内，办理招标投标及直接发包工程 512 项，建筑面积 2134.81 万平方米，比上年增加 6.13%，投资合同金额 180.87 亿元，比上年增加 5.67%。其中：办理施工招标投标及直接发包工程 341 项，建筑面积 762.93 万平方米，投资合同金额 177.56 亿元；监理招标投标及直接发包工程 171 项，建筑面积 1371.88 万平方米，投资合同金额 3.31 亿元；市政招标投标及直接发包工程 29 项，道路管线 190.3 千米，投资合同金额 3.88 亿元。

(王　静　李津华)

**【商品房预售资金监管】** 年内，完成 101 个项目、426.8 万平方米、186

亿元商品房预售资金监管任务。

（王 静 李津华）

【建筑节能改造】 年内，追加区政府投资，将区直管公房、区机关后勤服务中心管理的住宅楼、部分市属产权房及校舍抗震加固改造列入公共建筑节能改造任务。截至年底，完成158.63万平方米城镇居住建筑、42.35万平方米公共建筑既有建筑节能改造任务。

（李翊楣 李津华）

【建筑节能与建材管理】 年内，继续开展"三房"（经济适用房、限价房、廉租房）和校安加固项目建设工程材料采购备案工作，分别办理1109条、2231条采购备案信息网上确认；启动农民定向安置房项目建设工程材料采购备案试点工作，办理1357条采购备案信息确认。做好建筑节能、建材使用日常管理和预拌商品混凝土搅拌站治理整合工作。全年收缴167个建设项目缴纳新型墙体材料专项基金5835.3万元、散装水泥专项资金386.5万元，返退60个建设项目新型墙体材料专项基金2736.2万元、散装水泥专项资金194.6万元；办理建筑节能设计审查备案167项，建筑节能竣工验收备案206项，建设工程材料供应备案13家、产品19项。

（张 强 李翊楣 李津华）

【房屋私自拆改执法检查】 年内，实施信息共享、执法联动工作机制，在全市率先开展建设工程监理人员分级管理培训考评工作。印制发放3000册《北京市房屋建筑使用安全管理办法》宣传手册，在24个私自拆改房屋结构现象较突出的街道（地区）办事处重点开展普法宣传活动。受理房屋私自拆改信访事项224起，调查处置224起，其中结案152起、整改中72起；下发行政执法文书79件；调解拆改事项引发矛盾126件，其中群体性矛盾12件，未发生矛盾激化情况。

（段玉霞 李津华）

【办理信访事项】 年内，区信访建设分中心接待处理群众来信、来访875件次，其中市建委转信161件，区转信87件，依托网上办公系统接收群众来信392件（其中政民互动176件），直投信33 5件。办复，857件办复率97.94%，其余18件正在办理中。信访事项主要涉及危改、房屋质量、施工扰民，小区配套设施建设等方面问题。全年信访工作总体形势平稳，初信化解率92%，重信重访化解率95%，未发生越级访和大规模集体上访等突发性事件。

（刘茂武 李津华）

【获奖建筑业企业和人员】 年内，北京英达利城建有限公司、北京天图设计工程有限公司、北京华阳市政建筑工程有限公司、华冉建设集团有限公司、北京中建华昊装饰工程有限公司、江苏省苏中建设集团股份有限公司（北京公司）6家企业被评为2010年度"北京市建设行业诚信企业"，其中北京英达利城建有限公司、北京天图设计工程有限公司、北京华阳市政建筑工程有限公司被评为诚信3A企业。北京市朝阳田华建筑集团公司被评为北京市建筑业优秀企业。北京市朝阳田华建筑集团公司张晓唯被评为北京市建筑业优秀企业家。北京市朝阳田华建筑集团公司高振龙、王德龙被评为北京市建筑企业优秀项目经理。北京市朝阳田华建筑集团公司第四分公司第二项目经理部安全QC小组，北京市朝阳田华建筑集团公司第18项目部QC小组、北京市朝阳田华建筑集团第十五分公司窦小茜小组分别获得北京市工程建设优秀质量管理小组一等奖和北京市工程建设优秀质量管理小组优秀奖。

（张 婷 李津华）

【监理人员分级管理】 年内，实行《朝阳区监理人员分级管理办法（试行）》。与区建筑业联合会共同开展监理人员业务培训，经笔试、市监理协会组织专家进行面试，听取市执业资格注册中心建议，将监理人员分为A、B（B1、B2）、C级管理。106家监理单位3656人参加培训，3255人领取相应等级胸卡，经所在企业任命或委托，可担任本区域内各类项目总监理工程师、非强制性监理项目总监、总监代表及各类项目专业监理工程师或监理员。

（张 婷 李津华）

【建筑业企业资质及人员管理】 年内，受理新设立建筑业企业资质申请31家，升级11家，增项12家，变更282家，转出10家，转入18家。截至年底，纳入本区管理的建筑业企业753家，其中一级78家，二级182家，三级424家，其他69家，涵盖房屋建筑工程等49个施工专业（详见2011年朝阳区建筑业企业施工专业一览表）。完成二级建造师执业资格初始注册287人，变更注册358人，注销102人，办理企业负责人、项目负责人和专职安全员《安全生产考核证书》续期1268人。

（章 骅 李津华）

## 2011年朝阳区建筑业企业施工专业一览表

单位:家

| 序列 | 专业类别 | 一级 | 二级 | 三级 | 不分 | 合计 |
|---|---|---|---|---|---|---|
| 施工总承包 | 房屋建筑工程 | 12 | 23 | 30 | | 65 |
| | 公路工程 | 1 | | | | 1 |
| | 市政公用工程 | 5 | 12 | 11 | | 28 |
| | 机电安装工程 | 1 | 3 | – | | 4 |
| | 矿山工程 | 1 | | | | 1 |
| | 电力工程 | 1 | 1 | 2 | | 4 |
| | 化工石油工程 | | 1 | – | | 1 |
| | 水利水电工程 | | 1 | | | 1 |
| 小计 | 涵盖8个专业 | 21 | 41 | 43 | | 105 |
| 专业承包 | 地基与基础工程 | 2 | 6 | 1 | | 9 |
| | 土石方工程 | | | 6 | | 6 |
| | 建筑装修装饰工程 | 28 | 62 | 172 | | 262 |
| | 建筑幕墙工程 | 1 | 2 | 1 | | 4 |
| | 预拌商品混凝土 | – | 25 | 10 | | 35 |
| | 混凝土预制构件 | – | 3 | 3 | | 6 |
| | 园林古建筑工程 | | 1 | | | 1 |
| | 钢结构工程 | 1 | 2 | 13 | | 16 |
| | 消防设施工程 | 5 | 6 | 10 | | 21 |
| | 附着升降脚手架 | | 1 | – | | 1 |
| | 金属门窗工程 | 1 | 4 | 5 | | 10 |
| | 建筑防水工程 | – | 2 | 10 | | 12 |
| | 预应力工程 | – | 1 | – | | 1 |
| | 机电设备安装工程 | 6 | 4 | 38 | | 48 |
| | 爆破与拆除工程 | | 4 | 19 | | 23 |
| | 建筑智能化工程 | 7 | 2 | 21 | | 39 |
| | 电子工程 | 1 | 1 | 4 | | 6 |
| | 电信工程 | 1 | 1 | 2 | | 4 |
| | 隧道工程 | | 1 | – | | 1 |
| | 防腐保温工程 | | | 4 | | 4 |
| | 环保工程 | | 1 | 11 | | 12 |
| | 机场空管工程 | 1 | 3 | – | | 4 |
| | 公路交通安全设施分项 | – | – | – | 2 | 2 |
| | 铁路电务工程 | 1 | | | | 1 |
| | 送变电工程 | | 1 | 24 | | 25 |
| | 石化管道设备安装工程 | | | 1 | | 1 |
| | 城市及道路照明工程 | | 6 | 21 | | 27 |
| | 起重设备安装工程 | 1 | | 2 | | 3 |
| | 体育场地设施工程 | 1 | 2 | 3 | | 6 |
| | 特种专业工程 | – | – | – | 39 | 39 |
| 小计 | 涵盖30个专业 | 57 | 141 | 381 | 41 | 620 |

| 序列 | 专业类别 | 一级 | 二级 | 三级 | 不分 | 合计 |
|---|---|---|---|---|---|---|
| 劳务分包 | 混凝土作业分包 | | | | 4 | 4 |
| | 钣金作业分包 | | | | 1 | 1 |
| | 水暖电安装作业分包 | | | | 9 | 9 |
| | 焊接作业分包 | | | | 2 | 2 |
| | 钢筋作业分包 | | | | 3 | 3 |
| | 抹灰作业分包 | | | | 2 | 2 |
| | 砌筑作业分包 | | | | 1 | 1 |
| | 油漆作业分包 | | | | 2 | 2 |
| | 木工作业分包 | | | | 2 | 2 |
| | 石制作分包 | | | | 1 | 1 |
| | 模板作业分包 | | | | 1 | 1 |
| 小计 | 涵盖 11 个专业 | – | – | – | 28 | 28 |
| 合计 | 涵盖 49 个专业 | 78 | 182 | 424 | 69 | 753 |

（章　骅　李津华）

## 宝嘉恒基础设施投资有限公司

**【概况】** 北京宝嘉恒基础设施投资有限公司隶属于区国资委，企业性质为国有一人有限公司，公司注册资金 119966 万元。为区基础设施建设核心企业，主要负责区域内主次干路拆迁建设、对道路两侧的土地资源进行开发及建设任务。

地址：小亮马桥东方东路 6 号

电话：84551546

邮编：100027

（郝　晶）

**【市政基础设施建设项目】** 5月，与区发改委、区市政市容委签署《北京市朝阳区市政基础设施建设项目委托建设框架协议》。自1月1日起，区内市政道路等市政基础设施项目建设实行政府委托建设制。年内，实现道路回购款营业收入88227.96 万元，结转道路建设成本86339.37 万元。

（郝　晶）

**【基础设施建设】** 年内，10 条道路取得工程立项批复，完成勘察设计拆迁招标。其中三丰胡同、秀水河、大郊亭二街、十里堡中街北段完成施工、监理招标。施工监理中标单位已进场。续建道路 7 条，道路施工单位已进场。新建道路 10 条，其中，胜古中路、国典中路、胜苑路 3 条道路中的胜古中路北段、国典中路东段完成底层沥青铺筑，具备通行条件；辛庄路启动施工监理招投标工作；三里屯南街取得立项及前期规划手续；光辉里西路、大望中学北路、垂杨柳中街、赛特东路、塔营北路等 5 条道路完成办理规划手续。续拆主干路 3 条，重点为广渠路二期拆迁；农民宅基地拆迁完成 85%；启动国有自管公房拆迁。

（郝　晶）

## 昆泰房地产开发集团

**【概况】** 昆泰房地产开发集团是隶属于区政府的国有企业，注册资金 10080 万元，承担朝外大街南侧，东起蓝岛大厦、西至外交部，全长 1080 米、占地 11.36 公顷的开发建设任务，集团现有 14 个下属公司或参股公司，资产总额超过 50 亿元人民币。相继建成昆泰大厦、昆泰商城、泛利大厦、联合大厦、丰联广场、中国人寿大厦和昆泰国际中心等大型公建。年内，北京中关村科技园区电子城西区商业金融（F1 酒店）项目建成，建筑面积 15.87 万平方米。至此，昆泰集团开发建设项目总建筑面积为 100.83 万平方米。

地址：朝外大街 10 号昆泰大厦

电话：65995801

邮编：100020

（孙　洋）

**【商业金融项目销售计划】** 12 月，中关村科技园区电子城西区商业金融（F1 酒店）项目完成全部销售计划，售出办公式酒店及公寓式酒店近 8 万平方米，成交房款 13 亿元。

（孙　洋）

**【北京昆泰酒店】** 12 月 16 日，昆泰酒店隆重开业。区委常委、常务副区长吴桂英，区属各委办局、国有企业及有关街道领导出席开业仪式。昆泰酒店是昆泰集团所属的第三家星级酒店，是望京地区第一家五星级酒店。

（孙　洋）

**【商业金融项目验收】** 年内，中关村科技园区电子城西区商业金融（F1 酒店）项目南区、配套 1＃楼及北区酒店等 3 项工程分别通过市建委验收，取得《北京市房屋建筑和市政基础设施工程竣工验收备案表》。

(孙　洋)

## 北京华阳经济开发公司

【概况】 北京华阳经济开发公司是区政府投资国有企业,公司职能为扶持本区集体经济发展和新技术开发,会同其他省市兄弟公司开展经济联合、对外根据国务院和市有关部门规定开展活动。有两家下属企业,分别是华阳安派能源科技(北京)有限公司和北京市朝阳华阳饭店服务公司。有两家参股企业,分别是北京京广中心有限公司和北京华阳房地产发展有限责任公司。

地址:呼家楼向军南里甲三号

电话:65978762

邮编:100020

(杨　静)

【发展目标】 年初,确定公司“一、二、三”发展思路,即:一个目标——打造高科技、高人才、高效益现代化国企;两个战略——对企业资源进行重组,实行整合战略;结合公司发展战略的长期需要和企业不同时期的阶段性要求,采取多种方式引进和培养人才,实行人才战略;三个产业——能源科技、地产投资、物业管理。

(杨　静)

【能源公司项目推进】 年内,安派能源公司开拓思路,抢抓市场先机,与业内知名规划设计企业和节能产品制造企业建立战略合作伙伴关系。先后引进三联供、水蓄冷和冷凝锅炉等节能改造技术,依托自身研发团队和外部技术支持,开发自主知识产权产品——能源消耗在线监测系统。截至年底,与欧文斯科宁(中国)投资有限公司签订《郑州中原万达广场购物中心节能设计咨询服务协议》,与漳州万达广场有限公司签订《漳州碧湖万达广场购物中心节能设计咨询服务合同》。

(杨　静)

【购置原京广员工公寓房】 年内,在国资委法律顾问协助下,经过与港方多次沟通与谈判达成一致意见,将京广中心有限公司71套房屋收回。对住有员工的31套房屋进行房改售房。处置40套空房,争取尽快盘活资产,为公司创造较高利润。

(杨　静)

【院内危房翻建】 年内,院内西院平房由于年久失修,大部分保护层剥落,基础老化造成结构倾斜,危及主体结构。公司向区房管局递交翻建申请。经批复后,对主体结构进行翻建。

(杨　静)

【企业经营情况】 截至年底,资产总额12079万元,增长20.79%,主要原因为购置京广中心员工公寓。净资产8158万元,同比降低4.94%。主营业收入374万元,同比增长1.08%,主要原因是两家下属公司收入增加。利润减少424万元。

(杨　静)

## 朝阳城市建设综合开发公司

【概况】 朝阳城市建设综合开发公司是区属国有房地产企业,在职员工84人。年内,公司资产总额52.6亿元,净资产4.33亿元,经营收入9.07亿元,实现利润1430万元,上缴税金6522万元。权属或参股公司有东坝基础设施开发建设有限公司、深圳北京酒店、北京迪阳房地产有限公司、北京绿岛白帆俱乐部有限责任公司等。

地址:东三环北路辛2号迪阳大厦15层

电话:84536699

邮编:100027

(孙　研)

【项目建设】 年内,实现开复工面积106万平方米,竣工面积49万平方米,交付回迁房屋4293套,三项数据均创公司开发建设历史最高水平。8月,一期西区12.8万平方米竣工交用,提供安置用房1142套。12月,二期南区14万平方米竣工交用,提供安置用房1147套,红线内管线、道路及绿化工程全部完成。11月,驹子房项目一期A区22.7万平方米工程竣工交用,建成定向安置房2004套及廉租房108套。实现一期B、C地块,二期D、F地块共计75万平方米工程开工建设任务。七棵树项目一期6栋住宅楼及地下车库共22.4万平方米开工,提供定向安置房1896套。金盏金融园区1、2号地,共80公顷建设用地完成“三通一平”施工,具备挂牌上市条件。

(孙　研)

【安全生产】 年内,组织对4个项目施工现场及27处地下人防工程、人员密集场所集中检查6次,发现各类安全隐患203件,下发整改通知67份。通过完善规章制度、开展安全生产月、举办安全生产培训班、消防演习、问卷调查等形式宣传教育。

(孙　研)

【物业管理】 年内,维护升级图书批发市场、惠新苑物美大卖场及六里屯、南小营热厂等处基础设施。申请使用住房专项维修基金对西坝河南里、水碓子北里、金台北街等老旧小区居民楼维修改造。

(孙　研)

【房改售房】 年内,办理完成114户城镇居民房改售房,收房款723万元。

(孙　研)

【员工培训】 年内,分4次完成“2011培训大讲堂”4个模块共16学时培训任务,采取理论知识面授教学、案例分析与课堂互动及外出参观学习等方式。

(孙　研)

## 朝阳区建筑工程公司

【概况】 朝阳区建筑工程公司是区

属国有建筑企业。在职职工395人,其中在岗职工210人。专业技术人员102人,其中高级职称7人、中级职称16人、初级职称79人。国家一级建造师2人,二级建造师17人,工程技术人员58人。年内,产值1.68亿元,开复工面积19.41万平方米,企业资产总额2.74亿元,其中固定资产净值600万元,企业净资产3558.38万元,营业收入13110万元,亏损1330.61万元,上缴税金466.41万元。被评为区服务老干部示范集体。

地址:花家地金兴路6号楼
电话:64744601
邮编:100102

(王凤兰)

**【民生工程】** 年初,"两节"期间慰问1538人次,慰问金额29.03万元。年内为432名职工办理"安康住院保险",用款2.16万元,为14名职工办理"住院保险"赔付,花费2.2万元。

(王凤兰)

**【建设工程】** 3月9日,由第七项目部承接的孙河乡康营组团定向安置房三期学校工程开工,用地约15987平方米,北侧为教学区,地上四层地下一层,南侧地上四层。总建筑面积13588平方米,地上面积13138平方米,地下建筑面积449.6平方米,工程造价14076万元。12月18日,承接的京广中心内部员工餐厅工程开工,地点位于呼家楼京广中心商务楼西北侧,建筑面积3150.3平方米,地上二层地下四层,剪力墙结构,造价1754.19万元。

(王凤兰)

**【荣誉】** 6月10日,第一项目部党支部被评为2011年度朝阳区国资委系统先进基层党组织,俞森被评为2011年度朝阳区国资委系统优秀党务工作者,乔振海被评为2011年度朝阳区国资委系统优秀共产党员。6月,老干部支部被评为2011年度朝阳区"五好党支部",贺显正、李占忠、刘各伯荣获2011年度朝阳区"四好老干部"称号。

(王凤兰)

**【表彰大会】** 6月21日,庆祝中国共产党成立90周年表彰大会在顺义金航线大酒店召开,表彰在"创先争优"活动中创出优异成绩的2个先进基层党支部、20名优秀共产党员和2名优秀党务工作者,向获奖者颁发奖牌、奖章和证书,开展献爱心捐款活动,88人参加,捐款6540元。

(王凤兰)

**【管理体系年度监督审核】** 6月24日至27日,北京华夏认证中心对GB/T19001-2008质量管理体系(及GB/T50430-2007工程建设施工企业质量管理规范)、GB/T24001-2004环境管理、GB/T28001-2001职业健康安全管理体系运行情况进行监督审核。审核组确认三个管理体系认证保持有效。

(王凤兰)

**【知识竞赛】** 7月15日至8月15日,工会以"安康杯"活动为载体,推出主题为"落实企业主题责任、强化班组现场管理、提高职工安康素质"竞赛活动,开展安全生产知识竞赛。内容包括《中华人民共和安全生产法》、《建设工程安全生产管理条例》和《中华人民共和国劳动合同法》,210人参加。

(王凤兰)

**【安置房建设】** 11月8日,东坝驹子房农民安置房F区01#-04#、F08#、F13#、F14#楼工程开工。监理单位北京大正建设监理有限公司,建筑面积10.1万平方米,框架剪力墙结构,地下一层地上十四层、地下一层地上十五层,造价18120.24万元,工期803天,是近年来承接的最大一项工程。

(王凤兰)

**【论文获奖】** 11月17日,区土建学会召开学术交流暨优秀论文颁奖年会,党委副书记、副经理及十余位专业技术人员参加大会。选送论文8篇,其中徐军翔《地下防水混凝土裂缝成因及预控措施》和沈鹏华《OPVC排水管安装》论文获三等奖。池振环、孔凡颖、林宝强、贾永跃、朱美英、吴戈等论文获参与奖。

(王凤兰)

**【企业管理】** 年内,下发《关于加强工程质量验收的通知》,制定《科级干部选拔任用工作实施细则》、《科级干部任免票决制实施办法》、《科级干部任前公示实施办法》等管理制度。

(王凤兰)

**【综合治理】** 年内,与6个基层单位负责人签订《安全生产责任书》、《社会治安综合治理责任书》、《消防安全责任书》。对所属施工现场、幼儿园和出租单位消防安全检查40余次,查出治安消防隐患1起,整改1起。更换灭火器40具,新购置水龙带100米,花费1300余元。

(王凤兰)

**【安全教育与检查】** 年内,采取多种安全教育形式,利用生产会和安全员会,组织相关负责人学习安全生产法律、法规,对在施工地员工进行入场前三级安全生产教育,组织施工管理人员、技术人员、操作工人学习《安全生产隐患排查治理暂行规定》,对员工进行政策、法规、制度和典型事故案例宣传,组织项目部人员参加触电应急响应抢救演练等。公司级培训150余人次,项目部岗前教育700余人次。安全生产检查针对重点工程、重点工段和季节施工特点,制定相应措施、方案,加大检查和治理力度,对查出的安全隐患提出限期整改意见,在安全会上通报重复发生的问题,隐患整改达到90%以上。9月下旬,安全、工程、科技、保卫等多个部门组成联合检查组,对在施施工现场、仓库,进行安全生产、保卫、消防工作节前大检查。突出"五查",即查节日值班安排、查安全责任落实、查现场作业规范、查出租房屋合规、查整改措施效果。对现场查出的不足或隐患,检查组及时纠正,提出限时整改意见。

(王凤兰)

【经营核算】 年内,投标工程5项,中标3项。签订建设工程施工合同(含协议书、意向书)69份,合同签订金额约2.84亿元,合同草案评审率100%。编制审核工程预算58项。编制投标预算、报价及审核结算金额约2.28亿元,完成北京朝教会议中心十项工程结算,结算金额2204万元。

(王凤兰)

【培训】 年内,完成培训项目15项。培训内容为:建造师继续教育、安全生产教员培训、工长和质检员培训、资料员培训、人事管理软件培训、财务人员继续教育、安全生产知识培训、保密知识培训、电工、锅炉工复审等。培训人数294人次,其中在职培训206人次,劳务队伍入场安全教育88人次。

(王凤兰)

【劳务分包管理】 年内,劳务分包队伍管理继续坚持月检制度。检查工地18次,发出违章通知书2份,检查整改情况2次。与外地劳务队伍签订劳务合同1份,备案劳务人员73人,支付劳务费354万元。

(王凤兰)

【法律维权】 年内,利用法律手段维护企业和职工合法权益,处理执行案件31起,各类诉讼案件60件,涉案金额7190万元,避免经济损失3500万元。审核各类经济合同30份,书写法律文书110份。

(王凤兰)

【开发公司经营情况】 年内,海拉尔分公司开复工面积4万平方米,实现销售收入4240万元,纳税额279万元。平谷迎宾花园项目实现销售款收入17117万元,纳税额100万元。

(王凤兰)

【物业管理】 年内,房屋租赁收入200万元,完成年计划的66.7%。物业管理费收入7.3万元,完成年计划的96.6%,水电费收支平衡。

(王凤兰)

【项目部管理方式变革】 年内,为改变以往项目部负盈不负亏,改革内部直属项目部(包括装饰公司和市政公司)经营管理模式,统一控制项目部成本核算,重新组合项目部和机关人员,按不同工程项目组建责、权、利明晰的生产型项目部。

(王凤兰)

【党务公开工作启动】 年内,建立党务公开工作领导小组,制定党务公开工作实施方案和目录,按照"公开内容全面化、公开范围最大化、公开形式多样化、公开监督民主化、公开管理动态化、公开机制长效化"要求,将"党组织决议及执行情况、党的思想建设情况、党的组织管理情况、领导班子建设情况、干部选任和管理情况、联系并服务党员和群众情况、党风廉政建设情况以及其他应当公开的事项"等八个方面作为公开重点。党内公开形式包括:召开党内会议,下发文件、通报、公示,领导班子和党员领导干部述职述廉等;党外公开形式包括:党务公开栏、企业报、墙报、局域网等。坚持每月党支部书记、工会主席、老干部党支部三项例会制度,建立新闻发言人制度。

(王凤兰)

【金领佳苑新开项目】 年内,内蒙古鄂温克旗"金领佳苑"小区新开项目15#、16#、41#a、41#b、42#为定向团购项目,总建筑面积1.67万平方米,其中住宅72套、车间54间、商铺20套、招待所(建筑面积4400平方米)项目,均全面订购。

(王凤兰)

## 田华建筑集团公司

【概况】 田华建筑集团公司是区属大型集体建筑施工企业,行政主管为区农委,行业主管为区住建委。具有国家一级资质和国家AAA级资信等级,注册资本金10045万元。通过ISO9001国际质量管理体系标准认证、ISO14001国际环境管理体系标准认证和OHSAS18001职业健康安全管理体系标准认证。下设28家分公司和7家外埠分公司,能承担各类工业与民用建设项目建筑施工及城市道路、桥梁、市政管道、燃气、热力管道、仿古建筑和古建筑修缮施工。年内,签订施工合同160项。实现开复工面积470万平方米,开复工总量同比增长40%。完成产值35.5亿元,同比增长12.3%。上缴利税1.35亿元。荣获"2011年度中国施工企业华北地区20强"、"2011年度全国保障性安居工程质量管理先进单位"和"2011年度全国工程建设安全生产先进单位"等称号。

地址:金台里乙25号楼
电话:85994451
邮编:100026

(吴　国)

【创建质量安全管理年】 年内,创建"质量安全管理年",重点监控"保障房工程"质量安全管理。针对"安全生产、绿色施工及民生工程质量"中存在的问题,召开分公司经理质量安全专题会、半年工作会。通报市、区及集团内部安全生产情况,开展隐患排查、整改活动。开展春季联检、夏季联检、冬季施工联检等专项检查。重点检查主体工程结构安全性、装修工程质量以及冬施、雨施工作准备与落实情况。

(吴　国)

【获奖工程】 年内,14项工程荣获市级"长城杯"奖。其中荣获建筑(结构)长城杯金质奖工程3项:望京1#楼(文化创业工作室)等7项工程;酒仙桥4号科研生产楼等3项工程;京旺家园一期工程B4区12、15、16、17号楼工程。建筑(结构）长城杯银质奖工程5项：孙河乡康营组团定向安置房三期项目2901－041（子项名称：Q4＃楼）工程；太阳宫新区（太阳星城）B区13＃、14＃楼工程；驹子房经济适用房住宅小区5、6、7、9、10号楼及D－2地下车库工程；管庄乡小寺村24－1＃至24－10＃住宅楼及配套（二标段）工程；京旺家园一期工程B3区1－3、5－11号、B4区1－3、5－11、18号楼工程。建筑（竣工）长城杯金质奖工程2项：北京大学首钢医院泌尿中心科研楼一号楼工程；世纪东方嘉园住宅Ⅰ区1＃楼C座及地下车库工程。建筑（竣工）长城杯银质奖工程4项：世纪华侨城旅游主题社区A1－3号楼及C2车库工程；世纪华侨城旅游主题社区A1－4号楼工程；万象新天家园（三期）三区301＃住宅楼等2项工程；太阳宫新区A区2＃、3＃住宅楼工程。14项工程荣获市级安全文明工地，其中1项工程获得“市级样板工地”。另有5项“QC小组成果”获奖，其中《降低地面预埋管二次破坏率》成果荣获市一等奖，同时获得全国QC小组成果二等奖。

（吴　国）

【新型模板体系】　年内，五分公司研发出新型模板体系并应用在房山区窦店镇保障性住房“田家园小区”工程，获得成功。

（吴　国）

【充实人才储备】　年内，招聘19名建筑专业本科大学生，派驻到工地一线。继续帮助分公司招聘和引进专业人才，并在资金上给予支持。根据分公司收入完成情况出台政策，给予招聘人才指标补助。分配63个指标，按照第一年集团每人补助3万元、第二年每人补助1万元、第三年双向选择的方案对分公司进行补助，每年分配奖励指标，鼓励分公司招聘人才。

（吴　国）

【开展专业培训】　年内，组织各类专业技术管理人员举办《朝阳区政策性住房工程质量管理》讲座、冬季施工安全专项培训等专业培训。聘请业内专家详细讲解区域内建筑市场形势和重点，传授最新规范和相关规定。

（吴　国）

# 国　土　资　源

【概况】　北京市国土资源局朝阳分局（简称“市国土局朝阳分局”）作为市国土资源局派出机构，负责组织实施本行政区域内土地、矿产资源行政管理工作，内设7个职能科室、8个事业单位。年内，按照“以拆为主，部分调整”的解决方案，完成基数更新后乡级规划的确定工作，通过市国土局专家评审会及区政府审定。

地址：奥林匹克森林公园北园

电话：88982879

邮编：100107

（陈扬众）

【政府土地储备开发】　年内，启动小红门、十八里店、王四营3个乡、7个重点村整治工作，预计总投资额278亿元。截至年底，完成30个行政村住宅拆迁，实现住宅腾退18017户，约692万平方米；完成9个行政村非住宅拆迁，非住宅腾退2253家，约898万平方米；与16家国有土地使用单位就收储事宜达成一致意见，涉及土地面积约18万平方米。

（陈扬众）

【建设项目用地预审】　年内，完成123个项目土地预审工作，占地面积1419.62公顷，其中国有土地589.45公顷，集体土地830.16公顷；完成24个项目土地利用总体规划和地类审查，占地面积193.64公顷；完成代征绿地移交手续7件，占地面积61.83公顷。

（陈扬众）

【征用及农转用项目用地管理】　年内，完成东坝项目、垡头污水处理厂（一期）工程、北京澳际国际教育研发中心项目、电子城西区北扩2－6号地土地一级开发项目、市委政法委公租房项目、十八里店乡周庄三期农民回迁房及配套设施项目等30个项目征地前期手续办理，用地总面积1038.64公顷，涉及征收集体土地918.36公顷，占用耕地155.26公顷；完成征地结案10件，用地总面积231.33公顷。

（陈扬众）

【耕地保护责任书签订】　年内，签订区、乡级耕地保护目标管理责任书14份，乡、村级责任书79份。

（陈扬众）

【土地供应】　年内，公开供应经营性用地17宗，总供地体量约111公顷，总建筑规模约274万平方米，土地成交价款约316亿元，政府土地收益约121亿元。完成土地供应项目21宗，供地体量约195公顷，总建筑规模约383万平方米。

（陈扬众）

【地籍管理和土地登记】　年内，完成国有土地使用权登记609宗，涉及面积2207.5万平方米。其中，出让国有土地初始登记128宗、面积219.10万平方米，划拨国有土地初始登记115宗、面积273.74万平方米，变更登记331宗、面积1327.9万平方米。完成抵押登记设定375

宗,涉及面积1828.73万平方米,贷款金额2025.04亿元。办理城镇成套住宅分摊土地使用权土地登记6062宗,涉及面积165.68万平方米;抵押登记设定1970宗,涉及面积11.88万平方米,贷款金额253.29亿元;注销登记1686宗,涉及面积1759.18万平方米。

(陈扬众)

**【农村土地确权登记颁证试点】** 年内,开展黑庄户乡农村集体土地所有权和集体建设用地使用权登记颁证试点工作,对130宗集体所有权宗地、261宗集体建设用地使用权宗地及132宗国有土地使用权宗地中符合登记条件的176宗地进行登记发证。

(陈扬众)

**【国土资源执法】** 年内,完善执法监察机制,加强国土、规划、监察、公安、司法等相关部门联合办案的长效机制,强调耕地与基本农田保护。发挥动态巡查和网格化管理优势,把积极预防与案件查处相结合,控制和减少违法用地的增加。消除违法用地苗头20余起,防止了违法用地新案件发生。加大对各类土地违法违规案件查处力度,下发《行政处罚决定书》70份,申请法院强制执行15件,以拆除等非立案方式查处违法用地33宗。其中公开曝光查处东郊农场内北京三元绿化工程公司违法出租土地建设汽车4S店案。对发现的56宗违法用地全部处理完毕,通过全面验收。查处高尔夫球场违法用地,其中2家处罚完毕;2家涉及占用耕地的,责令其整改完毕。督促温榆河大道、地铁6号线等5个重点工程项目加快办理用地审批手续,涉及土地面积38.27公顷(含耕地25.65公顷),违法用地占新增建设用地的宗数比例、总面积比例均呈明显下降趋势,特别是占用耕地面积比例从31%下降至1.41%。利用"土地日"、"地球日"、"法制宣传日",向社会宣传法律法规政策,发放宣传资料1万余份。

(陈扬众)

**【地质矿产管理】** 年内,完成地质灾害危险性评估报告备案14件,建设项目压覆重要矿产资源核查8件,地源热泵系统备案5件。完成12家探矿权项目和2家矿泉水开发利用项目年检,实地检查32个在用地热井开发利用情况,制止非法采砂8起。

(陈扬众)

# 房 屋 管 理

**【概况】** 朝阳区房屋管理局是区政府主管本区房屋行政管理、住房制度改革、住房保障管理和房屋征收工作的行政机构,挂北京市朝阳区人民政府住房保障和改革办公室和北京市朝阳区人民政府房屋征收办公室两块牌子。内设14个行政科室,15个机关事业单位,9个基层企事业单位。年内,围绕建设"新四区"和争创"全国文明城区"目标,以房屋管理为平台,以工作创新为突破,不断探索与区情、局情相适应的房屋管理新体制、新机制、新理念,在加强行政管理、做好服务工作、确保安全稳定等方面扎实工作、开拓创新,完成各项工作任务。对辖区132万余平方米公房进行管理、修缮、服务;负责辖区内近500万平方米房屋的供暖工作;依据国务院颁布的《物业管理条例》,负责对本区466家物业管理企业进行业务指导。

地址:三里屯南56号
电话:64186161
邮编:100027

(赵　越)

**【房屋权属交易管理】** 1月1日起,在受理登记业务的同时使用视频照相,加强登记的安全性。加强登记业务培训,进一步提高人员素质和工作效率。认真执行"限购令",制定预案,平稳度过限购前的签约高峰;增设受理窗口,提高工作效率;与地税部门沟通信息,随时掌握动态;张贴通知加强宣传,方便百姓掌握相关政策。年内,完成各类房屋登记18.7562万件,抵押注销2.8297万件,共计21.5859万件。网签窗口受理17915套,其中自行成交版5275套,注销8810套,购房资格核验3830套。签约存量房5275套,注销网签8810套。

(赵　越)

**【住房补贴】** 5月,完成机关事业单位职工42751人住房补贴统计工作,自此朝阳区职工住房补贴工作完成阶段性任务。

(赵　越)

**【纪念建党90周年】** 6月23日,召开建党90周年暨建局5周年纪念大会,评选、表彰3个"先进党支部",27名"优秀共产党员",6名"优秀党务工作者",组织新党员入党宣誓。制作房管局成立五周年工作宣传片和画册。

(赵　越)

**【房屋征收办公室成立】** 10月18日,成立朝阳区房屋征收办公室,下设征收补偿科和征收审核科,并成立朝阳区房屋征收事务中心。城市拆迁工作向房屋征收转变,开展垂杨柳医院改扩建征收的前期工作。

(赵　越)

**【文明城区创建工作】** 年内,开展千名干部下基层活动,下设6个小队,由11个党支部分别与6个社区结对,帮助社区解决实际问题。落实呼南社区居民新建社区花园资金,联合办事处绿化队完成社区花园设计和建设工作。完成将台办事处芳园西区小区内8幢居民楼51个单元门、1.5万平方米的楼道墙面小广告铲除和5600平方米墙面粉刷工作。在全局抽调100名工作人员组成33个检查组开展"物业管理百人大检查"工作,出动检查人员8000余人次,对全区837个住宅项目进行四轮检查。

(赵 越)

**【住房保障工作】** 年内,研究制定公共租赁住房审核配租及后期管理政策,拟定《朝阳区公共租赁住房申请条件及审核程序》及《朝阳区公共租赁住房配租及后期管理办法》。12月1日,在全市范围内率先启动廉租住房、经济适用住房、限价商品住房以及公共租赁住房"四房统一"申请受理工作。年内,组织3批廉租住房摇号配租及2次限价房配售。全年全区获得保障性住房资格家庭计11402户,其中,廉租住房595户,经济适用住房1989户,限价商品住房8818户。全年实物配租廉租房1089户,配售限价房2486户。完成7个项目的公租房收购签约工作,收购建筑面积约11.84万平方米,收购房屋总计2403套。

(赵 越)

**【房屋拆迁管理】** 年内,组织召开滞留项目拆迁工作座谈会,对北内农光里1~4楼危改回迁房项目、翠成经济适用房四期、和平一二三村土地储备项目、央视新台址项目等重点项目,加大谈话调解力度。北内农光里1~4楼危改回迁项目、翠成经济适用房四期项目裁决程序完成。组织工作人员不定期对拆迁现场特别是新启动拆迁项目现场安全施工、环保等进行抽查;利用对拆迁项目裁决谈话的机会,对现场情况进行监督。对群众举报或检查中发现的问题,及时督促拆迁人和拆迁公司进行改正,对发现的问题及时上报处理。

(赵 越)

**【物业服务企业管理】** 年内,在物业服务企业资质审核工作中,将行政处罚和业主的有效投诉与物业服务企业晋升资质挂钩,加强对物业服务企业的监管,严格企业资质准入和升级环节。完成511个项目物业服务合同备案工作。从全局抽调100名工作人员,历时3个月,对全区837个住宅物业服务项目进行"地毯式"检查。

(赵 越)

**【房地产市场监管】** 年内,加强房地产经纪机构管理,对经纪机构采取告诫、约谈等形式,规范其经营行为。对日常工作中经纪机构违法违规行为及时查处,特别是对于群众投诉较多、未按规定进行资质备案、违规代理群租房隔断房以及注销期间违规从事房地产经纪业务的经纪机构进行重点检查。对经纪机构恶意网签、拒不配合以及拒不执行处罚决定的行为,及时向市住建委房屋市场管理处提交报告。受理投诉房地产经纪机构1724起,为群众挽回经济损失178万余元。受理朝阳区房地产经纪机构(分支机构)备案945件,其中经纪机构初始备案147件,变更(重新)备案239件,注销备案19件;分支机构初始备案269件,注销备案275件。受理预售许可项目63个,受理商品房预售许可证延期申请41个,完成非居住房屋租赁备案204件。

(赵 越)

**【房屋档案管理】** 年内,收集、整理、上架各类档案22.7万卷,其中房屋登记类档案19.22万卷,文书及业务档案3.48万卷。文书档案归档量创历年最高。为保证电子档案质量,对电子图片进行10%以上抽查,共抽查实物及图片1.95万卷。全年调取实物档案0.53万卷,受理窗口查询档案6.33万卷,实物档案调用量占全年档案调用量的5.7%。

(赵 越)

**【房屋修缮及节能改造】** 年内,投资500余万元,完成50幢3.98万平方米楼房防水,16间342.6平方米平房挑修,4间平房新作顶棚,109幢2278平方米楼房补漏,52处厨房、厕所及地下室渗漏维修,12部电梯大修,2处泵房控制柜更换等工程。投资1.49亿元,完成52幢45.07万建筑平方米、惠及7100余户居民的节能改造工程。

(赵 越)

**【城镇房屋与设备普查】** 年内,出动538个查房小组,工作人员近1300名,检查房屋10158.86万平方米,电梯15498部,二次供水设备6950台,避雷设备26984个,检查出城镇房屋严重积水区域159处。

(赵 越)

**【房屋安全管理】** 年内,与工商朝阳分局联动,加强普通地下室监管。要求其在受理利用普通地下室进行经营活动、申请营业执照和营业执照年检时,先审核其备案情况,再予以办理营业执照。检查普通地下室302处,出动679人次,下发《责令限期改正通知书》150份,立案21起,行政处罚2件,处罚金额4万元,完成普通地下室备案32件。

(赵 越)

**【房屋行政执法】** 年内,按照巡查、服务、处罚与纠违相结合的管理模式,房屋行政执法工作坚持由注重处罚向促改转变;由侧重单项向多项执法转变;由被动承办向主动查处转变。完成各类房屋行政执法检查2448次,出动7833人次;下发责令改正通知书243份,立案104件,做出行政处罚52件,罚款65万元,结案33件。

(赵 越)

**【信访】** 年内,加大矛盾纠纷隐患问题督查督办力度。抓住群众反映强烈的热点、难点问题进行督查,明确相关部门限期解决。对转交给相关部门的信访案件进行督查督办,确保信访案件及时解决。开展领导大接访活动,对可能出现的新情况、新问题,寻找对策,做到来访一起,接待一起,稳定一起,真正把矛盾稳控在基层。结案材料报送及时,重要来信处理率达100%。接待群众来访1163批,接受政策性咨询、解答约3200余人次,处理群众来信719件。

(赵　越)

**【专项维修资金审核】** 年内,商品住宅专项维修资金累计审核金额3218.5万元,涉及业主38373户。核准使用67个住宅项目和192个工程项目。

(赵　越)

**【房改售房】** 年内,核准受理房改单位341个,办理房改售房7382套,63.53万平方米。

(赵　越)

**【冬季供暖】** 2010至2011年度冬季供暖历时130天,燃气消耗3289万立方米,单方耗气每平方米8.37立方米;总耗水量10.38万吨,单方耗水每平方米23.75公斤;总耗电量1291.71万度,单方耗电每平方米2.96度。

(赵　越)

**【房屋测绘】** 年内,完成商品房实测项目31个,295.9万平方米;完成商品房预测项目25个,74.1万平方米;完成大产权实测项目13个,258.2万平方米。

(赵　越)

**【房屋安全鉴定】** 年内,严格按照"依法经营、按章纳税、分配合理、服务第一"的原则做好房屋安全鉴定相关工作,完成鉴定663项,建筑面积655万平方米。

(赵　越)

# 公　共　事　业

## 供　电

**【概况】** 朝阳供电公司是市电力公司直属供电企业,担负本地区工农业生产、政府部门、各大商户及居民生活供用电任务,供电区域470.8平方公里。负责辖区内110千伏及以下电网建设、调度、运行、10千伏及以下电网检修维护、应急抢修和营销服务工作,担负辖区内约占全市三分之二的星级饭店、外交驻华使馆区、奥运中心区、中央商务区、大型商业区、工业、农业、涉外企业及居民生活等电力供应,保证地区安全可靠供电和政治供电任务。截至年底,售电量139.7亿千瓦时。管辖110千伏变电站40座,35千伏变电站3座。安装主变118台,主变容量共计5709.5兆伏安。10千伏开闭站204座,小区配电室1596座、箱式变压器470座,共计2270座。配电变压器3968台,变压器总容量3149240千伏安。10千伏架空线路273路,线路总长度2310.5公里,低压架空线路1563公里。10千伏电缆3069条,总长4435.13公里,低压电缆24990条,长度3578.69公里。

地址:关东店24号

电话:63661123

邮编:100020

(李　瀚)

**【电网规划与建设】** 年内,完成"十二五"电力专项规划修编;完成电子城等5个输变电项目可研,开展保障性住房、轨道交通等民生工程前期工作;完成大型技改投资65项,缓解花家地等6座变电站重载情况,彻底解决高杨路等11路线路重载;完成10项老旧小区营销改造工程项目前期工作;完成代表国内最高水平、具有示范效应的高安屯环卫充换电站建设任务;完成石门110千伏输变电及其附属设施(朝阳生产调度楼)工程前期拆迁。年内,望京东110千伏输变电工程荣获北京公司安全流动红旗及项目管理流动红旗,通盈、国贸等5座变电站工程被评为北京公司优质工程。

(李　瀚)

**【电力生产】** 年内,加强生产现场、日常安全监督工作,执行到岗到位5590人次。成立生产、基建、营销联合检查组,开展"安全生产晚碰头"、"安全提示"等特色工作。依托安全审计平台,进一步规范各岗位人员安全履责行为。组织安规、调规、运规等规章制度考试18场次、"有限空间作业"等专业技术培训42场次。发现、整改各类问题210件,监督排查、治理事故隐患22项。开展电网运行方式及薄弱环节分析,降低电网运行风险。切改线路36条,解决变电站、线路过负荷。完成5座变电站、37座开闭站小电阻接地改造工程,清扫10千伏架空线路162公里,分装重载变压器76台。完成60条电缆线路综合整治工作。成立"反外力周末特巡队",落实80公里电缆反外力措施。与区绿化局等部门沟通争取政策支持,去树3.8万棵。因外部环境导致的故障同比下降54.35%。科学制定停电检修计划,合理调控班组承载力,户均停电时间同比降低6.2%。调控中心首个通过北京公司专家组达标验收。完善应急体系建设。落实防汛责任,备足相关物资,加强对外协施工单位管理，有效应对恶劣天气。组织防灾减灾、度夏、度冬等各类联合演练，提高突发事件处置能力。提升重要客户设备运行管理水平，缩短缺陷处理周期，对所辖183户重要客户实施常态化保电标准。完成全国两会等政治保电任务70项，保电天数231天，参加保电3500余人次。

（李　瀚）

【营销服务】　年内，开展“电费资金风险管控专项行动”，整改问题42项，制定办法10项。开展卡表轮抄，完成64.71万具卡表抄表、机电不符分析。杜绝发生居民客户长时间停电和重复停电事故。开展对重要客户和敏感客户的定制服务。迎峰度冬期间，排查电采暖小区用电隐患。开展“塑文化、强队伍、铸品质”供电服务提升活动。

（李　瀚）

【经营管理】　年内，收录法律法规46项、技术标准1433项，编制管理标准117项，涵盖专业流程256项，标准体系初具规模。全员绩效管理与指标、计划紧密衔接，充分调动员工工作积极性。业绩指标和同业对标指标管理更加精细，资产经营、调度管理2个专业进入北京公司专业标杆行列。完善全面预算管理体系，将财务预算纵深到各主营业务领域，与资金、项目紧密衔接。开展银企合作试点工作，实现营业网点银行上门收款。完成各项设备、材料招标任务，细致梳理剩余物资。开展“压结存、保增长”专项行动，建立结存梳理调度会制度，加强重点客户工程过程管控，累计完成报装接电容量147.4万千伏安，同比增长13.06%。新增客户累计贡献电量3.93亿千瓦时，拉动电量增长约2.95%。采取警企联动等多种手段打击窃电，追回违约使用电费926万元。

（李　瀚）

# 邮　政　通　信

【概况】　北京市东区邮电局（以下简称东区局）是北京市邮政公司（以下简称市公司）直属二级通信企业。承担东城、朝阳两个行政区域505平方公里400余万人口邮政通信服务工作。区局机关设办公室等9个职能机构；下设邮票公司、报刊发行分局、商函分局、代理业务分局、电子商务分局5个专业公司；另有账务中心、大客户中心、培训中心等支撑部门。经营和代办经营主要业务包括：国内、国际、函件（如信件、商函、印刷品等），国内、国际包裹，国内、国际特快专递，国内报刊订阅、零售、集邮业务及邮品制作，邮送广告及邮政商函制作，邮政物流，邮政电子商务，代理保险，邮政储蓄，邮政汇款及以代销（如基金、债券等）、代收（如水、电、燃气费等）、代发（如退休金、工资等）为主的邮政金融业务。下辖32个邮政支局，143个邮政所，信筒信箱468个。辖区内每一邮电局所平均服务面积6.56平方公里，服务人口约2.26万人。全部从业人员2613人，人均劳产率35.61万元，同比增长10.74%。固定资产总额2.53亿元，资产净值1.55亿元。连续7年被评为“首都文明单位”，连续8年被评为“首都文明单位标兵”，拥有“全国通信行业用户满意企业”、“全国五一劳动奖状”等荣誉称号。年内完成业务收入9.16亿元，同比增长8.05%。员工得利水平提高12.4%，超过年初10%的目标。高效收入实现6.6亿元，同比增长1.87%。

地址：金台北街6号

电话：65006003

邮编：100026

（许姗姗）

【举办DMA精英培训班】　1月4日至7日，DMA精英培训班在北京邮政培训中心开班，课程包括直邮创意、客户关系、数据库营销、数据挖掘及案例、直邮评估、直邮策划、数字营销、电子商务、开发策略及数据呈现等12门课程。各支局长、营销支撑、营销一线人员共60人参加。

（许姗姗）

【雍和宫推出有奖幸运封】　1月6日，雍和宫名誉住持嘉木扬·图布丹为60000个兔年雍和宫新春祈福有奖幸运封“加持”。这是雍和宫与东区邮电局联合推出牛年、虎年祈福幸运封之后，推出的第三枚新春祈福幸运封。“雍和宫新春祈福幸运封”是专为雍和宫设计的贺卡式幸运封。雍和宫住持洛桑·萨木丹专门以藏文为贺卡题词：“吉祥如意”。贺卡封一为雍和宫画家立祥绘制的雍和宫全景图；封二为雍和宫收藏的唐卡“和睦四瑞图”及洛桑·萨木丹住持题词；封三为中国邮政幸运封专用小版张1枚；封四为“卯兔祥和”图，每枚幸运封均配有收藏证书，编号为000001号的幸运封被中国邮票博物馆收藏。

（许姗姗）

【服务重要活动】　全国“两会”期间，为首都大饭店、北京饭店、贵宾楼、京东宾馆、歌华开元大酒店、北京会议中心、河南大厦、广西大厦等11处代表、委员驻地提供邮政服务。出动服务人员273人次，服务车辆269车次。收寄各类邮件1.3万件，销售集邮品（封、册、折等）21.42万册,业务收入2103余万元,同比增长64.38%,收到代表委员表扬信24件、题词近百篇。合理引导代表用邮,结合客户特点制作个性化方案,提供品种丰富、设计精美、制作精细的集邮产品,满足代表和委员多元化、个性化需求。在各服务点设立邮品题材专区,特别制作"政治类"、"文化类"、"生肖专题"标志,将产品分类码放。6月7日至10日,在国际展览中心召开第十二届中国国际环保展览会,东区局作为服务大会的邮政企业参会服务。为大会制作一套6张的环保题材主题明信片2000套,现场免费发送。8月18日,北京首届直邮发展论坛暨直邮创意展在建内大街邮电局东厅开幕,东区局作为开幕式承办单位,保障首届直邮发展论坛成功,并为每位参会人员免费制作一款个性化明信片。8月24日至27日,第20届北京国际广播电影电视设备展览会在北京中国国际展览中心召开,400多家国内外知名厂商、媒体参展。东区局现场提供出售邮品、预订机票、收寄物品等多项邮政服务。

(许姗姗)

**【推出信卡】** 5月6日,在朝阳公园启动"我心向党——歌颂伟大的中国共产党抒情短语"活动。活动由区委组织部、宣传部和东区局联合举办,以邮政独有的信卡为载体,推出"歌颂中国共产党抒情短语"信卡,为社会各界爱党人士搭建书信短语平台。

(许姗姗)

**【启动马克思主义教育基地】** 5月12日,在北大红楼新文化运动纪念馆正式启动马克思主义教育基地。北京新文化运动纪念馆副馆长、市邮政公司团委书记、东区局党委书记以及各支局党支部书记、团支部书记参加揭牌仪式。

(许姗姗)

**【设立建党90周年邮品专柜】** 5月14日,在各支局营业厅设立"建党90周年邮品、收藏品专柜",展示10余项专题、近60种"建党90周年邮品"主题产品。

(许姗姗)

**【开办集邮票品寄售业务】** 5月29日,在东区邮票公司开办"集邮票品寄售业务",集邮机构接受用户委托,提供信托式集邮票品寄售服务。用户如需委托寄售集邮品,可由东区邮票公司寄售部门代为出售,并经集邮专业人士鉴定,双方共同商议定价,寄售票品售出后,寄售部门按规定收取服务费。

(许姗姗)

**【禁毒教育基地成立临时邮局】** 6月26日,在市禁毒教育基地挂牌成立"禁毒教育基地临时邮局"。国家禁毒办副主任、公安部禁毒局副局长、禁毒情报中心主任陈存仪出席仪式并为邮局揭牌。临时邮局隶属垡头邮电支局,是国内第一个以禁毒教育命名的临时邮局,其"禁毒教育基地(临)"邮政日戳是国内首次以禁毒为主题的邮政日戳。

(许姗姗)

**【领导调研】** 8月8日,市邮政管理局局长刘君到朝阳门内务社区调研,了解邮政业务流程。内务社区是东四局实施"沈智慧劳模创新工作室"邮政代办社区服务点的重点项目,社区内可缴纳固话费、手机费、燃气费和水费,周边百姓可以直接用现金在社区服务站缴费,为百姓提供零距离邮政服务。9月8日,交通运输部副部长冯正霖和驻部纪检组组长杨利民参观东区局联合交通运输部工会举办的"珍藏邮票展"。10月21日,中央政治局委员、北京市委书记刘淇,北京市委副书记、市长郭金龙到东区局什刹海烟袋斜街仿古主题邮局视察,查看仿大清邮政的服务设施和项目及有关邮政历史的图片展示。

(许姗姗)

**【通过管理资格认证复审】** 8月10日至11日,环通认证公司对东区局ISO9001质量管理体系进行复查,确认通过资格认证复审。

(许姗姗)

**【举办高端客户鉴赏会】** 8月12日,在湖南大厦召开"文化中秋珍品鉴赏"暨高端客户答谢会,130余位高端客户应邀参会。答谢会推出包括"全国山河一片红"、"蓝军邮"等珍品在内的76款邮品、钱币及金银制品,现场销售藏品20余万元,并与相关客户达成合作意向。

(许姗姗)

**【第三届"邮"礼文化节开幕】** 12月7日,在湖南大厦举办第三届"邮"礼文化节,历时3个月,开展主题新品发布、集邮专题讲座、大客户推广会、历年生肖邮品展示等特色活动。《中国生肖瑰宝》F、G册是以第一轮生肖邮票为引领,涵盖二、三轮全部生肖邮票的产品。同步推出《中华千秋颂》纪念册、《龙腾盛世》纪念邮册、"来自龙年的祝福"明信片等邮政文化创意产品。

(许姗姗)

**【金融业务】** 年内,累计完成2.04亿元,同比增长17.58%,占总收入的22.23%。通过一系列措施,调整储蓄余额、网点资源、收入占比3大结构,提升理财经理、金融主管、储蓄柜员3大能力,打造理财经理、金融从业人员两大队伍。开展多项劳动竞赛。7月13日储蓄余额总规模突破百亿元大关,实现半年新增余额超10亿元,成为市公司首个代理储蓄余额破百亿区局。储蓄余额新增16.89亿元,新增代理保费2.7亿元,中邮保险占比达26.25%。余额和保费进度双双位居城区局榜首。58个金融网点61名理财经理全部配备到位,新增业绩4.65亿元,同比增长68%。

(许姗姗)

**【邮务类业务】** 年内,累计完成6.62亿元,同比增长5.47%,占总收入的72.33%。函件业务累计实现收入3.18亿元,贺卡业务形成收入

3296万元，账单、数据库等收寄类函件基础型业务收入占58.68%。开拓邮品代销市场和“集邮票品寄售业务”，发展定制型高价值产品，累计实现收入2.49亿元，同比增长13.03%。个性化邮票、企业专题册分别完成1406万元和1亿元，新邮预定完成94610套。报刊发行业务开展日常营销、校园和图书馆两大专项市场开发，累计实现收入6237万元，同比增长9.25%，报刊收订流转额实现1.35亿元，同比增幅12%。电子商务业务加强低本高效类业务开发力度，不断创新产品内容，优化服务种类，累计实现收入1508万元，同比增长40.73%，储蓄、汇兑、速递短信加办率全面达标，短信业务收入实现664万元，同比增长31.4%。销售机票9.98万张，同比增长67.4%。

（许姗姗）

**【代理速物业务】** 年内，速物业务结算后收入累计完成2883万元，同比增长20.36%，占总收入比重的3.15%。发展快递包裹业务，实现快递包裹同比增长30.02%。开展日常礼仪营销活动，提升速物收入增长。“五节联送”战役中完成1492万元，同比增长125.6%，完成进度、高效收入均列市公司城区组第一名，刷新历史新高。

（许姗姗）

**【成立商务客户服务中心】** 年内，成立商务客户服务中心。主要职责是负责实施邮政集团公司、北京市邮政公司、东区局项目落地，咨询指导支局营销工作。指导支局预计收入100万元以上项目，带领支局营销力量共同开发。对支局预计收入为30万元至100万元的规模项目提供咨询。对支局直邮项目提供前期营销指导。担负自主项目开发工作，开发重点为500强企业、4A级广告公司、区县一级政府等邮政业务。

（许姗姗）

**【推出函件新产品】** 年内，推出“邮你购”函件新产品，以商函分局特别设计的“邮你购”信封为载体，为客户提供广告宣传服务，最大特点在于具有特定投放范围，投放区域限定在以亚运村、望京及CBD区域为“圆心”、半径3公里范围内的消费群体。根据每期广告内容的不同，从东区自由数据库中筛选数据，选择最适合本期产品、在商圈覆盖范围内的人群进行投放，弥补原先固定人群投放精准性不高的缺陷。

（许姗姗）

**【启动资源客户管理工作】** 年内，营销员按照网格化要求走访客户，收集客户信息，专人负责协议客户的维护、走访工作。各支局设置一名上报情报分析员，负责将本局客户资源情况上报区局，区局根据上报情况及时对支局进行指导。

（许姗姗）

**【打造精准自有数据库】** 年内，商函分局BIU团队利用商函投递系统，对自有库进行升级，对近260万条数据地址邮编分出投递站段，使地址更加精细化、灵活化，指派专人定期开展数据库信息清洗、整理工作，注重及时融入新数据、新信息，成为东区局数据库商函业务重要数据基础。

（许姗姗）

**【开微博助力直邮发展】** 年内，商函分局在新浪网注册微博“邮政数据应用中心”，网址是http://weibo.com/datapost。通过图片、博文等形式，介绍邮政直邮产品和理念，探讨直邮业务发展。截至年底，拥有316个关注度，1000多名粉丝。

（许姗姗）

**【开发营销项目】** 年内，开发北京热力集团《热力温暖到您家》项目。该项目是集个性化邮票、邮政贺卡、致居民一封信于一体的业务产品，达成制作意向60万份，实现创收570万元。

（许姗姗）

**【细化分类营销团队】** 年内，建立营销员分类管理机制，将全体营销员分为信息收集型、产品销售型、方案营销型3类。通过固化营销团队工作流程，细化营销员分类考核指标，使营销员工作有目标、发展有方向、开发有支撑。现有营销员571名，其中473名一线营销员组建93个分类管理营销团队。

（许姗姗）

**【掌控客户动态信息】** 年内，通过建立资源客户管理制度，形成由区局、专业局、支局构成的三级客户管理体系，依托“网格化”营销模式，完善协议客户经理制，对有潜质大客户实施动态监控，提供个性化、针对性用邮服务。支局增设情报分析员岗，负责协议客户日常维护与管理。全局5万元以上大客户1219个，同比增幅12.1%，新增客户产生收入1451万元，同比增长8.4%。全局协议客户产生收入1.82亿元，占各经营单位业务收入的25.25%，同比增长10.42%。

（许姗姗）

**【推进专注项目进程】** 年内，实现营销立项3322个，赢单项目1755个，成功率达到52.8%。DIU体系建设初具规模，补充自有库数据500万条；同心圆项目实现收入788万元，完成进度157.6%；DMA项目145个，形成收入252万元。

（许姗姗）

**【完善网点损益核算机制】** 年内，将高效收入、高效收入率、人工成本贡献率和利润率等指标融入各经营单位管理人员及网点负责人绩效考核指标体系，考核分值权重占总分值的30%以上。

（许姗姗）

**【实施全员绩效考核】** 年内，对生产岗位人员和管理岗位人员分别进行绩效考核。其中，生产岗位人员考核内容为：工作业绩、规格质量、服务规范、劳动纪律、服务水平、业务技能等，由日常考核和综合评价组成。日常考核根据员工日常工作业绩、服务质量、遵章守纪情况和典型事件进行记录，一般占80%。综合评价对员工的工作状态、工作表现、综合素质等内容进行评价，一般占20%。管理岗位人员绩效考核内容为：领导管理水平、创新能力、执行能力、经营效益完成情况、团队协作能力、履职成绩、廉政情况等。对管理岗位人员的考核结合各单位实际，突出对工作业绩、管理能力、服务支撑等内容的考核，并对管理岗位人员工作态度、业务能力、工作创新和综合素质等内容进行考核。

(许姗姗)

**【制定调查研究制度】** 年内，制定《领导人员深入基层调查研究制度》，要求领导人员重点做到：对市公司和东区局重大生产经营管理工作部署的落实和完成情况进行指导、督促和检查；围绕重点、热点和难点问题进行专题调研，及时发现问题，制定解决措施；了解各基层党组织开展创先争优活动、党员主题实践活动、精神文明建设等工作情况；了解基层干部、职工工作和生活情况，听取意见和建议，维护其合法权益。

(许姗姗)

**【完善财务精细化管理】** 年内，全面实施成本费用集中管理和资金收支两条线管理。优化代办费审批管理流程，加强业务材料用品库存和使用量管理。强化网点损益核算工作，制定区局营业网点绩效考核办法，建立网点考评体系，将网点高效收入、利润率等指标的综合考评结果与支局管理者奖励挂钩。

(许姗姗)

**【强化资金源头管理】** 年内，加强收入结构和资金收现情况分析，引导支局扩大高效收入规模，提高资金流入质量。按月预测资金收支差额，按日监控资金缴款情况，及时掌握资金收缴、支付和需求情况。

(许姗姗)

**【优化人力资源配置】** 年内，出台“金融、营销岗位增员增资，减员减资，其他岗位增员不增资，减员不减资”政策，采取优化工作和数据采集同时进行的方式盘活超编人员，邮政营业人员由原来的45%下降到35%；储蓄人员由原来的11%增加到15%；营销人员由原来的18%增加到22%。

(许姗姗)

**【员工培训】** 年内，组织52项、133期、1446课时、5774人次培训；深化“首席员工”评聘活动，219名员工参加邮政营业、储蓄、财务、营销及司机岗位评比，42名员工脱颖而出。

(许姗姗)

**【改善欠费管理】** 年内，制定《东区局用户欠费管理办法》，采取“每日通报制”，通过OA进行发布，督促各单位提高重视程度，规避欠费风险。

(许姗姗)

**【更新基础设备】** 年内，更新设备216台，其中52%投向金融、函件专业。所有金融网点配备扎把机130个。为全局61个理财经理配备台式机，用于金融业务管理。更新30台设备安装北京机票销售系统。自筹资金配备电视电话系统。开通远程教育培训系统。

(许姗姗)

**【加强安全监督检查】** 年内，各单位建立安全小组，将事故苗头消灭在萌芽状态。平安邮政建设活动达标。实施“北京邮政车辆运行数据动态采集系统”和“网运信息管理系统”升级工作，实现连续18年未发生甲方责任事故，被评为市交通安全先进单位。

(许姗姗)

**【开展风险防控】** 年内，实施《廉政风险防范管理组织工作制度》，规范5个风险防范项目组织和运行工作，监督落实6项整改措施。创新“廉洁风险防控访谈”载体，举办35场座谈会、与125名基层领导干部谈心，推进解决业务风险、管理风险苗头性问题，8项防控措施有效落实。制定并实施廉洁风险防控管理运行保障5项制度，完善系统管理“五图”、“五表”。举办风险防控专题讲座1次、专项工作会4次。

(许姗姗)

**【启动“青年工作研究会”】** 年内，启动“青年工作研究会”，由东区局党委直接领导，通过明确调研课题、拓宽活动载体、建立帮促机制、举办“书记互动课堂”等形式，为青年员工提供理论引导、解决现实困难、搭建成长和展示平台。

(许姗姗)

**【网站正式上线】** 年内，“东邮共青团——年轻心 新青年”网站(www.dqtw.bjpost.com.cn)正式上线，搭建起共青团组织与青年员工间互学互动平台。

(许姗姗)

**【工会活动】** 年内，开展“发展杯”劳动竞赛、合理化建议、“双创双优”以及“劳模创新工作室”活动。落实为员工办实事项目，为员工解决生产生活难题。成立东邮文体协会，丰富员工业余文化生活。参加市公司组织的全健排舞大赛，荣获桂冠。

(许姗姗)

# 城市管理

## 市　政　管　理

【概况】 朝阳区市政市容管理委员会是负责本区城乡环境建设统筹协调、城市综合管理协调，交通基础设施、环卫基础设施、公用事业、市容环境卫生监督管理和交通秩序统筹协调的区政府工作部门。内设机构12个，行政编制65名。业务受市市政市容管理委员会、首都城市环境建设办、市交通委、市爱卫会监督和指导。挂朝阳区城乡环境建设委员会办公室、朝阳区交通委、朝阳区爱国卫生运动委员会办公室、朝阳区人民政府供暖办公室和朝阳区国防动员委员会交通战备办公室牌子。年内，完成全区创建全国文明城区市政基础设施及环境保障工作。创建环境优美大街54条。完成温榆河大道环境整治，新建绿化面积约35万平方米，带状公园30米扩拆完成绿化81.5万平方米，占总工程的80%。全年改造老旧小区37个，完成绿化补建11.9万平方米，修复甬路18.3万平方米，粉刷楼体12.4万平方米，安装公共照明117套，新增停车位900余个。建立朝阳区拆除违法建设联席会，排查存在安全隐患的违法建设1769处，拆除1551处。集中整治提升51条重点大街户外广告、牌匾标志。积极推进43条道路架空线入地工程，清除废旧无主线缆杆141根。统一规范各类架空线涉及道路82.4公里。完成地铁15号线综合整治，清理建筑垃圾15万立方米，拆除违建450平方米，新建绿化总面积约35万平方米。以创建绿色工地为抓手，以信息化手段为支撑，建立朝阳区施工工地环境及渣土管理联动机制，对全区95个施工工地、5个渣土消纳场所进行联合检查，整治规范施工工地27个。新建、改造10座垃圾楼和20座公厕。完成高安屯餐厨垃圾处理厂二期工程建设，餐厨垃圾处理能力达到400吨/日。完成首批环卫电动车示范应用试点工作，建成呼家楼桥、北苑场站2处充电站。制定《朝阳区生活垃圾分类日常运行管理检查考评办法》，对各街道垃圾分类工作进行量化考核。在137个社区、800个小区开展垃圾分类工作，完成330个居住小区垃圾分类达标任务，总结推广呼北社区垃圾分类自治模式经验。街道系统居住区垃圾分类覆盖率大于55%。成立朝阳区交通工作领导小组和8个专项工作组，明确43个街乡城市交通运行和属地管理责任，形成“1+8+43”的组织领导体系。完成广渠路二期区属企业拆迁24万平方米，完成百子湾南路、九龙花园路等11处断堵头路改造工程。完成东坝大街等12条主次干路建设。完成光华路西口等16处路口渠化改造工程。在全区范围内开展“路平工程”百日行动，修补改造长期历史遗留、多产权无人管理的坑洼道路48.6万平方米，完成50条道路大中修任务。为31个街道、地区办事处增配交通协管员206名，清除违法停车场96个。24个街道(地区)办事处全部实行路侧占道规范化管理，指导各案路侧占道停车场180个，新增车位1.8万个。建成CBD停车秩序整治示范区，完成80条停车秩序示范街创建工作。推进停车电子收费试点，完成6000个车位地感线圈埋设工作，为2012年全区实现停车电子收费系统创造条件。启动区域公共自行车服务系统建设，协调开通校车90辆，开通5条袖珍公交线路，在双井、麦子店、大屯、三间房4个街乡开通5条社区摆渡车线路。完成道路信息管理系统建设。完成惠新东街、惠新西街等7条道路156盏路灯安装工作。整体规划光华路、金桐东路等10条重点道路公共服务设施设置，规范115条主要道路12类公共服务设施，组织拆除已损坏电话亭、信息亭等公共设施130处，整治完善1522处；拆除破损指路牌15处，维修指路牌65处。拆除违规设置的导向标牌40块,修复公交站牌45块、破损电表箱72个。组织实施64个老旧小区管网改造工程。协调解决观湖国际小区等20多个供暖物业纠纷问题,确保11月15日全区锅炉房按时点火,居民温暖过冬。加大重点公共场所禁烟工作监督、检查和整改力度,制作禁烟标志11.6万块,宣传海报和宣传折页6.6万余份。全年受理各类许可、备案审核申请2294件,予以许可1933件。

地址:松榆东里甲38号楼。
电话:67325578
邮编:100021

(于　洋)

【安全生产联合大检查】 1月26日,组织安监、消防、质监、工商、城管等部门,检查部分燃气、供暖企业烟花爆竹安全管理情况,安全管理制度、巡检制度、运行记录、供应保障、领导带班制度和应急值守、安全教育培训记录等情况。对发现问题的部分单位采取约见法人代表、下达限改通知等方式督促整改。

(于　洋)

【交通工作大会召开】 1月26日,召开区交通工作大会,区四套班子领导、二级班子主要领导、各街乡主管领导及责任科室,全区社区、行政村代表,CBD、电子城企业代表,驻区中央机关、武警部队及社会单位代表共1500余人参加。会议由区长程连元主持。副区长赵全保作朝阳区缓解交通拥堵工作报告,对本区交通工作进行部署。区委副书记宋连娣宣读区编委会关于成立朝阳区交通委员会的通知,市交通委主任刘小明向区交通委授牌,区市政市容委主任尹秀峰、书记梅诗曙共同接牌。区委书记陈刚就本区交通疏堵工作提出要求。

(于　洋)

【暴露垃圾和白色污染整治】 3月,组织专业作业部门及43个街道、地区办事处集中开展清理暴露垃圾、白色污染专项环境整治活动。要求各单位建立稳定的保洁队伍。以辖区总面积为基数,按每平方公里至少配备两名保洁员的标准配齐力量,建立消除白色污染的快速反应机制。

(于　洋)

【推进国贸地区疏堵工作】 3月21日,在全市率先启动CBD停车秩序示范区。实施道路改造工程,缩小道路交叉口范围,减少交通流通过路口的时间。国贸桥下东进口,掉头车道调整至其西侧24米处;北进口掉头车道调整至其北侧17米、210米处;西进口公交专用掉头通道调整为大型车专用,西侧掉头通道调整为小型车专用,调直出口线型,取消现况路口内社会车辆掉头通道。加快路口渠化工作,合理调整进口宽度,共增加机动车道6条,非机动车道3条,部分人行步道及非机动车道平移。优化公交港湾,将东三环西辅路大北窑南站公交站优化设置为港湾式停靠站,将现况变电站适当挪移。调整路口交通优化组织方式及整体信号系统配时等。

(于　洋)

【制定工作标准】 4月11日,向各街乡、作业部门下发《朝阳区环境建设与城市管理工作标准》。共19部分237条,涵盖市容市貌、公厕管理、责任区保洁等内容。全面清理消除环境卫生死角,建立常态管理机制。

(于　洋)

【安全生产大检查】 4月13日,开展为期一个月的城市公共安全生产大检查。检查燃气、热力、环卫、户外广告、城市照明等行业所属的生产设备设施和城市地下管线及附属设施等。检查内容为规章制度和安全责任是否到位,设备设施是否合格,在施工程项目是否规范,应急预案是否完善等。重点检查燃气安全,排查整改辖区14家储气(换气)企业、工地、餐馆和单位的燃气安全隐患。

(于　洋)

【疏堵道路交通】 4月15日,区交通委启动国贸桥下疏堵改造等11处本年计划改造的点位。落实市政府《关于进一步推进首都交通科学发展加大力度缓解交通拥堵工作的意见》精神,剩余安慧桥东站公交港湾(西向东)、惠新东桥站公交港湾(东向西)、太阳宫路与四环路交叉口渠化等13处由市交通委路政局项目中心启动实施,对国贸桥地区、东北四环周边、酒仙桥地区部分路口进行渠化改造,增加路口通行能力,合理布置公交港湾,缓解公交进出站与社会车辆交织情况,对缓解区域交通拥堵起到积极作用。

(于　洋)

【创建环境优美大街】 4月至8月,推出50条环境优美大街,总长度约70公里。采取项目运作方式,动员社会监督,引导街道将工作重点由环境建设转向环境长效管理。

(于　洋)

【供暖管理工作大会召开】 5月10日至11日,召开2010－2011年度朝阳区供暖管理工作大会。市市政市容委委员李楠、区长助理杨中元等出席,区相关部门、各街乡及部分供暖单位领导参加会议。区市政市容委主任尹秀峰做朝阳区2010－2011年度供暖管理工作报告,对供暖工作进行回顾,并对本年供暖季准备工作进行部署。

(于　洋)

【劳模文明引领行动】 5月26日,与区总工会、区文明办在奥林匹克森林公园举办"劳模文明引领行动"启动仪式。各基层工会主席、工会干部、劳动模范及职工代表450余人参加活动。全国劳模、全国青联常委李高峰代表全区劳动模范宣读倡议书。区委副巡视员刘英男、区总工会主席尹秀峰及林匹克森林公园领导为"劳模文明引领岗"颁发站牌、绶带及宣传品。向参加活动人员发放《生活垃圾分类指导手册》500本、《绿娃在行动》指导垃圾分类小册子300本、环保可降解分类垃圾袋4万个。

（于 洋）

**【无烟日宣传活动】** 5月31日，区爱卫会开展以"拒绝吸烟，你我共行"为主题的群众性禁烟宣传及科普教育活动。制作下发禁烟标志11.6万块，设立主宣传站43个，宣传点325个，参加宣传活动人员2300余人，悬挂条幅215条，发放宣传材料40000余份，受教育人数约45000余人。

（于 洋）

**【领导调研】** 6月2日，全国政协提案委员会副主任、中共中央办公厅原副主任毛林坤带领全国政协20人，视察调研本区垃圾分类工作。市市政市容委副主任陈玲、副区长赵全保及市政府办公厅、朝阳循环经济产业园、麦子店街道等单位领导陪同调研。

（于 洋）

**【燃气、供热行业应急演练】** 6月17日，组织综合性应急演练，重点考察应急抢修队伍应对自然灾害、突发事故的应急处置能力，职工自我保护意识及应急抢修器材、车辆、设备、人员准备情况。组织4支应急抢修队伍，出动指挥车、工程抢修车9辆，应急抢修人员35人。市热力集团、市燃气集团、区供暖中心、区应急办、区安全监督局、潘家园街道办事处、区道路养护中心等部门参与演练。

（于 洋）

**【餐厨废弃物】** 7月30日，国家发展改革委、财政部、住房城乡建设部联合发文确定本区正式列入全国首批餐厨废弃物资源化利用和无害化处理试点城区。本区实施方案中，新增200吨/天集中处理设施和4个20—50吨相对集中处理设施，50个200—300公斤分散处理点，工程总投资43240.86万元。

（于 洋）

**【区联席会议办公室成立】** 年内，禁止和查处违法建设联席会议办公室成立，设在区市政市容委，专职负责违法建设查处和拆除工作。建立拆除违法建设工作台账，加强督办占用农田、绿地、侵街占道、出租大院及宅基地加盖二层以上等4类重点违法建设。按时限要求组织拆除上账的286处重点违法建设，截至年底，已拆除17处。

（于 洋）

**【燃气隐患排查百日行动】** 年内，完成全区老旧小区（1990年以前通气）约22.3万户居民的燃气隐患入户巡检更换工作，更换率达到100%。

（于 洋）

**【整治架空线】** 年内，与联通、电信、歌华等线缆产权单位协调，按照产权单位认线、组织专业队伍清线（杆）的原则，完成安立路、针织路等9条重点道路架空线整治工作，清除通信缆线211根，线缆全长约200公里，清除线杆40余根。

（于 洋）

**【供暖锅炉房物联网远程监测】** 年内，应用互联网技术建设锅炉房远程监测系统，在560座居民燃气供暖锅炉房安装仪表，实现数据实时采集与传输。便于及时有效地远程掌握主要锅炉房运行状况，了解锅炉房能耗情况，重点管理燃气使用超标企业，为政府部门发放燃气节能奖金提供数据支撑。

（于 洋）

**【道路信息管理系统建设】** 年内，开发建设道路信息管理系统，利用GIS、影像图等手段，展示除封闭小区、村庄路以外的全区2900余条现状道路、1300余条规划道路及道路周边15000个地块的属性信息，为提升道路建设养护管理水平打下基础。

（于 洋）

**【推进公共交通工作】** 年内，区交通委在市公交集团、望京和东湖街道、望京网大力支持下，开通望京和来广营区域内4条袖珍公交线路。分别为：三间房乡乡政府东路至西柳巷线路、高碑店乡大黄庄桥至四惠线路、小庄至苹果社区线路、顾家庄桥北至北苑城铁站线路。

（于 洋）

**【规范渣土运输】** 年内，区渣土管理联动机制领导小组拉网式检查施工工地、拆除现场、市政工地，从源头综合把控。监督各施工单位优先选用建筑垃圾、渣土运输绿色车队，规范建筑垃圾、渣土清运作业行为。对存在违法违规行为的施工单位，责令限期或停工整改，并处罚相关单位及责任人。

（于 洋）

**【建党90周年环境布置】** 年内，将庆祝建党90周年环境布置分为市级重点地区和区级重点地区。全力配合市级重点地区环境景观布置工作。对于区级重点地区环境景观布置，提前部署绿化、景观照明等，投入环境建设资金约5000万元，征用大型户外广告设施10处，各街乡征集施工围挡，协调沿街各单位升挂国旗，高大建筑插挂彩旗，区属主要道路、交通路口、重要节点、小区街巷等悬挂灯笼、布置小型花坛等。

（于 洋）

**【推进公共自行车项目】** 年内，区交通委推进公共自行车项目规划工作。规划原则以地铁10号线各站点为中心，向周边辐射3公里，覆盖长安街以北、四环路以内区域，连接社区、高校、商场、超市、写字楼、公园等部位。已勘查点位179个，预计投入自行车6051辆，服务周边群众10万余人，提供就业岗位300余个。

（于 洋）

**【停车秩序整顿】** 年内，区交通委推进停车秩序整顿工作，明确停车秩序属地管理职责，规范交通协管员工作流程和管理要求，组织培训全区300余名交通协管员，编写并下发停车秩序整顿工作指导手册和工作联系表。

(于　洋)

**【道口拓宽工程】** 年内,经多次现场勘察,反复研究设计,提出将原本区来广营北路8.8米铁路平交道口拓宽到与道路一致的20米,在道口两侧设置相应交通诱导标志。拓宽申请取得北京铁路安全监督管理部门同意,委托宝嘉恒基础设施投资公司启动施工。

(于　洋)

**【城中村整治】** 年内,完成朝阳路南侧平房区、驼房营城中村(三角地)2个项目拆迁工作。推进12个续建在施项目,其中11个拆迁比例超过70%,磨房南里等4个项目进入司法程序,潘家园东里劲松三小、大黄庄前街等6个项目进入行政裁决程序。

(于　洋)

**【环境秩序百日整治】** 年内,排查环境秩序乱点,重点整治小广告、非法游商、门前"三包"等。通过"春风行动"、"夏季攻势,"秋风行动"3个百日整治集中行动,街面环境秩序明显改善。

(于　洋)

# 节　　水

**【概况】** 朝阳区节约用水办公室负责全区节约用水工作。另设朝阳区节约用水管理中心,为区水务局局属全民所有制事业单位。

地址:团结湖北路1号

电话:85978122

邮编:100026

(刘　洋)

**【"节水宣传大讲堂"活动】** 5月,与双井、建外、劲松街道办事处联合举办"节水宣传大讲堂"活动,街道节水员、地区社会单位节水工作主管领导、节水工作负责人及区节水管理中心相关人员等150余人参加。主讲人讲解当前全国、全市及全区面临的严峻水形势、市区各级政府在节水管理及用水安全方面的管理力度及举措等,详细指导社会用水单位如何做好节水基础工作。发放《企业(单位)节水工作指南》、《企业节水手册》等宣传资料及"节水知识问卷"。

(刘　洋)

**【居民参观节水展馆】** 6月,组织双井、建外等6个街道近300名社区干部和居民参观市节水展馆,学习节水创建经验。

(刘　洋)

**【领导检查节水目标工作】** 8月31日,市水务局节水办领导等7人到本区检查节水目标工作完成情况,区水务局及节水部门相关领导陪同。

(刘　洋)

**【节约用水工作大会召开】** 12月27日,召开节约用水工作大会暨2011年度节水先进表彰会,市节水办领导、区水务局领导班子出席,各街乡主管领导和全区节水工作者及节水先进代表共计150余人参加会议。区水务局作题为《抓住机遇,勇于创新,更高标准开展朝阳区节水工作》报告,总结在用水总量控制和提高水资源利用效率、节水工程和技改、节水创建和节水宣传等方面取得的成绩和经验;分析节水工作面临的形势和问题;提出节水工作发展思路和工作计划。评选节水先进单位10个、节水先进家庭50个、节水先进个人50名以及节水型居民小区(村)20个。

(刘　洋)

**【节水示范建设】** 年内,完善团结湖水碓子小区、堡头西里小区、崔各庄乡马泉营村和黑庄户乡苏坟村4个节水示范区建设和137个节水型机关创建。示范区建设内容是节水器具改造、计量水表安装、节水创建等;节水型机关创建工作内容是在全区约137个机关事业单位安装节水喷头,开展必要的节水宣传工作。

(刘　洋)

**【居民节水器具换装】** 年内,为9005户老旧小区居民免费改造便器水箱。以一档六升3口之家平均每天如厕十次为例计算,改造后每户每年可节水21.9吨,按本年水价每吨4.0元计算,每年户均节约资金87.6元。

(刘　洋)

**【节水宣传活动】** 年内,在双井、劲松、建外、三里屯、麦子店、酒仙桥、六里屯等7个街道开展节水知识问答,300余个社会单位参加活动,其中双井、建外、三里屯、六里屯、酒仙桥5个街道收回答卷4500余份。呼家楼街道开展10个社区板报评比、节水征文评选、节水型家庭评选等系列活动,组织社区居民收看节水录像片;高碑店地区在主干道开展以"争创文明城区,建设节水家园"为主题的节水宣传活动,组织社区老年街舞队参与宣传;南磨房地区欢乐谷社区召开"建设节水型城市改善城市水生态"主题动员会,向居民讲解节水小常识,播放节水宣传片;双井街道幼儿园孩子们以节水宣传为主题现场作画;太阳宫地区开展节水进工地、进社区活动,工地负责人对务工人员开展"节水讲座"和"节水知识竞赛",合理使用施工降水,避免水资源过度浪费;团结湖街道举行节水诗歌大赛,收到诗歌作品48件。

(刘　洋)

**【开展水平衡测试】** 年内,为80家用水单位开展水平衡测试。

（刘 洋）

【节水喷头安装】 年内，在4个节水示范点和137个党政机关单位安装节水喷头19720个。

（刘 洋）

【节水示范社区（村）创建】 年内，创建节水示范社区（村）20个。

（刘 洋）

# 防 汛

【概况】 朝阳区人民政府防汛抗旱指挥部办公室负责制定全区防汛抗旱规划、年度工作计划、责任制和防汛抢险预案，督促检查落实情况；负责协调解决排水矛盾；负责雨洪利用技术研究、应用和推广工作；负责防汛工程和雨洪利用工程实施工作。年内，修订完善《朝阳区防汛应急预案》，编制完成坝河、通惠河、萧太后河、清河、温榆河防汛抢险等专项应急方案，建立防汛应急抢险联动机制。落实500名驻区解放军、1800名武警官兵和5200名民兵组成的防汛抢险队伍。成立区市政市容委、教委、房管局、民防局、园林绿化局和水务局等6支专业应急抢险队伍。与市排水集团、公联公司、首发公司等单位实现对接和信息共享。储备编织袋50万条、膨胀阻水袋5万条、草袋2万条，直接掌握运输车9辆，铲车1辆，吊车1辆，发电车2辆，10吋泵2台，8吋泵2台，拖车污水泵7台，4吋、3吋泵共30台，大型作业灯3个。汛期全区动用抢险队伍69支，2万余人次备勤、抢险，车辆、水泵等设备3000余台次备勤、抢险。

地址：团结湖北路1号

电话：85975066

邮编：100026

（刘 洋）

【雨情】 年内，区累计平均降水量662毫米，汛期（6月1日至9月15日）降雨量为1999年以来最多，累计平均降雨量584.1毫米，比上年增长130%。在24个降雨日中，中雨强度以上13次，大到暴雨8次，其中全区平均超过40毫米降雨5次，8月14日日均降雨量达到95.6毫米。全区有9个雨量站汛期降雨超过600毫米，气象局站最大为672.5毫米。6月23日16点30分，自西北向东南普降暴雨，截至24日8点，平均降雨量41毫米，最大降雨量在小红门81.5毫米，最小降雨量在常营22毫米。本次降雨分布不均，其中西南部较大。小红门地区因雨较大，部分村落积水严重，全乡倒树43棵，60余间房屋受损，多处供电线路被折断树木砸断，一台变压器起火，多辆汽车被砸、被淹，最大积水深度近1米。经防汛分指挥部积极抢险，积水于23点基本排除。博大路断电于22点左右恢复。此次降雨，全区出动抢险队伍50支，共计800人，车辆160辆，水泵110台。7月24日17点至24点，出现强降雨，降雨强度达到暴雨级别。黑庄户最大达92.5毫米，全区平均降雨57.4毫米。坝河全线和清洋河仰山闸按调度预案提闸泄洪，确保河道行洪安全。本次降雨造成双桥路、青年路平房段、朝阳北路农民日报社门前，三环路双井桥、十里河桥，肖村桥下等路段出现积水，部分地区出现交通阻塞。由于雨强较大，豆各庄于家围、潘家园松榆里、皮村空军后勤部大院、十八里店周庄新村、热电厂宿舍、甜水园七条、红庙北里社区、垡头东里南院、水南庄铁路宿舍、甘露园二区、大郊亭社区、双井北区、劲松南路小区、小红门牌坊村、三间房双柳巷等小区出现积水或居民家进水。此次降雨，全区各街乡、市政、水务等单位先后出动35支抢险队伍540余人次进行抢险，69支抢险队伍1500余人备勤。

（刘 洋）

【汛前检查】 4月，开展防汛检查，主要针对各街乡组织机构建设、物资准备、抢险队伍建设、应急抢险、避险措施等方面防汛准备工作落实情况，逐一到各重点部位现场勘查。通过检查，对道路积水问题建立台账，及时与产权管理单位联系解决，对检查出的问题逐一落实解决措施。

（刘 洋）

【安全迎汛工作总结表彰会召开】 11月25日，召开全区安全迎汛工作总结表彰会。各街道、地区办事处主管防汛工作领导，区防汛抗旱指挥部成员单位领导，区水务局机关、基层单位领导100余人参加会议。市防汛办领导应邀参会并讲话。会议总结区迎汛安全保障工作，表彰迎汛抗旱先进集体、先进个人，并部署迎汛工作。授予区武装部、气象局、市政排水所等17个先进集体“2011年度朝阳区安全迎汛先进单位”称号，授予胡永庆、逄红宇、赵立国、徐宏亮等58名同志“2011年度朝阳区安全迎汛先进个人”称号。

（刘 洋）

【安全迎汛工程】 年内，实施区安全迎汛工程，该工程是区政府为民办实事工程，主要内容是治理城市积水区、主干道路及重点部位防汛隐患，提高区域防汛水平，解决民生问题。工程包括大屯地区武警家属东院排水沟改造工程、潘家园地区松榆里小区雨水管线改造工程、劲松地区虎城中学道路改造工程、十八里店乡十八里店草家坟泵站工程、崔各庄乡马连地南排水沟治理工程、金盏乡雷窑排水沟治理工程、沙窝北路西侧排水沟、黑庄户乡黑庄户村至萧太后河排水沟治理工程、豆各庄乡南何家村边界排水沟治理工程、来广营乡青年城排水沟治理工程、亚辰伟业排水沟治理工程、管庄乡小寺村东排水沟治理工程、孙河乡康营回迁小区北排水沟治理工程、顺白路南侧(乡政府西侧段)排水沟治理工程、东坝乡东坝西北门雨水管道工程、朝阳干渠(五环路外——机场二通道)治理工程、东南郊干渠化工路暗涵清淤工程、西干沟出口治理工程、沙总排出口治理工程、坝河上游清淤工程、北小河(关庄闸上下游段)清淤工程、青年路物资储备库暗涵清淤及道路改造工程。涉及14个街道、地区办事处积水道路、雨水管线、排水沟22处,新建、改建雨水管线1908米,新修和修复道路6474.92平方米,暗涵清淤1281米,明沟清淤、护砌11230米,雨水提升泵站1座。

(刘　洋)

# 防　　火

**【概况】** 朝阳区公安消防支队隶属于北京市公安消防总队,为现役部队副师职编制。支队机关设司令部、政治处、后勤处和防火监督处。下辖红庙、酒仙桥、垡头、亚运村、百子湾、楼梓庄、建国门、四惠、华威、奥运村、奥林匹克公园、望京、左家庄、搜救犬、朝阳门15个消防中队,有水罐车、举高车、摩托车、救助车、照明车、高喷车、破拆车、排烟车、防化洗消车等各类执勤备防消防车辆100辆。

地址:北豆各庄甲1号

电话:85851300

邮编:100025

(苏　奔)

**【扑救火灾】** 3月24日16时54分左右,位于呼家楼中心小学建筑工地工人宿舍发生火灾。市119指挥中心接到报警后迅速调动市消防总队和支队两级全勤指挥部,5个消防中队共计27部消防车,170余名消防官兵到场实施扑救。21时54分火灾全部扑灭。5月4日2时30分左右,日坛上街39号院1栋发生火灾。市119指挥中心接到报警后调动市消防总队和支队全勤指挥部,调集朝阳门、建国门、红庙、左家庄4个中队,22辆消防车,145名官兵到场扑救。4时03分火灾全部扑灭。此次火灾过火面积500平方米,无人员伤亡。疏散群众50余人,保护毗邻单位面积千余平方米。

(苏　奔)

**【处置居民楼燃气泄漏爆炸事故】** 4月11日上午8时27分,和平街12区3号楼发生燃气泄漏爆炸灾害事故,市119指挥中心接到报警后,调集市消防总队和消防支队全勤指挥部,支队亚运村、左家庄、奥林匹克公园、搜救犬、望京中队,东城一支队地坛、北新桥中队,西城一支队什刹海中队等8个消防中队,35部消防车,200余名消防官兵赶赴现场进行处置,经过17个小时连续奋战,12日凌晨1时,搜救工作结束。

(苏　奔)

**【防火部署会议召开】** 4月28日下午,在区政府10层电视电话会议室召开由区政府主办的"坚决拆除违法建设、防止重特大火灾事故"部署会议。会议通报大兴区"4.25"火灾事故及本区火灾形势,下发《关于严厉打击非法违法生产经营建设行为专项行动的通知》,决定自4月26日起至6月底,在全区范围内开展为期2个月的严厉打击非法违法生产经营建设行为专项行动。

(张德刚)

**【专项整治行动】** 5月1日至10月31日,联合区质监、工商等部门开展大规模联合检查26次,检查单位102家,出动300余人次,查获非法生产、销售、使用不合格消防产品单位132家,处罚款约30余万元,没收不合格消防产品5类341件。10月28日至12月31日,开展为期两个月的建筑外墙保温材料消防安全专项整治工作。向辖区重点单位发放《消防安全重点单位建筑外墙保温材料消防安全责任告知书》3000余份,指导派出所民警发放5600余份,街乡发放一般单位告知书4100余份。排查辖区单位建筑3000余栋,检查发现问题127处,现场督促整改59处,下发责令改正通知书23份、限期改正通知书15份。年内,开展消防产品、医疗机构、商市场、建筑工地设施、校车消防安全等专项整治行动26次,召开会议295次,领导带队检查362次,出动警力69003人次,检查单位33756家次,消除各类消防安全隐患8277处,处罚1688起,罚款金额1900.095万元,责令三停816起,发放责令改正通知书7172份。

(辛劭波)

**【区公共安全馆开馆】** 6月29日上午,区公共安全馆正式开馆。该馆位于北京元大都城垣遗址公园5号景区,总建筑面积2400平方米,分为地上地下两层:地上600平方米,由服务台、大型多媒体互动沙盘组成;地下1800平方米,由消防、卫生、生产安全、交通、民防、治安、自然灾害7个主题展区组成。该馆着重突出综合性、互动性和趣味性相结合的特点，采取场景模拟、互动体验、知识问答、实际操作、4D影院等形式，方便群众了解和掌握公共安全各方面知识。

（张德刚）

**【消防宣传周活动启动仪式】** 11月3日，在元大都城垣遗址公园举行区第21届119消防宣传周活动启动仪式，副区长王春出席。活动中，宣读活动方案，部署119消防宣传周活动，向社区居民、社会单位发放各种消防宣传材料。

（张德刚）

**【消防宣传】** 年内，组织社会单位开展消防演习900余次，开展消防培训1050余次，发放消防宣传材料160余万份。

（许志乾）

**【廉政教育】** 年内，加强党纪、政纪教育和廉政、勤政教育。组织党员干部特别是党员领导干部认真学习《中国共产党党员领导干部廉洁从政若干准则》和《军队党员领导干部廉洁从政若干规定》等内容，开展3次纪律作风教育整顿以及1次遵纪守法专项教育整顿。

（杨　涛）

**【立功受奖】** 年内，消防支队1名同志荣立个人二等功，43名同志荣立个人三等功，307名同志获得市消防总队、支队嘉奖，11名同志被总队评为优秀共产党员，2名同志被总队评为优秀党务工作者，8名同志被评为优秀团干部，27名同志被评为优秀团员。2名同志被评为总队爱民模范先进个人，12名同志被评为“两节两会”消防保卫先进个人。1名同志被评为公安部消防局优秀党务工作者。1名同志被评为全国消防宣传先进工作者。

（黄　鹏）

**【爱警工作】** 年内，筹措专款为每位官兵发放节日慰问物资，落实官兵健康普查。为基层中队新增健身器材、书籍、娱乐器材等一系列警营文化器材，共投资近70万元。

（王　攀）

**【创新工作】** 年内，接收创新立项8项，分别为司令部和望京消防中队战训改革创新、红庙消防中队带压水带更换夹、搜救犬消防中队地震坍塌搜救操法、奥林匹克公园消防中队消防员体能训练准备活动操、楼梓庄消防中队百米梯次水驱动排烟进攻操、垡头消防中队车辆事故抢险救援操、奥运村消防中队空气呼吸器灯光报警器、四惠消防中队音频多功能消防头盔。其中，司令部和望京消防中队的战训改革创新、奥林匹克公园消防中队消防员体能训练准备活动操两项创新立项上报市消防总队政治部。

（王　凯）

**【完成各类重大消防保卫任务】** 年内，加大活动场所和周边地区消防监督检查力度，对各中队灭火救援力量进行合理调配。组织各中队对所属车辆、器材装备进行经常性检查保养，更新消防应急预案，对相关重点单位进行实战演练，加强执勤备战工作力度。执行勤务214队次、出动224车次、1737人次。完成首届北京国际啤酒节等赛事、会议场所以及各种节日、大型活动场所的消防安全保卫任务。

（高　博）

**【完成各项灭火救援行动】** 年内，接警出动6639队次，其中火警4294队次，出动消防车11197车次，出动78379人次；抢险2345次，出动消防车2805次，出动19635人次。

（高　博）

**【创新“六项结合”演练方式】** 年内，研究创新演练方法，做到“六项结合”：演练与“六熟悉”相结合、演练与制定完善灭火救援作战方案相结合、演练与消防宣传培训相结合、演练与消防车辆装备测试相结合、演练与消防隐患排查治理相结合、演练与社会单位应急联动机制运行相结合。

（苏　奔）

**【建立联动机制】** 年内，与交通支队协调沟通，交流和探讨如何健全灭火救援应急联动机制。双方建立对方的通信网络，设置固定电台，配备相应通信设备，实现信息资源共享。保障开辟绿色通道、维护灭火救援事故现场秩序和做好灭火救援工作。

（苏　奔）

**【创建地震救援队伍】** 年内，组建一支45人重型搜救队和一支30人轻型搜救队，队员是从15个基层消防中队抽调的精兵强将，集结地分别设在望京消防中队和红庙消防中队。组建一支108名特勤队员组成的应急机动队，配备地震应急救援装备器材。

（苏　奔）

**【消防行政审批】** 年内，受理消防行政许可项目10092项，其中建设工程消防设计审核3317项，建设工程消防验收3074项，公众聚集场所投入使用、营业前消防安全检查656项，施工现场许可3045项。审批结案项目9609项，其中建设工程消防设计审核3128项，建设工程消防验收2800项，公众聚集场所投入使用、营业前消防安全检查636项，施工现场许可3045项。网上备案3733项，其中消防设计备案抽查2219项，竣工验收备案抽查1514项，备案抽中1058项，抽中并送抽查材料355项。

（苏　奔）

# 防　震

【概况】 朝阳区地震局是本区防震减灾工作职能部门。年内,贯彻《中华人民共和国防震减灾法》,落实全市防震减灾工作会议精神,全面开展防震减灾各项工作。

地址:亮马桥路34号

电话:64617795

邮编:100125

(王　森)

【建设地震安全示范社区】 年初,在小关街道惠新北里社区建设地震安全示范社区,此项工作被区政府列为2011年为民办实事工程。5月3日,在小关街道召开惠新北里防震减灾示范社区建设协调会,对建设工作进行部署,社区成立由主要领导参加的防灾组织机构和工作机制。设置15块应急疏散指示牌,应急疏散图使用太阳能供电装置为疏散图供电,保证疏散图夜间发光为居民指明逃生路线;安装86块地震应急知识宣传板;为全社区5000个家庭发放家庭地震应急准备及避险方法卡片;在小区设置宣传橱窗50块,放置移动宣传板30块;在小区疏散道路、中心花园、元大都应急避难场所设置应急疏散场所指示牌37块,使社区疏散指示清晰,群众熟悉;建立30人的应急志愿者队伍,成为社区应急救援力量;在宣教中心设置应急物资展示区;在图书室增加600余册地震知识书籍;在物资库增添1200多件应急物资和装备,并为部分群众配备了家庭应急包。10月,该项目通过了市地震局和区政府的联合验收。11月2日,北京日报对小关街道惠新北里社区地震安全示范社区建设情况和地震应急宣传教育的主要做法进行了报道。

(王　森)

【震情会商及跟踪】 1月,制定年度震情跟踪措施和方案,严格执行加密和紧急会商制度。每日收集地震观测点数据,每周组织震情会商,及时上报震情会商意见。加强观测数据异常落实与跟踪,及时排查情况,确保观测资料的连续、准确、可靠。认真做好日本地震应急处置工作,及时了解最新震情形势,特殊时段严格落实每日零报告制度,加强舆情跟踪和研判。完成2011年度北京地区、首都圈地区地震趋势会商报告。

(王　森)

【地震观测台点建设管理】 1月18日,组织召开压磁地应力地震观测人员业务培训,并与各观测员签订责任书。要求观测人员严格记录观测数据,及时上报落实观测仪器设备的日常维护保养,确保观测数据连续、准确,为地震震情会商提供有力的依据。9月27日,召开地震台站观测员会议,部署国庆及十七大六中全会地震监测工作。年内,做好本区34处地震强震动观测台的维护管理。在现有宏观观测网点的基础上,经实地考察并选址,分别在高碑店、平房、太阳宫、东坝、十八里店、黑庄户办事处共建设8处宏观观测点,调整充实观测人员16名,举办2次宏观观测培训班,邀请专家讲课,做好地震宏观观测工作。

(王　森)

【领导检查】 1月20日,市地震局副局长陶裕录带领机关干部到本局检查防震减灾工作。12月1日,市地震局局长吴卫民到本区小关街道惠新北里社区考察调研地震安全示范社区建设工作。

(王　森)

【修订地震应急预案】 1月至4月,依据《中华人民共和国突发事件应对法》、《中华人民共和国防震减灾法》、《破坏性地震应急条例》等相关法律、法规和规定,按照北京市地震局下发的《北京市地震应急预案》修订稿,对《朝阳区地震应急预案》进行了修订,修订过程中征求了区发展改革委、区法制办、区住房城乡建设委、公安朝阳分局、国土朝阳分局等35个部门意见,与各有关单位在地震应急工作中承担的任务进行了广泛讨论,取得了一致意见,并于4月2日召开评审会,通过了由市地震局、区法制办、区应急办等单位7名专家组成的评审组的评审。同时,根据市地震应急避难场所疏散安置预案编制指南的要求,指导有关单位完善了街道和社区地震应急预案及应急避难场所应急疏散预案,并对街道、社区干部和相关志愿者进行了培训。明确了各级、各单位的责任,确保一旦出现地震应急情况后,地震应急工作能够迅速反应、密切协同、高效有序运行,最大限度地减少人员伤亡、经济损失和社会影响。

(王　森)

【配合公共安全馆建设】 1月至6月,参与区公共安全馆建设,配合设计地震知识板块的相关内容选定,提供文字及图片资料。

(王　森)

【日本地震震情应急】 3月11日,日本发生地震后,本局高度重视震情,及时了解群众反映,加强应急值守,加强本区震情监测跟踪工作。耐心向来电群众做好解释辟谣工作,确保广大市民不信谣和不传谣。

(王　森)

【防震减灾宣传】 3月,编写《地震宏观观测手册》,共9万余字,发给街乡和相关人员,宣传地震知识。4月14日,在元大都城垣遗址公园海棠花节开幕活动中,开展防震减灾应急安全知识宣传,展出"防灾避险、社区安全”知识主题的宣传展板，设置咨询台，向居民解答地震相关知识，发放宣传资料2500余份，参加群众2000余人。5月，高碑店地区及将台地区分别在兴隆家园社区、芳园里社区开展了以“防灾减灾从我做起”为主题的宣传活动，共发放5000余份宣传材料，参加群众600余人。12月6日，在北京工业大学开展地震应急救援知识进校园宣传活动，活动聘请专业救援机构向大学生们现场讲解示范正压式呼吸器、汽油切割锯、生命探测仪等多种专业救援设备工作原理和使用方法，讲授常见伤害与应对、潜在的危险、创伤生命支持等专业知识。年内，为地震安全示范社区制作地震应急知识提示6000份，地震知识宣传折页1万份，宣传展板22块。

（王　森）

**【考察调研】** 4月15日，中国地震局应急避难场所调研组到本局调研应急避难场所规划建设工作。6月18日，由国际商务官员研修学院及民政部紧急救援促进中心联合主办的非洲法语国家公共突发事件应急管理研修班学员26人参观考察元大都城垣遗址公园应急避难场所。12月8日，新疆自治区和田市防灾考察团考察本区防震减灾工作。

（王　森）

**【朝阳报专版宣传地震知识】** 5月，在全国第三个防灾减灾日活动期间，为普及地震科普知识，提高公众的防震减灾意识和能力，5月11日，《朝阳报》设专版，以“关爱生命、防灾避险”为主题，宣传本区地震应急避难场所知识和介绍本区已建成的10个地震应急避难场所的情况。

（王　森）

**【地震应急演练】** 5月12日，与区应急办共同组织抗震救灾综合演练。演练模拟市6.5级地震发生后的实际场景，重点演练地震灾害后的抢险救援、医疗救治、灾民救助等工作环节，以加强各应急力量间的协同作战能力。这次演练有消防、民防、地震、卫生、红十字会、安监、民政等7支应急队伍，300多人参与，区应急委全体成员和各街乡主要领导观摩演习。6月，组织参加市、区红十字会开展的演练。9月，组织本局人员及部分地震应急救援志愿者参加由市地震局、市科委举办的紧急救援培训班。10月，结合“国际减灾日”活动，与双井街道九龙社区共同开展应急疏散演练。指导常营地区中德学校、劲松街道沙板庄小学、呼家楼中心小学开展防灾应急疏散演练。

（王　森）

**【唐山地震纪念活动】** 7月26日，组织本局干部、地震观测员、防震减灾助理员及地震安全示范社区建设人员赴唐山参观地震遗址公园。7月28日，在小关街道奥林匹克文化广场开展以“防灾减灾从我做起”为主题的宣传活动。活动现场向过往居民发放折页、环保袋、防灾知识扑克牌等宣传品，介绍地震、火灾、煤气等主要灾害事故的基本特征和避险知识。发放宣传材料及宣传品2500余份，有300余名群众参加活动。

（王　森）

**【应急志愿者队伍建设】** 9月，组织部分地震应急救援志愿者，参加由市地震局、市科委举办的CERT紧急救援培训。学习国际搜索与救援(USAR)的一些基本技术、方法和基本救援装备及技术装备的使用。9月21日，聘请北京紧急救援队的7名教官，培训小关街道惠新北里社区的30名防震减灾志愿者。演练医疗转运救助、顶撑技术、高空技术和破拆等应急救援科目。12月14日，组织召开志愿者培训研讨会。

（王　森）

**【应急避难场所维护管理】** 11月，制作10块应急避难场所疏散示意图，安放在元大都、北小河应急避难场所。年内，完善应急设施，维修更新损坏设施，更换标志牌，便于周边居民更好地了解应急避难场所的功能和应急设施的方位。

（王　森）

**【抗震设防工作】** 年内，登记备案区属建筑工程抗震设防管理及地震安全性评价情况。

（王　森）

**【应急物资库建设管理】** 年内，重点建设小关街道惠新北里社区应急物资储备库，并加强对已建应急物资库管理。

（王　森）

**【科普教育基地】** 年内，建设完成并投入使用宣传教育基地9处，其中4处被市地震局及市科委联合评审认定为防震减灾科普教育基地。11月，望京科普教育基地被评为“国家防震减灾科普教育基地”。

（王　森）

# 朝阳区城市管理监察大队

**【概况】** 朝阳区城市管理监察大队（简称区城管监察大队）是负责本区城市管理监察工作的区政府行政执法机构。下设47个城管分队，行政执法编制1192名。年内，实施ABC(A类为重点地区、主要道路，标准是严格禁止；B类为一般地区、次要道路，标准是严格控制；C类为其他地区、背街胡同，要求是适时巡察）三级分类科学管理机制，执行实名上岗制度,组织无照经营、店外经营、非法运营、非法小广告、非法停车场、非法洗车、门前三包、露天烧烤和大排档、渣土运输、施工工地、校园周边环境秩序等专项整治150次。组织"两节两会"、重大节日、重要赛事、重要会议、大型活动环境保障95次。组织"春风行动"、"夏季攻势"、"秋风行动"3个"百日街面环境秩序整治"行动。全年出动城管执法人员392246人次,出动执法车辆137026车次,取缔无照经营21733起、露天烧烤2833起,规范门前三包122582起、店外经营13388起、霓虹灯灯箱横幅4694起,查处园林绿化、违章占道、道路遗撒、违法洗车共计1715起,查处非法营运532起,暂扣蔬菜水果30878千克、非法书籍3335本、盗版光盘5456张。组织"三个崇尚"和"弘扬城管精神、争当四个模范"两个主题教育。被评为"北京市环境秩序整治先进单位"。

地址:西大望路36号(平乐园市场北侧)

电话:87718506-301

邮编:100022

(李晋豫)

【编辑实用手册】 年初,进一步修订、完善朝阳区城管大队《案卷评查扣分标准》、《现场执法语言行为规范》、《行政处罚案例》等规范性文件,总结城管成立13年的执法经验,编纂《朝阳区城市管理监察大队规范执法实用手册》,涵盖执法程序、执行程序、法律文书制作等方面内容,一线执法人员人手一册,方便学习和查询。

(王 莉)

【推进违法建设拆除】 3月,成立禁止和查处违法建设联动工作领导小组,依法控制和查处各类违法建设行为,制定查处违法建设三次督办工作程序。具体程序是:大队具有督办职责的部门(以下简称"督办部门")接报城管热线举报、来信来人信访、领导交办、市局转办的违法建设案件后,制发一次督办单,完成时限为5个工作日。分队接到第一次督办单后,立即核查是否属于城管职责,对不属于城管职责的案件,在2个工作日内将案件材料报至法制科,由法制科移送具有查处职责的部门处理;对属于城管职责的案件,分队依法按程序立案查处,按督办时限完成督办内容;督办部门根据第一次督办的工作进展,适时进行第二次督办,在5个工作日内完成违法建设认定、证据材料补充、停止在建违法建设、制发《限期拆除通知书》或《限期拆除决定书》等工作,无法确定违法建设单位或所有人、管理人的,经法制科审核批准后制发公告。各分队根据案件办理进展,责令停止建设或者发现已经建成的城镇违法建设,应当在20日内责令限期拆除;督办部门根据前两次督办工作进展,适时进行第三次督办,违建案件进入强制拆除程序,拟定强制执行预案,风险评估报告,经属地街道办事处、地区办事处(乡)主管领导审核同意后,执行预案、风险评估报告、强制拆除案件讨论意见表、审批表以及全部文书在限拆期届满5个工作日内报到大队法制科审核,同时将限期拆除决定及逾期未拆除情况报到大队联动办公室。年内,组织指导拆除违建13595平方米、大型户外广告4780平方米,其中帮拆、自拆占总数的77.3%。

(孙秀玲)

【三个百日整治】 4月至12月,开展"春风行动"、"夏季攻势"、"秋风行动"三个百日环境秩序整治行动,促进环境秩序总体提升,确保文明城区创建工作取得实效。建立"政府领导、部门牵头、街乡实施"的整体联动工作机制,"春风行动"重点整治无照经营行为、非法运营行为、非法散发张贴小广告、施工工地违法行为、新生违法建设等"五大突出问题"。"夏季攻势"中组织非法大排档和露天烧烤、燃气安全和新生违法建设、非法"一日游"、夜间施工扰民和道路遗撒、犬类管理、非法小广告、无照经营和非法运营等"七大专项整治",重点打击35个无照经营高发点位、60个非法大排档及露天烧烤高发点位、10个夜施扰民高发点位、42个散发张贴小广告高发点位。"秋风行动"重点管控政治敏感地区、人流密集重点地区、重点旅游景区景点、校园周边等地区,整治门前三包、无照经营、非法广告等违法行为,巩固13处城市秩序重要点位、20处环境秩序乱点的治理效果,加大对新生乱点的综合整治。坚持疏堵结合原则,打造精品大街和精品社区,完成20家便民网点建设和改造,双井、麦子店、三间房等地区试点便民摆渡车。没有出现群众反映强烈、媒体聚焦的负面事件;没有出现因环境秩序问题引发影响社会稳定的事件;没有出现因执法不当引发的集体访和群体性事件。群众对环境秩序类问题举报量同比下降53.7%,满意率上升近11%。

(张 宇)

【城管开放日】 4月22日,在双井分队组织以"便民摆渡车,社区春风行"为主题的"城管开放日"活动。参加人员在实地乘坐便民摆渡车后,建议扩大摆渡车规模,为百姓出行提供更多便利。6月21日,以"深化服务长效管理,'静心行动'展城管形象"为主题,在南磨房分队举办"城管开放日"活动,参加人员查阅施工工地管理台账、分队与施工单位签订的"绿色工作"责任书、中高考期间文明施工承诺书,现场视察山水文园施工工地渣土覆盖、路面硬化、车轮冲洗、洒水降尘、未开发土地绿化等情况。7月28日,在劲松分队举办以"精细规范管理,提升城管形象"为主题的"城管开放日"活动。邀请市民代表、便民摊点经营者、社会单位代表、市区两级监督员40余人参加,听取汇报、观摩规范化管理,重点了解罚没物品管理规定，实地查看劲松中街“统一标识、统一服装、画线经营”的修车、修鞋、配钥匙等便民服务摊点。

（辛光珍）

**【争当四个模范主题教育】** 4月至年底，以“服务是本质、形象是生命、规范是基础、执行是关键”四个专题教育为载体，开展“弘扬城管精神，争当四个模范”主题教育活动。开展“服务是本质”专题教育，把为民服务作为第一要务，把顺应民意作为第一信号，争当为民服务的模范；开展“形象是生命”专题教育，解决群众最不满意、举报投诉最多、破坏环境最严重、最容易引发社会矛盾的环境秩序问题，落实领导信访接待日、城管开放日、城管进社区等制度，争当人民满意的模范；开展“规范是基础”专题教育，提高城管执法人员对规范化建设重要性的认识，开展“基层分队规范化管理达标”活动，组织岗位和业务规范知识竞赛，建立窗口单位和一线执法分队“规范执法示范岗”，争当规范执法的模范；开展“执行是关键”专题教育，狠抓请示报告、信息反馈、传达学习等制度落实，争当执行有力的模范。

（刘东燕）

**【规范化城管分队建设】** 5月，在基础建设较好的劲松、双井城管分队进行规范化分队试点，摸索规律，积累经验。6月中旬，召开工作推进会在全系统推广。10月，市城市管理综合行政执法局在劲松、双井城管分队召开创建规范化城管分队现场观摩会。年内，劲松、双井、南磨房、潘家园、小关、东湖、望京、麦子店、安贞、东风、大屯、亚运村、呼家楼等13个分队通过市城市管理综合行政执法局验收检查，30%的城管分队规范化建设达标。

（唐云梅）

**【思想政治建设】** 5月，组织机关党支部、街乡城管分队党支部65名党务工作者业务培训。6月30日，表彰全区城管系统106名优秀共产党员和48名优秀党务工作者，为首批10个“党员示范岗”授旗。推进“三个崇尚”教育，开展“弘扬城管精神，争当四个模范”主题教育。深化“一年读一本好书”活动，推荐《工作没有任何借口》，组织读书演讲活动。年内，组织廉政建设和职业道德专题教育讲座5次，与机关科室、街乡城管分队签订《廉政建设责任书》，城管执法人员签订《廉洁自律承诺书》，以支部为单位组织廉政党日活动，在《朝阳城管报》开辟廉政知识专栏。

（李晋豫）

**【施工工地管理】** 年内，制定《关于开展全区施工工地环境及渣土管理专项整治实施方案》和《关于开展全区各类施工围挡整治工作方案》，主要内容为施工工地及渣土管理专项执法，建立健全全区施工工地台账，实时更新、动态管理。24小时不间断盯守、检查、规范CBD基础工程、奥运马戏团工地、奥园中心观光塔等37个工地。约谈或责令停工整改远洋万和城、潘家园眼镜城、广渠路首城国际、六里屯十里堡北里地铁等违规施工行为。对不配合整改的洼里五号地、民航管理干部大厦等39个单位下发谈话通知书，责令其中27个单位立即整改。加大夜间检查道路遗撒举报比较集中的朝阳路、朝阳北路、大屯路、京密路、小营北路、北苑东路、广渠路、建国路、姚家园路、酒仙桥路，规范渣土运输车辆1500多台次，处罚违规渣土运输车辆800多台次，罚款130余万元。

（李晋豫）

**【提高依法办案能力】** 年内，首次研究制定《城管执法人员制作一般程序行政处罚案卷考核办法》，通过量化考核一线城管执法人员制作执法案卷的数量和质量，规范执法文书制作，提高依法办案能力。评查一般程序执法案件5869卷，审核力度卷369卷，合格率达到100%。制定《违法建设案件移送办法》，规范案件移送和接收工作，增强多个部门联合办案效率。审核违法建设类案卷269卷，制发《限期拆除通知书》53件、《限期拆除决定书》18件，涉及违法建设面积近21万平方米，报区政府强制执行25件，接待相对人陈述申辩40余起，未发生复议被撤销或变更及诉讼败诉案件。

（王　莉）

**【创新培训形式】** 年内，法制培训实施分级管理、分层培训、分类施教，突出培训内容的实效性、基础性与实用性，实现由单一型向多样型转变、由灌输型向渗透型转变，从单纯强调“我讲你听”向双向沟通转变。每月组织一次执法文书案卷互评，定期抽查分队自存案卷归档及案卷制作情况。现场执法考核重点模拟无照经营、店外经营等常用执法案由的情景模式，测评在相对人不配合执法时队员的现场处置能力、执法现场的控制能力、说理说法的沟通能力，强化执法艺术的运用。考核分队44个，组织集中培训2期、法制员培训12期、层级培训12期，“送教下分队”到近30余个分队。

（王　莉）

**【三个联系制度】** 年内，在人大议案、政协提案、领导交办件、上级机关转办件、群众举报件办理中，实施事前、事中、事后与当事人联系沟通的“三个联系”制度，做好接收、办理、回复、反馈“四个环节”，及时解决群众合理诉求。受理人大议案、政协提案34件；受理市、区人民来信来访、本人来访、市局转办、区政府督办1687件，办理率100%；受理城管热线投诉67500件，办结65037件，办结率96.4%。

（李晋豫）

# 数字化城市管理

**【概况】** 朝阳区城市管理监督指挥中心是负责城市服务管理监督与评价工作的区政府行政机构。城市管理监督体系是用科学手段和机制(独立的监督体系)实施城市管理,通过多部门信息共享、协同工作,实现对城市市政工程设施、市政公用设施、市容环境与环境秩序的网格化监督和管理。年内,数字化城市管理平台有效立案3478948件,结案3126132件,结案率89.8%。

地址:日坛北街33号

电话:65094697

邮编:100020

(朱　婧)

**【区领导慰问】** 2月9日,区委书记陈刚、区长程连元等区主要领导到监督中心,慰问全体干部。

(朱　婧)

**【市领导调研】** 2月12日,市委书记刘淇,市委副书记、市长郭金龙围绕"创新社会管理服务,推进首都社会建设"主题到本区调研,察看全模式社会服务管理系统运行情况,听取监督中心关于以政府主导、社会协同、公众参与为特点的责任主体多元化的社会服务管理体系建设情况汇报,观看网络环境下的真实系统演示。9月13日,市委副书记、市政协主席、市委政法委书记王安顺与市相关部门领导到本区调研社会服务管理创新工作,实地察看全模式社会服务管理系统运行情况,听取监督中心汇报。

(朱　婧)

**【文明创建整改完善工作】** 2月,召开专题会议,分析研究本区创建全国文明城区文明指数第二次测评发现的6个突出问题,制定相关整改措施并部署下一阶段工作。主要措施是:在材料审核上严把质量关,将上传材料质量纳入考核;在五小门店公共卫生和食品卫生监督方面,进一步完善标准,进行无遗漏监督;扩大交通路口监督、监测范围,完善标准;针对机动车停车画线等问题,完善商业一条街环境监督标准;针对政府工作效能以及见义勇为道德知晓率,加强监测力度;调整考核评价体系,加大6个突出问题在考核评价体系中的权重。

(朱　婧)

**【加强楼道内小广告监督】** 2月,加强监督楼道内尤其是老旧小区楼道内小广告泛滥问题,主要措施:根据乱张贴严重程度对大面积小广告进行定义;将全区10654栋居民楼的每个单元植入城管通手机;监督员对每个单元进行无遗漏的检查;针对楼内小广告案件情况调整监督周期,严重区域加大监督频次;将楼道内小广告案件情况与文明楼宇、文明家庭评价相结合。

(朱　婧)

**【区政府热线开通微博】** 3月15日,区政府热线96105在新浪、搜狐、网易、腾讯网站注册开通名为"朝阳区政府热线"的微博。年内,有15056人关注政府热线微博,提出诉求832件。其中反映问题817件,解决611件,解决率74.8%。通过微博向公众提供天气预报,区政府、各委办局及首都之窗官方网站相关新闻,政府热线专业知识库中的实用信息等服务。截至年底,发布各类信息2002条。

(朱　婧)

**【IBM全球副总裁参观考察】** 3月17日,IBM全球副总裁Fiona McMaster女士率队来到本区考察全模式社会服务管理系统。在实地考察区政府热线呼叫中心后,听取关于全模式社会服务管理创新整体情况以及监测评价系统介绍。双方还就推进社会服务管理智能化进行交谈,就IBM软件如何围绕本区实际需求进行开发交换意见。

(朱　婧)

**【调研数字化管理工作】** 3月18日,住建部村镇建设司领导率队调研数字化管理工作。城管监督中心主任皮定均汇报近年来全区逐步拓展数字化管理领域、建设合作型社会服务管理系统进展情况。村镇建设司领导就数字化管理如何在农村地区拓展应用与区领导进行交流。

(朱　婧)

**【全模式社会服务管理培训】** 3月,分两批召开全模式社会服务管理培训及座谈会。全区400余名社区(村)书记或主任(村长)参加。重点培训文明城区建设6个重点问题的监督监测标准、全模式社会服务管理系统社区个性化平台使用、无遗漏常态化的社区基础数据管理、人口服务管理、社区交通管理、数字化为民服务以及全模式社会服务管理体制下社区评价体系等内容。

(朱　婧)

**【迎接文明城区预检】** 7月,首都文明委对本区文明城区创建工作开展为期一周的预检。监督中心采取多项措施,确保迎检工作顺利开展。主要有:对实地考察点位做到定人定位定责,每天对该点位按照有问题报问题、无问题报良好的工作方式进行检查;普查涉及文明城区建设的交通设施破损和丢失等问题,核查解决问题86个;做好政府热线实地考察迎检工作;推进文明城区建设常态化。

(朱　婧)

**【"大管理小执法"格局】** 年内,逐步形成"大管理小执法"工作格局。

通过建立独立监督体系，在政府内部做到监督、管理、执法完全分离，逐步改变传统的以执法代替管理，执法者既负责日常管理又负责执法的被动局面。确立以监督员天天发现问题、上报问题为切入点的“六个天天”城市管理流程，调动各类责任主体依法履行责任。强化社区自治，发挥社区基础性管理作用。通过实行精细化管理，细化管理责任，推进管理责任无缝衔接。通过朝阳社会信用体系建设，调动社会各方积极性。

（朱　婧）

# 园　林　绿　化

**【概况】** 朝阳区园林绿化局是对全区城乡绿化美化实行统一建设管理的区政府职能部门，业务受市园林绿化局和市公园管理中心领导及监督指导。截至年底，全局在职职工999人；机关设置正式科室10个，下设基层单位18个。年内，全区新增绿化面积152公顷，改造绿化面积117公顷，城市绿化覆盖率46.42%，森林覆盖率19.08%。建成55条环境优美示范大街、地铁15号线周边绿化、三环路增绿添彩工程，建成8处小绿地，推进14处新居住区和农民新村建设及24处老旧小区整体改造。完成“建党90周年”和“国庆62周年”花卉摆放等任务，全年栽摆花卉1454万株，设置立体花树86个。农村地区建成温榆河景观大道，全长17千米，总面积105公顷，绿化隔离地区完成绿化面积33.33公顷，新建成6个郊野公园，构建了城乡一体、功能互补的优美区域环境。推进绿化养护精细化、长效化管理，加强服务、指导、检查和监督，建立全区相关部门联动机制，通过“属性分类、标准分级”的管理模式，实施绿地养护管理常态化、及时化、动态化、责任化管理，强化对全区绿化养护从业人员的专业技术培训，加强“两会”、国庆节等重点活动和节日期间环境保障工作。完成《朝阳区绿地系统规划》编制及第六次森林资源清查。坚持依法行政，启用征占用林地、林木移植管理信息系统，确保各类建设项目达到园林绿化指标要求。全年与20家社会单位签署《代征绿地移交协议》，收回代征绿地32公顷，截至年底，将264公顷代征绿地收回并统一管理，其中实施绿化216公顷。强化林业执法，加强野生动植物和古树名木保护，严厉打击破坏森林资源违法犯罪行为。完善森林防火责任体系、应急通讯和指挥扑救体系，全区未发生森林火警、火灾，被市森林防火指挥部授予“无森林火灾先进区”。强化林业有害生物防治工作，全区未发生美国白蛾等林木有害生物灾害，确保绿色景观完整及生态安全。加强公园绿地景观、公共服务设施、特殊群体服务、投诉监督体系4方面工作，顺利通过市园林绿化局对全区9个精品公园的复查工作。将台乡将府公园成为全市第九批精品公园之一，与王四营乡古塔郊野公园成为全市郊野公园中至本年为止仅有的两家精品公园。全区各公园按照“一园一品牌”要求，整合文化资源，举办朝阳流行音乐周、红领巾第十届科普游园会、元大都第十四届海棠花节等文化活动30余项。创新社会参与绿化机制，承办“国际森林年中国行动启动仪式”，组织“国安绿色工程”等五项大型义务植树宣传活动，全年40万人参加全民义务植树。有326家企事业单位和400余个家庭、个人认养林木绿地。创建首都绿化美化花园式单位14个、首都绿化美化花园式社区8个、首都绿色村庄2个。

地址：道家园路甲16号

电话：65042115

邮编：100025

（康雅文）

**【清明节期间森林防火工作】** 3月26日至4月10日，按照“清明节群众扫墓接待工作指挥部应急预案”，确定东郊殡仪馆、朝阳陵园、外侨公墓和长青园为清明节期间重点防火部位。下发加强清明节期间防火工作文件，安排清明节期间全区各地区办事处及有林单位森林防火工作，并加强对林地内有零散坟头部位的控制力度，严禁在林地埋坟及上坟烧纸，发现火灾险情或突发火情及时上报。清明节期间接待祭扫人员16.75万人次、3.13万车次，出动森林公安民警62人次，专兼职护林员5888人次，防火巡逻队伍410支、3921人次、826车次；巡逻里程1.31万公里；制止野外用火186起，未发生森林火情，完成清明节期间森林防火工作。

（英　頔）

**【绿化美化总结动员大会召开】** 4月1日，召开绿化美化总结动员大会，总结上年和“十一五”期间全区绿化美化工作情况，明确“十二五”时期朝阳绿化发展思路，并就本年绿化美化重点任务进行部署。区委副书记、区长、区绿化委员会主任程连元讲话。区委书记陈刚、区人大常委会主任王力军等区四套领导班子成员、各委办局及各街、乡主要领导参加会议。

（许闫子）

【全民义务植树宣传活动】 4月2日,开展全民义务植树宣传活动。全区43个街、乡分别设立宣传站(点),通过展板、横幅、宣传车、锣鼓队、秧歌队、发放宣传材料等形式,广泛进行全民义务植树宣传活动。当天有20万人参加植树活动。植树2.8万株,挖坑2.5万个,动土3.5万立方米,养护各类树木100.2万株,清扫绿地382.5万平方米,设宣传站105个,出动宣传车39辆,发放宣传材料7.4万份、环保购物袋6万个,绿色志愿者出动60.5万人,悬挂横幅、标语265条。

(王金波)

【国际友人义务植树】 4月9日上午,由全国绿化委员会、国家林业局、首都绿化委员会主办、区政府承办的以"植树造林,减缓气候变化,中国人民在行动"为主题的"国际友人义务植树暨国际森林年中国行动启动仪式"在大望京公园举行。来自50余个国家驻华使馆、20余个国际组织驻华机构代表,以及北京市群众代表有500人,以植树播绿的形式参加活动。外交部国际司司长陈旭、全国绿化委员会副主任、国家林业局局长贾治邦在启动仪式上讲话,来自北京青年政治学院附属中学的学生代表宣读国际森林年中国在行动倡议书。国际友人、群众代表和中小学生栽植雪松、银杏、紫叶李等树木1000余株。

(许闰子)

【防灾减灾宣传活动】 5月12日,在红领巾公园开展"防灾减灾、人人有责"主题宣传日活动。现场悬挂横幅4条、发放各类宣传物品7000余份(件),参加活动的居民群众1000余人次。

(英 頔)

【温榆河大道工程】 5月28日,完成温榆河大道可施工区域工作。温榆河大道北起机场南线康营桥,南至朝阳北路通州段,全长17.4千米,绿化面积105万平方米,栽植油松、桧柏等常绿乔木6808株,银杏、法桐、垂柳、毛白杨等落叶乔木2.54万株,红瑞木、棣棠、榆叶梅等花灌木33.42万株,草坪10.71万平方米,摆放立体花柱5组,并完成道路隔离带部分的花灌木、地被栽植及草花地被播籽工作。本着"延续城市脉络、体现功能定位、构建和谐空间"的设计原则,重点突出"走"和"廊"的设计理念。"走"即依托道路交通功能,实现动态观赏特点。"廊"则沿交通体系带状空间,结合道路周边原有生态自然景观及不同路段的规划功能进行景观设计,突出沿路自然之美、城市之序,使整条道路景观呈现"带状公园"特色,使温榆河大道沿线17千米景观不断线,形成一条绿色生态走廊。

(崔 北)

【迎"七一"花卉布置】 "七一"前夕,在近50条区域重点道路、10个景观节点,通过使用平面地栽、立体花束,以及大型立体花坛打造立体式全方位环境景观,栽摆花卉品种20余种、600万余株,面积达8万余平方米。其中在东四环四元桥主路东西两侧的"兴国安邦"花坛,造型是两艏龙舟乘风破浪,舟上红旗迎风招展。花坛还结合卡盆工艺与穴盘苗工艺,颜色靓丽,对比鲜明,烘托出节日喜庆气氛;工体西路以朝阳创建文明城区的形象大使"洛宝贝"为创意元素搭建的"文明你我他"花坛,则突出表现近年来本区精神文明建设取得的长足发展;农展馆的"五谷丰登"花坛,主体造型选用传统的农业谷仓,结合水车、瓜果玉米造型,表现出喜庆丰收的美好成果;还有金地中心的"和谐朝阳"花坛、北辰东西路的"九州同贺"花坛、东岳庙的"鼎盛中华"立体花坛等,都突出了节日喜庆的主题。

(许闰子)

【首次小区绿化养护检查】 8月9日至11日,组织绿化专家及区林业站人员,对全区22个街道的42处物业小区绿地进行绿化养护检查。评选出绿地环境整洁、养护措施到位、景观效果突出物业小区15处,其中六里屯街道万科东地小区、八里庄街道华贸中心、大屯街道华悦国际公寓绿地、亚运村街道北辰集团中心花园绿地、建外街道金地国际花园绿地、双井街道金港国际小区绿地被评为一等奖,八里庄街道朝阳无限社区居委会绿地、垡头街道格林莱雅小区、麦子店街道光明公寓庭院绿地、亚运村街道华亭嘉园绿地、三里屯街道联宝公寓绿地、呼家楼街道人民日报社绿地、和平街街道胜古馨园小区绿地、安贞街道裕民路12号绿地、六里屯街道棕榈泉国际名苑绿地被评为二等奖。

(王 惠)

【第六届北京公园节】 8月18日至9月30日,全区各公园以"都市绿洲,盛世园林"为主题,宣传"第六届北京公园节活动"。朝阳公园以"提升游人幸福指数·共创绿色和谐家园"为主题,开展海洋沙滩狂欢节、九门国际爵士音乐节、"希望马拉松"义跑等活动。中华民族园举办蒙古族马奶节和白族中秋节,感受少数民族风情。奥林匹克森林公园开展"公园健身主题日"群众健康跑走活动。团结湖公园举办第五届赏菊观鱼游园会。丽都公园作为北京市第一家企业办的公园,开展草坪婚礼推介活动。望湖公园举办"光影嘉年华,宝宝消夏夜"儿童主题活动。红领巾公园、元大都城垣遗址公园、四得公园、北小河公园、庆丰公园、日坛公园、立水桥公园、兴隆公园、东坝郊野公园等也开展宣传咨询活动。活动期间,各公园悬挂条幅38处,举办专题文化活动8次、宣传活动30余次。

(郝海英)

【"北京市精品公园"称号】 10月,市园林绿化局组织年度精品公园验收评比活动。将府公园荣获"北京市精品公园"称号,是全市继古塔郊野公园后第二家郊野公园获此殊荣。截至年底，本区有10家公园被评为市精品公园。

（郝海英）

**【"国庆"花卉布置】** "国庆"前夕，在区域内近50条重点道路、10个景观节点，通过平面地栽、立体花束以及大型立体花坛打造立体式全方位景观效果，花卉布置工作于9月26日完成。使用大花海棠、四季海棠、非洲凤仙、彩叶草、金叶反曲景天、小矮牵牛等花卉品种20余个，栽摆花卉650万余株，其中大型立体花坛用花39万株/盆，以东四环四元桥主路两侧的"兴国安邦"花坛、工体西路搭建的"文明你我他"主题花坛、金地中心的"和谐朝阳"主题花坛，以及农展南路、老迎宾线、工体北、朝外大街、建国路、广顺南北大街、中轴路、北辰西路的花卉布置效果最为突出。

（崔　北）

**【首次管理人员修剪比赛】** 12月31日，区园林绿化局在红领巾公园首次举行管理人员碧桃修剪比赛，局属13个单位主管主任和生产组长参加。经专家现场评比，王长瑞（四得公园）、张志广（红领巾公园）、马宏运（绿化二队）、吴晓兵（大黄庄苗圃）、张明勇（绿化一队）、赵和（四得公园）、孟卫杰（绿化一队）、刘智勇（大黄庄苗圃）、张金财（绿化三队）、陈凯（北小河公园）获一等奖；蔺春光（大黄庄苗圃）、刘福彦（元大都公园）、路宇（北花园苗圃）、于亚民（团结湖公园）、张晓非（大望京公园）、侯永强（北花园苗圃）、白雪山（庆丰公园）、罗春宇（元大都公园）、杨戈（绿化二队）、杨东（绿化三队）、周林慧（红领巾公园）、高岩（日坛公园）、景连杰（团结湖公园）、刘艳敏（大望京公园）、陈世华（庆丰公园）获二等奖。

（王　惠）

**【播草盖沙】** 年内，实施播草盖沙工作，完成100万平方米，其中平房地区京城梨园完成50万平方米、东坝地区东坝郊野公园完成50万平方米。

（张振香）

**【隔离地区绿化】** 年内，完成隔离地区绿化33.33万平方米，其中来广营地区28.67万平方米、将台地区4.66万平方米。

（张振香）

**【郊野公园建设】** 年内，建设完成郊野公园6个，面积222.66万平方米，其中太阳宫体育休闲公园二期33.6万平方米、来广营乡勇士营郊野公园21万平方米、来广营乡森林公园二期23.2万平方米、将台乡将府公园三期62.4万平方米、平房乡京城体育休闲公园39.13万平方米、平房乡京城森林公园43.33万平方米。

（张振香）

**【景观改造工程】** 年内，对老迎宾线、朝外大街、建国路（朝阳段）、农展南路等55条城市主干道路进行环境优美示范大街景观改造。工程分绿化美化和景观照明两个部分，其中涉及绿化的道路48条。绿化改造面积45.64万平方米，9月15日通过区检查组专家验收。

（崔　北）

**【农村居住区绿化】** 年内，完成农村居住区绿化9处，面积17.78万平方米，其中太阳宫新纪家园小区8300平方米、南磨房双龙小区5.7万平方米、来广营红星美凯龙家具广场4002平方米、豆各庄绿丰家园二期5300平方米、三间房新村北双苑5000平方米、三间房动漫产业园乐栋300B6区3000平方米、崔各庄京旺家园5.78万平方米、孙河康营小区1.74万平方米、十八里店山水文园西园2万平方米。

（张振香）

**【农村道路绿化】** 年内，完成农村道路绿化面积3.24万平方米，其中将台驼房营路1.26万平方米、豆各庄青青家园西门前路6000平方米、管庄双桥东路西侧1.08万平方米、三间房通惠河南街3000平方米。

（张振香）

**【屋顶绿化建设】** 年内，实施屋顶绿化12家，绿化面积2.16万平方米。

（杨子沛）

**【绿化资源管理】** 年初，制定保护古树名木工作计划，检查全区古树名木。5月，对农村更新造林任务和上年林木采伐限额执行情况进行检查验收，规范各乡林木采伐验收回执管理。检查结果显示：更新造林合格林带4条，栽植各种乔木122株，成活率95%以上；上年实际采伐林木4831.5立方米，没有超限额审批，发证合格率100%。年内，审核、审批伐移树木276件，伐移总株数48235株；接待来访500余次，勘察现场300余次；审核征占用林地9件，征占用林地面积55.584公顷。

（王桂花）

**【森林公安工作】** 年内，森林公安处接举报91起，其中协办刑事立案1起，行政立案5起，行政罚款29446元，补种树木561株，妥善协调解决全国政协委员陈丽华提案中提出的高碑店地区企业单位侵占绿化带盖房子问题。组织开展"春季攻势"、"亮剑行动"等专项行动，严厉打击季节性破坏森林和野生动植物资源犯罪活动，出动人员693人次、车辆216台次，清查木材交易市场、收购站15处，清查野生动物交易场所72处，清查占用征收林地项目7个。落实防火责任制，清理林地可燃物面积近8000万平方米。延续南、北两片巡逻制度，制止野外用火160余起，发隐患通知书30余份，制止燃放烟花爆竹50余起。清明节期间制止野外违章用火200余起。组织安全生产检查90余次。年内本区域未发生森林火警、火灾，被北京市森林防火指挥部评为"无森林火灾先进区"。对驯养繁殖、经营利用野生动物及其制品单位和区内古玩城、潘家园市场、华声天桥、弘燕花鸟市场等市场商户进行检查走访,发放保护野生动物宣传材料500余份。坚持野禽监测,全年监测雁鸭类44万余只、小鸟类2.9万余只,未发现禽流感病例。

(英 頔)

## 朝园弘园林绿化有限责任公司

**【概况】** 朝园弘园林绿化有限责任公司隶属区园林绿化局,全民所有制企业单位,国家城市园林绿化一级资质企业。公司先后通过ISO9001质量管理体系、ISO14001环境管理体系和OMS18000职业健康安全管理体系认证;2011年度守信企业;2011年资信等级AAA级;市林业工程建设施工、林业勘查规划设计甲级资质。主要经营园林绿化、园林机械、花卉苗木、环保技术开发等业务。截至年底,有职工40人,内退1人。

地址:朝阳北路147号

电话:85841343

邮编:100025

(赵梦梦)

**【工程项目】** 年内,承接设计项目24项,主要是政府投资项目和奥运中心区项目,总面积50万平方米;完成投标任务95项,中标金额5亿元;完成重点工程26个,其他工程180余个,包括温榆河大道、60条重点大街景观改造提升、花卉常态化、三环路增绿添彩、建党90周年及国庆景观布置、夜景照明、老旧小区改造、代征绿地项目等,绿化总面积316万平方米。工程合格率100%,收入4.95亿元。

(赵梦梦)

**【获奖情况】** 年内,大望京公园景观工程荣获国家建设部"中国风景园林学会"颁发的2011年度"优秀园林绿化工程"金奖;金盏金融服务区绿化工程及望京SOHO售楼处绿化项目分别获市园林绿化企业协会颁发的2011年度北京市园林绿化优质工程奖;公司被市政府、首都绿化委员会评为2011年度首都绿化美化先进集体。

(赵梦梦)

## 日坛公园

**【概况】** 日坛公园隶属区园林绿化局,全民所有制差额拨款事业单位。位于朝阳门外使馆区,占地面积20.62万平方米。截至年底,在岗员工88人,其中女工38人。退休人数101人。公园绿地面积13.26万平方米,绿化覆盖率82.07%,实有树木1.076万株。年内,完成古建一期园坛、祭器库、宰牲亭、西北天门、神库院墙及大门、具服殿院墙修缮工作,增加古建安全防护设施,加装及更新避雷装置和消防报警系统。并进行古建修缮二期工程立项筹备工作,包括神路、钟楼二层恢复、具服殿大殿及神库神厨主体等内容。完成园内市级爱国主义教育基地马骏烈士墓及纪念馆修缮和布展改造,工程投资近50万元。改造地被面积2万平方米,改造铺装面积0.2万平方米。完成"五一"、"十一"公园环境布置工作,在公园南门布置大型立体花坛1个、西门及北门布置小型花坛及地栽花坛6个。加大古树保护力度,掘建古树复壮井、进行古树防腐处理、增加防雷设备等保护措施。集中改造老旧基础设施。完成地铁15号线沿线(第二标段)工程、芍药居北里老旧小区景观改造工程。完成麦子店街道、东湖街道、顾家庄桥区养护工作。完成北五环东湖地区(日坛段)、北五环顾家庄桥区文明城区迎检养护、补植、铺装任务。与区文化委、朝外街道办事处共同举办第五届春分朝阳民俗节,首次展示清代皇帝祭日礼仪表演活动;主办重阳节秋季晨练汇演活动。被首都精神文明办公室推荐为"2011年度首都文明旅游景区"候选单位,被区交通安委会评为年度交通安全先进单位,荣获区体育局"健身单位之星"称号。接待游客292万人次。

地址:日坛北路6号

电话:85619984

邮编:100020

(向洪平)

**【清代祭日典仪】** 3月19日至21日,由区委宣传部、区文明办、区委社会工委、区文化委、区广电中心、朝外街道联合主办,日坛公园、区文化馆、朝外地区社会管理中心承办的春分朝阳第五届民俗文化节暨朝阳传媒2011幸福传递社区行活动在日坛公园举行。活动延续往届民俗展卖、文艺汇演、趣味游戏等内容的同时,增加春分当日园坛清代祭日典仪表演,分为卤簿仪仗、乐舞和祭坛礼仪3部分。活动从祭祀音乐、舞蹈、礼仪表演到服装、乐器、道具制作,都最大限度仿照清乾隆年间文献记载,传承和展示我国祭祀文化和礼乐文化精华。

(向洪平)

**【绿化工程】** 4月初,地铁15号线工程(日坛公园负责部分)进场施工,5月25日完工。完成土方工程3.3万立方米,整理绿化用地2.1万平方米,种植桧柏663株、千头椿587株。6月29日至10月31日,完成芍药居北里小区绿化改造工程,改造面积14.6万平方米,其中绿化面积9万平方米。

(詹成娟)

## 团结湖公园

**【概况】** 团结湖公园隶属区园林绿化局,全民所有制差额拨款事业单位。地处东三环北路,毗邻中央商务区(CBD),公园占地面积12.3万平方米,其中绿地面积4.2万平方米、水面面积5.4万平方米、道路面积0.8万平方米、建筑占地面积0.4

万平方米、铺装面积1.5万平方米，绿化覆盖率80%。实有树木2.3万株，其中乔木2214株、灌木1.94万株、其他1456株。管理处在编职工62人，其中女职工39人。制定《团结湖公园模范岗位及模范班组评分细则》和《评选方案》，评选岗位模范12名、先进班组1个。年内，被评为本区交通安全先进单位和环境建设工作先进单位。接待游客460万人次。

地址：团结湖南里16号

电话：85973603

邮编：100026

（李洪静）

【绿化工程】 3月，位于工体北路的永利国际中心项目园林景观工程开工，投资1296.65万元，分为屋顶花园和地面园林景观两部分：屋顶花园园林景观工程改造面积5300平方米，地面园林景观工程改造面积1.48万平方米，12月竣工。4月，电子城周边环境整治项目——将台东路工程开工，绿化面积8.2万平方米，投资1387.8万元，8月完工。

（韩晓楠）

【赏菊观鱼游园活动】 9月26日，在中心岛举办以"鱼跃菊黄江南韵 都市绿舟团结湖"为主题的第五届赏菊观鱼游园会暨团结湖公园开园25周年纪念活动，30余个品种、10余个花色的菊花在园内竞相争艳，彰显菊花独特的文化和艺术，湖中跃动的鱼儿竞相争食，引来众多游客驻足观赏。

（李洪静）

【安全及维护】 年内，签订各岗位安全责任书35份；聘请市防火中心老师对职工进行防火培训；聘请专业公司进行湖水治理，确保公园景观三类水质效果；加强成本核算，采取逐级审核采购模式，修理维护公园各类设施。

（李洪静）

【摆花】 年内，在创建全国文明城区工作中，摆放"丹凤朝阳"主题花坛1个，栽摆各类花卉4万盆，摆放大型花卉造型5组；"五一"节前地栽花卉2万余株，新植碧桃、山桃90株；对湖南岸草地进行改造，种植金银木、木槿65株；"国庆"期间，在东门广场摆放"龙凤呈祥"主题花坛1个，栽摆各类花卉4万盆，摆放大型花卉造型18组。

（李洪静）

## 红领巾公园

【概况】 红领巾公园位于东四环与朝阳北路交汇处东北角，隶属区园林绿化局，全民所有制差额拨款事业单位。公园面积41.99万平方米，其中水面积16.09万平方米，绿化面积14.07万平方米，铺装面积6.86万平方米，建筑面积1.43万平方米，外单位占地面积3.55万平方米。实有树种105种，各类树木5.65万株，绿化覆盖率94%。职工75人，其中管理人员21人、专业技术人员9人、工勤人员45人。年内，公园强化内部管理，压缩费用支出，调整班组经营模式，将经营性服务班组对外承包。配合精品公园复查及创建全国文明城区工作，完善配套服务设施，累计维修道路、广场1300平方米；将南游乐场草坪改造成晨练场地；更新导示牌18块，安装警示牌128块，增加路椅15个，更换垃圾桶25个。因地制宜改造绿地景观。绿地养护执行特级标准。栽摆盆花14.91万盆；创建全国文明城区迎检期间在南门摆放以"团聚·欢庆·丰收"为主题的花坛，摆花8013盆；区园林绿化局机关绿地栽花6.32万盆。投资8万元与专业治水公司合作定期治理湖水，向湖内投放鱼苗5万尾。举办第十一届红领巾公园科普游园会暨2011年"六一"科普玩具欢乐汇活动、第八届北京双胞胎文化节，协助区相关单位举办本区庆祝第21次全国助残日活动、退休人员环湖健步走、"希玛保龄"杯健身大舞台等活动；发挥校外教育基地作用，免费为西中街小学、芳草地国际学校远洋小学入队仪式、呼家楼中心小学社会实践活动、区交通支队小学生安全知识教育等活动提供场地及服务。承接温榆河大道景观绿化工程3、4标段绿化工程，施工面积14.75万平方米；完成顾家庄桥区、来广营桥区、北苑桥区、辛店路、湖光中街立交桥等23万平方米绿地养护任务。被评为北京市中小学生社会大课堂资源单位、区交通安全先进单位。接待游客176万人次。

地址：后八里庄5号

电话：85839070

邮编：100025

（王 玲）

【绿化工程】 5月30日，温榆河景观大道绿化工程3标段竣工。施工面积8.5万平方米，定审金额577.9万元。9月12日，温榆河大道景观绿化工程4标段（机场二高速至皮村路口北）开工，施工面积6.25万平方米，10月21日竣工。

（谷伯一 王 玲）

【科普游园会】 5月28日至29日，由区教委、区科协、区园林绿化局主办，区青少年活动中心、红领巾公园承办的第11届红领巾公园科普游园会暨2011年"六一"科普玩具欢乐汇活动在红领巾公园举行。活动以"让童年的快乐在玩·聚中体现，让童年的智慧在游·戏中升华"为主题，设有科普玩具知识介绍区、玩具交换区、游戏通关区、学校特色展示和技能擂台赛区、资源单位互动区、地震知识互动体验区、红领巾小动物乐园等区域。活动期间接待游客近7万人。

（张 洋 王 玲）

【第八届北京双胞胎文化节】 10月2日至3日，由区园林绿化局主办，红领巾公园承办的以"天生一对 幸福成双"为主题的第八届北京双胞胎文化节在红领巾公园举行。活动在传承历届文化节精髓的同时,继续为双胞胎提供展示风采的舞台,并设置港澳游抽奖环节,全国各地600余对双胞胎参与活动,活动期间接待游客近3万人。中央电视台、北京电视台等30余家媒体记者现场采访并报道。

(张　洋　王　玲)

## 元大都城垣遗址公园

**【概况】** 元大都城垣遗址公园位于中轴路东西两侧及中华民族园南侧,隶属区园林绿化局,全民所有制差额拨款事业单位。公园面积67.01万平方米,其中绿化面积43.65万平方米、水面积6.49万平方米、建筑面积6.03万平方米、铺装面积10.84万平方米(含园路)。绿化覆盖率82%。实有树木20.72万株。职工人数122人,其中管理人员17人、专业技术人员8人、工勤人员97人;退休人员132人;离休干部1人。年内,经济创收5054.19万元,固定资产总值1.56亿元。承担公园外绿地养护面积39.53万平方米,其中道路绿地34.31万平方米、集中绿地5.22万平方米。特级绿地7处28.35万平方米、一级绿地8处10.87万平方米、二级绿地2处3149平方米。绿化养护工作以创新思路、控制成本、补植到位,注重水土保护、病虫害防治为中心,按照养护月计划内容、程序、规定开展工作。结合公园实际,推进养护工作市场化管理。完成地铁十五号线环境整治工程六标段,常营组团绿地3、6号地绿化工程,奥运村人民法庭绿化工程,庆祝建党90周年国庆立体花坛等10项工程,施工总面积7.64万平方米。举办"海棠春曲 烂漫花溪"为主题的第14届海棠花节,游人数达到35万人次。举行第三届"海棠之舞"摄影比赛。接待非洲国家、建设部、新疆维吾尔自治区人民政府、广州市园林局、房山区等领导参观。区公共安全馆接待参观考察10余批次、中小学校12所、企业团体10余家。继续贯彻执行ISO9001质量和ISO14001环境管理体系,并通过认证复审和4A级景区复核工作。接待游人460.3万人次。

地址:惠新东街

电话:84648252

邮编:100029

(程桂清)

**【绿化工程】** 4月12日,地铁十五号线环境整治工程六标段(顺黄路东南侧)开工,施工面积7000平方米,投资130万元,4月24日竣工。4月13日,常营组团绿地3号、6号地绿化工程开工,工程面积1.3万平方米,投资200万元,5月13日竣工。5月20日,奥运村人民法庭绿化工程开工,工程面积2200平方米,投资100万元,6月5日竣工。6月8日,通州区"运河清风"廉政文化主题公园绿化工程开工,工程面积1.12万平方米,投资182万元,6月24日竣工。6月25日,位于常营中路与五里桥一街交叉路口西北角的常怡园景观工程开工,施工面积1.24万平方米,投资380万元,10月25日竣工,工程内容包括地形堆筑、土建铺装、绿地喷灌、绿化种植。8月16日,北土城西路、东路绿化改造工程开工,施工面积1806平方米,投资34万元,8月24日竣工,改造内容包括栽植时令花卉、调整长势不好的植物、补植沿线植物缺株、铺装步道外无人管理空白地。

(郭　卉)

**【第14届海棠花节】** 4月14日,由区园林绿化局和区亚运村街道主办的元大都城垣遗址公园第14届海棠花节在公园"海棠花溪"景区开幕。市园林绿化局公园风景处副处长尹俊杰、区园林绿化局党委书记郝建国、亚运村街道办事处主任张良等领导出席开幕式。本届海棠花节以"海棠春曲 烂漫花溪"为主题,在赏海棠花的基础上倡导"低碳环保"、"绿色北京"、"美丽朝阳"的环保理念。举办第三届"海棠之舞"摄影比赛,同时发放海棠花溪诗刊。

(杨淑萍)

**【布置"建党90周年"花坛】** 6月5日,位于民族大道南侧,公园四海宾朋景区东侧和海棠花溪景区西侧城台上的庆祝"建党90周年"立体花坛布置开工,6月18日竣工,投资129万。花坛布置为立体花墙,正面高6米,上长18米,下长20米,呈梯形状。西侧花墙主题为"走进新时代",东侧花墙主题为"乘风破浪"。"十一"前夕,更换为"国庆"立体花坛。

(郭　卉)

**【区公共安全馆开馆】** 6月29日,位于元大都城垣遗址公园五号地内的区公共安全馆举行开馆仪式,市政府副秘书长周正宇,市委政法委副书记、首都综治办主任滕盛萍,市消防总队总队长张高潮,区领导程连元、陶晶、李国、赵全保、阎军出席仪式,近2000名群众参加活动。区公共安全馆试运营期间,接待由民政部国家减灾中心组织的"防范和处置重大灾害专题培训班"、市政协城建环保委员会、江苏省昆山市委政法委、新疆维吾尔自治区发改委经济研究院、北京机要通信局、中国水利水电第二工程局、总后勤部军需材料供应站、机场高速公路管理处、海南省应急系统防震减灾工作调研组等10余批次500余人次前来考察。9月份,区公共安全馆面向全区中小学生举行"消防安全进校园"主题宣传活动,普及公共安全常识。接待区樱花实验小学、区师范附属小学、和平街中心小学、区樱花实验中学、中医药大学附属中学、化工学院附属中学等12所学校、1600余人次参观。11月份,区公共安全馆协助区政府、区防火安全委员会、区公安消防支队完成第21届119消防宣传周活动启动仪式,接待参观人数

3000余人次。安排社会企业团体参观，接待北京饭店二期项目部、北京德国文化中心歌德学院、高等教育出版社、北京北大伟信生物科技有限公司等单位10余家、4000余人次。

（董春阳 程桂清）

## 四得公园

【概况】 四得公园位于将台地区，四环路四元桥东南角，东临机场路辅线，西靠机场高速路，南接坝河，北邻将台西路（原赵酒路）。隶属区园林绿化局，全民所有制差额拨款事业单位。公园占地面积16.13万平方米，其中绿地面积11.9万平方米、水面面积5700平方米、铺装面积1.77万平方米，其他面积1.89万平方米。绿化覆盖率73%。管理处在岗职工28人，其中女工18人。年内，公园绿地按照一级养护质量标准，做好每个季节的养护管理及修剪工作，加强对美国白蛾等危险性有害生物防治工作，全年无大面积病虫害发生。"五一"、"十一"及7、8月份创建全国文明城区期间，摆放各色花卉7.2万盆。承接京顺路地铁十五号线三个标段绿化工程、望京soho售楼处绿化工程，常营代征绿地改造工程，工程总面积4.19万平方米。完成五环路绿化养护面积8万平方米，全长1350米，投资20余万元。开展爱心义卖筹善款活动、"创建文明城区 关注百姓生活 便民服务进社区"活动、糖尿病日宣传活动。接待游客175万人次。

地址：将台西路

电话：64384057

邮编：100016

（关春明）

【爱心义卖活动】 5月2日，与红丝带之家联合举办爱心义卖筹善款活动。30名小学生以及来自地坛医院、北京护校、外交学院的学生志愿者100余人，为帮助艾滋病患者，将自己家中闲置物品进行爱心义卖。活动筹得爱心款3281元，全部捐赠给北京红丝带之家。

（关春明）

## 北小河公园

【概况】 北小河公园位于东湖地区，东至望京西路，西至京承高速路，南至南湖渠路，北至利泽西街。隶属区园林绿化局，全民所有制差额拨款事业单位。公园占地面积24.8万平方米，其中绿化面积17.03万平方米，水面积7000平方米，道路铺装面积5.26万平方米，建筑面积1.81万平方米。管理处在岗职工27人，其中管理岗19人、专业技术岗3人、编外合同工5人。全年总收入6055.43万元，固定资产500万元。年内，对公园北门小绿地进行规划设计，对园内花卉布置进行大范围调整，对湖面、湿地进行整理。对公园后山部分景区进行景观调整，营造野趣效果。"国庆"前夕，在公园东门摆放"鹿"主题花坛。利用公园内城市绿地节水示范区、应急避难设备、光伏电太阳能设备、物联网系统等高新科技项目，开展科普宣传和教育活动。承担望京街道、东湖街道、太阳宫地区、来广营地区、崔各庄地区以及孙河地区绿化养护面积81.3万平方米，养护道路绿地45条，其中特级道路绿地7条，一级道路绿地24条，二级道路绿地14条。新建和改造绿化工程10项，其中竣工8项。接待各类单位来园参观科普项目10余次，接待游客25万人次。

地址：望京东湖路1号

电话：64708518

邮编：100102

（张阿青 王继芳）

【绿化工程】 3月18日，北小河城市休闲公园工程开工，北小河公园负责2.11万平方米绿化任务，4月20日部分工程竣工，完成80%施工进度款406.72万元，工程包含绿化、铺装、喷灌、电气等项目。3月18日，地铁15号线沿线环境整治工程（三标段）开工，绿化面积5万平方米，工程投资456.23万元，4月20日竣工。4月20日，位于望京地区的万和桐城公园景观建设工程开工，包含绿化、铺装、喷灌、电气等项目，绿化面积3.85万平方米，11月15日部分工程竣工，完成90%施工进度款2720.85万元。5月27日，位于望京地区的季景沁园南侧、西侧绿化工程开工，绿化面积3500平方米，工程投资62.44万元，6月14日竣工。7月8日，广顺北大街（湖光北街－广顺桥）工程开工，绿化面积2234.8平方米，投资119.46万元，7月17日竣工。7月8日，京承高速（北四环－北五环）工程开工，绿化面积4470平方米，投资155.93万元，7月17日竣工，种植花卉22.35万株。10月20日，位于东湖地区的广顺北大街（湖光北街－广顺桥）工程开工，绿化面积9318平方米，工程投资115.24万元，11月10日竣工。10月20日，位于东湖地区的阜安西路（宏泰西街－河荫中路）工程开工，绿化面积796平方米，铺装面积62平方米，投资33.51万元，11月10日竣工。10月20日，广泽路（河荫中路－屏翠东路）工程开工，绿化面积3055平方米，铺装面积68平方米，投资81.49万元，11月10日竣工。10月22日，河荫西路（望京西路－广顺北大街）工程开工，绿化面积1.53万平方米，投资91.22万元，10月31日竣工。

（田菲 赵娜）

【推广使用再生水活动】 5月15日，第20个全国城市节约用水宣传周之际，市水务局、市节约用水管理中心和市园林绿化局、市公园管理中心在喷泉广场联合举办"改善城市水生态，推广使用再生水"宣传活动。市水务局局长程静、市园林绿化局副局长周建平等领导出席活动并讲话,公园介绍先进节水经验并发起节水倡议,发放《再生水知识手册》1500份。

(王继芳)

## 庆丰公园

【概况】 庆丰公园位于东三环中路,通惠河北路南侧。隶属区园林绿化局,全民所有制差额拨款事业单位。公园面积20.21万平方米,其中陆地面积20.01万平方米,水面积0.2万平方米。实有园林绿地19.64万平方米,实有树木35.01万株。管理处在职职工27人,其中管理人员14人、专业技术人员8人、工勤人员5人(高级工2人、中级工1人、初级工2人),其中女职工11人。主要职能是养护园内绿化景观,保持设施完好。固定资产总值21.67万元,全年收入909万元。年内,接待行业参观考察6次500人。开通新浪微博,开展绿地认养宣传,提供活动场地服务。完成地铁十五号线沿线绿化工程、常营两限房代征绿地工程和双井九龙花园景观工程,绿化面积7.5万平方米,补植灌木300余株,更新草坪4000平方米。节约养护成本,减少草花种植量,将绿篱全包防寒改为挡风板,合理灌溉。邀请古树专业养护队制定古树复壮方案,聘请园林老专家进行绿化养护指导,完成区创建全国文明城区迎检工作。建立固定资产账套系统、游客投诉处理机制。组织消防知识讲座和安全应急预案现场演练,重大节假日进行安全检查,维修东、西园公共设施。7月,党支部正式成立,有党员7名。全年接待游客30万人次。

地址:厂坡村甲2号

电话:67780738

邮编:100022

(房桂娟)

【绿化工程】 4月12日,地铁十五号线沿线(京顺路西侧北甸村口——顺黄路口)绿化工程开工,绿化面积5.5万平方米,5月8日竣工。4月12日,位于常营中路东段与常顺路南端的常营两限房代征绿地工程开工,绿化面积9375平方米,5月12日竣工。5月25日,位于双井街道九龙山路西侧的双井九龙花园景观工程开工,绿化面积6500平方米,6月30日竣工。

(李　腾)

【李宁城市轻运动活动】 11月11日,举办由李宁公司主办的李宁城市轻运动"我爱11路,脱光走"活动。李宁公司为都市里的"光棍"举行盛大派对,选出111对单身男女,走完充满趣味的"脱光走"路线,到达"光棍节圣地"万达广场。活动倡导将"生活"和"运动"融为一体,让每个人去践行低碳环保的健身方式。

(陈　希)

## 大望京公园

【概况】 大望京公园位于崔各庄地区,北靠北小河,东南临京顺路,东北至五环路,西接望京规划路。隶属区园林绿化局,全民所有制差额拨款事业单位。全园占地面积33.04万平方米,其中绿地面积26.40万平方米,铺装面积4.30万平方米,水面面积2.34万平方米。绿化覆盖率87%,实有树木2.67万株。管理处在职职工26人,其中管理人员16人,专业技术人员7人,工勤人员3人。"五一"、"十一"节期间,园内布置花卉21.7万余盆。完成地铁15号线周边绿地工程、远洋万和城项目北侧代征绿地绿化工程、竹藤园园林景观工程、万和公馆、远洋南侧路工程新建工程5项,绿化面积7.42万平方米。完成来广营北路工程、来广营西路工程、麦子店小区改造工程绿化改造工程3项,绿化改造面积9.08万平方米。承担北小河城市休闲公园园林绿化工程、七棵树、五环路、五环路(草场地)绿地、春华路、红军营东路、北苑二号路、北苑四号路绿化养护任务,养护面积8万平方米。完成有农南路口花卉布置工程、永安宾馆花卉布置工程、环境优美大街绿化及景观建设工程(酒仙桥大街)、枣营中学花卉布置工程等地栽花卉项目16项,栽摆花卉5.8万余盆。举办国际森林年启动植树活动、"风采大望京、美丽我家园"摄影比赛、进入望京社区宣传义务植树、韩国浦项义务植树活动、解放军义务植树等活动。加强安全工作,全年组织职工及安保人员消防安全培训2次,消防演练3次。

地址:望京东路甲6号

电话;84762518

邮编:100102

(李　坤)

【绿化工程】 5月1日,位于望京中心的竹藤大厦绿化工程开工,绿化面积7127平方米,6月30日竣工。

(李　坤)

## 区绿化一队

【概况】 区绿化一队隶属区园林绿化局,全民所有制差额拨款事业单位。主要职能是管理园林绿地、美化城市环境。在职职工148人(男职工93人,女职工55人),其中管理人员27人、专业技术人员25人、工勤人员96人;离休干部4人;退休职工146人。全年经济创收1.55亿元,固定资产总值5317.02万元。年内,绿化养护面积292.5万平方米,养护道路绿地179条,其中特级道路绿地24条,一级道路绿地95条,二级道路绿地60条。养护绿地内实有树木55.67万株。推出农展南路、朝外大街、老迎宾线、建国路、劲松路等15条精细化管理示范大街。在区园林绿化局养护综合评比中获得第一名。完成5项绿化改造工程,包括三环路增绿添彩绿化工程、长安街及其延长线景观绿化工程、朝外市场街绿化工程、马道口绿化工程、水碓子绿化工程。绿化面积5.13万平方米，工程投资1729.15万元；完成6项新建绿化工程，包括青年汇绿化工程、朝阳路绿化工程、百环家园绿化工程、光华路绿化工程、温榆河景观大道绿化工程第六标段（隔离带）、温榆河景观大道绿化工程第六标段（步道外）。绿化面积18.89万平方米，工程投资3819万元。“十一”前夕，分别在通惠河北路、北五环路、二环路文化部门前、光明桥、朝阳公园门口、郡王府、工体北路树池、农展南路树池、工体北路花钵、农展南路中央分车带和主辅分车带及步道外、甜水园街花钵、东四环地栽及花池、建国路地栽及花池、姚家园、朝外大街、老迎宾线进行庆祝“建党90周年”和迎“国庆”立体花卉布置，栽摆时令花卉439.68万株。

地址：团结湖路15号
电话：85967276
邮编：100026

（张　静）

【绿化工程】　3月15日，温榆河景观大道第八标段步道外（沙窝村至区垃圾无害处理中心东门）绿化工程开工，绿化面积10.92万平方米，工程投资1574万元，6月1日竣工。4月15日，位于三环路至西大望路的光华路绿化工程开工，绿化面积2000平方米，工程投资20万元，5月20日竣工。位于百环饭店南侧的百环家园绿化工程，绿化面积4500平方米，工程投资247万元，4月30日竣工。温榆河景观大道第六标段隔离带（沙窝村至区垃圾无害处理中心东门）绿化工程，绿化面积5.28万平方米，工程投资1158万元，6月1日竣工。6月1日，三环路（长虹桥至分钟寺桥）增绿添彩绿化工程开工，绿化面积3万平方米，工程投资1200万元，7月15日竣工。6月1日，朝阳北路铁道桥至青年路路口南侧的青年汇代征绿地绿化工程开工，绿化面积1.4万平方米，工程投资600万元，7月15日竣工。10月1日，朝外大街至日坛北路的朝外市场街绿化改造工程开工，绿化面积2500平方米，工程投资208.22万元，10月10日竣工。10月1日，金台路口以北的马道口路绿化改造工程开工，绿化面积1500平方米，工程投资56.13万元，10月10日竣工。10月1日，位于西大望路至甜水园东街的水碓子中街绿化改造工程开工，绿化面积2000平方米，工程投资38.6万元，10月10日竣工。10月20日，位于东四环慈云寺桥至东五环大黄庄桥的朝阳路绿化工程开工，绿化面积6400平方米，工程投资220万元，11月10日竣工。10月20日，潘家园路绿化工程、朝外大街绿化工程、东大桥路绿化工程、农展南路绿化工程、工体东路绿化工程、西大望路绿化工程、朝阳路绿化工程、劲松大街绿化工程、武圣东路绿化工程、甜水园街绿化工程、劲松中街绿化工程、金台西路绿化工程、百子湾南二路绿化工程、华威南路绿化工程、华威里南街绿化工程等15项绿化工程开工，属环境优美大街绿化及景观建设工程项目，绿化面积9.62万平方米，工程投资1053.81万元，11月10日竣工。11月16日，长安街及其延长线（东三环国贸桥至东四环四惠桥）景观绿化工程开工，绿化面积1.53万平方米，投资226.2万元，11月25日竣工。

（刘　旭　张　静）

【“国庆”花卉布置】　7月8日至14日，分别在通惠河北路、北五环路、二环路文化部门前、光明桥、朝阳公园门口、郡王府、工体北路树池、农展南路树池、工体北路花钵、农展南路中央分车带和主辅分车带及步道外、甜水园街花钵、东四环地栽及花池、建国路地栽及花池、姚家园、朝外大街、老迎宾线进行庆祝建党90周年和迎“国庆”立体花卉布置。栽摆新优品种439.68万株。

（刘　旭　张　静）

## 区绿化二队

【概况】　区绿化二队隶属区园林绿化局，全民所有制差额拨款事业单位。主要职能是管理、规划、建设园林绿地，美化城市环境。在职职工144人，其中管理人员15人、专业技术人员14人、工勤人员104人、编外合同工11人。退休职工42人。固定资产总值1951.05万元。养护绿地范围东至驼房营，西至八达岭高速路，南至四惠桥，北至昌平交界。年内，加大绿化养护检查力度，采取随机抽签检查方式，重点检查常态化养护管理工作，组织养护检查8次。购置小型园林机械63台，三轮车26辆。参加区园林绿化局国槐修剪比赛，7人获奖。成立汛期应急抢险队，进行汛期应急预案演练。完成专业绿化改造工程、代办工程36个，其中环境优美大街绿化及景观建设项目包括樱花西街、科荟路、曹忠北路、朝阳公园路、广顺南大街等24条道路，工程投资2144.12万元；城市绿地增绿添彩工程（桥区节点和三环路）及代征绿地项目（安华桥至长虹桥），投资911.03万元；东土城路、林萃东路、天泽路专业绿地改造工程3个，投资440.73万元；安苑北里小区、全国组织干部学院等代办工程7个，投资3834.8万元。在惠新西街、中轴路、北四环路、东四环路、安定路、安立路、民族大道等主要路段进行迎接建党90周年、“国庆”花卉布置及通惠河照明等工程施工，投资921.72万元，栽摆花卉109.14万株。签订交通安全责任书、《电瓶车安全使用责任书》，安全检查29次，安全培训6次，安全教育11次，举办消防知识讲座，组织消防演练，全年无安全事故。通过北京兴源体系认证中心ISO9001质量管理体系、ISO14001 环境管理体系及 OMS 职业健康安全管理体系认证外审。被区交通安全委员会评为“2011 年度交通安全先进单位”。
地址:柳芳北里 3 号楼西侧
电话:84515379
邮编:100028

（林淑文　张立荣）

**【绿化工程】**　1 月 21 日,位于和平里北街与二环路之间的东土城路绿化工程开工,绿化面积 3520.5 平方米,投资 211.76 万元,2 月 9 日竣工。1 月 29 日,安苑北里小区绿化改造工程开工,绿化面积 3603 平方米,投资 52.62 万元,2 月 28 日竣工。3 月 15 日,位于金盏乡机场二高速楼梓庄桥北侧的全国组织干部学院景观绿化工程开工,绿化面积 9.2 万平方米,投资 2884.32 万元,7 月 12 日竣工。5 月 20 日,莱太大厦项目园林绿化景观专业工程竣工,绿化面积 9200 平方米,工程投资 750.1 万元。8 月 22 日,光熙门北里小区、育慧南路南段绿化工程开工,绿化面积 5452 平方米,工程投资 109.97 万元,10 月 1 日竣工。8 月 29 日,三环路安华桥区节点绿化工程开工,绿化面积 4216 平方米,10 月 17 日竣工。8 月 29 日,安华桥——长虹桥(包括桥区)绿化工程开工,绿化面积 5 万平方米,投资 911.03 万元,10 月 17 日竣工。10 月 1 日,位于科荟路与成府路之间的林萃东路绿化工程开工,投资 103.86 万元,绿化面积 2000 平方米,10 月 10 日竣工。10 月 1 日,西坝河中里小区绿化改造工程开工,绿化面积 3958 平方米,投资 17.97 万元,10 月 10 日竣工。10 月 22 日,樱花西街、科荟路、慧忠北路、朝阳公园路、广顺南大街等 24 条道路绿化工程开工,绿化面积 8496 平方米,工程投资 2144.12 万元,11 月 10 日竣工。10 月 22 日,位于亮马桥路与霄云路之间的天泽路绿化工程开工,绿化面积 2308 平方米,工程投资 125.11 万元,10 月 31 日竣工。

（周婷婷　任　爽）

**【花卉布置】**　年内,对惠新西街、中轴路、北四环路、东四环路、安定路、安立路、民族大道、广顺南北大街、新东路、朝阳公园西路、北辰东路、樱花东街等主要路段进行节日及日常花卉布置,投资 921.72 万元。

（周婷婷　任　爽）

## 区绿化三队

**【概况】**　区绿化三队隶属区园林绿化局,全民所有制全额拨款事业单位。主要负责区域内农村道路绿化、路树养护,城市园林系统规划、绿地建设与养护工作。在职职工 43 人,其中管理人员 12 人、专业技术人员 8 人、工勤人员 23 人。退休人员 8 人。全年经济创收 5451.76 万元,固定资产总值 602.21 万元。绿化养护面积 205 万平方米,养护专业道路绿地 142 条,道路绿化长度 220.68 千米,其中特级道路绿地 12 条,一级道路绿地 45 条,二级道路绿地 85 条。年内,完善养护制度,逐级逐人落实到位,增设病虫害监测防治岗位,对所管辖内的重点道路进行地毯式查找灭杀害虫。开展养护修剪培训,对民工进行现场修剪演练。新增道路绿地养护 15 条,有北苑东路、北豆各庄路、辛庄南一路、辛庄南二路、苇子坑路、辛庄商业街、驼房营南段、北京会议中心北门、将台洼中心路、姚家园东里中街、东润枫景北一路、东润枫景北二路、东润枫景西路、东润枫景北路、东润枫景中路。完成温榆河大道绿化工程和丁香园绿化改造工程,预算 4481 万元,绿化面积 25.1 万平方米。完成喷灌节水工程 2 个。
地址:东风乡将台洼甲 1 号
电话:84301230
邮编:100016

（彭桂英）

**【绿化工程】**　10 月 21 日,温榆河大道(金盏十字路口至康营北桥)绿化工程竣工,绿化面积 17.1 万平方米,投资 2929 万元。12 月 10 日,丁香园绿化改造工程开工,绿化面积 8 万平方米,投资 1553 万元,12 月 29 日竣工。

（刘　超）

## 大黄庄苗圃

**【概况】**　大黄庄苗圃隶属区园林绿化局,全民所有制自收自支事业单位。主要职能是道路养护管理、园林绿化设计及施工、绿化苗木及花卉生产与销售。在职职工 112 人,其中管理人员 15 人、专业技术人员 17 人、工人 80 人。退休职工 114 人。全年经济收入 1.36 亿元,固定资产总值 3384 万元。养护道路绿地面积 489.36 万平方米,其中特级道路绿地 5 条 162.47 万平方米、一级道路绿地 13 条 121.84 万平方米(其中新增道路绿地 3 条,面积 20.88 万平方米)、二级道路绿地 19 条 34.05 万平方米(其中新增道路绿地 2 条 15.29 万平方米)、高安屯垃圾处理中心养护面积 171 万平方米。年内,制定养护道路三级责任制,设置专职保洁员 106 名,临时保洁员 40 名。及时做好蚜虫、蚧壳虫、红蜘蛛等病虫害防治工作,全年无大面积病虫害发生。完成垡头翠成小区周边绿地改造、望京沟改造项目 2 个,常营公园,温榆河四、七标段和温榆河景观大道外围 30 米绿化,高安屯三角地绿化,王四营法院,三间房水郡长安代征绿地绿化工程等新工项目 5 个,绿化面积 40.61 万平方米。调整苗木产业结构,引进大规格乔木,改变花卉培育模式,由培育传统时令草花改成培育宿根花卉。全年入圃苗木 8.10 万株,出圃苗木 2.49 万株。经市园林绿化局及市相关单位联合检查,继续荣获北京市无检疫对象苗圃荣誉称号。被评为区 2011 年度交通安全先进单位。
地址:大黄庄35号
电话:65711286
邮编:100024

（李　颖）

**【绿化工程】** 5月30日,温榆河景观大道绿化工程四、七标段竣工,绿化面积13.79万平方米,工程投资3000万元。8月22日,垡头翠成小区一期、一期三角地、二期周边绿地改造工程开工,绿化面积4.42万平方米,工程投资959.52万元,10月1日竣工。8月29日,常营保利公园工程开工,绿化面积3.91万平方米,工程投资1430万元,10月27日竣工。9月12日,温榆河景观大道红线外三角地工程开工,绿化面积16.90万平方米,工程投资1150万元,10月21日竣工。10月22日,望京沟绿化改造工程开工,绿化面积1.65万平方米,工程投资213万元,11月10日竣工。10月22日,水郡长安代征绿地绿化美化工程开工,绿化面积1.94万平方米,喷灌工程1.94万平方米,工程投资450万元,10月31日竣工。10月22日,王四营法庭绿化工程开工,绿化面积1200平方米,工程投资4万元,10月31日竣工。

（李　颖）

## 北花园苗圃

**【概况】** 北花园苗圃隶属区园林绿化局,全民所有制自收自支事业单位。面积22.40万平方米。主要负责区域内农村道路养护管理,园林绿化设计及承揽绿化工程、道路巡查、绿化苗木、花卉培育。在职职工36人,其中管理人员10人、专业技术人员5人、工勤人员21人。退休人员5人。养护道路绿地面积103.92万平方米,其中特级道路绿地8条46.06万平方米、一级道路绿地17条46.48万平方米,二级道路绿地11.38万平方米。实有乔木4.25万株,灌木13.25万株。全年无大面积病虫害发生。完成温榆河景观大道绿化工程、金泰小区绿化工程、化工路绿化改造工程、6109工厂绿化改造工程、垡头路绿化改造工程,绿化面积9.94万平方米。完成朝阳公园西路、弘燕路、北辰西路等处花卉布置,摆放各类花卉121.29万盆。
地址:高碑店乡北花园村南
电话:87739429
邮编:100024

（伏乃红）

**【绿化工程】** 5月10日,温榆河景观大道绿化工程(五标段)竣工,全长2.6千米,宽80余米,面积7.5万平方米,投资900万元。6月1日,位于南磨房地区的金泰小区绿化工程开工,投资136万元,面积6808.23平方米,7月8日竣工。9月1日,6109兵工厂绿化改造工程开工,改造办公楼、家属楼及绿地5000平方米,投资50万元,9月30日竣工。10月22日,垡头重点大街绿化改造工程开工,投资30万元,改造绿地面积9125平方米,11月10日竣工。10月22日,垡头桥西侧的化工路改造工程开工,改造面积3570平方米,投资28万元,11月10日竣工。

（陈小芳　齐　宏）

## 林业工作站

**【概况】** 朝阳区林业工作站隶属区园林绿化局,是林业站、果树站、林保站、种苗管理站四站合一全额拨款事业单位。占地面积0.73万平方米,固定资产总值130万元。在职员工17人,其中管理人员7人、高级工程师3人、工程师4人、助理工程师3人。主要职能是果树新品种推广、苗木繁育和管护技术推广;果树基础数字统计、相关政策制定;技术培训、信息服务;果树项目实施监督与管理;乡镇林业站建设管理与工作人员技术培训,上岗证书核发;林业科学技术示范与推广;林木种苗调剂与管理;林业调查与规划设计、林木有害生物防治、预测预报、检疫及相关培训等。年内,以防治美国白蛾、春尺蠖、国槐尺蠖、蚜虫等林木有害生物为主,普遍防治6次,防治面积9333.33万平方米。办理植物检疫、林木种子生产经营许可等事项20余项。加大对管庄、东坝木材市场内300余家木材经销商管理。累计监测美国白蛾成虫2740头。发生美国白蛾幼虫47处,涉及街乡17个,危害树木509株,美国白蛾越冬代成虫数量比上年明显增加,幼虫疫点数与危害树木株数下降,第三代幼虫危害株数上升。主要集中在老旧小区及脏乱差地区,在全区未发生美国白蛾灾害。果树面积548.27万平方米,总产量290万公斤,产值1400万元,增加农民就业1500人。可供观光果园6个,引进名特优枣品种30余种。接待观光采摘游客2万人次,观光采摘收入500万元。截至年底,有苗圃34个,育苗面积594.73万平方米,可育苗面积514.06万平方米,育苗283.78万株。
地址:平房乡姚家园村84号
电话:51193981
邮编:100025

（刘传敏）

## 园林绿化综合服务中心

**【概况】** 朝阳区园林绿化综合服务中心隶属区园林绿化局,行政支持类差额拨款事业单位。在职人员18人,退休职工2人。主要职责是协助区绿化局有关科室做好伐移树木审批前后相关服务工作、做好绿地控制线范围内建设情况监督检查工作、做好绿化经费收缴工作,负责有关统计工作。年内,与22家社会单位签署《代征绿地移交协议》,涉及代征绿地42.9万平方米。完成收缴收回12块,24.5万平方米。和各家开发商协调,清理腾退代征绿地70.6万平方米。与4家社会单位签署《代征绿地认养协议》,收取绿化经费385万元。办理土地证1宗8.2万平方米。对全区318块代征绿地进行数据库动态更新1次。对北纬40度等5家项目代征绿地进行钉桩成果确认。

地址:朝阳北路147号院1号楼

电话:85974268

邮编:100025

(王　君)

## 朝阳公园

**【概况】** 朝阳公园为国家AAAA级旅游景区,东至东四环路,南至朝阳公园南路,西至朝阳公园路,北至亮马河路。南北长约2.8公里,东西宽约1.5公里,规划面积288.7公顷,水面面积68.2公顷,陆地面积220.5公顷,绿化覆盖率87%,其中建筑占地面积10.4公顷,道路广场铺装面积21公顷,绿化面积145公顷,其他占地面积44.1公顷。年内,继续贯彻执行ISO9000国际质量管理体系、ISO14000国际环境管理体系和OHSAS18001职业安全健康管理体系标准,并通过认证复审。下设北京朝阳公园开发经营公司安保中心、北京朝阳公园开发经营公司票务中心、北京朝阳公园开发经营公司餐饮商卖中心、北京朝阳公园开发经营公司物业管理中心、北京朝阳公园开发经营公司绿化保洁公司、北京朝阳公园开发经营公司水电管理中心、北京朝阳公园开发经营公司勇敢者游乐园、北京朝阳公园开发经营公司体育中心、北京朝阳公园开发经营公司沙滩主题乐园。全园职工总数1940人。其中在岗职工902人,退休职工900人,内退职工138人。接待游客711万人。北京海洋沙滩狂欢节荣获第六届北京公园节"优秀文化活动"奖、北京市安全生产月活动优秀组织奖

地址:朝阳公园南路1号

电话:65940972

邮编:100125

(孔　雁)

**【主题活动】** 2月3日至8日,举办第九届"北京朝阳国际风情节",接待游客43.59万,同比增长11.5%。春节期间综合收入795万元,同比增长20%。在老北京网发起的第二届最差感官庙会及最受关注庙会评选中,朝阳公园庙会取代龙潭公园庙会,获得最受关注庙会前三名。4月30日至5月2日,举行"第六届朝阳流行音乐周"分会场活动。活动以"五月朝流"为主题,在礼花广场上演6场精彩演出,展出欧盟音乐家绘画作品。9月30日,在礼花广场举行"2011北京朝阳国际旅游文化节"开幕仪式。市旅游发展委员会委员赵广朝、区人大常委会副主任于五一、副区长阎军等领导,参展国家外交使节和旅游企业代表,老年英语协会代表,居民代表500余人出席开幕式。"十一"期间,举办8项主题活动:文化艺术交流、国际旅游图片展、国际旅游资源展、国际美食街、国际环保署展、金鱼锦鲤大赛、非物质文化遗产展以及"玛克斯潮哮艺术"轮滑街舞展演。7天入园43万人,综合收入610万元。9月30日,在喷泉广场举办"2011北京朝阳国际旅游文化节"主题活动"2011北京金鱼锦鲤大赛"开幕式。农业部、中国水产科学院、全国水产技术推广总站及市农委、市发改委、市农林科学院、市科委领导、区长助理、公司总经理等出席开幕式,孟加拉、马来西亚、印度尼西亚等国大使馆朋友应邀出席。全国34个省市80余家单位1000尾观赏鱼,参加金鱼11个组别、锦鲤7个部别共88个奖项角逐。来自福建省福州金鱼协会的"三色琉金"与北京红运锦鲤养殖中心的"昭和三色"分别摘得大赛金鱼组、锦鲤组总冠军,天津市精武惠民观赏鱼有限公司夺取金鱼"创新奖"。

(孔　雁)

**【游园活动】** 4月17日,"2011李宁王子杯国际青少年网球排位赛"第一站在网球中心举办。分为短网B组,8岁、10岁、12岁、14岁、16岁组以及家庭混双组,第一站赛程分3个周末共6天,800余人参赛,使用场地500个小时。为配合赛事,4月17日,"李宁网球嘉年华"活动特意邀请网球希望之星彭帅,为广大青少年签名留念。5月8日,北京京城机电控股有限公司在中心岛剧场主办集体婚礼。50对新人共同参加花车巡游、婚礼仪式和冷餐会等活动。此次活动是剧场建成以来首次规模最大的经营性活动,也是第一次在中心岛剧场举办的婚礼类活动。5月21日,在南门举行"文明出行 诚信服务 和谐环境你我共享"创建行动主题日活动,100余人参加活动。发放关于"文明城区创建、安全、消防、交通、垃圾分类和公园游览"等宣传册、宣传折页3000余份,游客调查问卷200份。利用南门和东7门LED大屏幕滚动播放文明创建宣传片,在园内6处156块橱窗张贴宣传画,在各门区及园内重点区域悬挂10幅宣传横幅。5月29日,在喷泉广场南侧小广场举行"为爱成长·阳光六一"公益活动。活动由中国妇女发展基金会主办,天伦之声文化传媒有限公司承办,邀请北京儿童希望之家和山西大同乳娘村孤残儿童参加。6月6日,李宁羽毛球馆开业仪式暨"五羽轮比"混合团体追逐赛正式启动。"五羽轮比"混合团体追逐赛是开馆后与李宁公司合作举办的第一次大型羽毛球比赛。36支球队300余名业余爱好者参赛。6月18日至8月31日,朝阳公园第三届海洋沙滩狂欢节接待游客20余万人次,收入900多万元。6月25日,在网球中心举办"BOT杯"ITF北京国际元老网球巡回赛。本赛事是

网球中心与北京东方国际网球发展中心合作的一次较大规模国际性网球赛事,历时5天,共有来自中国、韩国、日本、印尼、荷兰等10余个国家和地区106名选手参赛。8月13日,在李宁羽毛球馆举办"新华资产——2011北京CBD金融杯"羽毛球赛。来自银行、证券、保险等40余家金融企业,500余名选手参赛。区长程连元出席颁奖仪式,并与CBD金融商会领导共同为"北京CBD金融商会运动俱乐部"揭牌。8月17日,在南门广场举行"2011中国幸福家庭万里行"出发仪式。十届全国政协副主席、中国人口福利基金会会长王忠禹、国家人口计生委副主任崔丽、中国计划生育协会会长杨玉学、副市长丁向阳、市政协副主席黎晓宏、市人口计生委主任刘志、区委书记陈刚、区政协主席辛燕琴、副区长张春秀,以及河北、吉林、黑龙江、广东、四川、西藏、青海、新疆(省、区、市)万里行活动地人口计生委有关负责人等出席活动。9月17日,举办由外交部部长杨洁篪夫人乐爱妹女士发起的第三届"大爱无国界"国际义卖活动。乐爱妹女士和外交使团团长多哥驻华大使阿马先生在开幕式上致辞。杨洁篪部长夫妇、李金章副部长、阿马大使等为活动开幕剪彩。现场义卖所得收入以及企业和个人赞助近300万元。9月17日晚,在沙滩主题乐园举行"超凡喜力嘉年华"活动,1000余人参加。9月18日,在北部园区举行朝阳公园五大体育赛事之一的"李宁iRUN跑天下城市接力赛"。内容为10公里五人团体接力赛,吸引来自北京、天津等地区800余名跑步爱好者参与。历时2小时,评选出前6支队伍为获胜者。9月23日至25日,由市教委、市体育局主办,北京学生活动管理中心承办,北京东方国际网球发展中心(BOT)协办的2011阳光体育北京市中小学生网球比赛在网球中心举行。市教委体艺处处长、市体育局副局长等出席开幕式。赛事是市教委认可的全市网球竞技A类赛事。设男、女单打两个项目,来自16个区县50余所学校100名学生参赛。"第二届BOT普及推广校网球趣味运动会"、北京国际网球节"网球·生活汇"、中澳网球训练营等活动同时展开。9月28日下午,朝阳区人口文化园工程"新风锦园"在朝阳公园落成揭幕,标志朝阳区人口文化园工程正式启动。中国计生协秘书长李艳秋、市人口计生委委员王晓光、区人大常委会副主任李国、副区长刘军胜、区政协副主席郑煌、朝阳公园总经理田锦秈为"新风锦园"揭幕。景区位于朝阳公园礼花广场东路北段路两侧,由区政府投资建设,是区计生委为开展创建幸福家庭活动所打造的人口文化宣传精品基地和展示区域人口文化文明进步的重要窗口。"文明朝阳、幸福家庭——朝阳区创建幸福家庭摄影和儿童绘画摄影展"成为新风锦园揭幕后第一个展示主题,同时展出的还有由北京创新协会启蒙教育创新专业委员会和《现代教育报·启蒙专刊》共同主办的第五届"启蒙杯"中国国际儿童美术才艺大赛获奖作品。

(孔　雁)

**【视察沙滩排球主场馆】** 5月9日,市体育局局长李颖川、国际排联技术代表 Dirk Decher、中体产业总裁刘军、区体育局局长等领导莅临沙滩排球场检查大满贯赛事场馆准备、安全保障、后勤保障等工作。

(孔　雁)

**【"海洋沙滩狂欢节"安全工作】** 7月24日,市公安局治安管理总队副处长,区体育局局长及市区治安卫生监督管理人员对"海洋沙滩狂欢节"现场进行安全检查。重点检查活动安全预案、现场救生安全、用电及水质安全。

(孔　雁)

**【文明城区创建工作】** 8月25日,区委常委、常务副区长吴桂英带领区有关部门检查文明城区创建工作。检查游客服务中心、索尼探梦、公园环境秩序、公共设施及无障碍设施的使用和完备情况。

(孔　雁)

**【碳汇项目】** 3月15日,市园林绿化局公园风景区处处长、市林业碳汇工作办公室主任现场考察碳汇项目,朝阳公园与市园林绿化国际合作项目管理办公室合作进行碳汇绿化实验示范工程。工程位于朝阳公园内,开展立体绿化436延米,种植藤本月季、地锦等攀缘植物。水生植物绿化260平方米,在北湖种植荷花、香蒲、千屈菜、菖蒲水生植物。在春花园栽植大规格海棠、樱花、山杏等,借助原有地形与多样化植被,形成乔灌木组合的植物小群落,改造绿化约500平方米。4月15日开工,5月15日完工,10月31日验收。总投资33万元。

(孔　雁)

**【世界大满贯北京赛】** 6月6日至11日,举行国际排联世界沙滩排球巡回赛北京大满贯赛。来自40多个国家和地区的300多名运动员参加。由国家体育总局排球运动管理中心、市体育局、区政府共同主办,市体育竞赛管理中心、区体育局和中体广告有限公司共同承办。国家体育总局副局长、组委会名誉主席蔡振华,副市长、组委会名誉主席刘敬民,副区长张春秀,朝阳公园总经理为获奖选手颁奖。

(孔　雁)

## 中华民族园

**【概况】** 中华民族园位于北四环与北辰路(中轴路)交会的西南角,东至北辰路西红线,西至北辰西路,南至北土城路北红线,北至北四环路南红线。挂中华民族园和中华民族博物院两个牌子。占地面积28.2万平方米,其中绿地面积17.26万平方米,绿化覆盖率90.6%,道路、广场面积2.96万平方米,水面面积4.3万平方米,建筑面积3.68万平方米。植物237551株。草坪2万平方米,庄稼地2800平方米,种植农作物25种40个品种。行业管理隶属于区绿化局,属自收自支、独立核算、自负盈亏民办事业单位。截至年底,在职职工390人(男职工156人,女职工234人),干部50人,专业技术人员19人,其中高级职称2人、中级职称9人、初级职称8人。接待游人14.85万人次,其中购票13.65万人次、免票1.2万人次。经营收入631万元。

地址:民族园路1号

电话:62063646

邮编:100029

(汪　昆)

**【政府购买公益服务项目】** 1月16日,在贵宾室举行由市民政局、市文化局、市文物局联合举办的"政府购买民办文化场馆公益服务项目发布会"。中华民族博物院、观复博物馆、紫檀博物馆等16家知名民办博物馆300余人参加活动。

(汪　昆)

**【工程建设】** 3月中旬,北园南大门出入口门房新建工程开工,9月上旬竣工。由民族园工程部设计,民族园古建工程队施工,投资80万元。3月中旬,傣族八角亭新建工程开工,10月中旬竣工。由民族园工程部设计,民族园古建工程队施工,投资100万元。3月上旬,彝族连廊及民俗展厅新建工程开工,9月上旬竣工。由民族园工程部设计,民族园古建工程队施工,投资350万元。5月中旬,仡佬族民居大修工程开工,6月中旬竣工,由民族园古建工程队施工,投资12万元。年内,主要开展维修改造工程5处,由民族园工程部施工,投资5万元。分别为:侗族谷仓屋顶维修工程、北园南门外票房屋顶更换茅草工程、北园南门内广场长廊顶维修铺设木瓦顶工程、景颇族目瑙柱和"鬼冢"维修工程、园内休息木座椅更新10组。新制作中英文全园导览图20块,制作、更新标志牌391块,增加警示牌45块,投资10800元。

(汪　昆)

**【节日摆花】** 4月,"五一"节日摆花6000盆。门区广场和园内主要景区摆放花坛3个。10月,"十一"节日摆花8000盆,门区广场和园内主要景区摆放花坛4个。

(汪　昆)

**【红歌会】** 4月22日,在南园纳西族四方街召开"唱支山歌给党听"56个民族唱红歌活动新闻发布会。祁家豁子社区"春心老年合唱团"、华严里小学合唱队与中华民族园少数民族合唱团总计百余人共同唱响红歌。4月24日,在傣族曼飞龙广场举行由亚运村街道主办的"迎接中国共产党成立90周年,56个民族职工唱红歌"比赛。55家单位700余名职工组成的22支合唱队参加比赛。中华民族博物院少数民族合唱队赢得比赛第一名。

(汪　昆)

**【中华文化遗产街落成】** 4月22日,与北京民族文化遗产保护基金会合作,建立民族文化遗产保护基地。基金会把纳西族四方街命名为中华文化遗产街,并举行落成开放典礼。四方街展出《藏族唐卡、黑陶、木碗展》、《土家族纺织印染展》、《中国传统糕饼模具展》和《少数民族织染绣展》等民族文化遗产,既有实物、图片展,又有少数民族传承人现场制作、教授手工技艺。当日吸引游客500余人。

(汪　昆)

**【汇文中学学生成人礼】** 4月22日,举行汇文中学第2011届高三年级18岁学生成人礼,200名年满18周岁高三学生在藏族博物馆举行藏族传统成人仪式。

(汪　昆)

**【接待参观】** 4月28日,接待海淀区五一小学学生及家长500人参观,同学们在藏族、羌族等博物馆开展民族知识小志愿者讲解活动,与少数民族开展联欢。5月20日,接待市民委宗教一处组织天主教神哲学院师生60人参观,开展爱国主义教育和民族团结教育,同学们观看与少数民族歌舞服饰表演及民族文化遗产展览,与少数民族共跳民族集体舞。5月26日,举行东城区大方家回民幼儿园师生、家长500余人"寻找民族元素,传递快乐心情"庆六一亲子联欢及游园活动,小朋友在傣族曼飞龙广场舞台与少数民族演员一起表演节目,学习民族文化知识。6月1日,由儿慈会、西藏网、海淀外国语学校、北京民族文化遗产保护基金共同组织"同在蓝天下——玉树在京孤儿中华民族博物院欢度六一活动"。20多名玉树地震灾区藏族孤儿在中华民族博物院领导和少数民族接待员陪同下参观藏族、羌族、纳西族博物馆,并与少数民族演员联欢。北京民族文化遗产保护基金会向孤儿捐赠图书100册。6月11日,中华慈善总会宝马爱心基金会组织河北山区贫困儿童20余人参观中华民族博物院,与少数民族一同联欢,体会民族大家庭温暖。10月13日,接待由团中央主办的"日本青年中国文化体验行活动"的500余名日本青年参观游览。11月2日,东城区回民小学师生60余人开展"民族体验行活动",学生全部身穿民族服装,开展民族知识学习活动。

(汪　昆)

**【十年回访启程仪式】** 6月25日,在北园大门口举行"党旗漫卷中国红——走进56个民族家庭"十年回访启程仪式。活动由大众网、中国民族报联合主办,中华民族博物院承办,联合全国90家重点地方新闻网站及国内知名媒体,发起"党旗漫卷中国红——走进56个民族家庭"全国媒体大型接力式采风活动,十年前亲历采访的记者率队自驾，用200天时间重访原来采访过的56个家庭，记录下每个家庭人情风貌、民俗、民生发展变化。

（汪　昆）

**【端午节活动】** 6月，在土家族博物院举办主题节庆活动——端午节节庆活动。主要内容有：土家族端午祭祖，原生态歌舞表演——“欢庆鼓舞”、“茅古斯舞”、“格罗打打”、“土家山歌”，包粽子比赛和学跳土家族集体舞“摆手舞”等。活动期间，累计接待游客7500人。

（汪　昆）

**【夏令营】** 7月29日，中国关心下一代工作委员会、国家民委、联合国儿童基金会联合举办“第二届中华大家园全国关爱各族少年儿童夏令营主营闭营式”。荣获中国关心下一代工作委员会公益文化中心、国家民委教育科技司、联合国儿童基金会共同颁发的“中华大家园关爱成长行动爱心共建单位”铜牌，获赠“中华大家园——纪念中国共产党建党九十周年各族儿女祝福党心愿长卷”。

（汪　昆）

**【安昭纳顿节活动】** 7月，在土族博物馆举办主题节庆活动——安昭纳顿节活动。主要内容包括：土族婚俗表演、原生态歌舞演出、土族游戏“抢金豆”、学跳土族纳顿舞等，累计接待游客8000人。

（汪　昆）

**【马奶节活动】** 8月，在蒙古族博物馆举办主题节庆活动——马奶节活动。主要内容有：祭敖包、蒙古族歌舞表演、蒙古族服饰表演、蒙古族游戏“射箭”、学跳蒙古族集体舞——安代舞等，累计接待游客7800人。

（汪　昆）

**【“金秋乐”活动】** 9月，在白族博物馆举办主题节庆活动——“金秋乐”中秋节宣传活动。主要内容有：白族本主庙敬香祈福、白族服饰介绍、白族舞蹈、制作中秋“团圆饼”、石宝山歌会对唱、学跳白族集体舞等，累计接待游客1万人。

（汪　昆）

**【共绘民族画卷】** 9月27日，开展东城区回民小学师生百余人“献礼伟大祖国 共绘民族画卷”主题活动。回民小学学生身着民族服装现场描绘民族主题画作。

（汪　昆）

**【羌历年活动】** 10月23日，北京羌历年筹委会组织在京羌族200人在羌族景区举行羌历年庆祝活动。主要内容包括：祭祀禹白塔、喝咂酒、歌舞联欢、推杆游戏、跳萨朗舞等，累计接待游客2万人。

（汪　昆）

**【养护工作】** 年内，养护绿地面积17.26万平方米，植物234551株。针对病虫害，对主要乔木进行树干包裹塑料环防虫措施，局部打药15次，全园打药1次。

（汪　昆）

**【动植物保护】** 年内，园内野生植物品种35科80余种，观赏价值较好的品种主要有：蒲公英、紫花地丁、蛇莓、点地梅、旋复花、苦荬、牵牛、荠菜、马齿苋、车前草、鸭跖草、大小蓟、夏至草、莎草、白茅根、芦苇等。野生鸟类有燕子、野鸭、喜鹊、啄木鸟、翠鸟、池鹭、杜鹃等20多种。

（汪　昆）

# 环　境　管　理

**【概况】** 朝阳区环境保护局是隶属于区政府的环境保护专职机构，负责辖区内环境管理工作。年内，提前6天完成二级天年度考核指标；“十二五”环境保护和建设规划编制完成，指引今后5年环保事业发展；开展环境综合治理，6项环保测评指标全部达到A级水平；加大环境执法力度，查处环境违法行为152起，罚款103.7万元，处理环境信访2315件；严把环境标准准入关口，审批1277件，验收575件；创新环境监管模式，完成重点污染源单位水质自动监测系统建设等政府折子工程；做好环境监测等基础性工作，累计取得监测数据38276个。

地址：农展南路5号

电话：65085178

邮编：100125

（胡朝颖）

**【锅炉污染物监测】** 2010年11月15日－2011年3月15日，采暖季期间，开展锅炉污染物排放监察监测专项行动。检查燃煤、燃油、燃气锅炉219台次，检测485台次。

（胡朝颖）

**【领导检查指导工作】** 1月10日，国家“十一五”主要污染物总量减排工作核查组核查本区二氧化硫总量减排工作，核查组由华北环保督查中心主任熊跃辉带队，市环境保护局副巡视员李晓华、区环保局局长张永华陪同。4月20日，市扬尘办检查本区扬尘污染控制工作。7月14日，国家环保部主要污染物总量减排核查组核查本区总量减排工作。核查组由环保部总量司副司长刘炳江带队，市环境保护局副巡视员李晓华、区环保局局长关伟陪同。8月25日，国家环保部华北督察中心副主任王赣江、市环保局以及市环境监测中心领导，调研考察高尔夫球场建设情况及相关环境问题。

9月20日,国家环保部华北督察中心领导现场核查北小河污水处理厂总量减排情况。11月29日,市环境监察总队书记邢志红带队,稽查环境监察工作。11月30日,国家环保部华北督查中心副主任王赣江、市环保局污防处、监察大队等7人督查考核危险废物规范化管理。12月9日,市政府总量减排核查组检查本区总量减排工作。核查组由市环保局副巡视员李晓华带队,区环保书记局于良佐和副局长孙刚陪同。12月16日,市环保局副局长方力、市环境监察总队总队长仲崇磊等领导调研环境监察工作。

(胡朝颖)

【扬尘污染防治】 1月,区城管大队、区市政市容委、区住建委、朝阳交通支队、朝阳公安分局等单位联合检查辖区重点地区周边施工工地,共出动执法人员120人次。3月,开展扬尘污染整治专项行动,加强施工工地和道路监管。5月初至7月初,与区住建委、区城管监察大队共同组成检查组,在国控农展馆、奥体中心子站周边9平方公里范围内以及CBD中央商务区、中关村电子开发区等重点地区,开展春夏季控制扬尘污染专项行动。11月,召开空气质量联合监管工作大会,部署冬季控制大气污染工作。年内,重点检查国控子站周边9平方公里范围内各类污染源单位;前移管理关口,集中培训所有新开工工地负责人;依托扬尘污染联合检查督导组联合检查各类工地;利用覆盖全区42个街乡的空气质量自动监测系统监测辖区空气质量状况,指导开展扬尘污染执法检查工作,检查施工工地1800次。

(胡朝颖)

【黄标车淘汰工作】 3月9日,召开黄标车淘汰和汽车以旧换新工作总结会。此项工作自2009年1月份开始,截至2011年1月31日,淘汰改造黄标车13482辆,黄标车淘汰和汽车以旧换新资金申领联合服务窗口完成5207辆黄标车提前淘汰补助的审核、发放工作,发放补助总计3055.69万元。区环保局机动车排放管理站和区财政局被评为“北京市2009-2010年黄标车淘汰工作先进集体”。

(胡朝颖)

【污染源申报登记】 3月,完成污染源申报登记工作。有1651家单位进行申报登记,审核录入数据10万余个。申报登记单位中包括市属重点污染源45家,区属重点污染源40家,非重点工业企业245家,医院119家,汽修行业241家,加油站128家,搅拌站23家,餐饮724家,机械、电子、危废等企业40家,印刷行业30家,科研院所16家。

(胡朝颖)

【餐饮业专项整治】 4月至10月,在全区范围内开展餐饮业油烟污染专项整治行动。成立7个执法组,现场检查1200家餐饮单位。责令限期治理20家,处罚违法排污餐饮企业41家,罚款9.41万元。

(胡朝颖)

【环保专项行动】 6月上旬至11月中旬,联合12个部门整治重金属排放企业、减排重点行业、中小企业的环境污染问题。共出动3743人次,检查企业8631家次,立案查处430家企业,共处罚款143.87万元。挂牌督办3家企业环境污染问题。

(胡朝颖)

【环境宣传】 6月5日,为纪念“六五”世界环境日,与SK大厦开展环保宣传周活动;与区教委联合举办第十五届中小学生环保演讲比赛;组织优秀选手参加市中小学生环保演讲比赛;指导并参与中国传媒大学学生社团环保鼠标垫设计大赛。

(胡朝颖)

【“十二五”规划编写工作】 10月14日,区政府审定通过《北京市朝阳区“十二五”时期环境保护和建设规划》(以下简称《规划》),由区环保局和区发改委联合发布。《规划》在回顾“十一五”时期环境保护与生态建设工作的基础上,结合对“十二五”时期环境保护形势的分析,从污染物总量减排、大气污染防治、水污染防治、噪声污染防治、固体废弃物污染防治、辐射安全保障、生态建设及环境监管能力建设八大重点领域提出了具体措施与工程项目。

(胡朝颖)

【声环境质量调研】 12月9日,完成声环境质量调研。调研对象包括区域环境噪声和道路交通噪声。涉及全区149个监测点位,重点为2010年监测结果等效声级(Leq)大于55分贝的监测点和48条重点路段(全长168.07 km)。全面监测声环境质量状况,分析成因并提出治理建议。

(胡朝颖)

【水质自动监测】 12月21日,建成并投入试运行重点污染源单位水质自动监测系统,投资405万元。该项目上年中旬立项,3月获得建设投资批复,7月开工建设,10月完工。24小时实时在线监测、管理全区重点污染源污染防治设施运行和主要污染物排放情况。

(胡朝颖)

【二级天指标】 截至年底,农展馆与奥体中心两个国控子站二级和好于二级天数分别为280天和277天,占监测天数的76.7%和75.9%。

(胡朝颖)

【燃煤锅炉改造】 年内,完成7家单位共248蒸吨燃煤锅炉清洁能源改造,削减二氧化硫排放量284.92吨,氮氧化物排放量346.11吨。

(胡朝颖)

【机动车及加油站检查】 年内,通过路检路查、遥测监查、入户抽查、举报核查以及夜间专项检查等手段检测机动车尾气，共检测机动车46.8万辆，检查加油站1538家次。

（胡朝颖）

【辐射安全监管】 年内，完成Ⅲ类射线装置审批、许可证发放、放射性同位素备案以及许可证延续等工作；辐射单位年度评估；110家单位闲置废弃放射源清查；监督万杰医院完成201枚Co－60放射源送贮；检查81家重点核技术应用单位。

（胡朝颖）

# 环 境 卫 生

【概况】 朝阳区环境卫生服务中心是环境卫生专业作业服务队伍，是区属全额拨款正处级事业单位。主要负责全区环境卫生服务性、技术性和事务性工作，担负全区主要干路的清扫保洁、喷雾降尘、垃圾清运、粪便抽运及处理、公厕管理与保洁等环卫作业生产工作。中心下设环卫一、二、三、四队，第一、二、三、四清洁车辆场和环卫服务开发中心共九个基层作业单位。年内，完成区属干路清扫1134条、面积约3053万平方米，保洁过街天桥140座、立交桥22座，保洁清掏果皮箱13400余个。管理保洁公厕1025座、垃圾楼267座，粪便清运43万吨，垃圾清运116万吨。完成春季扫雪铲冰工作。承担“两节”、“两会”、“十一”黄金周，中央和市领导到本区考察，创建全国文明城区等重大节日和活动的环境卫生保障工作。

地址：香河园中里
电话：64628653
邮编：100028

（邢　伟）

【扫雪铲冰工作】 2月9日、2月12日和2月25日普降瑞雪，区环卫中心及时启动扫雪铲冰应急预案，共出动多功能除雪车与融雪车867车次，出动人员近4900人，使用干撒融雪剂1085吨，水溶融雪液5660吨。

（邢　伟）

【春节期间环境保障】 春节期间，清运生活垃圾25200吨、粪便5600吨，出动车辆8400余车次，清除非法小广告15000张、白色污染及树挂24000处，加班加点职工35000人次。

（邢　伟）

【全国文明城区迎检工作】 4月22日，检查第一批共13条示范大街环境卫生整治情况，5月22日检查第二批共14条示范大街环境卫生整治情况。8月17至19日，召开为期3天的创建全国文明城区工作培训会，160余名业务骨干参加了培训。8月29日，召开创建全国文明城区测评动员会。

（邢　伟）

【保障温家宝总理视察】 5月31日，中共中央政治局常委、国务院总理温家宝到十八里店小学视察六一前夕工作情况。为保障温总理出行道路的干净整洁，环卫中心在日常保洁的基础上，特别加强了道路的巡回保洁力度，减少污物的滞留时间，并将北清集团所负责的辅路临时纳入保洁范围。出动82名环卫工人，多功能洗地车1部，降尘车6部，水车6部，使用中水148吨。

（邢　伟）

【应对特大暴雨】 6月23日，本市遭遇十年以来最大降雨，环卫中心接到蓝色暴雨预警信号后，紧急启动应急预案，清理雨停后的积水和淤泥污物，在最短时间内恢复路面洁净。

（邢　伟）

【国庆节环境保障】 十一期间，出动52000余人次，各类作业车辆9400余车次，清运垃圾25979吨，清掏抽运粪便8967吨。

（邢　伟）

【市领导出行视察保障】 10月29日，市委书记刘琪陪同中央领导到朝阳宾馆、莱锦创意园调研。区环卫中心出动70余人，多功能车8部，扫尘车8部，降尘4部，小广告冲刷车8部，使用中水260吨，清理垃圾2吨，白色污染2300余处，清理非法小广告1200余张。

（邢　伟）

【中央领导出行视察保障】 12月1日，中央领导到高碑店乡视察，区环卫中心出动专业力量冲刷京通快速出入口、高碑店路、滨河路的道路、便道和绿化带覆盖苫布，清除沿路非法宣传品广告。11月26日至12月1日，出动各种环卫作业车辆26部42车次，使用中水140吨，清理垃圾1吨，清除非法宣传广告200余张。

（邢　伟）

## 朝阳循环经济产业园管理中心

【概况】 朝阳循环经济产业园管理中心主要承担固体废弃物无害化处理和垃圾处理循环利用项目的规划、建设和管理工作。园区内建有高安屯卫生填埋场、生活垃圾焚烧发电厂、餐厨垃圾处理厂、医疗垃圾处理厂。年内，园区控制性详细规划获市规划委批复，在园区建设完成国内最大的餐厨垃圾处理厂。园区生活垃圾消纳100.19万吨，高安屯卫生填埋场年处理23.06万吨，高安屯生活垃圾焚烧发电厂年焚烧生活垃圾77.13万吨。高安屯卫生填埋场年处理渗沥液11.05万吨，处理填埋气1830.63万立方米。餐厨垃圾处理厂年处理量4570.04吨。医疗垃圾处理厂年处理医疗废物7867.20吨。高安屯生活垃圾焚烧发电厂上网发电2.17亿度。3月份，被市科委授予“北京市科普教育基地”。8月18日，在2011海外华人眼中的“新北京，新八景”征评活动中，被评为“绿色北京新八景”。循环经济产业园作为市“垃圾文明一日游”景点，共接待游客612批次、12624人次。

地址：金盏乡高安屯村

电话：65417429

邮编：100024

(顾来茹)

**【实现原生垃圾零填埋】** 2月1日，高安屯卫生填埋场停止消纳原生垃圾，在全市率先实现原生垃圾零填埋目标。

(顾来茹)

**【领导视察】** 2月17日，全国政协主席贾庆林视察循环经济发展，重点视察高安屯生活垃圾焚烧发电厂、高安屯餐厨垃圾处理厂建设运行情况，了解园区加强生态环境治理、发展循环经济的措施和成效。市委书记刘淇，市委副书记、市长郭金龙，市委副书记、市政协主席王安顺，区委书记陈刚、区长程连元等陪同。3月9日，全国总工会海员建设工会、环卫行业全国人大代表8人视察本市垃圾处理设施建设运行情况。听取市市政市容委关于北京市垃圾分类处理工作总体情况汇报及朝阳循环经济产业园管理中心关于园区建设情况介绍，实地参观高安屯餐厨废弃物处理厂、高安屯生活垃圾焚烧发电厂。6月2日，全国政协提案委员会副主席毛林坤调研加强城市社区生活垃圾分类减量工作。听取园区规划建设情况，实地察看生活垃圾焚烧发电厂、卫生填埋场及配套设施、餐厨垃圾处理厂项目建设运行情况，并座谈交流。

(顾来茹)

**【市科普教育基地】** 3月份，园区被市科委、市科协列为“北京市科普教育基地”。成为市循环经济科普教育宣传中心。

(顾来茹)

**【国际业务交流】** 3月14日，卢森堡驻华大使柯意赫先生(Mr. Carlo Kriege)到园区考察。柯意赫详细了解园区项目建设、能源循环利用、土地开发设想等，实地参观园区内焚烧发电厂、卫生填埋场、餐厨废弃物处理厂等设施。4月18日，伊拉克纳杰夫省议会社会委员会主席、服务委员会主席、经济委员会主席等考察交流城市环境建设与管理方面工作，了解和引进中国在垃圾处理、环境清洁等方面技术设施、管理模式和运行经验，开展互利合作。7月13日，阿尔及利亚国土整治与环境部长谢里夫·拉赫马尼等5人考察园区设施，双方交流固体废弃物处理和再生资源循环利用等问题，国家发改委副主任解振华陪同。9月7日，日本东京都环境局废弃物对策部资源循环推进课系长岩崎贵信带领垃圾管理与技术交流考察团8人到园区考察交流，参观园区各运行设施，交流固体废弃物处理和再生资源循环利用等问题。

(顾来茹)

**【推进友好城市战略合作】** 3月23日，与乌鲁木齐市大浦沟综合处理场签署战略合作意向书。拓展、深化北京市和乌鲁木齐市两地固废处理及综合利用，建立有利于双方自愿高效利用的机制。10月18日，向乌鲁木齐市大浦沟综合处理场援赠4台垃圾异味处理设备，在乌鲁木齐市大浦沟综合处理场举行仪式。

(顾来茹)

**【焚烧中心取得项目建议书批复】** 5月5日，生活垃圾综合处理厂焚烧中心项目取得项目建议书批复。该项目由市、区两级政府投资建设，规模为日处理生活垃圾1800吨，采用机械炉排炉焚烧工艺，计划总投资12.8亿元，占地面积53693平方米，焚烧余热主要用于上网发电。

(顾来茹)

**【规划获得批复】** 6月22日，《北京市朝阳循环经济产业园控制性详细规划》(简称“园区规划”)获得市规划委批复。

(顾来茹)

**【考察交流】** 7月6日，天津市市容和园林管理委员会到园区参观考察。7月12日，上海市嘉定区人大常委会15人到园区参观考察。8月19日，乌鲁木齐市市长吉尔拉·衣沙木丁等领导到园区考察。

(顾来茹)

**【中国环境园战略联盟联谊会召开】** 9月28日，在循环经济产业园示范小花园举行由中国城市环境卫生协会主办，循环经济产业园管理中心、中国城市建设研究院承办的“中国环境园战略联盟联谊会暨北京市朝阳循环经济产业园答谢会”。中国城市环境卫生协会理事长肖家保，国家环保部环评司副司长赵维均，住建部城建司市容处处长杨海英，卢森堡大使Carlo Krieger，以及中国城市环境卫生协会理事、市区相关部门、环保企业、科研院校、媒体记者以及园区周边社会单位等近200人参加。会议主题是“携手共建中国环境园，促进循环经济大发展”。任务目标是加速中国环境园区建设和发展，打造成熟园区产业链，整合政府部门、研究机构、环保企业、主流媒体等各方资源和社会力量，促进园区内外产业和上、中、下游企业有机融合，优化产业结构，推动经济发展。

(顾来茹)

**【餐厨垃圾处理厂建设完成】** 9月份，建设完成国内规模最大的餐厨废弃物资源化处理厂——高安屯餐厨垃圾处理厂。占地面积2.13万平方米，设计日处理能力400吨。

工程分两期建设，一期于上年6月完成，二期于9月完成建设试运行。项目采用高温发酵生化处理技术，通过微生物菌群加工制成微生物肥料菌剂及生物蛋白饲料，用于有机农业和清洁养殖业，可有效改善土壤。

（顾来茹）

**【园区雨水循环利用工程建成】** 年内，新建园区雨水循环利用工程，占地10000平方米，总投资325.15万元，由区政府投资。项目针对填埋场雨污分流和园区绿化用水需求，达到有效收集和利用雨水资源的目的。包括雨水池、吸水井及泵房等，蓄水量为30000立方米，可对丰水期和枯水期进行调节。年内，雨水池蓄水25000立方米。

（顾来茹）

**【对外开放成果】** 2009年7月8日实现对社会公众开放，向广大居民群众普及垃圾“减量化、资源化、无害化”知识，提高居民对垃圾处理过程和环境污染控制措施认知度。成为中国农业大学、北京大学、清华大学、中科院研究生院教育实习基地。从开放至年底，累计接待党政机关、社会单位、居民学生、中外团体等612批次、12624人次。年内接待401批次，8175人次，其中党政机关视察调研106批次，1700人次；阿尔吉利亚环境部长、泰国曼谷市议会代表团、欧洲经济委员会等国家政府和环保部门访问32批次580人次；接受中外媒体35批次，95人次采访；居民及一日游参观228批次，5800人次。

（顾来茹）

**【媒体报道】** 年内，中央电视台“城市一对一”、《绿色英雄》、《百姓》节目，央视网“第一访谈”，北京电视台《名记者北京行》，云南卫视《新视点》，人民日报《垃圾焚烧，看得见的绿色循环》、中国环境报《待到绿色满园时》等12个音像节目、20余个报刊文摘报道园区建设与发展。凤凰卫视、文汇报、美国CNBC电视台等29家国内外新闻媒体在网络、报刊刊登、播映园区建设与发展。

（顾来茹）

**【园区之歌】** 年内，经过在园区职工中征集词曲，层层遴选，录制完成“园区之歌”《环保的翅膀》，歌曲以环保为主题，展示园区形象和职工精神面貌。

（顾来茹）

# 科技　教育

## 科　　技

**【概况】** 朝阳区科学技术委员会(简称科委)是区政府主管全区科技工作的综合职能部门。区知识产权局与区科委合署办公,负责本区知识产权保护组织协调和专利工作。下设区生产力促进中心和朝阳区知识产权服务中心两个事业单位。年内,全区技术市场交易额突破330亿元;专利申请量16420件,授权量7886件。

地址:日坛北街33号
电话:65099678 65099677(fax)
邮编:100020
电子邮箱:kewei0001@yahoo.com.cn

(刘伟凡)

**【"国家知识产权试点城市"】** 年初,经国家知识产权局批准,本区在全国直辖市所辖区中成为首批"国家知识产权试点城市",试点工作自2010年1月1日起,为期两年。

(刘伟凡)

**【举办高新政策培训会】** 1月6日,组织召开2011年第一期高新政策培训会。区内101家高新技术企业负责人及财务人员160余人参加培训。邀请市科委专项负责人以及高新政策咨询专家,围绕高新认定、复核政策,以及研发退税、汇算清缴等企业关心和实用性强的政策进行培训,并对中小企业创新基金申报和中小企业贷款等相关政策进行深层次解读。3月10日至11日,再次组织召开高新技术企业科技政策工作会,近70家新认定的高新技术企业代表参加会议,会议进行科技政策宣讲、分组座谈以及需求对接活动。

(刘伟凡)

**【第一期知识产权讲坛】** 2月24日,"2011年度第一期朝阳·知识产权讲坛"在望京科技创业园举行。来自国家知识产权局北京代办处审查员围绕专利费用减缓、市专利资助和中关村3项资金等政策,从操作层面入手,对政策内容及申报方式进行讲解。本区联手中介机构高文律师事务所以"企业知识产权战略研究"为主题,就专利技术、部署、预警及应对等方面进行分析,指导企业制定适合自身发展的知识产权战略,提升企业知识产权创造、运用、保护和管理能力。区知识产权服务中心介绍知识产权促进与保护"1+8"政策体系、年度知识产权项目申报要求及注意事项。区知识产权局为4家2008—2009年度优秀专利中介服务机构颁发牌匾,为21名企业知识产权管理高级研修班学员颁发结业证书。辖区内90家单位120余人参加培训,发放宣传资料500余份。

(刘伟凡)

**【科技人才俱乐部工作】** 3月26日,科技人才俱乐部春季羽毛球友谊赛在北京市老年活动中心羽毛球馆开战。4月15日,朝阳区生产力促进中心组织科技人才俱乐部会员到平谷进行踏青、赏花、爬山和摄影比赛活动。9月3日,科技人才俱乐部与握奇数据科技有限公司举行羽毛球友谊赛等。区科技人才俱乐部自2010年7月成立以来,会员队伍日益壮大,会员交流频繁,形式多样。

(刘伟凡)

**【课题验收】** 3月31日,"朝阳区社会维稳风险治理与科学管理体系的研究与应用"课题通过市科委专家验收。该课题通过绿色通道,列入市科委项目。区科委、政法委(维稳办)等部门及北控三兴公司、人民大学危机管理研究中心等课题实施单位,经过两年努力,以"一网、两库、三关"为核心的朝阳区社会维稳风险治理与科学管理体系基本形成,建立区级社会维稳数据标准和数据库,搭建了朝阳区社会维稳风险治理与科学管理信息平台。

(刘伟凡)

**【"3.15"专利商品检查宣传】** 3月,按照国务院、市关于集中开展打击侵犯知识产权与制售假冒伪劣商品专项行动统一部署,区知识产权局落实《朝阳区打击侵犯知识产权和制售假冒伪劣商品专项行动实施方案》,在“3.15”国际消费者权益日到来之际,对辖区部分“无冒充专利示范单位”开展专利商品检查、宣传活动。活动以标有专利标记、专利号商品权属、产地、标记、法律状态为重点内容,共检查专利商品50件,涵盖食品、药品、奶制品、医疗器械、保健品、儿童玩具等;同时检查《知识产权保护合同示范文本》运用情况,并对商场相关管理人员进行专利法律法规宣传和管理实务指导,发放《专利法及实施细则》、《知识产权百题问答》等材料。

(刘伟凡)

**【“知识产权宣传月”活动】** 4月21日,由区知识产权局、区委宣传部、区教委、区商务委、区文化委、工商朝阳分局、区文明办联合主办的以“保护知识产权,促进创新发展”为主题的“朝阳区‘知识产权宣传月’启动暨知识产权质押贷款贴息兑现仪式”在望京科技园举行。市知识产权局副局长王淑贤、副区长阎军出席活动并讲话,区联席会议成员单位、专利试点、示范单位、企业知识产权主管、大学生志愿者、中介服务机构和金融机构代表160余人参加活动。启动仪式上,区知识产权局局长王先勇介绍知识产权宣传月活动安排,市、区领导为大学生志愿者队伍授旗,为区知识产权专家顾问团专家颁发聘书,大学生保护知识产权志愿者服务队和区知识产权专家顾问团正式成立。继交通银行北京市分行、北京银行之后,浦发银行北京分行和北京市中金小额贷款股份有限公司又与区知识产权局签署知识产权质押贷款合作协议,共同为中小企业提供金融服务。副区长阎军为首批知识产权质押贷款获资助5家企业发放兑现资金,计106.8万元。“知识产权宣传月”系列活动还包括知识产权进企业、进校园、进社区、进商场等,并在商品流通和文化创意产业领域开展知识产权保护专题培训和座谈,将知识产权知识传播至全区经济社会发展各个领域。

(刘伟凡)

**【成立知识产权专家顾问团】** 4月21日,在“朝阳区‘知识产权宣传月’启动暨知识产权质押贷款贴息兑现仪式”上,市、区领导向来自区内知识产权界从事学术研究、高层管理并具有丰富实践经验的11名专家发聘书,标志着区知识产权工作专家顾问团正式成立。顾问团是区知识产权咨询、服务智囊机构,成员既有知识产权司法界的专家,也有深谙知识产权诉讼的资深律师,以及知识产权中介机构和工作在企业知识产权一线的管理人士。

(刘伟凡)

**【副市长洪峰调研知识产权工作】** 4月27日,副市长洪峰围绕“知识产权助推经济转型”主题,到本区进行专题调研。市知识产权局局长汪洪、区领导陈刚、程连元、阎军等陪同调研。洪峰一行先后到北京握奇数据系统有限公司、集佳知识产权代理有限公司进行调研。在随后的座谈会上,听取本区经济社会发展和知识产权工作情况汇报。洪峰指出,朝阳区高度重视知识产权工作,工作务实、理念超前、思路清晰、定位准确。朝阳区发展到现阶段,知识引领、创新驱动已成为推动经济社会发展的内在需求,知识产权工作不仅要在科技创新中发挥重要作用,更要在建设具有中国特色世界城市中大有作为。希望朝阳区知识产权工作紧紧围绕转变经济发展方式这条主线,积极探索适应创新驱动的利益机制,营造良好的法制环境和文化氛围;注重创新成果转化,发展高端产业,提高参与国际产业竞争的能力,充分整合利用社会资源推动知识产权工作,为实施首都知识产权战略做出贡献。

(刘伟凡)

**【科普统计工作】** 4月至6月,按照国家科技部《关于开展2010年度全国科普统计的通知》和市科委《关于开展2010年度北京地区全国科普统计的通知》要求,区科委、科协组织区教委、组织部、宣传部、农委、文化委、街乡、科普基地等160余个单位及直属机构参加统计。统计显示,2010年全区共有科普人员3518人,科普经费筹集额达9829万元,全区共有各类科普场馆49个,出版科普图书295种,年出版总数30916册,发放科普读物和资料300万份,全年举办科普(技)讲座8268次,参加人数95万人次。

(刘伟凡)

**【文明城区创建】** 5月14日开始,区科委全体干部分两组,由主要领导带队,深入六里屯街道和管庄乡两个社区听取民意、了解民需,开展文明创建工作。除参加每周六社区举办的各项特色创建活动外,区科委结合工作特点,整合资源,为结对社区办实事:一是为两个社区分别建立科普长廊,宣传普及科学技术、低碳减排、绿色出行等理念;二是根据社区居民结构特点及需求,在社区开展有针对性的卫生健康大讲堂、急救知识培训及科学文明养犬咨询活动,使居民在享受健康生活的同时,提高自我健康管理意识,加强紧急情况下自救互救知识储备以及文明养宠物等知识;三是为社区居民送去科普书籍,丰富居民业余文化生活。

(刘伟凡)

**【专题培训会】** 5月25日,区知识产权局、区商务委联合举办以“保护知识产权,促进创新发展”为主题的“商品流通领域知识产权保护专题培训”。太平洋百货、燕莎、贵友等辖区内无冒充专利示范单位40余人参加培训。市知识产权局执法处领导对流通领域知识产权保护现状,涉及标有专利、商标等知识产权标记商品管理进行讲解,并列举案例,指导企业完善制度,规范管理,加强知识产权宣传、保护。

(刘伟凡)

【信息共享平台建设培训会】　6月2日至3日,召开区信息共享平台建设培训会。市华源西达文化发展有限公司技术人员对平台各个功能进行逐一介绍,讲解具体操作流程,对企业展示、项目申报功能模块进行演示。通过答疑、座谈,与会企业对平台建设和今后发展提出意见。

(刘伟凡)

【国家科技进步示范区考核工作】　6月9日,副区长阎军组织召开2009年至2010年度区科技进步考核工作部署会。区科委制定考核工作方案,进行系统整理和任务分解,加强统筹协调。顺利通过全国科技进步示范区考核。

(刘伟凡)

【科技北京区电子巡展启动】　7月26日,“科技北京行动计划”区电子巡展启动仪式在来广营乡茉藜园社区举行。区科委主任王先勇介绍区创新型科普社区建设情况,来广营乡党委书记介绍科普社区建设情况;市科委副主任朱世龙介绍市科委实施“科技北京”行动计划以来取得的成效。与会人员参观茉藜园创新型科普社区,新能源汽车、物联网、天然彩棉系列等科技创新成果,使民众深刻体会到“科技并不遥远,科技就在你我身边”。

(刘伟凡)

【知识产权质押贷款贴息工作】　7月,《朝阳区知识产权质押贷款贴息暂行办法》颁布。区知识产权局强化政银合作,分别与交通银行北京分行、北京银行商务中心区管理部、浦发银行北京分行及中金小额贷款公司签署知识产权质押贷款工作合作框架协议。依托银行开展“朝阳·知识产权讲坛”、银企对话会等活动,为中小型科技企业以专利权、商标权和版权等知识产权质押贷款提供服务。15家中小型科技企业与银行达成协议,贷款总额3.3亿元,其中知识产权质押贷款总额2.4亿元。

(刘伟凡)

【项目验收】　8月,由区植物保护检疫站承担的区科技计划项目“朝阳区重大外来有害生物阻截带建设”通过区科委组织的项目验收;由区特种设备检测所承担的“城市燃气管网安全性检测与评价”项目通过专家验收;10月25日,“奥林匹克森林公园户外科普导览系统建设(二期)项目”通过市科委组织的专家验收。

(刘伟凡)

【首批市专利行政执法委托单位】　8月29日,市知识产权局举办区县委托执法培训暨委托执法启动仪式。区知识产权局作为5家首批委托执法单位之一,7人参加培训,市局与区签订专利委托执法协议。通过委托执法,区知识产权局将协助市知识产权局查处辖区内假冒专利案件和专利纠纷调解工作。

(刘伟凡)

【培训工作】　10月至11月,区科委开展年度科普工作者培训。培训班面向区域内创新型科普社区所在街乡、科普基地科普工作者开设,共组织4期,70余名学员、140人次参加培训。与北大、北师大、北京市政管委、北京急救中心4家市科委认定的培训机构签订培训协议,确保教学质量。设置科普培训必修课、选修课和科普社区与基地专业必修课,学员学习不少于40学时。培训班以现场教学和实地参观相结合形式进行。

(刘伟凡)

【获市科学技术奖】　年内,本区申报4个项目,获得2010年度北京市科学技术奖。其中,北京第七九七音响股份有限公司“天安门城楼及周边地区扩声系统”项目获二等奖;北京世纪国瑞环境工程技术有限公司“城市粪便处理工艺及成套设备技术”项目、中国航空工业集团公司北京航空制造工程研究所“大型宽幅铝合金船板搅拌摩擦焊制造装备和技术研究”项目及中国科学院动物研究所“心力衰竭的分子机制研究”项目分别获三等奖。

(刘伟凡)

【资助技术标准制(修)订工作】　年内,依据《朝阳区技术标准制(修)订资助暂行办法》,区知识产权局和区质监局对区内2010年7月1日至2010年12月31日间正式批准发布、备案的有自主知识产权、有国际标准、国家标准、行业标准及地方标准的项目进行征集和受理。经过审核、召开项目联审会等环节,认定北京握奇数据系统有限公司等10家单位23项符合资助条件,给予201万元资助。

(刘伟凡)

【专利资助及奖励工作】　年内,根据《朝阳区专利资助及奖励办法》,区知识产权局一季度发布2010年度专利资助和奖励申报指南,辖区内创新主体共申报资助奖励专利3000余件。经审初审、复核、主管领导审核等环节,符合条件申请2734件,104家单位和18名个人,资助及奖励金额266.3万元。

(刘伟凡)

【专利试点单位】　年内,经市知识产权局认定,中铁十六局集团有限公司、中国科学院微电子研究所等26家企事业单位成为年度市专利试点单位,试点期1年。试点期间,市、区知识产权局对其进行培训,指导、帮助企业建立和完善知识产权制度,制定知识产权战略,形成有效的专利工作机制。加强企业知识产权创造、运用、保护和管理能力。试点期满后,经市、区知识产权局验收合格,才能正式成为市专利试点合格单位。

(刘伟凡)

【市专利示范单位】　年内,根据《北京市企事业单位专利示范工作方案(试行)》和市知识产权局要求,12家试点企业申报市第四批专利示范单位。经市知识产权局评审，北京化工大学、北京七星华创电子股份有限公司等6家企业被认定为“北京市专利示范单位”。年内，全区共有17家企业被认定为“北京市专利示范单位”。

（刘伟凡）

【专利申请和授权情况】 年内，朝阳区专利申请量达到16420件，同比增长35.5%；专利授权量达到7886件，同比增长19.4%。其中发明专利申请9881件，同比增长34.6%，占总申请量的60.2%；发明专利授权2781件，同比增长37.7%，占总授权量的35.3%。同时，为有效利用专利制度参与国际竞争，全区PCT（国外专利申请）申请462件。

（刘伟凡）

【高新技术企业认定及复审】 年内，区内经市认定并进行公示的高新技术企业共计131家，占全市的10.2%（全市共计1282家）。其中，园区外高新技术企业102家，电子城科技园区高新技术企业29家。通过复审并公示的高新技术企业共158家，其中园区外高新技术企业27家，电子城科技园区高新技术企业131家。截至年底，区高新技术企业累计达645家。

（刘伟凡）

【科普基地】 年内，全区共7家单位入选市科普基地。其中环境卫生工程集团有限公司一清分公司、《环球科学》杂志社、循环经济产业园管理中心入选市第四批科普基地名单；奥林匹克森林公园、北京工业大学科技与艺术博物馆、市禁毒教育基地、《我们爱科学》杂志社入选市第五批科普基地名单。

（刘伟凡）

【区级科技项目立项】 年内，投入区科技三项费2000万余元，实施科技（知识产权）项目108项。其中可持续发展与城乡一体化促进计划19项，高新技术产业发展计划16项，社会发展计划35项，软科学研究计划7项，朝阳区专利实施项目12项，企业研发投入资助计划19项。

（刘伟凡）

【市级以上科技项目立项】 年内，“既有建筑节能诊断与改造技术”等9个项目被列入市高新技术成果转化项目，15家企业获得740万元的市中小企业创新资金支持，10家企业的12个产品被列入北京市自主创新产品项目。

（刘伟凡）

# 教 育

【概况】 朝阳区教育委员会（简称“区教委”）是区政府主管教育工作的职能机构。年内，教育经费投入55.92亿元，生均教育事业费支出24677元，同比增加3244元；生均公用经费14075元，同比增加1323元。改扩建学校设施及修缮投入81064万元，设备购置投入34939万元。固定资产总额664014万元，校舍占地面积4852213平方米，建筑面积2835524平方米，学校图书馆藏书831万册。小学145所（包括21所一贯制学校），其中，教育部门办124所。班级数2988个。全区小学招生18952人，毕业11193人。在校正式生39740人，借读生48398人；教职工7378人，其中，专任教师6789人。小学入学率100%，巩固率100%，毕业率100%。社会力量办小学10所（完小4所，一贯制学校6所），班级数185个。完小招生984人，毕业612人，在校正式生1495人，借读生2967人。打工子弟学校8所，班数253个，在校生11159人。特教学校、小学附设特教班7所，在校学生272人，教职工91人，专任教师85人。残疾儿童入学率99.67%，巩固率100%。民族学校5所，在校正式生1440人，借读生2197人，正式生中少数民族学生377人，占10%，教职工352人，少数民族教职工62人。有中学77所（公办67所、民办10所，初中31所、完中17所、高中2所、一贯制学校27所）。毕业14110人（初中9339人、高中4771人），招生18500人（初中13407人、高中5093人），在校生52547人（初中33244人、高中19303人）。初中入学率100%，巩固率100%，毕业及格率100%，应届毕业生高考录取率99.69%，教职工6461人，其中，专任教师5282人。特殊教育学校1所（公办），结业52人，招生50人，在校生164人，开设教学班20个；教职工62人，其中，专任教师58人。工读学校1所，班级8个，在校生201人，入校生82人，离校生78人。教职工46人，专任教师34人。中小学占地面积3657084平方米、建筑面积1997640平方米，图书馆（室）藏书762万册，固定资产479742万元。全年教育经费投入422497万元，其中，国家拨款395530万元、自筹经费26967万元。校外教育单位6个，教职工150人，其中，专任教师109人。全区中小学教师学历合格率100%。中小学特级教师9人（小学2人，中学7人），高级专业技术职务教师1843人（小学88人，中学1755人）。幼儿园165所，其中，区教委直属幼儿园28所，单位办园56所，部队办园6所，民办园75所。离园幼儿10941人，入园19282人，在园人数53870人，入园率98%。教职工10045人，其中，专任教师5805人。年内，市、区财政投资8700万元改善幼儿园办园条件，共扩班84个，增加公办园学位2100个。通过采取满建制、满班额招生，新建园等措施，全年增加学位4000余个。全区0－3岁幼儿受教育率不断提高，区内市示范性幼儿园8所，市一级一类园73所，一级二类园23所、二级二类园16所。市社区早教基地70个。职业教育学校5所。国家级重点学校3所，即北京市求实职业学校、劲松职高和电气工程学校。其中劲松职高和电气工程学校被列入国家中等职业教育改革发展示范校建设计划。毕业3482人，招生3238人，在校生10491人，社会培训2万余人。教职工1043人，其中专任教师804人。专任教师中高级专业技术职务209人，市级学科带头人5人，市级骨干教师18人，区级学科带头人5人，区级骨干教师22人。学校占地面积262128万平方米、建筑面积19,2万平方米。全区成人教育中等专业学校1所，开设专业4个，在校生187人，其中，中专94人，本科93人。开设短期培训班69个，培训5735人。固定资产总值31570万元。全年教育经费投入65192万元，其中，国家拨款61244万元，自筹经费3948万元。成人学校(职工大学)占地面积3.4706万平方米，总建筑面积2.7723万平方米，使用面积2.0844万平方米。图书室藏书77984册。固定资产总值4497万元，全年教育经费投入4062万元，其中，国家拨款2547万元，自筹经费1515万元。

地址：石佛营西里2号

电话：85851086

邮编：100025

(赵　光　李庆春)

【基础教育综合改革实验】　1月12日，区教委召开基础教育综合改革实验启动会，宣布朝阳区在全市5个试点区县(朝阳区、东城区、西城区、海淀区、顺义区)中率先启动基础教育综合改革实验。确定6大改革项目(含20个子课题)：城区教育均衡化发展改革；探索城乡教育一体化发展有效途径；深化基础教育学校办学体制改革；基础教育课程教材改革实验；探索拔尖创新人才培养模式；高中特色发展实验。45所普通中学、13所小学、3所职高参与教育改革，分别占普通中学的68%、小学的40%和职高的43%，实验期3年至5年，自2011年1月开始。

(黄阳艳)

【获“人民满意的公务员集体”称号】　1月13日，第五届北京市“人民满意的公务员”表彰大会在北京国际饭店会议中心召开。区教委被评为北京市“人民满意的公务员集体”，是市教育系统唯一获奖的机关团体。

(黄阳艳)

【区第六届教育教学成果年度奖】　1月14日，朝阳区第六届教育教学年度颁奖会在八十中学举行。会议揭晓2010年度10项提名奖和10项成果奖，以及12位2010年教育年度人物，陈经纶中学嘉铭分校陈立军等、朝阳实验小学陈立华等、新源西里小学王健聪等分别获奖，教委领导为获奖者颁发奖杯、证书和奖金。

(张艳荣)

【获学校后勤管理科研论文成果奖】　1月14日，在市中小学后勤管理研究会2010年年会上，区教育系统46人荣获北京市“十一五”时期学校后勤科研课题论文成果奖。朝阳区获集体组织奖。

(郭艳秋)

【城乡学前教育一体化】　1月21日，在区教委召开“探索城乡学前教育一体化发展有效途径”课题启动会。全区52所农村地区幼儿园和52所市一级一类幼儿园结对并签订合作协议。学前办、幼教研领导分别就基础教育综合改革实验项目的背景、意义、课题实施方案、2011年工作重点等内容进行解读。

(张翠红)

【国家级示范校建设】　1月27日，劲松职业高中、北京市电气工程学校被评为北京市现代化标志性学校；10月20日，劲松职高被批准为国家中等职业教育改革发展示范校计划建设项目学校。劲松职业高中创办于1983年，是国家级重点职业高中、全国职业教育先进单位。现开设中餐烹饪、西餐烹饪、美发与形象设计等14个专业，在校生4118人，学校有劲松、双龙、新源里、西坝河、常营5个校区，占地面积138亩，建筑面积100857平方米。北京市电气工程学校创办于1984年，是“北京市职业教育先进单位”和国家级重点职业学校，开设经济法律事务、制冷和空调设备运用与维修、楼宇智能化技术等12个专业，学校有4个校址，占地面积11.01万平方米，建筑面积5.23万平方米，在校生3851人，短期培训6000余人次/年，是兼有职业教育、继续教育、短期培训的综合性职业学校。

(李联启)

【新建学校】　1月31日，成立北京中学。3月8日，成立府学胡同小学朝阳学校，该校位于本区观湖国际小区，占地面积1.32万平方米，建筑面积1.12万平方米。学校规模36个教学班。两校产权归属区教委，事业单位，全额拨款。

(李　成)

【调整办园体制】　1月，区政府批准3所幼儿园调整管理体制。1月13日，团结湖第一幼儿园福怡苑分园、望京新城幼儿园、定福家园幼儿园由体制改革试点幼儿园转为公立幼儿园。新园分别命名北京市朝阳区福怡苑幼儿园、北京市朝阳区望京新城幼儿园、北京市朝阳区清友实验幼儿园。3所幼儿园均隶属于区教委，独立法人，全额拨款事业单位。

（吴　蕊）

**【中美校长交流合作】** 2月22日，美国加州、科罗拉多州5所学校校长及相关负责人参观访问北京市第八十中学、芳草地国际学校、日坛中学等8所涉外教育学校。中美双方学校校长就进一步开展师生交流和教师互派等合作内容达成初步意向。

（吴丹萍）

**【教育骨干评选】** 2月23日，在市教委新一届市级学科教学带头人、市级骨干教师评选工作会上，区教育系统309名优秀教师被评为北京市学科教学带头人和北京市骨干教师，比上届增加50名。其中50人被评为市级学科带头人，259人被评为市级骨干教师，分别占北京市12.5%和12.8%，总量占全市1/8，位居全市第二。该评选采用专家小组随机听课与学生评价相结合方式，设立课堂教学讲授质量、教学方式方法、教学态度、教学内容、课堂效果和教学特色等项目，经评议、提名，由专家大组观摩录像、评议、投票表决等程序评出。

（耿　健）

**【领导调研】** 3月1日，副区长张春秀专题研究社区教育工作。指出：社区教育要从组织管理体系、内容体系、效果评价体系3个方面着手，研究社区居民共性和个性需求，加强自上而下指导，形成朝阳特色。3月10日，区委常委、组织部长陈宏志到垂杨柳中心小学和劲松职业高中调研。听取垂杨柳学区关于学区机构设置、功能定位汇报。陈宏志在劲松职高指出：教育要与区域文化特点相融合，在发展过程中发现差异性，在保持并发扬现有优势基础上创造新优势。5月20日，区长程连元到华侨城黄冈中学调研朝阳区引进优质教育资源情况。指出：引进优质学校和优秀校长有利于促进朝阳教育优质均衡发展，有利于促进全国优秀教育文化交融，被实践证明符合朝阳教育发展需求。

（李连启　黄阳艳）

**【东方妇女老年大学落户朝阳】** 3月2日，朝阳社区学院举行“幸福养老大课堂暨北京东方老年文化节启动仪式新闻发布会”。北京东方妇女老年大学校长顾秀莲和区委书记陈刚为北京东方妇女老年大学揭牌，并向教学基地代表授牌。北京东方妇女老年大学创立于2007年，2010年11月迁至朝阳社区学院，并在朝阳区首批设立200个教学基地，推广远程教育“幸福养老大课堂”课程体系。北京东方老年文化节主要活动包括文艺演出和体育健身、教育成果展示及捐赠、老年书法艺术作品展卖、老年用品推介展示、隔代教育教材和书籍展卖、有关科研、论坛、学术交流等活动。

（刘润梅）

**【首届小学生创新性成果展示】** 3月6日，启动“朝阳区首届小学生创新性学习成果展示”活动。5月26日，举行评比表彰活动，历时两个月，全区近百所学校292个项目参加评选，30个项目获奖。

（张丽娟）

**【校舍安全工程】** 3月9日，召开2011年中小学校舍安全工程启动会。确定重点改造不符合2001抗震规范的86校址、251栋楼，建筑面积39.84万平方米。区教委采用校际分流、校内分流、校址间分流、搭建临时教室及新建校分流5种方式，完成86校址、1758个班级、51724名学生周转工作。

（吴　蕊）

**【清华附小落户朝阳区】** 3月22日，区教委与清华大学附属小学签署合作办学协议。根据协议，成立清华大学附属小学商务中心区实验小学，该校性质为公办，隶属区教委，事业单位，全额拨款。校长由清华大学附属小学校长窦桂梅担任。校址设在建国门外大街4号，于9月1日开学，小学规模为1至6年级各4个班，共24个班。学校占地面积15346平方米，建筑面积11238平方米。

（吴　蕊）

**【社会办优秀幼儿园评优表彰】** 3月23日，召开区第二届社会力量举办的优秀幼儿园评优表彰会。来自全区各类型幼儿园园长、业务园长、民办幼儿园举办者近300人参加会议。评选自2010年10月启动，共有17所幼儿园提出申请。凯尔宝宝梵谷园、北师大大西洋新城幼儿园、亚运村第一幼儿园等10所幼儿园受到表彰。

（叶　蕾）

**【双语教学模式】** 3月24日，召开《以双语教师“团队教学”模式促进朝阳区中小学生英语学习能力提升的实验研究》课题研讨会。北京BISS国际学校外籍教师与区5所公办校（白家庄小学、朝阳实验小学、东方德才学校、五路居一中、朝阳外国语学校）英语教师合作授课。使用北京市学生同步教材，外籍教师主讲，中方教师协助，双方一起备课，共同制定教学目标、知识点、教具，确定教学方式，学生分组受教。学期结束时学生同时参加本校英语及BISS（包括口语在内）考试。48名中方教师、20名英方教师参与。

（吴丹萍）

**【机器人世界杯中国赛获奖】** 3月26日至27日，在辽宁省鞍山市举行“2011年青少年机器人世界杯中国赛”。来自全国各地200余支中小学代表队参赛，望京实验学校代表北京市参加比赛，参赛舞蹈项目“舞狮”荣获机器人舞蹈小学组一等奖。

（文香玉）

**【合作发展职业教育】** 3月28日，区教委与新加坡莱佛士教育集团洽谈合作发展朝阳职业教育。莱佛士教育集团就推进朝阳区中等职业教育发展提出项目合作思路。区教委副主任刘丽彬结合区域实际，提出希望莱佛士教育集团与区教委开展多层面合作，推动朝阳区职业教育更贴近区域发展步伐和需求。

(吴丹萍)

**【建党90周年主题教育】** 3月29日，在第八十中学举行“纪念建党90周年主题教育实践活动”启动仪式。7月5日，中国电影博物馆主旋律影片在区中学校园开始巡展。7月至10月，电影博物馆提供10部党史影片光盘，巡展学校依据自身需要选择播放。制作50块党史宣传展板在区普通中学14所学校内轮流展出，每个校区巡展一周。组织学生评选自己最喜欢的5块展板。聘请电影专家走进校园，开设电影讲座。开展党史知识竞赛，10月底，组织全区中学生党史知识竞赛。

(王　茜)

**【签订集体合同】** 3月31日，区225所民办学校与区民办学校工会联合会签订《民办学校行业集体合同》，该合同是民办学校教职工协商代表和学校协商代表依法就劳动报酬、工作时间、休息休假、劳动安全卫生、教育培训、保险福利等事项，通过集体协商而达成。涵盖教职工8170名，合同期限为3年。此项工作被评为“北京市教育工会优秀成果奖”。

(吴　蕾)

**【获“瞭望杯”奖项】** 3月，朝阳区荣获第30届北京市中学生“瞭望杯”时事知识竞赛城区组总分第一名。15名同学获得一等奖，占全市一等奖获奖人数的25%。

(王　茜)

**【儿童阅读日】** 4月2日，举行朝阳区第四届中国儿童阅读日“学校图书馆资源开发与利用”活动。活动旨在充分开发利用学校图书馆资源，搭建全区小学阅读交流平台，持续推进儿童阅读工程深入发展。上半年举办专题读书活动340场次。同时开展“阅读明星学校、明星教师、明星学生”评选。评出朝师附小、白家庄小学、北师大奥小、兴隆小学等45所学校为明星学校，475名明星教师，8000余名明星学生。

(赵艳红)

**【机器人竞赛获奖】** 4月9日，垂杨柳教辅中心学生科技社团机器人VEX项目小组在北京市第十一届青少年机器人竞赛中，荣获小学组VEX工程挑战赛项目冠军，并获得代表北京市小学生组参加当年全国比赛VEX项目参赛资格，是北京市唯一参赛队伍。全市有15个区县30个队参加比赛。

(张　杨)

**【环境保护演讲比赛】** 4月11日，第42个世界地球日来临之际，在白家庄小学举行“朝阳区第十五届环境保护演讲比赛”决赛。全区23所中小学校的26位学生，以环境保护为主题发表演讲。

(金　环)

**【学前教育督导调研】** 4月20日，市教工委副书记、市政府教育督导室主任线联平率队督导调研区学前教育工作。区长助理杨中元作《关注教育民生，加快推动学前教育持续健康发展》报告。督导调研组对本区学前教育工作给予肯定。

(赵玉芳)

**【新任幼儿教师培训班结业】** 4月20日，区教委新任幼儿教师培训班结业，来自全区各类型幼儿园的80人参加。培训班于4月11日开班，共计10天60学时，包括40学时面授课程和20学时实践课程。内容涉及幼儿教师职业理想、职业信念和职业道德、幼儿园一日生活组织、区域游戏环境创设与指导、主题活动设计与实施、家长工作、幼儿常规培养、意外伤害预防等方面。

(郝　晋)

**【高家园中学健美操队获奖】** 4月23日，高家园中学在“奥瑞特2011年北京市健美操锦标赛”中，荣获中学组大众健美操锻炼标准规定动作四级项目一等奖。此项目设有48个组别，来自北京16个区县的103个单位、1300余人参赛。

(张海芸)

**【社科名家进校园】** 4月26日，在陈经纶中学举行“社科名家进校园”启动仪式。中国社科院与陈经纶中学共同进行“社科名家进校园基地学校”揭牌仪式。社科院和教委领导为社科院派出的12所中、小学科研副校长颁发聘书。社科院文学研究所所长、学部委员杨义作“阅读与成长”主题报告，正式启动基地校活动。

(程木昌)

**【2011年全国中小学校长论坛】** 4月28日至29日，召开2011全国中小学校长论坛暨全国基础教育协作体交流会。本次论坛(交流会)以“质量·特色·品牌”为主题，由区教委和《中国教育报》社共同主办。教育部基础教育一司副司长王定华和华中师范大学教授、博士生导师郭元祥做专题报告。八十中学、白家庄小学、华中师大一附中、东北师大附中等12所学校校长发言。

(赵艳玲)

**【首批校车试点】** 5月起，选择朝外、望京、三里屯和亚运村4个拥堵比较严重地区，开通首批校车试点。区教委坚持“统一标志、统一标准、统一管理、跨校联运”原则，以校本运营、校际运营为主要开通方式，成立校车管理中心，制订《朝阳区中小学校车管理办法》、《中小学学生乘校车须知》、《校车站点设置和维护管理》、《自购校车管理办法》、《乘坐校车收费情况说明》等制度规范运营。

(谢仲能)

**【八十中学学生荣获信息奥赛金牌】**

5月6日至10日，在第五届亚洲和太平洋地区信息学奥林匹克(The 5th Asia and Pacific Informatics

Olympiad)竞赛中，八十中学高一学生罗剑桥获得中国赛区金牌，高二学生黄纪元获得中国赛区铜牌。此项活动由中国计算机学会主办，中国约有300余人参赛。

（方 媛）

【企业专家教学指导委员会成立】 5月19日，成立区“企业专家教学指导委员会”，由7名来自各行业的企业专家组成。职责是：指导学校课程建设、专业建设及实习实训基地建设，为学校提供企业和市场信息，对人才素质提出要求，指导学校教学，提出教学改革建议，提供学生实习和就业咨询服务等。

（赵艳玲）

【网络教学进农村】 5月23日，区教研中心“初中农村校网络教研活动”开通。网站域名 http://58.132.100.175，面向全体教研员及全区教师，旨在利用信息技术网络教研平台，达到远程、异地授课目的。功能模块包含远程在线音视频交流、远程多媒体播放、远程桌面演示、远程白板、在线文字交流、文件传输、过程档案保存、离线文字交流等，数据包含多媒体教学资源及生成性资源。

（赵艳玲）

【首届小学生创新成果展示】 5月26日，举办朝阳区首届小学生创新性学习成果展示与表彰活动。本届评选活动历时3个月，有71所学校的292个项目参加评选。获奖项目30项，其中自然科学类16项、社会科学类14项。此外，还评选出10所学校为优秀组织奖。

（张丽娟）

【百日迎检文艺巡演】 5月28日，在朝阳公园召开区教育系统创建全国文明城区“百日迎检”文艺巡演启动大会。文艺巡演是“百日迎检”系列活动之一，5月至7月巡演期间，教育系统各单位利用每个周六，为86个街乡、社区演出500余个节目。

（陈 宇）

【“十百千”行动计划启动仪式】 5月30日，举行区职业高中创建全国文明城区“十百千”行动计划启动仪式。“十百千行动计划”内容：一是开展十大主题教育活动；二是开展百班进社区活动；三是开展“千生进企业”活动。求实职业学校潘光虹同学向全区万余名职高学生发出“践行文明、传播文明”倡议。区委教工委、区教委创建工作领导小组相关领导及来自全区职业高中的400余名学校领导、教师、家长及学生代表参加活动。

（李联启）

【学校资源整合】 6月15日，撤销水南庄小学编制，原校址归北方中学使用，师生和财产、设备由垂杨柳学区负责分流安排。北方中学占地面积7235.21平方米，建筑面积3989.44平方米。开设3个年级、8个班。9月9日，松榆里二小与武圣庙小学合并，合并后新校名为武圣庙小学，撤销松榆里二小编制，两校址继续用于办学，松榆里二小校址为武圣庙小学分校。新校占地面积4086.07平方米，建筑面积3464.13平方米。开设9个班级。

（吴 蕊）

【学校更名】 6月15日，中国建筑材料科学研究院附属中学更名为北京第二外国语学院附属中学。更名后隶属区教委管理，事业单位，全额拨款。二外附中两校址占地2.96万平方米，建筑面积1.44万平方米，36个教学班。

（吴 蕊）

【阳光体育活动展示获奖】 6月18日，“心手相连、健康成长”2011年全国学生阳光体育展示活动在重庆渝北中学举行。七十一中学跳绳队8名队员和丰台区首师大附属丽泽中学4名踢毽队员联合组成的北京市中小学生代表团，获得5个比赛项目的4个一等奖。

（张桂忠）

【小学器乐进课堂结题】 6月20日，“朝阳区小学器乐进课堂成果汇报会暨小学器乐教学法研究”课题结题。该课题于2009年立项，专项活动经费每年10万元，主要研究音乐课堂教学。通过研磨课堂教学片段和案例，研发出适合小学器乐教学的2类课型、5个模式、4条策略和10种方法。全年，全区建成管乐、民乐、打击乐等金帆乐团5个，朝花艺术团39个、器乐特色校56所，其中40所进入示范校行列。年内组织召开6届器乐教学成果汇报会，累计965校次、3760人次参加交流，12位教师做研究课，下发教案、经验交流材料等3000多套。

（蔡 萍）

【十佳中学生表彰】 6月22日，区教委对2011年度“普通中学十佳中学生”予以表彰。上半年以“知党、爱党、爱国；文明、守纪、尽责”为主题，在中学生中开展“十佳中学生”、“百个文明礼仪示范班”和“千名文明礼仪标兵”评选活动。评选出“十佳中学生”10名，提名奖10名，道德之星100人，文明礼仪标兵6385名，文明礼仪示范班148个。

（苏纪玲）

【公办资源委托办学】 6月27日，区教委举行“2011年朝阳区使用公办资源委托办学签约仪式”，将原辛庄小学、定福庄第三小学和姚家园小学3所公办学校校舍委托给安民学校，用以举办专门接收随迁子女的民办学校。3所学校接收1800余名来京务工人员随迁子女入学，加上2010年第一批委托民办3校7址，区教委已通过“整合资源、委托民办”方式提供5500余个学位。

（周 滢）

【成立社区教育科】 6月30日，成立区教委社区教育科，为教委内设机构，行政编制4名，其中科级领导职数1正1副。主要职责：负责制定本区社区教育发展规划和年度计划，并组织实施；负责制定并落实促进本区社区教育发展相关政策和各项管理制度;负责社区教育专项经费预算编制和管理;负责社区教育理论研究、课程设置、教材开发和数字化学习平台建设管理;负责社区教育资源整合开发;负责社区教育教师队伍建设和培训评估,并指导街乡社区教育工作。

(朱　萍)

**【成立幼儿园】**　6月至11月,成立4所幼儿园。其中,6月15日,成立朝阳区定福家园幼儿园,位于平房地区定福家园小区,占地面积2908平方米,建筑面积2518平方米,8个教学班。同日,成立朝阳区北辰福第幼儿园,位于常营地区北辰福第小区,占地面积4313平方米,建筑面积3450平方米,12个教学班。11月24日,成立朝阳区丽景幼儿园,位于常营地区金隅丽景苑小区,占地面积4366平方米,建筑面积3493平方米,12个教学班。11月24日,成立朝阳区泛海幼儿园,位于东风地区泛海小区,占地面积4000平方米,建筑面积3005平方米,12个教学班。4所幼儿园均隶属区教委,事业单位,全额拨款。

(吴　蕊)

**【家庭教育指导中心挂牌】**　7月,"朝阳区家庭教育指导中心"在朝阳社区学院挂牌。中心任务是:指导中小学、幼儿园和社区开展家庭教育工作,目标是将家庭教育指导作为未成年人思想道德教育和社区教育重要内容,纳入各中小学、幼儿园和社区教育范畴。

(社区教育科、朝阳社区学院)

**【派送课程】**　7月,正式启动职业高中向普通高中派送课程工作。至年底,5所职高校共向7所中学派送14门课程,共209课时,包括《照相机的使用》、《茶道咖啡》、《电子制作》等。11月,启动职业高中与社区学院合作开发社区教育网络课程工作,第一阶段计划开发34门课程,包括《化妆》、《金融理财》、《插花艺术》、《钳工小制作—DIY你的小配饰》、《电子小制作——直流稳压电源》等。

(李联启)

**【支教帮扶活动】**　8月5日,区教委与内蒙古丰镇市教育局签订对口帮扶合作协议。根据协议,区教委为对口支援地区提供教育智力支持,帮助培训教师,组织学校开展结对帮扶与交流等活动。11月中旬,区教委6名教研员、骨干教师赴内蒙古丰镇市开展为期一周的支教帮扶活动。至此,教委共建立6家帮扶单位。

(刘志如)

**【成立小学生涯教育研究中心】**　9月21日,北京市首个"小学生涯教育研究中心"在幸福村学区成立。该中心由北京市教育科学研究院德育研究中心、区教委联合主办,幸福村学区承办。幸福村学区所属小学通过11节展示课,从家庭、兴趣、自我认知、习惯养成、职业认知、认知社会、早期生涯规划等不同角度,全面展示小学生涯教育内容。

(李烨楠)

**【推进儿童阅读促进工程】**　9月28日,召开"儿童文学促进小学语文有效教学的研究与实验"课题结题会暨"朝阳区小学儿童阅读促进工程"推进会。该课题是全国教育科学"十一五"规划教育部重点课题《课程资源促进有效教学的研究与实验》子课题。朝阳区自2007年参与课题研究。4年来,区教委投入1000余万元,购置图书、开发阅读资源;开展40余次区级大型培训、研讨、竞赛活动;推出一批阅读特色学校;形成一支推动儿童阅读的教师团队;总结出6种儿童文学阅读教学模式,并制定配套课堂教学评价标准;创办《书香》专刊,出版一套30本的阅读丛书及《教师优秀案例集》等。

(李烨楠)

**【基础教育国际研讨会】**　10月14日,召开2011中国教育年会基础教育国际研讨会。会上,朝阳区提出加快建设现代化教育体系,打造"优质教育资源聚集区、现代高端职业教育发达区、开放多元国际教育试验区、文明和谐社区教育示范区"目标,以及"全面提升素质教育水平"等10个任务和"教育优质化建设"、"教育国际化发展"等10个重点项目。中国教育部基础教育二司巡视员朱慕菊、中国教育国际交流协会秘书长江波、中国教育学会会长顾明远等领导出席会议。全国各省市和地区教育管理部门、教育国际交流协会、中学代表,以及朝阳区中小学、国际学校校长300人参加。

(吴丹萍)

**【中华传统文化进社区】**　10月18日,区教委和朝阳社区学院联合举办"中华传统文化进社区"项目启动暨骨干培训启动仪式。活动依托各街乡现有"国学社"、"诵读小组"、"读书社"、"书画班"等传统文化社区教育项目,通过培育骨干、建立示范点、打造品牌等举措,扩大中华传统文化影响力和覆盖面。中国青少年发展基金会中华古诗文经典诵读工程全国组委会常务副主任徐澄为首批"中华传统文化进社区"项目骨干进行培训。

(韩　斌)

**【第二届十百千万表彰会】**　10月21日,召开区教育系统第二届"十百千万"表彰会。围绕"树文明形象,做阳光少年,展时代风采"主题,表彰"万名文明礼仪小使者"、"千名优秀教师"、"百个文明班级"、"十佳小学生"和"十佳小学生提名奖"被提名人。

(张丽娟)

**【"郑丹娜班主任工作室"获奖】**　10月21日至24日,召开全国班主任基本功大赛,比赛由中国伦理学会主办。垂杨柳中心小学"郑丹娜班主任工作室"12名老师获得优秀。酒仙桥中心小学马静获得总决赛亚军,并获得故事演讲、特长展示两个项目一等奖;惠新里小学马晓昕获得一等奖；田华小学赵智慧老师获得二等奖；垂杨柳中心小学宋子男、呼家楼中心小学熊亚超、松榆里小学马平菊分别获得三等奖；南沙滩小学王丽萍、垂杨柳中心小学郝静、平房小学王冬梅、大黄庄小学王艳、团结湖小学肖海员、幸福村小学穆晓媛分别获得优秀奖。

（赵　光）

**【老年教育教程首发式】** 11月2日，由区教委与相关单位承办的《老年教育教程》首发式举行。《老年教育教程》由同名课题研究报告和研究成果两部分组成，内容以适合退休前、退休后和高龄人员学习的128门课程为主。此书首次对老年教育课程进行规范梳理，建立和完善老年教育课程体系。该书在朝阳区率先推广试用。

（韩　斌）

**【社区教育专项奖励基金试点】** 11月2日，在朝阳社区学院举行社区教育专项奖励基金启动仪式。该奖励由"修实公益基金"出资，授奖对象是区社区学院（区社区教育中心）、街乡、社区（村）从事社区教育的专兼职教师、管理人员以及社区教育志愿者。

（韩　斌）

**【安全保卫培训】** 11月15日，区教委对全区中小学、幼儿园及直属单位300余名保卫人员进行培训。市有关专家和教授讲授消防安全、消防安全纲要、学生意外伤害防范及处理、校园安全工作组织与实施等专业知识。

（谢仲能）

**【校舍安全改造】** 11月15日，区教委校舍安全改造工程结束。该工程于2009年5月启动，至2011年底完工。投资28.74亿元，改造256校址，750栋楼，改造面积116.27万平方米，涉及5000个班级，14万名师生周转安置。

（李　成）

**【高级管理研修课程培训】** 11月16日至25日，区教委学前办组织一级二类以上93所各类型幼儿园园长进行"朝阳区一级幼儿园园长高级管理研修课程培训"。课程内容有：国际幼儿早期阅读进展、幼儿教师专业化发展与职业生涯规划、幼儿园战略管理与园所发展规划、职业园长礼仪修养、用教育哲学视角看待办园理念与办园方向、学前教育发展对我国幼儿园课程与教学的借鉴等。

（叶　蕾）

**【校车安全管理】** 11月16日，区教委采取3项措施加强校车安全管理。一是下发《关于加强学校（幼儿园）交通安全管理的紧急通知》。二是召开校车单位管理人员工作会，针对冬季车辆运行特点和区校车管理实际提出具体要求。三是联合朝阳交通支队成立校车检查小组，拉网排查17所公办校90辆校车。重点检查校车及驾驶员备案情况、途中管理和超载、核定运行时间、行驶路线等基本情况。发现隐患即刻停驶，并向学校下发整改通知书。

（谢仲能）

**【首届社区教育工作大会】** 11月25日，召开首届朝阳区社区教育工作大会。市教委、区人大、区政府、区社区教育领导小组21个成员单位、各街乡社区教育管理委员会领导，各社区、村教育协调委员会组长，部分学校以及校外教育机构代表600余人参加大会。

（朱　萍）

**【毛正莲获奖】** 11月26日，朝阳职业技术学校毛正莲老师获"神州数码杯"全国中等职业学校信息化教学大赛教学设计比赛一等奖。毛正莲是区首届"教学标兵"、区职教系统计算机兼职教研员，2011年被评为北京市优秀青年教师，多次上市、区级做公开课、评优课、研究课并获奖；论文和教学案例曾在清华大学主编的国家级刊物上发表。

（李联启）

**【中国社区音乐教育高峰论坛】** 11月29日至30日，举行2011中国社区音乐教育高峰论坛。论坛由中国音乐学院、中央广播电视大学、区社区教育领导小组办公室、朝阳社区学院联合举办。中国音乐学院、中央广播电视大学、区政府领导、市民政局、市教委等领导及群众近千人参加。论坛以主题报告、专题研讨、社区音乐教育工作坊和专场演出等形式，呈现"音乐——为了每个人的一生"大会主题。国际音乐教育学会理事、国际音乐教育学会社区音乐活动委员会前主席Phil Mullen（菲尔．木兰），国际音乐教育学会社区音乐活动委员会主席Dr. Donald DeVito（唐纳德博士），中国音乐学院音乐研究所所长、教育部专家讲师团成员、中国音协音乐教育学学会会长谢嘉幸教授，教育部社会科学发展研究中心美育研究室原主任张援等20余位专家在论坛上发言。

（朱　萍）

**【创新性学习成果表彰会】** 12月15日，召开"首届中学生学习能力培养工程推进暨创新性学习成果表彰会"。2011年中学生创新性学习成果评选活动从133项申报的成果中评议出金奖10项，银奖15项，铜奖18项；获奖学生97名；10所学校荣获优秀组织奖。第八十中学、陈经纶中学分校、酒仙桥一中分别介绍"中学生学习能力培养工程"经验。教委领导为获奖代表颁发奖牌和证书。

（席　华）

**【习作教育】** 12月22日，在枣营小学召开习作教育研讨会。研讨会以"搭建师生可持续发展平台"为主题，学校一至六年级语文老师分别为大家展示口语交际、说写训练、辩论等习作课程。"习作教育"与以往语文作文教育不同，通过跨学科实践，引导启发学生作文创作热情，培养观察、思考、动手等综合能力。

（黄阳艳）

**【校园之星表彰大会】** 12月30日，在求实职业学校举行第五届朝阳区职业高中“校园之星表彰大会”。12名区级“校园之星”受到表彰。

(李联启)

**【职业教育专业整合和结构调整】** 年内,将东方职业学校酒店服务与管理、旅游服务与管理、电子商务、商务英语4个专业整合到劲松职高。劲松职业高中所设专业以旅游服务为重点,主要包括烹饪(中餐、西餐)、饭店服务与管理(国际酒店管理)、旅游服务与管理(外语导游)、美容美发与形象设计(美发与形象设计、美容美体)、影像与影视艺术(摄影艺术、影视艺术)、音乐(声乐、钢琴调律)、计算机网络技术、计算机及应用、休闲体育服务与管理、商务外语(商务英语)、国际商务。东方职业学校所设专业以都市农业为重点,包括园林花卉、交通运输管理(城市交通营运、公路运输管理)。10月10日,北京市民族文化艺术职业学校并入北京市求实职业学校。北京市求实职业学校一校9址办学,占地面积111182.9平方米,开设17个专业,有286名专业教师(含兼职教师),招收4753名学生。

(李联启)

**【支持专业教材出版】** 年内,区教委设置78万元专项资金,支持郝桂英、赵继红、侯庆辉、张小芃、王跃辉、冯佳等骨干教师编写《咖啡知识与咖啡调制》、《单片机控制装置》、《实用机电英语》、《物流运输实务》、《实用经济法基础》等25本专业教材。首批10本教材已于9月公开出版。

(李联启)

**【高考情况】** 年内,高考本科以上上线3206人,上线率81.21%,较上年提升4.5个百分点,高出全市平均值27个百分点,在全市本科计划录取率减少1.03%的情况下,朝阳区本科上线率仍保持持续增长。一批本科上线1758人,上线率44.53%,较上年提高5.5个百分点,高出全市平均值18个百分点。600分以上人数为260人,占考生总数6.59%,略高于上年及全市平均值,在全市600分以上考生人数减少900余名的情况下,朝阳区仍有小幅提升。

(苏纪玲)

**【手拉手互助校】** 年内,酒仙桥学区6所城市优质学校(南湖东园小学、南湖中园小学、酒仙桥中心小学、酒仙桥二小、望花路小学、望欣园小学)与6所农村学校(驼房营小学、北苑小学、北皋中心小学、奶子房小学、上辛堡小学、苇沟小学)及城市薄弱校(大山子二小、将台路小学、高家园小学)建立“手拉手”互助校。优质校教师先后下校40余次,针对日常管理、课程改革、薄弱学科和校本课程进行培训,6所手拉手学校近30名教师受益。

(张　楠)

**【节约型示范校】** 年内,23所学校参加“2010年度北京市节约型示范校”评选,白家庄小学、定福庄二小、垡头小学、牌坊小学、新升小学、高碑店中心小学、惠新里小学、三里屯小学、建院附中、八十中学、九十四中学、工大附中、电气工程学校获得“北京市节约型示范学校”称号。

(狄再达)

**【阅读促进月】** 年内,开展“阅读促进月”系列活动推进儿童阅读促进工程。一是建立“阅读促进月”制度,以4月2日“中国儿童阅读日”主题活动为契机,每年4月开展小学“阅读促进月”活动。二是加强学校图书馆资源开发与利用,在144所小学普及开放式阅读空间,按照生均30册配备图书。三是启动“明星学校、明星教师、明星学生”评选活动,从获奖学校中推选10所“智慧树”阅读基地校,参与阅读基地组织的各项活动。四是区教委与社会单位合作,开展向优秀实验学校赠书、创建朝阳区“智慧树”青少年阅读基地、优秀图书展等系列活动。五是通过在《朝阳教育》等刊物上设专版等方式,推广先进经验。

(狄再达)

## 教育督导

**【概况】** 朝阳区人民政府教育督导室(简称“区教育督导室”)有专职督学7人,兼职督学117人,督政兼职督学25人。主要负责对区内幼儿园、中小学、职业高中、成人教育等各类学校的办学方向、管理水平和教育质量进行监督、检查、评估和指导;对区有关委办局、街道办事处和乡政府落实教育法律法规职责和实施素质教育目标责任制落实情况进行监督检查;对区有关行政部门领导和管理教育工作情况实施督导;对教育工作中重大问题进行调查研究,提出意见和建议。

地址:石佛营西里2号
邮编:100025
电话:85851122/1123

(赵玉芳)

**【街道系统素质教育督导考核】** 1月12日至13日,召开“2010年街道系统落实素质教育目标责任工作汇报会”。会议听取23位街道主管领导落实“全面实施素质教育目标责任、开展区域教育”工作汇报,并就相关问题进行沟通与交流。督导小组归纳整理23个街道考核评价结果,报送到区委组织部街道综合考核评价工作办公室和区监察局。

(赵玉芳)

**【调研现代技术设备使用情况】** 1月至6月,调研全区中小学校园网、数字化校园、教学质量监控系统等8项现代教学专用设备使用情况,并形成调研报告。调研发现,多数学校重视专用教学设备的建设、管理和使用,将其用于学校管理和教育教学等工作中。

(赵玉芳)

**【小学规范化建设督导考核】** 3月

28至4月1日，召开“2011年朝阳区全面实施素质教育暨小学规范化建设督导验收学校工作汇报会”。会议听取19所小学规范化建设验收学校工作汇报，提出5点要求：一是对照规划，组织班子成员梳理前期工作，理清今后发展思路，制定保障措施。二是深入思考特色发展问题，从办学思想、师德师风、师生素质、校园文化、素质教育等5个方面理解特色内涵。三是加强校长对课程建设的领导力。四是强化“以人为本”管理思想，增强办学活力。五是认真研究存在问题，进一步提高社会对学校评价满意度。（赵玉芳）

**【校园安全专项督导检查】** 4月12日至5月4日，专项督导检查191所公办校安全工作。检查项目主要涉及安全管理制度、消防设备设施、用电用气安全、化学实验室管理、寄宿学校安全管理、出租出借安全管理、临建房屋安全管理和学校车辆安全管理等8个方面。

（赵玉芳）

**【校园周边环境专项督导检查】** 4月26日至29日，专项督导检查全区中小学、职业高中校园周边环境。本次督导检查涉及195所学校（中学63所，小学126所，职高6所）的282座校址，督学共计下校350人次。检查方式为实地察看、座谈交流、查看资料。结果显示，全区中小学、职业高中校园周边环境基本符合市教委有关要求，对存在问题较大的个别单位提出解决方案。

（赵玉芳）

**【职业教育专业建设督导调研】** 4月底至7月初，专项督导调研6所职业高中50个专业建设情况。根据调研结果，形成《关于朝阳区职业高中专业设置与专业建设的专项督导调研报告》。报告阐述朝阳区职业高中专业建设优势如下：专业集约化渐成规模；创新培养模式，专业竞争力增强；实训基地建设不断加强，基本满足重点专业发展需求；校企合作不断深化，成为专业建设重要依托；软件建设力度增强，支撑重点专业持续发展。报告分析区职高建设面临困难和存在问题，并从制定特色专业、精品专业发展战略，推进工学结合人才培养模式，深化课程与教学改革，稳步推进专业整合工作，优化办学效益，发挥各级行政和教研部门指导、决策、服务功能等方面提出建设性意见。

（赵玉芳）

**【镇街素质教育评价指标修订】** 6月16日，召开镇街素质教育目标责任督导评价指标修改工作研讨会。会议确定组建由督导室专职督学、部分督政兼职督学及区教委、农委、社会办、社区学院相关人员组成的镇街评价指标修订小组，具体负责修订工作。

（赵玉芳）

**【教育督导网络督学培训会】** 10月17日至18日，召开网络督学培训会，落实《北京市朝阳区人民政府教育督导室关于对朝阳区普通中小学校体育、艺术、科技教育工作及学生肥胖和近视防控工作进行专项督导的通知》精神，部署专项督导工作，并总结上半年督导工作，明确下半年具体任务。

（赵玉芳）

**【教育督导案例评选】** 11月24日至25日，进行教育督导案例评选工作。评出一等奖9篇，二等奖12篇，三等奖16篇。本届获奖作品特点是，案例选题及内容与督导工作实际相结合，具有典型性、代表性，对一线督导工作具有借鉴指导意义。督导室选取优秀案例20篇编撰成册，供全体督学学习交流。

（赵玉芳）

**【初中教学管理规范化建设督导验收】** 11月20日，依据朝阳区《关于实施初中教学管理规范化建设工程的督导评价意见及指标体系》，督导验收第二、第三批共43所普通中学教学管理规范化建设工程。督导室采取听汇报、听课、座谈、访谈、查看文档及校园环境等方式进行督导验收，嗣后为各校下发回复意见并反馈验收结果。

（赵玉芳）

## 朝阳社区学院

**【概况】** 朝阳社区学院属于国民教育系列，地区性成人高校，为区属全额拨款正处级事业单位。有和平里、和平西街、双龙南里和首都机场4个教学区。学院占地面积34707平方米，建筑面积27723平方米。体育场馆1581平方米。图书室藏书总数7.7万册。固定资产总值4497.27万元。毕业生864人，其中，职大260人，电大604人。招生1315人，其中，职大450人，电大865人。在校生3415人，其中，职大815人，电大2600人。开设专业38个，其中职大开设18个，电大开设20个。各类教育培训62080人。学院内设16个部门，教职工125人，高、中级专业技术人员64名，中共党员59名。配有多媒体教室64个，联网计算机房15个、专业教室13个，专用教室8个。

地址：和平里南口砖角楼北里5号
电话：64211719
传真：64210193
网址 http://www.bjccc.com

（韩雨倩）

**【交流研讨】** 1月13日，学院青年教师沙龙进行课题研讨交流活动，与北京市教育科学“十一五”规划重点课题组成员就相关科研课题具体内容和研究途径进行交流和探讨。1月25日至26日，召开管理层面社区教育工作研讨会。3月4日，召开“思科集团”国际教育课题座谈会。3月8日，召开专业责任教师工作研讨会。3月10日、18日，召集部分中层干部和教职工对学院队伍建设工作进行研讨。3月17日，召开2010年度校级课题开题报告论证会。4

月11日,召开"十二五"课题指南研讨会。4月21日,召开《新市民培训教材》研讨会。4月21日,老年大学协会会长张文范视察学院和北京东方妇女老年大学。5月18日,郑州广播电视大学到学院考察交流。7月5日,全国成人教育协会副会长陈乃林到学院指导社区教育工作。7月7日,召开《社区老年教育发展研究》课题专家座谈会。9月19日,美国加州大学戴维斯校区教务长RALPHJ.HEXTER先生一行2人到学院参观考察。10月18日,英国皇家化学学会、物理学学会会员及国家课程(科技类)标准设计的高级顾问Ronald Lewin先生应邀参加学院组织的中英成人教育研讨会。

(韩雨倩　薛　梅　王乃换)

**【组织培训】** 3月1日,申办的朝阳区社区学院职业技能培训学校获得区人力资源和社会保障局批准。3月13日,举行第八期小学教师英语口语能力培训班,300余名学员参加培训。幼儿科普"小小建筑师"开课。3月25日,受平房办事处委托,对平房地区社区工作者进行培训,项目涉及社区工作礼仪知识、社会学相关知识、如何培育社会组织、做好群众工作的方法和艺术等6个专题。社区党组织书记、居委会主任、社区工作者121人参加培训。5月24日,学院举办提高社区讲座水平技巧专题讲座。5月31日,启动育婴师国家职业资格培训。6月15日,学院民谣钢琴培训班(《民谣钢琴》键盘音乐生活社区教育项目)在双龙教学区举行开班仪式。10月13日至14日、20日,举办区社区办科长培训班。10月20日,举办区工会女职工干部培训班。10月22日,开展送科学育婴知识进社区、进家庭活动。10月23日,举办北京市会计从业人员继续教育第一期培训班。10月27日至28日,举办区档案人员档案法律法规暨继续教育培训班。10月31日至11月1日,举办区第32期副科级公务员任职培训班。

(韩雨倩　蔡汶羲)

**【举办活动】** 3月2日,举行"幸福养老大课堂"朝阳社区开播暨"北京东方老年文化节"启动新闻发布会,第十届全国人大常务委员会副委员长、中国关心下一代工作委员会主任、北京东方妇女老年大学校长顾秀莲,区委书记陈刚以及区相关领导、北京东方妇女老年大学顾问专家、教学基地代表、城六区社区学院院长、26家新闻媒体100余人参加发布会。会议为北京东方妇女老年大学揭牌,并向教学基地代表授牌。3月24日,举行自动化办公系统(OA)启用仪式。7月,举行朝阳区家庭教育指导中心挂牌仪式。9月21日,学院演播中心建成并正式启用。10月18日,在演播中心举办"中华传统文化进社区"项目启动仪式暨骨干培训。11月2日,举行《老年教育教程》首发式、修实社区教育专项奖励基金启动仪式。11月15日,举行学院硕博论坛启动仪式。11月29日,召开2011中国社区音乐教育高峰论坛。

(韩雨倩　薛　梅　于　杰)

**【学习型朝阳讲坛】** 4月22日,在高碑店乡兴隆小学举行"气象安全知识"学习型朝阳讲坛,兴隆家园居民和兴隆小学学生100余人聆听讲座。6月8日,举行朝阳文明观众骨干学习型朝阳讲坛培训班。6月21日、24日,学院分别在呼家楼和团结湖街道举办"与孩子共同成长,建设文明和谐家庭"学习型朝阳讲坛家庭教育专题讲座。9月28日,举办"'十二五'规划与'新四区'发展战略解读"学习型朝阳讲坛,43个街乡负责社区教育相关工作人员及区政府办党员干部200余人参加活动,论坛就朝阳区基本情况和功能定位、"十二五"发展主要目标和任务、全区重点工作等内容进行交流。12月27日,举办"解读北京精神"学习型朝阳讲坛,街乡社区教育中心主任、街乡社区教育主管科长及负责人员、社区干部200人听取讲座。

(伊丽娜　于　杰)

# 文化 体育 卫生

## 文 化

【概况】 朝阳区文化委员会(简称“区文化委”)是主管本区文化、文物、新闻出版和广播电影电视工作的政府组成部门。内设办公室、文化科、文物管理科、出版发行管理科(审批管理科)、电视音像管理科(调研室)、财务基建科、组宣人事科及行政执法队。直属单位有文化馆、图书馆、北京民俗博物馆、朝阳剧场、紫光影城、劲松影院、香河园地区文化中心、北京朝阳京剧艺术中心、垡头四区文化中心、群众文化厅、区文物管理所。年内,把文化建设作为推动区域发展、转变经济发展方式重要抓手,以创建全国文明城区为契机,着力推进核心价值体系建设,深化文化体制改革,构建公共文化服务体系,加强文物和非物质文化遗产保护工作,打造繁荣、健康、安全的文化市场环境,坚持文化事业和文化产业齐头并进、协调发展,不断满足全区人民群众的精神文化需求。

地址:东三环北路36号

电话:65014855

邮编:100026

(殷小鹏)

【重要会议】 1月11日,召开文化工作大会。全面总结“十一五”时期文化建设成绩,明确“十二五”时期文化发展思路,研究和部署2011年重点任务。1月26日,召开区文化委系统人才工作会,总结2010年文化委人才工作,部署2011年人才工作,表彰9个集体、27人次、8项专业人才集体项目成果、38项专业人才个人成果。1月26日至27日,召开2011年工作会,各基层单位党政一把手、各科室队负责人汇报本部门2010年工作情况及2011年工作计划。

(殷小鹏)

【香港展览】 1月16日至2月17日,“稀世奇珍贺岁全盒展”在香港将军澳中心举办。展览由北京民俗博物馆与香港中国文化传播有限公司共同主办。展出4个大类28件展品,分别为“百事大吉盒”的“九子盘”,古时大户人家用来凸显地位、被喻为“皇帝的玩具箱”的“多宝格/套盒”,造工讲究的“捧盒”和“提盒”等。7月6日至9月26日,“五味纷陈——半世纪的中国生活记忆”展在香港历史博物馆开展,由香港康乐及文化事务署与区文化馆联合举办。区文化馆精选290余件时代特点鲜明、涵盖一段时期百姓生活状态的老物件参展。展览分为“票证年代”、“生活杂拾”、“红色记忆”、“婚姻大事”和“奔向小康”等展区。7.6万名香港及内地观众参观展览。

(殷小鹏)

【第十届北京民俗文化节】 2月3日至8日,第十届北京民俗文化节暨第十三届北京东岳庙春节文化庙会在东岳庙举行。庙会把继承弘扬传统与群众需求相结合,推出儿童庙会体验、社区大舞台等创新活动,历时6天,接待游客15.3万人次。

(殷小鹏)

【日坛祭日典仪】 3月21日,在日坛公园恢复已中断160余年的日坛祭日典仪。祭典活动包括卤簿仪仗、乐舞和祭坛礼仪3部分。活动基本按照“清代祭日典仪”记载还原当时的服装、道具。除祭日大典外,还特别增加“拜礼”环节。

(殷小鹏)

【书香朝阳】 4月22日,启动2011年“书香朝阳”全民阅读活动仪式。活动围绕纪念建党90周年,结合朝阳区文化大发展大繁荣及创建全国文明城区要求,从倡导全民阅读,培育驻区居民良好阅读习惯入手,提升居民素质和城市“软实力”,为推进“十二五”开局之年工作和“新四区”建设营造良好氛围。8月31日,在双井乐成中心广场举行首批“书香朝阳”24小时自助图书馆启动仪式。根据点位与已有街乡图书馆实体馆舍地理位置错位要求,点位周边人口密度、交通便捷状况、区域开放程度、居民需求程度及安全等选位原则,共建设10个试点自助图书馆。年底,区图书馆完成43个街乡第二批“书香朝阳24小时自助图书馆”选位工作。12月10日,结束“书香朝阳”全民阅读标志(logo)及口号征集活动,确定作品为“丹凤朝阳,全民阅读”。活动历时9个月,共征集“书香朝阳”全民阅读标志(logo)设计作品300余件,口号万余条。

(殷小鹏)

**【朝阳流行音乐周】** 4月28日至5月2日,第六届朝阳流行音乐周分别在朝阳公园、朝阳体育中心举办,10余个国家的20余支乐队向公众奉献41场演出。音乐周期间朝阳公园入园人数约12.3万人次,朝阳体育中心入场人数约3.1万人次。

(殷小鹏)

**【东岳书院首场国学讲座】** 4月29日,“东岳书院”举办首场国学讲座,拉开朝阳区弘扬传统文化“一十百千”工程暨“东岳书院”系列活动序幕。东岳书院重点打造国学传承“一十百千”工程。“一”是以东岳书院为传统文化教育基地;“十”是以“尊老孝亲”、“尊师重教”、“慈善博爱”、“政风清明”、“重信崇义”、“仁恕宽和”、“知书明理”、“克勤克俭”、“慎独律己”、“自强不息”等十个主题为核心内容;“百”是举办百场国学讲座;“千”是培养千名国学宣讲员。人大国学院副教授、历史学博士宋洪兵发表“天行健,君子以自强不息”主题演讲。

(殷小鹏)

**【法国戏剧荟萃】** 5月12日至6月20日,第四届北京法国戏剧荟萃在北京9剧场举办。此为“2011中法文化之春”系列活动之一。《远离阿贡当市》、《打造蓝色》等剧作参演。《打造蓝色》由中国话剧演员出演,《远离阿贡当市》由作者本人与法国女演员用法语出演。

(殷小鹏)

**【国际博物馆日】** 5月18日,北京民俗博物馆开展“家门口的博物馆”主题活动。活动以“博物馆与记忆”为主题,通过展示北京特色民间艺术品,展现非物质文化遗产独特魅力。“民俗展览进校园”还把宣传外延至北京城市学院。《南磨坊的记忆》展同时开幕。

(殷小鹏)

**【参观与调研】** 6月9日,全国政协“北京地区博物馆建设与发展”调研组视察北京民俗博物馆。调研组组长为全国政协副主席张梅颖,副组长为全国政协文史和学习委员会主任陈福今。7月2日,市委书记刘淇就“深化文化体制改革,加快推动文化建设”到区文化场馆和文化企业调研。市委常委、市委秘书长李士祥,市委常委、宣传部长、副市长鲁炜,区委书记陈刚,区委副书记、区长程连元,区委常委、常务副区长吴桂英,区委常委、宣传部长谢莹陪同调研。8月25日,市文化局局长肖培一行到朝阳调研文化工作。陈刚、程连元、谢莹陪同调研。10月29日,中共中央政治局委员、中央书记处书记、中宣部部长刘云山就深入贯彻落实党的十七届六中全会精神,进一步发挥首都全国文化中心示范作用,到区文化馆、区图书馆、莱锦创意产业园调研。中共中央政治局委员、市委书记刘淇,中宣部常务副部长雒树刚,中宣部副部长、国家广电总局局长蔡赴朝,市委副书记、市长郭金龙等领导陪同调研。11月4日,中央巡视组徐光春调研朝阳区构建公共文化服务体系及落实十七届六中全会精神工作。程连元、谢莹,副区长刘军胜,区委宣传部常务副部长高春利陪同调研。调研组实地考察区图书馆24小时自助图书馆、文化馆设施及文化活动开展情况,实地观看9当代舞团、“红半天”女子鼓乐团及“快板刘”文化大院节目排练。11月8日,中央民族干部学院组织80余名学员参观考察区文化馆。12月12日,由宁夏文化厅副厅长陶雨芳、浙江省图书馆副馆长刘晓清、全国文化信息资源共享工程管理中心资源处干部刘平组成的文化部督导组到奥运村街道,督导全国文化信息资源共享工程暨公共电子阅览室建设试点工作。市文化局副局长王珠,首都图书馆党委书记肖维平、副馆长陈坚,区文化委副主任倪遥远陪同。12月29日,市文化执法总队检查组在副总队长张伟带领下检查指导朝阳区2011年文化市场管理及“扫黄打非”工作。

(殷小鹏)

**【文化遗产日】** 6月9日,朝阳区非物质文化遗产保护中心在财富中心广场举办“金台夕照大碗茶故事会”2011文化遗产日专题活动。主题为“依法保护,重在传承”。6月11日,北京民俗博物馆举行“博物馆与非物质文化遗产保护研讨会”和“天津杨柳青戴氏贡品年画展”。同日,区文化委、区文物管理所联合北京中国紫檀博物馆、北京励志堂科举匾额博物馆举办“走进博物馆,听馆长讲故事”主题活动。

(殷小鹏)

**【大学生戏剧节】** 8月6日,第十届金刺猬大学生戏剧节在朝阳9剧场开幕。活动以“创和谐校园,扬青春旋律”为主题,将文学、音乐、舞蹈、美术等熔为一炉,展演话剧、歌剧、童话剧、音乐剧等19个剧目,37场次。8月22日举办颁奖仪式。

(殷小鹏)

**【文化交流】** 9月21日,北京民俗博物馆参加在国家博物馆举办的中、英博物馆国际学术研讨会。来自伦敦、利物浦、格拉斯哥、柏立艺术等9家英国博物馆以及中国国家博物馆、故宫博物院、中国文物交流中心、首都博物馆、云南省博物馆等文博界近100多位同行参加研讨会。10月22日,瑞士苏黎世市属图书馆一行11人考察访问区图书馆。

考察团成员参观图书馆整体运行情况,体验24小时自助图书馆与“电子读报机”。12月12日,马来西亚史里肯帮安中学“二十四节令鼓队”与区文化馆红半天女子鼓乐团成员交流鼓技并参观黑庄户乡快板刘文化大院。

(殷小鹏)

**【群众文化队伍】** 10月26日至27日,分别在奥运村地区武警指挥学院礼堂、管庄地区文化广场举办群众业余文艺团队合唱、舞蹈汇演活动。27个街乡29支群众业余文艺团队参演。活动特邀音乐家协会和舞蹈家协会知名专家、歌唱家、舞蹈家担任评委。评出区级品牌团队20支,街乡一类、二类、三类团队1197支。

(殷小鹏)

**【“大学时光”艺术活动】** 11月5日至20日,“大学时光”艺术活动在798玫瑰之名艺术中心开幕。活动由区文化馆联合中国传媒大学、北京文化志愿者服务中心朝阳分中心举办。内容囊括艺术展览、音乐演出、沙龙讲座等,其中“晚安,我上铺的兄弟”大学生睡眠关爱行动为亮点之一。

(殷小鹏)

**【首次出土辽代经幢】** 11月10日,金盏乡金盏村温榆河金河湾西岸发现辽代经幢,这是本区首次出土辽代文物。此次发现的经幢为整座经幢的主体幢身部分,基座和幢顶缺失。幢身八角形,身刻佛经,且有“本寺地贰顷”等字样,应为温榆河畔一座寺庙所有,但因年代久远,磨损严重,很多字迹无法辨识。

(殷小鹏)

**【朝阳艺术团成立】** 11月29日,在世纪财富中心举行朝阳区“朝(zhāo)阳艺术团”成立仪式。市委宣传部、市文联、市文化局领导,区领导程连元、谢莹、于五一、刘军胜等出席。林岫、姜昆、李绪良、瞿弦和等著名艺术家,部分专业院团领导和品牌团队代表以及区相关委办局、街乡领导100余人参加。中央电视台水均益担任仪式主持人。中央民族乐团、中国音乐学院等81个知名院团、45位著名艺术家、75位文化能人、491位专业演员和3639位群众演员加入朝阳艺术团。朝阳艺术团由区文联主席李光曦担任团长,区文化委主任、区文联秘书长黄晓伟任常务副团长,王成刚、赵凤霞等艺术家任副团长。艺术团下设声乐、舞蹈、曲艺、戏曲、杂技魔术、民乐、管乐7个分团,分团团长、副团长分别聘请相关方面文化名人和朝阳区文化能人担任。

(殷小鹏)

**【新年音乐会暨新春联谊会】** 12月29日晚,举办2012年朝阳区新年音乐会暨朝阳区文联新春联谊会。市文联党组副书记王德新,原区人大常委会主任、文联民誉主席、书协名誉主席安训生,副区长张立新等出席活动。音乐会特邀中央民族乐团喜洋洋室内乐团,以民族与世界民乐为主题,用二胡、唢呐、琵琶、板胡等中国古典乐器演奏民族音乐及世界民乐。

(殷小鹏)

**【国家公共文化服务体系示范区】** 年内,朝阳区获得创建“国家公共文化服务体系示范区”资格。区文化委制定规划、建设、实施和宣传方案,其中建设方案向社会公布。旨在通过两年努力,构建网络健全、结构合理、发展均衡、运行有序的公共文化服务体系,摸索此项工作路径并积累经验,为全国同类地区公共文化服务体系建设提供借鉴。

(殷小鹏)

**【行政许可】** 年内,完成歌舞娱乐场所等5类企业换证工作。新增游艺类娱乐场所许可审批内容。共受理行政许可575件,现场核查78次,检查场所297家。

(殷小鹏)

**【北京市级非遗代表性传承人】** 年内,经市文物局批准,“小红门地秧歌”项目代表性传承人赵凤岭、“傅氏幻术”项目代表性传承人傅腾龙、“彩塑兔儿爷”项目代表性传承人双彦、“京作硬木家具制作技艺”项目代表性传承人杜新士被确定为北京市级非物质文化遗产项目代表性传承人。

(殷小鹏)

**【文化设施建设】** 年内,完成区图书馆新馆建设“工程项目立项”行政审批相关程序。完成垡头文化中心建设项目,香河园文化中心改造项目获得区国土分局和环保局批复。

(殷小鹏)

**【文物保护】** 年内,完成14处文物修缮项目立项申报,全面启动土储及绿隔地区文物修缮工作。启动东岳庙基础设施建设和西路古建修缮及永通桥抢救性修缮。启动国有可移动文物普查试点。王四营古塔郊野公园传统文化区纳入北京市“十二五”时期历史文化名城保护建设规划。投资45万元安装区域内文物标志。

(殷小鹏)

**【图书馆业务】** 年内,办理借书证10954个;图书外借总量510426册次,报刊外借总量14522册次,流通297298人次;送书下基层330次、154744册次;新购文献104943册件、报刊907种、电子视听文献330件;交送图书145941册;全年举办各种活动926次,75933人次参加。其中:外语大课堂220场;朝阳文化讲堂讲座101场;法律咨询、讲座及广场活动81场;其他活动525场。新建拥军图书馆(室)3个(含送书点2个),累计建立拥军图书馆(室)64个,送书点52个。全年累计为部队配送图书24003册次。

(殷小鹏)

**【文化市场管理】** 年内,区文化市场管理(扫黄打非)工作领导小组各成员单位及各街乡共组织检查10699次,出动执法检查人员51075

人次,检查各类场所共 68248 家次。其中检查图书、报刊、电子出版物经营单位 10909 家次,印刷复制企业 75 家次,音像制品经营单位 3725 家次,演出活动及单位 94 家次,歌舞娱乐场所 1970 家次,电子游艺经营场所 231 家次,互联网上网服务营业场所 6825 家次,电影放映场所 82 家次,798 等各类艺术园区工作室 19945 家次,卫星电视接收设施使用单位 170 家次。组织安全生产例会 12 次。

(殷小鹏)

**【获奖情况】** 年内,区文化委获 2010 年度北京市文物安全和执法工作先进集体称号。区图书馆获 2006—2010 年北京市法制宣传教育先进集体称号。区图书馆法律资料服务中心获十佳法制宣传教育基地称号。北京民俗博物馆推荐申报的弓箭表演项目,获第十届中国民间文艺山花奖·民间艺术表演奖(民间绝技绝艺)金奖。北京民俗博物馆获 2011 年北京阳光少年文化节优秀组织奖。第六届北京春节庙会·灯会·文化活动评选中,第十届北京民俗文化节暨第十三届东岳庙春节文化庙会、第十五届"百姓之家,新春大集"、2011 年朝阳三里屯国际街区"灯彩江湖"民间灯会、北京欢乐谷"百艺闹春"欢乐节、第九届北京朝阳国际风情节 5 项活动分获非遗展示奖、社区文化活动奖、非遗展演奖、创意奖。

(殷小鹏)

## 潘家园国际民间文化发展有限公司

**【概况】** 潘家园国际民间文化发展有限公司是由区国资委监管的区国有资本经营管理中心下属的国有独资企业。公司从事工艺品及收藏品、字画、家具、日用杂品、珠宝首饰销售;组织文化艺术交流活动(不含演出);承办展览展示活动;投资及投资管理等生产经营活动,并对经营管理的国有资产承担保值增值责任。子公司潘家园旧货市场占地 49207 平方米,经营面积 26000 平方米,分为地摊区、古建经营区、古典家具区、现代收藏区、石雕石刻区、休闲服务区、停车场等 7 个区域,拥有摊位 4000 余个,直接从业人员近万人。子公司潘家园古玩艺术品文化传媒有限公司,成立于 2010 年 5 月 31 日,主要从事设计、制作、代理、发布广告;承办展览展示;组织文化艺术交流活动(演出除外)等生产经营活动。截至年底,公司资产总额 45317 万元,负债总额 7184 万元,所有者权益 38133 万元,利润总额 2599 万元,上交税费 1220 万元。

地址:华威里 18 号

电话:67741869

邮编:100021

潘家园官方网店:http://www.panjiayuan.com/潘家园旗舰店

(王丽梅)

**【主题活动】** 2 月 1 日至 7 日举办《第三届春节交易会(庙会)》;3 月 5 日至 21 日举办《第三届"三八"妇女节主题展——香水瓶》;3 月 26 日至 4 月 3 日举办《潘家园第四届精品字画展》;4 月 14 日至 17 日举办《潘家园第十届全国连环画交易会》;4 月 30 日、5 月 1 日、7 日、8 日举办《民间旧货交易会》;4 月 30 日至 5 月 9 日举办《潘家园第三届翡翠 A 货精品展》;5 月 14 日至 22 日举办《潘家园第二届雕刻艺术精品展》;5 月 28 日至 6 月 6 日举办《垂杨柳学区师生收藏展》;7 月 1 日至 6 日举办《第五届潘家园中外艺术扑克精品展》;8 月 11 日至 14 日举办《潘家园第十一届全国连环画交易会》;9 月 16 日至 18 日举办《潘家园第八届全国红色收藏展览交易会》;10 月 1 日至 9 日举办《潘家园第六届中国民间藏玉精品展》;10 月 15 日至 23 日举办《潘家园第四届茶文化节——茶具精品展览》;11 月 5 日至 13 日举办《潘家园第四届非物质文化遗产手工艺品交易博览会》等主题展会 16 场、讲座 4 场、拍卖会 8 场。

(王丽梅)

**【领导视察】** 2 月 28 日,市旅游局副局长于德斌等一行 8 人在区旅游局局长兰学军陪同下,到潘家园旧货市场指导考察。3 月 1 日,区委常委、区政法委书记佟克克、区政法委常务副书记杨树旗和区综治办主任战玉贵在潘家园街道工委书记董跃美和办事处主任刘炳起陪同下,检查指导潘家园旧货市场"两会"安保维稳工作。3 月 2 日,辽宁省沈阳市和平区商贸企业管理局局长蔡玉芬和和平区市场服务中心主任王成军等一行 8 人到潘家园旧货市场考察。3 月 7 日,哈尔滨市委宣传部副部长王刚等一行 6 人到潘家园旧货市场考察。5 月 19 日,区统战部副部长李金虎在农工民主党专职副主委昌延力等陪同下,到潘家园旧货市场指导工作。6 月 22 日,孟加拉人民共和国外交部长迪普·穆妮携丈夫一行 7 人到潘家园旧货市场参观。7 月 12 日下午,爱尔兰国家前总理约翰·布鲁顿一行 9 人到潘家园旧货市场参观,副区长张立新、街道工委书记刘炳起陪同。9 月 5 日,南京市白下区区委常委、区委宣传部部长汪祥明带领白下区发改局、投资局、文化局及朝天宫街道等一行 16 人到潘家园旧货市场考察。

(王丽梅)

**【红色收藏展交会】** 9 月 16 日至 18 日,举办第八届全国红色收藏展览交易会暨潘家园首届全国红色收藏品拍卖会。来自全国 20 多个省、市、自治区数百名藏友参加。许多珍贵重量级藏品亮相交易会。潘家园首届全国红色收藏品拍卖会面向全国征集藏品,共征集到北京、河北、山东、湖南、上海等全国 20 多个省市红色收藏家和爱好者红色藏品近 300 件,拍品囊括徽章、宣传画、油画、版画、电影海报、瓷雕、木雕和纸本文献等众多门类。国家雕塑大师潘鹤代表作《艰苦岁月》极具收藏价值和历史价值,也首度在国内亮相参拍。

(王丽梅)

**【国际贸易投资展览会】** 10月20日至23日,潘家园参加第十六届澳门国际贸易投资展览会。为扩大潘家园品牌影响力,推介具有北京特色文化创意产品,深化京澳两地文化创意产业交流与合作,吸引来自澳门、欧盟以及葡语国家境外投资,搭建交易平台,在市文化创意产业促进中心组织下,公司携市场商户代表赴澳门参展。内容为:公司品牌宣传推介;重点商户宣传推介和特色商品推介(翡翠;白玉;印章石;折扇、鼻烟壶、脸谱、绣品、皮影等特色商品)。

(王丽梅)

**【手工艺品交易博览会】** 11月5日至13日,潘家园旧货市场作为北京第六届文化创意博览会分会场,举办第四届非物质文化遗产手工艺品交易博览会。博览会分为市场甲排前交易区和展厅内表演展示区。表演展示区集合聚元号、料器邢、面人彭等国家、省、市级非遗项目20余项,计260多件非物质文化遗产手工艺精品。

(王丽梅)

**【国际珠宝展】** 11月23日至27日,为拓展潘家园品牌,积极推动"走出去"办展,公司组织31家珠宝玉石商户参加由中国珠宝玉石首饰行业协会和国土资源部珠宝玉石首饰管理中心联合在北京中国国际展览中心主办的"2011中国国际珠宝展"。潘家园展位面积279平方米,现场设置免费鉴定。通过参展树立潘家园整体形象、展示企业文化和企业实力,让更多人了解潘家园,让潘家园走向世界奠定基础,也为企业和经营商家带来可观社会效益和经济效益。

(王丽梅)

**【开办珠宝玉石鉴定培训班】** 年内,利用北大宝石鉴定中心资源和潘家园自身品牌优势,由北大宝石鉴定中心专家授课,潘家园提供培训场地,合作开办珠宝玉石鉴定培训班2期,学员34人。培训班为广大收藏爱好者搭建一个学习和交流平台,进一步拓宽公司经营领域,增加经济收益,为公司多元化发展提供有益探索。

(王丽梅)

## 新闻传播

**【概况】** 朝阳区广播电视新闻中心由区委宣传部直接领导,负责本区新闻宣传工作和新闻宣传队伍建设,由朝阳报社、朝阳有线电视、朝阳新闻网、朝阳区对外新闻宣传办公室、三方网络公司以及北京朝阳传媒影视技术服务中心等部门组成。朝阳区广播电视新闻中心有办公室、总编室、人事科、财务科、新闻科、朝阳报采访科、朝阳报编辑科、要闻内参科、有线电视社会新闻科、有线电视专题科、有线电视技术部、有线电视播音编辑科、资料室等13个科室。中心所属的朝阳有线电视拥有3个电视播出频道:在北京电视台公共频道以每天3个时段、共4.5小时播出(7:30—9:00;12:30—14:00;19:30—21:00);通过朝阳有线28频道和北京歌华有线电视网络股份有限公司"801朝阳社区频道"6:00—24:00播出。中心所属《朝阳报》周一、周三、周五出报,每期发行5万份。朝阳报副刊《社区生活》每周四出刊,发行量5万至6万份。中心所属朝阳新闻网每年点击量数百万次。年内,中心承办的北京朝阳传媒影视技术服务中心建成并开始运营。

地址:六里屯西里3号

电话:65025172

邮编:100026

(张 礼)

**【《朝阳报》出刊】** 4月29日,朝阳报进行全面改刊,改版为"文明创建特刊",从版式到内容进行策划包装。"特刊"采用全彩印刷,设计上运用朝阳文明小天使洛宝贝形象和文明创建标志。设立要闻、参与、惠民、亮点和图片版画说文明5个版块,版块设置"文明朝阳"、"创建行动"、"人在朝阳"、"低碳故事"等十多个栏目。从9月7日开始,每期采取大号黑体字刊登一条换届选举口号。一、二版有侧重,全方位报道。一版刊发重要选举动态和成就性报道,二版配合一版,刊登基层选举动态以及有关公告、决定。在庆祝建党90周年活动中,开设"凝聚党旗下"专栏,组织开展相关活动即时报道,开设"创先争优,推进'新四区'建设"、"党建时评"、"我是党员"、"党旗飘扬"、"党员心语"、"重走长征路"、"朝阳岁月"等专栏。朝阳报出刊151期,专版专刊155个,刊发文字500万字,刊发图片800幅。

(张 礼)

**【朝阳有线电视传播】** 5月1日,为宣传全国文明城区创建,对《朝阳新闻》进行全面改版,设立"文明在行动"、"文明花开"、"文明探头"等7大版块,对创建工作重点、基层动态、典型事例、实事工程进行报道。开办《朝阳岁月》专栏,对新中国成立以来本区重大历史事件进行报道,先后派出5路记者跟随组织部、政法委重走长征路,对路途中的动人事迹进行宣传报道,纪念建党90周年。针对"七一"党的生日,《和谐在线》专栏制作以"我是党员"、"领头雁"、"凝聚"为主题的3期特别节目。"两会"前,《朝阳新闻》通过5年成就、议案和提案落实、代表委员认真履职等报道,通过邀请人大新闻发言人做客《朝阳新闻》,详细解读相关政策;策划4期《和谐在线》,分别解读本届人大、政协对人民代表大会制度、政治协商制度的贡献。

在换届选举工作重要节点,滚动播出6集反映本届人大、政协工作专题片,为换届选举提供舆论保障。朝阳有线自制节目15490分钟,其中朝阳新闻6385分钟,栏目8265分钟,临时专题片62部840分钟。

(张 礼)

**【《社区生活》出刊】** 年内,《社区生活》出版48期,刊登文字300万字,刊登图片1200余幅。栏目有"时事快讯"、"专题报道""北京精神"、"感悟生活"、"文明朝阳"、"生活话题"、"时尚一族"、"学海泛舟"、"健康生活"、"诗书画苑"、"职场人生"、"服务信息"、"社区人物"、"法制天地"、"电视预告"、"休闲时空"、"综合信息"、"收藏趣话"等。《社区生活》是朝阳报所属的副刊,每周四出版,有公开发行刊号,是可以刊登广告的正式出版物。《社区生活》立足社区,深入百姓生活,以"服务社区大众,关心百姓生活,提供信息咨询,塑造文明和谐"为宗旨,受到干部群众喜爱。其新闻中心不断改进栏目,力争增加百姓内容,让报纸更好地为读者服务。《社区生活》每周发行5万份,有重大活动时发行6万份。

(张 礼)

**【合作办报】** 年内,朝阳报社与13个单位合作办报,与和平街街道合办《和平家园》,与团区委合办《志愿朝阳》,与团结湖街道合办《团结社区》,与酒仙桥街道合办《酒仙桥》,与来广营乡合办《来广营报》,与朝阳区第二医院合办《朝阳二院报》,与区慈善协会合办《慈善朝阳》,与区城管大队合办《朝阳城管报》,与区教委合办《朝阳教委报》,与区房管局合办《朝阳房管报》,与三里屯街道合办《三里屯》,与左家庄街道合办《左讯》,与朝阳区残疾人联合会合办《春雨》。合作办报既锻炼记者队伍,又拓展社区报道新模式。

(张 礼)

**【外宣工作】** 年内,外宣工作针对创建全国文明城区、纪念建党90周年、总结"十一五"规划及"十二五"开局、民生工作、北京CBD商务节等主题,策划、组织一系列新闻宣传活动。召开新闻发布会50场次,平均每周一场次新闻发布和媒体集中采访,基本做到周周有发布,周周有策划展示。中央以及市属媒体发表有关本区稿件2.5万篇,比2010年增加5000多篇次,媒体关注度提高25%。《人民日报》对区报道主要侧重于社区一刻钟服务圈、文明城区创建、大望京村民搬迁上楼以及第六届北京文博会等重点活动,刊登稿件15篇次,较2010年有大幅度提高。年内,《北京日报》头版报道朝阳区新闻稿件近60篇次,其中5月10日至5月16日一周内,头版报道朝阳区4篇稿件、2幅照片,稿件题目是《加大统筹城乡发展力度 率先形成经济社会发展一体化新格局》、《大望京3000村民上楼》、《安立路治乱补绿成环境优美示范街》、《朝阳:近四千机关干部每周六进社区》。

(张 礼)

**【朝阳新闻网点击率】** 年内,朝阳新闻网经过策划、更新、改版,宣传报道力度越来越强,点击率越来越高。年内,朝阳新闻网加大朝阳有线各栏目的宣传报道力度,将《朝阳工会》、《陪你逛街》、《幸福2+1》、《与法同行》、《同在蓝天下》、《聚焦人力社保》等20余个电视栏目的视频内容更新在朝阳新闻网上,使电视播出和网络基本实现同步。年内,朝阳新闻网成为日均更新文字新闻2万余字、视频新闻70多分钟的专业新闻网站,年点击量达700万次。

(张 礼)

**【朝阳传媒影视技术服务中心】** 年内,由朝阳区政府投资、朝阳区广播电视新闻中心承办的北京朝阳传媒影视技术服务中心建成并投入运营。中心坐落在定福庄,职能是:以先进的传媒技术服务和良好的产业孵化功能,吸引各类文化传媒企业和影视动漫企业入驻定福庄传媒产业走廊;为各类文化传媒企业和影视动漫企业提供广播、影视、音乐的摄录、制作、包装、出版发行等市场化、经营性服务,以及技术培训、生活保障和人才交流等公共服务;进军高端培训市场,以培养高水平复合型文化传媒和影视动漫专业人才为目标,为各类文化传媒企业和影视动漫企业高管和业务骨干提供全方位人才培训;与知名企业合作构建影视动漫产品研发、制作、播出、节目交易、衍生产品开发和人才培训的大产业平台,形成文化传媒与动漫产业化的大商业运作模式。中心经营范围:集影视节目录制、演出、会议等多用途于一身,能够完成大中型节目、室内情景剧和虚拟场景拍摄、录制;完成新闻、专题类节目、电视剧剪辑,以及专业培训;完成母版剪辑、合成、多级调色等核心功能;完成复杂故事片、快节奏商业广告片的视觉特效制作;完成二维、三维动画、特效制作;完成专业人声、效果声的录音、编辑和混录;完成多格式视音频信号上下载、集中审片审听。8月,中心与鸣鹤传媒签订合作协议,引进该公司入驻大楼办公,同时使用500平方米高清演播室及80平方米演播室,合同金额300万元;9月,中心500平方米高清演播室开始陆续接待客户,服务的客户有深圳卫视、湖南卫视、重庆卫视、河南卫视等。

(张 礼)

## 朝阳规划艺术馆

**【概况】** 朝阳规划艺术馆于2010年3月16日正式开馆,致力于打造"朝阳规划艺术馆"艺术品牌、T空间商业品牌和"首家3D体验中心"文创品牌三者互为补充的多元文化品牌形象。2011年接待参观人数

2.5万余人，接待团体278个，其中贵宾团体176个；承办“朝阳区纪念建党90周年主题展览”等重大展览5个；承办各种政府活动30余项；先后被授予团市委社区青年汇、区级市民学习基地、爱国主义教育基地、处级干部和初任公务员现场教学培训基地。被评为区创建全国文明城区先进单位。

地址：朝阳公园南路1号
电话：65911265
邮编：100125

（柳　旭）

【参观调研】　1月13日，温州市规划局党组成员、纪检组组长蔡文云等领导参观规划艺术馆。1月14日，区纪委副书记陈琳与区纪委办案专家组10余位专家参观规划艺术馆。2月15日，港澳台侨委员会60余人参观规划艺术馆。3月5日，区政协副主席刘乃晨、赵增华、郑煌率政协全体女委员70余人到规划艺术馆参观。3月9日，中共中央组织部副部长王尔乘到规划艺术馆参观调研，听取规划艺术馆作为“朝阳区干部教育培训现场教学基地”在实践中探索承担干部教育培训工作新模式的汇报。市委组织部领导史绍洁、闫成，区领导陈刚、陈宏志陪同参观。3月15日，东城区政协副主席刘忠胜等领导23人到规划艺术馆参观。4月9日，市委常委、宣传部长、副市长鲁炜，市委副秘书长肖培、市委宣传部常务副部长陈启刚、副部长张淼等20余人到规划艺术馆参观调研，区委常委、宣传部部长谢莹，副区长张春秀以及区各委办局领导陪同。4月11日，北京广播电视台台长兼北京电视台台长王晓东、北京电视台总编辑赵多佳、副总编辑朱江等一行10余人到规划艺术馆参观调研。区委书记陈刚、区委常委、常务副区长吴桂英、区委常委、宣传部长谢莹以及区各委办局相关领导陪同，吴桂英介绍本区“十二五”规划发展思路及年内全区重点工作安排。4月29日，3D China有限公司总裁白强和华纳兄弟公司前大中华区总裁艾秋兴女士陪同好莱坞著名导演Kieth Merrill一行15人到规划艺术馆交流。5月5日，市人大常委会副主任赵凤山、市人大常委会副秘书长、人事室主任高岩辉等领导到规划艺术馆参观调研。区人大常委会主任王力军等陪同。5月9日，区委宣传部文化创意产业培训班30余人到规划艺术馆参观。5月14日，市委常委、统战部长牛有成等一行15人到规划艺术馆参观并指导工作。区委书记陈刚、区委副书记宋连娣等陪同。5月19日，河北省迁安市市长李忠等10余人到规划艺术馆参观。6月1日，门头沟区委书记韩子荣、区人大常委会主任李慷云、区政协主席高连广等一行50余人到规划艺术馆参观调研。区委书记陈刚、区人大常委会副主任李国等陪同。6月9日，市人大常委会主任杜德印，副主任吴世雄等领导到规划艺术馆参观并调研本区推进全国文化中心建设情况。区委书记陈刚，区委常委、宣传部长谢莹，区人大常委会副主任闫学峰，于五一，副区长张春秀等陪同，重点听取区委宣传部副部长丰春秋关于“北京CBD—定福庄国际传媒产业走廊”建设情况汇报，区文化委副主任、区文化馆馆长徐伟关于文化建设情况的汇报。6月10日，重庆市南岸区委书记夏泽良等领导20余人到规划艺术馆参观。馆长杨军介绍规划艺术馆发展运营情况。6月20日，山西省高平市委副书记、代市长杨晓波等10余人到规划艺术馆参观学习。7月2日，副区长张春秀陪同中央党校学员20余人到规划艺术馆参观。7月7日，“创建全国文明城区”首都文明办考察组30余人到规划艺术馆参观考察，区委副书记宋连娣、副区长张春秀等陪同。7月9日，朝鲜金日成社会主义青年同盟平壤市委员会代表团10余人到规划艺术馆参观。9月23日，全国青联邀请的日本青年代表团到规划艺术馆访问参观。10月17日，中共中央宣传部副秘书长张英伟到规划艺术馆参观考察，听取区委宣传部副部长丰春秋关于“北京CBD—定福庄国际传媒产业走廊”建设情况汇报。11月23日，新疆维吾尔自治区党委宣传部副部长施生田、文艺处处长牛远峰等5人到规划艺术馆参观考察。11月29日，加拿大圣迈克尔大学校长等6人到规划艺术馆参观考察。12月2日，区人大常委会副主任李国与区人大代表200余人到规划艺术馆参观视察，了解区情及发展建设情况，听取“CBD核心区”和“北京CBD—定福庄国际传媒产业走廊”沙盘模型介绍。12月8日，江苏省代表团100余人到规划艺术馆参观考察。市委宣传部副部长张淼、区委宣传部副部长丰春秋等陪同。12月12日，区政协主席辛燕琴带区政协委员150余人到规划艺术馆参观视察，区政协副主席郑煌等陪同，在1号馆三层水云间进行区城市化管理培训，重点了解区城市建设的发展历史、现状和未来规划。

（柳　旭）

【政府活动】　1月13日，在2号馆举办区各界人才新春团拜会，市委组织部部务委员、人才处处长闫成，市人力资源和社会保障局副局长宋丰景，区领导陈刚、程连元、王力军、辛燕琴、宋连娣、吴桂英、陈宏志、谢莹、郑煌，以及区人才工作领导小组各成员单位领导与区域内知名院士、全区各条战线的专家、学者、知识分子、留学创业人员代表等260余人欢聚一堂、喜迎新年。1月16日，在3D大剧场举行共青团北京市委“创先争优 青年先锋”青春点将台活动，市委副秘书长王翔、区委副书记宋连娣、副区长张立新出席活动。1月18日，在1号馆三层水云间举行区青年联合会新春联谊会，全国青联副主席齐兴达，市青联秘书长祁治国，副区长张立新出席。3月7日，在T空间举办"辉煌教育，魅力女性"区教育系统庆祝"三八"国际劳动妇女节表彰大会。市教育工会主席张青山、区相关领导出席。3月16日，在1号馆一层多功能厅举行规划艺术馆开馆一周年座谈。3月17日，在1号馆三层水云间举办区党建研究会一届一次理事大会。区领导王力军、宋连娣、陈宏志、谢莹等出席。3月23日，在T空间举行首届中国结核病防治公益宣传作品征集活动颁奖典礼，卫生部副部长尹力，世界卫生组织驻华代表蓝睿明，著名女高音歌唱家、全国结核病防治宣传形象大使彭丽媛等出席。4月8日，在1号馆三层水云间和1号馆四层云顶厅举办区经信委活动。4月12日，在3D大剧场和1号馆艺术长廊举行北京石材行业协会参观活动。4月13日，共青团北京市委、市青联在3D大剧场共同主办北京市青联物联网与智慧城市高端论坛。团市委副书记、市青联主席于庆丰出席论坛开幕式并致辞。参加论坛的有中央在京七大团(工)委负责同志及青联委员，市委市政府各相关部门、各区县相关部门负责同志、市青联委员及各区县青联委员、行业代表以及新闻媒体记者共230余人。5月18日，在T空间举办"五月朝阳"摄影展开幕式暨朝阳区摄影协会成立大会。区委常委、政法委书记佟克克，区委常委、宣传部长谢莹，区人大常委会副主任李国，区政协副主席连玉明，区各委办局相关部门领导以及摄影爱好者200余人出席开幕式。5月19日，在1号馆三层水云间举行人大系统联谊座谈会。6月14日至22日，在3D大剧场举行两次"首都道德模范故事汇"基层巡演活动，由首都文明办，市文联，北京曲协，区委、区政府联合主办。8月11日，在1号馆三层空中花园举办市青联委员联谊会。市青联秘书长祁治国致开幕词，市社会科学界联合会党组副书记刘颖、市教委副主任何劲松等领导以及全市人文与社会科学界、新闻出版与传媒界等青联委员共聚一堂。9月15日，在2号馆举行国际城市论坛年会开幕式，中央党校校务委员、组织部长赵长茂，住房和城乡建设部研究室主任倪虹，中央政法委政法研究所所长曹俊，区委书记陈刚等出席。9月15日，在1号馆三层水云间举办2011北京CBD商务节暨世界CBD联盟年会——金融专题研讨会，中国商务区联盟主席、北京CBD国际论坛理事长龙永图，中国投资有限责任公司总经理高西庆，中国证监会首任主席、北京CBD国际金融研究院名誉院长李鸿儒，北京市常务副市长吉林，北京市金融工作局副局长张幼林以及与会外国代表等先后发言。9月16日，在3D大剧场举行2011北京CBD商务节暨世界CBD联盟年会——驻华商务参赞圆桌会，以"CBD建设与全球经济合作"为主题，副区长张立新与应邀前来的多个有代表性的国家驻华使馆商务参赞共同探讨CBD建设与全球经济合作。9月16日，在1号馆三层水云间举办2011北京CBD商务节暨世界CBD联盟年会——电子商务专题活动，国内外电子商务知名企业领袖、国家部委主管领导和业界专家应邀参加。9月17日，在1号馆三层水云间举行2011北京CBD商务节暨世界CBD联盟年会——中国文化产业30人高端峰会，国内知名学者、现任主管文化产业的中央部委及地方省市领导受邀参加并进行专题发言。10月12日，在1号馆三层水云间举办区第二批海外高层次人才认定仪式，市委组织部副部长闫成，区委书记陈刚，区委副书记、区长程连元，人才研究领域知名专家学者以及区相关委办局主要负责同志和两批认定的海外高层次人才参加会议。12月6日，在3D大剧场举行北京青联"微创成业"创业论坛，北京青联秘书长祁治国致辞，邀请零点研究咨询集团董事长、创业管理服务机构飞马旅发起人袁岳，品牌中国联盟秘书长王永，当当网创始人、中国书刊发行业协会副会长李国庆，爱国者数码科技有限公司副董事长高喆，北京启迪控股股份有限公司高级副总裁、启迪创业孵化器有限公司总经理秦君等知名企业家、品牌专家、创业顾问，围绕"微创成业"主题与创业青年进行研讨交流。12月12日，北京电视台《大戏看北京》栏目组在T空间录制《金陵十三钗我们一起走过》电影书首发式，北京电视台徐滔以及相关工作人员、北京新画面影业公司董事长张伟平、著名导演张艺谋、第83届奥斯卡及68届金球奖最佳男配角克里斯蒂安·贝尔、著名演员倪妮、佟大为等电影演职人员和主创团体出席。

(柳　旭)

**【创意商业活动】** 2月22日，在T空间和2号馆举行宝马集团"绿色未来，e马当先"宝马MINI E实路测试项目交车仪式，国家科技部高新技术及产业化司副司长张志宏，国家发改委产业协调司处长李钢，财政部税务政策司处长刘勇禄，工业和信息化部装备工业司汽车处陈春梅，宝马ProjectI项目总监Dr. Julian Weber和宝马集团政府事务总监Mr. Blaine Smith莅临。7月29日，在1号馆多功能厅举行2011北京承美携手松下工程投影机产品政府行业推广会，数十家投影机政府行业渠道商参加会议。8月18日，在T空间和1号馆多功能厅第二次举办宝马MINI E实路先锋测试交车仪式。9月26日，在T空间举行现代汽车Veloster新车发布会。10月11日，在2号馆举行永恒与精准的艺术——"爱彼"JULES AUDEMARS系列新品发布会。10月17日，在2号馆举行 Alex Wang 泽·梦 2012 春夏时装发布会。10 月 26 日,在 T 空间和 2 号馆举行奔驰中国售后品牌承诺发布会。12 月 21 日,举行 STELLALUAN & JKJY2012 春夏新品发布会。

(柳 旭)

**【公益活动】** 6 月 11 日,在 T 空间举行首届朝阳区中老年舞蹈大赛,10 余支代表队、近 300 名选手参赛。6 月 15 日,在 3D 大剧场召开朝阳百姓大讲堂:从漫画看新中国——没有共产党就没有新中国。8 月 28 日,在 1 号馆三层水云间举办"大学生黑苹果"公益主题派对:夏花会(北京站),活动由零点公司青年公益创业发展中心与规划艺术馆共同主办,新东方教育科技集团董事长兼总裁俞敏洪、零点研究咨询集团董事长兼总裁袁岳等参加。12 月 31 日,在 T 空间举办"金色年华 夕阳无限"2011 北京市中老年模特大赛,各区县 10 余支队伍、300 余人参赛。

(柳 旭)

**【展览展示】** 5 月 18 日,在 T 空间举行由区摄影协会举办的"五月朝阳摄影展"。6 月 23 日至 7 月 10 日,在 2 号馆举办"为了人民的幸福"——朝阳区纪念建党 90 周年主题展览,展期 18 天,接待参观人员 1 万余人次。9 月 15 日,在 T 空间、"未来空间"和"现代主题展区"展出区"十二五"规划主题展览,以"十二五"规划纲要为基础,通过点面结合、虚实相映的手段展现"十一五"时期发展成就。10 月 13 日,在 T 空间和 1 号馆艺术长廊举办韩国首尔松坡区中韩书画艺术交流展。副区长张立新,诗书画研究会会长安训生,韩国首尔松坡区书画艺术家协会会长赵得升等参观。10 月 20 日,在 3D 大剧场举办朝阳摄影家协会讲座。10 月 20 日至 11 月 18 日,在 1 号馆艺术长廊举办由中国非物质文化遗产保护中心主办的"我们的精神家园·2011 中国非物质文化遗产摄影大展",展出作品 160 幅。

(柳 旭)

**【3D 体验中心创意基地】** 10 月 29 日至 11 月 13 日,在 T 空间主办"魅力校园 时尚朝阳"2011 北京——朝阳大学生艺术节,是第六届文博会 2011 中国 3D 技术与创意博览会前期启动活动。11 月 1 日至 6 日,在 3D 大剧场举办"第六届华语青年影像论坛影像展"。11 月 8 日,在 1 号馆三层水云间举行 2011 中国 3D 技术与创意博览会开幕式暨 3D 高峰论坛,论坛邀请国内外影视和博览展示领域领军人物进行主题演讲,共同探讨"第三代电影"的概念和 3D 影视发展之路,以及 3D 在电影和虚拟现实等领域最新应用和发展前景。

(柳 旭)

**【媒体宣传报道】** 年内,接受来自中央电视台、北京电视台、中国教育电视台、人民日报、新华社、北京日报、人民网、千龙网、中国电影报道等近百家主流媒体 90 余次报道采访。6 月 12 日,新京报报道本馆自主举办的中老年舞蹈大赛情况。10 月 6 日,数字沙盘以及北京 CBD-定福庄国际传媒走廊沙盘等画面登上《新闻联播》"文化新气象,文化产业成为经济增长新亮点"的新闻报道。10 月 30 日,北京晚报报道《2011 北京朝阳大学生艺术节》。11 月 5 日,人民网报道《朝阳规划艺术馆举办的"华语青年影像论坛"之导演见面会》。11 月 9 日 CHINA DAILY 中国日报以《3D 技术与创意博览会开幕 众专家共研中国 3D 未来》为题,报道 2011 中国 3D 技术与创意博览会开幕。新华社以《北京文博会"3D"成亮点》为题,新浪网以《"3D 博览会"聚焦技术应用》为题,信报以《3D 作品连放 3 天》为题,分别报道"2011 中国 3D 技术与创意博览会"。11 月 14 日,北京电视台在《青年最关注》报道文博会期间的"3D 体验中心"。首都之窗以《3D 高峰论坛专家观点集萃》为题,报道"2011 中国 3D 技术与创意博览会"。12 月 16 日,新华每日电讯以《"为 3D 而 3D"的 3D,是没有出路的》为题,采访本馆馆长,共同探讨 3D 电影。

(柳 旭)

# 体 育

**【概况】** 朝阳区体育局是主管全区体育工作的区政府工作部门,下设体育运动学校、区第一少儿业余体校、区第二少儿业余体校、区第三少儿业余体校、开发中心、郡王府体育中心、朝阳体育馆、朝阳体育健身休闲公园、区社会体育管理中心、体育总会、体育科研所等 11 个事业单位。年内,区体育运动学校被国家体育总局授予"2011 年全国业余训练先进单位"称号。

地址:姚家园路 10 号

电话:85971365

邮编:100026

(刘金娟)

**【首届国际体育文化节】** 8 月至 10 月,举行为期 3 个月的"北京·朝阳国际体育文化节",分朝阳国际体育文化节开幕式、全民健身日——朝阳区 2011 年度"健身之星"颁奖典礼、国内外优秀健身展示、国际友人运动沙龙,以及朝阳国际体育文化节闭幕式5大板块、10余次单项活动,其中,国际友人体育沙龙板块汇聚朝阳区足球超级联赛,开展互动性、参与性高的国际友人保龄球、网球、乒乓球、羽毛球、高尔夫和“我是三分王”全民篮球争霸赛等球类项目邀请赛。1000余名驻区国外友人参与赛事活动,外国大使馆、世界500强企业参与活动,涉及区域100余家单位,15万人次。

(刘金娟)

**【市排球二级班落户朝阳】** 9月26日,市排球二级班落户朝阳。北京工业大学附中、清华大学附中朝阳学校和朝阳实验小学,正式承接市排球少年队、男队和女队管理工作,拓展区体教结合培养优秀体育后备人才途径。

(刘金娟)

**【输送运动员】** 年内,向市输送体育后备人才49名,注册运动员1300人,开展备战市第十四届运动会工作。

(刘金娟)

**【青少年体育成绩】** 年内,参加市级竞赛项目获金牌52枚、银牌34枚、铜牌30枚。其中,在全国少年举重分龄赛中获得3个第三名的佳绩。

(刘金娟)

**【大型赛事】** 年内,承办2011国际排联沙滩排球世界大满贯(北京赛)和全国羽毛球锦标赛,完成首届环北京公路自行车赛等国际、国内赛事保障工作。

(刘金娟)

**【文明城区创建】** 年内,以“利民、惠民”为出发点,从“五有”着手(即:有共识、有组织、有措施、有档案、有特色),开展“五个一”活动(即:一次健身活动、一次健身指导、一次健身宣讲、一次国民体质测试、一次体育市场安全执法检查),检查体育设施建设和场馆,细化责任,重点攻坚,分解任务,层层落实,建立台账式整改检查机制,提升公共服务质量,提高创建工作覆盖面。举办文明健康活动225项,营造“守法经营,文明服务,美化环境,诚实守信,公平竞争,和谐发展”健身氛围,完成文明城区创建工作。

(刘金娟)

**【“健身之星”评选活动】** 年内,评选出470个区健身个人之星、170个健身家庭之星、170个健身团队之星、100个健身单位之星、30人获得全民健身工作贡献奖、20个最佳服务百姓场馆、20所最佳向社会开放学校等7个奖项,980名个人和团体获奖。

(刘金娟)

**【群体活动】** 年内,举办全区性活动8次、基层群众健身活动3000余次,160万人次参加活动。其中,第五届和谐杯乒乓球赛覆盖全区43个街、乡,参与人数149968人,举办2011年区全民健身系列体育赛事启动仪式、2011年区羽毛球超级联赛、区足球超级联赛、区领导干部棋牌比赛、区领导干部保龄球比赛、区第六届老年运动会、体育六进社区、健身快乐行、外国友人运动会等赛事活动。参与关爱农民工志愿服务活动启动仪式,并组织第二故乡运动会。制作完成4万张“朝阳区百姓健身大讲堂”光盘,发放到全区各社区、村,提高健身大讲堂覆盖面,使更多居民参与到活动中。

(刘金娟)

**【国民体质监测】** 年内,制定国民体质监测实施方案,实行国民体质测定和监测制度。在43个街乡测试站开展国民体质测试和宣传工作,测试72个单位13019人次,形成团体报告71份,个人测试报告和健康指导13019份。

(刘金娟)

**【全民健身示范基地】** 年内,完成国家全民健身示范基地一期建设,建成包括乐跑健步道18公里路面改造及标志、5公里地面塑胶改造、乒乓长廊、健身路径、篮球广场、文化棋园、童趣健身广场、雕塑景观(4座)、乐跑服务站、座椅、体育园配电柜及电缆工程、给水工程、高杆灯等。服务接待能力达到800万人/年,周边直接受益人群100万人。

(刘金娟)

**【单项体育协会建设】** 年内,区武术协会吸纳会员1610人,全区有78个活动站点,保证每天都组织会员参与健身;信鸽协会举办8场信鸽竞翔赛,信鸽竞翔羽数24280羽。驯放信鸽42场,信鸽驯放羽数43280羽,会员入会人数2715人。新成立区体育联合会乒乓球运动分会、区体育联合会长跑运动分会。

(刘金娟)

**【体育设施建设管理】** 年内,在有需求地区完成20套健身器材建设任务。在新农村建设工作中,完成100套全民健身设施建设任务。

(刘金娟)

**【完善网球设施】** 年内,利用市体育引导资金对朝阳体育中心网球馆进行升级改造,提升健身环境和品质;利用场地资源,引进高档网球设施,改造八片网球场,新建两片红土网球场。

(刘金娟)

**【救生员队伍建设】** 年内,组织“在岗”救生员强化培训班4期,205名持证救生员参加。组织初级救生员培训班2期125人,通过率达90.7%;救生员复核班3期162人。

(刘金娟)

**【体育市场发展】** 年内,排查各种隐患,实行联合执法,下发宣传材料2000余份、科学健身指导光盘100余张,组织“安全生产月”活动,开展应急救援演练、安全警示教育、安全知识宣传、安全生产征文及演讲比赛等活动。开展体育运动项目经营单位安全生产百日大检查、燃气安全隐患排查治理百日行动工作。出动执法检查人员375人次,检查体育经营单位246家,下发责令限期整改通知书29份、谈话通知书24份,实施行政处罚3例,处罚金额2万元。

(刘金娟)

# 医　疗　卫　生

【概况】　朝阳区卫生局是区政府负责全区卫生事业管理的职能部门。年内，辖区内卫生机构1207个，科研、教学、防疫机构25个。区属卫生机构61个，其中全民46个、集体15个。卫生技术人员34983人，其中执业（助理）医师13625人、注册护士14612人。床位16107张。每千人常住人口拥有卫生技术人员9.56人、执业（助理）医师3.72人、注册护士3.99人、实有床位4.40张。全年收入276814万元，其中财政拨款74250.66万元、事业收入190955.20万元，其他收入11608.24万元。支出270655.17万元。全区出生16816人，出生率8.81‰；死亡12207人，死亡率6.39‰；自然增长率2.42‰。因病死亡11794人，占死亡总数的96.62%。死因前10位依次为：恶性肿瘤，心脏病，脑血管病，呼吸系统疾病，损伤和中毒，内分泌、营养和代谢性疾病，消化系统疾病，神经系统疾病，传染病，泌尿、生殖系统疾病。平均期望寿命83.42岁，其中男性81.54岁、女性85.41岁。12月，获国家慢性病综合防控示范区称号；高碑店社区卫生服务中心被评为第一批全国示范社区卫生服务中心。

地址：甜水园东里甲1号

电话：65859609

邮编：100026

网址：http://wsj.bjchy.gov.cn

（姚　雯）

【中医药工作】　9月27日，在麦子店社区卫生服务中心为外籍人士免费开办首期中医药文化精品讲座班。11月16日，区卫生局设置中医科。161个社区卫生服务站设立中医科，提供中医药适宜技术服务，开展中医中药进社区、乡村、家庭活动。开展中医质量管理年检查，检查结果作为年度医疗机构校验参考。11月23日，承办国家中医药管理局中医药文化科普巡讲使团专场活动。

（姚　雯）

【卫生改革】　10月，对辖区公共卫生管理单位进行国家基本公共卫生项目成本测算，研究补偿机制。借鉴朝阳医院经验，研究制订区属二级医院实施全成本核算工作方案。辖区三级医院全部接入北京市统一平台提供电话预约和网络预约服务。所有二、三级医院双休日全天门诊。为基层社区卫生服务机构统一配备医疗设备。继续完善基本医疗保障制度，对特困人员实行住院押金减免和出院即时结算。推进家庭医生式服务，开展延时服务，做好夜间应急处置。建立居民电子健康档案。落实增补叶酸、两癌筛查和农村孕产妇住院分娩补助等重大公共卫生服务项目，提高儿童保健、孕产妇保健、精神疾病治疗管理康复等基本公共卫生服务质量，发现的重性精神疾病患者全部纳入规范管理范围。为5070名50岁以上居民进行脑卒中危险因素筛查，发现高危人群4083人，254人颈动脉狭窄。安排7名基层医疗卫生机构在岗人员进行全科医生转岗培训。9名区级医疗机构骨干到三级医院进修学习。规范基层用药和医疗行为，完成《2011年朝阳区社区抗生素处方分析报告》。

（姚　雯）

【社区卫生】　年内，推广实施朝阳区全模式社区服务管理体系——区域卫生信息化建设项目，建立以居民健康档案为核心的生命全过程管理信息平台。运行社区卫生服务机构238个，其中社区卫生服务中心42个、社区卫生服务站196个。全年门急诊6426960人次。全年销售零差率药品1372种，收入5.62亿元，占药品收入的59.40%。建立家庭医生式服务团队537个，覆盖全区503个社区（村），覆盖率100%；家庭医生式服务累计签约30138户、52985人。城乡居民健康档案累积建档2475287人，电子健康档案2138828人。60岁以上老人健康管理322133人，高血压规范管理28257人，糖尿病规范管理16114人。为60岁以上低保老人免费健康体检511人。举办健康促进活动1143次，健康教育讲座2348场，发放各类宣传材料1206278份、健康处方431517份，制作宣传栏2243期，为居民提供健康咨询444653人次。完成15个专业、803人岗位培训和567人技能考试。投资1700万元完成双井和八里庄第二社区卫生服务中心，龙爪树、郎家园及驼房营社区卫生服务站共6686平方米的标准化建设。

（姚　雯）

【农村卫生】　年内，运行3个村卫生室，享受乡村医生基本待遇14人，补助标准为每人每年9600元。新型农村合作医疗人均筹资标准为720元，居北京市首位，最高支付限额17万元，筹集资金9496.98万元。参合120877人，参合率99.24%。大病统筹报销7564人次，支出5703.74万元；基本医疗报销83.39万人次，支付5561.53万元。

（姚　雯）

【疾病控制】　年内，报告甲乙类传染病7730例，发病率218.05/10万，比上年下降24.49%。病毒性肝炎866例，发病率24.43/10万；痢疾2814例，发病率79.38/10万；麻疹

17例,发病率0.48/10万;流行性出血热4例,发病率0.11/10万;急性肠道感染2例;无野毒株引起的麻痹病例。属地肺结核网报1642例(涂阳380例)。登记管理595例,其中肺结核594例、结核性胸膜炎1例。594例肺结核病人(涂阳237人)中,初治563人(涂阳217人)、复治31人(涂阳20人)。上年本市新发涂阳肺结核40例中治愈34例,治愈率85%。新生儿卡介苗接种27126人,接种率90.1%。监测7323人,成功接种7199人,成功率98.3%。大学生PPD监测18216例,其中强阳性1596例,发现活动性肺结核1例。报告性病2669例,其中淋病383例、尖锐湿疣433例、梅毒1577例、生殖道沙眼衣原体感染221例、生殖器疱疹55例。报告艾滋病毒感染者500例,其中艾滋病72例。精神卫生。重性精神病患者登记建档11112人,检出建档率(按户籍人口193万计算)5.8‰,新建档760人,死亡67人;享受精神科门诊治疗费用补助1754人,享受精神科住院费用补助170人;385人参加社区职业康复站活动,社区精防医生随访32662人次,区三院收住院病人472人次。开展精神卫生知识讲座73场;制作宣传栏408期,开展宣传活动456次,发放科普材料90991份;朝阳区社区居民心理健康和精神疾病预防知识知晓率67.5%。学生发育评价分析:身高受检129234人,其中上等32685人,占25.29%;中等92089人,占71.26%;下等4460人,占3.45%。体重受检129116人,其中上等44095人,占34.15%;中等82116人,占63.6%;下等2905人,占2.25%。学生营养评价分析:受检125207人,其中轻度营养不良18748人,占14.97%;中度营养不良2254人,占1.80%;重度营养不良65人,占0.05%;极重度营养不良42人,占0.034%;超重16008人,占12.79%;肥胖23998人,占19.17%。学生疾病监测情况:视力受检129928人,其中视力不良80128人,占61.67%;贫血受检129199人,贫血2869人,占2.22%;龋齿受检126368人,龋齿32919人,患病率26.05%。开展朝阳区慢性病及危险因素监测、首诊高血压病人登记。开展高血压自我管理小组长师资培训,举办慢性病防控培训班6期。建立社区脑卒中筛查及防控工作试点。开展健康生活方式日、全国高血压日、世界糖尿病日等宣传活动,5家示范餐厅、5家示范食堂、6家示范社区、5家示范单位、4家示范超市,共25家单位获北京市全民健康生活方式行动示范称号。继续开展“北京市社区常见慢性病人及高危人群干预管理”项目。全区0～6岁常住儿童131402人,抽样调查210人,四苗全程合格接种率100.0%,五苗全程及时接种率96.67%。完成86493名外来儿童强化免疫。对794所学校、托幼园所进行儿童预防接种证查验和疫苗补种,查验73751人。为外来务工人员接种麻疹疫苗26312人次、流脑疫苗26252人次。有毒有害监测。监测有毒有害作业单位60余家,调查接触苯作业者500人。对7家单位168人进行职业健康检查,涉及粉尘、噪声、苯系物、酸碱、硫化氢等5项有毒有害因素。健康教育与健康促进。制作健康教育与健康促进各类宣传品120.25万份,发放至全区各居/村委会、中小学校、托幼园所。27所学校通过北京市健康促进学校验收,累计有健康促进学校141所。健康科普讲师团增至401人,完成健康教育知识讲座1709场。利用社区卫生服务电视网络系统开展医院健康教育宣传。累计有健康社区、健康示范村56个。完成12家北京市健康社区中期评估督导及市级验收。在全区所有医院推广“北京市健康促进医院”理念。

(姚　雯)

**【卫生监督】** 年内,辖区有餐饮服务单位12569个,监督检查34648户次,合格率99.82%;行政处罚187起644683.76元。应量化餐饮单位7598个,完成7514户,占98.89%。其中A级500个、B级2909个、C级4105个。开展餐饮具、凉拌菜、碘盐、小麦粉、啤酒、食用油等26类421件监督抽检,合格率98.3%。开展打击食品非法添加和滥用食品添加剂,非法使用瘦肉精、地沟油、河豚等专项活动19个。传染病防治监督检查1996户次,其中医疗机构521户次、区疾控中心4户次、采供血机构31户次、其他1440户次。处罚6家医疗机构,罚款0.8万元。消毒产品生产经营单位监督检查197户次,其中消毒产品生产企业22户次、消毒产品经营单位175户次。公共场所卫生监督检查13670户次,处罚452户36.21万元。生活饮用水卫生监督检查4930户次,处罚65户16.7万元。年内监督学校卫生2922户次。职业卫生监管单位485个,全年监督543户次,合格率91%。职业卫生技术服务机构5家,检查5户次,合格率100%。放射卫生监管单位303个,监督343户次,合格率92%,实施行政处罚17起,其中警告11起,警告、罚款5起5000元。医疗机构卫生监督检查1860户次,处罚各级各类医疗卫生机构38家,罚款7.5万元,没收违法所得1289.4元。开展打击非法行医联合执法行动48次,出动执法人员308人次,执法车辆172辆次,取缔非法行医黑诊所373户次,没收药品器械359包,价值7.2万元,罚没5.4万元。对辖区开展临床用血的31家医疗机构和5辆流动采血车进行监督检查。全年受理包括卫生监督平台、投诉电话、信访以及政民互动系统举报案件4615件,比上年上升29.89%。承担全国和市区两会以及环北京职业公路自行车赛、国际排联沙滩排球世界大满贯北京赛、中国网球公开赛、北京国际啤酒节、北京朝阳国际旅游文化节等33项大型活动保障任务，采样检测1068件，快速检测1883件。卫生监督人员参加培训16次，举办内部培训9次。

（姚　雯）

【妇幼保健】　年内，孕产妇16685人，建册16600人，建册率99.49%；系统管理16569人，系统管理率99.30%。围产儿死亡72人，死亡率4.27‰；产妇死亡2人，孕产妇死亡率11.89/10万。0～6个月母乳喂养率92.17%。24家医院开展出生缺陷监测，监测围产儿42364例，出生缺陷发生843例，发生率19.90‰。为农村地区2000名妇女完成免费乳腺癌和宫颈癌筛查。婚前医学检查2624人，婚检率5.69%。检出疾病102人，疾病检出率3.89%。为农村地区适龄妇女免费发放叶酸4000多人。计划生育手术65513例，无痛人流不全2例，并发症发生率0.34/万。活产儿16816人，新生儿访视16075人，访视率95.59%。0～6岁在册儿童166438人，儿童保健覆盖率97.32%；系统管理155358人，系统管理率93.34%。婴儿死亡率2.97‰，5岁以下儿童死亡率3.81‰。大体检158681人，体检率95.34%。管理托幼园所415个，入托儿童63972人。有263个园所发生传染病，发病1342例，以手足口病为主。传染病暴发128例。保教人员体检12876人，体检率99.55%。

（姚　雯）

【医疗工作】　全年诊疗28954269人次，其中门诊26915471人次，急诊1866289人次，家庭卫生服务172509人次，急诊观察124450人次。其中区级医院诊疗7927325人次，门诊7418870人次、急诊386473人次、家庭卫生服务113251人次，急诊观察1549人次，住院危重症抢救906人次，急诊抢救成功率98.2%，病房抢救成功率79.58%，住院32233人次，出院32217人次，区级医院病床使用率75.89%，病床周转17.21次，治愈率42.58%，好转率30.69%，病死率2.16%。出入院诊断符合率99.78%，三日确诊率92.72%，临床与病理诊断符合率97.12%，手术前后诊断符合率99.85%，无菌手术化脓率0.26%，院内感染发生率1.27%。住院手术19976例。年内，结合卫生部“三好一满意”（服务好、质量好、医德好，群众满意）、“医疗质量万里行”活动，实地督导检查144家医疗机构服务质量，其中重点检查31家一、二级公立医院临床路径工作开展情况。三级医院160个病种、二级医院56个病种开展临床路径管理工作。16家三级医院184个病区、11家二级医院29个病区开展优质护理服务示范病区活动。组织医院感染培训8场次，院感研讨会及学术活动各1次。举办朝阳区口腔医疗质量管理督导检查标准培训及经验交流会，医院感染病例临床讨论会，口腔医疗卫生机构诊疗器械消毒灭菌与口腔科四手操作技术培训，脊髓灰质炎防控培训，海峡两岸血透学术交流会等。对240名区医疗废物管理检查督导人员进行检查标准统标培训。聘请病案质控中心专家及律师对108家一、二级医院和有病床的社区卫生服务中心、美容医疗机构163人进行《病历书写基本规范》和《侵权责任法》等培训。组织病案质量控制与改进中心13名市、区级专家对12家二级医院病案管理质量及终末病案书写质量进行检查。举办首届护理操作技能师资全脱产培训班、护士长管理系列培训班；组织17家医疗机构57人实地观摩学习区内北京市优质护理服务示范病区。对申报朝阳区优质护理服务示范病区的10家医疗机构的28个示范病区进行实地督查。为5573人次低保人员减免医疗费用55376.39元；为2294人次低保人员垫付医疗费用443670.79元。医政管理。注销29家有效期届满未申请延续医疗机构《执业许可证》。颁发医疗机构设置批准书55份，完成医疗机构设置备案6份，受理医疗机构执业登记注册50家，颁发医疗机构执业许可证50份，变更许可379份、校验许可1086份、注销许可37份。医师执业注册和变更注册3915人。医疗机构变更378项。完成146个社区卫生服务机构中872名执业医师增加全科医学专业作为第一执业范围。全年组织专项检查5次，协助参与检查1次，检查医疗机构1018次。对辖区40家口腔医疗机构进行飞行检查，42家美容整形医疗机构进行实地督导检查，903家医疗卫生机构进行医疗废物管理实地督导检查，对设有肠道门诊的17家医院进行肠道门诊防控督导检查。协调驻区二、三级医院免费接收受援地区进修61人次。区卫生局与内蒙古自治区丰镇市卫生局签署卫生对口帮扶协议，捐赠医疗设备127.9万元，向农一师八团医院捐赠医疗设备价值80.7万元。区内8家医院与怀柔区、延庆县受援乡卫生院签署3年卫生对口支援协议书。完成朝阳区医疗机构电子地图查询系统。推进直属医院信息化建设，推进二级医院预约诊疗服务。办理执业医师多点执业42人。对申请医疗广告的医疗机构执业情况实行动态管理，受理广告申请86件，初审合格52件。80家机构11345名医务人员参加医疗责任保险。全年受理医疗纠纷69例，申请医疗事故技术鉴定54例，其中鉴定为非医疗事故51例、医疗事故3例。

（姚　雯）

【药品管理】　年内，举办抗生素合理使用培训班。首次集中销毁过期麻醉、精神药品124.2公斤，过期普通药品1482公斤。申请注销2家医疗机构印鉴卡，新申请印鉴卡9家，变更30家。麻醉药品、一类精神药品购用印鉴卡换发91家。

(姚 雯)

【血液管理】 年内,无偿献血72150单位,其中街头自愿无偿献血62576单位,占86.73%,比上年下降27.45%;单位团体自愿无偿献血9574单位,占13.27%,比上年提高27.33%。驻区39家医疗机构用血125421单位,比上年下降8.48%。俪婴妇产医院、和美妇儿医院、麦瑞骨科医院通过血库验收。

(姚 雯)

【急救工作】 年内,初步建立院前急救与999急救中心、朝阳区消防支队联动机制。院前急救网络运行45个急救车组,院前急救岗位从业人员135人。完成国际啤酒节、国际跑车赛(GTI)、亚洲冰球联赛、国际排联沙滩排球赛等国际赛事保障116项,保障车组540个,1625人参加,累计保障21791小时。完成各类突发公共事件救援251件次,救治伤者433人,其中CO中毒16件次,救治39人。完成市民日常救治33800件次,较上年增加8%,其中中心直属站救治转运20998件次,占全区网络的62%,救治危重症患者4575人次,救治率22.07%。

(姚 雯)

【科研与教学】 年内,开展科研课题32项,其中地方科技项目3项、其他科技项目29项。二级及以下医疗单位承担科研项目7项,其中市级3项,批准经费156.86万元。科研成果获奖1项。发表论文169篇,其中SCI收录6篇、CSPTCD收集163篇。出版著作7部。参加继续医学教育16410人,达标13961人。继续医学教育学分达标率93.11%。30个继续教育基地承担区级项目648项,培训70000人次。

(姚 雯)

## 北京朝阳医院

【概况】 首都医科大学附属北京朝阳医院是三级甲等医院。全院职工3868人。院本部职工2921人,其中卫生技术人员2685人,包括正高级职称124人、副高级职称231人、中级职称600人、初级师948人、初级士782人。京西院区职工947人,其中卫生技术人员789人,包括正高级职称33人、副高级职称60人、中级职称165人、初级师320人、初级士211人。全院医疗设备总价值78023万元。本部:医疗设备价值67262万元,本年度购置医疗设备总值8345万元,其中10万元以上设备94台、100万元以上设备16台。京西:医疗设备总价值10766万元,本年度购置医疗设备总值1103万元,其中10万元以上24台、100万元以上1台。年内,获2011年度首都卫生系统精神文明单位称号;获2011年度卫生部"医院改革创新奖"。急诊科医生梅雪被授予"2011年首都精神文明建设奖"荣誉称号;翁心植院士获第十二届吴阶平—保罗.杨森医学药学奖最高奖项——特殊贡献奖。

本部地址:朝阳区工体南路8号
电话:85231000(总机)
邮编:100020
网址:www.bjcyh.com.cn
京西院区:石景山区京原路5号
电话: 51821114(总机)
邮编:100043

(黄维佳)

【机构设置】 年内,本部设质量控制与评估办公室,病案科并入医务部,均为二级科室,由医务部统一管理;成立神经介入科,为神经学科下属二级科室。京西院区新增肝病科(消化内二科),肝病科拥有病房、门诊及开放性实验室。

(黄维佳)

【改革与管理】 年内,推进新型诊疗流程和管理模式,简化就诊环节;完善双休日门诊服务工作;深入开展抗菌药物临床应用专项整治活动;稳步落实DRGs试点临床路径工作;推进优质护理服务工程。在2011年度复旦大学医院声誉榜中,医院排名全国第47位,呼吸科排名第4位。

(黄维佳)

【医疗工作】 年内,本部:门诊2996167人次,急诊239016人次,急诊危重症抢救9368人次,抢救成功率97.04%。病床1860张。住院64159人次,出院64230人次,病床周转34.57次,病床使用率93.61%,平均住院日9.82天,七日确诊率97.25%,出入院诊断符合率99.47%,治愈率44.34%,好转率52.03%,死亡率1.92%。住院手术24835例。孕产妇死亡率0,新生儿死亡率1.49‰,围产儿死亡率7.39‰。京西院区:全年门急诊量664704人次,急诊危重症抢救1918人次,抢救成功率98.02%,床位460张,入院14830人次,出院14841人次,床位周转32.33次,床位使用率93.29%,平均住院日10.53天,七日确诊率98.79%,出入院诊断符合率99.91%,治愈好转率96.25%,死亡率1.97%,住院手术7349例,孕产妇死亡率0,新生儿死亡率0,围产儿死亡率1.7‰。医政管理。推进预约挂号及相关医疗服务工作,门诊患者预约挂号率47%,复诊预约率78.84%;完善双休日门诊,制定《北京朝阳医院专家门诊管理的各项规定》,扩大门诊科室和辅助科室出诊安排;以DRG s-PPS为契机,推进临床路径管理,规范医疗行为;完善抗菌药物临床应用管理。病案质控。本部:逐一核对疾病编码6万余条、操作编码5千余条,将医院病案、HIS、统计等部门使用的不同版本ICD编码统一为北京市编码标准;重新规范医生填写病案首页工作,修订回收病案有关制度;修订理顺病案回收、质控、审核、上报、医保上传的全部流程,改造信息流程。实现信息流程优化(入院登记、费用采集、出院结算)、医生工作站病例分组查询、结算清单和住院数据顺利上传。京西：京西院区作为石景山区病案质控与改进主任单位，对石景山区属医疗机构病案进行质量控制改进工作。对医院病案进行质量控制，与临床医护人员沟通，按《医院质量考核考评标准》进行绩效考核，对1.48万份出院病历进行质量控制，上架病案甲级率达到99%以上，杜绝丙级病案，甲级病案率96.88%。医院感染管理。本部：医院感染率2.6%。重视医院感染监测，以监测数据为依据强化科学管理，在全面综合性监测的基础上开展目标性监测；坚持落实特殊管理抗生素使用管理措施；加强细菌耐药性监测与防控；加强重点科室、重点环节控制，高度重视医院感染聚集性发生事件，防止暴发医院感染；参与医疗质量控制，重视医院感染管理相关指标的量化管理。京西：根据上级卫生行政部门下发的有关医院感染及传染病预防控制文件，修订医院感染管理制度。组织北京朝阳医院第三届医院感染防控宣传周活动，召开医院感染管理委员会会议，明确各部门预防和控制医院感染工作责任。全年医院感染率1.65%。全院医护、医辅人员全员参加医疗责任险。全年发生医疗纠纷69例，其中调解52例，诉讼17例。京西：接待97起投诉，处理31起非诉讼纠纷，其中解决22起。

（黄维佳）

【医保工作】　年内，本部：医保出院人次28215人，出院医保病人总费用48221万元，次均费用17090元。制定医保新举措：实行医保后台系统审核及医保付费制度改革（总额预付费制及按病种分组付费制）。京西：医保出院10047人次，次均费用15450元，总费用15523万元。制定医保新举措：实施医保住院类业务持卡实时结算，重点开展北京市职工基本医疗保险总额预付试点工作。

（黄维佳）

【医疗支援】　年内，派出第三、四批专家医疗队共12人驻守内蒙古满洲里市第一人民医院、新巴尔虎左旗人民医院、新巴尔虎右旗人民医院8个月；派出两批6人专家医疗队支援满洲里市第一人民医院；接收受援医院36名医护人员进修学习；完成7个社区对口支援工作，医院西区完成对房山阎村镇中心卫生院及社区中心的对口支援工作。完成支援四川什邡市人民医院及援疆援藏工作，接待新疆和田地区医院19人来院学习；接收新疆和田地区医疗业务骨干到院学习3个月。

（黄维佳）

【护理工作】　年内，根据2011版《临床护理实践指南》，修订并印发护理部管理文件。其中修订护理部管理、护理质量管理、护理教育科研管理、各级各类护理人员岗位职责、护理安全管理、关键流程以及紧急风险预案共198项。新增护理制度44项。护理质量管理。本部：护理文件合格率97.7%，基础护理合格率98.1%，特级护理合格率98.4%，技术操作合格率98.5%，急救用品完好率99.2%。京西：护理文件书写合格率98.1%，基础护理合格率98.4%，技术操作合格率100%，急救物品完好率100%。

（黄维佳）

【科研工作】　年内，作为牵头单位申报各类科研项目280余项，合作申报60项。获批各类科研基金项目90项，经费3543万元，获合作及社会基金项目77项（西区1项）。其中国家自然基金15项，面上项目9项（西区1项），青年科学基金6项，总资助金额671万元。申报专利6项，专利授权6项。发表SCI文章106篇（西区4篇）。医院获得中国医院协会医院科技创新奖三等奖1项；北京市科学技术奖一等奖1项，三等奖1项（西区）；教育部高等学校科学研究优秀成果奖科学技术进步奖一等奖1项，二等奖1项（西区）。本部：在各类杂志发表护理论文70余篇。召开护理科研年会，表彰优秀护理论文。申报首都医科大学“2011年校长基金教改立项”课题7项，3项获批。筛选3篇护理论文参加朝阳区护理学术年会征文，内科刘晓娟护士长荣获“朝阳区第十届护理年会”一等奖并做大会发言，妇产科护士王娜卿荣获三等奖。京西：成立“护理教学科研小组”，规范临床教学。全年共发表文章15篇，其中核心期刊14篇。

（黄维佳）

【教学工作】　年内，接收不同层次实习护生153人临床实习，其中中专护生45人，大专护生90人，本科护生18人。作为首都医科大学护理学院第三临床部，协助护理学院举办“第一届首都国际护理大会”。并承办“母儿分会场”。京西：接收护理实习生84人，中专生46人、大专生38人，护理进修人员10人。举办护理继续教育各类培训课程14次，参加培训1613人次。注重专科护士培养，选派23名护士参加ICU、急救、产科、妇科等各类专科护士培训学习班。全年参加教学培训257人（西区53人），31人参加考核，25人（西区6人）取得授课资格证书。1名教师获得中华医学会组织的全国医学院校青年教师讲课比赛二等奖，2名教师获得北京市青年教师教学基本功比赛二等奖。外科教研室获得校级优秀教学团队称号，妇产科教研室获得校级教学先进集体一等奖，内科学教研室张麟教授获得校“吴阶平优秀教师奖”。获批《外科学》、《妇产科学》2门校级精品课程，《皮肤与性病学》1门双语课程；获批市级及校级教改课题14项；获批耳鼻喉头颈外科、临床药理、临床病理3个住院医师培训基地。研究生教学工作方面，获得校级优秀博士论文二等奖1篇；申报研究生教育质量提高项目4项；新增骨科学和消化内科学2个博士培养点，新增博士生导师5名,硕士生导师7名,全院博士生导师33名,硕士生导师90人。招收博士研究生49人,硕士研究生92人。

(黄维佳)

**【国际交流与合作】** 年内,公派出国40人次参加国际学术会议、学术交流、考察和研修。接待国外来访60余人次。接待罗马尼亚布加勒斯特市长代表团、美国加州参议院临时议长代表团、印尼内政部代表团、英国保柏集团代表团、加拿大多伦多Baycrest集团代表团等来院访问交流。世界卫生组织烟草或健康合作中心承担世界卫生组织多个项目研究工作。北京呼吸疾病研究所国际肺血管疾病研究院(PVRI)中国中心开展多项合作研究项目。医院感染与微生物科与英国University of Nottingham大学开展PRIDE研究项目。参与国际监测项目,医院作为地区负责人参与亚太地区的感染病流行病学检测和耐药监测等;参与美国CDC牵头埃及合作项目,试验结果得到美国CDC认可。皮肤科进一步深化与美国哈佛大学Brigham & Women医院心血管中心建立的科研合作关系。病理科和日本北海道大学肿瘤病理学科商谈建立远程病理会诊体系,并建立科研合作关系。口腔科与美国哈佛大学合作。麻醉科、神经内科、高压氧科、血液科、妇产科等科室均与国际医学机构和学术组织开展不同形式的合作交流。

(黄维佳)

**【信息化建设】** 年内,对多个信息服务系统进行改造升级,包括预约诊疗服务系统、DRGs试点系统、总额预付试点系统、医保服务系统、医院体检服务系统、医保拒付系统、医保升级管理系统、医院薪资管理系统、药事部采购管理系统、实验室信息系统、本部与西区信息系统硬件等。优化就医流程,开发多个信息系统,包括:门急诊输液管理信息系统、自动摆药机系统(院本部2台、西区1台)、营养科订餐系统、抗菌药物管理系统、门诊医保管理平台。与工商银行合作开发“工商银行北京朝阳医院医疗卡”(简称“银医卡”),实现先诊疗后结算;开发自助打印程序,开展自助打印检验报告单服务;开发手术排班系统,提高外科系统及手术室运行效率。

(黄维佳)

**【培训工作】** 年内,举办国家级项目1项、市级项目3项、区院级项目28项培训工作。进行继续教育授课133场次。护理人员继教学习参与率99.92%,达标率100 %;开展院内专科护士培训。继续开展第四期院内ICU专科护士培训工作,34名护理人员参加学习(西区9人);重视专科护士培养,选送护理骨干参加护理学会的专科护士培训。选送12名护理骨干参加北京护理学会ICU、急诊、肿瘤、手术室、静脉输液治疗专科护士培训;实施护士分层次培训,组织全院护理人员进行2次2010版美国AHA心肺复苏技术培训与演练,参加人员1457人次。完成操作培训1235人次:其中,护士长546人次,带教老师334人次,毕业第一年护士124人次,新护士岗前教育培训82人次;实习护生进科前培训149人次。护理人员技术操作考核755人次,其中毕业第一年护士420人次,应聘护士308人次;合同护士入编考试27人次。

(黄维佳)

**【继续教育】** 年内,837人参加继续教育,继续教育25学分达标率98.2%。获批国家级和市级继续教育项目25项,其中国家级项目20项(西区2项),市级项目5项,囊括15个学科。全年派出参加继续医学教育培训99人次,培训经费10万元。招收博士研究生49人(统招17人、在职32人)、硕士生92人(统招59人、在职33人)。举办短期学习班次25次,培训6300人次;为本院职工举办学习班22次,人数2900人次;脱产学习47人,院外进修5人。

(黄维佳)

**【基本建设】** 年内,完成病理实验楼改造工程,包括病理科、药事部、心导管室、血液科骨髓移植病房、营养科;完成介入导管室改造工程;完成实验研究中心改造工程前期设计、施工、监理招投标工作;完成污水处理站改造工程;完成改扩建一期工程维保工作。京西西区完成麻醉科第六手术间改造工作;污水改造工程竣工,经验收合格,投入使用;改造周边停车场,完成住院楼前及污水站周边绿化和路灯改造工程。

(黄维佳)

## 北京安贞医院

**【概况】** 北京安贞医院又称北京市心肺血管疾病研究所,是三级甲等医院。职工2578人,其中专业技术人员2402人,包括正高级职称130人、副高级职称262人、中级职称949人、初级职称975人、未定人员86人;行政人员96人,其中专业技术人员52人;工勤人员132人。医疗设备总价值109925.48万元。年内购置医疗设备总值23469.03万元,其中10万元以上设备300台、100万元以上设备46台。年内,被市卫生局党委评为先进党委、先进党支部,2010年度北京市人口与计划生育红旗单位,2010年度北京市卫生统计工作先进单位,2010年度北京市传染病疫情报告先进单位,获首都医科大学先进党支部二等奖。

地址:安定门外安贞里安贞路2号

电话:64412431(总机)

邮编:100029

网址:bjazyy.hos.999120.net

(王鹏飞)

**【机构设置】** 年内,成立物资管理办公室和物业管理办公室。

(王鹏飞)

【国际交流与合作】 年内，办理出国手续305人次，其中参加国际会议270人次、考察访问20人次、进修15人次。接待德国、法国、瑞士、美国、澳大利亚等20余个国家来访外宾351人次。8月19日，法国劳动、就业和卫生部长贝特朗先生等7人来医院就中法急救培训进行洽谈交流。10月10日，法国大使白林女士等8人来本院参加中法急救与灾难医学培训中心协议续签仪式。

（王鹏飞）

【护理工作】 年内，示范病房数量上半年占全院病房总数83%，11月达到100%。6月至7月，检查全院示范护理病房，质控均分75.8分，满意度均分93.78分。护理部每月进行1至2次护士长培训，组织达标优质示范病房护士长和骨干护士进行阶段总结并介绍经验。培养专科护士13人，其中危重症监护专科护士9人（心外科4人、心内科1人、内科2人、EICU 2人）、手术室专科护士1人、急诊专科护士2人、静脉专科护士1人。作为北京护理学会、中华护理学会专科护士实习基地，接收全国专科护士实习49人，其中ICU基地31人、手术室基地18人。申报市级护理人员继续教育项目3项、区级8项，完成率100%。院内各级各类培训1389次，共培训1365290人次。参加继续教育学分达标1276人，达标率99.76%。27人完成本科学历教育。全年投稿47篇，公开发表论文32篇，刊出率68%，其中53%为核心期刊。护理教研室李党香的"客观结构化临床考核在护生实习带教中的应用研究"获首都医科大学校长研究基金。

（王鹏飞）

【医疗支援】 年内，支援内蒙古、青海、新疆等地区县医院及心脑血管病专科医院开展各种手术，确定重点学科建设，完成疑难病例会诊。接收西藏自治区特培学员2名。支援本市郊区县医院。全年对口支援医生85人，涉及专业18个。组织28个临床和医技科室以不同形式支援社区卫生服务机构，门诊2500余人次。

（王鹏飞）

【科研工作】 年内，申报各类基金300余项，中标91项，经费4730.43万元。申报国家自然科学基金94项，中标29项，中标率31%，获资助经费1022万元。马长生教授主持的课题"房颤病例队列和房颤血栓栓塞预测评分系统的建立"中标市科委招标项目"心房颤动治疗规范与技术优化研究"，获资助经费690万元。杜杰教授牵头的"主动脉瘤的转化医学研究"入选教育部"长江学者和创新团队发展计划"，获资助经费约300万元。在2010年度中国最佳医院排行榜中，位列全国总排名第17名；科研学术位列第4名；全年撰写国际会议论文104篇，获全国医疗机构国际会议论文数量第一名。马长生首批入选科技北京百名领军人才工程。张宏家、吴小凡入选教育部"新世纪人才"支持计划。

（王鹏飞）

【改革与管理】 年内，修订《医疗工作制度》、《临时医疗工作职责》、《主要院级工作委员会工作职责》等规范性文件。护理部对部分重点科室住院患者进行满意度调查，各病房满意度平均分如下（满分100分）：3病房，100分；12病房，100分；8病房，99.25分；7病房，99分；21病房，98.5分；1病房，98.25分；4病房，98.25分；10病房，98.25分；9病房，97分；2病房，96.75分；6病房，93分；5病房，89.75分。

（王鹏飞）

【医疗工作】 年内，门诊1220546人次，比上年上升20.27%；急诊82016人次，门急诊抢救7921人次，抢救成功率96.12%。床位1106张。入院42189人次，出院42121人次，床位周转41.96次，平均住院日10.18天，七日确诊率98.36%，出入院诊断符合率99.48%，治愈率37.25%，好转率57.81%，死亡率1.16%，无孕产妇和新生儿死亡，围产儿死亡率6.61‰。住院手术15509例，比上年增加2246例，其中心脏手术8078例（不包括心外科覆膜支架术），比上年增加1080例，心脏手术中冠状动脉搭桥3259例。心血管内科完成冠状动脉造影17093例、PCI 8339例、永久起搏器823例、房颤射频消融772例。医院感染管理。前瞻性监测出院患者39947人，其中感染304人386例次，医院感染发病率0.76%，感染例次率0.96%。监测CABG手术患者3122人，其中手术切口感染10例，感染率0.32%，比上年减少0.16%。全年消毒隔离检查20余次，对层流手术室、供应室、窥镜室、病房等进行消毒药械、灭菌器、内窥镜的消毒流程、无菌操作、医疗废弃物处理等监督检查。全年发生医疗纠纷105起；调解中心介入73起，诉讼19起，其他13起（包括院内协商解决6起、家属不再追究2起、待处理5起）。截至年底，解决纠纷（含遗留和新发）74起。诉讼结案16起。全年参加医院庭前案件讨论50余次，参加诉讼、鉴定会210余次；进行法律咨询，提供法律意见，协助草拟、修改、审查有关法律文书，对危重症患者术前告知事项进行律师见证20余次，并出具律师意见书。

（王鹏飞）

【病案管理】 年内，借阅和查阅纸质病历2398份。扫描病案网上调阅162989份次。封存病历74份。出院病历常规复印24500余人次。进修医师、实习医师、新入职医师病历书写培训6期503人次。病案首页填写及主要诊断选择培训37个科室480人次。完善三级病案监控网络建设，制订临床科室兼职病案质量检查员工作制度和流程。

（王鹏飞）

【医保工作】 年内，审核医保出院

病历14749人次，接待市、区医保中心来院、来电检查大额费用病历47次，审核大额病历427份。应拒付21030元，经医保办沟通协调，实际拒付13708元。全面实行医保门诊刷卡和住院刷卡结算，实行医保患者急诊留观视同住院持卡结算，离休人员、城镇居民(包括一老一小)持卡结算。申报北京市基本医疗保险心脏移植术后抗排异治疗定点医疗机构，并取得相应资格。

(王鹏飞)

**【医学教育】** 年内，招生复试130人，其中博士30人、硕士100人。毕业研究生104人，其中31人获博士学位、73人获硕士学位。56名毕业生全部就业，获首都医科大学就业先进集体奖。350余人在读各类研究生。开展继续教育课程16次，统计并上报年度继续教育学分。安排住院医轮转，制订轮转计划并按培养方案进行考核，完成住院医第一阶段考试和第二阶段考试。接收区县医疗骨干培养、社区转岗的全科医师培训。完成朝阳社区医技人员的检验、心电图技能培训。

(王鹏飞)

**【信息化建设】** 年内，完成新门诊楼网络环境构建，将医院骨干网由原来的千兆提升为万兆，存储设备采用异地容灾设计。建设完成新门诊楼机房，将医保专线、医保服务器、医联码服务器迁入新机房。完成检验科搬迁后20余台设备的联网、BACKMAN大流水线与LIS的无缝对接。安装、调试OA系统服务器和外网安全网关，启用防火墙功能和VPN功能，通过手机、院内计算机、院外计算机3种方式均可安全访问OA系统。完成主诊医师负责制相关统计程序设计。完成新楼叫号系统与HIS的对接及测试。建立卫生局安贞医院官方博客并完成官方微博维护。

(王鹏飞)

**【基本建设】** 年内，启用新门诊楼，完成物资配备、运行通讯、环境美化等工作。在新门诊楼东侧铺装草坪、绿化种植、景观布置、硬质铺装等，改造面积4044平方米。重新修建医院西大门。绿化改造家属区6号、9号楼之间及1号楼周边环境。完成1号楼回迁安置任务。12月8日，医院南食堂正式营业。

(王鹏飞)

## 中国医学科学院肿瘤医院

**【概况】** 中国医学科学院肿瘤医院为三级甲等医院。职工1851人(含合同制)，其中卫生技术人员1295人，包括正高级职称97人、副高级职称109人、中级职称462人、初级职称627人。医疗设备总价值58771.79万元。本年度新购置医疗设备总值5803.66万元，其中10万元及以上(小于100万元)设备60台，价值1824.99万元；100万元及以上设备7台，价值3247.83万元。年内，荣获复旦大学医院管理研究所评选的"2010年度中国医院最佳专科声誉排行榜"肿瘤科、胸外科第一名，中华全国总工会"全国五一劳动奖状"，北京市人社局"北京市医疗保险管理工作二等奖"，北京市教育工会"模范职工之家优秀建设单位"。孙燕院士获第三届"首都健康卫士"称号，屠规益获中国科教文卫体工会全国委员会"全国卫生系统职工职业道德建设标兵"称号，乔友林荣获WHO/IARC2011年荣誉奖章，李春甲被评为"全国优秀老干部工作者"，韩玥获市卫生局"首都学习之星"称号，高黎当选区人大代表，内科张淑香护士长获"全国卫生系统优质护理服务先进个人"称号。

地址：潘家园南里17号
电话：67781331(总机)
邮编：100021
网址：www.cicams.ac.cn

(杨　军)

**【公益活动】** 1月14日，组织21名员工无偿献血。4月23日，举办"远离癌症 重在预防"肿瘤防治宣传周，约3000人参与防癌健康查体、专家咨询、健康科普讲座等活动。6月14日，举行"捐献更多血液 挽救更多生命"2011年世界献血者日宣传活动，发放宣传材料2000余份。9月24日，举办"为希望奔跑 为克癌募捐"第十三届北京希望马拉松——为癌症患者及癌症防治研究募捐义跑活动，5000余名社会爱心人士参与，募集善款400万元，全部用于中国癌症防治研究事业。开展志愿服务在医院活动。自2008年8月至2011年8月，有1268名志愿者注册，平均每年志愿服务万余小时，患者满意度100%。持续开展门诊志愿者服务、抗癌乐园康复交流志愿者咨询服务、新职工志愿者体验活动等常规活动，创新开展"爱心进病房 志愿为患者"、走进农民工子弟学校、医务工作者志愿服务1小时等活动。8月12日召开志愿服务3周年总结大会。完成媒体宣传报道164次，开展科普讲座、专家访谈、专题报道等科普推广活动，出版《院所报》14期。组织参与"北京市2011健康科普写作、创作、创意大赛"及"北京市健康科普专家遴选"活动，5名专家获"北京市健康科普专家"称号。

(杨　军)

**【机构设置】** 年内，新建神外——骨科病房，设43张床位。

(杨　军)

**【改革与管理】** 年内，普通门诊和特需门诊增加出诊专家672人次。周末门诊3013人次，节假日门诊1000余人次，增加周末和节假日住院值班人员，办理235人次住院、304人次出院手续。7月22日实行专家不点名挂号制度。7月28日，纳入北京市114统一预约挂号平台，80%总号源用于预约，预约形式包括电话、网络、窗口、复诊等。启用自助预约挂号服务机、多媒体自助费用查询机。实施“银医卡”项目,实现门诊患者持卡结算,一般患者出院次日、特殊患者出院当日清账结算。筹建国家癌症中心并开展肿瘤预防工作。建立国家癌症中心基本框架,将肿瘤预防工作增加到主要工作中。拓展肿瘤预防工作内涵,完善肿瘤登记随访、淮河流域癌症早诊早治、慢性病防治等工作,完成各专项课题/项目。12月23日,卫生部部长陈竺与主要司局领导调研筹建情况并提出具体要求。年中召开医疗质量工作会,正副主任、总支书记、职能处室负责人、副高以上专家、护士长等200余人参加,并邀请相关行业专家作专题报告。开展绩效考评工作。年底召开临床工作会,综合评定1856个基础指标,对21个临床科室现场打分,进行绩效考评。加强干部管理,提供人才发展平台与扶植机制。进行领导班子换届,任命赫捷为院长。选拔任用干部8人,引进人才1人,选派12名优秀中青年骨干赴海外进修。詹启敏教授当选中国工程院院士,医院院士团队增至5人,包括3名资深院士。坚持行政查房制度,由院领导带队,每季度进行全院范围内综合行政查房,每月进行医疗、科研、后勤行政查房,院领导及相关部门负责人不定期现场办公,开通院长信箱听取意见。修订《推行院务公开的实施意见》,更新院务公开领导小组。定期召开行政事务管理委员会、职工代表大会、中层干部例会、朝会等。制订《医德医风奖惩办法》等规章制度。改版《纪检之窗》专刊。住院患者满意度98.73%。配合卫生部完成全国患者满意度调查,发放、回收800份调查问卷。全年收到表扬信、锦旗694件,得到患者表扬2585人次。

（杨　军）

【医疗工作】　年内,门诊610814人次,急诊6319人次,急诊危重症抢救84人次,抢救成功率70.24%。入院43337人次(含合作医院),出院43275人次,病床周转32.54次,病床使用率95.26%,平均住院日10.56天。出入院诊断符合率99.90%,临床与病理诊断符合率99.91%,治愈率60.09%,好转率27.75%,死亡率1.27%。住院手术13572例。

（杨　军）

【病案质控】　年内,完善病案质控三级管理体系,全程监控各项住院病案。改进病案管理模式,基本完成纸质病案为主向“电子影像病案为主、纸质病案补充”的现代化、信息化管理模式过渡。重点确保病案影像扫描工作完整及时。质控病案38681份,其中甲级病案37937份,甲级病案率98.10%。

（杨　军）

【感染管理】　年内,将目标性监测重点放在无菌手术切口感染监测,动态监测耐药菌的存在,每季度发布数据。每周统计并公布全院Ⅰ类手术切口患者抗生素使用情况和所有临床科室接受抗生素治疗的患者微生物送检率情况。加强手卫生工作,提高手卫生的依从性。医院感染率1.62%。

（杨　军）

【医保工作】　年内,医保出院14119人次,住院总费用27099.27万元,人均费用1.92万元。召开医疗保险管理委员会会议2次。加强门诊处方、门诊特病和住院病历的审核管理,对临床医师进行专项培训和百分考核,规范单病种费用管理及诊疗流程,降低医保拒付金额。出台一系列临床路径管理文件,定期召开会议,确定6个病种,完成相应的信息系统建设。自6月正式实施后,累计869例。

（杨　军）

【医疗支援】　年内,支援重庆万洲肿瘤医院、西藏自治区人民医院、新疆维吾尔自治区人民医院和肿瘤医院,对口帮扶青海省和徐州市肿瘤医院。完成西部之光2010年3名访问学者的考核工作和2011年4名访问学者的接待安排工作。

（杨　军）

【护理工作】　年内,护理文件书写合格率99.8%,基础护理合格率98.5%,特级、一级护理合格率99.9%,技术操作合格率96.3%,急救物品完好率99.7%,护士行为合格率99.6%,药物管理合格率98.4%,重症护理合格率99.9%,消毒隔离合格率98.7%。全年无护理事故发生。护理在研项目9项,其中新立项3项。12篇护理论文在护理核心期刊上刊登,7篇在全国护理学术大会交流,1篇获“朝阳区护理论文评比”三等奖。本年度护理继续教育合格率99.8%,市级继续教育项目2项,2181人次参加;单位自管护理继续教育项目110个,5834人次参加。“三基三严”训练2800余人次。创建优质护理服务示范工程,获准成为卫生部“示范工程”重点联系医院,示范病房比例55.56%,护理服务满意度99.3%,基础护理服务满意度100%,25项基础护理质量均合格。

（杨　军）

【科研工作】　年内,申报973专项课题、863计划专项课题、国家自然科学基金、卫生公益性行业科研专项课题等176项,中标53项。在研项目170项,其中新立项46项,将结题44项。全年到位外来经费6812.44万元,其中外拨经费955.42万元。基本科研业务经费获资助192万元,全部用于青年基金课题,拟立项30项。签订科技开发协议11项,合同金额118万元;开发收入110.18万元。全年发表论文406篇,SCI论文71篇,影响因子247.623。最高影响因子36.377,平均影响因子3.49。科学著作25部,其中主编8部、合著17部。申请发明专利8项,2项获授权。1月18日召开第一届国家癌症中心学术年会,征集2010年发表的研究论文83篇,分别评出基础组、临床组、预防组论文奖项。病因及癌变研究室研究员林东昕等的“一些免疫及炎性基因遗传变异对基因功能和肿瘤易感性的作用”获2011年度高等学校科学研究优秀成果奖自然科学奖一等奖。流行病学研究室研究员乔友林等的“适合于发展中国家的宫颈癌快速筛查技术研究”获2011年度高等学校科学研究优秀成果奖自然科学奖二等奖。放射治疗科研究员戴建荣等的“调强放疗技术的优化设计及简化应用”获2011年度中华医学科技奖。分子肿瘤学国家重点实验室接受科技部和国家自然科学基金5年一次的评估,结果为良好。

(杨　军)

【医学教育】　年内,获批28个国家级继续教育项目,完成24个项目,完成率85.7%。开设56场院级继续教育讲座,邀请专家84人,授课156小时,听课人数4496人次。招收研究生103人,毕业58人,转博24人,84人获得学位,在校生233人。毕业班发表第一作者文章89篇,SCI31篇。本年度,毕业班12人获市教委“北京地区高等学校毕业生支援西部地区荣誉证书”;3篇博士毕业论文被评为北京协和医学院优秀博士学位论文。接收进修生214人,进行入院教育、考试和满意度评价,208人获得结业证书。全年医师外出进修3人次,短期学习158人次。成立肿瘤细胞生物学教研室(含遗传学)、肿瘤病因学教研室等10个教研室。完善“试题库及考试在线系统”,深化肿瘤学国家重点学科建设。石远凯、李晔雄、赵芳辉分别获北京市教育工会“教育先锋”管理育人标兵称号、“北京市师德先进个人”称号、“北京高校青年教师优秀教学科研成果奖”。程书钧和冉宇靓分别获北京协和医学院“教学名师”、“协和学者特聘教授”称号,肖汀和张玉倩获北京协和医学院“协和新星”称号。

(杨　军)

【国际交流】　年内,接待外宾10余批次,包括美国NCI、世界卫生组织、国际抗癌联盟、霍普金斯大学、德意志银行等。组织中层干部考察访问韩国NCC、临床业务人员赴M.D. Anderson进修。共有15项国际合作项目立项,到位经费303.93万元。外专局项目到位经费20万元,申请重点项目9项、普通项目2项。办理出国200余人次,其中国际会议133人、访问考察25人、学习进修12人。

(杨　军)

【信息化管理】　年内,完成自助挂号和自助检验单系统、核医学系统、病理主系统、临床路径系统、办公自动化系统的上线运行;完成市卫生局医联码项目、非实名制挂号和预约挂号项目、医保实时结算系统自动控制。完成电子病历系统、护理病历和护理管理系统、感染管理系统的调研与准备工作。加强网站建设,网站发布信息916条,访问量达343775人次。

(杨　军)

【后勤与基建】　年内,市卫生局批准本院增加执业地点。完成综合楼工程、放疗改造工程Ⅱ期收尾工作。完成连接廊工程二次施工设计并进行施工招投标。完成体检中心项目施工立项报批手续。严格执行采购流程,降低采购成本、物流成本及设备管理中的隐形成本。完善各项节能减排制度,多种形式开展节能宣传周活动。开展安全生产月活动,完善消防检查巡查制度,提高“消防四个能力”。

(杨　军)

## 首都儿科研究所

【概况】　首都儿科研究所是以研究儿科疾病和儿科保健为主,治疗儿童疾病为重点的医疗、医学研究机构。职工1280人,其中在编971人、合同制309人。在编职工中,科研、卫生技术人员773人,包括正高级职称54人、副高级职称81人、中级职称259人、初级职称354人、未定级25人;其他技术人员32人;行政管理人员90人;工勤人员76人。医疗设备总价值:医院14423.82万元,研究所2449.78万元。年内,医院购置医疗设备总值1106.27万元,其中10万元以上设备37台762.28万元、100万元以上设备2台258.50万元;研究所购置医疗设备总值317.11万元,其中10万元以上设备1台55万元、100万元以上设备18台4239.17万元。年内,被评为北京市无偿献血先进单位、北京地区学位授予信息报送工作先进集体、北京青年健康使者火炬行动优秀志愿服务集体、北京青年健康使者火炬行动优秀志愿者服务项目,获北京青年健康使者火炬行动组织贡献奖。药剂科获全国卫生系统最有特色医院科室文化建设奖,流行病室被评为北京市职工创新工作室。中心仪器室权力当选全国卫生系统青年岗位能手。张霆获首都劳动奖章,陈智育当选首都健康卫士。

地址:雅宝路2号
电话:85695555
邮编:100020
网址:www.shouer.com.cn
E－mail:postmaster@shouer.com.cn

(吕凌云　马慧娟)

【机构设置】　年内,感染管理科由二级科室变为一级科室。

(吕凌云　马慧娟)

【改革与管理】　年内,完善并落实所院“十二五”规划。力争东所扩建征地,西所拆迁选址。所院财务总收入6.58亿元,比上年增长19.80%;总支出6.16亿元,比上年增长17%。预约挂号并入市卫生局统一预约挂号平台,配备专门场所、专职人员及专线电话,开展现场预约、复诊预约、出院预约、工作站间预约等,取消医生实名挂号。7月至年末,预约率稳定在32.35%,爽约率4.93%。7月1日,门诊收费处正式启动POS刷卡系统。启动临床路径管理,在10个专业开展18个临床路径管理病种。开展抗菌药物专项整治活动,清理抗菌药物品规,年内有抗菌药物品49种70个品规。实行抗菌药物分级管理,门诊抗菌药物使用明显下降。I类切口使用抗菌药物比例明显下降,由上半年的95.15%下降到19.83%。创建人民满意医院。出院患者满意度98.24%,门诊患者满意度94.75%,护理质量服务满意度94%。

(吕凌云 马慧娟)

**【反商业贿赂】** 年内,在OA系统播放警示教育片10部,组织党员、中层干部进行廉政准则学习测试,出版廉政教育所报专刊,开展廉政建设大家谈,进行5个层面的廉政承诺活动。全所职工拒收红包18万元,收到锦旗180面、表扬信51封。

(吕凌云 马慧娟)

**【医疗工作】** 年内,检验科通过"CNAS ISO15189"认可评定后第一次监督评审。全年门急诊189万人次,抢救成功率89.03%。出院16128人次,床位周转39.06次,床位使用率99.12%,平均住院日9.27天,出入院诊断符合率99.91%,治愈好转率97.46%。手术10856例,其中住院手术5924例、门诊手术4932例。新技术、新业务:眼科的翼状胬肉切除术、眼睑结膜裂伤缝合术、虹膜伤口探查术、眼眶骨及上颌骨折复位术、严重软组织畸形眼窝成形、眶壁骨折整复术、眼分裂痣切除、上下睑疤切除、人工泪管植入术、人工义眼台植入术、活动性义眼眼座植入术,检验科的嗜肺军团菌血清Ⅰ型IgM抗体、肺炎支原体IgM抗体、肺炎衣原体IgM抗体、腺病毒IgM抗体、呼吸合胞病毒IgM抗体、甲型流感病毒IgM抗体、乙型流感病毒IgM抗体、副流感病毒1、2、3型IgM抗体、热立克次体IgM抗体、肌酸激酶同工酶MB免疫法检测,耳鼻喉科的听性脑干反应潜伏期、听性脑干反应阈值、听觉相关典韦反应测定、鼓膜切开置管术,保健科的应用25-羟维生素D3、血清骨源碱性磷酸酶,口腔科开展口腔正畸门诊,输血科开展HIV新试剂检测,病理科的肿瘤组织DNA分析,病毒研究室的麻疹、风疹病毒IgM抗体测定。病案管理。抽查运行病历201份,检查终末病历157份。甲级病历率99%。医疗纠纷处理。全年接待、处理医疗投诉纠纷967件,其中院内解决957件、调解中心解决5件、法院诉讼5件;未结案件18件,其中调解中心13件、法院诉讼5件。医疗赔偿199.1万元,其中保险公司赔付51.7万元、医院赔付147.4万元;涉及科室分别为外科、急诊科及月坛专家门诊部。月坛专家门诊部因拆迁失误导致诉讼,赔偿22.44万元。

(吕凌云 马慧娟)

**【感染管理】** 年内,医院感染率2.64%。召开3次感染管理委员会会议,继续开展医院感染控制宣传周活动。定期组织传染病防病知识培训。

(吕凌云 马慧娟)

**【医保工作】** 年内,办理医保患儿3283人次,费用2613.22万元,医保范围内金额1821.02万元,医保范围外金额792.2万元,大病基金支付1128.32万元,病人自付1484.90万元。

(吕凌云 马慧娟)

**【医疗支援】** 年内,与本市6家医院共同开展"情系青海西部行"活动,在西宁市、海晏县开展义诊、查房、讲课等,接收青海省妇女儿童医院皮科3名医务人员和海晏县人民医院1名儿科医生免费进修。组织医疗队5批共23人赴内蒙古自治区乌拉特前旗医院及五原县医院开展京蒙对口支援工作,接收五原县医院1人进修。开展"老少携手"京郊行、"山区儿童健康行"、"健康使者火炬行动"等。组织"六一"儿童节、"七一"所庆专家义诊咨询。新疆维吾尔自治区和田地区发生脊髓灰质炎重大事件后,选派4名专家赴疆会诊及指导治疗。外科马强作为第七批第一期援疆干部完成为期一年的对口支援工作,急诊科李铁耕作为第二期援疆干部即将赴疆。

(吕凌云 马慧娟)

**【护理工作】** 年内,完善护理管理制度,增加分层培训方式与内容。继续试行护理移动工作站。与协和医院、平谷区医院达成共建关系。风湿专业病房当选"北京市优秀示范病区"。通过朝阳区继续教育委员会对本院继续教育基地的检查。通过护理缺陷分析会等方式,加强护理质量监督检查及反馈。护理文件书写合格率96%,基础护理合格率96%,特级护理合格率99%,一级护理合格率97%,技术操作合格率98%,急救物品完好率100%。完成所级护理科研课题2项,申报所级护理课题1项。在核心期刊发表护理论文3篇。带教临床实习145人次,接收进修护士26人次。参加护理管理、专科进修、专科护士资格认证、护理学术年会58人次。组织继续护理学教育109项,9458人次参加。

(吕凌云 马慧娟)

**【科研工作】** 年内,申报各类课题29项,获资助1981.236万元。其中国家自然科学基金7项、国家"863"计划子课题1项、国际合作2项、部级课题5项、首都医学发展基金3项、首都临床特色项目2项、北京市科技计划项目2项、市委组织部优秀人才专项1项、市卫生局课题4项、市中医局课题2项。2项"十二五"国家科技攻关计划进入终审阶段:妇女、儿童健康管理研究,预算经费1000万元;儿童心血管疾病预警、诊治技术研究,预算经费700万元。在研课题133项,在研经费5092.7万元。结题19项,其中国家科技支撑计划3项、"973"计划子课题2项、"863"计划子课题1项。获得科研成果4项,其中3项为第一完成单位,李辉研究员牵头的"中国7岁以下儿童体格发育调查研究及生长参照标准建立"获宋庆龄儿科医学奖,李龙主任医师牵头负责的"腔镜外科治疗先天性畸形的应用研究"及"腔镜外科治疗先天性畸形新技术方法研究与应用"分别获北京市科学技术奖及中华医学科技奖三等奖,宋昉研究员参与的"新疆地区苯丙酮尿症的筛查、治疗及基因研究"作为第二完成单位获新疆维吾尔自治区科学技术进步奖。全年发表科技论文123篇,其中SCI收录31篇,最高影响因子6.7,平均影响因子2.065。著作4部。组织全所科技和医务人员参加第十六届全国儿科学术大会,22篇文章被选为大会发言,其中研究所12篇、医院10篇。17篇文章被选为壁报展示,27篇文章为书面交流。承办第六届宋庆龄儿科医学奖颁奖仪式暨2011宋庆龄儿科医学论坛。

(吕凌云　马慧娟)

**【医学教育】** 年内,投入教育经费54万元,加强对培养科研、临床、管理、后勤骨干人才的培养。承办国家级继续教育项目3个、市级项目1个,组织学术活动35次,4204人次参加。选派17名中青年医师参加中法急救医学培训。医院专业培训600人次,业务进修1人次,完成学历教育25人,卫技人员继续教育学分达标率98%。在培本院住院医师176人,在培率100%,21人通过住院医师/专科医师培训阶段考核。完成北京大学医学部、首都医科大学、北京卫生学校等721名学生儿科教学任务,接收国内进修75人。在读研究生82人,其中博士研究生17人、硕士研究生65人;毕业博士生6人、硕士生22人。获批张霆、赵京为北京大学医学部博士生导师,张琪为硕士生导师。

(吕凌云　马慧娟)

**【国际交流与合作】** 年内,接待外宾9批18人次,42批54人次赴国外考察及参加国际学术会议,3人赴国外儿童医院进修,3人学成归国,开展8项科技合作。李龙当选世界小儿外科联盟理事,负责亚洲区工作。申请2013年国际小儿腔镜外科(IPEG)大会主办权并获批准。

(吕凌云　马慧娟)

**【信息化建设】** 年内,完成预约挂号流程改造、门诊医保数据规范上传流程改造、新农合数据接口系统改造。扩展信息系统业务覆盖面,完成各项管理目标系统建设,包括东西所联网并库及业务整合、传染病监控及医生站上报传染病卡、统计系统接口等项目。参与京医通项目试点等工作。完善中文、英文网站建设,网站新建栏目22个,回复患儿家长留言2823条,发布文章498篇,91个国家/地区43万人次点击。

(吕凌云　马慧娟)

**【后勤与基建】** 年内,完成病房楼地下二层二级配电室搬迁改装工程,进行发电机带负荷试验和双路停电事故预案演练。完成氧气房小液氧瓶改造工程。更换保洁公司。组织全所院在账固定资产清查盘点。修缮门诊楼大厅地面。保卫科配合相关部门及公安机关处理纠纷100余起,发现锁定盗窃嫌疑人4人次;配合公安机关打击号贩子2次,驱赶号贩子20余次;驱赶商贩50余人次;帮助患者家长找回遗失财物1.8万元、手机3部、银行卡若干。

(吕凌云　马慧娟)

**【首儿药厂】** 年内,坚持"以医带药、以药促医"经营方针,打造集产、学、研、用于一体的经营平台。实施GMP新版标准,承接同仁医院制剂代加工业务,与中日友好等医院签订共建制剂室合作协议。全年收入15800万元,利润1600万元,增长10%。列入北京市药品质量管理百千万工程首批增产示范企业。

(吕凌云　马慧娟)

**【文化建设】** 年内,在北京各大媒体刊出宣传稿件182篇,上报卫生信息208篇,卫生信息网刊登101篇,北京卫生信息刊稿7篇,出版所报22期。3月,注册并认证新浪官方微博,发布儿童常见病及保健常识、热点医疗卫生新闻及生活健康提示,公布所院公众动态、健康大课堂通知、招聘启事等信息,举办12期微访谈。吸引"粉丝"45.3万余人,"粉丝"数量在北京市418个政务微博中排名第三,在新浪开设的232家医疗机构官方微博中排名第二。

(吕凌云　马慧娟)

## 中日友好医院

**【概况】** 截至年底,中日友好医院有职工3277人(在编2528人、合同制749人),其中卫生技术人员2682人,包括正高级职称229人、副高级职称262人、中级职称982人、初级师971人、初级士238人。医疗设备总价值74700万元。新购置医疗设备总值10300万元,其中10万元以上设备174台、100万元以上设备26台。年内,医院被评为全国百姓放心示范医院,2009—2011年度全国卫生系统青年文明号,中国青年志愿者优秀组织奖等3个国家级奖项;首都卫生系统文明单位,促进中医药事业发展贡献奖,卫生部直属机关巾帼建功先进集体,北京青年健康使者火炬行动组织贡献奖,卫生部直属机关先进基层党组织,北京中医药薪火传承贡献奖,卫生部人口与计划生育工作先进单位,卫生部人防工作先进单位,首都医药卫生系统文化建设创新成果奖,优质护理考核优秀病房等10个省部级奖项；2010年度北京市医疗卫生行业网站考核评议优秀网站奖、卫生好新闻评选组织奖，中国图书馆学会医院图书馆委员会2008—2011年度先进集体，中国营养学会临床营养分会中国临床营养示范单位，健康报社2010年度医院改革创新奖、2011年度医院改革创新奖，健康时报社健康中国2011年度影响力医院，39健康网2010中国健康年度总评榜10家最受欢迎的全国三甲医院。

地址：樱花园东街

电话：84205566（总机）

邮编：100029

网址：www.zryhyy.com.cn

（张何明）

【信息化建设】 1月，在医院所有住院科室投入使用电子病历系统；PACS系统在医生站上线，临床医生可实时调取放射影像。4月，统计系统上线；麻醉监控中心项目上线，监控影像通过16块无缝拼接屏展示。5月，PACS三期核医学系统、桌面安全和管理健康软件上线。6月，远程会诊系统上线，该系统在远程试点医院中评价排名第一；手术示教系统上线，实现手术间视频信号实时转播；心电管理系统上线；完成服务器虚拟化部署，节省硬件成本。7月，教学管理系统与科研系统上线；完成网络监控管理系统部署，对网络交换机、拓扑进行实时监控及维护；门急诊及住院输血系统上线；完成患者满意度评价系统软硬件部署。8月，ICU系统投入使用；手术麻醉系统上线，将围术期医疗活动规范化、电子化，为手术室日常管理及物资管理提供技术平台。9月，门诊输液室输液管理系统上线；HIS数据库审计系统、协同办公系统、ITIL系统上线；完成HIS系统容灾备份部署；10月，完成入侵防御管理系统部署。12月底，中日友好医院官方网站新版上线。

（张何明）

【机构设置】 3月1日，物理康复科更名为康复医学科。4月2日，设立体检中心；国家中医药管理局风盛脏损（肺病）重点研究室更名为国家中医药管理局重点研究室（肺病慢性咳喘）。6月23日，重症医学科（ICU）分为东病区、西病区。10月10日，中医呼吸科更名为中医肺病科。11月7日，干部保健科病区调整为干部保健一病区、二病区、三病区。行政后勤部门：1月7日，成立医院评审办公室。6月16日，成立宣传办公室，为党委办公室下设副处级机构。7月29日，信息中心更名为信息处。8月29日，成立医疗保险办公室，不再保留医疗保险与发展办公室机构设置；成立医疗发展办公室，为医院办公室下设副处级机构；成立学科建设办公室，挂靠科研处。11月25日，成立对口支援管理办公室。

（张何明）

【医保工作】 年内，医保出院16392人次，总费用28985.28万元，次均费用17682.57元。

（张何明）

【感染管理】 年内，印发《医院感染知识手册》，开展手卫生、抗菌药物使用等多项培训。启动医院感染宣传周，加强重点科室感染控制，制订预防手术部位感染的质量控制措施等文件。发生院内感染660例，感染率2.16%。

（张何明）

【改革与管理】 年内，累计制订各类规章制度82项。指定专人督导医疗13项核心制度落实情况，将关键医疗任务或指标纳入电子病历。成立医院评审工作领导小组及办公机构，制订《优质医院创建工作实施方案》和《中日友好医院评审任务书》，将医院等级评审工作落实到个人。内分泌科、胸外科、中医风湿病科、中西医结合肿瘤内科、中医肺病科、临床护理专业被评为国家临床重点专科建设项目。中医妇科、眼科被评为北京市中医特色诊疗中心，“综合医院中医药工作示范单位”正式授牌，入选北京市示范中药房。拓宽医疗空间，改善患者就医环境和就医感受。全面开通医生工作站复诊预约和医师间互约。节假日门诊科室25个，日均门诊2700人次。3月24日，新手术楼正式运营，含24个手术间。8月22日，开设夜间门诊和医技夜间检查。制订《专病门诊若干规定》，专病门诊140个。临床路径试点病种扩大到47个，开始试点的病种有36个（含中医临床路径），单病种管理9个，制订13个专业35个病种的护理临床路径表单。电子病历系统中建立临床路径61条。优质护理服务病房覆盖率100%，增加质控检查次数，做到24小时基础护理质控不间断。定期召开护理问题审定委员会例会，讨论不良事件。对供应室进行专项检查。成立对口支援办公室，制订《对口支援工作管理办法（暂行）》。建立总会计师制度。作为卫生部设立总会计师试点医院之一，在医院领导班子中增设总会计师职位，协助院长组织领导本单位财务管理、成本管理、预算管理、会计核算和会计监督等工作，参与医院重要经济问题分析和决策。制订国家应急救援队员遴选方案，实现危急重症培训在线考核，完成2200余人次急重症培训。百余名医师参加2010年版美国心脏协会心肺复苏指南及心血管急救培训，组织国家应急救援队第一批队员15人赴西京医院参加应急培训，部分队员参加朝阳区三级急救网络培训。患者满意度调查。医院所有病区和服务窗口安装110余台壁挂式触摸屏和7台落地式触摸屏，医生站、护士站系统增加“临床科室对医技科室满意度测评”模块，开展背靠背式满意度测评，实时统计、监控数据。7月27日，与西京医院签署战略合作协议。9月8日，与和平里医院签订战略合作意向书。9月23日,与对外经济贸易大学签订战略合作协议。

(张何明)

【医疗工作】 年内,门诊1841015人次,急诊218211人次,急诊危重症抢救7542人次,抢救成功率97.07%。床位1303张。入院40239人次,出院40283人次,床位周转30.95次,床位使用率94.58%,平均住院日11.20天,七日确诊率93.14%,出入院诊断符合率99.29%,治愈率52.28%,好转率44.45%,死亡率1.31%。住院手术22347例。孕产妇死亡率6.55/万,新生儿死亡率5.77‰,围产儿死亡率3.21‰。24国驻华使馆的大使或夫人就诊国际医疗门诊88人次。申请加入医疗责任保险。共接待投诉357例;处理医疗纠纷结案55件,赔付230万元。年内,病案甲级率99.93%。

(张何明)

【医疗支援】 年内,援疆、援藏及对口支援内蒙古、陕西、青海、北京顺义和延庆等地17家医院和北京市6家社区卫生服务中心。累计派出医务人员263人次,其中京外对口支援单位63人次、京内200人次。帮助受援单位开展新技术、新业务、新项目近40项,门诊8000余人次,义诊近1800人次,开展各类手术700余例,教学查房100余次,各类学术讲座、讲课近200次。接收受援单位近150名骨干免费进修学习。组织专家赴云南景东彝族自治县等边远地区开展义诊、送医送药活动。为陕西省神木县、府谷县人民医院组织专家讲座及手术视频演示等系列远程教育教学活动。

(张何明)

【护理工作】 年内,修订《护理部工作汇编》,编制《2011年度护理工作纲要》和《医院护理临床路径》,制订《护士长工作手册》。护理文件书写合格率100%,护理病历书写合格率99.80%,基础护理、特级护理、一级护理、技术操作合格率均100%,急救物品完好率100%。开展院级护理课题研究10项,其中"医护人员手卫生认知、依从性调查及干预效果研究"邀请日本东邦大学辻明良教授指导。参与卫生部"三级综合医院护理人力资源配置标准"研究。在统计源期刊发表文章23篇。作为中华护理学会、北京护理学会专科护士培训基地,在培专科护士107人。接收中南大学等6所医学院校实习生139人,芬兰实习生1人,北京大学、北京中医药大学见习护士91人次。接收北京中医药大学护理学院志愿者56人,内蒙古自治区海拉尔医院等8家对口支援单位进修护士38人,以及其他13个省、市进修护士38人。申报国家级继续教育项目2项、市级6项、区级10项、院级10项。组织各类讲课36次。为全院139名护士长、带教老师进行心肺复苏术(CPR)、6项无菌操作培训指导。140余名新入院护士完成培训考核。ICU、急诊、经外周静脉植入中心静脉导管(PICC)、手术室、助产士、血液透析、腹膜透析、糖尿病健康教育、肿瘤等9个领域选拔27名护理骨干参加中华护理学会和北京护理学会的专科护士培训。新开展优质护理服务试点的病房护士长、带教老师重点专项培训30人次。

(张何明)

【科研工作】 年内,获国家级、省部级以上科研课题49项,其中国家"973"、"十二五"支撑计划、国际科技合作与交流专项、"重大新药创制"专项等国家级重大项目10项,国家自然科学基金17项,获院外科研经费11500万元。获国家科学技术进步奖二等奖1项、北京市科学技术奖二等奖1项、北京市科学技术奖三等奖2项、中华医学科技奖二等奖1项、中华中医药学会科技奖一等奖1项、中国中西医结合学会科技奖一等奖1项、华夏医学科技奖一等奖1项。全年开展新技术12项,发表论文843篇,其中SCI26篇,总影响因子67.0。

(张何明)

【医学教育】 年内,在培住院医师322人,其中外院146人。新增口腔、病理、康复医学等3个北京市住院医师培训基地。接收院外进修108人。开展国家级继续教育项目31项、省级10项、区县级87项、院级132项。协助康复医学科、口腔医学中心、肛肠科、消化内科、内分泌科等完成国家级继续医学教育项目6项,培训约300人。组织98名住院医师完成美国心脏协会基础生命支持课程培训与考核。完成北京大学医学部、北京中医药大学4143学时教学任务。招收研究生58人,其中硕士生41人、博士生17人,研究生招生规模比上年增加14.30%。研究生毕业人数46人,其中硕士生28人,博士生18人,就业率99%。新增研究生导师19人,其中博士生导师6人,硕士生导师13人,比上年增加13.50%。申报北京中医药大学校级课题3项。

(张何明)

【国际交流与合作】 年内,接待国际访问团组82个547人,邀请境外专家35人来院讲学(8个国家、地区,13所大学、9家医院)。派出297人次前往32个国家(地区)参观访问、交流学习,其中医技人员230人次、护理13人、行政人员54人次。出国参加学术会议及考察访问等219人次。举办各类国际学术会议25次,2000余人次参会。签署国际科技交流与合作协议12个,分别是日本东京大学、京都大学、名古屋大学、国立癌中心、庆应大学,英国剑桥大学,德国洪堡大学,法国国家亨利蒙多医院,荷兰马斯特里赫特大学医疗中心,澳大利亚悉尼科技大学、康平国际医疗集团。与日本国际协力机构(JICA)共同举办第十三届中日合作卫生技术人员培训项目,培训基层医疗机构管理人员及医务人员。

（张何明）

【基本建设】 年内，新建、扩建医疗用房9192平方米，完成综合楼改建门诊用房、心脏重症监护室（CCU）改扩建、急诊改建、A栋地下室改造、门诊中西药房改造等重点工程。11月8日，医院基本建设十年规划获市规划委员会批准，12月19日获卫生部批准。

（张何明）

【院报改版】 9月1日，出版第一期新改版的《中日友好医院院报》。

（张何明）

## 煤炭总医院

【概况】 煤炭总医院隶属国家安全生产监督管理总局，面向社会开放。年内，职工894人，其中卫生技术人员455人，包括正高级职称61人、副高级职称136人、中级职称248人、初级师138人、初级士8人。医疗设备总价值16209万元。本年度购置医疗设备总值3386.7万元，其中10万元以上设备36套、100万元以上设备8套。年内，医院被评为2010年度中央国家机关文明单位、不良反应事件监测工作先进单位。

地址：西坝河南里29号

电话：64667755

传真：64632579

邮编：100028

网址：www.mtzyy.com.cn

（李 鹏）

【机构设置】 年内，设置职业病科，具有尘肺病诊断资质（ZJ－Z0010）及职业健康检查资质（ZJ－T0072），病房床位24张，包括尘肺病临床综合治疗、尘肺病灌洗治疗、职业中毒治疗及其他职业病治疗等。开展铅及其化合物/锰及其化合物/甲苯、二甲苯/汽油/苯的氨基、硝基化合物/三硝基甲苯/无机粉尘/高温/局部振动/可能致煤矿井下工人滑囊炎作业/紫外线（电光性眼炎）/化学物理因素（职业性白内障）/噪声/视屏作业/机动车驾驶作业/放射工作人员的岗前、在岗、离岗前及应急等多项职业健康检查。

（李 鹏）

【医疗工作】 年内，门急诊（包括体检）633486人次，比上年增长12.33%；入院9627人次，比上年（8937人次）增长7.13%；出院9588人次，比上年增长6.81%；手术4694例，比上年增长9.39%；床位使用率97.99%；床位周转22.45次。业务收入47762万元，创历史最高水平。开展小切口不停跳冠脉搭桥手术联合PCI治疗冠心病、心脏再同步化治疗（CRT）心力衰竭、心肌声学造影、胎儿心脏超声技术、在全腔镜下体外循环治疗先心病、CIK的肿瘤治疗、肾穿刺病理活检、腹膜透析、内镜下逆行胰胆管造影及乳头切开取石术、内镜下黏膜剥离术（ESD）治疗消化道早癌、经皮经肝经食道胃底静脉曲张阻塞术、肿瘤患者剧痛的神经节阻滞术、内镜下胃造瘘术。部分技术处于国内领先地位，如贵要静脉转位、动静脉内瘘假性动脉瘤破裂修补术、动静脉内瘘血栓去除术、下肢人造血管移植、下肢自体血管移植手术、桡动脉表浅化肾透析血管通路重建手术等。病历质控。深入科室检查运行病历，抓环节质量时重点检查科室衔接薄弱病区和危重病人管理。病历质量检查结果录入个人技术档案。点名批评丙级病历责任医生，表扬书写优秀门诊病历的医生和主动完善内部病历质量管理的科室，并予以奖励。甲级病历率98.3%。针对医院感染管理，建立健全组织结构，编写工作方案，完成传染病报告工作。部署多重耐药菌防控，并完成院内培训。注重在日常工作中检查培训效果。医院感染率1.0%。组织院内医保、物价政策培训，规范医生行为。完善计算机信息系统，通过门诊HIS系统增加提示，组织全院医生上机操作，通过信息管理创新降低拒付金额。全年医保出院4380人次，总费用30166.54万元，次均费用68873万元。

（李 鹏）

【医疗支援】 年内，派出专家282人次赴常营乡社区卫生服务中心和东风社区卫生服务中心，诊治8460人次，健康宣教12次，义诊6次。继续做好唇腭裂患儿免费治疗，参加"同心——共铸中国心西藏行"活动，救治18例先心病患儿。连续4年捐助安监系统汶川地震受灾大学生，为2008级学生送去第四学年"金秋助学"款3.5万元。

（李 鹏）

【护理工作】 年内，加强护理质量控制，实行目标管理。以护理核心制度为标准，规范新护士入职培训及日常护理质量管理工作。健全护理质控体系网，在各病区实施统一质量标准，明确护理质控小组职责及工作方法，落实质控员责任，提高护士参与质量管理意识。建立"护理部、护士长、安全监控护士"三级护理安全监控网，逐级分析、收集护理危险因素，组织护理安全讨论会，就现存及潜在的安全问题进行讨论，提出切实可行的防范措施。不定期开展科室检查、督促、考评，组织每季度全院护士长交叉大检查，加强监管，及时反馈危险信息。落实护理会诊制度，发挥专科护士护理优势，降低护理风险。规范医嘱、药物查对流程，制订重点环节护理管理程序及应急流程，收集、整理"防范住院病人跌倒制度"、"各类导管防脱落制度"。制订实施优质护理服务示范工程计划，在6个病区开展优质护理服务示范工程。开展为危重患者、卧床患者洗头、剪甲、皮肤护理等服务。护理文件书写合格率100%，护理病历书写合格率98%，基础护理合格率95%，特级、一级护理合格率96%，技术操作合格率98%，安全护理合格率100%，急救物品完好率100%。发表40篇护理论文。

(李　鹏)

【科研工作】 年内,启动《2011年度128卫生技术人才队伍建设实施方案》,培养10名拔尖人才、20名骨干人才、80名后备人才。批准资助7名拔尖人才、3名骨干人才、30名后备人才,并与其签订资助协议书。院内科研立项20项,资助经费60万元。奖励20项2010年度临床科研成果,涉及31人次54.37万元。全年发表论文276篇,比上年增长38%。其中科技部核心期刊263篇,比上年增长62.3%。SCI论文10篇(论著6篇、文摘4篇)。医院主办的《中国心血管病研究杂志》被《中国科技论文统计源期刊》收录。首都医学科研发展基金2项结题。获中国煤炭工业协会科学技术奖4项,其中二等奖2项、三等奖2项。提出"三级医院职工满意度调查模型",并在《中华医院管理杂志》、《健康报》等报纸杂志上发表系列科技文章。

(李　鹏)

【医学教育】 年内,举办国家级继续教育项目2项、市级28项、院级56项(传染病培训14项),培训合格率100%。接收河北联合大学、北京中医药大学、山西长治医学院、协和医科大学等院校实习学生82人,完成全院实习学生基础和临床知识大讲课、教学查房、临床技能培训。接收河北联合大学硕士研究生19人,完成河北联合大学2008级19名硕士研究生毕业论文答辩。6名医师获硕士生导师资格,2名专家被聘为卫生部应急组成员。

(李　鹏)

【信息化建设】 年内,完成门诊信息上报系统(医联码系统)。完成检验科、病理和血透中心信息系统搬迁,检验系统(LIS)全面升级。完成门诊三楼新收费窗口、四楼门诊、二楼病房、总局医务室等部门信息改造,完成医院信息系统异地容灾和电子病历硬件方案。完成体检中心、整形美容中心信息系统硬件规划和实施。完成ICU改扩建工程网络需求调研。组织医保、物价政策培训,规范医生行为,规避医疗风险。

(李　鹏)

【基本建设】 年内,扩建透析中心。体检整形美容中心迁入新址。职业病科完成运行准备,开展职业病体检工作。向总局申报心脏中心、肿瘤微创治疗中心、呼吸内科、普外肿瘤科、中医科、影像科为重点科室,基础实验室、尘肺病实验室为重点实验室。

(李　鹏)

【管理工作】 年内,向社会公开院长、书记电话,公开各种投诉渠道,召开院外监督员座谈会、完善患者满意度调查问卷,加大群众信访举报查处力度。加强医患沟通,完善和改进服务内容、服务流程、服务质量。严格执行《关于严禁商业贿赂、收受"红包"回扣等严重违反职业道德行为的规定》等制度。规范医疗服务项目和医务人员诊疗行为,纠正医药购销和医疗服务不正之风,完善医德医风档案管理。

(李　鹏)

## 北京华信医院

【概况】 北京华信医院为清华大学第一附属医院。年内,职工1370人,其中事业编制887人、合同制483人。卫生技术人员1061人,其中执业医师356人、注册护士502人、药剂41人、检验36人、放射影像17人、其他卫生技术人员109人。其他专业技术人员68人,管理、工勤人员241人。有正高级职称24人、副高级职称137人、中级职称371人、初级职称513人。医用仪器设备6234台(件),总价值22400万元。本年度购置医疗设备总值1838万元,其中10万元以上设备20台、100万元以上设备4台。被评为首都卫生系统文明单位,获北京市医保管理工作三等奖。

地址:酒仙桥一街坊6号
电话:64361322
邮编:100016
网址:www.tufh.com.cn

(蒋立红　刘晨曦)

【改革与管理】 3月,完成医院行政领导班子换届。完成中层干部任期述职考核及聘任工作。14个党支部换届改选。制订《临床医技科室行政管理制度》。制订《临床路径管理试点工作方案》,全年开展临床路径45个病种,完成415个病例。制订《抗菌药物合理使用规范》,临床科室主任及有处方权医师签订抗菌药物专项活动整治责任书,修订《抗菌药物分级使用管理规定》,通过信息系统限制各级医师抗菌药物使用级别。将抗菌药物管理相关指标纳入科室绩效考核体系。住院患者抗菌药物使用率由71.3%降至62.52%,I类切口手术患者预防使用抗菌药物比例由100%降至59%,抗菌药物使用强度由71%降至58%,接受抗菌药物治疗的住院患者微生物检验样本送检率由25.6%升至31.81%。进行"三基三严"培训考核,开展落实核心制度督导月活动,针对心肺复苏、医疗核心制度落实、支付制度、临床路径及成本控制等进行培训和考核。修订手术分级审批授权管理制度、临床危急值报告制度、医疗安全(不良)事件与隐患缺陷报告制度以及查对制度。完成产前咨询、产前健康教育、产前超声筛查和产前血清学筛查资质备案。加强应急管理,修订急性心肌梗死绿色通道流程;定期组织医护人员进行群伤救治演练。应急救治一起39名群伤事件,伤员无一人死亡。成为北京第二批进入114预约挂号平台的医院。修缮门诊无障碍通道,装修改造部分门诊科室,梳理门诊标志系统，新增提示牌；调整咨询台布局；设置流动导医；延长导医人员上下班时间和抽血时间；简化退费流程；取消门诊限号等。优化住院流程，解决住院缴费和办理病案两楼跑的问题。新增简易门诊、风湿免疫门诊、营养科咨询门诊。引进副高级职称专家3人，招收新员工（含合同制）110人。完善《从合同制人员中择优选聘事业编制的试行办法》，选聘19名临床及行政业务骨干转为事业编制。开展患者访视工作。入病房访视患者799人，发放住院患者满意度调查表324份，患者满意度96.3%；门诊发放100份，患者满意度96%。对1014名医务人员进行年度医德考核。

（蒋立红 刘晨曦）

**【机构设置】** 4月，成立患者服务中心、疾控科（隶属医务处）；消化内分泌科分设为消化科和内分泌科。

（蒋立红 刘晨曦）

**【交流与合作】** 年内，参加国际国内学术交流会212人次。接待美国、加拿大、法国、澳大利亚、日本、印度、新加坡等专家学者来访9人，出国考察、参加国际会议23人次，出国进修学习1人次。接收21名德国医生来院学习中医针灸。与中国医师协会心血管外科医师分会共同主办第七届年会暨第四届清华大学心血管病进展国际研讨会。17名国际专家和全国30余家医院的400余名代表参加。与保定市第二中心医院签署协议，在泌尿外科领域开展技术合作。

（蒋立红 刘晨曦）

**【医疗支援】** 年内，与内蒙古自治区科左后旗人民医院制订本年度骨干医师培训计划，接收3名医师进修，分3批派出9名医生开展支援服务和义诊，诊治病人329人次。选派24名中级职称以上医技人员到平谷区东高村镇和峪口镇社区卫生服务中心开展对口支援工作，免费接收东高村卫生服务中心进修1人。选派14名临床医生支援社区卫生服务中心工作。麻醉科副主任医师李之明作为中组部第七批援疆干部赴新疆胸科医院工作1年。5名专家参加国家民族事务委员会组织的“中华民族一家亲”——“送医下乡”走进云南省迪庆藏族自治州活动，接诊700余人次，筛查先天性心脏病患者20余人。13人组成医疗队前往河北省望都县中医医院义诊，共接诊120人次，并与其签订1年帮扶协议。清华百年校庆期间，选派6人承担全球大学校长峰会和基金会与会嘉宾医疗保障任务。

（蒋立红 刘晨曦）

**【科研工作】** 年内，申报各类基金36项，其中获批国家自然科学基金1项，资助22万元。2项首都医学发展科研基金在研项目结题。完成11项清华——裕元医学科学研究基金资助项目。全年发表学术论文80篇，其中中文77篇、外文3篇。SCI收录论文3篇，最高影响因子14.816，平均影响因子5.512。出版科技著作5部。

（蒋立红 刘晨曦）

**【医疗工作】** 年内，门诊759735人次，急诊84922人次，急诊危重症抢救1400人次，抢救成功率94.43%。床位731张。入院16887人次，出院16830人次，床位周转23.84次，床位使用率81.82%，平均住院日12.39天，七日确诊率98.71%，出入院诊断符合率99.84%，治愈率47.08%，好转率47.99%，死亡率2.81%。住院手术5953例。无孕产妇死亡，新生儿死亡率1.58‰，围产儿死亡率7.37‰。落实心脏中心内、外科联合诊疗模式。小儿电生理与心外科联合开展外科手术切除左心耳治疗心律失常、左心起搏器植入和心外膜起搏器植入等新技术。心脏外科开展房室瓣骑跨、矫正型大动脉转位、单心室分隔、婴幼儿心内通道、三尖瓣下移合并大动脉转位等多项开创性复杂心脏病畸形矫正手术。消化内科开展胶囊内镜、经皮胃镜下胃造瘘术等新技术，在麻醉科配合下开展无痛内镜检查。泌尿外科开展原位膀胱重建尿流复道手术，采用自体组织工程学方法开展长段输尿管狭窄段修复手术，运用束带法实施肾部分切除术。血透室采用静脉内膜新生物剥离及内瘘重建技术修复自体动静脉内瘘功能，全年透析19108人次。儿科开展外周深静脉置管和脐静脉置管新技术，作为朝阳区高危围产儿救治转运中心，安全转运患儿554人，较上年增长29%，其中早产儿占35%。呼吸科建立睡眠呼吸监测室。骨科开展微创球囊扩张椎体成型术治疗老年人骨质疏松性脊柱压缩骨折。胸外科在晚期非小细胞肺癌靶向治疗、全胸腔镜下（VATS）右上肺叶切除+纵膈淋巴结切除、多发性肋骨骨折（连枷胸）切开复位并钛板固定术等方面有新突破。神经外科采用微血管减压术治疗三叉神经痛及面肌痉挛；完成巨大复发镰旁脑膜瘤切除手术和深部巨大脑血管畸形切除等高难度手术；与血管外科合作开展全脑血管造影检查及颅内动脉瘤栓塞手术。妇产科作为市、区级高危孕产妇及高危围产儿宫内转诊中心，全年接收危重症宫内转诊53人。急诊科开展超声引导下深静脉穿刺置管技术。放射科新开骨密度检查项目。检验科开展降钙素原（PCT）、脂肪酶（LPS）和血氧（HHb、COHb、MetHb）等新项目。病理科各类病理细胞学检查22235例，其中尸检27例，新开展直肠癌K－ras基因检测技术。营养科开展糖尿病治疗餐、高热能高蛋白、低蛋白、限碳水化合物、限脂肪胆固醇、调整膳食纤维、限钠、个体化管饲膳食。核医学科于6月正式运行，开展心肌灌注显像、全身显像、甲状腺显像、肾动态显像、甲状旁腺显像5个检查项目。病案管理。开展病案书写质量专项整治活动。组织病案首页填写与医院评价培训。检查出院病历14365份,甲级病案率100%。完成健康体检67306人次。调整医院感染管理委员会成员,开展院感知识培训20次,并进行职业防护考试。监管医疗废物、手卫生、Ⅰ类切口手术病历,规范器械清洗流程,开展手术部位感染、呼吸机相关肺炎、导管相关性血流感染、导尿管相关性尿路感染目标性监测。医院感染率2.64%。

(蒋立红　刘晨曦)

【医保工作】　年内,医保出院6064人次,次均费用18133元。审核医保病历6905份,金额1.24亿元,占住院总收入的49.4%。门诊次均费用397元。

(蒋立红　刘晨曦)

【健康教育】　年内,开展院内健康讲座65次,其中妇幼保健专题讲座34期。清华大学健康教育讲座2次。开展义诊活动6次。

(蒋立红　刘晨曦)

【预防保健】　年内,完成各类儿童健康体检10416人次,管理孕产妇381人,围产访视1296人次。收到各类传染病报卡1291张,访视传染病人144例。管理辖区精残、智残病人493人。完成各类疫苗接种27556人次。

(蒋立红　刘晨曦)

【护理工作】　年内,增加干部病房、妇科、普外科、泌尿外科、心脏成人一、心脏成人二共6个病房为优质护理服务示范病房,示范病房比例达57.9%。成立护理管理委员会,建立监管和指导机制。制订完善《不良事件报告制度》、《护理会诊制度》等7项护理制度。护理不良事件上报54例,比上年增加145%。护理文件书写合格率96.70%,护理病历书写合格率96.70%,基础护理合格率96.60%,特级护理合格率96.95%、一级护理合格率98.55 %,技术操作合格率97.36%,安全护理合格率100%,急救物品完好率100%。全年在统计源期刊发表7篇护理论文。接收103名大中专学生实习,接收2名进修护士,进行4次岗前培训及5次临床讲课。主办区县级12项护理继续教育项目,1980人次参加。外送18人次进修和参加培训班。组织12次护士业务学习、7次理论考试,685人次参加;8次操作考试,596人次参加。护士继续教育达标551人,达标率100%。对全院护士长进行2010版心肺复苏培训及考核。

(蒋立红　刘晨曦)

【医学教育】　年内,完成2项国家级、2项市级、16项区县级继续教育项目。申报2项国家级、5项市级、27项区县级继续教育项目。参与继续教育项目70场次,2万余人次参加。完成全员传染病培训,全年培训、讲课约70次。继续教育达标率100%。接收医疗、医技、实习进修72人,外出进修4人。制订《住院医师培养制度》,建立并执行教学主管制度。组织住院医师培训讲座44次、教学查房10次。10人参加北京市住院医师第二阶段理论和技能考核,合格率80%。检验科成为北京地区住院医师规范化培训基地。完成北京地区400余名考生"医师资格实践技能考试"。

(蒋立红　刘晨曦)

【信息化建设】　年内,全面实施住院医生工作站。与北京市114预约挂号平台对接。利用信息技术管理抗菌药物合理使用。进行HIS服务器和磁盘柜升级;改造北京市医联码、门急诊信息上传接口;将LIS中化验数据导入门诊/住院医生站,协助医生诊疗。启动临床路径软件系统自主设计开发。基本完成引进PACS前期准备工作。对医院OA办公系统进行局部变动和增加新功能。医院网站添加"停诊通知"、"预约挂号"栏目,开通"院长信箱"。在新浪网开通医院官方微博。年内编辑出版11期《今日华信》报,49期工作简报。

(蒋立红　刘晨曦)

【基本建设】　年内,装修改造胃肠镜室、儿科病房、儿科门诊、门诊楼公共区等15处,改造面积4700平方米。改造污水处理站,可日处理污水1000吨,污水处理能力提高150%。更新2台供暖热水锅炉,总供热能力提高30%。完成手术室空调机组调试工作,解决手术室与大楼空调水系统串通故障。改造CCU空调系统。完成29次较大型设施维修。新装30余个监控摄像头。更新老旧家属楼暖气管道。

(蒋立红　刘晨曦)

【医疗纠纷处理】　年内,受理投诉76例,处理上级转办信访件9件,发生医疗纠纷21例,其中经司法途径解决6例、经第三方调解解决2例、医患双方协商解决13例,医疗纠纷赔付75.43万元。

(蒋立红　刘晨曦)

【公益慈善】　年内,与爱佑华夏慈善基金会等28家国际国内慈善机构保持合作关系,并与中华思源心基金、春苗基金、清华大学教育基金会等3家慈善机构建立合作关系。全年慈善基金救助患者256人。救助西藏阿里先天性心脏病患儿,救治3批48名先心病患儿,治愈率100%。

(蒋立红　刘晨曦)

## 民航总医院

【概况】　民航总医院与民用航空医学卫生中心合并运行,实行一个机构两块牌子。机构名称为中国民用航空局民用航空医学中心(简称民航总医院)。年内,职工1119人(含合同制人员),其中卫生技术人员938人,包括正高级职称25人、副高级职称73人、主治医师(含相应职称,下同)218人、医师303人、护士319人;行政后勤人员120人;其他专业人员61人。万元以上医疗设备827台(件),总价值17297.3万元。年内新购置设备51台(件),其中10万元以上15台(件)、100万元以上6台。医院连续5年被评为首都文明单位、中央国家机关平安单位。

地址:高井甲一号

电话:85762244

邮编:100123

(茅砚云)

【机构设置】 2月28日,心电图室、HOLTEL室划归心内科管理;4月18日,成立心胸外科。5月9日,肺功能室划归呼吸内科管理。

(茅砚云)

【医疗工作】 年内,门诊773845人次,急诊172840人次,急诊危重症抢救4020例,抢救成功率96.4%。住院13107人次,出院13145人次,床位周转28.41次,床位使用率93.92%,平均住院日10.60天,七日确诊率98.85%,出入院诊断符合率98.11%,治愈好转率94.3%,死亡率3.17%。住院手术6131例。无孕产妇死亡,围产儿死亡率4.69‰。健康体检53337人次,其中空勤人员体检5700人次。出台《抗菌药物临床应用奖惩办法》、《抗菌药物临床应用分级管理制度》、《抗菌药物临床应用医嘱、处方点评制度》和《抗菌药物临床应用信息公开制度》。制订《退休人员出专家门诊管理规定》。制订《临床路径实施方案》,27个病种13个专业科室参与,共开展522例。制订《手术安全核查制度》。制订《医疗质量量化检查表》,对10个病区15个临床专业科室进行12轮检查。全年科际间会诊6557次,未接到会诊不到位投诉。细化各科室考核量化指标,把新技术、临床路径、培训等列入考核,建立科室电子考核档案和数据库。11月11日,开通114预约挂号平台。至12月31日,114平台预约3031人次。全年组织抗菌素合理应用和大型设备合理应用等培训5次、专题培训7次,760人次参加。新入职医师岗前培训100%。年内,取得放射科X片影像首批医院互认资格。

(茅砚云)

【护理工作】 年内,修订《肠外营养液配制相关补充规定》和《节假日期间护理管理重点项目》等12项制度,修订护理常规和6项工作流程。护理人员"三基"培训2000人次;开展279名40岁以下护士理论考核,合格率88.2%;新护士岗前培训565人次;操作考核800人次,合格率97.5%。一级护理合格率95.2%,一级护理文书书写合格率94.7%。护理质控检查60次;完成专业实习教学30人;护士首次注册33人,变更14人。各种院外进修培训37人次,接收外院进修16人次,专科护士取证培训4人次。编辑护理信息4期、特刊2期。发表护理论文8篇。10篇文章参加朝阳区护理学术年会评比,2篇获奖:综合科护士穆娟"音乐疗法对耳鼻咽喉头颈外科患者术前焦虑的影响调查"论文获一等奖,妇产科护士贾彩丽"北京市城区助产士职业倦怠与离职意愿的相关性研究"论文获三等奖。

(茅砚云)

【国际交流】 年内,眼科主任胡庆军赴悉尼参加亚太眼科会议;泌尿外科崔亮赴美国迈阿密参加第六届世界机器人手术论坛;党委书记杨开源率团赴美考察美国FAA总部、地区管理局及航空航天医学所(CAMI)等3家航空医学机构;院长李松林率中国民用航空医学代表团赴美参加第八十二届美国航空航天医学会年会,率团赴罗马尼亚布加勒斯特参加第五十九届国际航空航天医学年会,并与2名专业人员参加国际民航组织(ICAO)在泰国曼谷举办的疲劳风险管理研讨会;副院长兼医学中心副主任王树明带队赴美国国家运输安全委员会(NTSB)参加航空器事故医学调查研讨会;王树明率4人赴巴西协助深圳航空有限责任公司承担招聘外籍飞行员体检鉴定工作。

(茅砚云)

【改革与管理】 年内,以卫生部提倡的"三好一满意"活动和创建文明城区为契机,开展针对性教育活动。一是利用院周会对中层干部进行医患沟通技巧培训,针对科室特点进行个案培训,规范医患沟通形式。二是组织医疗纠纷案例分析会,召开回忆"在我工作中病人最满意和最不满意的一件事"分析会,增进医务人员责任感和服务意识,规范执业行为。三是开展以病人为中心的医疗服务教育。四是进行职业道德、职业精神"问卷答题"活动,把服务技术、沟通技巧及医疗沟通中的难点和解决方法体现在答题中。五是弘扬正风正气。全年收到表扬信195封、锦旗229面,退红包120人次11.33万元,受到病人表扬628人次。

(茅砚云)

【航空医学】 年内,协助民航局飞标司完成民用航空人员体检鉴定专家委员会换届工作,完善专家委员会各项制度,开展常规特殊病例(特许、疑难、申述等)鉴定工作。专家委员会全年受理各种鉴定案例62人次,其中首次特许鉴定申请54例、再次特许鉴定申请3例、疑难鉴定申请4例、体检复查申述1例;驳回再次特许鉴定申请1例。协助民航局飞标司完成招飞体检复查统计分析报告。参与编写《中华百科全书——航空航天医学分册》"民航医学"词条并召开第一次编委会。参加国家出版基金资助的《航空航天医学全书》编写组织工作,共有10个分册。航卫办参与编写《航空航天临床医学分册》、《航空航天药理学分册》、《航空航天医学史分册》和《航空航天卫生学分册》等4个部分。完成招飞4941人,飞行学员入校复查1833人,招乘2507人,军转民72人,延飞187人次(其中首次延飞43人次,再次延飞144人次),招收外籍飞行员465人,特许鉴定91人153人次。

(茅砚云)

【新技术新项目】 年内,皮科开展强脉冲点阵治疗皮肤凹陷性瘢痕,神经外科利用显微血管减压术治疗三叉神经疼痛及面神经痉挛,普通外科开展经皮下激光治疗腋臭,放射科开展CT导引下胸腹部病变穿刺活检和经皮穿刺肝肿瘤射频消融治疗,病理科开展HPV乳头瘤病毒检测,心胸外科开展美国氩氦刀冷冻消融技术,泌尿外科开展显微镜下精索静脉曲张超选精细结扎术。

(茅砚云)

【病案管理】 年内,加强住院医师病历规范书写岗前培训,甲级病案率100%。承担北京市肿瘤登记处结直肠癌登记网报工作。

(茅砚云)

【感染管理】 年内,督查100次,检查终末病历3451份,Ⅰ类切口病历抗菌药物使用1499份。组织各类培训与考核23次12523人次。参加市、区培训21次54人次。接受北京市和朝阳区各类检查21次。上报法定传染病1370例,报告及时率100%。医疗器械消毒灭菌合格率100%,院内感染率1.17%,漏报率6.29%,清洁伤口甲级愈合率98.1%。

(茅砚云)

【医保工作】 年内,医保出院5488人次,总费用7479.99万元,次均费用13629元,平均住院日11.54天。门诊医保526392人次,次均费用308.82元。全院培训11次。上级部门检查5次,医院在联审互查中获三等奖。

(茅砚云)

【医学教育】 年内,带教2006级37名留学生、2007级27名留学生,接收2008级留学生28人。医院培养的第二名硕士研究生毕业并留院工作。招收耳鼻咽喉科硕士研究生1人,在读研究生3人。评选北京大学医学部校级优秀教师5人、优秀管理教师2人,民航总医院优秀教师5人。推荐免试研究生8人。组织学术讲座6次,4608人次参加;外出进修15人;参加院外学习班、学术会议103次,继续教育学分达标率100%。举办英语沙龙12次。住院医师通过北京大学医学部第一阶段考试6人、通过第二阶段考试5人。举办3期航空医师培训班,37人参加培训。

(茅砚云)

【科研工作】 年内,对2009年15项院级课题进行结题检查,2010年14项课题进行中期检查。新立项院外课题有:院长李松林的"基于脑电和事件相关电位的飞行疲劳生理心理研究"获国家自然科学基金立项,呼吸科主任钱效森的"飞行疲劳实时监控预警系统关键技术研究"获民航局立项,航研所陈振玲的"抗组胺药物对空中驾驶能力影响的分析化学基础研究"获北京市自然科学基金立项。在研院外课题有:首发基金1项、北京大学教学课题1项、民航局课题7项、民航局专项任务13个、行业标准4个。发表学术论文143篇,其中国家级刊物38篇、地方级刊物51篇、民航医学杂志52篇,SCI收录2篇。接收本科以上毕业生45人,其中博士生2人、硕士生22人、本科生21人;招聘合同制技术人员73人;参加毕业后再教育18人,其中博士学位4人、硕士研究生学历9人、本科3人、大专2人。取得高级专业技术资格7人、中级21人、初级19人;聘任专业技术人员141人,其中高级职称14人、中级37人、初级90人;聘任高级技术等级工人1人。16名医生申报北京市知名专家资格并获批准。

(茅砚云)

【信息化建设】 年内,接入114预约挂号平台,改造病案首页系统。改造药品管理系统,增加抗菌素维护和管理功能,将医生职称和抗菌素使用级别挂钩;改造门急诊和住院系统,医生开处方时由系统控制抗菌素处方权限。

(茅砚云)

【医疗支援】 年内,与4家一级医院(管庄医院、平房医院、三间房医院、王四营医院)建立合作关系,接收密云县及周边受援医院进修13人,并为其提供医疗技术支持。派出6人赴青海省第五医院及内蒙古自治区土默特右旗医院出诊、讲课、会诊及健康教育等,开展手术9例,参加疑难病例抢救及讨论15次,开展新技术2项,专题讲座10次,教学查房30次,手术示教9次。接收内蒙古自治区土默特右旗医院进修9人。全年举办82次健康教育讲座,2304人次参加。

(茅砚云)

【基本建设】 年内,完成临建工程780平方米、改造工程3000平方米、拆迁工程9800平方米、管线改造900余米,其中临建室外连廊工程380平方米、高低压氧舱改造加层400平方米、连廊大厅改造520平方米;改造门诊A楼四层检验科、病理科约820平方米,改造门诊A楼五层航空医学研究所800平方米;改造儿科210平方米;改造计算机中心、PCR实验室320平方米,改造透析中心280平方米,前期上下水暖气外管线改造780余米,前期燃气管线改造20余米。完成门诊B楼核医学科环保退役审批和临建医学影像中心环评验收申报工作。

(茅砚云)

## 北京地坛医院

【概况】 北京地坛医院同时加挂北京市病毒传染病防治研究中心、北京市艾滋病临床研究中心牌子。医院收治除结核以外的38种法定传染病,提供呼吸内、心内、肾内、消化内、内分泌、神经内科、普通外科、肝胆外科、神经外科、泌尿外科、骨科、妇科、产科、儿科、五官科、肿瘤科、介入、心理咨询等综合医疗服务。年内，职工 1026 人，其中卫生技术人员 822 人，包括正高级职称 47 人、副高级职称 79 人、中级职称 227 人、初级职称 469 人。医疗设备总价值 3.57 亿元。年内购入医疗设备总值 0.13 亿元，其中 10 万元以上设备 16 台、百万元以上设备 3 台。经卫生部批准，医院成为国家级感染性疾病医疗质量控制中心，获批卫生部中医传染病重点专科、国家中医药管理局中医肝病重点专科，并被命名为全国综合医院中医药工作示范单位。获全国文明单位称号，并居复旦大学医院管理学院“中国最佳医院排行榜”第 67 位，在“中国医院专科声誉排行榜”中以传染科特色居第 2 位。王克荣被评为“全国受百姓喜爱的白衣天使”并获精忠奖，李兴旺被评为首都十大健康卫士，邢卉春当选区第十五届人大代表，危重症内科护理团队获全国“五一巾帼标兵岗”称号。

地址：京顺东街 8 号

电话：84322000

邮编：100015

网址：www.bjdth.com

（王　蕾）

**【医疗工作】** 年内，组织危重病人救治及绿色通道收治演练、宫外孕救治演练、国际赛事急救技能演练。接诊车祸群发伤 8 人。完成国际汽联超级跑车世界锦标赛医疗保障任务。接诊新疆脊髓灰质炎病毒野毒株医学观察病例 9 人并实施隔离观察，两周后病人全部出院。全年门、急诊 304110 人次，其中急诊 28300 人次，危重症抢救 8745 人次，抢救成功率 79.97%。开放床位 598 张，出院 16420 人次，床位周转 27.49 次，床位使用率 99.35%，平均住院日 13.11 天，七日确诊率 99.64%，出入院诊断符合率 99.83%，治愈好转率 89.56%，病死率 2.98%。手术 3316 例。未发生高危孕产妇、新生儿、围产儿不良事件。全年评审准入新技术 882 项，其中Ⅰ类技术 878 项，Ⅱ类技术 3 项，Ⅲ类技术 1 项。年内，新开设神经外科和泌尿外科，开展神经介入手术 47 例。消化内科、肿瘤介入科、心血管内科独立建科运行。分专业管理内一科现有的呼吸内科、肾内科、内分泌科。开设强直性脊柱炎和类风湿性关节炎专科门诊。组织全院死亡病例、疑难病例和危重病例讨论、院内外专家会诊，病历书写规范竞赛、基本知识、基本技能操作比赛等。重视医疗流程和医疗安全管理，每月对重点环节质量实施绩效考核，坚持做好病案和疫情管理，继续保持传染病疫情报告市级先进单位荣誉称号，荣获朝阳区死因报告生命统计工作二等奖。甲级病案率 99.68%。优化就诊流程。通过 114 电话预约、网络预约、窗口预约和诊间预约，向患者开放号源 80%以上，就诊预约率 35%。开展双休日门诊，安排节假日门诊，满足患者就医需求。在医生工作站增设检验项目申请和抽血材料费录入功能，优化门诊就诊流程。单病种管理。将慢丙肝、急甲肝、急戊肝、急乙肝、肝硬化、麻疹、水痘、菌痢、流腮、先天梅毒、计划性剖宫产 11 个单病种首次纳入临床路径管理。4 月，在 HIS 系统全面启动临床路径。单病种临床路径入组率 64.7%，完成率 72.3 %。成立抗生素规范化管理专家委员会，将抗菌药物品种由 87 种减至 45 种，完善抗菌药物管理制度，分级准入和管理，动态监测、定期评估。规范外来医疗器械、复用医疗器械清洗、消毒、灭菌流程和化学废弃物处置流程，更新医疗废弃物管理文件并汇编成册，对院内感染和职业暴露进行网络监控和溯源。定期召开医院感染质量控制会，组织首届医院感染控制知识竞赛，出版季刊《感染管理通讯》9 期。年内医院感染率为 1.27%。

（王　蕾）

**【国际交流与合作】** 年内，接待各国友人 9 批次 64 人次。7 月 14 日至 17 日，召开北京地坛医院主办、中华医学会协办的第五届地坛国际感染病学术会议。国际感染病学会、欧洲感染病学会、欧洲肝病学会、亚太肝病学会以及其他学术团体的感染病、肝病学界著名专家共同主持并参与讲座，千余名世界各地学者参会。

（王　蕾）

**【改革与管理】** 年内，组织制订医院 2011—2015 年发展规划，确立建设“以传染病为特色的三级甲等综合性医院”发展目标。调整绩效考核指标体系。从以能力定指标转变为以资源（人力资源、诊室资源和床位资源）定指标。对新开科室采取季度递增指标的方式。考核医疗收入，增加人员成本考核。完成公立医院和各科室绩效指标体系的软件开发。成立医疗发展部，组建市场推广队伍，每周发布《市场快讯》。与区 42 家社区卫生服务机构、红十字血液中心、周边派出所建立联系。以孙河社区卫生服务中心为试点，建立与社区医院无缝链接的合作模式。与信诺西格纳数据技术服务（上海）有限公司签署国际医疗保险合作协议。开展艾滋病日宣传、肝脏搭桥、强直性脊柱炎和类风湿性关节炎专科门诊揭牌仪式。

（王　蕾）

**【医保工作】** 年内，住院收治基本医保患者 5088 人次，居民医保患者 442 人次，生育保险 343 人次，金额 10586.92 万元。基本医保患者人均住院费用 19269 元。

（王　蕾）

**【医疗支援】** 年内，与农村和社区建立对口支援关系，赴密云县石城镇、崔各庄乡等地开展义诊、免费体检及下乡支援活动。与社区卫生服务中心建立支援关系,支援和平社区医院,送技术、送服务、送管理。

(王　蕾)

【护理工作】　年内,实施专职总护士长负责制,实行护理部主任、总护士长、护士长三级管理。改变护理模式,实施责任制整体护理。实行护理岗位分层级使用与管理考核。全部护理单元均开展优质护理服务,获全国卫生系统优质护理先进病房1个,北京市优质护理服务示范病房1个。推广送病人至电梯等温馨服务。为优质病房配备护理员80人。特殊护理岗位实行准入管理、持证上岗。编写完成《传染病护理常规》、《护士应知应会》,更新完善56项护理技术操作考核标准,20余种护理记录表格。成立首都医科大学临床护理学院北京地坛医院护理学系,全年承担护理继续教育项目54项。

(王　蕾)

【科研工作】　年内,获批科研立项29项。医院在研基金项目达141项,科研经费总计7710.487万元。全年发表核心期刊论文152篇,其中SCI论文11篇,论著4本。“甲型H1N1流感的临床和应用基础研究”以第一完成单位获得北京市科技进步一等奖。医院承办的国内第一本感染病学英文电子期刊《Infection International(Electronic Edition)》问世。医院主编杂志增至4本,其中2本为核心期刊。药物临床试验基地获得国家食品药品监督管理局颁发的感染专业资格认定。

(王　蕾)

【医学教育】　年内,经市编办、市卫生局批复,医院成为首都医科大学附属医院和第十二临床医学院。承担首都医科大学、北京大学医学部、北京中医药大学及大连医科大学研究生培养工作,设博士点1个,硕士点3个,博士生导师6人、硕士生导师13人。年内,招收博士研究生4人、硕士研究生11人。完成国家级继续教育认可项目2项,带教实习生280人,接收进修医生36人。2人获得北医优秀教师奖,3人获得北医传染病系“赵树馨奖励基金”。牵头百家传染病医院巡讲暨传染病医院协作网,在全国36个城市开展肝病、感染性疾病规范化诊疗讲座。全年举办各种学术活动68次,对外学术交流17次。

(王　蕾)

【信息化建设】　年内,完成对网站、医院业务系统、办公系统、通讯及音视频系统的进一步集成。完成统方权限管理、抗生素使用管理的信息建设。完成合作医院远程会诊12人次。完成新开科室系统软、硬件准备和人员培训。完成IT运行维护、院内办公平台、办公自动化上线的前期准备。

(王　蕾)

【后勤与基建】　年内,完成院内流程再造施工图。完成门诊楼内二科、病房楼神经内科、病房楼蒸汽管道施工改造,病房楼吊顶、连廊、顶面的质保维修,解决锅炉房工程遗留问题。重新招标物业公司并平稳过渡。实施保洁、物业、勤务组三方联动网格化管理。启动太阳能循环系统,利用太阳能热源加热生活用水,4个月节约燃气费用3万余元。启动无线覆盖工程。完善生产安全应急预案,建立事故报告制度,坚持应急演练,成功应对配电室双路电源网络故障。后勤物资无纸化办公系统运行顺畅。加强防火墙工程、消防能力建设,组织隐患大排查、清剿火患、消防平安1、2号行动,开展全员安全技能培训、消防设施实操培训、自然灾害应急预案演练和消防应急演练。

(王　蕾)

【文化建设】　年内,举办建院65周年庆典。组织“党在我心中”红色主题教育、报告会、看电影、知识竞赛。开展“迎医改、强素质、促发展”主题教育活动。制作《没有共产党就没有新地坛》、《飘动的红丝带》电视片。编印《我们一起走过——医患情》文集。

(王　蕾)

## 望京医院

【概况】　截至年底,中国中医科学院望京医院有职工867人,其中卫生技术人员785人,包括主任医师(含相应职称,下同)54人、副主任医师94人、主治医师210人、医师125人、护士302人;行政人员65人;工勤人员17人。医疗设备总值11389万元,本年度新增医疗设备总值1633万元,其中10万元以上设备21台(含100万以上的),百万元以上设备5台。年内,医院被评为首都文明单位、中央国家机关文明单位、首都公共卫生文明单位、朝阳区社会领域和谐建设先进单位,药剂科门诊中西医成药房获中央国家机关团工委“青年文明号”称号;药剂科团支部获2009—2011年度中央国家机关“五四”红旗团支部;风湿科护理单元获得第二届全国中医特色护理优秀科室称号。朱立国教授荣获“郭春园式的好医生”称号。

地址:花家地街

电话:84739000

邮编:100102

网址:www.wjhospital.com.cn

(姜榀霞)

【机构设置】　2月成立“脾胃病科”,10月开设脾胃科病房。8月成立“治未病科”。9月成立“疾病预防控制科”。

(姜榀霞)

【改革与管理】　年内,调整临时工勤人员工资标准,普通工勤人员由每日55元调至60元,技术工勤人员由每日57元调至62元。将骨伤医疗中心创伤二科、关节四科病区搬到望京医院本部。升级完善物资库,建立供应商和生产商的管理监督系统、院领导查询系统,健全相应管理制度和工作流程。加强对重点部门(设备处、药剂科、物资科、基建办)、重点岗位(物资采购、财务处、物价办、房管科等)、重点环节(工程招标、材料设备供应、项目洽商、工程承包等)的监督管理,检查重点岗位2次。纪检监察部门与科主任、护士长签订廉洁行医承诺书,参加院内各项招标会5次,向院领导、各支部书记及职能部门、重点岗位、重点部门工作人员等58人发放《廉政准则》、党风廉政建设知识答卷等学习资料。

(姜榅霞)

【医疗工作】 年内,门急诊1088278人次,日均门急诊4247人次;急诊抢救1016人次;门诊手术3493例,住院手术5674例。开放床位643张,入院13040人次,出院13049人次,床位周转20.4次,床位使用率91.2%,平均住院日16.4天,治愈好转率95.3%,七日确诊率98.7%,死亡率2.4%,院内感染率0.4%。开展"以病人为中心,以发挥中医药特色优势"为主题的中医医院管理年活动。突出中医药特色,举办望京医院第一届"百草杯"中医基本功知识竞赛,住院医师与主治医师以上职称人员组队参赛,考察方剂、中药掌握应用情况。落实国家中医药管理局关于"治未病"中心要求,制定《望京医院治未病中心建设规划》。每月进行抗菌药物相关指标监测。制定《中国中医科学院望京医院抗菌药物临床应用专项整治活动方案》、《望京医院处方点评制度》、《望京医院抗菌药物分级管理制度》,院长、科主任、临床医师分别签署三级目标责任书。接受中国中医科学院第二批临床优势病种验收;《中药及针灸治疗突发性耳聋诊疗规范的临床研究》、《调理脾胃灸法改善尿毒症血透患者生存质量的临床研究》两项课题通过验收。

(姜榅霞)

【医保工作】 年内,医保出院9173人次,出院医保病人总费用166781060元,出院医保病人次均费用18127元。落实北京市"实名制就医"及"医保患者代开药"相关规定,通过市、区医疗保险10余次明察暗访。利用医院外网宣传医保政策;利用内网按月公布各科室医疗保险拒付明细。

(姜榅霞)

【医疗支援】 年内,落实市中医药管理局《京蒙蒙中医药对口支援2011年行动计划》,与内蒙古自治区通辽市蒙医整骨医院、额济纳旗中蒙医院、鄂尔多斯市中医院、克什克腾旗中蒙医院结成对口帮扶关系。与鄂尔多斯中医院签订《双向转诊协议书》。与新疆生产建设兵团农二师库尔勒医院建立对口支援关系。与宁夏石嘴山中医院初步建立对口支援合作关系。接收西藏自治区免费进修医师5人,内蒙古自治区鄂尔多斯中医院免费进修8人。9月派一名援疆干部赴新疆维吾尔医院任副院长,为期3年。接收21名社区医务人员进行全科医师岗位培训,为期40天,并全部通过考核。完善医院感染管理规章制度,制定医院感染防控标准的各类操作规程及围术期预防性使用抗菌药物指导原则;组织16次院感知识培训。全年未发生耐药菌感染聚集性事件及医院感染爆发流行事件。重新编写《药品目录》和《中成药处方集》。开展药物咨询工作,设专职药师全天为医患人员进行药物咨询。筹建自动化中药配方颗粒药房和中药小包装饮片药房。对新成立科室进行医疗质量与病历书写培训,开展优秀病历书写评比活动。邀请法律专家为医务人员讲授《侵权责任法》。

(姜榅霞)

【医学教育】 年内,招收硕士研究生14人、博士研究生5人。在院研究生87人,其中硕士生65人、博士生22人;在站博士后11人。医院有科学学位博士生导师9人、硕士生导师10人,临床学位博士生导师3人、硕士生导师12人。承担中医药大学七年制学生226人的教学及实习任务。完成"尚天裕学术思想研究室"项目建设工作,通过北京中医药薪火传承"3+3"工程项目验收;申报孙树椿名医传承工作站并获批准;根据《望京医院临床中青年骨干培养办法》,对15名骨干进行第二年度考核;对第四批老中医药专家学术继承人进行出师考核;组织专家讲座30次,派15人进修学习,26人参加培训班。接收63名进修生,其中免费13名。

(姜榅霞)

【护理工作】 年内,制定完善《患者腕带标识管理制度》、《管路管理制度》及《手术患者交接制度》等。简化护理文件书写,统一取消一般护理记录,修订《护理文件管理制度》、《护理文件书写规范》等护理文件。规范中医护理查房流程,开展中医特色护理操作。为卧床患者统一制作特殊病号服。各临床护理单元启动"以患者为中心,提高护理服务质量"评选活动。"5·12"护士节期间,评选10名"患者心中最美的护士"并给予表彰。探索改革护生岗前培训工作。年内接待外省8名护理骨干来院进修学习。招聘护士18人。

(姜榅霞)

【科研工作】 年内,申报国家科技部、国家自然科学基金、北京市自然科学基金、北京市科委首都特色临床医学应用发展基金、北京市中医药科技发展资金项目、望京医院课题共134项。部局级以上课题获科研资助8项,经费756.5万元;院级课题立项43项,经费资助46.6万元。结题验收11项。申报各级成果3项。结题验收4项国家自然科学基金课题——"三七凝胶预防硬膜外瘢痕粘连的机理研究"、"中西医结合治疗拇趾外翻生物力学机制的有限元分析"、"动态现实虚拟互动技术对旋提手法作用机理的生物力学研究”、“中药髓复康促进脑缺血损伤轴突再生的机理研究”，完成10项在研国家自然科学基金课题的年度进展和管理报告。结题验收“十一五”国家科技支撑计划课题——“中医综合疗法治疗神经根型颈椎病及氟骨症的疗效和安全性研究”及“中医正骨推拿基本手法技术标准的研究”。开展2004—2007年度国家中医药管理局中医药科学技术研究5个专项结题验收工作。申报1项北京市科学技术奖、1项2010年度中国中医科学院科技进步奖、1项中国药学发展奖。全年在各类学术期刊发表132篇论文，出版5部学术专著。孙树椿教授主编的《临床骨伤科学》、冯利教授主编的《简明中西医结合肿瘤病学》荣获2011年中华中医药学会学术著作奖一等奖。朱立国教授荣获“全国优秀科技工作者”、“中华中医药学会科技之星”，并当选为中国科协第八次全国代表大会委员。专科专病建设。骨伤科重点专科、肾病重点专科、风湿重点专病、颈椎病重点专病、急诊临床基地专科(专病)均通过国家中医药管理局组织的检查验收，其中骨伤科和肾病科被评为国家临床重点专科。10月，组织骨关节病、脊柱病、骨坏死病、妇科、针灸科、风湿病科、药剂科、脾胃科、心血管科、呼吸科、肿瘤科、重症医学科12个科室申报国家中医药管理局“十二五重点专科”，其中10个科室通过中国中医科学院评审上报国家中医药管理局。完成药物临床试验机构申报工作。筹备2012年药物临床试验机构认证工作。组织全院9个专业100余人参加国家食品药品监督管理局培训，取得GCP培训合格证书；组织院内GCP培训4次；抽调专业人员、质控人员、伦理人员、数据管理人员及档案管理人员，开展各类SOP制定、修订工作。启动院内制剂研发工作，完成院内制剂“骨伤胶囊”再注册工作，在全院征集医院制剂处方。分别在北京、福建、大连、南京举办北京中医药学会骨伤专业委员会、中华中医药学会骨伤专业委员会、世界中医药联合会骨伤专业委员会、中西医结合骨科微创专业委员会学术交流大会。

(姜福霞)

**【国际交流与合作】** 年内，接收中国中医科学院培训中心、北京中医药大学、北京脉搏科技公司国外学员来院临床实习、见习114名，合计1564人次。学员分别来自法国、丹麦、美国等21个国家。与香港医院管理局中医部就港方提出的“北上奖学金培训及南下访问学者计划”初步达成一致。

(姜福霞)

**【信息化建设】** 年内，根据市医保中心要求，4月份实施门诊医生工作站；启动114预约挂号平台；提高LIS系统运行速度，实现LIS与HIS系统互联互通。

(姜福霞)

**【后勤与基建】** 年内，为门诊楼6、7、9层病区配置家具及呼叫系统；完成门诊放射科、肿瘤科射频治疗和超声聚集治疗室、消化科内窥镜室的装修、水电、空调改造工程，完成小包装饮片室装修改造和病理科扩建装修。改革停车管理，公开招标，引进专业停车管理公司对院内停车场进行社会化管理。

(姜福霞)

## 北京中医药大学第三附属医院

**【概况】** 北京中医药大学第三附属医院是三级中西医结合医院。年内，职工579人(含合同制136人)，其中卫生技术人员525人，包括正高级职称24人、副高级职称58人、中级职称191人、初级师106人、初级士146人；其他人员54人。医疗设备总价值6855.32万元。本年度购置医疗设备总值1407.75万元，其中10万元以上设备19台、100万元以上设备1台。年内，医院获北京地区中医、中西医结合、民族医疗机构医疗服务信息工作二等奖及北京地区中医医院医疗质量监测二等奖。骨伤科护理单元被中华中医药学会评为第二届全国中医特色护理优秀科室，手足外科病区被市卫生局和区卫生局评为优质护理服务示范病区，西医内科教研室当选北京中医药大学教育先锋先进集体。医院合唱队在市中医药管理局首届“同仁堂杯”北京中医药文化歌咏比赛中荣获3等奖。唐启盛院长获中华中医药学会“郭春园式的好医生”称号，获教育部新世纪优秀人才1人，中华中医药学会科技之星1人，朝阳区优质护理服务示范标兵1人，北京教育工会教育先锋管理育人先进个人1人，北京中医药大学教书育人先进个人1人、服务育人先进个人1人、十佳辅导员1人、优秀研究生干部1人、张仲景奖学金1人。

地址：安外小关51号
电话：52075369
邮编：100029
网址：www.zydsy.com

(张进宏)

**【医学教育】** 7月15日，组织“西学中”人员参加中药、方剂理论考试，26名医师考试合格，被授予中药饮片处方权。12月7日，全体住院医师、主治医师参加中药方剂知识考核。完成18次区级继续教育，3413人次听课。传染病培训12次36学时，完成9次答卷。开展41次院内自管项目。举办5期学习沙龙，128人次听课，23人讲课。继续教育达标率100%。4人参加短期进修和学习班，7人到外院进修半年以上，接收2人进修。派出2人参加在顺义区CERT国际紧急救援训练中心举办的北京市突发公共事件中医药应急预案培训演练。组建医疗保障队并进行系统培训。派出医生、护士、司机共50人次，参与1次北京联合大学运动会医疗保障、5次国家奥林匹克体育中心赛事医疗保障、10次北京中医药大学及教育部会议医疗保障。完成北京中医药大学中医、针推、骨伤专业本科、七年制学生16门临床课程共2272学时理论课教学任务，完成北京中医药大学2006级中西医结合五年制本科生临床实习和毕业考核，完成北京中医药大学国际学院、人文学院、针灸推拿学院291名学生临床实习和见习带教。招收博士研究生5人、硕士研究生30人。有博士研究生13人、硕士研究生73人，共计86人。

（张进宏）

**【机构设置】** 年内，心血管科变更为心内科，药剂科变更为药学部。成立预算科、审计科、学生管理办公室。

（张进宏）

**【护理工作】** 年内，开展中医特色护理示范岗活动，制订并规范外周静脉置入中心静脉导管(PICC)维护流程。增加中医护理管理内容，包括中医护理操作、中医辨证施护及技术操作、中医护理查房等。开展中医特色健康教育，印制中医饮食宣传册，带领慢性病人做八段锦，指导病人中医穴位按摩。建立健康宣教记录本、输液巡视卡、卧床病人翻身卡。完善并实施护理文件书写标准，心内科2份危重护理记录参加朝阳区优秀护理病历展。修改《护理人员紧急替代预案》，重新规范急诊病人入院交接记录制度。护理文件书写合格率98.84%，基础护理合格率98.51%，特级护理合格率100%，一级护理合格率98.69%，护理技术操作合格率96.18%，急救物品完好率100%，责任制护理合格率98.92%，消毒隔离合格率99.83%。中标北京中医药大学护理科研课题1项。接收北京中医药大学护理专业研究生、本科生、专科生实习、见习92人次。70人通过带教老师资格考试。召开护理论文交流会，交流论文8篇。组织6场管理经验、专科护理等护士长经验交流会。9篇论文在国内核心或统计源期刊上发表。4名护士被评为优秀带教老师。选派2名护士长参加实用型高级护理管理培训班。2名护士参加北京市ICU专科护士认证培训及考核，4名护士进修学习连续肾脏替代疗法(CRRT)技术。全年组织护士长、护士考试17次458人次。参加中西医理论、基本技能和急救技能操作考试，组织中医基础知识竞赛。护理人员Ⅰ类继续教育学分达标率100%。

（张进宏）

**【医疗工作】** 年内，门诊335703人次，急诊18531人次，急诊危重症抢救172人次，抢救成功率99.33%。开放床位315张。住院4567人次，出院4566人次，床位周转14.61次，床位使用率86.93%，平均住院日21.83天，七日确诊率98.21%，出入院诊断符合率99.9%，治愈好转率90.01%，死亡率8.15%。住院手术1169例。首次以三级中西医结合医院身份接受市中医局中医医院管理年检查。5月31日，通过市中医局专家组检查，获973分；在同时检查的“三好一满意”活动中，获91分；在特色回归年检查中，获95分。8月26日，获市中医局“北京地区中医医院管理年活动优秀奖”。被国家中医药管理局确定为第三批重点中西医结合医院建设单位，骨伤科获批成为国家级临床重点专科，唐启盛院长为第四批北京市级名老中医药专家学术经验继承指导老师。成立抗菌药物临床应用专项整治活动领导小组，制订《抗菌药物临床应用专项整治活动方案》，对抗菌药物使用进行分级管理。对全院医师进行5批次抗菌药物使用知识和规范化管理培训、考核，与临床科室签订抗菌药物使用责任书。新技术、新项目：肾病科开展床旁连续血液净化，眼科新进超声诊断仪、离子导入治疗仪、视野分析仪，儿科新添儿童健康测评系统、经皮黄疸仪，妇科引进宫腔手术数字化B超仪。脊柱关节科开展经皮椎体成形术(PVP)，经皮椎体后凸成形术(PKP)，普外科开展经皮胆道镜保胆取石术。全年举办35场健康讲座，听课4160人次。举办11场卫生宣传日活动，义诊咨询2776人次，测血压1202人次，测血糖674人次，红外线乳透60人次，骨密度检测290人，按摩165人次，耳穴埋豆559人次，宣传展板93块，发放宣传资料6240份。召开医疗质量管理委员会4次，组织临床医师参观协和医院病历展览。以病历书写及医师签字及时性为重点，各科病案质控员对科室病历进行环节质控。终末病案质控重点放在病历内涵建设上，主要抓上级医师查房内容、中医诊疗方案在病历中落实情况、中医理法方药的一致性等。回收、整理、登记、装订、上架近4800份病历，整理200份北京市肿瘤防治研究工作病案。甲级病历率99.93%。

（张进宏）

**【改革与管理】** 年内，制订医院“十二五”规划，开展中医医院管理年、特色回归年和“三好一满意”等活动。举办医院服务专题系列讲座，开展中层干部培训和年度考核。全年收到病人表扬信51封、锦旗31面。反商业贿赂。建立和完善检查、考核、评价指标体系。监督检查新门诊楼、基本建设、药品、卫材、办公用品采购等经济活动，监督管理对外经济活动，规范经济合同签订程序。规范招投标工作程序，纪检监察、审计等职能部门全程参与并监督基本建设、医疗设备、药品、卫材采购招投标程序，并事后审计。

（张进宏）

**【感染管理】** 年内，院内感染率2.65%。进一步完善医院感染管理的各项制度。手术切口目标性监测

32例。抗生素合理使用调查4150例,抗生素使用2588人,抗生素使用率62.36%。医院感染培训4次349人次,出简报4次。

(张进宏)

【医保工作】 年内,医保出院2800人次,总费用4200万元,次均费用1.5万元。加强环节管理,重点审核非适应证用药、超医保报销范围用药、临床常见改变用法药品,网络审核医保运行病历,全年网络审核在院医保病历2600余份。获准成为朝阳区、怀柔区新农合定点医疗单位。

(张进宏)

【医疗支援】 年内,支援渤海镇卫生院和怀柔区雁栖医院,派出376人次,涉及9个专业,进行医学专题讲座15次,手术示教15次,业务培训500人次,诊治、查体3300人次。3月,在雁栖医院举办义诊,派出专家14人,义诊咨询400余人次。对口支援内蒙古自治区3家医院,接收内蒙古自治区对口支援单位人员到医院学习13人、西藏藏医医院1人,呼伦贝尔市蒙医医院进修护士5人。与大庆中医院结为共建单位。接管教育部医务室。

(张进宏)

【科研工作】 年内,获批国家中医药管理局"十二五"重点专科4个。中标2项国家自然科学基金,1项博士点基金,1项新世纪优秀人才支撑计划;北京市中医药管理局提升科研能力中标1项;北京市传统外用医疗机构制剂研发与重现研究中标1项;北京中医药大学教育教学课题中标1项;北京中医药大学精品课程中标1项;北京中医药大学第三批教学质量工程中标2项;高等中医药教育临床教育教学研究课题中标1项;北京中医药大学自主选题(中青年教师资助项目)中标11项;北京中医药大学自主选题(在读研究生项目)中标14项;北京中医药大学民族医药研究专项课题中标2项;北京中医药大学科研创新团队项目中标1项;北京中医药大学研究生综合素质拓展项目中标3项;"我和我的导师"系列活动中标2项;北京中医药大学党建课题中标一级项目1项、二级项目5项、三级项目17项;本年度获北京市科学技术奖一等奖1项、三等奖1项,中华中医药学会科学技术奖三等奖1项。北京中医药大学科技进步奖一等奖2项;三等奖2项。全年发表学术论文51篇,其中核心刊物34篇。5人参编著作8本。担任国家中医药高等教育"十二五"卫生部规划教材主编1本,副主编4本,编委2本,参加编写人民卫生出版社教育部"创新教材"1本。

(张进宏)

【信息化建设】 年内,定期升级医保服务器和客户端程序。实施建设门诊医生工作站项目,建设健康体检项目,对门诊、诊室、体检中心进行网络培训布线,通过门诊医生站(北京医保中心和朝阳医保中心)联合验收。调试安装合理用药服务器及70余台门诊诊室终端电脑及打印机。培训260余人次。医院网站发表医院新闻动态78篇。上传信息131条,更新信息163条,在线答复患者提问231人次,定期上传保健常识15条。

(张进宏)

【后勤与基建】 年内,完成住宅楼防水、粉刷、应急加固和电路改造。

(张进宏)

【消防培训】 年内,增配36具干粉灭火器、40具二氧化碳灭火器。举行消防灭火演练,约60余名医护人员参加。组织2次防火讲座,全院中层领导、义务消防员和医护人员等200人次参加培训。对新分配人员、合同护士和实习学生集中培训5次。

(张进宏)

【其他工作】 年内,出版院刊6期。5月13日至15日,参与市中医药管理局在地坛公园举办的第四届北京中医药文化宣传周暨第三届地坛中医药健康文化节活动。8月,组织第二届首都群众喜爱的中青年名中医评选,上报市中医局3人。李仝主任医师被评为第二届首都群众喜爱的中青年名中医。10月,报送中医药优秀传统技法百人百项工程,医院上报骨伤科1项。确定医院院歌—我们的家园,院训—中西汇通、德厚技精。医院第五次作为学术节分会场,开展中西医结合专题讲座,分别是:中医药科研"十一五"总结及"十二五"规划建设、澳大利亚国民保健体系、科研课题申报存在的问题和申报技巧、抑郁症中医证候学规律研究、医院科研现状与存在的不足、中医临床科研方法与实践、第十二次全国中医、中西医结合乳房病学术会议。

(张进宏)

## 北京妇产医院
## 北京妇幼保健院

【概况】 北京妇产医院、北京妇幼保健院年内有职工1341人(正式职工1169人、派遣172人),其中卫生技术人员1231人,包括正高级职称52人、副高级职称99人、中级职称271人、初级师514人、初级士295人。经国家临床重点专科建设项目管理委员会审定,医院妇科、产科被确定为国家临床重点专科。医院医疗设备总价值28433.74万元。本年度购置医疗设备总值3011.70万元,其中10万元以上设备40台、100万元以上设备7台。年内,医院被中国药学会评为药学信息工作先进单位。医院志愿者协会(团委)被评为北京青年健康使者火炬行动优秀志愿服务集体、北京青年健康使者火炬行动组织贡献奖,姚文洁被评为北京青年健康使者火炬行动优秀志愿者。"一助一"进延庆项目为优秀志愿服务项目。黄醒华获首都精神文明建设奖，并被评为北京市优秀共产党员。

地址：东院区：朝阳区姚家园路251号

电话：85976699

邮编：100026

西院区：东城区骑河楼街17号

电话：65250731

邮编：100006

网址：www.bjogh.com.cn

（于延 潘迎）

【改革与管理】 年内，落实公立医院改革任务，开展“三好一满意”活动和“医疗质量万里行”暨抗菌药物专项整治活动。整理、完善规章制度，新制定41项；修订163项；修订各类委员会章程6项。全年办理《母婴保健服务考核合格证（助产）》、《母婴保健服务考核合格证（计划生育）》新领、到期换证270人次，办理执业医师注册、变更40余人次。成立抗菌药物临床专项整治活动领导小组，在全市抗菌药物临床应用专项整治活动总结大会上受到市卫生局表扬。全面实施临床路径管理，修改《妇产科5种疾病临床路径流程及表单（初稿）》，对住院医师进行临床路径电脑操作培训，成立以科为单位的临床路径管理小组并制订实施方案，完成临床路径病例168例。加强门急诊质量管理，修订《医师出诊管理条例》、《专家门诊管理委员会工作制度》，举办预约挂号、《处方管理办法》、《处方点评规范》培训，抽查门诊处方2500余份、门诊病历900份。7月12日，完成12580预约挂号平台与北京联通114预约挂号平台切换、对接，实现114统一平台电话预约、网络预约、医生站现场复诊预约与护士站集中预约等预约挂号，配合实施分时段预约取号、产科取消取号环节、自费患者自助取号、层级预约、非实名挂号等一系列子系统，产科复诊预约率在90%以上。开展“三基”训练与专业培训，基本技能训练重点放在心肺复苏及伤口换药，培训医技人员输血技能，对住院总医师进行上岗前培训并考核心肺复苏操作技能，增加住院医师临床基础知识专项培训。定期进行门诊患者满意度问卷调查，共发放调查表2400份，满意度99.52%。“院长接待日”处理群众反映的问题，基本消灭重信重访。

（于延 潘迎）

【医疗工作】 年内，门诊997311人次，急诊23714人次，急诊危重症抢救6例，抢救成功率100%。床位512张。入院29412人次，出院29432人次（其中成人28200人次、新生儿1232人次）。分娩12776人次，分娩新生儿13064人。床位周转57.46次，床位使用率93.05%，平均住院日5.89天，七日确诊率99.95%，出入院诊断符合率99.90%，治愈率78.31%，好转率21.58%，死亡率0.07%。住院抢救544人次，抢救成功率98.35%。手术76054例，其中住院手术24023例。无孕产妇死亡；新生儿死亡率0.84‰，纠正后0.38‰；围产儿死亡率6.20‰，纠正后1.15‰。加强病历质量管理，各科住院总医师以上人员每月自查出院病历500份，医务科每月抽查20份运行病历及终末病历。聘请专家开展病案终末质量控制检查。全年甲级病历率100%。感染管理。全年接受传染病检查5次，结果优秀。东城区疾控中心微生物监测4次，结果合格。临床科室空气培养、物表培养等生物抽测合格率75%～86%。感染43例，感染率0.16%；无漏报；病原学送检39例，送检率90.70%。医疗器械消毒灭菌合格率100%。无Ⅰ类手术切口感染。开展手卫生宣传月活动，全院手卫生培养抽测微生物与检测合格率75%，手卫生依从性74.3%。

（于延 潘迎）

【医保工作】 年内，医保出院7686人次，其中生育险3112人次、基本医疗4452人次、城镇居民122人次。出院医保总费用4159.25万元，人均费用5411.46元。审核医保病历1538份。

（于延 潘迎）

【护理工作】 年内，护理文件书写合格率97.5%，护理病历书写合格率96.8%，基础护理合格率95.5%，特级、一级护理合格率97.3%，技术操作合格率98%，安全护理合格率99%，急救物品完好率100%。护理质控小组每月检查1次；护理部不定期检查各护理单元，全年共查150次。修订夜间检查记录要求，制订值班手册，规范护士长节假日和夜间检查工作。组织母乳喂养、产后大出血、抑郁症病人妇科手术后护理等护理查房6次。加强护理“三基”培训，每季度组织全院500名护士进行10次“三基”培训和考核。对全院护士进行成人心肺复苏理论和技能培训；对急诊室护士、重点科室和重点人员进行新生儿复苏理论和技能培训，全年共500人次；组织NICU医务人员进行火灾情景下新生儿疏散演练。举办北京市母乳喂养培训班，249名护士参加；举办全国母婴床旁护理学习班，96名护理骨干参加。组织编写母乳喂养知识口袋书，对产科护士长及责任护士30人进行4次母乳喂养技能培训。国际母乳喂养周期间，15名护士长为孕妇和家属提供母乳喂养问题咨询服务。开展优质护理服务示范病房达53%，妇科三病房被评为北京市优质护理服务示范病区。年内，首都医学发展科研基金结题1项。在统计源期刊发表护理论文31篇，最高影响因子1.517，平均影响因子0.329。

（于延 潘迎）

【科研工作】 年内，申报各类基金107项，其中国家级18项、部委级3项、市级23项、局级63项。局级以上课题立项34项，获资助446.471万元，其中国际3项、国家级5项、部委级2项、市级7项、局级17项。多渠道纵向合作项目9项,获资助330.3101万元,其中部委级6项、市级1项、局级2项。横向合作项目8项,获资助54.6975万元。申报院级课题36项,立项19项,资助18.3万元。在研课题188项,结题审核16项课题。作为课题第一完成单位获北京市科学技术三等奖,作为第二完成单位获北京市科学技术三等奖,此外获社会奖2项。获发明专利1项。发表论文244篇,其中国内统计源期刊203篇、SCI论文10篇、非统计源期刊31篇。国内统计源期刊最高影响因子1.324,平均影响因子0.424。出版专著7部。召开学术年会,首都医科大学妇产科学系各单位和16个区县妇幼保健院代表、医院职工330人参加,征集170篇稿件,会议交流优秀论文25篇,13名院内外专家作专题讲座。利用引智项目召开第三届更年期及妇科内分泌相关问题国际研讨会、第五届全国中美高危产科麻醉与分娩镇痛学习班、第六届全国妇科微创诊疗理论与实践论坛。作为牵头单位,举办市科委重大项目“妇女常见肿瘤——乳腺癌和宫颈癌预防控制和规范性诊疗研究”年度进展汇报会。全年接受药物临床试验7项,完成3项。12月,国家食品药品监督管理局授予医院药物临床试验机构资格证书,产科、妇科、计划生育、麻醉等4个专业具有承担药物临床试验资格。7月25日,“北京宫颈癌临床数据和样本资源库建设”项目在西院区正式挂牌启动。

(于　延　潘　迎)

**【医学教育】** 年内,培训妇产科住院医师82人。完成第一阶段临床技能考核住院医师101人、第二阶段临床技能考核住院医师59人。申报国家级继续教育项目7项、市级3项、区级17项。举办第六期妇产科临床带教师资培训班,首都医科大学及北京大学医学部系统和区县医院妇产科医师28人参加。完成医技人员继续教育学分审验300人次,达标率98.6%。招收博士研究生5人、硕士研究生14人、推荐免试生3人、七年制8人。管理统招生77人,其中七年制18人、硕士研究生48人、博士研究生11人。管理在职研究生62人。组织开题考核58人次,论文课题中期汇报17人次。硕士研究生、七年制学生临床能力考核自考3次,博士研究生临床能力考核2次。学位论文答辩10场28人,其中21人获硕士学位、4人获博士学位、1名博士生参加秋季论文答辩。39名2007级护校学生毕业。

(于　延　潘　迎)

**【国际交流与合作】** 年内,派出20批27名专家赴美、英、意、韩、日、德等国参加国际学术会议、学习培训及合作项目交流、考察;接待来访10批38人。

(于　延　潘　迎)

**【信息化建设】** 年内,以HIS系统为依托,推出产科胎心监护与B超自助短信预约排队、门诊化验单自助打印、门诊自费患者自助取号、门诊化验报告短信自助提醒等便民服务系统。实现过往病历电子化存储。更新东院外网交换机,搭建西院外网。东院2个病区进行患者条码腕带身份识别、PDA患者生命体征采集系统与IPAD无线查房系统小范围试用。实施产科临床路径——剖宫产电子路径系统。取消妇科系统手写医嘱单,完成电子医嘱单取代手写医嘱单切换;自主设计、开发门诊化验单、申请单等单据“一键打印”系统。

(于　延　潘　迎)

**【医疗支援】** 年内,与13家具有产前筛查资格的医疗机构续签产前诊断转会诊协议。选派医师12人次赴内蒙古自治区宁城,50人次到本市延庆、房山、顺义、平谷、大兴等区县开展卫生扶贫及支援社区工作。继续与东城、西城、朝阳、丰台等城区签订对口支援社区协议,负责培训社区医生和健康教育。产科副主任医师丁新赴新疆维吾尔自治区和田地区洛浦县人民医院工作,肿瘤科主治医师王鹏、赵辉援藏。全年接收进修医生202人,免费带教对口支援医院医生26人。医务人员参加医疗责任保险811人。全年处理医疗纠纷35例,其中本年度8例、往年遗留27例;解决17例,其中诉讼13例、调解4例,完成率48.6%。

(于　延　潘　迎)

**【其他工作】** 年内,各科专家50余人次到中央电视台等媒体和各大网站参与健康科普节目直播、录播。《急诊室的故事》一书中《援疆医生冒险抢救子宫破裂维族妇女》获一等奖,《6分46秒重新开启大出血孕妇生命通道》获三等奖;主治医师申南获北京卫生系统“党在我心中”职工演讲比赛二等奖;产科党支部副书记王小榕获北京卫生系统“践行北京精神、援爱无疆”主题宣讲活动二等奖;《为了母亲的微笑》专题片获市卫生局第二十届“杏林杯”三等奖。

(于　延　潘　迎)

**【妇幼保健】** 年内,全市孕产妇死亡21例,常住人口孕产妇死亡率控制在10.97/10万,其中本市户籍10例,较上年减少1例,死亡率9.09/10万;非本市户籍常住人口死亡11例,较上年减少2例,死亡率13.51/10万。起草并落实《北京市2011年控制孕产妇死亡干预措施方案》。召开孕产妇死亡市级评审会,共评审23例死亡病例。制订《2011年加强北京市孕产妇系统保健管理要求》。组织市级产科抢救中心对口区县助产机构进行督导、检查。帮助通州、顺义等区制订危重孕产妇转会诊方案和孕产妇分流方案,协调全市危重孕产妇转会诊50余例。全年举办各类培训班127期,培训

11591人次，考核6414人次。在区县举办小儿髋脱位筛查技能培训、乳腺手诊筛查技能培训等。完善产前诊断考核题库，对产前诊断超声人员增加案例分析考核，对遗传咨询人员增加遗传学基本理论及案例分析考核，对儿科医师增加宫内转诊及出生缺陷诊治等考核。督导检查爱婴医院，抽查产科质量，检查产前筛查服务质量及信息质量、出生缺陷监测质量及两癌筛查质量控制；检查评估计划生育技术服务；督导检查社区儿保医师培训效果，现场检查、督导、交流新生儿筛相工作及国家级三网监测区县三网监测质控等。协助市卫生局完成对16个区县妇幼卫生绩效考核暨重大公共卫生项目督导。修订《北京市新生儿疾病筛查工作规范》，制订《北京市产前超声筛查转会诊制度》，完成《北京市预防艾滋病、梅毒和乙肝母婴传播工作实施方案》，编写《北京市妇幼保健信息管理指南——统计报表分册》，印刷5200册。完成妇幼二期信息化项目招标、评标、需求调研、试点地区现场调研和征求区县意见工作；完成妇幼二期系统总体架构搭建及出生医学证明管理子系统建设，在大兴区、海淀区的8家试点机构试运行出生医学证明子系统；完善新生儿疾病筛查信息系统，开发应用筛查结果短信平台，截至12月底，应用短消息平台发送5万余份检测结果。全年接收新生儿疾病筛查标本195166人。电话通知可疑病人2066人(CH 1805人、PKU 261人)，可疑先天性甲状腺功能减低症(CH)复诊1682人、可疑苯丙酮尿症(PKU)复诊238人。共确诊119人，其中CH 82人、PKU 37人，116人在本院门诊治疗，近期疗效良好。年内，完成宫颈癌筛查160731人，检出宫颈癌前病变118例、宫颈浸润癌5例；完成乳腺手诊157216人、乳腺超声检查161407人、乳腺X线摄影检查5093人，检出乳腺导管原位癌9例、乳腺微小浸润癌3例、乳腺浸润癌36例。增补叶酸预防神经管缺陷项目扩大到本市所有区县，全年为44840名待孕妇女发放叶酸。

(于 延 潘 迎)

## 垂杨柳医院

**【概况】** 垂杨柳医院(又名北京微创医院)为朝阳区卫生局直属二级甲等综合医院。占地面积32.16亩，总建筑面积2.46万平方米。医院有心血管疾病中心、神经疾病中心、消化疾病中心等13个临床医学中心及实验医学中心等4个医学技术中心；全院有职工1102人，其中硕士以上学历人员214名；是北京东南部区域性医疗中心。年内，医院通过“医疗质量万里行”、“三好一满意”、“文明城区创建”等活动检查和验收，荣获朝阳区临床用血先进单位、2010年年报先进单位、朝阳区卫生局先进基层党组织及优秀共产党员、北京青年健康使者火炬行动优秀志愿服务集体等荣誉称号。被评为“朝阳区医疗救助工作先进单位”。王永光荣获“全国五一劳动奖章”荣誉称号并享受国务院政府津贴；任龙喜荣获“朝阳区优秀基层党代表”和“朝阳区海外高层次人才”荣誉称号；苗杰荣获“2010—2011年度优秀援藏干部”称号。

地址：垂杨柳南街2号
电话：67718822(总机)
邮编：100022
网址：www.cylh.com
E－mail：cylhospital@163.com

(王海燕)

**【医保工作】** 年内，接诊持卡就医患者344964人次，持卡结算上传788813笔，医保手册上传数据37989笔，全年门诊医保患者约占总门诊量的52.3%。医保住院出院人次3806人次，总费用60677668.94元，次均费用15942.64元。接受大额病历检查98例，审核日常终末病历394例，加强单病种管理，审核单病种病历234例。依照区卫生局2011年医疗价格管理工作要求，检查临床科室收费情况。按照市发改委药品价格管理要求，进行2次药品调价，涉及药品127种。建立特困人员《医疗救助管理制度》及就诊流程。2010年12月至2011年11月减免、垫付751人次，垫付金额186218.96元。

(王海燕)

**【医疗工作】** 年内，门急诊患者80.7万人次，较上年增长4.26%；出院11539人次，较上年负增长1.55%。病房手术5656台次，较上年增长4.26%，床位使用率79.64%，平均住院日10.44天，较上年减少0.18天。开展“门诊优质服务”活动，引入窗口叫号系统，增加预约诊疗服务方式。修订《临床路径实施指导原则》，37个病种451例进入临床路径管理，病种入组率80%以上。技术准入22项新技术、新项目，推进手术分级管理，规范岗位操作行为。开展“重质量 强沟通 保安全”医师大会、“我要安全、我会安全”、“护理安全文化”专题活动及岗位技术练兵等专项活动。全年开展6801例微创技术检查及手术治疗，同比增长6.67%。完善急性消化道出血微创技术救治绿色通道，救治患者62例。

(王海燕)

**【护理工作】** 年内，护理队伍445人。组织“三基”理论考试，798人次参加，参考率98.99%，合格率87.15%，较上年提高2.97%。2010年11月至2011年10月，护理部外请专家授课6人次、本院专业主任及专科医生讲座3人次、本院主管护师讲座20人次，本院副主任护师讲座3人次，其中区级继续教育项目27项，院级项目3项，听课人员累计4962人次。护理部制定、修订及完善跌倒、坠床、管路安全、压疮、手术安全核查等各项护理工作制度、预案及流程共计305项，通过每月随机抽查、季度抽查、夜查房、自查等形式督导各科室查找并排除安全隐患。年内优质护理服务活动扩展到全院，成立护理工作支持小组，提高临床护理工作效率；各病区合理调配护士、修订工作流程、弹性排班、细化护理内容，降低医院陪住率。完善护理绩效考核与激励措施，脑一病房、普外科、骨科3个试点病房被评为2011年“朝阳区优质护理服务示范病区”，3名责任护士被评为2011年“朝阳区优质护理服务示范标兵”。

（王海燕）

**【信息化建设】** 年内，完成病理系统建设，应用体检系统，升级电子病历系统，优化改造门诊、医保留观患者管理、医生用药权限系统流程。完成管庄院区及东院区中心机房建设及光纤网络连接调研、考察、招标等工作，并按照医院整体进度安排施工，按期完成院间系统接入工作。

（王海燕）

**【科研教学工作】** 年内，继续承担北京市全科医师培训任务，接受3名全科医师对口支援培训任务。SCI收入专业文章4篇，核心期刊文章68篇。首次评审医院硕博基金科研项目，决定资助8个项目科研经费40万元。组织申报13项朝阳区科技计划项目，5个项目获资助资金21万元；获得2项中华医学会欧莱雅皮肤专项科研项目，资助金额12万元；获得1项北京市中医药管理局科研项目，资助金额3万元。申报3项国家自然科学基金项目；2项北京市自然科学基金项目；3项北京首都特色项目。举办2项国家级、7项市级、41项区级医学继续教育项目，继教项目学科覆盖率100%。外单位1754人次参加本院举办的各级各类继续教育项目学习；毕业统招4名研究生，接收对口支援单位进修人员25人，接收二、三级医院进修人员10人。年内，分别举办“全国微创硬化技术推广会”和“新加坡国际微创论坛”。

（王海燕）

## 朝阳区第二医院

**【概况】** 朝阳区第二医院为区卫生局所属综合性二级甲等医院。医院占地面积8039.7平方米，总建筑面积16392平方米，其中病房楼面积6820平方米。截至年底，在岗职工595人，其中：在编408人，外聘187人。高级职称64人（其中在编41人，外聘23人）；中级职称144人（其中在编126人，外聘18人）；研究生及以上学历共68人。退休职工265人。定编床位200张。医院固定资产总值9231万元。目前拥有16排螺旋CT，可视化乳腺检查系统，数字化X线摄影系统，数字化X线透视摄影系统，移动式数字化X线摄影系统。多功能心血管超声系统，便携式彩色多普勒。全自动生化分析仪，化学发光仪。血透机，内窥镜系统，重症监护系统，眼底照相机，眼底激光治疗仪等设备。年内，新增疼痛门诊，开展腹腔镜手术、血液滤过技术、糖痔上黏膜环切钉合术、化血红蛋白测定、过敏原检测等16项新技术新项目。

地址：金台路13号内2号

电话：85993431(总机)

邮编：100026

E－mail：erybangongshi@126.com

（刘　巍）

**【护理工作】** 5月12日，举办“5.12”第三届护士节大会。四病区、二病区作为优质护理服务示范病区，邀请外院专家培训医护人员。按照“二甲”、“优质护理服务”标准，护理部补充制定10个制度及流程；统一规范16种安全标志及护理操作标志；组织护士进行4次“三基三严”理论考核，12次操作考核，4次护理业务查房，全年未发生重大护理差错。年内，发放患者满意度调查问卷840份，全部收回，平均分98.23分，比上年提高0.21%。每季度出版一期护理季刊，发布护理部工作内容，反馈患者意见，表扬优秀护士。接受并通过护理质量万里行检查。结合75周年院庆，组织心肺复苏技能操作竞赛，56名护理人员参与竞赛和服务。

（李晓东）

**【院庆】** 12月26日，举行建院75周年庆典。卫生部、市卫生局、国家和市学术团体(学会)相关领导和专家出席庆典仪式，区委、区政府有关领导、区卫生局领导班子成员、区卫生系统及医院部分在职和离退休职工参加活动。国家一级演员王霙、演员曹颖应邀参加。

（武明楠）

**【医保工作】** 年内，制定临床科室门诊费用控制指标和住院费用控制指标；根据市、区两级医保中心要求，分析费用控制难点和热点；完善医生工作站提示功能；在OA网上悬挂《医保审核和拒付原则》培训课件；对区医保中心通报的违规开药行为予以处罚。全年审核医保出院2274人；同比增长36.7%。审核医疗救助人员128人次，减免70人次。完成本院职工增、减员；开展医疗待遇及职工定点医疗机构变更和公费医疗收尾工作。

（谭小红）

**【医疗工作】** 年内，门诊449481人次，急诊39603人次，住院4851人次，出院4871人次，床位周转率27.21%。出入院诊断符合率99.38%。危重病人抢救：门诊375人次，抢救成功率94.13%，病房61人次，抢救成功率29.51%，患者人均住院10.44天。手术2560例，手术前后符合率99.86%，其中大手术主要有胆囊切除术、乳腺癌根治术、剖腹探查术、肾盂摘除术、人工股骨头置换术、全子宫切除术等。完成高招体检、老干部体检、征兵体检、劳模体检、区级政府性优抚对象体检、见义勇为体检等专项体检110037人次。院长接待室收到患者表扬167人次,其中锦旗60面;表扬信73封;拒收红包6件;拾金不昧14件,字画3件;口头表扬11件,共涉及13个科室,97名医护人员,全年6个无投诉科室。

(闫 韬)

【科教工作】 年内,区科委《健康人群危险因素现状调查及特殊职业人群干预模式研究》项目结题。确立《基于网络通讯技术的社区医生培训与知识共享模式研究》与《区域性老年人群医疗关照模式探讨》2个区科委项目。全院医技人员发表论文16篇,其中1篇发表于中华医学会系列杂志。中、高级职称医务工作者上交院内交流论文159篇,初级职称医务工作者上交院内交流论文11篇。完成26项区级医技继续教育认可项目、22项区级护理继续教育认可项目。举办4项院级继续教育项目。外派2名学科骨干进修1年。外派各类人员参加各种学习班、培训441人次。7名医技人员参加在职学历教育,其中2人毕业,1人获博士学位,1人获硕士学位,在读研究生5人。截至年末,全院医技人员大专以上学历占91%。参加国家级继续教育50人次、市级继续教育391人次,所有中级以上职称人员均参加国家级或市级继续教育,全院225名医技人员、200名护理部在岗职工均按要求达标,达标率100%。组织理论考核3次。社区医务人员取得全科医师证8人,防保医师证7人,护士证12人,康复师资格证1人,药师资格证4人,持证上岗率100%。1人参加全科医师培训考试,1人通过理论考试,1人通过技能操作考试。2人参加北京市中医类别全科医师脱产培训。

(闫 韬)

【医疗支援】 年内,6名医务人员对口支援怀柔区九渡河卫生院和怀柔镇卫生院。其中内科医师3名、妇科医师2名、功能科医师1人。组织专家到怀柔镇社区卫生服务中心开展一次义诊活动,诊治患者132名。参与九渡河镇妇女两癌筛查,累计筛查患者2136人。

(闫 韬)

## 朝阳区中医医院

【概况】 朝阳区中医医院为区卫生局直属二级甲等医院。占地3557.58平方米,建筑面积12700平方米,开放病床178张。固定资产总值4840.3万元,大型医疗仪器设备1件,价值485万元,10万元以上设备58台。在职职工304人,其中卫生技术人员261人,包括主任医师3人、副主任医师18人、主治医师37人、医师61人、护士92人,医技人员50人;行政及工勤人员43人。年内机构设置无变动。年内,市中医药管理局授予医院"2010年度医院管理年和绩效考核优秀奖"、"2010年北京地区中医医院管理年活动优秀奖"、"首届北京中医药文化歌咏比赛优秀奖";市人力资源和社会保障局、市财政局授予医院"2010年度医疗保险管理工作三等奖";北京中医药学会授予医院"先进团体会员单位"称号;市公安局授予医院"集体嘉奖";区卫生局授予医院"朝阳区2010年病历质量评比优秀奖"、授予医院团总支"朝阳区卫生系统迎新春文艺汇演二等奖";朝外街道办事处授予医院"民办工作先进单位"称号,朝外街道武装部授予医院"2010年度先进单位"称号。

地址:工体南路6号
电话:65534914
邮编:100020
网站:www.cyqzyyy.com
E-mail:cyqzyyy@163.com

(赵淑兰)

【管理年检查】 年内,接受市中医药管理局管理年检查,对全院医师进行中医基础、中药方剂、诊疗常规考核。按照检查标准和绩效考核细则,制定任务分解书,责任科室逐条落实任务。5月通过检查,并在"北京地区中医医院管理年活动总结表彰会"上介绍经验。6月代表北京市二级中医医院接受国家中医药管理局检查。

(赵淑兰)

【医保工作】 年内,完成住院医保持卡实时结算工作。医保门诊量160119人次。调整医保量化指标4次。督促检查实名就医、次均费用和医保总量控制等医保政策落实情况;督促检查信息、物价、三大目录库核对;督促检查门诊医保持卡上传费用回款及住院垫付回款;医保拒付落实到人。

(赵淑兰)

【离休干部就医绿色通道】 年内,继续开展离休干部就医绿色通道服务。选派具有中医特长的副主任医师及优秀护士为患者提供服务。接受区处级以上退休干部保健任务。

(赵淑兰)

【中医文化建设】 年内,注重中医文化建设。一是改造针灸科门诊,按照中医特色设计诊室格局。针灸科门诊由2个诊区扩大为4个诊区,开设30张门诊治疗床,诊区装饰融入中医文化元素。二是宣传中医文化。在院区张贴宣传画,在医院外墙宣传栏、连廊墙壁、走廊宣传园地及科普橱窗上,宣传介绍中药基础知识、中药识别和功效、中药煎煮常识、中医养生保健、中药防病治病常见方法及医院特色治疗方法。三是普及《医院院歌》。在全院职工中普及传唱《朝阳区中医医院院歌》,参加市中医药管理局"首都中医人唱响中医药文化"院歌比赛并获得优秀奖。

(赵淑兰)

【社区卫生服务】 年内,开展社区卫生服务。一是应用中医适宜技术。选派针灸及骨伤医务人员充实社区队伍,拔罐治疗283人次,红光治疗3496人次，偏振光疼痛治疗2190人次，手法治疗54人次，脉冲治疗60人次。部分社区站增加临检及功能检查项目。二是建成郎家园社区卫生服务站。该站地处北京商务中心区，面积近350m2。设有中医、全科、精防、骨伤理疗、预防保健等科室，配有生化仪、临检设备等仪器，有药房、煎药室、化验室、宣传廊等设施，可开展理疗、针灸、刮痧及中医按摩、中药泡洗等治疗项目。3.开展“家庭医生式”服务。辖区居民对“家庭医生式服务”知晓率100%，年内签约160人次。

(赵淑兰)

**【医疗工作】**　年内，门诊288024人，急诊21826人，病房住院1778人次，出院1767人次，床位使用率87.93%，治愈好转率84.52%，死亡率5.89%。制定各种制度、规范29个，完善核心管理制度、告知制度及诊疗常规。组织院长查房12次。查房会解读新制度、新要求，预告检查重点。专项整治医疗文书签字不规范、不及时，病历书写未按时完成等问题。组织3次全院病历讨论、15次内科系统主治医师精典查房、5次“三基”考试。医务科组织2次医技——临床互动会，功检放3个科室组织临床医护人员学习本科新设备、新项目操作技术及临床注意事项。开展“急救练兵”活动，组织专家进行理论讲座，开展急救技能培训和实战演练。

(赵淑兰)

**【人才培养】**　年内，开展第二批师带徒传承工作。聘请教授、主任医师为指导老师，选出优秀青年医师跟师学习。在北京市第四批老中医药专家学术经验继承拜师大会上，马利荣、田乃菊、宿芳、宋宝磊医师跟师李书义、郭霞珍、罗侃指导老师学习，成为学术继承人。开展继续教育工作，本年度进修1人，医务人员外出学习75次。

(赵淑兰)

**【护理工作】**　年内，结合《中医医院中医护理工作指南》，新建抢救制度、护理人员培训制度、护理人员行为规范、健康教育制度。重新修订实习生管理制度及主管护师、护师、护士职责。制定中医护理质量评价标准。每月进行护理质控检查。全体护理人员每年考核2次护理基础理论，8月和12月进行2次中医基础知识培训与考核。参加区卫生局护理技术操作脱产培训班、护士长管理培训班。

(赵淑兰)

**【药事工作】**　年内，调整药事管理委员会，重新制定药事管理委员会职责。完善饮片大处方规定，由100元调整到120元。配合完成配方颗粒室迁移及更换窗口工作台工作。全年抽查处方7453张，合格率99.5%。完成3次药品调价。完成医保升级对照目录3次。

(赵淑兰)

**【医疗支援】**　年内，与琉璃庙社区卫生服务中心签订对口支援协议书。组织医护人员下乡，帮管理、传技术、做示范，免费接受对方医生进修学习；免费接收内蒙古丰镇中蒙医院3名医生进修学习。开展社区对口支援工作，引导中高职称医务人员到社区卫生服务站定期出诊、巡诊及开展健康讲座、义诊咨询和业务指导。

(赵淑兰)

**【信息化建设】**　年内，完成住院医保持卡实时结算工作，完成医生操作培训。完成机房搬迁改造，重新布局网络系统，新增1台核心交换机(CISCO)，增加一个标准IBM机柜，2台新服务器，1台磁盘阵列柜，1台ipsan。重新安排服务器，并采用双机热备机制保证数据安全性。两次升级医院管理系统(HIS)，电子病历和电子医嘱单正式上线，制定电子病历模板修改制度，修改电子医嘱单草药医嘱打印格式，配合电子医嘱单修改住院草药发药流程。完成预约挂号流程及培训工作。更新和维护医保系统，针对医保政策改造HIS管理系统。

(赵淑兰)

**【科研工作】**　年内，出台科研奖励规定，组织专家进行科研讲座，鼓励医护人员申报科研课题。取得3项区科委立项课题。举办继承传统、弘扬国医“传承杯”中医基础知识竞赛，编印出版《朝阳区中医医院论文集》。

(赵淑兰)

**【后勤保障】**　年内，为针灸科、肿瘤科、急诊科、妇科、中医特色科、口腔科、康复室、功能科、检验科、灵通观社区站配备临床设备。功能科购进德国西门子和美国GE笔记本式彩超，增加24小时动态血压和动态心电图监测盒；检验科配备日立7180生化分析仪，更新进口血沉仪；放射科更换德国西门子公司550MA高频拍片机，安装东芝16排螺旋CT机。改善就医环境，粉刷门诊、病房和楼道。扩大针灸科病房，床位近60张，突出针灸特色，形成“针药结合、康复理疗为一体”的发展模式。改造绿色通道、CT机房、五楼病房、计算机室二楼机房。完成职工食堂改造工程。

(赵淑兰)

# 药品监督管理

【概况】 北京市药品监督管理局朝阳分局(简称药品监督朝阳分局)下设6科2室1所,包括安全监管科、市场监管科、医疗器械监督科、保健食品化妆品监督管理科、法规科、监察科、办公室、药品稽查办公室和药品检验所。办公室下设综合受理服务大厅,实施一站式服务。药品监督朝阳分局主要职责:负责朝阳区域内药品、医疗器械、保健食品、化妆品(简称"三品一械")研究、生产、经营、使用全过程的监督管理工作。截至年底,区内有药品生产企业19家、药品批发企业58家、药品零售企业890家,医疗器械生产企业100家、经营企业2630家,保健食品生产企业38家、经营企业1500家,化妆品生产企业5家、经营单位近2万余家,医疗机构1230余家。根据辖区产业发展规划,在双桥地区初步形成医药产业板块,是区域经济发展新增长点。在定福庄、高碑店、三间房、管庄、常营及周边地区,集中分布的药品生产企业主要有:双鹤药业、紫竹药业、燕京药厂、太阳药业,另外,还有京新龙药品批发、燕京药业、德威治药品销售连销,以及万东医疗器械生产等北京及全国"龙头"企业。

地址:管庄乡1号
邮编:100024
电话:65776114　65776115
　　65776866
朝阳区药品检验所地址:左家庄前街3号
邮编:100101
电话:84651170

(张　倩)

【监督管理】 年内,现场检查药品生产企业207家次。推进新版GMP实施,部分企业率先通过新版GMP认证。对违规单位实施100%复查,监督管理800家次,GSP认证247家次。注销医疗器械经营企业经营资格136家,监督保健食品、化妆品经营企业550家次。对保健食品、化妆品生产企业的监督覆盖率达到100%。抽验"三品一械"产品762批次,药品检验合格率达到98.69%。

(张　倩)

【药品安全整治】 年内,集中力量开展"中药饮片及制剂检查"、"医疗机构中药配方颗粒治理"、"医疗器械高风险产品整治"、"打击非法收售药品及骗保行为"、"打击侵犯知识产权及假冒伪劣产品"、"打击保健食品违法添加药物"等药品安全专项整治31项。整治5类非法收售药品行为,联合执法35次,取缔无证售药行为95次,取缔非法诊所46家,没收非法宣传材料5万余份。同时,重点做好涉刑案件移送工作,向公安机关移送3件涉刑犯罪案件,涉案金额140余万元,刑事拘留11人,批捕5人。

(张　倩)

【稽查执法】 年内,办理各类举报案件772件,立案调查"三品一械"案件52起。其中药品类31件(药品经营企业26件、药品生产1件、医疗机构4件),医疗器械19件(15件经营、4件生产),化妆品2件。下达处罚决定书48件,没收物品价值453845.52元,没收违法所得56948.8元,罚款252640.36元。罚没款合计309589.16元。案件结案率85%。查办6起涉刑案件,25名涉案人员被公安机关刑事拘留,查获涉案药品达400余万元。分局稽查科被市药监局评为稽查执法表现突出单位。

(张　倩)

【监管综合服务模式】 年内,办理行政审批事项3721件,其中对2951件开展现场测量和实地验收。受理"三品一械"举报投诉772件,按要求进行调查处理。梳理行政许可事项,印制27类办事指南,在办公场所免费发放。通过向群众发放"温馨提示卡",利用短信信息平台发送短信通知等方式,方便群众了解办理进度。公布政风行风投诉电话,接受群众监督。11月,分局接受中组部、国家食品药品监督管理局局长邵明立和副局长吴浈对"创先争优、为民服务"工作的检查,现场参观受理大厅,受到好评。

(张　倩)

【医药产业调研】 年内,形成《朝阳区医药产业发展现状调研报告》。《报告》阐述区医药产业发展的有利条件和存在的问题,提出促进区域医药产业发展的建议,受到区政府高度重视。分局被确定为朝阳区"新医药与生命医学课题组"牵头单位,参与到区新兴战略性产业课题研究工作中。

(张　倩)

【帮扶企业发展】 年内,帮助11家药品生产企业获得545.75万元电子监管改造资金。组织企业参观通过认证企业。打击针对紫竹、强生等重点医药企业的假冒药品行为,开辟绿色通道,专案专办,为外地监管部门打击假冒药品行为争取时间,得到企业高度认可,收到锦旗4面,表扬信3封。

(张　倩)

【创建文明城区】 年内,在创建全国文明城区工作中,分局及时调整充实领导小组,细化分解工作指标,稳步推进创建任务。分局人员放弃所有休息日,分3个检查组,实行片区负责制,对全区药店进行拉网式检查,出动630人次,巡查涉及30个街乡药店337家,确保药店经营达到创建指标要求。结合药监工作职能,通过活动调研,现场办公、政策解答等方式,在辖区内开展安全用药知识宣传活动。形成"五个一"安全用药宣传模式。即一系列宣传药品安全知识讲座,一套用药安全知识手册,一份刊登着解答百姓用药疑惑的报纸,一封《致社区居民朋友的信》和一条印着药品安全知识的标语条幅。

(张 倩)

**【"药品安全百千万工程"】** 年内,开展"药品安全百千万工程"建设。工程从2011年开始,至2013年,利用3年时间,在全市建立一百个安全用药示范街乡,评选一千家示范企业,聘请一万名药品安全员。期间,本区将建立13个示范街乡,聘请1482个安全员。2011年是推进"药品安全百千万工程"建设第一年,调动多方力量,及时召开动员部署会,有6个街乡主动参加示范街乡创建,50家企业通过示范企业验收,聘请700名安全员,初步形成"区政府统一领导、药监综合协调、部门配合联动、社会广泛参与"的药品安全保障格局。

(张 倩)

**【药品安全风险防范】** 年内,对高风险药品生产企业采取驻厂监督措施,重点检查风险控制情况,督促企业完善产品质量管理手段。实时监控电子监管网络,处置预警信息260余条。加强特殊药品生产、经营企业针对性培训,开展承诺活动,强化企业责任意识。全程追溯特殊药品销售流向,逐笔核实真实性,动态监督覆盖率达到100%,未出现药品流弊事件。对73家麻醉药品、精神药品科研、使用单位开展重点监督和跟踪复查,确保整改措施到位。完善医疗器械安全风险管理,对高风险产品生产企业监督实现全覆盖。

(张 倩)

**【基本药物电子监管】** 年内,实施跟进式帮扶,督促基本药物生产企业加快落实电子监管相关要求,推进基本药物电子监管工作在本区全面实施。辖区10家基本药物生产企业按时限实现电子监管,赋码基本药物品种93个,改造生产包装线31条,辖区生产所有基本药物中标品种在最小销售包装上加印(贴)了电子监管码,实现所有在产基本药物入网、核注核销、预警处理的有序运行。把确保基本药物质量安全作为重中之重,开展基本药物品种工艺处方核查,对61个不同品种和规格的基本药物实施检查,发现问题及时要求企业整改。

(张 倩)

**【高风险品种追踪】** 年内,全区有医疗器械生产企业77家,经营企业2630家,使用单位1048家。开发《医疗器械高风险品种电子监管信息系统》。该系统自2011年9月开始研发,历时3个月,于2011年底投入使用,实现医疗器械生产、流通、使用全过程动态监管,为医疗器械防伪、打假、追溯、召回提供技术支撑。经过企业调研、研发、培训、数据上传、调试、试用等阶段,已完成辖区企业信息录入工作,并在部分重点企业推广使用。

(张 倩)

**【ISO9000管理和目标管理】** 年内,探索深化药品监督ISO9000质量管理新模式。将监管服务任务逐级分解,层层落实。制定质量目标240项,涵盖监管工作各个方面。强化目标考核和验收,实现药品监管工作和质量管理体系全面融合,初步消除ISO质量管理和监管工作实际之间的"两张皮"现象,促进各项监管目标任务按期完成。

(张 倩)

**【依法行政】** 年内,完善群众评价机制,召开企业座谈会4次,发放服务满意度调查问卷100余份,制发《被检查单位意见反馈表》1600余份,实现跟踪监督。尝试开展行政处罚领域廉政风险防范项目化管理,在全国药监系统会议上作经验介绍。分局执法案卷在市、区案卷评查中被评为优秀卷,代表区政府参加北京市执法案卷评查,获得99.5分。在区行政执法考核中分局名列第一,并在"区依法行政工作大会"上作典型发言。制定分局《加强和改进行政执法工作的意见》,提出9项具体措施,推进监管水平提升。执法人员统一执法服装,执法权威性增强。

(张 倩)

# 社会生活

## 民　政　工　作

【概况】　朝阳区民政局是负责全区民政事业管理工作的区政府职能部门,下设10个行政科室,31个事业单位。年内,朝阳区民政系统紧紧围绕"新四区"发展战略,深入开展全国文明城区和双拥模范城创建活动,全面落实大民政建设任务,大力推动民政工作全面快速发展。在保障和改善民生、加强和创新社会管理、巩固军政军民团结、促进社会和谐稳定、加强干部队伍建设等方面取得新的成绩,有效促进区域经济平稳较快发展和社会和谐稳定。区民政局被市政府评为北京市民政工作绩效管理考评优秀单位,被市民政局、市人力资源和社会保障局评为"十一五"期间北京市养老机构建设工作先进单位,朝阳区救助管理站和军休九所被民政部评为全国民政系统行风建设示范单位。

地址:磨房南里甲19号

邮编:100021

电话:67315235

（朱弋征）

【温暖行动】　1月至2月,举办第六届温暖行动在朝阳暨两节送温暖活动,慰问对象覆盖全区43个街乡21.58万人,慰问金额4391.10万元。12月28日启动第七届两节送温暖活动。

（朱弋征）

【城乡低保】　6月至7月,免费为全区60岁以上最低生活保障家庭老人体检,全区低保家庭511位老人参加体检。年内,出台《城乡特困人员住院押金减免和出院即时结算实施办法》,加大资金投入力度,减轻特困人员医疗负担,实施特困人员医疗救助7500余人次。组织开展低保、低收入家庭经济状况核查复审工作,全区有969户不符合条件的低保家庭停止享受低保待遇。截至12月底,全区享受城乡低保待遇8596户、1.63万人,累计发放城乡低保、粮油帮困、医疗救助、生育救助、临时救助等专项资金1.09亿元;资助1310名农村低保对象参加新型农村合作医疗,参保率连续保持100%。

（朱弋征）

【民政规划】　8月,朝阳区"十二五"时期民政事业发展规划由区民政局与区发展改革委联合发布,并向社会公开。

（朱弋征）

【社会捐赠】　年内,区民政局与区红十字会、区慈善协会等部门联合制定《朝阳区关于联合开展社会捐助工作的实施方案》和"爱心善举、情暖朝阳"联合捐助活动启动仪式工作方案,规范社会捐赠管理,保障落实44家爱心家园救助用品的配送工作。组织开展春风送暖、冬衣送暖募捐月活动,超额完成市局下达募捐任务。筹办支援贫困地区公益捐助活动,为辽宁朝阳市捐赠物品1.22万件,支援内蒙古自治区突泉县朝阳社会福利中心专项资金37.62万元。全年累计接受捐款528.42万元,接受捐赠物品15.67万件。

（朱弋征）

【救助管理】　年内,参与"春风行动"、"夏季攻势"、"秋季行动"等重大救助活动,组织完成集中救助20余次,有效维护街面社会秩序。与市妇联、市救助管理中心、区妇联共同筹划设立本市救助系统第一家反家庭暴力庇护救助点。探索建立社工介入救助管理工作新模式,开展站校共建活动,拓展救助管理工作新内涵。年内救助各类求助人员1290人。

（朱弋征）

【养老服务】　年内,出台《朝阳区60-79周岁特殊老年人养老服务补贴办法》、《福利机构扶持资助资金配比办法》等6项制度规定和居家养老服务15项配套细则,完善日间照料托老所安全规定等6项管理制度。通过继续办理"进一步改善民生,加强朝阳区养老服务体系建设”议案,鼓励社会力量参与养老服务设施建设,落实社会兴办养老机构运营补贴的评审、拨付工作,加大对街乡养老设施建设扶持力度,拨付三间房地区养老设施改扩建资助金220万元。加快居家养老服务设施建设,健全居家养老服务支撑体系。制定下发《朝阳区托老(残)所规范化建设试点工作实施方案》,64家托老所规范化建设通过市局考核验收。全区居家养老(助残)服务券使用人数5.8万人,培育签约服务商970余家,发放服务券6408万元;全区享受特殊老年人服务补贴近1500人,发放服务补贴70余万元。

(朱弋征)

**【福利机构】** 年内,朝阳区有社会福利机构31所,其中儿童福利机构1所,床位200张;养老机构30所,床位13115张,其中新增2170张,同比增长近20%。

(朱弋征)

**【福利企业】** 年内,落实市、区有关安置残疾人就业的奖励优惠政策,核发奖励(补贴)资金503.4万元。加大福利企业资金扶持力度,投入338万元用于福利企业技改自主项目扶持和技改贴息。加强福利企业管理人员培训,宣传福利企业发展优惠政策,增加残疾人就业机会。年内新增福利企业3家,共有福利企业38家,残疾职工623人,占职工总数的39%。

(朱弋征)

**【福利彩票】** 年内,加强全区彩票投注站管理和监督,优胜劣汰,总结经验,拓展销售方式和渠道,全区有各类福彩投注机458台。12月20日,市福利彩票发行中心发来贺信,祝贺朝阳区成为年销售额全市首个突破8亿元大关的区县。朝阳区福彩销售继续保持全市领先,全年销售福利彩票8.33亿元。

(朱弋征)

**【征地超转】** 年内,全区有征地超转人员1.23万人。完成591名征地超转人员接收工作,拨付超转人员生活补助和医疗补助2亿元。

(朱弋征)

**【孤儿保障】** 年内,朝阳区儿童福利院在院弃婴90名,新接收弃婴24名,办理收养手续9名。全面落实北京市关于加强孤儿保障工作的要求,启动孤儿生活费发放工作,儿童福利院90名、社会散居25名孤儿的生活费及时足额发放到位。年内累计拨付款物价值555万余元用于保障和改善孤儿生活条件,福利院和社会散居孤儿保障工作全面落实。

(朱弋征)

**【文明创建】** 年内,全区民政系统服务于全国文明城区创建工作,深入社区开展结对帮扶、信息咨询、文明宣传等服务活动,涉及社会事业建设指挥部302项创建工作取得成效,完成各项迎检任务,为成功创建全国文明城区做出贡献。12月26日,区民政局获得“朝阳区创建全国文明城区突出贡献单位”荣誉称号。

(朱弋征)

**【双拥共建】** 年内,根据双拥工作安排,如期召开军政领导座谈会。重大节日期间,由区领导带队,分别慰问35支驻区团以上部队困难官兵和4支驻区部队新兵;落实重要实事项目,全年累计投入1190万元为驻区部队办实事、解难题85件;以双拥片组的形式组织庆“七一”、迎“八一”书画摄影作品展和以双拥为题材的文艺汇演活动;8月,通过创建全国双拥模范城检查考评,完成争创全国双拥模范城“五连冠”目标任务。

(朱弋征)

**【优抚安置】** 年内,累计拨付优待抚恤、生活补贴、困难补助、立功奖励、医疗减免等经费5155.15万元;重大节日期间,为优抚对象发放慰问金242万元,为街乡拨付活动经费40余万元。经过多次沟通协调,完成双桥烈士陵园迁建工作。以区政府名义下发《关于进一步提高退伍军人安置待遇建立相关奖励制度的通知》,建立在校学生入伍和企业接收退伍军人奖励制度,提高退伍军人安置待遇,率先实现退伍军人自谋职业补助金的城乡一体化。全年接收复员退伍军人454人,组织培训300余人次,累计支出安置费、培训费、奖励款1594.02万元,实现有安置需求人员安置率100%。

(朱弋征)

**【军休服务】** 年内,以构建和谐军休社区为出发点,为军休干部办实事,保障军休干部“两个待遇”落实。年内累计完成266名军队离退休干部接收安置任务,125名军休干部住房补贴全部发放到位。

(朱弋征)

**【基层政权】** 年内,按照北京市关于建立村务监督委员会工作部署要求,区民政局会同区委组织部、区农委等部门召开联席会议,深入农村开展调查研究,拟定《朝阳区建立村务监督委员会工作实施方案》,9月29日组织召开全区建立村务监督委员会工作动员大会。朝阳区15个乡85个行政村全部建立村务监督委员会,产生村务监督委员会成员258名。

(朱弋征)

**【殡葬管理】** 年内,落实丧葬补贴政策,加强殡葬服务管理。清明节期间,接待扫墓群众近17万人。

(朱弋征)

**【行政区划】** 年内,开展边界线勘定工作,制定关于东湖筹备处成立街道办事处区划调整方案,完成政协提案《关于调整常营保障性住房行政区划的建议》办理及答复工作。

(朱弋征)

**【婚姻收养】** 年内,办理结婚登记24142对,办理离婚登记5561对,出具无婚姻登记记录证明4991件;办理收养登记10件,其中收养社会福利机构抚养的弃婴6件、非社会福利机构抚养的弃婴3件、三代以内同辈旁系血亲关系1件。

(朱弋征)

【社会组织】 年内,全区民办非企业单位526个,社会团体183个,年内新登记民办非企业单位、社会团体55个,办理民办非企业单位和社会团体证书延续202个,办理行政许可审批117项。组织各街乡开展社区社会组织备案工作,590个社区社会组织的备案手续全部完成。开展社会组织服务民生行动,年内参加年检的社会组织全部申请服务民生行动、开展公益活动。

(朱弋征)

【社区服务】 年内,落实"建设41个街道(地区)社区服务中心"实事项目任务,加快社区服务中心网站建设步伐。健全社区服务信息系统和网络。做好朝阳社区公共服务信息网络维护,全区各社区上传数据3600多次,实现社区信息动态更新;加强对96156服务系统的监管,收集处理各类服务单、咨询单3.7万张。加强对社区服务信息化工作队伍的培训和指导,开展为期40天的信息系统培训,参训人员涉及41个街乡的600余人,社区服务队伍建设逐步实现常规化、系列化、制度化。

(朱弋征)

【志愿服务】 年内,围绕创建全国文明城区开展各类志愿服务,推进创建工作深入开展,义工联服务队组织集体志愿服务200余次,参与义工人数1620人次。加快朝阳区志愿者联盟网站建设,初步实现与市志愿者管理系统对接。充分发挥志愿者联盟组织体系作用,大力宣传,广泛招募,全区志愿者联盟累计注册37.28万人。

(朱弋征)

【民政宣传】 年内,加大民政宣传力度,增强政民互动。在《朝阳报》、《北京社区报》刊登民政专版28个,在多家媒体刊登朝阳区民政信息140余篇,公开政府信息45条。

(朱弋征)

# 社 区 建 设

【概况】 中共朝阳区委社会工作委员会、朝阳区社会建设工作办公室是负责本区社会建设管理及街道工作的主管部门,下设办公室、政工科、党建工作科、社区建设科、社会工作科、城市管理科和纪工委、监察科。全区下设23个街道办事处和东湖街道筹备处,有226个社区。

地址:日坛北街33号

电话:65099333

邮编:100020

(李啸寅)

【领导调研】 2月12日,市领导刘淇、郭金龙、王安顺、李士祥、梁伟、丁向阳等围绕"创新社会管理服务,推进首都社会建设"主题到朝阳区调研。9月13日,市委副书记、市政协主席、市委政法委书记王安顺等领导到朝阳区就社会服务管理创新工作进行专题调研。10月13日,市委社会工委书记、市社会办主任宋贵伦等,陪同中央党校第57期厅局级干部"民生与社会建设"研究专题进修班到朝阳区调研社会建设。11月7日,王安顺等领导就社会服务管理创新工作到朝阳区调研。12月1日,中共中央政治局常委、中央政法委书记、中央社会管理综合治理委员会主任周永康到高碑店地区高碑店村考察社会管理工作。

(李啸寅)

【奥运村街道办事处成立】 4月8日,区委办、区政府办下发《关于奥运村街道党政机构设置问题的通知》,决定撤销北京市朝阳区人民政府奥运村地区办事处(北京市朝阳区奥运村乡人民政府),成立北京市朝阳区人民政府奥运村街道办事处,为区政府派出机构。根据《中国共产党章程》,相应撤销中共北京市朝阳区委奥运村地区工作委员会(中共北京市朝阳区奥运村乡委员会),成立中共北京市朝阳区委奥运村街道工作委员会,为区委派出机构。5月16日,奥运村街道办事处正式揭牌成立。

(李啸寅)

【安全社区创建】 5月26日,"亚洲安全社区网络成员代表会议暨国际安全社区命名仪式"在上海召开,香河园、潘家园、大屯、三里屯、左家庄等街道获得命名,成为国际安全社区第237到241个网络成员。12月20日,全国安全社区评定终审会在北京召开,双井、劲松、垡头、东湖、机场等5个街道获得"全国安全社区"称号。

(李啸寅)

【社区文化】 8月20日,朝阳区开展首届和睦邻里节,在24个街道开展宝宝大比拼、我有芳邻化装舞会、社区达人比赛、社区健步走、社区"鹊桥"联谊会、我有芳邻摄影赛、社区跳蚤市场等活动。

(李啸寅)

【文明城区创建】 年内,按照区委、区政府统一部署,统筹协调街道、社区、驻区单位、志愿者等各种创建力量,认真贯彻落实各项任务指标,夺取全国文明城区创建工作最后胜利。建立"1524N"工作格局,严格落实街道处级领导包社区、科长包大街工作制度。制发街道系统《创建全国文明城区工作指导手册》、《处级领导包社区工作手册》、《科长包大街环境秩序检查手册》、《社区民情日志》。围绕“路平工程”、社会事业等11个方面,加大为民办实事力度,3月起共为老百姓办实事38553件。迎检期间,街道系统共动员机关干部、社区居干、协管员、和谐促进员、志愿者、社会单位、社区居民等各方力量50多万人参与迎检工作。

(李啸寅)

**【城市建设管理】** 年内,完成43个老旧小区综合改造、25条街巷胡同环境整治、10条新修道路两侧环境整治、4个集贸市场周边环境整治、10所校园周边环境整治、5处平房区环境整治。绿化改造7.8万平方米、甬路修复15.4万平方米、楼体粉饰26.7万平方米、安装公共照明244套、清理垃圾渣土600余吨、新增停车位389个。创建50条精细化管理示范大街、52个环境优美社区。两批环境优美大街进行挂牌,涉及15个街道20条大街,总长度27.3千米。针对无照游商、非法小广告、店外经营等痼疾顽症,开展“百日专项治理行动”。

(李啸寅)

**【全模式社会服务管理系统】** 年内,完成首页设计以及人口管理、信访工作、地下空间、食品安全、出租房屋等20个二级重点模块制作,完成与全区各部门业务系统资源整合。按照一个街道对应一个模块原则,启动10个模块在10街、3乡的试点工作。制定完成第一轮标准体系,包括事件、人口、单位、地下空间4个部分、46大类、314小类、1848细类标准。

(李啸寅)

**【垃圾分类】** 年内,启动改造垃圾楼78个,涉及22个街道(除机场、建外街道),覆盖127个社区,612个小区,涉及155万人、48.7万户;招募志愿者7052名,招聘二次分拣人员1027人。24个街道开展各种宣传活动538场,开展动员会279场,涉及12万余人,张贴宣传海报8万余份,悬挂横幅983条,发放宣传材料55万余份。对桶站实施标准化建设,建设统一规范的投放站、宣传牌等,提高分类收集水平;改进完善已覆盖居住区垃圾分类投放、收运链条,提升整体实施效果;完善二次分拣员机制,切实提高源头分类率。

(李啸寅)

**【市民劝导队】** 年内,制定《朝阳区推行市民劝导队工作实施方案》,成立区“市民劝导队”工作领导小组,统筹开展地区市民劝导工作。将市民劝导队建设与社区居民自治、环境改造、社会领域党建等重点工作紧密结合,形成整体推进力量。规范流程,做实3个环节;建立月例会机制、法律保障机制、培训机制等制度。

(李啸寅)

**【社会组织管理】** 年内,参照市有关文件,制定朝阳区《关于构建区级“枢纽型”社会组织工作体系的意见》和《朝阳区“枢纽型”社会组织工作规范》,认定团委、区社区社会组织联合会等9家“枢纽型”社会组织。在政府购买社会组织服务项目中,重点支持“枢纽型”社会组织,扩大“枢纽型”社会组织在本领域的影响力。依托香河园街道市民中心,投资100余万元建立区级社会组织培育基地,打造社会组织培育和发展平台;引入北京恩派公益组织发展中心,对社会组织培育基地进行日常管理,坚持立足民生需求、盘活资源存量,甄选社会创业型专业团队,采取“陪伴成长”方式,重点培育“平台型”社会组织,帮助政府整合社会力量、促进社会融合,凝聚社会共识、完善社会服务。投入545万元社会建设专项资金,累计购买59个社会公益服务项目和36个专业社会工作岗位。制定《政府购买社会组织服务项目管理办法》、《社会建设专项资金使用管理办法》及《社会公益服务项目评估细则》等配套文件,初步建立政府购买社会组织服务工作长效工作机制。年内,培育七彩昀、曙康、立德、民和、艺途和颐天悦6家社会工作事务所,专业社会工作机构9家。采取“社工团队作业”和“项目运作”相结合方式,投入200余万元岗位配比资金和专业社会工作项目资金,为每个专业社会工作岗位配比2万元,重点开展社会救助、老年人和残疾人社会工作、流动人口服务和社会志愿服务需求匹配等配套项目。

(李啸寅)

**【社区规范化建设】** 年内,通过申请固定资产投资立项,前两批申请建设项目208个、76071.5平方米,总资金5.44亿元。拟定《朝阳区社区办公与服务用房使用规范》,按照办公用房最小化,居民活动用房最大化原则,对办公用房功能进行科学划分。各街乡投入2300余万元,进行社区服务站标志、室内装修、办公设备购置、服务用品配备等方面建设。

(李啸寅)

**【社区服务】** 年内,在全区21个街道试点推进农社对接项目,把田间蔬菜直接引进社区,解决社区居民买菜难、买菜贵问题。建成44个农社对接点(站),初步形成固定房屋全天售卖式(左家庄、八里庄、亚运村)、社区空地固定时间地点集中售卖式(东湖)、一车一棚流动售卖式(望京、香河园)3种模式。完善服务载体,按照“一网、一图、一册”标准,设立便民网站74个,安装便民服务导视图273幅,印制服务手册23万余册,逐步推广麦子店街道“小呼叫”热线模式。拓展服务内容,全面拓展北京市社区服务“1060”服务目录,形成4大类240项服务内容的社区服务指导目录。全区认证一刻钟社区服务圈服务商3650家,整合学校178家,部队43家,医院168家,社会组织1330个,140万人次受益。

(李啸寅)

【社区工作者队伍建设】 年内,先后2次面向社会公开招聘,补充792名社区工作者进入社区。出台《朝阳区社区工作者管理制度汇编》,对社区工作者考勤、离任、学分制等方面实施规范化管理。组织社区工作者培训7次,受训人数一千余人。投入130万元加强教育培训工作,先后组织两批40名优秀社区工作者赴台湾考察学习,组织两批35名社区干部赴新加坡考察学习。为青年大学生社工提供发展机会,有10名大学生社工通过北京市公务员考试,录取为公务员。

(李啸寅)

【社会志愿者队伍建设】 年内,健全社会志愿服务三级组织机构,即志愿者公益储蓄中心——24个街道分中心——226个社区和123个商务楼宇服务站。打造公益储蓄中心网(www.cyhelp.org)和"督导+社工+志愿者"相互促进、相互监督的工作模式。新增社会志愿者1万余人。将全区232支志愿者服务队伍按服务内容和重点需求整编成扶老助残、绿色环保、文明交通等15支社会志愿者骨干队伍,累计实现网上登记志愿服务总时长150万小时,超额完成认领115万小时的目标。吸纳IBM、普华永道、首汽集团、北京交通台、万泉寺出租汽车公司、浩沙健身俱乐部等"爱心会员单位",开展一批社会志愿服务项目。发挥网络平台优势,由志愿者发布志愿服务意向,需求者发布服务需求信息,网站予以自动匹配,500余对完成自动匹配。

(李啸寅)

【社会领域党建】 年内,按照"1358"工作标准,健全社会领域党建工作体系。街乡社会工作党委配齐配强1名专职副书记和2—4名专职工作者,采取统一招考的方式招聘67名社会工作党委专职党务工作者。规范社会工作党委工作例会、教育培训、信息报送和表彰激励等制度,落实社会领域党建专项经费保障,下拨社会领域党建专项经费602万元。完成商务楼宇"三位一体"和"五站合一"服务站建设,采取独立建和联合建的方式在367座商务楼宇全部建立党组织,推进"六小门店"自律组织党建工作试点任务,符合建党条件的已建立17个自律组织党组织,实现党组织和党建工作在社会领域全覆盖。加强商务楼宇党务专职队伍建设,面向全区招聘楼宇专职党务工作者38名,按照中心站每站配3人、一类站每站配1人、二类站3个站配1人的标准,全区商务楼宇服务站配备专职党务工作者193人,兼职党务工作者495人。各楼宇建立工会组织493家,建立团组织322家,妇女组织216家。全区确定的50个非公企业党组织"五个好"示范点初步达到创建标准。

(李啸寅)

# 居民生活状况

【概况】 年内,朝阳区统计局按照《城镇住户调查统计报表制度》和《农村住户调查统计报表制度》,对以抽样方式选取的辖区550家城市住户和270家农村住户开展调查,调查主要内容包括家庭基本情况、家庭收入支出情况、生活能源消费等。调查资料显示,辖区居民收入水平持续增长,消费结构不断优化,生活水平不断提高。

地址:日坛北街33号区政府北院南楼四层

电话:65094641

邮编:100020

(李海林)

【居民收入】 年内,全区城市居民家庭人均可支配收入34044元,比上年增加3910元,同比增长13.0%;在收入的四项构成中,人均工资性收入26617元,比上年增加1585元,同比增长6.3%;人均经营净收入1051元,比上年增加205元,同比增长24.2%;人均财产性收入651元,比上年增加146元,同比增长28.9%;人均转移性收入10712元,比上年增加2232元,同比增长26.3%。农村居民家庭人均纯收入19839元,同比增长13.6%(统计口径较上年有所调整);在收入的四项构成中,人均工资性收入11469元,比上年增加908元,同比增长8.6%;人均家庭经营性收入361元,比上年增加297元,同比增长464.1%;人均财产性收入3912元,同比增长8.3%(统计口径较上年有所调整);人均转移性收入4097元,增长26.9%(统计口径较上年有所调整)。

(邢 颍)

【居民储蓄】 年内,城市居民人均提取储蓄存款22594元,比上年减少795元,同比下降3.4%;人均存入储蓄款29244元,比上年增加2175元,同比增长8.0%;人均储蓄性保险支出266元,比上年增加190元,同比增长250.0%。农村居民人均期末手存现金4212元,同比增长13.3%;人均期末存款余额15550元,同比下降73.9%。

(邢 颍)

【居民消费支出】 年内,城市居民人均家庭总支出31573元,比上年增加 1214 元,同比增长 4.0%。人均消费性支出 24799 元,比上年增加 2393 元,同比增长 10.7%,其中服务性消费支出 7225 元,比上年增加 1016 元,同比增长 16.4%。在人均消费性支出中,食品类支出 7692 元,占人均消费性支出的 31.0%;衣着类支出 2649 元,占 10.7%;家庭设备用品及服务类支出 1757 元,占 7.1%;医疗保健支出 1337 元,占 5.4%;交通和通讯支出 4170 元,占 16.8%;教育文化娱乐服务支出 3863 元,占 15.6%;居住类支出 2073 元,占 8.3%;其他商品和服务类支出 1258 元,占 5.1%。农村居民人均期内现金支出 18284 元,比上年增加 1633 元,同比增长 9.8%。其中人均消费性支出 16888 元,比上年增加 1664 元,同比增长 10.9%;服务性消费支出 5618 元。在人均消费性支出中,食品类支出 5242 元,占人均消费性支出的 31%;衣着类支出 1543 元,占 9.1%;家庭设备用品及服务类支出 1003 元,占 5.9%;医疗保健支出 1142 元,占 6.8%;交通和通讯支出 1597 元,占 9.5%;教育文化娱乐服务支出 1858 元,占 11.0%;居住类支出 3958 元,占 23.4%;其他商品和服务类支出 545 元,占 3.2%。

(邢　颖)

**【食品支出】** 年内,城市居民家庭人均购买食品支出 7692 元,比上年增加 669 元,同比增长 9.5%。恩格尔系数为 24.4%,比上年下降 6.9 个百分点。在食品消费支出中,粮油类支出 753 元,增长 10.6%;肉禽蛋水产品类 1563 元,增长 13.3%;糕点、奶及奶制品支出 704 元,增长 7.6%;在外饮食支出 2158 元,增长 10.8%。农村居民家庭人均购买食品支出 5242 元,比上年增加 961 元,同比增长 22.4%。恩格尔系数为 31.0%。在食品消费支出中,粮油类支出 503 元,增长 22.1%;肉禽蛋奶水产品类 1677 元,增长 43.2%;在外用餐支出 751 元,增长 0.5%。

(邢　颖)

**【衣着支出】** 年内,城市居民人均购买衣着支出 2649 元,比上年增加 203 元,同比增长 8.3%。其中购买服装类支出 1833 元,比上年增加 164 元,同比增长 9.8%;购买鞋类支出 694 元,比上年增加 29 元,同比增长 4.4%。农村居民人均购买衣着支出 1543 元,比上年增加 151 元,同比增长 10.8%。其中,购买服装类支出 990 元,比上年增加 92 元,同比增长 10.2%;购买鞋类支出 438 元,比上年增加 34 元,同比增长 8.4%。

(邢　颖)

**【耐用消费品支出】** 年内,城市居民人均购买大件耐用消费品支出 836 元,比上年增加 97 元,同比增长 13.1%。每百户居民家庭耐用消费品拥有量:摩托车 3 辆,助力车 14 辆,家用汽车 40 辆,洗衣机 101 台,电冰箱 101 台,彩色电视机 148 台,家用电脑 119 台,组合音响 30 套,摄像机 27 台,照相机 101 架,钢琴 5 架,其他中高档乐器 8 件,微波炉 92 台,空调器 189 台,淋浴热水器 101 台,消毒碗柜 11 台,洗碗机 1 台,健身器材 8 套,固定电话 94 部,移动电话 226 部。农村居民每百户家庭耐用消费品拥有量:家用汽车 24 辆,洗衣机 101 台,电冰箱 112 台,抽油烟机 92 台,彩色电视机 147 台,家用电脑 97 台,照相机 62 架,微波炉 78 台,空调器 178 台,淋浴热水器 96 台,普通电话 96 部,移动电话 229 部。

(邢　颖)

**【医疗保健支出】** 年内,城市居民人均用于医疗保健方面的支出 1337 元,比上年增加 141 元,同比增长 11.8%。其中:药品支出 595 元,比上年增加 157 元,同比增长 35.8%;滋补保健品支出 224 元,比上年减少 5 元,同比下降 2.2%;医疗费支出 453 元,比上年增加 63 元,同比增长 16.2%。农村居民人均用于医疗保健方面的支出 1142 元,比上年增加 48 元,同比增长 4.4%;其中:医疗保健用品支出 493 元,比上年增加 78 元,同比增长 18.8%;医疗保健服务支出 649 元,比上年减少 31 元,同比下降 4.6%。

(邢　颖)

**【交通和通信支出】** 年内,城市居民人均用于交通和通信方面的支出 4170 元,比上年增加 8 元,同比增长 0.2%。人均交通方面支出(包括购置交通工具、支付燃料及零配件、交通费和维修服务费)2976 元,比上年减少 59 元,同比下降 1.9%。人均通信方面支出(包括购置通信工具、通信服务)1195 元,比上年增加 68 元,同比增长 6.0%。农村居民人均用于交通和通讯方面的支出 1597 元,比上年减少 152 元,同比下降 8.7%。人均交通方面支出(包括购置交通工具、支付燃料及零配件、交通费和维修服务费)933 元,比上年减少 119 元,同比下降 11.3%。人均通讯方面支出(包括购置通信工具、通信服务)663 元,同比下降长 4.9%。

(邢　颖)

**【教育和文化娱乐支出】** 年内。城市居民人均用于教育和文化娱乐方面的支出 3863 元,比上年增加 461 元,同比增长 13.6%。其中,人均文化娱乐用品支出 1034 元,比上年增加 45 元,同比增长 4.6%;人均教育支出 1173 元,比上年增加 146 元,同比增长 14.2%;人均文化娱乐服务支出 1656 元,比上年增加 271 元,同比增长 19.6%。农村居民人均用于教育和文化娱乐方面的支出 1858 元,比上年增加 259 元,同比增长 16.2%。其中,人均文化教育娱乐用品支出 563 元,比上年增加 159 元,同比增长 39.4%;人均教育服务支出 689 元,同比增长 9.2%;用于文化体育娱乐服务支出 605 元,比上年增加 41 元,同比增长 7.3%。

(邢　颖)

【居住支出】 年内,城市居民人均用于居住方面的支出2073元,比上年增加448元,同比增长27.6%。其中:住房支出737元,比上年减少72元,同比下降8.9%;水电燃料及其他支出1108元,比上年增加414元,同比增长59.7%;居住服务费支出228元,比上年增加107元,同比增长88.4%。农村居民人均用于居住方面的支出3958元,比上年减少137元,同比下降3.3%。其中:购买居住消费品支出1928元,比上年减少222元,同比下降10.3%,居住服务费支出2030元,比上年增加85元,同比增长4.4%。

(邢 颖)

【其他商品和服务支出】 年内,城市居民人均用于购买其他商品和服务方面的支出1258元,比上年增加204元,同比增长19.4%。农村居民人均用于购买其他商品和服务方面的支出545元,比上年增加80元,同比增长17.2%。

(邢 颖)

# 消 费 保 护

【概况】 朝阳区消费者协会(简称区消协)是依法保护消费者权益的社会团体。年内,"3.15"宣传以"消费与民生"为主题,倡导经营者诚信经营、规范自律,提振消费信心,服务经济发展,保障消费者合法权益。3.15期间,开展宣传活动46次,现场接待咨询5300余人次,发放《消费警示手册》、《消费维权指南》、《食品安全知识手册》及法律法规等宣传材料8万余份,现场解决投诉23件。北京电视台、北京青年报、中国新闻社、中国消费者报、朝阳有线、朝阳报等多家媒体宣传报道50余次。由蓝色港湾、秀水街等绿色通道成员单位自行解决消费投诉2231件。

(汤翠燕)

【消费保护】 年内,工商朝阳分局按照《流通领域商品质量监测办法》、《北京市工商局关于进一步规范流通领域商品质量监测工作的意见》要求,开展商品质量监测工作,完成市工商局委托的208个样品抽检任务。自行抽检监测对象包括:成人服装、床上用品、成人鞋、通讯器材、电器、电子产品、电线电缆、家具板材、电动自行车、儿童玩具、童车、童鞋等12大类商品。开展商品质量专项整治,重点检查无照经营、制假售假问题,严查重点产品包装、标志、合格证明及其他产品信息。全年受理群众举报3875件,立案查处333件;受理消费者申诉6567件,为消费者挽回经济损失471.1万元。

(汤翠燕)

【12315消费者投诉热线】 年内,12315投诉举报系统处理各类信息1.52万件,其中,受理消费者申诉5513件,办结率96.26%,受理群众举报3266件;受理电话咨询5136件;受理建议126件;接待上门来访356批;处理群众来信25封;回复电子邮件2封。同时12315信息与引导消费有机结合,通过预测、预警、提示、公示等方式,为消费者健康、科学消费提供及时导向服务。

(宋润明)

# 人口和计划生育

【概况】 朝阳区人口和计划生育委员会(简称区人口计生委)是负责全区人口和计划生育工作的政府组成部门。年内,起草编制《朝阳区"十二五"时期人口发展及服务管理规划》,开展人口发展综合评价指标体系研究,全面落实人口管理目标责任制,完成实有人口调控目标。截至年末,全区常住人口365.8万人,比上年增加11.3万人,同比增长3.2%,户籍人口193.2万人,育龄妇女47.60万人;全年户籍人口出生18660人,符合政策生育率98.63%,出生率9.77‰,出生性别比105,死亡人口6615人,死亡率3.47‰,人口自然增长12045人,自然增长率6.31‰。

地址:日坛北街33号
电话:65094604
邮编:100020

(王卫昕)

【领导调研】 1月24日,国家人口计生委宣教司副司长石海龙到朝阳区调研,区人口计生委介绍朝阳区"十一五"时期宣教工作开展情况,汇报"十二五"期间宣教工作和全面推进婚育新风进万家示范区工作思路。石海龙就新时期人口计生宣传教育工作的组织领导、理念、方式、规模、深度、手段等进行具体指导。5月5日,市人口计生委副主任徐捷一行到常营、十八里店地区,就人户分离和流动人口工作中存在的问题、难点及“十二五”期间做好人户分离和流动人口工作的设想和做法开展调研,并实地考察人户分离人员保障性住房聚集区及流动人口大院的情况。8月26日下午,市人口计生委主任刘志、副主任徐捷、丁勇一行到本区调研人口计生工作。区人口计生委主任史素珍、区信息办主任王臻参加调研。双方就实有人口库开发、建设、利用以及人口发展综合评价指标体系等内容展开讨论。12月16日,国家人口计生委《特大城市人口调控》课题组成员、流动人口服务管理司司长王谦一行到朝阳区考察人口服务管理工作,实地察看朝阳区建外街道商务楼宇人口公共服务情况。

(王卫昕)

**【人口发展专家研讨会】** 2月15日,召开2011年朝阳区人口发展专家研讨会。北京大学、中国人民大学、中国社科院、北京城市发展研究院等首都人口学界专家学者、市人口计生委领导及区有关部门领导参加研讨会。会议围绕如何加强区域人口调控、实施人口总量有序管理、如何深入推进家庭人口文化建设及组织筹办第四届朝阳区人口与发展论坛等议题展开研讨,对本区“十二五”人口发展规划文稿提出修改建议。

(王卫昕)

**【人口管理工作调度会】** 2月25日,副区长张春秀主持召开人口管理工作调度会。区发改委、信息办、流管办、农委、教委、社会办、公安分局、统计局、民政局等部门参加会议。年内,主管副区长先后主持召开近10次人口专项工作调度会,推进人口管理基础工作长效机制建设。

(王卫昕)

**【人口和计划生育领导小组会】** 3月10日,召开朝阳区人口和计划生育领导小组会,由领导小组副组长、副区长张春秀主持会议,24家成员单位主要领导参加会议。会议对本年全区人口计生工作报告、人口计生工作考核评估工作、婚育新风进万家活动相关文件、朝阳区“十二五”人口发展与服务管理规划等4方面内容进行审议。区长程连元强调要牢固树立经济社会发展离不开人的理念,各部门、各基层单位全力以赴围绕朝阳人口发展、人口总量控制、人口结构改善、人口素质提升开展工作,力争使全区人口服务管理工作走在全市前列。

(王卫昕)

**【人口计生工作会】** 3月23日,召开“2011年人口和计划生育工作会暨婚育新风进万家活动全国示范区工作启动会”,常务副区长吴桂英主持会议,区人口计生领导小组成员,区婚育新风进万家活动领导小组成员,街道、地区办事处主要领导、主管领导、计划生育干部,社会单位及家庭代表参加会议。会议总结2010年人口计生工作,部署2011年工作任务,宣读《朝阳区关于全面推进婚育新风进万家活动全国示范区工作的意见》,对上年度街、乡及计划生育综合治理部门考核评估结果进行通报。区委副书记宋连娣对人口现状进行分析,指出人口发展的问题,明确下一步工作要通过强化领导、部门协作、监督考核,推进本区人口工作全面开展。

(王卫昕)

**【区域协作】** 5月20日,与顺义区召开人口和计划生育区域协作推进会。双方围绕“大人口”调控机制建设和人户分离人员统筹管理服务展开讨论,对下一步人户分离人员计划生育拟开展的新举措交换意见,现场签订人户分离育龄妇女计划生育管理委托协议,逐步构建计划生育工作一盘棋格局。

(王卫昕)

**【印发《人口发展规划》】** 6月27日、9月30日,分别经区长办公会和区委常委会审议通过,并以区政府名义印发《朝阳区“十二五”时期人口发展及服务管理规划》。规划提出“十二五”期间在全市先行先试建设人口均衡型社会,着力推进调控人口规模,实施人口总量有序管理;继续落实基本国策,稳定适度低生育水平;推行四个结合工程,全面提升人口综合素质;优化人力资源结构,打造国际化人才高地;合理调整人口分布,优化人口空间布局;提升公共服务水平,推进人口基本公共服务均等化;创新人口管理体制,完善人口综合协调机制等7项重点任务。

(王卫昕)

**【幸福家庭万里行启动仪式】** 8月17日,国家人口计生委、中国人口福利基金会和中国计生协等在朝阳公园举行中国幸福家庭万里行出发仪式。中国人口福利基金会会长王忠禹、国家人口计生委有关领导、部分省人口计生委领导,副市长丁向阳、市政协副主席黎晓宏,区委书记陈刚、副区长张春秀以及市各界群众500多人参加启动仪式。

(王卫昕)

**【专题调度会】** 8月18日,召开专题调度会,研究完善朝阳区人口发展综合评价指标体系。会议由人口计生委主任史素珍主持,副区长张春秀,区政协副主席、北京国际城市发展研究院院长连玉明,以及区人口计生委、区发改委等10个相关部门参加会议。会上,各部门围绕完善指标体系发表意见建议,张春秀强调指出,各部门要高度重视此项工作,保证数据提供的及时性和准确性,不断完善数据基础工作。

(王卫昕)

**【主题活动】** 9月28日,以“文明朝阳 幸福家庭”为主题的朝阳区“新风锦园”启动暨创建幸福家庭摄影和儿童绘画作品展开幕式在朝阳公园举行。副区长刘军胜出席开幕式并讲话,各街道、地区办事处领导和全区人口计生工作者参加大会。

(王卫昕)

**【街道系统实有人口库开通部署】**

12月2日下午，区人口计生委、区信息办、区社会办联合召开街道系统实有人口库开通部署暨使用培训会。会上详细介绍实有人口库前期开发建设及系统使用情况，并就实有人口库平台及基本功能进行演示，从注重人口信息安全、加强人口管理基础工作，积极开发利用人口信息等方面进行部署，使人口库有效服务于领导决策、服务于区域经济社会发展。

（王卫昕）

【朝阳人口与发展论坛】 12月28日，由区政府主办，区人口计生委、区统计局承办的“第四届朝阳人口与发展论坛”在朝阳规划艺术馆开幕。论坛以“创新社会管理体制机制，促进人口长期均衡发展”为主题，副区长张立新主持，国家人口计生委流动人口服务管理司司长王谦、区长程连元分别致辞，市人口计生委主任刘志发表主旨演讲，5名专家作主题演讲，15个区县人口计生委主任，首都人口学界专家，区人口和计划生育工作领导小组、人口管理工作领导小组成员单位主要领导，区各街乡主要领导和主管领导，新闻记者200余人出席论坛。

（王卫昕）

【人口管理目标责任制】 年内，首次将人口调控任务纳入街乡经济社会发展任务书，并对街乡人口调控指标进行细化分解。全面完成人口调控目标，实有人口规模下降18.4万人。

（王卫昕）

【药具工作检查】 年内，国家和北京市先后3次对朝阳区药具工作进行效能监察和审计检查，重点对药具工作管理、发放、库房进行查验，均得到高度评价。

（王卫昕）

【依法行政】 年内，办理《北京市生育服务证》22294个，《独生子女父母光荣证》8806个。落实市、区人口与计划生育各项奖励扶助金1672.5万元，惠及群众5.99万人。全年应诉行政诉讼2例，行政复议2例，无纠正和败诉案件发生。

（王卫昕）

【人口文化阵地建设】 年内，完成对552所人口文化教育场所规范工作，在4个区级人口文化分校开展优生优育、生殖健康、青春期健康教育等课程。分别在望京、常营、建外等地区新增10家早教机构。以“文明朝阳、幸福家庭”为主题，在朝阳公园、垡头、东湖等地区打造10个新风系列人口文化长廊和5个文化广场，围绕“文明、优生、健康、致富、奉献”5个方面内容，大力倡导家庭和谐幸福。

（王卫昕）

## 老龄工作

【概况】 朝阳区人民政府老龄工作办公室（简称区老龄办）又称朝阳区老龄工作委员会办公室，是朝阳区政府老龄工作职能部门，在区老龄工作委员领导下负责全区老龄工作。年内，以朝阳区“十二五”时期老龄事业发展规划为指导，以实现“六个老有”为目标，认真落实市“九养”政策，结合创建全国文明城区开展工作，不断改善、满足老年人的生活需求，有序推进本区老龄事业又好又快发展。

地址：日坛北街33号

电话：65094460

邮编：100020

（周长勇）

【高龄医疗补助部署会】 1月1日起，将“九养”政策中百岁老人医疗补助范围扩展到95周岁及以上老年人，朝阳区老龄办等相关部门联合下发《北京市朝阳区95周岁及以上老年人补助医疗办法》（朝老办发〔2011〕25号），8月18日，区老龄办、区人力资源和社会保障局共同组织召开95周岁及以上老年人补助医疗工作部署暨培训会，全面展开补助医疗工作及为老年人免费入医保工作。街乡主管领导及社保所负责人参加。

（周长勇）

【民主党派人士座谈会】 1月17日，区老龄办和民主党派人士在朝阳宾馆召开座谈会，共同商议本区老龄事业发展计划。

（周长勇）

【春节走访慰问】 1月25日，区老龄办走访慰问团结湖街道司堃范爱心工作室志愿者和崔各庄地区星光老人康复服务福利中心及东坝地区特困老人代表。

（周长勇）

【温暖行动】 元旦、春节期间，区老龄办作为主要承办单位，组织开展第六届“温暖行动在朝阳”活动，对全区生活在低保边缘的1978名贫困老年人家庭，以每户500元标准实施救助。

（周长勇）

【考察调研】 2月18日，江苏省宜兴市居家养老工作考察团一行9人，在市长王中苏的带领下先后考察双井街道为老服务一条街和南磨房地区社区服务中心，就居家养老工作经验做法进行探讨交流；5月5日上午，丰台区政协主席初建华、老龄办主任率部分政协委员到朝阳区，就养老服务事业发展情况进行考察调研，在实地参观双井街道为老服务一条街、乐成养老服务中心、南磨房地区社区服务中心后,召开座谈会,双方就重点关注的老龄事业发展问题进行探讨交流,区政协副主席刘乃晨等陪同考察。

(周长勇)

**【九养政策座谈会】** 4月15日,在八里庄街道华贸社区召开落实"九养"政策座谈会,副区长张春秀主持会议,与会人员对朝阳区落实"九养"政策中存在的突出问题及整改情况进行研究。相关委办局、街道(地区)办事处、社区居委会、老年人及服务商代表参加会议。

(周长勇)

**【第七届老年运动会】** 6月10日,区老龄办在朝阳体育中心举办第七届老年运动会,区体育局局长陈杰致开幕词,来自46个单位的1800余名运动员参加门球、拉力器、跳九方格、实心球掷远等15个项目的比赛,有232名运动员分别获得一、二、三等奖。

(周长勇)

**【交流学习】** 5月中旬,区老龄办组织考察团赴江西省南昌市考察养老服务工作,参观敬老院和养老服务中心;应中华海峡两岸企业交流协会邀请,6月28日赴台湾进行老龄工作交流考察,先后考察台北市兆如老人安养护中心和长庚养生文化村,与台湾同行就两岸老龄工作开展情况、养老事业发展前景与趋势进行互动座谈。

(周长勇)

**【养老议案督办】** 6月23日,区人大内司工委就上年区政府继续办理养老议案工作情况到老龄办进行跟踪督办,听取区老龄办半年老年工作开展情况介绍和重点工作汇报。督导组对老龄办工作给予肯定,希望通过对养老议案跟踪办理督查,促进本区老龄事业健康发展。

(周长勇)

**【重阳节主题活动】** 9月27日,区老龄办、区委宣传部、区文明办在奥林匹克公园庆典广场联合举办"孝暖重阳 文明朝阳"最美不过夕阳红——第二届朝阳区庆重阳孝亲敬老主题活动,为百名孝星代表、为老服务先进单位及养老(助残)餐桌进行命名、颁发奖牌,为南磨房地区恒安中医院志愿队、对外经贸大学志愿队、八里庄街道"十姐妹"为老服务志愿队、武警北京市总队第十支队一中队志愿队授旗,并启动2011年"敬老服务月"——关爱老人温暖行动进社区活动。全国老龄办副主任闫青春、市民政局副局长李红兵、市老龄办常务副主任李建国、市委宣传部宣传处长荣大力、区委副书记宋连娣等领导及各委办局主要领导、43个街道(地区)领导、武警官兵、老年人代表、志愿者代表、中小学生和百名"孝星"近1000人参加活动,副区长刘军胜致开幕词。

(周长勇)

**【九九俏夕阳舞蹈比赛】** 9月23日,区老龄办在红领巾公园举办第七届"九九俏夕阳"老年交谊舞大赛,300余名老年人参加比赛。

(周长勇)

**【重阳节慰问】** 9月28日,副区长刘军胜在区老龄办及相关领导陪同下,到团结湖街道百岁老人家中走访慰问。

(周长勇)

**【老龄事业发展规划】** 10月上旬,区老龄办牵头制定的《北京市朝阳区"十二五"时期老龄事业发展规划》经区长办公会研究通过后,与区发改委联合向社会正式向布。

(周长勇)

**【规范化建设考评】** 10月11日至12日,由市民政局、市残联、市老龄办组成的联合督查考评小组一行6人,对朝阳区养老(助残)餐桌和托老(残)所规范化建设工作进行督查考评。区老龄办、区社区服务中心等主要领导陪同检查。

(周长勇)

**【教学基地管理人员培训会】** 12月1日至2日,区老龄办、区妇联在东方太阳城共同举办东方妇女老年大学朝阳教学基地管理人员培训会,中国人民大学社会与人口学院教授邬沧萍、朝阳社区学院党委书记马金东分别为参会人员就《社区老年教育》、《老年网络教育》等内容进行辅导,区老龄办就朝阳区当前老龄工作状况进行分析。区老龄办、区妇联以及43个街道(地区)、东方妇女老年大学教学基地等人员参加会议。

(周长勇)

**【落实市九养政策】** 年内,加强养老(助残)餐桌规范化建设,严格准入、退出制度,新增养老(助残)餐桌27家,达到342家,其中64家通过市检查组考评,被评为规范化建设餐桌;开展"孝星"和为老服务示范单位评选活动,评选出1742名市级"孝星"和149个为老服务示范单位并进行命名表彰;落实95岁及以上老年人医疗报销制度,向83名百岁老人发放医疗补助领取证,为8名百岁老人发放补助医疗费6万余元,为150余名符合医疗报销政策的老年人补助医疗费35万余元,为265名95周岁及以上老人免费办理城镇居民基本医疗保险,为40名95岁以上老年人免费办理新型农村合作医疗。为有需求老年人配备小帮手电子服务器,全年发放1.7万部第一代小帮手、5000部第二代小帮手。

(周长勇)

**【老年优待】** 年内,为60周岁及以上老年人办理老年人优待卡2.8万余张、老年优待证近万个;每月按时为90周岁及以上老年人发放高龄津贴,投入资金457.22万元;为有需求的老年人家庭安装700个"一按灵"。以每户600元标准为28个老年人家庭发放特困补助。

(周长勇)

**【老龄调研】** 年内,完成《朝阳区2010年老年人口信息和老龄事业发展报告》、《为老服务资源调查情况报告》,征集调研成果101篇。

(周长勇)

**【综合管理服务信息化平台】** 年内，区老龄办与信息办合作，启动老龄综合管理服务信息化平台建设，于12月底前完成研发工作并上线试运行。期间，市民政局副局长李红兵、市老龄办副书记翟建勇一行4人到朝阳区调研老龄综合管理服务信息化平台建设工作，对朝阳区率先在全市建立老龄综合管理服务信息化平台工作给予充分肯定。

（周长勇）

# 地 域

## 街 道

### 安贞街道

【概况】 安贞街道位于朝阳区西北部,东邻和平街街道,南与东城区和平里街道接壤,西与海淀区花园路街道、西城区德胜街道相交,北与亚运村街道、奥林匹克公园公共区南部相接。辖域约3.6平方公里。辖6个社区、304栋居民楼,总人口88208人,其中常住人口68454人。驻有总装备部等重点单位和规模以上企业约300家。

地址:安华西里一区13号楼

电话:64260018(办公室)

邮编:100011

邮箱:azxzb@sohu.com

(陈远荣)

【元宵游园会】 2月16日,在安贞西里社区公园举办"创建全国文明城区·和谐安贞"元宵游园晚会,展出600余盏花灯,6000余人次游园。

(陈远荣)

【垃圾分类工作】 2月23日,召开垃圾分类工作部署会,在2010年安华西里和黄寺社区试点基础上,启动其余4个社区垃圾分类工作,200余名志愿者分赴社区指导、监督。街道面向居民发放户内、户外垃圾桶8.3万个,配备57辆垃圾运送电动车。

(陈远荣)

【全国"两会"安全保障】 2月24日,召开全国"两会"维稳工作部署会,成立维稳领导小组,制订工作方案和预案,拉网式检查重点场所、重点地区、重点单位。落实突出矛盾调处方案,管控"重点人";落实代表驻地周边安保巡查部署。"两会"期间,地区可防性案件"零发案"。

(陈远荣)

【安全生产管理】 4月11日,召开安全生产紧急会议,就当日和平街12区3号楼燃气爆燃事故部署本地涉气企业及燃气用户安全检查工作。会议要求对辖区使用燃气企业进行安全生产检查,对老旧楼房燃气用户进行拉网式安全排查及整改。会后制定地区燃气专项整治方案并组织实施。当日,集中检查、整治辖区内使用液化石油气的200余栋居民楼底商、100余家企业及50余家餐饮企业。配合有关方面落实和平街12区3号楼居民暂住保障工作。

(陈远荣)

【环境示范大街建设】 4月26日,地区鼓楼外大街、安定路、安外大街通过首都环境办、市委相关部门检查组验收,被命名为首都级市容环境示范大街。

(陈远荣)

【庆祝建党90周年】 6月28日,举办庆祝建党90周年红歌展演暨表彰会。9支合唱队演唱经典红歌,20个先进党组织、11个优秀党组织品牌、150名优秀共产党员、30名优秀党务工作者受到表彰。

(陈远荣)

【庆祝"八一"建军节】 7月15日,举办"庆'八一'军民文艺联欢会",庆祝中国人民解放军建军84周年。驻区部队首长、共建单位领导、街道相关部门负责人及辖区居民200余人参会。90余名演员表演文艺节目。

(陈远荣)

【人大代表换届】 11月8日,选举区第十五届人民代表大会代表。设安贞里、安华里、安贞西里、安华西里、黄寺—裕民路5个选区,设立20个投票站、18个流动投票箱,选民总数30053人,参选人数29902人,参选率99.5%。选出区第十五届人代会代表11人,分别是:安贞街道工委书记王军、北京安贞医院党委书记伍冀湘、北京石油管理学院企业公共关系研究部副主任王姮隽、北京联合大学职业技术师范学院教授曾泓、区人大常委会副主任李国、石油工业出版社有限公司社长助理李俊军、北京张生记餐饮有限公司总经理汪琦、北京歌华开元酒店副总经理马新军、中煤能源集团党委办公室副主任韩力、北京广济中医医院院长王志华、安贞街道安华西里社区党委书记刘毅。

（陈远荣）

【创建全国文明城区】 年内，文明创建形成“1+8+6”工作模式，采取广泛动员、入户走访、网上互动、媒体宣传、惠民公示等方法，征集社会各界意见、建议。征集汇总各类问题1299件，解决1182件，解决率91%。创建中坚持档案整理到位、问题整改到位、迎检工作落实到位。9月11日，接受全国文明城区建设测评组实地考察和问卷调查测评。测评组实地考察安贞社区公园、爱心家园、安华里社区、安贞里社区、安贞派出所及相关餐馆；安华里20户、安华西里23户居民家庭接受问卷调查。区测评结果显示，街道被检中没有失分。

（陈远荣）

【地区公共服务管理】 年内，完善公共服务体系，推进民生工程建设。为91名老人办理小帮手，为47户空巢老人家庭安装“一按铃”；整合44家居家养老服务签约服务商，为2400余名行动不便老年人和残疾人提供生活照料、家政服务、康复护理和精神慰藉等居家养老服务；规范6项低保制度，发放各类抚恤金、补助金376.5万元，受理保障住房申请1300余户；掌握失业人员第一手资料，进行就业培训并推荐就业，实现无“零就业家庭”目标，其中安贞西里、安华里、安贞里3个社区被区相关部门认定为充分就业社区。

（陈远荣）

【规范停车管理】 年内，调查摸清地区机动车与停车位数量，整合社会单位资源开展错时停车。申报地区13条道路施划停车线，新开发停车位2600余个。招标停车公司进行停车管理商业化运作。以安贞西里小区为试点，实行机动车单向微循环行驶；以安华里小区为试点，实行机动车单边停车。

（陈远荣）

【零发案社区建设】 年内，黄寺社区继续建设可防性案件“零发案”社区，重点抓好“地域划分、流动人口管理、全年重点时段防控”3个环节工作，做到6个到位：人员发动到位、整合资源到位、岗位责任明确到位、军警民联动到位、巡逻防控到位和物防技防措施到位，社区可防性案件连续600余天“零发案”。

（陈远荣）

## 奥运村街道

【概况】 奥运村街道位于朝阳区西北部，东抵来广营，南与亚运村街道、大屯街道接壤，西接海淀区，北临昌平区。辖区面积18.8平方公里，总户数50201户，户籍人口131321人，居住人口110420人。社区居委会12个。法人及产业单位数1929家，其中法人单位：1788家，产业单位141家。另有党政机关2个，军事单位2个，事业单位55家，规模以上企业152家，小学5所，中学3所，职业技能培训机构3所，医院6家，社区卫生服务中心1家，社区卫生服务站1家；辖区内有公交路线58条，轨道交通线路2条，四环路、五环路、京藏高速3条主要干道，北苑路等9条城市主干路和清林东路等其他次干路、支路。街道地处奥运核心区域，包括“鸟巢”、“水立方”等7个奥运会竞赛场馆；600公顷奥林匹克森林公园；北京奥运村科技园位于本辖区，区域内中国科技馆、中科院感光所及天文台、中国环境科学院等10余家企事业单位；有三星级以上酒店4个；有北顶娘娘庙、龙王庙、弥陀古寺等历史古迹。奥运村街道是集文化、旅游、休闲为一体的区域。

地址：安立路28号院3号楼
电话：84945556
邮编：100107

（甘剑雯）

【爱心助老活动】 1月1日，社区服务中心开展“情满两节 爱在社区”两节服务暨爱心助老活动。中心依托96156社区公共服务平台签约居家养老服务商，分期、分批、包片上门为符合受助条件的老年人提供家政保洁、家电维修、清洗油烟机、理发等免费服务。12个社区954户老年人受益。

（吴颖脱）

【保障性住房推进暨交接工作会】 1月4日，召开年度保障性住房推进暨交接工作会。标志着住房保障工作职能正式由街道民政科移交至城建科。

（陈文霞）

【无军籍职工座谈会】 1月6日，市军休办在本街道召开“2011年市军休办慰问无军籍职工座谈会”。市军休处处长王桂荣、区民政局副局长贺铁庆、办事处副主任李书香及10名无军籍职工代表参加会议。王桂荣了解无军籍职工生活情况，并向参加座谈会无军籍职工代表发放慰问金。

（陈文霞）

【联合大检查】 1月10日，联合北京有色金属与稀土应用研究所对其出租房内15家各类企业开展集中检查整治。对研究所出租房内小店铺、小宾馆、小餐馆进行排查，发现安全隐患21处，及时下达整改指令书。

（李文保）

【走访慰问活动】 1月18日，街道领导深入社区13类困难家庭走访慰问，送上慰问金和慰问品。

（刘剑峰）

【“红立方”启动仪式】 1月20日，在龙祥社区举行“红立方”启动仪式。区委组织部常务副部长王小毛与街道工委书记张永红为“党员服务中心”揭牌。“红立方”作为服务群众的平台，集教育、娱乐、交流、服务于一体,主要有党员服务中心、文化服务中心和地区博物馆等。

(任炎明)

【假期实践活动】 2月10日,组织辖区中小学生开展“六小行动”,观看爱国主义电影《张思德》。开展“小手拉大手,文明向前走”活动。

(方 泽)

【双拥工作会】 3月2日,召开年度双拥工作会。首都军警民共建工作协调指导小组副组长曹卫平、戚玉桥,区民政局副局长、双拥办常务副主任杨俊亮,武警北京总队秘群处处长张业军参加会议。

(王有才)

【“学雷锋”活动】 3月3日,在林萃社区和风林绿洲社区开展以“弘扬雷锋精神,创建文明奥运村”为主题的“学雷锋”活动。20多家社会单位协办,500余人受益。有法律咨询、家庭急救知识宣传、发放计生用品、义诊、免费理发、免费保洁、免费燃气检测、免费发放科普图书、平价蔬菜销售、理财咨询等活动。活动结束后,风林绿洲社区保留80%的服务项目免费向居民开放。

(任炎明)

【“爱耳日”活动】 3月3日,街道残联以“人人享有健康听力”为主题,开展宣传普及活动。张贴爱耳日宣传画、制作爱耳日宣传海报、普及爱耳知识,倡导大家爱护听力,从幼儿做起,检查致聋基因,减缓老年耳聋,避免药物致聋,并为听力残疾人发放宣传手册。

(刘剑峰)

【养老助残】 3月9日,街道领导到居家养老(助残)餐桌定点单位——京诚小院餐厅实地考察。了解养老(助残)餐桌开办情况。年内地区居家养老(助残)餐桌有9家,总营业面积4200余平方米,日平均服务老年人600余人次。自2010年4月开办以来,结算养老服务券28万余元。实现养老(助残)餐桌全覆盖。

(陈文霞)

【“幸福养老大课堂”入住“红立方”】 3月9日,区第一家“幸福养老大课堂”正式进驻本地区“红立方”。大课堂是由北京东方老年大学、中国老龄事业发展基金会和全国敬老爱老助老主题教育活动组委会共同实施,面向全国老年人的远程教育普及工程。课程内容以幸福养老为主线,以健康教育、艺术教育、国学教育、生活教育、时政教育为主体,包括幸福导航、养生宝典、兴趣天地、疾病防治、生活百科、老年维权、和谐家庭、奉献社会、时事纵横等九大系列内容。

(陈 永)

【“两会”保障】 3月10日,办事处启动社会面一级超常防控,组织40名专职巡防队、4400名治安巡逻志愿者、233名停车管理员、415名物业保安等群防群治力量,对辖区主要道路、重点部位、居民小区实行全天候巡逻防控,形成社会面立体化防控屏障。组织36名民兵针对6座桥梁进行重点看护值守。街道成立督查组,每日对辖区安保工作进行明察暗访,监督检查。确保“两会”期间地区安全稳定。

(陈静仪)

【“春风行动”施工管理现场会】 3月30日,市环境秩序百日整治“春风行动”施工管理现场会在奥运村地区召开。城六区城管大队、各城管分队监察员、中国建筑集团等施工单位负责人和媒体记者200余人参加会议。市城管执法局领导就加强施工现场管理,控制施工场地扬尘、制止乱倒垃圾、工程渣土和车辆带泥上路提出年度目标任务。施工单位代表介绍先进经验,现场发放宣传材料1000余份。

(李 玮)

【司法行政工作会】 3月31日,召开地区司法行政工作会暨争创全国文明城区专题部署会。社区司法工作负责人参加会议。传达市、区司法局2011年司法行政工作会议精神。部署年度地区司法行政工作。

(范玉生)

【第一届街道全民运动会】 4月23日,街道第一届全民运动会开幕式在奥林匹克森林公园曲棍球场举行。来自12个社区、辖区社会单位、驻区部队、地区残联和地区办事处机关38支代表队、2000余人参加开幕式。

(陈 永)

【联合执法】 5月5日,街道领导带队对辖区消防安全隐患进行联合执法,依法查封两家单位35间彩钢板房,对一处平房区40余间房屋、2处生产加工场所进行消防隐患检查,处理不合格煤气灶4个。

(陈静仪)

【物业管理单位培训会】 5月13日,组织召开“创建全国文明城区物业管理单位培训会”。市、区物业专家结合创建全国文明城区物业管理分项检查标指进行授课,对北京市业主决定共同事项公共决策平台事宜进行介绍,并回答物业单位提问。敦促物业单位向业主宣传介绍“北京市业主一卡通”主要功能和操作方法,鼓励物业单位尽快引入使用。

(方 泽)

【“全国助残日”活动】 5月14日,街道残联在旭日广场开展“改善残疾人民生、保障残疾人权益”主题宣传活动。社区居民和温馨家园残疾人表演文艺节目。活动发放宣传材料3000余份,纪念环保袋2000余个。

(刘剑峰)

【奥运村街道挂牌仪式】 5月16日,奥运村街道举行挂牌仪式。区委副书记宋连娣,区委常委、副区长刘希泉,区委常委、宣传部长、统战部长谢莹,区人大常委会副主任李国,区政协副主席刘乃晨,奥运村街道领导等出席会议。副区长赵全保主持会议并宣读《关于奥运村街道党政机构设置问题的通知》。区委社工委书记汪洋宣读《区委关于奥运村街道领导班子的任命决定》。刘希泉，谢莹为奥运村街道工委、办事处揭牌。奥运村街道挂牌标志着奥运村完成农村城市化进程，正式进入“城市”行列。

（刘全红）

**【整治环境】**　5月19日，对环科院家属区8号楼、9号楼楼道内乱堆乱放情况进行集中清理整治。出动人员42人，车辆6辆，对2栋居民楼4个单元逐层进行检查清理，清除可燃物、杂物、废弃物40余平方米。

（陈静仪）

**【“文明交通 绿色出行”宣传活动】**　5月21日，开展“文明交通 绿色出行”主题宣传活动，设一个主会场，11个分会场。设置交通安全警示教育展板、宣传条幅，为居民讲解交通安全知识和绿色出行理念，普及文明城区创建知识。300余名居民参加活动。

（任炎明）

**【保密知识讲座】**　5月23日上午，街道举办保密知识讲座。区保密局副局长曲京生做专题讲座，机关和社区60余名干部参加培训。

（甘剑雯）

**【区首届社区文艺汇演】**　5月26日，举行朝阳区“魅力朝阳 和谐社区”首届社区文艺汇演暨颁奖仪式。区民政局党组书记徐传孝、街道领导张永红等出席。全区90支文艺团体参赛，产生62个奖项。其中麦子店街道选送的舞蹈《云那边》和六里屯街道选送的民乐合奏《牧民新歌》摘得桂冠，街道社区服务中心获“突出贡献奖”。

（陈　永　任炎明）

**【廉政文化建设】**　5月27日，举办“读廉书 观廉片 抒廉感”读书月活动启动仪式。街道纪工委向机关科室、社区和驻地部队发放《反腐倡廉10个热点问题》、《忏悔录》、《中国廉政文化读本》、《廉政准则》等廉政图书700余本。观看动漫宣传片《中国共产党党员领导干部廉洁从政若干准则》。

（李相东）

**【垃圾分类】**　5月28日，举办低碳经济和低碳生活主题宣传活动。以“倡导垃圾分类、走进低碳生活”为主要内容，联系群众生活工作实际，宣传垃圾分类意义和低碳生活常识，发放宣传材料800余份，低碳生活纪念品1000余件。

（郭玉群）

**【国学社成立一周年】**　6月4日，街道举办“创建全国文明城区暨风林国学社成立一周年”文艺汇演。风林国学社成立于2010年6月13日，是北京市第一家社区级国学社。一年来，组建“风林之韵（诗词咏诵组）、风林之醉（诗词写作组）、风林之神（书法国画写作组）”等11支文化队伍，有社员1300余人。

（任炎明）

**【安全生产月】**　6月11日，街道举行“安全生产月”主题宣传日活动。现场悬挂宣传条幅10余条、摆放安全生产知识展板10块、张贴创建文明城区海报6张。发放《北京市安全生产条例》、《特种作业人员安全技术培训考核规定》、《创建全国文明城区知识手册》等宣传材料5000余份，并接受群众咨询。400余人参加活动。

（李文保）

**【图书馆正式对外开放】**　6月13日，位于龙祥社区的街道图书馆正式对外开放。图书馆面积115平方米，藏书2224册，是地区第2个街道级图书馆。

（陈　永）

**【食品安全执法检查】**　6月13日，组织开展夏季食品安全联合执法检查。区卫生局卫生监督所、街道工商所、派出所、城管、综治办等部门对科学园、南沙滩、林萃、大羊坊4个社区进行联合执法。重点检查街边无证无照餐饮经营。监督检查无证照餐馆15家、关停13家。查抄科学园719楼和南沙滩社区2家无证照餐馆，没收厨具、餐具等80余件。

（刘　红）

**【纪念建党90周年暨表彰大会】**　6月21日，街道召开纪念建党90周年暨表彰大会。区社会办主任张永新、街道班子成员出席大会。授予南沙滩社区党委等10个社区党委（直属党支部）“五个好”基层党组织称号、北沙滩社区党委第二党支部等9个党支部“五个好”基层党支部称号、张振成等9名同志“五个强”党务工作者称号、张鸞制等90名同志“群众心目中的好党员”称号。观看《服务奥运会 成就奥运村》宣传片和文艺汇演。机关干部、社区书记、主任及地区党员、积极分子代表700余人参加会议。

（张振萍）

**【税源建设】**　6月30日，市地税局检查组、区地税局及小关税务所一行7人，到街道检查个人出租房屋税代征工作。检查组对街道个人出租房屋税代征工作流程、票据管理、领用登记、工作台账、资金收缴等相关资料进行抽查，并对代征资格进行验证。

（李桂英）

**【社会保险法宣传活动】**　7月9日，开展以“社会保险保民生 全民参与促和谐”为主题的《社会保险法》普法宣传活动。在万科星园文化广场设立主会场，组织现场咨询、发放宣传材料、悬挂宣传标语，并解答居民咨询。发放宣传材料900余份，受教育600余人。

（丁海涯）

**【党员教育】**　7月21日，组织500余名社区党员群众到中华世纪坛参观“一切为了人民——北京市纪念中国共产党90周年主题展览”。

（张振萍）

**【环境优美大街】**　8月11日，区社会办组织区环境办、市政市容委、交通支队、城管监察大队、绿化局、环卫中心等相关部门对全区街道系统申报环境优美大街进行检查验收,北辰西路和奥林西路被评为优美大街。

(郭玉群)

**【双拥文化活动学习交流会】** 8月12日,街道工委、办事处举办“读廉书 观廉片 抒廉感”活动学习交流会。机关副科以上干部、社区干部、地区党员代表和共建部队代表100余人参加活动。活动从5月开始,历时2个多月。发放廉政图书1000余册,分两批组织社区、部队和办事处机关干部观看《廉政准则》动漫宣传片。社区、共建部队和社会单位28个单位500余人参与活动,收到书面学习体会80余篇。经评审,评出一等奖1名,二等奖2名,三等奖10名。

(王有才 张宝会)

**【争创全国双拥模范城】** 8月23日,全国双拥工作领导小组成员兼全国双拥办副主任、总政群工办主任汤奋将军,全国双拥办副主任、总政群工办副主任李辉,总参政治部副秘书长黄柯等到街道检查考评朝阳区争创全国双拥模范城工作。北京卫戍区副政委郭志刚,市双拥办常务副主任、市民政局局长吴世民,市双拥办副主任、北京卫戍区政治部副主任王巍,武警北京总队副政委李金星,区领导陈刚、程连元、佟克克、谢莹、贾彦翎、刘军胜,区委书记助理聂清凯,以及区相关部门领导陪同检查。检查组听取朝阳区双拥工作汇报,查阅区双拥办争创工作档案材料,对街道双拥共建工作给予高度评价和充分肯定。街道工委、办事处向检查组作题为《传承奥运精神 提升双拥水平》书面汇报。

(王有才)

**【志愿服务大会】** 8月31日,召开街道志愿服务推进大会,贯彻区创建全国文明城区全面迎检决战动员会精神,开展“文明有我 奉献爱心”系列志愿服务活动,发动志愿者投身到创建全国文明城区行动中,推动街道志愿服务工作迈向更高水平。800名红徽章志愿者集体宣誓,表达投身创建全国文明城区的决心。会上为“红徽章”下属10支志愿者品牌服务队伍授旗。志愿者现场开展服务活动。

(吴颖脱)

**【“五星级劳动科”达标创星】** 9月27日,区人力社保局和区民政局联合考核评估小组到街道检查劳动和社会保障科达标创星工作,通过综合评估,劳动科被授予“五星级劳动科”称号。

(丁海涯)

**【区党代表推选工作】** 11月3日,召开党员代表大会。经无记名投票表决,差额选举出郑煌、张永红、胡杰华、张鶩制、白文平为出席区十一次党代会代表。

(张振萍)

**【区人大代表选举工作】** 11月8日,区人大代表选举工作正式开始投票。设立47处投票站,街道产生9名区人大代表。

(王海娜)

## 八里庄街道

**【概况】** 八里庄街道位于朝阳区中西部。辖域面积4.4平方公里。东起青年路,与平房乡接壤;南以国华热电厂循环水渠至京棉集团的围墙为界,与高碑店地区相邻;西到红庙路口金台路、西大望路,与呼家楼、建外街道相接;北以二道河为界,与六里屯街道相望。截至年底,下辖13个社区,其中老社区7个,新社区6个;另有1个社区筹备处。地区总人口128640人。其中户籍人口28918户、83758人;流动人44882人。驻地单位3855个,其中中央单位28个,市属单位56个,区属单位38个,私营及其他单位3733个。区域交通便利,东四环路横跨南北,朝阳路贯穿东西。地铁1号线驶经辖域南部,18条公交线路可达办事处所在地红庙路口,有53条公交途径地区。紧邻CBD核心区,中国纺织科学院、中国国华电力股份有限公司北京热电分公司、华糖洋华堂商业有限公司、西单商场、北京京棉集团有限责任公司、朝阳区青少年活动中心、莱锦文化创意产业园等单位坐落在本辖区。年度区级税收收入12.39亿元,同比增加3.57亿元,增幅40.55%。

地址:柴家湾12号

电话:65001062

邮编:100025

(邱维伟)

**【首创“板网防护法”治理小广告】** 年初,街道发明“板网防护法”治理非法小广告。用特制防护网,将电线杆、露天配电箱、过街天桥扶手等易出现小广告的公共设施围遮起来。防护网采用灰色菱形金属网格材料,网眼细密、坑洼起伏,网面与设施之间加装橡胶垫圈以留出2厘米左右间隙,能有效防范粘贴式、涂写式、喷绘式、印章式等各类小广告。防护网使用时间为5年左右,节省人力物力,统一规制,颜色与电线杆等设施近似,不影响市容环境。在朝阳路、西大望路两侧670根电线杆、100多处配电箱和1处过街天桥扶手安装防护网,这些部位小广告基本绝迹。该发明得到媒体和上级关注,作为典型经验刊登在《新华社内参》。在人流密集区设立信息岛,以京剧脸谱艺术喷绘和种植攀援类绿植遮蔽墙体等配套措施,压缩小广告生存空间。

(邱维伟)

**【搭建“车巢网”网络平台】** 年初,街道和专业公司合作,搭建停车信息交换公益网络平台“车巢网”www.nestca.com,提供免费车位信息共享服务,解决停车难、停车乱问题。该网站有车位搜索、车位出租、车友互动、车事指南、旅游活动、疏堵檄文等板块。目前“车巢网”有注册用户4000多人,实现车位共享。

作为全国首个由街道办事处主导的公益性车位信息共享网络平台，被20余家国内外报刊、电台、电视台报道。

（邱维伟）

【十里堡南里社区成立】 5月8日，十里堡南里社区正式成立。社区位于八里庄地区中部，所辖东至京包铁路线，南至国华电厂内部运煤专线，西至华堂西侧路，北至朝阳路。面积0.17平方公里。辖区有居民楼19栋，常住人口1903户4758人，流动人口1877人。宛亚芬任首届居委会主任。

（邱维伟）

【莱锦文化创意产业园开园】 9月18日，位于东四环慈云寺桥以东700米的莱锦文化创意产业园正式开园，成为CBD－定福庄传媒产业走廊上的新亮点。莱锦产业园由原北京第二棉纺织厂生产厂房整体改造而成，是工业遗产资源保护与再利用项目。项目自2008年着手实施，由日本知名设计师隈研吾设计改造。在充分保留原有建筑特色前提下，采用结构分割、天然采光、立体绿化等措施，将旧厂房改造成为庭院式工作园区。建成后产业园共分三个园区。A区是文化创意产业交流中心和产品展示交易区，主要有政策信息服务平台、交易宣传平台和培训招聘服务平台。B区是建国初期自主设计的标志性建筑，在保留原有建筑风格基础上，经内部装修改造，形成会议、餐饮配套服务创意服务中心。C区由46栋300－5000平方米独栋花园式低密度工作室组成，是文化创意企业开展创意工作、进行“头脑风暴”、制作创意产品场所。有新媒体类、广告类、动漫类等100多家创意企业入驻园区，包括5家上市公司。

（邱维伟）

【区人大代表换届选举】 年内，完成区人大代表换届选举工作。地区共分7个选区、559个选民小组，实际登记选民38101人，其中居民29620人，驻地区单位8481人。共设置投票站16个、流动票箱33个。参加投票的选民37072人，参选率97.3%。11月8日，选举产生刘北阳、王立、王丽薇、尹荣宝、刘东风、刘光超、孙立、芦光义、李明、李文恒、杨稼轩、庞琨璐、房超、赵波、聂盛杰、韩振民、程淑艳等17人为区第十五届人大代表。

（邱维伟）

【区党代会代表选举】 年内，完成朝阳区第十一次党代会代表选举工作。10月27日召开八里庄街道党员代表大会，出席代表134名，以无记名投票方式选举产生刘北阳、齐建宗、苏煜、李国、李青、陈健、孟凡森、唐骅、梁红、臧丽华等10人为区第十一次党代会代表。

（邱维伟）

【文明城区创建】 年内，加强宣传力度。投入50余万元，制作横幅、大型户外广告、安装文明宣传橱窗、印发宣传折页。依托地区党建指导委员会、社会建设协调委员会等协会组织，发动基层党组织、驻军、学校和社区文体队伍宣传创建理念。利用“创建专刊”宣传阵地、“东隅阳光大舞台”等群众文化阵地和“书香朝阳”文化系列活动、“八里庄健康之星”、“文明楼门”评选等品牌活动，宣传先进典型，展示居民文明风采。加强机制建设，提高管理水平。成立创建迎检指挥部，对照创建指标体系，将任务分配到科室，落实到人头，建立“创建相关问题建档挂账和定期会商机制”、“创建工作日志”、“文明创建行动日”、“文明创建联合执法”行动等日常制度和工作机制。落实民生工程，解决民生问题。投入670万元，实施“四大工程”（畅行工程、靓街工程、便民工程、民康工程），系统开展畅通路网、美化环境、便民服务等工作。同时，摸排梳理社区各类难点问题200项，落实责任，逐项突破，切实解决民生问题。

（邱维伟）

【环境建设】 年内，实施保洁工作市场化改革。制定《八里庄街道保洁工作考核标准》，以东四环路为界，分为东西两个保洁区域，每周一次例行检查，半月一次互检。畅通社区路网。投入200余万元，重修十里堡路、八里庄路、红北路、红北中路、远洋东路等10余条道路。修补针织厂路、苏宁东路、八里庄东里社区入口及十里堡社区入口。增设路侧停车管理设施。针对路侧停车混乱状况，测量和规划12条有条件施划机动车停车位道路，制定停车位施划方案。在朝阳路两侧、芳菁路等处安装限车桩400余根；在路侧施划自行车停放处，解决机动车和非机动车停放问题。创建环境优美大街。创建朝阳路（红庙—慈云寺桥）及华贸商业街2条区级环境优美大街，粉刷商铺围墙、施划机动车、非机动车停车线、绿化补种、清理堆物堆料等工作。投资50万元，绿化日坛小学南侧路及东恒时代广场南侧路3000平方米。坚持城管治理。年内出动3210人次、990车次，宣传告诫1752人，开展法制宣传活动10次，发放宣传材料4860份，查处无照经营5163起，暂扣非法游商三轮车119辆，检查门前三包单位6314家次，规范387家，清除没收小广告6000余张。处理网格案件近4000件，规范施工现场40余次；规范广告牌匾332块；清除垃圾渣土103吨；制作案卷113卷，罚款40000元；检查食品经营单位512家。

（邱维伟）

【民生政策】 年内，强化为老服务工作。1－11月为地区2970名老人兑现各类服务价值140多万元。为500多名老年人进行免费体检；为5户空巢病患老人免费安装999紧急呼叫器（一按灵）；为126名困难老人办理慈善医疗卡。与北京师范大学心理学院组织30人老年心理咨询队,开展“老年智力运动会”等多项活动。地区托老中心被确定为区托老残所规范化建设试点单位,紫光园(红庙店)及北京京盛源酒楼被确定为区养老助残餐桌规范化建设试点单位。开展走访慰问和扶贫帮困活动。为1187人落实各类补助补贴约70万元;走访1403户残疾人家庭,送去慰问品慰问金折合人民币30余万元。“爱心家园”发动社会力量捐款,共救助1472人次,救助金额142325.57元。为困难家庭办理106份医疗救助及各类临时救助金24万元;为红庙等9个社区188名贫困无业妇女发放医疗救助卡。开展计生困难家庭和社区卫生服务中心签订协议,提供“家庭医生式”服务。“两节”期间,投入123.02万元,走访慰问低保家庭、失业人员、计生帮扶户、百岁老人等困难群体1871人。走访慰问驻军,送去慰问金和困难战士帮扶金2.7万元。为64户、130人办理最低生活保障手续。落实计生家庭特别扶助政策,推进“生育关怀行动”和出生缺陷一级干预,提高出生人口素质。开展再就业和劳动用工监察工作。开发5238个空岗信息,举办2场招聘会,开展一对一求职指导与推荐后跟踪相结合方式,帮助1039余人实现就业。处理工资拖欠案件15件200余万元。

(邱维伟)

**【垃圾分类】** 年内,新改造垃圾楼3座,覆盖4个社区、21个小区实行垃圾分类;协调华贸社区等4个分类垃圾楼未覆盖小区2500余户居民进行垃圾分类。参与垃圾分类户数达20000余户,参与垃圾分类人口50000余人。投资垃圾分类20多万元,建立分类桶站180组,组织垃圾分类集中宣传30余次,居民知晓率接近100%。配备垃圾分类二次分拣员21名,垃圾分类巡查员6名,动员垃圾分类志愿者400多名,建立垃圾分类制度和考评奖励制度,确保分类垃圾楼覆盖区域垃圾分类率100%。

(邱维伟)

**【青年社工“学生假日课堂”活动】** 年内,在社区青年大学生社工中挑选不同专业品学兼优者,组成36人志愿者队伍,利用工作之余,采取“一对一”或“多对一”方式,为26名家庭贫困中小学生提供义务辅导,服务416人/次,936小时。北京电视台、朝阳电视台、北京社区报、京华时报、法制晚报等媒体跟踪报道。

(邱维伟)

**【建党90周年活动】** 6月至7月,采取街道统筹、项目运作、片组实施等方式,开展九项“红色活动”纪念建党90周年。在党员和群众中开展“红色记忆”活动,征文300余篇;组织30余名50年以上党龄老党员进行座谈;组织500余名党员赴西柏坡、平津抗日纪念馆等地开展“红色之旅”活动;分片区开展党史知识竞赛、红色论坛和红歌比赛活动等。召开庆祝建党90周年暨创先争优评比表彰大会,表彰优秀基层党委、先进基层党支部、特色党小组、支持建设先进单位、优秀共产党员、优秀党务工作者。

(邱维伟)

## 朝外街道

**【概况】** 朝外街道位于朝阳区朝阳门外。东起工体东路、东大桥路与呼家楼街道接壤,西至朝阳门南北大街与东城区朝阳门街道、东四街道相连,南至光华路与建外街道为界,北至吉市口八条、工体西路、工体南路与三里屯街道、东城区东直门街道相邻,面积2.2平方公里。是朝阳区委、区政府所在地。辖区划分为芳草地、天福园、三丰里、雅宝里、体东、吉祥里、吉庆里7个社区,有常住人口39999人,户籍人口44187人,流动人口17245人,外籍人口1030人;党政机关11个,企事业单位11093个,学校(含托儿所)8个,医院(含社区卫生站)10个。回、满、蒙、藏等21个少数民族3354人在此长期居住。辖区内有外交部、司法部、民建中央等国家部委机关及英国、朝鲜等13个国家驻华使领馆。是北京重要商业繁华街区和CBD休闲消费功能区。日坛公园、东岳庙、神路街琉璃牌楼及南下坡清真寺等名胜古迹和历史文化资源构成地区丰厚的文化积淀。

地址:朝外大街芳草地北巷5号院
电话:010-85610985 85632515
85629992
邮编:100020

(王明强)

**【第五届“春分朝阳”民俗文化节】** 3月19日至21日,第五届春分朝阳民俗文化节在日坛公园举办。文化节结合“朝阳传媒2011幸福传递社区行”活动,通过举办“过福门、敲福鼓、观福意、五谷填福、走福路”及复原清代仿古祭日典仪和民俗展卖、文艺汇演、趣味游戏等活动,弘扬传统民俗文化,塑造地区文化品牌。

(王明强)

**【成立党建研究分会】** 3月29日,成立朝阳区党建研究会朝外地区分会。区人大常委会主任、区党建研究会会长王力军,市党建研究会副秘书长章建伟出席成立大会。党建研究分会成员由地区社会单位党组织、党务工作者、党建理论学者组成,共吸收62个会员,其中团体会员22个,个人会员40个。分会任务是:整合社会资源,通过开展专题调研、理论研讨、学习考察和咨询解答等活动,为制定地区党建工作规划提建议,为驻地社会单位和社区党组织提供咨询服务,研讨基层党建新情况、新问题。

(王明强)

**【企业老板沙龙】** 4月19日,地区社工委、经济协会在人寿大厦举办第七次企业老板沙龙活动,辖区40

余家企业负责人参加。围绕“争创五好企业，推动科学发展”主题，部分企业负责人分别从经营管理效益好、企业文化建设好、劳动关系和谐好、承担社会责任好、支持党建工作好5个方面，介绍本企业做法和经验。街道工委、办事处向国雅大厦、锦诚兴业商贸有限公司、凯腾航空服务有限公司、保盛航空服务有限公司及美众昌盛医疗器械有限公司等“五好企业”颁发奖牌。

（王明强）

**【纪念建党90周年】** 6月28日，召开庆祝建党90周年暨先进表彰大会。地区15个先进基层党组织、28个和谐共建先进党组织、5名群众心目中好党员、130名优秀共产党员、22名优秀党务工作者受到表彰。6月至8月，分别举办演讲、书画展览、歌咏比赛及有奖征文、红色短信征集等系列庆祝活动。

（王明强）

**【选举区人大代表】** 8月至11月，完成地区人大代表换届选举工作，选出16名区人大代表。选举期间，投入办公经费10余万元，发放60000余份《致朝外地区选民一封信》、制作200余块选举知识展板、印制4期《朝外时讯》选举专刊、制作1000余条宣传横幅、编发30余篇信息及22期《简报》。

（王明强）

**【干部队伍建设】** 年内，提拔科级干部12人，其中2名正科、4名副科，6名副主任科员，调整科级干部岗位13人次。接收军转干部3人，其中公务员2人，事业编1人。社招大学生9人，其中公务员4人，事业编5人。

（王明强）

**【文明创建】** 年内，投资近20万元，维修、更换、新建精神文明宣传栏67个，印发《致朝外地区居民一封信》、《朝外时讯》，悬挂文明创建宣传横幅。开展“千名干部下基层，周六创建行动日”活动，机关干部分组进入居民家中搜集社情民意，召开40余次群众座谈会，征集热点、难点问题。召开16次“热点、难点”听证会，与居民代表共商解决办法。投资81万元整治地区环境，启动“路平工程”，整修破损路面，绿化17274平方米，粉刷沿街建筑外立面15652平方米。协调开发白天、夜晚不同时间段停车泊位310个，集中治理社会单位门前卫生死角、机动车乱停放现象。加大违法停车、黑车运营和非法经营停车场执法力度。加大安全用药和食品安全宣传监管力度，向社区居民发放20000余册《安全用药呵护健康手册》，向餐饮单位发放300余封《致餐饮经营者一封信》、200余块“制度公示牌”，督导各餐饮单位与卫生监督所签订《餐饮消费环节食品安全承诺书》。

（王明强）

**【全国安全社区创建】** 年内，完成安全社区创建工作。自2008年起，朝外街道启动全国安全社区创建项目，通过摸底调查、专家论证、群众评议，确定交通、消防、生产、家居、老年人、青少年儿童、治安防控、残疾人8个安全促进项目。创建过程中，注重“资源整合、联动配合”，派出所、安监、城管、医疗、卫生、消防等单位整合资源，跨部门合作，社会单位和社区志愿者、和谐促进员等2600余人加入创安队伍，确定“五个一”工作目标，即一套总结、一套资料、一本画册、一张光碟、一个现场，创安取得实质性进展。3月21日，全国安全社区评审专家组对街道创安工作进行第一次检查评审，指出安全社区创建理念把握不准，创建机构职责不清，档案管理机制欠缺，发现问题能力弱及“六小门店”存在安全隐患等不足。街道据此梳理归纳为10个方面问题，制定相应改进计划并付诸实施：聘请全国安全社区专家培训所有工作人员；细化安全促进委员会责任分工；改进社区安全诊断方式、范围、频率；排查“六小门店”消防通道、应急疏散照明系统隐患及组织从业人员进行应急演练；梳理、核实、完善《安全社区工作报告》数据来源；定期与不定期相结合分析评估项目实施过程和效果；组织社区居民开展消防演习及避难逃生培训；各项目组每季一次碰头会互相检查讲评；社会单位及居委会层层制定应急方案，社区居干、楼门组长、志愿者参与其中各司其职；收集、归档原始资料和数据，包括各种事故与伤害记录、宣传教育活动及安全检查记录、隐患排查及整改记录、经费投入记录，基础设施建设与维护记录及各种影像资料，形成完整档案。6月17日，通过全国安全社区评审专家组第二次评估验收。11月，朝外街道被命名为全国安全社区。

（王明强）

**【税源建设】** 年内，举办房地产、金融、外贸等各类行业座谈会、联谊会6次，有针对性地做好用工招聘、法律服务等各类服务保障。对于在辖区内纳税企业，按照有关政策兑现相应奖励，吸引元亨房地产开发公司等企业到辖区内经营、发展。截至10月末，形成区级收入12.36亿元，同比增加4.96亿元，增长67%，完成全年税源任务8.73亿元的142%。截至11月29日，街道代征个人出租房屋税款2084.02万元，同比增加625万元。

（王明强）

**【“一刻钟社区服务圈”建设】** 年内，实现“一刻钟服务圈”新突破。在调查研究基础上，本着“缺什么补什么”的原则，增加便民服务商数量，优化便民服务网点，建立良性的准入机制和动态监督管理机制。强化153家便民网点的服务质量，推动“一刻钟服务圈”发展；深挖社会资源，设立“社区集中便民服务日”，增设优惠卡等惠民项目，建立固定化、规范化、常态化的服务模式；扩大“一刻钟服务圈”品牌效应。全年还接待中央、外省市及其他区县考察团26个。

(王明强)

【社会保障】 年内,实施再就业援助4050人,推荐191名失业人员实现再就业,开发2876个就业岗位,职业指导500余人次,失业人员职业技能培训85名,调查123家社会单位用工情况,组织3次招聘会。受理申请保障性住房家庭416户(其中限价房330户、经适房71户、廉租房15户),通过市级备案349户(其中限价房283户、经适房55户、廉租房11户),对57户享受廉租补贴、17户享受实物配租家庭进行年度复审,接听电话咨询1000余人次、现场咨询800余人次。为167户低保家庭276人发放最低生活保障金130万元,医疗救助金7.6万元,为优抚对象发放定期生活补助13.14万元,发放高龄补贴近9万元、丧葬补贴7万元。延伸“6620关爱行动”内涵,深入推进居家养老政策,为127名老人建立个人档案,实现特色化服务。探索帮难解困新方式,建立党员、社会单位、地区居民结对帮扶机制;社会单位设立爱心超市和专项基金,慰问困难群体并提供志愿服务。

(王明强)

【安全稳定】 年内,投入资金730余万元,建立接访室、指挥中心值班室、综治维稳工作中心会议室,购买办公设备,5名专职人员在指挥中心24小时值班。完善监控设施,辖区监控全覆盖。投入12万元维修441个单元门门禁系统,各社区门禁系统完好率100%。选择吉祥里小区、天福园社区话剧院宿舍小区为封闭式、准物业化管理试点小区,投资43万余元安装15个监控探头,新造和维修1870余米围墙。各个社区组建综治维稳工作站,建立“市民劝导队”、综治维稳领导小组、社区综治维稳工作站、楼门组长与和谐促进员组成的“四级维稳网络”。排查化解矛盾,截至11月底,接待群众来电咨询92人次,接待来信、来访94件次(区级以上信访41件次,街道级信访53件次),完成4起信访代理案件,化解各类矛盾纠纷31件,实现非正常上访、群体性事件“双零”指标。排查治理安全隐患,全年开展50余次部门联合执法,其中6次专项检查,检查居民住宅楼、工地、包站库房、地下空间、液化石油气场所、彩钢板场所目标1071处,排查26家煤炉取暖用户,整治21户出租房屋安全隐患,解决6起扰民事件。

(王明强)

【城市管理】 年内,围绕“治乱、改造、防护”要求,完成环境优美示范大街、绿化升级改造、街巷胡同路平、小广告治理防护等全部立项任务。整治朝外大街、工体东路、东大桥路、中保大厦周边、天福园小区、吉祥里东区和西区环境。粉饰建筑物外立面21642平方米,小广告防护粉刷8797平方米,安装施划交通维护设施4189米,安装变电箱防护栏101米,绿化美化9915平方米。投资73万元整修破损路面,硬化道路1896平方米,加装自行车地龙922延米,清除渣土垃圾250立方米,规范66个垃圾分类桶站,处理600余起爱国卫生网格案件。加大查控违章建设的执法力度。围绕文明城区创建要求,开展“春风行动”百日整治工作,在重点地段、重点部位增设监控点,步巡与车巡相结合。进行50余次联合执法,检查1071处目标,贴罚单2000余张,暂扣黑三轮车200余辆,教育800余人次;取缔无照经营和擅自摆摊设点320起,暂扣物品600余件;集中检查施工工地30余次,查处3个施工工地、2个施工现场;规范“门前三包”单位1563家(次),查处不合格单位12家。

(王明强)

【社会服务管理】 年内,采取4条措施,建立全模式社会服务管理系统。一是整合综合指挥中心再造社会服务管理流程,形成集网格监督、全模式社会管理指挥、综治维稳中心、96156便民服务平台、政民互动平台为一体的综合集成系统,并升级工作职能,在单纯派发任务的基础上,强化综合分析功能。二是以吉祥里、吉庆里两个社区居民自治小组为基础,吸纳楼宇党组织开展楼宇居民自治试点,扩大居民自治领域。印制社区居民文明公约手册35000余份,开辟自治小组活动办公室规范楼宇自治文化。三是发挥社区居民事务协调委员会作用,搭建居民、单位和社区沟通交流平台,围绕社区重大事务、政府交办中心任务及难点热点问题,召开民主听证会、议事协商会,解决30余件难点问题;四是发挥和谐促进员作用,地区950名和谐促进员全年累计服务时数96840小时,报告1724件信息,协助解决258起矛盾纠纷。

(王明强)

## 大屯街道

【概况】 大屯街道位于朝阳区西北部,东邻来广营地区、望京街道,南靠亚运村街道、小关街道、太阳宫地区,西北接奥运村地区,地域总面积10.013平方公里。街道具有人口多、社会单位多、建筑物多的特点。常住人口14.82万人,流动人口5.76万人,总人口20.58万人。有14个社区居委会,74个居住小区,82个物业公司,楼房1206栋,地下空间476处,道路52条(市管道路8条,区管道路21条,社区道路23条),地区绿化覆盖率为46%。法人单位3262家,个体工商户2551个,产业活动单位243家,餐饮及娱乐场所463家,企业以第三产业为主,商业、餐饮娱乐业发达。紫玉山庄、新新家园、富成花园、碧海方舟、鸿华高尔夫庄园等高档别墅坐落其中。辖区文化资源丰富，有北京联合大学本部及旅游学院、中华女子学院、中央民族乐团、武警指挥学院、武警军乐团、中国藏学研究中心等文化教育机构。年内，街道被市政府评为市级双拥模范街道、市级敬老爱老为老服务示范单位、第六次全国人口普查先进集体。被区委、区政府评为2011年度征兵工作先进单位、禁毒预防宣传教育先进单位、流管工作先进单位、交通安全宣传管理工作先进地区。城建科被北京市城市环境秩序综合整治领导小组评为年度城市环境秩序百日整治优秀组织奖，武装部被区民防局、地震局评为年度民防、地震工作先进单位，劳动科被区人力资源和社会保障局评为五星级劳动科。街道20余项工作得到市区表彰。

地址：安慧北里雅园1号

电话：64917665

邮编：100101

网址：http://dtjd.bjchy.gov.cn

（韩　涛）

**【区人大代表换届选举】**　年内，开展区人大代表换届选举工作。地区应登选民51281人，实登选民50902人，登记率99.26%。划分7个选区、949个选民小组，确定正式代表候选人21人。投票日当天共有49923名选民参加选举，参选率98.08%，选举产生14名人大代表。

（韩　涛）

**【区党代表选举】**　年内，开展区党代表换届选举工作。街道各基层党组织在充分发扬民主、广泛酝酿讨论的基础上，按照不少于20%的差额比例，选举产生大屯街道党员代表143名。并召开党员代表大会，选举产生大屯街道出席区十一次党代会代表5名。

（韩　涛）

**【文明城区创建工作】**　年内，社区从居民身边小事做起，安装单元门公告栏、宣传栏1214个，清理堆物堆料400余车，更换楼道电灯泡9000余个，修建乒乓球围挡、增补信报箱、修补小区路面等，为居民办实事2839项，让百姓切实看到身边的变化，提升群众对创建工作支持度和满意率。对照标准，在完善提升基础上，通过问卷调查，入户掌握居民真实想法，通过听证会、恳谈会收集群众意见建议。通过实地调研查找死角、汇总问题。召开职能部门工作协调会、创建调度会、培训会，做到定向诊断，目标清晰，确保整改迅速有效。加强对公安、交通、工商、卫生、消防等多个职能部门协调，定期组织联合执法，集中进行综合整治，全面消除辖区环境、交通、安全等问题和隐患，实现条块之间有效配合；驻区单位、共建部队、机关团体、楼门骨干等多方力量共同参与创建工作，在清理环境卫生、参与路口志愿服务、配合问题整改、加强文明用语宣传及保障本单位门前秩序等方面给予支持，营造人人参与创建的良好氛围。

（韩　涛）

**【维稳工作】**　年内，坚持人、技、物防同步，以创建“平安示范小区”为契机，组织开展“物防进小区、技防进家庭”活动，增设监控探头、楼宇对讲，增加巡控力量。组织4300余名志愿者参与“红袖标工程”、“零发案小区”共同联防；有效进行舆情信息研判、开展矛盾排查调处，持续关注、调解小营热力厂建设等矛盾隐患，把问题解决在基层，把矛盾化解在萌芽状态。

（韩　涛）

**【全天候警务服务】**　年内，开展民警驻社区试点工作，民警贴近居民开展社区安全教育、24小时警务服务和治安巡防，处理群众投诉、来访和治安突发事件。同时，提高社区日常防范和快速处置能力。

（韩　涛）

**【维稳长效机制】**　年内，坚持依法处置，化解新难点。引入公益律师提前介入，妥善解决亚运花园、紫玉山庄等小区业委会与物业公司之间矛盾纠纷；坚持关注和把控各类重点人群、矛盾苗头，推行信访维稳风险评估，分类做好疏导、劝诫工作；坚持“化解矛盾十法”。开展人民内部矛盾排查，接待群众来电来访792人次，排查和受理各类案件633余件，实现全年零投诉、零越级上访。

（韩　涛）

**【优美大街创建】**　年内，对接创建标准，实地踏勘，按照攻难点、亮特色、建长效的思路，推进城市精细化管理。实施环境整治，粉刷清理沿街车站牌、过街天桥、变电箱、灯杆等城市家具430余件。清洗、清除小广告19600处，修补人行道破损1600平方米；完善公共服务设施，更换公用电话亭27个、果皮箱200余个，增设树挂彩灯万余盏，补植绿地1100平方米，施划非机动车停车位430个，安装挡车桩2545个；加强动态监督管理，配备专人协管，坚持重点打击，强化监督考评，5条大街环境面貌整体改观。安立路、科荟路被评为优秀示范大街，慧忠北路、北辰东路、大屯北路被评为达标示范大街。

（韩　涛）

**【环境建设】**　年内，在继续组织“小广告兑换生活用品”活动基础上，成立小广告清除队伍，调配人力、专用车辆，分班次开展实时流动清理，小广告长时间滞留影响观瞻状况得以改善；根据区域、季节特点，调整执法力量，采取处级领导轮流带队、多部门捆绑执法等措施，持续整治游商、烧烤、黑车等城市顽症，关停无照“六小”门店59处，依法查扣黑摩的及改装三轮车87辆；严密监控，在重点查处新增违法建设的同时，加大对大屯里小区等重点区域整治力度，拆除小营北路、慧忠北里等47处违法建设6000余平方米、违规牌匾、广告标志733处。清理腾退占地9.8亩、建筑面积4376平方米姚家大院。投资300余万元,解决小营西路地下管线污水堵塞问题。完成大屯北路路灯安装工作。对育慧里二区5号院、安慧东里18号院两个老旧小区物业管理缺位情况,申报实施准物业管理,指导居民成立小区管理委员会,选聘物业公司。修缮小区大门4个,施划停车位280个,安装宣传栏14个,修补粉饰围墙、围栏3000平方米,安装照明灯56个,铺装修补道路1600平方米。协调区环卫中心、绿化二队、区水务局等30余家单位解决涉及道路保洁、绿化美化、污水排放等问题180余件,新修108路公交宿舍北侧、金泉家园西侧、紫薇公园南侧3条道路。全线补修小营北路,对22条道路1.2万余平米路面进行修补,补植绿地150余处,地区15条主干路增加保洁作业车辆和人员,街巷环境卫生状况得到改观。协调北京联合大学、北京住总集团等社会单位植树8000余棵,新增绿地1.2万平方米、认养绿地7700平方米。指导中华女子学院完成屋顶绿化7000平方米。完成新新家园社区花园式社区创建和大屯里华悦国际小区的花园式单位创建工作。完善网格管理机制,制定实施网格案件派遣、处置等制度,接收网格案件32677件,处理结案率达到99%以上。筹备成立商务楼宇物业自律协作组,在预防治安案件、整顿门前秩序中发挥作用。

(韩　涛)

**【静态交通秩序】** 年内,加强地区商业和餐饮业繁华地段停车治理,拆除地锁,消除路面隐患,施划车位引导规范停车;加强对乱停乱放问题的监管,招聘专职交通协管员,配合交警取证处罚,贴发警示、处罚单据5000余张;在安立路、北辰东路等重点地段增设交通护栏、安装路侧隔离桩,减少交通隐患,引导停放有序;重点打击与疏导服务并重,在大屯北路、地铁5号线大屯路东站设置交通综合服务管理站,加强阵地宣传,保持整治力度。协调区社会办、区交通委,开通一条8个站点环形摆渡车线路,进行市场化运行,在早晚高峰时段为地铁换乘和居民出行提供便利;引入专业停车公司进行路侧停车规范管理,完成7条道路停车备案工作,实现主要道路静态停车有人管、秩序好。

(韩　涛)

**【安全生产】** 年内,开展“大排查、大宣传、大培训”安全系列行动。组织安全知识培训、大型宣传活动21次、应急疏散演练15次,开展有限空间、液化石油气罐、燃气隐患、安全生产月大检查等专项检查20余次,检查单位3434家次,未发生安全生产责任事故。

(韩　涛)

**【民生保障工作】** 年内,加强劳动保护和劳动监察,提前介入纠纷高危企业,推进劳动用工监测预警,取得成效;深化“就业岗位储蓄银行”服务品牌建设,超额完成各项业务指标。社保所代表朝阳区接受北京市再就业工作验收,被评为“五星级”社保所;实现“老年餐桌、老年服务、日间照料”3项民生工程社区全覆盖。通过引进中介组织、依托餐饮企业等方式,为1万余名60岁以上老年人开办16家养老助残餐桌;以老年之家、温馨家园为载体,1400余名80岁以上老人享受到居家养老服务;树立敬老模范,开展“孝星”评选,51人获得市、区“孝星”荣誉称号;深化大屯特色民生工作品牌,将情暖大屯“六送”活动贯穿全年。开展帮扶低保户“暖心工程”、帮扶低保边缘户“温心工程”、帮扶困难官兵“双扶工程”。建立对困难群众救助的长效机制,服务走访低保对象、空巢老人、残疾人等弱势群体4583人次,发放各类救助金300余万元。接待国际、国内参观考察团43批次。

(韩　涛)

**【社区队伍建设】** 年内,加强社区“两委一站”班子调整配备,公开招录社区工作者19名、社区事务助理40名,优化社区工作者队伍年龄、知识结构;加强社工队伍建设,组织参观考察,推荐外出培训,实施“青年社工成才计划”、“青年社工暖心工程”,建立大学生社工宿舍,组建青年社工协会,定期开展“我为社区献一策”等研讨、拓展、交流活动,为青年人才成长搭建平台。

(韩　涛)

**【社区服务】** 年内,完成慧北二等8个社区办公服务用房租买达标工作;推进社区服务站标准化建设,做到形象标志、管理制度和服务规范“三统一”;完善社区工作制度,修订《社区重大事项报告制度》、《社区工作者考评办法》等制度、规定10余项;培养社区民主参与机制,指导社区走访入户、广征民意,召开社区事务联席会、听证会等610次,居民通过自我管理方式解决事项609件。丰富和深化“一刻钟”便民服务圈内涵,将服务站点扩充到403家,服务项目细化至240个。各社区发动社会单位、社区志愿者参与文化社区、文明社区共建活动,和谐社区建设理念日益深化。

(韩　涛)

**【财政税源工作】** 年内,加强与区职能部门对接和沟通,对物业和房屋中介等单位进行政策宣传,做好涵养税源和规范纳税工作。截至10月底,实现区级财政收入9.5亿元,比上年同期增长9.62%;走访300余家单位。完美世界软件有限公司、包商银行北京分行等9家单位回本区纳税;代征个人房产税总额达到1871万元,上缴额度增长25%。

(韩　涛)

**【廉政建设】** 年内,完善机关财务管理制度,采取多项措施,降低人均物耗。加强固定资产管理,严格执行政府采购规定。坚持依法行政,优化政务环境,深化政府信息公开。双向拓宽政民联系渠道,建立并逐步完善集政策宣传、通知通告、信息反馈等功能于一体的大屯街道居民短信互动平台,发送各类周知提示、宣传信息9万余条。开展全国双拥模范城"五连冠"争创活动,完成年度征兵指标。坚持"大人口"统筹推进,"小人口"决不放松,促进计生工作上水平。完成司法、统计等年度工作任务。

（韩　涛）

## 东湖街道办事处筹备处

**【概况】** 东湖街道位于朝阳区东北部,东至慧谷阳光小区东墙向北至北小河中心线及原崔各庄与来广营乡乡界至五环路中心线,与崔各庄、来广营乡相邻;南至北小河北侧沿望京西路西侧至湖光北路、宏泰西街北侧,与望京办事处相邻;西至地铁13号线西侧,与来广营乡接壤;北至五环路中心线,与来广营乡相邻。区域面积5.1平方公里,常住人口7.6万人,流动人口2.2万人,外籍人士3100余人。下辖7个社区,3所中学,5所小学,韩国学校1所,幼儿园6所,医院3处,公园3处。坐落有"三大功能区"之一的电子城西区。有1329家社会单位,其中规模以上企事业单位253个(含爱立信、摩托罗拉等世界五百强企业16家)。年内,完成区级财政收入5.18亿元,与上年同比增长1.63元,增幅达45.8%。

地址:宏昌路6号

电话:84729787

邮编:100102

（刘　锟）

**【春夏两季招聘会】** 3月26日,与望京社保所共同举办"春风送岗位　携手促和谐——2011年东湖望京地区春季招聘洽谈会",26家企业、1000余名求职者参会,297人初步达成意向;其中本地区有9家企业,98人达成意向。

（孟晓霞）

**【科技周活动】** 5月15日,组织开展科技周系列活动,以北小河科普教育基地为依托,召集社会单位参与、小学生讲解(国学诵读)等形式,带动地区科学普及系列活动。

（单继红）

**【人口计生工作】** 5月28日举办"我爱文明东湖　六一儿童绘画比赛"暨婚育新风进万家活动启动仪式。比赛征集绘画作品1500件,展示以"婚育文明、家庭幸福"为主要内容的家庭人口文化。7月23日,组织独生子女家庭才艺展示。有40个独生子女家庭100余人参加展示,12个家庭展示舞蹈、演奏、歌曲等才艺表演,展示独生子女家庭的业余文化生活。9月23日,组织人口文化节文艺汇演,倡导科学、文明、进步婚育观念,普及计划生育、生殖健康、独生子女教育等科学知识,促进生育文明,促进人口素质提高和人的全面发展。12月20日,举办"文明东湖　幸福家庭"人口文化园揭幕仪式暨"东湖希望之星"书画摄影展。"新风东湖"人口文化园正式启动,地区单位和社区领导、计生宣传员和幼儿园小朋友等120余人参加仪式。人口文化园为地区增添了新的人口文化传播功能景观,成为地区群众学习健康知识的科普园地。

（杨　芳）

**【领导调研】** 11月7日,市委副书记、市政协主席、市委政法委书记王安顺一行到望京西园社区对综治维稳工作进行调研。望京西园社区作为区网格化社会面防控工作试点之一,建立起依托一个平台、建立两个组织构架、落实三项职责、实施四个监督、确保六个管控到位、完善八个台账的"123468"工作机制,充分发挥地区网格化社会面防控体系作用。12月12日,市委社会工委副巡视员王智玲带领检查组一行到南湖东园社区检查社区规范化建设。

（刘　锟）

**【安全社区创建】** 11月16日,全国安全社区创建工作评审组专家到街道对安全创建工作进行检查,对创建安全社区工作给予肯定,街道获"全国安全社区"称号。

（石冰洁）

**【党代表选举】** 年内,选举区第十一次党代表代表。经选举最终产生党代表3名。

（韩　晶）

**【社会领域党组织建设】** 年内,经反复酝酿,街道工委研究决定,增建2个楼宇党支部和1个综合党支部。

（韩　晶）

**【创先争优活动】** 年内,开展一系列创先争优活动:一是开展"双争"活动。在各党组织中开展争当"红旗党组织",在党员中开展争当"星级党员"。二是开展党员读书月活动。每个支部组织党员阅读《做最好的党员》一书,并写出读书心得体会。三是举办建党90周年党史知识系列竞赛党史知识竞赛。四是开展创先争优季度排名。对各党组织开展创先争优工作情况,按季度进行综合排名。

（韩　晶）

**【文明城区创建】** 年内,成立创建指挥部、三支应急保障队伍、街道督察组;设立文创工作社区专项应急资金;召开文明城区动员大会;开展窗口行业文明礼仪系列培训;将入户宣传和入户调查相结合,深入了解民情民意;完善社区硬件设施,投入文化体育软件建设;开展素质提升行动、文化弘扬行动、和谐社区行动、环境美化行动、平安建设行动和党群示范行动。动员社会单位参与文明行动,培训志愿者队伍,打造优秀志愿者品牌队伍。翻新地区公益广告、维护电子显示屏,更新工地围挡,规范绿色用地等;组织公共安全普及知识讲座及地区应急设备维护;向机关单位、社会单位以及地区居民普及文明礼仪教育。

（王筱鑫）

【区人大代表换届选举】 年内,成立区换届选举委员会地区分会,成立4个选区工作组,组织入户走访宣传,创办人大简报。设立投票站,做好选民登记、选票统计。通过民主选举产生地区人大代表10名。

(王筱鑫)

【职工互助保险】 年内,街道总工会有6家非公企业130人参加职工互助保障计划,累计金额12532元。

(范红仔)

【工资集体协商】 年内,有62家建立独立工会的非公企业与街道总工会签订集体合同,并在区人力资源和社会保障局备案。

(范红仔)

【非公企业建会】 年内,街道总工会推进非公企业建会工作,建立基层独立工会106家,百人以上企业12家;241家企业加入联合工会。发展新会员5023人。其中独立工会4164人,联合工会859人。

(范红仔)

【完成社保指标】 年内,城镇登记失业人员实现就业215人,完成计划的121.47%;就业困难人员实现就业99人,完成任务的190.38%;城镇登记失业人员就业率72.64%,完成任务的121.07%。

(孟晓霞)

【双优工程】 年内,成立创建领导小组,制订实施方案,明确分工、落实责任。集中整治沿街企事业单位、门店、物业公司、社区居委会环境。对广顺北大街、阜安西路、广泽路绿化进行升级改造,增加景观节点,补栽行道树;对3条道路进行步道修复和无障碍设施完善;对沿街3座桥梁及围墙护栏进行翻新和粉饰;对社会单位门前三包区域进行铺装和整治;请专业部门对沿街线杆、变电箱、公交站牌、导示牌小广告进行科学治理;在主要道路设置创建文明城区公益广告,营造良好宣传氛围。

(张　莹)

【垃圾分类】 年内,在11个小区实施垃圾分类工作。成立街道办事处垃圾减量、垃圾分类工作领导小组;加强宣传发动,发放3.5万份致居民一封信,制作展板11套,悬挂横幅300条,发放挂图200套、宣传手册2.5万册;制定工作细则及管理规定,与物业公司签订协议书;配发垃圾桶393组(其中街道自购89组),垃圾分类电瓶车56辆,制作公示牌30个,发放居民垃圾袋60万个(其中街道自购40万个)。

(张　莹)

【小区修复工程】 年内,根据居民反映,对南湖东园北社区、金色慧谷小区实施路平工程,修复柏油路面9000平方米。

(张　莹)

【食品卫生工作】 年内,联合区卫生监督所对餐饮单位、美容、美发、公共场所、二次供水等430多个单位进行食品卫生知识培训5次,联合执法检查23次,完成全年工作任务。多次修改完成创建文明城区食品安全第三次档案材料汇总上报工作,完成创建文明城区食品安全第三次、第四次和市实地测评任务,通过全国创建办检查验收。

(张　莹)

【禁烟工作】 年内,组织禁烟宣传4次,与7个社区、16家中、小学校及托幼机构、4家医院、27家物业签订禁烟责任书;检查底商门店114家,发放禁烟标志79块;向学校周边50米范围内烟酒销售点发放“不得向未成年销售烟酒”标志69张;接受市、区“无烟校”督导组抽查全部合格。

(张　莹)

【城市管理】 年内,处理网格案件13728件,取缔无照经营352家;规范门前三包单位350家次,处罚社会单位及门前三包93家次,个人129人,上缴处罚款83200元;拆除违法建设及非法设施35起326平方米;规范施工现场15次,查处不符合规定运输车辆24辆;清除小广告、喷涂15000余张;清理无主垃圾渣土50余吨。对外宣传上报市级媒体24份、内部宣传70余份,为创建文明城区开展全方位环境整治活动。

(孙利艳)

【信访工作】 年内,强化信访工作街道领导责任制。成功化解南湖东园信报间、望京西园房产证、望京西园电信基站问题及施工工地民工讨薪等涉众重大矛盾纠纷,对澳洲康都小区周边停车、慧谷阳光等小区物业与业主矛盾纠纷实施有效稳控与政策引导。信访数量同比下降近60%,信访与矛盾调处工作效果显著,接待来访197批次,其中个访194批次,集体访3批次;调处各类矛盾纠纷196起;到市、区集体访及重点上访率均低于区平均标准。

(苏　严)

【调解纠纷】 年内,街道、社区调处各类矛盾纠纷612件,调处成功率达98%,街道司法所被区司法局评为“精品司法所”称号。

(苏　严)

【法律服务进社区】 年内,组织律师进社区181人次,为居民提供直接法律服务312人次。同时,吸纳优秀律师及志愿者加入法律服务室,健全定点服务、网络服务、电话服务三位一体法律咨询服务“直通车”工程,地区法律咨询服务实现全时覆盖。

(苏　严)

【矫正帮教】 年内,帮助社区服刑人员找档案、补办退休手续;为刑满释放人员依法维权、推荐就业等服务。为两类人员办理廉租房及补贴1人,推荐就业、就学3人,就业率87%。

(苏　严)

【社区民主自治】 年内,以民生为导向,以实现公共利益为目标,印制居民、单位各类管理台账4万余张;走访34611户居民、941个单位,接待居民来访437人次;召开社区议事协商会、听证会、联席会等191

次；制定《社区文明公约》等7项；征集300余条意见建议。同时，搭建社区、物业小区（楼、院）、居民小组3级自治网络，充分发挥和谐促进员作用。

（李士博）

【社区规范化建设】 年内，在区社会办统一招标建设基础上，投入60余万元对望京西园社区进行标准化建设，实行统一标志、统一配置、统一功能设置的“三统一”模式。加强社区信息化建设，补充完善居民信息管理系统，实现社区居民信息数据全面达标；收集录入数据，建立社区工作者、办公用房、社会组织电子管理系统，实现社区管理信息化。

（李士博）

【社区干部队伍建设】 年内，细化街道社区管理制度，重点规范社区工作者“进”“出”口、职数、培训等；制定社区工作者福利制度；实施社区工作者培训学分管理制度；开展全体社区工作者脱产集中培训、参观交流等。累计人均80学时以上，有5人取得社会工作师资格，9人取得助理社会工作师资格；统招录用“大学生社工”8名；着力培养能力型、责任型社区领导干部；构建科学、合理的干部梯次结构；搭建有凝聚力、战斗力的社区领导班子。

（李士博）

【居家养老服务全覆盖】 年内，按照特惠化、个性化、精细化的“三化”服务标准，18000余人次得到服务，审核办理老年证、优待证、养老助残券1145人；为103位老人配发“小帮手”、“一按灵”服务器；发放高龄及丧葬补贴18份；为空巢、困难老人720户开展送“福”到家、“阳光接力”等精神慰藉活动；拓展养老助残餐桌数量，由原有5家老年餐桌增至8家，日均服务量约370人次，加强配送餐服务并增加“清真”老年餐桌。

（李士博）

【一刻钟社区服务圈】 年内，依托社区公共服务平台，通过建机构、分职责、定标准，采取多种形式对服务资源、居民需求进行摸底调查，根据464家服务资源类型、分布与居民需求情况，规划建立“四圈、三带、二园、一环”服务结构框架。在此基础上制作“服务地图”、“需求展示窗”；编印“便民服务手册”2.5万册；建设“一刻钟社区服务圈”网站；完善“服务站点认证制”、“联席会制”、“月报制度”等服务制度架构；搭建长效双向沟通平台，保障居民一刻钟内能享受到政务、便民、公益等服务项目。签约服务商156家，建立起“一街一品牌、一圈一特色、一社区一亮点”的个性化社区服务模式。

（李士博）

【烟花爆竹安全监管】 年内，春节烟花爆竹销售点由5个增加到7个。街道加强烟花爆竹安全管理，做好组织发动、措施制定、宣传动员、落实责任等监管工作，组织集中宣传活动两次，受教育群众2.5万余人；印制发放宣传材料8800余份，悬挂宣传横幅84条，组织秩序维护1500余人次。其间，坚持每天两次安全检查，保证“两节”地区销售网点和烟花爆竹燃放无火情发生，无燃放烟花爆竹伤人事件。

（石冰洁）

【安全生产检查】 年内，制定详细安全生产重点执法检查计划。检查638人次，处罚12起安全隐患。重点检查宾馆、饭店、歌舞厅、网吧等娱乐场所，大型超市、学校、公园等公共场所要害部位，建筑施工单位、“六小”场所等生产经营单位578家。

（石冰洁）

【物业公司管理】 年内，加强督导物业公司建立行业自管服务办法，对地区所有小区物业公司、大厦物业公司采取行业管理检查，逐户进行走访登记、录入准确信息。完成53个物业公司基础台账录入与细化，探索建立联动管理新模式。

（刘晓丹）

【助残工作】 年内，街道职康站吸纳8名地区残疾人参加职业康复劳动和文体活动。通过选举方式在望京花园社区、利泽西园一区社区、望京西园社区、南湖东园北社区，率先成立残疾人协会，完善地区基层残疾人组织。为2名残疾儿童发放入住康复机构费用补贴，为4人办理新政策申请，为7人申请轮椅等辅助器具，发放颈椎牵引器20个，为5名肢体残疾人申报免费轮椅，对地区所有肢体残疾人进行股骨头手术摸底调查。成立由20余名残疾人组成的街道残疾人合唱队。成立残疾人摄影协会，到世界花卉大观园开展首次外出采风活动。

（万 孟）

【校园周边整治】 年内，多部门联动维护地区校园安全，对12所幼儿园、中小学及16所其他教育机构，为部门联动作业搭建平台，并配备各类安保人员和志愿者全方位巡逻，采取各种措施确保校园安全。

（刘艳青）

【交通安全宣传主题月】 年内，开展交通安全宣传主题月活动，规范交通秩序管理。正面引导，提高市民交通安全意识；治理安全隐患点段，做好事故预防；通过展出典型案例挂图，发放宣传材料等形式，重点宣传酒后驾车等严重交通违法行为；在中小学生中开展交通安全宣传活动；联合多部门严肃治理交通秩序乱点。

（刘艳青）

【“百日整治”行动】 年内，开展以打击各类“黑车”为重点的“百日整治”行动。开展联合执法行动9次，出动执法人员248人次、执法车辆80台次，扣留“摩的”、“黑三轮”124辆，对40辆违反规定行驶的三轮车进行处罚，对25辆非法运营“黑车”司机进行警告教育，对162辆违法停车车辆进行贴条处罚。

（刘艳青）

【整治维护交通秩序】 年内，对地

区彩虹桥、河荫路、六佰本等8个重点地区及交通流量较大路口进行交通疏导和维护，联合10家规模较大物业公司维护交通秩序，并对上岗时间、仪容仪态、文明用语等情况进行检查，组织社会单位志愿者上岗176人次，值勤700余小时。

(刘艳青)

**【整治地区群租房】** 年内，采取4项措施治理群租房：一是宣传动员，发放致居民一封信。二是入户调查，开展摸底调查工作。三是对群租房房主及中介公司进行告知。四是对告知后仍不自行拆除的开展集中整治，整治219户群租房。

(刘艳青)

**【表彰奖励】** 年内，被北京市第二次全国R&D资源清查领导小组办公室授予"北京市第二次全国R&D资源清查先进单位"称号；街道、社区服务中心及望京花园社区托老所获北京市人民政府颁发的"2011年度北京市敬老爱老为老服务示范单位"称号；获市通信管理局、市经济和信息化委员会授予的"推进管道基站和宽带建设先进集体"称号。街道、望京西园社区、望湖社区获区委、区政府颁发的"朝阳区创建全国文明城区工作突出贡献单位"和"朝阳区创建全国文明城区工作先进单位"称号。获区体育局颁发的"北京市第五届'和谐杯'乒乓球赛优秀组织奖"；街道司法所被区司法局评为"朝阳区精品司法所"。邹宇获朝阳区交通支队授予的"交通安全工作先进个人"称号。李小蒙、彭燕获首都环境办授予的"2011年度首都城市环境建设先进个人"；殷康国、欧六六、高洁获北京市市政市容委颁发的"2011年度北京市生活垃圾分类个人贡献奖"。武春超获区水务局授予的"2011年度朝阳区节水工作先进个人"；高永红、商建英、刘绪勇、王庆东、徐霞等35人被区委、区政府评为"朝阳区创建全国文明城区工作突出贡献个人"；李小蒙、马武、曾慎安、程俊英等105人被区委、区政府评为"朝阳区创建全国文明城区工作先进个人"。

(刘　锟)

## 垡头街道

**【概况】** 垡头街道位于朝阳区东南侧，属于城乡结合部，东至北京炼焦化学厂东墙，与豆各庄地区办事处接壤；南至翠城小区规划区南侧和化工路，与十八里店、王四营地区为邻；西至厚金路和翠城小区规划区西侧，与南磨房、十八里店地区相接；北至金蝉北里、垡头北里和北京染料厂、北京炼焦化学厂北墙，与王四营地区毗连。辖区面积5.32平方公里，11个社区居委会，其中包括6个老旧小区(一区社区、二区社区、三区社区、北里社区、西里社区、东里社区)和翠城小区(翠城馨园社区、翠城雅园社区、翠城趣园社区、翠城盛园社区、翠城熙园社区)。有居民住宅楼232栋，平房1399间。常住人口59791人，流动人口9569人。规模以上企事业单位17个、学校(含托儿所)13个、医院2个。社区文化活动中心1个，500平方米以上文化广场3个，社区文化活动室11个，社区公园3个，托老所1个，图书馆1个，500平方米为民服务大厅1处。主要干道3条(化工路、垡头路、厚金路)。

地址：金蝉北里20号

电话：67365451

邮编：100023

(石立华)

**【"家庭医生式"服务】** 1月，垡头卫生服务中心和北焦医院合作，在全区率先启动"家庭医生式"服务。在计生丧子父母、孤寡空巢老人、行动不便老人、流动人口妇女等7类人群中试行，成立10支卫生服务队。与191位居民签订《家庭医生式服务协议书》，建立健康档案，开展入户随访、电话约访等服务。北焦医院为200名计生困难家庭育龄妇女、生育后期妇女、流动人口育龄妇女免费体检。医生团队入社区，开展不同形式健康知识讲座和义诊工作，为2000余名居民提供健康医疗服务，发放宣传材料21365份、药具8010盒。

(蔡　昕)

**【社区党委换届选举】** 2月21日至3月12日，完成翠城5个社区党委选举工作。选举产生党委委员25人，其中，书记5人、副书记8人、委员12人。社区居干党员14人，占56%；居民党员11人，占44%，居民党员进入社区党委班子，为推进社区党建和社会领域党建工作奠定基础。男性11人，占44%；女性14人，占56%，性别搭配合理。大专以上学历17人，占68%；高中、中专学历5人，占20%；初中文化程度3人，占12%。党委委员平均年龄50岁。

(张　聪)

**【社区居委会选举】** 3月至5月，翠城社区居委会开展换届选举工作。翠城5个社区选举产生新一届居委会成员31人，其中，主任5人，副主任5人，委员21人。班子成员平均年龄38岁，最小年龄23岁；25人具有大专以上学历，占班子总数的81%。

(程　焱)

**【妇联换届选举】** 3月至5月，举行翠城社区妇联换届选举工作。5月15日，召开翠城5个社区新一届妇女代表大会，选举产生妇女执行委员会和妇女代表207名，其中，妇联执行委员会委员25人，其中主席5人、副主席5人、委员15名。

(付德英)

**【申明亭建设】** 4月，改建翠城公园法律文化广场东侧休闲凉亭为申明亭，设计与制作匾额、楹联和简介铭牌。申明亭集休闲凉亭与抒民情、畅民意、化解矛盾纠纷社会功能于一身。6月15日，首次启用申明亭，举行翠城公园公厕建设居民听证会。

（梁　茜）

【城市管理】 4月至12月，开展整治环境秩序百日活动，分“春风行动”、“夏季攻势”、“秋风行动”3个阶段。在文化广场设宣传站，发出7000份宣传材料，查处82起违法行为。

（李海洋）

【法律宣传教育】 5月，举办“以法惠百姓、以法促和谐、以法创文明”主题法制宣传咨询活动。8月，组织中小学生参观翠城公园《中国法制史》壁雕。壁雕于年初落成，反映上古皋陶立法到当代社会主义法制建设演变过程，选取中国法制史进程中8个历史时期具有代表性的立法事件、法律文本和历史人物，以浓缩手法再现中国法制发展进程。12月，举办“深入学习宣传宪法，大力弘扬法制精神”主题日宣传活动。

（梁　茜）

【绿化工程】 5月至6月，投入328391.14元，绿化改造老生活区斑秃绿地4080平方米。改造翠城小区道路和小区内绿化，涉及607米健康大道、1112米金垈路、678米厚金路南段，栽植苗木51489株。街道获区养护优秀奖和旧小区改造三等奖。

（王晓琳）

【文化体育节】 年内，举办第六届文化体育节。包括运动会、团体象棋比赛、“和谐杯”乒乓球赛、书画展等系列文体活动。

（程　焱）

【领导班子调整】 年内，本街道作为全区街道任期调整首批考察单位之一，成立考察服务工作组，学习相关文件、召开专题部署和考察会、制定实地考察方案等，7月完成处级领导班子任期调整。

（张　聪）

【环境整治】 8月，垡头街通过区示范大街联合验收。投入70余万元，绿化补植500平方米、硬化铺装400平方米地面、整治600余平方米牌匾、粉饰4500平方米建筑物、防护粉刷3000平方米小广告。设两名专职环境管理协管员在示范大街全天候巡查监控。清理翠城56处暴露垃圾、堆物堆料，清运垃圾、渣土18车。投入7万余元，检修19件、新增57件公共设施。

（王晓琳）

【助老服务】 9月至10月，举办“为老助老服务月”活动和“为老助残服务月”启动仪式；社区卫生服务中心上门免费为日间托管老人体检并建立健康档案；举办老年人绘画比赛；为947位80岁以上老人办理居家养老服务手续。

（张怡然）

【国庆摆花工程】 9月20日至10月15日，开展国庆主题摆花工作。摆花2000余平方米，布置1处大型花坛、3处小型花坛，共投入10万元。街道获区节日摆花二等奖。

（王晓琳）

【建设人口文化长廊】 12月，由区计生委出资在翠城公园修建新风翠城人口文化长廊。展示垡头新貌、社区风采等，成为人口文化宣传阵地。

（蔡　昕）

【修缮工程】 年内，开展垡头东里糖库路修缮，8月10日启动维修工程，9月竣工。

（王晓琳）

【区党代表选举】 年内，选举区党代表。按照“两上两下”程序，选出5名区十一次党代会代表，其中，领导干部3名，基层一线代表2名，女同志3名，50岁以下代表3名。

（张　聪）

【区人大代表换届选举】 年内，开展区人大代表换届选举工作。地区共划分4个选区，设立选民登记站26个。登记选民26095人，登记率达到99.3%。投票日设立5个投票站，48个流动票箱。25884名选民参与投票，参选率99.2%。选举产生8名区人大代表。其中，女代表3人，研究生学历5人。

（赵广勤）

【安全社区创建】 年内，成立工委书记、办事处主任牵头的创安领导小组。通过摸底调查、专家论证、群众评议，确定13个安全促进项目。通过整合资源、跨部门合作、志愿者参与，制定伤害监测、安全检查、协商会议等工作制度。11月18日至19日，完成全国安全社区迎检评估工作。12月23日，街道被中国职业安全健康协会命名为“全国安全社区”。

（严　帅）

【庆祝建党90周年】 年内，召开庆祝建党90周年表彰大会暨文艺演出。表彰5个先进党建共建单位、3个“五个好”社区党委、20个先进基层党支部、26名优秀党务工作者、209名优秀共产党员。有1个社区党委、3个党支部、4名党务工作者、5名党员被评为区级先进。1名党员被评为市级先进。联合潘家园、双井、劲松街道，举办“凝聚党旗下，书画颂党情”书画作品征集展览活动。

（张　聪）

【党代表常任制】 年内，继续落实党代表常任制试点工作，总结成功经验和做法，在翠城5个社区推广。倡导“四诊”服务法，发挥代表作用，即日常“门诊”办琐事、开设“急诊”办紧事、勤于“出诊”办好事、集中“会诊”办难事。通过扎实学习、探索与实践，党代表“四权”和主体地位得到落实，代表由“一次性代表”成为“经常性代表”，激发了党代表参与党内事务和社区管理事务积极性。

（张　聪）

【党建“棋盘式”管理】 年内，开展“棋盘式”党建工作管理模式。一是建组织，对门店自律协会党员情况进行摸底，筹备在门店自律协会中建立党组织。二是建阵地,完善党建工作硬件建设。整合资源,建立翠城5个社区党员活动分中心。建立党员干部远程教育阵地,完善硬件设施,配备专职管理人员,利用远程教育网络,加强政治理论学习,被评为年度区级党员电化教育基地。三是建服务体系,打造为民服务品牌。深化党建活动主题。开展"亮明党员身份、发挥党员作用"——"五先两时刻"主题教育和主题实践系列活动,拓宽党员干部为民服务渠道,拓展党员志愿者作用。("五先两时刻"即上级党组织的最新精神让党员先知,社区内的大事要事让党员先议,困难棘手的难事让党员先做,无私奉献的苦事让党员先为,利益上的好事让党员先让,使党员时刻牢记自己的党员身份和使命,使群众时刻看到党员的先锋带头作用)。

(张　聪)

**【争创"五好支部"】** 年内,老干部工作重点围绕创建"五好"支部展开,以创"五好"支部、做"四好"离退休干部为抓手,引导离退休党员开展创先争优活动。开展"六个一"系列特色活动,即每月一次老干部志愿行动日活动、每月一次老干部社区交流日活动、每半年一次老干部地区献策日活动、定期开展老干部内部互助日活动、每月一次老干部沟通谈心日活动、每月一次老干部集中学习日活动。老干部支部通过"五好"支部验收。

(张　聪)

**【干部队伍建设】** 年内,提出干部队伍建设"六于"要求,即强于素质、精于谋划、细于管理、严于执行、勤于务实、勇于创新。完成机关、城管10名干部转任、5名公务员和4名事业编人员录用调入手续、1名社会领域专职党务工作者招聘及录用、9名科级实职干部和4名公务员试用期满转正程序、两次公务员招考、3个事业单位法人年检、副处后备干部选拔报名推荐、测评考察谈话、政工师职称评定等工作。做好市公务员遴选和区社工委竞争上岗动员工作,2名干部被选拔到区职能部门,4名干部进入竞岗考察环节。组织年度科级干部竞争上岗和干部轮岗交流工作。制定实施年度干部教育培训计划和党校学习计划。组织学习、业务培训20余次。完善干部管理考核制度,完成上年度15名区级奖励人员和44名街道奖励人员评定、公示、备案、兑现奖励等工作。建立实施科长例会制度,制定《科级干部任免票决制意见》,修订科级职位说明书,强化职位职责在考核中的运用,落实工资福利政策。

(张　聪)

**【人口普查工作】** 年内,召开第六次全国人口普查总结表彰会,表彰11个先进社区和75名先进普查员。

(陈荣升)

**【慈善救助】** 年内,按照每人300元救助标准,为164户困难居民办理"爱心家园"慈善超市救助卡。"爱心家园"慈善超市投入119533余元物品,救助2116户3941人次。募捐接收衣被11200件,接收捐款1242元。

(张怡然)

**【双拥共建】** 年内,打造"双拥文化节"品牌,举办双拥文化节开幕式暨庆"八一"军民联欢活动,与区公安消防支队垡头中队签订共建协议书。为部队赠送空调和防暑降温用品;开展"送电影进军营"活动;举办军民共建书画作品暨双拥书法培训班成果展;召开优抚对象座谈会,并发放慰问品。春节为4名军退人员发放慰问品;为12名伤残军人、7名烈属每人发放慰问金600元;为12名伤残军人每年每人发放180元生活补贴;为4名军退人员办理工作增资。

(张怡然)

**【公园建设】** 年内,投入11万元,在翠城公园增设绿化景观、挡雨棚、圆圈椅、果皮箱和指示牌等设施,封闭南北大门。在园中设置一组绿化养护兼保洁人员。

(王晓琳)

**【垃圾分类】** 年内,形成以分拣员和指导员为主体确保二次分拣到位、以居民为主体确保初次分类到位、以社区干部和楼门长为主体确保监督到位的垃圾分类工作格局。街道获区垃圾分类考评第五名,并代表区参加全市评比。

(王晓琳)

**【社区服务用房改造】** 年内,投入87万元装修翠城5个社区(翠城馨园、翠城雅园、翠城趣园、翠城盛园、翠城熙园)2100平方米居民活动室。投入10万余元修缮4个老旧社区(一区、三区、西里、北里社区)958平方米办公用房。

(王晓琳)

**【信访工作】** 年内,接待116件次群众来电来访,完成14件次区转交转办案件,处理240件次政民互动投诉。"两会"期间,开展领导干部接访月活动,接待4批6人次。矛盾排查10次、排查出10件次重大矛盾隐患,妥善解决金蝉里19、20楼因物业撤管引发矛盾等重点纠纷。

(曾　达)

**【安全稳定】** 年内,增设治安岗亭3处,在翠城地区增加监控探头30个,对接指挥中心与学校幼儿园监控系统。在翠城、三区、二区、西里社区建立4个社区警务工作站,每处配备1名专职民警、2名专职保安。成立11支社区市民劝导队。规范各社区综治维稳工作站工作模式,落实办公场地,统一制作工作站牌,由社区书记担任综治维稳工作站站长,制定各项工作制度。将社会面防控网格划分为日常管理型、一般防范型、重点关注型和严密管控型4种,每个社区作为一个防控单元,构建网格化社会面防控体系。

(刘　威)

**【交通环境】** 年内,施划30余处自行车停车位、351个机动车停车位，设过街人行横道36处共304平方米。在化工路南段及金蝉北路路侧安装机动车挡车桩1400个。开展30余次联合执法行动，查处20余辆非法运营车辆。

（刘 威）

**【一刻钟社区服务圈】** 年内，拓展“一刻钟社区服务圈”服务范围和项目，有76家符合认证条件服务商。利用社区门户网站和便民服务网络，完善社区网上信息。

（程 焱）

**【志愿帮扶】** 年内，开展“青春映晚霞”和“青春伴成长”志愿服务活动。为计生空巢家庭提供生活、医疗、心理慰藉等服务。北京联合大学生物化学工程学院青年志愿者与社区干部对接，采取平时与节假日相结合方式，帮扶9户计生空巢家庭。陪护空巢老人外出踏青、体检，与街道领导入户慰问。16名大学生志愿者与受助学生对接，开展课业辅导、品德养成等志愿服务。参观党史展览、爱国主义影片，发放“青春伴成长”助学金。7名低保边缘计生困难家庭大学生共享受助学金13000元。

（蔡 昕）

**【劳动就业】** 年内，培训劳动者职业技能130人次，39人取得职业资格证书。开发就业岗位1980个，失业人员就业417人，完成年度工作指标。扩面征缴4家、办理1户无档案参加社会保险，整理1400份社会化退休人员档案，退休认证1598人，办理社保卡1165人。巩固“和谐劳动关系街道”成果，劳动合同签订率100%；未发生10人以上劳动纠纷。劳动者举报、投诉监察案件少于10件。日常巡查325家，立案30起，结案率100%；追回工资326万元，补签62份劳动合同。上岗职业证书专项检查2次，建筑工地工伤保险专项检查4次，建筑工地工资发放专项检查8次，使用童工情况专项检查5次，劳动合同情况专项检查6次。

（王 腾）

**【社会保障】** 年内，完成417名失业人员就业，开发就业岗位2007个，职业指导1348人，失业人员技能培训80个，公共职介推荐325个，创业项目征集1个指标；档案转入407人、档案转出449人，失业登记572人，417人办理就业登记，228人次申请领取失业金，停发388人次，一次性领取35人次。142人次换发《求职证》，589人次换发《优惠证》，8名失业人员办理自采暖补助。497人办理城镇“一老一小”、无业人员医疗保险，219人次报销医疗费45.8万元。182人办理灵活就业社会保险补贴，16人办理药费报销手续，报销13.6万元。受理审阅90份低保及低收入申请，调查走访55户，新增低保20户47人，办理停发24户57人。办理医疗救助182人次14.8万元，为13户困难家庭办理临时救助5万余元，燃煤采暖补助35户1.4万元，自采暖补助10户1.4万元。丧葬补助282878.95元，个人账户清算40人次。为50名公益性就业组织人员办理复审认证，4人退休，核定公益性及劳务派遣组织保险基数92人。为822人次退休人员变更医疗机构，1554人补、换、发社保卡；99名退休人员办理社保卡信息变更。收取972份医药费单据，报销291万元。办理10881人领取社会保险（障）长期待遇人员资格认证。

（车洪成）

**【残疾人救助】** 年内，投入9万元，节日走访慰问200户残疾人特困家庭。为11个社区12户有改造需求肢体残疾人进行家庭无障碍改造。为122名残疾人办理居家养老助残券、14家服务商提供服务。为24名符合条件的残疾人发放小帮手电子服务器，为41名残疾人办理城乡居民养老保险。为12名城镇个体就业残疾人报销51677.28元社会保险补贴。为1名低保残疾人子女申请助学补助2400元；开展残疾人职业需求调查，有职业需求37人。与助残单位北京惠东塑料厂合作，在温馨家园职业劳动康复站开展半成品塑料扣加工，10名残疾人参加劳动。5月中旬，通过区残联检查组“残疾人人人享有康复服务”工作验收。在全国第20个助残日期间举办残疾人摄影展、外出游览植物园、到电影院看电影、对残疾人进行走访慰问等系列活动。

（高玉娟）

**【安全生产执法检查】** 年内，组织联合大检查9次，对烟花爆竹零售网点、有限空间作业、危险化学品、职业卫生等进行安全监管。开展打击非法违法生产、经营、建设行为专项行动，配合北京燃气集团开展燃气安全隐患排查治理百日行动。出动人员1642人次，车辆59辆，检查单位645家次，下达文书769份，整改隐患80余处。复评6家工业企业标准化工作。下达责令整改文书35份，现场检查129份记录，立案9家。

（严 帅）

## 和平街街道

**【概况】** 和平街街道位于朝阳区西北部，东以城铁13号线为界，西至安外大街，南起北二环路，北至元大都公园，辖区面积4.54平方公里。户籍人口97937人，25261户。年内新出生人口594人，死亡人口262人。流动人口41605人。辖区内有7家科研院所，8家文化艺术团体，3所大专院校，1所成人教育学院，1所中专，3所中学和5所小学，3个党政军机关，338个规模以上企事业单位，9个社区居委会。年内，招录16名社区工作者。

地址：和平西街和平西苑10号楼
电话：84280465
邮编：100013

（王爱君）

**【调研社区矫正】** 1月,北京大学社会学系、中国社会工作者协会副会长王思斌一行到街道调研“社区矫正现状和存在问题”。

(周晓蕾)

**【金玫瑰公共文明引导队】** 2月,整编“金玫瑰文明引导队”,在9个社区挑选新队员,吸收100名妇女参加,更名为“金玫瑰公共文明引导队”。

(刘 焱)

**【就业服务】** 1月至3月,“就业工作春风行动”期间,服务大厅和社区劳动保障工作站接待就业和保险政策咨询420余人次;提供就业岗位260个;慰问特困失业人员78人。3月23日组织12家用工单位参加地区招聘会,200余名失业人员应聘,32人签订就业协议。全年开发就业岗位3360个,帮助1012名登记失业人员实现提档就业,提档就业人员数量是区人力社保局年度指标的112%。

(刘树山)

**【城市管理长效机制】** 2月至12月,从3个方面入手,建立城市管理长效机制。一是强化“环卫绿化管理站环境监督员”和“优美大街环境保障协管员”队伍建设和管理,发挥两支专业队伍保障地区环境、监管公共设施作用,提高突发事件应急处置能力,日常工作做到3个及时:发现问题及时,反馈及时,处置及时。二是发挥地区指挥中心协调调度功能,各相关部门、职能科室及各社区合作,共同完成城市管理任务。三是坚持“一个中心,二级管理,六位一体”工作机制,扩大城市管理社会基础,采取监察、督办、复核、考评等措施,强化职能科室、社区责任制,加强与市政等专业部门横向联系,提高城市管理案件办结率。年内,地区数字化城市管理综合绩效在全区排名第6。

(王 彤)

**【成立青年社工俱乐部】** 3月,成立地区青年社工俱乐部。俱乐部设置综合协调部、信息宣传部、学习研讨部、志愿服务部、文体活动部5个部门,其职责是:在社区建设中发挥参谋、枢纽、自律、维权作用,街道40余名青年社工参加。

(崔玉华)

**【健康大课堂】** 年内,计生办、残联邀请中日医院保健科举办新生儿听力残疾预防与康复知识讲座;6月,举办初级急救员应急救护培训,地区红十字会会员、社区居干、居民等200余人参加。学员经过理论学习、测试及模拟考核,全部取得初级急救员合格证;10月,计生办联合《金色年代》杂志、《养生堂》中医专家组、北京电视台《养生堂》栏目举办“穴位健康”讲座并现场义诊;11月,在樱花园社区建筑工地举办“世界艾滋病日”健康大课堂讲座,发放500余份宣传材料,60余人听讲。健康大课堂全年开讲103次,专家义诊42次,受益居民6000余人。

(王爱君)

**【义务植树】** 4月,机关干部、社区居民、志愿者、街道绿化队270余人参加地区义务植树活动,栽种植物6个品种95株,发放宣传资料1000份。30名和平街一中师生和社区志愿者为和平家园社区树木挂标示牌,认养树木和绿地。和平家园社区居委会在街心公园向居民发放《致和平家园社区单位和居民的一封信》、《家庭低碳计划十五件事》及《养花小常识》等资料。

(麻慧溶)

**【禁烟监督检查】** 4月,监督检查“室内公共场所禁止吸烟”工作。检查211家单位,发放禁烟标志89家、检查员卡76张。其中,21家未按要求设置禁烟标志,17家“禁烟标志”设立位置不明显、标志不规范。1家餐馆有烟具,被当即责令整改。共整改190家。

(麻慧溶)

**【燃气爆燃事故】** 4月11日8点27分,和平东街社区12区3号楼发生燃气爆燃,造成6死1伤事故;涉及44户居民、1户经营户;该楼5单元全部坍塌,4单元和6单元部分坍塌。事故发生后街道成立5个善后工作组开展修缮服务保障工作。修缮受损居民户窗户玻璃222户,其中修缮窗户81户,安装玻璃141户。善后安置组统一安排受此事件影响居民到“楚源酒店”居住,并提供三餐和医疗服务;为13户财产损毁家庭发放13万元救助金;地区慈善分会为47名受损居民发放近10万元临时生活补贴。

(王爱君)

**【“5.12”防灾减灾日宣传】** 5月12日,宣传“燃气安全进我家”防灾减灾知识。设立宣传咨询台,解答安全用气常识。悬挂横幅、标语24条,展示展板112块,发放防灾减灾宣传资料2400份,3000余人次参加活动。

(李平春)

**【建党90周年读书演讲比赛】** 5月,举办社区工作者“书香朝阳”——我读红色经典,迎接建党90周年读书演讲比赛。选定书目为《青春之歌》、《红岩》,12名社工参加演讲比赛,决出一等奖2名,二等奖4名,优胜奖6名。

(崔玉华)

**【人民建议征集办公室】** 5月,成立“和平街街道群众工作领导小组”,下设办公室(以下简称“群工办”),办公室设在街道信访办,办公室主任由街道信访工作主管领导兼任。群工办挂“和平街街道办事处人民建议征集办公室”牌子,简称“人民建议征集办公室”。

(王迎竹)

**【社会化服务】** 5月,组织退休人员乒乓球比赛,120人参赛,选拔5名选手参加“朝阳区退休人员乒乓球比赛”。完成11000余名企业退休人员领取退休金资格认证。

(刘树山)

【建党90周年红歌汇演】 6月，在计量院礼堂举办地区“迎接建党90周年红歌汇演”，中国计量科学研究院、国家安全生产监督管理总局信息研究院、中日友好医院、北京服装学院、北京化工大学等15支社会单位、学校、社区合唱队参加，街道领导、社区单位代表、机关干部、社区工作者及居民代表等700余人参加活动。

（崔玉华）

【社区党建“九个一”】 6月，开展社区党建“九个一”活动。分别是：办好一场庆典活动。举办“颂歌献给党”文艺汇演，表彰优秀共产党员、优秀党务工作者、优秀党员志愿者及先进基层党支部；开展一次慰问活动，慰问建国前入党老党员（无收入）、困难党员、支部委员；为老党员过一次政治生日，召开党龄50年以上老党员座谈会，回忆奋斗历程——进行“红色记忆”；举办一次展览，在社区艺术馆举办“和平街地区‘十一五’成就展”；制作一部专题片，反映“十一五”期间地区发展变化，反映地区居民新变化、新风貌；举办一次参观学习活动，组织入党积极分子、青年团员参观798艺术区；举办一次“红色讲坛”党课教育活动，包社区处级领导到社区为党员讲一次党课，组织机关党员、社区党员、非公党员观看电影《建党伟业》。明确一个责任岗位。结合创先争优、文明城区创建工作，组织机关、社区开展美化社区环境志愿服务活动。帮扶一户困难家庭。以机关、社区、非公党支部为单位，每5名党员组成一个帮扶小组，定期开展帮扶活动。

（王琳琳）

【和谐促进员协会公益月活动】 8月，1800名和谐促进员参加“公益月”，组织71次特色活动，入户13355家，帮老助残198次，解决60件邻里纠纷，清理649处环境卫生，提出120条合理化建议。“公益月”包括信息采集、宣传教育、矛盾调解、社区便民、群众监督等服务项目。

（崔玉华）

【无偿献血 挽救生命】 8月，80余人报名无偿献血，58人体检合格。当天献血总量12600毫升，其中5人每人献血400毫升。

（哈国志）

【选举区人大代表】 8月至11月，经过动员、部署、选民登记、提名和确定代表候选人、投票选举等阶段工作，选举产生17名地区出席区第15届人民代表大会代表。300家社会单位参加本次换届选举，其中：中央市属单位156个，区属单位15个，非公经济组织117个，大专院校3个，社区居委会9个。地区选举分会划分为10个选区、1456个选民小组，3个单独选区（北京化工大学、北京服装学院、北京中医药大学），4个单位联合选区以及3个社区混合选区。17名区人大代表中（其中6名连选连任），党派团体联名推荐2名，选民十人联名推荐15名，男性10名，占58.8%；女性7名，占41.2%；平均年龄49岁，36—55岁14名，占82.4%，55岁以上3名；党员12名，占70.6%，无党派5名。17名代表均为大学以上文化程度，其中研究生以上学历9人，占52.9%。

（朱程程）

【创建全国文明城区】 年内，成立以工委书记李连科、办事处主任毕重伟为组长的“和平街创建全国文明城区工作领导小组”，设立宣传环境布置、信息档案、平安建设、治安秩序、环境建设、社会事业建设、“窗口”行业、社会公益服务、问卷调查、督导检查、公共卫生建设11个小组。制定《和平街创建全国文明城区工作方案》。印制《致居民的一封信》40000封，《致社会单位的一封信》2000封，制作“创建全国文明城区口号”冰箱贴40000个。小黄庄社区接受中央文明委入户问卷调查，天丰利小商品批发市场接受市场环境、窗口行业规范化服务检查。迎检中，10819人次参加重要点位、所在社区、重要街巷和交通路口值守、巡查工作。其中：交通路口：机关干部505人次、居干442人次、社会单位513人次、社区志愿者636人次；各种点位：机关干部678人次、协管员1219人次、居干1036人次、社会、社区志愿者4454人次。公共文明引导员464人次、绿化队360人次、保洁队512人次。和平街街道、和平家园社区、十四区社区和北京天丰利服装小商品批发市场有限公司被评为“朝阳区创建全国文明城区工作突出贡献单位”。

（刘 焱）

【劳动监察】 年内，开展“农民工工资支付情况专项检查”、“非法用工检查”、“用工单位遵守《劳动合同法》专项检查”、“用人单位信息采集”、“劳动用工一条街”和“用人单位书面审查”等专项检查共计50余次，检查用人单位612家，涉及劳动者7000余人。全年受理23起劳资纠纷案件，责令补签劳动合同5700余份，追缴社会保险历年欠费4000余元。走访排查辖区内建筑工地，建立建筑施工企业用工备案制度，责令欠薪企业整改，涉及农民工2200余人。

（左艳菊）

【街巷胡同整治】 年内，完成十四区小区南侧路整治工作，硬化铺装2355.7平方米、沥青铺装346.2平方米、绿化补建256平方米。

（麻慧溶）

【优美大街环境整治】 年内，组织施工单位完成东土城路、和平里西街、樱花西街道路两侧优美大街环境整治工作。粉饰建筑物180.88平方米、安装地龙280米、安装挡车桩64个、画线自行车区域948米、安装变电箱防护栏1015.6平方米、防护粉刷小广告2878.83平方米、硬化铺装破损地段362.1平方米、绿化美化80平方米。经过相关部门验收，3条大街工程质量等级均被评为优秀。

(麻慧溶)

**【路平工程建设】** 年内,排查辖区内主、辅路及居民小区道路路面质量,建立台账,修补和平家园、十四区、樱花园、砖角楼社区道路道牙,铺装渗水砖、混凝土共310.89平方米,修复十四区墙面463.66平方米,安装十四区、和平家园、樱花园社区路挡车桩30个,安装和平家园等小区路地龙48米,新建成品桌椅2套,维护栏杆、标志设施73平方米,清理运输胜古庄、和平东街、和平家园、十四区、樱花园等社区堆物堆料及地沟垃圾30余吨,补栽补种和平家园、十四区、樱花园等社区绿地4718.5平方米;协调区市政所完成青年沟路、樱花西街、和平家园小区等道路修复,铺装柏油路1050平方米、人行步道硬化铺装3342平方米。协调北京化工大学物业公司、煤炭科学研究总院及安民学校施工队等共驻共建单位铺装辖区步道1980平方米。

(麻慧溶)

**【老旧小区改造】** 年内,实施胜古庄社区寰球小区、樱花园社区中小区、和平东街社区12区小区、砖角楼社区7号院、13号院小区,小黄庄社区8号院小区环境改造工作。共实施绿化补建5274.8平方米、甬路修复14429.6平方米;规划增加休闲娱乐场地,新建桌椅7套、木花架1套、凉亭2座;规范小区自行车存放管理,翻建自行车棚1个163.86平方米;整合机动车位85个。

(麻慧溶)

**【创建首都花园式社区】** 年内,成立和平家园社区创建"首都绿化美化花园式社区"领导小组,制定"建、管"结合措施,调整小区绿地布局,在楼前5米处铺设透水砖作为停车位。召开社区居民代表听证会,征求环境建设意见,制定小区车辆通行管理制度;组织自管党员、社区居民、社会单位员工进行绿地养护;开展"保护生存环境、从我做起"征文比赛;举办文明养犬讲座,举办犬才艺比赛及绿化美化生活手工艺比赛作品展。10月,和平家园社区通过相关部门验收,获得"首都绿化美化花园式社区"称号。

(麻慧溶)

**【推进垃圾分类工作】** 年内,制定《和平街垃圾分类推进方案》,召开社区、物业公司、保洁公司等单位参加的垃圾分类工作推进会,9个社区采取不同形式进行志愿者培训和垃圾分类宣传,下发宣传手册、宣传资料5000余册(份),为志愿者、分拣员配备分拣工具270套、垃圾分类标志袖标270个。制作垃圾桶站固定架535个,制作桶站位置图、公示栏21套、垃圾分类标志袖标270个。发放37辆电动垃圾运输车、1592个公用垃圾桶、81304个户用垃圾桶。完成2个党政机关、21个居住小区"北京市生活垃圾分类达标小区"创建任务,垃圾分类率90%以上。

(麻慧溶)

**【一刻钟社区服务圈】** 年内,在"一刻钟社区服务圈"中圈核心区——和平家园社区花园举办10场"一刻钟社区服务圈服务日"活动。分别以"迎新春赶大集"、"雷锋精神进社区"等为主题,整合社区居民、社会组织、社会单位、社区认证服务商4大资源,分别向居民提供赶集、义卖等便民服务;法律咨询、医疗义诊等公益服务及"跳蚤市场"废旧物品置换等特色服务。

(崔玉华)

**【文化惠民】** 年内,邀请北京歌剧舞剧院、中国评剧团、中国杂技团等专业文艺团体演出14场歌舞、杂技、魔术等节目,约15000名居民观看表演。

(崔玉华)

**【保障性住房】** 年内,辖区保障性住房受理上报申请618件。其中廉租住房26件;经济适用房66件;限价房491件;轮候家庭登记公租房35户。发放209件限价商品房选房通知单。其中第一批8件(全部是三居室选房家庭);第二批201件。

(郑学宁)

**【社会救助】** 年内,低保救助6368人次,发放救助金301.8万元;"两节"慰问低保人员531人,慰问困难群众179人,发放慰问金共计35.08万元;医疗救助220人,发放救助金33.63万元;为困难家庭审批临时救助35人,救助金额14.57万元;为当年6名高等教育入学新生发放教育救助金2.63万元;冬季燃煤取暖救助51户,发放救助金2.04万元;贫困孕产妇救助1人,发放救助金0.33万元。为因大病引起的家庭困难、孤老无收入、特殊低保困难家庭等群体200人办理爱心救助卡,合计6万元;爱心家园全年发放生活用品3860件,其中:民政局捐赠2930件、从专项拨款中支付货款购物930件,价值9.2万元;为辖区新增老人办理老年证559人、老年优待卡953人、办理90—99岁老人津贴237人、百岁老人津贴3人。

(郑学宁)

**【税源建设】** 年内,完成区级收入4.07亿元,比上年增加0.95亿元,同比增长30.4%。完成个人出租房产税934万元,比上年增加68万元,同比增长7.9%。

(马　莹)

**【环境整治】** 年内,拆除违法建设24处,共632平方米。其中帐内3处,共46平方米,帐外11处,共344.18平方米。累计出动2万余人次、出动车辆4300余车次;规范"门前三包"13000余家、劝离无照游商1400个、清理暴露垃圾6吨、清理堆物堆料20吨、规范店外经营265家、取缔无照经营890个,暂扣小三轮车86辆、小电动车10辆、教育违法相对人346人;拆除违法户外牌匾90余块,清除小广告2000余处,没收小广告2万余张,依法"停机"小广告电话240个。5条示范性大街共完成非机动车画线145处，计1800余平方米，设置地笼319个，计1304米，完成樱花西街、和平西街、东土城路3条优美示范大街创建任务；完成网格各类督办以及市、区热线电话件2万余件，办结率90%。

（卢 丹）

**【安全生产检查】** 年内，检查418家烟花爆竹零售网点、人员密集场所、工业企业和危险化学品生产经营单位，下达181份现场检查记录、限期整改指令书、询问通知单等执法文书，发现并督促整改557处安全隐患。

（潘丽红）

**【法官进社区】** 年内，每月一次请"法官进社区"，法官到街道、社区、居民身边"说法"，群众与法官直接沟通常态化。建立"1+8+1"专业化公益法律服务格局，即1个法庭（朝阳法院亚运村法庭）、8家律师事务所（社区签约律所）、1批法律志愿者（化工大学文法学院志愿者）。

（周晓蕾）

**【人民调解】** 年内，受理矛盾纠纷2638件，其中街道受理1860件（含联合调解室），社区受理778件。调解成功2352件，其中街道调解成功1663件，社区调解成功689件。共形成29卷调解案卷，调解成功率91.6%。

（周晓蕾）

**【残联服务】** 年内，街道残联与青松老年看护北京有限公司、安贞社区卫生服务中心、爱依家政服务公司等机构签订协议，采取政府购买服务和利用辖区资源提供志愿服务模式，为辖区内30户重残家庭提供看护护理、康复指导、康复训练、按摩理疗、针灸、电疗、家政服务、理发、修脚等4类40余项志愿服务。

（杨宏燕）

**【社会保险服务】** 年内，完成城镇居民"医保"和"养老"保险续保参保，"一老一小"和"无业人员"参保人数3038人，"城镇居民养老保险"参保230人，完成指标100%。

（刘树山）

## 呼家楼街道

**【概况】** 呼家楼街道位于朝阳区中心地带，始建于1956年5月。东起金台路，西至东大桥路，南起光华路，北至工人体育场南路。三环路纵贯南北，朝阳路、朝阳北路横穿东西。辖区总面积2.8平方公里，大部分处于北京商务区中心区范围内。辖区共有10个社区居委会，户籍人口21321户、63481人；新出生540人，死亡286人；流动人口22650人；外籍人口近3000人。地区法人单位共计3128个，有中央单位65家，市属单位87家，区属单位73家，其他单位2903个。有医院3所，社区卫生服务中心1个、服务站5个。科研院所4个，大学1所，中学1所，小学2所，幼儿园4所。驻有中央电视台、人民日报社、京广中心等单位。年内，街道被评为北京市垃圾分类工作先进集体、北京市法制宣传教育先进集体、北京市环境秩序"三个百日整治行动"先进单位，地区联合调解室荣获北京市优秀联合调解室称号，街道巡防队荣获"北京市工人先锋号"称号。

地址：呼家楼北街甲6号
电话：65012264
邮编：100026

（孙 汉）

**【经济建设】** 年内，成立促进GDP增长工作领导小组、税源建设工作领导小组，不定期组织地区各行业经济工作专题座谈会、研讨会，科级干部分类型、分楼宇走访地区40家重点纳税企业，征询意见和建议。实现区级财政收入14.14亿元，比上年同期增加3.07亿元，增长27%，提前两个月实现全年12.4亿元目标。征缴个人出租房房产税近4500万元，同比增长69%。

（孙 汉）

**【创建全国安全社区】** 年内，创建全国安全社区，开展道路交通安全、消防安全、家居安全、社会治安、老年人残疾人安全、学校安全和工作场所安全7大安全促进项目。走访、巡查财富中心三期工地、朝阳第二医院、温馨家园、老年乐园、幼儿园等单位，排查隐患，提出整改意见。4月，经检查测评，街道被国家安全生产监督管理总局、中国职业安全健康协会命名为"全国安全社区"。

（孙 汉）

**【创建全国文明城区】** 年内，开展"千名机关干部下基层，周六创建行动日"活动，机关干部、社区居干全员动员，户外设立宣传台，入户走访征集社情民意，清洁社区环境。宣传"科教进社区"、"房产政策进社区"和"文明养犬"。协调区房管局投入11万元，维修社区宣传栏、补植绿地。筹集342万元资金，办理1250项实事。组织8次联合执法，整治六小门店、拆除45处违规牌匾、关停73家无照门店、规范门店1000余家、查扣非法经营物品15车。迎检阶段，建立应急工作机制，处级领导牵头，科级干部具体负责，对接测评指标，责任落实到人。

（孙 汉）

**【平安建设】** 年内，建立义务消防队，招募300名义务消防员。创建"无邪教社区、单位、家庭"，建立已转化人员思想状况分析制度。管控帮教社区服刑和刑释解教"两类人"，帮教率、安置率均为100%，未发生脱管失控和重新犯罪。专项整治"群租房"；宣传预防煤气中毒。成立食品安全委员会，建立食品安全管理体系。各社区建立综治维稳工作站。创建"向日葵"社区，成立"致远号"阳光活动社。完成烟花爆竹禁限放和全国"两会"安保工作。

（孙 汉）

**【矛盾纠纷调处】** 年内，增加20名社会单位信访矛盾排查员。每季度及敏感时期召开信访矛盾排查会，全年排查97件矛盾隐患,部分予以化解,部分采取稳控措施。解决新世界酒店施工扰民问题。编制《社会单位信息员指导手册》和《信访调处工作站调研报告汇编》。全年受理群众来信来访394件682人次,初信初访化解率100%,解决核桃园社区180人联名反映社区管理混乱等问题。呼家楼北社区信访工作经验在《北京信访》专刊上作为社区层面典型经验刊出。

(孙　汉)

**【安全生产】**　年内,成立区安全生产管理协会呼家楼工作站,对55家会员单位进行安全生产培训考核。以人员密集场所、建筑工地等为重点,加强安全生产执法检查,督促整改422处隐患。对37家存在较大事故隐患、管理不到位的生产经营单位和相关责任人予以行政处罚,罚款12.9万元。开展彩钢板专项整治工作,约谈重点单位安全负责人,对违规单位行政处罚1.2万元。开展安全文化建设,发放4522份安全生产宣传光盘。组织125家生产经营单位负责人进行安全生产、信访排查调处、地下空间、交通安全等培训。普查登记123处人防工程,并进行600余次安全检查,下发200余份责令整改通知书,消除300余处安全隐患。清理整顿地下空间,多次检查68处用于居住的地下空间,责令消除65处安全隐患,清退3处。

(孙　汉)

**【交通安全】**　年内,加强社会单位交通安全教育和管理,做好重大节假日期间监管,与重点单位签订交通安全责任书。全年深入社会单位讲授交通安全课11次,开展宣传活动16次。在幼儿园、中小学校等周边道路安装减速带55米,施划禁停标线1260米,安装隔离桩123个。治理因乱停车影响消防通道造成安全隐患的9条街道,安装221个路桩,规范4处路侧停车场。规划313处自行车停车标志,施划2740米标线。取缔景闻街和金汇路2个黑停车场,教育乱停车100余人次。突击整治重点地段"黑摩的",扣留150辆占据非机动车道、公交车站揽客"黑摩的"。

(孙　汉)

**【应急工作】**　年内,完成应急管理预案修订工作。11月3日至9日,开展"全民消防,生命至上"消防条例宣传普及和扑救初起火灾、火灾应急逃生等实操演练宣传活动,组织21家单位、4494名员工进行高层疏散演习。11月9日,在北京财富中心举办火灾事故应急演练,CBD区域40余处高层楼宇、宾馆酒店安全负责人和千余名企业员工现场观看应急演练。抓好"一刻钟应急处突圈"建设,妥善处置呼家楼西里南街2号火灾、农民工讨要工资等突发事件。

(孙　汉)

**【减灾防灾工作】**　年内,建立1400平方米人防应急指挥中心、安全社区宣教园地,接待参观900余人次。组织78次国防教育和防灾减灾、安全培训等宣教活动,2000余人次接受培训。组织"5.12"防灾减灾宣传周活动,开展"四个一"教育,即阅读一本防灾减灾书籍、观看一部涉及灾害的影视作品、与他人分享一次避险经历和避险经验、开展一次家庭灾害风险隐患排查。5月12日"防灾减灾"宣传日,在呼家楼中心花园开展"防灾减灾从我做起"宣传活动,发放各类宣传品1000余份。

(孙　汉)

**【房屋搬迁】**　年内,配合区法院完成央视新台址二期3户居民司法拆迁工作。协调各部门完善在拆项目和待拆项目遗留问题,解决向军南里7号楼等环境和治安问题。

(孙　汉)

**【环境建设】**　年内,投入180余万元,整治铺装核桃园社区五建宿舍区道路2600平方米,摊铺沥青路2500平方米,绿化800平方米,修补新街大院1200平方米道路。投入约65万元,修补呼北社区、东大桥社区等道路2900平方米,新增13座雨水口。投入约48万元,修缮、粉刷金台里小区,补植2万余盆花卉。在东大桥路、金台西路、朝阳路呼家楼段、工体东路建设市容环境示范大街,修复684平方米破损道路,绿化1900平方米,粉刷1500平方米小广告,粉刷1.7万平方米沿街建筑物,规范54处商户牌匾,拆除25平方米私搭乱建。

(孙　汉)

**【城市管理】**　年内,开展街面环境秩序百日整治"春风行动"、"夏季攻势"和"秋风行动",查处摆摊设点、非法运营、夜施扰民,办理400余起举报案件,取缔500余起无照经营,查处2800余起违法案件,查处违规设置广告牌匾170余处600余平方米,处理1.4万起城市管理类网格案件,拆除新增违法建设10处500平方米,规范"门前三包"单位508家。在呼家楼南、北社区创建无小广告社区,建立20人的市容环境巡查队,配备4辆电瓶巡逻车和2辆小广告清理车,对喷涂小广告按原墙体底色进行粉刷覆盖。强化属地环境卫生、绿化管理责任制,实施全天候保洁清扫。

(孙　汉)

**【垃圾分类减量】**　年内,继续在呼家楼北社区、关北街社区、金台里社区和人民日报社社区开展垃圾分类减量工作,涉及130栋居民楼、1.2万户家庭和210个社会单位。配备分类垃圾桶216组,户用分类垃圾桶发放率80%。动员党员和社区志愿者360余人参与垃圾分类工作,组织培训780人次。呼家楼北社区倡导"人人参与",垃圾分类知晓率98%,生活垃圾分类达标率70%以上。

(孙　汉)

**【文化建设】**　年内,组织"庆三八文明时尚模特表演赛"。举办"红色大舞台"诗歌朗诵大赛等系列活动。组织端午节"穿汉服、吟诗歌、包粽子"庆祝活动。举办"金台夕照大碗茶故事会"文化遗产日专题活动。组织第五届"和谐杯"乒乓球比赛和中国象棋比赛，举办"构建和谐社会，欢乐社区行"大型社区文艺演出。

（孙　汉）

【社会保障】　年内，向低保家庭发放低保金240万元。办理医疗救助139人次15万元。办理紧急救助6人次3.4万元。为52户听力残疾人安装可视门铃。为91名无业重残人发放补助54万元，为278名残疾人发放助残券33.3万元，为116名低收入残疾人发放补助13万元，为53名人残疾人发放保险补贴23万元，为32名残疾人办理城镇居民养老保险。"两节"期间，投入81万元，走访慰问4746人。作为主会场承办第五届"朝阳慈善情·除夕大联欢"活动。

（孙　汉）

【劳动就业】　年内，成立劳动争议调解室，推进工资集体协商机制。加大劳动监察力量，完成"劳动用工规范一条街"工作。开展年度劳动用工书面审查和节假日加班工资发放情况、农民工工资支付情况、劳动合同签订情况等专项检查；对辖区2300家企业用工信息实行动态管理，完成重点企业劳动用工监控400件，处理16件投诉举报案件、9件农民工讨薪事件，日常巡查220件，立案84件。开展职业指导2434人次，"一老一小"参保2692人，完成换发就业失业证、领取待遇人员资格认证工作，各项工作指标平均完成率129.3%。

（孙　汉）

【人口与计划生育】　年内，细化社区计生专干百分考核细则，健全人口数字化管理机制。加大"生育关怀行动"工作力度，将出生缺陷一级预防常态化，举办健康知识讲座10余次。为独生子女死亡家庭父母提供免费体检50人次。调整免费药具发放网点124处。开展8次预防艾滋病、乙肝宣传活动。在东大桥社区成立流动人口计生协会，开展60余次流动人口计划生育执法检查，检查200余人。开展计划免疫查漏补种工作，30余名流动儿童、634名外来务工人员补种。举办"婚育新风进万家"全国示范区启动仪式，组织"5.29"计划生育协会会员日宣传活动暨张骥良原创作品诗歌朗诵会，成立"新婚期教育团队、孕产妇咨询团队、婴幼儿早教团队、青春期健康团队、节育期知识团队、更年期关爱团队、老年期关怀团队"七色团队。

（孙　汉）

【为老服务】　年内，建成金台里老年人活动中心，强化养老餐桌建设。老年乐园日均接待老年人50余人次，2334名80岁以上老年人全部纳入居家养老服务范围。完成19户病重老年人"一按灵"安装工作。为134名低保及困难边缘老人办理慈善医疗卡，为98名老年无业特困妇女办理每人400元医疗救助卡，并提供免费体检和医疗诊治服务。组织48名60岁以上老年人观赏国家森林公园，免费为220名老人配花镜。

（孙　汉）

【慈善助学】　年内，办理慈善助学125人次29.7万元。新学年向符合救助标准的94名学生发放200元至10800元不等救助款物，共12.4万元。为10名应届毕业大学生配发笔记本电脑。低保家庭学生学费100%救助，低收入家庭学生学费70%救助，基本形成从幼儿园到大学的困难家庭全覆盖慈善助学体系。

（孙　汉）

【为民服务】　年内，完成年初确定的20件实事。投入15万元装修改造为民服务大厅，更新办公设备，改造后办公面积扩大到210平方米。健全保障房工作制度，办理保障房审核659件，入户调查530户。

（孙　汉）

【一刻钟社区服务圈】　年内，对"一刻钟服务圈"服务商实行挂牌管理，定期调查商户服务情况，认证153家服务商，建立91支服务队伍，印制5000册服务手册。

（孙　汉）

【社区建设】　年内，各社区召开37次居民事务听证会，征集意见、建议15项，向上级反映5项，协调解决10项。在金台里社区推行老旧小区准物业管理，成立物业管理委员会，实施封闭式管理。投入70余万元，粉饰1800平方米楼道，安装24个楼宇对讲系统、32套门禁系统、6个监控探头。编写并发行《殷金凤社区工作法》。

（孙　汉）

【社会建设】　年内，召开地区社会建设表彰大会，社会建设协调委员会各分会分别召开半年工作座谈会。投入13万元粉刷地区中心幼儿园外墙。免费为100名低保户体检，协调呼家楼中学免费向居民开放电子阅览室，协调区文化馆免费向居民提供文化活动场地近400平方米。

（孙　汉）

【党代表选举】　11月1日，召开党员代表大会，地区182名代表参加会议，采取无记名投票方式，选举产生8名出席区第十一次党代会代表。

（孙　汉）

【人大代表选举】　年内，完成人大代表换届选举。在地区刊物《呼声》出版人大换届选举宣传专刊，刊登《致选民一封信》。11月8日，按照相关法律规定，选举产生17名出席区第十五届人民代表大会代表。

（孙　汉）

【法制宣传】　年内，开展法律"六进"宣传活动115场，推出《外国人在华法律服务指南》。组建5支党员志愿者小分队，向75岁以上孤残老弱发放100张法律服务优先卡。

举行“法律服务进社区”宣传活动和信访普法宣传活动,调解1528件次矛盾纠纷,成功率96%。联合调解室出具44份调解协议书,涉及赔偿金额14万元,未出现因调解不当导致矛盾激化情况。

(孙 汉)

**【工青妇工作】** 年内,加大工会组建力度,扩大对中小企业的覆盖面,新建会452家,发展会员6510人,建立工资协商机制322家。成立巧娘工作室,定期开展各种编织业务培训。

(孙 汉)

**【宣传报道】** 年内,在国家级和市、区媒体上发表415篇宣传稿件,《人民日报》等中央级媒体采用8篇“养老服务”报道,北京电视台等市级媒体采用57篇“垃圾分类”报道,编发46期《呼声》。

(孙 汉)

**【党建工作】** 年内,开展纪念建党90周年7大系列活动,分别是:63个社区居民党支部拍摄“党员全家福相册”、400名社区及“两新”组织骨干党员“红色之旅”、参观主题展览、“红色大舞台”、“在飘扬的党旗下”事迹征集、“我心向党——歌颂伟大的中国共产党抒情短语”、“向党说句心里话——百万党员寄心语”等。开展创先争优、党员承诺服务活动。召开“呼家楼地区纪念建党90周年暨创先争优推进大会”,表彰第二届“群众心目中的好党员”10名、优秀社区党委和“五个好”先进基层党支部等先进党组织31个、“五带头”优秀党员151名,并为50年以上党龄老党员颁发刻有自己名字的纪念章。组织党员献爱心捐款活动,2306名党员和87名群众捐款78905.6元,捐款数量同比增长62.3%。组织“党在我心中”主题演讲比赛。完成社会工作党委换届选举,建立和完善商务楼宇服务体系。18名预备党员转正。

(孙 汉)

**【干部队伍建设】** 年内,招录5名公务员、4名事业编人员,接收3名军转干部。招录社区工作者11人。选拔正科级干部2人、副科级干部4人。完成机关公务员公费医疗改革工作。组织干部周四集体学习活动,参加在线学习和外出学习。组织干部观看《人生七笔帐》等反腐倡廉宣传片,与科以上干部签订党风廉政责任书,与15名新任科级干部进行集体廉政谈话。

(孙 汉)

## 建外街道

**【概况】** 建外街道位于朝阳区西南部,东起西大望路,西至建国门立交桥,南临通惠河,北到光华路。辖区东西长3.7公里,南北长1.3公里,面积4.4平方公里。分别与八里庄、高碑店、呼家楼、朝外、双井及东城区建国门内街道接壤。辖区内有街巷37条,公共汽车线路72条。划分8个社区,常住人口6.7万人,户籍人口4.1万人。有31家外国驻华使馆,两个外交公寓群,中央、市区不同隶属关系的企事业单位2151家。全年实现区级财政收入34.6亿元,完成指标任务的108%。

地址:东三环中路39号建外SOHO西区18号楼

电话:58789617

邮编:100022

(王京敏)

**【班子建设】** 年内,学习落实《领导干部廉政准则》,逐级签订党风廉政建设责任书;在完成班子在线学习基础上,每月组织一次中心组理论学习,每半年召开一次民主生活会;坚持处级领导包社区制度、领导干部联系群众制度。制定《建外街道工委、办事处议事决策会议规定》,落实“为民解忧”工程,为民办实事50件。

(平 萍)

**【党建工作】** 年内,评选先进基层党组织16个、优秀党员98名、优秀党务工作者16名,推选“我身边的好党员”96名,永安里东社区党委被评为市级先进基层党组织。各社区开展“十红献给党”庆“七一”主题活动。募得党员爱心捐款34000元。走访慰问建国前老党员、生活困难党员30余人,发放慰问金17000元。新建商务楼宇党建服务站8个,健全完善原服务站6个。组织社区党务人员参加区委组织部、区委党校各类培训班10余次,分3批组织130人到福建学习考察党务工作。

(李 莹)

**【成立社区联合工会】** 年内,北郎社区率先成立联合工会。4月,其余7个社区均成立联合工会。

(任春荣)

**【干部队伍建设】** 年内,完成机关干部在线学习考试。完成3名科级干部考核测评和考察。组织城管交流3人,招录公务员6人、事业编2人、社区工作者11人。10名处级、8名科级以下干部参加上级培训或挂职锻炼,街道分8批次对各科负责人、机关老同志、新入职年轻人等不同层面人群进行全方位培训。

(王京敏)

**【区人大代表换届选举】** 年内,完成区人大代表换届选举。登记选民47244人,登记率99.6%。参加选举投票选民46393人,占登记选民人数的98.2%。选举产生16名区第十五届人大代表,其中硕士研究生文化程度以上9名,占56.3%。

(朱砚君)

**【创建文明城区】** 年内,制定迎接全国文明城区测评工作方案,提出创建文明城区6项机制。成立地区创建全国文明城区领导小组,下设10个行动小组,均由处级领导担任组长,形成“1+8+10+12+N”运行体系和“七个一”工作形式。机关科、站、队、所会同8个社区居委会,动员社会单位及居民群众、武警官兵参与文明创建活动5万余人次。

将大街环境治理、老旧小区改造、一刻钟服务圈建设、校园周边治安、服务窗口行业规范等11个重点方面57个重点点位与创建指标对接，为民办实事354件。被区文明办授予集体和个人突出贡献奖45个，先进工作奖126个。

（程 迪）

【税源建设】 年内，走访300余家社会单位。梳理730家区级财政收入在30万元以上重点单位，对其基本信息进行分类汇总。促成“北京市东友律师事务所”、“北京南光石油化工有限公司”等27家异地纳税企业回迁。全年完成代征房产税3500万元。

（郑长虹）

【安全稳定工作】 年内，组织33次联合执法。创建建东院和秀水社区两个平安示范小区。受理群众来信来访、调处各类矛盾纠纷323件，化解320件。解决万豪物业、SOHO现代城物业、建外SOHO东区物业劳资纠纷。检查生产经营单位360余次，完成元旦、春节、“两会”、十七届六中全会保障及其他重大节日、敏感日维稳任务。建立社区服刑及刑释解教“两类”人台账，走访“两类”人150余次，组织4人参加中途之家法制培训，为家庭困难矫正人员办理低保2人，为回归社会之初经济困难“两类”人申请一次性500元司法救助6人，协助一名住房困难刑释解教人员申请廉租房，实现脱管“零”指标。组织法律宣传100余场次，发放各种宣传品10万份，开展法律知识专题讲座30余场次，受教育人数2万余人次。处罚12家严重侵害劳动者合法权益用工单位，罚金1.2万元。为108人追回拖欠工资100余万元。

（王京敏）

【计划生育】 年内，在街乡系统率先建立人口统筹管理机制。组织流动育龄妇女519人免费体检。联合建外SOHO商务楼宇计生协会，开展“写字楼里健康行”商务楼宇人口文化活动。就核心区拆迁户24人与六里屯街道进行集体委托。联合辖区早教机构凯米宝贝中国公司，探索“1+1+1”早教模式，组织宝宝快乐嘉年华、幸福家庭迎国庆、宝宝红色运动会等活动，成为朝阳区首批0—3岁婴幼儿早期教育项目点之一。完成街道计生协会换届，建立协会团体会员单位协作组制度。走访慰问58户独生子女困难家庭和13户空巢家庭。开展免费孕前优生筛查试点项目和“生育后期关爱”体检行动。启动第四阶段婚育新风进万家活动，组织独生子女家庭索尼探梦之旅、人口文化电影周、“青春健康伴我行”演讲征文比赛等家庭人口文化活动。荣获区人口和计划生育工作“标兵单位”称号。

（康 丽）

【城市建设】 年内，整修光华里小区、建国里二道街等6条小区、3800平方米破损道路；整修650平方米破损人行步道；整修1450米道牙；粉刷3座立交桥、2座人行过街天桥1.5万平方米桥身；粉刷重点大街两侧12类公共设施1.48万平方米；投资310万元绿化美化3条环境优美大街。北郎东社区进行垃圾分类试点，建设光辉里小区厨余垃圾周转站。金地国际花园、阳光100、蓝堡国际公寓、光辉里小区实现垃圾分类。

（宗 启）

【城市管理】 年内，处理各类案件12909件（包括网格案件、督办件来信来访、热线举报）。执法1630余次，取缔黑摩的、黑人力三轮车210起，清理游商540起，根除银泰地铁口商贩摊群4个。拆除违法建设29处390平方米，制止19起违法建设。查处非法散发小广告930起，办理小广告停机98起。移送公安机关治安拘留75人，与90余家大型社会单位签订环境整治责任书。

（王 磊）

【民生工作】 年内，为辖区126名享受低保及重残无业人员重新办理生活补助手续，发放残疾人补助金401450.45元。新办残疾证104件，为3户残疾人进行家庭无障碍改造。为33名听力残疾人安装可视闪光门。为91名残疾人发放助残券。受理保障性住房申请并备案315户。182户限价房通过市级备案，配售75户；54户经适房通过市级备案，配售7户。69个家庭申请登记公租房。获得“市级住房审核窗口先进集体”称号。解决CBD地区停车问题，与8个停车管理公司签订合同，解决10处停车场。推出CBD便捷早餐车项目。7家养老餐桌中3家被评为市级先进单位。养老（助残）日间照料室设有11张床位及图书室、电脑室、手工编织室、运动康复室、厨房等文娱和生活设施。为331名65岁以上老人办理优待证；将1056名（包括2011年死亡、外迁106人）80岁以上老人和6名60—79岁特殊老年人纳入居家养老优惠政策范围。为123位享受高龄津贴老人发放14.05万元津贴。为60岁以上老人发放小帮手43个。制作一刻钟社区服务圈便民服务手册、导视图，设立便民服务电子网站。

（王京敏）

【社会救助】 年内，发放城市最低生活保障金174.6万元。受理低保申请14户18人，复审低保家庭233户；核查低保家庭经济情况150户；办理低收入家庭认定6户13人。为20名无业人员办理10万元殡葬补贴；完成148人次医疗救助事后报销，救助金额16.8万元；临时救助6人，金额4.83万元；慈善救助10人，金额2万元。节日期间，走访慰问低保、困难家庭、残疾人、优抚对象357户，发放慰问金12.98万元。其中，为低收入家庭发放爱心卡72张（500元/张），计3.6万元，为193户低保家庭发放米面油。

（程 眉）

【社会保障】 年内,安置588人就业。面向失业人员组织50场求职专项指导。面向新增劳动力和就业困难人员召开12场群体指导会。办理提档就业手续5人,办理灵活就业保险补贴手续51人,为152人换发《就业失业登记证》。为一名失业人员取得8万元小额贷款。为退休人员报销药费1562人次、312万元。组织退休人员开展4次活动,慰问退休人员230人。为1733人办理"一老一小"医疗保险和无业居民大病医疗保险。受理238名无保障老人福利养老金发放。

(侯敬东)

## 劲松街道

【概 况】 劲松街道位于朝阳区西南部。东以东四环路中心线为界与南磨房地区相邻;南以劲松724楼南侧小马路中心线及东南郊灌渠中心线为界与潘家园街道相邻,以北京化工机械厂南墙为界与南磨房地区相邻;西以东护城河中心线为界与崇文区龙潭街道相邻,以劲松派出所门前小马路北侧至双井路口三环路中心线为界与双井街道相邻;北以东护城河中心线至电力电容器厂西墙劲松大街中心线及广渠路中心线为界与双井街道相邻。辖区面积5.2平方公里,居民5.1万余户。住宅楼400余座。区域内有人口18万人,其中常住人口13.6万人,外来人口4.4万人。辖10个社区居委会。直属事业单位4个。辖区内驻有中央、市、区属单位、机关、学校等2400余个。

地址:东三环南路华腾园甲6号
电话:87735209 87735210
邮编:100022

(徐文峰)

【慰问党员】 元旦、春节期间,街道工委为19名困难党员送去慰问金,为50名优秀党员和50名困难党员送去慰问品。"七一"前夕,慰问生活困难党员22户,发放慰问金31000元。

(屈树金)

【"两节"、"两会"安全保障】 "两节""两会"期间,组织开展"严查60天"安全生产大检查,累计出动1570人次,对787家社会单位进行安全检查,实现安全生产教育、监管全覆盖,排查隐患153处,整改138处。整改率达91%。实现重特大及一般安全生产事故"零"指标。

(王春珍)

【干部竞争上岗】 2月,开展科级干部竞争上岗工作。通过资格认定、笔试、面试、民主测评和组织考察等环节,12名科级干部竞争上岗。

(屈树金)

【红十字会募捐】 4月29日,在富顿广场举办"关注生命、彰显人道红十字博爱月主题活动"。地区单位和群众为弱势群体奉献一片爱心,为特困人员提供一份资助,300余人参加活动,募集善款2.3万元。

(王爱军)

【开展社会捐助活动】 4月,开展以"春风送暖"为主题的"送温暖 献爱心"社会捐助活动,全地区900余名居民和4个社会单位参加捐赠活动,捐款80726元。所捐款项用于市对口援建新疆和田、内蒙古、江西和青海玉树地震灾区。

(孙大力)

【老旧小区保洁市场化】 6月1日,对劲松北社区、劲松东社区、劲松中社区、劲松西社区4个自己保洁的社区,农光东里、农光里两个由产权单位自管老旧小区,实行保洁市场化。对各社区院落、楼道面积进行测量,明确以每人清扫4000平方米院落为标准。确定保洁员数量,并将非法小广告清理和堆物堆料清理纳入保洁范围。

(么亚波)

【安全生产】 6月,在富顿中心广场组织开展"全国安全生产月宣传咨询日"活动。围绕"安全责任,重在落实"主题,宣传安全生产方针政策、法律法规和安全知识,向群众提供咨询服务。12月,市安监局、市监察局、市住房和城乡建设委和市体育局等部门组成安委会检查团,对本区街道唯一代表——劲松街道安全生产工作进行综合考评。检查团通过听取汇报、查看资料、实地检查等方式进行考评,对街道安全生产给予肯定。

(沈丽娟)

【庆祝建党90周年】 7月1日,街道工委在劲松电影院举行"庆祝中国共产党建党90周年暨'七一'表彰大会",对10名"感动劲松十佳共产党员"、3个"先进社区党委"、34个"先进党支部"、3个"先进党员教育阵地"、17个"先进党员责任岗"、276名"优秀共产党员"和11名"优秀党务工作者"进行表彰。

(屈树金)

【成立食品安全委员会】 8月,街道成立食品安全委员会,办公室设在综治办。年内清理无照餐饮主体53家,拆除牌匾标志51块;张贴《关于取缔非法经营行为的通告》1840份,停业整顿21家。

(王春珍)

【流动人口演绎阳光计生】 9月23日,劲松流动人口计划生育自管会成员根据流动人口在"第二故乡"工作、生活历程,创作情景剧"同在劲松一家亲,共谱和谐文明曲",并在劲松电影院上演。情景剧按"劲松晨曲"、"温馨回忆"、"四海一家"、"创新发展"和"硕果呈现"的顺序编排,用身边人,演身边事。生动再现流动人口在劲松发展创业,以及受到北京人全方位关爱的情景。以"大人口"观念,传播"文明朝阳、幸福家庭"新理念,为区创建文明城区和劲松经济社会发展做出贡献。

(王爱军)

【开展"质量月"宣传活动】 9月,街道与市质量技术监督局、市入境检验检疫局联合在劲松中社区开展全国"质量月"暨有机产品认证宣传活动。

（孙大力）

**【慰问低保户】** 中秋前夕，街道联合红星美凯龙东四环店、劲松大厦、五洲女子医院等社会单位，出资8万元，为地区500户低保家庭送去月饼。

（孙大力）

**【为老服务】** 10月12日，劲松中社区日间托老（残）所、劲松老年家园托老（残）所、瑞金达餐饮服务有限公司劲松八区店、健将一品餐饮管理有限公司和胜利玉林烤鸭店等5家养老（助残）餐桌和托老（残）所，通过市老龄办考核验收。

（孙大力）

**【启动"劲松资讯"栏目】** 11月30日，街道正式启动歌华高清交互平台"劲松资讯"栏目。

（王惠昱）

**【优秀科普社区】** 11月，磨房北里社区被评为区级优秀科普社区。

（邱春玲）

**【创建全国文明城区】** 年内，成立创建文明城区指挥部和档案指导、入户宣传、实地检查3个工作组。创建中街道解决农东社区停车秩序不规范、劲松北社区二区小公园周边环境脏乱、农光东里路占道违法建设突出和一些影响社区发展的历史遗留问题。有7个社区实行"四位一体"市场化管理模式，引入专业公司实现科学化管理。投入专项经费1500余万元，开展环境整治、建设。修补社区绿地2.8万平方米，新铺柏油路5800平方米，铺设人行便道透水砖4500平方米，清理小广告近4万条，清运杂物3100吨，为居民楼安装护栏挡板3300延米，粉刷社区围墙3600平方米，粉刷楼道980余个，修缮护栏2000延米，为12栋居民楼安装不锈钢扶手，为6栋居民楼更换报箱，更换1700套楼道照明灯具，为居民安装晾衣竿200余根。实施"路平工程"、"绿化景观改造工程"等惠民工程，对磨北滨河路、农光东里路等道路重新进行硬化铺装，修补道路1.9万平方米。对地区全部电线杆及沿街墙面粉刷防喷涂小广告油漆1.7万平方米，粉刷沿街铁艺栏杆1200米；对富顿小广场进行改造绿化、硬化6100平方米，对八棵杨中街、南街、北街进行绿化改造，铺设草坪1000平方米，种植黄杨等绿色植物7100株，对点位周边绿化铺种1400平方米，在八棵杨南街安装路灯，在农光东里路铺设雨水管线。改造磨北百姓大食堂周边环境，铺设柏油路1100平方米，补种绿植1900平方米，安装休闲座椅等公共设施。会同工商、卫生、消防、交通和公安等职能部门实施联动综合执法。累计拆除私装地锁390余套，施划机动车停车位1200多个和自行车停车区66处，改扩建劲松桥东2处公交站台，处理非法运营黑车610辆、违章机动车1870辆，整顿乱停车区域38处，规范12条主要道路停车秩序，维修480余套电子门禁系统，新安装电子监控设施50套，更换消防器材300余套；新建农光里和西社区2处100平方米以上便民菜市场，取缔二区小公园和农光里社区2处自发市场，拆除违法建设、过期临建17处1000平方米；责令330余家无证照非法"六小"门店停业整顿，规范报刊亭、修车、废品回收、便民菜摊等6类便民网点，将38个自发早餐点规范为10处"阳光早餐点"，将33个报刊亭调整为29个。对修车、修鞋等43处便民摊点统一制作20辆便民服务车，配发服装和遮阳伞，在八棵杨等社区设立规范便民菜点68处。组织社区图书节、金婚纪念日、文明春风行动、公益日活动、红歌比赛和"3510"健身行走等特色宣传活动。在社区举办垃圾分类、绿色交通、消夏晚会等宣传活动60余场（次）。印制《致居民群众一封信》和《文明创建有奖知识答题》等宣传材料15万份，制作宣传购物袋、宣传伞等纪念品5万份，印制创建宣传彩页12000份、征求意见表7500份，制作宣传展板560块、宣传横幅120条、创建公益硬质广告板85块，投入宣传经费80余万元。进入5万余户居民家中开展宣传。居民自发为街道送锦旗12面，感谢信20余封。在9月1日学生家长做问卷调查中，认为社区环境明显改变，很满意和较满意居民超过86%。

（王惠昱）

**【外宣工作】** 年内，加大对外宣传力度，累计发布信息1500余条，其中被中央媒体采用34条，被市级媒体采用190条，被区级媒体采用161条，各类网站采用1115条。

（王惠昱）

**【社会保障】** 年内，对3269名失业人员进行职业指导，开发就业空岗4525个，实现失业人员就业938人（其中就业困难人员442人）；完成20656名社会化管理退休人员领取养老金资格认证工作。为3304名"一老一小"、525名城镇无业人员办理大病医疗保险手续；为384名无业居民办理城乡居民养老保险参保手续，确保3835张社保卡顺利发放。为低保家庭501户1003人发放保障金、救助金1251万元。地区社保所被评为"北京市五星社保所"。

（王丽丽）

**【工会工作】** 年内，建立10个社区联合工会，配备7名专职工会干事，建立"街乡总工会、工会服务站、会计核算中心"为一体的工作模式。新建会单位721家，比往年累计增长20余倍；新发展会员比上年增加5630人。为36名下岗职工提供就业岗位。

（赵　立）

**【妇联工作】** 年内，街道妇联慰问单亲母亲33名，发放慰问金6600元。为地区166名老年城市无业妇女发放价值450元医疗救助卡。开展街道第十届"五好文明家庭"创建评选活动,评选出 6800 户五好文明家庭。

(何 静)

【残联工作】 年内,有 323 名重残人、老年残疾人享受助残券,发放助残券 340200 元,服务商结算 243325 元。发放 2 部"小帮手"电子服务器。有 34 名一级智力、精神残疾人享受阳光家园计划,发放助残券 1.7 万元。1 人享受免费配发轮椅(1 辆),发放颈部牵引器 18 个,儿童轮椅 2 个,接受上海增爱基金会捐赠轮椅 10 辆。为 9 名残疾人发放社区康复训练卡,9 名残疾儿童和 1 名成年智力残疾人享受机构康复补贴,6 名精神残疾人免费入住康复机构、65 名残疾人享受社会保险补贴、88 名残疾人享受养老保险补贴、9 名残疾学生及困难残疾人家庭子女享受助学补贴。59 名精神病人享受免费服药(住院)政策,105 名精神病人免费体检。307 人享受市残疾人生活补助,走访慰问残疾人 721 人。改造 6 户肢体残疾人家庭无障碍,免费配发浴椅 1 件,聋人家庭免费安装可视闪光门铃 105 件,盲人家庭免费配发电脑读屏软件 190 件。

(史春凤)

【征兵工作】 年内,辖区 117 名适龄青年参加兵役登记,19 人报名预征,5 人被批准入伍,有 1 人自愿申请被选送到西藏服役。

(王加忠)

【地下空间管理】 年内,制定人防工程专项清理整治工作方案和应急预案。对辖区 192 处人防工程进行专项清理整治。关停 12 处擅用工程、规范 8 处。

(王加忠)

【纪检监察】 年内,针对创建全国文明城区、财政收入、就业指标、社区划分、社区公园改造、老年康复中心、社区文化活动中心和公益活动中心等 8 项重点工作实施全过程立项监察。加强廉政风险防范,从建立机构、完善制度入手,针对廉政风险重点,狠抓"三重一大"制度落实。成立监督评审小组,对重大工程实施全过程监督。在争创全国文明城区工作中,全部工程报审金额 1027 万元,审结金额 940 万元,实现文明创建工作廉政惠民。

(李 曼)

【招录社区工作者】 年内,经区统一报名、笔试、面试,分两批新招录 40 名社区工作者,平均年龄 30 岁,均为大专以上学历。

(邱春玲)

【创建全国安全社区】 年内,根据区社建办《关于深入推进安全社区创建工作的指导意见》,深入开展全国安全社区创建工作。开展消防、工作场所、交通、社会治安、公共场所、家居、学生儿童、老年人家居、残疾人 9 个安全促进项目。经国家安监总局、中国职业安全健康协会和全国安全社区评定组评定,街道被授予"全国安全社区"称号。

(邱春玲)

【文化体育】 年内,推出劲松特色文化品牌——"炫彩魔方"文体工程,提升文体综合实力。先后开展公益季"文明? 公益? 健康行"、炫彩季"五月? 鲜花? 春之歌"、红色季"红色? 回忆? 老电影"、传统季"劲松? 风华? 诗书画"四季活动。主要有 3510 绿色出行健走示范活动、"五月·鲜花·春之歌"歌咏比赛、"魅力朝阳·炫彩劲松"第三届秋季运动会、新年音乐会等。

(邱春玲)

【创建优美大街】 年内,在劲松中街、劲松大街、西大望路 3 条大街开展市容环境优美大街创建工作。整治残缺牌匾 20 块 120 平方米和一店多牌牌匾 5 块 30 平方米。整治市政设施破损情况,更换破旧废物箱 36 个,维修汉白玉栏杆 800 米、加装挡车桩 120 根,拆除废弃变电箱 1 个,整修破损道路 879 平方米。规范门前三包单位 200 余家,委托社区居委会与社会单位签订门前三包责任书。3 条大街被评为市容环境优美大街。

(么亚波)

【地铁施工搬迁】 年内,为保证地铁 10 号线二期工程顺利施工,配合区建委重大办对农光里 20、甲 20、21 楼三栋楼共 175 户进行协议搬迁动员工作,有 120 户签订搬家协议书,占总户数的 69%。

(么亚波)

【劳动监察】 年内,对地区 319 家社会单位进行劳动合同和劳动用工情况检查,立案 85 件,处罚案件 7 起,处罚金额 6800 余元。辖区各类企业劳动合同签订率完成 100.38%,30 人以下小型企业劳动合同签订率完成 100.42%,各类企业劳动合同续订率完成 100%。对辖区内 50 家企事业单位进行书面审查,完成 2340 家单位信息更改和录入工作。

(郑广义)

【网格化建设】 年内,在全地区推行"全模式"数字化监督考核工作。街道层面工作全部纳入数字化监督考核,对网格办案件派发、核查人员及社区主任、卫生主任进行业务培训,对地区"门前三包"责任单位进行摸底调查,重新签订"门前三包"责任书,有效降低该类网格案件发生率,提高案件办结率。重新修订网格案件登记、派发、督促、核查、回复等制度,提高案件结案率。筹备成立环卫绿化管理站,加强环境卫生、绿化监督管理并协助处理有关网格案件。全年接收、处理区监督平台案件 39529 件。

(王永华)

【第六次全国人口普查】 年内,完成数据输机、总结报告撰写、档案整理和数据评估等收尾工作,召开总结大会,对先进普查社区、先进协作单位、优秀协作科室和先进个人给予表彰。

(刘 慧)

【2%人口抽样调查】 年内,在第六

次人口普查数据基础上，按照2%人口比例，抽取八棵杨社区两栋楼（百环家园14号楼和华腾园4号楼）作为样本，进行人口普查。普查536户，登记人口1337人，出生人口8人，死亡人口1人。

（刘　慧）

【税源建设】　年内，完成区级收入6.57亿元，新增税收增长量名列街道系统前茅。代征个人出租房产税747万元。

（申桂珍）

【城市管理】　年内，联合执法部门开展重点区域环境整治。查处黑摩的人力三轮车123辆，取缔无照经营656起，处罚79起；查处店外经营203起，处罚67起，查处露天烧烤大排档34处，暂扣桌椅240套（件），取缔早点摊96起，无照收废品36起，汽车售货18起，暂扣无照经营三轮车102辆、自行车67辆，暂扣蔬菜水果7000余千克，查处马车售货4起，没收马车4辆，规范门前三包5000余次，清理无主垃圾200余吨，拆除非法广告牌匾312块，拆除违法建设19处，1222平方米，非法小广告停机262个，罚款2100元。受理热线电话2661个，办理网格案件1447个，全年共处罚153起，罚款37100元。

（王南萍）

## 酒仙桥街道

【概况】　酒仙桥街道位于朝阳区东北部，东、东南、西、西北与将台地区相接，南至亮马河与东风乡毗连，西北到京顺路与东湖街道、望京街道相邻，北与崔各庄乡接壤。街道有9个社区。辖区面积5.3平方公里；常住人口6.2万人，流动人口11731人；有3所中学，4所小学，8所幼儿园。

地址：酒仙桥六街坊6号

电话：64309022

邮编：100015

（韩惠清）

【提供停车泊位】　年初，经过街道协调，798艺术园区及首发集团5家停车公司夜间开放机场高速路大山子桥下停车场和乐天玛特地下停车场，可提供800余个停车泊位。10月9日，区交通委主管领导调研地区错时停车工作。

（韩惠清）

【检查安全燃放落实情况】　2月17日，副区长赵全保带队，深夜到酒仙桥地区检查安全燃放落实情况，街道办事处主任崔少飞陪同。

（韩惠清）

【成立安全生产专家组】　3月14日，召开安全生产专家组成立暨聘书颁发大会。区安全生产监督管理局、13名应聘专家及街道相关领导参加会议。13名专家涉及物业管理、能源化工、机械电子、建筑施工、医疗卫生等行业。

（韩惠清）

【《人民调解法》知识竞赛】　4月11日，司法所举办《人民调解法》知识竞赛。辖区企事业单位和北京青年政治学院组队参赛。区司法局局长荣容、北京青年政治学院副院长张晓华、办事处主任崔少飞、副主任乔峥嵘等观摩。

（韩惠清）

【党支部书记培训会】　4月12日至13日，举办机关党支部书记培训会，首信集团党委副书记李溶、区委党校教研室主任潘德金等人授课。

（韩惠清）

【创建全国安全社区】　4月，酒仙桥街道被评为全国安全社区。该项工作启动于2007年12月。按照创建标准，成立安全社区促进委员会，成员包括街道、派出所、消防、交通、学校、医院、人大代表、物业公司、社会团体、志愿者组织、居民代表等单位和人员。共投入资金260万元，有针对性地开展各类伤害干预项目，形成“政府主导、多方参与、有效监测、科学立项、持续发展”的安全社区运行模式。组织落实安全促进委员会确定的各项创建计划和措施，推进10个促进项目和持续开展创建活动，提高社会单位、社区居民参与意识和安全意识。建立健全安全工作长效机制，增强社区应对安全问题能力，形成“创建平安、和谐、健康、宜居酒仙桥安全社区”理念。3年来，社区未发生重大安全事故，一般性安全事故及伤害事件稳中有降，基本实现安全社区工作目标。

（韩惠清）

【红色书会】　4月下旬至5月，在机关和社区中开展“读党史”活动，党委、支部带领党员和群众读一本党史，并采取读书会、知识竞赛形式汇报学习成果。

（韩惠清）

【就业大集】　5月14日，举办地区第二届社区“就业大集”活动。40余家用工单位提供1000余个就业岗位，500余人与招聘单位达成用工意向。

（韩惠清）

【社区联合工会培训会】　5月18日，召开社区联合工会培训会，街道总工会主席郭慧、副主席王建友、社区办主任盖春燕以及各社区党委书记、主任出席会议。

（韩惠清）

【区综治办验收维稳网络体系】　5月24日，区综治办验收地区“综治维稳中心、社区综治维稳工作站、小区综治维稳协调员、楼门组长”四级综治维稳管理网络体系。

（韩惠清）

【街道文化节】　5月28日，举办“酒仙桥街道文化节”开幕式。文化节面向社区居民，系列活动贯穿全年，分为创建文明城区篇、百姓大舞台——岁月如歌篇、百姓大舞台——和谐社区篇、百姓大舞台——崇尚知识篇4个部分。

（韩惠清）

【《难忘的岁月》征文演讲】　6月13日，举办“纪念建党九十周年，难忘的岁月”征文演讲，退休人员党支部和社区党委推荐4位党员演讲。此次征文收到89篇稿件,36篇获奖。演讲当天,获奖征文以展板形式展出,1000余名党员、群众观看。

(韩惠清)

【禁毒预防宣传教育先进单位】 6月,酒仙桥街道被评为区级2010年度禁毒预防宣传教育先进单位。

(韩惠清)

【军民联欢会】 7月15日,酒仙桥双拥片组在金盏乡黎各庄村举办2011年"八一"建军节军民联欢会。联欢会由酒仙桥、金盏、首都机场、东坝、将台、孙河、东风等7个街乡共同组织。区民政局、酒仙桥双拥片组主管领导、武警部队领导、活动赞助单位及驻7个街乡辖区部队官兵、社区居民等500余人参加。会上,为14个"2010年度双拥工作先进单位"颁奖,金盏乡合唱团、酒仙桥街道中北路社区小学生及武警三支队五中队战士分别演出文艺节目。

(韩惠清)

【信访工作培训班】 8月18日至19日,司法所在平谷教工疗养院举办司法信访工作培训班。社区人民调解委员会主任、首席调解员、社区调处工作站站长、联系人及地区企事业单位调委会主任、副主任参加培训。

(韩惠清)

【党员代表大会】 10月31号,召开党员代表大会。工委副书记巴长瑞主持会议,纪委书记郭慧宣读《关于酒仙桥街道出席中国共产党北京市朝阳区第十一次代表大会候选人建议名单产生过程的说明》。经过酝酿、投票,选举产生7名出席区第十一次党代会代表。

(韩惠清)

【"致远号"通过区禁毒办验收】 11月18日,"致远号"阳光活动室通过区禁毒办验收。"致远号"阳光活动室于年内建成,位于大山子社区,兼有社区戒毒和社区康复功能。活动室配备禁毒专门工作人员,11名社区戒毒(康复)人员全部建立工作台账,无缝衔接率达到100%。

(韩惠清)

【区级流管工作先进集体】 12月,街道办事处被评为区级流管工作先进集体。

(韩惠清)

【安装监控系统】 年内,出资12万元,为辖区10所民办幼儿园按照相关要求安装监控系统,并纳入街道城市管理指挥中心监控范围。

(韩惠清)

【社区环境建设】 年内,改造大山子小6楼门前路、酒仙桥路西侧步行道、芳园西路北侧、酒仙桥南路、酒仙桥大街、腾远加油站周边等6条社区道路。改造总面积约7000平方米,其中铺油1500平方米;人行路铺砖约5500平方米;铺设雨水管线296沿米。投资500余万元,改造高家园社区环境。改造内容包括:绿地补植修复、增设便民设施、整改假山水池、铺装道路等。改造面积近2万平方米,其中铺装油路6800平方米,铺设透水砖8300平方米,绿化升级改造4400平方米,增加停车位300余个,规范停车位700余个,规划绿荫停车位130余个。

(韩惠清)

【创建环境优美大街】 年内,改造酒仙桥路(大山子环岛至酒北路路段)环境,创建环境优美大街。硬化铺装人行道2600平方米,安装阻车桩21个、地龙94延米、铁艺围栏20延米,摆放鲜花3.5万余盆。

(韩惠清)

【化解讨薪纠纷】 年内,合法处理讨薪纠纷。辖区内八七八厂科研楼工地主体工程、国际电子总部工程、八七八厂科研楼工地幕墙安装工程、鹏博士数据中心装修工程、正东集团新建办公楼装修工程、信息科技大学抗震加固工程等10余个工程,拖欠近千名农民工工资250余万元。街道劳动科根据《劳动合同法》相关条款规定,历时9个月逐一化解纠纷。

(韩惠清)

## 六里屯街道

【概况】 六里屯街道位于朝阳区东部,面积4.4平方公里,周边与7个街乡相邻,东至京包铁路,与东风乡、平房乡接壤;西至朝阳体育馆,与团结湖地区相邻;南以二道沟河为界,与八里庄、呼家楼、高碑店地区相望;北以农展南路为界,与麦子店地区毗邻。街道所辖10个社区,有常住人口43051户、117457人,流动人口29814人。在"CBD"东扩中,六里屯街道部分区域纳入其中。

地址:甜水园北里17号楼

电话:65067940

邮编:100026

(贾　宁)

【领导班子和干部队伍建设】 年内,领导班子参加在线学习、组织部专题培训、市级定向培训等学习活动,提高科学领导、民主决策水平。实行"领导干部包社区制度",班子成员骑自行车深入社区、社会单位走访调研,实行"一线工作法",情况到一线了解,问题到一线解决,感情到一线融合,课题到一线调研,工作到一线落实,为社区办实事近30件。组织机关和社区2000余人次参与"正确认识自己,正确对待同志"思想大讨论活动,促进干部群众交流与沟通,提升街道、社区干部队伍能力。年内,区重点工作抽调干部2人,区属委办局抽调干部3人,新提拔科级干部12人,交流、招聘引进干部15人次,科室调整及人员合理配置调整近30人次。

(贾　宁)

【区域党建】 年内,深化地区社会建设协调委员会建设,各成员单位自挖优势,在文明城区创建、人大换届选举、大型会场统筹利用等方面,为辖区单位、居民提供各类服务。在辖区党员干部中开展创先争优活动,召开纪念建党90周年"七一"表彰大会,发展20名党员,选举产生8

名出席区第十一次党代会代表。在区委党校六里屯党校分校,培训机关、社区、非公企业党员和入党积极分子共计250人。举办"零距离"现场咨询会,建立商务楼宇党员工作服务机制,在商务楼宇中建立社会工作站。创新团组织工作格局,新建13个"两新"团支部,累计开展30余次青年志愿者活动。开展集中建会工作,新建工会企业达158家。

(贾　宁)

【廉政建设】　年内,街道确定区级效能监察立项任务6项,街道级5类47项。调整完善纪检监察制度,编写《廉政制度汇编》。对年内提拔的11名科级干部、新招8名公务员、轮岗交流4人进行廉政集体谈话。设立"廉政勤政信箱",开设廉政宣传专栏,制作反腐倡廉宣传展板,组建社区纪检专干队伍及廉政勤政监督员队伍,实行社区纪检约谈制度,建立定期例会机制,建立社区廉政勤政档案。

(贾　宁)

【创建全国文明城区】　年内,采取4项措施创建全国文明城区。一是多角度宣传。在主要路段悬挂42块文明创建标语牌匾;举办82次"大拇指系列"文明创建活动,参与群众近15000人次;利用10个社区分别召开居民代表大会、地区社会建设协调委员会半年工作会时机,通报创建成果,部署工作任务,争取各界支持。二是整合地区社会单位资源,动员社会单位为民办实事1446件。其中,京客隆甜水园店每天推出数款特价蔬菜;北京市百货大楼出资80万元改造家属宿舍污水管道;相关部门出资,对朝阳公园南路、老姚家园路、水碓子中街等道路进行铺油改造。三是多元化培训。开展交通路口文明引导志愿者培训、问卷调查陪同引导员培训、社区入户应急骨干培训、"六小门店"食品卫生安全培训等培训活动。各社区基本做到居民底数清、居民态度清、引导方法清、处理程序清。各门店规范掌握文明指标要求、文明礼仪标准、文明营业规范等内容。四是多方位整治。严查"六小门店",保证关停不反弹。开展不间断、不定时联合执法,拆除新增私搭乱建。组建交通安全巡防队整治交通秩序,在主要交通路口定时安排交通协管员执勤。社区红袖标全部上岗,全力维护社会稳定。

(贾　宁)

【提升城市建设档次】　年内,完成朝阳公园南路、甜水园街环境优美大街建设工作。协调区市政所出资对水碓子中街等7条道路进行拓宽和铺装改造。整合恒安物业等2家物业公司及中辉国华等5家房地产开发公司资源,出资近90万元,改造5个老旧小区。增添社区服务资源,接收八里庄北里700平方米配套用房,接收公园5号94平方米公共服务配套用房。

(贾　宁)

【完善城市管理体系】　年内,落实"六定责任制",街道、社区干部勤进社区、勤进商户、勤上街头与居民群众沟通,开展静音护航高考、城管进校园、整治街头小广告等活动,实现"精细管理,美化市容"。全年出动执法人员11300余人次,清理店外经营、流动摊点1930余起,规范门前三包单位2340余户,罚款16300元。重点拆除21处630余平方米违法建设,收缴小广告7万余张。采取建管并举工作模式控制动态违法行为。

(贾　宁)

【服务创新】　年内,街道和10个社区分别成立社区建设管理委员会和社区事务协调委员会,组建和谐促进员协会,排解社区矛盾、促进地区和谐稳定。推行"准物业"管理工作,整合服务资源,将地区200余家餐饮、保洁等服务类门店纳入"一刻钟社区服务圈"服务体系。拓宽服务阵地,推动白大娘卫生保洁队、秀水园便民服务一条街服务品牌建设。举办第一届邻里节、"颂歌献给党——社区歌咏汇"等文化活动。开展就业保障服务,重点援助就业困难人员,进行一对一职业指导和职业介绍服务,开展职业指导授课44次,开发就业岗位6600个,职业介绍743人次,推荐183名失业人员参加职业技能培训,超额10%完成区里下达的提档就业1028人考核指标。全年发放低保金534万元;实施医疗救助351人次,投入37万元;累计发放各类生活困难补助95万元。发放失业金等560万元,为参保人员报销医药费77万元;为地区群众提供各类计生服务13590人次,落实各类奖励款共计25万元;邀请5个律师事务所近20名律师组成法律宣讲团,开展94次法律讲座;完成53户廉租房及190户限价房摇号工作。

(贾　宁)

【平安建设】　年内,公开招标引入6家专业停车管理公司,统一管理路侧及部分小区停车。完成十北小区封闭管理,达到"平安小区"验收标准。完成对24866名流动人口和10067户出租房屋信息的基础调查工作。打击黑车运营,共组织65次联合执法行动。开展劳务用工情况安全检查,追讨工资180万元。突出季节特点、行业特性,开展适时安全大检查。全年处理群众信访请求570件,如期办结率100%。各社区调处站共计来访732批,调处成功率96%。调解675件纠纷,调解成功率98%。全年排查走访"两类"人员276人次。

(贾　宁)

【经济发展】　年内,筛查异地纳税企业、引进新税源、涵养老税源,截至10月底,完成区级财政收入1.5464亿元。代征小房产税230.31万元,同比增长39.58%。

(贾　宁)

【选举区人大代表】　年内,选举产生12名出席区第15届人代会代表。

地区应登选民近4万人,在选民登记阶段采取“九登”(人户同在仔细登、人在户不在准确登、户在人不在查找登、拆迁人员随时登、社会单位逐一登、物业公司配合登、流动人口热情登、党员干部带头登、弱势群体上门登)方式,选民登记率达到100%;街道工委领导走访大型综合社会单位,综合考虑有影响力的单位、非公企业单位、行业代表单位等特点,酝酿产生人大代表人选,优化地区人大代表结构;采取多层面培训、多角度宣传、多方式入户、多站点联合工作模式,投票率达到99.91%,党派推荐人员得票率99.97%。

(贾　宁)

【甜水园危改拆迁】　年内,综合分析甜水园危改项目情况,制定3个计划性材料,组织4个层面培训,做到6个方面对接,处级领导分别担任各组组长。根据拆迁进展,先后4次调整工作模式和工作框架,关键时刻更换拆迁公司。截至年底,拆迁226户,完成拆迁任务的31%。

(贾　宁)

## 麦子店街道

【概况】　麦子店街道位于朝阳区东北部,东起东四环路与东风乡、将台乡接壤,西至东三环北路与左家庄街道、三里屯街道相邻,南隔农展南路、朝阳公园南路与团结湖街道、六里屯街道相望,北靠太阳宫乡。辖区面积6.8平方公里,下辖5个社区,总人口55560人,来自世界92个国家和地区的7006名外籍居民在此居住,占常住人口的22%,约2000名外籍人员在此工作。按人口数量排列依次为日、英、韩、美、德、俄、法等,具有涉外主体多元化区域特征。以美、法、日、韩等第三使馆区和上合组织、中国·东盟中心为代表的国际组织,以德国小学、加拿大国际学校为代表的国际教育机构,以宝马汽车、现代投资等世界500强企业、外国驻华机构、办事处、外资企业600余家为代表的涉外经济体,是麦子店国际大家庭的重要成员。其中涉外经济体对区域经济增长的贡献率约达35%。

地址:朝阳公园西里南区6号

电话:58260700

邮编:100125

(李寒力)

【班子调整】　1月26日,调整街道领导班子:李知非任办事处副主任。7月19日,调整街道领导班子:张思光任调研员,免去副主任职务;何培权调往豆各庄乡政府任职;邢等超任纪工委书记,免去副主任职务;牛秋涛兼任武装部长;肖楚华任副调研员,免去武装部长职务。

(李寒力)

【国际化社区建设】　1月30日,举办“2011年麦子店地区第七届中外居民过大年”活动。活动由共青团北京市委员会、北京市青年联合会、北京市学生联合会及区政府共同参与组织,地区中外居民及在京青年外交官、寒假留校外籍学生、在京国际组织工作人员200余人参加活动。6月3日,街道举办“相聚麦子店四海一家亲”第四届中外居民过端午活动。中外居民共同听民俗故事、做民俗游戏、品特色粽子。4月1日,面向社会公开招录的5名社区工作者正式上岗。

(李寒力)

【民生工作】　3月20日,召开2011年“问政”座谈会。当地居民、人大代表、政协委员、社会单位代表、外籍友人及街道全体班子成员、科以上中层干部和社区党委书记、主任共36人参加会议。会议围绕街道工委、办事处提出的2011年“一五一十”折子工程(即“五个中心”、办理十项惠民实事),选择与群众关系最密切、反映最强烈的4件实事进行问计、问需、问政座谈。5月24日,在全国农业展览馆北门广场,举办社区摆渡车开通启动仪式。7月1日,市老龄办处长蔡双、区民政局副局长谭孔辉及区残联等领导,调研街道养老(助残)中心居家养老、老年餐桌、日间照料工作。8月2日,区人大内司工委主任侯湘君、国务院法制办退休干部郭延狄、区民政局副局长谭孔辉、区老龄办主任盛国敏及区人大代表等,在街道调研员张思光、副主任陈立军陪同下,调研位于霞光里社区的街道养老(助残)中心和老年餐桌。9月16日,在霞光里社区多功能厅举行“关爱洒满麦子店”养老助残中心启动仪式,区老龄办主任盛国敏、区社建办副主任石春岗、残联副理事长杨泰峰及街道工委书记刘勇、办事处主任董健出席,地区人大代表与社区老人等百余人参加启动仪式。

(李寒力)

【志愿者工作】　4月8日,中法德青年团30余名代表参观麦子店社区服务中心,并座谈研讨志愿服务工作。北京市志愿者服务指导中心副主任庆兆坤做主题报告,团区委副书记汪斌陪同。

(李寒力)

【党建工作】　6月21日,召开“旗帜更鲜艳——麦子店街道纪念建党90周年暨表彰大会”,表彰先进基层党组织、优秀共产党员、优秀党务工作者和党建服务品牌。8月5日,地区舞蹈队参加“党的光辉照我心”2011首届北京市老年舞蹈大赛,羌族舞蹈“云那边”,荣获“金葵花”奖和“创作第一名”两个最高奖。8月13日,在街道社区服务中心举行枣营南里社区“六小门店”自律协作组和自律协作组党支部成立仪式。自律协作组由68家“六小门店”组成,自律协作组党支部是街道第一家“六小门店”党的组织。10月20日,召开枣营南里社区党员代表大会,65名党员代表出席会议。街道领导为社区党员代表工作站和党员代表接待室授牌,正式启动街道社区党员代表任期制试点工作。10月27日,召开

"中国共产党麦子店街道第六次代表大会",地区131名党员代表出席会议。会议选举佟克克、刘勇、曾旭、付彦青为出席区第十一次党代会代表。

(李寒力)

【环境建设与管理】 6月21日,全国市长研究班一行30余人到街道枣北小区参观指导垃圾分类工作。区垃圾分类办公室主任宋洪祥、街道办事处副主任牛秋涛和小区垃圾分类指导员王凤琴分别就垃圾分类清运、工作流程、奖励办法和垃圾分类指导员工作内容进行介绍和展示。

(李寒力)

【五五普法】 7月6日,在朝阳区五五普法总结表彰大会上,街道工委书记刘勇做"积极融合社会资源,以丰富的宣传活动构建和谐司法社区"经验发言,街道办事处荣获"北京市五五普法工作先进集体"称号。

(李寒力)

【军民共建】 7月26日,与北京青年联合会、武警九支队五大队联合举行"文明凝聚你我 军民鱼水情深"——麦子店街道纪念建军84周年军民联欢会,武警官兵、社区居民及优抚对象600余人观看文艺演出。街道办事处向10名家庭困难武警战士赠送慰问金10000元。

(李寒力)

【文明城区创建】 8月18日,区委常委、常务副区长吴桂英带队到街道考察文明创建迎检工作落实情况,并在社区服务中心参观各类公共设施建设及使用情况。8月31日,街道召开"迎接全国文明城区测评动员誓师大会",社区居民、派出所民警、驻地武警战士等200余人参加。会上,环境优美方阵、平安慰问方阵、爱心志愿方阵等6支文明创建服务队逐一宣誓并做出承诺。街道纪工委书记邢等超主持会议,工委副书记曾旭部署迎检工作,办事处主任董健做"迎接全国文明城区测评动员誓师大会"专题发言和动员。9月28日,在北京市《感动——纪念北京市公共文明引导行动10周年》活动中,地区公共文明引导员李家麒被授予"北京市十大金牌引导员"荣誉称号。

(李寒力)

【幼教事业】 10月11日,与"初乐元"幼儿教育科技发展有限公司合作,以"元点计划"合作方式启动0—3岁婴幼儿早期教育工程,成立麦子店地区中外儿童早期教育基地,为地区0-3岁婴幼儿和养育人开展早教课程培训及亲子活动。活动投资6万余元,为2011年为民办实事项目之一。

(李寒力)

【区人大代表换届选举】 11月8日,地区实登选民30540人,28823人参加投票,投票率94.38%,选出9名区第十五届人大代表。

(李寒力)

【打造国际化宜居环境】 年内,规范语言环境,整改牌匾标志、校对外文菜单、设立"双语电子交通引导图";优化生活环境,建设优美示范大街、筹建国际卫生服务中心;提升宜居环境,打造国际安全社区。

(李寒力)

【国际社区服务中心建设】 年内,建设国际社区服务中心,设置办证登记、信息咨询、文化交流、综合服务等专区,统筹涉外项目,提供"一站式服务";完善"一线一网一平台"服务体系,增设英文版门户和社区服务网站,实现多语种网络化办公;采用政府购买社会服务方式,提供汉语培训公共服务,满足外籍居民"语言"第一需求。

(李寒力)

【多元文化交流融合】 年内,组织"中外居民过大年"、"闹元宵"、"庆端午"等中国传统民俗特色活动,举办蓝色港湾啤酒节、爵士音乐节,以及各国"使馆日"、"电影周"等外国文化活动,促进多元文化交流融合。

(李寒力)

【搭建国际文化交流平台】 年内,邀请使馆、涉外机构、文化机构、涉外公寓、外籍志愿者等各类机构和群体作为成员单位组成民间交流协会,定期开展中外文化互动交流活动,打造国际文化交流多元化格局。

(李寒力)

## 潘家园街道

【概况】 潘家园街道位于朝阳区东南部,东与南磨房乡、十八里店乡相接,南与丰台区相邻,西与东城区龙潭湖公园隔河相望,北与劲松街道相连。辖区面积3.4平方公里,人口约13.7万,共12个社区。潘家园旧货市场、北京古玩城、天雅古玩城、河南大厦、陕西大厦、广西大厦坐落辖区。有中国医学科学院肿瘤医院、肿瘤研究所、北京工业大学研究生院、北京眼镜城等中央、市、区不同隶属关系企事业单位1400余家。

地址:松榆里43号楼
电话:87381916
邮编:100021

(刘 鑫)

【文明城区创建】 年内,街道成立全国文明城区创建工作领导小组和创建办公室,建立"党政一把手包片、副职领导包社区、科级干部包大街、社区干部包楼院、楼门组长包户"制度,落实"四个一"措施:每日1次联合执法、1次问题督办,每周1次工作调度、1次情况分析。投入50余万元在潘家园路、松榆北路、武圣路、松榆南路等处设立文明创建公益宣传牌142块;在潘家园东路、华威路设立19处文化墙;在华北、松西、磨南和松榆里社区文化广场设置温馨提示牌97块;在地区繁华地段设立文化楹联60块;在34个居民小区增建宣传橱窗109组。316名机关干部、社区工作者和志愿者在主要路口担任文明交通引导员。成立未成年人思想道德建设工作领导小组,为每个社区聘请2至3名学校老师担任未成年人教育专职辅导员,组织爱国主义读书活动31次,放映校园影片18场。举办学校思想政治工作研讨会6次,开展“小手拉大手、文明一起走”系列活动22次。累计投入资金800万元,为民办实事209件,实施“暖心工程”、“路平工程”、“明亮工程”、“清洁工程”和老旧小区改造工程。建设示范大街2条、示范小区9个、示范楼院16个,清理堆物堆料100.9吨、整治楼门乱张贴1453处,整治缺损和功能不全消防设施180处,维修缺损道路8000平方米、裸露地面13010平方米,治理坑洼积水道路28处,粉刷楼道132栋、维修照明灯具3100个、更换玻璃13200平方米、安装晾衣竿193处。为群众解决急事、难事3700余件。成立由公安、交通、城管等职能部门组成的创建全国文明城区执法小分队,治理打击无照经营、流动游商、非法营运、占盲道停车和治安乱点。监督检查800余家“六小”门店营业人员健康状况和场所消毒工作,专项检查餐饮、食品卫生,管控重点点位及周边秩序,不间断巡查农贸市场、主要路段、网吧、校园周边等随机点位。

(刘　鑫)

**【区党代表换届选举】** 年内,完成潘家园街道出席中国共产党北京市朝阳区第十一次代表大会代表选举工作。11月1日召开中国共产党潘家园街道党员代表大会,以无记名方式投票方式,选举刘炳起、姬文革、张贵林、徐秀荣、夏彩云、刘志斌、俞燕萍、黄妍等9人作为潘家园街道出席中国共产党北京市朝阳区第十一次代表大会代表。

(刘　鑫)

**【区人大代表换届选举】** 年内,完成区人大代表换届选举。地区共登记选民43002人,其中,居民选民32629人,单位选民10258人,非本市选民115人,占应登记选民总数的99.7%。划分6个选区、721个选民小组,设立50个固定投票站、25个流动投票箱。共有42348名选民参加投票,占已登记选民的98.48%。11月8日,选举产生王力军、高峰、马更生、王梅、左玉龙、朱京巍、刘炳起、李琰、杨威、杨雨宽、张萍、张汉龙、张延庆、张秩勋、陈贤义、胡波、高黎等17名区人大代表。

(刘　鑫)

**【安全稳定】** 年内,12个社区全部成立维稳工作站,2757名社会治安志愿者参与敏感时期和重大节日社会面巡查和稳控。“两会”期间,重点检查外围旅馆、出租房屋、地下空间。排查各类人员850名。设立72个社会面一级防控点位,增加代表驻地周边5个固定岗,机关干部轮流值守;在旧货市场、古玩城增加3处代表出行流动岗;在代表集体外出时段,沿途增加10个处级领导加强岗。协调相关职能部门,联合治理无照游商、机动车售货、黑车非法运营、小广告散发、露天大排档,执法49次,出动车辆116辆次,执法人员580人次,检查六小门店432家,取缔无照经营150起,暂扣机动售货车3辆;打击黑车210辆;警告肿瘤医院周边涉嫌违法房屋揽租人员50余人次,行政拘留2人;警告医院票贩子48人次,行政拘留4人。日常维稳常态化,城管队员、民警和保安24小时值守,处理地区突发问题。全年排查流动人口和出租房屋16075次/户,处理101起安全隐患;排查重点人员15人;发放宣传材料6296份;签订安全责任书5299户。入户宣传、检查“预防煤气中毒”11982次,签订安全责任书479份,发放宣传材料1713份,安装风斗130户,销毁不合格炉具24个,处理寻衅滋事2户。贯彻平安消防二号行动暨清剿火灾隐患文件精神,出动执法人员450人次,检查人员密集场所1774家,下发整改通知书900余份。组织潘家园社区40余名家长与中小学生参观华威消防中队;协调华威中队指导旧货市场、劲松四中、茂苑物业、王府井洋华堂等社会单位开展消防演练;施划消防通道220平方米,张贴机动车占用消防通道“违法停车告知单”771张。施划自行车停车位720个,机动车停车位1159个,安装挡车桩147根,减速带26米,斑马线137平方米。

(刘　鑫)

**【准物业管理】** 年内,选择磨房南里二小区作为试点小区,实施“二五六”准物业管理模式。即:“两会、五队、六有”。“两会”即居民代表会和管理委员会;“五队”即安保停车、房屋维修、绿化养护、保洁服务、个性化志愿服务队;“六有”即安全有人看,停车有人管、绿化有人养、卫生有人扫、房屋有人修、个性服务有人帮。由居民投票选出44名代表组成居民代表会和9名委员组成的管理委员会,制定居民公约及工作制度。资金管理方面,在街道社区服务中心建立独立账户代为管理,由街道办事处、社区居委会、小区管委会三方监督,并定期公示收支情况。准物业管理从治安、环境、停车、绿化等问题入手,整建结合,拆除违章建设,改造绿化环境,硬化路面,增建停车位,增设人行步道,修建门卫室和围墙。经过近10个月运行,磨二小区基本实现封闭式管理,年内正式实施准物业管理。

(刘　鑫)

**【解决沼气大包问题】** 年内,解决历史遗留问题。地区有上世纪70年代遗留的沼气池房屋设施11个,原设计用途作为化粪池的同时也为该小区提供沼气。由于存在诸多不安全因素,只能作为污水化粪池使用,且对周围老百姓构成较大安全威胁。街道协调市、区两级人大代表多次向市、区领导反映情况。召开有关部门协调会研究解决措施,沼气大包已陆续拆除7座,剩余部分将在2012年完成。

(刘　鑫)

【党建工作】　年内,深化党建“六个一”活动。每季度举办一次讲座、播放一次教育片、组织一次集中学习、组织一次公益活动、开展一次特色活动、进行一次领导点评。在非公企业恒源祥公司成立党支部、工会、妇联,在眼镜城成立眼镜城行业自律协会。深化“党员奉献日”品牌建设,将每月19日定为“党员奉献日”,各社区党员自发开展清理垃圾、义务宣传、安全巡逻、敬老扶困等志愿活动。“党员奉献日”被市、区两级社工委评为“北京市社会领域党建优秀活动”、“朝阳区社会领域基层党建创新项目”。培养非公党组织典型,潮星集团党总支联合地区托老所成立“助老服务队”,与老人结对子,定期上门服务。组织5名干部到区委党校进修培训,组织完成机关科以下公务员和事业编人员10个学时在线学习。公开选拔6名科级干部。培训12个社区党委负责人和楼宇党务工作者,29名社区、非公企业入党积极分子参加培训班,发展7名党员。慰问帮扶534名党员,慰问金22万元。

(刘　鑫)

【社会保障】　年内,以“签合同、上保险、保工资”为重点,向企业、劳动者宣传《劳动合同法》等法律法规,发放宣传材料2.6万份。在松榆东里社区开展“劳动用工规范一条街”活动,监督检查35家企业用工情况。城镇登记失业人员实现就业转档1132人,接续社会保险1200人;城镇登记失业人员就业率56%;基础职业指导3820人次;召开12场现场招聘会,开发6931个就业岗位;再就业培训231人;失业人员实现创业163人,带动就业294人;征集创业项目1个;推荐创业指导专家1名;换发《就业失业登记证》4000个;为13名高考复读人员提供高考全流程服务;为9家用工单位96人办理就业登记、招工备案手续;按时完成低保家庭季度复审、调标和一次性物价补助发放;办理286人退休审批手续。全年发放抚恤金、低保金、救助金、药费1611.9万元;发放抚恤金208人次,金额67.99万元;发放低保金16195人次,金额486.7万元;办理医疗救助12万元;为6名大学生办理教育救助金2.64万元;为5名困难人员办理临时救助金4.36万元;为34名低保人员发放燃煤补贴3.6万元;发放其他城镇救济14人次,金额7.5万元;发放低保医疗163人次,金额24.3万元;发放优抚医疗3人次,金额0.34万元;发放地退人员退休费165人次,金额22万元;发放高龄老人津贴2312人次,金额24.4万元;发放无保障人员丧葬补贴71人次,金额35.5万元;代收代缴一老一小保险627人次,金额7.7万元;代收代缴无业保险15人次,金额0.9万元;发放失业和退休人员自采暖补贴32人次,金额2.73万元;发放占地超转人员生活费993人次,金额115.3万元;发放占超人员药费251人次,金额96.7万元;发放退养人员药费2人次,金额0.29万元;养老金补发63人次,金额22.4万元;发放失业金1397人次,金额387.3万元;发放工伤人员药费8人次,金额2.15万元;为公益性就业组织人员104人、1193人次,代扣代缴保险金额72.6万元、公积金13.6万元,发放工资198.9万元。为低保家庭471户、895人累计发放救助金约448.8万元。医疗救助136人,金额405374.36元。受理临时救助10人,金额66648.74元,救助贫困孕产妇2人,金额9200元。资助高等院校贫困新生6人,金额2.7万。发放8户低保家庭冬季燃煤补贴3200元。发放26户低保家庭自采暖补贴33163.2元。办理房屋减免375户。为73名“三无人员”办理丧葬补贴36.5万元。规范11家养老小餐桌,合格率达到100%。建设完成松榆西里社区温馨家园托老(残)室。为地区1390名65岁老年人办理优待证,发放养老服务券3344人,376万元。发放高龄老人津贴22.78万元。为194户困难家庭发放物品,救助1170人次。为126名听力残疾人安装可视闪光门铃,18名60岁以上残疾人获得免费轮椅,27名残疾人免费得到颈部牵引器。为地区10名贫困学生争取救助9万元。为43名残疾人办理100元标准生活困难补助,为13名无业重残人员办理低保标准生活困难补助。办理社会保险补贴152人,补贴金额641600余元。社区居民和社会单位“民政募捐月”捐款4.9万元。为北京市对口救助省市内蒙古募集现金5300元、衣被10074件。举办“携手慈善凝聚爱心”慈善募捐宣传日,北京古玩城、天雅古玩城、北京眼镜城等24家社会单位向街道慈善分会捐赠5.9万元。驻地区爱尔眼科医院连续5年每年为1名贫困群众免费施行白内障复明手术,每年提供10名医保外自费费用捐赠,每年为地区糖尿病患者提供10万元眼底检查费和组织20次普查讲座。

(刘　鑫)

【城市管理】　年内,投资1000余万元,修整华威西里、松榆西里、松榆东里、潘家园、武圣农光5个社区14条街巷胡同。改造潘家园东小区等8个老旧小区。松榆里社区被评为“首都绿化美化花园式社区”。投资570余万元,改造规范潘家园路、华威里南街、华威南路路灯、广告牌匾、休闲座椅等设施。打药100余车次治理植物病虫害,修剪树木280余株,更换退化草坪1万平方米,更换退化色带2000平方米。投资90余万元改造完善道路基础设施,配备10名精细管理监督员管理道路。成立综合检查组,抽调专人负责“门前三包”。在41个小区实行垃圾分类,占总工作量12%。全年补装井盖75套,突击修复公共设施48处;保洁队全年出动450余人次完成重点时间、重点区域、重点事件环境卫生保障任务;应急小分队及时处理小广告及道路两侧无主垃圾。完成26栋楼104户户内供水管线检测;完善普通地下室管理台账,制定清理整治方案,清理整治23处。召开施工扰民协调会8起,市政施工备案8起,开具停工检查单35起,日常巡视检查120余次,处理施工管理类网格、信访20余件。督促11家供暖企业维修改造锅炉及附属设备;更新完成11500延米外管网;协助835户改造室内供暖设施,面积84700平方米。

(刘　鑫)

**【精神文明建设】**　年内,成立"潘家园街道社会志愿者公益储蓄分中心"并实施月报制度。开展"志愿服务百万小时 文明朝阳有你有我"、"迎建党90周年、助力文明城区创建——文明朝阳、志愿种子在行动"、"六小志愿者"主题活动。启动"潘家园路至西大望路"路段创建公共文明引导示范街活动。突出"绿色出行文明交通从我做起"和"2011排队年"主题,与广西大厦、北宇物业公司、北京工业大学、北空干休所、华威北里社区4家社会单位和1个社区签订公共文明引导志愿服务协议书,成为第一批公共文明引导社会志愿组织队伍,设立5个共建志愿服务站台。8月11日,启动北京市第五个"公共文明引导日"主题宣传活动暨创建公共文明引导示范街(区)活动。上报文明街道标兵1名、首都文明单位1个、区级文明社区8个、区级共建文明单位17个、区星级志愿者10名,志愿者品牌服务基地、服务队各1个,2012年志愿服务品牌项目3个。

(刘　鑫)

**【人口与计划生育】**　年内,地区人口和计划生育率保持在99%。与20个中央、市属单位、12个社区、15个科室签订计划生育责任书,签订3000份流动人口计划生育责任书。组织开展外来务工人员流脑、麻疹疫苗接种2424人次。为老年人及中小学生免费接种流感疫苗。举办生殖健康、慢性病预防讲座,1000余名居民参加。组织2624人检测乙肝,血糖血脂。对80名吸毒和娱乐场所人员人进行艾滋病检测及干预,发放宣传册及安全套共计20000余份。建立由96名社区居民组成的无偿献血应急志愿者队伍,65名志愿者无偿献血。办理一胎生育服务证693人,办理随父换证166人,随父迁移3人;办理独生子女父母光荣证313人、二胎生育指标52人;核实新建育龄妇女卡片、变更育龄妇女卡片4299人,核对新生儿入户信息573人;录入流动人口育龄妇女信息及接收反馈信息1500人;新建流动人口信息622人;核实流动人口出生监测反馈信息200人;办理存档人员计划生育申请审核1200人。向社区居民发放宣传材料3.4万份,走访慰问独生子女困难家庭25户,发放慰问金12500元,慰问空巢家庭26户,发放慰问金13000元。审核申报独生子女伤残家庭特别扶助160人,独生子女家庭特别扶助77人;申请审核独生子女父母一次性奖励207人,发放20.7万元;独生子女死亡家庭经济帮助2人,发放20000元;审核发放失业人员独生子女费4071人次,119910元。征收社会抚养费6例,344979元。在7家社区卫生服务站、4家地区医院增加避孕药具发放点。面向社区居民及育龄群众制作、发放计划生育宣传包1000个,发放避孕药具22913盒;面向220对新婚夫妇发放婚育健康服务包220个。加强出生缺陷一级工程干预,为130名待孕妇女免费提供叶酸及跟踪服务;作为试点街道,率先开展"免费孕前优生健康检查",组织10对新婚夫妇体检。

(刘　鑫)

**【文化活动】**　年内,邀请音乐学院专业老师辅导各社区200余位声乐爱好者。举办"全民健身日"活动,推广彩球韵律操和哑铃操等健身项目。在8个社区安装健身器材。协调开放垂杨柳中学初中部和劲松三小体育设施;争取区体育局扶助经费10万余元用于体育活动。组织开展"健康大课堂讲座"。联合市体科所,为机关干部、社区工作者、社区居民200余人进行体能检测。结合区图书馆"书香朝阳"主题活动及重大节日,每月组织一次精品图书推荐活动。老年大学新开声乐、山水、交谊舞三个班,内设13个专业,28个班,每年学员1000余人次,免除80岁以上老年人和残疾人学习费用。组织学员到延庆百里山水画廊和四季花海采风、写生。全年放映电影70场次。参加区优秀健身项目展示和区"健身之星"评选,9人获得区"健身之星"称号。参加"2011社区音乐教育高峰论坛"、第二届"北京古玩城杯"和体育局乒乓球比赛。街道荣获"全国社区教育示范街道"、"朝阳区市民学习品牌"称号。

(刘　鑫)

**【社区建设与服务】**　年内,打造"一刻钟社区服务圈",建立1.2.12服务体系。即:一个街道办事处、东西两片服务圈、12个社区服务站点。在社区服务中心设立"一刻钟社区服务圈"总部,设立2部热线电话和2名专职人员值守。在东、西片服务圈设立分部,各社区设立服务站点,日常工作由总部统一布置、管理。将原96156热线和居家养老分中心与一刻钟总部合署办公。完成如下实事:统计、整理公共服务及便民服务网点,制作一刻钟社区服务圈便民联系卡及便民手册、社区服务导视图、社区便民网站;更新维护文体中心乒乓球俱乐部设备;重新设计和布局文体中心一层,新增台球和乒乓球发球机训练两个功能区;设立小剧场,组织老年大学京剧班每月为群众免费演出一场京剧;在松榆西里和松榆里两个社区试点农社对接，定期供应新鲜蔬菜，蔬菜价格每斤平均比市场低15%—30%。全年新增80岁居家养老补贴556人次，变更312人次。有3388人享受居家养老服务，收回服务券近370万元。接听96156便民服务热线电话820次。更新社区公共信息网站信息752篇。“两节”服务社区居民1651人次。

（刘　鑫）

【公共卫生】　年内，建立8个社区卫生服务站，配置79名医护人员，接诊、出诊4.8万人以上。开展犬免疫注射疫苗及年检一站式服务，地区有注册犬1230只，免疫率达到100%；全年入户告知宣传1700多户，执法告知宣传160户，发放“致居民一封信”8000余份、宣传材料4000册。协助药品监督管理部门监督本辖区13家药品经营单位。开展“博爱在京城，博爱在朝阳”专项募捐活动及“贫困大病患儿”救助，接收博爱救助捐款6.4万元，救助困难家庭6户，发放救助金1万元，救助少儿大病家庭1户7000元。200名社区居民参加避险逃生和应急救护演练，经考核取得初级应急救护员证书。

（刘　鑫）

## 三里屯街道

【概况】　三里屯街道地处朝阳区中西部，东起东三环北路，南临工体南路，西至春秀路与东城区相接，北临亮马河。区域总面积2.9平方公里。设有7个社区居委会，常住人口5.8万人。其中外来人口1万余人，外籍人口2000余人。辖区内有企业1800余家，驻华使（领）馆72家及联合国开发署、联合国难民署、联合国儿童基金会和一大批涉外宾馆饭店，中央市属单位103家。医疗机构有武警北京总队医院、三里屯医院和北京同仁长虹医院。大专院校有北京联合大学机械工程学院，另有中学2所、小学3所。三里屯地处CBD功能区，是朝阳区“时尚文化版块”的重要组成部分，也是朝阳区对外交往窗口。年内，街道工委、办事处围绕“立足规范化、突出国际化、引领时尚化、做实精细化”，“抓统筹促发展、抓班子带队伍、抓管理上水平、抓重点出精品”的总体思路，以民生幸福为根本，以文明城区创建为主线，全面落实街道“八项工作体系”要求，在惠民办实事、全力保稳定、创新谋发展以及突出国际化街区建设上，求真务实、开拓创新，圆满完成文明城区创建迎检等各工作任务，地区经济社会健康发展，政府服务能力有效提升。

地址：幸福村1号

电话：64165276

邮政编码：100027

（陈　宁）

【创建文明城区】　年内，召开创建调度会17次，实地督查21次，为居民解决问题800余件。落实“处级领导包社区”、“科级干部包道路、包路口”、“社区干部包楼院”等制度，明确岗位职责，形成“点位责任人盯守、道路负责人检查、区域主管领导统筹”迎检体系，做到全覆盖、无盲点。动员机关干部、社区工作者、区直机关、党员志愿者、文明引导员等920余人，累计上岗6200余人次，严守固定点位17个，随机抽查点位612个，处理问题200余件，完成迎检工作。

（陈　宁）

【区人大代表换届选举】　年内，完成区人大代表换届选举。地区应登选民23428人，实登选民23324人，登记率99.56%。划分5个选区，394个选民小组。设置投票站12个，流动票箱43个。11月8日，选举张瑾辉、李振玲、王亚贵、常敬武、刘丽辉、张改荣、殷新京、雷红、原浩、高子程等10人为区第十五届人大代表。

（陈　宁）

【区党代表换届选举】　年内，完成三里屯街道出席中国共产党北京市朝阳区第十一次代表大会代表选举工作。11月1日召开街道党员代表大会，出席大会的119名代表，以无记名投票方式，选举王力军、历广权、李振玲、李淑玲、常敬武等5人为三里屯街道出席中国共产党北京市朝阳区第十一次代表大会代表。

（陈　宁）

【改善民生】　年内，核查138名预警低保人员，为289户、563名低保人员提供保障；成立地区社会捐赠基金会，筹措地区扶贫助困专项资金2.3万元。审批办理临时救助、慈善救助、红十字救助资金12.2万元。开发就业岗位2787个，失业人员再就业603人。受理经济适用房申请29户；廉租住房申请7户，已配租6户，廉租补贴1户；限价房申请190户，已配售56户。完善公共卫生服务体系，新增盈科中心商务楼宇服务站等6处计生药具发放点。开展家庭医生式服务试点，为1252位居民免费体检；联合武警总队医院开展“军民情、健康行”关爱女性健康公益活动，为600名育龄妇女免费进行妇科健康体检。

（陈　宁）

【惠民举措】　年内，按照年初拟办17件实事，完成27处社区破损路面修缮、12组自行车停车架和81组宣传栏维修更新、16栋直管公房楼房节能设施改造、2个老旧小区准物业管理、4条环境优美大街建设等任务；完成7个社区法律服务室、7处巧娘活动室、8块电子信息LED显示屏、1处商务楼宇服务中心等建设任务。协调解决同里周边污水管线堵塞问题；清理居民楼道堆物堆料；为北三里8、9、10单元待拆迁区配发煤气罐，消除燃气管线安全隐患；开展集中整治，规范“社区门店”亮证经营行为；解决实验小学上下学期间校园周边停车难等问题。

（陈　宁）

【党建工作】　年内，完成40个居民

党支部、社会工作党委换届选举工作;启用“三位一体”“五站合一”三里屯SOHO商务楼宇服务中心站,开展以“辉煌90载、和谐谐新篇”主题活动和领导点评、党员承诺为主要内容的创先争优活动,推进“创先争优标兵,邻里守望模范”、“楼门知心人”、“红色版报宣传队”、“党旗飘扬”等一批特色“基层党建创新”项目。

(陈　宁)

**【环境秩序整治】** 年内,对广告牌匾、“门前三包”、小广告、机动车及非机动车停放等15个方面进行动态整治,建立环境长效管控机制。开展“春风行动”、“夏季攻势”和“秋风行动”3次百日整治。固化城管、公安、工商、卫生等部门捆绑作战模式和人盯车巡制度,遏制违法行为反弹。完成工体32场次大型活动外围保障任务,做好“七一”、“国庆”和“元旦、春节”期间新东路、工体东路景观布置工作。处理网格案件20537起,有8个月实现红灯零指标。

(陈　宁)

**【平安建设】** 年内,成立安全生产委员会、社会矛盾多元调解工作协调委员会和社区门店自律协会;联合派出所、社会单位等力量共同开展安全生产监察、食品卫生检查、民兵守桥、地下空间检查、重点人员监控、矫正帮教、矛盾调处、民事调解和“法轮功”人员巩固帮教等工作。

(陈　宁)

**【时尚文化街区建设】** 年内,以“中西文化融合,引领时尚潮流”理念,培育发展国际时尚文化街区;打造地区人文品牌,依托“第十届社区文化节”及“社区一家亲”两大主题活动,举办文化节十年回顾系列活动,促进素质教育深入开展;通过设立双语导向标志、开设时尚街区网站、招聘外事服务人员等,推进国际时尚文化街区建设,提升品质及知名度。

(陈　宁)

## 首都机场街道

**【概况】** 首都机场街道办事处位于朝阳区东北部,四周与顺义区接壤,面积12.23平方公里,包括航站区、工作区和生活区。生活区面积2平方公里,分为南路东里、南路西里、西平街和南平里4个社区,地区常住人口8442户、51073人,其中户籍7227户,24558人;租房1215户,人户分离16704人(有北京户籍的其他区县人员),办证暂住外地人口9767人,外籍人口44人。地区有企业304家,个体工商户508家。机场生活区内有3所学校(九十四中分校、机场第二小学、求实职业学校),4所幼儿园(民航第一、第二、第三幼儿园和基地幼儿园),1个二级甲等医院(首都国际机场急救中心)、1处社区卫生服务站,6个中央企业离退休干部活动中心,1个集贸市场,7个超市,322个商铺(餐饮业67个、美容美发56个、各类商店199个)和4座星级酒店;有体育馆和体育场、电视台,影剧院(国门文化中心)、17个街边公园,12处健身园。

地址:首都机场生活区西平街2号

电话:64563946

电话:64500092

邮编:100621

(苏章勇)

**【创建全国安全社区】** 4月,进入“全国安全社区”现场评定阶段(此项工作启动于2008年12月)。11月14日至15日全国安全社区专家组进行现场评定,12月通过评定。经专家组评定,地区12个安全项目均达到预定目标,社会治安稳定:实现立体化防控,发案率明显下降,乱贴小广告、入户推销及入户偷盗现象明显减少,居民治安环境满意度由86%上升到94%。公共场所安全:逐步实现科学化管理,公共场所意外伤害发生率维持在低水平,近3年未发生火灾、踩踏等事件。校园安全:学生安全健康意识普遍提高。校园伤害次数由2008年的39次减少到2011年的6次,降低85%;伤害涉及学生数量由2008年的41人减少到2011年的7人,降低83%。居家安全:居民自我保护意识普遍增强,伤害率明显下降,伤害人数从2008年的445人减少到2011年的367人,煤气中毒人数明显减少。老年人安全:老年人享受多种服务。分别提供老年餐桌、居家养老及为高龄行动不便老年人安装安全设备等,组织志愿者与空巢、丧子家庭结对帮扶。残疾人安全:残疾人康复需求和服务档案建档率100%,残疾人及亲友对康复服务满意率90%以上。交通安全:完成老旧小区破损道路改造工程,增加交通标志、标线和交通控制设施数量,设置科学、合理,居民、学生交通法规知晓率90%以上,2009年至2011年辖区交通事故呈现明显减少趋势。净空安全:未出现违反规定升放风筝、违规燃放烟花和航空模型升空飞行等现象,未发生危害航空安全事件。法律和心理安全:法制宣传教育普及率85%以上并呈逐年上升态势,民事纠纷调解成功率95%以上,社区服刑人员和刑释解教人员未出现重新犯罪以及脱管、漏管、上访闹事情况。消防安全:消防检查和隐患整改常态化、制度化,未出现消防安全责任事故,实现消防责任重大事故指标控制。食品安全:自2009年至2011年未出现重大食品安全事故,完成各类食品安全保障任务;经营单位和居民对食品分级管理认可度逐步提高,居民食品安全意识明显增强。工作场所安全:安全生产形势整体平稳,无死亡和重伤,建筑工地无重大安全生产事故,无人员死亡,无劳务纠纷事件。从业人员自救、互救和防御事故能力不断提高。

(苏章勇)

**【维稳工作】** 年内,投资约360万元,建成地区综治维稳工作中心,安装45个治安监控探头。街道综治、流管、维稳、公安、消防、交通、安监等16个部门合署办公，初步形成集城市网格管理、社会治安监控、安全生产监察、信访接待、矛盾调处、应急处突、综治维稳于一体的社会服务管理中枢系统。5月，召开“2011年综治维稳工作会”，25家综治委成员单位参加会议，明确“抓基础，强化基础工作；抓机制，加强会商和联动机制；抓责任，强化维稳政治意识及推进社会面立体防控体系建设”工作思路，街道与辖区单位签订《2011年地区综治维稳工作责任书》。建立“一网、两库、三关”安全防控体系，宣传消防、食品、燃气等安全知识并进行专项检查。全年日常纠纷隐患排查62次、专项排查41次。受理各类矛盾纠纷351件，调解349件，调解成功率99.43%。办结信访件4件、信访代理55件。与辖区所有企业签订406份《安全生产责任书》。检查527家生产经营单位消防安全。安装南路西里社区53栋楼、199个单元门、2495户门禁对讲系统。城市网格化管理接收41327件区派遣案件，日均处理113件。实现重大矛盾纠纷发现率、涉众维稳事件稳控率、突发事件应急稳控率3个100%目标；可防性刑事案件发案数与总体发案继续保持低位。

（苏章勇）

**【社区服务】** 年内，启动“一刻钟社区服务圈”工作，发展认证110家服务商，275家服务网点，动态管理认证服务商。发放《机场街道一刻钟社区服务圈联系卡》和便民服务手册，居民知晓率93.6%。服务商开展错时上下班、送货上门特色服务；开设农社对接便民蔬菜棚；协调机场工商分局、顺义区卫生局为60余家商户办理营业执照；启动爱心行动、贴心服务等为老服务项目，普及老年人心理健康知识。

（苏章勇）

**【为民承办10件实事】** 年内，办理完成10件实事。协助北京94中机场分校建设综合楼。增加2个社区办公用房共700平方米。修缮破损道路、便道、井盖等基础设施，投入36万元完善交通设施，将地区道路纳入区市政市容委“路平工程”。在地区体育馆安装价值30万元健身器材，在居民区安装2套健身器材。建成并开放街道图书馆，面积100平方米，藏书8000余册，并与区图书馆联网。主要路段全天候实行电子监控。举办第七届文化节，培育南楼特色文化。持续建设“一刻钟服务圈”，认证并培育便民服务商。解决体育场照明。推进垃圾分类。

（苏章勇）

**【环境建设】** 年内，投入近600万元实施路平工程建设，修补3万平方米破损道路；投资120余万元改善交通环境：新装14面指路标志牌、83面常规标志牌、21面路名牌及指示牌，施划1638.87平方米交通标线，安装4套探头；投资100余万元绿化整修机场南路、岗山路和南平街。其中，绿化整地6800平方米，铺设草坪2730平方米，种植79240株树木、花卉；投资97.5万元粉刷30栋楼97个单元楼道。

（苏章勇）

**【整治秩序】** 年内，调查统计来京务工人员和出租房屋管理情况，街道综治办会同派出所对来京务工人员集中用工单位和出租房屋进行检查登记，并建立台账。3月，调查停车资源状况，地区有6个经营性停车场，5506个停车位，47个非经营性停车场，4847个停车位。6月，面向辖区68家餐饮单位集中开展燃气安全检查活动。7月，调查统计地下空间，查出普通地下室32处。其中用于居住1处，对外经营7处，自管自用14处，无使用10处；有央产25处。实施《制止非法散发、张贴小广告奖励办法》，35名群众因举报及时得到奖励。与机场工商分局、区卫生监督所联合开展食品安全执法检查，检查200余家单位，处理80余处隐患，聘任31名社区食品义务监督员、2名药品协管员和4名药情信息员；城管分队、工商、公安部门联手整治“六小”场所，查处无照商贩100余起；清理1000余处小广告，没收3万余张小广告，上报小广告电话号码156个，整改、没收各类广告牌匾289处/块；城管分队、机场交通支队、机场派出所、维稳办等部门联合开展22波次脉冲行动，查处140辆黑车。

（苏章勇）

**【劳动就业】** 年内，城镇登记失业人员提档就业160人，完成指标数的103%；城镇登记失业人员就业率86%。职业指导464人次，完成指标数271人次的171%；开发就业岗位694个，完成指标数570个的122%；充分就业社区4个，100%完成指标数；156人享受灵活就业政策补贴，累计申请社会保险补贴975000元；举办“春风行动”大型招聘会，28家参会单位提供1300余个就业岗位，1000余人现场应聘，350人达成就业意向；实现“无零就业家庭”目标。11月24日组织辖区60余家社会单位召开“2011年劳动保障工作政策培训会”。万事通劳务派遣中心全年向地区25家单位派遣员工2356人，代理保险单位11家总数129人。

（苏章勇）

**【社会保障】** 年内，为49户92人办理低保相关手续，发放各类社会救助资金1973428元；复核15户33名社会救助对象家庭经济状况；发放22位伤残军人抚恤金18.24万元、护理费1.94万元；为优抚对象报销医药费6719元；为3973人提供药费报销服务，金额1295451.20元；为1221人提供“一老一小”及无业人员参加医保相关手续；发放“一老一小”社保卡987张，发放退休、灵活就业人员社保卡40张；对5986名长期领取社会保障待遇人员进行资格认证。为地区395位80岁以上老年人、12名60至79岁特殊老人提供居家养老服务。

(苏章勇)

【人口计生】 年内,开展“园前关爱”、“争做合格家长,培养有用人才”等主题活动;联合机场商贸公司、机场贵宾公司、机场公安分局、机场股份公司、机场医院举办“时尚PARTY——单身青年联谊会”;举办“婚育新风进万家”大型图片巡展。全年投入人口计生经费283万元,审批226个一胎《生育服务证》、12个二胎《生育服务证》、96个《独生子女父母光荣证》;新生婴儿出生上报216人;统计地区户籍育龄妇女5772人;查验流动人口婚育证2495本,验证率96%;签订3种责任书215份,签订率100%;对流动人口育龄妇女开展4次综合执法检查;组织2次集中孕检,共计548人。在相关民航单位安装28台避孕药具自助发放机和82个自取架,全年免费发放288000只避孕工具。54人无偿献血10900毫升。联手机场医院在4个社区开展“家庭医生式服务,促进居民身体健康”宣传活动,发放《联系卡》、《一封信》等宣传材料1000余份。

(苏章勇)

【税源建设】 年内,辖区纳税单位273户,完成税收1.41亿元,同比增长8.5%;区级财政收入4131万元,同比增长11.35%。征收个人房屋出租税221万,同比增长3.3%。

(苏章勇)

【区人大代表换届选举】 年内,完成区人大代表换届选举。地区应登选民43991人,实登选民43901人,登记率99.79%,其中居民5772人,单位38129人。划分5个选区,566个选民小组。设置投票点40个、流动票箱4个。11月8日,选举首都机场街道工委书记苏向东、民航华北局党组书记李江民、北京首都机场集团公司党委书记刘彦斌、中国国际航空公司副总裁宋志勇、北京飞机维修工程有限公司发动机大修分部修理车间经理乔军生、首都高速公路发展有限公司路产管理部副部长霍岩、民航华北空管局党办主任李金凤等7人为区第十五届人大代表。

(苏章勇)

【第七届文化节】 11月,举办第七届文化节。文化节由街道办事处主办,北京出入境边防检查总站、首都机场海关、首都出入境检验检疫局协办。文化节以“文明南楼,和谐共建”为主题,设置开幕式暨地区联检单位趣味运动会、书画及摄影作品展和闭幕式文艺演出3个板块,北京市社会建设办公室、北京市社会体育管理中心、区体育局、机场地区联检单位领导及体育界相关人员应邀出席开幕式。文化节于12月末结束。

(苏章勇)

【居民自治】 年内,选择南平里社区南平东里小区开展小区自治试点工作,成立5位居民代表牵头的“乐民好管家”居民自治组织,引导居民关注绿地养护、汽车泊位、文体设施安置点、养犬等热点问题,采用“一事一约”议事方式,约定小区居民行为准则。

(苏章勇)

【党建工作】 年内,发挥党建协调委员会作用,联检单位及民航单位融入区域党建。开展党员一日活动、专题党课讲座、播放爱国电影和创先争优等活动。组织机关、事业单位党员干部观看“朝阳区2011年廉政风险预警提示”及“人生七笔账”警示教育片;出台《首都机场街道廉政风险预警提示》,与科室、事业单位、社区签订党风廉政责任书。召开党风廉政建设工作会,提出廉政建设“六抓”:抓党风、抓作风、抓意识、抓制度、抓教育、抓监督。召开2011年党建协调委员会工作会,与北京飞机维修有限公司、中航油华北公司、机场高速路、武警三支队和市政府口岸办交流党建工作情况和创先争优活动经验,提出通过区域化大党建、社会领域党建和基层社区党建3条主线,实现社会领域党建全覆盖。召开纪念建党90周年大会,表彰地区先进党组织、优秀共产党员、优秀党务工作者和社区党建之友;开展“共产党员献爱心”捐款活动。“七一”前后编辑、印发建党90周年专刊,设计更新宣传栏,悬挂宣传横幅。7月街道班子调整到位后,理论中心组进行党风廉政教育学习及胡锦涛总书记“七一”重要讲话再学习。完成街道组织史编纂工作。

(苏章勇)

【组织建设】 4月25日至29日,区委组织部对街道领导班子进行任期调整考察。组织班子成员,机关副科级以上干部,社区书记、站长,地区党代表、人大代表、政协委员、居民代表评议街道班子及其成员,对新一届领导班子成员人选进行全额定向推荐。7月调整街道班子,7名处级领导职位变动,其中调入3人。完成基层站所评议;出台3项党风廉政责任制管理制度,实行党员挂牌上岗,强调一岗两责。11月18日区纪委、评议(督导)组检查街道双百考核工作。12月15日完成社区工作者招录面试工作。12月27日区委考核组对街道班子进行年终综合考核,对处级干部进行年度考核。年内,发展党员6人,9名预备党员转正,街道自管党员达524名。办事处3人退休,4名城管队员交流;3名干部被上级单位选调;招录11名公务员及事业编干部。

(苏章勇)

【创建文明城区】 年初,建立创建文明城区三级工作体系,即“党政一把手”全面指挥、处级领导对接责任区域、科室及社区落实具体任务指标。制定7项制度保证创建取得实效。一是包片制度将创建指标、任务、责任细分到人；二是协调调度制度科学安排各项工作；三是“突检”制度督办各项工作保时保质完成；四是联席会会商机制整合地区各方力量；五是职能部门联动机制加强执法力度；六是各方对接机制了解意见建议；七是加大投入解决群众关注问题。2月22日，召开年度工作会，街道工委提出真重视、真追究、真整改、真投入要求，集中力量为创建工作提供支持。3月16日召开专题会，工商、卫生、公安、消防及街道相关部门参加，部署任务，明确责任。机关和社区干部分组包社区、包辖区干道，全天巡视市容环境秩序及窗口行业秩序，规范个体商户经营秩序，清理小广告，捡拾垃圾，擦拭垃圾箱。各社区组织开展入户宣传动员工作。5月14日、21日，街道与区检察院共同开展“周六创建行动日”活动，设立宣传咨询台，发放倡议书、文明市民手册等宣传材料，征得意见建议70条。6月，街道工委就创建文明城区第三次测评结果召开专题分析部署会，结合失分项目，提出研究吃透创建指标、建立创建工作台账、落实责任追究制度等要求。7月4日至8日接受首都文明委测评。街道工委结合测评结果，分析并部署档案整理、实地检查及问卷调查工作。国门文化中心开展“创建全国文明城区——电影专场”宣传活动。8月19日召开社区创建文明城区培训会，各社区就档案整理、组织和配合入户调查等环节接受培训。8月27日举行“首都机场地区迎接中央全国文明城区测评动员誓师大会”，系统安排迎检工作；9月1日至14日，按照区统一部署完成迎检工作。

（苏章勇）

## 双井街道

**【概况】** 双井街道办事处辖域东起东四环路与南磨房乡接壤，西至东二环路与东城区相连，南至劲松大街、广渠路与劲松街道为界，北至通惠河与建外街道相邻。辖域面积5.08平方公里（2006年，原属崇文区约0.02平方公里区域划归朝阳区，面积由5.06平方公里增至5.08平方公里）。年内，常住53715户、常住人口96898人，流动人口29822人，外籍人口3981人。域内有广和里、垂东、垂西、双花园、富力、光环、广泉、广外南、九龙、九龙南、大望、百子园12个社区，规模以上企事业单位2383个，学校（含托儿所）19个，医院（含社区卫生站）7个。主要干道有东三环路、广渠门外大街、广渠路、西大望路、百子湾路，有41条公交线路。

地址：百子湾南二路88号

电话：67782507

邮编：100022

网址：http//sjjd.bjchy.gov.cn

（尹　亮）

**【制定“十二五”发展规划】** 年内，围绕“两个对接”，即与区委“双十”工程对接、与街道自身实际对接；抓好“两个落实”，即目标责任落实、任务措施落实，研究制定本街道“十二五”发展规划，明确工作目标。

（尹　亮）

**【谋划全年工作布局】** 年内，构建“2621”工作格局，即党、政统一领导、“六个体系”统筹推进、两大体系全面支撑、完成一个危改拆迁任务，形成分类统块、分块统领、体系运转、横向协作工作格局。（2即党委、政府；6即党群建设、民生保障、城市建设与管理、公共安全与稳定、社区建设与服务、社会建设6个体系。2即综合服务管理体系，综合服务保障体系；1即一个危改拆迁项目——和平村拆迁。）

（尹　亮）

**【优化环境促进经济增长】** 年内，建立“五站合一”（党建、团建、妇建、工建、社会事务）商务楼宇服务站；建立健全安全稳定保障、城市运行管理新机制。建立促进税源建设“四个工作机制”，即：内外多点联动机制；定期会商机制；分工责任机制；奖励激励机制。全年实现财政收入52677.25万元，收缴小房产税1910万元，地区GDP完成45.8亿元。

（尹　亮）

**【队伍建设】** 年内，建立“336”干部选拔任用机制，即3全员、3差额、6公开。3全员（全员笔试、全员面试、全员测评）；3差额（差额考察、差额研究、差额选票）；6公开（公开竞争上岗方案和职位、公开笔试成绩、公开面试成绩、公开测评结果、公开考察对象、公开拟任人选）。经过笔试、面试、民主测评、民主推荐、综合履历分析、工委会研究票决6道程序，机关层面提拔使用4名正科、4名副科、3名副主任科员。调整28名干部，建立后备干部库；社区层面提拔使用4名正职，17名副职，建立34人后备干部库。开展“三谈两访”活动，要求机关和社区干部掌民情、解民难。制定分层、分级干部队伍教育培训计划，规定必选和自选书目。拟定“三个一”年轻干部培养方案，即成立一个青年理论学习小组，完成一个青年网络社区项目，搞好一次思想大讨论活动。

（尹　亮）

**【危改拆迁】** 年内，针对和平村拆迁，制定“五包五定、两保一考”工作机制，启动“131”（1名已搬迁党员骨干发动3名拆迁区域未搬迁党员帮助1个未搬迁户）联动工程。全年完成拆迁228户，其中司法强迁8户。

（尹　亮）

**【文明城区迎检】** 年内，采取4项措施，迎接文明城区检查验收。一是静态宣传，利用工地围挡、公益广告牌、社区宣传栏、楼宇橱窗等载体进行宣传。二是为民办实事。投入1100万元，粉刷楼道、清理堆物堆料，推进路平工程建设，推出一刻钟便民服务圈、为老服务街区、社区便民摆渡车等服务。三是志愿活动。开展“志愿服务在双井,文明创建我先行”、“六小志愿者”、“文明交通、绿色出行”等特色志愿服务。四是建立迎检指挥系统,落实“申报点位重点看守,随机点位巡视巡查、应急队伍待命值守”部署,实现部门联动,社会力量共同参与。地区1100余名居民志愿者、100余名社会单位青年志愿者及300余名清洁和安保志愿者参与维护环境秩序、站岗执勤、清除小广告和遏制游商行动。

(尹　亮)

**【选举区人大代表】** 年内,完成选举区第十五届人民代表大会代表任务。地区应登选民28768人,实登选民28615人,选民登记率99.47%,实际投票率98.65%,选出14名代表,涵盖教育、医疗、法律、社区、国有、非公、政府机关等多个领域。

(尹　亮)

**【培育社会组织】** 年内,走访、座谈地区1300余家企业、120余个社会组织,调查、掌握相关信息和数据,规范社会组织80余个,成立“六小门店”自律协会、双花园菜市场自律协会、富力城星光大道商务自律协会等社会组织。培育“绿丝藤”志愿服务队、夕阳红助老服务队等社区品牌;地区总工会成立“一会一站两中心”(街道总工会、工会服务站及核算中心、职工活动中心),反映群众诉求、提供公共服务、化解社会矛盾、参与社会管理。

(尹　亮)

**【社会服务管理】** 年内,建立地区社会服务管理信息系统和指挥协调系统,完善相关管理制度。健全地区社会建设协调委员会组织机构和管理制度,开展助学、助残、助困、助医、助老和促进就业、促进发展“五助二促”活动。举办“巾帼建功,芳耀双井”女性音乐欣赏会等联谊活动,地区社会单位、机关团体借此相识、沟通并交流,寻求业务合作伙伴。推出双拥工作“五共工程”,即:街道与驻地区武警部队“困难共助、优秀共奖、人才共育、文明共建、和谐共促”。

(尹　亮)

**【虚拟社会管理】** 年内,建立地区性虚拟社区——双井13社区,建立内部控制和外延联动相结合双系统互动机制,培育网络志愿队伍,依托微博、网站、小区论坛等新兴网络媒体,开展线上线下互动式活动。实现3个转变:管理理念从管理控制到共建共享转变,应对网络从被动怕躲到主动应用转变,管理方式从以堵为主向以疏为主转变。

(尹　亮)

**【社区规范化建设】** 年内,为社区配置现代办公设备,联通九龙、大望等9个社区朝阳政务办公平台;规范社区干部教育培训“考帮建”工作流程;选好配强“两委一站”领导班子,理顺社区党委、居委会、服务站、社会单位及社区组织之间关系,规范社区建设。

(尹　亮)

**【劳动保障和就业服务】** 年内,依据劳动法规范地区80家企业用工行为,组织380余家用工密集型企业开展政策法规培训,完成就业档案1161人,组织职业指导2827人次,开发就业岗位4979个。

(尹　亮)

**【社会救助】** 年内,建立“双一双先”临时解困模式,即建立一个医疗救助周转金、形成一套审核保障机制,实现救助款先行报销、住院押金先行垫付。截至年底,地区4位低保人员受益。

(尹　亮)

**【特殊群体帮扶】** 年内,建立“援障·健康”疏导队,形成“残帮残、社会单位帮残、邻里帮残、兵帮残”助残社会化新局面,实现残疾人社会保障“两个100%”全覆盖。推行“双井老年卡”服务项目,适用于60岁以上老人,持此卡可以到辖区内“为老服务商户”消费或享受服务。地区有75家商户参与活动,其中25家商户提供价格优惠服务、5家商户提供定时免费服务。地区60岁以上老年人只要持卡即可在指定商户享受购物优惠或免费服务,包括老年餐桌、爱心超市、理发等服务项目。

(尹　亮)

**【城市建设】** 年内,投入1500万元,推进老旧小区改造、道路修缮、公共设施配套、绿化美化等基础设施建设,完成百子湾南二路改扩建任务,规范临街商铺牌匾,设置文化墙;完善百子湾南一路、东柏街等15条道路修缮和绿化美化;贯通黄木厂路与广渠路;解决和平小学东侧和机电公司职工宿舍西侧雨水管线积水问题;投入近600万元,在九龙幼儿园南侧及代征地区域建成街心公园;安装自行车地笼、施划自行车停车位,粉刷居民楼道。街道办事处被评为市级节水型机关,百子园社区被评为市级节水型小区。

(尹　亮)

**【城市管理】** 年内,建立“街道办事处统一指挥、职能部门管面、社区和物业管片、单位管段”四位一体层级管理体系,构建“数字准确、信息真实、资料全面、高效快捷”的信息体系。深化垃圾减量与垃圾分类管理;整治交通秩序、停车秩序;优化出行环境,建立双井停车服务网站,推出便民电瓶摆渡车,解决“最后一公里”出行。地区文明引导员、文明小使者和交通志愿者参与路口值勤和交通引导。街道作为市首家社区应急广播系统试点单位,在苹果社区进行“减灾从社区开始——应急疏散演练”,提高社区防灾减灾、紧急避险、自救互救能力。

(尹　亮)

**【维护稳定】** 年内,采取4项措施维护地区稳定。一是构建“1267”维稳模式,即1个目标、2个体系、6个机制、7支队伍(1个和谐稳定目标;2即纵向互通、横向联动内部联动体系和齐抓共管、共建共享外部互动体系,6即舆情分析、研判、应急处突、会商、督察、督办机制;7即公安专职队伍、寻访辅警、城管保安、志愿者、社会单位安保、辖区民兵队伍、街道应急分队)形成维稳合力。二是建立“3361”防控机制应对非法煽动、聚集事件。即构建3层指挥体系、组织3层防控网、成立6个工作小组,建立1个考核小组,实现指挥到位、组织到位、执行到位。三是深化矛盾化解。推行“6+1”信访工作体系,即“6个预防化解机制,加1个督查保障机制”。四是探索“新居民”服务管理模式。出租房屋实行出租人、承租人、房屋、中介4位一体“捆绑式”管理;建立流动人口、出租房屋和业主3位一体管理台账;开展社区服务和文体活动,使境外人士、外来人口等“新居民”和本市居民和谐相处。

（尹　亮）

## 团结湖街道

**【概况】**　团结湖街道位于朝阳区西部。东起水碓子东里、水碓子东路、朝阳体育馆西侧,南至呼家楼北街和二道沟北侧,西至东三环北路,北至农展馆南路。辖域面积约1.2平方公里,辖22条街巷,6个住宅社区,设6个社区居委会。常住人口45713人17776户。境内团结湖路纵贯南北,与东西方向的农展馆南路、团结湖北路、姚家园路、团结湖中路、团结湖南路、朝阳北路、呼家楼北街依次相交,并与各楼区间道路相通,构成辖域交通网络。驻有中央在京单位中国轻工集团、国家烟草局培训中心,北京青年报社等市属单位。辖区有中专1所、中职1所、中学1所、小学2所、幼儿园2所、托老所1所、医院3所。

单位地址:团结湖北头条9号楼
联系电话:85589999
邮政编码:100026
网址:http://tjhjd.bjchy.gov.cn

（吴毅生）

**【矛盾纠纷大排查】**　1月和5月,开展两次人民内部矛盾纠纷排查工作。由街道领导牵头,相关部门及社区居委会参与,对辖区内6个社区矛盾隐患全面排查,落实责任、协调化解。共排查出矛盾纠纷53件,重点问题9件,早市占道经营扰民问题和白家庄东里11楼工地扰民问题列为区级重点矛盾问题,对辖区内6名重点信访人进行疏导,并制定稳控措施。

（李丹梅）

**【信访宣传周活动】**　4月18日至22日,由街道领导带队,各科室、社区党员干部48人参加信访宣传日活动,向群众宣传信访和法律知识。设置宣传站点3个,悬挂信访宣传横幅9个,张贴信访宣传画3套,设置宣传板报6块,并举行秧歌舞表演。现场设置信访咨询台和司法咨询台,向群众讲解依法信访的法律法规知识。参加活动居民3000余人,发放宣传材料950余份。

（李丹梅）

**【区党代表换届选举】**　街道于10月28日召开中共北京市朝阳区团结湖街道党员代表大会,应到代表132名,实到127名,参会率为96%。会议选举产生出席中共北京市朝阳区第十一次代表大会代表5名。

（吴毅生）

**【区人大代表换届选举】**　年内,开展区人大代表换届选举工作。地区应登选民17320人,实际登记选民17160人,占地区选民总数的99%。其中单位选民5504人,居民选民11656人。共划分为三个选区,设立固定投票站8个,流动票箱12个。参加投票选民16923人,参选率98.6%。经选举产生区十五届人大代表9名,分别来自党政机关、教育界、新闻界、企业、社区各方面。其中女代表5人,占55.6%;中共党员代表7人,占77.8%;无党派代表2人,占22.2%;有4名代表是研究生学历。

（吴毅生）

**【干部队伍建设】**　年内,选派3位处级领导和4名科级干部参加区委相关部门脱产培训,选派2名优秀年轻干部到区机关挂职锻炼。采取竞争上岗和转任交流方式,选拔任用正科级实职2名,副科级实职3名,副主任科员3名,所长助理2名。7月,街道领导班子调整,刘海涛任办事处主任,荣春丽任工委副书记,周挺兼武装部长,李容珍、陈瑛任办事处副主任。完成领导离任考察、领导班子千分制综合考核和公务员年终考核工作。

（吴毅生）

**【党建工作】**　年内,完善民情工作室“5325”工作体系,得到居民认可。7月份,街道基层党建创新项目“民情工作室”被评为“北京市社会领域党建优秀活动”。将ISO9001质量管理体系导入社区党建工作。12月12日正式通过国家专业部门审核认证,12月15日颁发证书,成为市获得此项认证第一个街道。同时,成立区党建研究会团结湖地区分会,为研究、解决新形势下党建工作新情况、新问题,提供平台。

（吴毅生）

**【创先争优活动】**　年内,以“凝聚党旗下,红色遍朝阳”为主题,在机关、社区和两新党组织中开展系列党建活动40余次,1300余名党员参与活动。“七一”期间,4个基层党组织、5名党务工作者、5名共产党员分别被评为市级和区级先进党组织、优秀党务工作者和优秀共产党员。

（吴毅生）

**【社会领域党建】**　年内,新成立“两新”组织党组织3个。以党建带团建促工建,联合开展活动,定期走访1000余家社会单位,对接需求和服务项目,解决企业职工孩子上学、打预防针等难题,党组织和党的工作在社会组织及规模以下非公经济组织覆盖面和影响力扩大。

(吴毅生)

**【宣传教育】** 年内,街道对外宣传上稿158条。其中,中央媒体10条,市级69条,区级79条。志愿交通公益岗、鱼王美食节等活动被国家、市级媒体报道,《团结社区》报出版13期。《安全生产生活》出版10期;庆祝建党九十周年专版1期。制作文明城区宣传展牌156块、硬质宣传横幅52条,宣传折页15000份、宣传挂件10000个。

(吴毅生)

**【文明城区创建】** 年内,制定《团结湖地区迎接中央全国文明城区测评工作方案》、《创建迎检督导检查方案》、《文明城区迎检接待方案》、各项迎检保障方案、工作预案等5种方案。建立创建办牵头,领导包片,5个专业组、6个社区工作组上下联动的迎检4大机制:即日常巡查机制、会商协调机制、问题反馈机制、督导检查机制。制作宣传图板90块,横幅38块,在《团结社区报》制作专版,宣传创建为民成果和创建知识,提高群众知晓率和满意率。制作9000份宣传折扇,发放到中小学校。开展培训12次;将中路南社区、农展南路作为示范社区示范街进行推广,以点带面推进迎检工作落实。对19个申报点位和8个未申报点位进行指导、检查,确保各点位坚守到位。开展联合执法,检查“六小”门店34户,查抄无证照经营16户,摘除门头牌匾17块,没收物品240件。

(吴毅生)

**【地区文化工作】** 年内,组织书法笔会、票友会、才艺展示等文化活动100余场次,放映电影80场次,受益居民2万人次。

(吴毅生)

**【公共卫生】** 年内,辖区有医疗机构8家。其中一级医疗机构2家,社区卫生服务中心2家(六里屯社区卫生服务中心在本辖区内),社区卫生服务站1家,其他为门诊部。有药店7家,中小学校5所,幼儿园2所,社会单位1000余家。印制宣传材料、宣传折页20000余份,发到每家每户。推进家庭医生式服务签约工作,签约500户。举办艾滋病防控宣传活动并招募志愿者193名。对机关公务员进行防控知识和政策法规培训两次,完成6个社区诊断工作。在3个社区开展“健康知识水平”调查,入户走访900户;配合中国烟草检查办公室在2个社区开展“居民吸烟状况”调查,入户走访600户;在2个社区开展“死因漏报统计调查”。组织居民1744人参加北京市健康体检。

(吴毅生)

**【社区一刻钟便民服务圈】** 年内,一二条社区被评为“北京市先进和谐社区”,街道评为“北京市先进和谐街道”。社区自治工作在原有四级管理网络基础上,逐步探索单元化管理。街道“一刻钟便民服务圈”整合10支服务队伍、180项服务内容,实现小事不出社区,大事不远离社区,方便居民生活。街道外语协会、七姐妹环境监督岗、养犬自律协会多次受到市区嘉奖。

(李丹梅)

**【城市网格化管理】** 年内,接收处理各类网格案件17610件;通过传真接收并派遣23件;通过寄件接收并派遣27件;电话接收派遣12件;结案率99.85%。自我发现问题24760起,自行解决问题8254起,协调处理3849件,复查18681件,自清小广告5200余张,条幅85条。通过中心大厅监控系统发现并处理环境卫生问题491件;因车辆丢失、被盗等问题案件,派出所调取指挥中心监控录像131次。接听热线电话1760个,完成服务单863个,上报市社区服务中心信息731条。

(李丹梅)

**【红十字工作】** 年内,培训红十字急救员,203人取得急救员资格证书。红十字博爱在京城捐款45160元。为困难家庭发放红十字救助款1000元。2次为2名非典后遗症人员发放救助金8000元。完成地区无偿献血任务62人份。

(李丹梅)

**【信访工作】** 年内,接待信访件433件。其中,区转政民互动信访件243件,接待集体访13批55人次,办结率96%。制定街道领导干部接访月时间安排表,街道领导轮流接待群众来访76批次122人次。其中,集体访9批,结案率98%。排查出矛盾纠纷310件,重点矛盾纠纷9件,2件申请区级重点矛盾纠纷问题,发现和化解集体访5批次。解决一批信访疑难问题和矛盾纠纷:解决许汉杨因婚姻登记引发的缠访问题、白东11楼居民与特尔特工地之间的扰民纠纷、刘慧英反映的新中国成立前工龄问题等。实现零上访和无越级访。

(李丹梅)

**【人民调解】** 年内,地区各类调解组织排查隐患16次,调处化解纠纷1577件,调解成功1480件,成功率达94%。

(李丹梅)

**【社会治安综合治理】** 年内,开展安全检查900余次,检查生产经营单位3800余家,发现隐患656处,整改627处,下发各类文书306份。开展食品安全检查63次、公共场所卫生检查40次,打击无照游商、摊群、清理小广告等整治专项行动110余次,取缔无照小餐馆、食品店29户,发放停业整顿通知158份。消防安全检查50余次,发放宣传材料5000余份,组织社会单位消防培训10次。开展“扫黄打非”检查223次,出动1773人次,检查图书报刊316次、音像店122次、网吧147次、歌厅74次、市场77次。投资20万元更新监控设备20套,加装挡车柱100根,减速带10条,交通标志牌30块,更新小区围栏300米。修缮小区护栏1596米，新装护栏70米、大门3处。整治黑车“脉冲行动”4次，查处非法运营车辆20辆，行政拘留5人。与社会单位、驾驶员签订交通安全责任书400余份。

（吴毅生）

**【地下空间】** 年内，检查87处人防工程，开185份整改通知单，排除安全隐患156处，联合执法3次，召开产权单位和地下空间使用人会议2次。

（李丹梅）

**【双拥共建】** 年内，街道和北京武警九支队六中队为共建单位，节假期间进军营慰问老战士、困难官兵并为复转军人赠送纪念品等4.35万元。

（李丹梅）

**【老龄工作】** 年内，地区有60岁以上老人10215人，占地区人口27.8%。其中空巢老人2239人。为12个老旧楼宇安装楼道扶手，方便老人出行。两节慰问35名老人，送去慰问金17500元。为13名60岁以上低保老人免费体检。为295名老人办理老年优待证，为440名老人办理老年优待卡。38人被评为市“万名孝星”，一二条社区、团结湖暮年颐乐园、团结湖社区卫生服务中心被评为市为老服务先进单位。

（李丹梅）

**【募捐工作】** 年内，接收地区单位、居民募集衣被6897件、“献爱心捐款”70532元、“冬衣送暖”捐款3918.2元、三和锦信公司为地区困难居民捐款10000元、军地专修学院为司堃范爱心工作室捐款10000元、12.3首都慈善日捐款546.93元。

（李丹梅）

**【残联工作】** 年内，走访慰问残疾人224户，慰问金113400元；为3人办理临时救助8000元；为18名重残无业人员申请阳光家园计划残疾人托养服务（家庭）资助，发放居家养老（助残）服务券9000元。安置残疾人就业3人；为5名残疾人办理市无固定收入重残无业人员生活补助；为8名残疾人申请市城市居民特困残疾人生活困难补助；为40名残疾人办理社会保险补贴168936.9元；为4名新考入高中、大学的残疾人学生发放奖励金3500元；为7名地区低保残疾人子女及残疾人学生申请“扶残助学”补贴22000元；为3名残疾人办理城乡居民养老保险缴费补贴审核；为137名重残人发放市市民居家养老（助残）服务券124816元；为52名特困残疾人发放街道居家助残服务券46800元。组织50名残疾人免费体检；为18名残疾人免费配发颈部牵引器；43名聋人进行血样采集；为3名残疾儿童发放康复补助8000元；为58位精家家庭免费安装可视闪光门铃；对肢体残疾人开展家庭无障碍改造需求调查，为61户有需求残疾人配发活动浴凳。举办地区第三届残疾人艺术节暨敬老助残服务月启动仪式。

（吴毅生）

**【人口和计划生育】** 年内，地区育龄妇女11312人，其中人户分离育龄妇女1660人；独生子女家庭5874户。2010年10月至2011年9月底上报出生人数203人，其中违法生育5例，计划生育率98%；死亡185人，人口自然增长率0.48‰。签订计划生育责任书44份，综合治理工作责任书23份。街道计划生育宣传员队伍908人，计生协会会员6000余人。办理一胎《生育服务证》260人，《独生子女父母光荣证》78人，审核再生育申请材料18例，贡献二胎指标2例。征收社会抚养费5例93万余元，审核正确率100%。办理1300余名职工转档业务。为符合条件的43名独生子女父母发放1000元一次性奖励款4.3万元；为3名独生子女父母发放10000元一次性经济帮助款3万元；落实独生子女死亡家庭特扶政策年审34人、新增审批5人，发放特别扶助金93600元；落实独生子女伤残家庭特扶政策年审38人、新增审批6人，发放特别扶助金84480元；发放独生子女费900余人，金额4.8万元。开展生育关怀慰问65户独生子女困难家庭，发放慰问金、慰问品42250元。全年发放避孕工具63箱12600盒，其他药具1139盒。开展出生一级缺陷干预工程，发放叶酸124盒。向团结湖第三中学、北京金融求实职业学校赠送青春期教育图书910本。计生新闻上稿30篇，组织宣传活动89次，计生科普知识讲座53次。完成户籍录入23203户、42351人、育龄妇女12350人，流动人口18823人。

（李丹梅）

**【流动人口管理】** 年内，与流动人口集中的务工单位、出租房屋、经营场所签订责任书2000余份，签订率95%以上。6月，为100余名流动人口进行免费体检。9月，由北京武警总队医院为87名流动人口已婚育龄妇女免费提供健康孕检。

（李丹梅）

**【安全生产】** 年内，与801家生产经营单位签订安全生产责任书。开展全方位、多层次宣传活动。召开安全生产月动员会，部署安全生产工作。举办“落实企业主体责任”主题安全生产知识竞赛。聘请专家为机关、社区和各类安全员、协管员及生产经营单位负责人150余人进行培训。检查生产经营单位190家260次，发现隐患656处，整改627处，下发各类文书306份。立案处罚14起，处罚金额5万元。

（李丹梅）

**【法制宣传】** 年内，制定地区“六五”法制宣传教育规划，并于12月15日正式启动。组织、参与大型普法宣传36场，法律进社区58场，受教育5万余人次。街道获北京市“五五”普法工作“先进集体”称号。

（李丹梅）

【矫正帮教】 年内,走访两类人123人次,教育谈话395人次,组织公益劳动37次182人参加,未发生脱管、失控和重新犯罪问题。

(李丹梅)

【为民服务】 年内,成立便民服务网点18家,整合三产资源55家。为1923位老人提供居家养老服务,服务商发展到23家。提升养老(托老所)硬件,增加受服务群体数量,完善服务标准。一刻钟服务圈增加认证服务商数量,在便民网点管理上,把有限资源与为老服务及96156服务平台结合,签约服务商100余家。96156服务热线2450条。爱心超市为130户家庭提供困难补助,发放爱心救助卡。

(吴毅生)

【劳动监察】 年内,巡查劳动用工单位300家,立案92件;行政处罚3件,罚款3000元;结案率100%。查处拖欠职工工资违法案件3件,追讨工资8500元;新增社会保险扩面征缴10家,清理空户32家。

(吴毅生)

【税源建设】 年内,实现区级收入1.65亿元,超额完成全年经济指标,比上年增加0.12亿元。个人出租房屋房产税缴纳税款700万元。

(李丹梅)

【工会工作】 年内,在6个社区成立社区联合工会。7月开展工会经费(筹备金)税务代收试点工作,促进工会经费收缴、单位建会及发展会员工作。截至10月,有基层工会组织34个。其中,独立工会25个,联合工会9个,基层工会覆盖单位143个,工会会员3310人。

(吴毅生)

【妇联工作】 "三八"期间开展"践行家庭美德 创建文明城区"主题宣传周系列活动。对17名55岁以上无业贫困妇女进行医疗救助。春节前夕为22名单亲母亲每人发放价值200元慰问品。评选区级文明家庭3718户,占辖区常住总户数(14400户)的25.8%。

(李丹梅)

【共青团工作】 年内,在地区中小学生中,利用寒暑假期开展"快乐假期—争当社区文明小使者"主题实践活动。开展团建百强街乡创建工作,新增"两新"团组织12家。春节前夕慰问15名困难青少年,每人发放慰问金100元。

(李丹梅)

【创建首都花园式社区】 年内,街道确定将一二条社区创建为首都花园式社区。5月,投资45万元,对一二条北小区实施绿化提升改造工程,补植3000平方米绿地。开展绿化美化知识竞赛、家庭生态种植大赛、购买碳汇等活动。6月,《人民日报》专题报道一二条社区家庭生态种植大赛。10月,一二条社区接受首绿委检查验收,得到市区绿化部门高度评价,被评为首都绿化美化花园式社区。

(吴毅生)

【老旧小区准物业管理】 年内,对团结湖北里小区和三四条南小区准物业管理硬件进行改造。两个小区通过公开招标和邀标形式确定施工队伍。三四条南小区铺装路面3621平方米,绿化改造404平方米。团结北里小区铺柏油路1800平方米,铺装道路1353平方米,粉刷797平方米,绿化提升906平方米。

(吴毅生)

【就业安置】 年内,街道社保所对辖区16家重点用工企业进行动态监测。健全空岗报告制度,为失业人员搜集空岗信息2252个,推荐成功405人。利用社会单位力量举办招聘会6次。职业指导2293人次,免费职业技能培训175人,175人取得职业资格证书。对符合就业援助条件人员实行托底安置,建立"4050"就业困难人员台账,与350名"4050"人员签订《再就业援助协议书》,帮助588名"4050"人员实现再就业。232人实现灵活就业并享受社会保险补助,4人实现自谋职业并享受社会保险补助。588人提档就业。

(李丹梅)

## 望京街道

【概况】 望京街道位于朝阳区东北部,东至机场高速路与酒仙桥街道、将台乡接壤,南至北四环路与太阳宫乡为界,西至京承高速路与来广营乡、大屯街道相望,北至湖光北街、宏泰西街,与东湖街道、崔各庄乡相邻。辖域面积10.36平方公里。常住人口22.4万人,其中流动人口5.7万人。域内有望京西园四区、望京西园三区、望花路东里、望花路西里、花家地、花家地北里、花家地南里、花家地西里、花家地西里三区、南湖东园、南湖中园、南湖西里、南湖西园、方舟苑、大西洋城、爽秋路、圣星社区、望京园、南湖西园二区、望京东园五区、阜荣街、望京西路等22个社区及宝星园、夏都盈座、国风家园3个社区筹备组和坝北1个平房区。社会单位4500家,规模以上企业323家,银行29家,高等院校5所,中小学校13所,幼儿园(托儿所)18个,大型商场市场24家,医院(含社区卫生站)9家。主干道有广顺南北大街、阜通东西大街、望京西路、花家地街、望京街、湖光中街等31条,公交路线48条。地铁13号线、15号线交汇贯通望京。

地址:望京东园615楼

电话:64703102 传真:64701376

邮编:100102

(项 悦)

【残疾人"五星"评比】 1月14日,在中央美院礼堂举办第三届残疾人"五星"评比表彰暨新春联欢会。区委副巡视员、区创建办执行主任刘英男、区残联理事长王毅、街道办事处主任宋军,嘉贸购物中心、新世界百货等10余家公益事业社会单位负责人出席联欢会。扶残助残志愿者、社区残疾人工作者,地区残疾人及亲属代表等500人参加会议。对获得"残疾人康复之星"、"残疾人劳动之星"、"残疾人文体之星"等50名残疾人进行表彰。

（项 悦）

**【"十、百、千"示范促进活动】** 1月18日，在望京乐园举行"创新社会服务，深化安全社区，促进和谐望京""十、百、千"示范促进活动表彰大会。200余人参加表彰大会。对望京网等10家安全健康促进示范单位、武艾云等100户安全健康促进示范家庭及冯岩等1000名安全和谐促进员进行表彰，并颁发荣誉证书。

（项 悦）

**【中外邻居节】** 1月25日，在望京乐园举办以"国际社区·和乐望京"为主题的"第七届望京中外邻居节"暨中外居民新春联谊会活动。来自美国、德国、英国、韩国、瑞典、菲律宾、日本、利比亚、伊朗等12个国家30余名外籍居民与本地居民、社会单位代表共庆新春佳节。

（项 悦）

**【"文明出行"推动日】** 2月22日，是全市第1个"文明出行"推动日。在南湖东园等5个公交站台开展"做文明有礼的朝阳人——绿色出行文明交通从我做起"主题宣传活动。文明乘车引导员统一着装，身披绶带和20名车队志愿者在站台宣传绿色出行、文明礼让理念，引导乘客排队候车、文明乘车、礼貌让座，搀扶老人和带小孩乘客上下车，17名公共文明引导员和10名车队志愿者及数千名乘客参与。

（项 悦）

**【流动妇女之家成立】** 3月4日，在望京西园二区社区举办南湖西园二区流动妇女之家成立揭牌仪式。区流管办主任王春增参加揭牌仪式。

（项 悦）

**【科普教育基地】** 6月27日至30日，中国地震局在天津召开国家防震减灾科普教育基地评审会。望京街道应急指挥宣传教育中心被正式认定为国家防震减灾科普教育基地。

（项 悦）

**【节能环保】** 7月7日，地区社会建设协调委员会在北京国际技术合作中心举办节能环保专题研讨会。委员会单位30余人参加研讨会。与会人员参观西门子节能环保大楼节能增效卡车展览。"能环中心"和西门子公司分别介绍与望京地区节能环保合作意向。街道工委书记刘伯韬介绍大型楼宇、商业、企业推广西门子节能减排和资源综合利用理念、开展技术交流与合作战略计划。节能环保促进会会长周一凡介绍市节能环保应用新趋势。与会成员就参观体会、各单位节能减排经验及低碳建设工作进行交流研讨，认可街道提出的战略合作计划，并部署落实。

（项 悦）

**【出入境工作经验交流会】** 7月27日上午，市公安局出入境系统工作经验交流会在望京园外籍人服务站举行。公安部、市公安局、市外办、市流管办及各区县出入境系统领导50人出席会议。与会人员参观望京园外籍人服务站运行情况，询问办理外籍人住宿登记和其他服务等情况，肯定望京园外籍人服务管理模式。花家地派出所民警程金荣汇报涉外警务工作情况。

（项 悦）

**【社区建设工作会】** 7月29日至30日，召开半年社区建设总结研讨会。街道工委书记刘伯韬、副书记李钧、办事处副主任李辽东及25个社区、筹备组"两委一站"负责人参加会议。会议总结上半年社区建设工作，布置下半年工作。花家地西里三区、花家地、阜荣街3个社区围绕社区居民自治、社区环境建设、文明城区创建等作典型发言。

（项 悦）

**【创建文明城区迎检誓师大会】** 8月22日，举办"望京街道办事处创建文明城区迎检誓师大会"。机关全体工作人员、驻区税务、工商、25个社区书记主任等196人参会。会上签订迎接中央文明委测评工作责任书，街道领导对迎检工作提出要求。

（项 悦）

**【文明城区迎检工作】** 8月至9月，采取4项措施做好文明城区迎检工作。高度重视，广泛动员。多次召开创建工作推进会和专项工作组部署会，对接指标内容和测评标准，部署迎检工作，明确责任，动员全体干部、社区居干投身迎检工作；成立机构，明确职责。成立街道创建文明城区迎检工作指挥部，下设环境、安全卫生、社区、未成年人、监察5个工作组，明确各组职责，形成指挥部统筹、工作组负责、社区协同、居民参与工作机制；逐项分析，整改问题。工作组明确检查标准和内容，逐项分析、专人盯守，发现一类，反馈一类，整改一类，协调解决难点问题；大力宣传，营造氛围。把问卷调查内容设计成展板、简报、扑克及社区报专栏和网站专题等宣传形式，全面入户、全方位动员，全程督导实施，配合"千名干部下基层"活动，深入辖区进行巡视检查，加大创建宣传力度，提高社区群众对创建文明城区工作知晓率。

（项 悦）

**【国庆服务保障工作】** 9月，采取4项措施做好国庆服务保障工作。做好安全生产排查和秩序维护工作，消除安全隐患，确保节日安全有序。检查人员密集场所、公共娱乐场所、高危行业、重点部位等安全工作，重点检查存在隐患单位，确保整改；成立联合执法小组，治理游商乱停车；监管食品安全。了解民情化解矛盾，做好信访接待工作。制定预案，配备处置力量，将矛盾化解在萌芽状态，从源头预防减少群体性事件发生。动员物业、居民、社会单位，清洁小区及单位门前三包环境卫生。成立环境检查小组和环境整治突击队,划分责任区落实到人,加强值班检查,随脏随清,确保环境整洁美观。严格节日值班、巡逻、信息报送制度。实行处级、科级干部双带班和值班人员巡视制度,加大巡逻检查力度,确保稳定。严格上报信息制度,做好突发事件信息报送。

(项　悦)

**【国际文化艺术周】** 10月24日至28日,举办以"和谐生活 文明望京"为主题的"第九届望京国际文化艺周"。发动企业、社区居民,做到"天天有活动,日日有主打"。有国际望京——第九届望京国际文化艺术周开幕式暨中外居民文艺汇演;时尚望京——"夜时尚"杯中外居民台球比赛;书香望京——第五届望京国际读书节;视觉望京——望京星美国际电影节;欢乐望京——第九届望京国际文化艺术周闭幕式暨街道"健身之星"颁奖典礼。区文委副主任倪遥远、街道领导和居民600余人参加。

(项　悦)

**【推举第九届区党代表】** 10月31日,举行区第九次党代会代表推举工作会,办事处、社会单位及25个社区居委会161名党代表参加会议。通过《第九届朝阳区望京街道党代表推举办法》,选举产生刘伯韬、李珂娜等5名区党代表。

(项　悦)

**【领导视察】** 11月7日,市委副书记、市委政法委书记王安顺率市有关部门负责人到望京园外籍人服务管理站视察,区委书记陈刚、区委政法委书记佟克克、街道工委书记刘伯韬、办事处主任宋军等陪同。视察中,王安顺向外服站负责人金德寿、花家地派出所所长付文忠及社区管片民警程金荣询问办理外籍人住宿登记和提供其他服务等情况,查阅档案资料,肯定外服站工作,要求梳理和总结外籍人服务管理经验,为北京市建设世界城市做贡献。

(项　悦)

**【区人大代表换届选举】** 11月8日是市人大换届选举投票日。选举分会在地区5个选区设立5个中心投票站、33个投票分站、72个流动票箱。5万余名选民投票选举产生14名新一届区人大代表。

(项　悦)

**【韩国驻华大使访问望京】** 11月25日,韩国驻华大使馆新任总领事崔永杉率使馆安全事务领事、侨民事务领事和北京韩国人会副会长一行4人到街道进行事务访问,了解侨民生活情况。崔永杉一行参观望京园社区外籍人服务管理站,对为侨民提供无障碍生活服务表示感谢并给予高度评价,认为是"为世界人民服务的望京街道"。参观结束后,崔永杉一行与街道领导就地区韩国侨民情况和望京外事服务管理工作进行交谈。

(项　悦)

**【地标建筑物落成】** 12月4日,高20米、占地90平方米的地标性建筑物,在望京西路和阜通西大街交叉口落成。

(项　悦)

**【税源建设】** 年内,街道采取4项措施加强税源建设。组织辖区内纳税额100万元以上的45家企业座谈,了解企业困难,听取企业需求和建议,提高服务针对性;扩大宣传服务,推进小房产税征收工作。在社区和房屋中介公司加大房产税宣传力度,增设小房产税征收服务点,提高小房产税在区级财政收入中的贡献率;加强走访,掌握新增税源信息,做好税源涵养工作。对纳税大户进行以服务代奖励、以优化环境促发展政策;走访重点税源企业104家,异地纳税企业62家,多家企业有意向将纳税迁至望京。做好回迁企业服务,提供纳税绿色通道服务。全年完成区级财政收入10亿元,实现经济稳步健康发展。

(项　悦)

**【为民办实事】** 年内,完成四类、8项为民办实事项目。加强外籍人和居民服务工作。扩大大西洋和望京园2个外国人服务站服务范围,培训外管员业务8次,接待外籍居民4000余人;成立"望京流动妇女之家",举办8次活动,500人次参与。区社建办正式审批流动妇女之家为社区社会组织。加强设施投入,维护综合秩序。投资30万元,在城铁西站设重点挂账整治点,在商业中心设治安岗亭,安装护栏和隔离墩。创建广顺南北大街、阜能东大街、望京街4条优美大街。粉饰建筑物12680平方米,小广告防护粉饰10000平方米,清运渣土1800立方米,修复围墙350平方米,铺装硬化2700平方米。绿化改造为民市场、望京西路、南湖西里小区门前、湖光中街等4处。拆除违法建设17处1837.5平方米。加强各类培训,提高居民安全健康意识。开展健康知识讲座60场,5000余名居民参加;应急指挥宣教中心演练培训地震、火灾逃生42次,受益居民1536人次。提高就业安置和便民服务水平,让居民共享望京发展成果。启用36个便民厅,打造4个便民服务圈;通过订单式服务管理,开发就业岗位3262个,安置620名失业人员。

(项　悦)

**【残疾人工作】** 年内,利用2个社区残疾人温馨家园平台,定期交流、培训充实残疾人生活。86名残疾人参加职业技能、文明礼仪、陶笛演奏培训。联合青年政治学院志愿者、安利志愿者定期开展交流,1236人次残疾人接受心理咨询服务。每周二、四作为残疾人合唱队活动日,延续残疾人运动会品牌,特别为残疾人情侣举办"温馨爱恋,情满家园"结婚祝福会。残疾人手工艺品生产基地安置残疾人就业20人,带动康复就业40人。全年救助、慰问、办实事帮扶残疾人505人。

(项　悦)

**【减少劳资纠纷】** 年内,街道落实4

项管理机制减少劳资纠纷矛盾。落实体系监管机制。通过区人保局社会保险监督系统和街道ABC量化管理考核系统库，对4000余家企业量化考核和动态监督，实现分层管理，将重点监督管理放在评价较差的C级企业和“黑名单”企业，提高监察效率。落实服务联动机制。发挥科室为外来务工人员服务的职能，在法律援助、工会协调、信访接待等方面为劳资问题开绿色通道，实行服务联动制度，保障第一时间解决劳资纠纷，并提供保障性服务措施。落实矛盾排查机制。走访用工密集、人员流动大的企业，排查劳资纠纷隐患。通过“以点带面”促进排查工作开展。落实提前预警机制。对建筑、装修行业施工情况全面监管，及时对接支付工资环节，及早发现劳资纠纷隐患，及早介入处理，将群体性事件隐患消除在萌芽阶段。

（项　悦）

【维稳工作】　年内，采取3项措施提升群防群治防控能力。构建“工委领导、公安组织、社会发动、综治督导”的组织动员模式。整合街道办事处、公安派出所、消防中队、民兵、物业公司保安等力量成立维稳应急安保纵队，街道工委、办事处领导任纵队长和政委。建立群防群治力量勤务化管理体系，强化维稳应急处置统一性、机动性、实用性。在社会单位聘用4000余名保安员纳入应急处置储备力量，制定群防群治力量防控等级投入力量方案，动态调整力量投量和投向，将群防群治力量组织发动纳入勤务指挥范畴，形成协同作战、优势互补的防控网络。加强情报信息收集交流，掌握辖区社会治安动态，摸排不安定因素，定期分析维稳形势，加强应急演练，化解和处置各类社会矛盾，防止群体性事件发生，确保安全稳定。

（项　悦）

【社会保障】　年内，街道以“四率”为切入点，做好劳动就业与社会保障工作。开展劳动保障大讲堂活动3次，讲解劳动保障新法规、新政策。走访企业760余家，发放宣传手册5000余份。现场授课和接待员工来访800余小时。召开大型招聘会4次，提供就业岗位2000余个。多家网络或报纸为800余家企业发布岗位信息4000余个。对失业人员进行技能培训，实现就业700余人。依托ABC量化考核管理体系，加强劳资纠纷预防和监管制度建设，落实管理责任。走访5大行业600余家单位，发现违法违规问题6大类300余处，责令改正100余处。将劳动管理不规范、易发生劳资纠纷的“高危”企业列入黑名单，提前预警，及时介入，分类处理。立案84起，处罚3起，追讨劳动者工资200余万元，补签劳动合同260余份。

（项　悦）

## 香河园街道

【概况】　香河园街道位于朝阳区东北部，东起客车四厂路北端、静安西街、柳芳北街、左家庄西街与左家庄街道相邻，南以柳芳南里社区与东城区接壤，西以轻轨13号线与和平街街道相望，北自三环路太阳宫桥、坝河桥、坝河中心线与太阳宫乡交界。南北长2.5公里，东西宽1.44公里，辖域面积约2.5平方公里。有8个社区居委会，总户数22581户，常住人口62015人，流动人口19647人。居民楼197栋，其中高层建筑103栋。地下空间216处，其中人防104处、设备层74处、普通地下室38处。地区绿化面积86.6万平方米，绿化覆盖率34.6%。

地址：西坝河南里26号楼

电话：64677044

邮编：100028

（武燕琪）

【税源建设】　年内，走访慰问税源单位108家，引进税源户4家。实现区级财政收入1.72亿元，完成年计划的115.43%；征缴个人出租房产税318万元，完成年计划的212%。

（武燕琪）

【领导调研】　1月11日，区长程连元带队调研街道停车管理、为老服务、社区规范化建设及社区卫生服务站建设等工作。程连元对社区服务站、心理疏导室及社区卫生站提出具体要求。3月31日，市网格化社会服务管理调研组副组长、市社会工委领导赵小卫调研地区网格化社会服务管理工作。9月13日，市委副书记、市政协主席、市委政法委书记王安顺调研网格化社会服务管理工作。工委书记葛强汇报网格化社会管理建设工作，社区党委书记王相惠、服务站站长汇报社区自治及社区服务工作，市、区领导分别观看网格化管理操作程序和社区综治维稳工作站。

（武燕琪）

【燃气入户安全检查】　4月9日，与辖区社会单位及社区近百名工作人员随同燃气集团二分公司专业人员到柳芳北里社区逐户巡检，排查燃气管线安全隐患。入户检查17000户，入户率77.5%。

（吴桂昕）

【青年党团员知识竞赛】　5月4日，举办青年党团员知识竞赛，24名选手参赛，近百位青年观众观摩。参赛选手和观众均为辖区社会工作者、社区居民，社会单位及非公团支部中的青年党员、共青团员。竞赛重点考察选手党史、团史知识，同时通过“回答问题”环节，进行创建全国文明城区宣传。

（陈　一）

【纪念建党90周年】　6月24日，召开建党90周年文艺汇演暨表彰大会。表彰24个先进基层党组织、10名优秀党务工作者、101名优秀共产党员和10名优秀党员志愿者。优秀共产党员代表叶如陵和先进基层党组织代表赵玉旺发言。

（何　涌）

【领导班子调整】　7月15日,调整街道领导班子,冉精智任工委副书记,张秀云、张宏艳任办事处副主任;王春清不再担任工委副书记。

(何　涌)

【区人大代表换届选举】　11月16日,召开人大代表换届选举工作总结大会,地区选举委员会成员单位、选区工作人员、包社区干部及新当选区人大代表参加会议。选举产生8名区第十五届人大代表。

(何　涌)

【环境建设】　年内,投资100万元修复铺装道路32000平方米、绿化美化27000平方米;改善老旧小区便民设施,铺装路面及活动场所32000平方米,新设便民椅65把,晾衣竿120延米,改造自行车棚16个。在联建小区推行准物业管理,实施环境改造工程,新建绿地、铺装道路、新增停车位、增设乒乓球场地围挡和休闲长椅;实行小区封闭管理,建立治安岗亭,实现小区有治安防范、有绿化保洁、有维护维修、有停车管理"四有"标准。开展垃圾分类,实现"正确分类率90%以上、群众知晓率100%、生活垃圾增长率控制在3%以下"目标。创建市容环境"精品街区",完成西坝河中街、七圣路、七圣南路和示范社区柳芳北里、西坝河西里、西坝河中里社区文明社区创建工作。结合创建全国文明城区,开展"春风行动"、"夏季攻势"、"秋风行动"3个百日环境整治活动。

(武燕琪)

【维稳工作】　年内,加强和完善网格管理指挥中心、综合治理维稳中心建设,启动社区维稳工作站建设,构建网格化社会面防控工作网络体系,形成"中心统筹协调、部门广泛参与、防范严密到位、处置快捷高效"大综治、大维稳工作格局。创建光熙门南里联建小区"平安示范"居民小区,更新管理台账,进行各类专项检查503家/次,整改127处隐患,下发110份整改通知书。健全物业纠纷调解联合沟通机制、联合法制宣传机制、联合调处运行机制,创新调解组织指导方式,编撰物业纠纷调解工作指引,各级调解组织调处纠纷803件,调解结案797件,调解成功率99%。健全矛盾排查调处机制和人民调解组织网络,矛盾及时化解率100%。

(武燕琪)

【社区自治】　年内,采取4项措施,探索社区自治。一是培育社区1+X模式。即社区6个委员会牵头,每位主任带领6名积极分子或社会单位负责人、每个委员会至少联动1个社会组织或志愿者队伍共同参与社区管理。二是试点楼宇自治,在辖区13栋楼宇试点推行楼委会自治,尝试单元化管理。三是搭建社区议事平台,在市民之家建立议事中心,以社会组织、家庭为主体,动员居民参与"议事"。四是强化社区决策职能。全年召开社区事务联席会、听证会、议事协商会328场,根据议事结果形成社区决策。协调解决各类事项393件。整合社区公共服务、公益服务、特色服务和便民服务项目,由"单一服务"向"综合服务"转变,丰富社区自治内涵。培育西坝河西里叶如陵工作室、西坝河东里文化型社区、西坝河南里"第三党支部义务理发站"、柳芳南里"老干部智囊团"等品牌项目,形成"一社区一品牌,一社区一亮点"格局。探索"医养护"结合模式,地区12000余名老年人实现基础医疗、康复护理、精神慰藉、居家养老、权益保护、志愿服务无缝链接。建设"安康通"服务枢纽,302户80岁以上空巢家庭实现从被动救助到主动关怀全覆盖。

(武燕琪)

【社会保障】　年内,开发就业岗位1710个,城镇登记失业人员402名实现再就业。发放低保金93.82万元,投入资金55万元,对地区2700余人进行"两节"慰问,为55名优抚对象发放抚恤金30万元,为各类困难群体落实政策性救助和补贴。

(武燕琪)

【保障进城务工人员合法权益】　年内,监察建筑工地用工,重点检查劳务分包单位发放农民工工资及承建单位拨付劳务费情况,为41名农民工追讨拖欠工资10万元。

(王治宇)

【科教文卫】　年内,协调辖区学校开放文体活动场所。开办文体培训班28场,举办文体活动100场,参与群众5万人次。利用地区医疗资源,构建宣传预防为重点、解决实际需求为中心的医疗卫生体系,依托科技周和科普之夏活动,宣传和推广科普知识。

(武燕琪)

【为老服务】　年内,为25户家庭安装"一按灵",办理老年证401个,老年优待卡589个,为90岁以上老年人办理高龄津贴900人次。居家养老服务券回收率89.34%,满意率100%。投资50万元建成一站式养老服务管理中心,中心设有中枢办公区、文化活动区和康复护理区。举办31场社区大课堂,评选社区"孝星"和"为老服务先进单位"。

(武燕琪)

【人口与计划生育】　年内,人口与计划生育数据统计、对外办公实现无差错,完成政策执行、药具管理、协会活动、生育关怀等各项工作,深化"亲情牵手结对子"志愿服务品牌活动,建立"亲子早教进社区"工作体系和工作机制,举办各类早教活动131场次,参加宝宝1790人次。

(武燕琪)

【创建全国文明城区】　年内,采取5项措施开展创建全国文明城区工作。一是建立社区居民自治机制,坚持问政于民。召开居民意见征求会及社区重点问题解决推进会,畅通民意诉求渠道,搭建居民自治平台。二是建立联合执法机制,加强六小门店管理。成立街道综治办牵头，工商、公安、城管、卫生监督和消防等部门参加的综合执法队，把食品类安全列为整顿重点，进行规范管理及联合执法。三是建立闭环式环境管理系统，落实“门前三包”长效机制。建立有领导指挥小组、有联动执法队伍、有督导检查考核、有监督反馈机制的闭环式管理系统，使“门前三包”常态化、固态化。四是落实“六定”责任制，取缔无照经营。建立通联机制，以办事处指挥中心为平台，以社区、城管队、城建科、综治办为主体，将城市管理工作辐射到点位、岗亭、重点大街及巡逻车辆，形成辖区“全天候、全覆盖、常态化、精细化”管控。五是施划车辆停放区域，规范停车秩序。实行“定位存放、专人管理、以疏化堵、人车分行”管理机制，施划110余处自行车停放区域；社会单位根据“门前三包”区域，劝导群众停车入线，规范本单位门前停车秩序。

（武燕琪）

**【为民办实事】** 年内，完成折子工程、12项“为民办实事”工程。推进政府政务和信息公开，发布政府信息187条，同比增加252%。妥善处理政民互动网络平台批办件，受理网上各类信件330件。

（武燕琪）

**【党风廉政建设】** 年内，采取4项措施，开展党风廉政建设。一是落实党风廉政建设责任制。按照“一岗双责”原则，分处级领导、科级干部、社区党委3个层面召开专门会议，签订党风廉政建设目标责任书，形成主要领导亲自抓、工作人员具体抓、层层抓落实、一级抓一级的责任网络体系。二是进行廉政教育。组织收看《人生七笔账》、《廉洁自律过好四关》专题片。在服务窗口和社区制作宣传展板、标牌标志，在市民之家党建中心建立廉政文化阵地。三是加强制度建设。制订街道2011年廉政风险预警提示方案，加强廉政风险防范管理针对性。四是强化监督监管。专项治理“小金库”及公务用车。推进目标管理双百考核，完成各项重点工作。

（武燕琪）

**【干部队伍建设】** 年内，通过竞争上岗选拔3名正科职干部、2名副科职干部、5名副科级干部，6名科级干部轮岗。通过领导干部公开选拔、公务员遴选、公开招考方式，1人走上正处级领导岗位、1人走上副处级领导岗位，3人分别被选调到市、区机关，5名社区工作者考入办事处机关和事业单位。

（武燕琪）

## 小关街道

**【概况】** 小关街道位于朝阳区北四环东路108号院13号楼。东起育慧南路与太阳宫地区接壤，南至北土城公园与和平街街道交界，西临北苑路与亚运村街道相连，北至北四环东路与大屯街道隔路相邻，面积2.58平方公里。人口约9万人，其中常住人口约7万人，流动人口约1.9万人。有小关、惠新里、惠新苑、惠新北里、高原街5个社区。主要党政机关1个，规模以上企事业单位297个，学校（含托幼园所）13所，医院（含社区卫生站）4所。主干道有北苑路东侧路、北土城东路、北四环东路南侧路、育慧南路西侧路、现代文学馆路、惠新东街、惠新西街7条。地铁五号线纵贯南北，十号线横跨东西，公交线路45条。

地址：北四环东路108号院13号楼
电话：64975980
邮编：100029

（吴俊华）

**【科普活动】** 5月，街道联合松博科技、闻言科技有限公司，邀请市区相关领导和专家，在奥林匹克文化广场举办社区服务科技应用示范区建设成果展示推进会。通过汇报演出、图板展示、专家答疑、游戏互动、知识问答、发放图书和便民手册等形式，向居民宣传推广建设成果，普及科普知识。7月，开展年度市公众科学素质大赛“走进社区”活动，代表区参加市公众科学素质大赛，获三等奖，街道获得优秀组织奖，惠新北里社区少年裴思童获得个人最佳表现奖。11月，开展“健身快乐行进社区”活动，以专家授课、互动游戏、知识问答、健身展示等形式引发居民对资源、环境、健康的思考，提高居民对科学的兴趣和解决生活问题能力。

（吴俊华）

**【创建文明城区】** 年内，投入380万元，解决600余件单位和居民实际问题。举办创建为民主题文化宣传活动200余场。审核、汇总创建工作档案2650件。在全区文明街乡测评中，群众支持率持续保持100%以上，综合成绩名列前茅，顺利通过中央文明委验收。

（吴俊华）

**【环境建设】** 年内，完成小关212－213号楼、小关北里204号楼、惠新北里惠新花园绿化改造工程和高原街4号院老旧小区环境改造工程；粉刷小关东街乙2号楼楼道，修复小关北里3号楼地下污水管线。创建惠新西街、安苑路、北土城东路3条“环境优美示范大街”和惠新苑、惠新北里、高原街3个“优美社区”。修整安苑路、文学馆路、高原街3条大街和社区破损道路1.2万平方米；安装惠新西街和惠新东街路灯；路侧增设座椅和果皮箱，地铁出站口、道路两侧和过街天桥下增设地龙、地桩、护栏等设施。

（吴俊华）

**【城市管理】** 年内，取缔无照经营回收站点8处；提出装修垃圾“公交化”清运管理模式；主要大街保洁员全天上岗，配备统一服装和手机设备，采取GPS监测系统，实现时时管控。接受网格案件1.2万余件，结案率99.96%，案件红灯数为“0”。

综合成绩位居全区前三名,网格案件发生量处于全区最低水平。

(吴俊华)

【地区安全】 年内,新建警务工作室10个,公安民警、消防协管员、流管协管员等人员配备到位;在小关东里10号院建设平安示范小区,安装监控探头10个。在文化教育中心建立电子安防系统,新装监控探头26个。全地区监控点位总数达到110个,覆盖街道主要道路、居住小区和重点单位;920个门禁系统完好率达到95%以上;形成安全防控网络体系。

(吴俊华)

【信访工作】 年内,加大信访风险评估和信访代理工作力度,实现重点工作全部进行风险评估立项,对居民提出的信访诉求进行法定代理。领导干部接访35次,信访接待来人来电63人次,处理信件15件,接待集体访5批30人次;调解矛盾纠纷97件次,预防越级访、集体访4件;处理"政府热线"投诉12件;召开矛盾排查会5次;排查化解矛盾纠纷19件。保持群众集体访、越级集体访和非正常群体访三项工作"零指标"。

(吴俊华)

【居民自治单元化管理】 年内,按照小区或楼宇将社区细化为56个自治单元。单元组成员由社区工作者、志愿者、和谐促进员及各楼门组长组成。聘用62名单元组志愿者负责人,带领居民管理单元,参加单元活动,提出合理化建议,实现自治管理。实行自治单元组织代表大会管理模式后,自治效果提升。惠新苑社区解决老旧小区门卫因产权单位倒闭停发工资上访问题;小关社区解决装修工程噪声扰民和影响居民采光上访问题;高原街社区解决健身器材噪音扰民问题;惠新里社区解决惠新南里五号院保洁员缺失问题。实践证明,"居民自治单元化"管理模式能够有效解决居民切身利益问题,开创了居民自治和社会服务管理工作新局面。

(吴俊华)

【汉藏一家亲艺术团】 年内,成立"小关·汉藏一家亲艺术团"。人民日报、光明日报、北京日报、北京晚报等多家媒体报道。5月,联合区政协、区文化委举办庆祝建党90周年、西藏和平解放60周年、区"广场文化节"暨区政协委员"进社区送文化"活动。汉藏一家亲艺术团表演文艺节目,1200余人参加活动。

(吴俊华)

【地震安全示范社区】 年内,在惠新北里社区创建区级"防震减灾——地震安全示范社区"。完善地震安全应急工作机制,成立以社区工作人员为基础,办事处、区地震局工作人员组成的应急指挥机构,制定应急救灾预案。在15个小区设置太阳能紧急避难指示牌,为90个楼门安装地震和防护知识宣传栏,印制宣传手册2000份、宣传卡片6000份,并组建30人应急救助队伍,配备应急物资,储备应急救助物品,提供突发灾难基本保障,形成以防震减灾为主题的宣教基地。

(吴俊华)

【爱心救助】 年内,为11名特困人员办理慈善救助,金额为3万元。为17人办理北京市慈善救助卡,为21人办理朝阳慈善救助卡,金额共计2万元。为一名意外死亡的城管协管员申请慈善救助2万元。全年发放残疾人困难补助金1200余人次,近25万元;对118名重度无业残疾人和老年重度残疾人发放养老助残券总价值15万元;为地区35名听力残疾人家庭安装闪光门铃,安排5名残疾人在辖区企业实现就业;投资13.6万元装修改造地区残联党总支活动室;"两节"及端午、重阳、八一、中秋等节日期间慰问地区困难群体和军休职工1300余人次,送去慰问金、慰问品计40万元;全面落实市政府"九养"政策,为800余名老年人办理各类老年证;为93位90岁以上高龄老人发放优待金11.2万元;开办7家老年餐桌,制定养老助残餐桌规划实施方案,完成地区空巢老人、特困老人及为老服务资源调查工作。

(吴俊华)

【妇联团委】 年内,评选区级文明家庭3500户。组织未成年人开展"星光自护"、"快乐假期——争当社区文明小使者"、低碳生活知识竞赛等社会实践活动。关之欣艺术团参加由区妇联、区精神文明建设委员会举办的"老友喜相逢 红歌献给党"建党90周年中老年合唱比赛。组织巧娘参加市妇联"巧手扮靓美丽生活"首届北京国际设计创意暨北京巧娘手工才艺大赛。7月21日,举办"东研－康基"女性岗位推介会,帮助无业女性就业。两节期间,为40余户单亲特困母亲送去慰问品及慰问金,为困难无业单身老年妇女提供医疗帮扶,为80位老人办理医疗救助卡,每人每年报销药费450元。

(吴俊华)

【工会工作】 年内,开展以税代征工作,非公企业建会工作取得突破,新增建会商户406家,新增会员3923人,实现商户全覆盖。完成5个社区成立社区联合分会工作。

(吴俊华)

【文体工作】 年内,组织"红诗红歌咏唱会"暨党员表彰大会,把党员表彰与红诗红歌咏唱会结合起来,丰富党员表彰形式。8月,来自美国、澳大利亚、日本、朝鲜、俄罗斯等5个国家艺术团体的100多名孩子,参加"世界一家人 社区一家亲"国际青少年联欢活动,一起做手工、学跳竹竿舞,感受中国传统文化。

(吴俊华)

【区人大代表换届选举】 年内,登记选民34881人,其中纯居民10024人,单位职工和在校学生24857人。划分6个选区。设投票站34个,流动票箱16个。提名推荐初步候选人46人,确定正式代表候选人16人,11月8日投票选举,选出正式代表10人,其中女代表5人,非中共代表5人。年龄在40岁以下2人,大学本科以上学历8人,硕士以上学位5人。平均年龄49岁。

(吴俊华)

【区党代表选举】 10月28日下午,召开中国共产党小关街道党员代表大会。123名党代表参会,以无记名投票方式,按照不少于20%的差额比例,选举产生王亚贵、王海军、王学贵、安晓峰等4人为朝阳区第十一次党代会代表。

(吴俊华)

【党建工作】 年内,街道工委新建11家非公经济和商务楼宇党组织,总数达到22家,实现非公经济党组织全覆盖。"七一"开展"红旗党支部"和"红星党支部"评选活动,表彰26个基层党支部;59名优秀党务工作者;149名模范党员。举办先进党员事迹报告会;组织650名党员参观市、区两级纪念建党90周年主题展览活动。在社区层面组织"红色记忆"座谈会、先进党员事迹演讲会和机关党员及支部书记学习贯彻胡锦涛总书记"七一"讲话等活动。

(吴俊华)

【党员教育培训】 年内,教育培训党员2153人次,其中,新党员26人次,党员创业就业技能培训183人次,非公党员教育培训143人次,社区党员教育培训2055人次。聘请区党校老师、机关领导和6名老党员等组成的"讲师团",深入社区讲党课。开展为老病党员"三送三学"服务。("三送":各社区党委对老、病党员采取送书到家、送学上门、送学到病床前。"三学":读书学、讨论学、辅导学。)全年发展新党员15名,有入党积极分子23名,申请入党28名。

(吴俊华)

## 亚运村街道

【概况】 亚运村街道位于朝阳区西北部,地处奥运功能核心区,东至北苑西路,南起北土城公园与东城区、西城区相邻,西至八达岭高速路与海淀区相邻,北至安翔北路、慧忠路。四面环绕国家奥林匹克体育中心,三面环绕国家体育场(鸟巢)和国家游泳中心(水立方)。辖区面积5.13平方公里,下辖10个社区,3.1万户、总人数7.3万人,其中常住人口约4.9万人,流动人口约2.4万人。地区有2所大学、3所中学、4所小学、6所幼儿园;1所成人教育学院,是一个集文化、教育、娱乐、体育、商贸、会展、旅游、居住等多种功能于一体的综合性区域。

地址:亚运村安苑北里21号楼
电话:64960468
邮编:100029

(俞丽娟)

【民警进社区】 1月1日上午,在京民社区举行市社区民警驻区制试点启动仪式。市委常委、市公安局局长傅政华、区委书记陈刚、区委政法委书记佟克克出席启动仪式。傅政华宣布市社区民警驻区制试点工作启动,陈刚为启动仪式揭牌。傅政华实地察看驻区民警居住环境。

(俞丽娟)

【获赠电子报阅读器】 2月20日,社区图书馆被区图书馆评为"2010年度基层图书馆运行一等奖",并获赠电子报阅览器。电子读报系统于21日上午启用,有上百种报纸,与纸质报纸同步。居民通过电子读报系统可阅读各种报纸。

(俞丽娟)

【星光自护校园行】 3月4日,华严里小学一年级61名同学参加12355市青少年服务台心理咨询师邢莉萍主讲的"安全自护我能行"主题培训,告诉孩子们与陌生人交往要谨慎。

(俞丽娟)

【共产党员故事阅读会】 3月18日,街道联合北京人民广播电台开展"在奉献中感受幸福"——优秀共产党员故事阅读会。工委副书记赵国增、北京人民广播电台故事广播台长李唯唯和街道社区党委书记出席。党员群众与电台播音员共同阅读、朗诵优秀共产党员故事,学习感人事迹。

(俞丽娟)

【大学社工课堂进社区】 3月31日,街道社工师协会和中央民族大学社会工作专业启动"大学社工课堂进社区"活动。社工师协会会长彭立新向民族大学师生介绍街道社区规范化建设状况、社工师协会发展需求及专业社工介入领域。民族大学戴成萍老师介绍本校社工专业发展状况。社工师协会与中央民族大学社会学学院签订《共建实习基地》协议,确立合作关系。

(俞丽娟)

【就业岗位开发】 4月13日,在安慧里社区葫芦岛广场举办"暖心工程"现场招聘会。35家社会单位提供1455个就业岗位,300余人应聘,有120余人与招聘单位达成就业意向。11月4日,举办天虹商场专场招聘会,提供143个岗位,有30多人参加,16人达成就业意向。年内开发就业岗位1598个,推荐成功178人。

(俞丽娟)

【爱心速递】 5月20日,街道社区举行地区"爱心速递"慈善救助工程启动仪式暨"名人、名家、名作"慈善拍卖活动。启动仪式以幻灯片形式对20户困难家庭情况进行逐一介绍。志愿者代表宣读"和谐因爱而生"倡议书,辖区6家社会单位与困难家庭结对子。对9位爱心书画家捐献10件作品进行拍卖,共拍得21000元,所得善款全部捐助给区慈善协会,用于资助辖区生活困难家庭。

(俞丽娟)

【"小手传大爱"活动】 5月25日,第二幼儿园举办"小手传大爱 六一国际儿童节慈善活动”。260余名幼儿与600余名家长和教师，进行爱心绘本图书义卖等活动，共筹善款13203.8元，全部捐助给中国儿童少年基金会智慧培养基金，用于贫困地区幼儿园创设“绘本阅读室”。

（俞丽娟）

**【“家有党员”诵读会】** 8月1日，协同北京故事广播和大屯街道等单位合作举办“家有党员”诵读会及签售活动。来自亚运村街道、大屯街道等单位80的多名党员、武警官兵、小学生、朗诵爱好者参加活动。区委宣传部、北京人民广播电台知名播音员与武警战士参加。

（俞丽娟）

**【区党代表换届选举】** 10月28日，召开中国共产党北京市朝阳区亚运村街道党员代表大会，129名代表出席。在充分发扬民主、广泛酝酿讨论的基础上，以无记名投票方式，选举产生亚运村街道出席中国共产党北京市朝阳区第十一次代表大会代表5名。其中，领导干部代表3名，占60%；女代表2名，占40%；50岁以下的代表5名，占100%。

（俞丽娟）

**【区人大代表换届选举】** 年内，按照区选举委员会总体部署和要求，街道出台《亚运村街道关于做好区人大换届选举工作实施方案》，划分5个选区，组建选区工作组。11月8日，地区共有34153名选民参加投票，占登记选民的98%。提名初步候选人258名，经过“三上三下”、充分酝酿，确定16名正式代表候选人。最终选出区人大代表11名。

（俞丽娟）

**【文明创建工作】** 年内，制定《亚运村街道创建全国文明城区部门联动综合方案》，成立部门联动综合执法工作领导小组，全面整治辖区环境、交通和安全等问题；在主要大街、重点路段设置宣传海报、标语横幅；在宣传栏和楼门口张贴宣传海报千余张；在网站上开辟“创建全国文明城区意见建议”专栏，反馈居民提出的意见和问题；发挥社区居干、楼门层长、党员积极分子、和谐促进员等社区骨干作用，把创建工作落到实处。测评指标要求与百姓实际需求相结合，把提高测评成绩与惠民利民融为一体，让百姓得到创建带来的实惠。街道获得“全国文明单位”称号。

（俞丽娟）

**【老旧设施建设】** 年内，完成北辰路、安立路、安定路3条环境示范大街创建工作，对立交桥下、地下通道、电线杆等地7140平方米进行粉刷；对华严北里、华严北里西社区约5000平方米斑秃绿地进行绿化改造，对安苑北里社区内2000平方米小花园进行改造。对苇子坑小区道路进行铺装和绿化改造，对祁家豁子北街、华严北里、安慧里等小区内道路进行拓宽、改造，改建长度1353米，铺油路面7724平方米，对便道进行翻新，更换人行道破损地砖。

（俞丽娟）

**【缓解交通及停车问题】** 年内，组织10余家社会单位和4个社区30余名交通安全志愿者，在3个主要路口维护交通秩序。安装铁墩10个，护栏100米，画线50平方米，开具违章停车记录告知单486张。挖掘公共停车资源，对小区征而未建地、边角地带、死角、闲置空地、设置不合理道路等进行清理。通过拓宽道路，新增135个机动车停车位。联合交通部门加大对乱停车辆的管理。整合外专大厦、五矿大厦等13家社会单位夜间、周末空闲停车位，实行错时停车，缓解高峰时段拥堵和小区停车难问题。

（俞丽娟）

**【规范六小门店经营】** 年内，加大“六小”门店检查力度，建立门店自查、社区巡查、联合执法检查和回访复查四级检查机制。由“六小”门店管理办公室联合卫生和工商部门制定管理办法，分社区定人定期检查。每周对部分大中型超市、餐饮单位以及六小门店等组织进行自查和互查，集中检查不少于3次，严格落实问题复查。加强联合执法，规范“六小”门店29家，在华洋和鑫瑞2个农贸市场设立食品抽样检测室，工商部门派专人进驻市场，多部门联合执法，强化食品卫生安全。

（俞丽娟）

**【三问四清五必访工作模式】** 年内，创建社区“三问四清五必访”工作模式。“三问”即要求社区工作者要经常与居民谈心、聊天，问寒问暖，做社区有心人，做到普通居民需求必问、70岁以上老人情况必问、下岗失业人员状况必问；“四清”即本辖区基本情况必清、责任楼情况必清、责任楼内特殊人群情况必清、责任区域内社会单位必清；“五必访”即重病党员或居民代表必访、居民有困难必访、邻居之间发生矛盾必访、新迁入辖区居民必访、重点人群必访。服务团队做到接待居民热心、解答问题耐心、对待工作细心、服务工作诚心。

（俞丽娟）

**【学习型领导班子创建】** 年内，开展领导干部读书活动，在确保在线学习课时基础上，要求每人每年至少读4本书，结合实际写读书体会。处级领导通过中心组集中学习《党员领导干部廉洁从政若干规定》、《党政领导干部选拔任用工作若干规定》、《党风廉政教育准则》、胡锦涛总书记“七一”重要讲话、“十二五”建设规划等内容，提高领导干部理论素养、领导水平和业务能力。

（俞丽娟）

**【构建社会领域党建工作】** 年内，16个商务楼宇全部建立服务站。开展志愿服务、党史知识竞赛、红色之旅等活动32次。新建非公经济党支部1个，20人递交入党申请书。协调工商、税务、劳动、卫生和计生等部门，将公共服务项目送进商务楼宇、企业，提升楼宇服务站综合能力。累计开展工商年检、政策宣传、医疗义诊、职介服务等活动114次。成立商务楼宇服务协会，为下岗失业人员找工作，为企业流动女工免费体检，为企业员工解决子女入托难等问题。创业大厦服务站开展为楼宇企业员工送健康、送幸福系列主题活动，唐人街服务站开展寻找"口袋"党员活动，帮助6名"口袋"党员接转组织关系。经对楼宇企业党员摸底调查，有企业2260家，员工6.5万人，党员5850名。新成立楼宇非公团支部7个，楼宇联合党支部3个，成立楼宇妇联组织5个。建立商务楼宇青年联合会，通过QQ群、户外登山和文体联谊等活动，吸引200余楼宇青年参加。

（俞丽娟）

**【公共文明引导行动】** 年内，街道重视引导员队伍培训和日常管理，利用重大节日慰问文明引导员。利用站台做好文明宣传，开展"11排队日"11次；以"做文明有礼北京人创建全国文明城区"为主线，通过开展"公共文明引导日"、"文明出行推动日"、"文明出行月"和创建"自觉排队示范站台"、"公共文明示范街区"、"绿色骑行时尚达人表彰"等活动，吸引社会力量参与公共文明事业。

（俞丽娟）

**【居家养老工作】** 年内，为1991位老人办理居家养老服务券申请，下发服务券210万元。审核并发展34家社区服务商和12家养老助残餐桌餐饮企业。定期按比例抽取居家养老老人进行调查走访，累计走访500名老人，摸清社区老人需求和满意度，为完善养老服务提供依据。

（俞丽娟）

**【规范企业用工行为】** 年内，网上补录、更新用人单位信息254家，检查单位313家，对存在违法行为单位限期责令改正，立案89件。将书面审查与日常巡查和专项检查相结合，审查用人单位150家，对劳动合同不规范的68家社会单位、未缴纳社会保险的17家社会单位进行规范。推进北辰东路网格"劳动用工规范一条街工程"，对137家社会单位逐一入户进行摸底调查，确定60家用人单位，要求20家用人单位限期整改不规范劳动用工管理行为。

（俞丽娟）

**【生育关怀】** 年内，办理《生育服务证》482件，办理《独生子女父母光荣证》169件，开具婚育证明69件、母子健康档案介绍信251件，审核存档育龄人员婚育登记272件、外地来京人员生育服务联系单31份，审核伤残家庭特别扶助77人、亡故家庭特扶38人，征收社会抚养费143.2635万元。启动人口文化社区"爱心连线——博爱超市"，整合社区资源，为困难家庭和外来务工人员施行社会互助。为819人发放奖励、扶助金9万余元。元旦、春节、5.29慰问独生子女困难家庭73户，送去慰问金3.65万元。开展"亲情牵手 爱心互助"慰问活动，亲情牵手家庭增加到28户。做好"生育后期关爱"工作。

（俞丽娟）

**【早期教育】** 年内，开展0-3岁早期教育活动。在亚运村报开办早期教育专版，在中心幼儿园网站开通"0—3岁交流平台"，宣传早教知识理念，发布早教信息和健康指导信息。所有早教协会成员单位每年至少免费开展两次早期教育活动。开展"关注早期教育、促宝宝健康成长"早期教育知识讲座和"家有儿女初成长"征文活动，开设家长聊天室，与家长开展"亲子教研活动"，用废旧材料制作玩具，开展亲子互动活动。引进健康人格工程，与中国人口宣教中心联合举办健康人格工程亲子活动，成立"国学亲子班"。

（俞丽娟）

**【共青团工作】** 年内，新建团支部16个，包括规模以上企业2个，建立"其普乐创意馆"和"戏逍堂巨象艺术院线"2家社区青年汇。通过"争当小小志愿者"、"我是环保小卫士"等活动，组织青少年深入社区开展清理白色垃圾、清洁健身器材等志愿服务活动，为青少年提供展示自我和学习实践平台。

（俞丽娟）

**【食品安全】** 年内，定期开展食品卫生知识宣传教育活动，针对食品经营者、消费者和食品从业人员等不同对象，以发放调查问卷和宣传资料、设置街头宣传栏和挂图等形式，宣传食品卫生法律法规和相关知识。发放食品安全手册1000余份，调查问卷25000份，提高食品生产经营者食品安全意识，增强消费者法律意识和自我保护能力。关停无照门店7家。查处1处居民楼内加工包子陷窝点，取缔1处"香精包子"售卖点。

（俞丽娟）

**【流动人口管理】** 年内，把流动人口纳入到常住人口管理中，10个社区以辖区内居住户为单位，进行分类、编号和建立档案，落实"一户一档"工作。出租房屋登记率100%，流动人口办证率99.8%。及时掌握每户变化情况和出租房屋安全情况，做好流动人口矛盾纠纷化解、消除和管控工作。

（俞丽娟）

**【花园式社区创建】** 年内，开展绿地认建认养、城市清洁日、绿化美化知识竞赛、文明养犬和百姓绿植花卉评选等系列创建活动。北辰东路社区创建为首都花园式社区。

（俞丽娟）

**【环境优美示范大街创建】** 年内，修补路面1060平方米，粉饰电线杆8840平方米，安装自行车地龙216米，更换果皮箱75组，绿化补植乔灌木82014株、花卉231655盆、草坪10238平方米。安定路、安立路、北辰路和慧忠路成为环境优美示范大街。

（俞丽娟）

**【垃圾分类工作】** 年内，采取板报、横幅和发放材料等形式宣传垃圾分类工作,和谐促进员和志愿者入户讲解垃圾分类知识,在垃圾投放高峰时期对垃圾投放点现场指导;组建垃圾分拣员队伍。每天定时对分类不到位厨余垃圾进行二次分拣;建立监督检查机制。城建科、城管队、环卫绿化站和社区等部门各司其职、相互配合,确保辖区垃圾分类工作在宣传指导和监督管理上实现全覆盖。

(俞丽娟)

**【妇女之家】** 年内,在5个商务楼宇中心站建立妇女之家,引入大众图书会,为11个商务楼宇服务站配置《中国妇女》等杂志。在非公经济组织妇女中开展"我的创业故事"和"我在平凡的岗位上"征文演讲活动,展现行业女性立足岗位、创先争优和服务社会的感人事迹,彰显新时期妇女自强不息、勇于奉献的时代精神。

(俞丽娟)

**【社区工作者队伍建设】** 年内,在完善社区工作者考勤、考核和休假等制度基础上,增设月度绩效考核制度。从文明礼仪、工作纪律和业务能力等方面,强化社区工作者管理和培育工作。开展知识讲座3次、技能传授2次、方法介绍2次,组织社区工作者到重庆翠渝路社区参观学习,促进社区工作者交流经验。以社工师协会为依托,与中央民族大学社工专业建立双向培育机制,启动"大学社工课堂进社区"活动,开展"小组社会工作"、"个案社会工作"方法课堂,60余名社区工作者参加培训;社工师协会与香港社会工作人员协会合作,促进社会工作方法交流。坚持公平竞争、量才定岗原则,完成正、副站长竞聘上岗工作。公开选聘5名正站长和9名副站长,为社区工作者搭建发挥才能的平台。以建立青年社工协会联络站为契机,组建舞蹈、朗诵和太极拳等8个兴趣小组,通过开展文体活动,丰富社区工作者业余生活,激发工作热情。

(俞丽娟)

**【网格化管理】** 年内,把全地区划分为3个纵向管理网格和65个横向服务网格。办事处为一级网格,10个社区为二级网格,以和谐促进员为核心、居民代表为骨干的自治工作小组为三级网格。形成"街道—社区—责任单元格"网格化管理格局。以自然楼院为一责任单元格,将全地区划分为65个责任单元格。每个单元格内有一个和谐促进员小组,小组内明确一名和谐促进员为网格自治事务发言人和协调人;每个单元格组建一个由网格指导员、网格联络员、网格责任人、网格安全员、精神文明促进员、社区社会组织培育员等六大委员组成的社区服务委员会。形成"一个和谐促进员小组(自治团队)+一个社区服务委员会(服务团队)"的社区自治与服务网格。建立网格成员每月联席会制度、每周走访排查制度、十必报十必访制度、一格两卡三处理制度、表彰奖励制度和问责制度等,形成和谐促进员信息反馈流程、居民一般服务流程和网格应急事务处理流程。

(俞丽娟)

**【公共卫生】** 年内,开展36次健康知识讲座,为流动人口接种疫苗4600余例,发放传染病宣传材料9500份。流感疫苗接种3314人次。788名居民义务体检。联合管片民警、社区居干对10个社区内十余名吸毒人员、400家外来务工人员密集单位、5000多名外来务工人员,进行预防艾滋病知识宣传,8000余人接受相关知识培训,发放各种宣传资料12000份,安全套18万只。组建35支社区服务医疗团队,为社区居民进行全方位医疗服务。

(俞丽娟)

**【科普工作】** 年内,完成"科普进社区"宣讲活动报表,与4个科普单位结对,为地区居民普及科学知识。整理年度创建科普示范城区迎检材料。完成3月至4月"科普之春"宣教活动,社区、托幼院所开展科普活动43次。完成科技周活动,宣传"科学发展、关注民生、节能减排、低碳生活"理念。向科普之窗网站上传信息150条、被采用6条。街道科协获区级先进单位,安慧里社区获区级科普示范社区称号。

(俞丽娟)

**【司法调解】** 年内,对人民调解员进行专项培训。组织《人民调解法》培训13次,培训人民调解员1200余人次。组织矛盾排查12次,调解矛盾纠纷753件,调解成功736件,成功率97.8%,制作调解协议书116份。

(俞丽娟)

**【社区文化品牌建设】** 年内,按照"一区一品牌、一居一特色"思路,创建10个文化品牌。安慧里社区:五彩蝴蝶舞蹈队;安南社区:编织班;安苑里社区:元大都太极拳辅导站;北辰东路社区:秧歌队;丝竹园:葫芦丝队;祁家豁子社区:春馨合唱团;京民社区:越剧社等。

(俞丽娟)

**【职业指导】** 年内,为1252人进行职业指导,政策咨询2250人次,做好失业人员技能培训推荐报名工作,办理失业登记,向失业人员发放"免费培训券",指导其报名、参加培训。组织69名失业人员参加再就业技能培训。

(俞丽娟)

**【残疾人工作】** 年内,引进50余家定点服务商,为残疾人提供家政服务、法律维权、精神慰藉和体育健身等100余项和针对性服务。1200余名残疾人在社区康复站进行康复训练和康复医生定期指导。有12家养老助残餐桌,解决120名残疾人午餐问题。200名低保残疾人和精神残疾人享受免费体检套餐。眼科专家为20名低视力残疾人免费检测。北医六院专家组为80名重性精神残疾人进行综合测评和指导。组织700名残疾人观看电影《建党伟业》。为80名残疾人免费检测听力,为100位残疾人赠送血糖仪。200余名残疾人享受北京清华池洗浴中心定期无偿修脚服务。党员义务理发小组为残疾人义务理发400余人次、上门服务120余次。对外经贸大学生志愿者为重度残疾人提供送教上门200余人次。长白山大厦为3名残疾人传授厨艺。30名残疾人在助残日由社工师陪伴畅游颐和园。大学生志愿者教残疾人学习汉语拼音,扫清上网聊天和手机收发短信障碍。

（俞丽娟）

**【“613”大民生工作】** 年内,推进实施“613”大民生工作战略,“6”为“助老、助医、助残、助学、助困、助弱”六助工程。“1”为构建一套地区民生工作综合评估指标体系。“3”为实施“三项民生工程”,既统筹辖区公共服务资源,以一刻钟功能型社区服务圈为依托,打造“和谐阳光”公共服务无障碍工程;统筹社会资源,打造地区社会救助与慈善捐助“爱心速递”工程;统筹服务商资源,打造“青松不老”数字化居家养老服务工程。

（俞丽娟）

## 左家庄街道

**【概况】** 左家庄街道办事处东起东三环北路,临麦子店街道;西与东城区接壤,临香河园街道;南濒亮马河,临三里屯街道;北抵静安西街,临太阳宫地区办事处。街道下辖9个社区,面积4.17平方公里,人口105897人(其中常住人口80249人),年内,区级财政收入突破20亿元大关,位列全区各街道第二位。

地址:新源里西11楼旁

电话:64643210

邮编:100027

（谭前飞）

**【纪念“三八”妇女节】** 3月4日,召开“纪念‘三八’国际妇女节暨创建全国文明城区推进大会”。会议回顾和总结地区2010年全国文明城区创建工作,表彰昆仑饭店等33个文明单位、北京红云天老年餐厅等14个文明门店、顺源里社区等3个文明社区和100户五好文明家庭、39名志愿者之星。社会单位代表和街道大学生社工志愿服务队代表分别宣读《文明创建志愿服务倡议书》,工委书记王玉华代表街道工委、办事处向辖区社会单位和全体居民发出“再掀创建全国文明城区新高潮、以优异成绩迎接全国文明城区验收”决战决胜动员令。

（谭前飞）

**【领导视察】** 3月9日,区人大常委会主任王力军就人大换届选举推演试点工作到街道调研。5月3日,区委书记陈刚实地查看三源里农贸市场规范经营和新源里社区规范化建设情况,肯定地区以创建文明城区为抓手引领各项工作齐头并进工作方法。5月14日,区委常委、常务副区长吴桂英到新源里社区参加“千名干部下基层·周六创建行动日”活动,检查社区服务站及居民事务调解工作室,听取为民办实事和“五老”志愿者工作汇报,入户走访慰问残疾人家庭,实地考察新源里社区“停车管理”实事工程。5月31日,区委副巡视员、区创建办执行主任刘英男参加地区“庆六一”联欢活动。6月14日,副区长赵全保率领街道及区委、办、局观摩组,参观考察顺源街、三源里市场。8月25日,区委常委、常务副区长吴桂英,区委常委、武装部部长贾彦翎、区长助理王雪实地检查新源西里小学、新源西里社区及“小伙子送菜服务站”迎检备战工作。9月26日,区委常委、宣传部长谢莹带队,检查指导顺源里社区人大代表换届选举。9月28日,区人大常委会主任王力军带队调研指导街道人大代表换届选举。

（谭前飞）

**【领导班子调整】** 5月27日,调整街道领导班子,周广军担任办事处副主任;7月20日,瞿向阳、李永纲任办事处副主任,沈永胜、陈立军任期交流,分别调任酒仙桥、麦子店街道办事处副主任。

（谭前飞）

**【公益法律服务中心】** 5月19日,联合10家律师事务所,成立街道公益法律服务中心,9个社区成立法律服务室,地区形成“一个中心,九个法律服务室”法律服务体系。

（谭前飞）

**【庆祝建党90周年】** 6月27日,召开纪念中国共产党成立90周年表彰大会。与会人员观看《飘扬的旗帜—2011左家庄优秀党员风采录》专题片、聆听“红色榜样”事迹演讲。左南里社区党委等32个先进基层党组织、中检集团北京物业管理有限公司党支部等21个社会领域先进党组织、刘立新等101名优秀共产党员、姚福聚等104名党员志愿者之星、张桂英等10名优秀党务工作者、齐国民等10名特色服务队带头人以及10个优秀品牌项目受到表彰。

（谭前飞）

**【社区文化节】** 6月29日,举行“颂歌献给党”大型红歌演唱会,拉开2011年“为党旗增辉·与文明同行”社区文化节序幕。本次“社区文化节”涵盖文艺汇演、体育竞赛、作品展览3大板块,包括“颂歌献给党”红歌演唱会、“鱼水情浓·共育文明”双拥文艺晚会、“健康体魄·快乐生活”健身操展示、“曙光杯”羽毛球比赛、“轻舞飞扬·和谐之美”交谊舞大赛、“中冶杯”篮球赛以及“党在我心中”红色笔会、“巧手创造·美好生活”手工作品展、地区残疾人趣味运动会等10个集群众性、社会性、多样性、艺术性于一体的文化活动。

（谭前飞）

**【“九个一”红色系列主题活动】** 6月,开展“九个一”建党90周年献礼活动。一是开展一次主题活动，以“亮身份、践承诺、展形象”为主题，由各支部组织党员在社区开展环境整治志愿活动。二是签订一份承诺书，组织党员签订《创先争优承诺书》。三是举办一次征文演讲比赛，以“在争取入党的日子里”为主题，面向党员群众征集文章。四是举办一次“颂歌献给党”红歌演唱会，启动2011年社区文化节。五是重温一次入党誓词，开展“重温入党宣誓那一刻”宣誓活动。六是举办一场“红色讲坛”，以“光辉历程”为主题，邀请参加过解放战争的老战士讲述红色历史，传承红色精神。七是举办一场红色笔会，以“党在我心中”为主题，开展“红色经典记忆”诗书画展。八是培育一批先进典型，召开“七一”表彰大会，表彰“优秀共产党员”、“党员志愿者之星”、“优秀党务工作者”、“先进基层党组织”。九是开展一次走访慰问，包括170名建国前入党的老党员、生活困难党员和优秀党员。

(谭前飞)

**【双拥共建】** 8月，“五进三送”推进双拥共建，分别是：社区母亲进军营、劳动法规进军营、社区大讲堂进军营、扶贫济困进军营、优秀电影进军营；为战士送清凉、为战士送欢乐、为战士送技能。

(谭前飞)

**【首届单身青年联谊会】** 9月2日，在中冶大厦举行“花好月圆·金秋有爱”左家庄地区单身青年联谊会，地区16个单位200余名单身青年参加活动。联谊会由街道社会工作党委和地区团工委联合主办。

(谭前飞)

**【卫生部长调研】** 9月13日，卫生部部长陈竺在副市长丁向阳，卫生部、教育部、市卫生局、河北省卫生厅等相关部门领导和副区长刘军胜、区卫生局、区教委以及街道工委书记王玉华等陪同下，到左家庄第二小学看望学校师生和脊髓灰质炎患儿丁俊晖，并出席“关爱疫苗相关病例儿童健康成长”座谈会，呼吁社会各界共同帮助和关爱疫苗相关病例儿童健康成长。

(谭前飞)

**【选举区党代表】** 11月1日，召开地区党员代表大会，从11名候选人中选出陈宏志、王玉华、郑金路、袁敏、李伟、姚宁、张陶琳、吴玉敏、任萍等9人为区第十一次党代会代表。

(谭前飞)

**【选举区人大代表】** 11月8日，选举区人大代表。地区设置12个投票站和14处流动票箱。登记选民35407人，34628名选民投票，投票率97.8%。选举产生区委常委、常务副区长吴桂英等13名区第十五届人民代表大会代表。当选代表中，中共党员10人，占76.9%；妇女代表5人，占38.5%。

(谭前飞)

**【日间照料托老所开业】** 11月10日，地区日间照料托老所开业，该托老所投资30余万元、使用面积约80平方米。

(谭前飞)

**【凤凰城矛盾纠纷结案】** 11月14日，经区委常委、常务副区长吴桂英调度协调，区信访办、社会工委、维稳办共同参与，地区工委、办事处多方努力，凤凰城矛盾纠纷案结案。该纠纷历时两年多，起因于凤凰城部分业主与开发商因相关市政道路权属不明引发争议。

(谭前飞)

**【主要领导调整】** 12月14日，调整街道领导班子：郑金路担任工委书记，苏静担任办事处主任；王玉华不再担任工委书记，调任区政协办公室主任，提名为区政协秘书长候选人。

(谭前飞)

**【文明城区创建】** 年内，建立“1+9+9+5”全员动员机制，发挥地区文明创建形象大使、“五老”志愿者宣讲团、巡访团、非公经济组织志愿服务队等8支骨干队伍示范引领作用，打造邻里亲情互助会、社区居民事务调解室实践品牌。围绕文明创建入眼、入脑、入心主题，设计制作横幅、折页、围裙、折扇等8类宣传品10万余份宣传文明风尚，在主要大街、繁华路段设置文明创建标语、宣传画100余处，更新社区宣传栏、阅报栏近300处，发放致社会单位一封信5000余份。推选区级文明家庭5766户，表彰“五好文明家庭”、“好婆婆”、“好儿媳”。深化“社区公益日”、“社区大讲堂”、“社区文化节”和“五老进社区”(老党员、老革命、老战士、老模范、老教师)创建品牌，发动居民群众、社会单位参与环境整治、路口执勤、治安巡逻、清理楼道堆物堆料等志愿服务活动。联合区民政局、卫生局、投资促进局利用“周六创建行动日”，宣传文明礼仪，进行文明交通引导。

(谭前飞)

**【班子建设】** 年内，落实“三重一大”制度和民主集中制，规范书记会、主任办公会、工委会等议事规则，重大问题征求居民、专家、社会单位意见。班子成员树立“五个楷模”意识，落实处级领导包社区、包特困户、包税源大户、包重点矛盾制度。带领机关干部、社区居干全力投入文明城区创建、社会服务管理创新、人大代表换届选举等重点工作。坚持科学谋划地区发展。围绕落实“十二五”规划、文明创建决战决胜、统筹改善民生、推进社会服务管理创新4大课题，制定建设“文明、宜居、平安、为民”左家庄，实施7大项37小项重点建设项目，推出10大实事工程，明确任务量、时间段和责任人。

(谭前飞)

**【干部队伍建设】** 年内，街道中心组、机关干部、社区居干逢周二“学习日”，学习党的十七届六中全会及区十一次党代会报告等文件和党建书刊。完善《关于机关事业单位工作人员参加学历(学位)教育的补充规定》。开展"新四区建设"、"社会服务管理创新"、"文化建设"等专题讲座近20次。组织9名新任公务员及事业编干部到社区挂职锻炼2个月;选拔有发展潜力的社区工作者到机关科室参与文明创建、人大换届选举等工作。完善《科级干部任期责任制管理办法》、《科级干部选拔任用工作方案》、《关于实行科级干部任免票决制的实施办法》等规定。30余名干部参与竞争上岗,选拔23名干部到科级岗位,交流、转任干部14人,提拔12名居干担任社区领导。通过任务分解会、工作调度会、现场交流会等形式,将干部评价考核与日常工作有机结合,突出实绩考核导向。出台《关心爱护干部工作制度》、《离退休干部健康休养制度》,实施"喜庆分享"、"暖心关怀"、"岁月纪念"等系列关爱工程。健全处级领导与机关干部、社区负责人谈心谈话制度,全年谈心谈话100余人次。

(谭前飞)

**【党风廉政建设】** 年内,从处级领导、科级干部、科员到社区负责人,层层签订党风廉政建设责任书,签订率100%。组织党员干部观看廉政教育专题片、学习杨善洲等先进人物事迹及新任干部廉政谈话,强化廉洁从政意识。落实"双百"考核责任制,对老旧小区改造等投资数额较大的民生工程进行预算审核、全程立项监察,节约资金53万元。修订《财务管理暂行办法》和《社区财务管理制度》,紧缩事务性和人均物耗支出,定点采购机关和社区办公用品,推进公车改革。专项治理"小金库",经检查、复查,办事处及下属事业单位未发现"小金库"。修订《机关工作人员休假管理办法》,深化民情日志制度,为科室配备自行车,4公里以内公务不派车。

(谭前飞)

**【党组织基础建设】** 年内,实施基层党支部书记素质提升工程,举办支部书记培训班,培育社区党建带头人。建立党支部工作手册,完善社区党支部活动制度。开展"每月六个一"主题行动,即举办一次讲座、播放一次教育片、组织一次集中学习、组织一次公益活动、开展一次特色活动、开展一次领导点评活动。以"一个中心、两个党校、七个分中心"为阵地,采取理论辅导和外出参观等形式培训居民党员。举办入党积极分子培训班,培训积极分子40余人,发展9名党员。

(谭前飞)

**【社区党建】** 年内,调整充实9个社区党委领导班子。强化社区党委广泛性、先进性、针对性,引领支部完善倾听群众呼声、密切联系群众、培育先进典型、帮扶困难群众"四大功能",激发党员发挥政策宣传、环境整治、互帮互助、献言献策、社会监督"五个模范"作用。明确社区党委书记为社区工作第一责任人,社区党建实行目标管理。

(谭前飞)

**【党建阵地和品牌建设】** 年内,在规模以上非公企业新建党组织3个,工会组织350个,共青团组织13个。开展"认岗承诺"活动,围绕"亮身份、践承诺、展形象"主题,设置政策宣传等20个责任岗,组织1698名党员认领岗位3477个。围绕建党90周年,开展红色主题党日、红色承诺、红色记忆、红色讲坛、红色榜样、红色誓词、红心关怀、红色笔会、红歌庆典等"九个一"系列活动。围绕"创先争优做表率"主题,实施"一社区一特色一品牌"行动;培育党员志愿者之星、先进基层党组织等典型278个;培育邻里之家婆委会、社区母亲进军营等优秀党建品牌项目10个。"五老"志愿者服务品牌荣获区委"基层党建创新奖"。拍摄《2011年左家庄地区优秀党员风采录》专题,宣传先进事迹。

(谭前飞)

**【商务楼宇党建】** 年内,在平安大厦服务站推出"午间党校",利用午休时间,每周进行两次"一刻钟快餐式"党课学习。在三元大厦、国门大厦、平安大厦服务站开展消防安全进楼宇、"美在平安"讲座、单身青年联谊、"午间娱乐"、外出参观等党建文化活动。统筹计划生育、劳动、工商、税务、交通等职能部门进驻商务楼宇开展综合服务4次。

(谭前飞)

**【社区文化建设】** 年内,投入120余万元,改造奥运广场、党员活动中心、图书馆及3个社区文体活动用房,更新街心公园30余件体育健身器材,安装1台24小时自助图书机,在夏园搭建1处文化活动大舞台。加强曙光里社区文化惠民型党支部建设,投入19万元添置硬件设备。举办电影巡展月、社区大讲堂、物物交换跳蚤市场。培育文体骨干队伍,引领居民参与文体活动。举办第二届"社区文化节",涵盖文艺汇演、体育竞赛、作品展示3大板块10项活动。

(谭前飞)

**【城市环境】** 年内,投资263万元,建设新东路——新源南路、顺源街两条示范大街。投资700余万元,改造5个老旧小区楼院、9条道路、2处街巷胡同,补植17处4000平方米自管绿地。聘请专业保洁队伍整治社区环境,日常保洁专业化运行。

(谭前飞)

**【路平工程】** 年内,协调区市政管委投资700余万元,重新铺装、铺油、绿化美化29800平方米道路和人行道。投资200余万元,修复主要大街133处、880平方米破损道路和9个社区1177处、1250平方米破损路面,改造三源里南小街雨水管线。

(谭前飞)

**【一刻钟社区服务圈】** 年内,以"3188——幸福安康工程"为抓手,打造3个"一刻钟社区服务圈",规范管理社区便民服务网点,覆盖237

项服务项目。建设一条便民服务示范街,认证28家服务商,实现40户“点对点”服务。推出爱心送餐、居家应急维修、老年病监控、少儿托管等8个特色服务项目。组建大学生社工、医疗健康等8支志愿服务队伍,受益群众1万余人次。在南片社区引进“小伙子送菜”服务项目,实现农社对接。投资30万元和三产用房1处,建立日间照料托老所,3家规范化老年餐桌通过市老龄委验收,发展居家养老服务商26家,为老年群体提供9项服务。

(谭前飞)

**【社会救助】** 年内,投入196万元,慰问3600余名困难群众;为362户低保家庭发放低保金370万元;为270户困难家庭发放爱心卡;为119人办理医疗救助19万元;为24户办理临时救助7.6万元;为1名低保老人垫付医疗及丧葬费用8万余元;为892名65岁以上老人办理优待证,将2582名老人纳入居家养老优惠政策范围,回收居家养老服务券216万元;慰问、救助残疾人140余万元,将152名残疾人失业生活困难补贴提高至每人每月100元。

(谭前飞)

**【超额完成就业指标】** 年内,开发社区就业岗位,开展失业人员职业指导近2000人次,登记失业人员就业率完成76 %,开发就业岗位3840个,辖区内无“零就业”家庭。

(谭前飞)

**【城市管理】** 年内,规范3000余家社会单位“门前三包”。重点部位和问题多发地段实行早6点至晚24点重点监控,整治无照游商、散发小广告、店外经营行为,处理市容环境、街面秩序等网格案件2万余起。取缔、规范无照经营1342起,拆除违法建设23处,拆除大型户外广告25处。排查整治出租房屋,清理群租房12户,关闭不达标地下空间6处。

(谭前飞)

**【联合执法】** 年内,组织工商所、派出所、卫生监督所等部门,对餐饮、美容美发、集贸市场、药店开展联合执法56次,检查“六小”门店1600余家次,开展食品药品安全培训29次,签订食品安全承诺书513份,下发食品安全承诺牌800块,没收违法经营工具1236件,回收过期药品500余斤,关停无照商户15家,转项经营6家,拆除门店牌匾54家,地区经营性公共场所证照齐全、安全卫生,荣获“北京市药品安全示范街道”称号。加大安全生产检查力度,开展企业安全生产宣传活动35次,整改各类安全隐患176起。开展液化石油气供应企业及餐饮单位安全大检查。排查煤气使用及消防隐患。

(谭前飞)

**【平安社区建设】** 年内,规范9个社区警务室,组建8个综治维稳工作站,建立曙光里、京顺路治安岗亭。在重大节日和敏感时段,进行立体化社会面防控,重点人、地、事、物不漏管、不失控。投入58万元修复居民楼院破损门禁系统,门禁完好率95%以上;投入65万元,在新源里社区创建平安示范社区试点,建立社区监控指挥中心并与街道指挥中心联网,安装监控探头72个,设置电子巡更系统,小区全年可防性案件“零发案”。更新、增设消防设施,开展消防知识培训及应急演练。开展“城市秩序百日整治”专项行动,净化校园周边环境,整治重点地区社会秩序和“黑车”。

(谭前飞)

**【多元化矛盾化解体系】** 年内,社区居民事务调解委员会和居民事务调解工作室调解各类纠纷350余件。实行处级领导周三信访接待日制度。帮助脊髓灰质炎患儿丁俊晖顺利入学,化解凤凰城部分业主与开发商市政道路权属纠纷,强化劳动法律法规宣传培训,加大劳资纠纷查处力度,化解劳资纠纷。

(谭前飞)

**【便民服务设施建设】** 年内,投资160余万元,增设、维修便民服务设施292处。在9个社区服务站大厅安装便民服务触摸屏,安装自助缴费机12台、触摸式评价器41台。装修、改造社区停车棚。在居民楼院安装休闲座椅。在老旧楼院修缮路灯,安装晾衣竿,增设社区标志。

(谭前飞)

**【老旧小区准物业管理】** 年内,在新源里、三源里推行准物业管理,成立老旧小区居民事务管理委员会,行使“召集居民代表会议、监督专业服务、专项资金使用管理”3大职能。引进专业化保洁、停车管理、小区保安、居家维修等服务项目,小区基本实现“四有”目标:有治安防范、有绿化保洁、有维护维修、有停车管理。

(谭前飞)

**【缓解停车难】** 年内,投入10万元,对主要道路两侧704个停车位重新画线,增设150余处地龙等非机动车辆停靠设施。招聘6名交通协管员,全天巡查道路两侧车辆乱停乱放行为。联合交通队专项整治违法停车行为,粘贴违法提示单4500余张、处罚单5000张,交通环境从全区倒数第3跃升至前3名。在老旧小区新源里、三源里新建停车场2处,新增停车位144个。在昆仑饭店等4个社会单位推广立体车库,与平安大厦等社会单位试行错时停车,引导居民停车场和社会单位停车场双向开放。

(谭前飞)

**【垃圾分类】** 年内,组建“绿袖标”垃圾分类志愿者指导员队伍,垃圾分类工作扩大到5个社区,覆盖24183户。

(谭前飞)

**【税源建设】** 年内,挖掘地区经济增长潜力,为有入驻意向的企业和项目开辟绿色通道,简化审批程序。全年异地回迁企业5家,完成区级财政收入20.23亿元,收缴出租房屋税收750万元。

(谭前飞)

# 地　区（乡）

## 常营地区（回族乡）

【概况】 常营地区（回族乡）位于朝阳区东部，东邻通州区邓家窑村，西与平房乡黄渠村接壤，南邻管庄乡，北与金盏乡和东坝乡为界。乡域面积9.3平方公里，2004年常营回族乡增挂地区办事处牌子，行使双重管理职能。2008年10月地区全面实行城市社区管理体制，设6个社区，地区总人口约17.19万人（含本区户籍人口约2.06万人，户籍人口中，男性10378人，占50.42%；女性10204人，占49.58%。出生率21.22%，死亡率2.36%，人口自然增长率18.85%），流动人口约2.5万人。年内，经济总收入19亿元，利润总额3470万元，税金7140万元，人均劳动所得18800元。

地址：幺家店路1号

电话：65481589

邮编：100024

（卢　娈）

【社区筹备组进驻】 2月25日，召开地区保障性住房“三方对接”工作会，保障房开发建设单位、相关物业公司和社区筹备组全体人员参加。会后，社区筹备组正式进驻社区，为保障房区域内5个社区居民提供各类服务。

（卢　娈）

【乡人代会】 3月28日，召开乡第十五届人民代表大会第十次会议，听取并审议政府工作报告、人大主席团报告和财政工作报告，审议地区国民经济和社会发展第十二个五年规划纲要、第三次调整农民及病残人员生活救助标准、农村富余劳动力转移就业有关条款意见、关于加强养老公益事业及剩余房屋管理意见，并形成决议。11月17日，召开乡第十六届人民代表大会第一次会议，听取并审议政府工作报告、人大主席团报告和财政工作报告，审议地区第四次调整农民及病残人员生活救助标准有关条款意见、农村劳动力转移就业鼓励暂行办法（修订版）、绿化隔离地区剩余定向安置房屋租赁管理办法，并形成决议。选举产生第十六届人民代表大会主席、副主席，乡长、副乡长。吉广平当选主席、陈明智当选副主席，王刚当选乡长，何文东、张晓波、李海峰、岳卫红、闫丽娟当选副乡长。

（卢　娈）

【第三届家庭文化周活动】 5月7日，“纪念第十七个‘国际家庭日’暨常营地区第三届家庭文化周活动”在常营公园开幕。活动围绕“亲情伴我行 清风驻常营”主题，展演舞蹈歌曲等文艺节目，倡导文明立家、廉洁守家、学习兴家、平安保家、健康乐家、节约持家等家庭和谐理念。市妇联副主席周志军、儿童部部长王芳，市纪委《是与非》杂志副主编高明及区创建办、纪检委、文化委相关领导出席，地区各界群众代表及社区居民500余人参加活动。

（卢　娈）

【穆斯林群众庆祝节日】 8月31日，本地区及周边1800余名穆斯林群众到常营清真寺庆祝开斋（尔代）节。11月7日，本地区及附近1200余名穆斯林群众到常营清真寺庆祝古尔邦节（宰牲节）。

（卢　娈）

【乡党代会】 9月15日，召开中共常营乡第七届党员代表大会，听取并审议中共常营乡第六届委员会及纪律检查委员会工作报告。选举产生中共常营乡第七届委员会、纪律检查委员会及出席区第十一届党代会代表。吉广平当选党委书记、李冠男当选党委副书记、石柏林当选纪委书记。

（卢　娈）

【征兵工作】 9月至12月，303名适龄青年参加兵役登记，登记率100%，10人参加体检，5人应征入伍。

（卢　娈）

【辖区划分】 年内，辖民族家园、鑫兆佳园、万象新天、荟万鸿、连心园、苹果派6个社区；畅心阳光、保利嘉园、住欣家园、常营福第、丽景园5个社区筹备组。其中民族家园社区为常营一村至七村以及常营一居回迁社区，连心园社区为五里桥村、草房村和十里堡村回迁社区。

（卢　娈）

【税源建设】 年内，入库12644.8万元，与上年税收入库6633.9万元相比，增长90.6%。全年区级财政收入4390万元，与上年同期1780.9万元相比，增长146.5%。

（卢　娈）

【计划生育】 年内，办理一孩生育服务证353个，独生子女证140个，出生上报375人，全年实施计划生育手术144例，计划生育率98%。启动“全员信息百日行动”，采集流动人口信息。以社区流管站信息为基础，核实信息12896条，登记流动人口12896人。地区户籍678名独生子女和26名应届高中毕业生享受免费参加新型农村合作医疗政策、考上大学（专）助学奖励政策。建立地区0—3岁婴幼儿早期教育基地。

（卢　娈）

【劳动就业】 年内，提供1618个就业岗位，推荐农民520人次，110人就业。举办3期用工招聘会，提供620余个工作岗位，223人达成就业意向,32人应聘就业。全年234名城镇失业人员就业。

(卢 婣)

【社会保障】 年内,申请低收入家庭32户83人。办理低保人员医疗救助345人次,救助金额639560.83元。办理高等教育新生入学救助9人,其中低保户5人,低收入家庭4人。为59人次办理临时救助,救助金额181258.09元。对因大病造成生活困难的83户家庭给予慈善救助21万元。办理丧葬补贴22人,补贴11万元。

(卢 婣)

【残疾人工作】 年内,为13名重残人员申领助残服务券,共有127名残疾人享受助残服务。为57名符合要求残疾人配发"小助手"手机,为15名符合要求残疾人发放生活救助金67200元。为26名重度残疾人办理康复训练救助卡(500元/人年),为3名残疾儿童办理康复卡(1000元/人年),为127名残疾人发放生活补助金261760元。节日走访慰问96名残疾人,发放慰问金57600元,为3名老年人、残疾人实施白内障复明手术,为18名城镇个体残疾人申请保险补贴75700元,为11名残疾人及其子女申请扶残助学款27500元。

(卢 婣)

【医疗卫生】 年内,启动"家庭医生式"服务,并将其扩充到"绿卡通",全年签约1347户,2605人;5311名农民参加新型农村合作医疗,参合率99.48%;筹集新农合基金424.88万元。261名红十字志愿者经培训取得自救互救应急技能合格证书,地区红十字会接收"博爱"募捐15.3万元。

(卢 婣)

【教育】 年内,新建幼儿园两所,新建九年一贯制公办学校一所。

(卢 婣)

【文化体育】 年内,建成地区图书馆,内设未成年人阅览室,藏书近5000册。为新建社区及公园安装12套144件健身器材。全年组织40余次大型文体活动。

(卢 婣)

【综合治理】 年内,在常营郊野公园增加8处监控探头,在11个社区(含5个社区筹备组)办事大厅加装监控探头。举办4期社会单位消防安全培训班,集中宣传消防安全知识3次;排查整治91家社会单位、460家底商和小门店火灾隐患,开具监督检查记录328份;发现343处火灾隐患或违法行为,下发整改通知343份、督促整改火灾隐患343处、移交上级主管部门3家,临时查封1家、拘留11人。新登流动人口4984人、出租房屋570户,协助公安部门发现并查处15起流动人口和出租房屋违法违规行为。开展7次大型食品安全专项整治联合执法行动,出动35车次,106余人次,取缔无证照经营商户32家,规范食品经营加工商户46家。摸排普通地下空间175处,总面积244304.4平方米,其中整治163处,面积233216.31平方米,清理12处,面积11088.09平方米;摸排人防地下工程86处,整治经营性住人人防地下工程1处。

(卢 婣)

【基础设施建设】 年内,完成保障房地区9条新建市政道路保洁和绿化养护移交前准备工作。完成辛庄一路、幺家店路、三间房东路3条断头路修建前期准备工作。完成保障房区域2处中心公园建设工程。

(卢 婣)

【创建文明城区】 年内,召开创建文明城区誓师大会、创建工作部署会、推进会及总结分析会,制定《常营地区深化全国文明城区创建工作百日行动实施方案》、《环境布置方案》。在周六"创建行动日"设立宣传展台,发放宣传材料,引导群众参与签名、寄语、有奖答题活动;机关干部、楼门组长、社区骨干及党员志愿者集中入户宣传;逢读书日、地球日、端午节、儿童节、百姓沙龙、节能宣传周、文化广场、社区周末讲堂活动,宣传文明礼仪、家庭美德和模范人物事迹。排查安全隐患,整治秩序乱点及环境脏乱点,重点整顿主要路口、交通枢纽及常营公园、民族小学、小区及商场超市门前车辆乱停乱放、散摊游商、无照摊群、店外经营、露天烧烤、乱设牌匾、非法运营等行为。

(卢 婣)

## 崔各庄地区(乡)

【概况】 崔各庄地区(乡)位于朝阳区东北部,东依金盏乡,南连将台乡,西接来广营乡,北接孙河乡,邻近首都国际机场和电子城功能区,属温榆河绿色生态走廊和第二道绿化隔离带。乡域面积31.7平方公里。下辖15个行政村、两个居委会。全乡户籍总人口12876户24276人,其中非农业人口14696人,农业人口9580人;男性11781人,女性12495人。京承高速、奶西西路、奶善路直穿西北,京密路、机场高速、机场辅路斜贯东南,五环路、京包铁路绕弯西南,顺白路、香江北路、来广营东路、南皋路、北皋路横联东西,马泉营西路纵剖于中。域内重点企业17个,全年经济总收入24.8亿元,比上年增长10%;利润8883万元,比上年增长10%;税金9722万元,比上年增长11.3%;人均劳动所得22141元,比上年增长8%。

地址:南皋路南
电话:64379211
邮编:100015

(欧阳明德 孟新新)

【张海迪慰问】 1月12日,中国残联主席张海迪、主任张仪凤一行在副市长丁向阳等陪同下,走访慰问乡域内东方养老院老人及儿童福利院托管中心、残疾儿童教室休养人员。

(欧阳明德)

【清产核资】 4月,以2011年3月

31日为时点，清查乡域集体资产、资源、资金。共清查31家单位，其中1个乡组织、13个乡级企业、15个村组织、2个村级企业。核查结果：全乡资产总额70.30亿元，负债总额56.46亿元，所有者权益13.84亿元，乡域总面积47808.63亩。

（欧阳明德　孟新新）

【回迁农民新村】 5月8日，首批大望京、北皋、东营4800余名村民回迁入住农民新村京旺家园。成立京旺家园第一社区筹备领导小组，社区党组织、居委会、物业公司及卫生服务中心等筹建组织和配套服务设施均到位运营。完成消防、人防、节能和规划4方验收及通水、通电、通气等手续。京旺家园建有2308套住房，社区办公用房面积419m²，服务站面积80m²，配置5名社区专职工作者。

（欧阳明德）

【市区领导视察】 5月9日上午，市委书记刘淇，市委副书记、市长郭金龙，带领市区领导视察调研回迁农民新村——京旺家园和大望京公园，听取乡党委书记张树宝关于小区规划建设、大望京村城乡一体化改革试点、崔各庄乡产业发展规划汇报。刘淇肯定大望京村城乡一体化改革试点成绩，要求加强富余房屋出租管理，使农民通过出租房屋获得稳定收入，强调完善基础设施，改善生活环境，健全基层组织，延伸公共服务。9月15日，市人大常委会主任杜德印一行视察崔各庄地区人大换届选举工作。

（欧阳明德）

【中央领导批示“大望京模式”】 6月13日，中共中央政治局委员、中央书记处书记、中宣部部长刘云山对崔各庄乡大望京村“试点”城乡一体化作批示：“拆迁成为引发社会问题的一个焦点。北京市创造的做法和经验，有重要借鉴意义，可在中央媒体做深入宣传介绍。”

（欧阳明德）

【首届全民健身运动会】 6月19日，举办首届全民健身运动会。区农委副书记宋少伟、体育局副局长王宝合、文化委副主任倪遥远、农委副主任张奎、武警一师政治部主任朱秀亮及乡两委班子成员出席开幕式。运动会设置11个个人项目和2个集体项目，18支代表队、1530名运动员参赛。运动员中年龄最大为65岁。

（欧阳明德）

【乡人代会】 6月29日，召开第十五届人民代表大会第十一次会议，审议通过《崔各庄乡国民经济和社会发展第十二个五年规划纲要》，审议《崔各庄乡关于加强农村宅基地及宅基地内翻建房屋管理规定》草案，补选原副调研员李胜虎为副乡长。11月18日，召开第十六届人民代表大会第一次会议。大会应到代表54人，实到代表49人。会议由大会执行主席、乡党委副书记孙连玉主持，主席团成员为张树宝、陈杰、李炳东、李胜虎、翟钰、张文元、张耕畦、杨润忠。大会听取和审议《政府工作报告》、《人大主席团工作报告》、《崔各庄乡2006—2011年财政预算执行情况和2012年财政预算草案的报告》，选出新一届乡长陈杰、副乡长胡振俭、李胜虎、付琳、张燕伟、宋丽琛；人大主席孙连玉、副主席翟钰。

（欧阳明德　孟新新）

【创办《崔各庄党建》专刊】 8月，创办《崔各庄党建》专刊。全年出刊2期、印刷发行4000册，刊发文稿20余万字。《崔各庄党建》以理论探索、党员之星、身边党员等栏目宣传党员先进人物、地区城乡一体化新风貌，营造“创先争优”氛围。

（欧阳明德　孟新新）

【乡第三届党代会】 9月17日至18日，召开中共崔各庄乡第三届代表大会。会议应到代表111人，实到102人。大会由执行主席、乡党委副书记陈杰、孙连玉主持。主席团成员有张树宝、陈杰、孙连玉、李炳东、胡振俭、于士学、刘军、李胜虎、张文元、张耕畦、田兴、刘金江，区换届督查组乔竹兰与会。会议审议通过第二届党委工作报告、纪委工作报告，选举张树宝、陈杰、孙连玉、李炳东、胡振俭、于士学、刘军、李胜虎、李玉民为第三届党委委员，张树宝当选党委书记，陈杰、孙连玉当选副书记；选举李炳东、李巨东、闫秀亭为第三届纪委委员，李炳东当选纪委书记；选举出席区第十一次党代会代表张树宝、陈杰、陈晓丹。

（欧阳明德　孟新新）

【毛里塔尼亚政党代表团来访】 10月28日，毛里塔尼亚执政党代表团一行12人参观考察何各庄村新农村建设，走访社区、李唐千秋客家菜馆和果园西餐厅，听取村党支部书记“土地加艺术”民宅改造思路、实践过程及效益结果汇报。

（欧阳明德）

【乡人大换届选举】 11月8日，地区选民投票选举产生第十六届乡人大代表54人，选举刘军胜等6人出席区第十五届人民代表大会。

（欧阳明德）

【优化经济结构】 年内，扶持壮大绿岛蓝莓园、奶西橘园、东方格瑞普庄园、六合农艺园北部都市型现代农业示范区；完成樱桃园园区电力供应工程、地源热泵空调工程，加固日光温室；选取京旺家园5户家庭试点种植阳台蔬菜；大型购物中心赛特奥莱一期项目和都市型现代农业全美樱桃园、葡萄示范体验园、永顺华蔬菜基地转入正常运营，此4项工程实现年收入9亿多元。其中赛特奥莱收入78940.8万元、税金4321万元，对本乡收入贡献688万元。

（欧阳明德　孟新新）

【道路修建管理】 年内，调查人行天桥、铁路道口、深槽路段等交通节点权属现状，整理乡、村自管110余条道路编码、起止点、养护单位、路面结构等信息。地铁14号线善各庄车站及车辆段出入段线工程4月进场施工。地铁15号线在乡内征用集体土地48.5298公顷(727.947亩),涉及崔各庄村、善各庄村、何各庄村和马泉营村。香江北路(东起马泉营西路、西至奶善路,长约2000米)东半段恢复工程完工。修补南皋路、北皋路及北皋东路。修建黑桥南路,大、小型车辆可以分流。建成长820米、宽10米单幅行车道,改造400余米排水沟。翻建奶善路,修补道路破损、凹陷,并纳入区市政所统一管理养护。泉辛路与京顺路连接节点工程收尾,新建匝道160米,将原5个路口改为4个路口。

(欧阳明德　孟新新)

**【新农村建设】** 年内,投资936.8万元,完成"新农村建设任务村"何各庄村改造、维修道路及绿化工作,安装雨污排泄管线和变压器,治理粪污,新建太阳能光伏电站、村委会及便民服务大厅。在村庄筑围墙、把路口、设岗亭。整合"三站两室"为村综治服务中心。奶东村、何各庄社区化管理进入管控阶段。投资130万元实施东辛店村社区化管理,在主要路口修建6个治安岗亭,安装6个铁门,圈围墙3000延米,制定车辆管理办法,人员和车辆凭证件进入。在原有15名护村队员基础上增加50名专职安保人员,联合派出所实施24小时巡逻管控。对东辛店村市场、门店及从业人员进行12次联合执法检查,清理黑机修18家,关停黑网吧4家,整治黑发廊16家,清查废品收购点6处,取缔废品回收大院2个,治安拘留9人,拆除一批彩钢板房屋。

(欧阳明德　孟新新)

**【土储村管理】** 年内,投资1128万元在乡南部A、D地块施工区及北部三村砌围墙18795延米。在6个土地储备村分别成立南区和北区管理委员会,推进土储村后续管理与建设、土储红线外土地管理和开发利用,建立土地储备过渡期村民生产生活保障机制。北皋村保留353.7亩地共8份租赁合同,年土地租金收入141.2万元;善各庄村土储前建成420套100平方米周转房,加上临街商铺,年房租收入不低于630万元。

(欧阳明德　孟新新)

**【租赁房项目开工】** 年内,地铁15号线马泉营车辆段租赁房项目完成《规划设计方案》,8月29日正式开工。

(欧阳明德　孟新新)

**【产权制度改革】** 年内,北皋村、东营村产权制度改革结束,善各庄村清产核资和资产评估进入尾声,大望京村完成劳龄统计。全乡产权制度改革总体收尾。

(欧阳明德　孟新新)

**【综治维稳】** 年内,调整和充实综合治理委员会,建成城市综合治理指挥中心、维稳中心等机构。工委书记、办事处主任任维稳工作中心组长,各村(居)党支部书记、村(居)委会主任为本辖区综治工作第一责任人,副书记或副主任为综治委分会副会长,治保主任为主管负责人,全乡15个村、2个居委会、1个社会单位均成立书记、主任为站长的基层维稳工作站,副书记和包片民警为副站长,12月集体挂牌。启动"六五"普法,落实信访工作责任制和领导干部接访制度,信访总量同比下降9%。无非正常上访、群体性事件,奶东、南皋、何各庄村无一上访。划分全乡为18个区域,每个区域配备1名消防协管员,负责"预防煤气中毒"宣传检查。考核消防协管员、城管队员、包片民警绩效,按照30%评优比例给予年终奖励。从"红袖标"、治安志愿者、联防队、流管员中优选380人组建11支基层劝导队,协助公安、工商、消防、安监、交通、食品、流管等部门联合执法,全年无重大恶性刑事案件、重大群体性事件、重特大治安事件、重大安全责任事故。

(欧阳明德　孟新新)

## 东坝地区(乡)

**【概况】** 东坝地区(乡)位于朝阳区东部,东邻金盏地区,北临崔各庄地区,南与平房、常营地区接壤,西接将台地区,辖区总面积24.6平方公里,是北京市10大边缘集团之一;辖区9个行政村、8个社区;常住人口34622人,农业人口12851人,非农业人口21771人;总户数16131户,农业户6422户,非农业户9709户。地区集体企业44个,其中:交通运输业1个、渔业企业1个、工业企业22个、建筑企业12个、商饮服务业企业]DK]8个。私营企业878个,其中:工业企业129个、建筑企业40个、商饮服务业企业650个、交通运输业59个;辖域内公办幼儿园2所、公立小学3所、中学1所、职业教育学校2所、高职院校1所、医院1所。4个村和3个社区有7个卫生服务站、1个卫生服务中心。年内,经济收入129341.7万元,同比增长0.1%;利润总额(不含农户家庭经济利润)-5897.8万元,同比下降289%;上交税金总额3564.1万元,同比增长6.5%;农民人均劳动所得17209元,同比增长4%。实现税收3亿元,同比增长10%;实现区级财政收入1亿元,同比增长12.4%。

地址:红松园16号

电话:65491768

邮编:100018

(李　晨)

**【领导慰问视察】** 1月19日,区委组织部副部长王小毛走访慰问地区老党员王文和。10月15日,区人大常委会副主任闫学峰、区委农工委书记张树安等视察地区十六局选区选民榜张榜情况。

(李　晨)

**【召开人代会】** 3月11日,召开乡第十五届人民代表大会第九次会议,49名人大代表和24名列席代表参加会议。会议听取并审议《政府工作报告》;听取并审议《人大主席团工作报告》。11月19日,召开第十六届人民代表大会第一次会议,49名正式代表、31名列席代表参加会议。选举产生新一届人大主席和乡政府班子,人大主席安永存,副主席徐文华;乡长黄宏春,副乡长王小宝、刘双库、王羽湘、徐立涛、王安。审议通过乡政府、乡人大主席团工作报告和乡财政预决算报告,并作出相应决议。

(李　晨)

【党建工作】　6月28日,召开庆祝中国共产党成立90周年暨创先争优评比表彰大会,地区领导班子成员、各基层党组织班子成员及优秀党员、优秀党务工作者、部分党员代表200余人参加会议,地区工委副书记、乡长安永存主持会议。9月19日至20日,召开中共东坝乡第十二次代表大会。105名正式代表和9名列席代表参加会议。区委换届考查第三组组长李亚清,区农委副主任张奎等到会指导。大会听取并审议中共东坝乡第十一届委员会工作报告、纪律检查委员会工作报告,并作出相应决议。选举产生中共东坝乡第十二届委员会委员7名、纪律检查委员会委员3名。书记安永存,副书记郝云峰,纪委书记谢庸。出席区第十一次党代会代表4名。

(李　晨)

【劳动就业和社会保障】　年内,培训失业人员1249人;挖掘1470余个就业岗位,311名城镇失业人员提档就业,208名农村劳动力转移就业。筹集新农合资金861.84万元,发放民政、劳动、新农合等34类人员资金1000余万元。

(李　晨)

【文化体育工作】　年内,组建花棒操队、哑铃操队和百人合唱团;举办"九十大庆、农村成就——坝河之夏东坝地区庆祝建党九十周年书画摄影展";举办地区京剧票友演唱会,承办"朝阳区文化、科技、医疗三下乡"文艺演出,组织地区文体队伍参加区第五届"和谐杯"乒乓球比赛。

(李　晨)

【土储腾退工作】　年内,坝河以南5个村签订住宅腾退协议1585份,拆除建筑面积88.97万平方米,完成总量的97.5%,剩余产权户60户,建筑面积3.79万平方米;签订企业腾退协议386份,拆除建筑面积174.13万平方米,完成总量的78%,剩余企业137家。其中,东坝边缘集团18、19号地块住宅全部腾退完毕,非住宅剩3户。回迁房建设地块腾退完毕,相关单位进场施工。金泰丽富家园一期达到入住条件,二期完成建设任务,部分腾退群众可按时回迁。

(李　晨)

## 东风地区(乡)

【概况】　东风地区(乡)位于朝阳区中部,东与平房乡、东坝乡接壤,南与八里庄街道、六里屯街道相接,西与六里屯街道、麦子店街道相接,北接将台乡和酒仙桥街道。下辖4个村、8个社区、2个村居。辖域面积7.38平方公里。全年实现经济总收入20亿元,比上年增长11.4%;利润总额6357.7万元,比上年增长10.2%;上缴税金6884.1万元,比上年增长10.1%;人均劳动所得25256.1元,比上年增长8%。

地址:星火西路9号
电话:85810712
邮编:100016
电子信箱:chy-df@163.com

(刘运成)

【计生宣传活动】　5月21日,地区办事处、观湖国际社区居委会举办纪念计生协会成立31周年大型文艺演出。活动主题为"生育传承希望,关怀相伴和谐"。5月29日,计生协会组织"生育关怀、慈善献爱"、"博爱在京城、博爱在朝阳"博爱募捐,募集善款50007元。

(刘运成)

【庆祝建党90周年】　5月至8月,组织近百场唱红歌、看红色电影、访谈红色人物活动。组队参加区"老友喜相逢 红歌献给党"合唱比赛,获得优秀组织奖。6月,党员干部围绕"突出理论武装、突出党性教育和品德教育",阅读2本以上理论书籍;参加"清风伴我行,文明在东风"党员实践教育月活动。党员爱心捐款6.5万元,慰问党员志愿者640名、困难党员36名。发展22名党员,培训80名入党积极分子,评选出16个区、乡级先进基层党组织,195名优秀党员。地区18个基层党组织近1400名党员参与庆祝活动。

(刘运成)

【解决扰民问题】　7月29日,召开酒仙桥污水处理厂异味噪音扰民问题解决方案推进会。地区主要领导、泛海集团负责人、将台洼村(居)委会书记、主任参加。会议决定采取发放补偿费方式,解决异味噪音扰民问题。补偿费于9月底发放完毕。

(刘运成)

【乡党代会】　9月14日至15日,召开中共东风乡第十二次代表大会。103名党员代表出席。会议选举产生第十二届乡党委、纪委班子。张士华、龙连柏、毕淑双、肖志刚、姜志忠、李建强、赵明、秦涛、潘艳辉当选乡第十二届党委委员,张士华当选党委书记,龙连柏当选副书记;选举李建强、陈国、冯楠、肖军民、张雨平为第十二届纪委委员,李建强当选纪委书记;选举出席区第十一届党代会代表张士华、毕淑双、甘爱军、王德正。

(刘运成)

【文明创建】　年内,突出抓好6项工程:一是责任体系量化工程。实行"四级管理"责任网络,即"乡副职领导包社区、包道路;机关干部包点位、包路口;基层书记、主任包楼门;楼门长和党员包户"。二是惠民利民实事工程。投资1900万元,实施“一村一街”靓丽美化工程,绿化美化4个村5条道路,修建道路1470米,面积5760平方米。规范沿街商铺广告牌匾,完成1个村道路建设及排水工程、2个社区服务站配套建设,1个村低压线路改造,为1个社区建成700平方米办公用房并投入使用。开发1800个就业岗位,安置370人就业,面向困难群体发放24万元临时救助、慈善救助资金。4次献爱心募捐善款、衣物折合人民币27万余元。开展楼道靓丽工程、小区路平工程、绿地美化工程、基础设施建设工程等“四小工程”建设。促成星火路东风段通车。投资300余万元,清理54个楼门堆物堆料、粉刷60个楼道2.4万平方米、补植绿地4500平方米,新建社区宣传栏15组。三是创建氛围营造工程。投资30余万元,在姚家园路主干道两侧、主要路口、机关大院、建筑工地外围、社区文化广场、社区宣传栏,悬挂宣传口号、张贴创建画报,每周出版2万份创建专刊——《东风窗》。四是“百日整治”工程。清理、整治街面环境秩序,拆除58处2521平方米违章建筑,清理堆料堆物135吨,依托网格化管理,优化环境秩序,处理派遣案件26386件,结案22293件,结案率99.97%。五是文体活动工程。举办“百姓沙龙”文体活动,举办23场次安全、健康、文明、科普知识讲座,12场次文明创建成果展览,12次诗书画和摄影交流活动。建立社区、村“益民书屋”,2552户文明家庭挂牌。组织近万人参与“全民阅读”活动。机关干部与社区居民共同参与“做文明有礼中国人”网上签名和广播健身操、歌咏比赛,500人次机关干部参与交通文明志愿引导服务。六是典型培育工程。评选“五个一百”(100名孝老敬老模范、100名先锋志愿者、100名环保先进个人、100名文明小天使、100户文明家庭标兵),招募100名文明创建义务监督员。地区有2人被评为市级孝老敬老模范;培育10名创建文明城区形象大使,其中2人被评为朝阳区创建文明城区形象大使。

(刘运成)

**【综合治理】**　年内,结合日常监管重点及季节特点,整治违建和餐饮、食品、洗浴、黑诊所、美容美发、露天烧烤。联合相关执法部门,出动执法人员2067人次、执法车辆769台次,查处违规经营15家;查处存在安全隐患的社会单位8家,行政拘留3人,收缴涉黑销售罐装液化气窝点5家102罐;收缴黑摩的32辆,清理占道经营7处,无照游商52起、小广告67起,处罚机动车11辆,拆除违建58处、2521平方米。责令110家餐饮店、30家食品店停业整顿,6家洗浴店、12家美容美发店限期改正,取缔5家黑诊所,查处181起无照摊群,规范78起店外经营和4起露天烧烤、大排档。

(刘运成)

**【产权制度改革】**　年内,成立东直门村集体资产处置领导小组,完成原东直门村集体资产处置,核实人员904人,劳动年限110848个月,集体净资产742.4万元,月分配值66.98元。

(刘运成)

**【拆除违建】**　年内,拆除辛庄村违建56间,面积400余平方米。帮拆东山墅100号违建,面积46.15平方米。帮拆石佛营东里109号楼东侧简易彩钢棚,面积20平方米。

(刘运成)

**【排查安全隐患】**　年内,检查各类生产单位970家(次),查处安全隐患275处,下达各类检查文书1420份,行政处罚罚款5.2万元。

(刘运成)

**【为民办实事工程】**　年内,完成6项为民办实事工程。一是建设石佛营西里社区服务站,建筑面积416平方米;二是安装东风公园34处视频监控探头;三是完成东风社区服务中心装修工程,装修面积4150平方米;四是完成污水处理厂800米明沟加盖板;五是完成1346户一户一表改造;六是完成17条主要道路“路平工程”及整修。

(刘运成)

**【重点项目建设】**　年内,完成4项重点项目。一是综合商业楼项目建设工程,位于将台洼村郊野公园南侧,总投资约4000万元,建筑面积11520平方米,地下一层、地上三层,2009年10月开工,本年5月底竣工。二是绿色产业项目建设工程,位于将台洼村郊野公园西侧,总投资约4300万元。建筑面积5016平方米,由11幢仿古四合院、1幢管理用房及1幢门房组成,2010年4月开工,本年5月底竣工。三是公园东区管理用房改造工程,位于将台洼村郊野公园内,总投资约1200万元。主要利用东风公园原有2011平方米管理用房扩建加层为2层,扩建后面积达到4022平方米,2010年9月开工,本年4月底竣工。四是东风公园主题餐厅(公园内原有保留建筑重建),位于将台洼村郊野公园,总投资约370万元。建筑面积756平方米,建筑为1层,2010年9月开工,本年4月竣工。

(刘运成)

**【基本建设工程】**　年内,完成2项基本建设工程。一是东风派出所办公楼。该项目2010年9月开工,建筑面积约6300平方米,由1座四层主楼和1座二层配楼组成,本年11月15日竣工交付使用。二是东风城管队办公楼。该项目2010年9月开工,建筑面积约4100平方米,建筑为四层,本年11月15日竣工交付使用。

(刘运成)

**【残联关爱活动】**　年内,地区残联联合民政、社保等部门,走访低保、残疾儿童及低保边缘困难残疾人181户,送去慰问金和慰问品共计66074.8元。组织残疾人工作者、残疾人及家属400余人次，参加12场次迎新春活动。

（刘运成）

**【五好文明家庭】** 年内，举办“弘扬家庭美德 争当五好文明家庭 共建文明城区”宣传暨文艺展演，围绕“家和谐”主题，挖掘基层素材编排节目。请地区获得北京市“我的育子故事”征文二等奖家庭讲育子之道；请地区获得朝阳区“好婆婆、好儿媳”称号的好婆婆、好儿媳讲妥善处理家庭关系、创建和谐美满家庭经验；请地区流动人口妇女讲自己自立自强、创业就业事迹。3515户家庭当选五好文明家庭。

（刘运成）

## 豆各庄地区（乡）

**【概况】** 豆各庄地区（乡）位于朝阳区东南部，东临黑庄户地区，南临通州区台湖镇，西与高碑店地区、王四营地区、十八里店地区接壤，北接三间房地区，面积14.16平方公里，辖12个行政村、7个社区，常住人口12856人，其中非农业人口8208人，农业人口4648人；流动人口17868人。区域轮廓南北长、东西窄，通惠灌渠纵贯全乡，萧太后河流经孙家坡村、水牛坊村和马家湾村。111、475、363、411、457、753路等公交线经过乡域，五环路、京津二通道、京沈高速公路、劲松东延路和机场南线穿境而过。辖域内有北京市第二监狱、北京市第一看守所及北京市禁毒教育基地等市属单位，有中学1所、全日制小学5所、一级甲等医院1所、幼儿园2所及老年公寓、银行、社区卫生服务站等；有格林万德高科技农业园区、北京奥马健身休闲中心、富力又一城、京城雅居、青青家园大型社区和绿丰家园、朝丰家园农民新村。全年完成经济总收入25.95亿元，同比增长10%；利润1.237亿元，同比增长10%；税收1.67亿元，同比增长10%；农民人均劳动所得1.99万元，同比增长8.5%。

地址：西马各庄村

电话：65479002

邮编：100121

（王　童）

**【党委换届选举】** 9月19日，召开中共豆各庄乡第七次党员代表大会，正式代表105名，列席代表29名。会议选举产生第七届乡党委班子、纪委班子。李云飞、蒋东燕、杨荣福、齐宝良、吕志、何培权、付鸿迈、邵光良、李秀红、芦爽、游红翠等11人当选党委委员。李云飞当选书记，蒋东燕、吕志当选副书记。何培权、郭红兵、刘焕亮、李勃、王娟等5人当选纪委委员。何培权当选纪委书记。选举产生出席区第十一次党代会代表3名，分别是李云飞、蒋东燕、游红翠。

（王　童）

**【社区建设】** 10月，绿丰家园、阳光家园社区办公和活动用房改扩建工程正式立项。投资3.1万元，重新安装青青家园5处、16件老旧健身器材；投资0.56万元，在阳光家园安装园林座椅20余套，安放自行车停放架24个；投资20余万元，在文化传播社区安装15把露天座椅、12个单元防盗门。

（王　童）

**【乡人大换届选举】** 11月19日，召开第十六届人民代表大会第一次会议，大会正式代表44人，列席代表22人。选举产生新一届人大主席、乡长和副乡长。杨荣福当选人大主席，蒋东燕当选乡长，郭红兵、齐宝良、芦爽、李勃、王娟当选副乡长。

（王　童）

**【党建工作】** 年内，表彰50名优秀党员、13名党务工作者、19个基层党组织、10个党员教育管理先进单位。开展“共产党员献爱心”活动，全乡718名党员和122名群众爱心捐款48186元。开展基层党组织、党员公开承诺活动，26个基层党组织，563名党员签订公开承诺书，其中党员承诺实事共计896件，党组织承诺实事171件。“两节”期间，33个党组织走访慰问生活困难党员和老党员75人次，发放慰问金4.144万元。组织全体党员干部观看《廉政准则》、《朝阳区2011年廉政风险预警提示》、《人生“七笔账”》及《欲盖弥彰》等电教片并进行廉政知识测试竞赛。培养入党积极分子63名，发展党员27名。

（王　童）

**【创建文明城区】** 年内，制定《豆各庄乡创建全国文明城区实施方案》等文件。乡党委与各村（社区）、机关科室，签订《精神文明建设目标责任书》和《创建文明城区责任书》。制定精神文明建设和创建“三个”纳入工作机制：一是纳入年终干部绩效评比考核；二是纳入文明科室创建和创先争优；三是纳入基层先进党支部年终评比。创建期间，举办“争做文明有礼豆各庄人”培训，每月1期，每期3次学习，1次考试。每期50户家庭学习法律、礼仪文明、健康养生等课程，结束后召开成绩优秀家庭代表座谈会。开展“文明在细节”行动，倡导“嘴不乱说、口不乱吐、手不乱扔、脚不乱行”公共场所文明规范。开展“百姓文明讲坛”活动。7个社区每季度巡回开讲20次。13支志愿者队伍开展37次志愿服务活动，涵盖助老敬老、关爱残疾人、协助学生家长制定教育规划、学雷锋及禁毒日、安全日宣传等。在“周六创建行动日”，结合各阶段重点工作举办知识问答、智力竞赛。拆除各类违法建设1000余平方米，解决各类扰民纠纷50起，清理垃圾渣土300余处，取缔无照摊点30个，清除广告牌匾100余块。

（王　童）

**【社会保障】** 年内，为214人进行绿化、保洁、插花、超市理货培训。开发就业岗位786个，270名农村劳动力实现就业并享受转移就业补贴，城镇失业人员再就业228人次。

规范化管理登记失业人员。截至11月30日,接收失业人员档案224份,转出档案228份。为85名失业人员办理灵活就业手续,使其享受3—5年保险补贴。为25名城镇失业人员办理清洁能源自采暖补贴,计17947.8元。为失业人员进行514人次基础职业指导。为181名失业人员发放失业保险金240733元。3603人参加新型农村合作医疗,参保率99.34%。1408人参加城乡养老保险,给予"4045"以下农村劳动力50%保险费用补贴。为700余名"一老一小"办理医疗参保手续。237位80岁以上老人享受居家养老服务,发放服务券100元/人/月;为7位60—79周岁特殊老年人发放50元/人/月养老服务券。累计为364位60岁以上老人申办小帮手。为60岁以上老人办理老年证65个,为65岁以上老人办理优待卡195个。为17名90岁以上老人发放高龄津贴,每人每月100元,共计17000元。

(王　童)

**【拆迁腾退】** 年内,绿隔地区腾退884户,腾退率85.16%;完成土地储备区域1246户农民住宅腾退,建筑面积约44万平方米,非住宅腾退181家企业,建筑面积约78.1万平方米。

(王　童)

**【文体活动】** 年内,举办"共享城市化成果 同建文明新城区——五月鲜花"文艺汇演;"社区一家亲,文化进社区"文艺展演;"凝聚在党旗下"庆祝建党九十周年暨表彰慰问演出;"首届舞蹈大赛";"和谐杯"第一届篮球/羽毛球联赛;第三届书画摄影展。3月,成立舞蹈队、模特队、女子水鼓队,聘请专业老师每周两次培训队员,培训内容包括形体、化妆技巧、舞台方位、上下台及模特走位等课程。

(王　童)

**【基础设施建设】** 年内,完成金田郊野公园一、二期建设,修建绿丰家园三期及朝丰家园残疾人出行无障碍坡道160余处。改建朝丰家园2个停车场,新增机动车位近400个。绿化美化双桥路至农服中心路段、青青家园及绿丰家园西门外道路。7月15日,启用地区服务中心。

(王　童)

**【计划生育】** 年内,修订计划生育管理考核办法,逐级签订目标管理责任书。组织21名社区、村计生专干参加"2011年朝阳区全员人口信息系统四级应用培训"。依法履行审批和审核程序,计划生育率98%,征收2例违法生育社会抚养费。办理126个一胎生育服务证、10个计划内二胎生育服务证、40个《独生子女父母光荣证》。完成5类受益人群奖励措施落实工作,发放独生子女父母奖励费14035元。加强出生缺陷一级干预工程,免费为577名已婚育龄妇女体检,为72位待孕妇女发放叶酸并进行生育知识培训。

(王　童)

**【卫生工作】** 年内,与辖区食品生产经营单位签订二、三级食品安全责任书,会同工商、城管及卫生监督部门定期联合检查。利用宣传栏、橱窗在社区宣传食品安全知识15次,讲座7次,发放材料1000余份。联合相关职能部门督导检查10家药店,普及应急救护知识2200人次,203人经培训取得合格证。完成献血指标,上站体检95人,合格65人。

(王　童)

## 高碑店地区(乡)

**【概况】** 高碑店乡位于朝阳区东部,东邻中国传媒大学,南接王四营乡,西邻北京商务中心区,北靠平房乡。辖区面积15.08平方公里,总人口138824人。有5个村级单位和18个社区。全年完成经济总收入136.41亿元,同比增长10%;完成利润总额5.45亿元,同比增长14%;上缴税金4.33亿元,同比增长20%,人均劳动收入3.22万元,同比增长6%。

地址:高碑店北路甲1号
电话:85764263
邮编:100025
邮箱:gbdnj@sina.cn

(李　伟)

**【文化产业工程建设】** 年内,升级改造古家具街,扩大文化新大街飞云画院整体规模,两壶博物馆正式开业,水乡茶楼工程完工并开始招商。完善"盛世龙源"产业园区市政配套工程建设,完善夜景灯饰照明,丰富园林水系景观,规范物业管理和服务,完成最后招商。基本完成通惠河产业带运河一号项目主体工程外部装修。引进天洋广场项目,完成园区内原有企业拆迁腾退、环境绿化、市政配套建设和园区整体规划。高井红星美凯龙项目主体工程完工,年底投入试运营。八里庄时尚产业园区完成立项规划。

(李　伟)

**【传媒产业建设】** 年内,高井传媒产业园区一期两个演播大厅投入使用,中央电视台、北京电视台、湖南卫视等各大媒体知名栏目相继入驻。园区总部独栋1—6号楼封顶。东亿国际传媒产业园区项目投入使用,中国传媒大学培训学院、高职学院、MBA学院、新媒体研究院入驻园区。

(李　伟)

**【劳动就业和社会保障】** 年内,举办60次技能培训、5次招聘会,40余家企业参与招聘,开发4700个就业岗位,失业人员就业指导2123人,城镇登记失业人员就业率完成100%。办理社保卡挂失、补卡等业务1000余人次。建立企业、工会、劳动、司法、信访五方协调机制规范劳动用工。检查326家用人单位,受理71件劳动用工案件,清缴185家社会保障空户。参加养老、失业、医疗、工伤等社会保险,46—60周岁居民参保率100%,16—60周岁居民参保率90%以上。

(李　伟)

**【计划生育和医疗卫生】** 年内,开展计生宣传38场、健康讲座50场,生殖健康服务4次。新增35个避孕药具发放网点。成立4家流动人口计生协会。为60岁以上老人2510人次、学生4124人次接种流感疫苗。6个社区278名居民免费体检。发放禁烟标志2000余个。

（李　伟）

**【老龄工作】** 年内,为老服务"便民圈"惠及2.3万人次。为220名老人办理爱心卡,为80岁以上及残疾老人安装544个扶手,为498名老人办理"小帮手"电子服务器,1187名老人享受居家养老服务。至10月底,5家老年餐桌累计收取代金券34万元。

（李　伟）

**【困难帮扶】** 年内,为7名困难学生申请入学救助金2.8万元,为63名无业人员办理丧葬补贴31.5万元。走访慰问困难群众200人次,发放优抚金70万元,"爱心超市"向450余户特困户发放16万元救助物品。

（李　伟）

**【残疾人救助】** 年内,定岗定向培训16名残疾人,全部就业。为28名残疾人办理康复卡,为54名听障、盲人安装可视闪光门铃,协调5名精神病人免费入住康复机构,走访慰问528户残困家庭,为5名残疾人申请保障性住房。

（李　伟）

**【保障性住房】** 年内,受理并上报限价房新件220件、经适房80件、廉租房5件、廉租房年度复审15件、实物配租人员复审12件;实物配租选房23户,35户参加限价房选房摇号。

（李　伟）

**【惠民工程】** 年内,高碑店西区新农村改造一、二期入住,物业公司进入新村,三期市政工程主管线铺设完毕。高井白家楼新农村建设基本完成,小区成立专业物业管理公司,实现封闭式管理。协调修建环卫厕所4座。投资20余万元配备分类垃圾桶200余组,安装路椅20余处。巡查供暖单位供热采暖设施,协调解决康西社区健身广场修建问题。4月1日启动西店村旧村改造,至年底,拆除29家企业,458个民宅院落拆除447个,完成拆迁总量的98%,开始建设市政工程和民宅主体。

（李　伟）

**【环境建设】** 年内,投资9万元集中清理老旧小区和重点区域卫生死角,清理枯枝死树1000余株,协助解决花北西、太北社区部分绿地无人养护问题。布控、治理市级监控点位,专项整治非法运营、无照游商。拆除637平方米违法建设,取缔36起无照经营,处理违规停放机动车500余起,规范店外经营60家,劝诫无照游商520余人次,制作配电箱护网1200平方米。

（李　伟）

**【平安建设】** 年内,宣传预防煤气中毒。与辖区45个重点单位、1470名驾驶员签订交通安全责任书。专项检查200余家餐饮和药品经营单位,查处14家盒饭"黑窝点",联合执法检查29家药品专营单位。检查校车安全。监管安全生产,检查社会单位3000余家次,发现安全隐患1000余处,对50家单位开具整改通知书。建成地区应急指挥中心并投入使用。社区服刑人员和安置帮教人员无脱管失控和重新犯罪。

（李　伟）

**【社区建设】** 年内,新建和改建甘一社区、半壁店东社区、半壁店西社区、高碑店西社区办公用房。创建和谐社区。北花园村花园闸、高碑店村西区和高井白家楼村实现社区化管理

（李　伟）

**【文体教育事业】** 年内,举办纪念建党90周年、地区"百姓舞台"暨金秋艺术节系列活动,承办3场文艺下乡、10场"星火工程"。开展乒乓球、篮球等系列比赛。投入22万元奖励优秀教育工作者,资助25名困难学生1.9万元助学款,为4名残疾学生提供1.7万元补助。

（李　伟）

**【民主法制建设】** 年内,专项治理公务用车。举办"六五"普法座谈会、讨论会、法律知识讲座及广场宣传。"法律三进"65场次,其中18次进村庄、37次进社区、10次进企业。

（李　伟）

**【换届选举】** 9月8日,召开第十二届党员代表大会,听取并审查中共高碑店乡第十一届委员会及纪律检查委员会工作报告;选举产生中共高碑店乡第十二届委员会、纪律检查委员会及出席区第十一次党代会代表。选举产生党委委员9名、纪委委员5名,书记张富生,副书记张春雷 ,纪委书记施全意。出席区十一届党代会代表6名。地区105名党员代表全部到会。

（李　伟）

**【乡人代会】** 9月15日,启动区、乡人大代表换届选举工作。11月8日,选举产生区第十五届人大代表10名、乡第十六届人大代表44名。11月16日,召开第十六届人民代表大会第一次会议,43名人大代表出席。会议审议并通过《政府工作报告》、《乡人大工作报告》、《乡财政预算执行情况和财政预算草案的报告》,选举产生新一届乡人大、政府领导班子。马玉才当选人大主席,王秋英当选乡长,方志胜、朱然、李书香、杨宏杰、郭光辉当选副乡长。

（李　伟）

**【文明城区创建】** 年内,机关、社区干部全员参与"领导下基层"、"创建行动日"、公共交通文明引导、植树等文明创建活动。机关干部带领群众捡拾白色垃圾、清除杂草,清运垃圾。张贴1200个公共场所禁烟标示,修建白家楼村3座环卫厕所,修建康西社区健身广场。启动"爱我高碑店"系列宣教活动,评选"文明高碑店人标兵"。组织20余场文明礼仪大课堂、文体活动大舞台、健康知识大讲堂、百姓之星故事会等活动。

（李　伟）

**【党建工作】** 年内,按照"一村庄一

品牌、一社区一特色”目标,结合建党90周年,105个党支部开展“星级创评”,创建“五好”乡党委、村党总支,争当“五好”党员。创建活动每月有计划,季度有检查,半年有初评,年终有验收。挖掘、培育16个党建品牌,党建工作硬件配置标准化、示范典型精品化、工作特色品牌化、运行管理信息化。发展党员33名。

(李　伟)

**【庆祝建党90周年】** 年内,举办庆祝建党90周年暨先进表彰大会。16个优秀基层党组织、12名优秀党务工作者、100名优秀党员、50名党员联系户标兵、50名社区先锋行动标兵、10名流动党员标兵和50名群团志愿者标兵受到表彰。

(李　伟)

## 管庄地区(乡)

**【概况】** 管庄地区(乡)位于朝阳区东部,东邻通州区城关镇,南与豆各庄、黑庄户两乡毗邻,西接三间房乡,北与常营乡接壤,属定福庄边缘集团的一部分。辖区面积10.2平方公里,常住人口104291人。区域内以汉族和回族为主。京通快速路、朝阳路、朝阳北路、地铁八通线、京秦铁路、通惠河贯穿全地区。地区有法人单位1089个,其中:农业1个,工业72个,建筑业32个,交通运输邮电业63个,批发、零售、住宿和餐饮业429个,服务业455个,金融业2个,房地产及物业中介业35个。有中国音乐学院和北京科技大学(管庄)校区,中学3所,小学5所,幼儿园8所,社区卫生服务中心1个,医院4处,社区卫生服务站5个。全年完成经济总收入45.96亿元,实现利润总额3.12亿元,实现税金1.43亿元,农民人均劳动所得2.64万元。

地址:管庄乡1号

电话:65762117

邮编:100024

(冯　妍)

**【乡党代会】** 9月15日、16日,召开中共管庄乡第七次代表大会。大会应到正式代表101名,因病请假1名,实到代表100名。会议选举产生中共管庄乡第七届委员会委员和中共管庄乡第七届纪律检查委员会委员。王文俊、玉红、吕林成、安立民、李志胜、杨建海、周卫东当选乡第七届党委委员,杨建海当选党委书记,周卫东、李志胜当选副书记;选举王文俊、张宏启、董会生为第七届纪律检查委员会委员,王文俊当选纪委书记;选举区第十一届党代会代表杨建海、周卫东、玉红、周静。

(冯　妍)

**【乡人代会】** 11月17日、18日,召开管庄乡第十六届人民代表大会第一次会议,大会应到正式代表50名,因事请假1名,实到代表49名。会议审议并通过《政府工作报告》、《乡人大工作报告》、《乡财政预算执行情况和财政预算草案的报告》,选举李志胜为乡人大主席,李连华为乡人大副主席;周卫东为乡长,吕林成、王雷、贾淼、丹红、万小兵为副乡长。选举产生区第十五届人大代表10名。

(冯　妍)

**【地区经济】** 年内,田华建筑集团公司入住产业园区,央视国际传媒港等产业项目达成合作意向。启动燕京医药公司企业改制,实施刨花板市场三期改造,开展财务管理规范化专项检查清理。

(冯　妍)

**【重点工程】** 年内,完成农民新村D区南区6栋住宅楼8万余平方米建设任务,八里桥、果家店等村腾退周转村民可如期入住。塔营村全部腾退,东会村进入拆迁评估数据分析阶段。

(冯　妍)

**【环境整治】** 年内,重兴寺村拆迁集体出租企业34户约2.1万平方米。完成馨岛园、瑞祥里小区楼体粉饰。完成双桥东路西侧和通惠河南岸绿化工程。修补东苇路西侧甬路和花池并进行绿化美化。投入25万元整治咸宁侯村、小寺村中心排水沟。验收京通新城等小区配套建筑约2000平方米。重点治理店外经营、游商、小广告。

(冯　妍)

**【民生工作】** 年内,办理259个农民新村产权证。审核保障性住房。完成一老一小、无业居民医保。规范托老所、老年餐桌,开展“重阳节为老服务月”活动。建设“一刻钟服务圈”。建成管庄西里等7个社区服务站。成立惠邻社会工作室暨公益法律服务中心。惠河东里社区手机报被授予“朝阳区特色服务品牌”称号。宣传就业政策,指导就业培训。宣传婚育新风,管理流动人口,落实民族宗教政策,联系沟通驻地区部队,推进双拥共建。开展未成年人教育、健康教育和咨询。

(冯　妍)

**【文化文明】** 年内,组织第五届惠河文化节、和谐管庄杯乒乓球大赛、健身舞大赛等8项活动和社区(村)分会场演出。举办老年合唱班、书画班、摄影班、英语班、科学普及班、舞蹈学习班、鼓乐班等各类培训。评比文明社区、文明单位、五好文明家庭。开展“做文明有礼北京人——文明出行”等志愿服务行动。成立“管庄地区社工协会分会”,联合周边高校志愿服务团体,为特困儿童、孤残老人提供服务。

(冯　妍)

## 黑庄户地区(乡)

**【概况】** 黑庄户地区(乡)位于朝阳区东南部,西靠垡头边缘集团,与豆各庄乡相邻,北靠定福庄边缘集团与管庄乡相邻,东与通州区台湖镇工业园区接壤,南与光机电产业基地相邻,辖区面积24.5平方公里。下辖16个行政村,5个社区,5个直属企业。有4所小学、1所中学、2

所医院。常住人口9.8万人,户籍人口约1.8万人,流动人口8万余人。全年完成经济总收入21亿元,利润8800万元,税金5950万元,农民人均可支配收入15350元,完成收入、利润、税金可比口径增长10%和农民人均收入增长8%的指标任务。

地址:黑庄户乡工商大街1号

电话:85381999

邮编:100121

（杨　冬）

**【集体“三资”管理】** 年内,按照“产权明晰、权责明确、监督民主、管理科学”的原则,制定完善12项债权债务管理、固定资产管理制度。有序推进土地承包经营权流转,流转土地675亩。规范632份合同,年增加村级收益2251万元,增幅60%。完成5个乡直属企业任期和定西村离任经济责任审计。

（杨　冬）

**【清产核资】** 年内,依据市区有关文件精神,以“摸清底数、查找问题、规范管理”为目标,对地区25家农村企业单位集体资产全面开展清产核资,净调增集体资产总额2.22亿元,净调增负债总额4700万元,净调增所有者权益总额1.75亿元。

（杨　冬）

**【产业项目建设】** 年内,配合完成北京农产品中央物流园区前期筹备工作。推进6个都市农业项目建设,完成66栋农耕教育示范园普通日光温室建设。初步制定鱼园项目规划方案,引进生态养殖技术。

（杨　冬）

**【村庄社区化】** 年内,投入1750万元新建“三站两室”等管理用房780平方米、安装监控摄像头180个,新设治安岗亭38个、门禁系统16个、停车场3.9万平方米。研究制定“42413”管理模式。流动人口办证率和出租房屋登记率分别提高25个百分点,达到95%和98%;全年可防性案件下降24%,达到首都治安重点整治地区“摘帽”标准。

（杨　冬）

**【精细化管理】** 年内,以“精细、长效、宜居”为标准,投入1100万元,在市级试点村——郎各庄村开展美化市容精细管理,绿化美化环境,增加文化休闲设施,健全长效管理机制。

（杨　冬）

**【拆违控违】** 年内,成立土地监察大队,每日不间断巡查,打击侵占基本农田、耕地和村民宅基地加盖二层建筑行为,拆除违法建设29处,16419平方米。制止3起违法占用耕地和基本农田行为,涉及面积220亩。

（杨　冬）

**【平安创建】** 年内,上访案件办结率96%,人民调解成功率98%以上。清理87处非法经营场所。预防煤气中毒,安装2200余只联网式一氧化碳报警器。

（杨　冬）

**【为民办实事】** 年内,完成6个村“社区化管理”;在辖区治安防范重点区域加装监控探头并纳入乡城市管理指挥中心;修缮七星路等4条道路;建成3座公共厕所;完成黑庄户村至萧太后河排水沟疏通清淤治理工程;402名农村劳动力实现转移就业;免费为904名长效节育育龄妇女体检;举办27场健康教育进村、社区讲座,900余人次参加;开展科普进社区活动,聘请专家传授观赏鱼养殖技术;推进郎各庄地区文化示范村工作;筹备“绿康苑”职业康复劳动基地建设项目。建设文化活动中心、全民健身广场,举办“正月十五文艺汇演”等34项文化活动。策划“千名干部下基层,周六创建行动日”主题活动23项;组织实施“惠民小工程”,投入200余万元办理惠民实事23件。

（杨　冬）

**【就业和社会保障】** 年内,就业培训287人次,开发岗位715个,实现转移就业402人次,发放转移就业补贴782.1万元。新农保参保率和新农合参合率分别为98%和99.91%。立案处理61起劳动用工事件,协调处理5起集体讨薪事件。走访慰问30位90岁以上“老寿星”,每人发放高龄津贴1200元。全年开展600次残疾人职业康复服务活动。

（杨　冬）

**【教育卫生人口计生】** 年内,规范管理自办学校(幼儿园),连续13年开展“群星璀璨表彰”活动,奖励33名考取本科院校以上应届高中毕业生。宣传“婚育新风进万家”。社区家庭式医生服务团队签约239户,410人;查抄黑诊所15家。

（杨　冬）

**【换届选举】** 7月22日,召开换届选举动员部署会。8月15日,完成30个选举单位党员代表选举。选举出席中共黑庄户乡第七次代表大会代表106名。其中:领导干部代表占57.5%;专业技术人员代表和先进模范人物代表占33%;妇女代表占37.7%;少数民族代表占7.5%;50岁以下占63.2%。9月8日,召开第七次党员代表大会,审议通过中共黑庄户乡第六届委员会、中共黑庄户乡纪律检查委员会报告。路军、李欣、王世纯、王润民、邢少义、冯春方、马恩旺、王云霞、董俊荣当选中共黑庄户乡第七届委员会委员;书记路军,副书记李欣、王润民。邢少义、王雅文、金立新当选纪律检查委员会委员;纪委书记邢少义。路军、王润民、徐宏莲、周俊秋当选区第十一次党代会代表。9月10日,召开区、乡人大换届选举动员部署暨培训会。11月8日,选举人大代表,投票率99.82%。选举贾彦翎、路军、王世纯、张宝华、王淑英、李东6人为区第十五届人代会代表,选举产生47名乡人大代表。11月17日至18日,召开第十六届人民代表大会第一次会议,47名乡人大代表出席会议。会议听取并审议《黑庄户乡人民政府工作报告》、《黑庄户乡人大主席团工作报告》及《2011年乡财政预算执行情况和2012年财政预算草案的报告》。选举产生新一届乡人大、政府领导班子。王世纯当选人大主席;李欣当选乡长;冯春方、朱连坤、徐战虎、陈丽娟、赵建峰当选副乡长。

(杨　冬)

**【基层组织和干部队伍建设】** 年内,表彰6个先进基层党组织和67名优秀党员。选举村务监督委员会。发展30名党员,24名预备党员按期转正。公开选拔5名年轻干部充实科级岗位。录用5名大学生村官、3名社区工作者。

(杨　冬)

**【党风廉政建设】** 年内,按照党政领导干部"五三三二"格局,将党风廉政建设责任制向机关科室、村、社区和乡属企业延伸。制定完善《关于基层组织落实"三重一大"制度的规定》等制度,开展行政效能监察和基层站所民主评议,加强廉政风险防范管理,促进依法行政、转变作风和重点工作落实。

(杨　冬)

## 将台地区(乡)

**【概况】** 将台乡位于北京市东北郊,朝阳区中北部,横跨东四环、五环路,东至东八间房北岗子村与东坝乡相邻;南至麦子店街与东风乡、麦子店办事处相接;西至京密路与望京办事处、太阳宫乡相连;北至将府家园北窑地居民区与南皋乡接壤,地处朝阳区丽都、燕莎商圈,处于中关村科技园一区五园之一——电子城科技园腹地。辖区面积11.45平方公里,地区下设驼房营、东八间房、安家楼3个村(管)委会和芳园里、丽都、水岸家园、将府家园、梵谷水郡5个社区居委会及瞰都嘉园社区筹备组。地区登记总户数36422户,总人数82189人。全年经济总收入42.45亿元,同比增长9.97%,利润总额4.56亿元,同比增长9.86%,上缴税金总额1.55亿元,同比增长9.6%,人均劳动所得24260元,同比增长8%,区域经济呈现出以电子城高新技术产业为主体、以现代服务业为支撑的产业格局。

地址:酒仙桥村甲1号

电话:64371688

邮编:100016

(张亚洲)

**【成立综治维稳中心】** 2月,投资250万元组建集综治维稳中心、城市综合管理指挥中心、人民内部矛盾排查调处分中心、公共安全科普教育中心为一体的综治维稳工作平台。形成"二四五八十"综治维稳工作模式(两个整合、四级网络、五联机制、八项职能、十项制度)。各责任科室负责突发事件、安全稳定、环境卫生、街面秩序等4大类日常工作,中心领导小组及中心办公室负责部署联合行动,并分级别负责重点问题和突发事件统筹协调工作。

(张亚洲)

**【建立综治维稳长效机制】** 3月,投入100万元,在辖区重点部位、重点道路建设24个社会管理综合执法站,实行24小时专职值守,安置农村劳动力156人。投入500万元,为450名专职治安志愿者购买统一服装、制作胸卡,每月按50元标准给予物质慰问,每年向社区、村治安志愿者工作分站发放3000元专项活动经费,用于召开治安志愿者工作分站年度总结会和组织"红袖标"活动。

(张亚洲)

**【创建行动日】** 5月14日,开展"我为创建献一言 我为社区献一策"创建行动日活动。分别在地区6个社区中心广场设意见箱,向居民发放"建言献策"调查问卷。活动回收900余份调查问卷,收到200余条建议。

(张亚洲)

**【美化整治工程】** 5月,启动驼房营路和将台东路环境整治工程,截至年底,整理驼房营丁香园绿化用地约7万平方米,栽植常绿树114株,落叶乔木1031株,灌木123714株,花卉231372株,地被72平方米;整理将台东路绿化用地约6万平方米,栽植常绿树317株,落叶乔木3976株;完成绿化灌溉设施建设;铺装丁香园广场地面6500平方米,修建广场围墙350米、外围栏650米,建花池18座;基本完成丁香园内道路和人行便道约1.2万平方米铺装任务;完成驼房营路粉饰工程。

(张亚洲)

**【财政互查】** 5月底,地区代表北京市,迎接重庆市财政局检查组检查指导。检查主要内容为涉农资金管理、财务制度运行、会计内部控制规范等环节。目的是为总结经验,发现问题并研究对策。检查组对地区涉农资金使用及下一步工作提出建议。

(张亚洲)

**【收回集体土地】** 6月14日起,陆续收回租赁协议到期单位占用的集体土地。与北京阳光鑫隆百货市场有限公司、北京实业开发有限公司(原海龙进出口总公司)正式履行资产交接手续,收回其占用的亮马桥路27号院以及酒仙桥路东侧两块集体土地。按照协议约定,收归地上不动产,乡集体委派专人进驻场地负责善后工作。

(张亚洲)

**【纪念建党90周年系列活动】** 7月,开展9项活动庆祝建党90周年。评选表彰12个"五个好"先进基层党组织、14名优秀党务工作者、96名优秀共产党员,发展29名党员;放映20余部爱国主义电影;举办"颂歌献给党"征文比赛、讲座及书画摄影展,举行"颂歌献给党"文艺演出,1000余人次参加活动。

(张亚洲)

**【地区领导班子调整】** 7月15日,原办事处主任(乡长)左景全调区绿化局任党委书记,原地区工委副书记连文胜任办事处主任(乡长)。

(张亚洲)

【建设将台乡小学及幼儿园】 8月，在东八间房利华停车场所在地，规划新建"将台乡小学"，占地面积5600平方米，建筑面积7000平方米，设计建设4层，设立24个班，委托中冶公司设计。10月20日完成拆除腾退工作，拆除地上建筑物6055平方米。11月，田华九公司中标进场施工。当月，在将府公园一二期北门东侧原有建筑，改建"将台乡幼儿园"，规划建筑面积2960平方米，设计建设3层，设立15个班，委托中冶公司设计。10月，田华九公司进场施工，12月底基本完成主体工程建设。

（张亚洲）

【规划集体产业用地】 年内，按照产业用地调整实施方案要求，将电子城占用的34.73公顷规划产业用地调整为集体产业用地，包括地铁十四号线将台站和驼房营原开关厂（S地块）两块建设用地，新增集体产业用地面积1.6公顷，地上总建筑规模约6.4万平方米。

（张亚洲）

【关闭无资质打工子弟学校】 7月至8月，关闭希望之星、育才和东北亚3所无资质打工子弟学校，协调区教委开展学生分流工作，将1784名学生安排到公立学校。

（张亚洲）

【京客隆超市落户驼房营】 8月15日，驼房营村与京客隆集团举行京客隆超市落户驼房营合作签约仪式。超市总建筑面积16554平方米，设计建筑占地面积5518平方米。

（张亚洲）

【工作对接】 8月26日，城管分队与区环卫中心建立责任对接、联动对接、沟通对接3个机制。

（张亚洲）

【乡党代会】 9月16日至17日，召开中共将台乡第十二次代表大会。听取和审议中共将台乡第十一届委员会工作报告，审议中共将台乡纪律检查委员会工作报告，选举中共将台乡第十二届委员会委员、书记、副书记，纪律检查委员会委员、书记以及出席区第十一次党代会代表。荣学强当选中共将台乡第十二届委员会书记，连文胜、贾恩松当选中共将台乡第十二届委员会副书记，汪冬梅当选中共将台乡第十二届纪律检查委员会书记。

（张亚洲）

【特色蔬菜直供居民家】 9月24日，地区联手小汤山特菜基地，为社区居民提供蔬菜供应服务。小汤山特菜基地每周末在丽都社区广场设立便民菜点。该项目是"一刻钟社区服务圈"便民服务项目之一，可为居民开展送菜上门、随订随送等服务。

（张亚洲）

【工会第二次全体会议】 9月26日，总工会第一届委员会第二次全体会议选举邢净为将台地区总工会委员、工会主席，贾小培不再担任总工会委员、主席职务。

（张亚洲）

【文明城区迎检工作】 9月，根据地区创建全国文明城区迎检工作部署会要求，由7位领导牵头，机关干部、城管、巡防队员组成值班队，在辖区道路等重点部位进行路段巡查，维护重点地段环境秩序。

（张亚洲）

【"环境整治日"制度】 9月，出台《将台地区关于加强环境建设的实施办法（试行）》，该《办法》包括队伍建设、硬件建设、环境建设、责任制落实、督查检查及考核奖惩等6个方面内容，决定建立"环境整治日"制度，确定每月第一周和第三周的周五为地区"环境整治日"，并细化分工，明确党政领导班子成员和机关科室对重点道路、重点部位的分包责任。

（张亚洲）

【土地补偿】 9月底，解决驼房营村村级土地补偿问题。此举使得村级土地由于开发建设产生的利益分配矛盾得以妥善处理，有利于地区经济发展。

（张亚洲）

【首届全民运动会】 10月29日，在北京信息职业技术学院举办"崇尚科学健身，建设和谐将台"首届全民运动会。地区各村、社区、各直属单位及辖区单位21个代表队1000余人参加运动会。比赛项目包括个人项目、家庭项目、集体项目共9个项目。

（张亚洲）

【乡人代会】 11月11日至12日，召开第十六届人民代表大会第一次会议，46名乡人大代表全部出席。会议听取并审议乡政府工作报告和财政财务报告，通过相关决议，选举产生乡第十六届人大主席、副主席、乡长、副乡长。荣学强当选为乡人大主席，周俊卿当选人大副主席，连文胜当选乡长，刘建军、李庆芳、李滨、易湘林、肖明芸当选副乡长。

（张亚洲）

【成立环境建设与保护办公室】 年内，成立地区环境建设与保护办公室，负责制定并落实地区环境保护行动规划；负责市容环境卫生管理、环境保护工作，并对相关情况进行检查和治理；负责乡域主要道路、主要大街保洁、垃圾清运及环卫配套设施等管理工作；负责指导辖区单位开展垃圾分类工作；负责有形市场规划、改造提升工作；协助开展水利建设和水资源管理。

（张亚洲）

【表彰42名"孝星"】 12月16日，召开"弘扬北京精神，争做厚德孝星"表彰会，表彰地区42名市级"孝星"。地区工委、办事处领导为12名孝星代表颁发奖金和纪念品。区级孝星代表陈宝忠、赵淑芬先后做典型发言。

（张亚洲）

【将府公园当选北京市精品公园】 年内，将府公园参加2011年争创北京市精品公园活动，经区园林绿化主管部门初审、推荐，市园林绿化主管部门考察及有关专家和游人现场评议,并在首都园林绿化政务网上公示,将府公园被评为北京市精品公园。

**【马球邀请赛】** 10月15日,“世界马球经理人峰会暨2011北京马球邀请赛”在将台环铁马球俱乐部举行。本次邀请赛是2011年在京举行的第3项国际马球赛事。

(张亚洲)

**【规范调整租赁土地和资产】** 年内,规范调整集体土地租赁工作。乡、村两级经济管理部门调整31份合同,增加租金3158.8万元。收回租赁合同9份。

(张亚洲)

**【新型农村合作医疗】** 年内,地区1170人参加新型农村合作医疗,基本医疗总筹资额70.2万元,报销73.33万元;大病统筹总筹资额49.1万元,报销63.3万元。

(张亚洲)

**【清产核资】** 年内,开展乡、村、直属企业等17家单位清产核资工作。明晰乡资产数额、产权归属,完善财务制度,妥善解决历史遗留问题。

(张亚洲)

**【将府公园三期建设】** 年内,将府公园三期建设通过市政府督查室现场验收。该工程自5月动工,截至年底,完成园区土方工程、绿化植被调整任务,基本完成广场及景墙、水电工程等项目施工工作,初步具备开园条件。

(张亚洲)

**【社区双语标志】** 年内,统一设计、制作双语标志牌,并完成6个社区安装任务。

(张亚洲)

## 金盏地区(乡)

**【概况】** 金盏地区(乡)位于朝阳区东部,地处温榆河畔,北部、东部与顺义区、通州区以温榆河为界,南接常营乡,西邻东坝乡、崔各庄乡,北接孙河乡。辖区内有13个行政村,区域面积50.1平方公里,总人口74318人,其中常住人口28600人,流动人口45718人。乡域内大型骨干企业有田华第二和第十一建筑工程分公司、昆仑电线厂、慧远电线有限公司、益利化工厂、华阳市政建筑公司和蟹岛度假村、郁金香花园、绿岛白帆俱乐部、金港汽车公园,以及中澳国际学校、北京青年政治学院东校区等。有4所中学、4所小学、2所幼儿园、2所医院、2所敬老院。年内,实现经济总收入37.2亿元,利润总额1亿元,上缴税金1.05亿元,人均劳动所得19212.8元。

地址:金盏大街2号

电话:84333130

邮编:100018

(赵希平)

**【农民回迁安置工作】** 11月28日至12月15日,组织曹各庄村和楼梓庄村民分两批定向回迁东坝驹子房组团,共回迁居民1902户,完成总数的99.7%。推进长店组团农民安置房二期工程建设,在建的47栋楼房全部封顶。完成曹各庄村200余名超转人员转居工作,转工工作正在推进中。

(赵希平)

**【产业发展】** 年内,借助温榆河大道贯通契机,在其沿线布局产业发展项目。其中沙窝村白酒文化园项目于年底完成土建施工,东窑村数码制作中心项目附属工程及西村餐饮服务设施项目在建设中,建成东村便民商业设施。

(赵希平)

**【经济管理】** 年内,完成地区13个村产权制度改革试点。制定《关于进一步加强集体资金资产资源管理工作的意见》,规范合同管理、财务管理、集体资产管理制度,清查50个清产核资单位资产。

(赵希平)

**【基础设施建设】** 年内,修缮南皋路、蟹岛西路,改造东村进村路口,安装86盏路灯。与电力公司达成金盏110KV变电站建设用地协议,协调解决中组部干部学院配套市政设施建设。与东北热电中心建设方磋商征地、拆迁、人员安置等问题。

(赵希平)

**【环境整治】** 年内,铺装硬化街巷胡同,整修村内道路、厕所,安装路灯,整治环境脏乱点。清运积存垃圾、治理乱堆乱放、拆除私搭乱建。规范露天烧烤、取缔非法摊群乱点53处。处置51053件网格案件。

(赵希平)

**【劳动就业】** 年内,扶持农村劳动力转移就业,在用人单位和劳动力之间搭建岗位对接平台,扩大岗位开发范围,就业基地单位向邻近街乡企业延伸。巩固“牵手公交”就业品牌。开设家政服务等技能培训班。全年开发1621个就业岗位,安置309人就业。

(赵希平)

**【社会保障】** 年内,完成低保家庭复审调标。为贫困家庭发放救助资金35.7万元,爱心超市救助506户低保家庭和90岁以上高龄老人。完成20户保障性住房报审工作。495人享受居家养老服务,覆盖率100%。依托圣泽峰敬老院,建成托老(残)所并通过验收。合作医疗参保率98.29%,基本医疗报销总额650余万元;大病医疗参保率98.24%,报销总额为795万余元。

(赵希平)

**【平安建设】** 年内,以马各庄村为试点,安装3000个一氧化碳报警器预防煤气中毒。24小时巡查责任区域,管控重点部位、重点人,重点整治“黑非”场所。专项检查安全生产、防火安全、交通安全、工地安全和食品安全。控制流动人口规模。法律服务进社区、进村庄、进企业。规范信访,排查化解矛盾,处理一批历史遗留群体访事件,重信、重访、集体访和越级访同比减少,受理、办结369件信访件,未出现非正常访及群体性事件。

（赵希平）

【文明城区创建】 年内，围绕“十大行动”创建文明城区。印制发放3万余份宣传围裙、信件、标语等，义务放映100场次数字电影，邀请“北京歌舞剧院”等文艺团体巡回演出13场次。组织专题演讲、广播若干，机关干部利用“创建行动日”清洁社区环境。

（赵希平）

【残疾人工作】 年内，完成村残协换届选举。培训各村残疾人工作者。为259名残疾人办理养老保险补贴，为困难残疾人发放补助金72.4万余元。为重度残疾人发放助残券和小帮手电子服务器，完成107名残疾人康复需求调查工作。

（赵希平）

【换届选举】 8月，依据党代表选举程序和条件，选举产生118名乡党代表。9月16日召开中共金盏乡第三次党代会，选举产生第三届党委班子、纪委班子和出席区十一次党代会代表。书记于志刚，副书记李杰民，纪委书记李洪。11月8日，选举区、乡人大代表，选举产生6名出席区第十五届人民代表大会代表和54名乡人大代表。11月23日，召开第十六届乡人民代表大会，选举产生新一届人大和政府班子。人大主席杨俊清，乡长孙玉辉，副乡长高建忠、穆森、林成、张腾。

（赵希平）

## 来广营地区（乡）

【概况】 来广营地区位于北京市南北中轴线北端东侧，朝阳区东北部。东邻孙河乡、崔各庄乡；西与奥运村地区、大屯街道接壤；南与望京街道、大屯街道相连；北与昌平区东小口镇、北七家镇毗邻。辖区面积20.93平方公里，下辖17个社区，2个社区筹备处，5个行政村。地区常住人口12.3万人，流动人口4.2万人。年内，地区经济总收入92.91亿元，同比增长15%；利润4.99亿元，同比增长11%；乡属税金3.47亿元，同比增长27%；完成辖区税金10.5亿元，同比增长23.5%；区级收入4.3亿元，同比增长25%；人均所得24252元，同比增长8%。

地址：红军营南路甲1号

电话：84953336

邮编：100012

（罗爱国）

【文明城区创建】 3月4日，召开创建全国文明城区专题会议，部署2011年创建工作。5月起，各科室轮流牵头组织“创建行动日”，每周一个主题、每期一个特色。6月23日、7月28日“创建行动日”，分别召开创建调度会，总结经验、查找问题，明确下一阶段工作重点。修补破损道路7881.14平方米。投资44万元，在主要道路周边及公共场所布置宣传栏。制发宣传折扇、画报等8500份。开展档案培训。固化条块联动、重点问题督导调度、常态化测评公共文明指数、社会动员等做法。

（罗爱国）

【领导调研】 3月17日，湖北省襄阳市科协考察团一行18人参观考察科普社区建设情况。4月11日，2011—2015年度全国科普示范县（市、区）创建单位实地检查第四工作组检查验收地区全国科普示范区创建工作。6月8日，区委常委、常务副区长吴桂英检查农民回迁楼来北家园建设情况。7月2日，区委副书记宋连娣、区人大常委会副主任闫学锋、区政协副主席赵增华、区委农工委书记张树安等检查莲葩园社区文明城区创建工作。8月31日，区长程连元调研土地储备情况。9月8日，区卫生局党委书记苏民调研社区卫生服务中心。9月9日，中国科协常务副主席、书记处第一书记、党组书记陈希率队视察指导社区科普工作。9月30日，区委常委、组织部部长陈宏志，副区长刘军胜及相关部门负责人检查英才实验学校校园安全。

（罗爱国）

【党建工作】 5月12日至13日，培训118名入党积极分子。6月7日，邀请市委党校教授为地区党员上党史教育课。“七一”前夕，庆祝建党90周年，组织收看《奋斗》专题片，表彰18个先进基层党组织、20名优秀党务工作者和202名优秀党员；举办“党啊，亲爱的妈妈”红歌会，地区15支合唱队参演；走访慰问8名建国前入党老党员、39名80周岁以上老党员；1138名党员、282名入党积极分子和群众捐献爱心款67804.5元；宣讲“群众心目中的好党员”事迹；举办“红歌嘹亮——纪念建党90周年文化社区行”活动；出版《来广营地区（乡）组织史资料》，于6月25日举办首发式。

（罗爱国）

【社会保障与服务】 年内，挖掘2138个空岗，396名失业人员实现再就业。解决12起集体讨要工资事件。城乡居民养老保险和基本医疗保险参保人员分别为1356人和4240人。爱心家园投入近5万元，救助困难家庭739人次。为灾区募捐9.5万余元。发放低保金40.9万元。发放高龄津贴74900余元，老年优待卡新增371人，为177名老人办理“小帮手”通信终端机。新建北苑家园便民停车场，增设700个停车位。改造、升级朝来便民市场为封闭市场，改造后市场占地3000平方米。协调相关部门延长517路公交线路，增设专20路、专37路公交专线，解决居民“最后一公里”出行难问题。组织5757名已婚育龄妇女进行免费生殖健康体检。做好新型农村合作医疗管理工作，参保人员达3072名，占全乡农业人口的99.19%。学龄前流动儿童查漏补种2524人。组织115人义务献血。博爱救助募捐5.47万元。完成205人红十字急救员培训。新出生上报

805人,计划生育率达98.8%。

(罗爱国)

【经济建设】 年内,召开12次经济工作会议,议定事项85件。评审集体投资项目33个,预算金额3143万元,评审金额2727万元,审减金额416万元,审减比例13%。按照纳税奖励规定,兑现2010年异地纳税迁入企业税收奖励11万元。引进年纳税额100万元小房产税大户一个。实现小房产税1140万元,同比增长14%。上年回迁的金色世纪旅行社、科拉斯、筑之杰3家公司实现区级收入400万元。两家新增纳税企业朝来购物中心和星凯京洲家具广场(红星美凯龙)实现区级收入1000万元。制发《关于调整2011年乡集体单位工资待遇的通知》、《来广营乡关于规范财务管理加强"小金库"专项治理的通知》等文件。完成集体资产清产核资。完成北湖渠、来广营、新生3个村村账托管和土地确权合同续签。成立朝来宏利商务管理公司,负责电子城西区重点项目建设运营。

(罗爱国)

【城市管理】 年内,完成新天国际二期用地范围剩余非住宅房屋拆迁腾退,完成来广营西路南侧10个企业及派出所扫尾拆迁工作。推进来北家园定向安置房建设。完成北苑东路、新北路、农艺园北路、来广营西路建设工程,整治道路两侧环境并绿化。启动立城苑小区南侧道路、北苑路北延等道路建设,完善地区交通网络。初步建成勇士营、森林公园二期两个郊野公园。集中整治民机宾馆、立水桥城铁站口、街心公园,累计处罚和取缔无照经营500余起;整治夜市排档15家;查扣非法运营摩的100余辆;告诫和处罚施工工地7家;查扣和处罚渣土运输车50辆;拆除非法广告牌匾1350块;拆除私搭乱建违法建设170余处,面积2400平方米;制止5处新增违法建设。在城铁十三号线立水桥站、五号线沿途及北苑路新建综合岗亭,设专人24小时巡视。投资16万元购置528个分类垃圾桶。

(罗爱国)

【平安建设】 年内,调解409件纠纷。安置清河营62名转非人员。建立23个综治维稳工作站,成立23支市民劝导队。投资130万元建成"三站两室"。增设30个监控探头,将朝来绿色家园社区探头纳入地区城市综合管理指挥中心。结合安全生产年"三项行动"排查安全隐患,累计检查生产经营单位4860家(次),覆盖12个行业,其中执法检查260余家,行政处罚16家,整改隐患227处,年内未发生甲方重大责任事故。

(罗爱国)

【社区建设】 年内,完成朝来绿色家园社区、清苑路第一社区、时代庄园社区办公及活动用房追缴和装修工作,新增办公用房面积1840平方米。装修改造茉藜园、莲葩园、立清路第一社区地下室。成立清苑路第一社区和广达路两个社区,社区总数达17个。建成地区社区服务中心并投入使用,覆盖区域约21平方公里,服务人口约12万人。对173名社区工作者进行个人情况登记,完善社区工作者考核办法,跟踪培养社区后备干部。举办"全国科普日"活动,建设科普品牌社区,荣获"全国科协系统先进集体"称号。

(罗爱国)

【重点产业项目建设】 年内,电子城西区杰华生物二期项目竣工;中石油寰球项目进入精装建设及大小市政建设阶段;完成高科技产业园B01地块项目规划意见书;朝来汽车培训服务中心项目主体工程基本完工;农艺园高科技种植基地项目与闽龙国际投资公司达成合作协议;完成朝来温泉健康休闲中心项目主体结构;基本完成朝来老年公寓审批手续,开工前准备工作就绪。

(罗爱国)

【双拥共建】 年内,召开"共建部队建设"军地座谈会,召开"双拥促创建军(警)民座谈会",制定《来广营地区军民携手共创全国文明城区工作方案》,军、地签署《军(警)民共建一条路活动协议书》。元旦、春节期间,走访慰问部队官兵。年内投入30余万元支持基层连队建设,补助20名困难官兵2万元,协调解决部队干部家属就业、子女入学入托等问题。

(罗爱国)

【工青妇工作】 年内,新增建会企业32家;组建联合工会20个。其中社区14个、行政村4个、商务区域2个,独立建会企业及联合工会涉及辖区内企业338家、职工7303人,发展会员5908人。年内,地区共有联合工会、独立建会企业90家,87家办理完毕法人资格登记证,办结率96.67%。联合工会"两批、两证、三章"办结率100%。围绕保护妇女、儿童合法权益,开展普法教育、知识竞赛和家庭教育知识讲座。9月,地区总工会为4名困难职工家庭5名子女申请"金秋助学"款,"两节"期间慰问劳模和困难职工。

(罗爱国)

【乡党代会】 9月15日,召开中共来广营乡第十三次代表大会。128名党员代表出席。会议选举产生第十三届乡党委、纪委班子。张克斌、高永荣、宋国华、张淑田、李铎奎、贾毅钦、王洪月、韩永红、李增华、左秋玲、李明哲当选乡第十三届党委委员,张克斌当选党委书记,张淑田当选副书记;选举李铎奎、王立文、桂秀燕、马海生、马增永为第十三届纪委委员,李铎奎当选纪委书记;选举出席区第十一届党代会代表张克斌、左秋玲、李明哲、李冬梅。

(罗爱国)

【乡人代会】 9月7日,启动区、乡人大代表换届选举工作。11月8日,选举产生区第十五届人大代表8名、乡第十六届人大代表55名。其中,选举区人大代表:登记选民19720名,参与投票19426人,投票率98.5%。选举乡人大代表:选民14825名,参与投票14557人,投票率98.2%。11月18日至19日,召开乡第十六届人民代表大会第一次会议,55名人大代表出席。会议审议并通过《政府工作报告》、《乡人大工作报告》、《乡财政预算执行情况和财政预算草案的报告》、乡"十二五"规划纲要,选举宋国华为乡人大主席;高永荣为乡长,贾毅钦、王洪月、韩潮、屈国华、陈琦为副乡长。

(罗爱国)

## 南磨房地区(乡)

**【概况】** 南磨房地区(乡)位于朝阳区南部,东与高碑店乡、王四营乡、垡头街道相邻,南与十八里店乡交界,西临东三环与双井、劲松、潘家园3个街道相接,北至通惠河,辖域9.434平方公里。常住人口15万余人,流动人口3万余人,农籍人口2164人。有2个村委会,10个社区。全年完成经济总收入100.3亿元,利润4.36亿元,上缴税金2.21亿元。区级财政收入3.47亿元,辖区税收11亿元,主要经济指标实现8%以上增长。

地址:西大望路甲29号

邮编:100124

电话:67322223

网址:nanmofang.bjchy.gov.cn

(王佳鑫)

**【经济发展】** 年内,国家广告产业园入驻通惠国际传媒广场。伊莎生活创意广场建设主体竣工,推进酷车小镇二期酷车国际汇展中心建设,基本完成振兴纸箱厂新址建设工程,基本解决欢乐谷二期军产用地置换,广渠路产业用地项目取得进展,东坝驹东保障性住房D组团开工建设。乡属天润物华、田华四公司、东方盛泽、和众集团、华瀚集团、亮都公司以及世纪华侨城发展平稳。华泰乐游饭店、东郊市场、四惠建材、华泰出租驾校、瑛达源物业公司效益增长、职工增收。

(王佳鑫)

**【乡党代会】** 9月18日,召开中共南磨房乡第十二次代表大会。118名党员代表出席。会议选举产生第十二届乡党委、纪委班子和区党代表。郑勇、张启顺、张奎、殷伟涛、金亚静、李明亮、田建华、张昕、姬维杰当选第十二届党委委员,郑勇当选党委书记,张启顺、殷伟涛当选副书记;选举金亚静、王学芝、郑秀云、安金辉、张剑玲为纪委委员,金亚静当选纪委书记;选举区第十一届党代会代表郑勇、张启顺、金亚静、宋少波、张凤来、赵晶晶。

(王佳鑫)

**【乡人代会】** 11月20日,召开第十六届人民代表大会第一次会议,44名人大代表出席。审议通过《南磨房乡人民政府工作报告》、《南磨房乡人大主席团工作报告》,选举产生新一届乡人大主席、乡长、副乡长。张奎当选乡第十六届人大主席,张启顺当选乡长,李明亮、田建华、张昕、张燕、刘家麟当选副乡长。

(王佳鑫)

**【创先争优活动】** 年内,开展纪念建党90周年——唱红歌、"红色短信送祝福"、"苦难岁月"征文等一系列党建主题活动,开展"我身边的共产党员"巡讲活动。党员每周六开展1小时义务劳动,规范"党员结对、五卡连心"帮扶管理。着眼健全基层组织、夯实工作基础、提高基本能力,围绕"深化聚合力工程,构建区域化党建工作新格局",结合区委党校现场教学基地和党校分校建设,运行"1+6"党建工作平台,拓展非公经济党建、商务楼宇党建等社会领域党建。

(王佳鑫)

**【保障民生】** 年内,免费培训待业村居民,统筹开发就业岗位。实施平房和上楼农民取暖费补贴,解决地区发展不均衡和农民取暖费报销问题。农民人均收入3.9万元。新农合基本医疗上限封顶由5000元调整为1万元,农民基本医疗保障与大病统筹并轨。设立临时救助基金,解决低困家庭就医看病资金紧张问题。70岁以上老人在退休金基础上,每月增加高龄补贴1000元。优惠办理搬迁上楼村民房屋"产权证",减免部分特困家庭取暖费、物业费。

(王佳鑫)

**【文明创建】** 年内,召开社区、社会单位和相关职能部门座谈会,"对接问题、对接责任、对接任务",为民办实事。分析问题,分清责任,分配任务,规定完成时限,解决辖区公共设施损坏、停车难等热点、难点问题。

(王佳鑫)

**【党务公开】** 年内,成立地区党务公开领导小组,召开党务公开专题会,制定党务公开实施方案与制度汇编。各基层单位党组织运用党务公开栏(橱窗)、电子触摸屏、信息网络、报刊、会议文件等载体,将党务公开与政务、村(居)务、厂务公开融合,建立联席会(会商会)制度,成立党务公开监督小组。截至年底,地区22个社区、村、企事业党组织全部实行党务公开。

(王佳鑫)

**【环境建设】** 年内,完成通惠河西段北京国家广告产业园拆迁,累计拆迁安置村居民150余人、腾退面积1万余平方米;完成通惠河西段景观环境建设,新增绿地近3.5万平方米,粉刷楼体5500平方米;完成石门、鸭子嘴公厕、道路、水电改造。全年新增绿化面积2万余平方米。创新社会服务管理,固化"9+2+9"管理机制,社区化管理村庄,实施24小时治安巡逻。地区全模式社会服务管理代表朝阳区接受市综治委检查考评。巩固并持续开展"三级检查、三级督办"安全综合大检查,检查1500余家单位,发现并消除1580处安全隐患。未发生越级集体访和重大重复访。

（王佳鑫）

## 平房地区(乡)

【概况】 平房地区(乡)位于朝阳区中部,东侧、北侧分别与三间房乡和东坝乡接壤,南靠朝阳路、临高碑店乡;西接京包铁路,临八里庄街道、东风乡。乡域面积15.18平方公里。朝阳路、朝阳北路、姚家园路、青年路、东五环路、黄杉木店路等纵横辖区。总人口19.07万人,其中,常住人口13.47万人,流动人口5.6万人。有满族、回族、蒙古族、朝鲜族、土家族等36个少数民族、4685人。有幼儿园(所)6所,小学6所,中学3所,医院2个,体育中心1个,郊野公园2个,村级公园3个。全年完成经济总收入59.4亿元,比上年增长10%;利润总额2.81亿元,比上年增长10%;农民人均收入22593元,比上年增长8%。

地址:黄杉木店路8号

电话:85573164

邮编:100123

电子邮箱:pingfangdiqu@126.com

（胡忠明）

【领导视察】 1月11日,市劳动服务管理中心书记孙宝歧检查指导地区社保工作。1月27日,副区长阎军调研地区一氧化碳中毒防控系统建设情况。4月1日,民政部社会福利和慈善事业促进司司长陆颖、副司长陈建中调研地区爱心家园建设和使用情况,参观爱心超市、义务理发室、盲人按摩室等配套设施。11月2日,副区长张立新检查指导地区"双无"达标街工作。

（胡忠明）

【社区建设】 3月至10月,面向社区工作者举办8期"文明礼仪、党建创新、档案管理、群众工作"业务培训,800余人次参加。下半年,以国美家园、华纺易城、润枫水尚社区为中心,与35家商户签订便民服务协议,建立"一刻钟社区服务圈"。

（胡忠明）

【纪念建党90周年】 6月,举办"学党史讲文明"纪念建党90周年知识竞赛。12支队伍参赛,姚家园村代表队获得一等奖,黄渠村、石各庄村代表队获得二等奖。同日,举行"颂歌献给党·文明我先行——平房地区纪念建党90周年暨第三届合唱比赛"。6月25日,举行庆祝建党90周年表彰大会,表彰100名"五星百佳"共产党员、20个先进基层党组织和30名优秀党务工作者。7月30日,组织500余名党员前往中华世纪坛,参加北京市纪念建党90周年主题党日活动。

（胡忠明）

【党务公开】 7月,平房乡被确定为党务公开北京市联系单位。9月,制定党务公开实施方案,召开推进会,部署乡、村社区党务公开工作。年内,制定"例行公开、依申请公开、监督检查、责任追究、资料归档、党委发言人、新闻媒体接待、群众意见建议办理反馈、突发事件新闻处置应急预案"等9项制度。在地区所有村、社区设置党务公开栏。改版地区政务网站,增设"党务政务公开专栏",设置各类报告、党务公开等10个栏目。在地区便民服务大厅和机关办公楼大厅分别设置党务公开触摸屏,连接地区党务公开网站。截至12月,公开各类文件30余件、信息40余条。

（胡忠明）

【流动党员爱心助学】 9月4日,地区流动党员第五党支部捐资2万元,资助地区10名困难家庭学子。该支部成员为福建莆田商户。

（胡忠明）

【乡党代会】 9月15日至16日,召开中共平房乡第十一次党员代表大会。大会应到代表107名,实到代表106名,选举第十一届党委委员9名、纪委委员3名及出席区第十一次党代会代表4名。在第十一届一次党委、纪委会议上,选举马国勇为乡党委书记,寇晔、张文龙为副书记,孔钢城为纪委书记。

（胡忠明）

【乡人代会】 11月16日至17日,召开第十六届人民代表大会。审议通过政府工作报告、财政预算执行情况和财政预算报告,选举马国勇为人大主席,徐建国为副主席,寇晔为乡长,李凤玲、颜廷建、王建国、沈玉德、关得志为副乡长。

（胡忠明）

【村庄社区化建设】 年内,平房村、石各庄村及姚家园小区被列为区第一批村庄社区化建设试点单位。新建"三站两室"1370平方米,治安岗亭40个,电动伸缩门16个,铁艺大门22个,安装监控探头90个,砌围墙7800延米。7月21日,区综治办、农委、公安分局及财政局联合检查验收平房村、姚家园村及姚家园小区村庄社区化建设工作。

（胡忠明）

【创建全国文明城区】 年内,建立"1+6+13"创建机制,通过首届"趣味运动会"、青少年"五彩假日"、"图书漂流"等活动,引导群众参与并支持创建。5月至8月,宣传法律及环保知识200余次,入户走访3.5万户,发放宣传材料1万余份,提供便民服务30余项、150余次。粉刷、覆盖道路两侧建筑物小广告1.7万平方米,购置围挡6500平方米,组织1800次文明引导。办理道路破损、环境脏乱、施工扰民、交通秩序等惠民实事40余件。在区农村系统文明指数第二、第三次测评中,分获第四名和第二名。

（胡忠明）

【社会保障和救济】 年内,补充、配齐爱心家园超市货品,为空巢老人、残疾人送货上门。发放救助金8.7万元,救助困难家庭181户。为困难群体捐赠衣被7126件,全年募集捐款12157万元。

（胡忠明）

【就业工作】 年内,在各村设立定点培训班,引导失业人员和农村劳动力同时参加创业培训和免费职业技能培训。5名农村劳动力和77名失业人员参加职业技能培训,考试合格率100%。联系地区日资企业——大悦城商城,根据商城行业特点和岗位需求,定岗、定向培训36名劳动力,经考核合格全部在商城就业。

(胡忠明)

## 三间房地区(乡)

【概况】 三间房地区(乡)位于朝阳区东部,通惠河畔,与常营乡、管庄乡、豆各庄乡、平房乡、高碑店乡接壤,辖区8.75平方公里,11个行政村,13个社区居委会。全年完成经济总收入25.9亿元,区级财政收入1.15亿元,利润1.03亿元,完成税金3934.5万元,人均劳动所得18608元。

地址:建国路22号

电话:65420020

邮编:100024

(李 鑫)

【清产核资】 5月,正式启动清产核资,聘请专业会计公司清查乡域内36个单位集体资产。

(李 鑫)

【土储拆迁周转群众服务中心成立】 5月,三间房乡土储拆迁周转群众服务中心成立,制订工作方案,采用依法拆迁和有情安置相结合的工作模式,建立拆迁安置周转群众周期服务机制,解决拆迁群众后顾之忧。

(李 鑫)

【企业联合会和企业家协会成立】 8月,三间房企业联合会、企业家协会第一次会议暨成立大会召开。为企业实现资源共享、加强经济合作、推动创新发展提供广阔空间,是促进地区企业信息沟通交流、提高经营管理水平、加强企业家队伍建设的一个重要平台。

(李 鑫)

【乡党代会】 9月20日,召开乡第七届党代会。105名党代表、30余名列席代表及特邀代表、特邀嘉宾出席会议。工委书记冯永忠代表中共三间房乡第六届委员会作工作报告。冯永忠等9人当选中共三间房乡第七届委员会委员;书记冯永忠,副书记顾洪涛。闫京鹏等3人当选纪律检查委员会委员,纪委书记闫京鹏。

(李 鑫)

【国际多媒体城落户】 9月,北京万豪天际文化传播有限公司、加拿大摩科影业及北京电影学院联合签署“万豪－北京电影学院－摩科国际多媒体城”项目合作协议,正式宣布在三间房创立以创作、生产、科研和多媒体培训为主的中心机构“万豪－北京电影学院－摩科”国际多媒体城。

(李 鑫)

【“动漫三间房”分会场开幕式】 11月11日,第六届中国北京国际文化创意产业博览会“动漫三间房”分会场开幕式在北花园街6号院“动漫一条街”广场举行。以“文化融合科技、创新驱动发展、共享改革成果、打造国家基地”为主题,通过展览展示、论坛、表演、互动、交易等形式,宣传展示三间房动漫产业园发展历程。开幕式上,成立全国首个动漫文化社区——三间房动漫社区;北京首家动漫分中心举行揭牌仪式;北京首个卡通艺术博物馆剪彩;中国唯一微视频应用服务平台视友网与北京三间房动漫投资管理有限公司以及三间房企业家协会正式签约。

(李 鑫)

【乡人代会】 11月15日,召开乡第十六届人代会第一次会议。49名人大代表、60余名列席代表及特邀代表出席会议。大会听取和审议第十五届《政府工作报告》以及《人大主席团工作报告》。冯永忠当选第十六届人大主席,张小锋当选乡长。魏强、于淑杰、李文、马旭辉、刘静当选副乡长。

(李 鑫)

【招商引资】 年内,引进北京安盛佳业投资管理有限公司、北京雷禾广告传播有限公司、北京紫信诚投资有限公司等企业和贵州电视台家有购物频道进驻地区。

(李 鑫)

【“知名媒体记者走进三间房”系列活动】 年内,“知名媒体记者走进三间房”系列活动拉开帷幕。活动邀请人民日报、新华社北京分社、朝阳报编辑、记者,带来系列讲座。加强三间房地区信息员队伍建设、提高信息员专业素质,加强基层单位与知名媒体的信息沟通。

(李 鑫)

【拆迁腾退】 年内,帮拆4个院落,商谈拆迁2户。拆除面积2100平方米。“两节”期间走访慰问土地储备拆迁腾退村(居)民2500余户,送出慰问金、慰问品计80万元。

(李 鑫)

【土储资金监管】 年内,与上级相关部门及银行签订三方监管协议控制资金安全。相关项目实施过程中接受区审计部门专项审计,动态监管项目资金,配合天泰开发公司开展农民新村项目审计。

(李 鑫)

【庆祝建党90周年】 年内,开展纪念建党90周年系列活动。5月至7月,举行“踏九十年巨浪 扬十二五风帆”纪念建党90周年表彰大会暨文艺汇演、“纪念建党90周年合唱比赛”、庆祝建党90周年暨农村建设成就书画摄影展、百万党员寄心语、“红色之旅”等活动。地区11个村、13个社区1000余名党员、群众参与。

(李 鑫)

【与密云穆家峪镇结对共建】 年内,乡党委、政府与穆家峪镇党委、政府、希望小镇开展结对共建工作。双方发挥不同区域城乡结合部的文化和生态优势,建立互学、互帮、互助、互促的有效机制,共谋发展,共同进步。

(李 鑫)

【开通便民摆渡车】 年内,投资30余万元,建设便民摆渡车服务站,接驳城铁八通线。有摆渡车5辆,发车间隔平均5分钟。服务站占地面积500平方米,沿途设12个站点。

(李 鑫)

【文明创建】 年内,地区5600户居民当选"五好文明家庭"。申报创建首都文明社区3个、文明村1个;申报创建朝阳区文明示范乡;申报创建朝阳区文明社区7个、文明村4个、文明单位2个。举办"社区一家亲"、"星火工程"文艺演出、书画摄影展等文体活动500余场,近5万人次参与,发放宣传材料12万份。出版文明创建专刊12期。在定福庄城铁站南侧建设430个车位的停车场。开发就业岗位15856个,704名城镇失业人员实现再就业,城镇登记失业率降至0.3%。制定土储过渡期劳动力就业安置办法,597名农村剩余劳动力实现转移就业和安置就业,162人完成计算机技能培训和引导性培训。为玉树灾区募集善款和物资共计252.3万元。组织3次环境卫生专项整治,整治主要路段和土储周边区域卫生死角66处,清除垃圾、渣土、杂物390余吨;化解476起矛盾纠纷,解决16起突出问题,基本实现重大敏感时期非正常访和群体访"双零指标"。

(李 鑫)

【整治朝阳路两侧市容环境】 年内,地区10家社会单位、各村(社区)环境志愿者、乡保洁公司80余人次参加朝阳路两侧环境整治。清理卫生死角4处、建筑渣土30余吨、白色垃圾2000余公斤、乱堆乱放30余处约1120立方米,去除墙贴和喷涂小广告6167张,规范"门前三包"30余家,处理土储拆迁区域暴露垃圾2处,解决群众反映突出环境问题2起。

(李 鑫)

【绿化工作】 年内,完成B7、通惠河南街、玲珑山项目绿化工程,督促完成水郡长安、康惠园居住区代征绿地绿化工程,更新绿化面积3万平方米,地区绿化覆盖率提高0.4个百分点。

(李 鑫)

【法律大讲堂】 年内,讲授"法律大讲堂"24场,内容涵盖婚姻法、继承法、合同法、物权法、民法通则等法律法规,2000余人听讲,发放5000余份宣传材料,现场法律咨询210余人次。地区5家律师事务所、10余名律师、24个基层单位参与。

(李 鑫)

【信访维稳】 年内,接待来访59批次1023人次,办理187件信件,化解400余起纠纷。实现敏感时期非正常上访和群体性事件"双零"指标,初信初访化解率90%,重信重访化解率80%,积案化解率80%,全年无重大重复上访户。

(李 鑫)

【工会工作】 年内,独立建会单位26家,社区、村联合工会覆盖企业89家,覆盖职工2444人,会员1581人,缴纳经费319460.16元

(李 鑫)

【劳动力就业】 年内,接待招聘单位398个,结合商业服务月、春风行动月、就业援助月、手拉手活动,全年共计召开招聘会41场,1790人达成就业意向。培训农村劳动力转移就业230人,劳动力技能培训82人,创业培训3人。协助企业为1000余人申请市、区两级保险补贴900万元。

(李 鑫)

【养老服务】 年内,建成31所日间照料托老(残)所,为1219人发放居家养老(助残)券,为1160位80岁以上老人申请居家养老服务10577人次,累计提供服务费用118万余元,为214位老年人配备"小帮手"电子服务器。

(李 鑫)

【流动人口计生】 年内,建立流动人口育龄妇女卡片2500张。定期到天客隆、国泰百货商场、福怡苑京吉市场检查《流动人口计划生育婚育证》持证验证情况。办理2例北京《流动人口婚育证》,办理12例生育保险服务联系单,发送70例协查通报。

(李 鑫)

## 十八里店地区(乡)

【概况】 十八里店地区(乡)位于朝阳区南部,东与通州区交界,南与大兴区相连,西与丰台区相邻,北与东城区和潘家园街道、南磨房乡接壤。交通路网发达,毗邻京沈高速路,京城二、三、四、五环路、京津塘高速路和京津城际铁路穿越乡域。乡域面积25.23平方公里,辖8个行政村,5个居委会,1个社区。全乡户籍人口37078人(其中:农业人口20784人,居民人口16294人),流动人口165873人。全年完成经济总收入134.4亿元,同比增长15%,利润总额7.44亿元,同比增长11.8%,税金总额3.07亿元,同比增长10.8%,人均收入29252元,同比增长8.6%。

地址:十八里店乡十八里店村18号
电话:67473250
传真:67473250
邮编:100122
网 址:http://sbld.bjchy.gov.cn:9080/index-content.jsp

(李 莉)

【春节慰问】 春节前夕,筹集21万元走访慰问武警十三支队和朝阳消防支队。慰问夕阳红党支部委员,发放慰问品和慰问金计11万元。

(李 莉)

【乡人代会】 1月25日,召开第十五届人民代表大会第六次会议。审议通过《人大主席团工作报告》、《财政预算执行情况和2011年财政预算草案报告》及《关于进一步加强农村集体资金资产资源管理工作的意

见》。3月30日，召开第十五届人民代表大会第七次会议。会议通过《十八里店乡第十五届人民代表大会第七次会议选举办法》，选举赵红伟为乡人大主席、李万军为副乡长。

（李　莉）

**【党建工作部署会】** 3月1日，召开2011年度党建工作部署会。部署2011年度党建工作要点，与基层单位签订《文明城区创建工作责任书》和《党风廉政建设责任书》。强调抓好5个环节工作：一要抓班子，突出责任。二要抓队伍，突出能力。三要抓载体，突出效果。四要抓廉正，突出保护。五要抓信访，突出稳定。

（李　莉）

**【领导调研】** 3月5日，区委书记陈刚、区委副书记宋连娣、区委常委、组织部部长陈宏志、副区长张春秀一行到星河双语学校十八里店校区，调研打工子弟学校春季入学情况。陈刚肯定学校入学工作，提出3点要求：一是高度关注随迁人员子女教育问题，将此项工作作为全区发展的重点工作来抓；二是深化思路，在"十二五"期间力争全面解决打工子弟入学问题；三是努力培育孩子成才，使他们成为有所作为的新朝阳人。3月31日，团市委书记王少峰、副书记姜泽廷，团区委书记刘凯、副书记汪斌、金华民一行视察老君堂社区青年汇，围绕场地规划、项目发展、建设进度、周边环境和青年群体进行座谈。4月28日，市委书记刘淇，市委副书记、市长郭金龙到老君堂社区青年汇，开展"创新社会管理服务，推进首都社会建设"调研。刘淇指出青年汇就业信息发布平台要与市、区联网，为流动青年提供更多就业岗位。老君堂社区青年汇成立于3月18日，是集就业指导、创业培训、专场招聘、健身娱乐为一体的综合性服务机构，主要服务对象为地区近两万名流动青年。7月15日，市人大常委会委员、市人大财经委副主任、巡视员赵巨鹏等一行10余人，就绿化隔离地区建设议案督办情况到本乡调研。到高力国际灯具城参观，现场听取情况介绍，了解市场运行情况。8月24日，副市长洪峰带队调研星河双语学校建设情况，区长程连元陪同。市领导听取学校办学理念及校舍加固情况，参观教学成果展示。

（李　莉）

**【"三八"妇女节活动】** 3月7日，召开庆"三八"经验交流暨表彰大会。表彰70名妇女工作先进个人。"三八"节期间，各村分别组织"小手拉大手，低碳生活进万家"；"学习实践家庭美德谈心会"；"家庭美德20字"学习竞猜；"垃圾分类从我做起"；妇女保健知识讲座等活动。

（李　莉）

**【春风行动】** 4月2日、3日、12日，集中整治西直河村中心街店外烧烤、十八里店北桥车辆乱停现象。出动执法车辆9辆，执法人员50余人，发放告知书15份，取缔店外烧烤7处，暂扣自制烧烤炉5个、乱停放自行车10辆。

（李　莉）

**【庆祝建党90周年】** 4月7日起，组织"十个一"系列活动庆祝建党90周年。即：一次评选表彰、一次党团联谊、一次走访慰问、一次入党宣誓、一场慰问演出、一场合唱比赛、一场知识竞赛、一场摄影比赛、一次主题征文演讲比赛、一系列党史理论知识讲座。6月27日，十里河村与十里河投资管理集团有限公司共同举办"十里河地区庆祝建党90周年文艺汇演暨表彰大会"，表彰33名优秀党员和8家"党员商户诚信之家"。6月30日，举行庆祝建党90周年暨创先争优表彰大会，表彰20名先进基层党组织负责人、30名优秀党务工作者、100优秀共产党员。

（李　莉）

**【环境整治百日行动誓师大会】** 5月14日，召开创建全国文明城区"环境整治百日行动"誓师大会。城管队员代表宣读倡议书。会议围绕环境秩序、交通秩序、违章建筑、"六小"门店、社会治安秩序等治理工作及文化体育建设进行部署。

（李　莉）

**【"六一"儿童节活动】** 5月30日，"我们的节日"——"六一"国际儿童节特色节目展示在十里河剧场举行。乡领导班子成员、十八里店学区学校校长、幼儿园园长出席。展示26个节目。师生用废旧塑料制成服装参与服装表演，倡导环保理念。

（李　莉）

**【温家宝看望学校师生】** 5月31日，中共中央政治局常委、国务院总理温家宝和中共中央政治局委员、市委书记刘淇，中共中央政治局委员、国务委员刘延东看望十八里店小学师生，与师生共同欢庆"六一"国际儿童节，并和孩子们一起上体育课。

（李　莉）

**【中老年社区合唱比赛】** 6月3日，老君堂合唱团代表地区参加区"老友喜相逢 红歌献给党"中老年社区合唱比赛。乡妇联获优秀组织奖。

（李　莉）

**【"6·11"公共文明引导日】** 6月11日，结合北京市第三个"公共文明引导日"，50名志愿者统一标志、旗帜，与公共文明引导员一起，到公交站台宣传"排队候车、礼貌让座"，引导公共文明。

（李　莉）

**【迎"七一"慰问党员】** 6月中旬，乡主要领导分别走访慰问部分在职和退休的家庭困难党员，走访慰问困难党员17名，发放慰问金和慰问品合计3.4万元。

（李　莉）

**【家庭医生式服务】** 7月，启动家庭医生式服务。地区社区卫生服务中心（含卫生站）50余名医务人员组成家庭医生式服务团队。近200户村（居）民与家庭医生服务团队签订《朝阳区社区卫生服务机构家庭医生式服务协议书》。协议书规定，签约对象按期收取公共卫生信息和健康宣传教育材料，参与健康大课堂讲座；家庭医生定期为签约对象提供保健服务，为慢性病患者提供健康咨询和分类指导。

(李　莉)

**【后备干部面试】**　8月17日至21日，根据《十八里店乡后备人才面试工作方案》要求，组织8场面试，完成乡机关正科、副科后备，村级正职、青年后备干部以及企业正职面试，确定约100名人选列入后备干部人才库。

(李　莉)

**【乡党代会】**　9月15日至16日，召开中共十八里店乡第十一届党员代表大会。109名党员代表参加。大会选举产生第十一届乡党委和纪委。书记赵红伟，副书记米振华、于瀛。

(李　莉)

**【第六届时尚家居文化舟庆典】**　9月23日，在十里河高丽广场举行第六届时尚家居文化舟庆典暨授牌仪式。市商务委授予十里河家居建材街“北京市特色商业街”牌匾，并向高力灯城、十里河灯城颁发市级“无假冒商标示范商场”奖牌；市、区领导向家和家美、闽龙陶瓷、美联天地等16家企业颁发“朝阳区12315消费争议快速解决绿色通道”奖牌。

(李　莉)

**【拆迁腾退】**　9月24日，启动十八里店村“重点村”拆迁腾退，经入户调查、评估，10月15日和24日先后开始企业拆迁和民宅腾退。年末，基本完成预定目标。

(李　莉)

## 孙河地区(乡)

**【概况】**　孙河地区(乡)位于朝阳区东北部温榆河畔，属北京市第二道绿化隔离带、土地腾退和温榆河绿色生态走廊规划控制地区，北临顺义天竺空港工业区，西与昌平区隔河相望，东靠顺义天竺镇，距首都国际机场3公里，南与金盏乡和崔各庄乡接壤。机场高速、机场南线、机场辅路、京承高速、京顺路、城铁M15号线、来广营北路、康营东路等区域连接路横贯其中。辖域面积35.2平方公里，辖14个行政村，一个社区，人口2.9万人，其中农业人口1.9万人。有1所社区卫生服务中心，4个社区卫生服务站。405、538、415、696等公交车在地区设有总站；935、915、641、359、975等公交车途经地区。全年完成经济总收入19亿元，与上年持平；实现辖区税金22615万元，同比增长14%；区级财政收入8347万元，同比增长21%；人均劳动所得1.68万元，同比增长3%。

地址：顺白路6号

电话：84595710

邮编：100103

(张晓娟)

**【平安建设】**　1月1日，“黄港村警务工作室”挂牌。2月15日对地区重点企业开展预防火灾及煤气中毒安全检查。取缔上辛堡村出租大院内地沟油炼制黑窝点。5月24日，检查方圆平安、荷美尔、联合博远等7家食品生产加工企业。6月12日，在康营家园小区举办“安全责任、重在落实”安全生产月宣传咨询日活动。6月16日，组织辖区内30家社会单位，在大湖山庄观摩“有限空间应急演练”。6月15日至7月15日，组织供热行业“安全生产月”检查。为辖区10所自办学校、幼儿园安装紧急报警铃。11月9日，在康营家园小区、育星园小学举办“全民消防、生命至上”“119”消防宣传，大湖山庄与荷美尔有限公司联合举办消防演练，社区居民及学生现场观摩。

(张晓娟)

**【双拥共建】**　庆祝“八一”建军节期间，走访慰问武警三支队、望京消防中队、总政军事监狱等9家共建部队，为30名家庭困难官兵每人发放500元扶助金；走访慰问现役军人家属、烈属、退伍军人困难人员和部队无军籍职工，给予5名“优秀士兵”每人1000元奖励；“送法进军营”，为共建部队送去200余册《六五普法法律法规汇编》、《生活与法》等宣传资料和书籍。

(张晓娟)

**【创建文明城区】**　2月17日，举办“共建文明家园、共享文化快乐”正月十五民俗文化闹元宵活动。4月23日，在康营一社区举办“低碳环保、树立低碳理念、创建绿色家园”科普宣传活动。5月14日，在康营家园一社区组织“文明创建我参与”活动，500余名群众参与。年内，开展3项活动争创文明城区。一是百名机关干部下基层。乡领导和机关各科室包村包路段，在交通枢纽及繁华路口维护交通秩序、宣传交通安全法律法规。二是彻底整治地区环境。拉网式清理未拆迁的5个村，重点检查京顺路、康营路、东苇路、前苇沟市场等区域和村域环境。节日期间，在主要道路两侧摆放鲜花。三是联合执法和专项整治，查处“十类”影响市容环境行为，净化地区和校园周边环境。乡交通委员会联合朝阳交通支队，整顿合兴宏业、质信恒通、京兆市政等10家单位停车秩序。延伸“文明出行有序乘车”行动，维护公交车站、地铁站周边行人及车辆秩序。

(张晓娟)

**【文体活动】**　3月6日，举办庆“三八”文明家庭演讲比赛。3月17日至18日，举办第五届象棋比赛，54名棋手参赛，国家象棋大师温满红、庞瑞德夫妇到场表演。3月20日，上辛堡村举办第二十届春季传统文化庙会。北京地区18个老会档、香港第九届国际武术节冠军到场表演。4月1日，举办“2011年和谐杯”乒乓球比赛。39名乒乓球爱好者参赛，沈家坟村何禄、藏永顺分获男子组冠、亚军；北西村孙淑萍和北东村史润萍分获女子组冠、亚军。5月20日，举办信息员、文化专干摄影培训班，北京日报图片社相关人员讲解摄影知识。6月10日，30余名老年人参加"朝阳区第七届老年人运动会"。9月24日，在奶子房中学举办第三届全民运动会。乡机关、乡直属单位、14个村及康营家园一社区20支代表队、800余人参加入场式，600余名运动员参赛。10月20日，在下辛堡村举办"星火工程"文艺演出，"北京丑末寅初文化公司"表演文艺节目，600余名观众观看演出。

（张晓娟）

**【党建工作】** 3月11日，乡团委与香河园街道团委联合开展"城乡手拉手，青春绿朝阳"活动，地区18名基层团干部参加。3月25日，"回顾'十一五'，赞美新生活"宣讲团在乡机关进行第一场宣讲，宣讲团从家庭美德、邻里互助、交通出行、看病就医、村容村貌、搬迁上楼等方面讲述生活变化和感受。10月14日，召开乡党务公开推进会，纪委书记李兵部署工作。11月7日，区纪委、区委农工委在地区组织召开农村系统《廉政准则》贯彻执行情况专项督察工作会。开展"红歌唱响新孙河"歌曲演唱、"回顾'十一五'、赞美新生活"宣讲、"重温红色经典"回顾红色电影、"踏红色之旅"主题宣教、"党员献爱心"捐款及"送温暖、送关怀、送祝福"党员走访慰问等庆祝建党90周年系列活动。乡社保所开展"佩戴党徽亮身份、创先争优做表率"活动。

（张晓娟）

**【产权制度改革】** 3月21至22日，召开10个村劳龄统计培训工作会。6月10日，召开10个村劳龄统计第一榜榜前公示汇报会，6月20日前各村一榜公示。

（张晓娟）

**【环境整治】** 3月26日，启动上辛堡村北排水沟和集水坑环境整治项目。6月8日，有关部门联合执法，查抄黄港、上辛堡、前苇沟、康营桥北侧等地8家黑诊所。8月22日至27日，整治主要街道及市场内"六小门店"。告知商户300余家，查处无照经营行为32起、清理游商散摊25起、拆除违规广告牌103块、广告灯箱16个、规范店外经营66起、清理门前堆物堆料32家。8月30日，联合区质监局等单位，取缔前苇沟村和康营社区涉嫌非法经营的5家洗浴场所、4家理发店、3家超市、10家无照门店、1家无照饭馆及1家非法销售液化气罐门店。打击倾倒垃圾渣土：成立"打击倾倒垃圾渣土专项治理行动领导小组"，进行1个月专项治理，24小时监控和巡查主要路口、重点点位。成立东、西两片工作组及机动巡查组，与工作组负责人签订《垃圾渣土整治目标责任书》。在主要路口、重点大街显著位置悬挂、张贴宣传横幅及《关于禁止倾倒垃圾渣土的法规摘要》。建立"监督－举报－查处－反馈"机制，接受群众监督、举报。

（张晓娟）

**【乡人大工作】** 3月30日，乡人大组织乡人大代表，邀请区人大代表视察康营家园定向安置房建设工程质量、房屋格局和施工进展情况。代表们听取工程负责人汇报并实地视察。3月31日至4月1日，召开第十五届人民代表大会第六次会议。审议并通过《孙河乡2010年政府工作报告》、《孙河乡2010年人大主席团工作报告》，审查和批准《孙河乡国民经济和社会发展第十二个五年规划纲要》。6月1日，乡人大组织代表视察康营家园定向安置房建设工程，相关负责人汇报工程进度、分区、面积及配套设施建设等情况。

（张晓娟）

**【经济发展】** 4月26日，召开农村集体资产清产核资动员大会。乡农村集体资产清产核资工作人员部署工作，明确工作目标、原则、任务和步骤。8月28日，第二届郎枣采摘节开幕。

（张晓娟）

**【领导调研】** 5月11日，副区长赵全保带队调研地区文明城区创建及环境整治工作。6月1日，区监察局局长、区委农工委书记、区农委主任张树安主持召开地区第三季度上市地块拆迁腾退协调会。6月8日，区委常委、常务副区长吴桂英调研地区安置房建设、上市地块拆迁腾退及违法建设拆除工作。8月4日，区旅游局局长兰学军、副局长刘芳调研地区旅游产业发展，参观前苇沟村东韵民族艺术博物馆和缤纷四季郎枣绿色生态园。8月31日，区长程连元调研地区上市地块腾退工作。9月15日，区人大常委会副主任闫学锋等视察康营家园人大换届选举宣传点。10月15日，区人大选举领导小组副组长王亚贵、选举办副主任董万立、督导组组长乔竹兰等调研前苇沟村选民榜公布情况。10月21日，区委常委、副区长陈涛调研地区产权制度改革，实地查看康营家园定向安置房建设情况。

（张晓娟）

**【康营家园回迁房建设】** 6月12日，召开康营家园回迁小区供货专题会。乡主要领导及建筑施工单位负责人、三期项目地块供货商、监理单位代表参加会议。7月2日至4日，康营家园216名首批回迁村民参加"回迁入住前培训班"，包括"入住手续办理、安全事故注意事项、家庭自救"等内容。7月12日，召开孙河、康营两村回迁安置培训会。7月25日，正式启动孙河、康营两村回迁安置。第一批涉及村民292户，安置房477套。其中，孙河村118户、安置房173套；康营村174户，安置房304套。8月4日，启动回迁楼建设监督机制，北东、北西、西甸、雷桥、沈家坟、李县坟6个土储拆迁村村民代表团参观回迁房建设情况，代表团听取汇报并参观施工现场，对回迁楼建设进度、施工质量等提出意见和建议。

(张晓娟)

【社区建设】 7月1日,935路公交车正式通车,起点为东直门,终点到顺义半壁店,途经康营家园小区。年内,康营家园一社区实施"六个统一"规范化管理。一是统一社区标志。二是统一社区工作者职业形象。三是统一规范社区工作者职业行为。四是统一红黄绿服务评价制度。五是制度统一上墙。六是统一社区档案管理。年内,为社区配备"小帮手"便携式缴费机,可缴纳公共事业、通讯、歌华宽带等费用,支持信用卡还款、账单支付、游戏卡充值、北京福彩、全国手机直充等自助缴费服务。

(张晓娟)

【换届选举】 7月22日,召开第三次党代会换届选举工作动员部署会。8月13日,完成19个选举单位党员代表选举。选举出席中共孙河乡第三次代表大会代表109名。其中:各级领导干部代表占45.87%;专业技术人员代表和先进模范人物代表占56.88%;妇女代表占34.86%;少数民族代表占5.50%;50岁以下占61.47%。9月20日,召开第三次党员代表大会,审议通过中共孙河乡第二届委员会、纪律检查委员会报告。刘伯明、贾民贤、吴晓军、贾哲、李兵、雷国勇、刘秀邦、王楠、何全当选中共孙河乡第三届委员会委员;书记刘伯明,副书记贾哲。李兵、李国荣、刘德海当选纪律检查委员会委员;纪委书记李兵。刘伯明、吴晓军、耿晓玲当选出席区第十一次党代会代表。8月31日,召开区、乡人大换届选举工作动员部署暨培训会。正式启动第十六届人大代表换届选举工作。11月8日至9日,投票选举人大代表,投票率99%。选举刘伯明、贾民贤、曹士明、贠瑞强、李晓兰、贾娜6人为区第十五届人民代表大会代表,选举产生53名乡代表。11月18至19日,召开第十六届人民代表大会第一次会议,53名乡人大代表出席会议。会议听取、审议《孙河乡人民政府工作报告》、《孙河乡人大主席团工作报告》及《2011年乡财政预算执行情况和2012年财政预算草案的报告》。选举产生新一届乡人大、政府领导班子。贾民贤当选人大主席;吴晓军当选乡长;雷国勇、崔如意、翟留申、王楠、李国荣当选副乡长。

(张晓娟)

【医疗卫生和教育】 8月19日,132人义务献血16600ml。康营家园回迁小区两所幼儿园主体工程完工。

(张晓娟)

【残联工作】 9月17日,工委书记刘伯明、办事处主任吴晓军等走访慰问老残一体、一户多残、重残等残疾人家庭。年内,乡残联在区残联举办的"文明朝阳 精彩有我"文艺汇演中,京剧、口琴、独唱、相声等节目分获一、二等奖及团体奖等7个奖项。

(张晓娟)

【捐款救灾】 年内,募集善款7.5万元送往新疆和田、内蒙古、江西和青海玉树地震灾区等北京市对口支援地区及本市贫困帮扶对象。

(张晓娟)

## 太阳宫地区(乡)

【概况】 太阳宫地区(乡)位于朝阳区中西部,东北与望京街道办事处、将台地区办事处接壤;东南与麦子店街道办事处接壤,毗邻第三使馆区、燕莎商业区;南与左家庄街道办事处接壤,西南与和平街街道办事处、香河园街到办事处相邻,与国展商业区互相依托,西北与小关街道办事处、大屯街道办事处接壤。辖区面积5.9平方公里,有3个行政村,10个社区居委会,7家直属企事业单位;常住人口7.5万人;全年实现经济总收入19.7亿元,利润总额3505.3万元,税金4770.9万元,同比分别增长12%、10.4%、10.2%。

地址:夏家园13号

电话:52018656

邮编:100028

(张　卉)

【妇女工作】 2月19日至21日,举办地区第二届妇女卡拉OK大赛;2月23日至25日,乡领导走访慰问地区16户单亲特困母亲、下岗生活困难及在职大病女工,共计发放慰问金和物品7400余元;2月28日,组织地区156名优秀妇女体检;3月4日,组织地区148名优秀妇女参观莱太花卉及区党史教育基地红芍社,并召开优秀女性座谈会。

(张　卉)

【"学雷锋"志愿服务活动】 3月5日,地区8个社区同时开展"弘扬雷锋精神、参与文明创建、共建美好家园"法律咨询、健康义诊、环境治理、维护交通秩序和入户慰问等志愿服务,周边高校、共建单位、基层团组织和社区青年志愿者700余人参与活动。

(张　卉)

【解放思想大讨论】 4月1日至4月30日,开展"文化引领发展、责任助推发展"解放思想大讨论,包括动员学习、查摆问题、整改落实、总结提升4个阶段。

(张　卉)

【太阳宫第二届文化节】 4月21日至23日,"太阳宫第二届太阳休闲文化节暨朝阳传媒2011幸福传递社区行"在太阳宫公园开幕。包括开幕式、青年才艺展示、廉政文化文艺演出、金玫瑰健身操展示、"五月鲜花"——百姓大舞台文艺汇演、"社区一家亲"暨助残日文艺汇演等项目。区创建办等单位领导及地区干部群众3000余人参加活动。

(张　卉)

【成立慈善协会太阳宫分会】 4月21日,"朝阳区慈善协会太阳宫地区分会"在太阳宫第二届文化节开幕式上正式成立。辖区13家企业现场捐助128万元善款，地区慈善分会向10户大病致困家庭代发善款5万元。

（张　卉）

**【成立地区志愿者工作站】** 4月22日，启动“社区志愿者工作站授牌暨文明城区志愿者行动”。志愿者工作站服务内容为：管理志愿者，提供志愿者服务信息，掌握志愿者服务真实情况，为志愿者注册，评价、表彰志愿者。

（张　卉）

**【太阳宫体育休闲园建设】** 4月29日，启动太阳宫郊野公园二期（太阳宫体育休闲公园）建设范围内地上物拆除工作；10月15日，公示太阳宫郊野公园二期B地块改造效果图，同时启动园区建设。

（张　卉）

**【“太阳杯”趣味运动会】** 5月10日，举办首届“太阳杯”社会化退休人员和残疾人趣味运动会。地区480名社会化退休人员和残疾人参加7个项目的比赛。

（张　卉）

**【领导调研】** 5月12日，市委宣传部副部长傅华到地区党员教育基地——“红芍社”调研基层党组织建设工作；6月22日，市人大常委会主任杜德印到“红芍社”调研党建经验，参观“红芍社”残疾人康复中心、爱心超市，并发放慰问品。区长程连元、区人大常委会主任王力军等陪同。

（张　卉）

**【举办“新纪十年”庆典活动】** 5月31日，举办“唱响红色歌曲，共建新纪家园”红歌比赛，庆祝地区首个农民回迁小区新纪家园入住十周年。新纪家园7支合唱队370名队员参加比赛。6月9日，举办新纪家园小区入住十周年文艺汇演。

（张　卉）

**【庆祝建党90周年】** 6月25日，召开“颂歌献给党、同心铸辉煌”纪念中国共产党成立90周年暨创先争优表彰大会，表彰10个先进基层党组织、14名优秀党务工作者、107名优秀党员代表。

（张　卉）

**【党委换届】** 7月15日至9月19日，经过动员筹备、选举、召开党员代表大会3个阶段，从机关、社区、村和乡属企业19个单位2064名党员中选出109名乡党代表；9月20日至21日，在九华山庄会议中心召开中共太阳宫乡第十二次代表大会，选出4名出席区第十一次党代会代表，选举产生新一届乡党委委员、党委书记和新一届乡纪委委员、纪委书记。书记张宏明，副书记王毅、李保民，纪委书记李军。

（张　卉）

**【区、乡两级人大换届选举】** 8月至11月，开展区、乡两级人大换届选举工作。11月8日，选举产生区人大代表8名，乡人大代表45名。地区7个选区选举区人大代表，19个选区选举乡人大代表，共设立投票站32个，流动票箱31个。选举区人大代表选民参选率98.94%，选举乡人大代表选民参选率99.3%；11月22日至23日，召开第十六届人民代表大会第一次会议，乡领导班子、人大代表、列席以及旁听人员118人参加会议，审议并通过《太阳宫乡政府工作报告》、《太阳宫乡人大工作报告》和《太阳宫乡2011年财政预算执行情况和2012年财政预算报告》，选举产生新一届政府、人大领导班子。人大主席马跃农；乡长王毅，副乡长蒋春茂、刘灵霞、吕英、喻存根、贾小培。

（张　卉）

**【打击非法经营】** 8月1日至10月15日，地区各部门联合执法打击非法经营，出动执法人员120人次，执法车辆38车次，检查规范“六小”门店约60家，关停18家小餐饮、5家食品加工店、5家电子游艺厅、2家销售非法出版刊物报亭，查处11起店外经营，规范“门前三包”46家，拆除及没收非法广告牌、占道广告牌、水牌等39块。

（张　卉）

**【“五五”普法总结大会】** 12月9日，召开“太阳宫地区‘五五’普法总结表彰暨‘六五’普法启动大会”，总结地区“五五”普法，动员部署“六五”普法，表彰辖区6家普法先进单位和6名普法先进个人代表。

（张　卉）

**【拆除曙光西路滞留建筑】** 12月15日下午，区人民法院强制拆除阜通东大街曙光西路约250平方米滞留建筑物，

此前由于滞留建筑物影响，阜通东大街双向八车道变成两车道。强拆后阜通东大街全线贯通，市民可由国际展览中心直通望京地区。

（张　卉）

**【创建全国文明城区】** 年内，成立迎检指挥部，创新创建载体，培育“快乐老妈”和“小棉袄”志愿服务队。落实“基层文化配送工程”，喷涂3500平方米创建宣传画、宣传标语，安装50组户外宣传栏，发放3万余份《致居民朋友的一封信》及《创建全国文明城区工作问卷调查》，召开10余次改善政务环境、人文环境和居民生活环境创建工作部署会。

（张　卉）

**【廉政文化建设】** 年内，结合“清风廉韵伴我行，文化文明太阳宫”廉政文化周，建立太阳宫社区党员廉政文化宣教活动室；举办2011年太阳宫地区廉政书画笔会；举办廉政文化专题文艺演出，把党风廉政建设融入地区经济社会生活各个领域。

（张　卉）

**【人大附中朝阳学校建设】** 年内，完成人大附中朝阳学校用地范围内4家集体企业12873.18平方米、市汽修五厂职工宿舍2100平方米、私有住宅2169.1平方米拆迁，配合开展人大附中朝阳学校引进及校区建设。

（张　卉）

**【为民办实事】** 年内,改善芍药居一、二社区路面和绿化状况,修建北京电子科技职业学院南门与东门门前路,完成太阳宫北街和育慧南路及京承高速太阳宫大街桥下总面积10090.65平方米绿化,升级改造2个清洁站,在芍药居三社区10、11号楼安装邮报箱,为各社区统一配置户外宣传栏。

(张　卉)

**【养老助残】** 年内,新增养老助残服务商13家,为159名80岁以上老年人申请办理居家养老服务;评比"为老服务示范单位",表彰福地雅大酒楼等6家服务商;表彰38名"孝星",走访慰问85岁以上340位高龄老年人;为地区50名生活困难残疾人免费体检;为6名肢体残疾人申请办理家庭无障碍改造;"两节"走访慰问残疾人233名,发放慰问金及慰问品共计160100元。

(张　卉)

**【社会保障】** 年内,为66名政策性转居人员发放生活补助319805元;为101户203人发放低保救助金854031.82元;为2名重病人员申请并办理特殊困难人员扶持金6000元;利用"爱心家园"进行实物救助,累计向困难家庭发放价值43250余元救助物资。

(张　卉)

**【劳动就业】** 年内,开办"免费就业连锁超市",举办2次大型专场招聘会,20余次小型招聘会,开发就业岗位1660余个,实现"就业困难人员"就业232人,推荐失业人员参加再就业培训67人,创业培训2人,办理灵活就业197人。

(张　卉)

## 王四营地区(乡)

**【概况】** 王四营乡位于朝阳区东南部。乡域面积15.58平方公里,辖6个行政村、2个社区。辖区户籍人口总数18923人,其中农业人口9107人,城镇居民9816人;流动人口84409人。有31个基层党组织,931名党员。全年完成经济总收入56.3亿元,利润总额2.57亿元,上缴税金1.2亿元,人均劳动所得21744元,分别比上年增长11.1%、8.5%、15.5%、19.7%。

地址:王四营乡王四营村1号

电话:67363954

邮编:100023

(张　鑫)

**【乡人代会】** 2月19日,召开第十五届人民代表大会第九次会议,听取、审议政府工作报告、人大工作报告、"十二五"期间经济和社会发展规划。9月24日,召开第十五届人民代表大会第十次会议,听取、审议王四营乡绿化隔离地区集体土地房屋腾退安置管理办法补充规定(草案),表决通过大会决议(草案)。11月20日,召开第十六届人民代表大会第一次会议,听取、审议政府工作报告、人大工作报告、财政工作报告,选举产生新一届乡人大主席张仲山;乡长李世忠,副乡长孟秀琴、喻东海、田全喜、潘鑫、赵涛。

(张　鑫)

**【领导调研】** 5月10日,区委常委、组织部长陈宏志调研乡班子建设及换届选举工作。5月17日,区长程连元到解危排险周转房施工现场调研。9月23日,区领导陈刚、程连元、宋连娣、吴桂英视察官庄重点村前期部署,参观腾退大厅现场工作情况。10月10日,区委常委、宣传部长谢莹调研乡文化创意产业发展情况。11月22日,副区长刘军胜到肃慎亲王敬敏墓、延寿寺十方诸佛宝塔调研文化工作。

(张　鑫)

**【换届工作】** 7月15日,启动乡党委、纪委换届选举。全乡近900名党员,15个选举单位选举产生乡级党员代表107名。其中,本科及以上学历66人,占总数61.6%;平均年龄44.7岁,年龄在50岁以下代表89名,占总数83%;专业技术人员和先进模范人物64名,占总数60%;妇女代表35名,占总数32.7%;少数民族代表9名,占总数8.4%。9月16日,召开中共王四营乡第十三届代表大会,听取并审议两委工作报告,选举产生乡党委书记1名、副书记2名、委员6名,纪委书记1名、纪委委员2名,书记李世喆,副书记李世忠、辛莉;纪委书记高玉利。出席区第十一次党代会代表3名。9月至11月,区、乡人大换届选举工作经过组织准备、选民登记、候选人推荐、投票选举4个阶段,于11月8日直接投票选举,全地区3个混合选区(官庄、观音堂、王四营)一次投票选举产生区第十五届人大代表5名;26个乡选区一次投票选举产生乡第十六届人大代表50名。

(张　鑫)

**【市级挂账重点村整治】** 11月12日,启动官庄重点村整治拆迁腾退工作。腾退企业32家,拆除建筑面积11.46万平方米。住宅拆迁签约540个院落1972人,腾退面积9.49万平方米,对接安置房源821套。

(张　鑫)

**【文明城区创建】** 年内,开展4个"宣传周"活动,宣传文明创建。4月25日至29日"创建宣传周",发放《致王四营地区全体居民一封信》1万余封、宣传标语购物袋1万余个。在高碑店路两侧、王四营法庭少年庭、幼儿园周边悬挂50余块宣传展板。5月2日至8日"未成年人思想道德宣传周",宣讲道德模范先进事迹。5月9日至15日"交通秩序整治周",规范重要路口交通秩序,重点治理闯红灯、占道停车。5月16日至22日"食品药品安全整治周",重点检查药店和超市,要求药店证照齐全,超市无过期食品。组建环境整治、交通秩序维护、党员志愿者、督察4支队伍落实创建惠民。投资120万元整修道口、李罗营、小海子等地区8条道路，清除观音堂社区楼道小广告，粉刷墙面4万余平方米，安装128个单元门禁系统，更换、添置小区露天座椅50把，购置50个“垃圾分类”垃圾桶，安装路灯50盏。

（张　鑫）

【纪念建党90周年】　年内，组织系列活动纪念建党90周年。一是召开庆祝建党90周年暨创先争优推进会；二是“七一”前走访、慰问困难党员及党龄50年以上老党员55名，发放慰问金61000元；三是在全乡6个村开展“党史巡回展”；四是组织“共产党员献爱心”捐款61328元；五是开展党员教育活动。

（张　鑫）

【促进就业】　年内，培训社区（村）社保工作站协管员，建立劳动力信息库，科学管理农村劳动力资料，与区职介中心、人才交流中心沟通，掌握用工单位需求。举办2场招聘会，开发岗位1300余个，320人与招聘单位达成用工意向。

（张　鑫）

【社会保障调标】　年内，低保补助标准由上年每人每月430元提高到480元。制定《王四营地区重大疾病困难家庭临时救助实施办法》，规定：患重大疾病造成家庭困难，在采取自救措施、报销医疗费及给予自付部分20%临时救助后，自付医疗费仍超过1.5万元部分，由乡、村两级再分别给予20%救助。自1月1日起，女50至54岁、男55至59岁退休人员的福利养老金，从每人每月200元提高到230元，增加资金由乡、村各负担50%。按照《王四营乡关于退休人员管理暂行办法》，从7月1日起，将农民退休金基数由每月400元提高到450元，人均退休金每月520元提高到570元，老年人月人均收入达到800元。自2011年起，针对地区困难家庭、高龄老人、优抚对象、义务兵家属等民政管理对象，适度调整春节、“八一”、重阳3个节日慰问标准。

（张　鑫）

【综治维稳工作】　年内，落实重点村拆迁工作部署，关闭官庄村路32家门店，整治垡头桥100余辆违法运营货车。设立23块禁停标志和引导停车标志，解决官庄村路拥堵。查扣化工路、垡头市场、小海子地区黑车、黑摩的48辆。组织联合执法13次打击非法经营行为，查抄“久久鸭”黑窝点一处，检查351家各类非法经营单位。

（张　鑫）

【计划生育】　年内，办理100个《独生子女父母光荣证》、165个一胎《生育服务证》，审批计划生育政策内二胎25人。依法征收13例社会抚养费共计173万元。为31名独生子女家长办理一次性1000元奖励，共3.1万元；为13名独生子女家长发放奖励扶助金，每人每年1200元；为2名独生子女家长发放伤残特别扶助金，每人每年1920元。为4名独生子女家长发放特别扶助金，每人每年2400元。为乡机关64名独生子女家长发放独生子女费3785元，发放“六一”慰问款2万元。免费为1545名独生子女及家长办理农村合作医疗，投入资金23.05万元；为767名独生子女家长发放退休金506.9万元；投资39.8万元为147名独生子女家长办理五险；投资86.9万元为2943人办理北京市城乡养老保险。为44名考上大专、本科的独生子女发放奖学金共9.9万元；为11名“三好生”发放0.13万元奖励；为2010名独生子女和家长发放自谋职业补助共810.7万元，为5243名育龄妇女发放“三八”节慰问品价值26.12万元，为1624名独生子女发放儿童节补助7.2万元；为育龄妇女报销相关费用422人次20.2万元；发放独生子女父母奖励费及慰问品共15.7万元。年内，全乡计生利益导向共惠及独生子女家庭14644人次，发放各类资金共计1548万元。

（张　鑫）

【安全生产】　年内，对在施工地进行228次安全检查、77次绿色施工检查。查出安全隐患195条，绿色文明施工不合格86条。要求限期整改172次，立即整改26次，停工整改14次，当场处罚11次，立案处理5起。组织建设、施工、监理3方负责人进行联合专项检查22次。

（张　鑫）

## 小红门地区（乡）

【概况】　小红门地区（乡）位于朝阳区南部，东靠京津塘高速公路，南临北京经济技术开发区，西与丰台区、大兴区接壤，北距南三环约1公里。乡域面积12.41平方公里，辖4个行政村、3个居委会，1个社区，人口13113户、27534人。全年完成经济总收入553778.9万元，同比增幅10%；利润总额15241.5万元，同比增幅10%；上缴税金12966.5万元，增幅10%；人均劳动所得19123.3元，同比增幅8%。

地址：龙爪树南里

电话：87694927

邮编：1000176

（李媛博）

【“温暖二号”】　1月19日，宣传预防煤气中毒知识。向群众发放“温暖二号”宣传材料，讲解“平时如何预防煤气中毒”、“发生煤气中毒后如何处理”、“合格炉具选择标准”等知识。

（李媛博）

【“两会”维稳】　2月27日，召开“两会”维稳工作部署会。3月1日至5日，出动乡村干部2000余人次，巡防队员、治安巡逻志愿者3750余人次，清查出租房屋500余间。3月3日起，在辖区进行建筑施工现场安全生产专项大检查。

（李媛博）

【计生工作】　3月25日，修正《小红门乡绿化隔离地区建设腾退安置办法》补充办法,修正内容如下:为更好地贯彻计划生育基本国策,自本补充办法通过之日起,所有新出生的超计划生育婴儿,在本地区拆迁腾退时不予安置。4月27日计生工作会上,空军战士、卫生服务中心大夫和计生干部再次联手走进33户残疾独生子女家庭,指导他们做康复训练,用爱心和服务帮助他们树立面对生活的信心和勇气。5月13日,龙爪树村阳光计生服务队联合社区卫生服务中心、村残联,为2户残疾特困家庭送去生活用品,并为部分残疾居民免费体检。年内,地区户籍育龄妇女7790人,上报出生359人,完成计划生育率97.8%。办理306个一胎生育服务证、95个一孩随父换证、183个独生子女父母光荣证、56份"再生育"申请材料,报销育龄妇女医疗费用2.3万元。地区流动人口已婚育龄妇女5193人,开展4次计划生育执法检查,查验婚育证明60本,发放限期补办通知书3份,流动人口婚育证持证率95%。

(李媛博)

**【林地综合治理】** 4月,组织实施3次林地综合整治。整治不锈钢城东侧及梁森房后150亩林地、通久路段南侧110亩林地、四环路北侧牌坊村20亩林地。清理种地76590平方米、清除垃圾11189.2立方米。

(李媛博)

**【防汛治理工程】** 4月底,完成地区防汛排查,累计投入32.69万元,治理地区主要排水渠道,分别是:投资14.69万元,完成龙爪树排水沟前期治理工程,完成大兴交界排水沟前期勘察测量及治理前期准备工作。投资18万元,清淤治理4条沟渠,分别是:小红门排水沟800米;牌坊排水沟2200米;龙爪树排水沟800米;二杨南路排水沟1300米,总计治理长度5100米,清除沟内污物150立方米。共投入人力350工时,清运渣土60余车次。

(李媛博)

**【"路平"工程】** 5月,统计调查辖区内道路路况,包括道路长度、路面状况等,同时提供道路现状照片,统计汇总后上报至区市政市容委。协调相关单位整修、重铺破损道路,修复面积约26000平方米。

(李媛博)

**【"安全生产月"】** 6月,围绕"全国第十个安全生产月",开展安全生产宣传、应急演练、知识竞赛以及安全生产专项检查,打击非法违法生产经营建设行为。

(李媛博)

**【6.23特大汛情】** 6月23日,受暴雨影响,辖区多处路段积水,刮倒160余棵树木,出现20余处险情。地区组织备防人员排险,未造成人员和财产损失,未发生次生灾害。

(李媛博)

**【小红门地秧歌】** 6月,举办"小红门地秧歌专家座谈会暨图书出版启动仪式",与区文化馆签订"地秧歌图书出版协议"。"小红门地秧歌"正式进入国家级非物质文化遗产名录。

(李媛博)

**【纪念建党90周年】** 7月,开展"七个一"主题活动纪念建党90周年。分别举办"我为党旗添光彩,立足岗位做贡献"——庆祝建党90周年演讲和"如歌的岁月,火红的旋律"——庆祝建党90周年红歌会。

(李媛博)

**【回迁房建设】** 8月下旬,鸿博家园新村一期B区3—9号楼和二期A区回迁房建设项目共373842.54平方米住房竣工并交付。8月30日起,鸿博家园新村一期B区3—9号楼办理入住手续。新村一期B区项目共有住宅楼9栋,总建筑面积204900平方米,3—9号楼有1595套住房。

(李媛博)

**【乡党代会】** 9月8日,召开中共小红门乡第十二次党员代表大会。112名党员代表出席,乡机关科级以上干部列席。乡党委书记康志华做工作总结。大会选举产生中共小红门乡第十二届党委委员11人,出席区第十一次党代会代表4人。选举康志华为乡党委书记,李贺清、李士江为副书记。选举纪委委员3名,范志刚当选纪委书记。

(李媛博)

**【拆迁腾退】** 10月10日,启动龙爪树村及其安置房用地民房和集体企业腾退拆迁。截至年底,完成龙爪树村腾退拆迁:其中,民宅1258个院2013户5032人,完成91%,集体企业144家60.1万平方米,完成94%;完成牌坊村腾退拆迁工作:其中,民宅633个院1013户2532人,完成53%,集体企业3家0.48万平方米。

(李媛博)

**【乡第十六届人大一次会议】** 11月30日,召开十六届人大一次会议。54名乡人大代表出席会议。31人列席会议。选举李贺清为乡长,李士江为人大主席,王小红、兰澎、李兴泉、肖培祥、张福祥为副乡长。

(李媛博)

**【周六"创建行动日"】** 年内,组织周六"创建行动日"活动14次,地区干部为群众答疑解惑,解决实际问题。累计千余名居民参加活动。

(李媛博)

**【"六小志愿者"活动】** 年内,举办系列暑期"六小志愿者活动"。7月30日,乡团委在恋日绿岛社区举办"增强自护意识 健康快乐成长"青少年维权宣传。8月4日,举办"创建全国文明城区——低碳减排,人人有责,争做环保小卫士"宣传实践活动。8月9日,社区青少年到高龄老人和低保户家中开展志愿服务。

(李媛博)

**【重点村土地储备规划】** 年内,根据市发改委年初关于土地储备项目的立项批复,全乡剩余建设用地均纳入土地储备整理范围。划分13个标段进行评估、拆迁及拆除,完成项目招标工作。经区土地储备分中心测算,重点村整治一级开发总成本约104.76亿元，其中征地及拆迁(含安置房建设)成本约79.7亿元。结合资金到位情况，地区第一阶段拆迁腾退成本约27.849亿元，余款在第二阶段落实。

(李媛博)

**【安全生产】** 年内，分别与辖区内企业、个体工商户签订200余份安全生产责任书；开展常规检查260余次。出动车辆180余车次，人员457人次，累计检查各类生产经营企业170余家，下发“现场检查记录”120份，“责令限期整改指令书”60份。

(李媛博)

**【高法接待站周边综合治理】** 年内，肖村综合治理办公室协同相关部门，在高法接待站周边进行30次联合执法。查抄18家无照经营复印店、2家小旅店、20家律师咨询处；清除10处堆物堆料、2处私搭乱建。协同警务工作站处理20起突发事件。

(李媛博)

**【新型农村合作基本医疗】** 年内，地区参加新型农村合作基本医疗10691人，参保率97.8%，基本医疗筹资标准每人350元，共筹集资金3741850元，截至11月30日，基本医疗累计报销71275人次，报销金额3332309.50元。大病住院506人次，报销金额3598959.88元。

(李媛博)

**【红十字爱心援助】** 年内，地区红十字会募集资金146.05万元。截至11月底，救助困难家庭19户，发放救助金39.3万元。全年为6户空巢家庭及65周岁以上计划生育家庭提供家政服务2.62万元。春节慰问73人，慰问款19.26万元。共计发放救助款61.18万元。

(李媛博)

**【“联席会制度”和“包校制度”】** 年内，与地区中小学校、幼儿园沟通，建立“乡政府与学校联席会制度”、乡副职以上领导“包校制度”，定期听取办学意见和建议，参加学校活动，支持七十一中学升级改造，组织青少年参加社区教育活动。

(李媛博)

**【职业指导与劳动力安置】** 年内，举办“40、50人员”专场职业指导会，开发1400个就业岗位，举办5次小型招聘会，200人应聘。日常推荐就业160次，安置279名城镇失业人员、364农村富余劳动力。20名劳动力通过自主创业实现再就业，同时带动110人就业。

(李媛博)

**【文明乘车】** 年内，结合每月11日“文明出行排队日”、22日“文明出行推动日”，组织文明乘车引导员和村官志愿者参与文明创建。在公交站台摆放流动宣传栏和展板，向候车群众发放“小红门地区创建一封信”、“倡议书”等资料，宣传文明城区创建及文明乘车。

(李媛博)

**【环境整治】** 年内，加大巡查监管力度，城管队、综治办、环境办和工商、派出所等部门联合组成7个小组，每日步巡拆迁地区不少于3次，拆除违规广告灯箱、牌匾700余块、查抄45起无照经营行为、关闭600余家无照门店，告知并标划违法建筑600余处。开展“消除卫生死角”百日整治行动，重点整治违法建设、暴露垃圾、白色污染和乱堆乱放。

(李媛博)

**【“静心2011”】** 年内，结合“静心2011”专项保障工作，采取约谈施工方负责人、增派执法力量巡查监控、定点盯守等措施，制止夜施扰民行为。

(李媛博)

**【益民书屋】** 年内，建设4个“益民书屋”并挂牌，“益民书屋”共藏书8000余册，实现“益民书屋”乡域全覆盖。

(李媛博)

**【“送温暖、献爱心”捐赠月】** 年内，组织“送温暖、献爱心”捐赠月活动，接收捐款11.066万元。开展“爱心家园”专项救助活动。全年发放爱心救助卡180张，办理集中救助1次，救助困难家庭180户。

(李媛博)

# 人　物

## 领　导　干　部

### 中共北京市朝阳区第十一届委员会书记简介

**陈　刚**　男,汉族,1965年4月出生,江苏高邮人,1986年12月加入中国共产党,1990年7月参加工作,研究生文化程度(北京大学无机化学专业),理学博士,教授级高级工程师。历任北京玻璃研究所晶体室工程师、副主任,北京玻璃研究所副所长,北京一轻集团有限责任公司副总经理兼北京玻璃研究院副院长,北京市委外经贸工委委员、市对外经贸委副主任,中国贸促会北京市分会党组书记、主任,朝阳区委副书记、副区长、代区长、区长、区委书记。

### 中共北京市朝阳区第十一届委员会副书记简介

**程连元**　汉族,1961年12月出生,北京市人,1982年12月加入中国共产党,1983年7月参加工作,市委党校研究生文化程度(北京市委党校经济管理专业),工学学士,高级工程师。历任北京市二轻机械厂技术员,北京市二轻工业总公司干部、干部处副主任科员、技改处副处长、副经理,北京二轻有限责任公司副总经理,北京隆达轻工控股有限责任公司党委副书记、副董事长,北京京仪控股有限责任公司党委副书记、董事、总经理,北京市工业促进局党组书记、局长,中共朝阳区委副书记、副区长、代区长、区长。

**陈宏志**　汉族,1964年5月出生,天津市人,1986年5月加入中国共产党,1989年7月参加工作,研究生文化程度(北京大学辩证唯物主义与历史唯物主义专业,中央党校经济管理专业),哲学硕士,研究员。历任中共北京市委研究室思想理论处科员、副主任科员、主任科员、副处长,中共北京市委研究室政治处副处长、文化处处长、城市处处长、中共北京市委研究室副主任,北京市市政管理委员会党组副书记、副主任,北京市市政市容管理委员会党组副书记、副主任,中共朝阳区委常委、组织部部长、党校校长。

### 中共北京市朝阳区第十一届委员会常委简介

**吴桂英**　女,汉族,1966年3月出生,河北唐山人,1987年4月加入中国共产党,1990年2月参加工作,在职研究生文化程度(中国科学院研究生院科学技术哲学专业),法学硕士,哲学博士,研究员、高级经济师。历任北京南郊牛奶公司经营科法律顾问,北京市工商局法制处科员、副主任科员、主任科员、副处长、处长,北京市工商局机场分局局长,北京市发展计划委员会党组成员、副主任,北京市发展和改革委员会党组成员、副主任,中共朝阳区委常委、副区长、常务副区长、北京商务中心区管理委员会工委书记兼主任。

**陈 涛** 汉族，1962年7月出生，北京市人，1982年12月加入中国共产党，1984年8月参加工作，中央党校研究生文化程度（中央党校经济管理专业），高级政工师。历任中共北京市委农村工作部经管处干部，中共北京市委农工委经管处副主任科员、主任科员、副处长、处长，中共北京市委农工委研究室主任，北京市农村工作委员会委员（副局级），中共北京市委农工委委员、市农委副主任，中共朝阳区委常委、副区长。

**谢 莹** 女，汉族，1958年8月出生，四川泸州人，1985年6月加入中国共产党，1977年3月参加工作，在职大学文化程度（北京师范学院分院物理专业），理学学士，中学高级教师。历任北京市中医学院附中教师、党支部副书记、副校长、党支部书记，朝阳区教委专职委员、副主任，中共朝阳区委教育工委副书记、教委主任，朝阳区副区长，中共朝阳区委常委、宣传部部长。

**陶 晶** 汉族，1962年10月出生，吉林长春人，1984年9月加入中国共产党，1980年11月参加工作，中央党校研究生文化程度（中央党校法律专业）。历任北京市公安局治安处二科民警、团委书记、政治处副科长（正科级），治安处七科科长（副处级）、治安处副处长，北京市公安局缉毒处政委、处长，北京市公安局刑事侦查总队副总队长、刑事侦查总队副总队长兼缉毒支队支队长、刑事侦查总队党委书记、总队长，中共朝阳区委常委、政法委副书记、北京市公安局朝阳分局党委书记、局长。

**张 革** 汉族，1967年4月出生，北京市人，市委党校研究生文化程度（北京市委党校应用社会学专业），法学学士，研究员。1990年7月参加工作，1990年6月加入中国共产党。历任北京工业大学工业自动化系团总支书记、办公室副主任，北京工业大学团委副书记、学生工作部副部长、武装军训部副部长（副处级）、学生处副处长、学生工作部部长、学生工作处处长、人事处处长，中共北京工业大学委员会副书记，中共朝阳区委常委。

**宋铁健** 汉族，1961年7月出生，山西广灵人，1985年11月加入中国共产党，1981年7月参加工作，中央党校研究生文化程度（中央党校经济管理专业），高级政工师。历任丰台区第五小学教师、副教导主任，丰台区教育局党委办公室科员、团委书记，中共丰台区委办公室副主任，中共丰台区委云岗街道工委副书记、办事处主任、工委书记，中共丰台区纪委副书记、区监察局局长，中共北京市纪委（北京市监察局）副局级、执法监察二室主任，中共朝阳区委常委、区纪委书记。

**贾彦翎** 汉族，1959年8月出生，河南商水人，1979年8月加入中国共产党，1978年3月参加工作，在职大学文化程度（石家庄陆军学院军事指挥专业）。历任内蒙古军区边防第四团五连战士、班长，内蒙古军区教导大队学员、边防第四团一连司务长、边防第四团二连副连长，内蒙古军区边防第四团后勤处参谋、助理员、后勤处处长、副团长，内蒙古军区阿拉善军分区后勤部部长、副司令，北京陆军预备役高炮师参谋长，朝阳区人民武装部部长，中共朝阳区委常委、武装部部长。

**刘军胜** 汉族，1973年7月出生，山东荣成人，1994年1月加入中国共产党，1996年7月参加工作，大学文化程度（北京师范大学思想品德和政治教育专业），教育学学士、公共管理硕士，政工师。历任共青团朝阳区委员会社会工作部科员、副部长、部长，共青团朝阳区委员会副书记、书记，中共朝阳区委高碑店地区工委（乡党委）副书记、办事处主任（乡长），中共朝阳区委管庄地区工委（乡党委）书记、乡人大主席，朝阳区政府办公室常务副主任（正处级）、主任，朝阳区副区长。

## 北京市朝阳区
## 第十五届人大常委会主任简介

**佟克克** 汉族,1955年6月出生,河北沧州人,1976年11月加入中国共产党,1971年1月参加工作,在职研究生文化程度(北京交通大学产业经济学专业),工学学士,经济学博士,讲师、高级工程师。历任武汉军区通讯总站第六十二分队战士、文书、班长,北京医学院基础部生物物理教研组电镜室技术员,北京邮电学院分院团委组织部部长,北京联合大学电子工程学院团委书记、学生工作部副部长、党委办公室主任,北京华讯交通通信公司工程部经理,交通部兴兴通信工程技术公司副总经理,北京兴迪(中外合资)电子有限公司总经理,朝阳区望京新兴产业区工委副书记、开发办主任、综合开发公司经理,中关村电子城建设有限公司经理,朝阳区政府副区长、北京商务中心区管理委员会工委书记、主任,朝阳区委常委、政法委书记、统战部部长,区人大常委会党组书记。

## 北京市朝阳区
## 第十五届人大常委会副主任简介

**李　国** 汉族,1954年10月出生,山东淄博人,1972年3月加入中国共产党,1969年12月参加工作,在职大专文化程度(北京广播电视大学文秘专业),高级管理人员工商管理硕士。历任广州军区司令部战勤连战士、副班长、班长、排长,广州军区空军司令部气象勤务站书记员、气象处卫星云图接收组技术员,朝阳区三里屯街道办事处科员、行政办公室副主任、主任,朝阳区三里屯街道办事处副主任,中共朝阳区委三里屯街道工委副书记、办事处主任,朝阳区城乡建设管理委员会主任,朝阳区人民政府副区长、东坝边缘集团开发建设领导小组常务副组长,朝阳区人大常委会副主任(期间担任北京奥组委国家体育馆场馆主任)。

**王亚贵** 汉族,1957年4月出生,北京市人,1989年3月加入中国共产党,1980年5月参加工作,在职大学文化程度(北京师范大学数学专业),经济师。历任北京市南沙滩中学团委书记,共青团北京市朝阳区委员会青农部副部长、部长,北京市朝阳区农村工作办公室正科级干部、农业生产科科长,中共朝阳区委农工委副书记、区农委副主任,中共朝阳区委将台地区工委(乡党委)书记、乡人大主席,朝阳区国有资产监督管理委员会党委副书记、主任、书记,朝阳区发展和改革委员会党组书记、主任,朝阳区人大常委会副主任。

**张富生** 汉族,1955年9月出生,山东泰安人,1979年4月加入中国共产党,1976年2月参加工作,市委党校研究生文化程度(北京市委党校行政管理专业)。历任解放军51121、52828部队战士,北京市朝阳区大屯乡惠中寺村党支部副书记、村委会主任、拨丝厂副厂长,朝阳区大屯乡司法科科长、法律事务所主任、办公室主任,中共朝阳区委将台地区工委(乡党委)副书记、纪委书记,中共朝阳区委组织部副部长,朝阳区劳动局党委书记,中共朝阳区委垡头街道工委书记,中共北京市朝阳区委高碑店地区工委(乡党委)书记、乡人大主席。

**朱春霞** 女,汉族,1960年2月出生,江苏扬中人,1983年9月加入中国共产党,1976年7月参加工作,中央党校研究生文化程度(中央党校马克思主义哲学专业),政工师。历任解放军总参三部七局战士,北京市朝阳区对外贸易公司农副产品科科员、团总支副书记、工业科副科长、组宣科副科长、工会副主席、党委办公室副主任、人事保卫部主任、纪委副书记,中共朝阳区委财贸工作部干部、区委财贸工委干部党建科科长,中共朝阳区委潘家园街道工委副书记,朝阳区政府办公室副主任、中共朝阳区委望京街道工委书记,朝阳区人大常委会办公室主任。

**曾原纪** 汉族，1954年10月出生，安徽全椒人，1998年4月加入中国民主同盟，1974年1月参加工作，大学文化程度（华南理工大学无线电工程专业），工学学士，高级工程师。历任湖南省话剧团演员，中国传媒大学广播电视传输系副主任、录音艺术学院副院长、录音艺术学院院长、研究生院副院长，民盟北京市委常委、朝阳区委主委。

## 北京市朝阳区人民政府区长简介

**程连元** 汉族，1961年12月出生，北京市人，1982年12月加入中国共产党，1983年7月参加工作，市委党校研究生文化程度（北京市委党校经济管理专业），工学学士，高级工程师。历任北京市二轻机械厂技术员，北京市二轻工业总公司干部、干部处副主任科员、技改处副处长、副经理，北京二轻有限责任公司副总经理，北京隆达轻工控股有限责任公司党委副书记、副董事长，北京京仪控股有限责任公司党委副书记、董事、总经理，北京市工业促进局党组书记、局长，中共朝阳区委副书记、区政府副区长、代区长、区长。

## 北京市朝阳区人民政府副区长简介

**吴桂英** 女，汉族，1966年3月出生，河北唐山人，1987年4月加入中国共产党，1990年2月参加工作，在职研究生文化程度（中国科学院研究生院科学技术哲学专业），法学硕士，哲学博士，研究员、高级经济师。历任北京南郊牛奶公司经营科法律顾问，北京市工商局法制处科员、副主任科员、主任科员、副处长、处长，北京市工商局机场分局局长，北京市发展计划委员会党组成员、副主任，北京市发展和改革委员会党组成员、副主任，中共朝阳区委常委、区政府副区长、常务副区长、北京商务中心区管理委员会工委书记、主任。

**陈　涛** 汉族，1962年7月出生，北京市人，1982年12月加入中国共产党，1984年8月参加工作，中央党校研究生文化程度（中央党校经济管理专业），高级政工师。历任中共北京市委农村工作部经管处干部，中共北京市委农工委经管处副主任科员、主任科员、副处长、处长，中共北京市委农工委研究室主任，北京市农村工作委员会委员（副局级），中共北京市委农工委委员、市农委副主任，中共朝阳区委常委、区政府副区长。

**阎　军** 汉族，1964年12月出生，安徽濉溪人，2000年5月加入九三学社，1988年7月参加工作，研究生文化程度（同济大学城市规划专业），工学硕士，高级工程师。历任中国城市规划研究院交通所助理规划师、规划师，西城区建设委员会副主任、主任，西城区政府副区长，朝阳区政府副区长、中关村科技园区电子城科技园管理委员会主任。

**王　春** 汉族，1957年2月出生，山西太原人，1979年6月加入中国共产党，1976年12月参加工作，中央党校研究生文化程度（中央党校马克思主义哲学专业），高级政工师。历任解放军海军37624部队战士、班长，朝阳区人民检察院法警、书记员、助理检察员，中共朝阳区委政法委员会科员、副主任科员，中共朝阳区委办公室信息科副主任科员、秘书二科副科长、科长，中共朝阳区委街工委副书记、区街办副主任，中共朝阳区委双井街道工委副书记、办事处主任，朝阳区政府办公室主任、北京奥林匹克公园管委会常务副主任，区长助理、北京奥林匹克公园管委会党委副书记、常务副主任，区政府副区长、北京奥林匹克公园管委会党委书记、主任。

**张立新** 女,汉族,1972年5月出生,河南南阳人,1992年5月加入中国共产党,1997年8月参加工作,在职研究生文化程度(清华大学城市规划专业),工学博士,高级工程师,注册规划师。历任首都规划建设委员会办公室规划处干部、副主任科员,北京市规划委员会副科级干部、重点项目审查处副主任科员、主任科员、详细规划处主任科员、副处长、建设工程管理一处副处长、处长,北京市规划委员会朝阳分局党组书记、局长,朝阳区政府副区长。

**苑文新** 汉族,1959年5月出生,河北高碑店人,1978年6月加入中国共产党,1976年2月参加工作,中央党校研究生文化程度(中央党校马克思主义哲学专业),高级政工师。历任内蒙古锡林郭勒军分区直属通信连战士、副班长、班长、通信机务一连载波技师、技术员,中共朝阳区委办公室科员、秘书二科副科长,朝阳区委区政府研究室副主任、中共朝阳区委办公室副主任,中共朝阳区委潘家园街道工委副书记、办事处主任,中共朝阳区委安贞街道工委书记,中共朝阳区委亚运村街道工委书记,中共朝阳区委街工委副书记、区街办主任,中共朝阳区委办公室主任。

**汪　洋** 汉族,1960年2月出生,湖北罗田人,1987年5月加入中国共产党,1976年8月参加工作,在职研究生文化程度(华中师范大学政治经济学专业),经济学硕士,高级经济师,工程师,政工师。历任北京邮电工业学校教师、党委秘书、团委书记,中国邮电工业总公司党委秘书、团委副书记、团委书记,奥普泰通信技术有限公司筹备处负责人,中共朝阳区委办公室主任科员,北京市朝阳区体制改革委员会企业科科长、体制改革委员会副主任,中共朝阳区委办公室副主任,中共朝阳区委建外街道工委副书记、办事处主任,北京望京新兴产业区综合开发公司党委副书记、经理、开发办主任,中关村电子城有限公司经理、董事长,中共朝阳区委街工委副书记、区街办主任,中共朝阳区委社工委副书记、区社会办主任,中共朝阳区委社工委书记。

## 北京市朝阳区<br>人民法院院长简介

**李瑞翔** 汉族,1957年8月出生,山东肥城人,1977年11月加入中国共产党,1976年2月参加工作,在职大学文化程度(北京大学法学专业),法学学士。历任解放军80303部队战士,宣武区人民法院书记员、助理审判员、审判员、行政庭副庭长、庭长、审委会委员,宣武区人民法院党组成员、副院长,平谷区人民法院党组书记、副院长、代院长、院长,朝阳区人民法院党组书记、副院长、代院长、院长。

## 北京市朝阳区<br>人民检察院检察长简介

**王　立** 汉族,1957年8月出生,河北深县人,1979年6月加入中国共产党,1976年3月参加工作,中央党校研究生文化程度(中央党校法学理论专业),高级政工师。历任解放军海军37511部队战士,东城区人民检察院法纪科书记员、助理检察员、检察员、反贪科检察员、副科长、科长、副处级检察员,东城区人民检察院党组成员、副检察长、反贪局局长、党组副书记、党组书记、代检察长、检察长,朝阳区人民检察院党组书记、副检察长、代检察长、检察长。

## 中国共产党北京市<br>朝阳区第十一届委员会

| | | | | |
|---|---|---|---|---|
| 书　记 | 陈　刚 | | | |
| 副书记 | 程连元 | 陈宏志 | | |
| 常　委 | 陈　刚 | 程连元 | 陈宏志 | 吴桂英 |
| | 陈　涛 | 谢　莹 | 陶　晶 | 张　革 |
| | 宋铁健 | 贾彦翎 | 刘军胜 | |
| 委　员 | (按姓氏笔画排列) | | | |
| | 王　立 | 王　春 | 王洪涛 | 支　芬 |
| | 吉广平 | 曲　君 | 吕明杰 | 刘　野 |
| | 刘北阳 | 刘军胜 | 孙其军 | 苏　民 |

李　洁　李瑞翔　杨树旗　吴凤岐
吴金龙　吴桂英　佟克克　邹立嵩
辛燕琴　汪　洋　宋铁健　张　岩
张　革　张立新　张永新　张维刚
陈　刚　陈　涛　陈宏志　苑文新
范少飞　贾彦翎　陶　晶　黄晓伟
常树奇　康志华　程连元　谢　莹
樊文祯

候补委员　田　峡　田锦和　刘　勇　刘伯韬
李云飞　张克斌　张树宝　赵年生
赵红伟

## 中共朝阳区委工作机构负责人

办公室主任　苑文新(12月免)
刘军胜(12月任)
组织部部长　陈宏志(12月免)
张　革(12月任)
组织部常务副部长　王小毛
宣传部部长　谢　莹
宣传部常务副部长　苏　民(7月免)
高春利(7月任)
精神文明建设委员会办公室主任　吕　岚
统一战线工作部部长　佟克克(12月免)
谢　莹(12月任)
统一战线工作部常务副部长　刘乃晨(11月免)
胡杰华(11月任)
台湾工作办公室(区政府台湾事务办公室)
主任　黄　亮
侨务办公室主任　李金虎(8月免)
石延刚(8月任)
直属机关工作委员会书记　宋连娣(11月免)
刘军胜(12月任)
直属机关工作委员会常务副书记　范少飞
社会工作委员会书记　汪　洋(兼)
农村工作委员会书记　王宝军(5月免)
张树安(5月任)
政法委员会书记　佟克克(12月免)
陈宏志(12月任)
政法委员会常务副书记　杨树旗
社会治安综合治理委员会办公室主任　战玉贵
防范和处理邪教问题领导小组办公室(区政府防范和处理邪教问题办公室)　霍国庆(7月免)
唐涌涛(7月任)
流动人口和出租房屋管委会办公室主任　王春增
教育工作委员会书记　吴金龙(7月免)
周　炜(9月任)
非公经济工委书记　王小毛(兼)
老干部局局长　郑　晶
党史办公室主任　李惠芳(7月免)
张　前(7月任)
党校校长　陈宏志(兼)(12月免)
张　革(兼)(12月任)
党校党委书记、常务副校长　蒋自伟(11月免)
董　伟(11月任)
保密委员会办公室(区国家保密局)主任　金宏图

## 朝阳区政府、人民团体党政分设工作机构党委(组)书记

科学技术委员会(知识产权局)党组书记　林广吉
民政局党组书记　徐传孝
司法局党组书记　荣　容
人力资源和社会保障局党委书记　郑　煌(5月免)
牟燕东(5月任)
环境保护局党组书记　于良佐(7月任)
住房和城乡建设委员会党组书记　孙　梅
市政市容管理委员会党组书记　梅诗曙
水务局党委书记　闻惠友
文化委员会党委书记　张　前(7月免)
李　洋(7月任)
卫生局党委书记　牟燕东(5月免)
苏　民(7月任)
国有资产管理委员会党委书记　刘　福(7月免)
吴金龙(7月任)
安全生产监督管理局党组书记　赵新跃(3月任)
体育局党委书记　张永华(3月任)
统计局党组书记　刘方坡
园林绿化局党委书记　郝建国(7月免)
左景全(7月任)
金融服务办公室党组书记　赵　捷(12月任)

## 中国共产党北京市朝阳区第十一届纪律检查委员会

书　　记　宋铁健
常务副书记　曲　君
副 书 记　高大中　刘丽平
常　　委　关进国　田　华　李奕华　王立新
张颖辉

## 朝阳区十五届人民代表大会常务委员会

主　任　佟克克
副主任　李　国　王亚贵　张富生　朱春霞　曾原纪
委　员　(按姓氏笔画排列)
丁清光　王姮隽　叶　青　田树林　任敬东
刘子华　孙　立　纪海义　李振玲　李　琪
杨立亭　杨　丽　杨泰峰　杨爱军　何深思
张永贵　张克成　张建顺　陈　方　陈春玖
郎武淳　罗凤基　金华民　侯湘君　高　峰
黄　轶　曹信红　董万立　韩　峰

## 朝阳区人大工作机构负责人

办公室主任　李振玲
内务司法工作委员会主任　侯湘君
财政经济工作委员会主任　任敬东
城建环保工作委员会主任　张永贵
教科文卫工作委员会主任　张克成
代表联络室主任　孙　立
农村工作委员会主任　纪海义
研究室主任　杨立亭
信访接待室主任　刘长利

## 北京市朝阳区人民政府

区　　长　程连元
常务副区长　吴桂英
副 区 长　陈　涛(10月任)
阎　军
王　春
张立新
苑文新(12月任)
汪　洋(12月任)

## 朝阳区人民政府工作机构负责人

办公室主任　刘军胜(12月免)
张维刚(12月任)
发展和改革委员会主任　王亚贵(5月免)
张　勇(5月任)
张　勇(11月免)
常树奇(11月任)
教育委员会主任　孙其军
教育督导室主任　滕国清
科学技术委员会主任　王先勇
监察局局长　张树安(10月免)
曲　君(10月任)
民政局局长　张凤祥(5月免)
张　岩(5月任)
司法局局长　荣　容(12月免)
王远捷(12月任)
财政局局长　邹立嵩
人力资源和社会保障局局长　吕明杰
机构编制委员会办公室主任　郑　煌(兼)(5月免)
牟燕东(兼)(5月任)
环境保护局局长　张永华(3月免)
关　伟(3月任)
住房和城乡建设委员会主任　吴凤歧
房屋管理局局长　刘来祥
市政市容管理委员会主任　尹秀峰(兼)
农村工作委员会主任　陈晓东(5月免)
张树安(5月任)
水务局局长　李树东(7月免)
宗永军(7月任)
商务委员会主任　张　勇(5月免)
朱　晟(6月任)
文化委员会主任　黄晓伟
卫生局局长　师　伟
人口和计划生育委员会主任　史素珍
审计局局长　刘　野
社会建设工作办公室主任　张永新
国有资产管理委员会主任　王文远
安全生产监督管理局局长　关　伟(3月免)
张仲凯(5月任)
体育局局长　陈　杰(9月免)
马海鹰(9月任)
统计局局长　王春平
绿化局局长　胡良森
旅游局局长　兰学军
民防局局长　闫　宾
金融服务办公室主任　常树奇(11月免)
李　瑶(兼)(11月任)
民族宗教办公室主任　王爱录
外事办公室主任　李　辉
法制办公室主任　马　龙
信息化工作办公室主任　王　臻
信访办公室主任　陈　杰

## 中国人民政治协商会议
## 北京市朝阳区第十二届委员会

主　席　辛燕琴(女)
副主席　郑 煌　张树安　陈合庄
　　　　邢念增　高向宇　连玉明
秘书长　王玉华(女)
常务委员　(以姓氏笔画为序)
于 欣　马丽颖(女,回)　毛大庆
王 健　王小毛(蒙古)　王文军
王文远　王幼君　王永滨
王玉华(女)　王全辉　王爱录
王鲁宁　卢清国　叶茂西
田巨清　田新民　石燕秋(女)
刘 伟　刘 军　刘 江
刘宁花(女)　刘来祥　吕立秋(女,满)
师 伟　朴 哲(朝鲜)　邢念增
吴 杰　张 耘(女)　张 维
张兴凯　张其成　张国利
张明森　张树安　张继明
李 瑶(女)　李 蘅(女)　李玉立
李吉安　李国红(女)　李树东
李秋玲(女)　李晓峰　李海作
杨清英(女,土家)　辛燕琴(女)
连玉明　陈 平　陈合庄
周道珍(女)　林大伦　林安杰
茅为中　郑 煌　金晓萍(女,回)
姚国峰　战春燕(女,满)　胡杰华
贺贝奇(蒙古)赵大峰　徐 伟
徐宝强　徐艳梅(女)　袁志鸿
贾冬云(女)　郭秀芬(女)　高吉喜
高向宇　盛国辉(女)　黄 亮(女)
黄 鹰　富剑萍(回)　董 伟
韩 潮(女,回)　鲁建玲(女)
赫 捷　阚存一　樊碧发
滕国清

## 朝阳区政协工作机构负责人

办公室主任　王玉华(兼)
研究室负责人　阚存一
专委会工作一室主任　郭秀芬
专委会工作二室主任　徐宝强
专委会工作三室主任　李晓峰
专委会工作四室主任　李树东
专委会工作五室主任　盛国辉

## 朝阳区政协专门委员会负责人

提案委员会主任　郭秀芬
学习委员会主任　盛国辉
文史委员会主任　陈巴黎
经济科技委员会主任　李晓峰
教文卫体委员会主任　徐宝强
城建环保委员会主任　李树东
社会法制与民族宗教委员会主任　富剑萍
港澳台侨委员会主任　黄 亮

## 朝阳区政法、军事机构负责人

人民检察院党组书记、检察长　王 立
人民法院党组书记、院长　李瑞翔
人民武装部部长　李彦田(6月免)
　　　　　　　　贾彦翎(6月任)
人民武装部政委　王海洋(7月免)
　　　　　　　　贺秋刚(7月任)
交通支队队长　雷 军
北京市公安局朝阳分局党委书记、局长　陶 晶
北京市公安局朝阳分局政委　王益春(4月免)
北京市国家安全局朝阳分局局长　胡 颖(9月免)
　　　　　　　　李炳宽(9月任)

## 朝阳区各民主党派负责人

民革朝阳区委主委　张兴凯
民盟朝阳区委主委　曾原纪
民建朝阳区委主委　徐艳梅
民进朝阳区委主委　张 耘
农工党朝阳区委主委　邢念增
致公党朝阳区委主委　高向宇
九三学社朝阳区委主委　张明森
台盟朝阳区工委主委　潘 迎

## 朝阳区各团体负责人

总工会主席　尹秀峰
共青团朝阳区委书记　刘 凯(10月免)
　　　　　　　　王洪涛(10月任)
妇女联合会主席　黄 敏(7月免)
　　　　　　　　李 洁(7月任)
科学技术协会主席　张金科(12月免)

杨绍磊(12月任)
残疾人联合会理事长　王　毅(7月免)
　　　　　　　　　　赵　玲(7月任)
归国华侨联合会主席　黄　亮
工商业联合会主席　聂启明(10月免)
　　　　　　　　　叶　青(10月任)
红十字会会长　张立新(兼)
红十字会常务副会长　王素荣
文学艺术界联合会秘书长　黄晓伟(兼)
慈善协会会长　李　靓

## 其他单位负责人

北京商务中心区管理委员会工委书记、主任　吴桂英(兼)
北京商务中心区管理委员会常务副主任　李国红
北京商务中心区管理委员会常务副书记　张　勇(兼,5月免)
　　胡建三(7月任)
北京奥林匹克公园管理委员会党委书记、主任　王　春(兼)
北京奥林匹克公园管理委员会常务副主任　田巨清
北京奥林匹克公园管理委员会常务副书记　龙彩凤
中关村科技园区电子城科技园管理委员会主任　阎　军(兼)
中关村科技园区电子城科技园管理委员会工委书记、常务副主任　王文军
金盏金融服务园区管理委员会主任　王　健
温榆河生态走廊建设管理委员会办公室主任　杨　永
城市管理监察大队党委书记　刘丽平(10月免)
　　　　　　　　　　　　　良　彪(11月任)
城市管理监察大队大队长　吴熙盛
城市管理监督指挥中心主任　皮定均
重点政府工程协调领导小组办公室主任　沈乃宏
东坝航空商务区管委会筹备组办公室主任　孙振东(7月免)
　　赵建国(7月任)
绿化隔离地区建设指挥部办公室主任　蔡淑敏(7月任)
定福庄产业区管委会办公室主任　桑小为
北京市规划委员会朝阳分局党组书记、局长　王雪梅
北京市国土资源管理局朝阳分局党组书记、局长　樊文祯
北京市朝阳区经济社会调查队队长　张建萍
北京市工商行政管理局朝阳分局党组书记、局长　方世成
朝阳区国家税务局党组书记、局长　明建华
朝阳区地方税务局党组书记、局长　陈合庄
朝阳区质量技术监督管理局党组书记、局长　吴　平
北京市药品监督管理局朝阳分局党组书记、局长　赵玉杰
农村集体经济办公室(农村合作经济经营管理站)党组书记　秦　涛
老龄工作办公室主任　盛国敏
档案局局长　申玺朝
地方志编纂委员会办公室主任　邓献云
种植养殖业服务中心党委书记　冯庆国
种植养殖业服务中心主任　夏玉茂(7月免)
　　　　　　　　　　　　马文虎(7月任)
广播电视新闻中心党委书记　洪建基
广播电视新闻中心主任　奚传斌(7月免)
　　　　　　　　　　　潘　竞(7月任)
投资促进局党组书记　马英晖(11月免)
　　　　　　　　　　杨春雁(11月任)
投资促进局局长　马英晖
循环经济产业园管理中心党总支书记　郭团会
循环经济产业园管理中心主任　吴选辉
环境卫生管理服务中心党委书记　黄庆林
环境卫生管理服务中心主任　陈万明
职工大学党委书记、校长　马金东
北京商务中心区土地发展中心主任　赵光耀
农业综合执法大队队长　张思忠
世奥森林公园开发经营有限公司党委书记　穆德林
世奥森林公园开发经营有限公司经理　田锦私
望京高新技术产业综合开发总公司党委书记　任国强
望京高新技术产业综合开发总公司经理　张克斌
北京朝阳公园开发经营公司党委书记　刘怡玲
北京朝阳公园开发经营公司经理　田锦私
北京京客隆商业集团股份有限公司董事长、党委书记　卫停战
北京京客隆商业集团股份有限公司总经理　李建文
北京昆泰房地产开发集团经理、党委书记　何志强
朝阳城市建设综合开发公司党支部书记　郭　艺
朝阳城市建设综合开发公司经理　刘福利
北京蓝岛大厦有限责任公司党委书记　王东海
北京蓝岛大厦有限责任公司董事长　黄　豪
北京蓝岛大厦有限责任公司总经理　李　伟
北京国际商务中心区开发建设有限公司总经理　周　建
北京国际商务中心区开发建设有限公司书记

苑志明
北京宝嘉恒基础设施投资公司董事长、党总支书记
张 维
北京宝嘉恒基础设施投资公司经理 绳志明
北京弘朝伟业国有资产经营有限责任公司董事长兼党委书记 杨士山
北京弘朝伟业国有资产经营有限责任公司总经理
王伟林
北京金朝阳商贸国有资本运营公司党支部书记
张建军
北京金朝阳商贸国有资本运营公司经理 李 默
北京京广中心有限公司党委书记 孙明明
区副食品总公司经理、党委书记 顾汉林
北京郡王府管理中心党支部书记 王 彬
北京郡王府管理中心主任 李桂芳
区机关后勤服务中心党委书记 曹京伟
区机关后勤服务中心主任 李 杰
北京市朝阳宾馆党总支书记 张 跃
北京市朝阳宾馆经理 马德山
北京潘家园国际民间文体发展中心董事长、党总支书记 崔新未
北京华阳经济开发公司经理 孙明明
朝阳区建筑工程公司经理、党委书记 张 瑞

## 朝阳区街道工委、办事处负责人

八里庄街道
工委书记 刘北阳
办事处主任 齐建宗
左家庄街道
工委书记 王玉华(11月免)
郑金路(11月任)
办事处主任 郑金路(11月免)
苏 静(11月任)
和平街街道
工委书记 李连科
办事处主任 毕重伟
双井街道
工委书记 赵年生
办事处主任 吴景刚
酒仙桥街道
工委书记 赵 玲(7月免)
王春庆(7月任)
办事处主任 崔少飞
呼家楼街道
工委书记 胡建三(7月免)
邢平芳(7月任)
办事处主任 邢平芳(7月免)
王春清(7月任)
朝外街道
工委书记 武清林(7月免)
田志刚(7月任)
办事处主任 田志刚(7月免)
聂宏伟(7月任)
劲松街道
工委书记 郑 霞
办事处主任 殷 宁
安贞街道
工委书记 王 军
办事处主任 马海鹰(9月免)
董会生(9月任)
三里屯街道
工委书记 李振玲(12月免)
常敬武(12月任)
办事处主任 常敬武(12月免)
田 华(12月任)
建外街道
工委书记 高春利(7月免)
邵水平(7月任)
办事处主任 邵水平(7月免)
许嘉宁(7月任)
团结湖街道
工委书记 张志国
办事处主任 李 洁(7月免)
刘海涛(7月任)
潘家园街道
工委书记 董跃美(7月免)
刘炳起(7月任)
办事处主任 刘炳起(7月免)
姬文革(7月任)
香河园街道
工委书记 葛 强
办事处主任 孔 磊
六里屯街道
工委书记 傅义军
办事处主任 喻 军(6月免)
谭国忠(6月任)
亚运村街道
工委书记 田 峡
办事处主任 张 良(9月免)
麻晓晖(9月任)
小关街道

工 委 书 记　王海军
办事处主任　吴　冰

垡头街道
工 委 书 记　王建军(7月免)
　　　　　　高智勇(7月任)
办事处主任　高智勇(7月免)
　　　　　　张　爽(7月任)

麦子店街道
工 委 书 记　刘　勇
办事处主任　董　健

机场街道
工 委 书 记　李　洋(7月免)
　　　　　　苏向东(7月任)
办事处主任　苏向东(7月免)
　　　　　　陈伟航(7月任)

望京街道
工 委 书 记　刘伯韬
办事处主任　宋　军

大屯街道
工 委 书 记　徐家亮
办事处主任　宝月凤

奥运村街道(4月纳入街道管理)
工 委 书 记　张永红
办事处主任　胡杰华(11月免)
　　　　　　徐桂士(11月任)

东湖街道筹备处
工 委 书 记　高永红
办事处主任　王春庆(7月免)
　　　　　　商建英(7月任)

## 朝阳区地区(乡)工委(党委)、办事处(乡)负责人

南磨房地区(乡)
工委(党委)书记　张德亮(7月免)
　　　　　　　　郑　勇(7月任)
办事处主任(乡长)　张　奎(7月免)
　　　　　　　　张启顺(7月任)

高碑店地区(乡)
工委(党委)书记　张富生
办事处主任(乡长)　吴晓军(7月免)
　　　　　　　　王秋英(7月任)

将台地区(乡)
工委(党委)书记　荣学强
办事处主任(乡长)　左景全(7月免)
　　　　　　　　连文胜(7月任)

太阳宫地区(乡)
工委(党委)书记　张宏明
办事处主任(乡长)　王　毅

十八里店地区(乡)
工委(党委)书记　赵红伟
办事处主任(乡长)　张启顺(7月免)
　　　　　　　　米振华(7月任)

小红门地区(乡)
工委(党委)书记　康志华
办事处主任(乡长)　李贺清

王四营地区(乡)
工委(党委)书记　李世喆
办事处主任(乡长)　高永荣(7月免)
　　　　　　　　李世忠(7月任)

平房地区(乡)
工委(党委)书记　马国勇
办事处主任(乡长)　米振华(7月免)
　　　　　　　　寇　晔(7月任)

东坝地区(乡)
工委(党委)书记　孙振东(7月免)
　　　　　　　　安永存(7月任)
办事处主任(乡长)　安永存(7月免)
　　　　　　　　黄宏春(7月任)

金盏地区(乡)
工委(党委)书记　张　岩(5月免)
　　　　　　　　于志刚(6月任)
办事处主任(乡长)　于志刚(6月免)
　　　　　　　　孙玉辉(7月任)

来广营地区(乡)
工委(党委)书记　张克斌(12月免)
　　　　　　　　左景全(12月任)
办事处主任(乡长)　马文虎(7月免)
　　　　　　　　高永荣(7月任)

东风地区(乡)
工委(党委)书记　张仲凯(5月免)
　　　　　　　　张士华(6月任)
办事处主任(乡长)　龙连柏

孙河地区(乡)
工委(党委)书记　纪海义(7月免)
　　　　　　　　刘伯明(7月任)
办事处主任(乡长)　刘伯明(7月免)
　　　　　　　　吴晓军(7月任)

崔各庄地区(乡)
工委(党委)书记　张树宝
办事处主任(乡长)　陈　杰

三间房地区(乡)

工委（党委）书记　冯永忠
办事处主任（乡长）　张小锋
常营地区（乡）
工委（党委）书记　吉广平
办事处主任（乡长）　蔡淑敏（7月免）
　　　　　　　　　王　刚（7月任）
豆各庄地区（乡）
工委（党委）书记　李云飞
办事处主任（乡长）　张士华（6月免）
　　　　　　　　　蒋东燕（7月任）
黑庄户地区（乡）
工委（党委）书记　路　军
办事处主任（乡长）　李　欣
管庄地区（乡）
工委（党委）书记　杨建海
办事处主任（乡长）　周卫东

## 中国共产党北京市朝阳区第十一次代表大会代表

（排名不分先后）

| | | |
|---|---|---|
| 胡建三 | 邵水平 | 陈　刚 |
| 张立新（女） | 朱晓东（女） | 许嘉宁 |
| 李艳玲（女） | 顾美平（女） | 蔡　霞（女） |
| 常树奇 | 龙嘉栋 | 邢平芳 |
| 王春清（女） | 李怀冰 | 王　婷（女） |
| 殷金凤（女） | 赵　凯（满族） | 朱宏伟（女） |
| 田志刚 | 郭根亮 | 景　虹（女，回族） |
| 王春平（满族） | 马英晖 | 云建明 |
| 李　辉 | 徐家亮 | 张克斌 |
| 程连元 | 王亚贵 | 宝月凤（女） |
| 王建军 | 石立君（女） | 左秋玲（女） |
| 李明哲 | 李冬梅（女） | 田巨清 |
| 田　峡（女） | 张凌云 | 彭立新（女） |
| 王　刚 | 张永红 | 胡杰华 |
| 张鶱制 | 白文平（女） | 方世成 |
| 赵金英（女） | 胡良森 | 潘迎春（女，满族） |
| 关　伟 | 兰学军 | 吴金龙 |
| 王小毛（蒙古族） | 王力军（女） | 孙明明 |
| 张　维 | 李　默 | 穆德林（回族） |
| 郭　艺（女） | 顾汉林 | 张　跃（女） |
| 李桂芳（女） | 曹京伟 | 庄海云（女） |
| 李欢欢（女） | 王　彬 | 赵宁江 |
| 秦剑锋 | 蒋克勤 | 朱颖慧（女） |
| 赵益民 | 李玉红（女） | 张雪红（女） |
| 王东海 | 金志军（女，满族） | 杨士山 |

| | | |
|---|---|---|
| 董文凤（女） | 卫停战 | 赵艳慧（女） |
| 何志强 | 任国强 | 郭团会 |
| 苏　民 | 刘　野 | 辛燕琴（女） |
| 任龙喜 | 李　虹（女） | 刘　晖 |
| 王　辉（女） | 梅诗曙 | 张仲凯 |
| 吴　平 | 赵玉杰 | 闫　宾 |
| 马　龙 | 皮定均 | 吴熙盛 |
| 史素珍（女） | 刘来祥 | 汤文良（女） |
| 黄庆林 | 周永旺 | 张宏明 |
| 喻存根 | 刘爱英（女） | 康兰晶（女） |
| 吉广平 | 刘北阳 | 吴桂英（女） |
| 郑　煌 | 王刚（回族） | 杜连红（女，回族） |
| 齐建宗 | 孟凡森 | 李　青（女） |
| 唐　骅（女，回族） | 陈　健 | 苏　煜（女） |
| 梁　红（女） | 臧丽华（女） | 杨建海 |
| 周卫东 | 玉　红（女，蒙古族） | 周　静（女） |
| 康志华 | 范志刚 | 佟鹏伟 |
| 于凤英（女） | 明建华 | 尚德明（女） |
| 高　飞 | 杨树旗 | 荣　容（女） |
| 佟克克 | 陶　晶 | 王　立 |
| 李瑞翔 | 于嘉庆（蒙古族） | 张　宏 |
| 安红军 | 李玉宏 | 匡　岩（女） |
| 胡冬梅（女） | 叶　萍（女） | 钟蔚莉（女） |
| 臧德胜 | 李九庆（女） | 赵　玲（女） |
| 张　岩 | 贺铁庆 | 栗　红（女） |
| 刘长余 | 张冬青（女） | 范少飞 |
| 曲　君 | 陈宏志 | 刘丽平（女） |
| 高大中 | 张维刚 | 蒋自伟 |
| 唐行安 | 黄　亮（女） | 任敬东 |
| 董　伟 | 尹秀峰 | 王洪涛 |
| 李　洁（女，满族） | 李　靓（女） | 王素荣（女） |
| 张金科 | 盛国敏（女） | 邓献云 |
| 张　前 | 王爱录 | 郑　晶（女） |
| 金宏图（满族） | 申玺朝 | 张树安 |
| 张树宝 | 陈　涛 | 李　华 |
| 李君奇 | 秦　涛 | 冯庆国 |
| 杨　永 | 闻惠友 | 陈　杰 |
| 陈晓丹（女） | 路　军 | 王润民 |
| 周俊秋 | 徐宏莲（女，满族） | 于志刚 |
| 刘秀梅（女） | 李春燕（女） | 张　文 |
| 李云飞 | 蒋东燕（女） | 游红翠（女） |
| 刘伯明 | 吴晓军 | 耿晓玲（女） |
| 樊文祯 | 王　健 | 张富生 |
| 邹立嵩 | 谢　莹（女） | 苑文新 |
| 张春雷 | 王　静（女） | 邢桂芬（女） |
| 黄晓宇 | 王　雪（女） | 高春利 |

刘炳起 姬文革(女) 张贵林
徐秀荣(女) 夏彩云(女,回族) 刘志斌(女)
俞燕萍(女) 黄 妍(女) 张 斌
李世喆 辛 莉(女) 李锁群
张永华 林广吉 潘 竞
陈 杰 周 炜 马金东
张 革 孙其军 滕国清
张福顺 王 彪 马芯兰(女,满族)
吴少君(女) 张丽红(女) 刘 飞
张连海 曲建华 梁占英(女)
郝荣军(女,回族) 祖雪媛(女) 任炜东
王 岩(女) 佟 旋(女,满族) 马跃阳(女)
喻 江(女) 权福苗(女) 周轶男(女,回族)
张 雷 张 媛(女) 卜 欣(女,满族)
常 鑫(女) 吕明杰 郑 霞(女)
宋铁健 牟燕东 刘 莹(女)
殷 宁(满族) 王 健(劲松) 王静媛(女)
王仁成 崔爱军(女) 任亚琴(女)
安春燕(女) 赵年生 杨小朋
富建军(满族) 郄玉敏(女) 金 晶(女)
高丽君(女) 庞 莺(女) 季 萍(女)
赵红伟 米振华 于 瀛
崔立利(女) 曹树华(女) 李晟杰(女)
王雪梅(女) 汪 洋 马国勇
贾彦翎 张永新 沈玉德
马云红(女) 刘 玲(女) 刘伯韬
李 钧(满族) 吴长清(女,满族) 李珂娜(女)
张志国 荣春丽(女) 杨 颖(女)
李宏双 张士华 毕淑双(女)
甘爱军(女) 王德正 王玉华(女)
郑金路 袁 敏(女) 李 伟
姚 宁 张陶琳(女) 吴玉敏(女)
任 萍(女,满族) 李振玲(女) 李 洋
王 春 朱春霞(女) 常敬武
历广权 李淑玲(女) 欧阳辉
付义军 谭国忠(满族) 田洪顺
李宝荣(女) 薛卫芳(女) 张凤英(女)
李 辉(女) 郑 勇 张启顺
金亚静(女) 宋少波 张凤来
赵晶晶(女) 冯永忠 张小锋
刘建文(女) 齐洪霞(女) 朱 晟
田锦秈 赵 辉(女) 荣学强(满族)
刘 勇 刘军胜 黄晓伟(女)
贾恩松 李 玉(女) 魏文华(女)
曾 旭(女) 付彦青(女) 王文军
高永红 刘绪勇 朱荟洁(女)
安永存 郝云峰 马瑞奎
李 博(女) 王春庆 崔少飞
赵乾林 费建文(女) 曹海霞(女)
高智勇 苏建华 杨 华(女,满族)
孙京荣(女) 郑树丽(女) 吴凤岐
李连科 李 国 陈合庄
李 民 刘德永 王琳琳(女)
王秀琴(女) 李秀华(女) 王 军
谢宗国 李爱姣(女,苗族) 杜慧英(女)
赵丽萍(女) 葛 强 冉精智
雍 萍(女,满族) 杨 琴(女) 王海军
王学贵 安晓峰(女) 苏向东
陈伟航 王飞雪(女)

## 北京市朝阳区<br>第十五届人民代表大会代表

(排名不分先后)

田志刚 王一谔 王 菲 刘子华 孙 莹
孙永红 李玉生 张德庆 陈 刚 陈宏志
赵牧笛 胡耀芳 秦 飒 顾敏清 黄晓伟
黄 豪 邵水平 王晓佳 文 涛 曲德君
刘 鑫 李 彪 李丹峰 杨立亭 宋铁健
张学兵 范 宏 赵 欣 徐 晋 徐 越
徐学明 唐 炜 王玉华 王殿军 朱桂智
安亚利 阮宜玲 李建文 吴桂英 吴海民
陈秋玲 明建华 国文清 柳德元 黄 骧
刘北阳 王 立 王丽薇 尹荣宝 刘东风
刘光超 孙 立 芦光义 李 明 李文恒
杨镓轩 庞琨璐 房 超 赵 波 聂盛杰
韩振民 程淑艳 付义军 马胜奇 王国清
王建平 王宝珊 王婷婷 史艳玲 李瑞翔
苏 民 邵 军 曹连元 谢永增 常敬武
王亚贵 刘丽辉 李振玲 张改荣 张瑾辉
原 浩 高子程 雷 红 殷新京 邢平芳
马 骏 王卫东 水均益 冯宏宗 宋平姣
宋京生 张骥良 郇武淳 封国生 封 岩
胡建三 费 珉 夏桂兰 殷金凤 韩 峰
樊献勇 张志国 王素荣 任敬东 闫红霞
李小兵 吴 莹 辛燕琴 原素钢 靳福明
刘 勇 王 蓓 王雪梅 田锦秈 齐 飞
李朝辉 张跃进 郭 蓉 程连元 王春庆
王严梅 王丽华 王彦伶 闪全忠 朱必兰
刘 伟 刘会阳 李春山 李胜年 杨爱军
陈 丹 陈炎顺 季 鹏 黄 轶 戴怀生
葛 强 王明晓 王立华 朱春霞 邹国祥

贺彩龙　曹信红　高宏刚　刘炳起　马更生
王梅　王力军　左玉龙　朱京巍　李琰
杨威　杨雨宽　张萍　张铁勋　张汉龙
张延庆　陈贤义　胡波　高峰　高黎
田峡　王丽坤　冯淑兰　毕东海　刘新宇
刘焕波　陈刚　金华民　郑洁　赵志强
黄从利　李连科　于五一　马金东　马文珠
王同奇　王新革　许桃丽　李丰民　陈方
范春莉　金滟　耿素玲　耿学友　贾荣林
黄力　曹国章　曹献芳　赵年生　马童立
王大军　乔刚　苏玲　李军　李金山
李京华　张玮　张宇博　何兴图　赵敏
高峻松　谢莹　王海军　王振祥　王惜纯
扎西旺姆　何深思　张克成　陆中秋　娄锡恩
曹沫　窦卫霖　高智勇　孔德琴　田文苹
李亚君　张恩祥　张希文　罗凤基　徐超
郑霞　于渊莘　李琪　张华　张强
张建东　周子燕　侯湘君　柯曼芸　徐亚男
高体文　郭和通　黄德锋　焦富征　王军
马新军　王志华　王姮隽　伍冀湘　刘毅
李国　李俊军　汪琦　韩力　曾泓
苏向东　乔军生　刘彦斌　李江民　李金凤
宋志勇　霍岩　刘伯韬　于久洪　马昕
王颖　叶青　齐建华　佟克克　沈颖
周兵　费本华　倪平　梁绿琦　董长侠
温建民　徐家亮　王洪波　王练　田晔
冯良　宁波　朱瑞波　张德牛　张永贵
金朵　徐永利　高秀丽　陶晶　梁广生
张永红　王玉满　沈英娃　张鹭制　赵志雄
赵淑元　姜晓军　郭志鹏　樊文祯　高永红
王英明　王伟　王向波　田树林　刘峰
闫学锋　李昕　张荣明　陈明　张克斌
王岚　何桂清　宋国华　陈春玖　孟宪东
赵宝玉　高国兰　张宏明　马跃农　马福君
方世成　付玉玲　纪海义　郭振凤　崔铭
荣学强　吉明月　李明　杨泰峰　杨宏伟
奎小光　高健　于志刚　王筱方　冯秀银
杨俊青　杨永　黄凯　安永存　马颖
王广厚　毕金宏　吴秀义　张振国　陈其艳
马国勇　马云红　王金福　杨丽　邵国材
郝佳　马玉才　马乃军　王楠　支芬
朱领军　庄虔春　李松林　张富生　张建顺
陈景华　郑勇　王根来　王秀彦　庆振江
刘赵淼　肖维平　宋红玲　张革　张奎
张剑玲　董万立　李世喆　张仲山　周桂霞
徐德明　蔡洪旺　赵红伟　李亚军　陈涛
陈春红　周银军　胡伟　姚莹　高俊杰
康志华　于全　刘长河　李士江　陈亚江
特学明　张士华　于永杰　张根管　张亚辉
周炜　赵曾海　路军　王世纯　王书英
李东　张保华　贾彦翎　冯永忠　尹美群
邢文东　关玲　许丽锋　张春玲　张丽荣
张良政　张绍刚　曹丽敏　龚士良　吉广平
丁清光　马媛月　孙智慧　常艺　李云飞
杨荣福　张玲红　金明秀　姜洪涛　杨建海
马全萍　朱爱华　李志胜　杨勇　赵玉杰
修德亮　曹学文　崔源声　曾原纪　张树宝
邢卉春　刘军胜　孙连玉　杨润忠　张耕畦
刘伯明　负瑞强　李晓兰　贾娜　贾民贤
曹士明　朱崇山　杨京栋　孟鸣　席栓柱
王雅雄　宋震宇　贺秋刚　高永康　程万钧

## 中国人民政治协商会议<br>北京市朝阳区第十二届委员会委员

（按姓名笔画排序）

力扬　于启武　于欣
于洪臣　马龙　马丽颖(女,回)
马志和(回)　马明煜(回)　马凌云(女,满)
马晓阳　马海鹰　马嘉(女,满)
马慧娟(女)　丰春秋　尹昌来(朝鲜)
尹雪丽(女)　尹慧慈(女)　毛大庆
王小毛(蒙古)　工文军　王义迅
王世玲(女)　王东海　王以新(女)
王冬岩　王左敏(女)　王幼君
王永滨　王玉华(女)　王先勇
王全辉　王利如(女)　王岗
王远捷　王建国　王苹(女)
王剑(女)　王奕(女)　王昭(女)
王秋英(女)　王健(民革)　王健
王爱录　王淳(女)　王强
王辉　王鲁宁　王瑜(女)
王静(女,蒙古)　王毅　王磊
王臻　王嬿玲(女)　车英伟
韦小萍(女)　兰学军　冯兴元
冯志兰(女)　冯静(女)　卢清国
史素珍(女)　史彬　叶明(满)
叶茂西　田巨清　田新民
白利成　白涛(女)　石刚
石延刚(回)　石燕秋(女)　乔红(女)
任晓阳(女)　关伟　关建中
刘小河　刘文燕(女)　刘宁花(女)

| | | | | | |
|---|---|---|---|---|---|
| 刘玉安 | 刘龙斌 | 刘伟 | 杨晓虹(女) | 杨清英(女,土家族) | |
| 刘军 | 刘存惠 | 刘有军 | 杨强 | 杨碧君(女) | 汪宏坤 |
| 刘江 | 刘来祥 | 刘明 | 肖文玖 | 芦艳苹(女) | 苏忠 |
| 刘明辉 | 刘晖 | 刘淑梅(女) | 苏俊武 | 苏海佳(女) | 辛兵(女) |
| 刘敬疆 | 刘斌 | 刘谦逊 | 辛洁 | 辛燕琴(女) | 连玉明 |
| 吕立秋(女,满) | 吕学武 | 吕勇琳(女) | 邵正强 | 邹锋 | 闵涛 |
| 孙兴泉 | 孙延(女) | 孙菲(女) | 陆远大 | 陈元(女) | 陈巴黎(女) |
| 孙滨 | 安存虎(回) | 巩云华(女) | 陈平 | 陈立华(女) | 陈合庄 |
| 师伟 | 庄金萍(女) | 曲冰(女) | 陈庆华(女,土家族) | | 陈旭 |
| 朱丹兵(女) | 朱京展 | 朱晟 | 陈欢(女) | 陈志杰 | 陈秀珍(女,蒙古) |
| 朴哲(朝鲜族) | 江元 | 纪清远 | 陈进林 | 陈岩 | 陈昌敏 |
| 许胜忠 | 许嘉宁 | 邢念增 | 陈勇利 | 陈琦 | 单学家(满) |
| 闫永红(女) | 闫宾 | 齐建宗 | 周卫军 | 周长琰 | 周立 |
| 何力生 | 何小莉(女) | 何利山 | 周建 | 周道珍(女) | 孟照春 |
| 何绍伟 | 吴宁(女) | 吴杰 | 宝月凤(女) | 岳长海 | 岳运生 |
| 吴竞军 | 吴清林 | 宋飞(女) | 弥雪(女) | 林力平 | 林大伦 |
| 宋军 | 宋志梅 | 宋雪(女,锡伯) | 林安杰 | 林春光 | 林展 |
| 张一春 | 张小文 | 张五九 | 欧阳玲(女) | 武越 | 罗林 |
| 张兰(女) | 张永平 | 张亚丽(女) | 范子奇 | 范璐(女) | 茅为中 |
| 张仲凯 | 张兴凯 | 张弛(女) | 郑万生 | 郑丹娜(女) | 郑煌 |
| 张权 | 张希雨 | 张京湘(女) | 金达 | 金晓萍(女,回族) | |
| 张其成 | 张凯松 | 张国利 | 金莲淑(女,朝鲜族) | | 金童(女,满) |
| 张坤 | 张学军 | 张学良 | 侯生才 | 侯瑞祥 | 姚国峰 |
| 张建伟 | 张明森 | 张奎 | 姚树强 | 姜汉 | 姜继为 |
| 张树安 | 张振刚 | 张晖(女) | 姜新 | 宣立学 | 战春燕(女,满) |
| 张继明 | 张耘(女) | 张彬 | 施华(女) | 洪宇辉(女,回) | 胡力中 |
| 张硕 | 张维 | 张萍(女) | 胡军 | 胡国庆 | 胡杰华 |
| 张斌 | 张晶(满) | 张霞(女) | 胡凌燕(女) | 胡晓红(女,蒙) | 胥毅 |
| 张麟(女) | 李大维 | 李长岭 | 贺贝奇(蒙古) | 赵九生 | 赵大峰 |
| 李冬军(女) | 李发兆 | 李玉立 | 赵宁江 | 赵永庄(女) | 赵全明 |
| 李刚 | 李刚毅 | 李吉安 | 赵希彬 | 赵建国 | 赵建萍(女) |
| 李志华(女) | 李怀冰 | 李杨 | 赵泽辉 | 赵钧陶 | 赵海东 |
| 李辛光 | 李迎春(女) | 李际(女) | 赵益民 | 赵毅红(女) | 郝守维 |
| 李国红(女) | 李明 | 李杰 | 钟亚利(女,回) | 钟瑾(女) | 闻惠友 |
| 李泓(女) | 李波 | 李将健 | 倪东新 | 唐志辉(侗) | 夏青峰 |
| 李树东 | 李秋玲(女) | 李胜文 | 夏敬平 | 姬文革(女) | 徐伟 |
| 李晓峰 | 李晓锐 | 李海作 | 徐名松 | 徐权 | 徐沛东 |
| 李海峰 | 李爱民(女) | 李艳莉(女) | 徐宝荣 | 徐宝强 | 徐海秀 |
| 李高峰 | 李象群(满) | 李晶 | 徐艳梅(女) | 徐唯 | 徐蓬(女) |
| 李登新 | 李辉 | 李靓(女) | 栾玲(女,满) | 班国良 | 秦小平 |
| 李楠(女) | 李瑶(女) | 李薇(女) | 秦剑峰 | 耿冬梅(女) | 聂宏伟 |
| 李默 | 李蘅(女) | 杜玉莲(女) | 聂鹏 | 袁志鸿 | 贾冬云(女) |
| 杜季柳(女) | 杨长立 | 杨军 | 贾海忠 | 郭小景(女) | 郭宏伟 |
| 杨扬 | 杨丽欣(女) | 杨国虹(女) | 郭秀芬(女) | 郭晓东 | 郭淑丽(女) |
| 杨学义 | 杨勇 | 杨洪福 | 高大中 | 高丹丹(女) | 高吉喜 |
| 杨科 | 杨美先 | 杨振宇 | 高向宇 | 高运生 | 高珊(女) |

| | | |
|---|---|---|
| 高敬茹(女,蒙古) | 崔向全 | 常秋月(女) |
| 康寿福 | 康 健 | 曹亦农 |
| 曹桂生 | 曹颖惠(女) | 梁宝君 |
| 梅诗曙 | 盛国辉(女) | 麻晓晖 |
| 黄九梅(女) | 黄 山 | 黄方炯 |
| 黄田平 | 黄关葆 | 黄 征 |
| 黄金雄 | 黄 亮(女) | 黄峻雄 |
| 黄 鹰 | 富剑萍(回) | 彭 飞 |
| 曾 丹(女) | 董云增 | 董 伟 |
| 董 华 | 董树莉(女) | 董 炯 |
| 董晓雷 | 董继贵 | 蒋 璐(女) |
| 谢伊华(女) | 谢宝顺 | 谢泽运 |
| 韩 潮(女,回) | 鲁建玲(女) | 满 艳(女,回) |
| 蓝山砚 | 解 卫 | 解 焱(女) |
| 赖海权 | 路东升 | 雷 军 |
| 蔡金锵 | 赫 捷 | 阚存一 |
| 樊 甦(女) | 樊碧发 | 滕国清 |
| 潘 伟 | 潘 迎(女) | 霍承瑜 |
| 戴 伟 | 魏国明 | |

# 全国(含系统)先进集体、先进个人

## 先进集体

**全国五一劳动奖状**

区环境卫生服务中心

**全国五一劳动奖章**

北京市垂杨柳医院微创中心

八里庄街道东里社区

劲松第四小学

**全国文明单位**

洛娃集团

叶氏集团

亚运村街道

**全国专利系统先进集体**

区知识产权局

**全国双爱双评先进企业**

北京市均豪物业管理有限责任公司

**全国工人先锋号**

北京体之杰体育用品有限责任公司网络赛事推广部

北京爱慕内衣有限公司设计中心

洛娃集团金潮月玛国际酒店客房部

**全国妇女创先争优先进集体**

崔各庄乡社会保障事务所

**全国妇联基层组织建设示范社区(村)**

劲松街道磨房北里社区

来广营地区莲葩园社区

团结湖街道一二条社区

亚运村街道安慧里社区

**全国三八红旗集体**

高碑店乡高碑店村委会

**全国妇女法律知识竞赛组织奖**

区妇联

**全国城乡妇女岗位建功先进集体**

黑庄户乡郎各庄村

**全国巾帼现代农业科技示范基地**

蓝调庄园

**全国人口和计划生育系统先进集体**

区人口计生委

**全国业余训练先进单位**

朝阳区体育运动学校

**全民健身活动先进单位**

区体育局

**全国安全社区**

酒仙桥街道综治办

六里屯街道

垡头街道

**全国民政系统行风建设示范单位**

救助管理站

军休九所

**全国国土资源管理系统先进集体**

北京市国土资源局朝阳分局

## 先进个人

**全国妇女创先争优先进个人**

杨 丽 郑 霞

**全国三八红旗手标兵**

支 芬

**全国城乡妇女岗位建功先进个人**

贾冬云

**第八届全国五好文明家庭**

郑人秀 袁少海 宋雪杰 郭惠芬

# 北　京　市
# 先进集体、先进个人

## 先进集体

**首都劳动奖状**

北京慧运电线电缆有限公司
区动物疫病预防控制中心
建外街道
劳动监察大队

**北京市"三八"红旗集体**

酒仙桥街道高家园社区
八里庄街道八里庄东里社区
十八里店乡文化中心
黑庄户观赏鱼养殖中心
北京京客隆商业集团股份有限公司世纪久隆百货商场
区图书馆
北京市垂杨柳医院
区政法委政治部
区十八里店小学
劲松第四小学
区旅游局咨询中心
区国税局所得税科
区妇联
北京劳动大厦有限责任公司
区女企业家协会

## 先进个人

**首都劳动奖章**

王书英　王立刚　王丽华　王丽媛　皮定均
刘　微　刘福利　李　虹　李爱平　吴卫东
张　礼　张　黎　张育荣　郜武淳　林海燕
俞里江　钱雪花　涂桂庆　龚　欣　曹　侠
靳淑敏

**北京市"三八"红旗奖章**

田　峡　曾　旭　胡志虹　张　萍　刘桂兰
芦　爽　姬维杰　刘彦娟　尚志伟　韩　红
任艳华　吕　岚　蔡　黎　叶　萍　匡　岩
陈立华　施　华　权福苗　赵丛笑　海　珊
盛国敏　谢竭娟　韩淑文　张惠荣　赵金英
李晓静　李　洁　刘东霞　弥　雪　张京湘

# 朝　阳　区
# 先进集体、先进个人

## 先进集体

**创建全国文明城区工作突出贡献单位**

区委办公室
区人大办公室
区政府办公室
区政协办公室
区纪委(监察局)
区委组织部
区委宣传部(文明办)
区委统战部
区直机关工委
区委社会工委(社会办)
区委农工委(农委)
区委政法委
区委教工委(教委)
区国资委
区委非公工委
区人口计生委
区市政市容委
区发改委
区城管监督中心
区文化委
区商务委
区住建委
区科委
区信访办
区法制办
区信息办
区老龄办
区外办
区武装部
区总工会
团区委
区妇联
区民政局

区档案局
区财政局
区审计局
区卫生局
区体育局
区广电新闻中心
区药监局
区质监局
区安监局
区水务局
区人力社保局
区统计局
区投资促进局
区司法局
朝阳安全分局
朝阳国土分局
区委老干部局
区检察院
区法院
区旅游局
区房管局
区国税局
区地税局
朝阳工商分局
朝阳规划分局
朝阳公安分局
朝阳交通支队
朝阳消防支队
区城管监察大队
区园林绿化局
区环保局
区民防局
区气象局
区综治办
区维稳办
区委 610 办公室
区流动人口办公室
区民宗办
区残联
区委党校
区社区学院
区慈善协会
区红十字会
区科协
区机关后勤服务中心
CBD 管委会
电子城管委会
奥林匹克公园管委会
区环卫中心
区农业综合执法大队
区农村集体经济办公室
区种植业养殖业服务中心
区文联
区诗书画研究会
朝外街道
建外街道
左家庄街道
八里庄街道
六里屯街道
三里屯街道
呼家楼街道
团结湖街道
麦子店街道
酒仙桥街道
香河园街道
潘家园街道
亚运村街道
和平街街道
双井街道
小关街道
垡头街道
劲松街道
安贞街道
首都机场街道
望京街道
大屯街道
奥运村街道
东湖街道筹备处
来广营地区
太阳宫地区
将台地区
金盏地区
东坝地区
平房地区
高碑店地区
南磨房地区
王四营地区
十八里店地区
小红门地区
东风地区
黑庄户地区
三间房地区

常营地区
豆各庄地区
管庄地区
崔各庄地区
孙河地区
左家庄街道左北里社区
左家庄街道新源里社区
亚运村街道安苑里社区
亚运村街道安慧里社区
亚运村街道安翔里社区
小关街道惠新北里社区
香河园街道西坝河东里社区
香河园街道柳芳北里社区
望京街道南湖东园社区
望京街道南湖中园社区
望京街道花家地北里社区
望京街道阜荣街社区
望京街道花家地西里三区社区
望京街道望花路西里社区
团结湖街道中路北社区
双井街道广泉社区
双井街道富力社区
双井街道双花园社区
三里屯街道东三里社区
三里屯街道幸福二村社区
潘家园街道松榆西里社区
潘家园街道松榆东里社区
潘家园街道华威西里社区
麦子店街道枣营北里社区
麦子店街道农展南里社区
六里屯街道秀水园社区
六里屯街道十北社区
六里屯街道六北社区
酒仙桥街道高家园社区
酒仙桥街道大山子社区
劲松街道农光里中社区
劲松街道劲松西社区
劲松街道劲松中社区
建外街道南郎社区
建外街道光华里社区
首都机场街道南路西里社区
呼家楼街道呼家楼北社区
呼家楼街道金台里社区
呼家楼街道关北街社区
和平街街道和平家园社区
和平街街道十四区社区
安贞街道安贞西里社区
安贞街道安华西里社区
奥运村街道万科星园社区
奥运村街道绿色家园社区
奥运村街道龙祥社区
八里庄街道远洋天地家园社区
八里庄街道华贸中心社区
八里庄街道延静里社区
朝外街道吉祥里社区
朝外街道吉庆里社区
大屯街道安慧东里社区
大屯街道慧忠北里第一社区
大屯街道慧忠北里第二社区
大屯街道大屯里社区
东湖街道望京西园社区
东湖街道望湖社区
垡头街道一区社区
垡头街道二区社区
王四营地区观音堂社区
王四营地区白鹿社区
孙河地区康营家园一社区
管庄地区管庄东里社区
高碑店地区兴隆家园社区
南磨房地区欢乐谷社区
南磨房地区紫南家园社区
南磨房地区平乐园社区
小红门地区恋日绿岛社区
太阳宫地区芍药居二社区
常营地区万象新天社区
将台地区梵谷水郡社区
东风地区观湖国际社区
东风地区紫罗园社区
平房地区雅成里社区
来广营地区莲葩园社区
高碑店乡高碑店村
黑庄户乡郎各庄村
崔各庄乡奶东村
崔各庄乡草场地村
金盏乡沙窝村
十八里店乡十里河村
平房乡黄渠村
北京诚信保洁服务中心
朝来兴盛环境保洁公司
北京顺长物业管理中心
北京市豆各庄保洁中心
北京天旭顺通绿化有限责任公司

北京朝坝环服务中心
将台地区安家楼管委会
区接受救灾捐赠事务中心
区救助站
区福利中心
区低保中心
香河园文化娱乐中心
区道路养护中心
区物价检查所
区土地利用事务服务中心
劲松电影院
北京市非紧急救助服务中心朝阳分中心
区宣教中心
区河道管理所
朝阳第二医院
区规划设计服务中心
区律师协会
区检察院未成年人刑事案件检察处
区法院少年审判庭
区法律援助中心
朝阳交通支队呼家楼大队
朝阳交通支队东外大队
朝阳公安分局治安支队
朝阳公安分局朝外大街派出所
朝阳公安分局新源里派出所
朝阳公安分局潘家园派出所
区疾控中心
区卫生局卫生监督所
三里屯社区卫生服务中心
区社区卫生服务管理中心
朝阳区中医医院
朝阳体育馆
区文化馆
紫光影城
区图书馆
北京民俗博物馆
陈经纶中学
北京工业大学附属中学
东方德才学校
三里屯一中
陈经纶中学分校
首都师范大学附属实验学校
东方培新学校
高家园中学
五路居第一中学
芳草地国际学校远洋小学
花家地实验小学
呼家楼中心小学
团结湖小学
酒仙桥中心小学
安贞里第二小学
华严里小学
新源西里小学
团结湖第二小学
劲松第三小学
左家庄第二小学
安慧北里第二小学
枣营小学
求实职业学校
区青少年活动中心
工读学校
幸福村教辅中心
垂杨柳教辅中心
黑庄户教辅中心
酒仙桥教辅中心
宝嘉恒基础设施投资公司
朝阳公园开发经营公司
蓝岛大厦有限责任公司
京客隆集团
区农村人才培训中心
朝园弘园林绿化有限公司
弘朝伟业国有资产经营有限公司
世奥森林公园开发经营有限公司
外交部
人民日报社
中央电视台
北京日报社
前线杂志社
北京电视台
北京中华民族博物院
首都图书馆
北京国际城市发展研究院
中煤能源集团公司
叶氏企业集团有限公司
北京中复电讯有限公司
慈铭健康体检管理集团
大业传媒漫奇妙动漫公司
北京东区邮局
蟹岛产业集团
北京妇产医院
北京广仁医院
潘家园医院

朝阳供电公司
红黄蓝幼儿亲子园
京朝出租汽车有限公司
北京沸腾鱼乡有限公司
北京闽龙建材有限公司
北京兴业源物业有限公司
北京三源里菜市场中心
中日青年交流中心 21 世纪饭店
望京网北京悠腾科技发展有限公司
北京卫戍区 66322 部队
总装 63928 部队
武警北京总队军乐团
武警北京指挥学院
武警北京总队第五支队
中国移动北京公司朝阳分公司
北京天丰利服装小商品批发市场有限公司

**创建全国文明城区工作先进单位**

区党史办
区保密局
区侨联
区志办
金盏金融服务园区管委会
区金融办
东坝航空商务区管委会
区重点办
定福庄传媒文化产业区管委会
区绿指办
垡头文化休闲产业区管委会
区循环经济产业园管理中心
区编办
区双拥办
区消协
安贞街道安贞里社区
安贞街道安华里社区
安贞街道黄寺社区
安贞街道裕民路社区
八里庄街道八里庄东里社区
八里庄街道八里庄西里社区
八里庄街道甘露园社区
八里庄街道红庙北里社区
八里庄街道十里堡社区
八里庄街道朝阳无限社区
八里庄街道城市华庭社区
八里庄街道红庙社区
八里庄街道罗马嘉园社区
八里庄街道十里堡南里社区
八里庄街道青年汇社区筹备处
大屯街道慧忠里第一社区
大屯街道慧忠里第二社区
大屯街道安逸社区
大屯街道秀雅社区
大屯街道育慧里社区
大屯街道育慧西里社区
大屯街道世纪村社区
大屯街道嘉铭园社区
大屯街道欧陆经典社区
大屯街道新新家园社区
垡头街道三区社区
垡头街道北里社区
垡头街道翠城雅园社区
垡头街道翠城盛园社区
呼家楼街道小庄社区
呼家楼街道核桃园社区
呼家楼街道呼家楼南社区
呼家楼街道东大桥社区
呼家楼街道新街社区
呼家楼街道人民日报社社区
呼家楼街道关东店社区
建外街道北郎东社区
建外街道北郎社区
建外街道永安里社区
建外街道永安里东社区
建外街道建国里社区
建外街道秀水社区
劲松街道劲松北社区
劲松街道八棵杨社区
劲松街道劲松东社区
劲松街道磨房北里社区
劲松街道大郊亭社区
劲松街道农光东里社区
劲松街道农光里社区
双井街道广外南社区
双井街道广和里社区
双井街道九龙社区
双井街道百子园社区
双井街道垂杨柳东里社区
双井街道九龙南社区
双井街道光环社区
双井街道大望社区
双井街道垂杨柳西里社区
六里屯街道碧水园社区
六里屯街道甜水园社区

六里屯街道道家园社区
六里屯街道八南社区
六里屯街道八北社区
六里屯街道晨光社区
六里屯街道炫特社区
潘家园街道潘家园东里社区
潘家园街道松榆里社区
潘家园街道华威里社区
潘家园街道武圣东里社区
潘家园街道潘家园南里社区
潘家园街道武圣农光社区
潘家园街道磨房南里社区
潘家园街道华威北里社区
潘家园街道潘家园社区
望京街道大西洋城社区
望京街道望京园社区
望京街道望京西园三区社区
望京街道望花路东里社区
望京街道花家地社区
望京街道花家地南里社区
望京街道南湖西园社区
望京街道南湖西里社区
望京街道方舟苑社区
望京街道望京西园四区社区
望京街道南湖西园二区社区
望京街道花家地西里社区
望京街道爽秋路社区
望京街道圣星社区
望京街道望京东园五区社区
望京街道望京西路社区
望京街道宝星园社区
望京街道夏都盈座社区
望京街道国风家园社区
东湖街道南湖中园北社区
东湖街道利泽西园一区社区
东湖街道果岭里社区
东湖街道南湖东园北社区
东湖街道望京花园社区
小关街道惠新苑社区
小关街道高原街社区
小关街道惠新里社区
小关街道小关社区
左家庄街道三源里社区
左家庄街道曙光里社区
左家庄街道顺源里社区
左家庄街道新源西里社区
左家庄街道左南里社区
左家庄街道左东里社区
左家庄街道静安里社区
奥运村街道风林绿洲社区
奥运村街道南沙滩社区
奥运村街道大羊坊社区
奥运村街道双泉社区
奥运村街道林萃社区
奥运村街道科学园社区
奥运村街道国奥村社区
奥运村街道北沙滩社区
奥运村街道总装社区
和平街街道煤炭科技苑社区
和平街街道樱花园社区
和平街街道小黄庄社区
和平街街道和平东街社区
和平街街道胜古北社区
和平街街道砖角楼社区
和平街街道胜古庄社区
首都机场街道南路东里社区
首都机场街道南平里社区
首都机场街道西平街社区
酒仙桥街道怡思苑社区
酒仙桥街道红霞路社区
酒仙桥街道南路社区
酒仙桥街道中北路社区
酒仙桥街道东路社区
酒仙桥街道电子球场社区
酒仙桥街道驼房营西里社区
麦子店街道霞光里社区
麦子店街道枣营南里社区
麦子店街道朝阳公园社区
三里屯街道中纺里社区
三里屯街道北三里社区
三里屯街道白西社区
三里屯街道中三里社区
三里屯街道幸福一村社区
团结湖街道一二条社区
团结湖街道三四条社区
团结湖街道水碓子社区
团结湖街道南北里社区
香河园街道西坝河中里社区
香河园街道西坝河西里社区
香河园街道光熙门北里南社区
香河园街道西坝河南里社区
香河园街道柳芳南里社区

香河园街道光熙门北里北社区
亚运村街道安慧里南社区
亚运村街道北辰东路社区
亚运村街道京民社区
亚运村街道丝竹园社区
亚运村街道祁家豁子社区
亚运村街道华严北里社区
亚运村街道华严北里西社区
朝外街道芳草地社区
朝外街道天福园社区
朝外街道三丰里社区
朝外街道体东社区
朝外街道雅宝里社区
高碑店地区康家园西社区
高碑店地区康家园东社区
高碑店地区八里庄社区
太阳宫地区牛王庙社区
太阳宫地区芍药居一社区
太阳宫地区芍药居四社区
太阳宫地区太阳宫社区
太阳宫地区夏家园社区
太阳宫地区尚家楼社区
常营地区民族家园社区
常营地区连心园社区
常营地区鑫兆佳园社区
常营地区荟万鸿社区
常营地区苹果派社区
黑庄户地区双桥第一社区
黑庄户地区双桥第二社区
黑庄户地区旭园社区
黑庄户地区怡景城社区
黑庄户地区康城社区
崔各庄地区马南里社区
崔各庄地区京旺家园社区
三间房地区绿洲家园社区
将台地区芳园里社区
将台地区丽都社区
将台地区将府家园社区
将台地区水岸家园社区
将台地区瞰都嘉园社区筹备组
来广营地区北苑一号院社区
来广营地区黄金苑社区
来广营地区茉藜园社区
来广营地区青年城社区
来广营地区朝来绿色家园
东风地区石佛营南里社区
东风地区石佛营西里社区
东风地区石佛营东里社区
东风地区东润枫景社区
东坝地区红松园社区
东坝地区朝阳新城社区
东坝地区奥林匹克花园社区
高碑店乡半壁店村
高碑店乡北花园村
高碑店乡高井村
太阳宫乡十字口村
管庄乡八里桥村
管庄乡司辛庄村
管庄乡重兴寺村
管庄乡塔营村
崔各庄乡奶西村
崔各庄乡南皋村
崔各庄乡费家村
崔各庄乡黑桥村
崔各庄乡东辛店村
崔各庄乡马泉营村
崔各庄乡何各庄村
三间房乡东柳村
将台乡东八间房村
将台乡驼房营村
王四营乡王四营村
王四营乡官庄村
王四营乡南花园村
王四营乡孛罗营村
小红门乡龙爪树村
小红门乡牌坊村
小红门乡肖村村
小红门乡小红门村
十八里店乡周家庄村
十八里店乡小武基村
十八里店乡吕家营村
金盏乡马各庄村
金盏乡黎各庄村
金盏乡皮村
金盏乡东窑村
金盏乡雷庄村
金盏乡东村
金盏乡西村
金盏乡小店村
孙河乡沙子营村
孙河乡黄港村
孙河上辛堡村

孙河乡下辛堡村
孙河乡前苇沟村
来广营乡来广营村
东风乡六里屯村
东坝乡三岔河村
呼家楼街道巡防队
呼家楼街道社会保障事务所
小关街道社会保障事务所
东湖街道社会保障事务所
东湖街道社区服务中心
首都机场街道社区服务中心
首都机场社区经济管理中心
酒仙桥街道社会保障事务所
酒仙桥街道社区服务中心
酒仙桥街道绿化队
麦子店街道绿化保洁队
麦子店街道社区服务中心
团结湖社区服务中心
团结湖街道社保所
团结湖保洁队
叶如陵团队工作室
太阳宫乡农业综合服务中心
太阳宫乡农工商总公司
豆各庄乡城管分队
豆各庄乡农业综合服务中心
常营清真寺民管会
黑庄户乡农业综合服务中心
三间房乡城管分队
王四营乡文化服务中心
王四营乡农业服务中心
王四营观音堂文化大道
王四营古塔公园
十八里店乡老君堂青年汇
平房乡(地区)综合服务中心
金盏乡城管分队
孙河乡农业服务中心
来广营乡农业服务中心
东风乡商业公司
东坝乡城管分队
高碑店乡环卫绿化站
朝阳剧场
朝阳区医院管理中心
安贞社区卫生服务中心
八里庄社区卫生服务中心
左家庄社区卫生服务中心
六里屯社区卫生服务中心
六里屯卫生监督所
望京社区卫生服务中心
垡头社区卫生服务中心
亚运村社区卫生服务中心
郡王府体育中心
朝阳区社会体育管理中心
朝阳区体育健身休闲公园
朝阳区体育科研所
朝阳区体育运动学校
北京市垂杨柳医院
团结湖医院
太阳宫医院
朝阳公安分局勤务指挥处
朝阳公安分局法制处
朝阳公安分局内部安全保卫大队
朝阳公安分局经侦大队
朝阳公安分局人口管理大队
朝阳公安分局拘留所
朝阳公安分局巡警支队轮值轮训队
朝阳公安分局看守所
朝阳公安分局呼家楼派出所
朝阳公安分局亚运村派出所
朝阳公安分局建外派出所
朝阳公安分局东湖派出所
朝阳公安分局东风派出所
朝阳公安分局劲松派出所
朝阳公安分局安贞派出所
朝阳公安分局垡头派出所
朝阳公安分局麦子店派出所
朝阳公安分局双井派出所
朝阳公安分局十八里店派出所
朝阳公安分局三里屯派出所
朝阳公安分局六里屯派出所
朝阳公安分局大屯派出所
朝阳公安分局香河园派出所
朝阳公安分局花家地派出所
朝阳公安分局将台派出所
朝阳公安分局南湖派出所
朝阳公安分局团结湖派出所
朝阳公安分局王四营派出所
朝阳公安分局小红门派出所
朝阳公安分局南磨房派出所
朝阳区人民检察院组织宣传处
朝阳法院政治处
朝阳区阳光矫正管理培训中心
北京市正阳公证处

朝阳区军队离休退休干部安置办公室
朝阳区社区服务中心
朝阳安全分局三科
朝阳区残疾人综合活动中心
朝阳交通支队勤务指挥科
朝阳交通支队安监科
朝阳交通支队事故科
朝阳交通支队双桥大队
朝阳交通支队亚运村大队
朝阳交通支队法制科
朝阳交通支队高速路大队
朝阳交通支队机场大队
朝阳交通支队奥运村大队
朝阳交通支队劲松大队
朝阳消防支队政治处
朝阳消防支队垡头中队
朝阳消防支队建国门中队
朝阳公园规划艺术馆
朝阳公园绿化保洁公司
朝阳公园物业公司
京客隆集团公司久隆百货旗舰店
京客隆集团公司团结湖店
京客隆集团公司甜水园店
京客隆集团公司酒仙桥店
京客隆集团公司京源店
京客隆集团公司三里屯店
京客隆集团公司红松园店
京客隆集团公司首都机场商场
京客隆集团公司垡头店
京客隆集团公司华威店
京客隆集团公司松榆里店
京客隆便民四店
京客隆集团公司西坝河店
世奥经营公司
世奥保洁公司
世奥绿化公司
北京昆泰嘉华酒店
三里屯雅秀服装市场中心
朝阳静安庄综合市场中心
郡王府管理中心
望京新兴产业区综合开发有限公司
朝阳宾馆
北京慧谷园林绿化有限责任公司
望京综开公司环卫中心应急分队
金朝阳商贸国有资本运营公司
北京惠侨饭店有限责任公司
区红十字会应急救护教育培训中心
朝阳区环卫开发服务中心
腾远兴业汽车服务有限公司
潘家园旧货市场有限公司
潘家园国际民间文化发展有限公司
朝阳副食品总公司
朝阳外国语学校
第八十中学
呼家楼中学
日坛中学
劲松第四中学
第九十四中学
清华附中朝阳学校
安慧北里中学
八里庄第三中学
枣营中学
北京教育科学研究院附属实验中学
第一一九中学
华侨城黄冈中学
樱花园实验学校
团结湖三中
望京实验学校
陈经纶帝景实验学校
北京市第九十四中学机场分校
和平街第一中学
化工大学附属中学
酒仙桥一中
师范大学朝阳附属中学
垡头中学
七十一中学
朝阳区安华学校
师范大学朝阳附属小学
白家庄小学
师范大学奥林匹克花园实验小学
星河实验小学
朝阳区实验小学
安贞里第一小学
安华里第一小学
安慧北里小学
南中街民族小学
下三条中心小学
针织路小学
大望路小学
望花路小学
望京南湖东园小学
望京新城南湖中园小学

高家园小学
大山子第二小学
酒仙桥第二小学
劲松第一小学
南磨房中心小学
松榆里小学
垂杨柳中心小学
劲松第四小学
西坝河第三小学
曙光里小学
新源里小学
新源里第四小学
垡头小学
垡头第二小学
和平街中心小学
安苑北里小学
惠新里小学
黑庄户中心小学
官庄小学
张家店小学
十八里店小学
龙爪树小学
八里庄中心小学
国美家园小学
平房小学
定福庄第二小学
京通小学
兴隆小学
东方职业学校
民族文化艺术职业学校
垡头幼儿园
翠城幼儿园
安贞街道中心幼儿园
呼家楼街道中心幼儿园
六里屯中心幼儿园
水碓子北里幼儿园
团结湖中心幼儿园
三里屯幼儿园
朝阳区教育设备中心
朝阳区教育国有资产管理中心
朝阳区现代教育技术信息网络中心
区市容环境卫生检查队
红领巾公园
团结湖公园
日坛公园
北小河公园
元大都城垣遗址公园
大黄庄苗圃
区园林绿化局绿化一队
区园林绿化局绿化二队
区环境卫生服务中心二队
区建设工程施工安全监督站
区环境执法监察大队
区房管局工程设备中心
区房屋权属登记中心
区房管局房政协管中心
区房管局供暖中心
区房管局第二房管所
区房管局第五房管所
区房管局第六管理所
区房管局劲松房管所
区紧急医疗救援中心
区社会保险事务管理中心
区妇女发展服务中心
区工商分局酒仙桥工商所
区工商分局六里屯工商所
区工商分局奥运村工商所
区总工会职工服务(帮扶)中心
北京金色慧谷物业管理有限公司慧谷时空项目部
京广中心有限公司京广中心商务管理分公司
潘家园劲松社区经济管理中心(松榆东里综合市场)
潘家园劲松社区经济管理中心(劲松农光里农贸市场)
朝外社区经济管理中心(下三条蔬菜市场有限公司)
麦子店社区经济管理中心(农展北路集贸市场中心)
垡头社区经济管理中心(垡头盛和集贸市场)
六里屯社区经济管理中心(朝京金旭菜市场公司)
团结湖社区经济管理中心(团结湖北农副产品市场中心)
北京多元实业发展公司(北京中益出租汽车股份有限公司)
区环境卫生服务中心第三清洁车辆场
区环境卫生服务中心第四清洁车辆场

**社会单位(491个)**

福建大厦
金地停车有限责任公司
张生记餐饮有限公司
亿方物业第四分公司
北京现代金瓯投资顾问有限公司

歌华开元大酒店
北京东方容和物业管理有限公司
北京圣淘沙茶楼
中国石油工业出版社有限公司
净雅海鲜酒店
北京华联安贞商厦
裕民路时顺集贸市场
北辰集团元辰鑫物业管理中心
明雷顺家居装饰有限公司分公司
中国木偶剧院
广济中医院
安华医院
中国纺织科学研究院
首都经济贸易大学
国家电力科技展示中心
北京华联新光百货(北京)有限公司
网谷网吧
北京北电华明物业管理有限公司
银地物业
北京悦祥物业管理有限公司
珠江愉景家园物业管理中心
国美电器有限公司十里堡商城
均豪物业芳菁苑项目部
京棉集团二实业公司
华堂商场十里堡店
盛东方物业管理有限公司
光大名筑物业管理有限公司
首佳物业公司小营管理处
达文物业管理有限公司
建工物业第二项目部
日购菜市场
卧龙小区物业项目部
北京盛世物业服务有限公司
开元国际凯旋城物业管理有限公司
中土畜三利实业发展有限公司
华民物业第一项目部
华民物业第二项目部
北京京海洋保洁有限责任公司
北宇物业公司慧忠里项目部
中国石化工程建设公司
北京美加兴业物业管理有限公司
北京集祥物业管理有限公司
阳光城物业公司
北京深长城物业管理有限公司
垡头电话局
垡头邮电局
国安宾馆
北京万福成商场有限公司
北京白先哲肉饼店
北京真优美百货商场有限公司
北京恒特物业管理有限责任公司
垡头化工路汇友上网服务中心
新华书店垡头店
北京市胜利玉林烤鸭店垡头分店
北京嘉里中心大酒店
北京市3501服装厂
北京市三八服务中心
天龙达置业有限公司北京分公司
人民日报社行管局
首创朝阳房地产发展有限公司
北京匡合文化传媒有限公司
奥中世贸物业管理有限公司
北京锦融物业管理有限公司
香江国际中国地产有限公司
北京高地物业管理有限公司
中国国际贸易中心股份有限公司
金帆实业有限公司
北京新世界彩旋百货有限公司
北京和乔物业管理有限公司
北京市友谊商店股份有限公司
北京华彬国际大厦有限公司
北京城市绿洲物业管理有限公司
速八酒店(光明桥店)
北京朝阳安香劳务服务中心
凤凰国际传媒中心
华威汽车修理有限公司
华威电话局
中航大北物业公司
橘子洲头酒楼
时尚码头美容美发
北京理嘉物业管理中心
华腾世纪物业有限公司项目部
北京市北容物业公司
北京同舟物业管理有限公司
交通银行东三环中路支行
北京凯美物业管理有限公司
北京佳华安琪幼儿园
北京九龙幼儿园
金雁幼儿园
北京乐成国际学校
北京市弘嘉律师事务所
北京今日美术馆

中铁建设集团有限公司
中国纺织报社
北京北内有限公司
北京博爱伟业莱市场有限公司
北京恒富物业服务有限公司
北京天道酬勤物业管理有限公司
光大银行北京富力城支行
北京乐成启胜物业管理有限公司
北京军友保安公司
北京亚瑞联达停车服务公司
北京消防融达保安公司
北京画院
北京联合大学商务学院
德威治大药房(红领巾桥店)
爱康动物医院(甜水园店)
苏宁电器(红领巾公园店)
东方名剪(朝阳北路店)
中建三局建设股份有限公司
鑫红碗饸饹面(甜水园店)
北京东岳物业管理有限公司
北京房地产科学研究所
北京丽安嘉信物业服务有限公司
棕榈泉汇俊物业有限公司
住总集团有限公司工程总承包部
华普超市华威店
山城辣妹子重庆火锅潘家园店
北京国际眼镜城
金百万酒楼松榆里店
北京日商物业管理有限公司
北京竭诚物业管理有限公司
北京中海中医医院
北京冠安停车场管理有限公司
北京双吉安物业管理有限公司
北京市房修一公司第四分公司
北京慈铭体检中心潘家园分部
北京金地万厦物业管理有限公司
北京技术交流培训中心
北京京成138快捷酒店潘家园店
北京兴邦物业管理有限责任公司
北京龙城兴业物业管理有限公司
北京燕晨物业管理中心
福玛大厦
星美国际影院
今典比如影院
网上天地网吧
宇航飞翔网吧
成真网吧
古德奇胜网吧
北京机床研究所
望京供电所
中国民航干部管理学院
北京新世界利莹百货有限公司
北京市望京实业总公司
北京百年农民工子弟职业学校
北京华诚为民商贸有限公司
北京京顺路大雨饭店有限公司
天鸿宝地物业管理有限公司
北京利星房地产开发有限公司
北京南湖物业服务有限公司
北京大西洋物业管理有限公司
恒万实业有限公司
旺角(北京)购物广场有限公司
北京育新物业管理公司
中国新兴保信建设总公司四公司
中国艺术研究院
北京童凤物业管理有限责任公司
瑞航(北京)物业管理有限公司
北京市望京实安科工贸中心
北京爱慕内衣有限公司
北京城建二公司第二十九项目部
北京核工业地质研究院
中国中材国际工程股份有限公司
朝阳烟草公司
北京金航院物业管理有限公司
中国聋儿康复中心
北京中医药大学第三附属医院
北京对外经济贸易大学
北京工业大学艺术设计学院
北京天宝物业管理有限公司
北京乘海鸿祥园林绿化有限公司
北京劳动保障职业学院
中共北京市委市直机关工委党校
陆联通生活消费品市场
国门大厦
天虹百货
亿腾君泰停车管理有限公司
京城大厦
渔阳饭店
丹彤公司
中冶集团
华润北药
中检物业

中建八局
中旅大厦
北京公馆物业管理公司
凤凰置地物业管理公司
北京友诚信物业管理有限公司
北京天作物业管理有限公司
北京世奥物业管理有限公司
万科星园物业服务中心
北京清林物业管理有限责任公司
北京信诚物业绿色家园管理处
北京怡和物业管理公司
北京和顺康捷劳务服务有限公司
北京同惠物业管理有限责任公司
北京有色金属与稀土应用研究所
星城国际酒店
工美集团公司
建材经贸大厦
城建亚泰置业分公司
北京玛丽妇婴医院
建筑科学研究院
华表股份有限公司
煤炭建筑研究院
北京化工大学
寰球化学工程公司
和平街新华书店
金鸡百花影城
中国计量科学研究院
虹瑞春洗浴中心
首都机场派出所
首都机场海关
首都机场工商分局
首都国际机场医院
首都机场出入境检验检疫局
北京出入境边防检查总站
首都机场影视传媒有限公司
首都空港贵宾服务管理有限公司
北京市新华书店机场分店
北京市天竺林业开发公司
苏宁电器(大山子店)
北京指尖缘上网服务有限公司
乐天玛特(大山子店)
北京顺义隆华购物中心机场分店
北京华信医院
北京国宗药店
北京高园物业管理有限公司
普天科创实业有限公司
北京普信物业管理有限公司
北京正东电子动力集团有限公司
中国人民解放军海军701厂
幸福天使幼儿园
全国农业展览馆
农业部
北京燕莎友谊商城有限公司
蓝色港湾有限公司
北京好运投资管理有限公司
北京亮马河大厦有限公司
北京市长城饭店公司
北京宁信元药品经营有限公司
北京光明饭店有限公司
时空飞跃上网服务有限公司
北京机电研究院
北京安香保安服务公司
三里屯 Village
北京飞宇微电子有限公司
北京联合大学
公交保修七厂
兆龙饭店
盈科中心
中宇大厦
北京奥加饭店有限责任公司
北京全顺物业管理有限公司
北京燕侨物业管理有限公司
3.3 服装市场
北京鑫春秀路市场有限责任公司
大中电器团结湖店
京阳公司
新华书店团结湖书店
北京工人体育场职工体育服务中心
北京青年报社
新华书店团结湖课本店
嘉事堂药店团结湖店
求实网吧
天宇创智网吧
天澳天网吧
大董烤鸭团结湖店
煤炭总医院
重庆饭店
燕丰商场
静安中心物业公司
亿方物业三分公司
金泰物业管理有限公司
新华书店香河园分店

渔公渔婆饭店
特佳游泳馆
皇家大饭店
热力集团左家庄供热厂
北京市社会科学院
北京市光环电信集团
北京五矿大厦
国家奥林匹克体育中心
北京外国专家大厦
北京市第一社会福利院
安翔里社区辰阳物业公司
北辰信诚物业慧苑居住区管理处
北京盘古氏投资有限公司
北辰信诚物业安慧北里管理处
北京精诚实验小学国际部
北京富春江餐饮有限责任公司
北京奥南时代置业有限公司
北京北辰实业集团公司北京剧院
佳汇国际中心
悠唐皇冠假日酒店
北京凯腾航空服务有限公司
农业银行北京朝阳支行
中国工艺(集团)公司
祥业大厦物业管理处
北京市委大楼管理处
沃尔玛朝阳店
北京侨福置业有限公司
北京双新物业管理有限责任公司
工商银行北京朝阳支行
朝阳区建筑工程公司幼儿园
北京莱太花卉有限公司
北京电子科技职业学院
北京市朝阳佳丽饭店
北京新纪房地产开发有限责任公司
北京常赢盈鑫商贸有限公司
北京常赢物业管理有限责任公司
北京常赢圆梦绿化有限公司
北京常赢新月迅洁保洁有限公司
北京实宝来游乐设备有限公司
朝阳三建第二建筑工程公司
北京鑫辉电子配件厂
北京百万园园林绿化有限公司
北京市国宾大厦
北京国广物业管理有限公司
北京珀丽酒店
城外诚家居文化广场
大洋路商业管理中心
田华建筑集团公司第六分公司
隆华商贸公司
弘泰基业房地产有限公司
北京四风汇餐饮有限公司
北京城承物业公司北苑分公司
朝来荣盛商业管理有限公司
北京市丰苑物业管理有限公司
中日友好医院
中国医学科学院肿瘤医院
中国中医科学院望京医院
安贞医院
朝阳医院
首都儿科研究所附属儿童医院
爱家投资控股集团
北京朝阳饮食服务有限责任公司
洛娃科技实业集团
北京交运投资发展有限责任公司
北京东都工贸有限公司
商业大楼有限责任公司
北京易事达投资有限公司
十里城灯饰批发市场有限责任公司
秀水街市场有限公司
空军 95865 部队
中国人民解放军 66194 部队
中国人民解放军总政治部军事监狱
武警特种警察学院
中国人民解放军 61599 部队计算所
武警交通指挥部
中国人民解放军总参谋部陆航部
中国人民解放军 61302 部队
中国人民解放军空军军事监狱
中国人民解放军 63918 部队
中国人民解放军 61646 部队
中国人民解放军 63961 部队
中国人民解放军 306 医院
北京军区总医院医疗东区
中国人民解放军总装备部司令部
中国人民解放军总装备部后勤部
中国人民解放军总装备部政治部
武警北京总队
武警北京总队第一师
武警北京总队第三支队
武警北京总队第八支队
武警北京总队第九支队
武警北京总队第十三支队

武警北京总队医院
中国人民解放军96819部队
武警十四中队十六支队
中国人民解放军总装备部通保部
武警九支队二大队
武警北京总队第七支队二中队
武警左家庄消防中队
武警北京总队三支队五中队
武警五支队一大队四中队
武警北京总队九支队五大队
北京武警总队警勤中队
总装备部后勤部黄寺营区管理处
总参61606部队教导队
中国人民解放军总政朝阳干休所
空军幸福村干休所
武警北京总队九支队四大队十五中队
北京华贸第一太平物业管理有限公司
北京鼎铭物业管理有限公司城市大厦分公司
北京市凯思盛物业管理有限公司新城市广场项目部
北京远洋基业物业管理有限公司远洋天地物业服务中心
北京住邦物业酒店管理有限责任公司
中远酒店物业管理有限公司北京朝阳物业服务中心
天津市红勘物业经营管理有限公司北京朝阳分公司
国电兴业(北京)物业管理有限公司
深圳长城物业公司北京分公司天创世缘管理处
长城物业集团股份有限公司北京物业管理分公司金泉家园管理处
北京鸿铭物业管理有限公司安立花园管理处
北京万通鼎安国际物业服务有限公司亚运新新家园项目部
中远酒店物业管理有限公司远洋万和成物业服务中心
北京北辰信诚物业管理有限责任公司世纪村管理处
百年城堡(北京)国际物业管理有限公司
住总北宇物业服务公司天诺物业第二管理处
北京六建集团有限责任公司工程总承包部双合家园工地
北京住总第四开发有限责任公司翠城馨园B区1-8楼项目部
中国新兴建设开发总公司报社项目部
北京世捷安方物业管理有限公司富尔大厦物业管理中心
北京世邦魏理仕物业管理服务有限公司
北京公共交通控股(集团)有限公司第五客运公司
北京市澳瑞物业管理有限责任公司
中国邮储银行有限责任公司北京分行
中海物业管理有限公司北京中海大厦分公司
北京锦融物业管理有限公司光华路SOHO分公司
北京城建物业管理有限责任公司建外SOHO西区服务中心
第一太平戴维斯物业顾问(北京)有限公司长安驿分公司
国贸物业酒店管理有限公司通用时代物业管理处
金利第一太平戴维斯物业管理有限公司东方梅地亚北京分公司
北京锦融物业管理有限公司建外SOHO东区分公司
赛特国际物业管理有限公司北京赛特现代城分公司
中铁十四局地铁14号线17合同段项目部
北京首联久隆超市有限责任公司农光里店
北京华腾世纪物业有限公司虎东房管部
北京居实物业管理有限公司磨北物业管理分公司
北京珠江世纪物业管理有限公司康景物业管理部
北京北辰信和物业管理有限公司东都管理部
中铁十三局集团有限公司北京地铁7号线6标项目经理部
北京万东安欣企业管理咨询有限责任公司
广西壮族自治区人民政府驻北京办事处
广东康景物业服务有限公司北京分公司(合生国际家园)
北京西宇嘉业物业管理有限公司百子园分公司
北京今日今典物业管理有限责任公司苹果社区物业管理中心
中铁三局集团有限公司北京地铁6号线项目部
北京月福汽车装饰有限公司潘家园店
北京新恒联丰环境科技发展有限公司
北京绿茵大地园林绿化工程有限公司
北京嘉亮物业管理有限公司朝阳分公司
北京市诚至物业管理有限责任公司潘家园大厦物业管理处
孔医堂(北京)科技有限责任公司
北京东升旺和农副产品市场有限公司
北京沃尔玛百货有限公司望京分店
北京市保安服务总公司怀柔分公司
北京凯德嘉茂望京房地产经营管理有限公司
中国全聚德集团有限公司北京全聚德望京店

北京望京南湖综合商品交易市场有限公司
北京金冠达房地产开发有限公司东煌酒店
北京世纪金德物业管理有限公司(北京香颂小区)
北京华瀛置业房地产开发有限公司
北京中弘时代商业运营管理有限公司
北京祥和天地城市环境管理有限公司
北京望京新兴产业区综合开发有限公司环卫中心
中直机关物业服务中心惠新西街5号院物业服务站
北京科住物业管理有限公司北郊北管理处
达尔文国际酒店物业管理公司冠军城管理部
达尔文国际酒店物业管理有限责任公司美伦堡项目管理处
北京特艺天极物业管理有限责任公司
北京达尔文国际酒店物业管理有限公司
北京市林萃物业管理有限责任公司
北京燕侨物业管理有限公司上元管理处
北京凯帝克物业管理有限责任公司朝阳分公司
北京北辰信和物业管理有限责任公司绿色家园媒体村天畅园项目部
北京市治平物业管理有限责任公司
中国石油化工股份有限公司北京化工研究院
北京国泰平安天竺商业发展有限公司
首都机场公安分局交通支队执勤二队
北京兆维电子(集团)有限责任公司
北京京信怡和物业管理有限责任公司
北京普临投资有限公司(8号公馆)
北京燕莎中心有限公司凯宾斯基饭店
北京首都旅游国际酒店集团有限公司永安宾馆
北京汉威高斓新兴物业管理公司(高澜大厦)
北京市北宇物业服务公司光熙门项目部
公交集团第一客运分公司387车队
戏逍堂(北京)娱乐文化发展有限公司
北京亚运村鑫瑞农副产品市场有限公司
北京北辰实业股份有限公司北辰商业发展分公司
北京市北宇物业服务公司华严北里项目部
华润置地(北京)物业管理有限责任公司华亭物业管理部
北京市北盛物业有限责任公司第一分公司
北京丰汇物业管理有限责任公司朝阳分公司
中国联通集团有限公司北京市五分公司神路街电话局
北京华腾世纪物业管理有限公司日坛晶华管理部
北京新纪家园物业管理有限责任公司
北京阳光将台农副产品市场有限责任公司
居然之家家居建材超市有限公司北四环分店
中国人民解放军95830部队黄寺营区管理办公室
中国人民解放军总参谋部大气环境研究所
武警北京市总队一师十支队一中队三排
北京市军队离休退休干部阳光干休所
总装后勤部苇子坑营区管理处维修队

**先进基层党组织**

建外街道永安里东社区党委
朝外街道党工委
小关街道惠新苑社区党委
六里屯街道秀水园社区党委
八里庄街道党工委
和平街街道十四区社区党委
呼家楼街道党工委
呼家楼街道SOHO尚都商务楼宇党支部
香河园街道西坝河东里社区党委
望京街道城管监察分队党支部
团结湖街道水碓子社区党委
双井街道广和里社区党委
亚运村街道党工委
建外街道党工委
北京欣欣翼翔国际旅行社有限公司党支部
左家庄街道三源里社区党委
劲松街道八棵杨社区党委
中宇大厦楼宇党总支
安贞街道黄寺社区党委
大屯街道安慧东里社区党委
潘家园街道松榆东里社区党委
垡头街道翠城盛园社区党委
首都机场街道侨联党支部
麦子店街道枣营南里社区党委
东湖街道筹备处城管监察分队党支部
奥运村街道南沙滩社区党委
平房乡石各庄村党总支
南磨房乡党委(地区党工委)
来广营乡党委(地区党工委)
崔各庄乡党委(地区党工委)
十八里店乡党委(地区党工委)
太阳宫地区芍药居二社区党委
北京波士山汽车销售服务有限公司党支部
东风乡将台洼村党支部
平房乡姚家园村党总支
金盏乡沙窝村党支部
豆各庄乡孟家屯村党支部
黑庄户乡么铺村党支部
小红门乡龙爪树村党总支
东坝乡东晓景村党总支

王四营乡王四营村党总支
常营地区民族家园社区党委
将台乡东八间房村党总支
管庄地区管庄东里社区党委
孙河乡雷桥村党支部
三间房乡金家村党支部
区动物疫病预防控制中心党总支
区委办公室党支部
区政府办公室党总支
区纪委监察局机关党支部
区发展改革委党总支
区财政局党总支
区审计局机关党总支
区市政市容委党总支
区法院机关党委
区城管监察大队党委
区环卫中心党委
区卫生局党委
区文化委员党委
区医疗保险事务管理中心党支部
公安朝阳分局出入境管理大队党支部
公安朝阳分局三间房派出所党支部
区检察院公诉三处党支部
区司法局机关党总支
区军休八所第一党支部
安全朝阳分局机关党总支
区残联党支部
区文化馆党支部
区广电新闻中心第二党支部
朝阳体育馆党支部
区救助站党支部
北京市金杜律师事务所党总支
北京市和平街第一中学党总支
北京市第九十七中学党支部
朝阳师范学校附属小学党总支
朝阳区白家庄小学党总支
北京市劲松职业高中党支部
北京市东方德才学校党总支
北京市第八十中学党总支
朝阳区十八里店中心小学党支部
区社会力量办学所党总支
北京市垂杨柳医院党委
劲松社区卫生服务中心党支部
十八里店社区卫生服务中心党支部
北京京客隆商业集团股份有限公司党委
北京朝阳公园开发经营公司党委
北京弘朝伟业国有资产经营有限责任公司党委
北京望京新兴产业区综合开发有限公司党委
北京昆泰房地产开发集团党委
北京世奥森林公园开发经营有限公司党委
朝阳副食品总公司党委
区机关后勤服务中心党委
叶青大厦党委
洛娃科技实业集团有限公司党委
北京机床电器有限责任公司党委
北京中复电讯设备有限责任公司党委
慈铭集团党委
北京国际城市发展研究院党总支
北京交运投资发展有限责任公司党委
北京朝阳饮食服务有限责任公司党委
北京国华置业有限公司党委
北京 CBD 东南区楼宇党总支
北京银泰置业有限公司党支部

## 先进个人

**创建全国文明城区工作突出贡献个人**

李　波　吉旭初　王海涛　孙曙光　朱　震
黄赛梅　褚衍立　叶建宁　孟宏伟　李金山
孙　立　张克成　张　萌　付小贺　陈庆华
毕泗平　李　罡　董　洁　李玉英　李宏平
于雪峰　马凌楠　李　争　王翛然　刘亚晖
李海作　张　霞　周升华　杜彩云　段　非
曲　君　刘丽平　高大中　陈　琳　李奕华
王建华　郝立军　杨　钦　董　洁　张卫红
李　兵　胡建东　王小毛　唐行安　高静茹
龙　涛　刘　欣　王延安　李晓伟　郭宝川
曾　志　黄英杰　高春利　李守民　奚传斌
潘　竞　丰春秋　陈　霞　魏　薇　姚文洁
邹　明　蓝万荣　袁裕中　董　梅　吴丁佳宝
权英淑　姜　磊　张秋佳　蔡航宇　李文轩
祁春娜　黄　亮　石延刚　金　刚　崔宏利
范少飞　蔡树香　王　静　张英明　王海君
张永新　杨洪福　郑珍平　李志才　刘大宏
李金清　马　凯　李　莹　王海丽　郝　凯
吴　彬　苏　凯　李　跃　杨　玲　刘　栋
袁学军　张　静　李　强　苏　天　卫丽红
郭　威　杨　旭　李啸寅　宋少伟　李　华
张晓宁　张　奎　王　刚　刘　伟　张金鑫
赵金祥　王宁文　张　京　邳学红　韩俊生
王凤山　绳增武　吴德荣　曹　义　李　娟
李凤英　高少华　王仲秋　白雪香　龚　平

虎盼玲 汤泽山 王丰 焦成志 潘佳瑭
刘守路 朱广新 冯福汉 商洋 刘玉中
李荣祥 胡颖 杨树旗 倪东新 邢伟
黄海燕 杨志学 刘建芳 周平 李燕波
周忠诚 黄海东 吴金龙 王文远 高孟龙
李志军 孙月辉 于国洲 李秋华 杨振东
林春照 韩广路 施博 常树奇 龙嘉栋
郑光瑞 黄晓荣 邢春生 丁钢 林建海
傅誉贤 刘士武 海湧 郭丽红 朱晟
张建军 张然 洪广欣 王大鹏 高莉
赵冲 王丙会 潘勇 吴凤岐 孙梅
王世泉 陆闻宇 齐向军 郝桐 张劲松
湛百兵 魏福涛 张思云 梅诗曙 张永贵
王守仁 董雪梅 皮猛 何荣黔 王黎维
高金锁 张斌源 张晖 张秀萍 华泽武
陈放 董兰芝 宋洪祥 石杨 徐维梁
李金军 袁晓舰 王新春 许志君 吴熙盛
李晋豫 袁辉 毛莉莉 杨岳 李彤童
章幸农 李巍 赵艳艳 王强 郑德江
王玉年 王增焕 陆燕钢 严明 周湜
张利明 刘建强 李卫东 许鹏 胡建三
李国红 高意华 刘秀芹 伏巍 张仲凯
赵新跃 苏乃家 付继承 张小平 冯春友
史晓梅 李军 陆宝根 刘建华 姚遥
张根 田巨清 龙彩凤 张金彪 刘建平
邹立嵩 欧晓勋 苏向红 李晓静 商珍
马永翠 毛慧 庞卫联 盛凤忠 王伟
杨铂 岳勇 郭宗华 李哲磊 薛琳
李靓 孙涛 王利华 张前 李惠芳
蒋自伟 朱雯 戴昌军 董淑玲 刘新欣
申玺朝 李军 陈冬梅 杨馨珠 李新朝
张一 肖寅 关捷 吴振泉 陈宝媛
刘来山 关志雪 戚柏兴 史蓓蓓 任芊
张惟 卢斌 刘卫东 秦超 李伟博
张易 马占安 李鹏 王文军 黄文伟
桑小为 赵建国 王跃荣 刘大庆 马龙
邸刚 王斌秀 刘来祥 陈伟 吴春生
刘涛 秦国华 高春启 高亚娜 赵铁炜
赵越 姚雷 李琪 石燕秋 宋慧青
朱京豫 张兰英 方世成 陈键 刘睿
魏建华 周尚祥 李幼平 黄敏 范加勇
陈志远 陈坚 刘立军 马学军 张志君
赵秀全 武素弘 梁勇 彭涛 贾利吉
王勇智 李永清 王雪梅 倪崇侠 孙文伟
毛新爱 张迎建 吴焕萍 张颖颖 张禹
晁美玉 明建华 王长亭 尚德明 吕军

周浩 李永利 付涛 续文霞 唐一军
郝庆丽 樊文祯 李燕 张雅明 马德贵
武静如 杜伟 王素荣 司爱华 孙宏娟
关伟 于良佐 孙刚 陈敬生 阮文辉
谢竭娟 李泓 张歆 戴秀军 郑福涛
黄庆林 陈万明 杨德印 马英 蒋涛
王锁平 王林 朱学居 董秀华 曹杨
周惠玲 张永明 王月玲 冯明业 彭文川
刘敬东 陈环宇 孟涛 张玉香 邓红
王健 张金科 姚树强 徐国林 齐文
吕明杰 牟燕东 尹四清 甄明娣 韩玲玲
杨永梅 刘斌 刘瑞玲 赵永志 梁丽
王雷 齐正伟 金晓倩 赵玮 胡宝珍
孟玲 郑晶 蔺红 杨小平 王永志
盛国敏 兰学军 牛宇闳 蔡军 郑雪珊
徐枫 马天 左景全 胡良森 华晟
郝海英 陆连弟 杨子沛 董亮 周国玉
王建成 马祥 王秀萍 陈凯 陈世华
孟卫杰 曹有祥 吴晓兵 路宇 王小君
胡峭寒 蔡淑敏 闫宾 陈钰 尹建立
李树来 宋涛 司洪涛 谭然 周玉龙
王爱录 李艳霞 姜庆瑜 马舍尔巴 刘玉安
金宏图 曲京生 王先勇 高连顺 周先锋
陈杰 张振海 于建国 张军茹 黄忠林
徐龙潜 邓献云 赵万顺 史素珍 王晓岚
胡玉欣 刘野 文晓辉 王延章 孙颖
王春平 刘方坡 张建浑 郭君 黄京津
邢颖 杨冬林 侯鑫 李连学 李敬
张志明 李洺 周乔 张保军 金华民
刘苗苗 孙晓辉 韩珊珊 王新宝 文丁
王臻 云建明 牛春咏 张丹 刘润军
黄晓辉 冯峻 郭团会 吴选辉 王振军
韩秀峰 赵玉杰 王卫 吴纯信 薛成球
江华 王华东 孙磊 张仲超 高海霞
候静 谭文军 吴平 焦占锋 荣玉宝
刘国赛 刘虹 李辉 温颖 李瑶
罗英 刘燕平 李洁 黄敏 杨丽
贾冬云 郭俊玲 王燕红 付剑梅 皮定均
刘晓玲 王鹏 张莉娟 杜新普 张文贵
张茂平 夏建虹 任军 马英晖 沈承
马玉昭 王玉华 郑金路 袁敏 干春英
王建萍 李伟 刘长青 孙伟 卢树宏
田惠来 齐晓峰 付坤 雷霞 苏敬梅
谭前飞 符淑意 杨军 杨贵生 姚宁
杨爱兵 陶卫东 侯喜军 张陶琳 吴玉敏
吕英 刘锁柱 王汾 刘玉玲 王亮

纪爱民　刘增胜　刘　毅　孙志安　王凤潮
王立堂　包连玉　齐国民　何丽玲　殷宝毅
任志华　田　峡　麻晓辉　张凌云　高富宝
张建民　韩西晨　刘士文　王凤玲　赵建红
李　杰　董　艳　郑宇鹏　李新宇　王韩丽
齐福军　王　煜　雷　蕾　卢万腾　韩藏丽
杨卫军　张振义　曹苏娟　赵德贵　田京月
辛袖文　关　军　彭立新　朱庆芳　程学英
刘广宇　庞　红　雷莎莉　段洪涛　孙　涌
孙宝琦　王继成　王义徽　张玉萍　李和平
王　琦　周召明　李仲岐　汪恩科　张耀伟
耿晓梅　郁　菲　彭维勇　李　志　王海军
吴　冰　王学贵　华素霞　张　昱　翟　莉
马序松　刘　华　倪少利　陈春旗　冉素英
孟　文　秦　丽　朱启山　徐凡伟　王振祥
宋恩兰　高小云　杨晋翔　安晓峰　梁开兵
袁　军　曹立新　郭桂英　杨惊晖　陈玉萍
米淑兰　王毅强　常丰威　王殿武　赵　军
刘　勇　葛　强　孔　磊　冉精智　吴永明
栗　泽　闫培文　曲广波　娄　阳　张秀云
付金涛　肖　波　杨义国　水　伟　刘艳华
王相惠　张亚维　周　伟　张希晶　李建军
张红霞　范桂霞　赵玉旺　张婉莹　杨　琴
马俊东　孙秀勤　郭兴军　毛雪峰　李　兰
张亚光　张晓娇　王　晶　王明晓　江义明
邹国祥　王立华　叶如陵　陈荣静　杨士贤
刘伯韬　宋　军　孙庆明　张申瑞　李辽东
王　溦　李树清　赵　萍　唐惠明　苗晓辉
雷志国　廖丽丽　白乃白　杨志宾　范水琳
徐宝星　杨鸿山　孔婧怡　王宏伟　温　娟
张　鑫　双存玲　刘秀玲　李珂娜　肖凤贤
王　玥　杨瑞洪　时超英　王晓艺　李　莹
冯艳红　李照民　张玉荣　许京雁　王国利
吴长清　温淑华　吕少杰　江　静　王小惠
杨学军　马淑兰　王惠萍　彭甫清　张彦荣
李淑荣　胡　艳　王恩远　李晓玲　王静玲
孙建超　王晓姗　林　京　王　颖　齐建华
孔令谦　周　杰　范树钦　荣培云　武艾云
李　楠　金九皋　常首生　王　攀　张志国
刘海涛　张立云　杜　磊　周　挺　刘　皓
葛利军　张　媛　刘亚男　赵士军　魏　革
张巨林　曹宝玲　曹　伟　李　路　刘　丽
朱月兰　刘利欣　李宏双　郭树芬　沈站群
赵建平　杨　颖　闫红霞　郝　蕾　张秀兰
张瑶池　董文凤　程　宏　赵正举　付艳珍
郭瑞琴　周国玉　郑瑞美　赵年生　吴景刚
董文惠　郭　斌　袁连华　富建军　魏　萍
王定江　段南南　张　勇　史宏智　李泽林
杨金华　薛美英　张维一　张　洪　李顺友
黄　静　方月红　支卫红　张成彦　路　延
李玉久　郝　帆　李京华　张玉玲　谢秋明
高丽君　杨苏霞　范桂芳　王俊凤　蒋建敏
刘　佳　路宝仓　孟宪梅　杨德增　崔艳亭
付云生　侯高明　庞　莺　乔新翠　秦文涛
周海霞　乔　刚　李　伟　朱　雁　孟　雪
杨柳霖　刘连杰　马秀卿　李振玲　常敬武
历广权　莫耀光　黄桂苑　张世贞　王　芳
郑　敏　邢　权　周　政　周建国　白　薇
樊　桦　甄百东　王亚利　苏　维　叶　萍
李　侠　刘　刚　逯红宇　曹洪瑞　张红玉
朱文良　刘桂卿　邢志隆　高凤兰　蔡莉萍
闫俊莲　朱　敏　李淑玲　张改荣　肖维亚
赖晓超　朱勇哲　曹国英　陈　辉　郝桂喜
苗一杰　刘正伟　崔学利　杨雪琴　刘炳起
姬文革　董跃美　耿秀萍　杨玉亭　陈珊珊
薛瑞丰　任　政　徐海霞　赵学军　陆　颖
程瑞明　王太成　郗　杰　陈　燕　张瑞祥
张建华　刘爱华　曹丽英　陈　瑶　冯建萍
王秀梅　张立军　王立佳　王玉华　刘　涛
郭万东　黄莉玲　李　雁　穆小征　张　萍
李秀敏　夏彩云　苏武骏　杨　伟　马红云
赵学军　郭宝银　刘志斌　曹永祥　潘世菊
安照东　柴　岗　姚茂成　王海青　解　军
高万江　刘　勇　董　健　曾　旭　牛秋涛
冯　雷　徐建敏　杜宜凝　白广冀　刘家红
李　京　郭爱华　郭　敏　马　冉　董建英
何　静　王玉芝　郑贵萍　索永强　贾秀芬
刘春兰　陈静芳　刘雪东　郭彩霞　贺秋刚
胡小华　储学勇　杨立华　杨晓言　曲士勤
秦振明　姜海琳　谷德雨　付义军　谭国忠
田洪顺　李　欣　万学军　郭成双　郭　艳
翟云峰　张洪源　贾　宁　排风云　米　岩
王林松　秦新兵　张　立　姚文龙　刘竽含
董　杰　张秀兰　薛卫芳　韩富秋　吴瑞和
谭　婧　张振山　王婷婷　徐桂明　阴玉敏
岳安荣　张凤英　蒋冬霜　郎翠琴　吴海峰
肖宝荣　张文侠　张京宏　魏银荣　李　萍
张玉洁　孙玉竹　曹连元　马胜奇　陈启升
赵翠丽　吕　刚　刘运杰　常　进　郑彦霞
王春庆　崔少飞　巴长瑞　郭　慧　陈文刚
戴晓梅　司　宁　沈永胜　王　玮　葛文辉
杨松林　王平原　杜玉凤　夏　非　朱继红

李荣　王丽华　郭艳玲　费建文　梁立华
吴敏　陈莎莎　耿红　杜佳新　曹海霞
宫兰英　苑翔　张慧蓉　张英琴　孔令芹
司国起　巨占华　马跃阳　杨力　石凤旺
闫杰　王松　陈明　甘启梁　孙建军
刘彦龙　郑霞　殷宁　柏紫葳　么亚波
王燕伟　封钢　韩文茹　乔泽刚　和文塔
吴海兴　马小勇　何海军　邱春玲　王爱青
赵立　何静　孙军　刘宏伟　王静媛
陈小刚　于彦　马惠　王淑文　周子燕
张书亭　李秋霞　邱凡　和平　李聚美
郄晓广　赵春喜　裴立玲　王仁成　张世苓
王建平　崔爱军　赵丽晖　方建武　裴桂馨
张红梅　闫刚　郑红　刘娟　何美龙
白桂英　张强　郑金花　麻克清　焦富征
吴丽敏　高智勇　张爽　苏建华　李晓群
刘丑生　展希龙　霍兴国　蔡旭　孙欣
蔡红梅　王晓静　王振生　霍亚立　乔愔
张志武　季文龙　薛桂明　张万江　赵凤英
王凤山　石明会　孙心骏　王翠苹　李杰顺
任庆祝　吴炳晨　白晓泉　李树莲　郑树丽
杨素芬　玉秋雨　宋义德　魏建军　李永明
陈佳星　何李冬　施伯涵　刘战强　邵水平
许嘉宁　刘镇平　王悦晖　朱雪青　乔池
杨志龙　赵长生　黄国英　李淼　李修来
耳今言　蒋宇　董蕙玲　袁庆武　李京春
张子魁　金春行　史健　张前民　刘艳玲
蒋惠兰　郭红英　顾美平　邓涛　李祥贵
李书芬　蔡霞　牟荣昌　葛羽　张秀伟
李春明　翟玉昆　田心　杨士农　乔栋
魏波　张庭山　候敬波　江龙来　周凤波
胡雯丽　符志宁　王秀敏　苏向东　陈伟航
刘宁川　李富标　雷骧　刘峰　杨志刚
陈辽　冯志茹　陈雨虹　徐海涛　林凤辉
康玉山　金雪梅　刘爱英　王春桂　胡茂华
宋文平　王爱群　崔玉忠　付萌萌　于宝
耿晋　周辰昕　邢平芳　王春清　李怀冰
刘万军　郑欣宇　修立君　李健　龚琛
杨立春　许得华　孟杰　袁零久　郑学炜
聂艳军　李芳媛　盛英　张良平　马国维
曲业娥　张鸿生　何国明　贾国臣　甄凤琴
宋艳明　田秀凤　赵凯　殷金凤　王伟
张树彬　郑文献　王艳惠　李兰敏　刘慧萍
郑大为　王春鹤　曹建华　周丰　王万雄
李刚　孙昊哲　魏福涛　雷文英　孙兴泉
刘汝伟　李连科　毕重伟　刘德永　苑拓
唐蔷　王慧芸　刘焱　马秀文　李亚为
郭清海　孟皙松　周洁　崔玉华　王琳琳
杨洪燕　肖淼　杨玉丹　冯刚　苏连志
徐佩云　王秀琴　范春丽　沈淑芝　张淑芳
李秀华　刘国林　李颖娜　崔建立　刘春玲
侯振芳　曹俊玲　宗士琦　刘颖　李丹
张玉俊　闫成　郭宝才　邓秀江　卢艳萍
何钢柱　王军　董会生　马海鹰　谢宗国
刘作魁　陈萍　杜丽英　赵颖　孙静彦
刘晶　樊西鹏　王鹏　危小毛　李一雯
刘楠　陶学丽　唐秀芝　李爱娇　周慧
王胜太　赵丽萍　王丽丽　陈玉刚　杨素英
李牧　郝苏亚　郭瑞琪　左冬月　彭晓彦
李广胜　吕月贞　胡绍晖　杜慧英　叶鹏
李杰　吕永宁　王代峰　李献军　解坤罡
王臣平　郑玉乔　崔卫东　李文中　张永红
胡杰华　张宝会　王有才　张孝海　范二丽
蒋立荣　方泽　苏一喆　邢纳仙　李玮
张雅　陈冬云　吴颖脱　刘剑锋　李慧云
李德玉　李相东　任炎明　陈永　尚玉兰
康晓敏　刘宝利　乔书贵　李建竹　梁牧
白文平　王春林　李宝新　王春华　吴国娟
张学军　陈文霞　张海龙　刘全红　吴宝华
范玉生　张振萍　赵瞻　刘彦清　娄占喜
张春红　路应涛　刘北阳　齐建宗　孟凡森
奚军　赵国章　王光华　赵晶　史留保
章浩　张彦禄　卞玲　贾新均　许大庆
张雪　付博　杨恩贞　王竞　敖明桥
肖潇　赵世超　冯亚力　吴桂平　赵华
刘东风　赵丽　高书鹏　刘玉萍　潘建国
李凤汝　苏煜　刘淑琴　崔水　毛立新
臧丽华　于春华　姜守凤　刘晨　梁红
王玉琪　赵爱萍　张凤英　郭春林　刘凤仙
陈健　吕东　张迎辉　庞琨瑢　柳家玮
高志贺　张孝　孟祥杰　田志刚　聂宏伟
王蕾　张辉　王利杰　吴云　王海燕
王加春　付可宾　李俊毅　周莹　史红梅
王丽媛　杨华　赵东红　赵尚科　赵培泽
王芳　高春霞　贾旭东　李玉生　汪学银
高玉花　王薇　李锁群　杨中团　崔立党
连秀琴　刘正　李秀香　马文华　海秀莉
鲍永强　陆颖　罗庆学　张睿　杨金涌
张颖　张晓梅　卢平　甘建华　伍刚
闫涛　徐家亮　宝月凤　袁自斌　闫寿江
谢友华　耿燕苓　赵院军　张福来　蔺娣
武睿　尹荃蕾　胡颖　李义廷　苏云华

商鹏云　马俊祥　白　毅　田远新　徐成军
张　伶　刘和平　吴　农　安桂芳　井爱荣
王淑美　孙文线　刘艳霞　刘秀全　倪蔚蔚
石立君　王玉洲　黄玉芬　姜海裳　董红艳
安瑞兰　刘东萍　张恩富　王　佼　郭惠茹
归恩兰　吴　茜　姜国胜　司俊岭　于　亮
胡　兵　张　琦　尚世伟　滕红云　邓冠中
张　鸿　卜恒永　戴宏滨　高永红　商建英
刘绪勇　王庆东　徐　霞　杨　满　李士博
殷康国　汪配枝　邹　宇　单继红　袁　键
王筱鑫　薛云平　张　存　赵　秀　程国忠
郑国发　王丽凤　梅　军　张秋生　朱荟洁
韩　霞　孔维冬　吕俊肖　张　磊　叶　青
杜　娟　谢德强　董福兴　杨　珂　张林祥
任振祥　胡雨龙　武　兵　赵向东　葛常勇
李世喆　李世忠　王德义　张仲山　辛　莉
孟秀琴　高玉利　丁占良　潘　鑫　张文通
王德剑　寇　伟　陶　琳　贺美荣　陈永明
陈占元　耿绍成　安永存　黄宏春　郝云峰
谢　庸　王小宝　穆　宇　肖进秋　赵冬梅
胡焕颖　高荣珍　毕宏生　刘思佳　荣学强
连文胜　贾恩松　李庆芳　易湘林　张建德
周宏义　吉明铎　王宪君　张振安　田秀清
刘伯明　吴晓军　贾民贤　贾　哲　翟留申
雷国勇　刘秀邦　刘　郁　蒋利群　白宝忠
刘永生　何　全　姚庆旺　王利堂　张士华
龙连柏　孔祥雨　肖志刚　姜志忠　李胜昔
杨亚清　刘高怀　董亚静　刘婷婷　李德利
刘香民　郭连海　潘志强　秦　亮　孙　溪
王秋英　张春雷　明宝军　陈延军　吴　霜
呼淑兰　史新辉　董　晶　李祝元　张春梅
魏新云　缐卫光　郑　勇　张启顺　张　奎
王根来　李明亮　张　昕　周梦新　刘庆忠
成育军　温静才　张　平　刘　红　齐增义
赵敬群　赵春耕　王学芝　张茂连　尚宝云
杨　含　姬维杰　罗义华　路　军　李　欣
王世纯　王润民　王云霞　邢少义　冯春方
朱连坤　徐战虎　张爱东　张金生　杜文虎
康志华　李贺清　范志刚　肖培祥　李德华
张福祥　王小红　李兴泉　芦国祝　战晓波
张春江　王　军　张宏明　王　毅　刘灵霞
吕　英　贾小培　王宏强　李全杰　张红霞
徐宏桢　李文革　林　敏　宋　艳　马　麟
蔡　嫒　李　荣　冯庆国　夏玉茂　许永增
张嘉元　冯丽静　马克江　宋文舜　漆　龙
刘士勇　耿亚维　任　勇　刘淑芳　康若青

杨建海　周卫东　李志胜　王文俊　万小兵
安立民　金殿军　赵歌帆　王克滨　刘建文
苏贵增　王　静　董京丹　马国勇　寇　晔
张文龙　孔钢城　李登超　颜廷建　齐连会
张素珍　陈　雪　黄思连　刘春玲　周瑞雪
李春青　高习见　李宝龙　施丽立　戴玉红
韩学林　周立民　张树宝　陈　杰　孙连玉
于士学　胡振俭　刘　军　吴志刚　杨振彬
王艳平　董德峰　刘宝华　陈晓丹　李建君
李玉芳　王立新　闫秀亭　程振环　陈宝霞
芮本生　马洪程　潘　俊　李玉民　李巨东
徐广银　倪　水　雷　静　于志刚　孙玉辉
李杰民　崔国栋　韩继芳　杨国刚　王希平
刘会平　赵亚杰　胡永峰　曹长海　闫俊松
黄景华　冯永忠　张小锋　顾洪涛　荣秋明
李　文　马旭辉　张春玲　汪家林　李想泰
任文平　赵宗宝　李清会　王保社　李文静
张晓唯　李颖颖　陈秀杰　侯井增　赵秀海
李　梅　白国辉　郑　俊　张　鑫　凌天瑞
魏建东　丁　淼　吉广平　王　刚　石柏林
闫丽娟　王永文　魏凤雪　张　洁　葛增森
曹卫国　吴士奇　李国启　贾宝丽　门重山
张克斌　高永荣　张淑田　贾毅钦　韩　潮
王洪月　孔令江　李明哲　马　军　郭长利
李　海　李少峰　张俐萍　徐　玲　李云飞
蒋东燕　付鸿迈　李秀红　赵　武　周亚文
曹　斌　柳宝文　苟有利　焦会满　齐宾如
陈　军　任贺超　张晶生　孙麟龙　张　雪
方　程　王培培　刘晓燕　赵红伟　米振华
高云汉　郭淑霞　乔泽梧　王秀萍　闫子义
彭　飞　郭庶培　赵东升　刘洪良　吴海英
宋振南　杨　永　李君奇　张思忠　宗永军
闻惠友　张　莹　秦　涛　马文虎　王焕英
孙　涛　金淑华　吴亚丽　翟玉凤　翟英弟
李宏卫　康　祥　付燕华　张富青　王　飞
王　媛　刘宝山　张志兰　特学国　刘仰举
何凤云　毕金红　周　莹　孟玉秋　刘东跃
李爱华　赵永生　王　安　王拥军　徐文华
张振国　王玉珍　李雪莹　马瑞奎　杨宝田
任宏亮　李天昌　刘巍巍　张胜涛　丁振彪
黄　通　迟法泉　王云凤　王淑贞　张海滨
崔曾顺　李　玉　刘　静　赵金山　刘立新
史秀荣　李亚辉　吉明月　宋来福　万永健
王文珍　杨宏伟　德玉兰　李　健　赵延兵
刘　欣　张有维　杨路斌　刘明利　杨春林
李　山　李文芹　金春水　金淑英　骆尚禄

司建鹏 芮清泉 耿晓玲 金立伟 赵 军
李玉发 杨军萍 王淑兰 刘艳欣 董秀娟
刘国固 何 茹 白俊书 宋宗芳 刘志农
陈 国 王德正 崔庆明 马 昕 刘洪宇
李双廷 邢志强 刘希哲 杨 静 周 静
李冬梅 田玉江 张秀改 胡光自 张培华
陈 莉 刘永青 王引红 薛春军 汤文山
刘启祥 胡云霞 安淑玲 薛寿忠 张海潮
赵玉瑞 王学富 庄虔春 陈 楠 马乃军
高 萍 王文兰 王 蕾 刘 艺 王建荣
孙德玲 杨翠平 彭 珊 张秀玲 谷 玥
刘旭成 宣 然 杨 怡 李 合 张凤来
王增韵 夏银亮 袁素娥 王 华 张剑玲
历建平 张 勇 李广发 端小明 郭树堂
于树新 毕于军 佟德宝 张 刚 郭立新
刘启顺 刘宝全 崔 良 李艳玉 李炳龙
王春清 王文举 张立迎 韩 宇 武学江
李铁华 白福亮 魏春海 佟鹏伟 崔胜利
邢春英 杨凤玲 陈 亮 赵 鹏 李连菊
马永华 祁晓庆 戚 璟 王 蕊 刘爱英
刘瑞祥 胡素君 史文革 崔世环 姜建莉
胡少雄 郭振凤 李建和 郭希平 郝继忠
张纪秋 徐红光 王义海 刘金江 王天军
尚德有 田 兴 张连华 王连秋 李 亮
张耕畦 张 连 韦玉星 闫文生 陈 明
杨卫刚 王鹏和 高秀英 刘秀梅 张晓弟
黄 凯 张桂玲 王 建 徐新春 郝占军
刘福新 琚泽玉 王春东 刘 芳 刘维强
刘雪飞 刘 艳 张桂锦 李秀军 王冬青
曹丽敏 袁志学 王福柱 安亚富 郭燕君
徐建民 关玉霞 邵国材 存士全 夏炳茹
安俊改 张 英 吴莉茹 孙淑云 云志刚
马云凯 马云红 钱晓燕 刘金香 张长利
马晨红 杨慈光 张玉臣 魏玉萍 宛淑霞
李淑静 刘 琳 马洪松 高文奇 孙彦俊
刘琳琳 蒋朝阳 彭俊儒 郭淑珍 刘桂兰
何桂清 王永春 徐家祥 郑秀芬 将瑞金
张启增 梁润平 赵守荣 赵婧怡 赵红曼
李志强 王学文 郭艳华 王士永 张玉峰
张 娟 李晓晨 刘 丽 陈永洪 陈炳山
陈文生 孟宪东 赵来胜 王 丽 韩志祥
宋金志 李玉林 张 华 高春媚 吴立华
郭金花 刘关营 王 椿 张会来 陈 旺
李宝利 郑淑惠 刘 鹏 孟文娟 张成贤
梅 英 王 强 张盛军 佟金龙 孙 奇
刘国体 王卫兵 魏文华 郭京川 郑朝晖
张复春 张保忠 罗 堃 徐 宁 王成君
张 凯 刘海英 曹学文 刘振东 张凤勇
陈振雪 朱领军 张仲达 孟宪文 郝振利
王海星 王淑芳 刘敬儒 杨乃春 安金辉
顾正权 柴 隽 沈 波 张 沁 齐建强
胡启军 刘胡和 张保华 刘士华 刘国青
赵 剑 孙建民 荣学英 路永增 郭延峰
刘长河 张 超 温忠立 孙毓莲 李柏松
高友东 韩 占 石桂元 高斯君 吴家松
谭丽茗 吴永山 赵汝强 付继光 乔秀珍
范学龄 张文元 司友斌 胡友志 李 兵
张通民 杨绍波 张必清 梅小玉 李秀玲
郭 军 许朝奉 刘 玲 田泉海 蒋学全
孙孝常 杨家峥 刘志民 胡超英 刘丽雅
薛菊霞 白国良 尹启华 倪士玲 侯 丽
李倩云 张宝凤 陈进添 马 恒 葛秀林
席树庚 司万利 张桂山 乔振江 景 暋
任丽娜 陈保军 赵祖明 程野冬 张京湘
黄晓伟 李 洋 吕 玫 倪遥远 金 童
李 毅 吴 刚 陈 军 李宏钧 张鑫宇
刘 绫 宋向阳 李 钧 马占晔 温 鑫
岳 潭 李春雷 夏俐杰 乔红月 朱益定
田 甜 沈国军 徐 伟 张馨元 张美娟
李 萍 平 川 文爱群 曹京燕 杨 英
解育君 杨朝辉 崔丽娟 石 岩 温京明
刘世广 王 丽 苏 民 师 伟 刘元春
罗 晓 陈开红 王 芮 杨 峥 周连红
邰希凤 孟海英 李 红 王 晶 高丹丹
李 洋 王 欣 韩 朵 岳 青 刘国栋
张树坤 杨立焕 朱学军 李迎新 袁 红
党 军 冯友东 王 钰 孔繁振 李小玲
杨非衡 孙芝云 张振汉 刘艳俊 白 硕
李 昆 柳德元 唐晓莉 赵 袒 范茂槐
程红燕 周 彤 孟 莹 李玉娟 邓欣欣
张永华 陈 杰 姜 文 崔 明 韩 红
陈桂平 叶克颂 刘金娟 吴 宇 郭 鹏
孙洪斌 于 涛 陈景春 李 文 于 冉
龙 梅 洪建基 洪剑斌 孙 帅 王 曦
李昕宇 刘振山 梁雪琴 陈 婧 彭文新
任燕华 汪春松 宋 红 冯 伟 朱 剑
叶 君 马宇晗 李政媛 张天清 赵庆山
樊 辉 张国华 齐宛基 李 强 李 明
冯伟林 丛军刚 郭 琪 梁璐璐 孙 翀
战玉贵 王春增 唐涌涛 王佩章 王春发
姜金平 王 鹏 王一凡 倪 辉 杨京恋
刘太平 刘红成 许智勇 白欣杰 王子明

郭占船 吴 颖 孙玉良 李 黎 宛 煜
赵 玲 杨泰峰 徐玉梅 许建林 解树旺
王 立 孙莉婷 梁奥博 付晓梅 傅 强
郑思科 李瑞翔 刘 燕 李清华 李 铁
王 敏 吴小军 赵 彤 王 玲 胡显发
范 庆 王 楠 荣 容 魏毅力 宋雨声
刘 勇 胡胜利 曹 宏 杨积钢 张 艳
张 静 陈 昕 张 岩 徐传孝 赵俊库
谭孔辉 司晓强 章兴印 崔大明 张 晶
张志强 刘永武 李晓梅 安克俭 陈新月
孙 辉 郑莛玫 刘 勇 于永林 孔凡全
王桂清 王 攀 王 辉 尹连东 马运喜
惠 涛 辛劭波 陆 云 许志乾 陈华利
雷 军 陈义成 蔡 威 刘 冬 王凤麟
何 磊 邓宝刚 吴 思 焦春意 邢全富
谷维华 蔡荣茂 刘宝刚 张永辉 刘建辉
安玉平 付海龙 金华春 胡建军 高晓伟
刘学峰 李金利 郭硕烁 李琳杰 徐福旺
吴永旺 范国威 高擎宇 王 军 臧 伟
杨建福 于 垚 邓腾飞 闫国亮 常宝庆
陈介纯 张 迪 韩福山 杨宝安 徐 光
胡振国 刘 鹤 袁海勇 高福刚 许永辉
孙长亮 刘亚成 杨正亮 金伟诗 姚 淇
张海军 周全辉 王连清 黄 昆 刘 军
王艳明 刘 东 谢文武 冯海胜 王玉灿
任虎翼 张永红 杨艳军 贾 宇 杨彦军
王晓明 张印泉 罗庆然 郭志杰 田 军
李志龙 胡 颖 李九庆 裴祥来 魏 敏
张左盾 薄 浩 徐长春 杨建国 于文科
马曦初 刘 斌 胡宜彪 彭 涛 张 红
郎顺田 林 刚 宋 彦 徐凯华 岳长广
刘春长 胡凤帅 肖卫东 李 江 任洪海
孙 麟 彭 江 王利群 张建刚 王源波
赵援朝 张亚新 张新禹 孙月辉 周治中
郭 强 安宝立 刘 栋 李 华 邱 跃
陈啸野 赵 镭 杜 超 郭 蕾 任家鑫
缪志伟 李景富 刘春增 李 春 杨 鹰
张 旺 张林忠 曹 岩 朱 辉 王 亮
马红岩 魏 鑫 付友利 王树学 马志新
孟繁华 王 良 吴京萍 袁光明 刘海东
李立宏 韩春喜 傅国栋 王晓杰 刘永年
佟北胜 谢晓萌 刘君明 张 博 王小虎
付红林 邢 军 杨海建 李林松 李 辉
王 涛 张 欣 杨海军 王 煜 周士旭
刘志强 隋新宇 张卫红 王 刚 刘卫东
刘建涛 谢 刚 张鑫瑞 徐 健 张 文

邹 强 张 浩 王树富 李兴祥 孟宪勇
杨 波 宋广宪 闵云鹏 张占山 王光科
羿韡韡 刘利军 杨绍波 陈玉珠 隋福祥
张冬庆 朱占英 许国强 刘朝忠 邸淑华
陈增义 钱 方 杨瑞丰 刘 宏 杜 洁
刘 凯 宋 扬 邢 震 郭军友 王 凯
何 帆 王京生 佟 超 孙建平 董 力
徐 飞 赵玉海 梁德靓 冉 彪 李树强
李光辉 袁宏伟 张立军 马 将 秦燕翔
张万平 王跃东 张文江 吉 政 赵 磊
李国军 崔 凯 郝志华 陈宏量 马山林
季向东 徐 鹏 张革忠 马 涛 李 征
王 硕 闫沛东 张 征 武艺琳 刘飞吉
孙其军 周 炜 滕国清 王世元 李燕梅
何晓华 陈 宇 杜 鹏 王 铮 乔春江
刘治国 丁 宁 王 茜 蔡 芳 张 伟
冯长林 李 冉 郭伶俐 徐 芳 王立志
韩 斌 刘志如 成 林 徐志辉 李丽艳
卜 欣 潘会峰 孟 然 刘 仡 韩丽华
段小庆 王燕苓 李庆春 徐学鹏 何剑雄
周 力 许德宝 马金东 宁雪娟 陈 菊
张德庆 于亚萍 牟成梅 刘建新 张彦薇
陶 军 李 军 梁占英 赵建忠 孔 全
张玲玲 姜朝一 周振民 郭绍刚 任微微
杜建梅 王 彪 孙兰杰 刘玉琴 翟德润
张英飞 黄九梅 刘红艳 赖怀超 吴忆军
李雪丽 汪水明 贾广秀 李 劼 刘德印
邓玉玲 王 松 王玲玲 张海芸 李宝玲
徐 刚 陈 磊 初岩松 杨经卫 钮志敏
孟宪玲 陈 波 于亚玲 张振龙 侯志刚
李国浩 张治齐 刘世涛 张福勇 王冬阳
郑良琼 马 骏 杜学明 马常嵩 徐峪森
张春杰 赵海娟 马跃阳 赵文伶 宋津津
赵翠丽 闫树江 王 红 余 洋 李新宇
杨 阳 张景芬 张丽红 祁冬英 张绍郡
程 宏 王 燕 田秀玉 梁秋勇 赵 军
赵剑秋 包连玉 赵书明 顾艳娟 钟亚利
马守凤 李 梅 徐 洁 李福平 黄乃丽
陈希思 汤文义 刘小玲 赵 青 林安杰
吴少君 阳 杰 贾建军 蔡翔英 李 明
高凤玲 马立明 蔡 颖 张雪梅 鄂建一
曹剑锋 曾女兰 绳世辉 李胜龙 雷桂英
魏建军 车 蕊 卢胜利 张 杰 弓 恒
李 伟 刘彦娟 李世民 刘林峰 胡海京
张崇增 李建文 常 进 赵淑清 穆德林
李智强 孔建红 任振祥 张 颖 杨守泉

杨玲 曹宇 许阳 刘福利 刘虹
张建军 王彬 杨静 李浩 慕英杰
顾汉林 周建 尚志伟 苗军 王凤潮
胡凤海 陈进林 李玉立 陆远大 周长琰
梁广智 左翠霞 王寅 杨学义 王子华
李俊忠 刘军峰 温博 李小青 周子涵
汪琦 尤作文 陈斌 田凤鸣 胡文莉
白爱民 韩旭 于亮 董磊 高永康
刘洋 金岩 杨玉坤 于红霞 刘利平
单伟 冯中华 王宪国 翟军 王献民
马占军 余刚祥 樊良柱 薛斌 宋文平
马国忠 孙立军 李晓 刘天宏 周志成
郭文波 孙杰 杨俊亮 赵玉江 许长艳
吕岚 赵文杰 吴志伟 邢志新 赵万友
李春霞 古朋启 王瑞林 刘宝珍 宋凤泽
刘喜文 季强 王贤乐 汪斌 冯铁成
郭春岭 赵洪玉 李佳静 陈一 康艺
李孟阳 康博 张宏艳 王峰 王嘉硕
徐祯卿 赵鑫 周丽宁 李俊超 王令
郭学渊 杨柳 岳静 张川 李国荣
王海玲 左向军 郭新生 柳玉秋 李文霞
李景 杨翠 王彦宗 张妍 朱凤琴
刘健 崔洁 韩淑卿 李蕊 王洁
白俊毅 杨永梅 王桂云 赵利平 张群
蒋宗合 郭春荣 熊涛 王建军 任宏义
李琦 刘驰 石树良 王增花 李文兵
李飞 朱瑞明 李永禄 师志国 鲍健
沈红春 张海思 牛学军 皮均 苏忠
李旭东 李名奇 孙德纯 白国正 李英志
陶晶 王岚

**创建全国文明城区工作先进个人**

宋德宽 林晓宇 杨葳 曾林 李传永
洪华 马煊 郝晨刚 赵瑞博 赵霞
刘建 宋永光 周婷婷 李鑫 刘莹
吴建伟 戴嵩杰 陈璇 孙旭旭 陈翀蔚
管利民 徐福寿 郑培林 李兴祥 韩冰
苏双玲 方向华 代少辉 李娟 周华阳
李振生 闫玉俊 文波 蔡睿 陈磊
苏航 霍蕊 赵坤 赵辉 徐京
陈永春 杜雯 张帆 姜凡 李涛
常凤娟 刘佳 刘磊 叶易棠 张帆
张睿 刘萍 曹艳 宿静美 闫立民
阚存一 郑晓岐 德连福 李立 赵霞
武文一 夏娟 赵书川 关进国 田华
王立新 张颖辉 王东胜 刘一凡 李贵
霍文礼 高华 胡镔 郝克敏 陈征
赵伟 张春玲 那珊珊 燕海涛 袁学军
杜春华 高英梅 宇娅薇 郭树伟 程立群
韩保卫 丁珂 刘星川 战福国 宗延龙
张洁 周建立 李革非 林美玉 洪岩
李响 周立轩 董则君 周原 尚利准
卓晓奕 李彦斌 赵建发 赵熠 王晶晶
李红菊 娄牛 李蓬 李微微 尚蔚
汪雪琴 李金虎 张云霞 姚德文 杜桂忠
李永红 邬晓青 张守伟 巩秀 巩建国
谭小昆 李纪战 邢守玉 任万善 时春岗
刘红 孙守瑛 田硕 唐友平 刘定坤
李青 陈曦 刘大宏 陈康 张頔
李喆 刘杨 刘宁 宋久博 刘克滨
肖志锋 刘立波 李万锁 赵燕 杨育才
安书林 戴瑞亮 王鹏飞 马嘉嘉 邵建云
张中华 刘怡 刘飞 田水 秦敬涛
田野 卓磊 张璐 李松澜 任树平
史素玲 张云飞 柯梅 石慧贤 黎明
唐海红 季亮 张炼 宋超荣 张洁
董莉娅 李红 付义金 薛皎薇 贾思渊
耿曼泽 刘福 郭亮 赵海东 李淑环
顾颖 李立新 周静 李皖 王瑞彬
崔永立 薛蕾 王之静 崔宏伟 李永宇
侯玉华 解卫 刘丽君 张立军 钱清云
王仁清 林琳 张颖 孙玥 王玮玮
马越 赵东煜 范永军 王萌萌 韩栋
张淼 曲汉卿 秦颖 杨卓然 李渊明
赵文彦 刘婷婷 陈京元 姚国峰 张志勇
赵春生 郭永峰 黄岩 张国柱 沈同
王东明 周群 孙萌 王振武 黄金连
田树平 田申 张美新 杨林 佟浩辉
张巧梅 辛建立 岳利 韩军 帅洪
刘永红 张艳 张明君 许静娟 马海敏
秦磊 余翔 王俊生 王丽 田红起
葛小东 杨卫杰 戴鸿飞 孙志强 陈岩
张健生 张剑 郝跃鹏 艾新 闫立春
张雅娣 李想 杨方进 李翔宇 李冉
刘富强 王晋 张占京 要三强 付志红
王蕾 李久如 党伟英 王建明 覃俊
李树茂 李晋豫 赵斯佳 王采霞 张健勇
杨凯林 路林 刘家名 金永刚 朱成全
高红然 杨继勇 张云昊 郑振宇 李丹
张波 孟凡彪 王凯成 金光辉 尹国英
刘桂其 刘淑荣 李晓燕 蒋红 马虹昊
黄凡 徐新峰 刘平 国胜兵 胡恒发
蔺克光 左桓 王先虎 董奎风 唐云梅

高红然 杨继勇 张云昊 郑振宇 李京生
赵建军 李俊忠 乔锡民 马军光 周建革
龚　婕 杨云龙 张　洁 刘　浩 靳文辉
李梅玲 王　蕾 于振勇 李忠民 朱　跃
刘　磊 王延海 廖山青 张晶山 张　洁
魏　敏 宋铁京 魏　斌 蒋志君 王玉才
武　刚 寇津生 沈玉雯 闫为民 马　鑫
张京山 吕秉生 于树立 常国强 邹　玥
贺建宏 景燕生 富　铁 金　政 孟宪臣
贾向文 王卫东 张云峰 赵　强 李庆珠
龚建国 李延涛 卢　研 孙国艳 李少华
张　磊 张　昕 高玉娜 付怀涛 曹国炳
白江海 张昆鹏 李学军 刘晓勇 周　颖
魏　超 郁文明 李　鹏 顾　程 孙爱红
李洪斌 张　虎 高建华 刘　刚 李　丽
孙世杰 姚有法 徐　宏 雷雪清 文方清
谢利华 杨海池 温晓光 韩鸿江 孙晓红
彭金匣 陈志田 张艳清 杨立强 于亚民
刘国忠 郭春荣 李洪婕 董　强 罗春宇
郑永青 王长瑞 王　新 赵　娜 刘艳敏
樊　芳 白雪山 王安喜 高建新 张志刚
刘　旭 佟晓跃 项　悦 杨　戈 张金财
王　涛 蔺春光 吕宝春 侯永强 陈小芳
张　磊 王　燕 刘晓光 冷建飞 闫　丹
张　合 屈亚凤 侯育辉 王　焱 傅泽文
吴　昊 米　楠 李　云 张　微 黄　磊
乔　永 魏　薇 徐宝荣 刘艳杰 叶　冲
黄振纲 孙　鹏 凌　卓 陈国芹 何　斌
白　涛 彭　宁 高连财 周　进 曹　苛
李静波 韩运旗 何瑞敏 阎建霞 姜红霞
冯　倩 王林兰 李永庆 刘冬梅 吴忠延
高欣萍 卫　磊 闫　安 孙铁男 褚雪霏
李　欣 张沛忠 吴　寒 王小园 陈　艳
徐大维 邵　帅 张　娟 张　琳 杨　光
王蓉蓉 闫　菲 付新超 王新星 吴代康
曹洪燕 黄志成 段志永 李静兰 张霜梅
姜　鹏 赵志强 戴　争 贝　群 刘红战
刘　冰 赵　欣 蔚冬红 王仲琪 陈燕华
周艳红 王　镝 邓洪涛 郭存古 王亚楠
周乃庆 朱宝敏 韦小萍 兰万秋 陈宇鹏
芦守民 马　杰 宋再星 姚雪璞 范晋瑜
石治新 熊先毅 刘　畅 张　昆 李翊轩
张熹蒙 李少清 刘　伟 闫长征 葛永军
郭　岩 郭克义 陈　京 王世会 赵　娜
董　涛 李永来 余慧云 蒋昌启 姜　南
罗　鹏 王　峰 陈道玉 张治国 闫全江

袁　莹 范炜煜 黄卫峰 董翠娟 王　鹏
陈宣英 夏旭昀 杨　毅 王晓嘉 李海莲
李翊龙 汤文良 马秀荣 李春凤 王　涛
侯德成 杨永俊 孙　鹏 张惠荣 李　农
杨福顺 韩　娜 韩晓文 吴　浩 周文舫
田　静 马志毅 吴建国 王冬岩 安国平
桑宏伟 冯玉华 池海量 刘　卉 刘　蕊
赵晓琳 穆艳艳 杨效东 刘建平 薛传富
方　宝 卢　珊 钱国军 袁晓红 司正平
李　妍 韩宝玲 马　丽 刘志育 俞　立
梁　媛 张　力 于永海 王　丹 程　艳
王　莹 史明晨 刘晓晖 冯京樑 宋冬萍
王瑞强 高武松 佟华羽 袁　鑫 汪　浩
刘京玲 李云龙 张　娟 汪勇武 刘学龙
田　野 梁跃霞 王武平 陈凤华 肖敏起
王广知 吴　霜 陈振平 尚锁柱 马金路
赵　群 宁　沫 平立新 陈清核 杨　涌
李玉峰 李　谦 阎　梅 穆春梅 秦燕玲
冯　娟 袁领娣 赵金田 王传会 任妍杰
周　颖 陈　新 沙　莎 梁　璐 张　笑
刘　勇 谢梦冲 邢志成 张敬煜 张丽萍
刘　力 黄海舰 张连星 姚　维 洪　莹
赵　军 董伟敏 韩倩倩 刘京兵 蔡伯炀
杨宝华 唐　勍 孟　健 胡文瑾 付　俊
臧　华 宋　頔 吴　莉 丁燕云 朱梦茜
何　泳 刘　洋 杨文博 李　俊 冷春华
翁广达 张新会 张　斌 张　洁 张　岩
高爱华 李　广 黄文革 苏　虎 陈弘毅
赵海涛 孙永涛 刘　贺 宣　铭 张钧轶
周秀玲 刘东霞 毛伟力 王芸蕊 冉敬波
康姗迟 关　锐 马长顺 雷琳琳 王瑞红
张　婵 王改兰 张凤莉 刘荣利 王振昌
王洪涛 张继明 张晓菲 赵　凯 姚　琴
孙　赞 马　原 孙鸿艳 陈　浩 孟媛媛
孙在川 寇学青 沈志珍 崔振亮 刘金凤
李　鹏 杨立功 刘福森 王奇娣 卢小双
金　浩 李　倩 池雪平 邵　云 毛学峰
杨　展 王志忠 王雪春 于德凯 王　艳
赵　娟 翟广州 颜学兵 高　健 李　飞
张新明 樊　程 成少英 刘　卓 李　颖
赵莉莉 杨　洁 李　京 王明浩 曹洪亮
张东禹 马　童 罗　宇 陈忠东 尹　东
台　瑶 徐敬东 左　为 刘宝贵 封　雷
张　健 李　扬 李清福 吴　华 赵　晨
刘政华 侯雪峰 汪　涛 高　森 刘耀毅
刘　鼎 梁丹萍 张立华 武卫华 王海霞

王 依　李 淼　田 丹　乔棹东　李 蔷
梁月才　宋 薇　解 峰　周学莉　吴永继
李永安　李江华　陈 春　祁媛媛　郭晓雅
于丽丽　张学军　张 艳　景翠婷　张 艳
赵 宝　马雪飞　李宽宏　李友军　董文华
李秀云　刘 伟　蔡柏生　张 民　赵 早
王利华　刘洪源　何彦军　杨 砚　张 雷
崔 静　张春保　张婉月　舒晓曼　王建代
冯潇潇　杨福声　宛莹莹　张 晟　杨洪泉
李 超　张 勇　郭月辉　郑丽婷　戴玲玲
张克国　王德育　杨卫红　刘 安　吴晓刚
董玉梅　鲁 光　王 薇　张 乐　赵明瑾
仲 梅　李 萍　王卫昕　曲恩达　罗汉妮
许文生　周 屹　杨 平　徐继锋　丁 军
金 虎　龙 昊　闫桂兰　姜 丽　曲太林
韦汝林　张 建　武鑫来　张荣生　李超英
程鹏厚　刘少春　张香丽　王晓非　赵 翔
吴建新　张 严　林 鹏　马长林　李 莹
韩仲海　王沿军　王国庆　任艳霞　刘 莹
蔡 萌　于云霞　史 霞　魏自强　钱素君
党京华　王凤梅　张 淼　邹明华　白景元
郭 欣　王建军　贺 明　王立华　赵立新
宋 玉　章 颜　丁克新　王 琳　包振洲
王 颖　姜 岩　管永前　南 田　付秀荣
安果丽　袁 冰　张秀梅　王庆友　曹亦农
周晓彦　苏秀丽　宋俊肖　郭 燕　赵 捷
陈 群　林 雪　潘朝峰　张 琢　周 芳
赵 剑　张冬梅　王 谦　张 楠　臧迎冬
吴元龙　严 谨　孙 晔　杨 立　李广龙
赵凤如　金 勇　贺 利　果艳楠　刘 征
马思来　李婉童　文来祥　李 昂　茹丹凤
李丽萍　郭晓雅　杨荣利　靳玉琴　尹建军
于 焘　刘占新　宋玉宝　安宝庭　唐 骅
周 丽　刘 杨　白宝荣　高元芝　赵翠华
王藏珍　李书显　冯彦京　田建国　陶 智
李 峰　赵元方　吴荣裕　张 勇　赵东升
要胜利　李德芳　商朝阳　张成林　陶 一
陈玉廷　瑞志琪　陈海英　刘艾菁　邢瑞华
李 利　柳春江　杨居红　赵 崇　张鹤松
贺传喜　刘志红　王 立　姜丽君　宛亚芬
秦雅辉　胡秀君　刘景秀　刘亚利　王 莹
张 爽　李艳萍　陈志双　张 阳　王仁建
刘淑秀　范玉红　李 腾　张素洁　毛 东
杨 洋　李 芳　张 征　顾 莹　张 萌
张箭萍　季诗媛　佟艳红　李 飞　刘 伟
李永珍　韦铁兵　张树红　张 楠　董丽萍

刘 玲　孙 钊　贾相平　刘克祥　刘加斌
武戈辉　王 莹　赵树沣　亓艳红　董广元
傅 静　江 寅　刘 君　丰德明　蔡克瑾
王秋香　邓德媛　马怀军　李 涛　陈利慧
马 俊　吕 蕾　王亚平　梁肖月　于 雁
徐素英　张凤霞　高文静　高继平　董 敏
张志意　王亚敬　张立新　董振江　张学农
柳静林　陈建国　田 洁　金 涛　周 静
王 兰　梁乙星　刘 雍　吴枫岩　许 蔷
宋振芳　张惠芬　曹永久　彭 芳　周丽杰
夏燕红　杨起顺　栗晓鹏　孙卫红　曹 杰
韩树庚　史润霞　高青娟　刘 倩　毕德平
宋顺利　刘 平　张玉民　王淑英　钟美华
任宝琴　韩淑芬　张海涛　陈 志　王 琨
付冬莲　任会玲　高逦雯　王长林　王 辉
沙 丽　杨 东　郑彦蕊　龙 梅　杨 莉
袁美艳　张毅川　何宗昌　张 涛　王 伟
赫一祎　叶 薇　程蓉华　刘金绪　张丽娟
王念君　刘建民　陈怀春　李 邈　朱英伟
杜玉荣　郭鸿云　徐明海　范 晖　吴志月
李海凤　刘岗书　杨树利　刘国祯　王立军
王金燕　刘 明　苏 磊　孙培革　陈春清
徐 静　王目春　李林浩　闫素琴　李社社
徐爱民　杨 婧　苏 峰　张 伟　郭 佳
崔桂荣　王秀丽　吴 威　唐鸿英　海明恩
于雅萍　张 蓓　郑福成　高 静　夏桂萍
凌淑敏　李一裴　王云丰　马凤君　袁国政
万连荣　范晓娟　林献英　李鹏飞　房唱唱
肖冬琴　朱双禄　杨占山　骆 祯　封 艳
崔 哲　李秀兰　杨晋秀　杨国荣　杜长城
李丽霞　姜 迪　杨 宏　王淑芝　杨 爽
李 娟　段 斌　刘 达　张金姝　冯俊华
刘惠燕　张秀婷　邢桂华　李凤秋　安淑芳
张丽华　应 爽　施雅文　迟黎明　支玉杰
景 虹　刘秀英　陈志改　桂中月　张从源
孙宝祥　王书红　赵凤丽　付俊华　袁 旭
刘潇洋　祝林笛　白继萍　贾连芝　景洛庆
张丽华　刘俊荣　刘 惠　孙立华　张 佩
张 楠　王 博　德征艳　史晓军　杨玉美
王维维　王建军　王中才　石立华　王子亭
赵广勤　孙彦梅　张 瓴　胡 伟　郭 静
刘 威　朱祥利　郝德如　刘会川　于 勇
陈晓琳　潘秀英　乔红斌　杨 森　金秀立
高 尚　陈剑锋　沈玉光　韩亚维　王晓琳
程 焱　马 越　欧阳红　周道才　孙淑艳
王久全　高玉娟　焦 洋　韩建国　董少雄

王智鸿　严　帅　车洪成　王瑞珍　刘建英
韩桂东　张怡然　轩　建　张旭琴　王景龙
王全江　张志义　王静姿　赵殿兴　王玉珠
张淑英　史巧玲　陈利霞　王英杰　孙伯芬
夏春厚　孙京荣　周　旋　王朝晖　李淑芹
李淑芳　杨宝义　庄玉福　田　承　王　浩
赵成路　李凤茹　马连平　曹学娟　化爱民
王继岩　倪凌云　尹淑云　牛小镤　季玉玲
赵　静　王　霞　李淑玉　刘有福　郭志仙
高增禄　王　辉　孟广霞　李　杨　袁风华
刘爱民　金亚芹　黄　功　彭泽国　高增轩
穆红莉　刘淑娟　赵利华　王大灵　贾秀芬
史杏芬　王秀芳　施国堂　王慧芳　王树春
李雪梅　罗　艺　金　辉　卢维东　关业宏
赵田珍　国惠敏　苗育欣　田晓丽　王瑞敏
李雅利　许　进　朱静敏　霍思萌　赵学芳
邱万平　李奇山　姬连娣　赵建忠　李　霄
邢　英　耿为华　朱程程　刘　泽　徐　子
陈洪波　高冰冰　薄述来　李树旗　方晓光
麻慧溶　段　冰　张庆山　赵　斌　李平春
赵凤琴　贾建军　王　宁　赵长生　周正仪
孟　娟　周晓蕾　廖玉珍　徐海波　王志凤
万彩霞　佟　红　王　彤　赵　伟　裴　宇
张建波　黄任平　马良山　晏凤琴　赵玉楼
杜玉萍　杨　珊　张惠军　冯　涛　卢　丹
刘树山　王　昭　杨　红　金玉芳　刘志和
王　锦　甄连华　白国正　张淑华　杨丽君
王翠莲　赵一平　潘小涛　赵殿亮　杨硕栋
于宝贵　孙平厚　丁广泉　高金谌　王丽芬
孙筠友　祁秀伦　孙继光　吴根红　李　娟
杜建华　钟凤清　白　静　杨雪晶　张燕玲
贾新华　张霄鹏　孙书迅　甘如涛　党　妙
李震宇　李然然　赵玉宏　谷贵敏　殷　燕
鲁绪财　嵇涵涵　张虹丽　郝洪茹　刘淑华
柴广辉　刘　军　赵　君　关淑玲　卢建兰
王　屹　侯亚萍　解鸿德　汪洪涛　刘凤清
赵桂富　蒋春魁　张玉蓉　高淑萍　李桂玲
郑　亮　郝玉玲　杨文武　杨宝发　吕善庆
张　英　郭忠民　凌桂秀　刘凤起　李智贻
苏承佑　密　林　马静宜　贾喜军　尹丽竹
朱玉年　康　丽　李培科　任长锁　杜　堃
徐　岚　张美霞　刘　颖　郑国强　王　萍
陈志刚　王槐林　王京敏　龙国栋　沈传方
娄雅丽　虞春娟　陈　君　李　霞　王金坤
王启顺　王　佳　张爱学　付婉清　黎冀涛
王　炜　马子冬　朱砚君　平　萍　张　瑞

董春明　杭开友　蔡仁礼　程　迪　马学有
李　楠　郑　洁　李　莹　满运超　高　威
刘　威　王　磊　贾梦琼　张景宽　王慧杰
张　瞳　陶庆芸　吕晓莉　魏　巍　李　洋
王　晗　王军进　侯敬东　魏靓媛　李　薇
程光锐　邢　霞　杨建平　田建平　杨立兵
王德珍　董　刚　龙　玲　王宗芬　田　杨
刘焕灵　王　欣　张　麒　付　然　裴林娟
谢　嘉　王俊香　刘丽娜　彭兰芬　王　军
王德静　焦秀荣　宋　微　王淑荣　姜秀丽
胡迎华　卢　红　于燕平　张桂英　邹　琳
贾广兰　董　绮　臧素华　李　鑫　郑丹丹
张　滨　张　欣　张桂兰　蔡小燕　李新军
余桂珍　肖雅玲　季文翠　韦艳玲　罗禅圆
张　宏　曹建华　段士刚　王　旭　赵　一
廖　然　刘　楠　段　红　李延芳　王　东
董秀彩　潘为民　邱　玥　李文武　顾京满
王金玲　杨淑艳　卢玉红　李京信　李艳玲
车　堃　杨晓昇　于久翔　王春如　李元新
吴晓曼　胡松成　王　勇　李　华　李桂林
邹　鸿　史　鹏　姜树勤　董会军　王秀贵
丁　才　韩　涛　王　艳　贾　楠　宋连生
赵　娜　李敬东　赵　杰　曹　军　郭　昊
刘凤兰　秦凤伟　王鹏志　刘　利　东博然
王昆仑　张秋英　王建军　杨　红　童志伟
蔡成民　龚万和　周玉海　李自力　魏永红
张海荣　贾国华　余　岚　刘保玲　王振宏
杨玉泉　康海蛟　任玉华　温　铭　聂文利
郭文俊　王桂生　丁秀兰　李红卫　席庆华
佟　鑫　赵集训　李玉芝　张玉龙　王惠玲
高　平　张　丽　杨桂荣　杨立新　刘小莉
鲍清豪　何艳丽　闫　莹　孔祥雨　侯发宽
靳月喜　李贞金　何淑芬　车亚娟　赵庆福
陈军才　刘爱民　王宇阳　罗文华　雷玉彬
何东娅　任明月　李　鹏　孙　瑾　马　宁
王衍婷　刁爱文　任艳平　黄姗薇　温　兵
张　弛　齐玉荣　王俊彩　肖锦秀　焦德亮
刘翠华　陈志霞　李拥军　杨　堃　张春泉
崔艳伶　徐建东　甄亚美　徐燕萍　王子乔
张新迎　王丽丽　郎艳枝　任玉红　勘鸿羽
郭培忠　王艳梅　李　福　胡剑竹　吴玉梅
翟俊霞　关丽新　刘　忻　郑越芬　王雅新
张典奎　王金海　李亚南　孙　强　蒋燕川
徐文莉　王会强　谢培厉　刘更梅　马　贞
毕元晖　王　渊　申宏玲　蔡中流　谢艳红
屈连水　王莲芝　刘蕴洁　田建英　关　杉

潘瑞燕  余科昌  王　芳  张　雯  张　颖
陈　彤  任　宇  庄文英  张嘉秀  陈　华
毛洪洲  刘　迪  田振军  胡元彬  朱志伟
高中义  许贵云  吕　东  耿涛章  王明友
董俊生  李建设  张丽萼  刘　丹  齐鸿飞
于永亮  张永伟  王艳玲  杨博雅  李仲利
韩桂霞  王　彦  王淑华  王东平  徐　脊
朱秀辉  蔡　伟  李　玫  杨俊萍  陈翼龙
潘玉辉  郑文会  孙俊发  杨淑琴  平雪梅
牛　波  孙　汉  齐　瑛  徐凤英  郭　萱
孔玉兰  刘　东  赵丹梅  陈　燕  张　琰
吴　昊  刘　夔  段春蕾  马国杰  张显杰
刘红星  邱长芝  马　梅  任吉增  刘　勇
唐小明  陈天堃  刘鹏远  陈　涛  周涛一
解天泉  张　玲  张　波  解　妙  刘　强
卢　燕  路　然  王　硕  邢宝玲  郭红坤
郭晓云  赵大河  王春洪  徐艳荣  冷宏辉
李志祥  高士辉  李玉苓  邢燕青  王慎华
张秉义  周世军  甄建忠  葛　琦  吕静贤
李荣胜  章淑贤  张克民  沈　杰  涂金奎
刘洪强  史昆海  郑秀珍  路新生  卫　军
高子顺  杨贵春  郭建军  丁立平  王璐璐
张学军  刘　伟  杨　文  晁春燕  佟秀玲
王东影  耿鑫兰  田　然  刘雅红  于朝霞
贾世梅  王玉玲  果德源  朱宏伟  金　玉
肖维旺  王树萍  张占红  马艺华  韩斯陶
冷　婕  金　莹  裴玉宏  王　玮  郑　葆
陈淑英  施红章  郭秋梅  李冬冬  张　洋
冀淑梅  徐秀萍  王玉秋  杨占珍  张丽娟
李小蒙  马　武  曾慎安  程俊英  冯　映
孙伯群  韩　晶  侯文宇  李明良  范红仔
欧六六  刘晓鹏  赵闻宇  王建宽  许秀强
张　莹  赵佩文  万　孟  陈　岩  杨　芳
张浩琦  张爱侠  彭　燕  张　莹  殷志勇
李连利  游　婷  金丽苹  李先乾  李　强
王建军  卢小俊  孙盛吉  刘　京  王　聪
王兴海  李　昂  段艳青  刘杏莲  谭旭辉
侯永利  韩国忠  韩丽敏  刘可嘉  伍玉华
张淑霞  陈　友  冯俊芳  钱　博  徐红燕
蒋秀果  洪　芳  许国琪  姜姣玉  马淑芝
王冰野  梁建颖  王凤英  马玉霞  苑桂华
史国艳  邵　华  康　慧  魏　超  李　尧
李艳霞  韩小菊  钟惠玲  曹迎馨  李来顺
朱　沫  李　巍  王荷芝  施家强  徐成章
邢玉敏  王玉珍  佟　蕾  郭彦芳  贾淑英
任小非  王　文  赵好菊  张新莲  肖淑秋
刘正光  吴　洪  董秀华  马崇群  赵　元
龚艳军  南瑞华  刘春红  张俊琴  尹怀玉
刘海林  邓子华  张士美  潘　峰  蒋玉娜
秦剑锋  刘武元  张士元  林华敏  姜雨薇
付秋林  樊秀萍  刘长富  杨明杰  陆黎丽
王　雷  骆尚民  董明君  朱建华  李万强
梁　永  胡志虹  赵云凤  吕建荣  李英辉
景水仙  张俊清  杨永军  王立新  王飞雪
张　蕊  杨　鸿  谷立娟  王淑敏  石良珍
石晓捷  江　鹏  温晓梅  刘冬梅  李　楠
王荣德  丁　涛  吴奕海  张志斌  张连云
何　鑫  仇立功  王品洁  关宏伟  陈兰珍
李军英  刘玉斌  赵新春  赵明明  赵乙颖
周广君  庞少峰  程　冰  史帼玮  王春梅
汤　瑾  张　璐  夏菁菁  谭　静  颜　毅
庞晓蕾  杨东斌  冈新红  张燕红  关　雪
杨洁磊  何绮纹  任穗英  赵晓川  王桂军
杨朝霞  孟庆中  陈庆国  肖立新  张春建
任颜军  王　剑  郑凯敏  秦志环  陈京云
王　健  任燕斌  谢　宏  凌　云  盖春燕
张　磊  侯新生  华前如  尹长安  耿国庆
于　娜  张艳平  孙　静  屈树金  顾　鹃
刘清荣  刘学玲  王加忠  杨　洁  刘　慧
邱继升  刘淑芬  王学如  李庆民  王京权
王玉霞  王南萍  刘有改  郭静娜  张　晶
李　翔  何　剑  许　爽  张　婷  王亚杰
李梦锶  潘继红  苏　楠  牛　磊  王贵堂
何宝兴  阎　峰  周　莉  苏春梅  孙　洁
李蕴梅  陈金荣  黄　伟  赵国钧  崔明金
宿　伟  高凤林  曲红琴  汪学荣  郝荣丽
黄昭露  陈　波  郑树芝  张占军  黄　祥
张国凤  李艾德  关嘉庚  崔秀玲  吴桂芝
张　迎  孟淑华  马淑平  张凤明  刘松岩
杨志军  刘秀生  陈大力  王凤英  任秀芝
张丹妮  朱　辉  章宪成  刘彬彬  曲铭臻
刘雪梅  赵莉娟  朱世荣  潘大杨  任　荣
汪富先  芦　兵  王汉良  胡建英  王俊秋
李　晶  李经义  赵小忠  赵志刚  周海成
张燕琴  志　红  杨　超  秦玉英  徐文峰
张　栋  王爱军  骆翠英  陈新霞  王春珍
韩　杰  刘增霞  宋江华  张晓旭  史春凤
郑广义  刘　强  孙　雪  江维建  马　莉
李瑞环  张全喜  顾燕萍  寇健春  刘红建
孙桂香  张玉芳  赖文奇  冯云喜  孟万成
桂晓汶  安春燕  王　菲  周志强  吴宝玲
王凤鸣  韩红霞  王　娜  王月秋  李　然

郑文慧 巫文华 卢国强 陆伯瑞 刘 颖
梁中伟 荆大其 许宝琴 张恩芝 刘 郁
李 悦 刘文东 杨 虹 王丽丽 侯爱玲
潘小俪 高 飞 杨丙章 张 新 李欣珏
李 娟 任世正 张顺祎 薛家郁 李建平
靳 涛 段江萍 李惠珍 刘玉明 李 明
陈远荣 崔红英 池长青 张之才 葛 霞
支雅谦 李颜荣 罗 勤 张 军 张春兰
刘开颜 姚立君 胡宝河 李咏梅 王 军
邓 辉 刘先元 黄芹芹 王瑞华 黄晓涛
宋 淼 王祎依 王 刚 郑亚清 刘 鹏
刘文瑾 许 京 林 野 陈 升 赵景彬
时跃祥 崔秋菊 刘亭昌 王 刚 蔡术芝
马永福 张京燕 吴凤兰 张庆峰 李运平
闫 琴 于雄武 王松宏 曲永强 张来福
王 彬 杜 勇 曹 犇 葛冬梅 马广然
张秀玲 石燕君 林 强 侯 兵 孔丽华
徐 荆 杨雅芬 牛玉杰 程荣芝 李春志
王法敏 王秀英 姚克亮 霍领生 陈庆洋
王佩玲 刘 华 童桂芳 胡成立 张文贤
连玉珍 董建茹 金雪颖 杜 利 吴雅丽
席小志 彭兰香 于 莲 朱 正 刘 莹
周凤云 何京凤 脱景琪 宋海洋 全金霞
冯瑞仙 张 敏 谷文华 程 宇 李玉玲
常保云 吴孝美 张 健 郑加贞 董惠娴
沈 睿 朱丽君 刘 毅 周德芳 白重亮
陈 伊 杨志兰 白 春 鲁银凤 宋庆年
温殿洪 闫绍立 史超齐 王艳芬 陈 雯
郭建林 赵 春 王 朔 朴今玉 温元池
刘 智 李 岩 段 雯 刁继军 丁福宁
李 兵 师毓涛 董 超 马同团 陈 富
任艺如 胡海涛 丁海涯 梁瑞庆 张建国
李德才 白 静 岳 宁 栗常青 曾 晨
刘 燕 龚丽丽 张 祥 张鹫制 张春梅
聂雨萍 赵欣欣 韩星星 王淑萍 孙 彤
田海龙 魏懿欣 刘春颖 廖洪雁 张 莹
张 树 安书元 陈国全 兰 兰 王俊玲
刘玉明 乔海彬 钱 进 贾志贤 焦 伟
索湘玉 王 伟 贾婷婷 张 颖 蒋玉超
任利霞 张春花 张宏媛 李红丽 梁 燕
王 洂 李恺夫 李 婧 娄士杰 尹雷丽
杨 月 刘永虎 刘瀚瞳 黄秀玉 陈红雯
张 岩 赵香春 潘君明 王 健 李 慧
罗春明 李春芳 杜慧婧 梁 瑜 郭春红
白丽梅 赵登敏 刘彩霞 田宝森 高秀捧
孟 雪 徐艳莉 杜宁宁 张振成 武剑丽

郦 薇 赵京玉 杜金环 陈 伟 石 萍
郭 赫 李秀华 邢俊英 李岩丽 齐式欣
李 爽 郝玉芳 许 铮 董海亭 王海娜
宋丽亚 甘剑雯 彭志强 逯建娥 常华堂
胡姝丽 王 萌 赵永生 马云东 韩效兵
李文保 李 辉 郭宝玉 栗朝阳 凌 军
刘 红 李玉霞 张丽丽 马芝律 江玉君
吴 清 邵 方 高访明 赵乾林 阮 翀
娇 丽 李京庄 张 涛 侯向东 郭洪平
蔡景林 李晓梅 洪澎湃 刘梦花 陈宏伟
王 玉 徐 杰 王建友 刘雅男 赵子勇
吴 柏 王振君 李士阳 蒙 闯 张金霞
相德强 田昆榕 郭荣起 刘晓京 钱晓安
栗素芝 陈 梅 张维民 解兰亭 何 为
李 丽 霍兴东 邢 冉 张建军 薛 维
陈宏伟 李鸿雁 毛文春 伊春华 许连国
闫林红 王永红 褚 诚 郑洁芹 薛秀华
张慧敏 陈 冰 赵 莹 侯启莹 张 莹
王 菊 张 萍 田一方 刘 群 廉 莉
邢 军 金 岩 张合勤 杨海辉 陈颜军
陈万江 龙卫忠 季 军 陈礼欣 李 楠
陈 强 梁 爽 李满飞 杨学明 邓升堂
焦文俊 徐学桂 藤丽华 马玉茹 冯三杏
门卫华 信淑芬 鲍桂琴 刘金梅 黄悦华
孟全胜 丁 锦 杨雅惠 王 平 郑运吉
田文巧 冯利红 王 姝 李晓萍 曾 燕
王京玉 许东英 蒋淑芳 沈爱莲 高玉玲
刘兰英 谢国光 杨 华 丁爱军 徐 斯
严小青 舒智慧 张冬梅 马玉红 姜 勇
易祥松 王晓怡 朱 颖 杨春燕 张京仙
周 强 曹丽丽 王铁凝 谭 笑 李济萍
李 志 崔跃进 李春山 薛有信 侯家强
刘岭超 李洪生 潘祖俊 姜 军 吴冬雅
李志锋 陈 萍 唐 峥 苑 丽 何 清
郭筑琴 武宝隆 郝春霞 路 坤 徐 阳
廖仕戎 李 宁 赵建安 顾 颀 崔 婕
吴海强 翟 超 王忠峰 冯 莹 胡淑娟
张玉山 董 莉 冯 珺 时小平 王 蒨
张乐栋 刘秀芬 石天柱 李秋雅 张 岩
张学著 马俊龙 李 勇 王利红 李艳君
崔世珍 邓 禹 王 建 黄 辞 隗国栋
莫凤斌 布 克 陈鸿飞 朱传贤 胥绍昆
韩东升 牟鸿杰 许 娜 赵小飞 严文崇
王 婧 李 敏 夏 倩 蔡云静 邢 鑫
鄂远太 李 颖 刘 韬 杨 欣 杨晓芳
黎 妍 赵 冰 商美英 高惠华 孙志荣

| | | | | |
|---|---|---|---|---|
| 马雪芳 | 高威 | 顾华冬 | 赵桂芹 | 金鑫 |
| 朱静 | 李燕玲 | 赵学林 | 辛竹 | 苏秀丽 |
| 吕冀新 | 朱建忠 | 李鹏 | 荣超英 | 曹国荣 |
| 王长山 | 乔燕红 | 梁美玉 | 刘润玲 | 李再兴 |
| 靳玉茹 | 王磊 | 王蕊 | 李光云 | 王爱玲 |
| 朱红宇 | 张春艳 | 胡淑芳 | 宋秀芳 | 秦凤珍 |
| 田智利 | 孟玉 | 刘直 | 杨超 | 亢长兵 |
| 王敏英 | 陈龙 | 石红斌 | 陈靓 | 田颐 |
| 孙鹏 | 王一凡 | 贾卫兵 | 袁红波 | 张亮 |
| 张全林 | 赵立杰 | 刘志勇 | 张涛 | 时申菊 |
| 吴永旺 | 马勇 | 张少辉 | 王枫 | 王伟 |
| 徐国伟 | 王小东 | 景长顺 | 李彬 | 刘丽华 |
| 于保安 | 邢等超 | 张思光 | 肖楚华 | 陈立军 |
| 李知非 | 常放 | 赵建国 | 蒙希禄 | 戴德生 |
| 曹荣贵 | 唐丽 | 李建芳 | 刘丹 | 王文展 |
| 方华 | 晏健中 | 庞春虹 | 崔建彬 | 张漫 |
| 崔林颖 | 耿翠英 | 杨青岭 | 黄德海 | 尹建平 |
| 李寒力 | 魏平 | 尉全金 | 杨靖 | 曹纪龙 |
| 申志朝 | 金捍东 | 刘立军 | 余国柱 | 王智 |
| 马俊起 | 唐建铭 | 郑淑群 | 宋艳霞 | 张凤霞 |
| 叶超 | 王绍杰 | 张谊宣 | 王书平 | 魏东 |
| 张亚平 | 陈宏伟 | 宋双跃 | 胡秀娟 | 陈桂平 |
| 李世英 | 周志敏 | 丁建光 | 王鑫 | 王端 |
| 李胜 | 付彦青 | 张建立 | 帅桂荣 | 邢英姝 |
| 李炎荣 | 吴爱民 | 王德发 | 马春霞 | 周殿忠 |
| 王淑萍 | 白雪 | 祁桂花 | 许平 | 马淑琴 |
| 薛桂玲 | 杜玉珍 | 刘杰 | 崔桂华 | 陈俊燕 |
| 席振伟 | 潘红丽 | 何晓冰 | 冯淑芳 | 杨泽民 |
| 刘桂爱 | 林文光 | 刘国荣 | 荣顺坤 | 朱良楠 |
| 刘小娟 | 刘慧 | 杨剑 | 闫和军 | 杨金香 |
| 白宝林 | 寇淑琴 | 侯玉琪 | 张廷宽 | 刘荣玲 |
| 刘连成 | 陈晞 | 张贵林 | 李凤山 | 霍建国 |
| 吴勇刚 | 黄永成 | 徐平 | 陈达 | 李定富 |
| 李保山 | 傅雅民 | 王玉田 | 蒋东霞 | 许凯朋 |
| 周长忠 | 李宝芳 | 李萍 | 孟宪红 | 卢丽君 |
| 骆红 | 李胜 | 司玉花 | 郝冬梅 | 张智云 |
| 杨金玲 | 张斌 | 孙静 | 刘军 | 陈雪英 |
| 王世贤 | 张红卫 | 倪晓红 | 张晓莉 | 闫成平 |
| 李聿 | 刘鑫 | 王世强 | 岳东 | 班海英 |
| 金玉田 | 纪欣 | 曹朝辉 | 马俊华 | 常雪青 |
| 李青川 | 李奇 | 杜金平 | 张杰 | 黄妍 |
| 杜博 | 宁学谋 | 高永强 | 赵宏亮 | 张海庆 |
| 王天亮 | 孔祥博 | 徐辉 | 石宝东 | 熊林林 |
| 田建华 | 姜广波 | 陈文静 | 孙玉森 | 王京锋 |
| 赵颖征 | 沈惠平 | 安娜 | 于嵘 | 万佳 |
| 赵华 | 王璐 | 韩海强 | 赵俊 | 王晓莉 |
| 严苗 | 王静 | 吕萌 | 孟凡颖 | 董华伟 |
| 吴明图 | 李国安 | 马燕 | 李勇杰 | 赵金燕 |
| 李燕培 | 宋睿 | 白萍 | 赵培霞 | 岳莹玮 |
| 张亚桥 | 于俊梅 | 王子娟 | 王小贤 | 李文英 |
| 王璐 | 王勇军 | 王琳 | 柳金凤 | 何玉梅 |
| 刘兰丽 | 张丽 | 刘长青 | 闫海燕 | 顾燕生 |
| 陈广海 | 安艳 | 聂宝华 | 李秀稳 | 潘惠景 |
| 张丽杰 | 杨雪梅 | 崔桂玲 | 齐桂香 | 孙秀芳 |
| 张建军 | 许艳亭 | 李淑梅 | 王书华 | 罗立华 |
| 张鼎琴 | 马振明 | 赵淑云 | 高爱兰 | 张红 |
| 付蕊 | 王志国 | 吴金良 | 王世喜 | 高福慧 |
| 侯瑞捷 | 肖海英 | 秦惠东 | 贾彦君 | 赵俊英 |
| 张睛 | 王辉 | 李洪 | 刘兵 | 郭冲 |
| 刘知津 | 李江林 | 谢福成 | 骆翠珍 | 殷明林 |
| 董秀珍 | 郑川子 | 曾庆玉 | 张广海 | 李莉 |
| 王永乐 | 王惠君 | 王焕 | 常建国 | 陈立才 |
| 康瑶 | 樊秀萍 | 陈宁 | 李迎州 | 苏萍 |
| 杜国庆 | 章雪超 | 王颖娜 | 彭毅 | 隋延华 |
| 张文广 | 王毓燕 | 邓成松 | 宋刚 | 牛艳芬 |
| 刘美玲 | 崔向东 | 成明山 | 朴美兰 | 杨静 |
| 杨学军 | 荣建萍 | 邢丽 | 王凯 | 王丽丽 |
| 田爱军 | 范振刚 | 王瑞凯 | 彭卫中 | 瞿祎帆 |
| 程媛媛 | 兰建杰 | 潘寿山 | 李玉全 | 王玉山 |
| 孟霞 | 何紫君 | 王雪梅 | 安永强 | 张云泽 |
| 朱英杰 | 高莉 | 吴艳朝 | 何淑兰 | 徐红影 |
| 闫桂华 | 聂晓 | 田学清 | 刘淑敏 | 时金英 |
| 宋瑞敏 | 王如凤 | 徐红梅 | 杨静田 | 冯雪 |
| 常玉珍 | 陈琛 | 崔元有 | 高少芹 | 田秀红 |
| 沙玉华 | 古淑义 | 曹桂兰 | 张庚香 | 郭广萍 |
| 马豫北 | 刘玉茹 | 牛红霞 | 马春艳 | 杨海琛 |
| 王超 | 王韧洁 | 王娜 | 郑涛 | 刘益萍 |
| 安卫华 | 焦宏悦 | 常颖 | 徐艳霞 | 李京道 |
| 邓晓林 | 张永礼 | 赵苏敏 | 袁少海 | 祝孝琳 |
| 张玉兰 | 曹红芳 | 项连珠 | 李惠 | 赵满茹 |
| 林霞 | 孙美霞 | 刘芳 | 齐咏文 | 张云海 |
| 季爱兰 | 郝小军 | 张明军 | 刘莹 | 李姗姗 |
| 蔺喜进 | 王国胜 | 杨小朋 | 李秀贤 | 张家振 |
| 刘福军 | 李秀梅 | 姜龙祥 | 李建国 | 张宏 |
| 郄玉敏 | 孙英华 | 孙静 | 王建军 | 赵淑华 |
| 王惠珍 | 杜京芝 | 谢宾 | 李淑敏 | 赵桂敏 |
| 顾辉煌 | 尹亮 | 刘会川 | 左立山 | 金晶 |
| 李文君 | 陈杰 | 张金喜 | 魏晓亮 | 周元昌 |
| 黄敬 | 张海立 | 李红跃 | 蔡娟 | 刘君丽 |
| 赵爱国 | 张艳红 | 刘晓美 | 李洋 | 王文华 |
| 尹晰 | 李曼 | 孙岩 | 卞晓蕊 | 扈紫雲 |
| 杜丽娜 | 温涛 | 肖国顺 | 赵曼 | 吴建国 |

马长生  程明光  王东  邢芳  闫会生
李伟  牛为民  杨柳霖  蔡志明  丰燕
焦阳  赵春恩  李凤华  谢红  马坤兰
王连弟  李博  王慧锦  张继华  范桂英
刘琳  王春秀  王凤琴  蔡晶  陈宇豪
曹淑君  黄崧  宋鹏  于秀芳  胡桂敏
鞠留保  王玉华  石秀贞  王振民  张占吉
李霞  单秋林  刘柳  安鹤益  于然
于富勇  陈秀英  巩孟悦  邓祝嵩  张惠婷
杨琳  万宝云  刘灿  孙陆文  韩爽
李桂棉  韩涛  王春洪  刘健  程薇
刘艺春  李伟  朱林芝  张巍  宋宇光
李默  窦鸽  吕珺  姬纯  孙婷玉
邹珏  郑志霞  王硕  郑春  穆立军
李振东  杨丽美  李新星  卞悦琴  田立鹏
靳海兰  刘畅  赵楠  李桂敏  张元海
张芝明  刘志明  朱慧龙  朱玉宁  张雅琴
王玉镯  李秀贞  刁克鹏  李凌  李隆文
荣春丽  周向上  陈瑛  李容珍  徐宝库
刘俊京  胡春明  张延檩  熊颖  郭怀喜
邓力  王京玲  吴保社  李红华  郭孟
李宗健  唐一兵  马秀丽  孙思文  赵增波
虞红  郭楠  李三旺  祁伟  王桂萍
魏民  王瑨  赵诚强  高晏  宗国腾
徐潇睿  孙红梅  董建民  李由  谢莉
李振清  赵耀明  王立娟  白俊海  杜颖
柏恒琪  李利  高文京  池学敏  张楠
杨宝齐  裴艳辉  吴江平  何惜绢  张春苗
李维  王玉玲  余永政  柴练  陶玉珍
朱杰  代琛  孙扬  李芳  侯桂萍
韦悦  张秀臣  王悦  石蕾  王冬颖
陈立军  孙淑琴  徐凤文  亢宝文  刘景霞
闫广珍  边赞祺  冯京全  王建平  王海银
董峥  张西君  杜红  王艳红  庄玉洁
杜义华  陈俊葵  金慧  闫苏萍  王安英
张良芳  王玲  金淑敏  邱立福  罗玉贤
卢红伟  王学刚  王可红  徐珩  王剑
薛瑞丰  朱凯  汪云峰  张媛  任君
杨赓  袁国敏  贾秀清  王军素  张镔
赵海晨  赵云燕  郝彭  祁宝臣  王秀云
刘云华  刘雄伟  费遵泽  高岩  许文兰
郭研  杨素玲  李文俊  戴景文  张丹
赵俊玲  潘珍  杨阳  韩亚南  闫月光
王莉雅  郭爽  王秀荣  门瑞怡  董成岩
胡珊珊  卢继智  侯雅丽  崔吉文  温建民
李军  张四敏  于雪华  张瑾珠  陈东丽

李淑芳  王国东  聂凤云  程文明  蒋生图
马晓玮  刘杰  于海勤  韩智  刘红
崔朝英  吴同军  崔洪利  李春明  王连庆
刘铁立  杜俊满  李志强  高海英  刘浩斌
张凌  赖宇  陈革梅  汪鹏燕  张凯妍
杨涛  程春莲  邢立明  王连军  管会彬
张欣  高海鸥  李淑娟  柴盛红  李保红
赵景昕  王秀云  谢明红  吴正锁  王耀宏
王永三  郭建明  郁龙  李占代  于兴川
李自红  张水泉  韩宝生  陈吉星  朱珠
袁博  王媛  王刚  马旭光  张健
史颖  徐广卫  郭侠  郭斌  周玉存
康红军  徐罡  陈默  陈璐  高丽萍
胡正平  葛振金  张君秋  张振宇  黄敏
马玉革  王海燕  项悦  李秀云  陈风华
郑丹  曹贤  易国玉  徐洪姝  黄斯蕊
苏楠  吕沙  赵小杰  卢会超  韩晶
张静  李杰  张伟红  杜宜峰  吉福星
陈军  芦淑英  王秀琴  严宏  尚慕策
倪亚威  马月娥  陈凤云  张大炜  王莹
刘宇  刘建秀  肖爱  黄丽丽  刘晓梅
岳佳丽  蔡连荣  荆晶  姚桂香  曹红娟
王欣墨  蒋楠  李洋洋  曲平  邱晨
李洋  李一平  常莎莎  王庆梅  杨直
张维  范小燕  戴克勇  姜鹏  赵红辉
杜广义  冯志旗  杨燕利  范庆洪  刁艳伯
王永洁  张喆  马增利  张欣  张瑞明
颜世刚  郭月云  王军  贾明贵  孙楠
马新利  张云飞  庞玉和  田春志  王德金
赵中  张德才  曹国  雍萍  赵万林
孙晓燕  杜素芹  商令贞  何涌  武燕琪
朱振芩  步彦群  臧义全  齐立军  吴建军
乔慧丽  贾辉  郭芙蓉  马翼淳  高树林
任晓龙  王治宇  张星玲  朱青西  尹琦
赵家毅  朴学术  于华民  高金燕  邓树庆
吴文利  张艳梅  王莹  邱士明  李芸
刘云慧  徐广惠  蒋琳  吴宝良  吴桂昕
刘新炜  张君琪  刘晓军  常莲维  陈晨
常福喜  耿学友  孟晓玲  崔利民  胡艳华
王学霞  李士凯  杜朝晖  高玉海  王立红
李一平  朱广林  闫京瀛  王利军  隋文荣
刘建萍  徐萍  张力  孙倩  左莉
李新莉  雪莹  孙华  邢杰  刘珲
孔昊  程文勇  张莹莹  王祖安  张晓宇
张鹤延  程燕  张秀敏  李亚迪  陈秀莲
白颖  任鸿江  刘春英  张爱恭  耿伟

李晓晨　李　洋　李凤萍　秦文姚　刘瑞霞
董　彤　刘通海　李子阳　段小赞　于美蓉
于志辉　闫存花　杜秀琴　杨明珠　王婷婷
郎宏艳　赵　群　刘　锋　张学英　刘　洁
刘　鑫　张　岩　刘　静　刘　月　孟　芳
张　雷　陈　超　肖书军　郗光琳　彭晶晶
李亚珉　刘晓玉　李　众　张朝辰　张　宏
侯林怀　李慧娟　王志宏　周太平　于京莉
田双潮　李海舰　郭　昊　朱京平　李威威
周瑞林　刘秀霞　刘　杨　陈　涛　佘婷婷
陈长岭　黄发寿　高　杰　郭朝锋　郭连海
刘锦华　程艳玲　佟学艳　刘秋菊　庄　亮
王立强　姜淑范　许万军　王海英　光　鸿
关红英　陶满利　相红项　卢　晞　艾金凤
郭书华　牛新丽　舒宝森　王　健　张会新
徐　青　张　芳　白　彦　莫海荣　王立琴
闫小红　许金凤　梁志珍　葛慧英　汪　霞
文　辉　马春丽　褚　洁　许春玉　高　峰
李桂玲　张淑芬　汪莉蓉　富瑞云　王　虹
贾鲲腾　孙湛　李荣杰　张　媛　陈秀芝
周　莎　高建珍　马鸿汉　宋全喜　李庆伟
梁　靓　张　遥　郭　佳　崔颖梅　邢淑梅
陈静媛　张　琦　马　麟　张亚虹　郭　阳
尚宏洁　李文琴　张　芳　吴辛贤　李亚娜
邱金顺　孙德金　崔红跃　张　良　张嘉明
杨喜春　德贵喜　高　静　乔峥嵘　徐　琨
张秀丽　郝国良　姜　浩　裴晓波　范云春
邓　澄　段　彪　蔡　林　王　颖　魏　纬
马建茹　杨林波　赵国云　李秋丽　于恒兰
玄绪水　刘晓辉　黄彦水　张　静　任　悦
金秀丽　杜　俐　闫会丽　郭世华　刘素兰
李羊民　马锁岭　刘花钗　贾　晋　刘承文
古月娥　徐　昕　初冬梅　韩玲玲　陈光军
徐　蕾　赵淑红　王　锐　范金龙　孙宝臣
燕　强　张永荣　王　薇　李永红　李志广
李保全　朱志金　刘建伟　邢文喜　魏　巍
李富荣　赵　军　杨孝顺　董　熠　高　姗
陈　晨　刘石均　王　庄　王彦平　吴晓倩
孙英皓　胡　萍　钟　霞　靳培军　乔英斌
谭　鹏　吴红梅　萨仁高娃　周慧娟　王巧玲
魏红军　郎丹柯　郭　歌　荆天毅　吴志宏
陈海斌　李海荣　傅　林　张立峰　李春生
陶旭光　张玉萍　赵　平　刘福生　蔡振华
韩立萍　姚绍先　孙月英　贺建亮　赵　军
王　卫　董和平　张春贤　许　静　马　硕
卓汉萍　张　润　冯　燕　冯淑兰　潘　旭

何雨欢　李春生　花毓凤　郝倩怡　刘勇钢
徐英霞　张金桂　赵　沙　杨玉华　陈　晓
姜艳丽　陈纪青　王志新　王桂荣　于跃涛
马家骏　张文慧　班秀花　徐　敏　孙海兴
任文利　汪　涛　张春秀　李　彩　苏　静
王立非　刘春生　吴少军　瞿向阳　周广军
李永纲　张庆友　卫群妹　葛　琪　李　正
闫洛思　林瑞敏　刘冬梅　梁　杰　王　剑
王　峻　张　莉　卢　红　来　杰　何启福
赵志强　王　雷　薄慧玲　赵瑞芳　晋京宾
李静源　金丹萍　侯佑春　徐家琛　王立平
陈　洁　张继春　张　莹　孔庆利　贺　洁
汤长忠　于　楠　南雅飞　李俊明　安　旭
李建勇　王勇森　丁法武　丛培弟　刘素峰
甘　霖　全国强　阎淑英　刘　鸥　程殿飞
王　冬　焦　健　韩京平　张　莉　肖苏娟
周爱军　孙培成　史亚南　朱立明　胡俊萍
王连敏　程秀敏　尹新立　米友昭　周礼光
翟　元　郭连惠　任凤琴　张媛爱　赵　博
于　洋　米俊广　王倩瑜　吕圣琪　车瑞英
高月忠　王　静　李　红　张鑫蕊　王丽华
邹建平　刘俊芳　付立平　徐　劼　崔　雯
齐　原　谢群杰　任传华　吕　楠　朱桂华
孟凡印　张　旭　井　妍　周金香　李秋琴
孟凡平　王　垚　孙连荣　姚京华　郭秀华
王艳芳　王　芃　马淑芹　王连国　庄林平
张柱英　郑乃烨　陈立库　李福荪　孟庆云
冯向东　姚福聚　张超群　任　萍　郭瑞琴
马淑慧　马燕瑞　陆　忠　宋炳耀　姜春芳
杨景明　郝　莉
喻东海　田全喜　赵　涛　刘海曼　方海鸥
赵河轮　杨　建　李　轶　王晓玉　王　璐
郭凤玲　王　青　张　静　石长友　金维和
王保庆　陈宝春　戚存功　宋景山　鲁　欣
黄　平　鲍爱京　周忠亮　王冬齐　贾珊娜
李锁群　李月宽　张仲河　房占生　王德庆
孙普清　周桂霞　宋凤和　苗　靓　姜伟和
周贵华　孙瑞宏　屈　博　陈立福　梁德寿
韩瑞龙　陈占华　吴雁杰　吴　培　王永斌
张　薇　张　娇　陈　晨　蔡海霞　方　猛
郭雅君　梁春香　陶淑云　崔富海　鞠圣非
晏　辉　孙荣军　林修海　杨荣福　吕　志
何培权　齐宝良　郭红兵　芦　爽　李　勃
王　娟　张明月　邵光良　刘大东　王孝冬
温铁梅　杨淑君　闫英娟　王维维　张晶晶
陈　男　李明升　高　颖　王　然　张永胜

赵文新 张睿 梁东升 张江 滕文龙
张书平 李永生 慈树海 王长春 王少铁
马顺利 赵利琴 金玉伟 齐思洋 刘双库
徐立涛 王羽潇 朱兴农 陈其艳 陈启茂
刘长君 张利园 许岭 王寅 赵凌晨
绳红霞 宋春虎 要玉红 闫立民 夏朝贵
郭凤 张立颖 杨丽平 赵锦军 郭子秋
孟庆双 张宗堂 任立 李建辉 赵德胜
胖桂平 韩亚臣 闫春红 周钢 虞跃
曹坤 许莉明 朱瑞章 刘立亚 刘康
孙奇峰 李亚庆 夏文华 宋志杰 王志刚
高晓凤 何万清 杨培东 王梅 鲁孝芳
孙静宇 马瑞全 吴嵩 王志贵 王春贵
张招 苏辉 古振全 崔广祥 唐晴
王学慧 李博 冯志红 孟学英 李志慧
史红伟 陈小平 薛寿增 曹阳 杨广仓
闫宝华 张金玉 叶莲 陈海余 刘淑颖
李连华 吕林成 王雷 丹红 贾森
徐连胜 陈恒 孙书潮 玉红 张海民
张映雪 侯艳春 董会生 孙淑荣 海雄飞
王铁 杨建忠 张丽 夏志森 梁璟
安云龙 石增民 张令洁 张宏启 满文启
杨春玲 杨辉 李丹 陈迎秋 马恩旺
陈利娟 赵建峰 董福利 常洁 王雅文
陈延岭 邬世荣 沈淑红 方淑会 张东玲
王树奎 杨冬 董俊荣 梁艳 邓艳丽
叶德生 韩凤金 李宏梅 赵兰 孟召文
赵淑霞 李振友 郭栋 安明新 金立新
李志刚 侯志茂 徐冬生 冯增乐 杨红育
谢辉 姚远 张冀 王书英 吕志富
李长武 董玉林 王永 韩富春 周晓明
轩秀萍 周俊秋 李东 李长逸 袁学礼
武海兵 张建华 李景龙 王亚华 云红
刘国华 周亚东 王鹏 张静 王士良
杨桂红 杨春霞 徐中海 李嵬 刘国良
王海成 闫京鹏 魏强 于淑杰 刘静
靳秋生 焦恩荣 王荣荣 丁艳梅 陈德华
陈会菊 范小平 秦杨华 姜则全 林波
杨月明 高秀兰 秦德玲 顾洪志 韩丽娟
刘静 陈宝华 侯丽华 蒋松 周颖
纪义亮 魏梁 张佳湘 李德强 刘青云
靳蕊英 陆丽丽 王凯 何少华 余民
韩仲彪 刘鹏 裴秀英 尹杰 高振宇
李成毅 赵骏 赵富林 郭士滨 蔺洪云
杨海涛 王宝柱 郭文启 徐学耕 何凤民
王秀清 李学斌 刘建文 赵峥 王明亮
李俊华 安明 倪雯 宋邈 徐晔
高洋 吴尚芸 任振强 杨福来 王永才
任立松 李顺 胡永才 王永兴 李冠男
张晓波 何文东 史耀军 陈明智 李海峰
岳卫红 曹峰 贾玉贵 张朝玲 高思颐
何李玲 王永刚 刘金慧 郝秀敏 何郁松
杨玉华 张玉柱 马丽玲 杨秀清 蔺军
郭运动 马万荣 刘丽 陈玲 邱杰章
蒋英 龚松 樊金超 范传宇 马丽
傅胜勇 高全顺 李建强 霸春利 李东
孟玥 夏东方 甘艳 郑辉 张广生
张刚 谢文萍 安秀华 王淼 张勇
冯德茹 侯立祥 李建颖 许迪 赵德才
安欢 杨文明 安庆林 刘丽娟 李汉武
李莹 于瀛 杨为民 刘太平 范方萍
李志奇 李万军 周银军 白志荣 王大力
张月亭 高俊杰 李冬兴 王新忠 吴文潮
王宝宗 张俊英 崔秀兰 崔立利 张金奎
马胜利 曹树华 王征 马连祯 刘淑琴
赵全和 王宝芳 梁振红 陈德金 惠学忠
岳维忠 杨广江 陈璋 刘景艳 王大爽
马跃农 李保民 李军 蒋春茂 喻存根
蒋萍 文艳萍 邓新玲 林斌 董建华
鲜志艳 张亚杰 刘亚静 王春利 王金利
张俊杰 王晓春 齐光源 赵小仓 刘海潮
秦少芳 徐荣根 李静 张文军 姜超成
张静 姜涛 周彦璋 韩莉莉 刘维嘉
金小萍 伊鹏 张俊萍 李玉泉 任荣华
王平 常敏荣 王淑霞 唐俊河 尹秀苓
常德路 杨玉岭 付玉玲 于春洋 韩立华
康兰芝 张俊柱 孙长友 张达 张琳
刘苹 刘桂梅 郑义 易茜茜 舒清
段宝亭 王学民 石毅 韩雨生 廉国
刘雪萍 刘桂林 雷振零 张爱英 王红
施泳志 杜靖华 冯文广 陆海燕 张忠林
刘建军 马祥 黄书斌 沈金福 徐金清
徐涛 陈皓 赵起超 李凤玲 关得志
王建国 沈玉德 徐建国 胡忠明 杨卓
荣君 陆旭 任宏峰 武继广 邵跃
孙红毅 赵岩松 宋京涛 韩秀娟 王洪斌
蒋玉颀 刘洪明 韩政 杜磊 黄刚
谭生 罗立国 张燕玲 王晓涌 蔡连洪
蒲兰东 林昕 朱昆 陈丽芳 惠玉玲
郑春玉 万卫国 宋蕾 邢亚男 张婷婷
刘春琴 王芳 张艳 娄冬明 田秀春
周建刚 崔金柱 王金福 张立增 王建国

| | | | | |
|---|---|---|---|---|
| 陆克俭 | 李平有 | 么海雁 | 周庆兵 | 王　辉 |
| 张淑俊 | 魏民春 | 于连河 | 张国海 | 赵　亚 |
| 张秋成 | 周希彦 | 曾庆化 | 刘震生 | 陈素敏 |
| 陈向梅 | 王永才 | 王英杰 | 吴东涛 | 李广明 |
| 么亚东 | 赵海彬 | 张海洋 | 于晓静 | 朱　英 |
| 吴贺云 | 王立丽 | 李　仝 | 耿海洋 | 王旭坤 |
| 杜　磊 | 张颖君 | 杜　鑫 | 赵　伟 | 王俊妍 |
| 赵　佳 | 邹德军 | 李红景 | 宋振平 | 张国政 |
| 李寅娇 | 冯国梅 | 屈东平 | 贾润菊 | 陈媛媛 |
| 张立宝 | 张津京 | 伊　托 | 董国庆 | 杨建波 |
| 于爱军 | 刘晓燕 | 马玉才 | 施全意 | 郭光辉 |
| 方志胜 | 李书香 | 杨宏杰 | 朱　然 | 郭士英 |
| 任振铎 | 朱军辉 | 蒋先平 | 李健佼 | 凡细火 |
| 张学军 | 张秀杰 | 谢文军 | 张文梅 | 李云峰 |
| 张吉中 | 支　芬 | 彭大龙 | 褚连清 | 李秀芬 |
| 张瑾砚 | 衡朝霞 | 李子侠 | 陈平平 | 殷永忠 |
| 滕　烨 | 寇大银 | 吴　昊 | 黄　超 | 王克本 |
| 胡文新 | 高　潮 | 臧志珍 | 金　怡 | 邵连立 |
| 李　想 | 王荣琴 | 袁为公 | 钟卫红 | 王大山 |
| 蒋晏林 | 刘　强 | 杨丽华 | 杜振亭 | 杨建波 |
| 赵京生 | 张　帆 | 陈秀清 | 杨　多 | 张红霞 |
| 陈　玉 | 王岩丰 | 佟明双 | 陈宗岳 | 果屹娜 |
| 王红芳 | 于新华 | 张　洋 | 董　昊 | 宗建丽 |
| 刘　飞 | 杜秀琴 | 陈淑红 | 王舵宇 | 吴　跃 |
| 何志伟 | 苏福华 | 王　桥 | 陈　曦 | 金淑霞 |
| 赵　兴 | 田　华 | 韩国强 | 赵金堂 | 杨润忠 |
| 关　婷 | 王宏君 | 张　静 | 吴　溪 | 李　禹 |
| 张洪涛 | 谷少非 | 熊振泉 | 吴启承 | 熊志杰 |
| 张怡坤 | 张虹月 | 高红格 | 张晓薇 | 张艳玲 |
| 张军花 | 王翠梅 | 曹　建 | 徐文静 | 郑　希 |
| 杨东培 | 于青梅 | 刘建军 | 李　滨 | 肖明芸 |
| 张兴云 | 周俊卿 | 武　宁 | 邢　净 | 刘　颖 |
| 张玉石 | 刘　颖 | 古向明 | 杨德龙 | 黄　强 |
| 张素馨 | 刘晓利 | 马玉珠 | 梁永超 | 吴玉茹 |
| 武　浩 | 王颖莉 | 丁志勇 | 寇建宏 | 郭燕忠 |
| 吴建智 | 辛国明 | 董艳清 | 谢洪勤 | 刘永志 |
| 李　明 | 郑金生 | 孙宝生 | 于小艳 | 李春玉 |
| 杨秀琴 | 刘京华 | 李桂琴 | 陈立颖 | 宋　庆 |
| 魏全武 | 李　义 | 杨　辉 | 戴　红 | 张　瑞 |
| 关　鑫 | 郭伟利 | 胖桂珍 | 高　艳 | 刚欣婷 |
| 冯　会 | 白玉莲 | 樊洋毅 | 果仲广 | 宋德利 |
| 杨永安 | 张金红 | 霍　焰 | 刘　娜 | 宋维昊 |
| 王冬梅 | 马万芳 | 施春雪 | 杨素清 | 刘艳川 |
| 李东茂 | 朱殿喜 | 姚宝付 | 李东琪 | 夏红洁 |
| 苏淑云 | 李春海 | 朱全虎 | 吕艳荣 | 杨志强 |
| 王　平 | 李　隽 | 梅　奎 | 赵占东 | 刘万军 |

| | | | | |
|---|---|---|---|---|
| 冯瑞山 | 孙敬忠 | 周卫国 | 张　龙 | 申广文 |
| 张满仓 | 张　威 | 苗汉红 | 杨立东 | 赵玖博 |
| 张建峥 | 王怀磊 | 赵胜利 | 李来法 | 郭　鹏 |
| 刘　畅 | 肖培强 | 李　军 | 朱希伟 | 陈　博 |
| 陈海量 | 李单妮 | 于　浩 | 兰　澎 | 王　勇 |
| 李　华 | 刘晋红 | 赵　媛 | 李宝义 | 刘长喜 |
| 田京京 | 李全海 | 陈宇亮 | 张敬友 | 王海深 |
| 李荣昆 | 滕国强 | 包华云 | 李士江 | 孙伟卓 |
| 李懿男 | 龚春芳 | 李媛博 | 李　慧 | 王　栋 |
| 王海英 | 刘　伟 | 王大锁 | 李雪明 | 刘洪志 |
| 李　蒙 | 陈　杨 | 马同玉 | 王志刚 | 郭　超 |
| 宋文生 | 马美慧 | 韩睿莉 | 邹世娟 | 黄丽云 |
| 肖爱红 | 辛洪涛 | 于泳生 | 王如申 | 闫　博 |
| 谷　旋 | 吴　衔 | 刘德海 | 王　深 | 刘玉芳 |
| 张雪梅 | 张玉龙 | 雷廷军 | 尹德胜 | 赵继成 |
| 李志革 | 刘海洪 | 张丽琴 | 张海洋 | 赵会春 |
| 郭兆华 | 何大鹏 | 王健康 | 李　微 | 丁　林 |
| 张春才 | 张士明 | 杜秀彩 | 朱　静 | 金联合 |
| 张　淼 | 郭永利 | 雷建新 | 薛　飞 | 金振禹 |
| 孙海英 | 赵丽丽 | 郭　旻 | 赵　培 | 王芳芳 |
| 张晓娟 | 徐凡智 | 刘碧鑫 | 刘　静 | 马英杰 |
| 邵希荣 | 张学范 | 罗玉芳 | 金瑞生 | 郑秀云 |
| 赵建民 | 梁　靓 | 陈　鹏 | 冯　建 | 刘　伟 |
| 王亚艺 | 王　涛 | 国　兵 | 张　野 | 赵　钢 |
| 张道民 | 张立云 | 刘红英 | 曹汝昌 | 熊悟川 |
| 刘素娥 | 尹军锐 | 韩立霞 | 周爱华 | 王翠兰 |
| 高淑敏 | 王建斌 | 马德义 | 刘鸿平 | 杨惠民 |
| 吕　翊 | 宋国华 | 李铎奎 | 韩永红 | 屈国华 |
| 陈　琦 | 王彩霞 | 李增华 | 左秋玲 | 孙广勋 |
| 赵庆柱 | 安立超 | 安文亮 | 李　娜 | 关广灿 |
| 王立文 | 桂秀燕 | 王玉荣 | 魏新华 | 何金香 |
| 王黎莉 | 王文超 | 贾雪梅 | 赵　欣 | 赵　斌 |
| 王　威 | 孙继国 | 马卫军 | 王进海 | 宁明杰 |
| 张　彬 | 白桂新 | 谭　扬 | 李鸿均 | 张佩明 |
| 李君宜 | 王宝月 | 胡秋霞 | 王瑞侠 | 陈长春 |
| 贾春华 | 钱凤雪 | 李华丽 | 姜永东 | 田雷娜 |
| 谷　睿 | 文学军 | 张峰沁 | 张　华 | 闫圣洁 |
| 张春玲 | 张　曌 | 仝　存 | 王春艳 | 乔淑会 |
| 张金普 | 李燕君 | 邵　平 | 郭长福 | 李世明 |
| 东贵杰 | 郭巧遂 | 王艳玲 | 张金福 | 张玉兰 |
| 王美德 | 介会芹 | 李　平 | 葛冬生 | 陈福来 |
| 郑　凯 | 彭立新 | 李士明 | 李冬梅 | 张淑敏 |
| 李宝全 | 赵朋欣 | 马学艺 | 王立成 | 杨长利 |
| 路东升 | 安俊杰 | 金　玲 | 张立新 | 王学峰 |
| 肖顺宝 | 金启明 | 祁东军 | 杨亚波 | 李　强 |
| 王志新 | 杨金凤 | 倪文祥 | 刘文志 | 汪玉宝 |

王振江 张秋红 董托祥 胡　亮 刘爱莲
黄　湘 解　凯 刘　军 马继红 郑士菊
张　雁 王淼晶 黄业中 朱小疆 荣　梅
张海云 刘玉宏 赵培武 刘立泉 齐海霞
杨　荣 唐艳荣 纪海青 李树祺 曹院章
许东保 祁俊娟 王洪亮 张全立 邓尚义
张小梅 李振良 王银忠 徐年琼 范洁芬
靳　为 张　宸 王　东 季景福 王爱军
马晓川 白薇薇 张　文 郑宝霞 张长林
冯　岳 刘和顺 夏春秋 刘　光 姜之龙
黄志坚 刘相乾 张柳青 赵　静 张雪梅
王雅琴 许凤娟 许茂其 春智和 朱　彤
鲁薇薇 邓　进 熊慧丽 翟锋亮 张晓芳
朱建国 丁　冉 李会文 陶　利 田文海
胡　唯 柯泉福 张维民 蔡连荣 唐武伟
毕淑双 赵　明 李建强 秦　涛 冯　楠
潘艳辉 刘　珂 甘爱军 肖军民 陈猛良
白宏元 赵国臣 董继勇 苏会利 王　翔
张雨平 张丽红 绳　燕 王耀武 马桂霞
张云刚 姚军龙 王　端 李庆海 刘　辉
张子红 丁　妍 张冬梅 孙亚银 苏会芩
牟雪娟 苗淑英 王雅晶 李玲巧 张　英
牛　蕊 宋雅军 姜　勇 张秋祥 张亚辉
徐进仓 高晓峰 田家瑞 金淑凤 吕铁贞
石永祥 付金玉 郎振环 刘春影 刘宝荣
张　博 何　昕 尚淑兰 郑秋娟 海三凤
陈婉怡 张秀荣 马宝琴 王贵仁 武应和
田翠花 赵文英 李競生 郭　平 孙淑合
史小兵 李林娜 张　鹤 宫桂丽 王亚冬
尹　红 王吉武 吴日周 程　伟 韩跃强
董晓云 张　宏 田亚利 米艳龙 冯秀银
金亚利 刘振丰 杨淑芬 黄志江 郑士齐
王振山 张　文 唐启忠 杜德刚 张志军
汪学刚 郭红艳 高建忠 林　成 李雪梅
杨长海 孟宪芳 冯　巍 王秀萍 要文华
董海生 杨海艳 张玉平 王亚莉 王立云
杨兆平 赵来宝 李春燕 刘月平 黄　丽
高敬军 郝郁廓 牛学芳 雷青松 康雪茹
马　骏 白　静 蒋雪飞 尹妍伶 臧志刚
王丽华 王　薇 张维维 贾　豪 杨　迪
陈静怡 曹彦生 任　友 刘秀敏 殷小鹏
刘丽芬 何　晶 崔小彬 李雪梅 刘　勇
李会应 张　影 王京强 陈　兵 金再夺
荣铁城 李　彦 王关远 申　健 阎　兵
施　芳 江　源 陈巴黎 杨　倩 陈　洁
陈家瓶 李　超 宋　巍 张　燕 虞林林
董素英 霍　楠 关　皓 刘楣洪 韩卫勃
张立平 朱元红 田巨武 刘　丹 郑　玲
欧阳辉 李　利 何殿香 樊新颖 林春光
楚　瀚 李同青 骆尚恭 关凤山 苏　克
曹秀荣 赵亚萍 荣绍花 曹利刚 秦大唐
纪清远 沈　莉 赵　平 张　正 徐连生
张四七 杨　桦 言　岩 张玄武 符青远
刘　玚 王海龙 孔祥茜 周彦华 梁　宇
袁　力 汪　滢 冯传有 张庆诗 胡东红
万　威 袁　飞 曹绪梅 王明晓 涂向群
乔　克 李　涛 史翠芳 王利飞 张彩云
高文慧 石　永 林其楼 周　欣 郑方荣
孔　伟 宋　岩 杨克武 李影影 常丽娟
叶春丰 周世凯 胡建波 陈　磊 张振宇
胡　婧 张钟元 张建永 王　俊 尚传强
王贵旺 董　雪 张　挺 李　瑞 李　蕊
朱文洁 陈乃伶 康　隽 易　阳 连常青
苑媗茜 佟程彦 刘户县 王文璋 姚维勇
王兵萍 韩子全 马桂华 陈艳华 杨　怡
张明宝 王自明 梅德祥 赵　雯 赵丽华
夏荣明 袁　君 郑春燕 王同庆 金淑清
石　鹏 迟丽娜 史铁军 王蛟男 冯美兰
肖燕兰 杨士贤 罗凤基 赵　伟 肖　琴
张　政 李　丽 李　红 班国良 冯长林
张丽娴 郑凤清 刘　超 李云霞 严绪松
刘子龙 王建广 刘　红 高加梅 曹海鹏
李春雨 张　乐 梁晓东 魏丽莉 邓　磊
迟庆国 张继山 王聪慧 刘莉莉 魏金环
王　楠 赵立民 孙　涛 沙新野 冯占伦
杨小文 邱　岩 杨雯静 马　莉 王　圆
邱　阳 张冬雨 汤小辉 王　潇 高　颖
许盛业 徐　柯 马　耘 杨　荣 葛　旭
许大可 张　凡 刘　萍 牛　荣 李晓燕
刘志超 张　伟 陈　昱 孙　佳 侯建宁
王新颖 朱　洁 张研彬 岑　琛 金永超
李云峰
邸　静 王德凯 高　志 陈巍峰 郭春锋
李鹏宇 李渊峰 陈　彤 赵　江 于冀北
李　南 周玉富 张丽哲 商小晶 宋　磊
刘守田 田春华 高　晖 王　晖 王文香
魏　虹 董　政 崔　超 罗　军 张　雪
姜庆伦 张云鹏 吴宝林 任延忠 刘　佳
贾克贵 焦　洋 谢　阳 赵伟峰 赵　彤
王　林 赵　钢 王　钦 王　洋 陈彦丽
王　晓 常晶晶 孙　磊 白　涛 王丽萍
白凤麟 王　悦 刘　凯 韩迎春 白　辰

王东江 王伟 张阳 杨冬冬 王佳
马珺 闫旭 侯军 刘国伟 李树研
吴剑英 曹侠 何飞 韩滨 张济远
于晓路 刘精业 王珊 刘海滨 韩东英
马坚刚 郝小龙 史飞 韩刚 罗红
李萌 赵晓明 崇寅飞 李宏林 王连香
代占永 杨宁 米宇 王轶 李陷韬
刘义 田甜 靳素伶 白波 邢学增
徐学典 刘宁 王岩 王潇萌 贾和先
李淼 員振刚 冯立国 乔欣旺 张雪静
陈大伟 梁立强 田晋萍 张海亭 张健
彭伟 张鸿鹏 刘洋 胡振杰 牛明谦
徐东军 郑辉 张瑞奇 周耀程 白明
姚志国 姜莹 李东亮 杨柳 胡钟才
姜志恩 王春华 张克 董福顺 王晓丽
马建忠 邵会彬 刘宝瑞 刘长启 谭燕兵
李晓京 宋润国 娄苹 王刚 果长亮
赵京文 张新征 陈敬仁 李彦松 张越凤
刘文博 王鸿博 刘添 蒋伟 梅文
缴健 焦达伟 何方 万小良 刘永军
蒋磊 刘晨 林华鹏 宋钢 王超
彭玫 杜强 张廷辉 雷天新 耿继承
李继峰 朱晓光 安文杰 初占桐 刘建
张颖 陆波 孙永良 李江 刘振金
杜玉凯 胡春雷 冯琪 杨翰羽 赵少文
刘旭 左少杰 王建军 赵立国 龚世忠
冯丽美 王鹏 孙晓青 郭冬海 张连喜
刘开华 曹玉蓉 杨宝利 胡浩东 张越
周建伟 龚世杰 张卫泉 李莹 马永昌
朱继伟 鲁宝东 马宁 张志永 徐中蒋
王世贞 孔亮 班利杰 张杰 齐树阁
王丽洁 孙昊仙 张虎成 苏雨森 于松涛
徐敬 段方 刘勋 刘振强 邱涛
成瑞刚 王金龙 李京义 尹广达 李令国
池正光 廖文利 魏腾江 滕立强 王建忠
张立松 王迎雪 唐洁 刘军 邱永赞
林华新 卢国树 张韶光 李亚迪 白意鸣
李春海 宋金生 温绍勇 邵宇升 赵杰
刘洪军 马海春 常森 何爽 张惠奇
董英和 葛竹林 李志刚 张永华 孙红岩
黎超 栗东 高军 孙权友 高博
乔磊磊 吴之坚 黄鹏 李可新 王大未
孙锬 王鲁剑 刘军 王永强 李子瑞
耿维维 张永辉 刘伟 王雁冰 肖迪文
陈波 于安民 陈龙 李宝龙 王锴
杨立学 关建国 董军 田正超 郭晶

白玉顺 郭万峰 王国洪 范东林 李骞
朱云 张曼 高军 林伟 李鹏飞
张玮 王远 张玉山 高海伦 李春光
李铁锋 沈健 侯建军 张春华 孙爱娟
周举新 李野 王竟 高红鹰 顾浩
陈志刚 王宇 张梅 赵波 李海涛
张志辉 刘振山 衡旭阳 崔京涛 张斌
刘军 马海英 张术群 张金龙 陶然
赵祖伟 田萌 张文彬 马明龙 佟艳佳
李冬 冯超 续学虎 郑继刚 孔繁福
李立强 张志伟 张晶晶 杜少锋 石燕青
李刚 张国权 王菲 李新 张欣
贺琳娜 付伟 臧德胜 曹作和 俞里江
谭灵 罗曼 鲁曼 彭春 彭新桥
李俊军 王丽英 朱蕴芳 鲍春明 牛旭
韩慧 刘忠 王子辉 韩腾 王楠
田杨 严研 吴若南 钟连仲 车莹
郭思衍 王长宏 梁广茹 李春丽 陈轩
彭于艳 侯东铭 贺铁庆 富剑萍 富英杰
曹兰锁 李长明 高明 栗红 张健
赵鹏 李建国 涂永环 陈万民 张栩
纪富慧 何昳 李永生 朱东 熊非非
徐颖 郭海英 胥福田 王萃 裴兴晔
甄晨静 王英校 奚玮琨 邢智慧 孟留海
张鹄 赵博洋 朱弋征 邵俊 陈曦
刘剑华 张艳丽 张智慧 邓咏梅 朱久琳
刘淑俊 樊建兵 潘虎林 王衍昌 罗旺洲
李纪恩 李九庆 裴祥来 魏敏 张左盾
薄浩 王毅 孙一平 沈立 张寒冰
王林 罗志永 石岩 张利明 王永生
王洪君 金燕雄 蔡德生 祝承立 刘金强
王长旭 刘普 张荣欣 王素琪 毕国杰
王晶 左常存 郭西林 尹玉峰 王再杰
肖伟民 张佩明 韩长辉 赵永利 贾保国
刘艳 申英秋 王国志 赵建华 王磊
王文智 李振隆 王瑞江 白辉 左奇伟
徐金锋 由瑞 阎建义 赵秋中 杜万江
王重建 孙玉军 闫兵 于海东 李如生
邢彦海 何威 吴永庆 纪小东 陈国斌
何启林 李茹田 罗立军 刘天广 刘海军
张延青 潘海滨 孙海龙 贾小凡 臧博
张峥 邵希文 王佳伟 贾春雷 张宝生
周立平 周研 刘东生 袁金虎 闫海城
徐明利 赵海 蔡文刚 张国庆 李猛
吴曦 张春满 杨洸 万文军 朱世杰
商世鹏 吕鑫 张啸 刁久群 罗铸

向世全 孙士龙 管立杰 马林河 杨旭
陈昪 高鑫 申泽淳 于红新 孙利武
祝金华 黄立军 张俊海 王立新 于家骥
罗晓羽 果松涛 何刚 单艳峰 雷猛
刘立国 焦立志 吴迪 李亚丽 刘方
于栋林 王小春 张影 武贵华 赵林立
李加虎 张永生 石庆民 延鹏 李建国
徐海洋 李继涛 周迎春 李育人 管忆恩
王德荣 韩振 张国生 孙一洲 卢迪
于永忠 朱光鑫 孙立超 郭伟 黄全胜
苗伟 曹春薄 高东华 陈秋亮 李建敏
曹俊峰 刘宁 王鑫 李长稳 丁文枰
邱术波 岳长松 饶长满 贾增静 孔振海
王志强 杨会彬 王金福 姚立东 董长春
李汝新 孔繁栋 彭明友 金海 张琨
乐晓军 陈在刚 崔晓东 王凯 白洁
刘健 高源 王相煜 王明 张硕
董健 张朝晖 肖汶 陈先豹 姜继为
刘丽彬 盛国辉 郭增荣 肖志良 董传利
种凌晨 孙迅 刘唯 尚金森 蒋国霞
唐京文 李代远 张洁平 张桂忠 张翠红
李丽娜 张雷 赵常付 高峰 朱萍
郑朝东 路贵宏 赵光 楚娜 吴桂全
赵成丹 乔玉红 赵兴 邹星原 李平川
刘笑峰 陈媛 周德顺 田小军 黄俊
和向东 汪小兰 王波 吴蕊 刘宇
吴丹萍 邓芳 张艳荣 刘国庆 罗军
占福林 李春玲 韩雨倩 孙国华 刘国雄
孙静秋 穆洁 于永强 李获 司文威
宋卫 尹大勇 翟军霞 杨亚民 李延
栗新华 王艳 闫毅 夏志清 雷永才
纪锡占 王利如 于志平 高永生 曹珊
马红强 庄强 白洁 高二曼 朱冠宇
王喜顺 白洁 刘颖 乔惬 杨立宏
郝立波 穆颖 宋春刚 王志梅 姜秀梅
窦茹芃 黄清华 陶军 王建国 王悦
马红军 靳小龙 郝又明 高晓红 许淑英
于连光 刘念 霍斌 李增文 刘晶
郑斌威 叶格新 白光 宋泽敏 赵欣
李献国 毕春梅 李晓燕 宋广东 于龙
赵志强 夏大润 陈汉龙 孙世泉 庞玉杰
张晓秋 秦洪明 郭建华 穆怀泽 朱建宏
张广福 林炜生 王福燕 刘宝行 冯志兰
薛宝来 杨林 戚文姬 邱继勇 常亚莉
刘建国 董银虎 李荣兰 李永梅 柴秀英
孙浩 戚斌 李毅 缴淑华 骆冬梅
赵宗国 张艳艳 陈立华 王存友 杨友恩
姜伟 张继红 康莹 郑燕 李颖
闫宁 蓝琼 常燕林 张志宏 李晖
龙建友 曹跃 朱林 孙军 张欣梅
吴荣辉 吴蕾 刘森 陈燕 谭蕾
李金霞 关海燕 张振国 张金环 金树红
张敬 田俊峰 臧立新 康艳惠 王乐贵
崔艳明 杨志芳 雷德利 赵岩松 赵艳艳
孟夏 任丽 郑菊 李春华 张鹏
王彦鹏 邓波 刘江利 张雷 高奇越
姚甬迪 许威 雷海燕 唐冬艳 刘继军
张楠 刘惠兰 秦渝娟 朱勇哲 田光华
沈静 刘旭东 梁松梅 刘建 王云
杨彩杰 马惠玲 赵云红 李岱淼 庄春妹
肖燕华 王彤 堵晓旭 高东辉 任丽华
李明轩 鲍迎秋 于娜 李树春 唐永生
杨晔 邱红立 邱金悦 杜红军 宋兰霞
贾敬利 佟旌 李颖 王妍 刘心
吴娅西 王云 陈立华 赵丽苹 燕森山
王凤新 周学真 郝荣利 刘淑霞 沈颖
陈莉 张丽丽 高俊梅 陈萍 高进生
赵宁 杜士文 王晓燕 李晓玉 曹爱国
郭建华 王燕春 张晓玲 门卫华 马英
云丽丽 王志红 吕娜 王宝君 广强
刘颖 杨瑛 杨建凯 李朝惠 李永增
张秀勇 刘桂霞 赵玉喜 付宝霞 宗念一
冯婷婷 陈红 周秀娟 张丽荣 田孝贤
张冬云 白雪洁 李景艳 陆宁 夏青峰
张振宇 果长林 徐君 黄桂芬 杨洁
滕和平 刘雁 由淑晶 吕秀云 马永辉
黄海 杨海涛 刘士娟 解立新 田艳磊
路全喜 马冬璇 赵然 张彦 张文星
于晓明 王德仲 程军 谢晖 陈爽
邢国红 王泽荣 李琳琳 罗玫 张静
邢建新 刘安平 郑异 马淑霞 侯建伟
张保昇 黄国斌 徐金 刘庆华 张爱莉
张冬梅 李梅 汤立贤 王春光 张燕
张曼弟 田锦秈 杨军 陈若哲 谢强
管剑 郭少先 付金宏 秦正伟 聂小洁
陶非 李宇馨 王国柱 王彦文 刘汝芝
丁英 李云涛 王云 李冰 孙吉光
宋胜利 杨贵生 马冬艳 吴爱兰 崔刚
刘贵田 蔡伟民 李守志 安旭光 乔晴
刘胜利 王长民 张文德 庞福和 孟玉祥
李志华 谭建华 王宝亭 高俊江 刘锦丽
单巍 牛晓莉 王淑芬 张文廷 黄振河

庄金萍　刘桂秋　庞士文　勾连生　吴晓东
李振亮　史淑文　付　磊　凡立东　赵悦悦
段卿琰　卫停战　刘文瑜　李慎林　赵维历
高京生　商永田　姚　婕　刘跃进　马继武
刘春明　苏国红　贺志勇　王　静　王　虹
谷建红　关　勇　朱润芝　葛玉娥　董爱娟
邢如玉　张　民　李雪荣　潘　蕾　刘宪玉
王喜杰　魏秀伍　胡建英　郭志美　吴凤和
孟　军　孙福增　杨利民　叶　鹰　翟胜利
尤秀海　崔建堂　刘冬玲　王　辉　赵　红
寇卫东　曹建军　樊秀梅　张　利　田雅嘉
崔　毅　张海平　李长生　刘丽平　刘彦堂
王京华　钱玉君　黄光春　刘秋红　田文茹
苗增龙　周　硕　李小悦　吉绍魁　魏雪峥
王　忠　李香菊　杨　喆　李官卿　张建新
牛志刚　李　颖　许彦昆　刘向东　薄　林
王虎文　刘　颇　刘万庆　刘丰霞　陈　虎
季　刚　李文玉　宛　林　付庆华　刘　平
陈　刚　王　阳　吕　冉　邵鸿远　刘　彤
徐萌萌　申春菊　满志洋　欧艳娟　高仲和
苏　南　章少磊　陈永国　李桂华　王继兵
池大年　崔永生　马　熠　朱文丽　刘伟伟
李和平　刘国伟　庄海云　祁庆勤　耿淑轩
张立功　汪洋晶　刘萌萌　朱美英　薛凌蔚
陈克楠　侯玉珊　赵志平　刘　阳　张德祥
田万元　舒冠勇　王宏权　刘福印　刘国京
冯志红　吴亮德　高　宏　彭春凤　刘志诚
米宝元　吕跃玲　宋学娴　仇向东　陈德全
马燕霜　付仕忠　门方才　李　茜　刘冬生
刘荣盛　范治连　崔新未　李桂芳　韩建平
陈　杰　李春林　师俊超　王丽梅　田启欣
姜　彬　宋龄香　方本萍　师平陶　陈启生
范宝印　汪冬生　王目元　贺东来　苏　岩
王松梅　李　鹏　宋　京　洪　峰　刘雪松
杨虓男　蔡　鹏　赵　兵　刘春莹　郝　晶
方忠民　袁　静　李爱萍　冯海连　孙功莜
张新玲　李玉龙　邱凤兰　陈　军　朱雪妮
石　旭　侯丽华　张佩华　张　亮　阎麦英
王　岩　田安平　回晓云　王谭亮　林　肯
许晓东　姜　玮　高晶晶　王晓东　李一迎
王伟林　崔　虹　齐向红　任明霞　赵留柱
赵　青　崔庆菊　吴占军　郭宏林　吕　刚
黄燕波　陈　澳　杨金霞　武跃宗　洪　全
方文在　刘忠渭　王　齐　赵　麟　张建华
周恩如　律文元　王瑞斌　李英斌　孙慧明
王　铎　程　茵　王酉寅　赵慧斌　陈　凯

杨艳红　高玉华　霍明峰　宋　毅　姜　茵
卢兆香　李万军　孟宪富　李　武　张　强
余兰波　张国栋　叶福来　张燕福　牛旭英
任立新　胡建国　马京林　董文凤　刘荣兰
金永华　周晓琨　姚　建　王　红　孙影荣
郎　建　李　锐　胡　梅　王雅兰　李晓梅
郭丽娟　高　燕　陈美琪　于晓辉　马　杰
王淑平　张启臣　李　颖　安　宁　贾陆萍
郭占义　康　钧　胡超英　周肆萍　张　军
苑新凤　李　晔　王天任　牛安山　李　静
吴静轩　马鸿斌　段万兴　鲍建芳　吕万年
王玉明　朱燕颖　张　力　关从林　张国静
王海峰　原东平　潘伟平　李　林　赵连生
周建英　冯秀利　朱润玲　白忠江　王筱琳
王　强　刘焕生　张丽霞　宋贵泉　刘卉杰
杨顺华　王占峰　于丽华　李学忠　郭维嘉
王培英　白云飞　赵宁江　宋元福　杜玉莲
杨丰伟　宋建英　蒋克勤　董建华　任若平
吕勇琳　王建国　李宝忠　马振平　贾凤淑
杜学军　蒋秀玲　刘德平　周春明　赵学强
李　昕　罗　彪　王延玲　田增明　赵新刚
赵志海　高文杰　苏连海　闫双喜　赵　军
季春雷　田　伊　陈　华　张　红　赵　君
张成在　赵春平　王全贵　张　薇　邵宏亮
王　鹏　李博文　宋贞法　葛兰斌　刘　通
张传喜　贾　涛　王建防　赵　伟　李　伟
杨保华　朱　倩　胡亚男　李　颖　关　彤
刘　勇　牛红亮　张秀明　辛兆甲　李　炜
杜新明　张志刚　邹梦秋　李　军　程传国
于绍贵　朱　静　陈延兵　徐元峰　杨治学
赵晨杰　毕士华　李　红　赵玉兴　陈东鹏
孙　琳　杨从刚　周利忠　寻　航　刘明军
刘永涛　杨　震　高　亮　张海涛　段志峰
李　鑫　刘　洵　曹宏茹　苏　军　贾敬伟
陈翔宇　罗铭峰　刘兴勇　王建峰　陈　旭
张根欣　邹　俊　齐建农　高　翔　吕冬冬
张春霞　宋树林　梁　伟　丁永昌　李　军
段宏超　王金玉　朱霄楠　侯书军　王代锋
孙　华　宋　暖　李文静　郝永静　封俊锋
王素伟　冯　冰　张华波　刘亚光　赵保东
靳维军　王树杰　胡大立　刘海洪　牛文忠
李　辉　刘　春　于仕勇　林　松　孙玉明
卢安定　吕智兵　吴季伟　李云波　陈克书
赵宗龙　周元凯　陈　勇　赵　枫　齐成峰
廖　云　肖　仁　李宏安　明建新　王　松
罗　宇　刘国亮　丁　麒　杨　熠　杨治开

乔 杰 王立堂 李 鹏 吕小宾 王茂臻
杜 伟 黄 浩 邓宝山 李天志 王树龙
薛培斌 常爱民 褚学勇 诚 磊 徐 涛
许振杰 李 波 兰 明 范 超 王东华
刘福洲 王张磊 耿成林 衣明星 孙 哲
郝晓健 赵振华 陈雪保 王 宇 赵 伟
赵秋梅 郝美岳 乔 丹 曹 菲 梁 晨
蒋 磊 李 昊 郎 昆 许 倩 部 坤
张 茜 侯晓军 索木芽

**优秀共产党员**

叶如陵 傅义军 李 洋 郑 霞 李玉生
王相惠 石明会 李春明 刘 毅 刘志明
单淑兰 张中富 李长峰 史文华 王景义
龙绪明 蒲占武 张淑霞 李春生 李雪强
王 佳 李书显 刘树山 卞永红 周 京
苏云华 张驚制 王书英 张仲凯 庄虔春
刘爱英 晏 辉 沈玉德 李增江 王振山
刘双库 赵红伟 崔胜利 王学芝 雷俊锋
田 兴 吕 栋 吉明月 杨树林 刘志达
王明亮 张建国 李雪玉 王文军 王文远
樊文祯 申玺朝 王春发 高 莉 付秀荣
张 根 赵尔冰 贺 利 臧德胜 鲁 曼
安红军 张 宏 王悦东 刘 静 张 黎
荣 容 栗 红 刘显威 张 伟 郑丹娜
田树林 刘乃忠 权福苗 孙建国 于渊莘
任炜东 张 龙 王子龙 李 利 佟贵玺
姜树林 马 良 宋文越 陈桂平 景 新
梁雪琴 李建文 夏鸿飞 田锦秈 张维刚
王德仲 杨士山 韦 平 高 扬 马 萍
蔡德江 胡 波 胡凤海 杨 华 王保积
倪 娜 胡艳丽 李 敏 吴 为 唐 宁
孙淑芬 陈 建 刘 勇(区文化委行政执法队)

**优秀党务工作者**

武清林 黄 莉 王 军 葛 强 林 红
苏建华 王琳琳 郝双燕 李三旺 张振山
陈 健 王 伟 吴长清 王丽华 杨贵生
马 惠 张红玉 刘和平 徐秀荣 韩国忠
杨树先 丁庆林 季 萍 赵进学 王利群
冯育虹 李淑芳 刘 伟 黄宏春 李云飞
张树宝 张克斌 张宏明 吉广平 杨建海
王荣琴 寇 晔 孔祥雨 王世纯 李杰民
郑 勇 李锁群 战晓波 蒋先平 刘 艳
马胜利 何凤云 杨宏伟 孙 梅 刘来祥
史素珍 郭团会 赵文杰 郭 君 李炳东
尚德明 陈德树 李惠芳 刘 睿 任洪海
张增义 黄 沛 马 新 孙莉婷 赵俊库
宋雨声 杨泰峰 汪 冬 董 红 李九庆
纪锡占 张松涛 耿学友 刘淑清 徐名松
穆 英 徐建生 陈晓辉 张雪梅 张幸生
王超存 符正秋 石茂才 林其楼 王荣英
杨联安 王 楠 洪建基 王东海 刘春明
刘怡玲 顾汉林 张 维 崔建堂 郭 艺
李香菊 张建军 秦剑锋 姬文革 赵益民
于丽华 蒋克勤 陈春玖 宋建英 刁 鹏
王敬武 孟昭春 刘 勇(麦子店街道党工委)

**见义勇为积极分子**

李祥娜

# 逝 世 人 物

**齐 纪** 北京市朝阳区人民政府原副区长。男,汉族,中共党员,1921年11月出生,河北省高阳县人。1939年6月参加革命工作,1939年6月加入中国共产党。历任冀中8团4营青年干事,华北联大青年队晋察冀中央分局党校学员,晋察冀工矿局工矿处财务科科长,北平地下工委平委纺织业委员,北京市委生产科科长、福中永茂实业公司副经理,北京机织印染厂副厂长,北京地方工业局第一工业局科长、办公室主任、党组成员,市人委机关分党委党委委员,北京丝绸印染厂厂长、党总支书记,北京印染厂厂长,北京四清工作队延庆队队长、分团书记,北京市中阿公社党委书记,北京市延庆县革命委员会副主任、中共延庆县委副书记,北京市郊建公司党委书记,中共朝阳区委常委、区革命委员会副主任兼区建委党组书记、主任,朝阳区人民政府副区长,1983年12月离休。2011年4月因病在京去世,享年90岁。

**宁雪山** 北京市朝阳区人大常委会原副主任。男。汉族,中共党员,1917年1月出生,山西省陵川县人。1938年5月参加革命工作,1938年3月加入中国共产党。历任中共山西省平顺县小区分委组织委员,陵川县夺火镇小区分委书记,陵川县委宣传部部长、武委会主任,北京市东郊区区委常委、组织部部长、太阳宫高级社、和平公社、高碑店公社党委委员、常委、公社主任。朝阳公社、双桥公社常委、公社副主任，东坝农场党委常委、副书记，大屯公社副主任，中共三里屯街道党委副书记、办事处副主任，区委纪律检查委员会筹备组副组长，朝阳区人大常委会副主任，1982年12月离休。2011年10月因病在京去世，享年94岁。

# 统计资料

（数据来源：除特别标注外，均来自北京市朝阳区统计局）

## 地区生产总值(2011年)

表1

单位:万元

| 项目 | 2011年 | 构成(%) |
|---|---|---|
| 合计 | 32721505 | 100.00 |
| 第一产业 | 11630 | 0.04 |
| 第二产业 | 3626612 | 11.08 |
| 工业 | 2753142 | 8.41 |
| 建筑业 | 873470 | 2.67 |
| 第三产业 | 29083263 | 88.88 |
| 交通运输、仓储和邮政业 | 1619423 | 4.95 |
| 信息传输、计算机服务和软件业 | 168430 | 5.15 |
| 批发和零售业 | 8156046 | 24.93 |
| 住宿和餐饮业 | 976409 | 2.98 |
| 金融业 | 3250671 | 9.93 |
| 房地产业 | 3376773 | 10.32 |
| 租赁与商务服务业 | 4849714 | 14.82 |
| 科学研究、技术服务和地质勘查业 | 2120186 | 6.48 |
| 水利、环境和公共设施管理业 | 186951 | 0.57 |
| 居民服务和其他服务业 | 268772 | 0.82 |
| 教育 | 897158 | 2.74 |
| 卫生、社会保障和社会福利业 | 565105 | 1.73 |
| 文化、体育和娱乐业 | 447428 | 1.37 |
| 公共管理和社会组织 | 683797 | 2.09 |

## 地方财政收支(2011 年)

表 2 单位:万元

| 项　　目 | 决算数 | 项　　目 | 决算数 |
|---|---|---|---|
| 一、财政收入总计 | 3168330 | 二、财政支出总计 | 4383284 |
| 一般预算收入合计 | 3127877 | 一般预算支出合计 | 2150832 |
| 区县固定税收小计 | 373992 | 一般公共服务 | 157329 |
| 房产税 | 250411 | 国防 | 3546 |
| 车船税 | 31147 | 公共安全 | 248817 |
| 印花税 | 88577 | 教育 | 470531 |
| 资源税 | | #教育费附加支出 | 90224 |
| 耕地占用税 | 3857 | 科学技术 | 44056 |
| 共享税收小计 | 2711741 | 文化体育与传媒 | 51823 |
| 增值税 | 263783 | 社会保障和就业 | 394178 |
| 营业税 | 1126090 | 医疗卫生 | 187784 |
| 城镇土地使用税 | 18075 | 节能环保 | 45691 |
| 土地增值税 | 169173 | #排污费支出 | 729 |
| 教育费附加收入 | 69399 | 城乡社区事务 | 263614 |
| 城市维护建设税(85%) | 267576 | 农林水事务 | 164548 |
| 企业所得税 | 797645 | #水资源费支出 | 1500 |
| 企业所得税退税 | | 资源勘查电力信息等事务 | 16810 |
| 分级收入小计 | 42144 | 商业服务业等事务 | 11420 |
| 国有资本经营收入 | | 金融监管等事务支出 | 15346 |
| 国有资源(资产)有偿使用收入 | 7134 | 国土资源气象等事务 | 181 |
| 其他收入 | 266 | 住房保障支出 | 29079 |
| 罚没收入 | 8281 | 粮油物资储备管理事务 | 2668 |
| 行政性事业性收费 | 24234 | 其他支出 | 43411 |
| 排污费收入 | 729 | 政府性基金预算支出合计 | 2232452 |
| 水资源费收入 | 1500 | 一般公共服务 | |
| 基金预算收入合计 | 40453 | 文化体育与传媒 | 203 |
| 新型墙体材料专项资金收入 | 5835 | 社会保障和就业 | 25895 |
| 育林基金收入 | | 城乡社区事务 | 2189008 |
| 森林植被恢复费 | | 农林水事务 | 6419 |
| 残疾人就业保障金收入 | 25570 | 资源勘探电力信息等事务 | 5835 |
| 国有土地使用权出让收入 | | 商业服务业等事务 | |
| 其他政府性基金收入 | 9048 | 金融监管等事务支出 | |
| | | 其他支出 | 5092 |

数据来源:北京市朝阳区财政局。

## 户数及人口数(户籍统计)(2011年)

表3 单位:人

| 项　目 | 年末总户数(户) | 年末总人口 | | | 在年末总人口中 | | 出生人数 | 死亡人数 |
|---|---|---|---|---|---|---|---|---|
| | | 合计 | 男 | 女 | 非农业人口 | 农业人口 | | |
| 合　计 | 751215 | 1938304 | 973105 | 965199 | 1795911 | 142393 | 20966 | 6644 |
| 街　道 | 462786 | 1304684 | 657786 | 646898 | 1304602 | 82 | 11890 | 4528 |
| 建　外 | 12998 | 42354 | 21949 | 20405 | 42354 | | 259 | 156 |
| 朝　外 | 12327 | 43938 | 23533 | 20405 | 43938 | | 417 | 142 |
| 呼家楼 | 21321 | 63481 | 31495 | 31986 | 63481 | | 500 | 286 |
| 三里屯 | 13475 | 37962 | 18433 | 19529 | 37962 | | 249 | 134 |
| 左家庄 | 24909 | 66542 | 33669 | 32873 | 66542 | | 490 | 280 |
| 香河园 | 13758 | 34077 | 17133 | 16944 | 34077 | | 343 | 151 |
| 和平街 | 25275 | 99685 | 50102 | 49583 | 99685 | | 594 | 362 |
| 安　贞 | 18687 | 48164 | 23940 | 24224 | 48164 | | 399 | 223 |
| 亚运村 | 16873 | 47468 | 24240 | 23228 | 47468 | | 407 | 143 |
| 小　关 | 13988 | 49941 | 23655 | 26286 | 49941 | | 372 | 116 |
| 酒仙桥 | 23903 | 68941 | 36042 | 32899 | 68941 | | 503 | 247 |
| 麦子店 | 8255 | 21129 | 10759 | 10370 | 21127 | 2 | 207 | 79 |
| 团结湖 | 14100 | 36867 | 18634 | 18233 | 36867 | | 283 | 160 |
| 六里屯 | 23818 | 60796 | 30614 | 30182 | 60794 | 2 | 531 | 264 |
| 八里庄 | 28918 | 83775 | 41529 | 42246 | 83775 | | 800 | 279 |
| 双　井 | 25697 | 70835 | 35641 | 35194 | 70812 | 23 | 716 | 238 |
| 劲　松 | 27880 | 70599 | 35646 | 34953 | 70561 | 38 | 696 | 328 |
| 潘家园 | 31613 | 80423 | 40347 | 40076 | 80419 | 4 | 632 | 339 |
| 垡　头 | 10564 | 28405 | 15045 | 13360 | 28405 | | 293 | 107 |
| 望　京 | 28680 | 76023 | 38362 | 37661 | 76023 | | 1009 | 210 |
| 机　场 | 7222 | 24535 | 13565 | 10970 | 24535 | | 223 | 51 |
| 大　屯 | 25271 | 67807 | 32561 | 35246 | 67807 | | 852 | 135 |
| 奥运村 | 21531 | 53295 | 27027 | 26268 | 53282 | 13 | 759 | 140 |
| 东　湖 | 11723 | 27642 | 13865 | 13777 | 27642 | | 356 | 58 |
| 乡 | 288429 | 633620 | 315319 | 318301 | 491309 | 142311 | 9076 | 2116 |
| 南磨房 | 22882 | 54957 | 28356 | 26601 | 52998 | 1959 | 729 | 172 |
| 高碑店 | 22388 | 46650 | 23327 | 23323 | 44666 | 1984 | 569 | 202 |
| 将　台 | 12363 | 25123 | 12473 | 12650 | 23550 | 1573 | 307 | 74 |
| 太阳宫 | 17378 | 39618 | 20275 | 19343 | 38217 | 1401 | 521 | 136 |
| 小红门 | 13260 | 28096 | 13448 | 14648 | 14341 | 13755 | 489 | 116 |
| 十八里店 | 17023 | 37667 | 17811 | 19856 | 16847 | 20820 | 479 | 164 |
| 平　房 | 14699 | 30510 | 14984 | 15526 | 22393 | 8117 | 527 | 103 |
| 东　风 | 13703 | 29340 | 14565 | 14775 | 29103 | 237 | 333 | 88 |
| 来广营 | 20327 | 40505 | 20622 | 19883 | 35876 | 4629 | 994 | 115 |
| 常　营 | 10404 | 20074 | 10085 | 9989 | 12917 | 7157 | 621 | 47 |
| 三间房 | 22642 | 69017 | 32802 | 36215 | 65689 | 3328 | 766 | 137 |
| 管　庄 | 21175 | 53414 | 28614 | 24800 | 48531 | 4883 | 720 | 174 |
| 金　盏 | 12790 | 28180 | 13691 | 14489 | 11056 | 17124 | 366 | 122 |
| 孙　河 | 12869 | 22044 | 10631 | 11413 | 10779 | 11265 | 264 | 60 |
| 崔各河 | 12882 | 24234 | 11750 | 12484 | 14657 | 9577 | 319 | 94 |
| 东　坝 | 16131 | 34640 | 17611 | 17029 | 21784 | 12856 | 489 | 111 |
| 黑庄户 | 8736 | 18745 | 9238 | 9507 | 10809 | 7936 | 189 | 83 |
| 豆各庄 | 6256 | 11805 | 5858 | 5947 | 7181 | 4624 | 156 | 44 |
| 王四营 | 10521 | 19001 | 9178 | 9823 | 9915 | 9086 | 238 | 74 |

数据来源:北京市公安局朝阳分局。

## 城镇固定资产投资完成情况(项目在地)(2011年)

**表4** 单位:个、万元、平方米

| 项目 | 单位个数 | 项目个数 | 自年初累计完成投资 | 其中:基础设施投资 | 本年新增固定资产 | 房屋建筑施工面积 | #住宅 | 房屋建筑竣工面积 | #住宅 |
|---|---|---|---|---|---|---|---|---|---|
| 合计 | 124 | 244 | 4533339 | 3274413 | 2968718 | 5690174 | 407732 | 1901349 | 86035 |
| 按注册类型划分 | | | | | | | | | |
| 国有 | 64 | 134 | 677589 | 220401 | 380943 | 3182412 | 111685 | 1139033 | 86035 |
| 集体 | 2 | 2 | 11010 | | | 118556 | | | |
| 股份合作 | | | | | | | | | |
| 国有联营 | | | | | | | | | |
| 集体联营 | | | | | | | | | |
| 国有与集体联营 | | | | | | | | | |
| 其他联营 | | | | | | | | | |
| 国有独资公司 | 9 | 54 | 1153366 | 1147588 | 209180 | 229694 | | 169321 | |
| 其他有限责任公司 | 19 | 20 | 125610 | 14024 | 74935 | 795880 | | 177087 | |
| 股份有限公司 | 10 | 13 | 2195283 | 1685580 | 2166790 | 356777 | | | |
| 私营 | 7 | 7 | 133688 | 13550 | 26402 | 738534 | 290000 | 380070 | |
| 其他 | 1 | 1 | 7364 | | | 71869 | | | |
| 与港澳台商合资经营 | 4 | 4 | 205470 | 187288 | 3924 | 114491 | 6047 | | |
| 与港澳台商合作经营 | | | | | | | | | |
| 港澳台商独资 | 3 | 3 | 13210 | 1440 | 7710 | 46123 | | | |
| 港澳台商投资股份有限公司 | 1 | 1 | 1516 | | 1516 | | | | |
| 中外合资经营 | 2 | 2 | 2753 | 2753 | 97318 | 35838 | | 35838 | |
| 中外合作经营 | | | | | | | | | |
| 外资企业 | 2 | 3 | 6480 | 1789 | | | | | |
| 外商投资股份有限公司 | | | | | | | | | |
| 个体户 | | | | | | | | | |
| 个人合伙 | | | | | | | | | |
| 按隶属关系划分 | | | | | | | | | |
| 中央单位 | 39 | 62 | 2221031 | 1704287 | 2336247 | 2345772 | 95332 | 665448 | 86035 |
| 市属单位 | 36 | 113 | 1334281 | 1191804 | 269430 | 859071 | 16353 | 266760 | |
| 区属单位 | 18 | 36 | 267178 | 168684 | 1075183 | | 764337 | | |
| 其它单位 | 31 | 33 | 710849 | 229362 | 194357 | 1410148 | 296047 | 204804 | |

## 房地产开发完成情况(项目在地)(2011 年)

**表 5**　　单位:个、万元、平方米

| 项　目 | 单位个数 | 自年初累计完成投资 | #基础设施投资 | #土地开发投资 | #住宅 | 房屋施工面积 | #住宅 | 房屋竣工面积 | #住宅 | 本年新增固定资产 | 商品房销售面积 | 商品房销售额 | 待售面积 | #住宅 | #一年以上住宅 |
|---|---|---|---|---|---|---|---|---|---|---|---|---|---|---|---|
| 合　计 | 378 | 6957926 | 68258 | 2241 | 3177548 | 28298250 | 13982245 | 8217764 | 3875035 | 3177492 | 3893196 | 8137107 | 7529581 | 2335204 | 473062 |
| 按注册类型划分 | | | | | | | | | | | | | | | |
| 国有 | 8 | 184359 | | 2087 | 94412 | 1712460 | 1160667 | 492767 | 302021 | 99913 | 37672 | 53177 | 829719 | 495774 | 21413 |
| 集体 | 1 | 363 | | 106 | | | | | | | | | 324 | 324 | |
| 股份合作 | | | | | | | | | | | | | | | |
| 国有联营 | | | | | | | | | | | | | | | |
| 集体联营 | | | | | | | | | | | | | | | |
| 国有与集体联营 | | | | | | | | | | | | | | | |
| 其他联营 | | | | | | | | | | | | | | | |
| 国有独资公司 | 10 | 215463 | 45952 | | 142613 | 1128724 | 946761 | 232090 | 198189 | 228844 | 330070 | 399542 | 221734 | 118756 | 11262 |
| 其他有限责任公司 | 229 | 5192657 | 21412 | 48 | 2557613 | 20537944 | 10305352 | 6843548 | 3069877 | 2657090 | 2720856 | 4982670 | 4580132 | 1188201 | 299219 |
| 股份有限公司 | 10 | 38856 | | | 12283 | 389091 | 127366 | 232290 | 90774 | 48012 | 106085 | 198844 | 272368 | 93327 | 42006 |
| 私营独资 | | | | | | | | | | | | | | | |
| 私营合伙 | 1 | | | | | | | | | | 3107 | 3037 | 18181 | | |
| 私营有限责任公司 | 24 | 119813 | | | 28205 | 757723 | 188589 | 261659 | 114472 | 61227 | 47902 | 122644 | 345970 | 177824 | 34414 |
| 私营股份有限公司 | 2 | 18973 | | | | 143694 | | | | | 257 | 557 | 20593 | | |
| 其他 | | | | | | | | | | | | | | | |
| 与港澳台商合资经营 | 16 | 536131 | 10 | | 17463 | 991028 | 129712 | | | | 117035 | 521498 | 360621 | 54288 | 7023 |
| 与港澳台商合作经营 | 29 | 240943 | | | 119100 | 703520 | 246770 | | | | 114431 | 463570 | 398314 | 103117 | 24131 |
| 港澳台商独资 | 13 | 256481 | 70 | | 144011 | 1122219 | 607712 | 155410 | 99702 | 82406 | 214712 | 899107 | 157618 | 34375 | 9254 |
| 港澳台商投资股份有限公司 | | | | | | | | | | | | | | | |
| 中外合资经营 | 10 | 28521 | 414 | | 25177 | 231526 | 129975 | | | | 20665 | 68819 | 160950 | 22349 | 19428 |
| 中外合作经营 | 18 | 117477 | | | 36365 | 580321 | 139341 | | | | 148248 | 378783 | 118740 | 45357 | 3889 |
| 外资企业 | 7 | 7889 | 400 | | 306 | | | | | | 32156 | 44859 | 44317 | 1512 | 1023 |
| 外商投资股份有限公司 | | | | | | | | | | | | | | | |
| 按隶属关系划分 | | | | | | | | | | | | | | | |
| 中央 | 13 | 314197 | | 2087 | 190358 | 733904 | 407838 | 227232 | 33770 | 141375 | 90370 | 296137 | 143494 | 26781 | 9195 |
| 市属 | 55 | 1047597 | 4659 | | 362301 | 6117062 | 3139484 | 2104988 | 957849 | 650278 | 1142458 | 1856712 | 1884280 | 589582 | 140645 |
| 区及区以下 | 310 | 5596132 | 63599 | 154 | 2624889 | 21447284 | 10434923 | 5885544 | 2883416 | 2385839 | 2660368 | 5984258 | 5501807 | 1718841 | 323222 |
| 按资质等级划分 | | | | | | | | | | | | | | | |
| 一级 | 40 | 899351 | 9232 | 2193 | 545446 | 5393170 | 3464288 | 2028129 | 1115529 | 627023 | 1172443 | 2093396 | 2074530 | 848941 | 171126 |
| 二级 | 55 | 794201 | 7348 | 48 | 323126 | 6295510 | 2560375 | 2083463 | 592878 | 545486 | 546480 | 1100975 | 1929873 | 286287 | 51994 |
| 三级 | 57 | 552619 | 700 | | 372519 | 3094545 | 1837900 | 1230707 | 736305 | 551171 | 373041 | 900350 | 974862 | 223878 | 69144 |
| 四级 | 137 | 1314310 | 7753 | | 741657 | 7906389 | 4073251 | 2266757 | 1253799 | 1239420 | 1172534 | 2040952 | 1973173 | 676180 | 89857 |
| 暂定 | 54 | 2732165 | 43225 | | 766202 | 4481037 | 1348552 | 608708 | 176524 | 214392 | 542091 | 1797777 | 164826 | 65519 | 56066 |
| 其他 | 35 | 665280 | | | 428598 | 1127599 | 697879 | | | | 86607 | 203657 | 412317 | 234399 | 34875 |

## 房地产开发企业主要财务指标(2011年)

表6 千元

| 项目 | 单位个数(个) | 固定资产合计 | 累计折旧 | 固定资产折旧 | 资产总计 | 负债合计 | 营业收入 | #主营业务收入 | 商品房屋销售收入 | 主营业务成本 | 主营业务税金及附加 | 营业利润 | 利润总额 | 应交所得税 | 应付职工薪酬(贷方累计发生额) | 从业人员平均数(人) |
|---|---|---|---|---|---|---|---|---|---|---|---|---|---|---|---|---|
| 合计 | 675 | 34259839 | 8597760 | 1879566 | 861748119 | 687372534 | 81298946 | 79997350 | 66698861 | 42001639 | 9170671 | 17938773 | 17917860 | 4351036 | 3047360 | 24666 |
| 按注册类型划分 | | | | | | | | | | | | | | | | |
| 国有 | 11 | 1554864 | 481438 | 62083 | 11783224 | 9457662 | 1403080 | 1383354 | 777332 | 1015263 | 76872 | 41063 | 62856 | 12601 | 63503 | 656 |
| 集体 | 1 | 869526 | 295114 | 45507 | 6309892 | 5908087 | 778752 | 691689 | 691689 | 454869 | 42954 | 249427 | 269738 | 67565 | 12168 | 121 |
| 股份合作 | | | | | | | | | | | | | | | | |
| 国有联营 | | | | | | | | | | | | | | | | |
| 集体联营 | | | | | | | | | | | | | | | | |
| 国有与集体联营 | | | | | | | | | | | | | | | | |
| 其他联营 | | | | | | | | | | | | | | | | |
| 国有独资公司 | 10 | 157038 | 46834 | 16656 | 26311521 | 17361377 | 3991965 | 3957062 | 2964629 | 2485384 | 285469 | 884276 | 868847 | 98768 | 80644 | 289 |
| 其他有限责任公司 | 405 | 18685613 | 3154397 | 1022285 | 490934648 | 401054916 | 53922259 | 53314047 | 46489001 | 29251578 | 6389454 | 10676700 | 10514155 | 2978377 | 1798925 | 13990 |
| 股份有限公司 | 17 | 1146072 | 48945 | 7123 | 38804365 | 25148893 | 722681 | 619607 | 602410 | 330841 | 121415 | 166640 | 166501 | 19377 | 95156 | 402 |
| 私营独资 | | | | | | | | | | | | | | | | |
| 私营合伙 | 1 | 107839 | 5261 | 4696 | 287692 | 163919 | 19411 | 4489 | 0 | 4349 | 1322 | －2000 | －2698 | 128 | 1342 | 29 |
| 私营有限责任公司 | 96 | 1187242 | 425697 | 113935 | 32366934 | 28111159 | 2576756 | 2541847 | 2151254 | 1256648 | 328487 | 427186 | 499608 | 15378 | 111052 | 2000 |
| 私营股份有限公司 | 8 | 431987 | 99202 | 27275 | 3521071 | 2879759 | 134112 | 46208 | 46208 | 35131 | 9167 | －87498 | －84899 | 2815 | 14091 | 239 |
| 其他 | | | | | | | | | | | | | | | | |
| 与港澳台商合资经营 | 20 | 1551318 | 920695 | 72025 | 21327323 | 14294793 | 2082985 | 2064448 | 1517045 | 576688 | 123934 | 731467 | 736060 | 219892 | 119420 | 576 |
| 与港澳台商合作经营 | 40 | 1267639 | 707588 | 108048 | 49818523 | 42663444 | 2628413 | 2486152 | 1529958 | 1036109 | 172708 | 282486 | 295043 | 141769 | 203491 | 1923 |
| 港澳台商独资 | 16 | 4350842 | 857981 | 164041 | 94530245 | 74201486 | 7073036 | 7044196 | 6535978 | 3723675 | 898204 | 2296594 | 2255403 | 446002 | 250844 | 1401 |
| 港澳台商投资股份有限公司 | | | | | | | | | | | | | | | | |
| 其他港澳台投资 | | | | | | | | | | | | | | | | |
| 中外合资经营 | 18 | 529868 | 392776 | 40612 | 45038347 | 36320597 | 2663762 | 2579138 | 1532031 | 1004476 | 480763 | 881647 | 943823 | 291064 | 92420 | 929 |
| 中外合作经营 | 22 | 1448699 | 530052 | 125349 | 17940650 | 11758605 | 2854238 | 2844061 | 1821057 | 510885 | 214936 | 1528155 | 1529101 | 41639 | 145909 | 1576 |
| 外资企业 | 10 | 971292 | 631780 | 69931 | 22773684 | 18047837 | 447496 | 421052 | 40269 | 315743 | 24986 | －137370 | －135678 | 15661 | 58395 | 535 |
| 外商投资股份有限公司 | | | | | | | | | | | | | | | | |
| 其他外商投资 | | | | | | | | | | | | | | | | |
| 按隶属关系划分 | | | | | | | | | | | | | | | | |
| 中央 | 16 | 649947 | 64823 | 35398 | 41929787 | 29981056 | 2464302 | 2379987 | 2266234 | 1158599 | 354035 | 589368 | 572807 | 7878 | 128438 | 409 |
| 市属 | 87 | 6745677 | 487818 | 250167 | 112419965 | 89079217 | 19589343 | 19476129 | 18153972 | 9811528 | 2678750 | 4858021 | 5005710 | 1357911 | 503484 | 3149 |
| 区及区以下 | 572 | 26864215 | 8045119 | 1594001 | 707398367 | 568312261 | 59245301 | 58141234 | 46278655 | 31031512 | 6137886 | 12491384 | 12339343 | 2985247 | 2415438 | 21108 |
| 按资质等级划分 | | | | | | | | | | | | | | | | |
| 一级 | 28 | 3806887 | 1160147 | 225112 | 189539626 | 150483436 | 15808450 | 15542682 | 14352830 | 8248179 | 1739164 | 4186981 | 4197772 | 1120381 | 601849 | 3207 |
| 二级 | 56 | 5263371 | 1495240 | 360528 | 132301380 | 110722965 | 19031163 | 18840736 | 16175253 | 9927979 | 2184928 | 4273433 | 4470262 | 991647 | 545770 | 5026 |
| 三级 | 71 | 4465359 | 683982 | 146046 | 115105476 | 87458107 | 14425025 | 14186154 | 13010396 | 6273345 | 1893333 | 4028992 | 4064225 | 1096802 | 420728 | 2799 |
| 四级 | 232 | 13087486 | 2358398 | 805656 | 227718810 | 187434269 | 21907368 | 21598985 | 16576786 | 11259370 | 2547289 | 46267861 | 4674914 | 858901 | 832476 | 7219 |
| 暂定 | 139 | 4064122 | 870048 | 124335 | 144184021 | 111280467 | 7865387 | 7763438 | 6352546 | 5453934 | 676169 | 544730 | 540423 | 216854 | 366340 | 3166 |
| 其他 | 149 | 3572614 | 2029945 | 217889 | 52898806 | 39993290 | 2261553 | 2065355 | 231050 | 838832 | 129788 | 277876 | －29736 | 66451 | 280197 | 3249 |

## 社会消费品零售额(按行业结构分)

表7

单位:万元、%

| 项　　目 | 2011年 | 2010年 | 增长速度 |
|---|---|---|---|
| 合　计 | 16519071 | 15302341 | 8.0 |
| #限额以上 | 15270098 | 14363138 | 6.3 |
| #批发和零售业 | 13911881 | 13331227 | 4.4 |
| #汽车及配件销售 | 5007760 | 6484131 | -22.8 |
| 综合零售 | 3823713 | 3085840 | 23.9 |
| 石油及制品销售 | 1499528 | 862665 | 73.8 |
| 家用电品、计算机及电子产品销售 | 1052449 | 822174 | 28.0 |
| 医药及医疗器材销售 | 516075 | 481009 | 7.3 |
| 服装、鞋帽、纺织品销售 | 476046 | 403910 | 17.9 |
| 五金、建材、家装销售 | 563302 | 548575 | 2.7 |
| 文化、体育用品销售 | 389685 | 329067 | 18.4 |
| 日用品销售 | 329572 | 297182 | 10.9 |
| 邮购及电子销售 | 224897 | 151995 | 48.0 |

注:1、表内数据口径为“产业经营地”原则;2、限额以上分行业2010年数据为表内同期数据。

## 集贸市场情况

表8

| 项　　目 | 2011年 | 2010年 | 增长速度(%) |
|---|---|---|---|
| 市场经营管理单位数(个) | 230 | 216 | 6.5 |
| 消费品市场农副产品成交量(吨) | 812094 | 787691 | 3.1 |
| 粮食类 | 91341 | 83450 | 9.5 |
| 油脂油料类 | 15239 | 14338 | 6.3 |
| 肉食禽蛋类 | 118965 | 112407 | 5.8 |
| 水产品类 | 26248 | 27389 | -4.2 |
| 蔬菜类 | 443108 | 436482 | 1.5 |
| 干鲜果类 | 117193 | 113625 | 3.1 |
| 消费品市场农副产品成交额(万元) | 479116 | 371183 | 29.1 |
| 粮食类 | 36083 | 25910 | 39.3 |
| 油脂油料类 | 29130 | 25050 | 16.3 |
| 肉食禽蛋类 | 234675 | 180180 | 30.2 |
| 水产品类 | 31090 | 28835 | 7.8 |
| 蔬菜类 | 105123 | 73228 | 43.6 |
| 干鲜果类 | 43015 | 37980 | 13.3 |

注:工商系统年报的制作周期为上年的12月至当年的11月。数据来源:北京市工商行政管理局朝阳分局。

## 城乡个体工商业基本情况(2011 年)

表 9

| 项目 | 户数(户) | #城镇 | 从业人员(人) | #城镇 | 注册资金(万元) | #城镇 |
|---|---|---|---|---|---|---|
| 合计 | 83947 | 59460 | 88607 | 61638 | 147765 | 73319 |
| 农林牧渔业 | 246 | | 330 | | 576 | |
| 采矿业 | 3 | | 3 | | 3 | |
| 制造业 | 1491 | 203 | 1904 | 244 | 2898 | 363 |
| 建筑业 | 65 | 25 | 340 | 229 | 116 | 47 |
| 交通运输、仓储和邮政业 | 819 | 241 | 845 | 253 | 1704 | 90 |
| 信息传输、计算机服务和软件业 | 867 | 349 | 900 | 465 | 1028 | 866 |
| 批发和零售业 | 58906 | 40981 | 61584 | 42204 | 96964 | 61483 |
| 住宿和餐饮业 | 3138 | 3001 | 3775 | 3002 | 5483 | 3671 |
| 租赁与商务服务业 | 995 | 490 | 1017 | 538 | 1643 | 710 |
| 居民服务和其他服务业 | 10031 | 8965 | 10031 | 9259 | 25377 | 3160 |
| 卫生、社会保障和社会福利业 | 186 | 102 | 186 | 102 | 312 | 103 |
| 科学研究、技术服务和地质勘查业 | 371 | 107 | 502 | 114 | 674 | 207 |
| 文化、体育和娱乐业 | 3162 | 2130 | 3324 | 2304 | 4942 | 11 |
| 其他行业 | 3667 | 2866 | 3866 | 2924 | 6045 | 2608 |

注:工商系统年报的制作周期为上年的 12 月至当年的 11 月。　　数据来源:北京市工商行政管理局朝阳分局。

## 对外经济基本情况

表 10　　单位:亿美元

| 项目 | 2011 年 | 2010 年 | 增长速度(%) |
|---|---|---|---|
| 新批三资企业(个) | 836 | 788 | 6.1 |
| 合同外资金额 | 47.67 | 21.80 | 118.7 |
| 实际利用外资额 | 26.47 | 24.03 | 10.2 |
| 外贸出口额 | 122.51 | 121.06 | 1.2 |

数据来源:北京市朝阳区商务委。

## 外商投资企业新设立情况

表 11

| 项目 | 企业数（个） | |
|---|---|---|
| | 2011 年 | 2010 年 |
| 合计 | 836 | 788 |
| 按登记注册型分 | | |
| 合资经营 | 75 | 85 |
| 合作经营 | 3 | 4 |
| 独资经营 | 758 | 699 |
| 其他 | | |
| 按三次产业分 | | |
| 第一产业 | | 1 |
| 第二产业 | 4 | 9 |
| 第三产业 | 832 | 778 |
| 按客商国别(地区)分 | | |
| 日本 | 79 | 66 |
| 美国 | 55 | 54 |
| 香港 | 341 | 306 |
| 澳大利亚 | 12 | 12 |
| 法国 | 15 | 12 |
| 新加坡 | 26 | 35 |
| 加拿大 | 10 | 21 |
| 德国 | 24 | 33 |
| 西班牙 | 9 | 6 |
| 中国台湾 | 32 | 24 |
| 瑞典 | 3 | 3 |
| 泰国 | 1 | 1 |
| 比利时 | 2 | 1 |
| 丹麦 | 1 | 3 |
| 韩国 | 79 | 74 |
| 俄罗斯 | | 1 |
| 其他 | 147 | 136 |

数据来源：北京市朝阳区商务委。

## 中资银行人民币月末存款余额(2011年)

表12

单位:万元

| 月份 | 各项存款 | #单位存款 | #个人存款 | #储蓄存款 |
|---|---|---|---|---|
| 1月 | 94340027 | | | |
| 2月 | 95066957 | 58791630 | 34147915 | 33827049 |
| 3月 | 100798486 | 62454224 | 35640228 | 35304612 |
| 4月 | 97590964 | 59427006 | 35200060 | 34886116 |
| 5月 | 97167006 | 58763076 | 35149859 | 34810803 |
| 6月 | 101881539 | 62175515 | 36196950 | 35849758 |
| 7月 | 100814346 | 61301129 | 35227164 | 34879992 |
| 8月 | 101965647 | 63466013 | 35256008 | 34917558 |
| 9月 | 103849352 | 64232085 | 36179196 | 35549080 |
| 10月 | 104690307 | 65702968 | 35595771 | 34804014 |
| 11月 | 105620656 | 65523978 | 36025655 | 35155553 |
| 12月 | 112873416 | 69282109 | 38894013 | 38239092 |

注:1月份北京市统计局未反馈除各项存款外其它指标数据。

## 中资银行人民币月末贷款余额(2011年)

表13

单位:万元

| 月份 | 各项贷款 | #境内短期贷款 | #境内中长期贷款 |
|---|---|---|---|
| 1月 | 49651553 | | |
| 2月 | 50319637 | 10917248 | 38745899 |
| 3月 | 50951934 | 11536453 | 38880758 |
| 4月 | 51825179 | 11855118 | 39322869 |
| 5月 | 51798832 | 12091259 | 38923019 |
| 6月 | 51723125 | 12655501 | 38312446 |
| 7月 | 52180026 | 12928359 | 38377822 |
| 8月 | 52458839 | 13113780 | 38489919 |
| 9月 | 52984302 | 13503829 | 38794070 |
| 10月 | 53622780 | 13859184 | 39135705 |
| 11月 | 53522096 | 13491996 | 39408204 |
| 12月 | 53278025 | 13494615 | 39256950 |

注:1月份北京市统计局未反馈除各项贷款外其它指标数据。

# 统计指标解释

**一、地区生产总值**

地区生产总值:是按市场价格计算的一个地区所有常住单位在一定时期内生产活动的最终成果。地区生产总值有三种表现形式,即价值形态、收入形态和产品形态。在实际核算中,地区生产总值的三种表现形态表现为三种计算方法,即生产法、收入法和支出法。三种方法分别从不同的方面反映地区生产总值及其构成。

三次产业 根据社会生产活动历史发展的顺序对产业结构的划分,产品直接取自自然界的部门称为第一产业。对初级产品进行再加工的部门称为第二产业。为生产和消费提供各种服务的部门称为第三产业。我国现行的三次产业划分是:

第一产业:农、林、牧、渔业(包括农业、林业、畜牧业、渔业和农、林、牧、渔服务业)。

第二产业:工业(包括采矿业、制造业、电力、燃气及水的生产及供应业)和建筑业。

第三产业:除第一、第二产业以外的其他各业。

**二、地方财政收支**

一般预算财政收入:通过一定的形式和程序,由各级财政部门组织并纳入预算管理的各项收入,也就是会计制度改革以前所称的“预算收入”。

基金预算收入:是按规定收取,转入或通过当年财政安排,由财政管理并具有指定用途的政府性基金预算收入等。

一般预算财政支出:是各级财政部门对集中的一般预算收入有计划地分配和使用而安排的支出。

**三、固定资产投资**

自年初累计完成投资:指从本年1月1日起至本年最后一天止完成的全部用于房屋建设工程和土地开发工程的投资额以及公益性建筑和土地购置费等的投资。

土地开发投资额:指房地产开发企业(单位)进行的土地开发工程所完成的投资额,它是房地产开发企业(单位)对新征用(或购置)的土地进行道路、给水、排水、供电、供热、通讯等工程建设及土地平整(简称七通一平)等所完成投资额。

土地开发投资一般是指生地(荒地、山地)的开发,即将生地变成熟地的过程所完成的投资。重新规划的旧城区改造所进行了的“七通一平”工程也可进入土地开发投资。但列入房屋工程概预算的原有旧房屋的拆除、建筑场地平整以及施工临时用水、电、通讯工程不计入土地开发投资,而应计入房屋开发投资中。土地开发投资额应放入完成投资按结构分组中的建筑工程,在房屋用途分组中能分摊的就分摊,不能分摊的全部计入其他。未进行开发工程的,只进行单纯的土地交易活动不作为土地开发投资统计。

本年新增固定资产:指在报告期已经完成建造和开发过程并交付使用的房屋和土地开发面积的价值。指房地产开发公司进行开发经营活动的最终成果,即为社会提供的固定资产,而且是在报告期内新增加的。不是反映房地产开发企业本身固定资产的增加。

**四、房地产开发**

商品房销售面积(不含回迁):指在报告期内出售商品房屋的合同总面积(即双方签署的正式买卖合同中所确定的建筑面积)。由现房销售建筑面积和期房销售建筑面积两部分组成。现房销售、期房销售中均不包括拆迁还建、统建代建、公共配套建筑、房地产开发企业自用及周转房等不可销售的房屋,也不包括销售的拆迁回迁商品房。(该指标取自当年签订的《商品房买卖合同》)

商品房空置面积:指报告期末已竣工的可供销售或出租的商品房屋建筑面积中,尚未销售或出租的商品房屋建筑面积,包括以前年度竣工和本期竣工的房屋面积,但不包括报告期已竣工的拆迁还建,统建代建,公共配套建筑、房地产公司自用及周转房等不可销售或出租的房屋面积。

**五、社会消费品零售总额**

社会消费品零售总额:指国民经济各行业直接售给城乡居民和社会集团的消费品总额。它是反映各行业通过多种商品流通渠道向居民和社会集团供应的生活消费品总量,是研究国内零售市场变动情况、反映经济景气程度的重要指标。

**六、市场成交额**

市场成交额:指从事消费品交易的商品市场的全部商品成交金额。

**七、实际利用外资额**

实际利用外资额:为批准的合同外资金额的实际执行数,指外国投资者根据合同(章程)的规定实际缴付的出资额与批准的企业投资总额内以企业名义从境外借入的资金之和。以下情况不列入外资统计:1)企业在投资总额之外的境外借款;2)企业在境内外资银行的借款。

**八、存款、贷款**

存款:企业、机关、团体或居民根据可以收回的原则,把货币资金存入银行或其他信用机构保管并取得一定利息的一种信用活动形式。根据存款对象的不同可划分为企业存款、财政存款、机关团体存款、城镇储蓄存款、农村存款等科目。它是银行信贷资金的主要来源。

贷款:银行或其他信用机构根据必须归还的原则,按一定利率,为企业、个人等提供资金的一种信用活动形式。我国银行贷款分为流动资金贷款、固定资产贷款、城乡个体工商户贷款以及农业贷款等科目。

# 附　　录

## 中共北京市朝阳区委主要文件目录

### 中共北京市朝阳区委文件

京朝发〔2011〕1号:关于进一步加强文化工作的意见
京朝发〔2011〕2号:关于印发《区委2011年工作要点》的通知
京朝发〔2011〕3号:关于印发《朝阳区缓解交通拥堵工作实施方案》的通知
京朝发〔2011〕4号:关于推广运用廉洁奥运经验大力推进"新四区"建设的实施意见
京朝发〔2011〕5号:关于做好纪念中国共产党成立90周年有关工作的通知
京朝发〔2011〕6号:关于进一步禁止和查处违法建设工作的意见
京朝发〔2011〕7号:关于印发《北京市朝阳区中长期人才发展规划纲要(2010—2020年)》的通知
京朝发〔2011〕8号:关于命名表彰朝阳区先进基层党组织优秀共产党员和优秀党务工作者的决定
京朝发〔2011〕9号:关于表彰朝阳区基层党建创新项目的决定
京朝发〔2011〕10号:关于进一步加强和改进新时期党史工作的实施意见
京朝发〔2011〕11号:关于加强和创新社会管理全面提升社会建设水平的实施意见
京朝发〔2011〕12号:关于转发《中共北京市委关于认真学习贯彻〈胡锦涛同志在庆祝中国共产党成立90周年大会上的讲话〉的通知》的通知
京朝发〔2011〕13号:关于进一步贯彻落实党风廉政建设责任制强化领导干部廉洁自律工作的意见
京朝发〔2011〕14号:关于转发《朝阳区依法治区领导小组关于在全区开展法制宣传教育的第六个五年规划(2011—2015年)》的通知
京朝发〔2011〕15号:关于做好区、乡两级人民代表大会换届选举工作的意见》的通知
京朝发〔2011〕16号:关于进一步加强水务改革发展的意见
京朝发〔2011〕17号:关于做好2011年军队转业干部安置工作的通知
京朝发〔2011〕18号:关于印发朝阳区第十一次党代会工作报告和区纪律检查委员会工作报告的通知
京朝发〔2011〕19号:关于表彰朝阳区创建全国文明城区工作先进单位和先进个人的决定

### 中共北京市朝阳区委办公室文件

京朝办发〔2011〕1号:关于做好2011年春节期间有关工作的通知
京朝办发〔2011〕2号:关于印发2011年随军家属安置指标的通知
京朝办发〔2011〕3号:关于成立朝阳区文化工作推进领导小组的通知
京朝办发〔2011〕4号:关于进一步加强安全稳定工作的紧急通知
京朝办发〔2011〕5号:关于印发《区委常委会2011年议题计划》的通知
京朝办发〔2011〕6号:关于印发《区委2011年重点工作任务分工方案》的通知
京朝办发〔2011〕7号:关于印发《朝阳区推进"双十工程"实施工作方案》的通知
京朝办发〔2011〕8号:关于印发《朝阳区农村集体产权制度改革实施方案》的通知
京朝办发〔2011〕9号:关于印发《朝阳区农村集体资产清产核资工作方案》的通知
京朝办发〔2011〕10号:关于印发《2011年区委中心组学习计划》的通知

京朝办发〔2011〕11号:关于转发《区委宣传部关于2011年朝阳区文化发展大讨论工作方案》的通知
京朝办发〔2011〕12号:关于转发《北京市朝阳区档案馆收集档案范围的规定》的通知
京朝办发〔2011〕13号:关于转发《区委党的建设工作领导小组2011年工作要点》的通知
京朝办发〔2011〕14号:关于印发《朝阳区地方志工作发展规划(2011—2020年)》的通知
京朝办发〔2011〕15号:关于调整朝阳区地方志编纂委员会成员的通知
京朝办发〔2011〕16号:关于奥运村街道党政机构设置问题的通知
京朝办发〔2011〕17号:关于印发《2011年朝阳区党风廉政建设和反腐败主要任务分工》的通知
京朝办发〔2011〕18号:关于印发《朝阳区建立重大事项社会稳定风险评估机制的实施办法(试行)》的通知
京朝办发〔2011〕19号:关于转发《区发展改革委关于做好朝阳区"十二五"专项规划有关工作的通知》的通知
京朝办发〔2011〕20号:关于印发《朝阳区关于用群众工作统揽信访工作的实施意见》的通知
京朝办发〔2011〕21号:关于印发《关于服务基层深化全国文明城区创建工作的方案》的通知
京朝办发〔2011〕22号:关于调整朝阳区政务公开工作联席会议领导小组的通知
京朝办发〔2011〕23号:关于印发《朝阳区文明交通行动实施方案》的通知
京朝办发〔2011〕24号:关于印发《朝阳区开展清理和规范庆典、研讨会、论坛活动工作的实施办法》的通知
京朝办发〔2011〕25号:关于成立朝阳区城乡一体化工作领导小组指挥部土地储备复核工作组的通知
京朝办发〔2011〕26号:关于对区委、区政府重点工作实行月调度制度的通知
京朝办发〔2011〕27号:关于进一步加大禁止和查处违法建设工作力度的通知
京朝办发〔2011〕28号:关于印发《关于加强区委文件管理工作的暂行规定》的通知
京朝办发〔2011〕29号:关于印发《朝阳区地下空间专项清理整治工作方案》的通知
京朝办发〔2011〕30号:关于印发《中央文件、市委文件管理实施细则》的通知
京朝办发〔2011〕31号:关于印发《关于区领导带队检查创建全国文明城区迎检工作的方案》的通知
京朝办发〔2011〕32号:关于印发《朝阳区关于党的基层组织实行党务公开的意见》的通知
京朝办发〔2011〕33号:中共北京市朝阳区委办公室北京市朝阳区人民政府办公室印发《关于建立村务监督委员会工作的实施方案》的通知
京朝办发〔2011〕34号:关于做好2012年度《人民日报》、《求是》杂志和《北京日报》、《前线》杂志征订工作的通知
京朝办发〔2011〕35号:关于转发《北京市公安局朝阳分局关于开展实有人口服务管理全覆盖体系建设试点工作的实施方案》的通知
京朝办发〔2011〕36号:关于区委书记、副书记、区委常委工作分工的通知

# 中共北京市朝阳区人民政府主要文件目录

## 北京市朝阳区人民政府文件

朝政发〔2011〕1号 关于印发《政府工作报告》的通知
朝政发〔2011〕2号 关于印发促进朝阳区信息服务业发展指导意见的通知
朝政发〔2011〕3号 关于印发《北京市朝阳区国民经济和社会发展第十二个五年规划纲要》的通知
朝政发〔2011〕4号 关于发布行政规范性文件清理结果的通知
朝政发〔2011〕5号 关于2010年目标管理双百考核工作结果的通报
朝政发〔2011〕6号 关于进一步提高退伍军人安置待遇建立相关奖励制度的通知
朝政发〔2011〕7号 关于加大见义勇为奖励和权益保护工作力度的意见
朝政发〔2011〕10号 关于授予李祥娜同志"见义勇为积极分子"荣誉称号的决定
朝政发〔2011〕11号 关于印发低保家庭劳动力就业补贴办法的通知
朝政发〔2011〕12号 关于印发鼓励农村劳动力转移就业奖励办法的通知
朝政发〔2011〕13号 关于印发朝阳区全民健身实施计划(2011—2015年)的通知
朝政发〔2011〕14号 关于统筹推进新一轮"菜篮子"工程建设的实施意见
朝政发〔2011〕15号 关于印发朝阳区创建国家公共文化服务体系示范区建设规划(2011-2012)的通知
朝政发〔2011〕18号 关于进一步加强朝阳区教育系统名长名师工作的意见

# 驻　区　单　位

## 驻区部分中央单位名录

| | | |
|---|---|---|
| 中国人寿保险股份有限公司 | 朝外大街16号 | 63633333 |
| 中国石油化工股份有限公司北京石油分公司 | 静安里12号楼 | 84469547 |
| 中国石油天然气股份有限公司华北销售分公司 | 嘉铭园二区11号楼 | 84869902 |
| 神华国华(北京)电力研究院有限公司 | 酒仙桥路12号电子城科技大厦906室 | 83562727 |
| 中国石化燃料油销售有限公司 | 北辰西路8号院3号楼B15F | 84374200 |
| 中国石化工程建设公司 | 安慧北里安园21号楼 | 84878607 |
| 中国石油集团长城钻探工程有限公司 | 安立路101号 | 59285380 |
| 中国石油天然气股份有限公司北京销售分公司 | 北苑路86号院嘉铭桐城二区11号楼704房间 | 84807358 |
| 中海石油气电集团有限责任公司 | 东三环北路甲2号京信大厦 | 84526024 |
| 中国寰球工程公司 | 樱花园东街7号 | 58676899 |
| 中铁十六局集团有限公司 | 红松园北里2号 | 51883503 |
| 中信金属有限公司 | 新源南路6号京城大厦1903室 | 59661940 |
| 新华人寿保险股份有限公司 | 建外大街甲12号新华保险大厦 | 85213257 |
| 中国石化化工销售有限公司 | 朝北大街22号10层 | 59966938 |
| 中石油北京天然气管道有限公司 | 大屯路9号 | 64986019 |
| 中煤科技集团公司 | 煤科院主楼 | 601605 84264357 |
| 中国国际技术智力合作公司 | 光华路7号汉威大厦 | 65613920 |
| 中建一局集团建设发展有限公司 | 望花路西里17号 | 64726644 |
| 中国船舶燃料有限责任公司 | 安贞西里五区仟村商务大楼A座13层 | 57372829 |
| 中国石油化工集团公司 | 朝北大街22号 | 59968892 |
| 北京东方石油化工有限公司 | 大郊亭4号 | 67747486 |
| 中交第一公路工程局有限公司 | 管庄周家井 | 65761831 |
| 中国国投国际贸易有限公司 | 惠新西街19号 | 52021999 |
| 中国石化国际事业有限公司 | 朝北大街22号 | 59966126 |
| 蓝星石化有限公司 | 北三环东路19号2号411、413、415、417、419、421、423室 | 64453732 |
| 中交一公局第五工程有限公司 | 管庄周家井大院 | 61594300 |
| 中国葛洲坝集团国际工程有限公司 | 建国路91号 | 59525702 |
| 中建一局集团第五建筑有限公司 | 定福庄北里1号 | 65762472 |
| 中国化纤总公司 | 建国路99号中服大厦23层、22层 | 65816699 |
| 中国有色金属建设股份有限公司 | 安定路10号(中国有色大厦南楼) | 84427242 |
| 北京攀承钒业贸易有限公司 | 建国路81号华贸中心1号写字楼1206号 | 59695189 |
| 中信信托有限责任公司 | 新源南路6号京城大厦13层 | 84861327 |
| 中轻资源进出口公司 | 劲松九区910楼三层601室 | 87763272 |
| 中国国际金融有限公司 | 建外大街1号国贸大厦2座27、28层 | 85679888 |
| 华能北京热电有限责任公司 | 高碑店路南 | 87737103 |
| 远大海外经济投资发展有限公司 | 慧忠路5号远大中心C座22层 | 84891849 |

| | | |
|---|---|---|
| 北京中铁隧建筑有限公司 | 广渠门外大街 9 号院 | 67731652 |
| 新时代健康产业(集团)有限公司 | 安翔北里甲 11 号创业大厦 18 层 | 64850599 |
| 北京电力建设公司 | 定福庄西里一号 | 51962091 |
| 中国纸张纸浆进出口公司 | 劲松九区 90 号十层 | 87763360 |
| 中艺远东进出口有限公司 | 朝外大街 26 号 B2807 | 85656888 |
| 中国纺织机械和技术进出口有限公司 | 建国路 99 号中服大厦 18 层 | 51900387 |
| 中国人民财产保险股份有限公司 | 建外大街 2 号院 2 号楼 | 85177807 |
| 中国出国人员服务总公司 | 惠新东街 4 号 | 84663019 |
| 中交路桥北方工程有限公司 | 管庄 1 号院 | 52016566 |
| 中国化工建设总公司 | 安贞西里 3 区 15 号楼 | 84527216 |
| 中艺联合工贸有限公司 | 朝外大街吉祥里 103 号十层 1004 | 85656888 |
| 中意人寿保险有限公司 | 光华路 5 号院世纪财富中心 1 座 16 层 | 58763988 |
| 中国庆安国际贸易集团有限公司 | 霄云路 27 号 | 64603403 |
| 中国航空技术国际控股有限公司 | 北辰东路 18 号 | 84808548 |

## 驻区部分市属单位名录

| | | |
|---|---|---|
| 北京外企人力资源服务有限公司 | 朝南大街 14 号 | 67772672 |
| 中国航油集团北京石油有限公司 | 飞行总队对面 001 | 64584253 |
| 北京燕莎友谊商城有限公司 | 亮马桥路 52 号 | 64651188 |
| 北京北辰实业股份有限公司 | 北辰东路 8 号 | 64991284 |
| 北京中弘投资有限公司 | 五里桥 1 街 1 号 19 号楼 | 59621199 |
| 北京住总房地产开发有限责任公司 | 慧忠里 320 号 | 65953953 |
| 北京城建道桥建设集团有限公司 | 西大望路 12 号 | 85891549 |
| 北京市热力集团有限责任公司 | 西大望路 1 号(1 号楼 2501 室) | 65339500 |
| 北京纵横国际投资有限公司 | 建外大街 1 号国贸大厦 2 座 8 层 808 室 | 64956589 |
| 中信国际商贸有限公司 | 新源南路 6 号京城大厦 45 层 | 84862288 |
| 北京首城置业有限公司 | 南磨房路 37 号华腾北搪商务大厦 1012 室 | 87796220 |
| 国奥投资发展有限公司 | 国际会议中心 5 层 | 84371956 |
| 北京市朝阳烟草公司 | 和平街十三区甲 17 号 | 64207298 |
| 北京国际贸易公司 | 建外大街甲 3 号 | 65005884 |
| 北京天海工业有限公司 | 天盈北路 9 号 | 67379582 |
| 中航嘉信商务旅行管理有限公司 | 东三环北路乙 2 号 1 幢 01 单元 701 室 | 59293838 |
| 中国电气进出口有限公司 | 朝外关东店南街 8803 信箱 | 65842917 |
| 北京太阳宫燃气热电有限公司 | 西坝河路 6 号 | 64516712 |
| 群星集团公司 | 大屯路科学园南里西奥中心 A 座 16 层 | 66573006 |
| 北京方胜理信劳务服务有限公司 | 向军南里二巷甲 5 号 801 | 67772672 |
| 北京同仁堂健康药品经营有限公司 | 建外大街甲 6 号 D 座 19 层 | 87126792 |
| 北京普仁鸿医药销售有限公司 | 百子湾路 16 号百子园 4 座住宅楼 1101 号 | 87766895 |
| 北京城建七建设工程有限公司 | 德外祁家豁子 2 号 | 62011844 |
| 北京城建五建设工程有限公司 | 安苑东里三区十号 | 64895711 |
| 首创朝阳房地产发展有限公司 | 朝阳剧场南街 6 号 | 65011111 |
| 北京青年旅行社股份有限公司 | 潘家园南里 12 号潘家园大厦三层北区 | 87789938 |
| 北京博瑞祥云汽车销售服务有限公司 | 花虎沟 2 号 | 82818502 |
| 北京住总集团有限责任公司 | 慧忠里 320 楼 | 84838139 |
| 北京华普产业集团有限公司 | 朝外大街 19 号(华普大厦 17 层) | 65803388 |

| | | |
|---|---|---|
| 北京首开天成房地产开发有限公司 | 望京东园628楼 | 64733868 |
| 北京城建亚泰建设工程有限公司 | 东土城路九号 | 64225995 |
| 北京住总第二开发建设有限公司 | 外馆街6号 | 52075019 |
| 北京贵友大厦有限公司 | 建外大街甲5号 | 65629132 |
| 中国国际石油化工联合有限责任公司 | 朝北大街22号 | 59966870 |
| 北京双鹤药业股份有限公司 | 望京利泽东二路1号 | 64742227 |
| 京东方科技集团股份有限公司 | 酒仙桥路10号(京东方大院内) | 64318888 |
| 北京首创新资置业有限公司 | 郎家园6#院 | 51660015 |
| 北京弘泰基业房地产有限公司 | 朝阳北路101号楼1层01号 | 52026788 |
| 北京市汽车贸易有限公司 | 东环南路22号拖西2幢 | 65812732 |
| 中国康辉旅行社集团有限责任公司 | 农展馆南路13号12层 | 65877689 |
| 北京西华房地产开发有限公司 | 广顺北大街33号 | 84723366 |
| 中建电子工程有限公司 | 麦子店街37号盛福大厦1900室 | 85275211 |
| 北京市东湖房地产有限公司 | 望京利泽西园一区甲107号楼 | 64703786 |
| 北京北辰实业股份有限公司北辰置地分公司 | 安慧里三区6号楼三层 | 64910506 |
| 北京博瑞祥驰汽车销售服务有限公司 | 德胜门外双泉堡花虎沟2号 | 82818502 |
| 中国和平国际旅游有限责任公司 | 东土城路13号金孔雀商务大厦二层 | 64484500 |
| 北京首驰昱达房地产开发有限公司 | 磨房北里禧福汇国际社区接待中心 | 62897456 |
| 北京城建十建设工程有限公司 | 安苑东里三区10号 | 64895242 |
| 北京铜牛进出口有限公司 | 金台里甲9号(铜牛大厦)4层 | 52081287 |
| 北京市勤和汽车销售有限公司 | 百子湾路18号 | 65817268 |

## 驻区其它单位名录

| | | |
|---|---|---|
| 宝马(中国)汽车贸易有限公司 | 东三环北路霞光里18号佳程广场B座28层 | 84558000 |
| 梅赛德斯-奔驰(中国)汽车销售有限公司 | 望京街8号院戴姆勒大厦16层 | 84172161 |
| 三星(中国)投资有限公司 | 建国路118号航华科贸中心招商局大厦2208-13单元 | 65689988 |
| 中国中煤能源股份有限公司 | 黄寺大街1号 | 82256062 |
| 丰田汽车(中国)投资有限公司 | 呼家楼京广中心25层 | 65978728 |
| 中国中信集团公司 | 新源南路6号 | 64661710 |
| 安邦人寿保险股份有限公司 | 东三环中路7号财富中心A座30层3001 | 59229662 |
| 索尼(中国)有限公司 | 东三环北路霞光里18号佳程大厦A座25层 | 84586046 |
| 西门子(中国)有限公司 | 望京中环南路七号 | 64768593 |
| 松下电器(中国)有限公司 | 景华南街5号远洋光华中心C座3、6层 | 65626317 |
| 瑞钢联集团有限公司 | 朝北大街1号新保利大厦23层 | 84193745 |
| 电装(中国)投资有限公司 | 东三环北路5号1幢518室 | 65908337 |
| 乐金电子(中国)有限公司 | 建外大街乙12号双子座大厦西塔十九、二十、二十一层A | 65631188 |
| 施耐德电气(中国)有限公司 | 望京东路六号A座 | 65039565 |
| 现代汽车(中国)投资有限公司 | 霄云路38号现代汽车大厦2501室 | 84539666 |
| 北京搜候房地产有限责任公司 | 朝外大街乙6号朝外SOHO-A座11层 | 58788866 |
| 日产(中国)投资有限公司 | 光华路1号嘉里中心南楼1318室 | 85298181 |
| 壳牌(中国)有限公司 | 建外大街1号国贸大厦2座32层3-18单元 | 65054501 |
| 卡特彼勒(中国)投资有限公司 | 望京街8号卡特彼勒大厦16层 | 59210340 |
| ABB(中国)有限公司 | 酒仙桥路10号恒通广厦 | 84566688 |
| 中国惠普有限公司 | 建国路112号中国惠普大厦 | 65645847 |

| | | |
|---|---|---|
| 北京恒美广告有限公司 | 华贸中心 1 座 5 层 | 85665563 |
| 安富利(中国)科技有限公司 | 霄云路 26 号鹏润大厦 A 区 28 层 | 84141097 |
| 爱立信(中国)通信有限公司 | 利泽东街 5 号爱立信大厦 1 – 6A | 84769000 |
| 国美电器有限公司 | 霄云路 26 号鹏润大厦 B 座 18 层 | 59289000 |
| 远洋地产有限公司 | 东四环中路 56 号远洋国际中心 A 座 31 层 | 59299918 |
| 冠捷科技(北京)有限公司 | 酒仙桥路 10 号(京东方) | 64326699 |
| 中冀斯巴鲁(北京)汽车销售有限公司 | 王四营乡孛罗营村北一街 | 51354560 |
| 克莱斯勒(中国)汽车销售有限公司 | 东三环中路 63 号楼 1509 | 59037766 |
| 艾麦斯贸易(北京)有限责任公司 | 白家庄路 3 号 12 号楼 405 | 65917035 |
| 葛兰素史克(中国)投资有限公司 | 东四环中路 56 号楼 A 座 901 – 910 室 | 59252888 |
| 路易达孚(北京)贸易有限责任公司 | 东三环中路 1 号环球金融中心东楼 14 层 01 – 04 单元及 06 – 11 单元 | 58694983 |
| 中国石化集团石油商业储备有限公司 | 惠新东街甲六号楼 1532 房间 | 59969336 |
| 北京红牛饮料销售有限公司 | 建外大街永安东里 8 号华彬国际大厦 22 层 2201 – 2205 | 85288528 |
| 北京京客隆商业集团股份有限公司 | 新源街 45 号楼 | 64688233 |
| 鼎桥通信技术有限公司 | 望京北路 9 号叶青大厦 D 座 13 – 15 层 | 58223289 |
| 北京 ABB 电气传动系统有限公司 | 酒仙桥北路甲 10 号 D 区 1 号 | 58217788 |
| 华联新光百货(北京)有限公司 | 建国路 87 号 | 65820888 |
| 北京新京润房地产有限公司 | 西大望路 3 号 | 64353268 |
| 嘉里大通物流有限公司 | 东三环北路三元东桥霄云路 21 号 | 84546481 |
| 北京冠城正业房地产开发有限公司 | 夏家园 22 楼 2027 室 | 82002258 |
| 索尼爱立信移动通信产品(中国)有限公司 | 望京科技创业园 A 座第 3、4 层 | 58659865 |
| 北京市朝阳田华建筑集团公司 | 金台里乙 25 号楼 | 85995930 |
| 本田技研工业(中国)投资有限公司 | 东三环北路 5 号发展大厦 301 室、303 室 – 321 室 | 65909020 |
| 北京世纪卓越信息技术有限公司 | 东四环中路 56 号楼第 11 层 1101 | 85567292 |
| 北京监泉物业管理有限公司 | 东三环北路甲 19 号 | 58788866 |
| 约翰迪尔(中国)投资有限公司 | 东三环北路霞光里 18 号佳程广场 A 座 5 层 | 59246666 |
| 北京恒远经贸有限责任公司 | 马甸裕民路 12 号元晨鑫大厦 616 | 82251775 |
| 北京惠通陆华汽车销售有限公司 | 东四环四惠桥东南角 | 85796666 |
| 松下电工(中国)有限公司 | 建国路 79 号华贸中心 2 号写字楼 6 层、7 层 703 室 | 59255988 |

# 学　　校

## 高等院校

| | | |
|---|---|---|
| 北京工业大学 | 九龙山平乐园 100 号 | 67392239 |
| 中央美术学院 | 酒仙桥路万红西街 2 号 | 64380462 |
| 清华大学美术学院培训中心 | 东三环中路 36 号 | 65815565 |
| 中国音乐学院 | 安翔路 1 号 | 64874884 |
| 北京化工大学 | 北三环 15 号中国金融学院惠新里东 10 号 | 64495106 |
| 中国传媒大学 | 定福庄东街 1 号 | 65779319 |

| | | |
|---|---|---|
| 第二外国语学院 | 定福庄南里1号 | 65778005 |
| 北京中医药大学 | 北三环东路11号 | 64213841 |
| 北京针灸骨伤学院 | 望京中环南路6号 | 64377035 |
| 首都经济贸易大学 | 金台路2号 | 65976360 |
| 北京服装学院 | 樱花路甲2号 | 64288271 |
| 北京青年政治学院 | 望京中环南路4号 | 64722074 |
| 对外经济贸易大学 | 惠新东街10号 | 64492001 |
| 北京联合大学 | 北四环东路97号 | 64900098 |
| 北京联合大学师范学院 | 安定门外外馆斜街5号 | 64213054 |
| 北京联合大学机电学院 | 白家庄西里12号 | 65004885 |
| 北京联合大学自动化学院 | 北四环东路97号 | 64900710 |
| 北京联合大学管理学院 | 北四环东路97号 | 64900512 |
| 北京联合大学商务学院 | 延静东里甲3号 | 65940718 |
| 北京联合大学旅游学院 | 北四环东路97号 | 64900159 |
| 北京联合大学信息工程学院 | 北四环东路97号 | 64900316 |

## 中　学

| | | |
|---|---|---|
| 陈经纶中学 | 朝外大街38号(本校) | 65094792 |
| 陈经纶中学分校 | 北苑路86号嘉铭园三区七号楼(嘉铭分校) | 84857603 |
| | 广渠路28号院307楼(帝景分校) | 58633769 |
| | 常营中路一号院(保利分校) | 57922568 |
| | 利泽西街4号院(望京校区) | 64758200 |
| | 望京南湖东园二期223号(东湖校区) | 64758200 |
| 芳草地国际学校富力分校 | 朝阳区大鲁店北路30号 | 59641731 |
| 一一九中学 | 建外永安西里10号(高中部) | 65685498 |
| | 建外三道街24号(初中部) | 65665154 |
| 三里屯一中 | 朝阳区北三里屯5号(本校) | 64166435 |
| | 朝阳区幸福村路41号(幸福村校区) | 64154635 |
| | 百子湾路后现代城百子园20号(百子园校区) | 87766174 |
| 十七中学 | 百子湾家园404号(本校) | 87517309 |
| | 陶家湾甲80号(陶家湾校区) | 87214502 |
| | 百子湾东里105号(沿海赛洛城校区) | 87214502 |
| | 高碑店村西店村甲1号(高碑店校区) | 85758343 |
| 华侨城黄冈中学 | 东四环金蝉欢乐园1号院甲1号(高中部) | 67385479 |
| | 垡头翠城新园318号楼(初中部) | 67361203 |
| | 垡头翠城新苑219号楼(翠城小学部) | 67368277 |
| 人大附中朝阳学校 | 太阳宫南路(东校) | 84158123 |
| | 芍药居北里303号(西校) | 84158123 |
| 垂杨柳中学 | 松榆里20号楼(高中部) | 67323655 |
| | 松榆里2号(初中部) | 67319045 |
| 工大附中 | 双井富力城小区内工大附中(富力城校区) | 58768322 |
| | 营盘沟路8号楼(首城国际校区) | 67397641 |
| | 垂杨柳中街1号(垂杨柳校区) | 67781018 |
| 劲松四中 | 潘家园华威西里48号 | 67770358 |
| 和平街一中 | 和平街八区十六楼(本校) | 64216403 |

| | | |
|---|---|---|
| | 北苑家园莲葩 1 号(北苑校区) | 84958771 |
| | 北苑家园清友园 15 号楼(小学部) | 84963526 |
| 北京中学 | 西坝河东里 1 号 | 64665481 |
| 中医学院附中 | 和平街 15 区 | 64289324 |
| 化大附中 | 惠新里 38 号(高中部) | 64936574 |
| | 来广营绿色家园 E 区 1 号(朝来校区) | 64289324 |
| | 安苑北里小区 7 号楼(安北校区) | 64948894 |
| 呼家楼中学 | 呼家楼西里南街 2 号 | 65066670 |
| 八十中学 | 望京北路甲 16 号(高中部) | 58047110 |
| | 白家庄西里 2 号(初中部) | 59039022 |
| 八十中学实验学校康营分校 | 康营家园 | 85851038 |
| 八十中学实验学校温榆河分校 | 崔各庄乡崔各庄村北(崔各庄校区) | 64354193 |
| 八十中学管庄分校 | 管庄西里 | 65761485 |
| 八十中学体育运动学校 | 平房乡平房村 1861 号 | 85574462 |
| 日坛中学 | 建外光华西里 4 号(本校) | 65072260 |
| | 南十里居 38 号(十里居校区) | 64374054 |
| | 东四环北路 3 号(阳光上东分校) | 59673988 |
| | 通惠家园惠泽园 3 号(通惠家园分校) | 51303165 |
| 东方德才学校 | 水碓子北里 9 号楼(本校) | 85974262 |
| | 延静西里 9 号院(初中部) | 65068738 |
| | 道家园甲 7 号(小学部) | 65912920 |
| | 金台里 40 号(金台里校区) | 85995717 |
| | 小庄东里 38 号(红庙校区) | 85995717 |
| 九十四中学 | 南湖中园 315 楼(高中部) | 64725572 |
| | 花家地北里 18、19 楼(初中部) | 64728669 |
| 青年政治学院附中 | 大山子西里 10 号 | 64372718 |
| 二外附中 | 京通小学西侧(高中部) | 65762291 |
| | 美廉美西南侧,木材夹板市场东门东侧(初中部) | 65727778 |
| 信工附中 | 德外南沙滩 6 号(高中部) | 64852567 |
| | 华严北里 68 号(初中部) | 64849940 |
| 同仁中学 | 甘露园南里一区十号 | 85772185 |
| 教科院附中 | 望京西园四区 428 楼 | 64703545 |
| 首师大附属实验学校 | 望京花园 133 号(本校) | 64745843 |
| | 花家地西里 105 号(分校) | 64727530 |
| 朝阳外国语学校 | 慧忠里 232 号 | 64989474 |
| | 慧忠北里 203 号(高中部) | 64860864 |
| | 慧忠里 216 号(小学低部) | 64958690 |
| | 风林绿洲 23 号(小学中高部) | 94830871 |
| | 慧忠里 217 号(住宿部) | 64974327 |
| 体育场路中学 | 工体南路 1 号 | 65516563 |
| 虎城中学 | 磨坊北里 230 号 | 87373400 |
| 劲松一中 | 劲松一区 125 楼(西校区) | 67796413 |
| | 农光东里 100 号(东校区) | 67306078 |
| 劲松三中 | 劲松四区 406 楼 | 67755417 |
| 樱花园实验学校 | 樱花园小区 16 号楼(初中部) | 64439334 |
| | 樱花园小区 18 号楼(高中部) | 64442398 |

| | | |
|---|---|---|
| 五路居一中 | 安贞西里一区13号楼 | 64420115 |
| 安慧北里中学 | 安慧北里安园5号 | 64952374 |
| 团结湖三中 | 水碓子东路14号(初中部) | 85983995 |
| | 团结湖中路8号(高中部) | 85970620 |
| 中旅附中 | 八里庄西里10号 | 65561804 |
| | 八里庄东里10号 | 65565472 |
| | 十里堡北里晨光家园220号 | 65562704 |
| 八里庄三中 | 八里庄北里203楼 | 85835028 |
| 东方培新学校 | 朝外慈云里甲1号 | 95021293 |
| 酒仙桥一中 | 酒仙桥南路甲7号(本部) | 64372045 |
| | 酒仙桥十街坊三号(分部) | 64332907 |
| 高家园中学 | 高家园小区210号 | 64375830 |
| 九十四中机场分校 | 首都机场燕翔西里19号(初中部) | 64576844 |
| | 首都机场燕翔东里11号(小学部) | 64581381 |
| 垡头中学 | 垡头西里三区二号 | 67377202 |
| 枣营中学 | 枣营南里1号 | 65025417 |
| 大望路中学 | 西大望路下甸甲1号 | 67735491 |
| 望京实验学校 | 望京西园三区313楼 | 64727464 |
| | 望京东园113楼(宝星分校) | 84780946 |
| 草场地中学 | 崔各庄乡草场地 | 64332863 |
| 奶子房中学 | 崔各庄乡奶西村 | 84911296 |
| 民族学校 | 常营民族家园12号 | 65481748 |
| 十八里店中学 | 十八里店周庄甲一号 | 67472284 |
| 七十一中学 | 小红门路5号 | 67609470 |
| 楼梓庄中学 | 金盏乡楼梓庄村北后街2号 | 84390668 |
| 十六中学 | 东坝红松园甲3号 | 51883244 |
| 双桥中学 | 官庄乡双桥中路 | 85365502 |
| 金盏中学 | 金盏大街1号 | 84333254 |
| 北苑中学 | 安外北苑 | 84922680 |
| 豆各庄中学 | 豆各庄乡豆各庄村 | 67364392 |
| 九十七中学 | 黄杉木店206号 | 85525287 |
| 黑庄户中学 | 黑庄户乡政府东侧 | 85383656 |
| 定福庄中学 | 大黄庄桥东 | 65761528 |
| 北师大朝阳附属中学 | 林萃西里8号 | 82721627 |
| 润丰学校 | 青年路西里6号院 | 85519898 |
| 东北师范大学朝阳附中 | 楼梓庄乡北后街临6号 | 52060110 |
| 清华大学附属中学朝阳学校 | 新源街31号(本校) | 64652102 |
| | 新源里西里中街8号(新源里校区) | 64673757 |
| | 柳芳南楼20号(柳芳校区) | 64652461 |
| | 朝阳区建安里甲30号(三元桥校区) | 64673052 |
| 华中师大一附中朝阳学校 | 华章路6号院一号楼2号(泛海国际小区内) | 85854152 |
| 北京师范大学三帆中学朝阳学校 | 望京广顺北大街33号 | 84294813 |
| 新教育实验学校 | 常营住欣园小区内 | 85851038 |

## 职业学校

| | | |
|---|---|---|
| 求实职业学校 | 望京北路20号(望京校区) | 64391618 |

| | | |
|---|---|---|
| | 团结湖北三条10号(团结湖分校) | 85972408－8000 |
| | 安贞里三区11楼(安贞里分校) | 64418343 |
| | 安华西里11号(安华里分校) | 64391626 |
| | 首都机场南路东里21号(机场分校) | 64595218－0 |
| | 安慧里三区21号楼(亚运村分校) | 68415581－8000 |
| 东方职业学校 | 甘露园南里60号(本校) | 85772265 |
| | 双桥东柳西里乙1号(双桥校区) | 65400952 |
| 劲松职高 | 劲松八区811楼(本校) | 67710322 |
| | 双龙小区135号(双龙校区) | 87323243 |
| | 新源里街14号楼(新源里校区) | 64676283 |
| | 西坝河中里11号楼(西坝河校区) | 64661519 |
| 电气工程学校 | 将台路四号(本校将台校区) | 64354922 |
| | 大山子社区(大山子校区) | 64314897 |
| | 望京中环南路2号(花家地校区) | 64791707 |
| | 八里桥塔营东甲1号(管庄校区) | 52114018 |
| 朝阳工读学校 | 广渠门外广和里八巷二号 | 67783813 |

## 小 学

| | | |
|---|---|---|
| 芳草地国际学校 | 日坛北路1号(本校) | 85611740 |
| | 北四环东路71号(万和城分校) | 84639335 |
| | 双花园南里二区15号院1号楼(双花园分校) | 87511893 |
| | 育慧里二区15号院(育慧教辅中心) | 84625622 |
| 芳草地国际学校世纪小学 | 育慧里3号 | 84624378 |
| 芳草地国际学校远洋小学 | 八里庄78号 | 85865637 |
| 白家庄小学 | 三里屯南路40号(本校) | 65025893 |
| | 核桃园北里甲2号(核桃园南部) | 65061623 |
| | 望京西园四区408楼(望京一分部) | 64703053 |
| | 望京西园一区117楼(望京二分部) | 64742887 |
| 朝阳实验小学 | 幸福一村4巷36号(本部) | 64154368 |
| | 水岸庄园1107号(润泽校区) | 84999852 |
| 朝师附小 | 和平街11区17楼(和平街本部) | 64212626 |
| | 太阳星城夏家园8号楼旁(太阳宫分部) | 52018678 |
| | 望京利泽西园116号楼(望馨园分部) | 84711496 |
| 花家地实验小学 | 望京中环南路花家地小区18号楼(本校) | 84714327－815 |
| | 朝来绿色家园蕴实园6号(朝来校区) | 54953717－801 |
| | 四元桥方舟苑小区102号(方舟校区) | 58233436－801 |
| 安华学校 | 安华西里二区12号 | 64260060 |
| 星河实验学校 | 朝阳北路四季星河路1号院1－2号楼 | 85560198 |
| 北师大奥林匹克花园实验小学 | 东坝京奥家园288楼 | 51079190－8001 |
| 北师大朝阳附属小学 | 林萃路倚林佳园246号楼 | 82727134 |
| 清华附小商务中心实验小学 | 建外大街4号 | 59009192－8000 |
| 府学胡同小学朝阳学校 | 苇子坑路101号东侧 | 59283421 |
| 朝阳区第二实验小学(原管庄中心小学) | 管庄东里55号(本部) | 65761083－0 |
| | 建东苑19号(建东苑分校) | 65713171－0 |
| | 常营中路7号(北辰福第分校 | 57923856 |

| | | |
|---|---|---|
| 北京市第二实验小学朝阳学校 | 广渠路15号 | 56297077 |
| 三里屯小学 | 三里屯东街4号 | 64169717 |
| | 柳芳北里18号楼(柳芳里分部) | 64678689 |
| 新源里四小 | 三源里北小街5号(本部) | 64641522 |
| | 三源里北小街13号(分部) | 64669330 |
| 新源西里小学 | 新源西里中街17号 | 64673010－8011 |
| 左家庄二小 | 左家庄前街2号 | 64673197 |
| 西坝河三小 | 西坝河东里19号楼 | 64675043－8001 |
| 黄青艺术实验小学 | 西坝河中里37号楼(本部) | 64656080 |
| | 西坝河西里15号楼(分部) | 64273150 |
| 曙光里小学 | 曙光里社区40号楼 | 64679437 |
| 和平街中心小学 | 和平街12区(本部) | 64277790 |
| | 和平街13区(分部) | 64224009 |
| 惠新里小学 | 惠新里甲243号 | 64811187 |
| 小关北里小学 | 小关北里205楼 | 64919764－8010 |
| 新源里小学 | 新源街12号 | 64668990－802 |
| 幸福村教辅中心 | 左家庄后街4号 | 64674983 |
| 垂杨柳学区 | 广渠门外东架松24号 | 67782086－0 |
| 垂杨柳中心小学 | 百子湾西里112号(金都校区) | 67760742－8011 |
| | 垂杨柳南里3号楼南(低部) | 67783259－0 |
| | 垂杨柳中里(高部) | 67720128－8000 |
| 垂杨柳四小 | 百子湾西里430号 | 67717582 |
| 劲松一小 | 劲松1区124楼 | 67784949 |
| 劲松二小 | 劲松417楼 | 67782219 |
| 劲松三小 | 广渠门外东架松24号 | 67782086－0 |
| 劲松四小 | 劲松七区甲713楼(本部) | 67785781 |
| | 劲松七区706楼(南校) | 67781919 |
| | 垂杨柳南街13、14号(北校) | 67783150 |
| 沙板庄小学 | 农光里1号 | 67312193 |
| 垡头小学 | 垡头西里8号楼 | 67383315 |
| 垡头二小 | 垡头西里三区9号 | 67383314 |
| 南磨房中心小学 | 松榆东里社区3号楼(低部) | 67317538 |
| | 双龙小区226号(高部) | 87327628 |
| 武圣庙小学 | 松榆西里3号楼(高部) | 67321545－0 |
| | 松榆西里40号楼(低部) | 87379715 |
| 松榆里小学 | 松榆里14号 | 67323216－602 |
| 田华小学 | 紫南家园社区田华小学 | 87352953 |
| 平乐园小学 | 平乐园小区103号楼 | 67315079－8001 |
| 垂杨柳教辅中心 | 松榆东里南新园小区14号 | 87312818－0 |
| 安贞里学区 | 安慧里4区12号楼 | 64913234 |
| 安华里一小 | 安华西里三区3号楼 | 64212313 |
| 安贞里一小 | 安贞里二区十七楼 | 64424243 |
| 安贞里二小 | 安贞西里二区28号楼 | 64429604 |
| 南沙滩小学 | 南沙滩33号 | 64879404 |
| 安慧里中心小学 | 安慧里4区12号楼(低部) | 64913239 |
| | 安慧里1区10号楼(高部) | 64915047 |

| | | |
|---|---|---|
| 安苑北里小学 | 安苑北里6号楼 | 64920592 |
| 华严里小学 | 华严北里21号楼8 | 2844359 |
| 安慧北里小学 | 安慧北里安园9号 | 64944659 |
| 安慧北里二小 | 安慧北里秀园小区18号 | 64891665 |
| 慧忠里小学 | 慧忠里小区414号 | 64921679-8000 |
| 科学园小学 | 科学园南里703号 | 64876586-810 |
| 慧忠北里二小 | 慧忠北里409楼 | 64864377 |
| 呼家楼学区 | 呼家楼西里七巷12号 | 65022087 |
| 呼家楼中心小学 | 呼家楼西里七巷12号(本校) | 65022843 |
| | 南豆各庄万科青青家园5号院(青青家园分部) | 85301847 |
| 光华路小学 | 砖厂胡同甲33号 | 65023002 |
| 日坛小学 | 通惠家园惠生园20号(四惠校区) | 65584309 |
| | 十里堡甲3号院13号楼(东恒学区) | 58624124 |
| 团结湖小学 | 团结湖北头条10号楼(团结湖校区) | 65825526 |
| | 六里屯13号(丽水嘉园校区) | 65919502 |
| 团结湖二小 | 团结湖中路南二条1号楼 | 85989512 |
| 针织路小学 | 金台西路2号院 | 65024073-8004 |
| 下三条中心小学 | 朝外杨家胡同3号 | 65522165 |
| 南中街民族小学 | 朝外雅宝里1号 | 85611295 |
| 永安里小学 | 永安里中街甲4号 | 65681372 |
| 枣营小学 | 枣营北里12号楼 | 65034393 |
| 大望路小学 | 西大望路5号 | 65813892 |
| 八里庄中心小学 | 慈云寺北里117号 | 65574553 |
| 罗马嘉园小学 | 朝阳北路107号 | 58627466 |
| 甘露园小学 | 甘露园南里一区18号 | 85771712 |
| 康乐园小学 | 康家园小区14楼 | 85746545 |
| 石佛营小学 | 石佛营东里125号(总校) | 85815228 |
| | 石佛营西里28号楼(分校) | 85811944 |
| 将台洼小学 | 东风乡将台洼 | 84301535 |
| 康静里小学 | 康静里小区东侧 | 65496319 |
| 国美家园小学 | 青年路西里1号院1号楼 | 52063116-0 |
| 育人学校 | 八里庄北里114楼 | 85833007 |
| 北马各庄小学 | 金盏乡北马各庄村 | 65419803-809 |
| 黄杉木店小学 | 黄杉木店一巷2号(原址)石各庄533号(临时校址) | 65488532 |
| 楼梓庄小学 | 金盏乡楼梓庄村 | 84316551 |
| 东坝中心小学 | 东坝娘娘庙街72号(本校) | 84319870 |
| | 东坝西北门84号(低部) | 84311549 |
| | 东坝白衣庵街(分校) | 84328836 |
| 平房中心小学 | 平房南街96号 | 85573217 |
| 酒仙桥中心小学 | 酒仙桥路乙28号(本部) | 64358508-8000 |
| | 驼房营南里2号院22楼(梵谷水郡校区分校) | 64358505-8000 |
| 酒仙桥二小 | 酒仙桥红霞路9号 | 64377543 |
| 大山子第二小学 | 酒仙桥路甲1号 | 64328695 |
| 将台路小学 | 芳园里将台路小学 | 64349027 |
| 高家园小学 | 高家园小区112号 | 64373123-0 |
| 望花路小学 | 望花路东里7号 | 64723888 |

| | | |
|---|---|---|
| 南湖东园小学 | 望京南湖东园109号楼(本校) | 64710957 |
| | 红军营南路8号(青年城分校) | 64954496 |
| 南湖中园小学 | 望京南湖中园239楼(本校) | 64706415 |
| | 望京南湖中园309楼(知语城分校) | 64790026 |
| 驼房营小学 | 驼房营210号 | 64372379 |
| 望欣园小学 | 望京利泽西园210号 | 64786228-801 |
| 北苑小学 | 北苑村 | 84926470 |
| 北皋中心小学 | 马南里小区 | 64371370 |
| 苇沟小学 | 孙河乡苇沟村 | 84311933 |
| 奶子房小学 | 崔各庄乡奶子房西村 | 84709118 |
| 上辛堡小学 | 孙河乡上辛堡村 | 84790276 |
| 酒仙桥教辅中心 | 酒仙桥红霞中路10号 | 64371782 |
| 望京教辅中心 | 花家地西里113号楼 | 64734836 |
| 兴隆小学 | 兴隆家园31号 | 85756182 |
| 定福庄一小 | 三间房西里 | 65767934-8000 |
| 定福庄二小 | 定福庄南里2号 | 65761705-8015 |
| 定福庄四小 | 定福庄北街 | 65761547 |
| 八里桥小学 | 八里桥北 | 85701938-8000 |
| 京通小学 | 京通苑39号 | 65709825 |
| 瑞祥民族小学 | 瑞祥里小区 | 85708655 |
| 双桥一小 | 双桥路4号(本部) | 85365525 |
| | 管庄乡小寺村(分校) | 65427168 |
| 高碑店中心小学 | 十七中高碑店高中部教学楼 | 85761245 |
| 大黄庄小学 | 大黄庄村1号 | 65761108 |
| 半壁店小学 | 高碑店乡半避店 | 87743386 |
| 黑庄户中心小学 | 黑庄户村黑庄户中心小学 | 85382787 |
| 万子营民族小学 | 万子营东村 | 85383370 |
| 双桥第二小学 | 双桥中路 | 85395632-8000 |
| 定辛庄小学 | 定辛庄村 | 85370574 |
| 豆各庄中心小学 | 豆各庄村南豆各庄中心小学 | 67364404 |
| 于家围小学 | 石槽村 | 85367186 |
| 王四营中心小学 | 观音景园201楼(本部) | 51351011 |
| | 官庄村(分校) | 52000714 |
| 官庄小学 | 官庄村 | 67364290 |
| 孛罗营小学 | 孛罗营村194号 | 87393180 |
| 柏阳学校 | 柏阳景园白鹿司中街3号 | 87338708 |
| 黑庄户教辅中心 | 垡头西里1号 | 67380361 |
| 十八里店中心小学 | 十八里店村885号 | 67476592 |
| 老君堂小学 | 乡老君村 | 67383445-801 |
| 祁庄小学 | 吕家营村 | 87691597 |
| 小武基小学 | 小武基村46号 | 67364288-802 |
| 西直河小学 | 西直河村 | 67383841-8008 |
| 新升小学 | 周庄嘉园东里甲28号 | 67330546-0 |
| 张家店小学 | 横街子村19号 | 87303606-801 |
| 小红门中心小学 | 小红门村130号 | 87608361 |
| 牌坊小学 | 牌坊中街5号 | 87601810 |

| | | |
|---|---|---|
| 肖村小学 | 肖村后街15号 | 67622458 |
| 龙爪树小学 | 龙爪树村834号 | 87690680-800 |

## 幼 儿 园

| | | |
|---|---|---|
| 三里屯幼儿园 | 朝外大街吉庆里3号楼 | 65520819 |
| 团结湖一幼 | 团结湖北头条11号楼 | 65823906 |
| 水碓子北里幼儿园 | 水碓北里10号楼 | 85982394 |
| 枣营幼儿园 | 枣营北里26楼 | 65917384 |
| 新源里幼儿园 | 新源里12号(本部) | 64674716 |
| | 新源西里中街17号(分部) | 64624196 |
| 光华路幼儿园 | 通惠家园惠生园16 | 65584729 |
| 新源里二幼 | 新源里北小街7号 | 64662141 |
| 劲松一幼 | 劲松126号楼 | 87719385 |
| | 青年路29号院18楼(华纺易城分园) | 58779273 |
| 劲松二幼 | 劲松7区711楼(本部) | 67781987 |
| | 华威西里43号(华威部) | 67761959 |
| 松榆里幼儿园 | 松榆里21号 | 67339920 |
| 垡头幼儿园 | 垡头二区12号(本部) | 67383337 |
| | 王四营乡白鹿司中街5号(分部) | 67207014 |
| 京通幼儿园 | 京通幼儿园38楼 | 65700438 |
| 西坝河三幼 | 西坝河中里20号(本部) | 64678598 |
| | 望京丽泽西区115楼(分部) | 84720194 |
| 西坝河一幼 | 西坝河东里71楼 | 64643141 |
| | 望京南湖中园237号楼 | 64700596 |
| 群星幼儿园 | 西坝河西里12号 | 64275351 |
| 和平街幼儿园 | 和平街八区6号楼 | 64211548-0 |
| 惠新里幼儿园 | 惠新里230号楼(惠新部) | 64948637 |
| | 北苑路紫绶园11号楼(北苑部) | 84960846 |
| 安华里幼儿园 | 安华里二区12楼(安华部) | 64234828 |
| | 安贞西里一区18号楼(安贞部 | 64411019 |
| 安华里二幼 | 安华西里一区23号楼(本部) | 64251691 |
| | 安贞西里四区19号楼(安贞部) | 64439861 |
| 秀园幼儿园 | 安慧北里秀园19楼 | 64945420 |
| 花家地幼儿园 | 花家地小区11号楼 | 64730729 |
| 清友实验幼儿园 | 北苑家园清友园小区13楼 | 84966124 |
| 福怡园幼儿园 | 定福庄北街福怡苑小区6号楼 | 65407227 |
| 望京新城幼儿园 | 望京新城西园4区409楼 | 64707003 |
| 华洋紫竹幼儿园 | 管庄双柳北街1号院9号楼 | 65439200 |
| 康泉新城幼儿园 | 双桥东路12号院5号楼 | 65463345 |
| 奥园幼儿园 | 东坝中路京奥家园611号楼 | 52508692 |
| 翠城幼儿园 | 翠城馨园211楼 | 67368331 |
| 北辰福第幼儿园 | 常营北小街2号院 | 57923871 |
| 定福家园幼儿园 | 朝阳北路定福家园南里一号院7号楼 | 58791078 |
| 中国人民大学朝阳幼儿园 | 芍药居北里217号(本部) | 84158387 |
| | 太阳宫一街2号院(一部) | 84158375 |

| | | |
|---|---|---|
| 泛海幼儿园 | 华草东路5号院1号楼2号 | 85855777 |
| 丽景幼儿园 | 常营乡五里桥一街4号 | 57845303 |

## 民办中小学

| | | |
|---|---|---|
| 中国红十字基金会北京拔萃双语学校 | 平房北街137号 | 65497035 |
| 乐成国际学校 | 百子湾南二路77号 | 87717171－0 |
| 爱迪外国语学校 | 楼梓庄路8号 | 84390808 |
| 青苗国际双语学校 | 南十里居38号 | 51307951－0 |
| 忠德学校 | 东苇路9号 | 51397602 |
| 力迈外国语学校 | 仰山路2号 | 84922018 |
| 国际学校 | 花家地北里18号 | 64617779 |
| 新亚中学 | 十八里店乡886号 | 67473875 |
| 北方中学 | 百子湾路水南庄1号 | 87703618 |
| 国际艺术与科学学校 | 麦子店正街53号 | 59082601 |
| 金色河畔高尔夫学校 | 孙河北甸甲1号 | 80466066 |
| 朝阳外语小学 | 北三环东路胜古家园后 | 64442623－8003 |
| 金色摇篮全程实验小学 | 慧忠北里119号楼 | 57437013 |
| 精诚实验小学 | 和平街十三区 | 64277109 |
| 启明星双语学校 | 崔各庄乡奶东村顺白路2号 | 64337366－8002 |
| 实验外国语学校 | 朝阳路3号 | 85703096－702 |
| 安民学校 | 和平东街14区9号楼东 | 64226170 |
| | 东坝乡七棵树(原西坝小学) | 64226170 |
| | 崔各庄乡马泉营村(原马泉营小学) | 64226170 |
| | 东风乡(原辛庄小学) | 64226170 |
| | 东坝乡(原单店小学) | 64226170 |
| | 平房乡姚家园村(原姚家园小学) | 64226170 |
| | 将台乡(原东八间房小学) | 64226170 |
| | 石佛营路晨光家园(中旅附中校内) | 64226170 |
| 星河双语学校 | 十八里店乡十里河村 | 67312204 |
| | 金盏乡东村 | 67312204 |
| 博雅小学 | 驹子房村 | 65494007 |
| 明圆学校 | 小红门乡龙爪树南里30号 | 87698993 |
| 博文学校 | 十八里店村46号 | 67476889 |
| 弘善学校 | 小武基村四队 | 87360388 |
| 金地老君堂实验学校 | 老君堂村 | 87308176 |
| 百年实验学校 | 崔各庄乡何各庄村 | 64319970－803 |
| 人大附中朝阳分校 | 太阳宫新区D区 | 84158318 |

## 区教委直属单位

| | | |
|---|---|---|
| 社区学院 | 和平里南口砖角楼北里5号 | 64213152 |
| 朝阳分院 | 甜水园1号 | 65088899－3093 |
| 教研中心 | 柳芳南里14号楼 | 64631143 |
| 信息中心 | 水碓子北里14号 | 85979246－1001 |
| 国资管理中心 | 西坝河东里103号 | 64654693 |

| | | |
|---|---|---|
| 招生考试中心 | 团结湖南路1号 | 85988626 |
| 教学设备中心 | 安华里二区5号楼 | 64218150 |
| 青少年活动中心 | 红庙延静西里19号 | 65060549 |
| 保健所 | 团结湖路23号 | 85963649 |
| 老干部管理服务中心 | 水碓子东路5号楼(水碓子本部) | 85989474 |
| | 新源西里中街甲5号(新源里分址) | 85979805 |
| | 裕民东里甲1号(安贞祥和老年公寓) | 82024690 |
| 教育人才交流分中心 | 朝阳区水碓子北里14号 | 85963971 |
| 社会力量办学管理所 | 北京市朝阳区胜古北里甲9号 | 65017723 |
| 项目资金管理中心 | 石佛营西里28号楼 | 85811944 |
| 教产中心 | 西坝河东里1号 | 85851148 |

# 医院卫生院

| | | |
|---|---|---|
| 华信医院 | 酒仙桥一街坊6号 | 64369999 |
| 煤炭总医院 | 西坝河南里29号 | 64667755 |
| 安贞医院 | 安贞路2号 | 64412431 |
| 中日友好医院 | 和平里樱花园东街2号 | 84205566 |
| 民航总医院 | 朝外高井甲一号 | 85762244 |
| 朝阳医院 | 工体南路8号 | 85231000 |
| 望京医院 | 望京中环南路6号 | 84739000 |
| 北京中医药大学第三附属医院 | 外小关街51号 | 52075555 |
| 中国医学科学院肿瘤医院肿瘤研究所 | 潘家园南里17号 | 67781331 |
| 首都儿科研究所附属儿童医院 | 雅宝路2号 | 85695555 |
| 地坛医院 | 京顺路东街8号 | 84322200 |
| 北京市红十字会急诊抢救中心 | 德外清河南镇 | 62922345 |
| 首都机场医院 | 首都机场南路东里17号楼 | 64591120 |
| 航空总医院 | 安外北苑3号院 | 59520114 |
| 垂杨柳医院 | 垂杨柳南街2号 | 67718822 |
| 中国藏学研究中心北京藏医院 | 小关北里218号 | 64972929 |
| 北京市老年病医院 | 小关西街甲2号 | 62027018 |
| 朝阳区第二医院 | 金台路13号内2号 | 85993431 |
| 朝阳区第三医院 | 双桥南路甲8号,延静西里12号楼,金盏大街2号 | 52023406 |
| 朝阳区中医医院 | 工体南路6号 | 65531155 |
| 朝阳区妇儿医院 | 潘家园华威里25号 | 67719999 |
| 豆各庄社区卫生服务中心 | 豆各庄乡 | 67367160 |
| 双井社区卫生服务中心 | 垂杨柳南街2号 | 67734195 |
| 小红门社区卫生服务中心 | 小红门乡小红门中街1号 | 87602034 |
| 孙河社区卫生服务中心 | 孙河乡西甸村 | 84595672 |
| 太阳宫社区卫生服务中心 | 光熙门北里34－1号 | 64294423 |
| 左家庄社区卫生服务中心 | 顺源街01楼 | 64672412 |

| | | |
|---|---|---|
| 金盏第二社区卫生服务中心 | 金盏大街2号 | 84334240 |
| 东坝社区卫生服务中心 | 东坝乡东风大队二条 | 84313067 |
| 高碑店社区卫生服务中心 | 高碑店乡高碑店村250号 | 85757762 |
| 南磨房社区卫生服务中心 | 西大望路29号 | 67326640 |
| 常营社区卫生服务中心 | 常营回族乡西 | 65435904 |
| 劲松社区卫生服务中心 | 劲松五区501楼 | 67782554 |
| 平房社区卫生服务中心 | 姚家园西里1号院1号楼 | 85575492 |
| 三里屯社区卫生服务中心 | 北三里屯南45号 | 64155582 |
| 管庄第二社区卫生服务中心 | 管庄地区瑞祥里小区15号楼 | 85706208 |
| 金盏社区卫生服务中心 | 金盏乡楼梓庄中心街104号 | 84317826 |
| 三间房社区卫生服务中心 | 双桥中路火车站南 | 85365532 |
| 八里庄第二社区卫生服务中心 | 十里堡东里119楼 | 65573889 |
| 八里庄社区卫生服务中心 | 延静西里11号楼 | 65005221 |
| 潘家园社区卫生服务中心 | 潘家园华威里25号 | 67719999 |
| 来广营社区卫生服务中心 | 朝来绿色家园赢秋苑小区北综合服务楼 | 84952910 |
| 黑庄户社区卫生服务中心 | 黑庄户乡乡政府大街 | 85386211 |
| 望京社区卫生服务中心 | 望花路西里14号 | 64731559 |
| 垡头社区卫生服务中心 | 垡头金蝉北里19号 | 67204382 |
| 呼家楼社区卫生服务中心 | 金台路13号内2号西楼5层 | 85991801 |
| 亚运村社区卫生服务中心 | 安慧里一区17号 | 64916748 |
| 安贞医院大屯社区卫生服务中心 | 安慧北里逸园甲10号 | 64959100 |
| 东湖社区卫生服务中心 | 望京花园东区204号楼 | 84727228 |
| 三间房第二社区卫生服务中心 | 三间房乡西村甲479号 | 65768486 |
| 朝外社区卫生服务中心 | 工体南路6号 | 65535620 |
| 香河园社区卫生服务中心 | 柳芳南里15号楼 | 84514425 |
| 奥运村社区卫生服务中心 | 奥运村天居园10号楼 | 64852823 |
| 酒仙桥社区卫生服务中心 | 酒仙桥十一街坊7号院 | 64321278 |
| 将台社区卫生服务中心 | 酒仙桥路49号 | 64372046 |
| 团结湖社区卫生服务中心 | 团结湖北三条7号楼 | 85977775 |
| 王四营社区卫生服务中心 | 王四营乡 | 67379393 |
| 六里屯社区卫生服务中心 | 水碓子东路15号 | 85964238 |
| 东风社区卫生服务中心 | 石佛营西里29号楼 | 85813669 |
| 安贞社区卫生服务中心 | 安华西里2区11楼 | 64234017 |
| 崔各庄社区卫生服务中心 | 崔各庄社区卫生服务中心 | 84701525 |
| 十八里店社区卫生服务中心 | 十八里店乡周庄 | 67477980 |

## 公　证　处

| | | |
|---|---|---|
| 北京市正阳公证处 | 水碓子东路23号 | 85961236 |

# 律师事务所

| | | |
|---|---|---|
| 上海市汇盛律师事务所北京分所 | 安贞西里三区26浙江大厦1002室 | 64453741/42 |
| 怡丰律师事务所 | 曙光西里甲5号凤凰置地广场写字楼H座905室 | 84554560 |
| 博安律师事务所 | 小营路10号阳明广场3号楼南4A-1 | 84631565 |
| 德山律师事务所 | 北沙滩1号院8号楼2门302室 | 83524373 |
| 共和律师事务所 | 麦子店街37号盛福大厦1930室 | 85276468 |
| 正尊律师事务所 | 南湖中园124号楼9单元401 | 85188598-600 |
| 开越律师事务所 | 建国路15号院甲一号北岸1292自由创意区10楼1035室 | 85782652 |
| 大乾律师事务所 | 慧忠里103号洛克时代中心A座707/708 | 64803729 |
| 德权律师事务所 | 安定门外甘水桥甲1号太阳宫宾馆 | 65081195 |
| 嘉木律师事务所 | 光华路7号汉威大厦西区1019室 | 65616670 |
| 滕之信律师事务所 | 黑庄户怡景城扬州水乡梅园455-3号 | 85382341 |
| 光明律师事务所 | 高碑店北路甲6号白领家园5号楼一单元201室 | 51316878 |
| 嘉诚泰和律师事务所 | 西坝河南路1号金泰大厦1706室 | 64402648 |
| 众鑫律师事务所 | 麦子店西路3号新恒基国际大厦668室 | 84583018 |
| 安桥律师事务所 | 西大望路27号42号楼401室 | 87667130 |
| 中逸律师事务所 | 青年路国美第一城2号院7号楼二单元1703室 | 52066551 |
| 高通律师事务所 | 光华路丙12号数码01大厦2202室 | 65957021/7023 |
| 知仁律师事务所 | 东三环中路39号建外SOHO*3号楼1606室 | 64746399 |
| 浩鸿律师事务所 | 建国路88号1号楼502室 | 85898389 |
| 东友律师事务所 | 东三环中路39号建外SOHOB座3102 | 58699967/70/71 |
| 合九千律师事务所 | 东大桥路8号SOHO尚都北塔B座-1708 | 59009757 |
| 庞标律师事务所 | 东大桥路8号soho尚都南塔2103 | 59005718 |
| 君本律师事务所 | 光华路甲14号诺安基金大厦1506室 | 65920262 |
| 亿胜律师事务所 | 来广营东路1号202 | 64307748 |
| 京典律师事务所 | 新源里16号琨莎中心2座510 | 84683458 |
| 国振律师事务所 | 安慧里五矿大厦1121 | 58603881 |
| 汉韬律师事务所 | 东三环北路2号南银大厦1703—1707室 | 64106061 |
| 伟拓律师事务所 | 朝外吉庆里小区9-10号楼E座二区16层 | 65518899 |
| 汉威律师事务所 | 东四环中路远洋国际中心D座2104室 | 85894950 |
| 正见永申律师事务所 | 朝外大街12号昆泰国际大厦2606室 | 58790066 |
| 瑞银律师事务所 | 新源里16号琨莎中心2座501室 | 84683690 |
| 鑫泰洋律师事务所 | 曙光西里甲1号东域大厦(第三置业)B-906 | 58220219 |
| 中伦律师事务所 | 建外大街甲6号SK大厦36、37层 | 59572288 |
| 昊明律师事务所 | 十里堡东里107号楼402号 | 52029815 |
| 元吉律师事务所 | 东三环北路38号院国际中心3号楼812 | 85879597 |
| 方谷律师事务所 | 新恒基国际大厦3层 | 84584208 |
| 中磐律师事务所 | 新源里16号13层1座12A08 | 84683132 |
| 衡琪律师事务所 | 北辰东路8号国际会议中心6021室 | 84982305 |

| | | |
|---|---|---|
| 佑天律师事务所 | 安慧里四区15号楼中国五矿大厦708室 | 64981007 |
| 京朝律师事务所 | 朝阳北路103号金泰国益602 | 52026950 |
| 融源律师事务所 | 望京西区222楼B—0606室 | 64150948 |
| 永浩律师事务所 | 曙光西里甲1号A座309 | 58222085 |
| 王登瑞律师事务所 | 安立路68号阳光广场B2-1101 | 85420719 |
| 中诚友联律师事务所 | 国际会议中心7018、19 | 84985568 |
| 上海金茂凯德律师事务所 | 工体北路甲6号中宇大厦1802室 | 85235299 |
| 天平律师事务所 | 东三环中路39号建外SOHO18号楼801、803 | 51653555 |
| 柴傅律师事务所 | 亮马桥路39号1号楼C座405 | 84534567 |
| 君创律师事务所 | 建外SOHO12号楼2904室 | 59000982 |
| 华尔泰律师事务所 | 曙光西里甲6号时间国际A座2309室 | 87551178 |
| 合川律师事务所 | 东三环中路9号富尔大厦1501室 | 85910400 |
| 安博律师事务所 | 西大望路63号阳光财富大厦603 | 59602388 |
| 端澄律师事务所 | 广渠门外大街一十八号 | 67719716 |
| 恒德律师事务所 | 西坝河南路甲1号新天第家园A座706室 | 64465129 |
| 易行律师事务所 | 仟村商务大楼A座1205室 | 64442365 |
| 世联新纪元律师事务所 | 建外大街22号赛特大厦1109室 | 65150285 |
| 海元律师事务所 | 广渠门外大街8号优士阁B座1606 | 58613943 |
| 沃尔森律师事务所 | 曙光西里甲1号第三置业大厦B座2102B | 58220702 |
| 赛思博律师事务所 | 东四环中路62号远洋国际中心D座1105 | 65881199 |
| 庆成律师事务所 | 和平街北口11区15楼西门2号 | 64222873 |
| 中为律师事务所 | 东三环南路21号古玩城宾馆5001室 | 59609158 |
| 通广律师事务所 | 西大望路63号院7号楼阳光财富大厦1201室 | 59602438 |
| 康柯律师事务所 | 望京西路48号院金隅国际A座1002 | 64787663 |
| 金杜律师事务所 | 东三环中路7号财富中心写字楼A座40层 | 58785588 |
| 长安律师事务所 | 甜水园街6号出入境检验检疫大厦14层 | 58619715 |
| 华泰律师事务所 | 东大桥路甲8号尚都国际中心511单元 | 58702870 |
| 君邦律师事务所 | 团结湖北五条1楼1门2号 | 85989928 |
| 王晶律师事务所 | 奥林匹克花园102号楼2单元301室 | 51200119 |
| 鼎石律师事务所 | 工体北路甲6号中宇大厦2603室 | 85235558 |
| 中洋律师事务所 | 慧忠北里416-3-1302室 | 64808021 |
| 华风律师事务所 | 华严北里8号院外国专家大厦4号楼三层 | 82841737/36 |

# 法律服务所

| | | |
|---|---|---|
| 潘家园街道法律服务所 | 劲松八区811楼202室 | 67762107 |
| 左家庄街道法律服务所 | 新源里左家庄街道办事处院内 | 64673210-6515 |
| 八里庄街道法律服务所 | 八里庄街道办事处院内 | 85867591 |
| 双井街道法律服务所 | 广渠门外广和路3号楼 | 67717656 |
| 酒仙桥街道法律服务所 | 酒仙桥街道办事处207室 | 64321938 |
| 劲松街道法律服务所 | 东三环南路华藤园甲六楼 | 8773523 |

| | | |
|---|---|---|
| 小关街道法律服务所 | 小关街道办事处院内 | 84856676 |
| 朝外街道法律服务所 | 朝外市场街16－17号楼西平房 | 85613165 |
| 大屯街道法律服务所 | 安慧北里雅园1号 | 64974871 |
| 孙河乡法律服务所 | 孙河乡政府院内 | 84839015<br>94839016 |

# 公安分局派出所

| | | |
|---|---|---|
| 朝外大街派出所 | 三丰里甲11号 | 85612407 |
| 建外派出所 | 光华里甲2号 | 65005628 |
| 三里屯派出所 | 三里屯南41楼 | 64166786 |
| 呼家楼派出所 | 呼家楼北街 | 65021574 |
| 安贞派出所 | 安贞西里三区7楼 | 64419130 |
| 香河园派出所 | 西坝河南里26号楼 | 64660050 |
| 和平街派出所 | 樱花园东街3号 | 64422553 |
| 新源里派出所 | 新源里17号 | 64674294 |
| 小关派出所 | 小关东街5号 | 64917134 |
| 太阳宫派出所 | 西坝河北里8号楼 | 64212857 |
| 麦子店派出所 | 枣营北里1楼 | 65857190 |
| 团结湖派出所 | 团结湖路19楼 | 85989395 |
| 六里屯派出所 | 十里堡北区2号院 | 85817657 |
| 双井派出所 | 垂杨柳中街2号 | 67716244 |
| 劲松派出所 | 广渠路66号院6号楼 | 67727306 |
| 潘家园派出所 | 华威西里29楼 | 67713099 |
| 亚运村派出所 | 安苑北里甲8号 | 64910477 |
| 大屯派出所 | 大屯220号6号楼 | 64949248 |
| 奥运村派出所 | 扶林路甲9号 | 84913594 |
| 来广营派出所 | 来广营乡来广营村 | 84913633 |
| 花家地派出所 | 花家地北里8号楼 | 64700714 |
| 将台派出所 | 将台乡将府家园北侧 | 64362030 |
| 首都机场派出所 | 首都机场燕翔东里12号 | 64561626 |
| 孙河派出所 | 孙河乡康营村 | 64384569 |
| 东湖派出所 | 望京花园130楼 | 64713294 |
| 南皋派出所 | 崔各庄乡南皋路 | 84566382 |
| 八里庄派出所 | 八里庄东里北巷 | 65561753 |
| 高碑店派出所 | 高碑店乡高碑店村 | 85753893 |
| 平房派出所 | 黄杉木店180号 | 85574138 |
| 东风派出所 | 东风乡辛庄村甲28号 | 85849101 |
| 酒仙桥派出所 | 酒仙桥路30号 | 64371415 |
| 东坝派出所 | 红松园北里甲8号 | 65495368 |
| 金盏派出所 | 金盏大街(金盏乡政府后) | 84333271 |
| 楼梓庄派出所 | 金盏乡曹各庄249号 | 84312825 |

| | | |
|---|---|---|
| 南磨房派出所 | 平乐园小区105楼 | 67312979 |
| 王四营派出所 | 王四营村3号 | 67364358 |
| 垡头派出所 | 垡头北里12楼 | 67381152 |
| 十八里店派出所 | 十八里店乡十八里店村20号 | 67471965 |
| 小红门派出所 | 小红门龙爪树南里 | 87690144 |
| 豆各庄派出所 | 西马各庄村 | 85308831 |
| 黑庄户派出所 | 黑庄户乡商业大街甲1号 | 85380178 |
| 管庄派出所 | 管庄乡双会桥西甲5号 | 65761888 |
| 常营派出所 | 常营公园西侧200米 | 65481258 |
| 三间房派出所 | 建国路甲6号 | 65420101 |
| 黄港派出所 | 孙河乡上辛堡村 | 84791728 |
| 崔各庄派出所 | 崔各庄乡马泉营村 | 64320110 |
| 南湖派出所 | 南湖中园238楼 | 64703003 |
| 小武基派出所 | 十八里店乡西直河村 | 87335727 |
| 奥林匹克公园派出所 | 安慧北里雅园1楼 | 64910162 |

## 工　商　所

| | | |
|---|---|---|
| 六里屯工商所 | 甜水园北里1号楼 | 65076946 |
| 团结湖工商所 | 团结湖北头条9号楼 | 85589300 |
| 双井工商所 | 松榆东里2号楼 | 67316857 - 1 |
| 酒仙桥工商所 | 酒仙桥路乙21号 | 64329430 |
| 左家庄工商所 | 西坝河西里28号英特公寓4层 | 64292464 |
| 奥运村工商所 | 安惠里1区11号 | 64915551 |
| 高碑店工商所 | 康家园25号 | 85782132 |
| 北京商务中心区工商所 | 建国路93号万达广场3号楼一层 | 58205533 - 525/500 |
| 双桥工商所 | 杨闸环岛东 | 85708720 |
| 华威工商所 | 双龙南里212楼 | 87312145 |
| 大屯工商所 | 惠新东街8号设计大厦 | 84644537 |
| 望京工商所 | 望京西园103楼 | 64707739 |
| 安贞工商所 | 西坝河西里28号英特公寓3层 | 64433315 |
| 十八里店工商所 | 双龙南里129楼 | 87317932 |
| 崔各庄工商所 | 崔各庄乡政府东侧 | 64321040 |

## 国税局税务所

| | | |
|---|---|---|
| 第一税务所 | 左家庄东里甲3号 | 84516036 |

| | | |
|---|---|---|
| 第二税务所 | 驼房营南里 | 64323178 |
| 第三税务所 | 管庄燕京医药公司东侧 | 65765701 |
| 第四税务所 | 潘家园华威北里甲26号 | 87713713 |
| 第五税务所 | 潘家园华威北里甲26号 | 87716176 |
| 第六税务所 | 左家庄东里甲3号 | 84551699 |
| 第七税务所 | 管庄燕京医药公司东侧 | 65765705 |
| 第八税务所 | 小八里庄37号 | 67343755 |
| 第九税务所 | 小八里庄37号 | 7373718 |
| 第十税务所 | 驼房营南里 | 64369392 |
| 第十一税务所 | 朝外大街乙6号朝外SOHOC座3层 | 58697940 |
| 车购税管理分局 | 姚家园路甲1号东办公楼三层“一站式”服务大厅 | 51193150 |

## 地税局税务所

| | | |
|---|---|---|
| 第一税务所 | 安苑东里3区1号 | 6491817 |
| 第二税务所 | 六里屯北里18号楼A座 | 65933740 |
| 第三税务所 | 来广营红军营南路甲3号 | 84950400 |
| 第四税务所 | 来广营红军营南路甲3号 | 84950448 |
| 第五税务所 | 广渠东路40号 | 67799245 |
| 第六税务所 | 姚家园路101号新七彩商业中心西楼 | 65939941 |
| 小关税务所 | 来广营红军营南路甲3号 | 64915005 |
| 酒仙桥税务所 | 来广营红军营南路甲3号 | 64382829 |
| 十里堡税务所 | 定福庄路9号 | 65711572 |
| 呼家楼税务所 | 团结湖东里甲10号 | 85967915 |
| 双井税务所 | 小八里庄6号 | 67320305 |
| 商务中心区税务所 | 东大桥路8号SOHO尚都北塔3层 | 59005160 |

## 银 行

### 中国银行股份有限公司

| | | |
|---|---|---|
| 朝阳支行 | 东三环北路霞光里18号 | 59207135 |
| 奥运村支行 | 北辰东路8号院1号楼一层 | 64974074 |
| 世纪财富中心支行 | 光华路5号院2号楼一层107至112单元、二层207至212单元 | 85875200 |
| 望京西路支行 | 望京西路甲50号1号楼一层 | 64666527 |

| | | |
|---|---|---|
| 北辰西路支行 | 北土城西路7号 | 82275009 |
| 和平东街支行 | 和平街13区35号楼 | 84264707 |
| 红领巾桥支行 | 八里庄北里219号1层商铺 | 64731770 |
| 建国路支行 | 建外大街乙12号 | 64689295 |
| 使馆区支行 | 三里屯路5号 | 84429080 |
| 西坝河南路支行 | 西坝河南路1号金泰大厦 | 64402901 |
| 新城国际支行 | 朝外大街6号院26号首层商业用房 | 65974547 |
| 商务区支行 | 北三环东路8号 | 64689295 |
| 丽都饭店支行 | 丽都饭店内 | 64369865 |
| 白家庄支行 | 东三环北路乙19号 | 65086091 |
| 五路居支行 | 安贞西里2区21楼 | 64440547 |
| 十里堡支行 | 八里庄东里1号A区3号楼06 | 65861640 |
| 发展大厦支行 | 东三环北路西侧 | 65908304 |
| 燕莎中心支行 | 亮马桥路50号 | 64651529 |
| 光华路支行 | 光华路甲10号1幢首层 | 64689295 |
| 霄云路支行 | 麦子店西路3号 | 64630899 |
| 望京支行 | 望京北路9号 | 64392608 |
| 建外支行 | 建外大街京华公寓1层 | 59271805 |
| 安立路支行 | 安立路68号(阳光广场一层) | 64955316 |
| 望京园支行 | 望京园B25区1号楼 | 64731792 |
| 柳芳北里支行 | 柳芳北里12号楼一层 | 84481908 |
| 三元桥支行 | 曙光西里甲1号东域大厦B座首层第11A号单元 | 58221406 |
| 东三环中路支行 | 东三环中路9号一层 | 85910321 |
| 丰联广场大厦支行 | 朝外大街18号 | 65883071 |
| 亮马河大厦支行 | 东三环北路8号 | 65906471 |
| 远洋天地支行 | 东四环中路62号1层02、03 | 64689283 |
| 长虹桥支行 | 工体北路4号 | 87356455 |
| 将台路支行 | 酒仙桥路甲12号首层 | 64368832 |
| 樱花东街支行 | 樱花园东街1号 | 64423797 |
| 亚运村支行 | 安立路甲56号南楼首层 | 84802157 |
| 金台路支行 | 朝阳北路177号 | 65956100 |
| 四方新区支行 | 世纪东方嘉园212号楼 | 87356455 |
| 望京科技园支行 | 望京湖光中街1号(首层) | 64741007 |
| 首都机场场区支行 | 首都机场内 | 64573144 |
| 逸园支行 | 安慧北里小区逸园28号楼 | 64893328 |
| 北苑支行 | 春华路北苑综合服务楼一层 | 84958560 |
| 西奥中心支行 | 大屯路科学园南里风林绿洲18号B幢一层 | 64844598 |
| 国际贸易中心支行 | 建外大街1号 | 65055958 |
| 雅宝路支行 | 雅宝路8号3号楼 | 65199227 |
| 朝外大街支行 | 朝外大街乙12号昆泰国际中心33－32号 | 64689295 |
| 东长安街支行 | 建外大街甲6号1号楼大堂 | 65630308 |
| 阜通路支行 | 阜通东大街6号院4号楼首层 | 84785357 |
| 安慧里支行 | 安慧里三区6号楼 | 64970380 |
| 朝阳公园南路支行 | 朝阳公园南路8号棕榈泉国际名苑商场 | 65397882 |
| 姚家园路支行 | 姚家园路105号1号楼 | 59283765 |
| 利星广场支行 | 望京街8号院2号楼(B座)201室 | 84760176 |

| | | |
|---|---|---|
| 国贸支行 | 建外大街1号院1号楼1801－26 | 85350629 |
| 丰树大厦支行 | 建国路108号1层01单元 | 85215095 |
| 乐成中心支行 | 东三环中路20号楼首层AL113至AL115 | 67716113 |
| 宝能中心支行 | 阜通东大街12号楼 | 84765810 |
| 曙光西路支行 | 太阳宫金星园8号楼一层 | 63592491 |

## 中国工商银行股份有限公司

| | | |
|---|---|---|
| 望京支行 | 酒仙桥路10号星城国际大厦c座6层 | 64368822 |
| 九龙山支行 | 广渠路甲40号 | 67704884 |
| 商务中心区支行 | 东环南路2号 | 65660817 |
| 朝阳支行 | 朝外大街1号 | 65042097 |
| 亚运村支行 | 慧忠北里407号 | 64863550 |
| 劲松支行 | 华威北里甲17号楼 | 87783592 |
| 金都杭城支行 | 百子湾西里102号楼 | 67783427 |
| 龙腾支行 | 南磨房路37号首层102室 | 87781819 |
| 富力城支行 | 东三环中路63号一层146号商铺 | 67759115 |
| 武圣里支行 | 武圣东里52号 | 67305625 |
| 广渠路支行 | 广渠门外大街22号楼西 | 67717693 |
| 潘家园支行 | 农光南里1号楼 | 67323015 |
| 翠城支行 | 垡头三区4号 | 67383267 |
| 航空城支行 | 北苑新路3号院 | 64863560 |
| 化信支行 | 安定路33号首层 | 64442522 |
| 北辰路支行 | 北辰东路8号(汇欣大厦首层) | 84971938 |
| 惠新支行 | 安苑路20号世纪兴源大厦一层 | 84896322 |
| 世纪村支行 | 育慧北路8号 | 84639296 |
| 北苑家园支行 | 北苑家园清友园19号楼 | 84964212 |
| 双北桥支行 | 安外安贞西里二区 | 64410906 |
| 安慧支行 | 安慧北里秀园15号 | 64899897 |
| 中航油支行 | 民族园路1号1号楼首层 | 82001906 |
| 嘉美风尚支行 | 望京新城B1区1－3号地嘉美风尚中心一、二层 | 64379963 |
| 东坝支行 | 红松园北里2号院14楼 | 64379963 |
| 香河园支行 | 樱花东街5号 | 64379963 |
| 鹿港支行 | 望京西路50号院12号楼一层12－3号 | 64379963 |
| 首都机场南支行 | 首都机场南路3号南 | 64379963 |
| 广顺支行 | 广顺北大街33号院1号楼1层101室 | 64379963 |
| 首都机场支行 | 机场南路东里梨园小区 | 64379963 |
| 国航大厦支行 | 霄云路36号(国航大厦)1层01号 | 84475235 |
| 八里庄北里支行 | 十里堡路1号11号楼B座一层101室 | 85810811 |
| 左家庄支行 | 左家庄北里35楼 | 64673225 |
| 管庄支行 | 京通苑30号楼P1底商 | 65700198 |
| 大望路支行 | 西大望路甲2号南侧 | 65079878 |
| 十里堡支行 | 八里庄东里单身丙楼 | 65561503 |
| 八里庄支行 | 八里庄西里100号1层2层 | 85860680 |
| 新源里支行 | 新源里16号院2号楼首层 | 64641749 |
| 甜水园支行 | 六里屯北里18号楼A座 | 65001266 |

| | | |
|---|---|---|
| 尚都支行 | 东大桥路8号2楼1105室 | 64169625 |
| 燕莎支行 | 麦子店街41号 | 65933978 |
| 半岛国际支行 | 夏家园12号楼一层 | 64379963 |
| 科学园南路支行 | 科学园南里东街2号 | 64410906 |
| 媒体村支行 | 北苑北辰居住区C2区1幢1层A1 | 82721300 |
| 定福庄支行 | 定福庄南里1号 | 65761184 |
| 团结湖支行 | 白家庄东里23号C座一层01商业 | 65901328 |
| 三里屯支行 | 工体东路15号首层 | 65074361 |
| 国奥村支行 | 林萃东路2号院甲3号楼首层F110区域 | 64863545 |
| 高碑店支行 | 高碑店北路5号一层5-1室 | 85759510 |
| 林萃路支行 | 林萃西里26号楼1层 | 84922370 |
| 望京科技园区支行 | 望京利泽中园105号楼 | 64368822 |

## 中国建设银行股份有限公司

| | | |
|---|---|---|
| 光华支行 | 光华路7号 | 65614010 |
| 东大桥支行 | 东直门外大街22号楼东侧 | 65083196 |
| 安慧支行 | 北辰东路8号汇欣大厦一层二层 | 84970059 |
| 朝阳支行 | 朝外大街乙10号楼 | 51995538 |
| 安华支行 | 安定路35号 | 51993323 |

## 中国农业银行股份有限公司

| | | |
|---|---|---|
| 朝阳东区支行 | 建国路89号院7号楼 | 85718500-8013 |
| 朝阳支行 | 工体路东2号 | 65522906 |
| 亚运村支行 | 安定路33号 | 64411259 |
| 富力支行 | 天力街1号楼商业5 | 67089993-8702 |
| 和平里支行 | 北三环东路甲11号 | 64214896 |
| 小营支行 | 安苑路11号 | 64915397 |
| 光华路支行 | 光华路4号B座一层 | 65821874 |
| 三元支行 | 霄云路32号 | 64624388 |
| 八里桥支行 | 京通路北管庄乡政府联合办公楼一层 | 65790821 |
| 将台路支行 | 花家地街21号 | 64722969 |
| 安外大街支行 | 安外大街甘水桥甲1号 | 64213258 |
| 水碓西里支行 | 朝阳北路219号1幢1-2层 | 85983470 |
| 银泰支行 | 建外大街2号院银泰中心地下一层 | 64242408 |
| 展览中心支行 | 曙光西里甲6号院 | 64619398 |
| 永安里支行 | 光华路7号1层A101 | 65862258 |
| 英家坟支行 | 八里庄西里99号99号楼一层112 115 116 117号 | 65564806 |
| 京顺支行 | 望京街9号2座101 | 64224714 |
| 双北桥支行 | 安贞三区23号楼一层 | 64438886 |
| 朝阳路分理处 | 日坛北路17号日坛国际贸易中心B座 | 65536688 |
| 北苑家园支行 | 北园家园紫绶园5号楼一层 | 84960750 |
| 望盛园支行 | 望京西园二区221号 | 64789601 |
| 奥园支行 | 京奥家园186号商业101号 | 51079363 |
| 康运支行 | 麦子店街78号 | 65042615 |

| | | |
|---|---|---|
| 北苑支行 | 安外北苑路 68 号 | 84936039 |
| 芍药居支行 | 芍药居 36 号楼 1 层 | 84616174 |
| 洛克时代支行 | 慧忠里 103 楼 1 层 103－5、103－6 号 | 84970021 |
| 安立花园支行 | 安立住宅区 4 楼 1 门 104 | 64906693 |
| 定福庄分理处 | 定福庄西里 1 号 | 65761671 |
| 望京支行 | 望京商业街(北区)首层 A01 | 65536688 |
| 农业部北区分理处 | 麦子店街 20 号楼 102 室 | 65536688 |
| 财满街分理处 | 朝阳路 67 号 10 楼 130－138 号 | 65785957 |
| 定福庄支行 | 定福庄东街 1 号 | 65783507 |
| 朝阳路北支行 | 六里屯西口北里 4 号 | 65004262 |
| 蓝色港湾支行 | 朝阳公园西路 6 号 4 栋一层、二层 SA－68 号商铺 | 59056785 |

## 中国交通银行股份有限公司

| | | |
|---|---|---|
| 育惠东路支行 | 小营路 12 号亚运花园一层 | 84624401 |
| 亚北支行 | 安立路 60 号润枫德尚 6 号楼 | 64820734 |
| 东三环支行 | 东三环北路 19 号 B2 座 1－2 层 | 65869695 |
| 东区支行 | 广渠路 21 号配套楼 | 58202983 |

## 北京银行股份有限公司

| | | |
|---|---|---|
| 亚运村支行 | 慧忠北里天创世缘 309 楼 A 座首层 | 64809997 |
| 酒仙桥支行 | 酒仙桥路 3 号 | 64382939 |
| 九龙山支行 | 农光里 117 号 | 67342064 |
| 八里庄支行 | 朝外红庙延静西里 2 号 | 65002455 |
| 商务中心区支行 | 光华路丙 12 号首层 | 65083196 |
| 金台路支行 | 团结湖路 52 号 | 65683608 |
| 关东店支行 | 东大桥三角地 | 65083196 |
| 芳草地支行 | 东大桥路 10 号 | 65911026 |
| 东长安街支行 | 建外大街乙 12 号 | 65683608 |
| 现代城支行 | 建国路 88 号现代城 A 区 S 座 0101 室 | 85803046 |
| 孙河支行 | 孙河顺白路 6 号 | 64653994 |
| 雅宝路支行 | 雅宝路二号(天雅大厦一层) | 51362661 |
| 司樱花支行 | 北三环东路 15 号(化工大学校门旁) | 64419057 |
| 红星支行 | 朝外大街 20 号 | 65885763 |
| 北辰路支行 | 北辰东路 8 号汇珍楼一层 | 84977466 |
| 安华路支行 | 外馆东街 51 号商业楼首层 0102 | 64408277 |
| 新源支行 | 北三环东路 6 号 | 64653994 |
| 朝外支行 | 朝外大街 12 号 | 65993325 |
| 北苑路支行 | 北苑路 172 号万兴苑 11 号楼一层 04 室 | 84854740 |
| 双桥支行 | 双柳北街 39 号商业二层 203 号 | 58692971 |
| 大望路支行 | 西大望路 15 号 1 号楼 512 室 | 87723153 |
| 燕莎支行 | 亮马桥路 42 号光明饭店一层、三层 | 84418576 |
| 日坛支行 | 日坛北路 19 号 | 65885765 |
| 远洋国际中心支行 | 东四环中路 56 号(远洋国际中心)A 座 106、107、207 室 | |
| 望京科技园支行 | 望京西园一区 134 号楼 101 号 | 64789797 |

| | | |
|---|---|---|
| 奥东支行 | 惠新西街 19 号 | 51300079 |
| 奥北支行 | 天乐园 1 号楼 1 层 1 – 6 | 84927536 |
| 奥运村支行 | 北辰西路 8 号院 2 号楼 | 84977466 |
| 健翔支行 | 安翔北里甲 11 号 | 64889925 |

## 中国民生银行股份有限公司

| | | |
|---|---|---|
| 建外支行 | 建外大街甲 12 号新华保险大厦首层 | 65693081 |
| 奥运村支行 | 安立路 66 号安立花园 C 座中信建投证券首层北厅 | 64906563 |
| 三元支行 | 东三环北路甲 2 号 | 84489520 |
| 首都机场支行 | 首都机场航安路首都机场职工之家办公楼北侧 | 64595916 |
| 电子城支行 | 酒仙桥路 14 号兆维大厦 | 58671027 |
| 劲松支行 | 劲松三区 302 楼首层 | 87730409 |
| 国贸支行 | 东环南路 2 号 | 65674738 |
| 建国门支行 | 建外大街 21 号 | 65326597 |
| 朝阳门支行 | 朝外大街 22 号泛利大厦首层 | 65884529 |
| 工体北路支行 | 工体北路 9 号 | 64155280 |
| 亚运村支行 | 北四环东路 131 号藏学研究中心博物馆楼首层 | 64916864 |
| 西坝河支行 | 西坝河西里甲 18 号 | 64295659 |
| 京广支行 | 西大望路三号院 2 号楼 1 层 HS – 02、01 夹层内局部 | 65974217 |
| 望京支行 | 南湖东园 122 号博泰大厦首层 | 64755278 |

## 中国光大银行股份有限公司

| | | |
|---|---|---|
| 长虹桥支行 | 东三环北路 15 号 | 65066984 |
| 亚运村支行 | 慧忠东路 5 号 | 84891161 |
| 建国门支行 | 建外大街甲 6 号中环世贸中心 D 座 1 层 | 65630900 |
| 朝阳支行 | 朝外大街 16 号中国人寿大厦北一层、二层 | 85252520 |
| 安贞支行 | 安定路 39 号 | 64417743 |
| 望京支行 | 望京中环南路花家地街花家地商业 1 号楼 | 84726279 |
| 光华路支行 | 光华路 2 号阳光 100G 座 | 65915259 |
| 京广桥支行 | 东三环中路 7 号财富中心写字楼 A 座商业一层 | 65309950 |
| 劲松桥支行 | 东三环南路甲 52 楼(顺迈金钻大厦) | 67727918 |
| 富力城支行 | 广渠门外大街 1 号院公 – 1 商业楼 6 号商铺 | 58764958 |
| 西坝河支行 | 西坝河北里 23 号楼一层 | 64474789 |
| 东长安街支行 | 建外大街乙 12 号 L111 – L117 | 58287555 |

## 中信银行股份有限公司

| | | |
|---|---|---|
| 安贞支行 | 安贞西里 3 区 26 号浙江大厦一层、五层 | 64417922 |
| 万达广场支行 | 建国路 93 号万达广场东区商业 B 座 15 号 1 层 13 – 18 号房 | 85182269 |
| 富力支行 | 双花园南里二区 13 号楼 1 至 2 层 01 | 65687851 |
| 朝阳支行 | 农展馆南里 12 号 | 65389577 |
| 中信银行国际大厦支行 | 建外大街 19 号国际大厦一层 | 65008659 |
| 奥运村支行 | 慧忠北里 309 号 | 64802818 |

| | | |
|---|---|---|
| 京城大厦支行 | 新源南路六号京城大厦 1－001 号 | 84865386 |
| 广渠路支行 | 东三环外广渠路 31 号九龙商厦一层 | 87768426 |
| 望京支行 | 望京新兴产业区利泽中园二区 208 号院内 B 座 1 层 | 64391219 |
| 酒仙桥支行 | 酒仙桥路 14 号兆维大厦一层 | 64364850 |
| 东大桥支行 | 工体东路甲 18 号 | 65944945 |
| 三元桥支行 | 曙光西里甲 1 号首层 | 58222277 |
| 福码大厦支行 | 广顺北大街 33 号院 1 号楼福码大厦办公楼 B 座 | 84729727 |
| 观湖国际支行 | 姚家园路 105 号 3 号楼 1 层 | 59282427 |
| 太阳宫支行 | 夏家园 12 号楼 102 号 | 84419878 |
| 国奥村支行 | 林萃东路 2 号院甲 3 号楼 | 84378356 |
| 媒体村支行 | 红军营南路北辰绿色家园天朗园 C 座一层 | 84910718 |
| 金泰国际支行 | 广渠路 11 号院 1 号楼 | 87213581 |
| 尚都国际中心支行 | 东大桥路 8 号尚都国际中心 A 座一层 | 58700092 |
| 北辰支行 | 慧忠里 320 号住总大厦一层、二层 | 84837798 |
| 出国中心支行 | 东三环北路四号东方歌舞团 1 号楼东侧 | 84551178 |
| 瑞城中心支行 | 亮马桥路 48 号院 4 号楼 1 层大堂和结构 15 层 | 65871883 |
| 长安支行 | 东三环中路 39 号楼建外 SOHO 小区 17 号楼 | 58695617 |

## 兴业银行股份有限公司

| | | |
|---|---|---|
| 三元桥支行 | 宵云路 21 号一、四层 | 84540867 |
| 国贸支行 | 东三环南路 2 号 | 65661600 |
| 朝外支行 | 朝外大街 77 号 | 65522213 |
| 东外支行 | 东直门外大街 23 号 | 64688172 |
| 亚运村支行 | 亚运村安慧里 16 号楼 | 84885269 |
| 安华支行 | 北三环安华桥福建大厦 | 64450943 |
| 光华路支行 | 东三环中路 25 号住总大厦一、二层 | 65086082 8822 |

## 华夏银行股份有限公司

| | | |
|---|---|---|
| 京广支行 | 东三环中路 7 号财富中心一层 | 65309568 |
| 亮马河支行 | 东三环北路 3 号幸福大厦 B 座 | 64688010 |
| 光华支行 | 光华路 8 号和乔大厦 A 座一、二层 | 65832024 |
| 东直门支行 | 东土城路 14 号建达大厦首层西侧 | 85271101 |
| 国贸支行 | 双花园南里三区 4 号楼 1 至 2 层 109 号 | 65669746 |
| 朝阳门支行 | 工体西路 18 号光彩国际公寓 S107 号 | 65527595 |
| 北沙滩支行 | 德胜门外北沙滩 1 号中国农业机械化科学研究院 | 64848676 |
| 望京支行 | 望京西园 222 号星源公寓 C 座一层 | 84725982 |

## 广东发展银行股份有限公司

| | | |
|---|---|---|
| 京广支行 | 朝外大街甲 6 号万通中心一层 | 65574312 |
| 建国路支行 | 建国路 112 号 | 65669647 |
| 潘家园支行 | 华威里 10 号楼一层 | 87785996－125 |
| 国贸支行 | 光华东里 8 号院 1 号楼一层 F1－03 | 59772119 |
| 亚运村支行 | 北辰东路 8 号 | 84980873 |

| | | |
|---|---|---|
| 安贞支行 | 安定路39号 | 64445660 |
| 国展支行 | 西坝河东里18号 | 84603367 |
| 奥运村支行 | 北沙滩甲1号 | 64839015 |
| 大望路支行 | 西大望路15号4号楼(外企大厦B座) | 87723795 |
| 望京支行 | 望京新城B区11-1号地悠乐汇中心E座一层 | 84787933 |
| 万达广场支行 | 建国路93号B座首层01单元 | 65811958 |

## 农村商业银行股份有限公司

| | | |
|---|---|---|
| 高碑店支行 | 高碑店乡康家园小区26号楼 | 85777820 |
| 双桥支行 | 朝阳路管庄路口西20米 | 65761658 |
| 将台支行 | 酒仙桥路14号51号楼兆维华灯大厦一层A108 | 84798962 |
| 王四营支行 | 王四营乡官庄大队陶庄个体公园南 | 67382043 |
| 南磨房支行 | 大望路平乐园路口南300米 | 67359159 |
| 和平支行 | 来广营东路5号东郊农场综合服务楼 | 84701595 |
| 十八里店支行 | 十八里店村19号 | 67473624 |
| 小红门支行 | 小红门乡宋家楼4号 | 67632186 |
| 太阳宫支行 | 西坝河北里15号楼 | 64215209 |
| 朝阳支行 | 北苑路90号 | 64945337 |
| 来广营支行 | 望京北路18号 | 64390753 |
| 京粮支行 | 东三环中路16号102 | 87951741 |
| 亚运村支行 | 安立路甲56号 | 84802808 |
| 商务中心区支行 | 广渠路南侧44号 | 52081662 |
| 光华路支行 | 光华路甲14号诺安大厦1层 | 51309981 |
| 建国门支行 | 东三环中路39号建外SOHO12号楼 | 58697627 |
| 双井支行 | 天力街1号楼B1-1号 | 59060193 |
| 新源支行 | 新源里16号琨莎中心1座 | 84682518 |
| 金盏支行 | 金盏乡长店组团13号综合楼一层底商 | 84333350 |

## 招商银行股份有限公司

| | | |
|---|---|---|
| 万通中心支行 | 朝外大街甲6号万通中心一层 | 59510225 |
| 建国路支行 | 建国路116号 | 65660172 |
| 静安里支行 | 北三环东路8号一层 | 64689332 |
| 望京支行 | 南湖南路15号院甲1号 | 64799867 |
| 朝外大街支行 | 朝外大街26号 | 65272078 |
| 万达广场支行 | 建国路93号(万达广场7号楼) | 58206565 |
| 慧忠北里支行 | 慧忠北里305号楼一层 | 84987800 |
| 北苑路支行 | 北苑路168号一层 | 58247390 |
| 望京西园支行 | 望京西园134号楼地上一层 | 64789907 |
| 大望路支行 | 西大望路15号3号楼首层 | 87723112 |
| 东四环支行 | 东四环中路56号(远洋国际中心)首层 | 59080192 |
| 京广桥支行 | 东三环北路38号院泰康金融大厦首层 | 85879737 |
| 朝阳公园支行 | 朝阳公园路19号 | 65398880 |
| 北辰大厦支行 | 北辰东路8号院1号楼北辰时代大厦30层 | 84981966 |
| 富力城支行 | 东三环中路55号一层、二层 | 58767070 |

| | | |
|---|---|---|
| 立水桥支行 | 北苑路13号院1号楼1-9号 | 52086503 |
| 青年路支行 | 青年路西里5号院15号楼一、二层 | 85563113 |
| 华贸中心支行 | 建国路79号、81号华贸中心 | 87723189 |
| 十里河支行 | 东三环南路19号院首层 | 87676769 |

## 平安银行股份有限公司

| | | |
|---|---|---|
| 三元桥支行 | 新源南路9号楼1-2层 | 84538668 |
| 朝阳门支行 | 关东店北街国安宾馆1层 | 65067489 |
| 亚运村支行 | 安立路66号1号楼101室 | 64907572-623 |
| 光华路支行 | 光华路4号东方梅地亚中心A座一层 | 65832833 |
| 东四环支行 | 八里庄西里100号1号楼一层 | 85866189 |
| 望京支行 | 望京新城南湖西园125号一层、二层 | 84721880 |
| 亚奥支行 | 北辰东路8号5号楼2层 | 84970866-619 |

## 上海浦东发展银行股份有限公司

| | | |
|---|---|---|
| 富力城支行 | 东三环中路61号楼商用物业一、二层 | 5903771 |
| 大望路支行 | 西大望路3号院2号楼1层S117 | 85997593 |
| 慧忠支行 | 慧忠北里小区214号楼一层 | 57395960 |

## 杭州银行股份有限公司

| | | |
|---|---|---|
| 安贞支行 | 安定路10号一层 | 64452511 |
| 朝阳支行 | 甜水园东街10号 | 65003106 |

## 天津银行股份有限公司

| | | |
|---|---|---|
| 朝外支行 | 朝外大街乙6号朝外SOHO0185、1133号 | 59004356 |
| 三元桥支行 | 东三环北路乙2号圣元中心A座一层 | 84471301 |

## 中国邮政储蓄银行有限责任公司

| | | |
|---|---|---|
| 双桥东路支行 | 双桥东路318号 | 85391063 |
| 香河园支行 | 西坝河中里35号楼 | 64624407 |
| 大山子支行 | 酒仙桥路13号 | 64330251 |
| 花家地支行 | 花家地北里1号楼 | 64737340 |
| 农光里支行 | 农光里102号楼 | 67317246 |
| 水碓子支行 | 金台北街6号楼 | 65005146 |
| 体东路支行 | 工人体育场东路甲2号1层101 | 64169919 |
| 双龙南里支行 | 双龙南里204号楼 | 87321621 |
| 南湖东园支行 | 南湖东园201楼 | 64755011 |
| 樱花东街支行 | 樱花东街1号 | 64420798 |
| 垡头支行 | 垡头西里2号楼 | 67383482 |
| 望京花园支行 | 望京花园小区119号楼 | 64700259 |
| 万科星园支行 | 仰山路万科星园甲7号 | 84921227 |

| | | |
|---|---|---|
| 安贞支行 | 安贞西里5区1号楼 | 64422353 |
| 酒仙桥支行 | 酒仙桥路43号 | 64363004 |
| 财富中心支行 | 东三环中路财富中心 | 65309353 |
| 科学园支行 | 科学园南里甲2号 | 64855484 |
| 双桥支行 | 双桥街10号 | 85364101 |
| 甘露园支行 | 甘露园南里二区五号 | 85762613 |
| 慈云寺支行 | 八里庄东里3号 | 65565319 |
| 十里河支行 | 东三环南路19号嘉多丽园A座一层底商 | 65751642 |
| 三源里支行 | 三源里27楼 | 84543211 |
| 团结湖支行 | 团结湖路甲7号楼 | 65001799 |
| 金台里支行 | 金台路25号楼 | 85993781 |
| 松榆东里支行 | 松榆东里40号楼 | 67318190 |
| 呼家楼支行 | 关东店大街9号 | 65073991 |
| 左家庄支行 | 左家庄北里35号楼 | 64420798 |
| 慧忠北里支行 | 慧忠北里307号楼一层 | 64844757 |
| 横街子支行 | 横街子村委会 | 87302349 |
| 北苑支行 | 北苑村 | 84921295 |
| 管庄支行 | 建筑材料研究院 | 65726705 |
| 双井支行 | 广渠东路48号楼 | 67716753 |
| 十里河建材城支行 | 十里河村大羊坊路19号 | 67677321 |
| 国际邮件收寄中心支行 | 望京阜通东大街18号 | 84724272 |
| 亚运村支行 | 安慧里2区1号楼 | 64918199 |
| 眼镜城支行 | 农光南里5号院 | 67323107 |
| 三间房支行 | 三间房223号 | 65762454 |
| 育慧北里支行 | 育慧北里8号 | 84633944 |
| 垂杨柳支行 | 垂杨柳西区8号楼 | 67714347 |
| 劲松一区支行 | 劲松一区131楼 | 67738422 |
| 东区支行 | 望京西园一区120号楼 | 64752130 |
| 姚家园路支行 | 姚家园路甲一号活力东方奥特莱斯购物广场首层 | 51193715 |
| 吉庆里支行 | 吉庆里6号楼102A部分 | 84714696 |
| 广渠门外大街支行 | 广渠门外大街5号院55号楼1层17 | 58767943 |
| 西大望路支行 | 西大望路59号甲3号楼 | 67710380 |
| 秀水支行 | 秀水东街8号 | 65930733 |
| 青年路支行 | 青年路雅成一里19号楼(世丰国际大厦) | 85521561 |
| 大望路支行 | 百子湾南2路70号楼一层102、201 | 87724593 |

## 保　　险

| | | |
|---|---|---|
| 富邦保险代理有限公司 | 安华里二区13楼103室 | 67359189 |
| 慕尼黑再保险公司北京分公司 | 建外大街2号院C座18层、20层 | 85919999 |
| 泛联保险代理有限公司 | 呼家楼向军南里二巷甲5号7层 | 85951478 |

| | | |
|---|---|---|
| 普泰保险代理有限公司 | 东三环北路2号8层811室 | 64106221 |
| 民生保险经纪有限公司 | 工体西路18号光彩国际公寓1号楼3A | 65512240 |
| 恒泰保险代理有限公司 | 建外秀水街1号 | 85322387 |
| 美国友邦保险有限公司北京分公司 | 建外大街8号国际财源中心西塔A、B座5层 | 57835556 |
| 诚信保险代理有限公司 | 东三环南路甲52楼5层6C | 59711663 |
| 中国人民财产保险股份有限公司朝阳支公司 | 霄云里4号楼 | 84485273 |
| 社会保险基金管理中心 | 十里堡北区18号院 | 85821229 |
| 国泰保险代理有限公司 | 幸福一村55号 | 4162696 |
| 方胜保险经纪有限公司 | 西大望路15号4号楼7层701 | 67771306 |
| 市保险仁和劳动服务公司 | 朝外市场街18号楼 | 86532423 |
| 泰洋保险代理有限公司 | 吉庆里6号楼B座(住宅楼)407室 | 65531761-1005 |
| 医疗保险事务管理中心 | 十里堡北区18号院 | 65524020 |
| 民生人寿保险股份有限公司北京分公司 | 东三环北路38号院2号楼六层 | 59206413 |
| 牛宅保险顾问有限公司 | 吉庆里9号10号楼E座2区303室 | 65536988 |
| 永安财产保险股份有限公司北京分公司 | 建国路甲92号9层903、912-917 | 58660988 |
| 嘉福(北京)保险公估有限公司 | 百子湾南2号88号8层801 | 87759425-204 |
| 瑞信保险经纪有限公司 | 北四环东路108号千鹤家园3栋 | 84832950 |
| 天和保险经纪有限公司 | 北土城西路7号国恒基业大厦F座802室 | 82275813 |
| 信安保险代理有限公司 | 北辰西路69号峻峰华亭嘉园C座住宅楼516号 | 58772218 |
| 海亚(北京)国际保险经纪有限公司 | 安慧北里秀园15号楼四层 | 64896199 |
| 民生人寿保险股份有限公司 | 东三环北路38号院2号楼 | 65886669 |
| 北京联合保险经纪有限公司北京分公司 | 和平街东土城路12号院3号楼1701室 | 63573700 |
| 希尔曼(北京)国际保险经纪有限公司 | 京顺路四元桥1号 | 84729364 |
| 苏黎世保险经纪(北京)有限公司 | 东三环北路霞光里18号佳程广场A座21层A2单元 | 84398166 |
| 国中保险经纪有限公司 | 建外大街18号D702号 | 65691170 |
| 德信保险代理有限公司 | 安慧里4区16号916室 | 84885211 |
| 明亚保险经纪有限公司 | 朝外大街22号泛利大厦5层501-502室 | 85658565-8542 |
| 润得保险经纪有限公司 | 北小营欧陆经典万兴苑(公寓楼)11座4层A室 | 84854380 |
| 康信保险经纪有限公司 | 八里庄西里61号楼2503室 | 85861299 |
| 泛华保险代理有限公司 | 向军南里二巷甲5号雨霖大厦7层 | 51311689 |
| 康桥保险经纪有限公司 | 华威里3号楼2E | 87731845 |
| 国联(北京)保险经纪有限公司 | 北苑路170号5号楼1203室 | 52695090 |
| 赛福特保险代理有限公司 | 安立路60号2号楼1502室 | 64820778 |
| 安邦财产保险股份有限公司北京分公司 | 东三环中路55号8层801 | 59229219 |
| 润盛保险经纪有限公司 | 东方东路8号 | 64681372 |
| 安康保险经纪有限公司 | 西坝河西里28号B205 | 64477622 |
| 泛华富民保险代理有限公司 | 酒仙桥南路4号院3号楼305室 | 64386956 |
| 工银安盛人寿保险有限公司北京分公司 | 建国路116号招商局大厦R2层 | 51358866-662 |
| 新城保险经纪有限公司 | 北土城西路7号国恒基业大厦D座804室 | 51663231 |
| 招商信诺人寿保险有限公司北京分公司 | 建国路甲92号-4至24层9层 | 85809055 |
| 海康人寿保险有限公司北京分公司 | 工体北路甲2号A座12层1210-1217A单元 | 58164868 |
| 中国太平洋人寿保险股份有限公司朝阳支公司 | 安贞里二区一号楼 | 66418855 |
| 宏孚保险经纪(北京)有限公司 | 拂林路9号D单元1003 | 64466561 |
| 中航三星人寿保险有限公司 | 建国路118号招商局大厦26层、28层 | 58201802 |
| 富达保险经纪有限公司 | 吉庆里9号、10号(住宅)楼B座 | 57929150 |

| | | |
|---|---|---|
| 社会保险基金监督管理中心 | 十里堡北区18号院 | 65523992 |
| 合众人寿保险股份有限公司北京分公司 | 朝外大街乙12号昆泰国际大厦20层 | 58797755－82037 |
| 金联安保险公估(北京)有限公司 | 樱花园28号楼(樱花集中办公区0279号) | 64413960 |
| 阳光财产保险股份有限公司 | 朝外大街乙12号 | 58289999 |
| 永安财产保险股份有限公司朝阳支公司 | 太阳宫路甲12号 | 64915268 |
| 中汇国际保险经纪有限公司 | 东三环中路39号建外SOHO15号楼 | 58691896 |
| 申根保险代理有限公司 | 朝外大街10号(A1区)706A | 51295586 |
| 智天保险经纪有限公司 | 建外大街22号赛特大厦1111号 | 66493978 |
| 中怡保险经纪有限责任公司北京分公司 | 建外大街甲6号爱思开大厦1206室 | 85679188 |
| 华安财产保险股份有限公司朝阳支公司 | 幺家店路2号院8号楼1层 | 64843347 |
| 阳光财产保险股份有限公司北京分公司 | 东三环中路7号北京财富中心A座501 | 65309835 |
| 安邦国际保险经纪有限公司北京分公司 | 慧忠北里306号(住宅)楼1307 | 64800053 |
| 中际保险代理(北京)有限公司 | 管庄杨闸环岛西侧北角京通新城13号楼 | 51397938 |
| 中法人寿保险有限责任公司 | 永安里8号华彬国际大厦1206室 | 85288588 |
| 安邦财产保险股份有限公司朝阳支公司 | 东三环中路55号楼7层801 | 59229989 |
| 中英人寿保险有限公司 | 东三环北路霞光里18号佳程广场A－19层 | 84400888 |
| 恒安标准人寿保险有限公司北京分公司 | 霄云路26号鹏润大厦B座805－807室 | 59235588 |
| 标准(北京)保险经纪有限公司 | 朝外大街乙12号昆泰国际大厦29层 | 58289926 |
| 中意人寿保险有限公司 | 光华路5号院1号楼12层1501和13层1601 | 58763988 |
| 安邦保险集团股份有限公司 | 三环中路7号财富中心A座45层 | 59229899 |
| 红枫鑫保险代理有限公司 | 东三环南路21号古玩城北侧翌景嘉园1号楼 | 87731151 |
| 三星财产保险(中国)有限公司北京分公司 | 建国路118号25层2506－2507A单元 | 65685828 |
| 海盟国际保险经纪(北京)有限公司 | 西坝河西里23号红都阳光商务会馆 | 66553313－838 |
| 全景保险经纪(北京)有限责任公司 | 将台路6号丽都饭店内3层O－324室 | 64373510 |
| 和政保险经纪有限公司 | 道家园18号楼12层 | 65301358 |
| 安华农业保险股份有限公司朝阳支公司 | 望京西路甲50号1号楼1102室 | 64393015 |
| 阳光保险代理有限公司 | 望京园602号楼27层3121 | 85867386 |
| 现代财产保险(中国)有限公司 | 霄云路38号现代汽车大厦5层508室 | 84428100 |
| 中意财产保险有限公司 | 建外大街乙12号双子座西塔9层 | 59601818 |
| 中国人寿财产保险股份有限公司北京市分公司 | 朝外大街16号2层212B—213A号15层、16层 | 85253888－6003 |
| 邦业保险公估有限公司 | 来广营西路甲8号三层 | 85256390 |
| 和政保险经纪有限公司北京分公司 | 道家园18号楼12层 | 65301358 |
| 信成和盛保险经纪有限责任公司 | 大郊亭中街2号院华腾国际公寓5号楼12B | 63183593 |
| 众合四海保险代理有限公司 | 安华里二区13号楼101室 | 59221505 |
| 创富保险代理有限公司 | 东三环中路39号院10号楼1801室 | 51299166－8002 |
| 哈保保险经纪(北京)有限公司 | 建国路93号院10号楼601室 | 58203824 |
| 怡和立信保险经纪有限责任公司北京分公司 | 亮马桥路(光明饭店)1106室 | 64676199 |
| 道可特保险经纪(北京)有限公司 | 八里庄西里100号住邦2000－1号楼西区 | 85861008 |
| 北京泛联保险代理有限公司祥和分公司 | 安贞里二区1号楼3层366室 | 64278864 |
| 北京祥康保险代理有限公司 | 建国路88号10号楼14至15层1704 | 85805788 |
| 美国友邦保险有限公司朝阳三元桥营销服务部 | 东三环北路3号幸福大厦B座301 | 65683338 |
| 国华人寿保险股份有限公司北京分公司 | 朝阳北路237号楼501－502、509－510 | 59272203 |
| 国安国际保险经纪股份有限公司 | 和平街十三区煤炭科技苑小区35号煤炭大厦 | 85615121 |
| 中德安联人寿保险有限公司北京分公司 | 建国路81号5层01、08、09单元 | 59216086 |
| 中国人寿财产保险股份有限公司朝阳支公司 | 静安里26号楼6层 | 64823904 |

| | | |
|---|---|---|
| 海达保险经纪有限公司北京分公司 | 裕民路12号E1座516A室 | 82253206 |
| 瑞宝寿康保险代理有限公司 | 小关北里45号世纪嘉园1号楼17A | 84897891 |
| 北京交广保险代理有限公司 | 幸福三村北街1号 | 84515731 |
| 上海美世保险经纪有限公司北京分公司 | 路1号(商业写字楼)南楼15层 | 65334231 |
| 五丰保险代理有限公司 | 朝外大街甲6号万通中心20层B-2002室 | 59071428 |
| 阳光金元汇保险代理有限公司 | 关东店南街2号0511室 | 80658546 |
| 望京永发保险柜经营部 | 望京商业街(北区)1层A38号 | 64728897 |
| 盛唐保险经纪有限公司 | 光华路15号院4号楼802号 | 65995951 |
| 正汇保险公估有限公司 | 东三环中路39号建外SOHO15号楼 | 58691896 |
| 宏利保险代理有限公司 | 建外大街1号(一期)16幢14层59室 | 57799168 |
| 美亚财产保险有限公司北京分公司 | 光华路7号汉威大厦9层A座15-16 | 59692990 |
| 金兰(北京)国际保险经纪有限公司 | 慧忠北里315号楼1603号 | 64938131 |
| 中瑞惠银国际保险经纪股份有限公司 | 东三环南路甲52楼18C | 87729970 |
| 智瀚保险代理有限公司 | 东直门外大街28号423号 | 52011606 |
| 京泰瑞保险代理有限责任公司 | 东直门外大街28号501室 | 64151042 |
| 海商保险代理有限公司 | 东四环中路60号楼305室 | 59648624 |
| 佳保保险代理有限公司 | 京奥家园132号楼4层1门401号 | 51079873 |
| 华夏经纬保险代理有限公司 | 东三环中路59号楼601室 | 58241666 |
| 鼎盛保险经纪有限责任公司 | 东三环北路16号71、72号平房 | 65065338 |
| 北盛联合保险代理有限责任公司 | 朝外大街20号701A室 | 65884907-83 |
| 同泰保险经纪有限责任公司 | 曙光西里甲1号B-2703号 | 84444496 |
| 华康保险代理有限公司北京分公司 | 朝外大街19号华普国际大厦1502A、B室 | 65802543 |
| 美日保险代理有限公司朝阳分公司 | 西大望路1号A座5层 | 65387031 |
| 百年人寿保险股份有限公司北京分公司 | 建国路108号七层01、02、06单元 | 59817170 |
| 天圆地方(北京)保险代理有限公司 | 西大望路3号院3号楼18层 | 85999570-243 |
| 易品保险代理有限公司 | 光华路4号院3号楼2708室 | 85718581-8003 |
| 安邦人寿保险股份有限公司 | 东三环中路7号财富中心A座30层3001 | 65330656 |
| 关爱保险经纪有限公司 | 朝阳北路99号1号楼1903室 | 65992887 |
| 新光海航人寿保险有限责任公司朝阳支公司 | 霄云路甲26号海航大厦20层 | 57593666 |
| 阳光保险爱心基金会 | 朝外大街乙12号昆泰国际大厦28层5号房间 | 58780411 |
| 浙江中惠保险经纪有限公司北京分公司 | 西大望路63号院7号楼4层505 | 59600999 |
| 金支桥保险代理有限责任公司 | 汤立路218号7层827 | 84675758 |
| 鞍汇联保险经纪有限公司 | 东三环中路39号院15号楼7层0805 | 58695890 |
| 安邦人寿保险股份有限公司北京分公司 | 东三环中路55号楼6层701、702 | 59229348 |
| 泛华联兴保险销售股份公司 | 建国路93号院9号楼4层405室 | 58205550 |
| 和谐健康保险股份有限公司北京分公司 | 东三环中路55号楼7层802、803 | 59229138 |
| 信安保险代理有限公司朝阳分公司 | 宝马汽车电子产品生产及技术中心E2-1#楼 | 58772233 |
| 金宏保险代理有限责任公司 | 东直门外大街28号822号 | 87952509 |
| 中国人寿养老保险股份有限公司北京市分公司 | 朝外大街16号19层南区 | 80646228 |
| 普惠保险公估有限责任公司 | 西大望路63号院7号楼7层804 | 59600999 |
| 中联信保险销售服务有限公司 | 工体北路甲6号中宇大厦一层010C | 85236865 |
| 奥创保险经纪有限公司 | 北苑北辰居住区B5区商业及办公11层 | 84938008 |
| 中航三星人寿保险有限公司北京分公司 | 建国路93号9号楼3层 | 58201777 |
| 汇丰人寿保险有限公司北京分公司 | 建外大街8号国际财源中心西塔A座11层 | 59860027 |
| 可为保险代理有限公司 | 西坝河西里28号1号楼B0903室 | 64475477 |
| 阳光一家家庭综合保险销售服务有限公司 | 朝外大街乙12号9层0-915 | 59053943 |

| | | |
|---|---|---|
| 宜信博诚保险销售服务(北京)有限公司 | 建国路 88 号 8 号楼 12 层 1505 | 58697439 |
| 信诚人寿保险有限公司 | 东三环中路 1 号环球金融中心办公楼东楼 16 | 85878699 |

# 文物保护单位

## 全国重点文物保护单位

| | | |
|---|---|---|
| 东岳庙 | 朝外大街 141 号 | 65510151 |
| 日坛 | 日坛北路 6 号 | 85614261 |
| 清净化城塔 | 黄寺大街 3 号 | 62018968 |
| 元大都遗址 | 太阳宫芍药居甲 80 号 | 84648258 |

## 北京市文物保护单位

| | | |
|---|---|---|
| 十方诸佛宝塔 | 王四营乡马房寺村外东北角 | 67372496 |
| 四九一电台 | 豆各庄地区办事处 | 87392145 |
| 北顶娘娘庙 | 德胜门外土城东北 | 65510151 |
| 顺承郡王府 | 朝阳公园南路 19 号 | 65077888 |
| 永通桥 | 管庄地区八里桥村东 | 85709886 |

## 朝阳区文物保护单位

| | | |
|---|---|---|
| 山东会馆 | 呼家楼街道 | 85976279 |
| 张翼祠堂 | 豆各庄文化站 | 87392143 |
| 常营清真寺 | 常营民族家园 1 号 | 65484914 |
| 肃慎亲王敬敏墓 | 王四营地区办事处 | 67322496 |
| 显谨亲王衍璜墓 | 潘家园街道办事处 | 67783641 |
| 那桐墓 | 三间房地区办事处 | 65410041 |
| 马骏墓 | 日坛北路 6 号 | 85614261 |
| 南下坡清真寺 | 朝外二条 129 号 | 85626316 |

# 体育场馆

| | | |
|---|---|---|
| 蓝翅空间体育发展有限公司 | 左安门外饮马井 1 号院 | 58215972 |
| 当代风情台球厅 | 安慧北里逸园 28 号楼 | 64969588 |
| 奇迹创新体育发展有限公司(京信大厦店) | 东三环北路甲 2 号 | 84492052 |
| 朝阳体育馆 | 六里屯西口 | 85975547 |

| | | |
|---|---|---|
| 国家奥林匹克体育中心 | 安定路1号场馆处 | 64912233 |
| 国家游泳中心有限责任公司(水立方) | 天辰东路11号国家游泳中心 | 84371588 |
| 斯维思体育发展有限公司第三分公司 | 东三环南路54号院4号楼一、二层 | 87730282 |
| 天鹅湾休闲俱乐部有限公司 | 雅成二里20号楼底商121－123、201、 | 59075558－201 |
| 远景新星体育发展有限公司酒仙桥分部 | 酒仙桥路甲10号c座5层 | 64366855—821 |
| 四惠花园卡丁车赛车俱乐部有限公司 | 高碑店兴隆公园内 | 85751149、 |
| 国家体育场有限责任公司(鸟巢欢乐冰雪季) | 国家体育场南路1号 | 64376080 |
| 零度阳光体育文化有限公司第一分公司 | 三里屯19号院地下二层SB2－SR18 | 88875239 |
| 零度阳光体育文化有限公司第二分公司 | 建国路81号L318A | 88875239 |
| 金隅京体()体育文化有限公司 | 阜通西大街20号院1号楼附属 | 84780611 |
| 加州耀能健身有限公司 | 光华路甲9号 | 65871288 |
| 松杨游泳技术培训中心 | 东四环北路10号院2号楼游泳馆 | 84797299 |
| 浩沙活力健身健身服务有限公司第八分公司 | 惠新东街甲4号－103－202 | 84663555 |
| 金鹏水星健身俱乐部分公司 | 北苑路86号嘉铭园一区2号楼01－02层 | 84858432 |
| 碧水英旗体育文化有限公司(京华豪园) | 外交部南街8号1号楼3层08号 | 85628027 |
| 东方鸿铭中央商务区体育中心有限公司 | 高碑店路99号 | 67384809－831 |
| 奥斯曼体育发展有限公司(原公园大道店) | 朝阳公园南路6号公园大道4号楼2层 | 65306647－0 |
| 羽丰军健康体俱乐部有限责任公司 | 崔各庄乡顺白路北侧农业中心院内 | 84709488 |
| 康庭体育发展有限公司 | 青年路西里5号院16号楼地下05－06 | 85515757 |
| 东方球动力台球俱乐部有限公司 | 东三环南路58号富顿中心C座地下一层 | 58672882 |
| 优速竞技运动有限公司 | 京顺路四元桥一号 | 84729399 |
| 优速竞技运动有限公司平乐园分公司 | 南磨房乡平乐园甲5号1号楼2层 | 67758535 |
| 麟联置业有限公司东隅分公司 | 酒仙桥路20号5层103室 | 64105266 |
| 内太空体育发展有限公司 | 望京北路39号楼11号楼2层会所1 | 84770598 |
| 天奥健身俱乐部有限公司 | 锦芳路1号17幢－201内01号 | 64187954 |
| 奥力嘉尚国际文化传媒有限公司 | 太阳宫1街10号楼 | 85888778－801 |
| 乔士尼体育文化发展有限公司 | 东柏街9号院甲1号 | 87953258 |
| 望京阳光体育培训中心有限公司 | 广泽路6号院13号楼S5号 | 64719669 |
| 力健源体育文化有限公司 | 南湖南路9号院2号楼2－4号楼－1层 | 64700709 |
| 周庄乒乓球俱乐部 | 十八里店乡周庄嘉园 | 67494058 |
| 一兆韦德(上海)健身管理有限公司三分公司 | 广顺北大街18号院2号楼华彩国际公寓201 | 59780088 |
| 一兆韦德(上海)健身管理有限公司分公司 | 东方东路19号1号楼会所9号 | 85321113 |
| 轶群阳光体育文化发展有限公司 | 望京阜荣街15号院地下商业 | 84763685 |
| 酷赛健身俱乐部 | 慈云寺东区国际小区会所 | 85916378 |
| 欧陆健身 | 北苑路欧陆大厦B座三层 | 84853589 |
| 丽都水岸游泳健身休闲有限公司 | 芳园南里9号院7号楼 | 84578359 |
| 顶峰健身(原金梧桐) | 市北苑路86号嘉铭二区5号 | 84858432 |
| 雅适健身 | 酒仙桥南十里居36楼一层 | 64345855－17 |
| 可乐思台球俱乐部有限公司 | 西坝河南路4号地下一层 | 88498876 |
| 斯维思体育有限公司京师园分公司 | 林萃路9号院京师园会所 | 58213473 |
| 超越尖峰体育文化有限公司 | 工体东路18号天照饭店二层东侧 | 65928266 |
| 亮马河大厦有限公司(京臣健身中心) | 东三环北路8号 | 65907559 |
| 浩沙健身俱乐部有限公司亚运村分部 | 安立路甲52号四层 | 84801314 |
| 东兴军健休闲俱乐部 | 胜古庄2号25楼106室 | 86520079 |
| 林记台球娱乐有限公司 | 安立路甲52号四层 | 84801216 |
| 健力达健身俱乐部有限公司 | 金蝉欢乐园2号院甲1号楼116号 | 67388441 |

| | | |
|---|---|---|
| 金惠缘台球俱乐部 | 金台北街5号楼北侧平方 | 64608733 |
| 三星台球厅 | 新源里7号 | 65910160 |
| 嘉益佳康体有限公司 | 光华路丙12号(国汇大厦) | 85958263 |
| 翡力垲斯健身俱乐部有限公司 | 夏家园20－22号 | 65588021 |
| 翡力垲斯健身俱乐部有限公司 | 康家沟145号 | 62026088 |
| 天幕台球厅 | 黄寺大街12号 | 85865577 |
| 奥力住邦健身有限公司 | 八里庄西里99号 | 85806900 |
| 奥力建国路一号店(soho店) | 建国路88号SOHO现代城10号楼会所 | 65305100 |
| 奥力建国路二号店 | 建国路89号华贸中心19号楼底下1层 | 51303330 |
| 奥力东四环店 | 东四环北路6号阳光上东园二区55号 | 82725850 |
| 朝阳三元台球厅 | 左家庄3区3号楼院内 | 64759530 |
| 东恒台球城望京店 | 花家地南里5号楼地下一层 | 64150009 |
| 望星恒远台球厅 | 南湖东园101楼底层南段 | 64754123 |
| 流星台球厅 | 望京西园4区423号楼 | 86543448 |
| 奥罗云顶游艺宫有限公司团结湖分公司 | 团结湖路7号 | 86543448 |
| 奥罗云顶游艺宫有限公司平和台球厅 | 双花园南里4号楼一层 | 86543448 |
| 奥罗云顶游艺宫有限公司金叶分公司 | 水碓子东里22号楼 | 86543448 |
| 奥罗云顶游艺宫有限公司关东店分公司 | 关东店三巷11号 | 86543448 |
| 奥罗云顶游艺宫有限公司 | 建外大街金之桥大厦北一层 | 86543448 |
| 奥罗云顶游艺宫有限公司崇圣分公司 | 西大望路27号 | 84724821 |
| 永德立台球城有限公司 | 望京南湖东园101楼底层南段 | 84796666 |
| 东山墅健身俱乐部有限公司 | 东四环北路7号 | 67306153 |
| 诚缘遇台球厅 | 首都机场南路2号 | 67783141 |
| 球亲球友台球俱乐部 | 十里堡路1号 | 67110095 |
| 京城射箭运动俱乐部东方巨龙射箭馆 | 安贞西里五区1号5层 | 65091420 |
| 鹏丽花园房地产发展有限公司 | 白家庄西里3号 | 64614517 |
| 香河园文化娱乐中心 | 西坝河南里2号 | 87698414 |
| 朝阳区文化馆 | 小庄金台里17号 | 64408600 |
| 动感地带台球俱乐部 | 外馆东街51号 | 87730809 |
| 浩沙健身俱乐部有限公司呼家楼分店 | 朝外小庄6号中国第一商城西塔楼6层 | 65788116 |
| 奥力健身万象新天店 | 常营乡常营居住地146号万象新天会所 | 65306286 |
| 海星健乐国际健身俱乐部有限公司 | 建国路91号会所101室 | 84375800 |

# 公　　园

| | | |
|---|---|---|
| 日坛公园 | 日坛北路6号 | 85619984 |
| 团结湖公园 | 团结湖南里16号 | 85973603 |
| 红领巾公园 | 后八里庄5号 | 85839070 |
| 元大都城垣遗址公园 | 惠新东街 | 84648252 |
| 北小河公园 | 望京东湖路1号 | 64708518 |
| 四得公园 | 将台西路 | 64384057 |

| | | |
|---|---|---|
| 庆丰公园 | 厂坡村甲 2 号 | 67780738 |
| 大望京公园 | 望京东路甲 6 号 | 84762518 |
| 奥林匹克森林公园 | 奥运村地区北五环仰山桥西 | 64529010 |
| 朝阳公园 | 朝阳公园南路 1 号 | 65940972 |
| 中华民族园 | 民族路 1 号 | 64378548 |
| 丽都公园 | 芳园西路 6 号 | 64378548 |
| 金盏郁金香花园 | 金盏西大街路北 | 84337800 |
| 朝来农艺园 | 来广营新生大队西侧 | 84913534 |
| 太阳宫公园 | 太阳宫地区 | 52032752 |
| 北焦公园 | 化工路口 1 号 | 67383866－2558 |
| 南湖公园 | 阜通西大街 | 84775828－8010 |
| 东一处公园 | 双桥东路一时区 | 65485855 |
| 望湖公园 | 望京北路 51 号 | 64785880 |
| 八里桥公园 | 管庄地区办事处 | 65716210 |
| 立水桥公园 | 安立路 | 84841533 |
| 兴隆公园 | 高碑店兴隆庄甲 8 号 | 85759918 |
| 镇海寺郊野公园 | 小红门南里 | 87604036 |
| 鸿博郊野公园 | 小红门南里 | 87604036 |
| 老君堂郊野公园 | 十八里店地区老君堂村 | 67474556 |
| 海棠郊野公园 | 十八里店地区老君堂村 | 67474556 |
| 古塔郊野公园 | 王四营地区 | 87390858 |
| 白鹿郊野公园 | 王四营乡道口村 | 87390858 |
| 将府公园 | 将台乡东八间房 | 64371393 |
| 东坝郊野公园 | 东坝地区东五环外 | 65491802 |
| 常营公园 | 常营地区 | 65481631 |
| 东风公园 | 东风乡将台洼 | 85811134 |
| 太阳宫体育休闲公园 | 太阳宫西路 1 号 | 52018627 |
| 朝来森林公园 | 来广营新生村 | 84913070 |
| 京城槐园 | 姚家园路与东五环路交汇处东南角 | 85574810 |
| 京城梨园 | 姚家园路与东五环路交汇处东南角 | 85574810 |
| 杜仲郊野公园 | 三间房乡金卫路 | 65420023 |
| 金田郊野公园 | 豆各庄乡于家围北村 478 号 | 85367983 |

# 街道社区
# 居委会、地区(村)委会

## 朝外街道

| | | |
|---|---|---|
| 芳草地社区居委会 | 东大桥路 23 号楼院内 | 85619525 |
| 吉庆里社区居委会 | 工体西里 4 号楼南侧院内 | 65538102 |
| 吉祥里社区居委会 | 吉祥里社西区南门外东侧 | 65514388 |
| 三丰里社区居委会 | 三丰里 14 号楼南侧小楼 | 85612610 |

| | | |
|---|---|---|
| 体东社区居委会 | 工体南路甲1号利康烤鸭店南侧 | 65522988 |
| 天福园社区居委会 | 天福园8号楼东侧 | 85611495 |
| 雅宝里社区居委会 | 朝南大街甲14号楼北侧 | 85628668 |

## 双井街道

| | | |
|---|---|---|
| 广和里社区 | 广和路17号院(翠城沙盘) | 67751452 |
| 垂东社区 | 垂杨柳北区14楼西门一层 | 67754505 |
| 垂西社区 | 垂杨柳西里6号楼西侧平房 | 87772862 |
| 广外南社区 | 广渠门外大街22楼后平房 | 67751339 |
| 广泉社区 | 广渠门外大街甲28号院15楼206 | 87752193 |
| 双花园社区 | 双花园西里甲8楼 | 67398998 |
| 光环社区 | 双花园南里2区6号楼5单元1层1号 | 87721692 |
| 富力社区 | 富力城天力街3号楼 | 58621732 |
| 九龙社区 | 百子湾路32院南区5楼A座地下室 | 58263287 |
| 九龙南社区 | 百子湾南2路76号院乐成国际5号楼15号 | 87724721 |
| 大望社区 | 西大望路19号5楼7单元101号 | 87755016 |
| 百子园社区 | 百子湾路16号后现代城19楼 | 87747250 |

## 八里庄街道

| | | |
|---|---|---|
| 红庙北里 | 红庙北里53号楼南平房 | 65014186 |
| 红庙 | 朝阳区慈云寺4号楼东侧平房 | 65013944 |
| 八里庄西里 | 慈云寺北里207楼27、28号居委会 | 65570478 |
| 八里庄东里 | 八里庄东里12楼后 | 65569064 |
| 十里堡 | 朝阳区十里堡东里27楼、28楼之间平房 | 65577555 |
| 延静里 | 延静里西里22楼东侧平房 | 65014362 |
| 甘露园 | 朝阳区甘露园南里18号楼后 | 85781756 |
| 朝阳无限 | 朝阳区甘露园10号楼1单元101号 | 85739508 |
| 城市华庭 | 朝阳区十里堡甲3号院都会华庭4号楼 | 65561247 |
| 十里堡南里 | 甘露园中里2号院12号楼南侧 | 65577308 |
| 罗马嘉园 | 朝阳北路107号院39楼3层 | 85512155 |
| 华贸中心社区 | 朝阳区建国路89号院华贸公寓15号楼北二层 | 65307245 |
| 远洋天地家园社区 | 八里庄西里59号楼南侧配楼 | 85866626 |

## 酒仙桥街道

| | | |
|---|---|---|
| 高家园社区居委会 | 高家园小区118号 | 64309142 |
| 大山子社区居委会 | 大山子北里小五楼 | 64309134 |
| 电子球场路社区居委会 | 三街坊2楼旁平房 | 64309151 |
| 红霞路社区居委会 | 六街坊11楼6单元 | 64909146 |
| 中北路社区居委会 | 酒仙桥路11号院后平房 | 64309139 |
| 酒仙桥东路社区居委会 | 驼房营南里兆维小区综合楼2层 | 64309168 |
| 酒仙桥南路社区居委会 | 十街坊17楼楼下平房 | 64309156 |
| 怡思苑社区居委会 | 南十里居15号院8号楼 | 64309129 |
| 驼房营西里社区居委会 | 驼房营西里9号楼房文体中心一层 | 84707693 |

## 垡头街道

| | | |
|---|---|---|
| 垡头街道一区社区居委会 | 垡头一区6号楼北侧 | 67382011 |
| 垡头街道二区社区居委会 | 金蝉里19号楼011室 | 67367009 |
| 垡头街道三区社区居委会 | 垡头二区18号楼 | 67365471 |
| 垡头街道东里社区居委会 | 垡头东里老居委会 | 67365570 |
| 垡头街道西里社区居委会 | 垡头西里24号楼北侧 | 67360853 |
| 垡头街道北里社区居委会 | 垡头17号楼西侧 | 67374703 |
| 垡头街道翠城馨园社区居委会 | 翠城馨园340楼13号 | 67383900 |
| 垡头街道翠城雅园社区居委会 | 翠城馨园237号楼北侧 | 67202700 |
| 垡头街道翠城趣园社区居委会 | 翠城趣园111楼 | 67363500 |
| 垡头街道翠城盛园社区居委会 | 翠城馨园143号楼底商 | 67376900 |
| 垡头街道翠城熙园社区居委会 | 翠城趣园420楼底商 | 6737113 |

## 和平街街道

| | | |
|---|---|---|
| 和平家园社区居委会 | 和平街11区甲12号 | 84291139 |
| 砖角楼社区居委会 | 砖角楼北里5号楼院内平房 | 64219740 |
| 十四区社区居委会 | 和平街14区14楼前平房 | 84258576 |
| 和平东街社区居委会 | 和平街15区西门外南侧平房 | 64296326 |
| 樱花园社区居委会 | 樱花园30号楼3单元101号 | 64443929 |
| 胜古庄社区居委会 | 皇姑坟2楼南平房 | 64452943 |
| 小黄庄社区居委会 | 和平街西苑15号楼西侧平房 | 84270383 |
| 胜古庄北社区居委会 | 安定路12号院2号楼101 | 64437323 |
| 煤炭科技苑居委会 | 和平街13区34楼101 | 84264316 |

## 小关街道

| | | |
|---|---|---|
| 惠新苑社区居委会 | 惠新西街9院1号楼1层 | 64810094 |
| 惠新北里社区居委会 | 惠新北里8号楼 | 64935173 |
| 高原街社区居委会 | 高原街4号院 | 84626490 |
| 小关社区居委会 | 小关北里204楼 | 64914908 |
| 惠新里社区居委会 | 惠新里226号楼地下室 | 64810091 |

## 三里屯街道

| | | |
|---|---|---|
| 幸福一村社区居委会 | 太平庄南里甲3号 | 64169217 |
| 幸福二村社区居委会 | 幸福二村5号楼北侧2层楼1层 | 64166399 |
| 北三里社区居委会 | 北三里屯南楼西甲1号 | 64177960 |
| 中三里社区居委会 | 东三里屯中3楼院平房 | 66787026 |
| 东三里社区居委会 | 东三里中15楼西侧平房 | 64176151 |
| 中纺里社区居委会 | 中纺里9楼北侧平房 | 65929071 |
| 白西社区居委会 | 三里屯南路4号楼1层 | 65912776 |

## 建外街道

| | | |
|---|---|---|
| 建国里社区居委会 | 建国里三道街一号楼南平房 | 58783545 |
| 永安里社区居委会 | 永安里中街煤炭宿舍院外平房 | 58783637 |
| 永安里东社区居委会 | 建外 SOHO 西区 16 楼 B11605 室 | 58783615 |
| 秀水社区居委会 | 东大桥路 57 号楼院内平房 | 58783642 |
| 光华里社区居委会 | 光华西里一号楼 A 座 1 层 | 65081733 |
| 北郎家园社区居委会 | 建外郎家园 15 号 | 65834885 |
| 北郎家园东社区居委会 | 蓝堡国际公寓 D 座 S215 室 | 85997485 |
| 南郎社区居委会 | 建国路 88 号现代城文化教育中心 2 层 | 58783656 |

## 左家庄街道

| | | |
|---|---|---|
| 新源里社区居委会 | 新源街 21 号楼旁 | 84552609 |
| 顺源里社区居委会 | 顺源里 04 号楼前 | 64637571 |
| 三源里社区居委会 | 三源里社区服务站 | 84541980 |
| 新源西里社区居委会 | 新源西里中街甲 5 号楼 | 84551479 |
| 左北里社区居委会 | 左北里甲 38 楼 | 64683979 |
| 静安里社区居委会 | 静安里甲 6 号楼 | 64631136 |
| 左南里社区居委会 | 左西街 10 号楼 | 64656209 |
| 曙光里社区居委会 | 曙光里 39 号楼旁小白楼 | 84515170 |
| 左东里社区居委会 | 左东里 14 号楼后 | 64656754 |

## 呼家楼街道

| | | |
|---|---|---|
| 小庄社区 | 金台里 2 号楼北侧标牌厂西侧 | 85996939、85991491 |
| 新街社区 | 光华路 15 号院泰达时代中心 4 号楼 1004 室 | 85885070、85885071 |
| 关东店社区 | 向军南里 3 号楼 109 号 | 65023450、65005758 |
| 关东店北街社区 | 向军北里 28 号院 D 座 1 层 | 65861972、65077019 |
| 东大桥社区 | 东大桥路 8 号 SOHO 尚都南塔一层 | 59003781、59003782 |
| 金台里社区 | 金台北街甲 1 号 | 85994144、85994580 |
| 核桃园社区 | 农丰里 7 号楼 7 门 101 号 | 65938892、65947306 |
| 呼家楼北社区 | 呼家楼北里 1 号楼南侧平房 | 65950122、65082915 |
| 呼家楼南社区 | 呼家楼南里 22 号楼南侧平房 | 65924251、65071668 |
| 人民日报社社区 | 金台西路 2 号内民 16 楼北侧 | 65369869 |

## 劲松街道

| | | |
|---|---|---|
| 劲松北社区居委会 | 劲松一区 132 楼 | 67759027 |
| 劲松东社区居委会 | 劲松三区 321 楼一层 | 67758807 |
| 劲松中社区居委会 | 劲松五区 507 楼 | 67757904 |
| 劲松西社区居委会 | 劲松八区甲 813 楼一层 | 67700806 |
| 农光里社区居委会 | 农光里 142 楼西侧 | 67354935 |
| 农光里中社区居委会 | 农光里二区 212 楼一层 | 67354936 |

| | | |
|---|---|---|
| 农光东里社区居委会 | 农光东里 10 号楼北院 | 67356577 |
| 磨房北里社区居委会 | 磨房北里邻甲 120 楼 | 67313633 |
| 八棵杨社区居委会 | 华腾园乙 7 裙楼四层 | 47735144 |
| 大郊亭社区居委会 | 广渠路 28 号院珠江帝景 208 楼北 A156 | 58631483 |
| 和谐雅园社区 | 五圣路 6 号院和谐雅园一号 | 67775535 |
| 百环社区 | 广渠路 66 号院百环家园 10 号楼一层 | 67726195 |

## 团结湖街道

| | | |
|---|---|---|
| 一二条社区居委会 | 团结湖北头条 4 号楼东侧 | 65824358 |
| 三四条社区居委会 | 团结湖北三条 16 号楼 | 85971899 |
| 中路北社区居委会 | 团结湖街道中路北一条 8 号楼 | 85982265 |
| 中路南社区居委会 | 团结湖路南一条 5 号楼西侧二层小楼 | 85989270 |
| 水碓子社区居委会 | 团结湖水碓子 24 号楼 | 85986788 |
| 南北里社区居委会 | 团结湖路 21 – 1 – 101 | 85989524 |

## 首都机场街道

| | | |
|---|---|---|
| 南路西里社区居委会 | 首都机场宿舍区苹果园 11 号楼 | 64571565 |
| 南路东里社区居委会 | 首都机场宿舍区东平里 2 号楼 101 号 | 64571579 |
| 西平街社区居委会 | 首都机场宿舍区西平街 1 号楼 101 号 | 64571567 |
| 南平里社区居委会 | 首都机场宿舍区南平里 18 号楼 101 号 | 64571574 |

## 潘家园街道

| | | |
|---|---|---|
| 潘家园社区居委会 | 潘家园 27 # – 2 – 204 号 | 87701306 |
| 潘家园南里社区居委会 | 潘家园南里 11 楼北侧平房 | 87713076 |
| 潘家园东里社区居委会 | 潘家园东里 12 # – 1 层 10 号 | 67705015 |
| 华威西里社区居委会 | 华威西里 42 # 乙 | 87771754 |
| 华威北里社区居委会 | 华威北里甲 32 # | 67733310 |
| 松榆西里社区居委会 | 松榆西里 61 # 楼西侧 | 67321248 |
| 松榆里社区居委会 | 松榆里 26 # – 104 号 | 67322086 |
| 松榆东里社区居委会 | 松榆东里 15 # – 0 – 014 号 | 67321348 |
| 武圣农光社区居委会 | 松榆北路 7 号院 9 楼 2 层 | 87379079 |
| 武圣东里社区居委会 | 武东 51 楼 104 号 | 67322256 |
| 磨房南里社区居委会 | 磨南 22 楼 1 门 101 | 67356846 |
| 华威里社区居委会 | 华威南路 2 号楼地下一层 | 87731033 |

## 六里屯街道

| | | |
|---|---|---|
| 秀水园社区居委会 | 水碓子北里 4 号楼前西平房 | 85988576 |
| 碧水园社区居委会 | 甜水园北里 6 号楼 7 单元 104 号 | 65033285 |
| 甜水园社区居委会 | 甜水园东里纺织小区存车处 | 65007498 |
| 道家园社区居委会 | 道家园 7 号楼 9 单元 102 号 | 65920781 |
| 八里庄南里社区居委会 | 八里庄南里 24 号楼北侧平房 | 85831049 |
| 八里庄北里社区委员会 | 八里庄北里公园 1872 215 号楼一层底商 | 85918862 |

| | | |
|---|---|---|
| 晨光社区居委会 | 晨光家园 324 楼 1 层底商 | 85827767 |
| 十里堡北里社区居委会 | 十里堡北里 29 号楼北侧平房 | 85832145 |
| 六里屯北里社区居委会 | 丽水家园 1 号楼地下室北侧 | 65862417 |
| 炫特家园社区居委会 | 炫特家园 3 号楼东侧 | 85856807 |

## 麦子店街道

| | | |
|---|---|---|
| 霞光里社区居委会 | 霞光里 30 号院 5 号楼二层 | 64661665 |
| 枣营北里社区居委会 | 枣营北里 30 号楼 | 65928551 |
| 枣营南里社区居委会 | 枣营南里 21 楼前平房 | 65089525 |
| 朝阳公园社区居委会 | 朝阳公园西路 9 号北小楼 | 65383824 |
| 农展南里社区居委会 | 农展南里小广场西侧平房 | 65915230 |

## 香河园街道

| | | |
|---|---|---|
| 柳芳南里社区居委会 | 柳芳南里 6 号楼前平房 | 64667112 |
| 柳芳北里社区居委会 | 柳芳北里甲 15 号平房 | 64514349 |
| 西坝河南里社区居委会 | 西坝河南里 20 号楼前平房 | 64651709 |
| 西坝河中里社区居委会 | 西坝河中里 2 号楼前平房 | 64676023 |
| 西坝河西里社区居委会 | 西坝河西里 4 号楼 | 64296921 |
| 西坝河东里社区居委会 | 西坝河东里 107 楼东侧 | 64669497 |
| 光熙门北里北社区居委会 | 光熙门北里甲 6 号楼 | 64272821 |
| 光熙门北里南社区居委会 | 光熙门北里 10 号楼 101 室 | 64200497 |
| 光熙家园(筹备组) | 光熙家园 9 号楼 203 室 | 59032575 |

## 亚运村街道

| | | |
|---|---|---|
| 安慧里社区居委会 | 安慧里一区甲 7 号楼 | 64980228 |
| 安慧里南社区居委会 | 安慧里三区 13 号楼 | 64932951 |
| 北辰东路社区居委会 | 安慧北里 1 号楼 104 室 | 64978765 |
| 安苑里社区居委会 | 安苑北里 9 号楼 107 室 | 64810748 |
| 祁家豁子社区居委会 | 华严里祁家豁子路 | 82026957 |
| 京民社区居委会 | 华严北里 2 号院 | 82028035 |
| 华严北里社区居委会 | 华严北里 45 号楼加建 | 82841857 |
| 华严北里西社区居委会 | 华严北里 27 号楼 1 层 | 82846023 |
| 丝竹园社区居委会 | 丝竹园社区 7 号楼 11 门 2 楼 | 64863772 |
| 安翔里社区居委会 | 安翔里 1 号 | 64886323 |

## 安贞街道

| | | |
|---|---|---|
| 安贞里社区居委会 | 安贞里二区 20 号楼 | 64428863 |
| 安贞西里社区居委会 | 安贞西里三区 5 号楼东侧二层小楼 | 64453619 |
| 安华里社区居委会 | 安华里二区 11 号楼 | 84241354 |
| 安华西里社区居委会 | 安华西里一区 21 楼前平房 | 64268241 |
| 黄寺社区居委会 | 黄寺大街甲 28 号院 1 号楼 107 | 82070950 |
| 裕民路社区居委会 | 裕中东里一号院 | 82027289 |

## 望京街道

| | | |
|---|---|---|
| 望京西园四区居委会 | 望京新城 403 号楼 107 | 64706915 |
| 望京西园三区居委会 | 西园三区 304 楼 2 层 | 84726031 |
| 望花路东里居委会 | 金星路 16 号楼后院平房 | 64782766 |
| 望花路西里居委会 | 望花路西里 9 号楼 2 单元 101 | 64726644－535 |
| 花家地居委会 | 花家地 9 号楼 | 84712151 |
| 花家地北里居委会 | 花家地北里 5 号楼 12 单元 101 | 64759181 |
| 花家地南里居委会 | 花家地南里 2 号楼 1 单元 1 | 64725778 |
| 花家地西里居委会 | 花家地西里 109 号楼 | 64716251 |
| 花家地西里三区居委会 | 南湖实业宿舍院内 | 64719483 |
| 南湖东园居委会 | 南湖东园 210 楼 1 单元 101 | 64706917 |
| 南湖中园居委会 | 南湖中园 215 楼 4 单元 101 | 64706923 |
| 南湖西园居委会 | 南湖西园 101 号楼 4 单元 101 | 64704359 |
| 南湖西里居委会 | 南湖渠西里院内 | 64709018 |
| 方舟苑居委会 | 方舟苑 2 号楼 103 | 64780673 |
| 大西洋新城居委会 | 大西洋新城会所四层 | 64727607 |
| 爽秋路居委会 | 蓝色家园西门外 | 64713246 |
| 圣星居委会 | 圣馨大地 B 座负一层 | 64773107－808 |
| 望京园居委会 | 望京园 3 区华鼎世家 304 楼 103 | 84727640 |
| 南湖西园二区居委会 | 季景 5 号底商 | 52039054 |
| 望京东园五区居委会 | 望京东园 503 楼 2 层 | 84781519 |
| 阜荣街居委会 | 阜荣街 15 号 1 号楼 2 单元 1 层 | 84763124 |
| 望京西路居委会 | 望京西路 50 号院鹿港 7 号楼 1 层 | 84784239 |
| 宝星园居委会(筹备组) | 望京东园 102 楼 M 层 | 64756352 |
| 夏都雅园(筹备组) | 光中街 2 号院 3 号楼 101 室 | 84727861 |
| 国风(筹备组) | 湖望京东园 6 区国风 601 楼 7 单元 | 84761130 |
| 坝北居委会 | 坝北村内 | 64377907 |
| 南湖平房区居委会 | 六公主坟 | 64393676 |

## 大屯街道

| | | |
|---|---|---|
| 慧忠里第一居委会 | 慧忠里甲 316 楼北侧 | 64980308 |
| 慧忠里第二居委会 | 慧忠里 B 区 109 楼东南侧 | 64966868 转 8918 |
| 慧忠北里第一居委会 | 慧忠北里 411 楼 104 号 | 85584734 |
| 慧忠北里第二居委会 | 慧忠北里 202 楼 104 室 | 85584007 |
| 安慧北里秀雅居委会 | 安慧北里雅园 4 号楼一层 | 64921361 |
| 安慧北里安逸居委会 | 安慧北里逸园 18 号楼 0110 号 | 64973028 |
| 大屯里居委会 | 大屯里 115 楼 208 号 | 84805104 |
| 安慧东里居委会 | 北苑路 178 号院光大名筑 8 号楼 118 号 | 64826118 |
| 欧陆经典居委会 | 欧陆经典 172 号院 16 号楼底商三层 | 84853151 |
| 育慧西里居委会 | 育慧西里小区居委会办公楼 | 64915900 |
| 嘉铭园居委会 | 嘉铭园 A 区 5 号楼 2 单元 101、103 号 | 84859022 |
| 育慧里居委会 | 成慧路二号院 1 号楼 1 单元 1 层 | 84636040 |
| 世纪村居委会 | 世纪村西区 8 号楼北侧 | 84633764 |

| | | |
|---|---|---|
| 亚运新新家园居委会 | 辛店路亚运新新家园物业一层 | 51737063 |

## 奥运村街道

| | | |
|---|---|---|
| 总装社区居委会 | 安翔北里10号院 | 66355671 |
| 南沙滩社区居委会 | 南沙滩66号院1号楼1单元3层 | 52071973 |
| 科学园社区居委会 | 科学园南里东街2号楼二层 | 64841885 |
| 风林绿洲社区居委会 | 科学园南里风林绿洲F12楼4单元1层 | 64874476 |
| 绿色家园社区居委会 | 天居园5号楼一层 | 84916766 |
| 大羊坊社区居委会 | 双营路11号院1单元101 | 52086949 |
| 龙祥社区居委会 | 世纪龙祥嘉园 | 849402095 |
| 万科星园社区居委会 | 万科星园北门圆房子 | 84945840 |
| 北沙滩社区居委会 | 北海滩8号院5号楼 | 64830556 |
| 双泉社区居委会 | 域清街2号院59号楼 | 62925020 |
| 林萃社区居委会 | 林萃路9号(京师园5号楼18号) | 58213621 |
| 国奥村居委会 | 林萃东路2号院西门圆房子 | 84374871 |

## 东湖街道办事处筹备处

| | | |
|---|---|---|
| 望京花园社区 | 望京花园130楼2层 | 64700550 |
| 利泽西园一区社区 | 利泽西园一区104楼106 | 64758250 |
| 望湖社区 | 利泽西园二区206楼2单元地下室 | 64786258 |
| 望京西园社区 | 望京西园一区116楼东南侧黄色二层楼 | 64754948 |
| 南湖东园社区 | 南湖东园一区综合办公楼 | 64791990 |
| 南湖中园社区 | 南湖中园117楼3门102室 | 64709041 |
| 果岭里社区 | 果岭里小区东门外 | 84727412 |

## 太阳宫地区

| | | |
|---|---|---|
| 十字口村 | 十字口村委会 | 52036065 |
| 牛王庙村 | 牛王庙村委会 | 64635908 |
| 芍药居社区一社区居委会 | 芍药居北里219号楼5层 | 84627464 |
| 芍药居社区二社区居委会 | 芍药居北里203号楼 | 84628158 |
| 芍药居社区三社区居委会 | 芍药居10号楼下平房 | 84615524 |
| 芍药居社区四社区居委会 | 芍药居2号院 | 84612696 |
| 太阳宫社区居委会 | 西坝河北里南街7号院6号楼西侧2层 | 64220891 |
| 十字口社区居委会 | 西坝河北里202号院 | 64287853 |
| 牛王庙社区居委会 | 太阳宫五里沟20号 | 64385869 |
| 夏家园社区居委会 | 太阳星城水星园20号楼 | 52036308 |
| 尚家楼社区居委会 | 尚家楼社区48号院 | 64683068 |
| 惠忠庵社区居委会 | 太阳公元1街1号院10号楼底商 | 64205177 |

## 南磨房地区

| | | |
|---|---|---|
| 紫南家园社区 | 紫南家园小区207楼 | 87351374 |
| 平乐园社区 | 窑洼村68号 | 87378942 |

| | | |
|---|---|---|
| 双龙南里社区 | 双龙南里社区居委会 | 87320042 |
| 南新园社区 | 南新园小区 26 号楼 2 层 | 87322075 |
| 东郊社区 | 深沟甲 168 号(东四环东侧) | 87705760 |
| 百子湾西社区 | 东石门村 6 号 | 87316371 |
| 百子湾东社区 | 百子湾家园 109 号楼 | 87956922 |
| 欢乐谷社区 | 金蝉西路南 | 67387930 |
| 山水文园社区 | 弘燕东路山水文园东园四号楼底商 | 87367539 |
| 赛洛城社区 | 百子湾东里 113 号楼 - R(社区居委会) | 87322075 |
| 楼梓庄村委会 | 紫南家园小区 207 楼 | 87351374 |
| 大郊亭村委会 | 窑洼村 68 号 | 87378942 |

## 将台地区

| | | |
|---|---|---|
| 东八间房村村委会 | 东八间房村委会 | 52053188 |
| 驼房营村村委会 | 驼房营办公楼 | 84561035 |
| 安家楼管委会 | 安家楼村东林场 | 64372167 |
| 丽都社区 | 东四环北路 6 号阳光上东 C 区 1 号楼 | 51303352 |
| 梵谷水郡社区 | 驼房营南路 2 号院 14 号楼梵谷水郡小区 | 84706491 |
| 芳园里社区居委会 | 将台路芳园里 18 号楼对面 | 64365928 |
| 水岸家园社区 | 酒仙桥路甲 1 号水岸家园社区居委会 | 64332726 |
| 将府社区 | 将府家园北里 103 - 2 - 101 | 51373060 |
| 瞰都家园社区 | 东四环北路 10 号院 2 号楼底商瞰都家园社区 | 84797568 |

## 高碑店地区

| | | |
|---|---|---|
| 高碑店社区居委会 | 高碑店村 1358 号 | 87741569 |
| 高井社区居委会 | 高井村甲 8 号 | 85765868 |
| 半壁店东社区居委会 | 小郊亭居委会 | 87742709 |
| 半壁店西社区居委会 | 高西店 527 号 | 87742739 |
| 北花园社区居委会 | 北花园村委会 | 65475886 |
| 八里庄社区居委会 | 四惠东站北侧康家沟八里庄社区 | 65586729 |
| 甘露园南里一区社区居委会 | 康家园 24 号楼 | 85752957 |
| 甘露园南里二区社区居委会 | 甘露园南里二区 12 - 1 - 0104 室 | 85752718 |
| 丽景馨居社区居委会 | 甘露园南里三区 9 号楼社区居委会 | 85758506 |
| 花北东社区居委会 | 花园闸北里 13 号楼花北东社区 | 65745746 |
| 花北西社区居委会 | 大黄庄南里 25 号楼二层西侧 | 65791272 |
| 太平庄南社区居委会 | 朝阳路 67 号院 4 号楼 7 单元 0102 室 | 51386093 |
| 太平庄北社区居委会 | 南太平庄北巷 25 号楼一单元 103 室 | 85501889 |
| 康家园东社区居委会 | 高碑店北路甲 6 号院 5 号楼 3 单元 201 室 | 51316821 |
| 康家园西社区居委会 | 康家园小区 1 号楼北头西侧院内 | 52029080 |
| 兴隆家园社区居委会 | 建国路 29 号兴隆家园 23 号楼 201 室 | 85768044 |
| 通惠家园社区居委会 | 通惠家园惠润园 4 号楼 3 单元 1 层社区服务站 | 59679522 |
| 大黄庄社区居委会 | 大黄庄 152 号 | 85762616 |

## 十八里店地区

| | | |
|---|---|---|
| 十八里店村 | 十八里店村委会 | 67483732 |
| 十里河村 | 十里河村委会 | 67348862 |
| 吕家营村 | 吕家营村委会 | 89672399 |
| 周庄村 | 周庄村委会 | 67330479 |
| 小武基村 | 小武基村委会 | 67473730 |
| 横街子村 | 横街子村委会 | 87301674 |
| 老君堂村 | 老君堂村委会 | 87307508 |
| 西直河村 | 西直河村委会 | 67388056 |
| 老君堂社区 | 老君堂好园 6 号楼 | 87309990 |
| 弘善社区 | 弘善家园 315 楼东侧一层底商 | 67049145 |
| 前祁庄居委会 | 吕家营村前祁庄 | 87625053 |
| 后祁庄居委会 | 吕家营村后祁庄 | 87691516 |
| 六道口居委会 | 吕家营村六道口 | 87696579 |
| 白墙子居委会 | 白墙子居委会 | 67471574 |
| 弘善寺居委会 | 弘善家园 315 楼东侧一层底商 | 67613120 |

## 小红门地区

| | | |
|---|---|---|
| 小红门村村委会 | | 87602942 |
| 肖村村委会 | | 67678343 |
| 龙爪树村村委会 | | 87695071 |
| 牌坊村村委会 | | 87606296 |
| 恋日绿岛社区 | 鸿博家园 1 区 9 号楼底商 | 52054488 |

## 王四营地区

| | |
|---|---|
| 官庄村村委会 | 67366137 |
| 观音堂村村委会 | 51352902 |
| 王四营村村委会 | 67389215 |
| 南花园村村委会 | 67366973 |
| 道口村村委会 | 87399671 |
| 孛罗营村村委会 | 87390092 |

## 东风地区

| | | |
|---|---|---|
| 石佛营东里社区 | 石佛营东社区 113 楼东侧二层楼 | 85820154 |
| 石佛营西里社 | 石佛营西里 9 号楼 3 门 101 | 85811324 |
| 石佛营南里社区 | 八里庄北里 128 号楼玫瑰郡底商 | 85835729 |
| 紫萝园社区 | 石佛营东里 136 号院 B 座 108 | 85846204 |
| 东润枫景社区 | 南十里居 28 号院 6 号楼 2 单元 | 64312604 |
| 观湖国际社区 | 东四环 88 号院 7 号楼 1 单元 2 层 | 59283405 |
| 公园大道社区 | 朝阳公园南路 6 号院 4 号楼会所东一层 | 65306652 |
| 泛海国际南社区 | 星火西路 17 号 | 85844893 |

| | | |
|---|---|---|
| 泛海国际北社区 | 东风地区辛庄居委会 | 85814847 |
| 将台洼社区 | 七棵树西街158号 | 84312621 |
| 六里屯村委会 | | 65862164 |
| 辛庄村委会 | | 85846037 |
| 豆各庄村委会 | | 85811977 |
| 将台洼村委会 | | 84315469 |

## 东坝地区

| | | |
|---|---|---|
| 红松园社区 | 东坝乡红松园社区 | 65494922 |
| 东坝家园社区 | 东坝乡东坝家园206楼 | 65412456 |
| 康静里社区 | 东坝乡康静里社区13号楼5门501 | 65734994 |
| 高杨树社区 | 东坝乡高杨树北里 | 65423871 |
| 朝阳新城社区 | 朝阳新城一区12－2－102 | 65456113 |
| 奥林匹克花园社区 | 奥林匹克花园225－8 | 51079433 |
| 中铁十六局社区 | 中铁十六局办公楼 | 51884630 |
| 大街居委会 | 东坝乡东风村村委会楼上 | 84327090 |
| 七棵树村村委会 | | 51405093 |
| 单店村村委会 | | 65498870 |
| 西北门村村委会 | | 52056006 |
| 后街村村委会 | | 84327363 |
| 东风村村委会 | | 84318341 |
| 驹子房村村委会 | | 52070582 |
| 三岔河村村委会 | | 84313874 |
| 焦庄村村委会 | | 65780827 |
| 东晓景村村委会 | | 57800870 |

## 平房地区

| | | |
|---|---|---|
| 平房村民委员会 | 平房村民委员会 | 85575115 |
| 姚家园村民委员会 | 姚家园村民委员会 | 85576377 |
| 石各庄村民委员会 | 石各庄村民委员会 | 65489395 |
| 黄渠村民委员会 | 黄渠村民委员会 | 65754873 |
| 平房社区居民委员会 | 平房乡平房村1780号 | 85573866 |
| 姚家园西社区居民委员会 | 姚家园西里1号院1号楼4层 | 85529268 |
| 雅成里社区居民委员会 | 雅成一里14号综合服务楼2层 | 85512306 |
| 富华家园社区居民委员会 | 富华家园社区居委会2层 | 85762215 |
| 华纺易城社区居民委员会 | 青年路29号院华纺易城社区1号楼4单元201室 | 58779733 |
| 国美家园社区居民委员会 | 青年路西里国美第一城小区2号院6号楼 | 52069601 |
| 定福家园南社区居民委员会 | 定福家园南里3号院5号楼3单元103室 | 58791562 |
| 星河湾社区居民委员会 | 星河湾小区2号院1号楼2单元1层北门 | 85561198 |

## 来广营地区

| | | |
|---|---|---|
| 北苑一号院社区 | 安外北苑一号院10号楼2单元1层社区居委会 | 66749494 |
| 北苑二号院社区 | 安外北苑二号院北门附近居委会 | 84936317 |

| | | |
|---|---|---|
| 北苑三号院社区 | 安外北苑航空中心医院三号院居委会 | 84929635 |
| 朝来绿色家园社区 | 红军营东路蕴实园小区北门附近 | 84950419 |
| 黄金苑社区 | 旭辉奥都5号楼一层黄金苑居委会 | 84931521 |
| 立城苑社区 | 立水桥甲3号立城苑小区5号楼居委会 | 84813176 |
| 立清路第一社区 | 立清路明天第一城5号院5号楼7单元101室 | 84673960 |
| 莲葩园社区 | 北苑家园莲葩园小区9号楼108室居委会 | 84925448 |
| 茉藜园社区 | 北苑家园茉黎园小区19号楼101室居委会 | 84926067 |
| 青年城社区 | 红军营东路8号小区会所一层青年城居委会 | 84954599 |
| 清友园社区 | 北苑家园清友园小区12号楼104居委会 | 84967852 |
| 时代庄园社区 | 红军营东路18号时代庄园会所三层社区居委会 | 84966974 |
| 新街坊社区 | 北苑5号院6区佳兴园小区605号楼A单元101室 | 84945426 |
| 绣菊园社区 | 北苑家园绣菊园7号楼(5号楼北侧)居委会 | 84966936 |
| 紫绶园社区 | 北苑家园紫绶园8号来广营城管大院1层紫绶园居委会 | 84953142 |
| 广达路社区 | 广达路2号院5号楼1单元101 | 84912960 |
| 清苑路第一社区 | 水岸庄园2区A07号楼4层清苑路居委会 | 84364537 |

## 金盏地区

| | | |
|---|---|---|
| 沙窝村村委会 | | 84317838 |
| 金盏东村村委会 | | 84343674 |
| 金盏西村村委会 | | 84333579 |
| 皮村村委会 | | 84331517 |
| 雷庄村村委会 | | 84340177 |
| 长店村村委会 | | 84339370 |
| 楼梓庄村村委会 | | 84317960 |
| 黎各庄村村委会 | | 84317601 |
| 东窑村村委会 | | 84316859 |
| 曹各庄村村委会 | | 84317813 |
| 小店村村委会 | | 84333706 |
| 北马房村委会 | | 84311013 |
| 马各庄村村委会 | | 65418506 |
| 朝阳农场家属委员会 | | 84331049 |
| 楼梓庄居委会 | 金盏大街2号 | 84333132 |

## 三间房地区

| | |
|---|---|
| 福怡苑社区 | 65406809 |
| 美然动力社区 | 65767336 |
| 双惠苑社区 | 65427426 |
| 艺水芳园社区 | 65401658 |
| 绿洲家园社区 | 65403552 |
| 三南里社区 | 65756922 |
| 定西南里社区 | 65761084 |
| 定西北里社区 | 65715419 |
| 定南里社区 | 65737663 |

| | | |
|---|---|---|
| 定北里社区 | | 65407714 |
| 双桥路社区 | | 85369523 |
| 双桥铁路社区 | | 65758180 |
| 双柳社区 | | 65702611 |

## 常营地区

| | | |
|---|---|---|
| 常营民族家园社区 | 常营民族家园小区 59 号楼底商 | 65738936 |
| 连心园社区 | 连心园小区底商 | 58240346 |
| 苹果派社区 | 苹果派小区 13 号楼一层 | 65466171 |
| 荟万鸿社区 | 荟康苑小区 3 号楼 8 单位 102 室 | 65728145 |
| 鑫兆佳园社区 | 三间房东路甲 2 号 | 65431082 |
| 万象新天社区居委会 | 万象新天小区 216 号楼 1 门 101 室 | 65436228 |
| 畅心阳光社区 | 五里桥一街 3 号院 1 号楼 1 层 | 59396208 |
| 常营保利社区 | 常营乡保利嘉园三号院底商 19 - 19 | 57921984 |
| 常营福第社区 | 朝阳北路 15 号北辰福第社区 | 57923868 |
| 丽景园社区 | 金隅丽景园一号楼二单元 208 | 57845068 |
| 住欣家园社区 | 东十里堡村住欣家园 B 区院内平房 | 57914007 |

## 豆各庄地区

| | | |
|---|---|---|
| 豆各庄村委会 | 朝丰家园社区天达路八号院六号楼 | 67206225 |
| 孟家屯村委会 | 朝丰家园社区天达路八号院六号楼 | 87391357 |
| 黄厂村委会 | 朝丰家园社区天达路八号院六号楼 | 67206288 |
| 孙家坡村委会 | 朝丰家园社区天达路八号院六号楼 | 67206232 |
| 水牛坊村委会 | 朝丰家园社区天达路八号院六号楼 | 67373802 |
| 马家湾村委会 | 朝丰家园社区天达路八号院六号楼 | 67206230 |
| 南何家村委会 | 绿丰家园 16 号楼 5 单元 101 | 85308299 |
| 于家围北村委会 | 于家围北村村委会 1 号 | 85366353 |
| 于家围南村委会 | 绿丰家园 44 号楼 1 单元 102 | 85307431 |
| 东马各庄村委会 | 豆各庄乡绿丰家园东侧 | 85307047 |
| 西马各庄村委会 | 朝丰家园社区天达路八号院六号楼 | 67206181 |
| 石槽村委会 | 朝丰家园社区天达路八号院六号楼 | 67206233 |
| 青青家园居委会 | 青青家园 101—1 | 85300961 |
| 京城雅居居委会 | 京城雅居西侧物业院内 | 87391785 |
| 绿丰家园居委会 | 豆各庄乡绿丰家园东侧 | 85309786 |
| 文化传播居委会 | 双桥路九号院 | 95367481 |
| 阳光家园居委会 | 豆各庄一号院大门内东侧 | 87392814 |
| 朝丰家园居委会 | 朝丰家园社区天达路八号院六号楼 | 87391273 |
| 富力又一城社区筹备组 | 马家湾村 | 87332697 |

## 黑庄户地区

| | | |
|---|---|---|
| 大鲁店一村村委会 | | 85386242 |
| 双树南村村委会 | | 85373302 |
| 大鲁店二村村委会 | | 85385253 |

| | |
|---|---|
| 双树北村村委会 | 85371154 |
| 大鲁店三村村委会 | 85383595 |
| 定辛庄东村村委会 | 85371426 |
| 小鲁店村村委会 | 85386256 |
| 定辛庄西村村委会 | 85372393 |
| 郎各庄村村委会 | 85387385 |
| 苏坟村村委会 | 85372287 |
| 郎辛庄村村委会 | 85382273 |
| 么铺村村委会 | 85370621 |
| 黑庄户村村委会 | 51235285 |
| 旭园社区居委会 | 85384802 |
| 四合庄村村委会 | 85381261 |
| 双桥第一社区居委会 | 85391807 |
| 万子营东村村委会 | 85381836 |
| 双桥第二社区居委会 | 85393238 |
| 万子营西村村委会 | 85384093 |
| 康城社区居委会 | 85375049 |
| 怡景城社区居委会 | 85380351 |

## 管庄地区

| | |
|---|---|
| 八里桥社区居委会 | 85701262 |
| 管庄东里社区居委会 | 51167315 |
| 管庄西里社区居委会 | 65740261 |
| 建东苑社区居委会 | 65752017 |
| 惠河东里社区居委会 | 65485807 |
| 瑞祥里社区居委会 | 85709409 |
| 京通苑社区居委会 | 65709460 |
| 丽景苑社区居委会 | 65777481 |
| 惠河西里社区居委会 | 65438728 |
| 郭家场村村委会 | 85391679 |
| 八里桥村村委会 | 85708767 |
| 重兴寺村村委会 | 65730972 |
| 杨闸村村委会 | 85708652 |
| 司辛庄村村委会 | 65739289 |
| 小寺村村委会 | 65703627 |
| 果家店村村委会 | 85708429 |
| 管庄村村委会 | 65761536 |
| 东会村村委会 | 52037551 |
| 西会村村委会 | 85709631 |
| 咸宁侯村村委会 | 85365773 |
| 塔营村村委会 | 85709455 |

## 孙河地区

| | |
|---|---|
| 孙河村村委会 | 84592763 |

| | |
|---|---|
| 上辛堡村村委会 | 84790266 |
| 前苇沟村村委会 | 84312090 |
| 下辛堡村村委会 | 84790295 |
| 后苇沟村村委会 | 64331704 |
| 黄港村村委会 | 84790295 |
| 康营村村委会 | 64355588 |
| 雷桥村村委会 | 84911355 |
| 北甸东村村委会 | 84592275 |
| 沙子营村村委会 | 84918621 |
| 北甸西村村委会 | 84594749 |
| 李县坟村村委会 | 84910132 |
| 西甸村村委会 | 57627212 |
| 沈家坟村村委会 | 84915939 |
| 康营家园一社区 | 64370626 |

## 崔各庄地区

| | |
|---|---|
| 草场地村委会 | 64371230 |
| 奶西村委会 | 84709812 |
| 北皋村委会 | 64371106 |
| 崔各庄村委会 | 64387673 |
| 东辛店村委会 | 64371273 |
| 善各庄村委会 | 64327634 |
| 东营村委会 | 84338829 |
| 何各庄村委会 | 64381679 |
| 望京村委会 | 64364894 |
| 马泉营村委会 | 64362005 |
| 南皋村委会 | 64368319 |
| 马南里居委会 | 84704447 |
| 黑桥村委会 | 64331668 |
| 崔各庄居委会 | 64382609 |
| 索家村委会 | 64389778 |
| 南皋第一区社区居委会 | |
| 费家村委会 | 64330157 |
| 东营社区居委会 | |
| 奶东村委会 | 64366547 |
| 京旺家园社区 | 64335528 |

# 索　　引

## 说　明

1. 本索引为主题索引，又称内容分析索引，主题词(标目)以《北京朝阳年鉴》(2012年卷)正文中出现的有实质检索意义的内容为主。

2. 大事记、专文、特载、统计资料、人物、附录、勘误等类目内容不在索引范围内。

3. 主题词词首按汉语拼音音序排列，首字相同时，则以第二字排序，以此类推。以数字、字母、符号开始的主题题词，排在最后。

4. 主题词之后的数字表示所在页码范围，数字后面的英文字母(a、b、c)表示该页的栏别。

## 汉语拼音索引

### A



### B

## C

*D*

*E*



*F*

*G*

## *H*

## J

## K

## L

## M



## N



## P

## Q

## *R*



## *S*

## T



## W

## X

## Y

# Z

## 数字索引

## 英文字母索引